ISBN 978-0-364-67295-2
PIBN 11046756

MITTEILUNGEN

DES

VEREINS FÜR ERDKUNDE

ZU

LEIPZIG.

— 1897. —

LEIPZIG.
DUNCKER & HUMBLOT.
1898.

74991
.....14, 1919
Appalachian Mountain
(Club.) Gift.

:A.
.8L53
.m
(1897-1900)

Inhaltsverzeichnis.

I. Mitteilungen über den Verein.

II. Wissenschaftliche Mitteilungen.

37. Jahresbericht.

Jahr 1897.

Im verflossenen Vereinsjahre fanden insgesamt 7 allgemeine Vereinssitzungen und 2 Herrensitzungen statt, in denen nachstehende Vorträge gehalten wurden:

9. Januar. **Dr. Georg Wegener aus Berlin:** „In Spitzbergen bei Andrée und Begegnung mit Nansen und der Fram."

20. Januar. **Professor Dr. Alfred Hettner aus Leipzig:** „Die verschiedenen Regionen der Erde" (Herrensitzung).

6. Februar. **Dr. Hans Leder aus Jauernig:** „Reise von Urga durch die Mongolei nach Karakorum."

10. März. **Dr. Herrmann Meyer aus Leipzig:** „Expedition nach Central-Brasilien.

7. April. **Privatdocent Dr. Alfred Philippson aus Bonn:** „Das heutige Griechenland und seine Stellung im Orient."

20. Oktober. **Privatdocent Dr. Kurt Hassert aus Leipzig:** „Aus dem dunkelsten Europa: Streifzüge in Ober-Albanien."

10. November. **Dr. Sven Hedin aus Stockholm:** „Reisen in Central-Asien."

1. Dezember. **Geheimer Bergrat Professor Dr. Hermann Credner:** „Reise durch den Ural, den Kaukasus und die Krim."

15. Dezember. **Leo Frobenius aus Leipzig:** „Die Religion der Naturvölker" (Herrensitzung).

NB. Ein ausführlicherer Sitzungsbericht folgt einige Seiten später.

Über die Erforschung des Sansibar-Archipels, den der K. u. K. Konsul in Sansibar, Herr Dr. *Oskar Baumann*, im Auftrage des Vereins ausgeführt hat, liegen als 1. und 2. Heft des III. Bandes der Wissenschaftlichen Veröffentlichungen des Vereins folgende Ergebnisse vor: „Die Insel Mafia" (mit Original-Karte) und „Die Insel Sansibar" (mit Original-Karte der Insel und Original-Plan der Stadt). Das 3. Heft, die Beschreibung der Insel Pemba enthaltend, konnte wegen Erkrankung des Verfassers in diesem Jahre nicht mehr fertiggestellt werden.

Ausserdem nahm der Verein als einzige unter allen geographischen Gesellschaften Deutschlands an den Vorbereitungen für die deutsche Südpolar-Expedition Anteil, indem seitens der Mitglieder ein Beitrag von rund 10000 Mark zu den Kosten des Unternehmens gezeichnet wurde.

Dann wurde dem Privatdocenten Dr. *Kurt Hassert* in Leipzig aus den Mitteln der Dr. Hans Meyer-Stiftung eine Beihilfe von 300 Mark zu einer Reise nach Ober-Albanien gewährt.

Endlich trat der Verein als korporatives Mitglied dem neugegründeten Landesverein für Sächsische Volkskunde bei.

Auf dem 12. deutschen Geographentage, der in der Osterwoche zu Jena stattfand, war der Verein durch 5 Vorstandsmitglieder und mehrere ordentliche Mitglieder vertreten.

Zur Erledigung der geschäftlichen Angelegenheiten hielt der Vorstand 3 Sitzungen, davon eine gemeinsam mit dem Beirat, im Konferenzzimmer des Grassi-Museums ab. Die dabei behandelten Fragen betrafen die Vorbereitungen zur deutschen Südpolar-Expedition, die Erörterungen über die Prägung einer Vereins-Medaille (Eduard Vogel-Medaille), andere innere Angelegenheiten und die Neuwahlen. Nach den Satzungen schieden am 30. Juni aus dem Vorstand aus: Der 2. stellvertretende Vorsitzende Herr Professor Dr. *Hettner*, der Kassierer Herr Bankier *Keil* und der 1. Schriftführer Herr Dr. *Fitzau*. Von ihnen waren die beiden ersten Mitglieder sofort wieder wählbar und nahmen die Wiederwahl an. Doch wurde später als Ersatzmann für den nach Tübingen übergesiedelten Herrn Professor Dr. *Hettner* Herr Professor Dr. *Emil Schmidt* gewählt, während der nicht sofort wieder wählbare Schriftführer sein Amt mit dem 1. stellvertretenden Schriftführer Herrn Privatdocenten Dr. *Hassert* tauschte. Aus dem Beirate schieden nach dreijähriger Wirksamkeit bestimmungsgemäss aus: die Herren Professor Dr. *Schmidt*, Oberstabsarzt Dr. *Düms* und Kartograph *Debes*. An ihre Stelle traten die Herren Reichsgerichtsrat *Stellmacher*, Professor Dr. *Schulz* und Professor *Lungwitz*. Die durch den Wegzug der Herren Stadtrat Dr

Fischer und Reichsgerichtsrat *von Streich* erledigten Stellen blieben vorläufig unbesetzt.

Die in den oberen Räumen des Grassi-Museums untergebrachte Vereinsbibliothek steht den Mitgliedern Dienstags und Donnerstags von 5—7 Uhr zur Benutzung offen.

Der Stand der Kasse, deren Revision von den Herren *Georg Rödiger sen.* und Konsul *Nachod* wiederum in dankenswerter Weise übernommen wurde, verzeichnet auch am Ende dieses Jahres einen bedeutenden Überschuss. Der aus dem vorigen Jahre übernommene Fehlbetrag von 722,85 Mark ist auf 125,18 Mark heruntergegangen. Dafür schliesst das Conto der Karl Ritter-Stiftung und der Dr. Hans Meyer-Stiftung mit einem Überschuss von 2435,78 Mark ab, der grösstenteils kapitalisiert worden ist. Der Bestand des Lomer'schen Legates hat sich im abgelaufenen Jahre auf 180 Mark erhöht. Näheres giebt der umstehende Kassenbericht.

Trotz der inzwischen erfolgten Gründung einer Abteilung Leipzig der Deutschen Kolonialgesellschaft ist die Mitgliederzahl des Vereins stetig gewachsen, so dass der Vorstand schon an Massregeln denken muss, um einer Uberfüllung des Vortragssaales vorzubeugen. — Herr Dr. *Sven Hedin* aus Stockholm wurde in Würdigung seiner hervorragenden Verdienste um die geographische Erforschung Central-Asiens zum Ehrenmitglied, Herr Professor Dr. *Alfred Hettner* anlässlich seiner Berufung auf den neugegründeten geographischen Lehrstuhl der Universität Tübingen zum Korrespondierenden Mitgliede des Vereins ernannnt. Aus der Zahl der ordentlichen Mitglieder schieden durch Tod, Wegzug oder Austritt 30 aus, während 71 neue Mitglieder eintraten, sodass deren Bestand von 522 am Ende des Jahres 1896 auf 563 am 31. Dezember 1897 gestiegen ist. Dazu kommen 27 Ehrenmitglieder und 39 Korrespondierende Mitglieder, sodass der Verein insgesamt 629 Mitglieder zählt.

Kassa-Conto des Vereins für Erdkunde in Leipzig.

Soll.   Haben.

1897.	ℳ	₰	1897.	ℳ	₰
Juli 1. An halbjährigen Zinsen von			Jan. 1. Per Fehlbetrag	722	85
ℳ 1000.— 4°/₀ Preuss. Kons.	20	—	„ Conto der Vorträge .	797	85
„ 3000.— 3¹/₂°/₀ Kred.Pfdb.	52	50	„ Conto der Bibliothek .	622	83
Dez. 31. Desgleichen von			„ Conto der Mitteilungen	2480	27
ℳ 1000.— 4°/₀ Preuss. Kons.	18	75	„ Unkosten-Conto . . .	1204	58
„ 3000.— 3¹/₂°/₀ Kred.Pfdb.	52	50			
An Mitgliederbeiträgen . .	5460	—			
„ Zahlung von Duncker					
& Humblot	46	80			
„ Zwischenzinsen . . .	52	65			
„ Saldo	125	18			
	5828	38		5828	38
			1898.		
			Jan. 1. Per Fehlbetrag	125	18

Kassa-Conto der Karl Ritter-Stiftung.

Soll.   Haben.

1897.	ℳ	₰	1897.	ℳ	₰
Jan. 1. An Bestand	2377	66	Sept. 15. Per Steuern	29	26
An Zinsen von			April 15. „ Effekten-Conto für		
ℳ 9000.— Hypothek à 4¹/₂°/₀	405	—	geb. ℳ 2400.— 4°/₀		
ℳ 12000.— „ à 4¹/₄°/₀	510	—	Preuss. Konsols . .	2530	90
ℳ 10000.— „ à 4¹/₄°/₀	425	—	Dez. 31. „ Saldo	1425	50
Juli 1. An Zinsen von					
ℳ 2400.— 4°/₀ conv. Pr. Kons.	48	—			
ℳ 500.— 3¹/₂°/₀ Kom. Pfdbrf.	8	75			
ℳ 200.— 3¹/₂°/₀ Lpz.Stadt-Anl.	3	50			
Dez. 31. An Zinsen von					
ℳ 2400.— 4°/₀ Preuss. Konsols	45	—			
ℳ 500.— 3¹/₂°/₀ Kom. Pfdbrf.	8	75			
ℳ 200.— 3¹/₂°/₀ Lpz.Stadt-Anl.	3	50			
An Mitgliederbeiträgen	150	50			
	3985	66		3985	66
1898.					
Jan. 1. An Bestand	1425	50			

Kassa-Conto der Dr. Hans Meyer-Stiftung.

Soll.   Haben.

1897.		$\mathscr{M}$	$\mathfrak{d}$.	1897.		$\mathscr{M}$	$\mathfrak{d}$.
Jan. 1.	An Bestand	1588	24	April 20.	Per Zahlung an Dr. Hassert	300	—
	„ Zinsen von				„ Steuern	29	26
	$\mathscr{M}$ 30 000.— Hypothek			„ 15.	„ Effekten-Conto für geb.		
	à $4^{1}/_{4}\%$	1275	—		$\mathscr{M}$ 1500.— 4% Preuss.		
Juli 1.	„ Desgleichen von				Konsols	1581	85
	$\mathscr{M}$ 1500.— 4% Preuss.			Dez. 31.	„ Saldo	1010	28
	Konsols	30	—				
Dez. 31.	$\mathscr{M}$ 1500.— conv. 4%						
	Preuss. Konsols	28	15				
		2921	39			2921	39
1898.							
Jan. 1.	An Bestand	1010	28				

Kassa-Conto des Lomer'schen Legats.

1897. 1. Januar. An Bestand . . . . $\mathscr{M}$ 165.—

„ Zinsen von $\mathscr{M}$ 500.— Sächs. Rente „ 15.—

1898. 1. Januar. An Bestand . . . . $\mathscr{M}$ 180.—

Vermögens-Bestände.

Verein für Erdkunde.

1898. 1. Januar. ℳ 1000.—. conv. 3^1/$_2$% Preussische Konsols.
„ 3000.—. 3^1/$_2$% Leipziger Kredit-Pfandbriefe.

Karl Ritter-Stiftung.

1898. 1. Januar. ℳ 9000.—. 4^1/$_2$% Hypothek.
„ 12000.—. 4^1/$_4$% do.
„ 10000.—. 4^1/$_4$% do.
„ 2400.—. conv. 3^1/$_2$% Preussische Konsols.
„ 500.—. 3^1/$_2$% Kommunal-Bank-Pfandbriefe.
„ 200.—. 3^1/$_2$% Leipziger Stadt-Anleihe.

Dr. Hans Meyer-Stiftung.

1898. 1. Januar. ℳ 30000.—. 4^1/$_4$% Hypothek.
„ 1500.—. conv. 3^1/$_2$% Preussische Konsols.

Lomer'sches Legat.

1898. 1. Januar. ℳ 500.—. 3% Sächsische Rente.

Vorstehende Rechnungsbeschlüsse haben wir geprüft und richtig befunden.

Leipzig, den 20. Januar 1898.

Georg Rödiger sen. Fritz Nachod.

Vereinssitzungen des Jahres 1897.

Allgemeine Vereinssitzung am 9. Januar. Der Vorsitzende, Herr Dr. *Hans Meyer*, verkündet die Namen der neuaufgenommenen Mitglieder und macht einige geschäftliche Mitteilungen. Besonders weist er auf die in Leipzig vor Kurzem erfolgte Gründung einer Abteilung der Deutschen Kolonialgesellschaft hin und begrüsst die Entstehung dieser neuen Vereinigung mit lebhafter Freude, da zu hoffen sei, dass auch durch ihre Thätigkeit das geographische Interesse immer mehr erstarken werde. Es hätte zwar bereits eine Anzahl von Vereinsmitgliedern thätigen Anteil an der Gründung der Abteilung genommen und sei in dieselbe eingetreten; es sei jedoch zu wünschen, dass sich noch mehr Mitglieder an der neuen Gesellschaft beteiligten, da sich beide Vereine in ihrer Thätigkeit gegenseitig ergänzten: der Verein für Erdkunde pflege die wissenschaftliche Reiseschilderung aus allen Weltteilen und die Erörterung und Förderung allgemeiner geographischer Probleme und Aufgaben, der Kolonialverein die Verfolgung deutscher Kolonialinteressen auf Grundlage einer deutschnationalen Politik und das Erstreben praktischer deutscher Kolonisation. Es liesse sich also wohl miteinander vereinen, beiden Gesellschaften als Mitglied anzugehören. Den Vortrag des Abends hält Herr Dr. *Georg Wegener* aus Berlin über **seine Reise nach Spitzbergen, seinen Besuch bei Andrée und seine Begegnung mit Nansen und der „Fram".**

Redner beteiligte sich an der Fahrt, die der Polarfahrer Kapitän Bade mit dem norwegischen Schiffe „Erling Jarl" am 15. Juli v. J. von Hamburg aus veranstaltete, in der Absicht, dem Aufstieg Andrée's im Luftballon von der Dänen-Insel an der Nordwestecke Spitzbergens aus beizuwohnen und die totale Sonnenfinsternis in Vadsö zu beobachten. Am 21. Juli verliess das Schiff Hammerfest und gewann das offene Eismeer. Redner schildert die Strömungsverhältnisse dieses Meeresgebietes, in

welchem die Ausläufer des Golfstroms mit den von Nordosten
herabkommenden kalten Strömen zusammentreffen, sowie die
klimatischen Eigentümlichkeiten, die sich daraus für das nördliche Norwegen, für West-Spitzbergen und die zwischen beiden
liegende Bären-Insel ergeben. Der Anblick der letzteren wurde
beschrieben, desgleichen die Westküste Spitzbergens, deren
Bild dem eines alpinen und bis über die Schneegrenze ins
Meer versenkten Hochgebirges gleicht. Abweichend davon
zeigen sich die Gletscher, die fast durchgängig aus Inlandeis-
massen herabzukommen scheinen. Sie enden meist mit einem
Steilrand im Meer, aber Eisberge wie in Grönland erzeugen sie
nicht. Ein Grund dafür ist unter anderen der, dass sie in dem
warmen Wasser einer stetigen Zerstörung unterliegen und sich
nicht so weit wie dort in das Meer vorschieben können.

Am 24. Juli wurde der Ort, wo Andrée weilte, erreicht und
seine Ballonhalle fertig und der Ballon bereits teilweise gefüllt
gefunden. Während des mehrtägigen Aufenthaltes daselbst erklärte Andrée den Reisenden mit unermüdlicher Zuvorkommen-
heit alle Vorrichtungen. Es war dem Forscher offenbar willkommen, Zeugen dafür zu gewinnen, dass von seiner Seite
alles Denkbare geschehen sei, um den Erfolg zu verbürgen,
und dass es nun lediglich auf die Gunst der Natur ankomme.
Alle Beobachter sind nach dem Redner von hoher Bewunderung
des Scharfsinns und der Sorgfalt erfüllt worden, mit der Andrée
allen erdenklichen Vorkommnissen im Voraus Rechnung zu
tragen gesucht hat. Vor Allem habe man von seiner Person
die Überzeugung gewonnen, dass man es mit einem durchaus
ernsten und vertrauenswürdigen Manne zu thun habe, dem nicht
das geringste von Abenteurertum nachgesagt werden dürfe.
Redner schildert die hauptsächlichsten Einrichtungen für die
Ballonfahrt, die im allgemeinen den vorher in verschiedenen
Zeitschriften veröffentlichten Beschreibungen entsprechen.

Von besonderem Interesse war ein während dieser Tage
unternommener Ausflug zur Kante des Packeises, die in der
Regel im Sommer hier wenig nördlich vom 80. Breitengrad
liegt. Ungewöhnlich günstige Eisverhältnisse erlaubten diesmal
dem Schiff ein Vordringen bis 81° 38'8", einer Höhe, die zu
Schiff im Norden Spitzbergens vorher nur von Nordenskjöld
und auch von diesem nur um wenige Minuten übertroffen
worden ist. Nach mannigfachen Kreuz- und Querfahrten an
den Küsten und in den Buchten West-Spitzbergens, wobei auch
die wissenschaftlichen Expeditionen von Sir Martin Conway und
Baron G. de Geer getroffen wurden, kehrte der „Erling Jarl“
nach dem Nordkap Europas zurück. Die Sonnenfinsternis in
Vadsö, am 9. August, blieb wegen bedeckten Himmels unsicht-
bar. Die Expedition Bade kehrte von Vadsö nach Hause zurück;

Redner aber verliess in Hammerfest das Schiff und reiste zum zweiten Male mit dem Dampfer „Lofoten" nach Spitzbergen, um dem immer noch erwarteten Aufstieg Andrée's beizuwohnen. Es gelang diesmal nicht, bis zur Dänen-Insel hinauf vorzudringen. Als der Reisende aber am 18. August wieder in Hammerfest eintraf, kam gerade Nansen von Vardö an, und er hatte Gelegenheit, ihn als erster Deutscher zu seinen wunderbaren Erfolgen zu beglückwünschen, sowie Wertvolles über seine Reise zu erfahren. Nansen sprach sich bei dieser Gelegenheit höchst anerkennend über das wissenschaftliche Verständnis aus, das er gerade in Deutschland für seine Pläne gefunden habe, und beauftragte den Redner mit den freundlichsten Grüssen an sein Vaterland. Zwei Tage später hatte der Letztere dann ganz ähnlich wie in Tromsö das Glück, die in so überraschender Weise dort eintreffende „Fram" mit einzuholen, sowie dann am 2. August Zeuge der Wiedervereinigung Nansen's mit seinen Gefährten zu werden. Am 24. August traf in Tromsö auch der wegen mangelnden Südwindes zurückkehrende Andrée mit Nansen zusammen. Der Vortragende schloss mit der vertrauensvoll ausgesprochenen Hoffnung, dass es Andrée bei seinem nächsten Versuche gelingen möge, seine ebenso für die Polarwissenschaft wie für die zukünftige Technik der geographischen Forschung bedeutungsvolle Unternehmung zum glücklichen Ende zu führen.

Herren-Sitzung am 20. Januar. Nach einigen geschäftlichen Mitteilungen durch den Vorsitzenden hält Herr Prof. Dr. *Hettner* einen Vortrag über: „Die verschiedenen Regionen der Erde".

Allgemeine Vereinssitzung am 6. Februar. Zu Kassenrevisoren werden auf Vorschlag des Vorsitzenden, Herrn Dr. *Hans Meyer*, die Herren Konsul Nachod und Georg Rödiger sen. gewählt. Eine Einladung des Allgemeinen Deutschen Verbandes zur Teilnahme an der Feier des hundertjährigen Geburtstages Kaiser Wilhelm's I. wird vom Vorsitzenden befürwortet, ebenso die Aufforderung zum Eintritt in den neugegründeten Landesverein für Sächsische Volkskunde. Zum Andenken an den im Jahre 1889 in Westafrika gestorbenen Afrikareisenden und sächsischen Stabsarzt Dr. Ludwig Wolf soll in Togo ein Denkmal errichtet werden; Beiträge, die vielleicht Vereinsmitglieder hierzu leisten wollen, ist der Vorstand gern bereit, entgegen zu nehmen. Nachdem schliesslich der Vorsitzende seinen Bruder, Herrn Dr. Herrmann Meyer, der nach anderthalbjähriger Reise in Centralbrasilien glücklich heimgekehrt ist, begrüsst und zu den Erfolgen seiner Expedition beglückwünscht hat, hält Herr Dr. *Hans Leder* einen Vortrag über seine Reise in der Mongolei von Urga nach Karakorum. Im Auftrage des Grossfürsten Nikolai Michailowitsch befand sich der Vortragende im Jahre 1891 zur Anlegung von zoologischen, besonders entomologischen Sammlungen im südlichen Ostsibirien, wo er sich zur Ausdehnung seiner Studien auf die Grenzgebiete der südlich davon liegenden Mongolei zu einer Reise dorthin entschloss. Im April 1892 wurde von Irkutsk aus die Reise angetreten und nach einer tollen Fahrt mit der chinesischen Eilpost die erste, 300 km von der Grenze entfernt liegende mongolische Stadt Urga erreicht. Streng genommen ist Urga keine Stadt, sondern nur ein grosses Kloster, in dem der höchste geistige Würdenträger des Landes, der dem Dalai-Lama in Lhassa im Range zunächst stehende Dschibzsun-Damba-Chutuchtu seinen Sitz hat. Das gegenwärtige, im gewöhnlichen Leben kurzweg „Bogdo-Göggen" oder nur „Göggen", d. i. „Erhabene Heiligkeit", genannte Kirchenoberhaupt gilt als die dreiundzwanzigste Incarnation des Gottes Maidari und ist der Sohn eines armen tibetanischen Zollbeamten, der in seinem fünften Lebensjahre im Jahre 1875 nach Urga gebracht worden ist. Ausser ihm residirt in Urga auch der chinesische Statthalter und anerkannte Fürst der Mongolei, der Prinz Tuschetu-Chan, ein direkter Nachkomme Dschingis-Chans, dessen Machtvollkommenheit jedoch nur sehr gering ist, da ihm die chinesische Regierung mandschurische Beamte beigegeben hat, ohne deren Zustimmung er nichts unternehmen kann. Urga ist auch Sitz einer Art von Universität oder tibetisch-lamaischen Hochschule mit einer theologischen, einer medicinischen, einer astrologischen und einer philosophischen Fakultät, deren Angehörige dem geistlichen Stande zugerechnet werden, also Lamen sind. Von den ungefähr 15000 Einwohnern Urgas sind 12000 Mönche oder Lamen, der Rest besteht aus Mongolen, Chinesen und wenigen Russen. Die vielen Lamen leben hier alle unter Filzzelten oder Hütten innerhalb grosser Höfe, die mit hohen Pallisaden umgeben sind, zwischen denen sich die unregelmässigen, meist schmutzigen Strassen hindurch winden. Auch das Handelsviertel mit den Wohnungen und Läden der Chinesen besteht mit wenigen Ausnahmen aus niedrigen Häusern, deren Dächer mit Holzstössen belastet sind. Von Urga aus wurde die eigentliche Reise in Begleitung zweier eingeborener Mongolen und zweier sibirischer Russen in westlicher Richtung angetreten. Von den Mongolen, die beide Lamen waren, war einer ein „Schabi", d. h. ein Leibeigener des Göggen, dessen Hauptbesitztum eine grosse Zahl solcher Schabis und die von ihnen gehüteten Herden bilden. Gegen

Entrichtung einer Jahressteuer von etwa 30 Mark erhalten diese Schabis Urlaub, während dessen sie arbeiten können, wo sie wollen. Wie alle Mongolen waren auch sie stets gutmütig, freundlich, heiter und dienstwillig im Gegensatz zu den beiden Russen, deren Anmassung, Faulheit und Unehrlichkeit eine beständige Quelle von Unzuträglichkeiten waren. Das Ziel der Reise war das grosse Kloster Erdeni-Dsu am oberen Orchon, von dem ungefähr 25—30 km nördlich entfernt die Ruinen von Karakorum, der Residenz Dschingis-Chans und seiner Nachfolger, liegen. Meist ging der Marsch durch öde unbewohnte Steppen, wo es weder Wasser noch Vegetation gab, und nur einigemal kreuzten die Reisenden auf ihrem westwärts gerichteten Marsche Flussniederungen, in denen spärliche Vegetation vorhanden und durch Nachgraben auch Wasser zu finden war. Dementsprechend wurden nur wenige Lebewesen angetroffen und auch von Menschen wurden nur selten Spuren beobachtet. Ungewöhnlich stark bevölkert zeigte sich das Hochthal des Olon-Nor oder „Viele Seen“, wo das Flüsschen Bodin aus einer Reihe von brackigen Tümpeln entspringt. Hier tummelten sich auf der noch spärlichen Weide die unzählbaren Heerden von Rindern, Pferden, Kamelen und Schafen der über die Ebene hin in Filzjurten zerstreut wohnenden Bewohner. Auch der halbwilde Hund, der noch zu den Haustieren der Mongolen zu rechnen ist, lungerte halbverhungert um die menschlichen Wohnungen herum. Dagegen sind nirgends in der Mongolei Katzen und Geflügel als Haustiere zu treffen, die ersteren nicht wegen des Nomadisirens der Bewohner und das letztere nicht wegen Mangels an Körnernahrung, die auch der Mongole nur äusserst selten mit seiner gewohnten Fleischnahrung vertauscht. Ubrigens essen die Mongolen auch kein wildes Geflügel und keine Fische, deren Genuss ihnen verboten ist.

Am 5. Juni lagerte man in der grossen Orchon-Ebene in geringer Entfernung vom Kloster Erdeni-Dsu am Ostfusse des Changai, auf dessen Höhen die ersten grünen Nadelwälder wieder sichtbar wurden. Von diesem im Jahre 1586 gegründeten Kloster aus wurde der lamaische Glauben in der Mongolei verbreitet; es ist räumlich weniger ausgedehnt als Urga, hat aber eine Anzahl glänzender Tempel, die mit kostbarem und künstlerischem Schmuck äusserlich und innerlich versehen sind. Hier sah der Vortragende bei Gelegenheit des grössten religiösen Jahresfestes, bei dem kolossaler Pomp entfaltet wurde, allerhand Waffen, Werkzeuge und Gerätschaften, die offenbar europäischen Ursprungs und jedenfalls Beutestücke aus der Zeit waren, wo die Scharen Dschingis-Chans raubend und plündernd bis an die Oder vorgedrungen waren. Die ungefähr 25 km nördlich von dem Kloster liegenden Ruinen von Karakorum bestehen der Hauptsache nach aus einem grossen quadratischen Raum, der von einem an der Basis 20 bis 25 m breiten und etwa 10 m hohen Erdwalle, auf den noch eine Mauer von Ziegelsteinen aufgesetzt ist, umgeben wird. Die vier Ecken sind bastionsartig vorgeschoben, an der Aussenseite des Walles zieht sich ein breiter Graben herum, der im Bedarfsfalle wohl mit Wasser gefüllt werden konnte; die beiden einzigen Zugänge an der Nord- und Südseite des Walles sind besonders stark befestigt, alles ist noch leidlich gut erhalten. Der grosse Raum ist leer bis auf einen Ruinenhaufen in der nordwestlichen Ecke, der nach Ansicht des Vortragenden aus den Resten eines lamaischen Tempels besteht. Im Westen und Nordwesten dieser ehemaligen Befestigung dehnt sich weit über die Steppe ein Netz von regelmässig verlaufenden seichten Gräben hin, welche ziemlich grosse Quadrate und Rechtecke umschliessen, die jedenfalls die einzelnen Viertel des ehemaligen Zeltlagers bezeichnen. An der südwestlichen Ecke des grossen Walles liegen die massigen Trümmer eines Steindenkmals mit ziemlich gut ausgeführten Inschriften und Skulpturen, die phantastische Tiergestalten, Blumen und Arabesken darstellen. Das nötige Wasser wurde der Stadt durch Leitungen aus den nahen Bergen zugeführt, und zur Berieselung der Getreidefelder, die in jener Zeit hier zu finden waren, diente wahrscheinlich eine in ihren Resten noch erkennbare Thalsperre, die das Flüsschen Bain-gol zu einem See anstaute. Dass die Bewohner der Stadt damals Getreidebau trieben, bezeugen auch jene um die ganze Stadt herumliegenden kreisförmigen Stellen von 6 bis 8 m Durchmesser aus dunklem, festem Erdreich mit anders gearteter Pflanzendecke, auf denen jedenfalls das Getreide mit den noch vorhandenen konischen Steinwalzen ausgedroschen wurde. Über die Geschichte Karakorums ist nicht allzu viel bekannt geworden. Nach dem Tang-schu, der offiziellen Kaisergeschichte der Tang-Dynastie (618—907 n. Chr.), zog eine Abteilung der am Jenissei sitzenden Uiguren nach Süden und liess sich am oberen Selenga nieder; 628 n. Chr. verlegte der Chan Tschien-tschu-Pi-kia sein Lager auf den Berg U-te-kian, einen nördlichen Ausläufer des Changai, und 127 Jahre später rückte der Chan Ku-tu-lu-Pi-kia noch weiter südwärts nach der Orchon-Ebene vor, wo er die Stadt Horin gründete; aus Horin wurde durch Vorsetzung von Kara: Kara-Horin und schliesslich Karakorum.

•

Allgemeine Vereinssitzung am 10. März. Nach erfolgter Aufnahme neuer Mitglieder giebt der Vorsitzende Herr Dr. *Hans Meyer* einen kurzen Überblick über die Kassenverhältnisse des Vereins und bittet, dem Vorschlag der beiden

Kassenrevisoren gemäss, dem Kassierer durch Erheben von den Sitzen Entlastung zu erteilen. Dann erfolgen die Wahlen für das Vereinsjahr 1897/98. Von den statutengemäss ausscheidenden Vorstandsmitgliedern werden Herr Prof. Dr. Hettner als II. stellvertretender Vorsitzender und Herr Bankier Otto Keil als Kassierer wiedergewählt, während an Stelle des satzungsgemäss nicht sofort wieder wählbaren Schriftführers, Herrn Dr. Fitzau, Herr Privatdocent Dr. Hassert tritt; an die Stelle des letztgenannten Herrn als II. stellvertretenden Schriftführers tritt der bisherige Schriftführer. Weiter teilt der Vorsitzende mit, dass am Mittwoch, den 24. März, im Saale des Grassi-Museums eine Herren-Sitzung stattfindet, in der Herr Prof. Dr. Schneider aus Dresden einen Vortrag über „Borkum und seine Tierwelt" halten wird und dass der Jahresbericht und das zweite Heft des III. Bandes der Wissenschaftlichen Veröffentlichungen (Insel und Stadt Sansibar) bis zur nächsten Vereinssitzung erschienen sein wird. Nachdem er dann noch auf die Einladung zur Teilnahme am siebenten Internationalen Geologenkongress, der vom 17. bis 23. August in Petersburg abgehalten werden soll, hingewiesen hat, erteilt er das Wort seinem Bruder, Herrn Dr. *Herrmann Meyer*, zu einem Vortrag über seine Expedition nach Central-Brasilien.

Angeregt durch die interessanten Beobachtungen, welche die Vettern Karl und Wilhelm v. d. Steinen auf ihren beiden Reisen 1884 und 1887 bei den Indianerstämmen Central-Brasiliens gemacht hatten, fasste der Vortragende 1895 den Entschluss, die Arbeiten der genannten beiden Forscher an Ort und Stelle fortzusetzen und eine dritte Expedition nach dem Quellgebiet des Schingu zu unternehmen. Als Reisebegleiter wurden Dr. Ranke aus München und Heinrich Dahlen aus Düsseldorf gewählt, von denen jedoch der letztere vor Beginn der Expedition in Rio dem gelben Fieber erlag. Nachdem es gelungen war, den altbewährten Begleiter v. d. Steinen's, Carlos Dhein, nebst seinen beiden Brüdern und einem Neffen aus Rio Grande do Sul als Begleiter zu gewinnen, galt es so bald als möglich Cuyaba, die Hauptstadt von Matto Grosso, den ins Auge gefassten Ausgangspunkt der Expedition, zu erreichen. Nach dreiwöchiger Dampferfahrt langten die Reisenden am 4. April dort an, aber erst am 21. Mai konnte die Expedition nach Überwindung ungeheurer Schwierigkeiten, die die Beschaffung von Maultieren und Treibern in jenem am weitesten vorgeschobenen Posten moderner Kultur verursachte, in der Stärke von 13 Mann mit 40 Mauleseln nordwärts aufbrechen. Nach einem langen Marsche über die nördlich von Cuyaba liegende Chapada-Hochebene wurde der Paranatinga erreicht, den man in einem transportablen Faltboote hinauffuhr bis zu dem neuen Aldeamento der zahmen

Bakaïri, woselbst ein weiterer ehemaliger Begleiter Steinen's, der Bakaïri Antonio, nebst vier Stammesgenossen angeworben wurde, so dass man nunmehr 18 Mann stark den Marsch in das Quellgebiet des Schingu fortsetzen konnte. Nachdem der ursprüngliche Plan, sich auf dem Corrego profundo, dem westlichsten Quellfluss des Schingu, einzuschiffen, an der Furcht der Bakaïri vor ihren an diesem Flusse wohnenden Erbfeinden, den Cajabi, gescheitert war, wurde der Jatoba als der nächste nach Osten gelegene Quellfluss für die Fahrt bestimmt. Am Zusammenfluss des Bugio und Jatoba wurde für die mit drei Leuten zurückbleibende Maultierkarawane ein Lager aufgeschlagen, und am 28. Juli trat die Expedition in sieben grossen Rindencanoes, die an Ort und Stelle binnen 14 Tagen fertiggestellt waren, die Fahrt flussabwärts an. Die Ahnungen der Reisenden von grossen Schwierigkeiten auf der Thalfahrt erfüllten sich nur zu sehr; drei grosse Wasserfälle und mehr als hundert reissende Stromschnellen mussten passiert werden, wobei in zahlreichen Schiffbrüchen ein grosser Teil der Lasten und zwei Fahrzeuge verloren gingen. Hierdurch wurde ein Teil der Leute gezwungen, am Ufer zu gehen, bis man an einem Fischplatz der Bakaïri einige Boote gegen eine eiserne Axt einzutauschen vermochte. Die Nahrung der Reisenden bildeten drei Monate hindurch nur Fische, besonders eine Piranha genannte Art. Das Nachtlager wurde regelmässig am Lande aufgeschlagen, nachdem man die Stelle von der Vegetation und dem Ungeziefer frei gemacht hatte. Auf den zahlreichen Sandbänken traf man oft Rudel von Wasserschweinen, von denen jedoch nur ab und zu ein Spanferkel genossen wurde; ein besonderes Vergnügen gewährte das Ausgraben von Schildkröteneiern, von denen man einmal 500 Stück von Taubeneigrösse zusammensuchte. Am 16. August fuhr man in den von S. W. kommenden Ronuro, den Hauptquellfluss des Schingu, ein. Am 21. desselben Monats stiess man auf einen grossen linksseitigen Nebenfluss, den man Rio Steinen taufte, und am 23. endlich traf man, nachdem schon häufig Anzeichen bemerkt worden waren, am Zusammenfluss des Ronuro und Kuluëne auf die ersten wilden Indianer. Es waren Kamayura, die, drei Tagereisen von hier entfernt wohnend, am Wasser fischten. Sie nahmen die Expedition gut auf und luden sie zum Besuche ihres Dorfes ein. Ehe die Reisenden jedoch dorthin gingen, statteten sie, den Kuluëne hinauffahrend, den Trumai in ihrem Dorfe einen fünftägigen Besuch ab und vermochten dabei einen tiefen Einblick in die Verhältnisse dieser noch unberührten Indianer zu gewinnen. Nach einem kurzen Besuche der Kamayura-Niederlassung traten die Reisenden an die Lösung der Hauptaufgabe, die Untersuchung der zwischen Kuluëne und Kulisehu wohnenden zahlreichen Indianerstämme, heran; da die Bakaïri sich weigerten, den Kuluëne wegen seiner starken Strömung weiter aufwärts zu rudern, liess man sie und drei Leute mit dem Hauptgepäck bei den Aneto am Kulisehu zurück und unternahm von hier aus eine wegen der vielen Sümpfe sehr beschwerliche Landexpedition zu den noch ganz unberührten Nabuquastämmen und den ihnen verwandten Akukustämmen, bei denen eingehende Untersuchungen und grosse Sammlungen angestellt werden konnten. Unbestimmte Nachrichten von einem Unglück, das sich im Lager ereignet haben sollte, veranlassten die Reisenden zur Umkehr; von Arikuanako aus fuhren sie den Kuluëne abwärts und trafen am 25. September im Kulisehu-Lager ein, das zwar noch unversehrt stand, aus dem sich aber Antonio unter Mitnahme der Trumai-Sammlung mit dem Bemerken entfernt hatte, dass er im dritten Bakaïri-Dorfe wieder zur Expedition stossen würde, was später auch wirklich der Fall war. Am 29. September wurde die Rückreise den Kulisehu aufwärts weiter fortgesetzt; auf dieser Fahrt ereignete sich der einzige grosse Unglücksfall dadurch, dass das Gewehr von Dr. Ranke sich bei der Entenjagd nach hinten entlud und dem bedauernswerten Reisenden das linke Auge zerschmetterte. Nach möglichst sorgfältiger Reinigung der Wunde von den eingedrungenen Glassplittern des Brillenglases wurde ein Verband angelegt und die Rückreise unter möglichster Schonung des Kranken fortgesetzt. Glücklicherweise nahm die Heilung einen überraschend guten Verlauf, und eine kürzlich in München vorgenommene eingehende Untersuchung hat ergeben, dass die Sehkraft des unverletzten Auges nicht gefährdet ist. Nach Beendigung der Flussreise und Ankunft in dem alten Lager v. d. Steinen's, Independencia, wohin man die am Jatoba zurückgelassene Maultierkarawane herbeigerufen hatte, erreichte man nach einem weiteren Landmarsche am 2. Dezember glücklich Cuyaba nach siebenmonatlicher Abwesenheit. Neben grossen ethnographischen Sammlungen konnten umfangreiche ethnologische, linguistische und photographische Aufnahmen der besuchten Stämme, sowie genaue geographische Wegeaufnahmen und zahlreiche neue Nachrichten über noch unberührte Stämme des mitleren Schingugebietes, deren Erforschung einer späteren Expedition vorbehalten bleibt, zusammengestellt werden. Nach Beendigung des mit grossem Beifall aufgenommenen Vortrags führte der Redner noch eine Reihe seiner während der Expedition aufgenommenen Photographien im Projektionsapparat vor.

Allgemeine Vereinssitzung am 7. April. Der Vorsitzende, Herr Dr. *Hans Meyer*, teilt nach erfolgter Aufnahme von neuen Mitgliedern mit, dass die in der letzten Sitzung neu gewählten Vorstandsmitglieder sämtlich die auf sie gefallene Wahl angenommen haben, und dankt dem ausscheidenden Schriftführer für seine mehrjährige Mühewaltung. Dann lenkt er die Aufmerksamkeit der Versammlung auf den in der Osterwoche in Jena stattfindenden 12. Deutschen Geographentag und ladet zur Beteiligung ein. Einen Hauptgegenstand der Beratung wird der Bericht der Kommission für eine Deutsche Südpolar-Expedition bilden, zu deren Ausrüstung ja der Verein auch beisteuern will. Die zu diesem Zwecke in Umlauf gesetzten Listen haben innerhalb des Vereins das erfreuliche Ergebnis von rund 10000 Mark gehabt, womit der Leipziger Verein jedenfalls alle anderen deutschen geographischen Gesellschaften an Opferwilligkeit übertroffen haben dürfte. In Bezug auf Nansens Vortrag konnte der Vorsitzende hierauf mitteilen, dass ihm Nansen, mit dem er in Berlin zusammengekommen war, sein Bedauern darüber ausgesprochen hätte, jetzt nicht nach Leipzig kommen zu können, dass er ihm aber versprochen hätte, Leipzig zu besuchen, sobald er könne, was voraussichtlich in der zweiten Hälfte des nächsten Winters der Fall sein wird. Den Vortrag des Abends hält Herr Privatdocent Dr. *Alfred Philippson* aus Bonn über das heutige Griechenland und seine Stellung im Orient.

Nach einer kurzen Schilderung der Natur und Vergangenheit Griechenlands führte der Vortragende aus, dass das neugriechische Volk zwar fremde Beimischung, nämlich von Slawen, Walachen, Albanesen und Italienern, erfahren, aber doch ein nach Sprache und Volksart einheitliches Volk sei, in dessen Art und Charakter das Hellenentum die fremden Elemente weit überwiege. Während die griechischen Inseln sich in Folge der ruhigeren Vergangenheit höherer Kultur und dichterer Bevölkerung erfreuen, steht das griechische Festland noch auf verhältnismässig niederer Kulturstufe. Die endlosen Leiden und Kämpfe der Vergangenheit wirken noch heute fort, da ja erst zwei Menschenalter seit der ersten Begründung eines geordneten Staatswesens verflossen sind. Manche Charakter-Eigenschaften und socialen Einrichtungen sind daraus zu erklären, wie die niedrige Stellung der Frau, die hohe Bedeutung der Familie, die Neigung, Streitigkeiten durch Meuchelmord zu erledigen u. a. m. Doch ist ein steter Fortschritt in Gesetzlichkeit, Ordnung und Volksbildung zu erkennen, und die Sicherheit ist in dem grössten Teile des Landes vollkommen. Auch die wirtschaftliche Entwicklung Griechenlands ist in den letzten Jahrzehnten, abgesehen von dem wohl vorübergehenden Preis-

sturz der Korinthen, eine günstige. Griechenlands Haupt-
nahrungsquelle ist der Ackerbau, der, durch gesunde agrarische
Besitzverhältnisse unterstützt, eine Reihe wertvoller und lohnen-
der Erzeugnisse, wie Korinthen, Wein, Öl, Tabak u. s. w. liefert.
Zwar leidet er noch unter der Unvollkommenheit der Bearbeitung, aber die Leistungsfähigkeit der griechischen Landwirtschaft steigt stetig. Daneben kommt für die Ausfuhr wesentlich
nur der Bergbau in Betracht, während Getreide und Fabrikate
eingeführt werden müssen, letztere in sehr grossen Mengen
aus Deutschland. Die Einfuhr überwiegt zwar bedeutend die
Ausfuhr, dieses Deficit wird aber z. T. durch die Vermögen,
die von Griechen im Ausland erworben werden, sowie durch
die Verdienste der grossen griechischen Handelsflotte ausgeglichen. Dem steigenden Wohlstand entspricht eine Volks-
zunahme, welche procentual die Deutschlands übertrifft. Muss
man also die kulturellen und wirtschaftlichen Fortschritte
Griechenlands anerkennen, so sind dagegen die politischen
Verhältnisse ganz unselige. Das eben erst aus seinem Mittelalter erlöste Volk besitzt die zügelloseste politische Freiheit.
Nach den Launen der nach Familienbeziehungen und persönlichen Interessen, nicht nach bestimmtem Parteiprogramm
gewählten Parlamentsmehrheit wechseln die Ministerien (in den
letzten 34 Jahren 42 Mal!) und damit die gesamte Beamten-
schaft. Diese ist infolge dessen parteiisch und bestechlich
und bildet so einen ungeheuren moralischen Verderb für das
in seinem Kern moralisch gesunde griechische Volk.

Die heutige Lage Griechenlands ist zum grossen Teil
bestimmt durch die Beziehungen zu den im Auslande lebenden
Griechen. Über den ganzen Orient leben griechische Kaufleute verteilt, die, meist wohlhabend oder reich, den grössten
Teil des orientalischen Handels in der Hand haben. Auf ihnen
beruht vorwiegend die wirtschaftliche Entwickelung und Aus-
nutzung der weiten orientalischen Länder, und durch ihr ausgezeichnetes Schulwesen, sowie ihre Nachahmung europäischen
Wesens sind diese Griechen für die Orientalen die Lehrmeister,
die sie zu höherer Zivilisation anleiten; sie erfüllen damit eine
wichtige Kulturmission. Die Opferwilligkeit, die diese Griechen
für den griechischen Staat und die idealen Güter ihrer Nation
beweisen, ist beispiellos. Fast alle die ansehnlichen Wohlfahrts-
und Bildungsanstalten Griechenlands sind aus freiwilligen
Geschenken errichtet. Dafür erwarten die im türkischen Reiche
lebenden Griechen vom griechischen Staate einen festen Rückhalt gegen nationale und persönliche Gefahren und Misshand-
lungen. Der Hellenismus aber befindet sich jetzt in einem
schweren Kampfe gegen die vordringende slawische Agitation,
während gleichzeitig das Damoklesschwert ähnlicher Blut-

gerichte, wie sie die Armenier betroffen, über seinem Haupte schwebt. Diese Gefahren kann er nur überwinden, wenn der griechische Staat seine Volksgenossen im türkischen Reiche thatkräftig schützt. Von diesem Gesichtspunkte aus war das Eingreifen Griechenlands in die kretischen Wirren, vom national-griechischen Standpunkte aus, geboten, da die Mächte sich der Aufgabe, Ordnung und Reformen auf der Insel herzustellen, nicht gewachsen zeigten. Dazu kam die für Griechenland immer unerträglicher werdende finanzielle Belastung durch die kretischen Flüchtlinge. Geht Griechenland gedemütigt aus diesem Unternehmen hervor, so ist sein Ansehen im Orient ganz dahin und damit der Hellenismus schutzlos der Willkür der Türken und Slawen preisgegeben. Deutschland hat, so führte der Vortragende zum Schluss aus, ein grosses materielles und kulturelles Interesse an der günstigen wirtschaftlichen Entwicklung des Orientes, in dem der deutsche Handel und die deutsche Sprache schon jetzt eine der ersten Stellen einnehmen. Diese Entwicklung ist wesentlich von der Bedeutung des Hellenismus abhängig. Dieser ist ferner das stärkste Gegengewicht gegen den bedrohlich fortschreitenden Einfluss des Slawismus und Russlands im Orient, mit deren Siege der Orient dem Deutschtum entzogen und der mächtig aufstrebenden russischen Industrie und Kultur überliefert werden würde. Deshalb liegt es eher im Interesse Deutschlands, den Hellenismus in diesen kritischen Zeiten zu unterstützen, als ihn zu demütigen, soweit dies mit der Erhaltung des Weltfriedens vereinbar ist.

Allgemeine Vereinssitzung am 20. Oktober. Der Vorsitzende, Herr Dr. *Hans Meyer*, begrüsst nach der Sommerpause die Versammlung und knüpft daran die Bitte, auch fernerhin für die Werbung neuer Mitglieder thätig zu sein. Dann giebt er die Namen der zur Aufnahme vorgeschlagenen Mitglieder bekannt und macht einige geschäftliche Mitteilungen, wobei er besonders auf den Ostern 1897 in Jena abgehaltenen 12. Deutschen Geographentag und auf den Stand der geplanten deutschen Südpolar-Expedition hinweist. In der Erwägung, dass eine Agitation für das Unternehmen im grossen Publikum erst rechten Erfolg haben kann, wenn eine bekannte Persönlichkeit an der Spitze der Expedition steht, hat die Südpolar-Kommission auf der Jenaer Tagung beschlossen, vor allem engere Fühlung mit der deutschen Kriegsmarine zu suchen und als nautischen Leiter einen hervorragenden deutschen Seemann zu gewinnen. Die Unterhandlungen sind eingeleitet, und der Verein für Erdkunde, dessen Mitglieder bereits einen Beitrag von 10000 Mark für das Unternehmen gezeichnet haben, wird inzwischen seinerseits für die deutsche Südpolarfahrt weiterarbeiten. Mittlerweile hat am 16. August die belgische Südpolar-Expedition unter Führung des Marineoffiziers de Gerlache auf dem Dampfer „Belgica", die Reise in die Antarktis angetreten, nachdem die belgischen Kammern die noch fehlende Summe von 60000 Francs bewilligt hatten. Die von Gerlache geplanten Vorstösse nach Grahams Land und Victoria-Land lassen eine nicht unerhebliche Erweiterung unserer Kenntnis dieses unbekanntesten Erdteils erhoffen und sollten für uns Deutsche ein Sporn sein, mit der endgiltigen Verwirklichung der deutschen Südpolarfahrt nicht länger mehr zu zögern.

Den Vortrag des Abends hielt Herr Privatdocent Dr. *Kurt Hassert* aus Leipzig über seine im Sommer d. J. mit dem italienischen Botaniker Dr. A. Baldacci aus Bologna durchgeführte Bereisung Oberalbaniens.

Der Vortragende hatte schon lange beabsichtigt, seine vor mehreren Jahren in Montenegro angestellten Beobachtungen durch die Untersuchung des Nachbarlandes Oberalbanien zu vervollständigen und dadurch zur Aufhellung jenes dunkelsten und wildesten Teiles von Europa beizutragen. Nachdem er wegen der ungünstigen politischen Lage die Zusicherung diplomatischer Empfehlungen nicht ohne Schwierigkeit erhalten hatte, trat er zunächst eine Studienreise durch die Abruzzen an und fuhr nach Beendigung des griechisch-türkischen Krieges mit Dr. Baldacci am 3. Juni von Brindisi nach Medua, dem Vorhafen von Scutari. In Scutari, der Hauptstadt Nord- oder Oberalbaniens, war ein längerer Aufenthalt erforderlich, weil der Pascha ohne Genehmigung der Hohen Pforte die Bereisung des Binnenlandes nicht gestattete und infolgedessen telegraphisch die Vermittelung der Deutschen und Italienischen Botschaft in Konstantinopel angerufen werden musste. Nach Eintreffen der Reiseerlaubnis wurden von Scutari, das als Standquartier diente, neun grössere und kleinere Streifzüge ins Innere ausgeführt.

Auf drei kleinere Tageswanderungen in die Umgebung der 30000 Einwohner zählenden Stadt folgte ein Vorstoss ins wenig bekannte Zukali-Gebirge und die Besteigung des Maranaj. Die sechste und längste Wanderung führte in das interessante Mirditenland; und während Dr. Baldacci nach Scutari zurückkehrte und das Velja-Gebirge bei Alessio untersuchte, drang der Vortragende durch unsichere Gegenden bis nach Prizren vor. Wegen der politischen Haltung Deutschlands in den orientalischen Wirren fand er bei den Behörden und der Bevölkerung die zuvorkommendste Aufnahme und ritt auf dem durch das Drin- und Gömsitsche-Thal führenden Handelswege in 2$^1/_2$ Tagen nach Scutari zurück. Auf dieser insgesamt

zwei Wochen dauernden Reise waren wegen der hochgradigen
Unsicherheit nach und nach 48 Gendarmen und Eingeborene
als Bedeckungsmannschaften notwendig.

Ein Ausflug ins Porun-Gebirge gab einen Vorgeschmack
von der Beschaffenheit und Wildheit der Albanesischen Alpen;
und eine siebentägige, sehr beschwerliche Wanderung brachte
dann die Reisenden bis ins Herz jenes fast unbekannten Hochgebirges. Im berüchtigten Gebiete von Schala hatten sie einen
Zusammenstoss mit Räubern zu bestehen und erlebten einen der
häufigen Blutrachefalle. Wegen der durch die Blutrache hervor-
gerufenen Lebensgefahr hielten die einheimischen Begleiter die
Waffen stets schussbereit; und der Rückmarsch durch das mittlere
Kiri-Thal nach Scutari musste in Begleitung einer alten Frau
zurückgelegt werden, da wegen der Blutrache kein Mann den
engen Kreis seines Dorfes zu verlassen wagte.

Verschiedene Umstände bewogen den misstrauischen
Pascha, der inzwischen seinen Abschied erhalten hatte, den
Reisenden die fernere Untersuchung des Binnenlandes zu ver-
bieten, weshalb sie mit einer viertägigen Durchwanderung des
Küstengebirges Rumija ihre Streifzüge beendeten. Der Vortragende konnte noch rechtzeitig und ungehindert den heissen
Boden Oberalbaniens verlassen und kehrte durch das in
raschem Aufschwunge begriffene österreichische Occupations-
gebiet nach Hause zurück. Dr. Baldacci dagegen wurde von
den türkischen Behörden fünf Tage lang gerichtlich festgehalten,
weil sie ihn erst für einen Topographen — das Kartenzeichnen
ist in der Türkei verboten — und dann für einen langgesuchten
Revolutionär hielten.

Dies ist in kurzen Zügen der Verlauf der an Entbehrungen
und Gefahren, aber auch an wissenschaftlichen Ergebnissen
reichen Reise. In die Erzählung ihres Verlaufes wurden
Schilderungen von Scutari und Prizren, Bemerkungen über die
Blutrache und das Räuberunwesen, über die politischen Bestrebungen Österreichs und die religiösen Anschauungen der
Albanesen, landschaftliche Beschreibungen der Albanesischen
Alpen, Erörterungen über die Schwierigkeiten des Reisens in
Albanien u. s. w. an passenden Stellen eingeflochten. Ebenso
trug eine grosse Zahl photographischer Aufnahmen zur Erläu-
terung des Vortrags bei.

Zum Schlusse widmete der Vorsitzende dem einem
Rufe nach Tübingen Folge leistenden Vorstandsmitgliede Herrn
Universitätsprofessor Dr. A. Hettner warm empfundene Worte
des Abschieds.

Allgemeine Vereinssitzung am 10. November. Der Vorsitzende, Herr Dr. *Hans Meyer*, verliest zunächst die Namen der neu aufgenommenen und angemeldeten Mitglieder und macht dann einige geschäftliche Mitteilungen. Der 4. Band der wissenschaftlichen Veröffentlichungen des Vereins soll vor Vollendung des 3. Bandes erscheinen, der wegen Erkrankung des Verfassers, des Afrikareisenden Dr. Oskar Baumann, nicht rechtzeitig fertiggestellt werden kann. Auf Vorschlag des Vorstandes wird Herr Universitätsprofessor Dr. Emil Schmidt als Ersatzmann für den bisherigen 2. stellvertretenden Vorsitzenden Herrn Professor Dr. Alfred Hettner gewählt. Herr Professor Hettner wird zum Korrespondierenden Mitgliede des Vereins ernannt.

Den Vortrag des Abends hält Herr Dr. *Sven Hedin* aus Stockholm über seine 3¹/₂ jährige Bereisung Centralasiens, von der er erst vor wenigen Monaten mit reichen wissenschaftlichen Erfolgen zurückgekehrt ist.

Über Orenburg und Taschkent kam der Reisende Ende Februar 1894 nach Margelan und überschritt im strengsten Winter das tief verschneite Alai- und Transalai-Gebirge, wobei die Kälte bis — 38,2⁰ C. herunterging, während das Insolationsthermometer bis auf + 52⁰ C. stieg. Nach Passierung des festzugefrorenen Karakul-Sees betrat Sven Hedin die chinesische Grenze, wobei sein Gepäck aufs peinlichste nach etwa darin versteckten russischen Soldaten durchsucht wurde. Von Kaschgar aus drang er unter Benutzung von Yaks oder Grunzochsen ins sagenumwobene Gletschergebirge Mustagata ein, konnte aber seinen 7800 m hochen Hauptgipfel nicht erklimmen, weil ihm ein furchtbarer Schneesturm und dann eine heftige Augenentzündung zur Umkehr in sein Winterquartier Kaschgar nötigte.

Die erste Expedition des Jahres 1895 galt dem unbekannten Tibet. Da zuvor die grosse Takla Makan-Wüste durchquert werden musste, so war die Karawane aufs sorgfältigste ausgerüstet. Leider nahmen die Eingeborenen gegen den Befehl ihres Herrn, der diese Nachlässigkeit zu spät bemerkte, am letzten Wasserplatze nur für 4, statt für 10 Tage Wasser mit und kamen in dem endlosen Sanddünenmeere der Wüste obendrein vom richtigen Pfade ab. Obwohl Sven Hedin nunmehr kürzesten Weges zum Khotanflusse marschierte, mussten bald zwei Kamele sterbend zurückgelassen werden. Die Hoffnung, in feuchtem Lehmboden auf Wasser zu stossen, erwies sich als trügerisch, und am 29. April waren nur noch zwei Liter Wasser vorhanden. Stück für Stück der Ausrüstung musste preisgegeben werden; zwei Leute erlagen den Qualen des Durstes und die anderen waren so schwach, dass sie nach und nach

zurückgelassen werden mussten. Ganz allein langte der
Reisende endlich am 26. Marschtage am Khotan Darja an. Sein
breites Bett war trocken, aber in einem Tümpel, den eine auf-
fliegende Ente ihm gezeigt, fand der verschmachtende Forscher
klares Wasser. Sobald er sich gestärkt, brachte er in den
Stiefeln seinem weit zurückgebliebenen Begleiter das kostbare
Nass und stiess bald darauf noch auf einen anderen Eingeborenen
seiner Expedition. An einen Vorstoss nach Tibet war nicht
mehr zu denken, und mit den Trümmern seiner Karawane
wanderte Sven Hedin über Aksu nach Kaschgar zurück.

Nach einem wiederholten Besuche des Hindukusch und
nach dem Eintreffen der sofort bestellten neuen Ausrüstung
zog er auf dem einst von Marko Polo begangenen Wege nach
Khotan. Zum zweiten Male wurde die Takla Makan-Wüste
und zwar an ihrer breitesten Stelle durchkreuzt, und da die
Karawane nur klein war, so wurden alle entbehrlichen Gegenstände zurückgelassen, darunter auch Zelt und Bett, obwohl
die Temperatur Nachts öfters unter — 20⁰ C. fiel. In der
Wüste wurden die Ruinen von zwei uralten buddhistischen
Städten entdeckt, die der wandernde Sand verschüttet hatte.
Die Wälder längs des Kerja-Stromes waren die Heimat des
scheuen wilden Kamels, und hier hauste auch ein Hirtenvolk,
das selbst den Chinesen unbekannt geblieben war. Dann wurde
der Tarim bis zu seiner Einmündung in Lop Nor verfolgt und
nach der Untersuchung des durch Sandstürme immer mehr
nach Westen gedrängten Sees der Rückweg nach Khotan
angetreten. Dort erhielt der Reisende einen grossen Teil
des auf der ersten Wüstenwanderung verloren gegangenen
Gepäcks wieder, mit Ausnahme der photographischen Platten,
die von den Eingeborenen zu Fensterscheiben verwendet worden
waren.

Von Khotan wandte sich Sven Hedin südwärts ins seen-
reiche Kwenlun-Gebirge. Auf dem Weitermarsche durch das
vegetationslose, menschenleere und nur hier und dort von Yaks
und Kulans (wilden Eseln) belebte Nord-Tibet entdeckte er
ein schneebedecktes Hochgebirge, dessen höchsten Gipfel er
nach seinem Landesherrn uud thätigen Förderer seiner Reise
König Oskar-Berg nannte. Unter der dünnen Luft der über
16000 Fuss hohen Hochebene und unter tagtäglich einsetzen-
den Hagelschauern hatte die Karawane viel zu leiden, und von
den mitgenommenen 49 Tieren blieben nur neun am Leben.
Im Weidelande Tsaidam, das fester Siedelungen entbehrt,
wurde ein Überfall der räuberischen Tanguten glücklich zurückgewiesen. Dann ging es zum abflusslosen See Kuku Nor und
nach Hsiningfu, über dessen Thoren die Köpfe getödteter
aufständiger Dunganen aufgestellt waren. In der englischen

Mission zu Liangtschu verlebte der Reisende das Weihnachts-
fest, genoss in Ninghsia bei schwedischen Missionaren lands-
männische Gastfreundschaft und durchwanderte bei bitterster
Kälte die Ordos-Wüste. Nachdem er den Hwangho bei
— 33 ° C. übersetzt hatte, eilte er nach Peking, wo er vom
Vicekönig Li-Hung-Tschang und vom russischen Geschäftsträger
aufs zuvorkommendste empfangen wurde. Durch Sibirien
kehrte er in die langentbehrte Heimat zurück und traf am
10. Mai d. J. in Stockholm wieder ein.

Die zahlreich besuchte Versammlung dankte dem Redner
durch wiederholten reichen Beifall für seine lebendigen Ausführungen, die durch mehrere grosse Wandkarten und durch eine
Reihe nach eigenen Aufnahmen und Zeichnungen hergestellter
Lichtbilder wirkungsvoll unterstützt wurden.

Allgemeine Vereinssitzung am 1. Dezember. Der Vorsitzende, Herr Dr. *Hans Meyer*, giebt zunächst bekannt, dass
sieben neue Mitglieder dem Verein beigetreten, weitere 11 an-
gemeldet sind, sodann, dass der Vorstand Herrn Dr. Sven
Hedin, der in der letzten Vereinsversammlung über seine
grossartigen Reisen in Centralasien berichtete und als be-
deutendster Asienreisender der Gegenwart anzusehen ist, zum
Ehrenmitglied der Gesellschaft ernannt habe. Durch die an den
Vereinsabenden häufig eintretende Überfüllung des Saales sowie
durch den Mangel eines passenden grösseren Saales sieht sich
der Vorsitzende genötigt, auf § 22 der Vereinssatzungen
hinzuweisen, demzufolge Mitglieder jedesmal ein Familien-
mitglied einführen können, während Gästen eine zweimalige
Teilnahme an den Versammlungen gestattet ist. Zum Schlusse
bringt der Vorsitzende in Erinnerung, dass regelmässig nach
den Sitzungen gemeinsames Abendessen (sehr preiswert und
ohne Weinzwang) stattfindet. Den Vortrag des Abends hielt
Herr Geh. Bergrat Prof. Dr. *Hermann Credner*.

In Verbindung mit dem diesjährigen internationalen Geologenkongress in St. Petersburg wurden geologische Ausflüge
von ungewöhnlicher Ausdehnung unternommen; betrug doch
deren Gesamtdauer $2^{1}/_{2}$ Monate bei einer Gesamtlänge von
16000 Kilometern. Der Vortragende beteiligte sich sowohl
an der dem Kongress vorangehenden Reise nach dem Ural,
als auch an der ihm nachfolgenden nach dem Kaukasus. Von
der ersteren, welche fünf Wochen währte, entwarf er ein höchst
anschauliches und interessantes Bild. Die Expedition, der
vollen Gunst des Zaren sich erfreuend, war in jeder Hinsicht
gross angelegt und nahm einen grossartigen Verlauf. Konnten
doch die Forscher (es waren 140 Geologen aus den verschie-

densten Gegenden der Erde) die Stätten bergmännischer und hüttenmännischer Betriebsamkeit betreten, die sonst hermetisch abgeschlossen sind. Vom Staate war ein kombinirter Extrazug zur Verfügung gestellt mit 160 Mann Dienstpersonal, und zwar unentgeltlich. Der erste Zug hatte den Reisenden als fahrendes Hôtel zu dienen. Ein höherer Betriebsbeamter begleitete ihn, da die gewährte Freiheit, den Zug auf offener Strecke zur Besichtigung wichtige Aufschlüsse gewährender Bahneinschnitte und zur Ausführung von Abstechern halten zu lassen, auf der durchweg eingleisigen Strecke für den übrigen Betrieb die erheblichsten Störungen hervorrufen musste. Unmittelbar dem ersten folgte der zweite Zug, der das Dienstpersonal und den Proviant führte; ausser bedeutenden Vorräten an Fleisch musste auch ein Backofen mitgenommen werden, der täglich frisches Brot lieferfe. Überall erfuhr die Expedition eine unglaubliche Gastlichkeit.

Nachdem man die majestätische Wolga überschritten, durchmass man die ausgedehnten samarischen und baschkirischen Steppen, in denen die Julihitze auch die geringsten Spuren von grün in grau verwandelt hatte, streckenweise zeigten sich Salzkrusten. Die ersten kleinen grünen Flecken erschienen in den tiefeingerissenen Thälern des Gebirgsvorlandes, später auch etwas Wald. Nach einer Fahrt von 4 Tagen und 4 Nächten erreichte man Ufa, am nächsten Morgen erwachte man in dem durch die Baschkiren verwüsteten Hochwalde, und von ferne schimmerten endlich die blauen Kämme des Ural. Dieses Gebirge setzt sich hier aus mehreren parallelen Ketten zusammen, die von West nach Ost an Höhe zunehmen, um dann im Osten in grossem Steilabsturz zum sibirischen Tieflande abzusinken. Während sonst die Kammlinien des Gebirges flach und eintönig sind, gaben hier der östlichsten, also höchsten Kette, dem Taganai, aufgesetzte Quarzitriffe ein pittoreskes Aussehen. Von diesen Riffen zogen sich Quarzithalden herab, die sich nach unten in die Thalsohlen einnehmende „Quarzitbäche" fortsetzten. Letztere sind aus eckigen und gerundeten Quarzitgeröllen gebildet und genetisch schwer zu erklären. Der Ostfuss des Gebirges ist hier von einer Zone zahlloser Seen begleitet. Das Gebirge ist völlig mit Wald bedeckt; vom höchsten Gipfel, dem Alexandergipfel, aus erblickte man kein Dorf, kein Haus, nur die Kirchtürme von Slatoust und Mijask, ein Stück der Eisenbahn und die das Gebirge hier überschreitende breite „Deportirtenstrasse". Der Vortragende gab nun in kurzen Zügen ein Bild des Mineralreichtums des Gebirges, von den Goldvorkommnissen im Muttergestein und in Seifen, von den Platinwäschen, den Lagerstätten der Halbedelsteine und den Eisenbergen. Überall bereitete die zusammgeströmte Bevölkerung der Expedition einen festlichen Empfang, überall waren Wagen der verschiedensten Art zur Verfügung gestellt, doch war das Fahren auf den äusserst schlechten Strassen nichts weniger als angenehm. Das Gebirge machte durch seine Höhe, durch seinen Wald und seinen Blumenflor einen heimatlichen, mitteldeutschen Eindruck; die Niederungen sind mit Mooren bedeckt, die oft auch die Flüsse weithin begleiten und unter sich goldhaltige Kiese und Sande bergen. Hunderte von Arbeitern sind in diesen Goldseifen beschäftigt.

Weiter nördlich erfolgte die Rückreise über den Ural, der hier die Form eines gewaltigen Gewölbes hat und des östlichen Steilabsturzes sowie der Quarzitriffe ermangelt, die den Taganai auszeichnen. Durch endlosen, völlig einsamen Wald erklomm die Bahn den Kamm, wo auf der Grenze zweier Kontinente sich ein Gerüst erhebt mit zwei Tafeln, deren eine die Inschrift Asia, die andere Europa trägt. Dann ging es in grossen Kurven den westlichen Gebirgsabhang hinunter, und hier zeigte sich der Wald prächtig herbstlich gefärbt. In Perm angelangt, bestiegen die Reisenden einen Dampfer, welcher sie die hier bereits 1400 m breite, aber seichte Kama hinabführte; trotz aller Vorsichtsmassregeln fuhr man mehrmals auf. Jetzt (Anfang August) war Niedrigwasser; aber im Juni, beim höchsten Stande, erfüllt der Fluss das ganze ebene Land, das ihn in wechselnder Breite begleitet und von 30 bis 50 m hohen Steilrändern begrenzt wird. Während die Kama bei Hochwasser um 13 m steigt, beträgt der Unterschied zwischen Hoch- und Niedrigwasser an der Vjeleja bei Ufa 15 m bei 15 Kilometer Breite. Wo Kama und Wolga sich vereinigen, entschwindet zur Hochwasserzeit das Land dem Blicke des Reisenden, und während der Vortragende vom Dampfer aus auf einem 7 Kilometer langen Damme nach Kasan gelangte, finden die grössten Dampfer bei Hochwasser Zugang bis zur Stadt. Im weiteren Verlauf der Reise wurde auch Nishnij Nowgorod mit seinem berühmten Messplatz besucht, der ausser der Messzeit völlig leer steht, da er vom Hochwasser bedeckt wird. Von hier brachte eine 26 stündige Eisenbahnfahrt die Reisenden über Moskau nach St. Petersburg zurück.

Viele Mühsale waren auf der fünfwöchentlichen Reise zu erdulden, aber die Fülle geologischer Belehrung und wissenschaftlicher Anregung sowie der landschaftlichen und anthropologischen Eindrücke wiegt alle tausendfach auf.

Herren-Sitzung am 15. Dezember. Nach einigen kurzen
Mitteilungen des Vorsitzenden, Herrn Dr. *Hans Meyer*, über
die Vorbereitungen zum 7. Internationalen Geographenkongress
zu Berlin hält Herr *Leo Frobenius* einen Vortrag über die
Religion der Naturvölker.

Die Religion der Naturvölker ist eins der schwierigsten
ethnologischen Probleme, und die in den Reisebeschreibungen
und in der wissenschaftlichen ethnologischen Litteratur vorhandenen Angaben sind mit wenigen Ausnahmen dürftig,
widerspruchsvoll und falsch. Erst die Untersuchungen von
H. Schurtz haben dazu aufgefordert, dem Begriffe Religion
näher zu treten und die Unterschiede zwischen der Religion
der Kultur- und Naturvölker zu untersuchen.

Die Erkenntnis des Kulturmenschen beruht auf logischen
und wissenschaftlichen Grundsätzen, die er tagtäglich wahr-
nimmt und wofür er gewisse Naturregeln festgestellt hat. Wo
Ausnahmen von diesen Regeln eintreten, dort nimmt er zur
Erklärung die Religion zu Hilfe. Der Naturmensch dagegen
beachtet nicht das Alltägliche, sondern die Ausnahmen von
den Naturgesetzen und knüpft an sie seine Religion an.

In der ältesten Kulturepoche war der Mensch ein bedürfnis-
loser, tief stehender Jäger und Fischer. Als solcher lernte er
genau das Tier beobachten und bildete sich als Ausfluss seiner
animalistischen Weltanschauung eine Tier-Mythologie. Er ist
sich nicht bewusst, dass er höher steht als das Tier, sondern
sieht in ihm ein Wesen mit seinen Kräften. Spätere Formen
menschlicher Kultur tragen noch Spuren dieser einfachsten
Weltanschauung z. B. der Totemismus, die Tierfabel und zuletzt
das Jägerlatein.

Mit der Zeit vereinigten sich die Familien zu organisierten
Stämmen, die sich gegenseitig befehdeten. Diese neue Organisation äusserte sich auch in Weltanschauung und Religion,
indem jetzt erst Krankheit und Tod Aufmerksamkeit erregten.
Da man aber an einen natürlichen Tod noch nicht glaubte, so
suchte man dessen Ursache in übernatürlichen Gründen, z. B.
in der Bezauberung durch Feinde des Verstorbenen und zog
diese in Gottesgerichten, im Gifttrank u. s. w. zur Verantwortung.

Mit dem Sesshaftwerden und den sich fest gestaltenden
Gemeinden geht die Entstehung und Entwickelung des Manis-
mus Hand in Hand. Man verehrte die Seelen der Verstorbenen,
machte sie für alles Gute und Böse verantwortlich und suchte
namentlich ihren bösen Einfluss durch Gebete, Kultusceremonien,
Tier- und Menschenopfer abzuwenden.

Die letzte, interessanteste und, wie die Sonnensagen der
Griechen und Polynesier beweisen, zugleich auch schönste und

grossartigste Epoche ist die Zeit der Sonnenmythen. Die Götter der Ägypter, Griechen u. s. w. und fast aller Naturvölker der Erde waren Sonnengötter, wobei jeder einzelne Gott ein bestimmtes Schicksal oder eine bestimmte Eigenart der Sonne verkörpert und wobei jede Sonnensage auch eine Schöpfungssage enthält.

· Demnach birgt die Religion der Naturvölker, der landläufigen Meinung zum Trotz, eine Menge wichtiger Fundamentalgesetze und fester religiöser Systeme.

Mitgliederverzeichnis 1897.

(Abgeschlossen am 31. Dezember 1897.)

A. Vorstand.
B. Ehrenmitglieder.
C. Korrespondierende Mitglieder.
D. Ordentliche Mitglieder in Leipzig.
E. Auswärtige ordentliche Mitglieder.
F. Mitglieder der Karl Ritter-Stiftung, die nicht dem Verein angehören.

A.

I. Vorstand.

Vorsitzender: Dr. **Hans Meyer.**
1. Stellvertreter: Dr. **Hugo Berger.**
2. Stellvertreter: Prof. Dr. **Emil Schmidt.**
Schriftführer: Privatdocent Dr. **Kurt Hassert.**
1. Stellvertreter: Dr. **August Fitzau.**
2. Stellvertreter: Dr. **Hans Fischer.**
Kassierer: Bankier **Otto Keil.**
Stellvertreter: Bankdirektor **F. C. Assmann.**
Bibliothekar: Lehrer **Hermann Hofmann.**

II. Den Ausschuss
für die Verwaltung der Karl Ritter - Stiftung

bilden ausser den oben Genannten folgende Mitglieder
des Vereins:

Buchhändler Dr. **Heinrich Eduard Brockhaus.**
†Geh. Rat Prof. Dr. **Rudolf Leuckart.**
Kaufmann **F. L. Liebeskind-Platzmann.**

III. Beirat.

Dr. **Bruno Peter.**
Lehrer **F. H. Tittmann.**
Professor Dr. **Ratzel.**
Gymnasialoberlehrer Dr. **Ruge.**
Oberamtsrichter **Wilhelm Kranichfeld.**
Amtshauptmann Geh. Reg.-Rat Dr. **H. A. Platzmann.**
Kaufmann **Georg Rödiger sen.**
Reichsgerichtsrat **Stellmacher.**
Professor Dr. **Karl Schulz.**
Professor **O. Lungwitz.**

.

B. Ehrenmitglieder.

C. Korrespondierende Mitglieder.

D. Ordentliche Mitglieder

im Leipziger Stadtgebiet wohnend (auswärtige s. unter E).

Die mit * bezeichneten Mitglieder sind im Laufe des Jahres infolge Versetzung, Wegzug, durch Abmeldung u. s. w., die mit † bezeichneten durch den Tod ausgeschieden. (R) bedeutet Mitglied der Leipziger Karl Ritter-Stiftung.

Eintrittsjahr.

1. *Abendroth, Robert*, Dr. phil., Assistent an der Universitäts-Bibliothek. Brandvorwerkstr. 38 . . . 1875
2. *Abraham, Max*, Dr. jur., Verlagsbuchhändler. Thalstrasse 10 1878
3. *Albert, Karl*, Schuldirektor. Kaiser Wilhelmstr. 53 1891
4. *Ackermann, Alfred*, Verlagsbuch. Elsterstr. 40 . 1893
5. *Adam*, Amtsrichter. Theaterplatz 1 1895
6. *Anger*, Dr.jur.u.Landrichter. Robert-Schumannstr. 1,I 1895
7. *Arlès*, Frau. L.-Plagwitz, Elisabethallee 9 1896
8. *Assmann, F. C.*, Bankdirektor in Plagwitz (Leipzig, Markt 11) 1883
9. *Auerbach*, Turnlehrer an der III. Realschule. Sophienplatz 1, p. 1895
10. *Bassenge, Gustav*, Ingenieur und Prokurist der Kammgarnspinnerei 1895
11. *Bädeker, Fritz*, Buchhändler. Nürnbergerstr. 46 . 1870
12. *Bädeker, Hugo*, Verlagsbuchhändler. Leibnizstr. 19, I 1897
13. *von Bärenfels*, Reichsgerichtsrat. Dörrienstr. 1 . . 1896
14. *Bärwinkel, Emil*, Justizrat. König-Johannstr. 4 . . 1876
15. *Bahrdt, Rob. Theod.*, Dr. med., Hofrat. Emilienstr. 9 1878
16. *Baldamus, A.*, Dr. phil., Oberlehrer. Leipzig-Gohlis, Wilhelmstr. 18 1887
17. *Bauer, Ernst*, Brauereibesitzer. Täubchenweg 5/7 1891
18. *Baumann, O.*, Oberstleutnant a. D. Waldstr. 12 . 1896
19. *Baumgärtner, Alphons*, Dr. jur., Verlagsbuchhändler. Marschnerstrasse 3, I 1877
20. *Baumgärtner, Lionel*, Dr. jur., Buchhändler. Bayersche Strasse 81 1884
21. *Baur*, Frau verw. Geh. Konsistorialrat. Königstr. 22 1875
22. *Becker, Arthur*, Dr. phil. Augustusplatz 1 . . . 1880
23. *Becker, Georg August*, Kaufmann. Moschelesstr. 2 1894
24. *Beckmann, Ernst*, Dr. u. Professor a. d. Universität. Brüderstr. 34, II 1885

407. *Richter,* Fräulein *Hedwig,* Äussere Löhrstr. 11 . 1886
408. *Ritter, Heinr.,* Buchhändler. Täubchenweg 2
(Pfaffendorferstr. 10) 1876
409. *Ritzhaupt, Konrad Curt,* Kaufmann (R). Marien-
strasse 21, I 1872
410. *Rödiger, Georg sen.,* Kaufmann. Plagwitz, Karl-
Heinestrasse 14 (Leipzig, Brühl 2) 1879
411. *Roediger, Georg jun.,* Kaufmann. Moschelesstr. 13 1895
412. *Rödiger, Theodor,* Kaufmann. Plagwitzerstr. 14 . 1868
413. *Rohmer,* Architekt. Hohestr. 27ᶜ 1896
414. *Rospatt, Cassius,* Reichsgerichtsrat, Humboldtstr. 14 1891
415. *Rossbach, Arwed,* Dr. phil., Stadt- und Baurat.
Albertstr. 36 1895
416. *Rost, Adolf,* Buchhändler, Hinrichs'sche Buchhandlung. Blumengasse 2 1887
417. *Rost, David,* Buchhändler. Blumengasse 2 . . . 1891
418. *Rost, R.,* Baumeister. Weststr. 20 pt. 1892
419. *Roth,* Dr., Direktor des Teichmann'schen Instituts.
Dorotheenstr. 6 1889
420. *Ruge, W.,* Dr. phil., Oberlehrer am Königl. Gymnasium. Waldstr. 6 1889
421. *Sander,* Frl. *Else,* Lehrerin. Delitzscherstr. 7 d . . 1897
422. *Sander, C. Leopold,* Buchhändler. Sternwartenstr. 46 1886
423. *Sänger,* Dr. med. u. Prof. a. d Univers. Königsstr. 24 1896
424. *Scharvogel, J. J.,* Kaufmann. Humboldtstr. 11 . 1889
425. *Scheibner, W.,* Dr. phil., Geh. Hofrat und Prof. an
der Universität. Schletterstr. 8 1881
426. *Schenkel, Emil,* Kaufmann Karlstr. 5 1897
427. *Schlick, Max Klemens,* Bankier (R). Töpferstr. 3
(Brühl 39) 1871
428. *Schlieper, C.,* Direktor. Zeitzerstr. 6 1896
429. *Schmalz,* Reichsgerichtsrat. Haydn-Strasse 11, I . 1893
430 *Schmidt, Anton,* Lehrer. Rossplatz 12, III . . . 1896
431. *Schmidt, Emil,* Dr. phil. et med., Prof. a. d. Univ.
Schenkendorfstr. 5 1882
432. *Schmidt-Engel, Johannes,* Kaufmann. Nordplatz 1 1897
433. *Schmidt, Julius Wilhelm,* Bankier und Königl.
Schwedischer und Norweg. Konsul. Weststr. 23
(Grimmaischestr.) 1871
434. *Schmidt, Eugen,* Reichsgerichtsrat. Kaiser Wilhelmstr. 27 1892
435. *Schober, Friedrich Max,* Dr., Generalkonsul und
Oberregierungsrat a. D. An der Pleisse 13 . . 1887
436. *Schoen,* Dr. med. und Prof. a. d. Univ. Dorotheenstrasse 2, II 1896

E. Auswärtige Mitglieder.

F. Mitglieder der Karl Ritter-Stiftung,

die nicht dem Verein für Erdkunde angehören.

Fricke, C., jun., Zimmermeister.
Gericke, C. Heinr., Dr., Fabrikbesitzer.
Götz, Gustav, Kaufmann.
Gross & Co., Eisenhandlung.
Hessler, Friedr. Rud., Stadtrat.
Linke, Friedr., Kaufmann.
†*Richter, Albert,* Dir. der I. Bürgerschule für Mädchen.
Strube, Karl, Goldarbeiter.
Winter, Otto, Kaufmann.

Johann Christian Hüttner.

Ein Beitrag zur Geschichte der Geographie

von

Paul Gedan.

Inhaltsübersicht.

An der Wende des vorigen Jahrhunderts gewann die im Dienste der Geographie stehende Litteratur einen bedeutend weiteren Umfang als vorher. Im 16. Jahrhundert, dem grossen Zeitalter der Entdeckungen, welche die Geographie auf eine völlig neue Basis stellten, war die Kunde von den „newen unbekanthen landten" durch jene Flugblätter verbreitet worden, welche heutzutage eine so grosse Seltenheit bilden, sowie durch viele Reisebeschreibungen, welche die Fahrten und Erlebnisse kühner Abenteurer schilderten und später in grossen Sammelwerken zusammengefasst wurden.[1]) Das 17. Jahrhundert bildete in der Entdeckungsgeschichte die Zeit der Nachlese, in der geographischen Litteratur eine Periode langsamer Fortbildung. Mehr und mehr trat die Wissenschaft in den Dienst der Reisen, ein reiches Material von Beobachtungen wurde aufgespeichert; aber der grosse frische Zug, welcher den Reisebeschreibungen des 16. Jahrhunderts eigen gewesen war, erstarrte allmählich, da immermehr eine Spezialisierung des Stoffes einzugreifen begann. Erst dem 18. Jahrhundert blieb es vorbehalten, den Reisebeschreibungen wieder einen kräftigen Strom litterarischer Anregung zuzuführen, der besonders in einer tieferen Auffassung und lebendigeren Schilderung der Natur seine Wirkungen äusserte. Zugleich eröffneten sich gegen das Ende des vorigen Jahrhunderts der Verbreitung geographischer Kenntnisse neue Wege durch die gedeihliche Entwicklung des Journalismus, der mit dem Aufblühen der deutschen Litteratur einen weiteren und reicheren Inhalt sich aneignete und mit Vorliebe geographischer Stoffe sich bemächtigte. 1798 wurden die vom Major von Zach begründeten, später von Bertuch redigierten „Allgemeinen geographischen Ephemeriden" ins Leben gerufen, die erste bedeutende geographische Zeitschrift auf deutschem Boden; aber auch andere Journale nahmen gern Berichte über allerlei Gegenstände der Länder- und Völkerkunde in ihre Spalten auf. Die meisten dieser Nachrichten flossen aus englischen Quellen, denn die Engländer hatten schon damals die führende

---

[1]) Vgl. Dr. Viktor Hantzsch, Deutsche Reisende des 16. Jahrhunderts, Leipzig 1895.

Rolle zur See übernommen. Wie aber jede Seemacht sich
gründet auf genaue Kenntnis eines weiten Länderkreises, welcher beherrscht und im Handel und Verkehr ausgebeutet
werden soll, so hatte sich auch in England durch die innige
Verbindung wirtschaftlicher und politischer Motive eine eingehende Kenntnis fremder Länder und Völker und ein reges
geographisches Interesse entwickelt. London war vor hundert
Jahren der Mittelpunkt, wo alle nautischen und geographischen
Erfahrungen zusammenströmten, um dann wieder auf die kontinentalen Nachbarn Englands ihren belebenden Einfluss auszustrahlen. Vor allem erhielt Deutschland, das durch seine
zurückgedrängte geographische Lage und durch seine politische
Ohnmacht und Zerrissenheit vom überseeischen Verkehr so gut
wie ausgeschlossen war, aus England eine Fülle geographisch-
litterarischer Anregungen. Einer der bedeutendsten Träger und
Vermittler dieser geistigen Wechselbeziehungen war Johann
Christian Hüttner; sein Leben und seine Stellung in der
Litteratur seiner Zeit vorzuführen ist der Zweck der vorliegenden
Arbeit.

I.

Joh. Christ. Hüttners Lebensgang.[2])

Hüttner war der Spross einer Lehrerfamilie, in welcher
Schulamt und Kantorat seit geraumer Zeit von einer Generation

---

[2]) Anknüpfungspunkte zur vorliegenden Biographie bot folgende Litteratur:
1. Meusel, Das Gelehrte Teutschland, Lemgo 1796 ff., IX 636, XIV 205, XVIII 229.
2. Nationalzeitung der Deutschen, Jg. 1811, 22. Stück, S. 405.
3. Brockhaus, Conversationslexikon, Lpz. 1824[4], XI (2. Abt.) 682 f. — 1827[7],
V 451. — 1834[8], V 466 f.
4. Neues Lausitzisches Magazin, Jg. 1847, S. 197—200 der beigegebenen „Nachrichten a. d. Lausitz."
5. Neuer Nekrolog der Deutschen, Jg. 1847, S. 823—825.
6. The Gentleman's Magazine, London 1847, XXVIII 99—100.
7. Oettinger, Moniteur des dates, Dresde et Leipzig 1866—1882, III 12.
8. Dictionary of national biography, London 1885 ff., XXVIII 350.
9. Allgemeine Deutsche Biographie, Lpz. 1875—1893, XIII 480 (Ratzel). Einige
dieser biographischen Notizen erweisen sich freilich als sehr dürftig und ungenau, andere sind fast in wörtlicher Übereinstimmung von einem Blatt und
Sammelwerk ins andre gewandert. Das Verdienst, zum ersten Male auf Hüttners
litterarische Bedeutung klar und scharf hingewiesen zu haben, gebührt dem zuletzt
citierten Aufsatze Ratzels. Die Hauptquelle für die vorliegende Arbeit bildete
das bisher noch unbenutzte handschriftliche Material von bedeutendem Umfange,
auf welches an den betreffenden Stellen verwiesen werden soll. Leider war es
dem Verfasser trotz vielfacher Bemühungen bisher nicht möglich, Hüttners
litterarische Hinterlassenschaft in London ausfindig zu machen, welche namentlich in zahlreichen Briefschaften zu der hier gegebenen Monographie noch
wertvolle Beiträge enthalten dürfte.

zur anderen fortgeerbt waren. Sein Vater, Johann Christian Hüttner, am 11. Oktober 1735 als Sohn des Kantors zu Nebra an der Unstrut geboren, hatte auf der Universität Leipzig[3]) lange Zeit theologische und philosophische Studien getrieben, bis er 1764 eine Berufung zum Kantor und Tertius der Stadtschule in Guben erhielt. „Nachdem er am Fest Trinit. in der Kirche und Montags darauf in der Schule seine Probe mit adplausu abgeleget, auch den 17. July in Lübben vor dem Consistorium examinirt worden war, trat er sein Amt an mit Einer Rede: Vom Nutzen öffentlicher Schulen." [4]) Bald darauf gründete sich der junge Kantor ein eigenes Hauswesen, und am 25. Mai 1766 wurde ihm sein erster und einziger Sohn geboren, Johann Christian. Der Vater widmete dem Knaben eine äusserst sorgfältige Erziehung und liess ihn schon frühzeitig das Gubener Lyceum besuchen.[5]) Hier fand der Knabe in seinen späteren Schuljahren die kräftigste Förderung durch seinen Paten, den Rektor Thierbach († 1782), und dessen Nachfolger, Mag. Döring (später Kirchenrat und Gymnasialdirektor in Gotha).[6]) Beide Männer, denen Hüttner allezeit ein pietätvolles Andenken bewahrt hat, waren tüchtige Philologen aus der Schule des berühmten Leipziger Professors Ernesti und erweckten durch ihren anziehenden Unterricht in dem jungen Hüttner schon frühzeitig ein reges Interesse für das klassische Altertum und das lebhafte Verlangen, sich einst ganz philologischen Studien widmen zu können. Freilich würde das ziemlich schmale Einkommen des Vaters der Erfüllung dieses Wunsches mancherlei Hindernisse entgegengesetzt haben, wenn sich nicht in der Person des Gubener Primarius Mag. Sam. Erdmann Riepke ein freundlicher Helfer gefunden hätte. Dieser treffliche Mann begnügte sich nicht damit, als Inspector Scholae die pflichtmässigen Revisionen abzuhalten, sondern sorgte auch nach Kräften für die innere

---

[3]) Matrikel der Univ. Leipzig, Bd. 10, Jg. 1757, a die Georgii ad diem Galli, Nr. 1.

[4]) Regierungsarchiv zu Frankfurt a. d. Oder, Diözese 12. G. 14 „Acta des Curfürstl. Sächs. Consistoriums des Markgrafthums Niederlausitz zu Lübben: die Bestellg. d. Cantorats zu Guben betr.: Anno 1670—1804".
Vgl. Poppo, Zuverlässige Nachrichten, d. Kirchen- u. Schul-Wesen zu Guben betr. Gub. 1768, S. 172.
Loocke, Geschichte d. Kreisstadt Guben, Görlitz 1803, S. 138.

[5]) In einer Gratulationsschrift von 1774, gedruckt zum Geburtstage des Rektors Thierbach und des Konrektors Schulze, wird ein Schülerverzeichnis der beteiligten Classes III et IV gegeben; dabei ist Hüttner als drittletzter unter 26 Schülern aufgeführt.

[6]) W. Richter, Ursprung und Wachsthum der gelehrten Schule zu Guben. Gub. 1817, S. 26.

und äussere Entwickelung des Gubener Schulwesens.[7]) Als echter Diener der Kirche brachte er auch dem Einzelnen allzeit ein warmes Herz entgegen, und seinem thatkräftigen und dauernden Interesse war es zu danken, dass der junge Hüttner im Jahre 1784 die Universität Leipzig beziehen konnte, um seiner Neigung folgend sich philologischen Studien zu widmen.[8]) Unter den Professoren fesselte ihn vor allem Chr. Dan. Beck, ein Mann von seltener Vielseitigkeit des Geistes, eine Leuchte der Leipziger Universität bis in die ersten Decennien dieses Jahrhunderts.[9]) Dem jungen Hüttner war es vergönnt, zu diesem seltenen Manne in ein persönliches Verhältnis zu treten, und als Beck im Jahre 1785 die societas philologica gründete, in welcher sich die reifsten und fleissigsten der Philologie Studierenden unter seiner Leitung wöchentlich zu Übungen zusammenfanden, nahm Hüttner an diesen Disputationen regen Anteil.[10]) Einen warmen Gönner erwarb sich der junge Philolog auch in Professor Seydlitz, der vormals schon Hüttners Vater während seiner Studienzeit mit Rat und That zur Seite gestanden hatte.[11]) Im Oktober 1788 schloss Hüttner seine Universitätsstudien ab mit der Veröffentlichung einer Abhandlung „De Mythis Platonis“.[12]) Er widmete diese Erstlingsfrucht seiner akademischen Studien seinem väterlichen Freund und Gönner, dem Primarius Riepke, zum 62. Geburtstage mit dem Ausdrucke herzlichsten Dankes für die liebevolle Unterstützung, welche ihm dieser hatte zu teil werden lassen. Dass übrigens

---

[7]) Sam. Erdm. Riepke, 1726—1790. Vgl. Loocke. S. 109. 117 f. Über seine Verdienste um das Schulwesen handeln: Doering, Epistola ad — — M. Sam. Erdm. Riepke, Lips. 1783. —
W. Richter, Über d. Ursprung d. Gub. Schulbibliothek. Gub. 1801. —
W. Richter, Ursprung u. Wachsth. d. gel. Schule z. Guben. Gub. 1817.
Jentsch, Progr. d. Gub. Gymn. 1876, Anhang S. 1.
[8]) Matrikel d. Univ. Lpz., Bd. 11, Jg. 1784, a die Georgii ad diem Galli, Nr. 208.
[9]) Chr. Dan. Beck, 1757—1832. Allg. Dtsch. Biogr. II 210—212. — N. Nekrol d. Dtschn., Jg. 1834, S. 810—819.
[10]) Die societas philologica wurde 1809 zum wirklichen philolog. Seminar erhoben, gehört also zu den ersten Anfängen des heute an der Leipziger Universität so blühenden und segensreichen Seminarwesens.
[11]) Huettner, de mythis Platonis, p. VII, Anm. — Eine Beziehung zwischen Gellert und unsrem Hüttner, wie sie im Neuen Laus. Magazin, Jg. 1838, S. 365 dargestellt wird, ist ohne weiteres als Anachronismus hinfällig. An der bezeichneten Stelle findet sich ein Brief Gellerts abgedruckt, in welchem er „den jungen Hüttner, der in der That ein hoffnungsvolles und fast schon vollendetes Genie ist, das unterstützt zu werden verdiente“, der Fürsorge des menschenfreundlichen Ad. Tr. von Gersdorf aufs wärmste empfiehlt. Da der Brief vom 12. Jan. 1768 datiert ist, kann er weder auf unsern Hüttner noch auf seinen Vater bezogen werden.
[12]) In der Liste des Procancellariats der philosoph. Fakultät über die Promotionen im Jahre 1788 findet sich Hüttners Name nicht; die Abhandlung scheint also nur Gelegenheitsschrift gewesen zu sein.

bei dieser Jugendarbeit der gute Wille höher zu schätzen war
als der wissenschaftliche Wert, bekannte Hüttner selbst freimütig in einem Briefe, den er sieben Jahre später an B ö t t i g e r
schrieb.[13])

Nach Abschluss seiner Studien nahm der junge Philolog
bei dem Bankier F r e g e in Leipzig eine Hauslehrerstelle an,
welche er mehrere Jahre lang verwaltete. In diese Zeit fiel
auch seine für die Folge so wichtige Bekanntschaft mit B ö t t i g e r,
der, erst 24 Jahre alt, 1784 zum Rektor des Gubener Lyceums
berufen worden war. Im Frühjahr 1791 folgte Hüttner einem
Rufe nach London, wo er durch Professor Becks Empfehlung
im Hause des englischen Diplomaten Baronet G e o r g e
S t a u n t o n eine Stellung als Erzieher erhielt. Für seinen
ferneren Lebensgang bedeutete dieser Schritt einen wichtigen
Wendepunkt; Hüttner hat, seiner ursprünglichen Absicht entgegen, den heimatlichen Boden nie wieder betreten, England
wurde sein zweites Vaterland. Eine neue, eigenartige Welt
umfing ihn; seine natürliche Beobachtungsgabe wurde ungemein geschärft, sein geistiger Horizont bedeutend ·erweitert.
Anfänglich fühlte er sich in seiner neuen Stellung nicht sonderlich wohl; in der kühlen Atmosphäre des vornehmen englischen Hauses begegnete man dem jungen Erzieher mit jener
frostigen Herablassung, die ein aufrichtiges Behagen nicht aufkommen lässt; allmählich gestalteten sich jedoch die Beziehungen
günstiger, namentlich das Verhältnis zu seinem Zögling wurde
herzlicher und vertrauter. Trotz aller Gebundenheit brachte
Hüttners Stellung doch auch manche Annehmlichkeit mit sich.
Als steter Begleiter seines Zöglings hatte er Gelegenheit, England nach verschiedenen Richtungen zu bereisen und besonders
die Naturschönheiten des schottischen Hochlandes in vollen
Zügen zu geniessen. Ebenso war es ihm vergönnt, in Stauntons
Gesellschaft Frankreich, die Schweiz und Italien kennen zu lernen,
als dieser im Auftrage der englischen Regierung vom Januar bis
Mai 1792 eine Reise nach Paris, Rom und Neapel unternahm,
um in den dortigen Missionarkollegien geeignete Dolmetscher
für die geplante Gesandtschaft nach China zu suchen.

Durch die gesellschaftlichen Verbindungen der Stauntonschen Familie kam Hüttner in mannigfache Berührung mit
einflussreichen Persönlichkeiten und tüchtigen Gelehrten, deren
Umgang seine Kenntnisse bereicherte, sein Urteil bildete und

---

[13]) Brief v. 12. Okt. 1795: „Sie erinnern sich vielleicht, dass ich vor sieben
Jahren ein Exercitium de mythis Platonis drucken liess. Nun ist mir bange,
dass man mich in der „Allgem. Lit. Ztg." dafür züchtigen möchte, da ich finde,
dass zuweilen Kleinigkeiten, die sich verspätet haben, nachgeholt werden. Ein
einziger Wink von einem Manne ihresgleichen würde die Recension verbindern,
mir einen Leviten ersparen und mich Ihnen noch verbindlicher machen."

seinem Geiste jene Vielseitigkeit des Interesses verlieh, die ihm
bei seiner späteren litterarischen Thätigkeit so ungemein zu
statten kam.

Im September 1792 ging unter der Führung des Lord
Macartney jene Aufsehen erregende Gesandtschaft nach China,
welche das erste selbständige Hervortreten Englands aus dem
Rahmen der ostindischen Handelscompagnie bedeutete.[14])
Staunton wurde dabei zum Legationssekretär ernannt, sein
Sohn dem Gesandten als Page zugeteilt. Hüttner blieb an der
Seite seines Zöglings und erhielt dadurch Gelegenheit, Länder
und Menschen eines weiten Erdkreises aus eigener Anschauung
kennen zu lernen. Am 26. September verliess man den Hafen
von Portsmouth, und am 26. Juli des folgenden Jahres gingen
die Schiffe an der Mündung des Paiho vor Anker.

Bei den Vorbereitungen auf die Audienz am chinesischen
Hofe leisteten Hüttners treffliche Sprachkenntnisse dem Gesandten mehrfach wertvolle Dienste. Da der Gesandtschafts-
dolmetscher, ein Jesuitenpater, nur sehr wenig Englisch verstand, musste ihm von Hüttner die Kenntnis der diplomatischen
Korrespondenz erst auf dem Umweg des Latein vermittelt
werden, ehe er eine chinesische Übersetzung anfertigen konnte.
In gleicher Weise wurden auch die umständlichen Beschreibungen der für den chinesischen Kaiser bestimmten kostbaren
Geschenke in die Landessprache übertragen. Während der
ganzen Reise blieb Hüttner stets in der Nähe des Gesandten,
trat mit ihm vielfach in persönliche Berührung und erlangte
durch diesen Umstand nicht nur eine genaue Kenntnis aller
einzelnen Vorkommnisse, sondern gewann auch ein wachsendes
Verständnis für die vielseitigen Beziehungen der äusseren
Politik Englands.

Am 17. März 1794 wurde von Canton aus die Rückreise
angetreten, und nach fast zweijähriger Abwesenheit kam man
am 16. September wieder in Portsmouth an, zwar nicht mit
dem erhofften diplomatischen Erfolg, aber doch reich an
grossen und nachhaltigen Eindrücken. Auch in der Folgezeit
blieb Hüttner bei Staunton, begleitete den kränkelnden Mann
auf seinen Erholungsreisen und leistete ihm bei schriftstellerischen
Arbeiten manche Unterstützung. Allein die Zerstreuungen, die
sich ihm darboten, der Verkehr mit einem auserwählten Ge-
sellschaftskreis, zu welchem er als Mitgefährte der berühmten
Gesandtschaftsreise leichten Zugang fand, vermochten Hüttner

14) George Earl of Macartney, 1736—1806. Vgl. Hoefer, Nouvelle
Biographie Générale, Paris 1862 ff., XXXII 464—468. — The Encyclopaedia
Britannica, Edinburgh 1875 ff., XV 125. — Chamber's Encyclopaedia, Philadel-
phia 1895 ff., VI 763. — Dictionary of national biography, Lond. 1885 ff.,
XXXIV 404—406.

nicht auf die Dauer zu fesseln; vielmehr veranlasste ihn seine ausgesprochene Neigung zu litterarischer Bethätigung, den schon früher angeknüpften Briefwechsel mit Böttiger weiter auszudehnen und sich durch eifriges Studium sprachwissenschaftlicher Werke ein Fundament zu schaffen für die geplante Übersetzung des von Staunton bearbeiteten Gesandtschaftsberichts. Das Anwachsen dieses Werkes, zu dem auch Hüttners Tagebuch Beiträge lieferte, sowie die gleichzeitige Übersetzung des „Menu", einer Sammlung altindischer Gesetze, nahmen seine Zeit und Kraft stark in Anspruch. „Meine Briefe", schreibt er an Böttiger, „sind eine rudis indigestaque moles, aber ich bin nicht Herr über meine Zeit, um mich zu sammeln. — Ich stehle wörtlich die Stunden, um an Sie zu schreiben."[15]) Stauntons Verdriesslichkeit und Reizbarkeit, durch Alter und Krankheit gesteigert, erschwerten die Arbeit nicht wenig, noch andere Hindernisse gesellten sich dazu, verbitterten ihm manche Stunden und bestimmten ihn endlich, im Februar 1796 seine Stellung bei Staunton aufzugeben. Beide Männer schieden äusserlich in Frieden, namentlich das Verhältnis zu seinem Zöglinge Thomas wurde dadurch nicht im mindesten getrübt, wie aus den späteren Beziehungen zwischen beiden deutlich hervorgeht.

Hüttner wandte sich nun dem Buchhandel zu und trat mit einem Schweizer, Namens Escher, in Verbindung. Die Aussichten auf geschäftliche Vorteile schienen dabei nicht ungünstig zu sein, denn die deutsche Litteratur gewann allmählich in England immer mehr Freunde; an einem Tage waren nicht weniger als drei Übersetzungen von Bürgers „Leonore" erschienen, und das neue, vielgelesene Monthly Review pries das Deutsche fast überschwenglich. Hüttner hoffte viel von seiner Verbindung mit Weimar und Zürich und glaubte namentlich durch Einführung von Übersetzungen deutscher Klassiker die Buchhandlung in Flor zu bringen. Allein seine Erwartungen wurden bitter getäuscht; Escher besass nicht genug Unternehmungsgeist, und Hüttner war der rein kaufmännischen Beschäftigung bald überdrüssig. Der Inhalt der Bücher interessierte ihn eben mehr als ihr Vertrieb.

Nach Auflösung seiner geschäftlichen Verbindung mit Escher suchte sich Hüttner wieder durch Übersetzungen und Sprachstunden seinen Unterhalt zu erwerben; freilich ein saurer Bissen Brot! Kaum hatte er eine Übersetzung vollendet, so musste er „dura necessitate coactus" schon wieder eine andere beginnen. Die drückende Konkurrenz auf diesem Arbeitsfelde presste ihm manche bittere Klage aus. „Im schönen Albion

---

[15]) Brief v. 14. Jan. 1796.

und insonderheit in dieser Metropole sind der sprechenden
Raben unserer Nation nur zu viel, die aus dem Deutschen
englische Worte machen, aber es ekelt den Magen vor dieser
losen Speise. Freilich wie Georg Forster, Wendeborn und
Raspe englisch zu schreiben, dazu gehört ein langes Indigenat.“ [16])
Obwohl die Sorge ums tägliche Brot manchmal an seine
Thür klopfte, bereute er doch nicht die Lösung seines Ver-
hältnisses zu Staunton, sondern blickte der Zukunft fest ins
Auge. [17])
In dieser Zeit der Not und Bedrängnis bewährte sich
Böttiger als warmer Freund und allzeit hilfsbereiter Gönner.
Er erlangte nicht nur beim Weimarer Industrie-Comptoir eine
Hüttners Erwartungen weit übersteigende Honorierung der
Übersetzung des „Menu“, sondern wusste durch seine viel-
seitigen Verbindungen und seine gewichtige Fürsprache auch
dahin zu wirken, dass man Hüttner zum Korrespondenten der
Bayreuther und Braunschweiger Zeitung anwarb. Durch
Klopstocks Bruder bewogen, setzte sich auch Dr. Ersch, der
Herausgeber der „Hamburger neuen Zeitung“, mit Hüttner in
Verbindung, um vor allem authentische Berichte über die viel-
besprochenen Finanzpläne des englischen Ministeriums zu erhalten. Kostete auch die Bewältigung dieser Korrespondenzen
anfangs nicht wenig Mühe, so fühlte sich Hüttner doch bei
dieser Beschäftigung weit zufriedener als früher, und auch
seine materiellen Verhältnisse gestalteten sich wesentlich günstiger. Dass ihm neben dem klingenden Lohne auch nicht
die Anerkennung von Persönlichkeiten fehlte, deren Urteil in
litterarischen Kreisen Gewicht und Ansehen besass, bezeugen
mehrere der vorliegenden Briefe. [18])
Hüttners Übergang zur schriftstellerischen Laufbahn hatte
übrigens sein Verhältnis zu Guben nicht unwesentlich getrübt.
Sein Vater missbilligte es entschieden, dass er das sichere
Hofmeisteramt aufgegeben und sich einer ungewissen Zukunft

---

[16]) Brief an Böttiger v. 27. Dez. 1796.
[17]) „Komme, was kommen mag, ich bin bereit; ich kann unmöglich bedauern,
was ich gethan habe. Ich bin ein freier Mann nach fünf elenden Sklavenjahren
und will diese Independenz um keinen Alltagspreis hingeben.“ Br. an Böttiger
v. 26. Aug. 1796.
[18]) „Ihren werthen Brief habe ich fast auswendig gelernt. Denn dass ein
Böttiger mit mir wie mit seinesgleichen redet, ein Wieland sich meiner erinnert,
ein Herder mich grüssen lässt und ein Mann von Bertuchs Kenntnissen und
Wichtigkeit meinen verlorenen Vorposten, den ich beinahe aufgegeben hatte,
unter seine Flügel nehmen will, das sind Ereignisse und Freudenposten, die auch
einen minder sanguinischen Mann, als ich bin, hätten schwindlich machen können.“
Br. a. Böttiger v. 27. Dez. 1796. — An anderer Stelle heisst es: „Durch die
Erinnerung eines Wieland und Herder finde ich mich sehr geehrt. Ich hätte mir
nie träumen lassen, dass solche Leute etwas von mir hören würden.“ (24. Juli
1798.)

anvertraut hatte, und auch im Gubener Schulkollegium war
man ähnlicher Meinung. Ein „Zeitungsschreiber" war eben
in jenen Tagen noch ein recht verächtlich Ding! Durch
Böttigers Vermittelung wurden jedoch diese Dissonanzen wieder
ausgeglichen, zur grossen Befriedigung Hüttners, dem „Unfriede
oder Kälte mit den Seinigen höchst niederschlagend und ver-
bitternd" war.

Die litterarische Thätigkeit Hüttners gewann unterdes
immermehr an Umfang und Vielseitigkeit und gab ihm die
Möglichkeit, vom Ertrag seiner Feder eine ziemlich sorgenfreie
Existenz zu führen. Allein die Verhältnisse gestalteten sich
sehr misslich, als in den folgenden Kriegsjahren die stürmischen Wellen der politischen Bewegung auch England heftig
ergriffen. Der Verkehr mit dem Kontinente wurde immer
unsicherer und schwieriger; nach der Besetzung der Hansastädte
durch die Franzosen mussten die Korrespondenzen zwischen
England und Deutschland unter mancherlei Deckadressen
durch viele vermittelnde Hände gehen und oft einen weiten
Umweg über Dänemark, Holland oder gar Frankreich einschlagen,
sodass ein Brief von London nach Weimar zuweilen volle
sieben Monate unterwegs war. Hüttner schwebte so in beständiger Furcht, dass seine Korrespondenz abgeschnitten und seine
Wirksamkeit gelähmt würde. Dazu kam, dass die Rimessen
der Verleger oft sehr lange auf sich warten liessen, ja bisweilen
ganz ausblieben. Selbst gegen das solide Weimarer Industrie-
Comptoir musste Hüttner Klage erheben, dass seine Bitten
um Bezahlung seit siebzehn Monaten ungehört verhallt waren.
Unter solchen Umständen war es wohl zu verstehen, wenn ihm
endlich der Faden der Geduld riss und sein Unmut in bitteren
Worten zum Durchbruch kam.[19]) Das scharfe Geschütz blieb
nicht ohne Wirkung; man schätzte Hüttner doch zu sehr, um
es zu einem Bruche mit ihm kommen zu lassen.

Noch kritischer gestaltete sich seine Lage, als die Kon-
tinentalsperre, welche den Handel, Englands Lebensader, unterbinden sollte, jedes litterarische Unternehmen fast unmöglich
machte. Der Faden, der ihn mit Cotta und Bertuch verknüpfte,
wurde zerschnitten, und auch der Briefwechsel mit Böttiger
geriet allmählich ins Stocken. Das Anerbieten Böttigers und
Reinhards, die ihm an der Leipziger Universität eine Stelle
als Lektor eröffnen wollten, hatte Hüttner früher mit herzlichem
Dank abgelehnt; lieber wollte er ein Bettler unter wildfremden

---

[19]) Br. an Böttiger v. 1. Juli 1800: „Wovern Sie also auch in Zukunft das
Journal „London und Paris" redigiren, so verlieren Sie ja keine Zeit, ein anderes
Packthier in London zu miethen. Dasselbe mag der Redacteur der Ephemeriden
thun." — „Ich bin ein fleissiger Handlanger und will durchaus bey keinem Meister
dienen, der mich schuhriegelt."

Menschen sein als seine Unabhängigkeit aufgeben und bei seinen Jahren in gänzlich neue Lebensverhältnisse sich fügen lernen.[20]) Jetzt war er fast zum Bettler geworden. Seine bisherigen Hilfsquellen versiegten, seine materielle Bedrängnis stieg immer höher. Er begann wieder Unterricht im Deutschen zu geben, schrieb kleine Beiträge für periodische Blätter, beschränkte seine Ausgaben soviel als möglich und veräusserte, was er nicht brauchte. Zu seinem schmerzlichsten Bedauern musste er auch einen Teil seiner geliebten Bücher verkaufen und schliesslich mit innerem Widerstreben die Fonds angreifen, welche Cotta und Bertuch in Londoner Bankhäusern zu seiner Disposition hatten niederlegen lassen.

In dieser Zeit des Ringens mit Sorge und Not war ihm seine Gattin, mit welcher er seit wenig Jahren erst verbunden war, eine treue Gefährtin, die ihm die Bitternis des Lebens in Liebe überwinden half. Die trüben Wolken hellten sich etwas auf, als er durch Vermittelung des sächsischen Legationssekretärs Gebhardt bei dem erblindeten Grafen von Brühl eine Anstellung als Vorleser erhielt. Kurz darauf winkte ihm die Aussicht auf ein Hofmeisteramt in einer vornehmen Petersburger Familie; schon begann er, sich der russischen Sprache zu bemächtigen, als eine glückliche Wendung des Geschicks ihn der Ungewissheit seiner Lebenslage entriss.

Ein Aufsatz über chinesische Musik, der früher von ihm veröffentlicht und dann in eine grössere Encyklopädie aufgenommen worden war, hatte das lebhafte Interesse Dr. Burney's erregt, der als Künstler, Kritiker und Verfasser einer epochemachenden „History of Music" in weiten Kreisen eines bedeutenden Rufes sich erfreute.[21]) Burney kannte Hüttner schon aus dem Hause Macartneys, und wurde jetzt, als er von seiner misslichen Lage erfuhr, sein eifriger Fürsprecher bei dem Lord Lonsdale, einem der reichsten Pairs von England. Dieser unterstützte Hüttner mehrfach durch namhafte Geldspenden, empfahl ihn auch wegen seiner Sprachkenntnisse dem Minister des Auswärtigen, George Canning. Das Foreign Office zu London war damals nach der Niederlage Preussens der Mittelpunkt der gegen Frankreich gerichteten gewaltigen politischen Strömung, namentlich entwickelten sich lebhafte diplomatische Beziehungen zu Spanien und Portugal, die in ihrem Kampfe gegen die französische Willkürherrschaft Englands Unterstützung genossen. Man suchte deshalb im Foreign Office nach einem Beamten, der des Spanischen und

---

[20]) Br. an Böttiger v. 14. Okt. 1806.
[21]) Charles Burney, 1726—1814. Vgl. Dictionary of national biography, VII 415—418. Sein Sohn Charles war ein berühmter Hellenist, seine Tochter, die spätere Madame d'Arbley, zeichnete sich als Schriftstellerin aus.

Portugiesischen mächtig wäre, um die umfangreiche Korrespondenz zu führen. Mit eisernem Fleisse warf sich Hüttner auf die Erlernung beider Sprachen, um sich ihr Verständnis in kürzester Zeit zu erobern. Seine Probe, eine sofortige Übersetzung von Pedro Cevallos' berühmtem „Aufruf an die Nationen Europas", fand Cannings volle Zufriedenheit und bewirkte am 30. Oktober 1808 seine Anstellung in der Staatskanzlei des Auswärtigen Amtes. Um seine Anstellung den englischen Beamten gegenüber zu rechtfertigen, die zum Teil auch gute Linguisten waren, beschloss Hüttner, sich fast mit dem ganzen Kreis der europäischen Sprachen vertraut zu machen, was ihm bei seiner Beanlagung und Energie nicht schwer fiel, sodass „die ganze Wortkrämerei bald ins Gedächtnis geschoben war."

Korrespondenzen und Memoires der verschiedensten auswärtigen Kabinette gingen durch seine Hände und in die geheimsten diplomatischen Angelegenheiten erlangte er Einblick, obgleich er ein Ausländer und noch nicht einmal eidlich verpflichtet war. Wenige Monate später, im Januar 1809, wurde er mit einem Jahresgehalt von 300 Pfund als „the translator" κατ' ἐξοχήν auf Lebenszeit angestellt und in die Reihe der Staatsbeamten eingeordnet. [22]) Cannings Nachfolger, Lord Castlereagh, wusste ebenfalls Hüttners Tüchtigkeit zu würdigen und bewirkte auch gehaltlich seine völlige Gleichstellung mit den übrigen Staatsbeamten des Auswärtigen Amtes. [23])

Damit wurde der schwere Druck der materiellen Sorgen endlich von ihm genommen; er fühlte wieder festen Boden unter seinen Füssen. Zeit und Kraft nahm freilich der neue Wirkungskreis in vollem Masse in Anspruch, denn das Auswärtige Amt zu London war der Knotenpunkt, in dem die diplomatischen Fäden aus den verschiedensten Ländern zusammenliefen. Die Kriege gegen Frankreich, die Beratungen auf den Kongressen zu Aachen und Wien, die Verhandlungen mit den südamerikanischen Freistaaten, welche Englands Kredit in hohem Masse in Anspruch nahmen, endlich die politischen Unruhen der dreissiger Jahre brachten eine Hochflut von „Memoires, Projekten und Rapports", welche im Foreign Office zu erledigen waren. Oft dauerte dann die Arbeit Tag und Nacht, und Hüttner musste für jeden Wink des Ministers bereit sein. Unter solchen Umständen blieb ihm natürlich nur selten noch Musse, sich litterarisch zu bethätigen. Seine Verbindung mit Brockhaus, welche der Sohn desselben bei seinem Aufenthalte in London 1820 selbst angeknüpft hatte, dauerte

---

[22]) Br. an Böttiger v. 11. Juni 1813.
[23]) Mittlg. aus d. Akten des Foreign Office v. 12. Juni 1897.

nur vier Jahre, da es Hüttner an Zeit gebrach, für die folgenden Auflagen des „Konversationslexikons" neue Artikel zu schreiben.[24]) Trotz aller Arbeitslast blieb auch in seinen vorgerückten Jahren der Trieb nach eigener Vervollkommnung und Weiterbildung in ihm stark und lebendig. Mit grösstem Interesse hörte er an der London University die Vorlesungen eines Prof. von Mühlenfels, welcher eine ausdrücklich für deutsche und nordische Sprache gestiftete Professur zuerst bekleidete; mit Eifer hielt der Zweiundsechzigjährige noch regelmässige Konversationsstunden mit einem spanischen Emigranten, um sein Wortgedächtnis in steter Übung zu erhalten[25]), und gern griff er in den wenigen Mussestunden zu wissenschaftlichen Journalen, um die Entwickelung der Litteratur zu verfolgen.

Leider blieben auch die alten Tage Hüttners nicht frei von dunkeln Wolken. Die ungünstige Lage der englischen Finanzen sollte in den dreissiger Jahren durch bedeutende Einschränkung der Staatsausgaben wieder gehoben werden; die Gehälter der Staatsbeamten wurden deshalb von den Finanzcomités gekürzt, alle Alterszulagen gestrichen, viele Beamte mit geringer Pension entlassen. Zu dieser peinlichen Ungewissheit der Stellung gesellten sich noch die Beschwerden zunehmender Kränklichkeit und das Gefühl der Vereinsamung, das seinen Lebensabend mehr und mehr umschattete. Auch seine zweite Gattin war ihm im Tode vorangegangen, und in die Erinnerung an die entschwundenen Tage mischte sich manch bitterer Tropfen der Wehmut. Unter dem Drucke der Einsamkeit fühlte sich der Greis immer unbehaglicher, und es erfüllte ihn daher mit herzlicher Freude, als endlich eine Grossnichte nach London übersiedelte und ihm in seinen letzten Lebensjahren eine treue und liebevolle Pflege angedeihen liess. Ihre Vermählung mit einem geachteten deutschen Arzte in London, Dr. Freund, war für ihn der letzte Sonnenblick seines Lebens. Wenige Monate später, am 24. Mai 1847, einen Tag vor erfülltem 81. Lebensjahre, verschied er an den Folgen eines Unfalls, den er auf dem Heimwege von der Staatskanzlei erlitten hatte.[26]) Auf dem Kirchhofe zu Kensal-Green, an der Seite seiner zweiten Gattin, fand er seine letzte Ruhestätte, zu Grabe geleitet von einer grossen Zahl trauernder Freunde.

---

[24]) Hüttners Mitarbeit am Konversationslexikon kann nicht genauer bestimmt werden, da die Firma Brockhaus Redaktionspapiere aus jener Zeit nicht mehr besitzt. In den „Zeitgenossen", welche bei Brockhaus erschienen, stammen von Hüttner die Biographien von Edmund Burke (Z. V 79—122), Joh. Phil. Kemble (IX 83—104), Rudolf Ackermann (XIII 1—22) und Jakob Percy (XVII 11—27).

[25]) Br. v. 2. Jan. 1828.

[26]) Hüttner war bis zuletzt in seinem Amte thätig. (Mittlg. des Foreign Office v. 12. Juni 1897.)

Das bekannte Wort des 90. Psalms hat an ihm seine volle Bewahrheitung gefunden: Mühe und Arbeit war der Inhalt seines langen Lebens; die Schatten der Sorge sind selten von seiner Seite gewichen und verdunkelten auch noch die Tage seines Alters. Gleichwohl vermochte ihn Kümmernis zwar zu beugen, aber nie ganz darniederzudrücken. Immer wieder belebte ihn im Kampfe des Daseins das starke Vertrauen auf eine gütige Vorsehung, und das Motto „ὁ θεὸς προνοήσει", das in jungen Tagen seine Hoffnung stets aufs neue beflügelte, klingt leise auch in seinem letzten Brief noch nach.

Seine persönliche Liebenswürdigkeit gewann ihm die Zuneigung aller, die irgendwie in Beziehung zu ihm traten. Mancher junge Deutsche, der zu seiner Ausbildung nach London kam oder sich einen Unterhalt suchen wollte, wurde von ihm mit Rat und That bereitwilligst unterstützt. Der junge Dr. Scherer aus Weimar, der im Auftrage des Grossherzogs eine Studienreise nach England unternahm, konnte Böttiger nicht genugsam rühmen, welch treffliche Dienste ihm Hüttners Freundschaft geleistet habe.[27]

Mit einer energischen Arbeitskraft verband sich bei Hüttner ein nimmer rastendes Streben nach Fortbildung auf den verschiedensten Gebieten des Wissens. An den Posttagen, welche ihm Briefe und Bücher aus Deutschland brachten, „letzte er sich an ihnen oft bis tief in die Nacht hinein", und in den Zeiten schwerer Bekümmernis fand er in den Stunden, die er seinem Amt und seinem häuslichen Unglück abstehlen konnte, Trost und Erhebung bei seinen geliebten Büchern. Bis in sein hohes Alter blieb sein Geist regsam und frisch, seine Arbeitskraft ungebrochen trotz aller Kränklichkeit.

Sein tiefes und warmes Gemüt sprach am deutlichsten aus dem innigen Verhältnis zu seinem alternden Vater. Stets gedachte er seiner in der grössten Ehrerbietung und Dankbarkeit; es schmerzte ihn tief, dass er für die viele Mühe und Sorge, die er jenem gekostet, sich nicht so erkenntlich zeigen konnte, wie er wünschte. Obgleich er selbst nicht im Überflusse sass, suchte er doch den alten Mann nach besten Kräften zu unterstützen; so sandte er ihm zum Weihnachtsfeste 1797 das volle Honorar seiner Reisebeschreibung, 100 Reichsthaler, und bald darauf zum Geburtstage zwei Louisdor. Auch für seine beiden Schwestern blieb seine sorgende Liebe stets lebendig, und er unterstützte sie, solange er lebte. Dabei pflegte er in den Briefen an seine Angehörigen diese Geschenke mit keiner Silbe zu erwähnen, vielmehr benutzte er bei solchen

---

[27] Scherer an Böttiger (1. Sept. 1797). — Nicolaus Scherer, † 1824 als Professor d. Chemie in Petersburg; vgl. Allg. Dtsch. Biogr. XXXI 99—102.

Gelegenheiten stets die vermittelnde Hand Böttigers, der noch von seiner Gubener Rektorzeit her dem alten Kantor in aufrichtiger Freundschaft zugethan war.[28]) Hüttners Freundschaftsverhältnis zu Böttiger, das ungetrübt ein Menschenalter überdauerte, wirkte in vieler Hinsicht auf sein äusseres und inneres Leben befruchtend und gestaltend. Hüttner rühmt mit freudiger Anerkennung, durch seinen Briefwechsel wenigstens indirekt ein Schüler Böttigers geworden zu sein, der erst wahrhaft wissenschaftliches Streben in ihm entzündet habe. Sein Beifall erfreut und ermutigt ihn, seine Bemerkungen, Hinweise und Winke sind ihm ein willkommenes und wertvolles Korrektiv bei seiner schriftstellerischen Thätigkeit. Böttiger war auch der einzige, dem er die Sorgen enthüllte, die ihn so manchesmal bedrückten, während er anderen gegenüber zu stolz war, um „seine arme humanitas zur Schau zu stellen und sich jemandem verbindlich zu machen, der nur in herablassendem Tone mit ihm zu verkehren geneigt sei."[29]) In artiger Weise vergass Hüttner nie, auch „der besten Frau Hofrätin seine Hochachtung und Verehrung zu Füssen zu legen", und als beide Männer schon längst in die gereiften Jahre eingetreten waren, da stand Böttigers Bild noch so lebhaft vor seiner Seele wie einst vor 26 Jahren in Guben. Erst Böttigers Tod am 17. November 1835 zerriss das Freundschaftsband, das beide Männer ein halbes Jahrhundert hindurch miteinander verknüpft hatte.

Obgleich Hüttner über seine schriftstellerische Thätigkeit äusserst bescheiden urteilte und eine fast merkwürdige Scheu bewies, mit seinem Namen vor die Öffentlichkeit zu treten, fehlte es ihm doch nicht an äusserer Anerkennung und Ehre. Seit 1797 gehörte er der „grand lodge of England" als Bruder an, und 1831 ernannte ihn die Oberlausitzer Gesellschaft der

---

[28]) Hüttners Vater starb nach fast 40 jähriger Amtsthätigkeit am 26. Jan. 1804. — Seiner Pflichttreue widmet einen warmen Nachruf sein Nachfolger und einstiger Schüler Mag. Hentsch. Cf. Guil. Richter: Quae impedimenta officerint sensui humanitatis. Gub. 1804, p. 32 sq. Vgl. auch Loocke, S. 138.

[29]) Den Geist ihres gegenseitigen Verhältnisses charakterisiert am treffendsten ein Brief vom 23. Nov. 1798; H. schreibt: „Ihre Briefe sind mir Würze und Trost in meiner solitarischen Lebensart, und ich segne manchmal den Augenblick, wo ich das Glück hatte, in Mag. Ungers Stube (als Sie sich gerade Ihr schönes Haar abschneiden liessen, um den Kopf in eine garstige Perrücke zu stecken) bey Ihnen introduzirt zu werden. Ihre Briefe, Ihr Rath, Ihr Beyspiel, Ihre so herzliche Theilnahme an meinen Schicksalen und Ihre gütige Verwendung, all es das ist mir unvergesslich. Und da Sie nicht das mindeste Interesse, sondern blos Plackerey dabey hatten, so lohne Ihnen Gott diese seltene Uneigennützigkeit." — Übrigens suchte sich auch Hüttner dem Freunde dienstbar zu erweisen, soviel er konnte. Seiner Anregung war es mit zu danken, dass Böttiger durch Vermittelung des sächs. Kanzleirats von Werther 1821 eine ansehnliche Gehaltszulage erhielt, die ihm nach seinen wissenschaftlichen Neigungen zu leben gestattete.

Wissenschaften ehrenhalber zu ihrem korrespondierenden Mitgliede. Seine ausgebreitete Korrespondenz und seine ungewöhnliche geistige Beweglichkeit und Vielseitigkeit brachten ihn mit Gelehrten vielfach in enge Berührung. Männer mit klangvollen Namen zählte er zu seinen näheren Bekannten: die Hellenisten Taylor, Burney und Dalzel; Dr. Marsh, den Bischof von Peterborough, den witzvollen und geistsprühenden Arzt Dr. Meyer, einen Strassburger Studiengenossen Goethes [30]), und vor allem seinen ehemaligen Zögling, den als Sinolog berühmten George Thomas Staunton. [31]) Auch viele deutsche Gelehrte und Diplomaten, welche England bereisten oder längere Zeit dort Aufenthalt nahmen, traten zu Hüttner in persönliche Beziehungen, so die sächsischen Diplomaten Graf von Einsiedel und Baron von Just; aus Weimar der Medizinalrat Froriep, Bertuchs Schwiegersohn, sowie der Oberstallmeister von Seebach und Baron Eschweg. Selbst Prinz Bernhard von Weimar, welcher 1823 England bereiste, suchte Hüttner zweimal persönlich auf und gestattete ihm auch, im Palais des Herzogs von Clarence den Besuch zu erwidern. [32])

Im Hause des Bischofs Dr. Marsh kam Hüttner auch mit Niemeyer zusammen, dem bekannten Hallenser Professor und Pädagogen [33]), als dieser 1819 London besuchte. Sein Urteil über Hüttner glauben wir dieser Biographie umso eher als Schlussstein einfügen zu dürfen, als wir in Niemeyer einen Gewährsmann haben, bei dem durchdringende Menschenkenntnis und freimütige Offenheit sich allzeit vereinten. In seinen Reiseerinnerungen äussert er sich über Hüttner folgendermassen: „Wenige sind wohl wie dieser in England eingebürgert, ohne deutschen Sinn und Charakter je verleugnet zu haben. — Keiner hat uns so tief in das Eigentümliche Englands blicken lassen, keiner so lebendige Sittengemälde geliefert; sein Gespräch ist ebenso angenehm als seine Schriften. Selbst durch manchen Undank nicht abgeschreckt, bietet er jedem Fremden die erfahrene Hand. Stunden werden in der Unterhaltung mit ihm zu Augenblicken, denn es giebt keine Seite der Litteratur oder des Lebens, von der man sich nicht mit ihm berühren könnte." [34])

---

[30]) Goethe charakterisiert ihn in „Dichtung und Wahrheit" zu Anf. d. 9. Buches.
[31]) George Thomas Staunton, 1781—1859. Vgl. Allibone, A critrical dictionary of English literature, Philad. and Lond. 1877, II 2228. — Hoefer, Nouvelle Biographie Générale, XLIV 449.
[32]) Hüttner an Hage (27. Mai 1823). S. Anm. 89.
[33]) Aug. Herm. Niemeyer, 1754—1828, Prof. d. Theologie zu Halle und Direktor der Franckeschen Stiftungen, um die er sich viele Verdienste erwarb. Vgl. Nekrol. d. Deutschen, Jg. 1828, II 544—562. — Allg. Dtsch. Biogr. XXIII 677—679.
[34]) Niemeyer, Beobachtungen auf Reisen in und ausser Deutschland. Nebst Erinnerungen an denkwürdige Lebenserfahrungen und Zeitgenossen in den letzten 50 Jahren. 4 Bde. Lpz. 1820—1826, II 415.

II.

Hüttners Stellung in der Litteratur seiner Zeit.

I.

Im Jahre 1797 erschien bei Voss in Berlin Hüttners „Nachricht von der Brittischen Gesandtschaftsreise durch China und einen Theil der Tartarei."[35]) Um die gesamte Litteratur, welche sich an Lord Macartneys Gesandtschaftsreise anschloss und auch Hüttners Buch in sich begreift, in ihrer Bedeutung für die Geschichte der Geographie zu charakterisieren, erscheint es nötig, einen kurzen Blick auf die Entwickelung unserer Kenntnis von China zu werfen. Zwei Faktoren sind es wesentlich, welche bis gegen das Ende des vorigen Jahrhunderts im Abendlande die Kenntnis von China erweitert haben: der Handel und die Mission. Der Handel hatte zunächst die Portugiesen und Holländer, seit 1637 auch die Engländer an die Küsten Chinas geführt. Die Geschichte dieses Handelsverkehrs bietet jedoch ausser ihren statistischen Zahlen nur ein geringes Interesse für die Geographie, denn die europäischen Kaufleute und Händler standen in der Mehrzahl unter dem Durchschnittsniveau der Bildung ihrer Zeit oder hatten doch nur Sinn für ihren pekuniären Vorteil. Gerade umgekehrt verhielt es sich mit der Thätigkeit der Missionare. Trotz der Schattenseite ihrer religiösen Unduldsamkeit waren die Jesuiten doch Träger des mit dem Christentum immer verbundenen Kulturelements. In zahlreichen Schriften war ihre Wirksamkeit von Anfang an vor die Öffentlichkeit getreten und hatte nicht nur für die Kenntnis Chinas, sondern auch für die gesamte Weltanschauung Europas grosse Erfolge erzielt, denn es erwachte die Ahnung, dass tiefe, innere Beziehungen die Menschheitsgeschichte des Ostens und Westens verknüpfen.

Gegen das Ende des vorigen Jahrhunderts sollte sich das Verhältnis der beiden Faktoren umkehren. Die wissenschaftliche Bedeutung der französischen Missionare ging zurück, da ihnen durch die Revolution viele Mittel und Kräfte entzogen wurden; der Handel dagegen knüpfte jetzt zwischen China und Europa immer engere Beziehungen und brachte es mit sich, dass bei einer grossen Anzahl hochgebildeter Männer ein lebhaftes Interesse für das grosse Kulturland des Ostens sich entwickelte. Als ein Ereignis, welches zu diesem gewaltigen Umschwung den ersten Grund gelegt hat, darf man Lord

---

[35]) Zwei Jahre später erschien eine französische Übersetzung: Voyage à la Chine, par J. C. Huttner, gentilhomme d'ambassade; trad. de l'allem. par Winkler. Paris, Fuchs, an VII (1799).

Macartneys Gesandtschaftsreise bezeichnen. Die Ostindische Compagnie, welche bis dahin ganz allein die Handelsbeziehungen zwischen England und China in ihren Händen gehalten hatte, vermied es sehr sorgfältig, die Vorteile derselben der Öffentlichkeit zu unterbreiten; daher wurde in England nur sehr wenig über China geschrieben. Macartneys Gesandtschaftsreise bedeutete das erste selbständige Hervortreten Englands aus dem Rahmen der Ostindischen Compagnie. Zum ersten Male wurde von den Engländern ein grösserer Beitrag zur Landes- und Volkskunde Chinas gegeben und das Interesse so stark nach dieser Richtung hin gelenkt, dass wir von da an den Engländern in erster Linie die Förderung der Kenntnis Chinas verdanken.

Nach den umfassendsten Vorbereitungen verliess die kleine Gesandtschaftsflotte, welche einschliesslich der Bemannung gegen 600 Personen mit sich führte, am 26. September 1792 den Hafen von Portsmouth, segelte zunächst über Madeira, Teneriffa und S. Thiago nach Rio de Janeiro, berührte auf der weiteren Fahrt Tristan da Cunha und Amsterdam und langte am 6. März 1793 in Batavia an. Überall wurde längere Zeit gerastet, um die Mannschaft mit Erfrischungen zu versorgen und der Gesandtschaft Gelegenheit zu bieten, Land und Leute kennen zu lernen. Durch widrige Winde längere Zeit in den Gewässern der Sundasee zurückgehalten, setzte man erst am 10. Mai die Fahrt fort und segelte nach längerem Aufenthalte in der Turonbai nach Macao, um sich hier mit der englischen Faktorei und der chinesischen Behörde von Canton zu verständigen.

Hüttners Bericht setzt mit diesem Zeitpunkte ein, schildert also nur den weiteren Verlauf der Reise im Bereiche Chinas. Das kleine Geschwader steuerte von Canton aus durch die Strasse von Formosa, ankerte längere Zeit im Tschusan-Archipel und landete nach einer glücklichen Fahrt durch das von Europäern bis dahin nur sehr wenig besuchte Gelbe Meer am 26. Juli 1793 vor der Mündung des Paiho. Die Gesandtschaft ging hier ans Land, fuhr von Taku den Fluss aufwärts an der grossen Handelsstadt Tien-tsin vorüber bis Tung-tschou und begab sich von hier aus auf dem Landwege über Peking nach Jehol, der Sommerresidenz des chinesischen Kaisers. Macartney wurde äusserst gnädig aufgenommen, konnte jedoch den eigentlichen Zweck seiner Sendung, grössere Zugeständnisse für den englischen Handel, nicht erreichen. Die Rückreise führte von Tien-tsin aus auf dem grossen kaiserlichen Kanal mit Überschreitung des Hoang-ho und Jang-tse-kiang nach Hangtschou und von dort, meist auf Flusswegen, durch die Provinz Kiangsi nach Canton, wo man am 19. Dezember 1793 anlangte.

Was Hüttners Bericht über diese Reise vor allen Dingen

auszeichnet, ist unbedingte Klarheit und Thatsächlichkeit, lebendige Darstellung und bündige Kürze, alles dies Eigenschaften, welche damals in deutschen Schriften dieser Art nicht gerade häufig vereinigt waren. Er beschränkt sich nicht, wie viele andere Reisebeschreiber seiner Zeit, auf eine Schilderung der Lebensweise, Sitten und Gebräuche des Volkes, sondern hat auch ein offenes Auge für den Landschaftscharakter der einzelnen Gegenden und weiss an manchen Stellen durch einen Vergleich mit früheren Eindrücken eine Beobachtung ins helle Licht zu stellen. Wir können darum dem Urteile Richthofens nicht so unbedingt beipflichten, wenn er nur den Reisewerken Stauntons und Barrows volle Anerkennung zollt, die übrigen Berichte aber samt und sonders als minderwertig ansieht. [36]) An äusserem Umfange kann sich Hüttners bescheidenes Büchlein freilich nicht mit jenen beiden Werken messen, von denen der offizielle Bericht Stauntons sogar zwei ansehnliche Bände umfasst und mit zahlreichen Kupfern geziert ist. Dafür machen sich neben den gerühmten Eigenschaften auch noch andere Momente zu Hüttners Gunsten geltend. Kurze Anmerkungen, bei denen auch Pallas und die „lettres édifiantes“ mit zu Rate gezogen werden, zeugen von des Verfassers Belesenheit und selbständiger Beurteilung der Thatsachen. Bei aller Objektivität spricht aus dem Texte doch auch die Persönlichkeit des Autors zu uns; an manchen Stellen klingt durch seine Schilderung ein leiser Humor, an andern wieder fühlt man den warmen Pulsschlag eines Herzens, das für Menschenrecht und Menschenfreiheit glüht und gegen allen Druck und Despotismus sich empört. — Alles das trägt dazu bei, dem Ganzen wohlgefällige Abrundung und einheitliches, individuelles Gepräge zu verleihen. Gerade dies ist's aber, was dem umfangreichen Stauntonschen Werke trotz aller Reichhaltigkeit seines Inhalts völlig abgeht.

Zusammengestellt aus den Aufzeichnungen Macartneys und den Tagebüchern verschiedener Gesandtschaftsmitglieder, gleicht das Ganze einem bunten Mosaik, das zwar in vielen Punkten unser Interesse voll in Anspruch nimmt, daneben aber auch in breitester Ausführlichkeit Nebensächliches und Fernliegendes zur Darstellung bringt. Seitenlange Excerpte aus den Papieren des Kapitäns Gower verbreiten sich aufs eingehendste über Schiffsrouten, Windverhältnisse, Fluthöhe, Ankergrund und andere rein nautische Beobachtungen beschränkter Meeresteile; ja zuweilen werden nur die Bemerkungen des Schiffstagebuchs wiedergegeben. In ähnlicher Breite verlaufen teilweise die militärischen und strategischen Betrach-

---

[36]) v. Richthofen, China, 2 Bde. Berl. 1877. 1882; I 696.

tungen des Hauptmanns Parish sowie die medizinischen und naturwissenschaftlichen Auseinandersetzungen Gillan's.

Auf diese Weise gewinnt das Ganze mehr den Charakter eines Sammelwerkes, bei dem die ordnende Hand Stauntons der Fülle des Materials gegenüber zuweilen erlahmt ist, wenn ihm auch das Verdienst unbenommen bleibt, in der englischen Litteratur über China einen Wendepunkt herbeigeführt zu haben.

Schliesslich sei bei der Beurteilung des Hüttnerschen Berichts noch eines rein äusserlichen Moments gedacht; wie Hüttner der einzige Deutsche war, welcher an der Gesandtschaftsreise teilnahm, so bildete sein Büchlein den ersten Originalbericht, der in deutscher Sprache darüber erschien.[37])

2.

Die kurze Charakterisierung des Stauntonschen Berichts führt uns sofort zu einem weiteren Punkte in Hüttners schriftstellerischer Thätigkeit, zu seinen Übersetzungen, die zunächst auch im Dienste der Geographie standen. — Schon im August 1795, während Staunton noch mit der Ausarbeitung des Manuskripts beschäftigt war, nahm Hüttner die Verdeutschung des Werkes in Angriff. Freilich schritt die Arbeit nur langsam vorwärts. Obgleich Hüttner gründliche Sprachstudien getrieben und sich an hervorragenden Mustern, wie Georg Forsters klassischer Übersetzung der Cookschen Reisen, gebildet hatte, bereitete ihm doch die Übersetzung des Stauntonschen Werkes mancherlei Schwierigkeiten, welche durch den vielfach schwülstigen Stil noch erhöht wurden, sodass er sich mehrmals beklagt, „wie ihm das schwere Holzmacherwerk all sein bischen Zeit und nicht wenig Schererei koste." Da sich Hüttner auf Stauntons ausdrücklichen Wunsch eng an den Wortlaut des Originals anschliessen sollte, erscheint die Übersetzung für moderne Anforderungen allzu gebunden und der Fluss der Sprache vielfach gehemmt.[38])

---

[37]) Es soll am Schlusse dieses Abschnitts nicht unterdrückt werden, dass im Lichte eines Briefes an Böttiger, datiert vom 6. April 1796, das Vorwort des Hüttnerschen Berichts nur als ein litterarisches Versteckspiel sich erweist, in Scene gesetzt, um Hüttner wegen Veröffentlichung seines Berichts in den Augen Stauntons gerechtfertigt erscheinen zu lassen. Dieses harmlose Scheinmanöver findet jedoch Entschuldigung in Hüttners Bestreben, sein Buch als Neuheit auf den Markt zu bringen und ein möglichst hohes Honorar seinem alten Vater als Unterstützung zu bieten.

[38]) George Staunton: An authentic account of an Embassy from the King of Great Britain to the Emperor of China; Lond. 1797, 2 Bde. — Hüttners Übersetzung: Reise d. engl. Gesandtschaft an d. Kaiser v. China u. s. f., Zürich, Gessner, 1798—99. 2 Bde. — Ausführliche Auszüge finden sich: Allg. Lit. Ztg. 1797, IV 226 ff.; 1798, I 422 ff. — Goth. Gel. Ztgn. 1798, 10.—14. Stück. Allg. Geogr. Ephem. 1798, I 137—156. Berlinisch histor.-genealog. Kalender 1798.

In der Verdeutschung der Reisebeschreibung Barrow's [39]), die schon an sich den Stempel grösserer Eigenart trägt und in vielen Punkten eine schärfere Beurteilung der Dinge verrät, zeigt jedoch Hüttners Übersetzungstechnik wesentliche Fortschritte in einer viel freieren Behandlung der Sprache.

Das Gebiet der Ethnologie betrat Hüttner mit seiner Übersetzung des „Hindu-Gesetzbuches". [40]) Das Werk enthält den zweiten Saster der Hindus, „den Menu von seinem Vater Brahma lernte," und bildete als Ableger der aufkeimenden Sanskritforschung einen interessanten Beitrag zur Religions- und Sittengeschichte der Inder. Die Bereicherung der deutschen Litteratur mit dieser Übersetzung war umso höher zu schätzen, als die englische Ausgabe, das letzte Werk des gelehrten Orientalisten William Jones († 1795), erst 1794 in Calcutta erschienen war und wegen ihres enormen Preises selbst in Londoner Privatbibliotheken eine Seltenheit bildete. Die von Hüttner hinzugefügten Anmerkungen sprachlichen und religions-geschichtlichen Inhalts bezeugen abermals, wie weit er in die einschlägige Litteratur eingedrungen war und eine für seine Verhältnisse erstaunliche Belesenheit sich erworben hatte. [41]) Gleichwohl äusserte sich auch bei dieser Gelegenheit die ihm eigentümliche Bescheidenheit seines Wesens; er bat Böttiger ausdrücklich, auf dem Titelblatte seinen Namen nicht neben den Jones' setzen zu lassen; „der Contrast wäre zu gros, und wie sehr ich auch meine Schwäche fühle, so bin ich doch entschlossen, mich wenigstens länger vorzubereiten, wenn ich mich wirklich mit meinem Nahmen ins Publicum wagen muss." [42])

Von nur untergeordneter Bedeutung ist die Übersetzung

---

[39]) J. Barrow, Travels in China, Lónd. 1804. Hüttners Übers. erschien in Weimar, Landes-Ind.-Compt., 1804, 1805 als 14. u. 16. Bd. der „Bibl. d. neuesten u. wichtigsten Reisebeschr. u. geogr. Nachr." von Sprengel u. Ehrmann (Weimar 1800—1814, 50 Bde). Ein Auszug davon: Allg. Geogr. Ephem. 1804, XV 339 ff. 1805, XVI 52 ff. 188 ff. — Ein wahrer Kometenschweif von Übersetzungen und Bearbeitungen schloss sich an. Von Stauntons Bericht erschienen Ausgaben verschiedenen Umfangs: Halle 1798, 2 Bde. (Übers. v. Sprengel). — Kleinere Länder- und Reisebeschrbgn., Lpz. 1798—99, Sal. Lincke, Bd. 3 u. 4. — Berlin 1799—1800, 3 Bde. — Die franz. Übers. der Berichte von Staunton, Barrow, Hüttner, sogar der minderwertigen Arbeiten von Anderson und Holmes s. Quérard, La France Littéraire, Paris 1827 ff., V 407.

[40]) Hindu-Gesetzbuch oder Menus Verordnungen, nach Cullucas Erläuterung; ein Inbegriff des indischen Systems religioser und bürgerlicher Pflichten. Aus d. Sanskritsprache wörtl. ins Engl. übers. v. Sir William Jones, u. verteutschet nach d. Calcuttischen Ausgabe u. mit einem Glossar u. Anm. begleitet. Weimar 1797. Ein Auszug im N. T. Merkur 1797, I 236 ff.

[41]) Man vergl. d. Brief an Böttiger v. 19. Apr. 1796.

[42]) Br. an Böttiger, 20. Sept. 1796.

einer Reisebeschreibung Wansey's.[43]) Der Verfasser, ein englischer Tuchfabrikant, schildert seine Erlebnisse auf einer Reise
nach Halifax, Boston, New-York und Philadelphia; der Bericht
bietet neben manchem Ballast und vielen Wiederholungen
auch einige beachtenswerte Städtebilder, sowie interessante
Züge zur Charakteristik Washingtons, dem Wansey persönlich
einen Besuch abstattete.

Einen vorwiegend pädagogischen Zweck verfolgte Hüttners
Bearbeitung der Townley'schen Farce „High life below
stairs".[44]) An der Hand der Lektüre sollte der Lernende tiefer
in das Verständnis des Englischen eingeführt werden und durch
zahlreiche Parallelstellen, unter steter Bezugnahme auf englische
Sitten und Lebensweise ein Verständnis gewinnen für die
mannigfachen Abstufungen und Schattierungen, welche viele
Ausdrücke und Wendungen in der Sprache des täglichen
Lebens erfahren. Das Büchlein sollte der Vorläufer werden
zu einem „auserwählten englischen Theater mit Anmerkungen",
hat jedoch nie eine Fortsetzung erfahren.

Die Verdeutschung eines von Jones in Englische über-
setzten indischen Schauspiels „Sacontala"[45]) findet sich nur
in einem Briefe an Böttiger[46]) erwähnt, scheint aber nicht zum
Druck gekommen zu sein.

3.

Das weiteste Feld seiner Thätigkeit fand Hüttner auf dem
Gebiete des Journalismus als Tagesschriftsteller und Korre-
spondent. Den Weg zu diesem Arbeitsfelde eröffnete ihm
Böttiger[47]), dem wir schon so oft als Freund und Berater
Hüttners begegnet sind. Durch Herders Empfehlung war

---

[43]) H. Wansey, Tagebuch einer Reise durch d. vereinigten Staaten v.
Nordamerika i. J. 1794. Aus d. Engl. mit Anm. v. J. Chr. Hüttner. Mit einer
Vorrede über Auswanderung nebst Länderkauf in Nordamerika von K. Aug.
Böttiger. Berl. 1797 (14. Bd. im „Magazin von merkw. neuen Reisebeschr., aus
fremden Sprachen übersetzt u. mit Anm. begleitet von J. R. Forster u. and.
Gelehrten." 37 Bde. Berl. 1790—1828, Voss.)

[44]) High life below stairs, d. i. die vornehm thuenden Bedienten oder die
grosse Welt in der Bedientenstube. Eine Farce von Townley, ausführl. erläutert
v. J. Chr. Hüttner. Tüb., Cotta, 1802. 56 S. engl. Text, 111 S. Commentar
nebst XVI S. Vorrede.

[45]) Sacontala oder der Unglücksring. Ein indisches Schauspiel von Calidas,
aus d. Sanskrit ins Engl. übertr. v. W. Jones. Mit Anm. des deutschen Über-
setzers.

[46]) Br. v. 26. Juli 1796.

[47]) Karl Aug. Böttiger, geb. d. 8. Juni 1760 zu Reichenbach i. V.,
† d. 17. Nov. 1835 als sächs. Hofrat u. Direktor d. Altertumsmuseen in Dresden. —
Vgl. Allg. Dtsch. Biogr. III 205—207. — N. Nekrol. d. Deutschen, Jg. 1835,
II 1011—1030. — K. Aug. Böttiger, eine biogr. Skizze v. K. W. Böttiger,
Lpz. 1837. — L. Geiger, Aus Alt-Weimar, Berl. 1897, S. 39—53.

Böttiger 1791 als Gymnasialdirektor und Oberkonsistorialrat für Schulangelegenheiten nach Weimar berufen worden. Durch vielfache Berührung mit den Koryphäen der Litteratur widmete er von nun an seine rastlose Thätigkeit ausschliesslich gelehrten Untersuchungen. Seine philologischen und archäologischen Aufsätze und Kritiken erfreuten sich hohen Ruhmes; mit tief eindringender Gelehrsamkeit verband er weiten Blick und die Gabe gewählter, anmutender Darstellung, und sicher war Böttiger zu seiner Zeit, wenn nicht der bedeutendste, so doch der bekannteste Kunstgelehrte in Deutschland. Besonders enge Beziehungen verknüpften ihn mit Wieland, dem er von 1798 an als Hauptredakteur des „Neuen Teutschen Merkur" zur Seite stand.

Schon 1791, als Hüttner eben nach London übergesiedelt war, suchte ihn Böttiger zum Mitarbeiter am Merkur zu gewinnen und zur Veröffentlichung eines Reisejournals über England zu veranlassen, aber erst nach seiner Rückkehr aus China folgte Hüttner der Aufforderung und trat in die Dienste des „Neuen Teutschen Merkur". Es finden sich jedoch aus seiner Feder nur wenig zusammenhängende Aufsätze[48]), vielmehr hat Böttiger die Korrespondenz Hüttners[49]) verwendet, um Bruchstücke derselben unter der Überschrift „Briefe aus London" im Merkur zu veröffentlichen.

Eine kritische Aussonderung der von Hüttner stammenden Partien bot auch an der Hand der Originalbriefe noch mancherlei Schwierigkeiten, da beim Abdruck im Merkur die meisten Briefe nicht nur auf eine spätere Zeit datiert worden sind, sondern auch vielfach von Böttigers Hand Zusätze und Einschaltungen erhalten haben, welche dieser bei seiner umfassenden Belesenheit aus englischen Zeitschriften genommen und in Briefform umgegossen zu haben scheint, wenigstens lässt sich in Böttigers Nachlass neben den Briefen Hüttners keine andere regelmässige Korrespondenz auffinden, welche Quelle dieser Zusätze gewesen sein könnte.[50])

Unmittelbar aus der Stimmung der Zeit geboren, geben diese „Briefe aus London" nicht uninteressante Momentbilder der politischen und litterarischen Strömungen, welche Englands

---

[48]) Ein chines Blumenlied, nebst ein paar Worten über chines. Musik u. einer Digression über d. jetzige Studier-Methode in China. N. T. M. 1796, I 47—63. — Anfang eines Seetagebuchs. N. T. M. 1796, I 411—424. — Ein Blick ins Haus der Gemeinen im Nov. 1796. N. T. M. 1797, I 100—104. — Ein paar Züge zum Gemählde des brittischen Seemanns. N. T. M. 1797, II 219—237.

[49]) Diese Korrespondenz umfasst 204 Briefe aus den Jahren 1791—1834; sie bildet den 4. Band der umfangreichen, gegen 20000 Briefe zählenden Böttiger-Sammlung der Kgl. öffentl. Bibl. zu Dresden.

[50]) Briefe von Hawkins beginnen erst mit dem Jahre 1819.

geistiges Leben in jenen Tagen beherrschten.[51]) Mit einem für die Beurteilung diplomatischer Verhandlungen geschärften Blicke, unmittelbar an der Quelle auswärtiger Politik sitzend, ein Augenzeuge der lebhaften parlamentarischen Bewegung, an deren Spitze der geistesgewaltige Pitt stand, vermochte Hüttner manche eindrucksvolle Schilderung der politischen Zustände Englands zu geben, und die aufrichtige Bewunderung, welche er für den grossen, energischen Staatsmann bei jeder Gelegenheit an den Tag legte, klang wie ein Appell an das politisch ohnmächtige Deutschland, sich aufzuraffen zu einer freien, zielbewussten Regierung.

In litterarhistorischer Hinsicht zeigen Hüttners Berichte vor allem, wie um die Wende des Jahrhunderts die aufstrebende deutsche Litteratur nur in stetem Ringen mit dem abwehrenden englischen Nationalstolz ganz allmählich Raum gewinnen konnte. Nicht nur Kotzebue und Iffland, auch Schillers „Räuber" wurden „des ärgsten Jacobinismus" beschuldigt, und das deutsche Schauspiel wurde von englischen Fanatikern als Gift für Tugend und Moral verketzert.[52]) Selbst einigen von uns so hochgeschätzten Dramen Schillers war nur wenig Anerkennung beschieden. „Die Mary Stuart mag hier kein Kukuk haben, und den Wallenstein will keine Seele loben" schreibt Hüttner entrüstet in einem Briefe vom 26. März 1799.[53]) Hüttner begnügte sich bei diesem geistigen Kampfe nicht mit der Rolle eines passiven Zuschauers, sondern wirkte in einem

---

[51]) Im folgenden sei eine Zusammenstellung der aus Hüttners Korrespondenz stammenden Abschnitte der „Briefe aus London" gegeben; das in Klammer hinzugefügte Datum bezeichnet die Originalbriefe, aus denen sie geschöpft wurden.
N. T. M. 1796, II 194—197 (23./1. 12./3. 19./3. 1796). III 90-92, Z. 8. S. 93, Abs. 1. 2. (26./7. 1796). III 217, Abs. 2. 3. (26./8. 96.) III 315—317, Z. 5. (28./9. 96.) III 395 f. (26./10. 96.)
Jg. 1797. I 155—156, Abs. 2. (6./12. 96.) I 278, Abs. 3. (27./12. 96.) I 382—383, Abs. 1 des 3. Brfs. (17./2. 97.) I 384, Z. 18. — 385, Z. 15. (17./2. 97.) II 283, Z. 14. — 284, Z. 2. (8./4. 97.) III 39 f. (29./5. 97.) III 72 f. Brief 1, Abs. 1. 3. (13./8. 97.) III 166 f. Abs. 1. (8./9. 97.) III 338 f. (27./10. 97.)
Jg. 1798, I, S. 85, Z. 17 — S. 88. (19./12. 97.) II 288. 290, Abs. 2. 291, Abs. 2. (1./6. 98.) II 400—401, Abs. 3. (28./6. 98.) III 77, Abs. 4. (24./7. 98.) III, S. 196. Abs. 2 — S. 198, Abs. 1. (17./8. 98.) III 301, Z. 17 — 302, Z. 5 (9./10. 98.)
Jg. 1799. I 171, Abs. 3. (1./1. 99.) II 93—95. (2./2. 99.)
Jg. 1800. I 323—325. (4./2. 1800.) II 333—335. (1./7. 1800.)
Jg. 1801. I 237—239. (27./2. 1801.) III 64 f. (30./6. 1801.)
Jg. 1802. III 156—158. (14./9. 1802.)
Jg. 1807. II 262—266. (8./5. 1807.)
[52]) An der Spitze dieser antideutschen Bewegung stand die damals vielgenannte Schriftstellerin Hannah More, die Verfasserin der „Strictures on modern education". (1799.)
[53]) Cotta hatte eine von Mellish besorgte englische Übersetzung der Schillerschen Dramen herausgegeben.

kleineren Kreise von Germanophilen ungemein anregend und fördernd für eine steigende Anerkennung der deutschen Litteratur. Sotheby, von dem die erste und vielgelesene Ubersetzung des Wielandschen Oberon stammte, sowie Miss Plumptree, welche mehrere Stücke Ifflands ins Englische übertrug, hatten bei Hüttner deutsche Sprachstudien getrieben und von seiner Belesenheit und seinem Urteile manche günstige Einwirkung empfangen. Durch eine Fülle einzelner Mitteilungen, Hinweise und kritischer Bemerkungen, welche sich überall in Hüttners Briefen zerstreut finden, sowie durch beschleunigte Zusendung seltener und epochemachender Werke wurde es Böttiger möglich, mit der geistigen Bewegung Englands fortwährend in enger Fühlung zu bleiben und die Früchte seiner Kenntnis dem deutschen Leserkreis zu übermitteln. Auf der anderen Seite wieder war es Hüttners eifriges Bestreben, durch litterarische Notizen aller Art, zum Teil unter Zugrundelegung seiner Korrespondenz mit Weimar, durch Rezensionen in den „Novelties of German literature", sowie durch Aufsätze Böttigers, denen er im Oracle, Critical Review, Monthly Magazine und anderen angesehenen Zeitschriften Aufnahme verschaffte, den Produkten deutschen Geistes und deutscher Wissenschaft immer mehr Anhänger und Freunde zu gewinnen. Endlich bleibe nicht unerwähnt, dass er auch indirekt die Ausbreitung des deutschen Büchermarktes zu fördern suchte, indem er über das Arbeitsverfahren des hochentwickelten englischen Buchbindergewerbes die genauesten Kenntnisse sich verschaffte und durch Veroffentlichung seiner Erfahrungen das deutsche Handwerk konkurrenzfähiger zu gestalten strebte.[54])

Durch die engen Beziehungen Böttigers zum priv. Landes-Industrie-Comptoir in Weimar trat Hüttner auch mit Bertuch in Verbindung.[55]) Er wurde als Mitarbeiter für die „Allgemeinen Geographischen Ephemeriden" angeworben, welche 1798 unter der Leitung von Zach und Bertuch ins Leben traten und sich bald eines hohen Ansehens erfreuten, ja selbst in England gute Aufnahme fanden.[56]) Hüttner rezensierte für die Ephemeriden Neuerscheinungen der englischen Reiselitteratur, gab umfangreiche Inhaltsangaben derselben und

---

[54]) Über einige Vortheile und bequeme Handgriffe der Buchbinderey in England. Tubingen, Cotta, 1802. — Ohne Bezeichnung der Quelle zum Teil nachgedruckt bei Baumgärtner, Magazin aller neuen Erfindungen, Entdeckungen und Verbesserungen. 3. Aufl. Lpz. 1806, S. 185 ff.

[55]) Friedr. Justin Bertuch, 1747—1822. Allg. Dtsch. Biogr. II 552 f. — Das Bertuch-Froriepsche Archiv in Weimar besitzt 66 Briefe Hüttners aus den Jahren 1795—1819.

[56]) H. an Bertuch, 10. Juli 1798. (Der Brief ist mit in die Böttiger-Sammlung geraten.) Auszüge aus den Ephemeriden wurden vom Monthly Magazine abgedruckt.

bot damit dem deutschen Leserkreise, weil früher, als es durch
Übersetzungen möglich war, die ersten ausführlichen Berichte
über die Expeditionen eines Vancouver (1791—95, nördl.
Stiller Ozean), Browne (1793—96, von Ägypten aus als erster
Europäer nach Darfur), Barrow (1801—1804, im Kapland bis
zu den Kaffern), Symes (1795, Pegu, Ava) u. a.[57])
    Obgleich ihn Bertuch „mit dem Seile der Lobpreisung
umwand", glaubte Hüttner doch der Mitarbeit an den Ephemeriden auf die Dauer nicht gewachsen zu sein; er löste darum
schon nach verhältnismässig kurzer Zeit sein Verhältnis zu
denselben und widmete nun seine Kraft dem Journale „London
und Paris", das nach seinem Plan und Vorschlag von Bertuch
und Böttiger ebenfalls im Jahre 1798 gegründet wurde.[58]) Die
Zeitschrift sollte, frei von allen politischen Betrachtungen, „ein
tableau mouvant der beiden ungeheuren Städte sein, von geübten deutschen Beobachtern an Ort und Stelle selbst im
Moment der regsten Bewegung aufgefasst und niedergeschrieben".
Der Pariser Korrespondent des Journals war Winkler, der schon
früher erwähnte Übersetzer des Hüttnerschen Reiseberichtes;
die Bearbeitung der Artikel über London lag bis zum Jahre
1804[59]) ausschliesslich in Hüttners Händen. In zahlreichen
Schilderungen, Erzählungen und Anekdoten verstand er von
den Örtlichkeiten und den Bewohnern der englischen Metropole
ein nach jeder Hinsicht detailliertes Bild zu entwerfen und
das flutende Leben der Riesenstadt sowohl in seinen bedeutenden Vorzügen wie in seinen tiefen Schattenseiten zur Darstellung zu bringen. Daneben lieferte er zum Teil den Kom-
mentar zu den anhangsweise dem Journal beigegebenen berühmten Karikaturen Gilray's, in welchen politische Ereignisse
oder missliche soziale Zustände Englands mit schlagendem
Witz und oft beissender Ironie einer scharfen Kritik unterzogen
wurden, sodass in ihnen ein interessantes Stück Zeitgeschichte
aufbewahrt ist.
    Nicht unerwähnt bleibe, dass Hüttner in den Jahren 1798

---

[57]) Aus den Briefen an Bertuch vom 9./10. 1798, 1./8. 1800, 10./2. 1801,
18./9. 1801, 21./9. 1804, 4./10. 1805, 24./6. 1806 ergiebt sich, dass Hüttner
für d. „Allg. Geogr. Ephem. folgende Aufsätze geliefert hat:
    Jg. 1798, II 92. 137—141. 330—349. 349—362. 418—422.
    Jg. 1800, I 83—94. 146—154. 427—436. 437—442. 539—559. 560—577.
    Jg. 1800, II 55—64. 156—171. 253—261. 318—332.
    Jg. 1801, I 239—261. 268—279. 345—384.
    Jg. 1801. II 372 f.
    Jg. 1804, III 113 f. 339—356.
    Jg. 1805, I 52—60. 188—195.
    Jg. 1806, I 182—199. 317—335. III 33—53.
[58]) H. an Böttiger, 25. Jan. 1798.
[59]) Das Journal bestand von 1798 bis 1810, jeder Jahrgang umfasst 8 Hefte.

bis 1799 auch für das bei Bertuch erscheinende „Journal des Luxus und der Moden"[60]) thätig war, das in vieler Beziehung als ein Spiegelbild für Kultur und Sitte der damaligen Zeit bezeichnet werden darf. Endlich wirkte Hüttner als Agent für die „Allgem. Litteratur-Zeitung" durch Zustellung geeigneter Rezensionsexemplare des englischen Büchermarktes, und dem jungen geographischen Institute Bertuchs[61]), das den Aufschwung der deutschen Kartographie mit begründete, leistete er erspriessliche Dienste durch seine Verbindung mit Arrowsmith, dem Führer der englischen Kartographen, dessen Arbeiten durch Berücksichtigung auch der neuesten Forschungsergebnisse wie durch künstlerische Vollendung sich auszeichneten und dem Bertuchschen Institute wertvolle Vorlagen lieferten.

Kurz nach seiner Verbindung mit Weimar richtete Hüttner den Blick schon wieder auf ein neues litterarisches Unternehmen. Joh. Friedr. Cotta, der Fürst unter den deutschen Buchhändlern[62]), hatte 1798 in sturmbewegter Zeit die „Allgemeine Zeitung" gegründet, ein grosses politisches Tageblatt, welches mit Vollständigkeit und Unparteilichkeit und „etwas britischer Freymüthigkeit tingirt" über die Zeitgeschichte Bericht erstatten sollte. Zu dem grossen Generalstabe von Autoren, Künstlern und Korrespondenten, welchen Cotta für den gewaltigen Umfang seines Verlags zu gewinnen verstand, warb er auch Hüttner an. Dieser legte ihm in einem Briefe vom 3. Juni 1800[63]) den Plan zu einer neuen Zeitschrift vor, welche eine „Darstellung der sittlichen, intellektuellen und physischen Cultur der Engländer" bieten und durch vielgestaltigen Inhalt den mannigfachsten Ansprüchen Rechnung tragen sollte. Die genaue Abwägung aller Schwierigkeiten wie aller Vorteile verrät dabei deutlich den geschäftskundigen Blick des erfahrenen Journalisten.

Cotta ging auf den Vorschlag ein, und unter dem Titel „Englische Miscellen" wurde das Unternehmen ins Werk gesetzt.[64]) Wie schon der Name andeutet, war der Inhalt grösstenteils englischen Zeitschriften und Büchern entnommen, wenn auch vielfach eingestreute Bemerkungen ein selbständiges Urteil nicht verkennen lassen. Belehrend und anregend wirkten die mannigfachen Mitteilungen über Gewerbe, Industrie, Technologie, Patente und Erfindungen, Luxus- und Modewaren, welche

---

[60]) Das „J. d. L. u. d. M." erschien von 1786 bis 1827.
[61]) 1804 gegründet.
[62]) Vgl. Schäffle, Cotta (Dr. Bettelheim, Geisteshelden, Bd. 18). Berl. 1895.
[63]) Das Archiv der Cottaschen Verlagsbuchhandlung in Stuttgart besitzt 32 Briefe Hüttners an Cotta aus den Jahren 1800—1824.
[64]) Englische Miscellen, Cotta, Tübingen. 1800—1806, 25 Bde.

ein deutliches Bild von dem damaligen englischen Arbeits-
markte gewährten.

Von den „gelehrten Neuigkeiten", die sich fast auf alle
Wissensgebiete erstreckten, waren für die Geographie von besonderem Interesse die Berichte über die englische Litteratur
der Reisebeschreibungen, die mit statistischen Tabellen aus-
gestatteten Aufsätze über Englands Handelsbeziehungen und
Kolonialwesen, sowie die Rezension von Werken, welche die
Kenntnis der Geographie des Altertums förderten, wie Falcone's
Übersetzung Strabos, Rennell's Arbeit über „die Geographie
des Herodot", Vincent's Ausgabe von Hannos „Periplus", sowie
des gelehrten Orientalisten Ouseley Übersetzungen von ge-
schichtlich-geographischen Werken arabischen und persischen
Ursprungs.

Aus den Schilderungen des englischen Volkslebens spricht
strenge Unparteilichkeit und offener Freimut, der Licht- und
Schattenseiten in gleicher Weise berührt und gerade dadurch
geeignet war, einseitige Urteile zu korrigieren.

Freilich zeigen bei dem wesentlich kompilatorischen
Charakter der Miscellen namentlich die ersten Bände einen
auffälligen Mangel an Ordnung und Übersichtlichkeit des Inhalts, der stellenweise sogar komisch zu wirken vermag, wenn
sich z. B. an die „wahre, höchst rührende Geschichte eines
jetzt in London lebenden Ehepaares" unmittelbar ein Rezept
für eine neue Art Lederfett anschliesst.

Bei der Fülle des Stoffes findet sich auch manche Spreu;
einzelne Mitteilungen über Handelsartikel und Erfindungen
scheinen völlig wertlos und dienen ebenso wie viele der ein-
gestreuten Anekdoten nur als Füllsel. Immerhin erfreuten sich
die Miscellen nach den Urteilen, die man aus jener Zeit findet,
grosser Beliebtheit[65]) und haben ohne Zweifel viel zur Vermittelung zwischen englischem und deutschem Leben beigetragen.

Als sich infolge der Kriegszeiten die Verbindung mit dem
Auslande immer unsicherer gestaltete, gingen 1806 die englischen Miscellen ein, ebenso wie die italienischen und französischen, welche Cotta nach ihrem Muster gegründet hatte. An
ihre Stelle trat von 1807 an das „Morgenblatt für gebildete Stände", das von Cotta durch die Auswahl und Fülle
der Korrespondenz zum Mittelpunkte litterarischer und artisti-
scher Kritik erhoben wurde. Auch Hüttner wurde zur Korrespondenz für das Morgenblatt wie für die Allgemeine
Zeitung herangezogen, wie ein Brief an Cotta vom 6. Februar

---

[65]) Niemeyer stellt sie z. B. über die „Annalen der brit. Gesch. d. neuesten
Zeit" von Archenholtz. Niemeyer, Beobachtungen, II 415.

1807 deutlich beweist. Leider lässt sich aus dem bis jetzt eruierten Material der Umfang seiner Thätigkeit nicht genau bestimmen. Sicher stammen von ihm die „englischen Korrespondenzen" im Jahrgang 1807 des Morgenblattes; in der folgenden Zeit kann man jedoch auf Grund der Briefe nur wenig Aufsätze mit Bestimmtheit auf ihn zurückführen.[66]) Auf Cottas ausdrücklichen Wunsch hat Hüttner auch 1820 und teilweise noch im folgenden Jahre wöchentliche Einsendungen für die Allg. Zeitung, hin und wieder auch Berichte für das Morgenblatt geliefert.[67]) Von den letzteren boten die meisten Auszüge und Zusammenstellungen geographischen Inhalts[68]) während seine Mitteilungen in der Allg. Zeitung vor allem politische Tendenzen verfolgten. Jedenfalls war Hüttners Korrespondententhätigkeit in den letzten Jahren nur noch sporadischer Natur; das beweist seine Bitte an Cotta: „Sie dürfen mich bey Ihren Instituten nur noch als einen Gast, nicht als einen Hausgenossen, nur als einen Zugvogel, nicht als einen Insassen betrachten."[69])

Sein Amt, welches an Zeit und Kraft hohe Anforderungen stellte, bedingte eine Beschränkung seiner journalistischen Thätigkeit, seine Mussestunden aber wurden in Anspruch genommen durch die Korrespondenz für den Grossherzog K a r l A u g u s t   v o n   W e i m a r, auf die wir am Schlusse unserer Darstellung noch einzugehen haben. Schon 1798[70]) hatte sich Hüttner an Bertuch und Böttiger mit der Bitte gewendet, ihn beim Hofe von Weimar oder Gotha als Korrespondent oder Agent zu empfehlen, um dadurch seine Stellung in London zu befestigen. Dieser Wunsch ging endlich in Erfüllung, als Karl August bei seiner Anwesenheit in London im Juli 1814 Hüttner in Audienz empfing, ihm äusserst huldvoll begegnete und ihn bald darauf zu seinem „Literatus" ernannte. Das in London vollzogene Anstellungsdekret vom 12. Juli 1814[71]) enthält über dieses Amt folgende Bestimmungen: 1. „Jeden Monat sind v.

---

[66]) Nach d. Briefe v. 2./2. 1816: Erinnerungen aus etlichen Teilen d. engl. Litt. d. Jahres 1815. (Mbl. 1816, Nr. 65. 73. 77. 83. 95. 102. 127. 138. 142. 143. 145. 150. 152. 156.) — Nach d. Briefe v. 24./7. 1818: Schneller Anwachs der nordamerik. Macht. (Mbl. 1818, Nr. 193. 194. 200. 202. 204. 212.) Das Ganze ist ein Auszug aus John Bristed: America and her resources.

[67]) H. an Cotta, 7. Nov. 1820. 13. April 1821.

[68]) Nur einige Themen seien zur Charakterisierung angeführt, die auch wegen ihrer statistischen Nachrichten von Interesse sind: Wachstum von Neu-Süd-Wales; die Anfänge von Detroit; Armenwesen von New-York; Statist. Nachrichten über einige Teile von Südamerika u. s. f.

[69]) Brief v. 13. April 1821.

[70]) H. an Bertuch, 6. April 1798.

[71]) Geh. Haupt- und Staatsarchiv zu Weimar, D 500 a: Acta, betr. die Annahme eines Correspondenten zu London in der Person des Herrn Hüttner daselbst, Translateur bey der Engl. Staats-Canzley.

H. Berichte über Literatur, deren Fortgang etc., überhaupt was in das wissenschaftliche Fach einschlägt, unmittelbar an S. Herzogl. Durchlaucht zu erstatten. 2. Da S. Herzogl. Durchl. nicht gemeynet sind, sich über politische Gegenstände mit ihm in Correspondenz zu setzen oder Unterhaltungen anzuknüpfen, die auf geheime Gouvernements-Verfügungen Beziehung haben, so würden Höchst Sie dergl. nur insofern erwarten, als im Allgemeinen davon die Rede seyn kann und von ihm ohne Verletzung seiner Dienstpflicht mitgetheilt werden können. 3. Von interessanten Gegenständen in Hinsicht auf Erfindung, Kunst und Gewerbe wird baldige Notiz Sr. Herzogl. Durchl. angenehm seyn. 4. Commissionen, die ihm von Herzogl. Durchl. oder in Seinem Namen von Weimar aus aufgetragen werden, will Hüttner gern übernehmen und sich deren Besorgung mit zu gebender Auskunft über den Erfolg unterziehen." Endlich sollte Hüttner allwöchentlich eine bestimmte Anzahl englischer Journale unter der Adresse des Herzogs an den Staatsrat und Weimarer Ministerresidenten v. Treitlingen nach Paris senden. Als Gehalt wurden ihm dafür jährlich. 50 Pfund (= 294 rl. 18 gr. Conventionsgeld), zur Bestreitung seiner Auslagen ein Kredit von 200 Pfund bewilligt.

Hüttners Korrespondenz für den Grossherzog ist von stattlichem Umfang: zwölf ansehnliche Quartbände[72]) umfassen seine Litteraturberichte aus den Jahren 1814—1829. In den eingehenden Beurteilungen und den ausführlichen, klaren Inhaltsangaben, welche bedeutsamen Werken gewidmet sind, repräsentieren diese Berichte nicht nur ein gutes Stück der englischen Litteratur- und Geistesgeschichte jener Zeit, sondern bilden zugleich für Hüttner ein rühmliches Zeugnis emsigen Fleisses, vielseitigen Interesses und verständnisvollen Urteils. Wenn auch die Rezensionen nicht immer eigener Kritik entflossen sind, sondern zuweilen verschiedene reviews benutzt haben, so wird doch dadurch der Wert der Berichte und das Urteil über Hüttner nicht geschmälert.

Fast kein Gebiet des Wissens und der Litteratur bleibt in ihnen unberührt; Schriften über theologische Fragen sind ebenso in den Kreis der Betrachtung gezogen wie Bücher naturwissenschaftlichen oder nationalökonomischen Inhalts. Einzelne Werke von Scott, Byron und Swift gewinnen in manchen Punkten eine nicht uninteressante zeitgeschichtliche Beleuchtung. Eine eingehende Darstellung erfahren die Bestrebungen der damals aufblühenden orientalischen Philologie, welche einzelne Zweige, wie Sanskrit, Persisch und Chinesisch, in Grammatiken systematisch zu bearbeiten begann und Hand in Hand vorwärts-

---

[72]) Jetzt Eigentum der Grossherzogl. Bibl. in Weimar.

schritt mit den Ergebnissen der archäologischen Forschungen, die auf Kosten gelehrter Gesellschaften, wie der Society of Dilettanti oder des Raleigh Club, in Griechenland, Ägypten und Babylonien ins Werk gesetzt wurden. — Einen breiten Raum beanspruchen daneben die reichen Litteraturangaben über Länder- und Völkerkunde. Über dreihundert Reisebeschreibungen werden nach Inhalt und Wert einer zum Teil sehr ausführlichen Besprechung unterzogen und gewähren ein deutliches Bild von der lebhaften Bewegung, die sich damals auf geographischem Gebiete vollzog.

Dabei suchte Hüttner in diesen Berichten weit mehr als in seiner journalistischen Thätigkeit durch eine umsichtige Auswahl alle minderwertigen Produkte auszuscheiden, die sich gerade unter den Reisebeschreibungen in grosser Zahl auf den litterarischen Markt drängten, der Mode der Zeit entsprechend, selbst die Erlebnisse einer grösseren Vergnügungs- oder Geschäftsreise in Buchform zu veröffentlichen. Eine breitere Darstellung erfuhren dagegen alle diejenigen Werke, welche in der Entwickelung der geographischen Kenntnisse wirklich einen Fortschritt bezeichneten: so die Schilderungen der Forschungsreisen von Flinders[73]), Burchell[74]), Campbell[75]), Bowdich[76]), Clapperton[77]), Elphinstone[78]), Ouseley[79]), Burckhardt[80]), Frazer[81]), John Ross[82]), Franklin[83]), Parry[84]), Weddell[85]) u. a.

Neben den Spezialberichten über einzelne Wissenschaftsgebiete erscheinen bei Hüttner auch allgemeine Überblicke und Erörterungen, die mancherlei schwebende Zeit- und Streitfragen beleuchten. Über Männer von hervorragender wissenschaftlicher oder politischer Bedeutung werden kurze Biographien geboten, und die Bemerkungen über politische Vorgänge, wie den Kongress zu Aachen, das Komplott der englischen Radikalen im Jahre 1820 und den sensationellen Prozess gegen die Königin, führen anschaulich in die Stimmung der beteiligten Kreise ein.

---

[73]) 1795—98, Ostküste Australiens, Tasmanien; 1802 Carpentariagolf,
[74]) 1810—12, vom Kapland bis Loanda.
[75]) 1812 ff., Kapland, Oranjefluss u. Natal.
[76]) 1818, Goldküste u. Aschanti.
[77]) 1822—24, Bornu, Tsadsee.
[78]) 1808 f., Afghanistan.
[79]) 1810 Persien.
[80]) 1808—12, Kleinasien, Syrien, Palästina, 1816 Sinaihalbinsel, 1828 Mekka, Medina.
[81]) 1820, Himalaja.
[82]) 1818, Baffinsbai, Nordwestpassage.
[83]) 1819—22, Landreise zum Kupferminenfluss.
[84]) 1824—25, Nordwestpassage.
[85]) 1822—23, Antarktis.

Grossherzog Karl August verfolgte die Litteraturberichte mit regem Interesse[86]; Hüttner durfte nicht nur verschiedene Male seine Freude darüber aussprechen, „dass Serenissimus seinen schmeichelhaften Beyfall anzuzeigen die Gnade hatten," er erhielt auch eine besondere Auszeichnung durch die vom Grossherzog zum Goethejubelfest (7. Nov. 1825) gestiftete goldene Medaille.[87]

Eine nicht geringe Anzahl der besprochenen Bücher, namentlich solche geographischen und botanischen Inhalts, wurden von Karl August unter dem Beirate Goethes, dem die Berichte ebenfalls vorlagen[88], zum Ankauf für die Weimarer Bibliothek bestimmt und meist durch Hüttners Vermittelung besorgt.

Auf diese und ähnliche Kommissionen, welche Hüttner als Geschäftsträger des Grossherzogs auszuführen hatte, beziehen sich die meisten seiner im Weimarer Archiv aufbewahrten Briefe.[89] Als tüchtiger Botaniker liess sich Karl August, seit 1817 Ehrenmitglied der Horticultural Society, aus London eine grosse Zahl fremdländischer Gewächse und Sämereien zuschicken, welche dann in dem prächtigen Schlossgarten des Belvedere kultiviert wurden. Wie sich übrigens des Grossherzogs Aufmerksamkeit oft bis aufs kleinste erstreckte, beweisen mehrere Briefe Hüttners, in denen er nicht nur über englische Bier- und Branntweingesetze, sondern sogar über die Bekleidung der Fussböden und die Art der Stuckarbeiten in den Londoner Regierungsgebäuden Bericht erstatten musste.

Durch seine Verbindung mit dem Hofe zu Weimar trat Hüttner auch mit Goethe in Korrespondenz, dem er sich hauptsächlich für die Erweiterung seiner Bibliothek und Kunst-

---

[86]) Goethe schrieb im Auftrage des Grossherzogs an Hüttner: „Höchstdieselben sind glücklich von einer vortheilhaft gebrauchten Badecur zurückgekehrt und nehmen schon wieder an allem Guten weit ausgebreiteten Antheil, wobei denn Ew. Wohlgeboren Sendungen freilich eine Hauptrolle spielen." Vogel, Goethe in amtlichen Verhältnissen, Jena 1834, S. 376. — Einen Teil der Litteraturberichte liess Karl August im Intelligenzblatt der Jenaer Lit. Ztg veröffentlichen, wogegen Hüttner in einem Briefe an d. Geh. Kanzleirat Vogel freimütig Einspruch erhob. (21. Febr. 1817.)

[87]) Hüttner an Hage, 1. Juli 1828. — Über d. Goethejubelfest giebt mehrere neue u. interessante Notizen Ludw. Geiger, Aus Alt-Weimar, Berl. 1897, S. 343 f.

[88]) Vgl. Vogel, S. 191 f. — Im 5. Bande der Berichte findet sich die Bemerkung eingetragen: Fol. II—IV ist dem Herrn Minister v. Goethe den 1. April mitgetheilt worden.

[89]) D 500b: 170 Briefe a. d. Geh. Kanzleirat Vogel (aus d. Jahren 1815—1829). D 500 e: 329 Briefe an d. Grossherzogl. Rat und Scatoullier Karl Theod. Hage (aus d. J. 1819—1829). Dazu D 500 c. d: Belege des Obergärtners in Gent und des Grossherzogl. Konsuls in Hamburg über Pflanzenu. Büchersendungen Hüttners.

sammlungen nützlich erwies.[90]) Unter den Antworten Goethes, in denen er mehrfach in verbindlichstem Tone seinen Dank ausspricht, erscheint besonders ein Brief bemerkenswert, in welchem er Hüttner ersucht, für die Publikation von wissenschaftlichen Abhandlungen des Geheimen Rates Prof. Wolf in Berlin seinen wirksamen Einfluss geltend zu machen. „Sie würden sich", heisst es am Schlusse des Briefes, „nach so manchem Verdienste um die Literatur noch ein neues um diesen Haupt- und Grundstamm der Gelehrsamkeit abermals erwerben".[91]) Ohne Zweifel bedeuten solche Worte aus dem Munde Goethes ein ehrenvolles und gewichtiges Zeugnis für Hüttners grosse persönliche Wirksamkeit.

Mit dem Tode des Grossherzogs am 14. Juni 1828 wurde auch das Band zerrissen, das Hüttner mit Weimar verknüpfte; Michaelis 1829 stellte er auf Anordnung des Hofes seine Berichte ein. Zwar blieben auch in den folgenden Jahren die wenigen Mussestunden, die ihm die Arbeiten des Amtes und die Beschwerden des Alters noch vergönnten, seiner Lieblingsbeschäftigung mit der Litteratur gewidmet, aber publizistisch hat er sich, soweit unsere Zeugnisse reichen, nicht mehr bethätigt. Seine Berichte nach Weimar blieben das Schlussglied seiner litterarischen Wirksamkeit, die Jahrzehnte hindurch viel Gutes geschaffen hatte.

Wir haben Hüttner nach den verschiedensten Seiten seines Lebens und Wirkens eingehend verfolgt. Wenn der Verfasser dabei an manchen Stellen das Gebiet überschritten hat, welches speziell der Geschiche der Geographie angehört, so geschah es in der Absicht, das Bild von dem Leben und Streben dieses eigenartigen, in seiner Sphäre einflussreichen Mannes möglichst vollständig darzubieten. Bei einer Würdigung der Leistungen Hüttners darf man freilich die zahlreichen Aufsätze und die zerstreuten Notizen, welche aus seiner Feder stammen, nicht im einzelnen unter die scharfe Lupe der Kritik nehmen. Viele derselben sind kompilatorischer Natur und haben nur eine ephemere Bedeutung gehabt; andere tragen deutlich den Stempel rascher Herstellung, und die Eigenschaften, welche seine Reisebeschreibung auszeichnen, finden sich in seinen journalistischen Arbeiten gewissermassen nur in verdünnter Form. Es fehlte ihm an Zeit und Ruhe zur Sammlung und Ausreifung der Gedanken; die Notwendigkeit, vom Ertrag

---

[90]) Das Goethe- u. Schiller-Archiv in Weimar besitzt 23 Briefe Hüttners an Goethe und 14 Antworten Goethes im Konzept. Sieben weitere Briefe Goethes an Hüttner bei V o g e l , S. 375 ff.
[91]) Goethe an Hüttner, 21. Okt. 1820. Vgl. Vogel, S. 378.

seiner Feder leben zu müssen, trieb ihn bei vielen seiner litterarischen Arbeiten ruhelos vorwärts und zwang ihn, sich mit kleinen Aufsätzen zu begnügen, welche er rasch und leicht unterbringen konnte. Wie wenig Befriedigung er selbst dabei fand, bezeugen manche seiner Äusserungen, vor allem die in einzelnen Briefen fast zur Manie sich steigernde Unterschätzung seiner Leistungen.

Beurteilt man jedoch Hüttners Wirken nach seiner Vielseitigkeit und seinem bedeutenden Umfange, als ein Moment in dem Entwickelungsgang der Bildung seiner Zeit, so muss man ihm unstreitig das Verdienst zuerkennen, zur Vermittelung deutschen und englischen Geisteslebens ungemein viel beigetragen zu haben. Hüttner war lange Zeit hindurch, wenn nicht der bedeutendste, so doch sicher der bekannteste unter den deutschen Journalisten in England.

In diesem Totaleindruck seiner Wirksamkeit für eine „ethnische Durchdringung", in rein geistigem Sinne verstanden, liegt seine geschichtliche Bedeutung und zugleich die innere Berechtigung der vorliegenden Monographie; denn die moderne Geschichtsbetrachtung sieht in den einzelnen Erscheinungen des geistigen Lebens nicht etwas völlig Isoliertes, sondern richtet den Blick allezeit auf die Kontinuität des menschlichen Geistes; sie prüft nicht allein das Wie der litterarischen Produkte, sondern viel mehr noch das Woher, das allmähliche Werden, den inneren Zusammenhang.

Um freilich über die Wirkungen, welche England damals auf die geographische Wissenschaft und Litteratur Deutschlands ausgeübt hat, ein abschliessendes Urteil zu gewinnen, müsste die Untersuchung an der Hand ähnlicher Monographien auf eine breitere Basis gestellt werden. Die Aufgabe ist nicht leicht; vor allem bedarf es dazu einer noch eingehenderen Durchforschung des weitschichtigen journalistischen Materials, und der Weg zur Erkenntnis geht dabei nicht in raschen Sprüngen von Gipfel zu Gipfel, sondern oft auf mühevollen Pfaden und durch ermüdende Einöden. Auf der anderen Seite würde freilich das Ergebnis einer solchen Untersuchung nicht allein für die Geschichte der Geographie, sondern des deutschen Geisteslebens überhaupt einen wertvollen Beitrag bedeuten. Wenn die vorliegende Monographie als ein Baustein hierzu angesehen werden dürfte, hätte alle Mühe des Verfassers ihren höchsten Lohn gefunden.

INHALT

der

Jahresberichte und Mitteilungen

des

Vereins für Erdkunde

(früher Verein von Freunden der Erdkunde)

zu Leipzig.

A.

In Kommission der J. C. Hinrichs'schen Buchhandlung in Leipzig.

Jahresbericht I (1861). 1. L a n g e , H e n r y; Die deutsche Expedition zur Aufhellung der Schicksale Dr. Vogels. — 2. B r u h n s , Carl; Notiz über Herrn von Beurmanns erste Ortsbestimmung. — 3. Über räumliche Verhältnisse der Südprovinzen von Brasilien, besonders der Provinz Rio Grande do Sul. — 4. Der keltische Volksstamm . . . . *M* 1.50

Jahresbericht II (1862). 1. D e l i t s c h , Otto; Dr. Karl Vogel. — 2. L a n g e , H.; Die deutsche Expedition nach Innerafrika. I. W. Munzingers Expedition. II. M. von Beurmanns Expedition. — 3. B r a n d e s , H.; Beiträge zur Geographie des Altertums. I. Über das Zeitalter einiger griechischer Geographen. II. Bemerkungen über die afrikanischen Entdeckungsreisen des Hannon. — 4. S c h u l t z , W o l d e m a r; Die südamerikanischen Indier kolonisationsfähig. — 5. N e i g e b a u r , J. F.; Die Insel Sardinien und der General Della Marmora . . . . *M* 1.80

Jahresbericht III (1863). 1. B r a n d e s , H.; Beiträge zur Geographie des Altertums. III. Das allmähliche Bekanntwerden des nördlichen Europa. IV. Zur historischen Geographie von Asien. — 2. L a n g e , H.; Die deutsche Expedition nach Innerafrika und die Schicksale der Forscher (Fortsetzung). — 3. K r e h l , L.; Der Talisman James Richardsons. Nebst einem Faksimile in Steindruck. — 4. Die Gold-Regionen am Rivière Chaudière, U. Canada. Nebst Karte. — 5. W i l l k o m m , M.; Die neue Landesaufnahme in Spanien und Portugal. — 6. N e i g e b a u r , J. F.; Der jetzige Zustand des öffentlichen Unterrichts in Italien . . . . *M* 1.50

Jahresbericht IV (1864). 1. B r a n d e s , H.; Über das Zeitalter des Geographen Eudoxos und des Astronomen Geminos. — 2. D ö r f f e l , O.; Briefliche Mitteilung aus Joinville in der Kolonie Dona Francisca, Provinz Sta. Catharina, Brasilien. — 3. C. B r u h n s. Meteorologische Beobachtungen, angestellt auf der Leipziger Sternwarte . . . . *M* 6.—

Jahresbericht V (1865). 1. D e l i t s c h , O.; Kartographische Darstellung der Bevölkerungsdichtigkeit von Westdeutschland auf Grund hypsometrischer und geognostischer Verhältnisse. Mit Karte. — 2. B r a n d e s . H.; Über die antiken Namen und die geographische Verbreitung der Baumwolle im Altertum. — 3. B r u h n s , C.; Meteorologische Beobachtungen, angestellt auf der Leipziger Sternwarte 1864 und 1865 . . . . *M* 8.—

Jahresbericht VI (1866). 1. Bruhns, C.; Meteorologische Beobachtungen, angestellt auf der Leipziger Sternwarte 1866. Nebst einer Übersichtstafel von G. Schreiber. — 2. Merx, Dr.; Glossar der Tigre-Sprache, gesammelt von Moritz von Beurmann, bearbeitet und mit einer grammatischen Skizze und einem Lebensabriss des Sammlers. — 3. Kersten, Dr. O.; Zur Völkerkunde Ostafrikas. — 4. Wagner, W.; Der Fluss Moisie und seine magnetischen Eisensandlager. Nebst einer Skizze der Mündung des St. Lawrence. — 5. Briefliche Mitteilung aus Joinville in der Kolonie Dona Francisca, Provinz Santa Catharina, Brasilien. Von O. Dörffel. ℳ 6.—

Jahresbericht VII (1867). Bruhns, C.; Meteorologische Beobachtungen, angestellt auf der Leipziger Sternwarte im Jahre 1867. Nebst einer Übersichtstafel von G. Schreiber . . . . ℳ 2.40

Jahresbericht VIII (1868). 1. Bruhns, C.; Meteorologische Beobachtungen, angestellt auf der Leipziger Sternwarte im Jahre 1868. Nebst einer Übersichtstafel von G. Schreiber. — 2. Gloggner, Karl; Erinnerungen an Melbourne . . . . ℳ 2.40

Jahresbericht IX (1869). 1. Bruhns, C.; Meteorologische Beobachtungen, angestellt auf der Leipziger Sternwarte im Jahre 1869. Nebst einer Übersichtstafel von G. Schreiber. — 2. Brandes, H.; Über die geographischen Kenntnisse der alten Ägypter. — 3. Andree, R.; Nationalitätsverhältnisse und Sprachgrenze in Böhmen . . . . ℳ 3.60

Jahresbericht X (1870). 1. Bruhns, C.; Meteorologische Beobachtungen, angestellt auf der Leipziger Sternwarte im Jahre 1870. Nebst einer Übersichtstafel von G. Schreiber. — 2. Ploss, Dr. H.; Das Männerkindbett (Couvade) . . . . ℳ 3.—

Jahresbericht XI (1871). 1. Bruhns, C.; Meteorologische Beobachtungen, angestellt auf der Leipziger Sternwarte 1871. Nebst einer Übersichtstafel von G. Schreiber. — 2. Mohr, Ed.; Von Bremen nach dem Mosiwatunja, den Viktoriafällen des Zambesi. — 3. Peschel, Prof. O.; Über eine italienische Weltkarte aus der Mitte des 16. Jahrhunderts. — 4. Lomer, Heinr.; Verbreitung der Pelztiere . . . . ℳ 6.—

B.

In Kommission von Duncker & Humblot in Leipzig.

Mitteilungen 1872, nebst dem XII. Jahresbericht.

1. Fedtschenko, A.; Das Gebiet des oberen Amur und die Orographie Centralasiens. Mit Karte. — 2. Ploss, H.; Über das Heiratsalter der Frauen bei verschiedenen Völkern. — 3. Gabelentz, H. C. v. d.; Die Ausdrücke für „Sterben" im Mandschuischen. — 4. Weser, H.; Unter den Beduinen Moabs. Mit 9 Holzschnitten nach Originalzeichnungen von W. Duisberg. — 5. Bruhns, C.; Meteorologische Beobachtungen, angestellt auf der Leipziger Universitäts-Sternwarte im Jahre 1872. Mit einer graphischen Darstellung . . . . .ℳ 4.40

Mitteilungen 1873, nebst dem XIII. Jahresbericht.

1. Marno, E.; Sieben Monate in der Sumpfregion des Bahr Seraf. — 2. Andree, Dr. R.; Die Verbreitung der Anthropophagie. Mit 1 Karte und 3 Holzschnitten. — 3. Bruhns, J. C.; Meteorologische Beobachtungen, angestellt auf der Leipziger Universitäts-Sternwarte im Jahre 1873. Mit einer graphischen Darstellung . . . . .ℳ 3.20

Mitteilungen 1874, nebst dem XIV. Jahresbericht.

1. Leutemann, H.; Der afrikanische Tierhandel. — 2. Kersten, O.; Bericht über einige magnetische Messungen in Palästina. — 3. Goering, A.; Venezuelanische Altertümer. Mit Abbildung. — 4. Bruhns, C.; Meteorologische Beobachtungen, angestellt auf der Leipziger Universitäts-Sternwarte im Jahre 1874 . . . . .ℳ 2.—

Mitteilungen 1875, nebst dem XV. Jahresbericht.

1. Ebers, Georg; Denkrede auf Oskar Peschel. Mit Peschel's Porträt. — 2. Strümpell, L. v.; Die Katschinzen in Südsibirien. — 3. Andree, R.; Schädelkultus. Mit 6 Holzschnitten. — 4. Bary, Erwin v.; Die Senam oder megalithischen Denkmäler in Tripolis. — 5. Bruhns, C.; Meteorologische Beobachtungen, angestellt auf der Leipziger Universitäts-Sternwarte im Jahre 1875 . . . . .ℳ 3.20

Mitteilungen 1876, nebst dem XVI. Jahresbericht.

1. Löw, Oscar; Die Wüsten Nord-Amerikas. — 2. Goering, A.; Zur Tiergeographie Venezuelas. — 3. Helland, Asmus; Über die Gletscher Nordgrönlands und die Bildung der Eisberge. — 4. Peschuël-Loesche, E.; Loango und die Loangoküste. — 5. Jung, Dr. E.; Zur Kenntnis südaustralischer Dialekte. — 6. Bruhns, C.; Meteorologische Beobachtungen, angestellt auf der Leipziger Universitäts-Sternwarte im Jahre 1876. ℳ 2.80

Mitteilungen 1877, nebst dem XVII. Jahresbericht.

1. Credner, Dr. H.; Arbeiten und Publikationen der geologischen Landesuntersuchung von Sachsen. — 2. Jung, E.; Aus dem Seelenleben der Australier. — 3. Rohlfs, Gerh.; Die Halfa und ihre wachsende Bedeutung für den europäischen Handel. — 4. Virchow, Prof. Dr. R.; Anthropologie und Anthropogenie. — 5. Bruhns, C.; Meteorologische Beobachtungen, angestellt auf der Leipziger Universitäts-Sternwarte im Jahre 1877. ℳ 1.60

Mitteilungen 1878, nebst dem XVIII. Jahresbericht.

1. K u n t z e, Dr. O.; Der Irrtum des Speciesbegriffes, phytogeographisch erläutert an einigen Pflanzengattungen. — 2. J u n g, E.; Beiträge zur Kenntnis des Klimas Australiens. — 3. O b s t, Dr. H., Der internationale Kongress für Handelsgeographie zu Paris. — 4. P e s c h u è l - L o e s c h e, Dr.; Begleitworte zur Karte von Kuilu. — 5. B r u h n s, C.; Meteorologische Beobachtungen, angestellt auf der Leipziger Univ.-Sternwarte im Jahre 1878. ℳ 3.20.

Mitteilungen 1879, nebst dem XIX. Jahresbericht.

1. H a h n, Dr. Fr. G.; Bemerkungen über tiergeographische Karten. — 3. Eine meteorologische Station in Westafrika. — 3. P e n c k, Dr. A l b r.; Die Gletscher Norwegens. — 4. D a n c k e l m a n, A. v.: Neuere Untersuchungen über die Niederschlagsverhältnisse auf hoher See. — 5. B r u h n s, C.; Meteorologische Beobachtungen, angestellt auf der Leipziger Universitäts-Sternwarte im Jahre 1879 . . . . ℳ 3.—.

Mitteilungen 1880, nebst dem XX. Jahresbericht.

1. D a n c k e l m a n, Dr. A. v o n; Die meteorologischen Beobachtungen des Herrn Herm. Soyaux in Sibange - Farm am Gabun während des Jahres 1880. — 2. K u n t z e, Dr. O.; Das sogen. Sargasso-Meer. Mit Karte. — 3. C r e d n e r, P r o f. Dr. H e r m.; Die geologische Landesuntersuchung des Königreichs Sachsen während der Jahre 1878—81. Mit Karte. — 4. B r u h n s, C.; Resultate der meteorologischen Beobachtungen in Leipzig im Jahre 1880. — 5. G o e r i n g A.; Erläuterung zu dem Bilde Tafelland von Mérida. — 6. P e t e r, Dr. B.; Anleitung zur Anstellung geographischer Ortsbestimmungen auf Reisen mit Hilfe des Sextanten und Prismenkreises. — 7. D a n c k e l m a n, Dr. A. v o n; Meteorologische Beobachtungen, ihre Wichtigkeit und Durchführung in wenig erforschten Gebieten . . . . ℳ 4.—.

Mitteilungen 1881, nebst dem XXI. Jahresbericht.

1. H i r t h, Dr. Fr.; Über chinesische Quellen zur Geographie von Kuangtung, mit besonderer Berücksichtigung der Halbinsel Leichou. Mit Karte. — 2. D a n c k e l m a n, Dr. A. v o n; Wesen, Aufgaben und Ziele der modernen Meteorologie. Mit Karte. — 3. H a h n, Dr. F. G.; Zur Geschichte der Grenze zwischen Europa und Asien. Mit Karte. — 4. Direktion der Sternwarte, Resultate der meteorologischen Beobachtungen in Leipzig im Jahre 1881. — 5. W a g n e r, W i l h.; Der Nordwesten von Canada . . ℳ 4.—.

Mitteilungen 1882, nebst dem XXII. Jahresbericht.

1. D e l i t s c h, P r o f. Dr. Otto; Bildungsgang und Lebensarbeit im Dienste der Geographie. Mit Porträt. — 2. D e b e s, E.; Dr. Nells modifizierte Globular-Projektion. Mit Figurentafel. — 3. S c o b e l, A.; Die geographischen und Kultur-Verhältnisse Mexikos. Mit Karte. — 4. Direktion des Kgl. Meteorologischen Instituts in Chemnitz: Resultate der meteorologischen Beobachtungen in Leipzig im Jahre 1882. — 5. D e n h a r d t, Cl.; Anleitung zu geographischen Arbeiten bei Forschungsreisen. Mit Kartenskizze. ℳ 5.—.

Mitteilungen 1883, nebst dem XXIII. Jahresbericht.

1. Abteilung (162 S. mit 3 Karten): 1. D a n c k e l m a n, Dr. A. v o n; Die Ergebnissse der meteorologischen Beobachtungen der Herren H. Soyaux und Kapt. B. Mahnke in Sibange-Farm, Gabun. Mit Tabelle. — 2. D a n c k e l m a n, Dr. A. v o n; Bemerkungen zu den meteorologischen Beobachtungen aus Omaruru und Rehoboth. Mit Tabelle. — 3. Phytophänologische Beobachtungen im Königreich Sachsen und in den angrenzenden Ländern während des Jahres 1883. — 4. S i e v e r s, Dr. W.; Erläuterungen zur Konfessions-Karte von Südwest-Deutschland. Mit Karte. — 5. Direktion des Königl. Meteorologischen Instituts in Chemnitz, Resultate der meteorologischen Beobachtungen in Leipzig im Jahre 1883. — 6. H o f m a n n, E. Ph. H.;

L. Grinewetzky, Quer durch Novaja Semlja. (Nach dem Russischen.) — 7. Supan, Prof. Dr. A.; Begleitworte zu den Klimakarten von Deutschland. Mit 2 Karten. — Hofmann, H.; A. W. Adrianow, Prähistorische Gräber in der Umgebung von Minusinsk. (Aus dem Russischen) . . . . . ℳ 4.80. 2. Abteilung (S. 163—238 mit einer Karte). 9. Penck, Dr. Albr.; Die Eiszeit in den Pyrenäen. Mit Karte. — 10. Danckelman, Dr. A. v.; Bemerkungen zu der klimatologischen Tafel der meteorologischen Station Omaruru (Damaraland) . . . . ℳ 2.—.

Mitteilungen 1884, nebst dem XXIV. Jahresbericht.

1. Resultate der meteorologischen Beobachtungen, angestellt auf der Sternwarte zu Leipzig im Jahre 1884. Veröffentlicht von der Direktion des Kgl. Sächs. Meteorologischen Instituts in Chemnitz. 2. Über einen neu konstruirten Erdglobus mit Relief der Meerestiefen. Vortrag des Herrn Prof. Dr. Rauber. — 3. Hofmann, H.; Der grosse Ararat und die Versuche zu seiner Besteigung. Nach dem Russischen. — 4. Geistbeck, Dr. Alois; Die Seen der deutschen Alpen. Mit Atlas. — 5. Danckelman, Dr. A. von; Die Ergebnisse der meteorologischen Beobachtungen des Herrn H. Soyaux u. F. Schran in Sibange-Farm, Gabun. — 6. Danckelman, Dr. A. von; Bemerkungen zu den Resultaten der meteorologischen Stationen im Herero- und Namalande . . . . ℳ 14.—.

Mitteilungen 1885, nebst dem XXV. Jahresbericht.

1. Beiträge zur Klimatologie von Sachsen. a. Schreiber, Dr. Paul; Die Temperaturfläche Leipzigs. Mit Karte. b. Birkner, Osc.; Über die Niederschlagsverhältnisse des Königreichs Sachsen. c. Hoppe, H.; Ergebnisse der Temperaturbeobachtungen an 34 Stationen Sachsens von 1865 bis 1884. — 2. Resultate der meteorologischen Beobachtungen, angestellt auf der Sternwarte zu Leipzig im Jahre 1885. Veröffentlicht von der Direktion des Kgl. Sächs. Meteorologischen Instituts in Chemnitz. — 3. Andree, Dr. Rich; Ethnographische Karten. Mit 2 Karten. — 4. Philippson, Alfr.; Studien über Wasserscheiden . . . . ℳ 10.—.

Mitteilungen 1886, nebst dem XXVI. Jahresbericht.

1. Resultate der meteorologischen Beobachtungen, angestellt auf der Sternwarte zu Leipzig im Jahre 1886. Veröffentlicht von der Direktion des Kgl. Sächs. Meteorologischen Instituts in Chemnitz. — 2. Zwei Briefe von Emin Pascha (Dr. Schnitzer). Mit Karte. — 3. Drei neue Briefe Emin Paschas an Dr. G. Schweinfurth in Kairo und Bericht Emin Paschas über eine Reise auf dem Albert Nyanza. — 4. Bräss, Martin; Beiträge zur Kenntnis der künstlichen Schädelverbildungen. Mit 4 Tafeln. — 5. Bücherverzeichnis der Bibliothek des Vereins für Erdkunde zu Leipzig, 3 Hefte, zusammen . . . . ℳ 7.80.

Mitteilungen 1887, nebst dem XXVII. Jahresbericht.

1. Aus Eduard Pöppigs Nachlass: a. Biographische Einleitung von Fr. Ratzel nebst Pöppigs Porträt. b. Vortrag über die Schlingpflanzen und die parasitischen Gewächse. c. Vorlesungen über den Charakter der Tropenbewohner Südamerikas. d. Bruchstücke über die Indier von Maynas und die Missionen. e. Der Winter und das Frühjahr 1824—25 in Pennsylvanien. f. Selbstanzeige der Reisebeschreibung. — 2. Fischer, Dr. Hans; Die Äquatorialgrenze des Schneefalls. Mit Karte. — 3. Meyer; Dr. Hans; Die Schneeverhältnisse am Kilimandscharo im Sommer 1887 . . . ℳ 5.—.

Mitteilungen 1888, nebst dem XXVIII. Jahresbericht.

1. Bayberger, Dr. Emmeran; Der Chiemsee. I. Topographische Tiefen- und Zu- und Abflussverhältnisse des Sees. (Mit einer Tiefenschichtenkarte und mehreren Profilen.) — 2. Berthold, J., Seminaroberlehrer; Über die interdiurne Veränderlichkeit der Temperatur in drei verschiedenen Höhenlagen

des sächsischen Erzgebirges, während der Periode 1876—1885. — 3. Klengel, Dr. Friedrich; Die historische Entwickelung des Begriffs der Schneegrenze von Bouguer bis zu A. v. Humboldt 1736—1820. — 4. Sandler, Dr.; Die Lochaber Strandlinien. (Mit einer photographischen Ansicht der Parallel Roads von Glen Roy.) — 5. † Max Beschoren. — 6. Resultate der meteorologischen Beobachtungen, angestellt auf der Sternwarte zu Leipzig im Jahre 1887, veröffentlicht von der Direktion des Kgl. Sächs. Meteorologischen Instituts in Chemnitz. — 7. Hofmann, H.; † Zur Erinnerung an N. M. Prshewalski . . . . *M* 4.—.

Mitteilungen 1889, nebst dem XXIX. Jahresbericht.

I. Bayberger, Dr. Emmeran; Der Chiemsee. II. Teil a. Physikalische Verhältnisse des Chiemsees. b. Geologische Verhältnisse des Chiemsees. — 2. Ratzel, Prof. Dr. Friedrich; Nekrolog des Stabsarztes Dr. Ludwig Wolf. — Hösel, Dr. phil. Ludwig; Studien über die geographische Verbreitung der Getreidearten Nord- und Mittelafrikas, deren Anbau und Benutzung. Mit 1 Karte . . . . *M* 3.60.

Mitteilungen 1890, nebst dem XXX. Jahresbericht.

Prellberg, Dr. Karl; Persien. Eine historische Landschaft mit Karte. *M* 2.40.

Mitteilungen 1891, nebst dem XXXI. Jahresbericht.

Beiträge zur Landeskunde des Königreichs Sachsen, I. Folge. 1. Gruner, Hans, z. Z. in Misa-Höhe (Togo-Gebiet); Beiträge zur Hydrologie der weissen Elster. — 2. Schreiber, Prof. Dr. Paul in Chemnitz; Die Beziehungen zwischen dem Niederschlag in Böhmen und dem Wasserabfluss in der Elbe bei Tetschen. Mit 2 Tafeln . . . . *M* 3.60.

Mitteilungen 1892, nebst dem XXXII. Jahresbericht.

1. Forster, Dr. Clemens in Leipzig; Zur Geographie der politischen Grenze mit besonderer Berücksichtigung curvimetrischer Berechnungen der sächsischen und schweizerischen Grenze. — 2. E. Mogk; Die Entdeckung Amerikas durch die Nordgermanen. Mit einer Karte . . . . . . *M* 3.—.

Mitteilungen 1893, nebst dem XXXIII. Jahresbericht.

Barthel, Dr. Karl in Leipzig; Völkerbewegungen auf der Südhälfte des afrikanischen Kontinents. Mit 1 Karte . . . . *M* 3.—.

Mitteilungen 1894, nebst dem XXXIV. Jahresbericht.

1. Sandler, Dr.; Matthäus Seutter und seine Landkarten. — 2. Güttner, Paul; Geographische Homologien an den Küsten mit besonderer Berücksichtigung der Schwemmlandküsten . . . . *M* 2.80.

Mitteilungen 1895, nebst dem XXXV. Jahresbericht.

1. Fünf Briefe von Dr. Oskar Baumann aus Zanzibar. — 2. Taute, Dr. Gustav: Die Naturbedingungen in ihrer Bedeutung für den Verkehr der Oberlausitz. Mit 1 Karte . . . . *M* 3.80.

Mitteilungen 1896, nebst dem XXXVI. Jahresbericht.

Dr. Curt Müller: Die Staatenbildungen des oberen Uëlle- und Zwischenseengebietes. Mit 1 Karte . . . . *M* 3.60.

Wissenschaftliche Veröffentlichungen

des

Vereins für Erdkunde zu Leipzig.

Im Verlag von Duncker & Humblot in Leipzig.

Druck von C. G. Naumann in Leipzig.

MITTEILUNGEN

DES

VEREINS FÜR ERDKUNDE

ZU

LEIPZIG.

—— 1898. ——

LEIPZIG.
DUNCKER & HUMBLOT.
1899.

Inhaltsverzeichnis.

38. Jahresbericht.

Jahr 1898.

Im verflossenen Vereinsjahre fanden insgesamt sieben allgemeine Sitzungen, 1 Herrensitzung und 1 ausserordentliche Sitzung statt, in denen folgende Vorträge gehalten wurden:

12. Januar. Professor Dr. Friedrich Ratzel aus Leipzig: „Die deutsche Tiefsee-Expedition."

Dr. Herrmann Meyer aus Leipzig: „Die deutschen Kolonien in Südbrasilien."

2. Februar. Dr. Hugo Grothe aus München: „Tripolitanien, Land und Leute."

16. Februar. Dr. Paul Gedan aus Leipzig: „Johann Christian Hüttner, ein deutscher Chinafahrer und Geograph" (Herrensitzung).

2. März. Dr. Fritz Sarasin aus Basel: „Forschungsreisen in Celebes."

6. April. Professor Dr. Fritz Regel aus Jena: „Reisen in Kolumbien und Venezuela."

5. Mai. Professor Dr. Sophus Ruge aus Dresden: „Vasco da Gama und die Entdeckung des Seeweges nach Indien."

26. Oktober. Privatdozent Dr. Erich v. Drygalski aus Berlin: „Die geplante deutsche Südpolar-Expedition."

Dr. F. W. Neger aus Wunsiedel: „Die botanischen Ziele der Südpolarforschung."

23. November. Oberleutnant Dr. Georg Hartmann aus Charlottenburg: „Bei den Sandfeldbuschmännern. Letzte Expedition im nordöstlichen Teile des Südwestafrikanischen Schutzgebietes."

7. Dezember. Dr. Hans Meyer aus Leipzig: „Vierte Forschungsreise in Ostafrika" (Ausserordentliche Sitzung).

NB. Ein ausführlicherer Sitzungsbericht folgt einige Seiten später.

Die Erforschung des Sansibar-Archipels, die der k. u. k. Konsul in Sansibar, Herr Dr. Oskar Baumann, mit Unterstützung des Vereins ausgeführt hat, ist nunmehr abgeschlossen. Das 3. Heft des III. Bandes der Wissenschaftlichen Veröffentlichungen des Vereins, das demnächst zur Ausgabe gelangt, wird die Beschreibung der Insel Pemba (mit Originalkarte) enthalten, während die beiden ersten Hefte die Inseln Sansibar und Mafia (mit Originalkarten) schildern.

Der von den Vereinsmitgliedern gezeichnete Beitrag zu den Kosten der deutschen Südpolar-Expedition ist im laufenden Jahre erhoben worden und hat nach Abzug der Unkosten die Gesamtsumme von 10503,40 ℳ ergeben. Der Vorstand spricht den Mitgliedern für ihre werkthätige Teilnahme den verbindlichsten Dank aus und dankt ebenso Herrn Albert Küstner für sein Interesse, dass er durch Schenkung einer Anzahl wertvoller Bücher der Vereinsbibliothek gegenüber bekundet hat.

Zur Erledigung der geschäftlichen Angelegenheiten hielt der Vorstand 4 Sitzungen, davon 3 gemeinsam mit dem Beirate im Konferenzzimmer des Grassi-Museums ab. Die Verhandlungen betrafen in erster Linie die Stiftung einer goldenen Vereinsmedaile (Eduard Vogel-Medaile), die unter Benutzung eines Ölbildes des Leipziger Afrikareisenden Eduard Vogel von Herrn Professor Max Klinger entworfen und ausgeführt wurde. Auf Grund der zugehörigen Satzungen soll die Medaille als Zeichen ehrender Anerkennung innerhalb zweier Jahre nicht öfters als einmal als Zeichen ehrender Anerkennung an verdiente geographische Forschungsreisende, vornehmlich an Afrikareisende, verliehen werden. Die Stiftung der Eduard Vogel-Medaille wurde in der Vereinssitzung vom 5. Mai 1898 zur Erinnerung an die 400jährige Gedenkfeier der Umsegelung Afrikas und der Entdeckung des Seeweges nach Indien voll-. zogen.

In den satzungsgemäss stattfindenden Neuwahlen trat an die Stelle des ausscheidenden 1. Vorsitzenden Herrn Dr. *Hans Meyer*, der in den Beirat gewählt wurde, Herr Geheimer Hofrat Professor Dr. *Friedrich Ratzel*, der dafür aus dem Beirate ausschied. An die Stelle des 1. stellvertretenden Kassierers Herrn Bankdirektor *Assmann* trat Herr Kaufmann

Georg Rödiger sen., während der ausscheidende 1. stellvertretende Schriftführer Herr Dr. *August Fitzau* die auf ihn gefallene Wiederwahl annahm. Der Ausschuss für die Verwaltung der Karl Ritter-Stiftung wurde vollständig neu gewählt und besteht zur Zeit aus den Herren: Geheimer Regierungsrat Amtshauptmann Dr. *H. A. Platzmann*, Geheimer Bergrat Professor Dr. *F. Zirkel*, Buchhändler *A. Brockhaus*, Generalleutnant z. D. *Krüger* und Kaufmann *K. F. A. Northoff*. Die in den oberen Räumen des Grassi-Museums untergebrachte Vereinsbibliothek steht den Mitgliedern wie früher Dienstag und Donnerstag nachmittags 5—7 Uhr zur Benutzung offen.

Der Stand der Kasse, deren Revision die Herren Konsul *Nachod* und Bankdirektor *Assmann* in dankenswerter Weise übernahmen, verzeichnet auch diesmal wieder einen nicht unerheblichen Überschuss. Der aus dem vorigen Jahre übernommene Fehlbetrag von 125,18 ℳ ist nicht nur gedeckt worden, sondern es ist noch ein Überschuss von 1933,26 ℳ zu verzeichnen. Das Konto der Karl Ritter-Stiftung schliesst mit einem Bestande von 2994,73 ℳ, dasjenige der Dr. Hans Meyer-Stiftung mit einem solchen von 2308,01 ℳ ab. Der Bestand des Lomer'schen Legates hat sich im abgelaufenen Vereinsjahre auf 195 ℳ erhöht. Näheres giebt der umstehende Kassenbericht.

Die Mitgliederzahl des Vereins hat in diesem Jahre nur eine Zunahme um 7 ordentliche Mitglieder erfahren. In der Zahl der Ehrenmitglieder (27) und der Korrespondierenden Mitglieder (39) ist keine Veränderung eingetreten. Aus der Reihe der ordentlichen Mitglieder schieden durch Tod, Wegzug oder Austritt 34 aus, während 41 neue Mitglieder eintraten, sodass deren Bestand von 563 am Ende des Vorjahres auf 570 am 31. Dezember 1898 gestiegen ist. Der Verein zählt daher insgesamt 637 Mitglieder.

Kassa-Conto des Vereins für Erdkunde in Leipzig.

Soll.   Haben.

1898.	ℳ	₰	1898.	ℳ	₰
An Mitgliederbeiträgen	5610	—	Jan. 1. Per Guthaben des		
„ Zahlung von Duncker			Rechnungsführers .	125	18
& Humblot	53	60	„ Conto der Vorträge .	1288	40
An Zinsen von			„ Conto der Mitteilungen	716	29
ℳ 1000.—3½% Konsols . .	35	—	„ Conto der Bibliothek .	810	37
„ 3000.—3½% Kred. Pfdbr.	105	—	„ Unkosten-Conto . . .	1063	63
An vom Rechnungsführer			„ Saldo	1933	26
vergütete Zwischenzinsen .	133	53			
	5937	13		5937	13
1899.					
Jan. 1. An Bestand	1933	26			

Kassa-Conto der Karl Ritter-Stiftung.

Soll.   Haben.

1898.	ℳ	₰	1898.	ℳ	₰
Jan. 1. An Bestand	1425	50	Per Steuern	29	77
„ Hypothekzinsen von			„ Saldo	2994	73
ℳ 10000.— Kapital à 4¼%	425	—			
ℳ 12000.— „ à 4¼%	510	—			
ℳ 9000.— „ à 4½%	405	—			
An Zinsen von					
ℳ 2400.— Preuss. 3½% Kons.	84	—			
ℳ 500.— 3½% Kom. Pfdbrf.	17	50			
ℳ 200.—3½%Lpz.Stadt-Anl.	7	—			
An Mitgliederbeiträgen	150	50			
	3024	50		3024	50
1899.					
Jan. 1. An Bestand	2994	73			

Kassa-Conto des Lomer'schen Legats.

1898. Januar 1.   An Bestand . . . . *M* 180.—
        „ Zinsen von *M* 500.— Sächs. Rente „ 15.—
1899. 1. Januar.   An Bestand . . . . *M* 195.—

Kassa-Conto der Dr. Hans Meyer-Stiftung.

Soll.   Haben.

1898.	*M*	*d.*	1898.	*M*	*d.*
Jan. 1. An Bestand	1010	28	Per Steuern	29	77
„ Hypothekzinsen von			„ Saldo	2308	—
M 30000.—à $4^{1}/_{4}$ %	1275	—			
„ Zinsen von					
M 1500.— Preuss.					
$3^{1}/_{2}$ % Konsols . . .	52	50			
	2337	78		2337	78
1899.					
Jan. 1. An Bestand	2308	01			

Vermögens-Bestände.

Verein für Erdkunde.

1899.   1. Januar. $\mathcal{M}$ 1000.—.   Preussische 3¹/₂% Konsols.
„ 3000.—.   3¹/₂% Leipziger Kredit-Pfandbriefe.

Karl Ritter-Stiftung.

1899.   1. Januar. $\mathcal{M}$ 9000.—.   4¹/₂% Hypothek.
„ 12000.—.   4¹/₄% do.
„ 10000.—.   4¹/₄% do.
„ 2400.—.   3¹/₂% Preussische Konsols.
„ 500.—.   3¹/₂% Kommunal-Bank-Pfandbriefe.
„ 200.—.   3¹/₂% Leipziger Stadt-Anleihe.

Dr. Hans Meyer-Stiftung.

1899.   1. Januar. $\mathcal{M}$ 30000.—.   4¹/₄% Hypothek.
„ 1500.—.   3¹/₂% Preussische Konsols.

Lomer'sches Legat.

1899.   1. Januar. $\mathcal{M}$ 500.—.   3% Sächsische Rente.

Vorstehende Rechnungsabschlüsse pro 1898 des Vereins für Erdkunde, der Karl Ritter-Stiftung, des Lomer'schen Legats und der Dr. Hans Meyer-Stiftung haben wir geprüft und richtig befunden.

Leipzig, den 6. Februar 1899.

F. C. Assmann.   Fritz Nachod.

Vereinssitzungen des Jahres 1898.

Allgemeine Vereinssitzung am 12. Januar. Nach Bekanntgabe der Namen von 11 neu aufgenommenen und 9 zur Aufnahme vorgeschlagenen Mitgliedern teilt der Vorsitzende. Herr Dr. *Hans Meyer*, mit, dass der voraussichtlich im März erscheinende Jahresbericht eine Studie über den Leipziger Geographen Hüttner von Herrn Dr. Paul Gedan enthalten wird. Auch für den nächsten Herrenabend hat Herr Dr. Gedan einen Vortrag über Hüttner zugesagt. Nachdem gegen die Wahl der als Kassenrevisoren vorgeschlagenen Herren Konsul Nachod und Kaufmann Rödiger sen. kein Widerspruch erhoben ist, macht der Vorsitzende einige Bemerkungen über den 7. Internationalen Geographen-Kongress zu Berlin.

Den ersten Vortrag des Abends hält Herr Professor Dr. *Friedrich Ratzel* über „Die deutsche Tiefsee-Expedition", die der Breslauer (jetzt Leipziger) Zoologe Professor Chun plant und deren auf 300,000 Mark veranschlagte Kosten das Reich tragen wird. Auf der interessanten Grenzscheide zwischen dem Atlantischen und Indischen Ozean von Südafrika aus in die Antarktis vordringend, verfolgt sie vornehmlich biologische und zoologische Zwecke z. B. das Studium des wenig bekannten antarktischen Plankton und die Frage, ob zwischen der Tierwelt der Arktis und Antarktis durch die tropischen Meeresgebiete hindurch eine Verbindung besteht. Doch schenkt sie auch geographischen Problemen Beachtung, da sie für die Lösung biologischer Fragen unerlässlich sind. Tiefenlotungen sollen die Reliefverhältnisse des Meeresboden aufhellen. Denn er ist nicht gleichförmig, wie man früher allgemein annahm, sondern zeigt schroffe Gegensätze, Faltungen, Einstürze, Aufschüttungen durch vulkanische Ausbrüche u. s. w. Die jüngste Entdeckung der grössten Ozeantiefe bei den Tongainseln, sowie Nansens Lotungen im Nordpolmeer zeigen, dass hier noch interessante Ergebnisse zu erwarten sind. Von der

Gestaltung des Reliefs hängen wiederum wichtige hydrographische und Temperaturverschiedenheiten ab; und die Wärmemessungen haben ferner festzustellen, wie sich die Eigenwärme der Erde zu den gewaltigen Massen kalten Tiefenwassers verhält. Endlich harren physikalische und chemische Fragen, wie Dichte und Zusammensetzung des Meerwassers, namentlich des Tiefenwassers, der Erweiterung und Lösung, und alle diese Beobachtungen tragen ihrerseits zur Vervollkommnung der Messinstrumente und Messmethoden bei.

Schon wegen der räumlichen Ausdehnung des fast Dreiviertel des Erdganzen überflutenden Weltmeeres besitzen ozeanologische Forschungen eine ganz besondere Bedeutung. Deshalb und wegen der hohen geographischen Förderung, die zu erwarten ist, wäre es ebenso engherzig als kurzsichtig, wenn die Geographen, die den Schwerpunkt wissenschaftlicher Forschung auf der Südhalbkugel allerdings in der Aufhellung der unbekannten Antarktis sehen, dem Chun'schen Unternehmen nur darum Schwierigkeiten bereiten wollten, weil es an der Grenze des Südpolargebietes Halt macht.

Den zweiten Vortrag hielt Herr Dr. *Herrmann Meyer* über „Die deutschen Kolonien in Südbrasilien."

Die neuesten Ereignisse in Kiautschou richten den Blick rückwärts auf das als Plantagen-, Handels- und Ackerbaukolonie gleich vortreffliche Südbrasilien und seine deutschen Kolonien. Bilden sie auch keinen selbständigen Kolonialbesitz im Sinne unserer Schutzgebiete, so bieten sie doch in glücklicher Weise die Bedingungen für eine gedeihliche Entwickelung des Deutschtums. Schon in den 30er Jahren liessen sich Deutsche in dem neu entstehenden Städtchen Petropolis bei Rio de Janeiro nieder. Andere siedelten sich 1848 in der Provinz Sta. Katharina an, waren aber wegen des Klimas auf den Anbau tropischer Gewächse angewiesen und konnten mit den billigen Arbeitskräften nicht wetteifern, die den tropischen Provinzen in Gestalt der Sklaven zur Verfügung standen. Am bekanntesten und wichtigsten sind die vom Hamburger Kolonisationsverein seit 1849 in der Provinz Rio Grande do Sul angelegten deutschen Siedelungen geworden. Hier haben die Deutschen die weiteste Verbreitung gefunden, weil ihnen das gesunde, gemässigte Klima den Anbau bekannter heimischer Feldfrüchte u. s. w. gestattete. Hier haben sie auch, obwohl bereits die vierte Generation ins Land gegangen ist, Sitte und Sprache treu bewahrt und stehen mit dem Mutterlande in enger Handelsverbindung, während die Deutschen in Nordamerika bald im fremden Volkstum aufgehen und zu unseren gefährlichsten Handelskonkurrenten gehören. Leider hat das v. d. Heydt'sche Reskript von 1859, das die Auswanderung nach Brasilien fast unmöglich machte, die dortigen Deutschen schwer geschädigt. Für das tropische Brasilien mit seinem verderblichen Klima und dem dort üblichen, vielfach an Sklaverei erinnernden Halbpachtsystem war jenes Gesetz gewiss am Platze, aber es hätte das ganz anders geartete Südbrasilien von vornherein ausnehmen sollen. Infolgedessen hat die italienische Einwanderung ein ganz beträchtliches Übergewicht gewonnen, und es war höchste Zeit, dass durch die Bemühungen des deutschen Gesandten in Brasilien, Geheimrat Krauel, die nicht mehr zeitgemässe v. d. Heydt'sche Verordnung aufgehoben wurde. Für einen stärkeren deutschen Zuzug ist jetzt um so mehr der günstige Augenblick gekommen, als die italienische Einwanderung seit den Unruhen in St. Paulo wesentlich nachgelassen hat. Die Regierung sollte sich die Förderung und Erweiterung der Wechselbeziehungen zwischen der Heimat und dem kräftigen deutschen Ableger in Südbrasilien sehr angelegen sein lassen.

Zum Schluss schilderte der Redner auf Grund eigener Erfahrungen Natur und Erzeugnisse Südbrasiliens und das Leben und Treiben der deutschen Kolonisten namentlich in den Provinzen Sta. Katharina (Joinville, Blumenau) und Rio Grande do Sul.

Allgemeine Vereinsitzung am 2. Februar. Nach Bekanntgabe der Namen der neuaufgenommenen und vorgeschlagenen Mitglieder teilt der Vorsitzende, Herr Dr. *Hans Meyer*, mit, dass der Verein für Erdkunde zu Halle und die Geographische Gesellschaft zu Hamburg den Verein zur Feier ihres 25jährigen Stiftungsfestes eingeladen haben. Ferner ladet die Österreichische Meteorlogische Gesellschaft zur Teilnahme an der dem berühmten österreichischen Meteorologen Hofrat Professor Dr. J. Hann zugedachten Ehrung ein. Dann dankt der Vorsitzende Herrn Albert Küstner für die wertvollen Bücher, die er der Vereinsbibliothek als Geschenk überwiesen hat, und giebt eine Übersicht über die Mitgliederbewegung im verflossenen Vereinsjahr. Der Verein verlor durch Tod, Wegzug oder Austritt 30 ordentliche Mitglieder, neu traten ein 71 ordentliche Mitglieder, sodass der Verein am 31. Dezember 1897 27 Ehrenmitglieder, 39 korrespondierende Mitglieder und 563 (gegen 522 am 31. Dezember 1896) ordentliche Mitglieder zählte.

Den Vortrag des Abends hält Herr Dr. *Hugo Grothe* über „Tripolitanien Land und Leute".

Während Algier, Tunis und Ägypten unter europäischer Herrschaft ausserordentliche Kulturfortschritte gemacht haben, schmachtet Tripolitanien, einst die Stätte blühender griechischer und römischer Kolonien, noch immer als ein abgeschlossenes, weit zurückgebliebenes Land unter türkischer Misswirtschaft.

Tripolitanien ist ein fast unbekanntes Land von der fünffachen
Ausdehnung Italiens, das eine ganze Reihe wertvoller natürlicher Hilfsquellen birgt und nicht nur um seines Bodens willen,
sondern auch als Durchgangsgebiet für den Sudanhandel eine
grosse wirtschaftliche Zukunft erhoffen lässt. Fruchtbares oder
leicht fruchtbar zu machendes Land findet sich längs des Meeres
und in den Thälern der die Sahara umsäumenden Vorberge,
zwischen Küste und Gebirge freilich liegt als Aufenthaltsort von
Räubern eine tote, zukunftslose Steinwüste.

Nach dieser allgemeinen geographischen Einleitung ent-
rollt der Vortragende auf Grund zweijähriger Reiseerfahrungen
zahlreiche Stimmungs- und Augenblicksbilder, Stadt-, Volks- und
Landschaftsschilderungen u. s. w.

Wie jeder Orientreisende, so betont auch er die Schwierigkeiten, welche die türkischen Behörden, sei es aus Misstrauen
oder aus Furcht vor Verantwortlichkeit, dem Eindringen eines
Fremden ins Innere entgegensetzen. Deshalb lernen die meisten
Forscher im grossen Ganzen bloss die Küstenplätze Tripolis
und Homs samt ihrer Umgebung kennen, und über dieses beschränkte Gebiet kam der Vortragende während des ersten
halben Jahres seines Aufenthaltes ebenfalls nicht hinaus. Nachdem er aber eine Anzahl Freunde gefunden, gelang es ihm,
wenn auch nicht ohne Mühe, auf grösseren und kleineren Aus-
flügen nach und nach die übrigen Küstenstriche und Teile des
Binnenlandes kennen zu lernen.

Interessant waren die eingehenden Mitteilungen über das
bunte Völkergemisch der Berbern, Araber, Türken, Juden, Neger,
Äthiopier und Mischlinge, die teils als sesshafte Ackerbauer und
Gewerbetreibende, teils als wandernde Nomaden in den Städten,
den Oasen und in der Wüste zerstreut sind. Die Ortschaften
sind meist unbedeutend, und ausser Tripolis, Homs, Misrata,
Ghadames, Ghat und Mursuk giebt es keine grösseren Siede-
lungsmittelpunkte. Besonders bunt und farbenprächtig ist das
Leben und Treiben in der Hauptstadt Tripolis, die durch die
Zuthaten europäischer Bauten und Sitten kaum verändert worden
ist und das orientalische Leben noch in unverfälschter Reinheit und genau so darbietet, wie es ältere Reisende beschrieben
haben. Tripolis ist gleichzeitig die einzige Stadt, in der einige
Europäer — ausser den Konsuln und ihren Hilfsbeamten und
den Lehrern der italienischen Schule vorwiegend Malteser —
wohnen. Eine grosse Rolle spielen die Tripoliner Juden, die
eingehend geschildert werden. Nicht minder wichtig waren
auch die Bemerkungen über den Karawanenverkehr durch die
Wüste nach dem Sudan. Eine einzige Karawane kann, wenn
sie nach fast zweijähriger Abwesenheit glücklich zurückkehrt,
den Unternehmer zum halben Millionär, oder, wenn sie unter-

wegs überfallen und ausgeplündert wird, zum armen Manne machen.

Ein wahres Idyll in der Wüste bilden die fruchtbaren Oasen mit ihren Dattelpalmen, Aprikosen- und Apfelsinenbäumen, deren Boden durch einen höchst primitiven Ackerbau nutzbar gemacht wird. Nicht minder anmutig und ergiebig sind die im Vorgebirge der Sahara versteckten Thäler, während in der öden Wüste Nomaden in schmutzigen, von Ungeziefer wimmelnden Zelten hausen.

Den Beschluss des Vortrags bildeten Mitteilungen über die türkische Misswirtschaft und die rohe, gewaltthätige Art der Verwaltung, namentlich der Steuereintreibung.

Herren-Sitzung vom 16. Februar. Nach einigen geschäftlichen Mitteilungen des stellvertretenden Vorsitzenden, Herrn Dr. *Hugo Berger*, hält Herr Dr. *Paul Gedan* einen interessanten Vortrag über „Johann Christian Hüttner, ein deutscher Chinafahrer und Geograph".

J. Ch. Hüttner, geboren am 25. Mai 1766 zu Guben, studierte in Leipzig klassische Philologie und wirkte dann als Erzieher im Hause des englischen Diplomaten Baronet George Staunton in London, den er auf Lord Macartneys berühmter Gesandtschaftsreise nach China (1792/94) begleitete. Hüttners Bericht zeichnet sich durch Klarheit, Objektivität und treffliche Beobachtung vor allen andern Beschreibungen aus, die über jene Reise erschienen. Hüttner blieb in England und bekleidete das Amt eines Dolmetschers in der Staatskanzlei des Auswärtigen Amtes. Er starb am 24. Mai 1847.

Seine umfangreiche schriftstellerische Thätigkeit stand zu einem grossen Teile im Dienste der Geographie. Seine Übersetzungen der Reisebeschreibungen Stauntons und Barrows, sowie die Verdeutschung des „Hindu-Gesetzbuches" bildeten eine interessante Bereicherung der deutschen Litteratur. Das weiteste Feld für seine Thätigkeit fand Hüttner aber als Tagesschriftsteller und Korrespondent. Mit C. A. Böttiger, der mit Wieland den „Neuen Teutschen Merkur" herausgab, stand er in regem Briefwechsel. Mit F. J. Bertuch in Weimar trat er als Mitarbeiter an den „Allgemeinen Geographischen Ephemeriden" und dem Journal „London und Paris" ebenfalls in Verbindung. Ferner war er für Cottas „Allgemeine Zeitung" und das „Morgenblatt für gebildete Stände" als Korrespondent thätig, und seine 1800—1806 von Cotta herausgegebenen „Englischen Miscellen" wirkten ausserordentlich belehrend. 1814 ernannte ihn der Grossherzog Karl August von Sachsen-Weimar zu seinem „Litteratus". Hüttners handschriftliche

Litteraturberichte aus den Jahren 1814/29 umfassen 12 ansehnliche
Bände und stellen ein gutes Stück der englischen Geistesgeschichte
jener Zeit dar; vor allem gewähren sie ein deutliches Bild von
der lebhaften Bewegung, die sich damals auf geographischem
Gebiete vollzog. Auch Goethe trat mit Hüttner in brieflichen
Verkehr, und die vorhandenen Briefe bilden ein gewichtiges
Zeugnis für die Anerkennung, die ihm der Altmeister der
deutschen Litteratur zollte. Jedenfalls war Hüttner, wenn nicht
der bedeutendste, so doch der bekannteste unter den gelehrten
deutschen Journalisten in England zu Anfang dieses Jahrhunderts,
und ihm gebührt das Verdienst, ungemein viel zur Vermittelung
des deutschen und englischen Geisteslebens beigetragen zu haben.

Allgemeine Vereinssitzung am 2. März. Nach Aufnahme
neuer und neu vorgeschlagener Mitglieder verkündet der Vorsitzende, Herr Dr. *Hans Meyer*, das Ergebnis der Neuwahlen,
indem an Stelle des satzungsgemäss ausscheidenden Vorsitzenden Herr Professor Dr. Friedrich Ratzel und an Stelle
des stellvertretenden Kassierers Herrn Bankdirektor Assmann
Herr Kaufmann Georg Rödiger sen. gewählt worden ist. Ebenso
werden fünf Herren in den Ausschuss der Karl Ritter-Stiftung
neu gewählt. Der Vorsitzende legt dann den Kassenbericht
vor und betont die günstigen Kassenverhältnisse des Vereins.

Die Beschlüsse der im Februar in Leipzig tagenden Deutschen Südpolarkommission haben endlich zu einem greif-
baren Ergebnis geführt. Die Expedition wird unter der Oberleitung
des bekannten Grönlandforschers Dr. *Erich v. Drygalski* stehen
und aus 5 wissenschaftlichen Teilnehmern, 5 Schiffsoffizieren
und 15 Mann Besatzung zusammengesetzt sein. Die Dauer
der Reise ist auf zwei Jahre (August 1900 bis Juni 1902) veranschlagt. Die Expedition beabsichtigt, mit einem Schiff
ins Südpolargebiet vorzudringen, dort zu überwintern, während
der Überwinterung Stationsarbeiten auszuführen, im Frühjahr
einen Vorstoss mit Schlitten über das Eis gegen den Südpol hin
zu unternehmen, im Spätherbst darauf die gefundenen Küsten
gegen den magnetischen Pol hin zu verfolgen und endlich durch
das Packeis zurückzukehren. Die Kommission gedenkt, nach
Vornahme privater Sammlungen, möglichst bis zur Höhe von
200 000 ℳ, die Hilfe des Reiches und insbesondere für die
Durchführung der nautischen und wissenschaftlichen Aufgaben
die Beteiligung der Kaiserlichen Marine zu erstreben.

Den Vortrag des Abends hält Herr Dr. *Fritz Sarasin*
über seine in Gemeinschaft mit seinem Vetter Dr. Paul Sarasin
ausgeführten Forschungsreisen in Celebes.

Die sehr wenig besuchte und bekannte Insel ist fünfmal
grösser als das Mutterland Holland. Doch beschränkt sich die

holländische Verwaltung nur auf einige Küstenstrecken. Sonst wird die Küste von mehr oder minder unabhängigen mohammedanischen Fürsten beherrscht, während das Innere heidnische Malayenstämme, die Alfuru oder Thoradja, bewohnen. Trotz des Verbotes der Holländer unternehmen die Mohammedaner oft Raub- und Sklavenzüge ins Binnenland und legen deshalb, um ihr Treiben zu verheimlichen, dem Eindringen der Europäer die grössten Hindernisse in den Weg.

Trotz seiner äquatorialen Lage besitzt Celebes ein sehr verschiedenes Klima. Während auf der Nordhälfte das ganze Jahr hindurch gleichmässig Regen fällt, ist auf der Südhälfte das Jahr scharf in eine Regen- und Trockenzeit geschieden. Dementsprechend nimmt dort der Wald nur unter günstigen Bedingungen tropischen Urwald-Charakter an und wird oft von verheerenden Bränden heimgesucht, worauf sich der Boden mit Savannen von Alang-Gras überzieht, das jedes andere Leben tötet und im Sommer gänzlich vertrocknet. Der Norden dagegen ist durch üppigen Urwald mit zahllosen Schling- und Schmarotzerpflanzen ausgezeichnet, während sich von 1200 m an Pandanus- und Eichenarten mit dichtem Moos- und Flechtenbehang einstellen. Da die meisten Gipfel nicht viel höher als 2000 m sind, so fehlt eine alpine Vegetation und ist nur auf dem über 3000 m hohen Pik von Bondi beobachtet worden.

Die Tierwelt erfreut sich weder grossen Reichtums, noch besonderer Farbenpracht, aber sie umschliesst viele der Insel eigentümliche oder endemische Arten und manche alte Formen, die sich wegen des gänzlichen Fehlens von Katzen, Bären und anderen Raubtieren ungestört entwickeln konnten. Im allgemeinen zeigt die Flora und Fauna des Nordens Anklänge an die benachbarten Philippinen, die des Südens an Timor und Flores.

Der geologischen Zusammensetzung nach besteht der äusserste Süden (erloschene Vulkanruine des Piks von Bondi) und der äusserste Nordosten (die erdbebenreiche Minahassa) aus jungvulkanischem Gestein, und die noch Spuren von Thätigkeit zeigenden Feuerberge der Minahassa setzen sich auch im Golfe von Tomini fort. Das ganze übrige Gebiet erfüllen Kettengebirge aus Quarzit, Glimmerschiefer, Gneis, Granit und Marmor. Über den alten Gesteinen, die reiche Goldfundstätten bergen, lagern mächtige Thonschieferschichten und darüber graue Thonmergel und Sande, die unserer Molasse entsprechen dürften. Noch jünger ist der Korallenkalk, der auch in den Korallenriffen längs der Küste wiederkehrt und anzeigt, dass die Insel eine Periode gewaltiger säkularer Niveauveränderungen durchgemacht hat.

Nach dieser allgemeinen geographischen Einleitung ging der Vortragende zur Erzählung der sechs Reisen über, die er von 1893—96 mit seinem Vetter in Celebes ausgeführt hat.

Von der anmutigen Minahassa aus, die unter der holländischen Verwaltung entschiedene Fortschritte gemacht hat und von friedlichen, vorwiegend christlichen Eingeborenen bewohnt wird, wurde ein 37tägiger Streifzug durch die noch nie von einem Europäer besuchten Gebirge zwischen der Minahassa und dem nächsten holländischen Besitz Gorontalo unternommen. Der Plan, auf dem Rückmarsche die Route der ersten Durchquerung wieder zu erreichen, konnte nicht ganz durchgeführt werden, da sich die Expedition infolge falscher Führung im Bonagebirge verirrte und längs der Küste nach der Minahassa zurückkehrte.

Eine neue Durchquerung führte von der Nordküste durch das Reich Buol und über das 2500 m hohe Matinang-Gebirge zum Golf von Tomini.

Nach der Erforschung der nördlichen Halbinsel wurde mit der Untersuchung von Central-Celebes und zwar derjenigen Stelle begonnen, wo die vier Halbinseln der merkwürdig gestalteten Insel zusammenstossen. Von Paloppo aus gelangten die Reisenden zum tiefen Posso-See, der nicht vulkanischen, sondern tektonischen Ursprungs ist. Wegen der durch die Blutrache bedingten ununterbrochenen Fehden sind die hochgelegenen Wohnungen stark mit Bambus befestigt, und die Bewohner gehen stets mit Schild, Lanze und Haumesser (Klewang) bewaffnet umher. Die Strecke vom See zum Golfe von Tomini wurde auf dem bereits vom Missionar Kruijt begangenen Wege zurückgelegt, und damit war die erste Durchquerung des Herzstückes von Celebes von Süd nach Nord beendet.

Der nächste Versuch, den Hals der südwestlichen Halbinsel vom Mandar-Golf aus nach Paloppo zu durchwandern. brachte den ersten Fehlschlag, indem die feindselige Haltung der Eingeborenen die Reisenden zur Umkehr zwang, nachdem sie schon die Hälfte des Weges durch gänzlich unbekanntes Gebiet zurückgelegt und das Vorhandensein zweier Seen in Erfahrung gebracht hatten.

Um so erfolgreicher war dagegen die Besteigung des erloschenen Bondi-Vulkans, und die letzte Reise, die der Südost-Halbinsel gewidmet war. Zwei grosse Seen mit Pfahlbaudörfern, der Matanna- und Towuti-See, wurden entdeckt, und dann kehrten die Forscher mit reichen wissenschaftlichen Erfolgen nach Europa zurück.

Der Vortrag wurde durch eine Anzahl von Lichtbildern erläutert.

Allgemeine Vereins-Sitzung am 6. April. Nach Aufnahme
neuer Mitglieder giebt der Vorsitzende, Herr Dr. *Hans Meyer*,
auf Grund der im März abgehaltenen Wahlen die Neuzusammen-
setzung des Vorstandes bekannt und macht einige Mitteilungen
über den Fortgang des deutschen Südpolar-Unternehmens.

In verschiedenen Städten, auch in Leipzig, haben sich seit
der letzten Tagung der deutschen Südpolar-Kommission (in
Leipzig) Lokalkomitees gebildet, die nach Ostern einen öffentlichen Aufruf erlassen und darin unter Darlegung der Ziele
und Pläne zu Beiträgen für die deutsche Südpolar-Expedition
auffordern wollen. Der Vorsitzende fordert auch die Vereinsmitglieder zu thätiger Unterstützung auf und erwähnt die noch
unbestätigte Nachricht, dass der Dampfer der belgischen
Südpolar-Expedition unter Gerlache unweit der Südspitze
Amerikas gestrandet sein soll. — Sehr erfreulich ist die Nachricht, dass unser Ehrenmitglied Kaiserl. und Königl. Konsul
Dr. Oskar Baumann seine schwere Malariaerkrankung über-
standen hat und auf seinen Posten nach Sansibar zurückkehrt.
Er wird die unterbrochene Erforschung der Insel Pemba
unverzüglich wieder aufnehmen und im Laufe des Jahres den
versprochenen Bericht einliefern.

Hierauf begrüsst der Vorsitzende den ebenfalls erst von
schwerer Malariaerkrankung wieder hergestellten Redner des
Abends, Herrn Professor Dr. *Fritz Regel*, und erteilt ihm das
Wort zu einem Vortrage über seine „Reisen in Kolumbia
und Venezuela".

Der Reisende fuhr über die westindische Inselflur nach
Venezuela und unternahm zunächst auf deutscher und englischer
Bahn einen trotz aller Kürze lehrreichen Ausflug nach Caracas,
der schönsten Stadt des nördlichen Südamerika, und Valencia.
Ende August landete er in Puerto Columbia (früher Sabanilla),
dem Vorhafen von Baranquilla und zugleich dem Haupthafen
Kolumbias, und fuhr unverzüglich den Magdalenenstrom aufwärts, um dann teils auf der Bahn, grösstenteils aber zu Maul-
tier Medellin zu erreichen, das als Standquartier und Ausgangspunkt für die Bereisung des Innern diente.

Nun entwarf der Vortragende in kurzen Zügen ein all-
gemeines Bild der Oberflächengestaltung Kolumbiens, eines
Landes, das $1/_4$ mal grösser als Deutschland ist, aber nur
4 Millionen Einwohner zählt. Besonders verweilte er bei der
Gliederung der verschiedenen Kordillerenketten, gedachte der
Verdienste seiner Vorgänger Humboldt, Boussingault, Reiss und
Stübel, Hettner und Sievers und wandte sich dann seinem
eigenen Studiengebiet, dem das Herz Kolumbiens bildenden
Staate Antioquia, zu. Die Hauptstadt Medellin ist eine wohl-

2*

habende Siedelung von 50000 Einwohnern, die sich schon
jetzt eines regen geistigen und wirtschaftlichen Lebens erfreut
und durch zukünftige Bahnbauten noch wesentlich gewinnen
wird.

Nachdem der Reisende sich eingelebt, führte er zur Vorbereitung einige kleinere Ausflüge in das Salz- und Kohlen-
gebiet von Eliconia und in die englischen Goldbergwerke südwestlich von Medellin aus. Die erste grössere Reise ging südwärts in das interessante Durchbruchsgebiet des Caucastromes
zwischen der West- und Centralkordillere und nach der Stadt
Andes, wo zum ersten Male wilde Indianer angetroffen und in
ihrer benachbarten Reservation besucht wurden. Die indianische
Urbevölkerung, die zur Zeit der spanischen Eroberung verhältnismässig dicht gewesen zu sein scheint, ist auf spärliche,
körperlich sehr herabgekommene Reste zusammengeschmolzen.
Um so mehr nimmt die weisse Bevölkerung von Antioquia infolge des reichen Kindersegens zu. Die überquellende Volks-
kraft ist wegen des Mangels an anbaufähigem Boden zur Auswanderung gezwungen, und die von den Auswanderern neu
gegründete Stadt Manizales ist bereits eine Nebenbuhlerin von
Medellin geworden.

Vier neue Streifzüge galten dem Osten, Nordwesten und
Norden. Die nordwestliche Wanderung berührte die frühere
Hauptstadt Antioquia und die früheste Hauptstadt Frontino,
wo abermals wilde Indianer gefunden wurden. Die nördliche
Reise war die ausgedehnteste und beanspruchte 35 Tage. Auf
ihr wurde das Minengebiet von Amalfi und Remedios untersucht, und dann ging es von Zaragoza aus auf fürchterlichen
Wegen quer durch die tropischen Urwälder der Niederung
nach Caceres, dem Endpunkt der Dampfschiffahrt auf dem
Cauca, und über die Hochebene nach Medellin zurück. Infolge der Überanstrengungen und des mehrwöchentlichen
Aufenthaltes in der heissen Zone zog sich der Vortragende
ein hartnäckiges Fieber zu, das ihn zwei Monate lang gerade
während der besten Reisezeit festhielt. Kaum war er einigermassen wieder hergestellt, als er nach Süden zur Untersuchung
der Centralkordillere aufbrach. Von Manizales aus wurde
trotz ungünstiger Witterung der Ruizgipfel bis zum untern
Gletscherrande (4650 m) bestiegen. Dann wanderte der
Reisende auf dem neuen Wege zur Dampferstation Honda,
fuhr den Magdalenenstrom wieder abwärts und kehrte über
Panama und die Vereinigten Staaten in die Heimat zurück, in
der er nach fast einjähriger Abwesenheit Mitte Juni 1897 wieder
anlangte.

In den Gang der Reiseschilderung wurden an passenden
Stellen Bemerkungen über das Familienleben, über Unterkunft

und Verpflegung, Reiseart und Verkehrsverhältnisse, über den Bergbau, die Landesnatur u. s. w. eingeflochten.

Allgemeine Vereinssitzung am 5. Mai zur Feier der 400jährigen Entdeckung des Seewegs nach Indien. Nachdem vor 400 Jahren Vasco da Gama zum ersten Male die Peripherie Afrikas umsegelte, drangen um die Mitte dieses Jahrhunderts Barth, Overweg und unser Leipziger Landsmann Eduard Vogel zuerst ins Centrum des schwarzen Erdteils ein. Dieser geistige Zusammenhang zwischen der ersten peripherischen und der ersten centralen Entdeckung Afrikas hat, wie der Vorsitzende, Herr Dr. *Hans Meyer*, betonte, den Vereinsvorstand veranlasst, an der 400jährigen Gedächtnisfeier der grossen Entdeckung Vasco da Gamas eine goldene Medaille zu stiften, die, von Max Klingers Künstlerhand entworfen, an hervorragende geographische Forschungsreisende verliehen werden und zu ehrendem Andenken an Eduard Vogel dessen Namen tragen soll. Der Vorsitzende giebt darauf einen Überblick über den Lebensgang, den gewaltsamen Tod und die wissenschaftliche Bedeutung jenes ersten Märtyrers der deutschen Afrikaforschung und verliest den Entwurf der Satzungen für die Eduard Vogel-Medaille, dem die Versammlung ihre Zustimmung erteilt.

Den Vortrag des Abends, den letzten des Winterhalbjahrs, hält Herr Prof. Dr. *Sophus Ruge* über „Vasco da Gama und die Entdeckung des Seeweges nach Indien."

Während die Jubelfeier der Entdeckung Amerikas durch Columbus eine wahre Hochflut litterarischer Veröffentlichungen hervorrief, ist dies bei der Vasco da Gama-Feier bisher nicht der Fall gewesen, obwohl doch Vasco da Gama nicht minder hervorragend als Columbus war. Beide suchten Indien. Der Erstere kam hin und wurde vergessen, der Letztere erreichte das Ziel nicht und wurde berühmt. Columbus fand, ins Unbekannte steuernd, durch Zufall einen neuen Erdteil. Vasco da Gama führte im grossen Ganzen eine Küstenfahrt aus, aber seine That krönte die lange Reihe planmässiger Unternehmungen eines ganzen Jahrhunderts und erschloss für den Welthandel schon lange wichtiges Gebiet.

Indien wurde bereits von Herodot als ein reiches Land und ein Wunderland gepriesen, freilich nicht aus eigener Anschauung, sondern auf Grund dunkler Gerüchte und Erzählungen. Erst die Kriegszüge Alexanders des Grossen und seiner Nachfolger brachten Indien der griechischen Welt näher, wenngleich durch die Unzuverlässigkeit der Berichterstatter, unter denen namentlich die Fabeleien des Megasthenes bis ins 16. Jahrhundert hinein geglaubt wurden, eine genaue Kenntnis des Landes nach wie vor erschwert ward. Nachdem Hippalus die Benutzung der mit der Jahreszeit wechselnden Winde des Indischen Ozeans, der Monsune, kennen gelehrt hatte, dehnte sich der Handel immer noch weiter nach Osten aus, und der von Alexandros erreichte Küstenplatz Kattigara (mindestens an der Ostküste Hinterindiens, wenn nicht in Südchina oder gar an der Jangtsemündung gelegen) bezeichnet den östlichsten Punkt der griechischen Erdkenntnis.

Mit dem Auftreten des Islam legte sich allmählich ein breiter Gürtel fanatischer Mohammedaner um das christliche Europa, und wenn auch die Araber den Verkehr mit Indien nach wie vor pflegten, so arbeiteten sie doch dem Vordringen der Europäer in jeder Weise entgegen und beschränkten ihre Verbindung mit dem Orient auf den Zwischenhandel. Erst das Aufkommen der duldsamen Mongolenmacht ermöglichte es, auf Umwegen Indien wieder zu erreichen, und zu Lande sind Missionare und Kaufleute z. B. Marco Polo, Nicolo dei Conti, Marignola u. a. bis in den fernsten Südosten Asiens gelangt. Später wurde aber, nach dem Emporblühen der Mingdynastie und dem Anwachsen der Türkenmacht, der Landweg von neuem gesperrt, und nunmehr war man darauf angewiesen, einen Seeweg nach Indien aufzusuchen.

Die Gebrüder Vivaldi aus Genua unternahmen bereits 1291 das gefährliche Unterfangen, aber sie sind verschollen; und als der portugiesische Prinz Heinrich der Seefahrer 1416 die Afrikafahrten wieder aufnahm, waren die Aussichten auf Erfolg so ungünstig wie möglich. Aristoteles und Ptolemäus, an deren Lehren man ebenso fest glaubte, wie an die Lehren der Bibel, erklärten die heisse Zone für unbewohnbar und die Umseglung Afrikas für unmöglich, weil es mit Asien landfest zusammenhinge und dadurch den Indischen Ozean in ein Binnenmeer verwandelte. Als aber die Portugiesen nach der Umfahrung des brandungsumtobten Kaps Bojador das üppig bewachsene und dicht bevölkerte Grüne Vorgebirge erreicht hatten, da war die Ansicht des Aristoteles von der Unbewohnbarkeit der Tropenzone widerlegt und damit auch die Glaubwürdigkeit des Ptolemäus erschüttert. Diego Cam und Martin Behaim entdeckten die Kongomündung und drangen bis zur Küste des heutigen Deutsch-Südwestafrika vor. 1486 umfuhr Bartholomäus Diaz das Kap der Guten Hoffnung und sah die afrikanische Ostküste nordwärts umbiegen. Gleichzeitig kam eine vom Roten Meere ausgehende portugiesische Expedition bis Sofala, und somit war der Verlauf der ostafrikanischen Küste im allgemeinen bekannt. Aber erst 12 Jahre später und 6 Jahre nach der Entdeckung Amerikas segelte Vasco da Gama vom

Atlantischen Ozean aus um die Südspitze des dunklen Erdteiles nach Malinde und entging glücklich allen Bedrohungen der Araber, die in den Portugiesen nicht mit Unrecht gefährliche Nebenbuhler im indischen Handel erkannt hatten. Von Malinde aus brachte ein indischer Lootse die portugiesischen Schiffe quer über den Ozean, und am 20. Mai 1498 landete Vasco da Gama im Hafen Kalikut an der Westküste Vorderindiens. Nach zweijähriger Abwesenheit kehrte er mit Ehren überhäuft in die Heimat zurück, und die Portugiesen begannen den Erfolg dieser ersten Indienfahrt so auszunutzen, dass sie bald den ganzen indischen Überseehandel nach Lissabon gezogen hatten. Durch die Eroberung Hinterindiens, Malakkas und der Molukken machten sie sich rasch zu Herren des Gewürzhandels, aber schon seit 1580 ging ihre Kolonialmacht unaufhaltsam zurück, und ihr überseeischer Besitz fiel grösstenteils den Holländern und Engländern zum Opfer. — Mit einem Ausblick auf die spätere und auf die heutige Entwickelung des europäisch-indischen Seeverkehrs schloss der Redner seine interessanten Ausführungen.

Allgemeine Vereinssitzung am 26. Oktober. Nachdem der Vorsitzende, Herr Geh. Hofrat Prof. Dr. *Friedrich Ratzel,* die Mitglieder bei Beginn des Winterhalbjahres willkommen geheissen und die zur Aufnahme in den Verein vorgeschlagenen Mitglieder bekannt gegeben hat, macht er einige Mitteilungen über die erfolgreich durchgeführte Untersuchung des Kilimandjaro durch Herrn Dr. Hans Meyer.

Hierauf hält Herr Privatdocent Dr. *Erich v. Drygalski* den angekündigten Vortrag über „Die geplante deutsche Südpolar-Expedition“.

Dank dem Vorgehen des Vereins für Erdkunde zu Leipzig, dem andere deutsche Städte in gleichem Sinne und mit gleich günstigem Ergebnis gefolgt sind, ist die Verwirklichung der deutschen Südpolar-Expedition einen guten Schritt vorwärts gerückt. Das Interesse der Regierungen und der gelehrten Körperschaften ist geweckt und dadurch die finanzielle Sicherung des Unternehmens angebahnt. Auch die Vorbereitungen zu den geplanten wissenschaftlichen Arbeiten, über die der Vortragende bereits im vorigen Jahre ausführlich berichtet hat, sind rüstig gefördert worden.

Die Expedition hat als den geeignetsten Ort des Vordringens den südindischen Ozean im Gebiete der Kerguelen-Inseln in Aussicht genommen. Einmal hat von hier aus noch keine Expedition die Erforschung des Südpolargebietes versucht, und dann darf man auch auf günstige Eisverhältnisse hoffen. Zwar sind dort in den letzten Jahren gewaltige Treibeismassen beobachtet und auch bei den Kerguelen festgestellt worden, wo Treibeis sonst sehr spärlich auftritt. Da man es in diesem Falle aber offenbar mit dem Abtreiben von lange Zeit hindurch aufgestautem und festgehaltenem antarktischen Landeis zu thun hat, so ist für die Zukunft nach ähnlichen Erscheinungen im Nordpolargebiet eine viel grössere Verkehrsfreiheit wahrscheinlich, weil das Eis bis dahin zerstreut ist.

Als Ausgangszeit ist der August des Jahres 1900 in Aussicht genommen, weil man dann bei Beginn des Südsommers mit der Arbeit anfangen und zugleich die Ergebnisse der inzwischen abgegangenen belgischen und englischen Vorexpeditionen benutzen kann. Ferner soll 1900 eine grosse englische, vielleicht auch eine amerikanische Südpolar-Expedition abgehen, sodass durch das gleichzeitige Zusammenwirken von drei Expeditionen an verschiedenen Stellen die Kenntnis der Antarktis wesentlich gefördert werden könnte, zumal die physischen Verhältnisse des Südpolargebietes allen Nationen gegenwärtig besonders günstig erscheinen.

Mit einem Schiff — einem Holzschiff, weil ein eisernes Fahrzeug den Gefahren der Eisschiffahrt nicht gewachsen ist und obendrein keine genaue Ablesung der magnetischen Beobachtungen gestattet — will man von den Kerguelen aufbrechen und schon unterwegs die verschiedensten Beobachtungen anstellen. Das etwa 25 m lange und 11 m breite Schiff soll nicht die massige Gestalt der eigens für den Kampf mit dem Eise eingerichteten „Fram" erhalten, sondern es muss wegen der stürmischen Seen der südhemisphärischen Meere seetüchtig, segelkräftig und leicht manövrierfähig sein. Nachdem man soweit als möglich südwärts zu einem Lande gelangt ist, will man dort überwintern und ein volles Jahr lang Stationsbeobachtungen anstellen. Im Frühling soll ein Vorstoss auf Schlitten gegen den Südpol hin und längs des Küstenrandes ausgeführt werden, worauf das Schiff an dem neu entdeckten Gestade in der Richtung gegen den magnetischen Südpol segeln und endlich durch das Treibeis in die Heimat zurückkehren wird.

Die Zahl der Expeditionsmitglieder ist auf 6 Gelehrte einschliesslich des Arztes, 5 Schiffsoffiziere einschliesslich des Oberingenieurs und 19 Mann Besatzung veranschlagt. Man rechnet für die Vorbereitungen wie für die Durchführung auf die werkthätige Teilnahme der deutschen Marine, die der Südpolar-Expedition schon wiederholt lebhaftes Interesse entgegengebracht hat. Die Bedeutung des Unternehmens ist überhaupt in weite Kreise gedrungen, und sein Zustandekommen wird immer mehr als ein nationaler Wunsch empfunden. Die im letzten Jahre erreichten Erfolge haben die deutsche Südpolarkommision bestimmt, ein Immediatgesuch an Seine Majestät den Kaiser zu richten, um die Unterstützung des Reiches für das durch private Initiative vorbereitete und noch weiter zu fördernde Unternehmen zu erbitten. Nicht nur aus wissenschaftlichen, sondern auch aus schwerwiegenden praktischen Gründen — Erschliessung neuer Jagdgründe, durchgreifende Verbesserung der für die Schiffahrt hochwichtigen magnetischen Karten — ist die endliche Ausführung des nationalen Unternehmens dringend zu wünschen.

Den zweiten Vortrag des Abends hält Herr Dr. *F. W. Neger* über „Die botanischen Ziele der Südpolarforschung".

In zweifacher Hinsicht nimmt die Botanik regen Anteil an der Südpolarforschung. Die Flora des südlichen Eismeeres, die nach Massgabe der im Nordpolarmeere herrschenden Verhältnisse trotz tiefer Temperaturen durchaus nicht die Armseligkeit der unter gleicher Breite auftretenden Landflora aufweisen dürfte, bietet dem Biologen und Pflanzengeographen ein reiches Feld der Forschung. Ersterem durch die zweifellos vorhandenen mannigfachen Anpassungen an die Ungunst der Lebensbedingungen — namentlich die zerstörende Thätigkeit des Eises und die Monate lange Finsternis des Polarwinters — letzterem durch den in kalten Meeren besonders hohen Artenreichtum des Planktons.

Schwieriger ist die Aufgabe, die lebende oder tote Landflora zu ermitteln, da sich lebende Blütenpflanzen höchstwahrscheinlich nur äusserst spärlich vorfinden werden. Immerhin ist die Möglichkeit nicht ausgeschlossen, dass einige höhere Pflanzen entdeckt werden, die, wenn sie endemisch sind, hohes wissenschaftliches Interesse beanspruchen dürften.

An einer Reihe paläontologischer Thatsachen und eigentümlicher Erscheinungen in der Verteilung der Flora und Fauna auf den dem Südpolarkreis benachbarten Festländern und isolierten Inselgruppen — südlichstes Südamerika, Neuseeland, Kerguelengruppe u. s. w. — wurde dann nachgewiesen, welche Klimaverhältnisse allem Anscheine nach in der nördlichen gemässigten und kalten Zone unmittelbar vor, während und nach der Tertiärzeit herrschten. Ferner wurde ausgeführt, dass die Bewohnbarkeit des antarktischen Festlandes höchstwahrscheinlich weit zurückliegt, weil die Tertiärzeit z. B. im Feuerland ein nur wenig wärmeres Klima besass als heute, woraus wieder auf die damalige Verteilung von Wasser und Land ein Schluss gezogen werden kann. Die Gesamtheit der bisher feststehenden Thatsachen legt jedenfalls die Vermutung nahe, dass die Antarktis ähnlich wie die Nordpolarländer eine fossile Flora in ihrem Schosse birgt, die von höchster Bedeutung für die

Kenntnis der Entwickelungsgeschichte der organischen Welt
ist und deshalb eine wissenschaftliche Untersuchung in hohem
Grade wünschenswert erscheinen lässt.

Den Beschluss der beiden Vorträge bildete die Vorführung
von Lichtbildern nach Photographien aus Südchile, sowie nach
Zeichnungen antarktischer Landschaften.

Allgemeine Vereinssitzung am 23. November. Nachdem
der Vorsitzende, Herr Geh. Hofrat Prof. Dr. *Friedrich Ratzel,*
die neu aufgenommenen und zur Aufnahme vorgeschlagenen
Mitglieder bekannt gegeben hat, hält Herr Dr. *Hartmann,*
Oberleutnant à la Suite der Armee, einen Vortrag über
seine letzte Expedition zu den Sandfeld-Buschmännern im nordöstlichen Teile des südwestafrikanischen Schutzgebietes.

Anknüpfend an seine früher geschilderte Durchwanderung
Deutsch-Südwestafrikas in den Jahren 1893—96 berichtet der
Vortragende über einen Ausflug, den er 1897—98 mit dem
Oberleutnant Grafen Rex zu den Sandfeld-Buschmännern
unternommen hatte. Beide Reisende trafen sich in Grootfontein,
wo sie ihre Wagenkarawane ausrüsteten und 12 Eingeborene
anwarben, darunter den als einen treuen, zuverlässigen Menschen,
aber auch als ein Original beschriebenen Diener Jakob.

Die während ihrer ganzen Dauer vom Wetter begünstigte
Reise führte bald aus dem Damaraland ins Buschmanngebiet,
wobei die Völkerscheide zugleich eine auffallende geologische,
botanische und landschaftliche Grenze darstellt. Statt der
rötlichen, kahlen Granit- und Sandsteinberge des von Flussbetten durchschnittenen Damaralandes setzt eine weissgraue,
mit Gras- und Buschholz dicht bewachsene Kalksteinebene ein,
die von niedrigen Hügeln und flachen Trichtern durchsetzt,
der Fluss-, Thal- und Gebirgsbildung gänzlich entbehrt. Der
Sandfeld-Buschmänner selbst wurde man erst sehr spät ansichtig.
Doch hatte der Vortragende schon früher gelegentlich der
topographischen und geologischen Untersuchung des Otavi-
Minengebietes mit Mischlings-Buschmännern, den Nama-Busch-
männern, zusammen gelebt.

Die Buschmänner zerfallen in vier Hauptgruppen. Die
ersten beiden, die Nama- und Ovambo-Buschmänner, haben
sich mit den umwohnenden Stämmen, deren Namen sie tragen,
vielfach vermischt und auch deren Sprache angenommen. Die
Nama-Buschmänner haben zu Gunsten der fremden ihre Mutter-
sprache überhaupt verlernt, kleiden sich europäisch und blicken
mit Verachtung auf ihre noch im Urzustande lebenden Stammesgenossen herab, ohne deshalb mit ihnen in Feindschaft zu leben.

Die hauptsächlich um die Etoshapfanne lebenden Ovambo-Buschmänner sprechen neben ihrer Sprache die der Ovambo, denen sie das Kupfer der Otaviminen zur Verarbeitung zubringen. Die nur 50—60 Köpfe starken von Dr. Hartmann erst entdeckten sogenannten „See-Buschmänner" scheinen überhaupt keine Buschmänner, sondern völlig verkommene und verwilderte Hottentotten zu sein. Die vierte Gruppe sind die rein gebliebenen eigentlichen oder Sandfeld-Buschmänner.

Die Sandfeld-Buschmänner treiben weder Ackerbau noch Viehzucht, sondern ziehen in Familiengruppen zu 30 bis 40 Personen, die unter einem Häuptling stehen, ohne jeden festeren Stammesverband unstät hin und her. Ihre Hauptbeschäftigung besteht im Sammeln von Feldkost und in der Jagd, wobei ihnen die scheinbar so einförmige Steppe eine reiche Speisekarte bietet. Die Tiere werden in Fallgruben, mit Fallstricken oder mit vergifteten Pfeilen erlegt. In der Verfolgung des Wildes und im Erkennen von Fährten sind die Eingeborenen Meister. Gegen Entbehrungen und klimatische Unbill abgehärtet, entwickeln sie zähe Ausdauer, ausserordentliche Schnelligkeit und bewundernswerte Sehschärfe, sodass sie die eigentlichen Beherrscher der Steppe sind und selbst die geringfügigste Veränderung in dem endlosen Grasmeere wahrnehmen. Im Anschleichen und Sichverbergen sind sie Meister und durch alle diese Eigenschaften geborene Kundschafter und Pfadfinder, die Hendrik Witboi geschickt benutzte und deren sich später auch Leutwein mit Erfolg bediente. Die Hütten der rastlos umherstreifenden Sandfeld-Buschmänner sind in notdürftigster Weise aus Zweigen und Fellen hergestellt, und ebenso primitiv ist der Hausrat (der bequem auf einem nicht allzugrossen Tische Platz fand). Der eingehend erörterten Körperbeschaffenheit nach sind die Eingeborenen wohl kleine, aber keineswegs zwerghafte Menschen, die alle unser militärisches Mindestmass erreichen. Ihre Religion ist im wesentlichen ein Gemisch abergläubiger Vorstellungen, und ihre Moralbegriffe sind sehr niedrig, infolgedessen z. B. der Kindesmord bei ihnen nicht als Verbrechen gilt. Dennoch wäre es falsch, die Sandfeld-Buschmänner für geistig tiefstehend zu halten, der Vortragende tritt vielmehr lebhaft für ihre Geistes- und Charaktereigenschaften ein und nimmt jene vielverkannten Menschen nachdrücklich in Schutz. Sie sind lange nicht so grausam wie die Damara, mit denen sie fortwährend kämpfen müssen, um nicht von ihnen zu Sklaven gemacht zu werden. Mit den Weissen sind die Sandfeld-Buschmänner noch nicht in Berührung gekommen.

Der Vortrag wurde durch die Vorführung von 40 Lichtbildern und eine Sammlung ethnographischer Gegenstände erläutert.

Ausserordentliche Versammlung (in Gemeinschaft mit der Abteilung Leipzig der Deutschen Kolonialgesellschaft) im Saale des Städtischen Kaufhauses am 7. Dezember. Nachdem der Vorsitzende des Vereins für Erdkunde, Herr Geheimer Hofrat Professor Dr. *Friedrich Ratzel*, den Vortragenden, Herrn Dr. *Hans Meyer* mit herzlichen Worten willkommen geheissen hat, giebt er einen kurzen Überblick über die Entdeckungs geschichte des Kilimandjaro. Darauf hält Herr Dr. *Hans Meyer*, von der Versammlung lebhaft begrüsst, einen Vortrag über seine „Vierte Forschungsreise in Ostafrika".

Der Vortragende gab zunächst einen Rückblick über seine drei früheren ostafrikanischen Expeditionen von 1887/89, von denen ihn die dritte mitten in die Eis- und Gletscherwelt des Kilimandjaro gebracht hatte. Obwohl nun das gewaltige Vulkangebirge seitdem von Volkens, Lent, Johannes und anderen eingehend untersucht worden war, harrten doch noch verschiedene wissenschaftliche Fragen, namentlich der Nachweis der weiteren Verbreitung alter Gletscherspuren, der Lösung. Daher unternahm Dr. Hans Meyer 1898 mit dem Münchener Maler Platz eine vierte Reise und traf Anfang August auf der vom Hauptmann Johannes befehligten Kilimandjaro-Station Moschi ein. Auf Grund früherer Erfahrungen schob er an den Hängen des Kibogipfels nach und nach Etappen vor und besuchte zunächst die am Nordabhange des Gebirges hausenden Massai, die infolge der Verheerungen der Rinderpest verarmt sind und als schmutzige sesshafte Ackerbauer ein kümmerliches Dasein fristen.

Von hier ging es an der Nordseite des Kibo empor, wobei das erste Mal unter Zelten, die beiden nächsten Male in einer Höhle übernachtet wurde. Bei der oberen Höhle (3600 m) wurden bereits deutliche Gletscherspuren beobachtet, worauf in 4450 m ein überhängender Fels ein dürftiges Nachtquartier bot. Wegen der beständig abrutschenden lockeren Schuttmassen und der das Atmen erschwerenden dünnen Luft stellte der neunstündige Anstieg zum Gipfel an die Energie der beiden Reisenden hohe Anforderungen. Endlich war die 5790 m hohe Ostscharte des Kibo gewonnen, wo das Eis in seiner Lagerung und Massenverteilung namentlich infolge der Abschmelzung gegen früher erhebliche Veränderungen zeigte. Während des Abstieges erkrankte Herr Platz heftig am Fieber, sodass Dr. Meyer den nächsten Vorstoss in die Hochregion über das Galuma-Plateau zum neu entdeckten und benannten Drygalski-Gletscher allein, nur begleitet von einem Negersoldaten, unternehmen musste.

Da auch das Befinden der an die Kälte nicht gewöhnten Träger viel zu wünschen übrig liess, so zog sich die Karawane eilends ins warme Djaggaland zurück, wo sie seitens der Eingeborenen die beste Aufnahme fand. Dr. Meyer war erst Gast der protestantischen Leipziger Mission in Madschame, dann der katholischen Mission in Kiboscho. Von hier stieg er, da sein Begleiter wieder vom Fieber gepackt worden war, mit dem Pater Rohmer, einem gewandten Kletterer, am südlichen Kibo hinauf, wo wiederum deutliche Glacialspuren in Menge gefunden wurden.

Nun war die Untersuchung des Kilimandjaro beendet. Von Moschi ging es zum englischen Grenzort Taweta, dann auf der neu erbauten Ugandabahn, deren Bau der Vortragende volle Anerkennung zollte, zum britischen Hafen Mombassa, worauf die Reise mit einem Besuche von Sansibar und Dar es Ssalàm ihr Ende fand.

Den Schluss des inhaltreichen Vortrages bildeten kolonial-politische Betrachtungen über die englische Kolonialverwaltung, über die gedeihliche Entfaltung Deutsch-Ostafrikas unter Gouverneur Lieberts hochverdienstlicher Verwaltung, über die Entwickelung des Plantagenlandes Usambara und die deutsch-ostafrikanischen Eisenbahnfragen, insbesondere über den unumgänglich notwendigen Weiterbau der Usambara-Eisenbahn.

Der Vortrag wurde durch zahlreiche ethnographische Gegenstände, photographische Aufnahmen und eine reiche Auswahl von Lichtbildern erläutert.

Mitgliederverzeichnis 1898.

(Abgeschlossen am 31. Dezember 1898.)

A. Vorstand.
B. Ehrenmitglieder.
C. Korrespondierende Mitglieder.
D. Ordentliche Mitglieder in Leipzig.
E. Auswärtige ordentliche Mitglieder.
F. Mitglieder der Karl Ritter-Stiftung, die nicht
   dem Verein angehören.

A.

I. Vorstand.

Vorsitzender: Geh. Hofrat Prof. Dr. **Friedrich Ratzel.**
1. Stellvertreter: Dr. **Hugo Berger.**
2. Stellvertreter: Prof. Dr. **Emil Schmidt.**
Schriftführer: Privatdocent Dr. **Kurt Hassert.**
1. Stellvertreter: Dr. **August Fitzau.**
2. Stellvertreter: Dr. **Hans Fischer.**
Kassierer: Bankier **Otto Keil.**
Stellvertreter: Kaufmann **Georg Rödiger sen.**
Bibliothekar: Lehrer **Hermann Hofmann.**

II. Den Ausschuss
für die Verwaltung der Karl Ritter - Stiftung
bilden ausser den oben Genannten folgende Mitglieder
des Vereins:

Amtshauptmann Geh. Reg.-Rat Dr. **H. A. Platzmann.**
Geh. Bergrat Prof. Dr. **F. Zirkel.**
Buchhändler **A. Brockhaus.**
Generalleutnant z. D. **Krüger.**
Kaufmann **K. T. A. Northoff.**

III. Beirat.

Dr. **Bruno Peter.**
Lehrer **F. H. Tittmann,** stellvertretender Bibliothekar.
Dr. **Hans Meyer.**
Gymnasialoberlehrer Dr. **Walter Ruge.**
Oberamtsrichter **Wilhelm Kranichfeld.**
Amtshauptmann Geh. Reg.-Rat Dr. **H. A. Platzmann.**
Kaufmann **Georg Rödiger sen.**
Reichsgerichtsrat **Stellmacher.**
Professor Dr. **Karl Schulz.**
Professor **O. Lungwitz.**

B. Ehrenmitglieder.

Jahr der
Ernennung.

1. *Adolf Bastian*, Dr., Geh. Regierungsrat, Prof. und Direktor der ethnol. Abteil. des Kgl. Museums für Völkerkunde in Berlin 1881
2. *Oskar Baumann*, Dr., K. K. Konsul in Sansibar . . 1893
3. *Hugo Berger*, Dr. in Leipzig, Kurprinzstr. 5, III . . 1896
4. Fräulein *Hedwig Clara Baronesse v. Eberstein* auf Schönefeld bei Leipzig 1874
5. *Julius Hann*, Dr., Hofrat, Professor der Meteorologie an der K. K. Universität Graz 1886
6. *Sven Hedin*, Dr., Stockholm, Norra Blasieholms-kamm 5 1897
7. Frau *Louisa Hay Kerr* in London 1866
8. *Heinrich Kiepert*, Dr., Prof. in Berlin 1866
9. *Alfr. Kirchhoff*, Dr., Prof. in Halle a. S., Giebichenstein 1886
10. *Oskar Lenz*, Dr., Prof. in Prag 1881
11. *Clements Markham*, Präsident der Geographischen Gesellschaft zu London 1886
12. *Hans Meyer*, Dr. in Leipzig, Haydn-Strasse 20 . . 1887
13. *Fridtjof Nansen*, Dr., Prof. an der Univ. Christiania 1890
14. *Georg Neumayer*, Dr., Prof., Geh. Admiralitätsrat, Direktor der Deutschen Seewarte in Hamburg . 1883
15. *Frhr. Nils Adolf Erik v. Nordenskjöld*, Professor in Stockholm 1881
16. *J. Powell*, Major in Washington, Director of the Bureau of American Ethnology 1886
17. *Wilhelm Reiss*, Dr., Geh. Regierungsrat, Schloss Könitz bei Saalfeld 1886
18. *Frhr. Ferd. v. Richthofen*, Dr., Geh. Regierungsrat und Professor in Berlin 1881
19. *Sophus Ruge*, Dr., Professor in Dresden 1886
20. *Georg Frhr. v. Schleinitz*, Kontre-Admiral a. D., Haus Hohenborn. Post Lügde bei Bad Pyrmont 1883
21. *Georg Schweinfurth*, Dr., Professor in Berlin . . . 1881
22. *Alexander Sibiriakoff*, in Irkutsk 1881
23. *Eduard Suess*, Dr., Professor in Wien 1886
24. *Hermann Wagner*, Dr., Prof. und Geh. Regierungs-rat in Göttingen 1886
25. *Alexander v. Woeikof*, Dr., Prof. in St. Petersburg 1886
26. *Hermann v. Wissmann*, Dr., Berlin 1891
27. *Ferdinand Zirkel*, Geh. Bergrat, Prof., Dr. in Leipzig, Thalstrasse 33, II 1892

C. Korrespondierende Mitglieder.

D. Ordentliche Mitglieder

im Leipziger Stadtgebiet wohnend (auswärtige s. unter E).

Die mit * bezeichneten Mitglieder sind im Laufe des Jahres infolge Versetzung, Wegzug, durch Abmeldung u. s. w., die mit † bezeichneten durch den Tod ausgeschieden. (R) bedeutet Mitglied der Leipziger Karl Ritter-Stiftung.

Eintrittsjahr

1. *Abendroth, Robert*, Dr. phil., Assistent an der Universitäts-Bibliothek. Brandvorwerkstr. 38 . . . 1875
2. *Abraham, Max*, Dr. jur., Verlagsbuchhändler. Thalstrasse 10 1878
3. *Albert, Karl*, Schuldirektor. Kaiser Wilhelmstr. 53 1891
4. *Ackermann, Alfred*, Verlagsbuchh. Bismarckstr. 17 1893
5. *Adam*, Amtsrichter. Theaterplatz 1 1895
6. *Anger*, Dr. jur. u. Landrichter. Robert Schumannstr. 1, I 1895
7. *Arlès*, Frau. L.-Plagwitz, Elisabethallee 9 1896
8. *Assmann, F. C.*, Bankdirektor in Plagwitz (Leipzig, Markt 11) 1883
9. *Auerbach*, Turnlehrer an der III. Realschule. Sophienplatz 1, p. 1895
10. *Bädeker, Fritz*, Buchhändler. Nürnbergerstr. 46 . 1870
11. *Bädeker, Hugo*, Verlagsbuchhändler. Leibnizstr. 19, I 1897
12. *von Bärenfels*, Reichsgerichtsrat. Dörrienstr. 1 . . 1896
13. *Bärwinkel, Emil*, Justizrat. König-Johannstr. 4 . . 1876
14. *Bahrdt, Rob. Theod.*, Dr. med., Hofrat. Emilienstr. 9 1878
15. *Baldamus, A.*, Dr. phil., Oberlehrer. Leipzig-Gohlis, Albertstr. 3 b, II 1887
16. *Bassenge, Gustav*, Ingenieur und Prokurist der Kammgarnspinnerei 1895
17. *Bauer, Ernst*, Brauereibesitzer. Täubchenweg 5/7 1891
18. *Baumann, O.*, Oberstleutnant a. D. Waldstr. 12 . 1896
19. *Baumgärtner, Alphons*, Dr. jur., Verlagsbuchhändler. Marschnerstrasse 3, I 1877
20. *Baumgärtner, Lionel*, Dr. jur., Buchhändler. Bayersche Strasse 81 1884
21. *Baur*, Frau verw. Geh. Konsistorialrat. Königstr. 22 1875
22. *Becker, Arthur*, Dr. phil. Augustusplatz 1 . . . 1880
23. *Becker, Georg August*, Kaufmann. Moschelesstr. 2 1894
24. *Beckmann, Ernst*, Dr. u. Professor a. d. Universität. Brüderstr. 34, II 1885

E. Auswärtige Mitglieder.

F. Mitglieder der Karl Ritter-Stiftung,
die nicht dem Verein für Erdkunde angehören.

Fricke, *C.*, jun., Zimmermeister.
Gericke, *C. Heinr.*, Dr., Fabrikbesitzer.
Götz, *Gustav*, Kaufmann.
Gross & Co., Eisenhandlung.
Hessler, *Friedr. Rud.*, Stadtrat.
Linke, *Friedr.*, Kaufmann.
Strube, *Karl*, Goldarbeiter.
Winter, *Otto*, Kaufmann.

Die botanischen Ziele

der

Südpolar-Forschung.

Von

Dr. F. W. Neger.

Wenn es auch auf den ersten Blick erscheinen möchte, als ob die eisumstarrten Gestade der Antarktis nur dem Zoologen ein reiches Arbeitsfeld zu bieten imstande wären, nie aber dem Botaniker, und wenn diese Ansicht gestützt wird durch die Berichte derjenigen Reisenden, welche die Antarktis mit eigenen Augen gesehen haben und darin wetteifern den völligen Mangel an pflanzlichen Organismen hervorzuheben, um dadurch die leblose Starrheit der von ihnen gesehenen Naturbilder zu charakterisieren, so lässt sich durch Vernunftgründe die Berechtigung dieser Behauptung einschränken, wenn nicht ganz hinfällig machen. Die massenhafte Entwicklung einer relativ anspruchsvollen Fauna, wie sie für die südlichsten bisher erreichten Teile der Antarktis nachgewiesen ist, lässt zunächst auf das Vorhandensein einer ziemlich reichen Pflanzenwelt schliessen. Denn die Pflanzen mit der ihnen allein zukommenden Fähigkeit, in chlorophyllführenden Organen Kohlenhydrate aus Kohlensäure und Wasser zu bilden, müssen überall auf der Erde als die ersten Träger und Erhalter organischen Lebens gelten.

Im Einklang mit der Thatsache, dass die Fauna der südlichen Eismeergestade ausschliesslich aus Wassertieren besteht, wird man jene wichtigen Glieder der antarktischen Lebewelt naturgemäss in der dortigen Meeresflora zu suchen haben.

Ein vertieftes Studium dieser Pflanzengruppe, welche sich je nach den wichtigsten Vertretern und ihren Lebensäusserungen in zwei Vereinsklassen, nämlich in diejenige des Planktons und in die der Nereiden oder steinliebenden Hydrophyten gliedert [1]) bietet vom biologischen wie vom pflanzengeographischen Standpunkt lichtvolle Ausblicke.

Was besonders die letztere Formation anlangt, die der grossen Meeresalgen, so liegt kein Grund vor, anzunehmen, dass dieselbe in hohen südlichen Breiten weniger reich entwickelt sei als im nördlichen Eismeer.

---

[1]) Warming, Ökologische Pflanzengeographie, Deutsche Ausgabe, p. 129.

Die zunächst als erwiesen zu betrachtende, ausserordentliche Armut und Dürftigkeit der antarktischen Landflora findet bekanntlich darin ihre Erklärung, dass fast die gesamte Sommerwärme von den die Antarktis umgebenden Meeren absorbiert wird und eine beträchtliche Erwärmung der Ländermassen nie zustande kommt.

Wenn sich also für Landpflanzen in der Antarktis kaum erträgliche Lebensbedingungen vorfinden, so gilt dies damit nicht zu gleicher Zeit für die Meeresflora. Wie die umfangreichen botanischen Beobachtungen bei Nordpolexpeditionen dargelegt haben, bedingen tiefe Wassertemperaturen durchaus keine Sterilität des Meeresbodens. Kjellmann berichtet in seinem Buch: „Ur Polarväxternas lif" von einer Grünalge Enteromorpha micrococca,[1]) welche auf Spitzbergen im See Pitlecaj während des Winters von Eis völlig umhüllt war und nach dem Aufthauen des letzteren zu neuem Leben erwachte. Der gleiche Autor stellt im genannten Werk die Bedingungen fest, welche für die gedeihliche Entwicklung einer Eismeerflora unerlässlich erscheinen. Dieselben sind:

1) Fester, felsiger, womöglich klippenreicher Meeresboden.
2) Eisfreier Strand.
3) Abwesenheit grösserer, sich stauender Treibeismassen.

Es wird in der Antarktis wohl nicht an Gegenden fehlen, wo die erste Bedingung erfüllt ist. Was die zweite anlangt, so liegen allerdings nach den Berichten der Reisenden die Verhältnisse in der Antarktis nicht günstig. Allerwärts erstreckt sich das Landeis weit in die Meere hinaus und es ist deshalb anzunehmen, dass die grösstenteils aus Grünalgen gebildete Litoralzone, deren Ausdehnung durch Ebbe- und Flutmarke begrenzt ist, in der Antarktis nahezu vollständig fehlt.

Die zweite sublitorale Region, welche sich im Nordpolarmeer von der Höhe der tiefsten Ebbe bis etwa 15 Faden Tiefe erstreckt und ihre üppigste Entfaltung zwischen 5 und 10 Faden Tiefe erfährt, besteht aus Braunalgen (Fucaceen) und in tieferen Regionen Rotalgen (Florideen).

Ungeheure Kälte, welche in ruhigen Meeren die Oberfläche zum Gefrieren bringt, und monatelang andauernde nächtliche Finsternis während des Polarwinters hindern diese Pflanzen nicht, sich zu staunenswerter Üppigkeit zu entwickeln, sofern nur die übrigen Lebensbedingungen erfüllt sind, nämlich harter zur Befestigung der Haftorgane geeigneter Meeresboden und Schutz gegen die zermalmende Thätigkeit des Treibeises.

Das Problem wie es möglich ist, dass so gewaltige Pflanzenformen wie die Fucaceen der kalten Meere die Lichtleere des

[1]) p. 538.

polaren Winters ertragen können, ist von diesen Organismen durch eine einfache Arbeitsteilung gelöst. Die gesamte Lebensthätigkeit wird nämlich während des Sommers darauf konzentriert, durch Assimilation die für den Aufbau des Körpers nötige organische Masse zu erzeugen, während die dunkle Winterzeit der Bildung von Fortpflanzungszellen gewidmet ist. Kjellmann führt an, dass gelegentlich der Überwinterung der schwedischen Expedition in Spitzbergen 1872—73 bei einer Meerestemperatur von 0,5 bis 1,8° C beobachtet wurde, wie von 27 Arten 22 in der Polarnacht fruktifizierten.

Wenn sich so ergiebt, dass die sublitorale Vegetation der Polarmeere einen ungeahnten Reichtum entfaltet in Breiten, welche kaum noch eine verkrüppelte Landflora hervorbringen, dann ist nicht einzusehen, warum das gleiche nicht auch für die antarktischen Meere gelten sollte.

Wie die Geophysik so verwehrt sich auch die biologische Geographie dagegen, dass mit der fortschreitenden Erkenntnis der in den Nordpolarmeeren herrschenden Verhältnisse die Erforschung der Lebewelt des antarktischen Meeres überflüssig geworden sei.

Übrigens verspricht die Thatsache, dass die Eisverhältnisse, welche das Algenleben in hohem Grad beeinflussen, in der Antarktis wesentlich andere sind als in den Nordpolarmeeren, eine Anzahl interessanter Probleme. Denn selbst, wenn sich ergeben sollte, dass die weit ins Meer hinaus ragenden Landeismassen dem Zustandekommen einer sublitoralen Algenflora im Sinne Kjellmanns hinderlich wären, so beweist dies noch nicht ein absolutes Fehlen dieser Pflanzenform. Es scheint nämlich für die Tiefenausdehnung der Algenvegetation keinen Unterschied auszumachen, ob ein Meer der kalten oder warmen Zone angehört. An Spitzbergens Küsten sind Algen bis zu Tiefen von 150 Faden gefunden worden.[8]) Wie sich dieselben allerdings mit der minimalen, in solche Tiefen dringender Lichtmenge zurechtfinden können, ist eine der merkwürdigsten Erscheinungen des Pflanzenlebens und wert, auch in den antarktischen Meeren zum Gegenstand intensiven Studiums gemacht zu werden.

Sieht man von dem kurzen Vorstoss der Challengerexpedition in hohe südliche Breiten, der übrigens wertvolle Resultate zu Tag gefördert hat, ab, so kann wohl behauptet werden, dass die den Meeresboden bewohnende Pflanzenwelt innerhalb des südlichen Polarkreises bisher nur eine geringe Beachtung erfahren hat.

---

[8]) Drude, Pflanzengeographie (in Neumayers Anleitung zu wissenschaftlichen Beobachtungen auf Reisen, 2. Aufl.). Bd. II, p. 181.

Selbst Hooker, der Sohn, einer der genialsten Beobachter, welche je antarktische Gegenden besucht haben, richtete sein Augenmerk nur auf die litorale Flora eisfreier Gestade,[4]) welche naturgemäss bei der Seltenheit so gearteter Küstenstrecken in der Antarktis nur eine kümmerliche Entwicklung erfahren kann.

Er wie auch die Nordpolfahrer früherer Zeiten gingen eben von der vorgefassten Meinung aus, dass Pflanzenleben unter einer Meereisdecke unmöglich sei.

Die Planktonforschung endlich ist ein viel zu junger Zweig der biologischen Wissenschaften, als dass zur Zeit der grossen Südmeerexpeditionen unter Ross etc. diesbezügliche Beobachtungen in grösserem Massstab hätten ausgeführt werden können.

Das Plankton, unter welchem Ausdruck man mikroskopisch kleine, freilebende, in ungeheuerer Individuenanzahl auftretende Algen versteht, bevölkert ebensowohl die Küsten der Inseln und Festländer als die Wüsten der Hochsee, vorzugsweise in den kalten Meeren. Es ist von grösster Bedeutung für das niedere Tierleben des Meeres und findet sich fast in allen Schichten des Ozeans, selbst in Tiefen von 1000—2000 m, Tiefen, welche selbst in tropischen Breiten dauernd. eine Temperatur nahe dem Nullpunkt bewahren.

Die Pflanzengeographie des Meeres ist ein neues, noch wenig kultiviertes Gebiet wissenschaftlicher Spekulationen. Man vermisst hier vielfach noch die Übersichtlichkeit des Stoffes. Erschwerend wirkt ferner, dass der geographische Biologe, sofern er nicht die Kenntnisse eines Spezialisten besitzt, in der Regel den Formenkreis dieser Pflanzen nicht in dem Mass beherrscht, wie es wünschenswert wäre. Dazu kommt, dass bei diesen Gewächsen die ins Auge springende Mannigfaltigkeit der Gattungen und Familien fehlt, welche die Charakterisierung einzelner Vegetationsformationen der landbewohnenden Floren so sehr erleichtern.

In vielen Fällen dürfte es notwendig sein, Abstufungen der Lebensbedingungen als ökologische Einteilungsprinzipien festzustellen, welche auf den ersten Blick vielleicht belanglos oder wenigstens gesucht erscheinen.

So kann beispielweise für die Verbreitung vieler Formen der Kochsalzgehalt des Meeres von ausschlaggebender Bedeutung sein, ebenso wie bei Landpflanzen ein mehr oder weniger hoher Grad von Feuchtigkeit die Wachstumserscheinungen fördert oder beeinträchtigt.

Nur wenn alle erdenklichen Faktoren bei algologischen Forschungen in neuen unbetretenen Gebieten berücksichtigt

---

4) Ross, Voyage to the southern seas II, p. 336.

werden, ist zu erwarten, dass sich die gemachten Beobachtungen harmonisch an das Gebäude der bis heute gewonnenen
Resultate anfügen.

So erweist sich das Arbeitsgebiet desjenigen, der die
Flora der antarktischen Meere zum Gegenstand des Studiums
macht, als relativ klar und aussichtsvoll. Das gleiche lässt sich nicht voraussagen für die Erforschung
der Landfloren. Zunächst tritt uns die Frage entgegen: ist
die Antarktis wirklich so arm an höheren Gewächsen wie wir
nach dem heutigen Stand unseres Wissens annehmen müssen;
dasselbe stützt sich allerdings auf Beobachtungen, welche vor
mehr als fünfzig Jahren gemacht worden sind; denn seit
J. Hooker und dem Amerikaner Dr. Eights, welcher die Süd-
shetlandinseln untersucht hat, betrat kein Botaniker den Boden
der Antarktis.

Die antarktische Landflora unterscheidet sich in mehrfacher
Hinsicht von der arktischen. Erstere ist weitaus ärmer an Arten
in gleicher Entfernung vom Pol als letztere. Aber wo in hohen
Breiten der südlichen Halbkugel Pflanzenwuchs sich vorfindet,
ist er üppiger und saftreicher als in gleichen nördlichen Breiten,
was dem relativ milden antarktischen Winter zuzuschreiben ist.
So viel wir heute wissen, kommen auf der Nordhemisphäre
Phanerogamen dem Pol um 18° näher als auf der südlichen
Halbkugel. Innerhalb des Polarkreises wurde bisher überhaupt
nur e i n e phanerogame Pflanze beobachtet, es ist ein schmächtiges
Gras: A i r a a n t a r c t i c a. Diese Artenarmut der südhemi-
sphärischen Pflanzenwelt wird besonders durch die folgende
Gegenüberstellung illustriert. Die Hauptinsel des Kerguelen-
Archipels, welche unter 50° s. Br. liegt, besitzt nur 26 Gefäss-
pflanzen.[5]) Eine ähnlich kümmerliche Entwicklung der Land-
flora finden wir auf der Nordhemisphäre erst in viel höherer
Breite, nämlich unter 72° auf der Insel Jan Mayen[6]) wo die
Anzahl der Gefässpflanzen 28 beträgt. .

In auffallendem Kontrast dazu steht andererseits, dass
Pflanzen und Tiere von tropischem Charakter sich in relativ
hohen südlichen Breiten vorfinden. Ich erinnere an den Baum-
farn A s p i d i u m v e n u s t u m,[7])welcher sich auf der Auckland-
und Campbellinsel unter 51° resp. 53° s. Br. findet, an die
Magnoliacee D r i m y s W i n t e r i, einen häufigen Baum der
Feuerlandflora.

Angesichts dieser merkwürdigen Gegensätze braucht die
Hoffnung innerhalb des Polarkreises die eine oder andere

---

[5]) Hemsley Challenger Report.
[6]) Reichhardt, Flora der Insel Jan Mayen, Bot. Zentr. XXIX, p. 335.
[7]) Hooker, Flora antarctica.

Gefässpflanze zu finden, zunächst noch nicht endgiltig aufgegeben zu werden.

Wäre es nicht möglich, dass hinter der Eismauer, welche
bisher die kühnsten Reisenden zur Umkehr gezwungen hat,
stellenweise ein eisfreies Land liegt, das eine, wenn auch
kümmerliche, so doch sicher höchst interessante Flora bergen
könnte? Es ist übrigens nicht nötig, der Phantasie so weiten
Spielraum zu lassen.

Erebus und Terror, die gewaltigen Vulkane der Antarktis,
sind wohl von ferne gesehen, aber nicht näher untersucht
worden. Wäre es nicht möglich, dass auf ihnen unter dem
Einfluss der jahraus jahrein wirksamen vulkanischen Wärme
eisfreie Stellen sich finden, welche dann sicher des Pflanzen-
wuchses nicht entbehren. Ich kann nicht umhin, einer Beobachtung zu gedenken, welche ich in den südlichen Anden
Südamerikas gemacht habe. In einer Schlucht (37° s. B.) am
Ostabhang des Vulkans Copahue, umgeben von ewigem Eis
und Schnee, entströmen hunderte von heissen Quellen der
Erde und der vulkanisch erwärmte Boden trägt eine üppige
blumenreiche Vegetation. Gelingt es aber nicht, durch die
Entdeckung lebender Pflanzen Beziehungen zu benachbarten
Florengebieten zu konstatieren, dann bleibt immer noch die
Möglichkeit durch etwaige Auffindung fossiler Pflanzenreste
zu entscheiden, ob dem antarktischen Festland wirklich eine
ähnliche Rolle zukommt wie den Nordpolarländern, nämlich
die einer ehemaligen Brücke für den Austausch der Arten
weitentlegener Florengebiete z. B. Australien resp. Neuseeland
und Südamerika.

Diese Frage, eine der anziehendsten in der Pflanzengeographie der südlichen Hemisphäre, hat so mannigfache
Beleuchtung erfahren, dass es bei dieser Gelegenheit wohl angebracht ist, etwas genauer darauf einzugehen. Zugleich mag
sich aus dem folgenden ergeben, von wie unschätzbarer Bedeutung die Auffindung toter oder lebender Geschlechter der
höher entwickelten Pflanzenwelt auf dem antarktischen Festland
für das Verständnis der heutigen Pflanzenverteilung wäre.

Es ist bekannt, dass trotz gewaltiger, die spärlichen
antarktischen Landgebiete trennender Meeresräume in der
Pflanzenbesiedlung jener sich bemerkenswerte Beziehungen erkennen lassen.

Die Flora Neuseelands hat nicht wenige Formen mit dem
südlichen Südamerika gemeinsam; grösser ist die Zahl der
korrespondierenden Arten.

Feuerländische Elemente finden sich nicht nur auf den
naheliegenden Inselgruppen der Maluinen und Süd-Georgien,
sogar auf den weit entlegenen Inseln der Kerguelengruppe

kehren einzelne fuëgine Typen wieder und scheinen, wie Azorella Selago, von hier aus weiterhin bis in die Nähe von Neuseeland, nämlich nach der Macquarrieinsel verschlagen worden zu sein. Nur bei wenigen dieser Pflanzen ist infolge der ungeheuren, die einzelnen Gebiete trennenden Meeresräume an einen Transport durch Winde, Meeresströmungen oder Vögel zu denken. Auch sind in diesem Zusammenhang Pflanzen anzuführen, welche durchaus nicht die Fähigkeit besitzen, auch nur enger begrenzte Meeresräume zu überschreiten; so hat Neuseeland mit dem Feuerland Oxalis magellanica gemein, eine Pflanze, welche zwar in Südamerika weite Wanderungen macht — sie findet sich längs des Andenwalles und dringt bis etwa zum 37°. s. B. nach Norden — aber ausser kleinen, ziemlich leichtem Samen nichts hat, was sie zur Überschreitung ausgedehnter Meere befähigt.

Für die meisten der den antarktischen Inseln und Festländern gemeinsamen Formen müssen andere Faktoren thätig gewesen sein.

Übrigens wäre es eine dankbare Aufgabe künftiger Expeditionen in die antarktischen Gegenden auch der Frage näher zu treten, in wie weit Meeresströmungen, Vögel und Winde im Stande sind Pflanzenteile und Samen auf weite Strecken in keimfähigem Zustande zu transportieren. Hemsley empfiehlt besonders die Klauen und Magen derjenigen Vögel, welche auf ihrem Fluge über südliche Meere grosse Entfernungen zurücklegen, häufig zu untersuchen; dazu käme wohl noch, etwa angetroffene Samen auf ihre Keimfähigkeit zu prüfen, welche bekanntlich bei verschiedenen Arten in sehr verschiedenem Grade beständig ist. Unsere heutige Kenntnis von der Verbreitungsfähigkeit vieler Pflanzen stützt sich mehr auf Vermutung nnd Kombination als auf exakte Beobachtungen.

Neben der oben dargelegten auffallenden Mischung allgemein antarktischer Formen verschiedenartigen Ursprungs besteht ein gewisser Grad von Endemismus innerhalb einzelner Inselgruppen.

Obwohl zwischen der westlichsten Insel des Kerguelenarchipels — Marionisland — und der östlichsten — Heardisland, — eine Meeresstrecke von ca. 3000 km liegt und obwohl die Samen des Kerguelenkohls (Pringlea antiscorbutica) erwiesenermassen [8]) ihre Keimfähigkeit leicht einbüssen, ist jene Pflanze über die ganze Inselkette verbreitet.

Die hieraus sich ergebende Annahme Hemsleys, dass sämtliche Inseln der Kerguelengruppe ehemals in Verbindung

---

[8]) Naumann-Studer, Bot. Beobachtungen und Sammlungen der Gazelle auf den Kerguelen. (Zeitschrift f. Erdkunde, Berlin XI.)

gestanden haben müssen, wird bestärkt durch eine höchst
merkwürdige Thatsache.[9]) Auf Marionisland nämlich, wie Kerguelenland (Hauptinsel) wird der Kerguelenkohl von 2 Insekten
mit rudimentär gewordenen Flügeln bewohnt (Amalopteryx
marionensis und Calycopteryx Moseleyi). Man kann diese
Verkümmerung der Flügel wohl nur als eine Folge der Anpassung
an des Inselleben auffassen, ebenso wie auf der Robinsoninsel Juan
Fernandez im stillen Ozean durch frühzeitiges Hinfälligwerden
des Pappus bei gewissen Kompositen z. B. Robinsonia-
arten, vermieden wird, dass die Samen vermöge dieses sonst als
Flugorgan dienenden Apparates ins Meer entführt werden.[10])
Hemsley geht in seinen Folgerungen aus den oben angeführten Thatsachen noch weiter. Er sucht die Beziehungen
aller antarktischen Inselfloren durch Annahme eines ehemaligen
circumpolaren Festlandes, als dessen übrig gebliebene Reste
er eben jene Inseln auffasst, zu erklären.[11]) Prof. Engler spricht
sich in seiner schon vor dem Challengerbericht erschienenen
Entwicklungsgeschichte der Planzenwelt[12]) in Anbetracht der
grossen Tiefe des antarkischen Meeres gegen die Annahme
aus, dass, wenigstens während der letzten geologischen Epochen,
erhebliche Veränderungen in der Verteilung von Wasser und
Land stattgefunden hätten.

Diese Hypothese dürfte durch folgende Erwägung eine
weitere Stütze erhalten, Otto Nordenskjöld führt in einer
in diesem Jahr (1898) erschienenen Abhandlung: „Über die
posttertiaeren Ablagerungen der Magellanländer" unter Be-
rücksichtung der Beobachtungen Darwins, Philippis und der
schwedischen Feuerlandexpedition 1895/96 aus, dass auf Grund
der palaeontologischen Funde an der Magellanstrasse alle
Anzeichen dafür sprechen, dass in der Tertiaerperiode das
Klima jener Gegenden nur wenig wärmer gewesen ist, als
heutzutage. Besonders beweisen dies die schon zu jener Zeit
in den Magellanländern massenhaft auftretenden Nothofagus?
arten, Bäume, welche auch heute für den gemässigten Teil
Chiles charakteristisch sind.[13])

Dagegen hat Engelhardt[14]) nachgewiesen, dass etwa
14 ° weiter nördlich (Provinzen Concepcion und Arauco), wo
heute eine kaum subtropische Vegetation existiert, in der Tertiaer-

[9]) Hemsley, Challenger Report.
[10]) Johow, Estudios sobre la flora de las Islas de Juan Fernandez, p. 257.
[11]) Zu beachten ist übrigens, dass Tasmanien und Neuseeland 2 Familien
von Süsswasserfischen (Haplochitonidae und Galaxiidae) mit Patagonien gemeinsam haben. (Trouessart, Die geogr. Verbreitung der Tiere, p. 153.)
[12]) Bd. II, p. 148.
[13]) Sonderabdruck aus: Wissenschaftliche Beobachtungen während der
schwedischen Expedition nach den Magellanländern 1895—1897, p. 23.
[14]) Abh. der Senkenberg Naturf. Ges. XVI, p. 629.

zeit Pflanzen gediehen, welche infolge ihrer Ähnlichkeit mit jetztweltlichen im tropischen Amerika, speziell Brasilien lebenden Arten, auf ein sehr warmes, vielleicht tropisches Klima schliessen lassen. Dieses auffallende Missverhältnis zwischen der Tertiaerflora Mittelchiles und der Magellanländer kann wohl auf keine andere Weise eine befriedigende Erklärung finden, als wenn man sich zu der Vermutung herbeilässt, dass schon in der Tertiaerperiode — welcher ja in der Regel ein durchweg wärmeres Klima zugeschrieben wird — im grossen und ganzen die Verteilung von Wasser und Land in der Antarktis die gleiche war wie heute, und dass daraus das relativ kühle ozeanische Klima der tertiaeren Magellanländer abzuleiten ist.

Es scheint demnach unzweifelhaft, dass an eine Festlandverbindung der antarktischen Gebiete im Sinne von Hemsley nicht gedacht werden kann, und wir müssen deshalb suchen für die Beziehungen zwischen den Floren jener weit getrennten Inseln eine andere befriedigende Erklärung zu finden. Während für den arktischen Kontinent erwiesen ist, dass derselbe in der Steinkohlenzeit eine tropische, in den darauffolgenden Perioden eine subtropische Vegetation beherbergte, liegen für die antarktischen Länder keine zuverlässigen fossilen Pflanzenfunde aus jenen Epochen vor.

Als einzige phytopalaeontologische Thatsache von Bedeutung wäre zu erwähnen eine Palme — Flabellaria Schwageri — welche höchst wahrscheinlich aus der Kreidezeit stammt und an der Magellanstrasse gefunden wurde.[15]) Dies könnte allerdings, wie Prof. Engler sich ausspricht, dahin gedeutet werden,[16]) dass in vortertiaerer Zeit die Länder zwischen 60° und 80° s. Br. für Vertreter der Floren Chiles und Australiens bewohnbar waren, gleichwie Disco- und Grinnelland im hohen Norden des amerikanischen Festlandes in der Tertiaerperiode Pflanzen beherbergt haben, deren nächste Verwandte wir heute in den atlantischen Staaten der Union und Ostasiens antreffen. Auch die Auffindung von verkieseltem Coniferenholz auf der Seymourinsel (Dick Gerritzarchipel) — dessen geologisches Alter freilich nicht genau ermittelt werden konnte — weist auf die frühere Bewohnbarkeit der antarktischen Länder hin.

Dann ist es aber nach Engler leicht zu verstehen, wie zahlreiche amerikanische und neuseeländische Formen sich vermischen konnten. Die ersteren nahmen den Weg über Alexander- und Grahamsland — eine direkte Festlandverbindung

---

[15]) Abh. der Senkenberg Naturf. Ges. XVI, p. 629.
[16]) Engler, Entwicklungsgesch. der Pflanzenwelt, Bd. II.

von Amerika mit dem antarktischen Kontinent über Falkland-
Südgeorgien und Südshetland liegt nicht ausserhalb des Be-
reiches der Wahrscheinlichkeit, wobei allerdings nicht zu vergessen wäre, dass in diesem Falle der Humboldtstrom, welcher
das Klima der Südspitze Südamerikas so bedeutend beeinflusst,
nur die Westseite der Festlandbrücke bespült haben könnte —
andererseits wanderten australische Formen über Auckland-
Campbell-Macquarrie längs Viktoria und Wilkieland.

Ein wichtiges Argument, das für die Brauchbarkeit dieser
Erklärung spricht, ist die Thatsache, dass in Neuseeland einerseits und Südamerika anderseits die Zahl der korrespondierenden
Arten viel grösser ist als diejenige der identischen. Daraus
ergiebt sich ohne weiteres, dass in der Gegenwart der Pflanzen-
austausch zwischen beiden Gebieten kein lebhafter sein kann.
Auffallend ist ferner, dass die meisten dieser vikarierenden
Formen den Charakter von Überresten einer ehemals mächtig
entwickelten Schöpfung besitzen. Ich erinnere nur an die Gattungen Nothofagus, Araucaria, Libocedrus, Gunnera,
Eucryphia etc.[18]

Man halte sich nun vor wie in Drude, Handbuch der
Pflanzengeographie, die Entstehung vikariierender Arten erklärt
wird; es heisst dort[17]: Ist irgend eine Pflanzensippe mit ab-
geschlossenem Formenkreis zu einer bestimmten Erdperiode
in einem zusammenhängenden Areal verbreitet gewesen, haben
sich aus ihr im Sinne der Descendenztheorie an verschiedenen
Stellen dieses Areals verschiedene einander verwandte Formen
ausgebildet, während zugleich das Schicksal der weiteren Erd-
entwicklung es mit sich gebracht hat, dass in das zusammenhängende Areal grosse Lücken gerissen wurden, so sind die
neu entstandenen Formen in Bezug auf das von ihnen ein-
genommene Areal endemisch, in Bezug auf den gemeinsamen
Anfang ihrer Bildung aber als vikariierend zu bezeichnen. Wo
anders aber wäre bei der unergründlichen Tiefe des stillen
Ozeans diese Festlandbrücke zu suchen als in einem ehemals
weniger unwirtlichen antarktischen Kontinent?

Es erübrigt noch auf den Ursprung der gleichfalls nahe
verwandten Flora der völlig isolierten Inseln der Kerguelengruppe einzugehen.

Hat man sich einmal dazu entschlossen, die Südpolarländer
als ein früher pflanzenbesiedeltes Gebiet zu betrachten, so ist
leicht einzusehen, wie es kommt, dass die Flora der Kerguelengruppe trotz ihrer Isolierung der neuseeländischen und feuerländischen gewissermassen koordiniert erscheint.

---

[17] pag. 124.
[18] Das statistische Material siehe in dem unter [16] citirten Werk. Bd. II. Kp. 3.

Das Hauptagens war in diesem Falle ohne Zweifel die antarktische Trift. Die genannten Inseln liegen nämlich im Weg dieser Strömung und es bedarf wohl keiner weitfliegenden Phantasie, um sich vorzustellen, dass mit der zunehmenden Abkühlung und endlichen Vergletscherung des antarktischen Festlandes grosse Eismassen sich abzulösen begannen, durch diese zahlreiche Samen und losgerissene Stücke der dort einheimischen Pflanzen weit hin transportiert wurden und schliesslich an den Küsten der nahe liegenden Inseln des indischen Ozeans landeten.

So wäre wenigstens zu verstehen, wie die dort endemische Lyallia Kerguelensis, welche ihre nächsten Verwandten in der andinen Gattung Pycnophyllum besitzt, auf diese Insel gelangt. Das gleiche gilt für den Kerguelenkohl, Pringlea antiscorbutica, welcher einerseits mit der nordhemisphärischen Gattung Cochlearia verwandt ist, andererseits der australen Tribus der Stanleyinae angehört, wobei bezüglich des Ursprungs an den viel benützten nordsüdlichen Wanderungsweg der meridional gerichteten Andenkette zu denken wäre; endlich dürfte diese Erklärung mit Erfolg auf zahlreiche andere, endemische und mit andinen oder feuerländischen Formen verwandte Arten der Kerguelengruppe anzuwenden sein.

Im folgenden führe ich alle diejenigen Thatsachen an, welche eine Pflanzenbesiedelung der Kerguellengruppe mittelst Treibeis wahrscheinlich machen:

1. Der ausgesprochen antarktische Charakter der Inseln des südlichen indischen Ozeans macht sich nur geltend soweit die Treibeisgrenze reicht; dieselbe liegt aber zwischen der Kerguelenkette und der von Tristan d'Acunha — St. Paul — Amsterdam gebildeten Inselreihe. Letztere Inseln zeigen, obwohl weit getrennt, auffallende Beziehungen unter einander, hingegen, abgesehen von einigen ubiquitären Sporenpflanzen, auffallende Verschiedenheit von der Kerguelengruppe.

2. Die Einwanderung von Pflanzen auf letzteren Inseln ist von Süden, nicht von Norden her erfolgt. Marionisland, obwohl dem Kap der guten Hoffnung näher als der Kerguelenhauptinsel, besitzt die gleiche Flora wie letzteres, steht hingegen in keinem Abhängigkeitsverhältnis zu derjenigen des Kaps.

3. Endlich fällt auf den Kergueleninseln der hohe Prozentsatz an dicotylen Wassergewächsen nämlich 80° der Gesamtzahl dicotyler Pflanzen auf.

Man vermutet, dass die europäische Süsswasserflora sich während der Eiszeit wenig verändert hat.[19]) Dies lässt auf einen hohen Grad von Anpassungsfähigkeit der Wassergewächse

---

[19]) Polacki, Bot. Zentralblatt XXX, p. 187.

an ungünstige klimatische Verhältnisse schliessen. Zieht man ferner die jenen zukommende Neigung zur vegetativen Fortpflanzung in Betracht, so erweisen sich dieselben offenbar als zum Transport durch Treibeis besonders geeignet und das Vorherrschen dieser biologischen Pflanzenform auf den Kerguelen lässt die angedeutete Art der Einwanderung wahrscheinlich erscheinen.

Dem Einwurf, dass die Kälte des Eises vielleicht schädlich auf die von ihm transportierten Samen oder Pflanzenfragmente gew r t hätte, möchte ich gleich begegnen, indem ich darauf hinweise, dass bei niederen Kryptogamen wie bei höher entwickelten Pflanzen die Keimfähigkeit der Sporen resp. der Samen (z. B. Leinsamen) durch vorübergehende starke Abkühlungen nicht nur nicht beeinträchtigt, sondern im Gegenteil befördert wird.[20])

Von woher aber, frage ich, können diese Inseln des südindischen Ozeans ihre zum Teil so eigenartige Flora auf dem Transportwege des Treibeises erhalten haben, wenn nicht vom Südpolarland?

Man könnte, wie dies Herr Geheimrat Engler in seiner Entwicklungsgeschichte thut, die Vermutung aussprechen: vom Feuerland, an welchem jährlich grosse Massen Treibeis vorbei schwimmen. Ich möchte mir erlauben, dagegen den Einwurf zu machen, dass Treibeis, welches die Südspitze Amerikas passiert, der Humboldtströmung folgend, bis zum Kerguelenland einen Weg von 10—12000 km zurückzulegen hätte, während jene Inseln vom Kempland nur etwa 1500 km entfernt ist. Ob die aus dem stillen Ozean kommenden Treibeismassen je bis zum Kerguelenarchipel gelangen, erscheint doch sehr fraglich, und wenn selbst: wie oft mögen sie zwischen dem Feuerland und dem ins Auge gefassten Ziel kentern! Samen aber, welche dem Feuerland entstammen, können doch nur oberflächlich eingeschmolzen sein, und werden beim Schmelzen des Eises sehr bald dem Meerwasser preisgegeben.

Es ist ja höchst wahrscheinlich, dass unsere Ansichten bezüglich des Klimas früherer Epochen in der Antarktis durch neuere Funde noch wesentliche Umgestaltungen erfahren; aber mit einiger Gewissheit lässt sich doch wohl das folgende Bild entwerfen:

Das Klima der extratropikalen Teile Südamerikas zeigt in der Gegenwart die unverkennbare Tendenz wärmer und trockener zu werden. Hemsley sagt im Challengerwerk:

---

[20]) Vergl. Erikson, Über die Förderung der Pilzsporenkeimung durch Kälte, (als Referat: Bot. Zentralbl. 67, p. 309).

Heardisland befindet sich jetzt noch sozusagen in der Eiszeit; das Kerguelenland hat dieselbe noch nicht lange überwunden. Damit stimmt überein ein rapides Zurückweichen der Gletscher in allen der antarktischen Zone nahen Ländern. Es ist unzweifelhaft nachgewiesen worden in Neuseeland.

In Chile und Argentinien wurden analoge Beobachtungen von Güssfeldt,[21]) Hauthal,[22]) Nogués[23]) und Dusén gemacht.

Nach privaten Mitteilungen des letzteren ist es sehr wahrscheinlich, dass sich die Vergletscherung der Anden bis über die Breite von Santiago nach Norden hinaus erstreckt, die Küstenkordillere aber freigelassen hat. So erscheint es sehr erklärlich, dass sich in einzelnen kühlen Schluchten der Provinz Coquimbo unter 30° s. Br. Bestände südchilenischer Waldvegetation mit allen charakteristischen Elementen erhalten haben.[24]) Sie sind die Reste des ehemals viel weiter nach Norden ragenden antarktischen Waldgebiets. Dieses Zurückweichen der Feuchtigkeit liebenden antarktischen Waldvegetation vor einem nach Süden vorschreitenden milderen Klima kann selbst in der Gegenwart konstatiert werden, nämlich in einem Teil der Küstenkordillere der Provinz Valdivia — in der Cordillera pelada — wo ganze Wälder von Fitzroya patagonica ohne Zuthun des Menschen durch zunehmende Trockenheit zu Grunde gehen.[25]) Nicht zu vergessen ist ferner ein Argument, welches O. Nordenskjöld anführt um zu beweisen, dass die Magellanländer sich erst seit relativ später Zeit eines milderen Klimas erfreuen.[26])

Man beobachtet nämlich eine auffallende Artenarmut der feuerländischen Flora und Fauna im Vergleich zu der an der Nordseite der Magellanes'schen Enge lebenden, obwohl diese Wasserstrasse an einzelnen Stellen nur 4—5 km breit ist und von einer Verschiedenheit des Klimas nördlich und südlich davon wohl kaum die Rede sein kann. Viele Pflanzen und Landtiere, die an der Nordseite der Strasse leben, kommen auf dem Feuerland nicht vor. —

Der sicher sehr lang andauernden Zeit der allgemeinen Abkühlung, welche sich sogar in heute warmgemässigten Zonen geltend gemacht hat, ging eine Epoche voraus, in welcher ein mildes von dem heutigen nicht sehr verschiedenes Klima relativ hohe südliche Breiten beherrschte. Funde von be-

[21]) Güssfeldt, Reise in die Andes, p. 97.
[22]) Hauthal, in: Revista del Museo de la Plata VI, p. 111.
[23]) Nogués, Actes de la société scientifique du Chili II, p. 42.
[24]) F. Philippi, A visit to the northern most forest of Chile (Journ. of Botany XXII, p. 201).
[25]) F. Philippi, Cordillera pelada. (Petermanns Mitt. 1866, p. 171.)
[26]) In der unter [18]) cit. Schrift, p. 60.

blätterten Araucarienzweigen an der Magallanesstrasse,[27]) Reste von fossilem Holz auf den heute waldlosen Kergueleninseln stellen diese Annahme ausser Zweifel. Ob in noch früherer Zeit selbst die Antarktis eine reiche Phanerogamenflora trug, kann, bei aller Wahrscheinlichkeit, gegenwärtig mit Sicherheit nicht entschieden werden.

Aus dem eben Gesagten geht aber hervor, dass, wenn in der Antarktis Pflanzenreste gefunden werden sollten, diese in Anbetracht der langen vegetationslosen oder wenigstens vegetationsarmen Zeit, nur alte und für das Verständnis der gegenwärtigen Pflanzenverteilung höchst wertvolle Typen sein können.

Man könnte schliesslich auf den Gedanken kommen, aus der Verteilung der niederen Kryptogamen, nämlich Flechten und Moose, deren ja selbst die vegetationsarmen Küsten der Antarktis noch eine beträchtliche Artenmenge aufweisen, allgemeine pflanzengeographische Schlüsse zu ziehen; dies wäre aber sicher ein vergebliches Bemühen. Es ist erwiesen, dass den überaus leichten Sporen der Moose und den als „Soredien" bezeichneten mikroskopisch kleinen vegetativen Fortpflanzungskörpern der Flechten die ausgedehntesten Meere keine wirksame Schranke engegenstellen, weshalb sich in der geographischen Ausbreitung dieser Organismen nur schwer eine gesetzmässige Anordnung erkennen lässt. Und so glaube ich den Schluss ziehen zu können, dass von der Erforschung der landbewohnenden antarktischen Kryptogamenwelt für die Pflanzengeographie nicht viel erspriessliches zu erwarten ist.

Der Schwerpunkt botanischer Forschungen in der Antarktis wird stets liegen im Studium der Merresalgenflora in höchsten Breiten, welches, wie oben ausgeführt wurde, eine Fülle wichtiger Probleme bietet, und in dem rastlosen Forschen nach lebenden Gefässpflanzen und fossilen Pflanzenresten.

Gelänge es aus fossilen Funden die untergegangene Pflanzenwelt der Antarktis zu rekonstruieren — ich stelle mir dieselbe für die der Tertiaerzeit vorangehende Epoche vor, bestehend aus Wäldern gigantischer Arancarien und anderer Koniferen vom Habitus der antarktischen Gattungen Libocedrus und Podocarpus, aus immergrünen und blattwechselnden Nothofagusarten, aus Buschwerk von hartblättrigen Proteaceen. duftenden Myrtaceen, artenreichen Ericaceen u. a., im Hochgebirge aber aus polsterartigen Azorellaarten und ähnlichen Formen: Dann wäre wohl in mehr als einer viel umstrittenen Frage der Entwicklungsgeschichte der Pflanzenwelt und damit der gesamten Erdgeschichte ein erlösendes Wort gesprochen.

---

[27]) Nach priv. Mitt. des Botanikers der schwed. Feuerlandexpedition P. Dusén.

Die geographische Lage

und

Entwickelung Leipzigs.

Von

Privatdozent Dr. Kurt Hassert.

„Ob es sich der Mühe lohnt, eine Frage der Heimatskunde eingehend zu prüfen, könnte in einer Zeit wohl bezweifelt werden, die durch glänzende geographische Entdeckungsreisen verwöhnt ist und es verlernt hat, die Verhältnisse der nächsten Umgebung prüfend ins Auge zu fassen. Aber immer näher rückt die Stunde, in der auch dem kühnsten Reisenden nichts mehr zu entdecken bleibt und die Geographie, statt ferner ins Breite zu geben, sich auf die Vertiefung ihrer Kenntnisse beschränken muss. Dann wird auch die Heimatskunde zu ihrem vollen Rechte kommen. Man wird erkennen, dass Forschungen nicht deshalb leichter oder überflüssiger sind, weil ihre Gegenstände uns nahe liegen, und man wird vielleicht auch zugeben, dass nur der die Zustände des Auslandes recht verstehen kann, der die seiner Heimat wahrhaft begriffen hat." Diese beherzigenswerten Worte Heinrich Schurtzs[1]) bilden die beste Einleitung zu den nachfolgenden Betrachtungen, die gleichzeitig der Heimats- und Siedelungskunde gewidmet sein sollen.

Es ist eine der wichtigsten und dankbarsten Aufgaben der Anthropogeographie, die Lage und Entwickelung der menschlichen Ansiedelungen zu erklären, sie auf geographische Bedingungen zurückzuführen und die Ursachen zu ergründen, die ihr Gedeihen oder Nichtgedeihen veranlasst haben. Allgemein hat sich jetzt die Überzeugung Bahn gebrochen, dass die Zukunft eines Ortes in erster Linie von seiner natürlichen Lage abhängt, dass aber die Weltstellung allein nicht für die Entstehung einer Siedelung verantwortlich gemacht werden kann, da es gar viele von der Natur hochbegünstigte Gebiete giebt, die keine oder keine nennenswerten Städte aufweisen. Denn der Gang der Geschichte kann die Entfaltung eines Ortes in sehr verschiedenem Masse beeinflussen, je nachdem der Mensch den Vorteil der Naturgegebenheiten ausnutzt oder nicht. Wohl kann das Machtwort eines Herrschers eine Stadt an einer beliebigen, ja zur Niederlassung

---

[1]) H. Schurtz, Die Pässe des Erzgebirges. Leipzig 1891, S. 64.

2*

wenig ee neten Stelle entstehen lassen. Aber solche künstliche Schöpfungen sind selten von Bestand, so dass Kaiser Joseph II., als er von der Kaiserin Katharina zur Grundsteinlegung einer neuen Stadt eingeladen war, mit voller innerer Berechtigung sagen konnte: „Wir haben heute ein grosses Werk vollbracht: Meine Schwester Katharina hat den ersten Stein zu einer neuen Stadt gelegt, ich den letzten."[1] Wo dagegen die Gunst der natürlichen Verhältnisse den Menschen immer wieder auf eine bestimmte Stelle weist, dort blühten zu allen Zeiten Siedelungen auf und sind trotz aller Stürme unverwüstlich geblieben.

Das gilt auch von Leipzig, das wohl nie aus einem unbeachteten Fischerdörfchen eine Weltstadt geworden wäre, wenn ihm nicht von vornherein die Gunst der geographischen Lage zu Hilfe kam. Sie legte den Grundstein zu seiner Grösse in einer Zeit, wo alle menschlichen Verhältnisse viel mehr als heute von den natürlichen abhängig und durch sie bedingt waren. Weil aber die Lage nicht bloss den Lauf der Geschichte mit bestimmte, sondern auch durch den Gang der Geschichte selber gefördert wurde, so vermochte keiner der schweren Schicksalsschläge, die Leipzig heimsuchten, seine Kraft zu brechen. Bezeichnend sind die Worte, die General Seydlitz in der schweren Zeit des siebenjährigen Krieges an seinen Quartierwirt richtete: „Seien Sie getrost! Und wenn der König (Friedrich II.) das Pflaster von Leipzig aufreissen und sein Berlin damit pflastern liesse, er würde Leipzig den Segen nicht nehmen können, der alle diese Erpressungen in kurzem vergessen lassen wird."[2]

Somit ist jede Stadt etwas Werdendes oder Gewordenes und bietet vorwiegend das, was ihr in beschränkter oder umfassender Ausdehnung eigentümlich ist, und was Alter, Geschichte, Bürgersinn und geographische Lage aus ihr gemacht haben.[3] Suchen wir nun diesen sehr verschiedenartigen Faktoren für Leipzig nachzugehen und betrachten wir zuerst seine geographische Lage.

---

[1] W. Roscher, Betrachtungen über die geographische Lage der grossen Städte. Im Neuen Reich 1872 I. S. 226.

[2] A. Diezmann, Leipzig. Leipzig 1856, S. 84 — E. Kneschke, Leipzig seit 100 Jahren. Leipzig 1867, S. 14 — O. Moser, Chronik der Stadt Leipzig und ihrer Umgebung. Leipzig 1877, S. 734.

[3] H. Heller, Die Handelswege Innerdeutschlands im 16., 17. und 18. Jahrhundert und ihre Beziehungen zu Leipzig. Dresden 1884, S. 1 — Leipzig und seine Bauten. Herausgegeben von der Vereinigung Leipziger Architekten und Ingenieure. Leipzig 1892, S. III — A. Penck, Die geographische Lage von Wien. Vorträge des Vereins zur Verbreitung naturwissenschaftlicher Kenntnisse 35 (1895) Heft 18, S. 3—5 — F. Ratzel, Anthropogeographie, Stuttgart II. (1891) S. 472—497.

I.

Leipzig liegt 110—125 m über dem Meeresspiegel in einer weiten fruchtbaren Ebene, die, wie ein Blick vom Napoléonstein darthut, sich von Südost nach Nordwest ganz allmählich senkt und nicht allzuoft von sanften Erhebungen unterbrochen wird. Vornehmlich fallen die Hügelreihen bei Taucha und Plaussig, der Kirchhügel von St. Thekla und der 8 km lange, aber nur wenige hundert Meter breite Höhenzug ins Auge, der unter den Namen Rückmarsdorfer Sandberg, Wachberg und Bienitz bekannt ist. Diese Hügel, die aus der Ferne als einheitliche, dünenartige Ketten erscheinen, beim Näherkommen aber in reihenförmig angeordnete oder nebeneinander laufende Erhebungen aufgelöst erscheinen, sind so niedrig, dass sie zur Verschönerung der Umgebung wenig beitragen. Andererseits sind sie kein Hindernis des Verkehrs, und die Strassen führen geradlinig über sie hinweg.

Gar vielen will überhaupt die Leipziger Landschaft prosaisch, einförmig und wenig reizvoll erscheinen. Wer jedoch in seinen Ansprüchen bescheiden ist, der wird ihr eine gewisse Anmut nicht absprechen können, weil die Eintönigkeit der Oberflächengestaltung durch die Üppigkeit der Pflanzenhülle, den bunten Wechsel zwischen Feldern und Wiesen, Waldungen und Flussauen und durch zahlreiche Ortschaften wirkungsvoll ausgeglichen wird. Thatsächlich ist das Lob der freundlichen Umgebung Leipzigs oft gesungen worden, und als Papst Alexander V. seine Einwilligung zur Gründung der Leipziger Universität gab, hob er die anmutige Lage der schon damals berühmten Handelsstadt als einen besonderen Vorzug hervor.[1]

Aber eine gewisse Einförmigkeit bleibt der Gegend doch als Folgewirkung des geologischen Baues und des Mangels an anstehendem Gestein.[2] Zwar werden die Grauwacken-

---

[1] J. G. Schulz, Beschreibung der Stadt Leipzig. Leipzig 1783, S. 26, 27 — D. Frasch, Vertraute Briefe über den politischen und moralischen Zustand von Leipzig. Stendal 1787, S. 5—9, 185—192 — Neue Ansicht von Leipzig für Reisende von einem Reisenden. Leipzig 1799, S. 45 — J. G. Leonhardi, Neue Beschreibung von Leipzig. Leipzig 1806, S. 7, 8 — *r, Gemälde von Leipzig und seiner Umgegend. Leipzig 1823, S. 13, 23 — F. Stolle, Das neue Leipzig. Leipzig 1834, S. 5, 7 — E. A. Rommel, Heimatskunde von Leipzig. 2. Aufl. Leipzig 1870, S. 11—14 — O. Lungwitz, Die Heimatskunde und deren Pflege mit besonderer Berücksichtigung Leipzigs und seiner Umgebung. Realgymnasialprogramm Leipzig 1883, S. 12 — G. Wustmann, Aus Leipzigs Vergangenheit. Schriften des Vereins für Geschichte Leipzigs III (1885) S. 384 fg — H. Credner, Die geologischen Verhältnisse der Stadt Leipzig, in: Leipzig und seine Bauten S. 18.
[2] Über den geologischen Bau des Leipziger Bodens vergl.: H. Credner, a. a. O. S. 1—20 — H. Credner, Geologische Profile durch den Boden der Stadt Leipzig nebst erläuterndem Text: Der Boden der Stadt Leipzig. Leipzig 1883 — Sektion Leipzig der geologischen Spezialkarte des Königreichs Sachsen, nebst Erläuterungen. 1882 — B. v. Cotta, Deutschlands Boden, sein geologischer

schichten, die den Untergrund des Leipziger Bodens bilden, meist schon in geringer Tiefe angetroffen, doch erreichen sie nur in dem steil aufgerichteten Hügelzuge zwischen Lindenau und Gross-Zschocher die Erdoberfläche und sind sonst überall von lockeren Gesteins-, Sand-, Thon- und Erdmassen überdeckt. Wie der den paläozoischen Rücken durchquerende Karl Heine-Kanal erkennen lässt, folgen unmittelbar über der Grauwacke Konglomeratschichten vielleicht oberkarbonischen Alters, die vorwaltend aus Grauwacke- und Quarzitkonglomeraten bestehen, mit Sandsteinen wechsellagern oder in sie übergehen und wegen ihrer horizontalen Ablagerung erst nach Aufrichtung der stark gestörten Grauwackenbänke zum Absatze gelangten.

Seit der Ablagerung von Letten und Mergeln unbestimmten Alters (vielleicht oberer Zechstein) und wahrscheinlich marinen Ursprungs, die in einem Bohrloche am Berliner Bahnhof nachgewiesen wurden, blieb unser Gebiet lange geologische Zeiträume hindurch von jeder Meeresbedeckung verschont, sodass die nächsthöheren Schichten sofort mit dem Tertiär und zwar mit der Abteilung des Oligocäns einsetzen, während alle dazwischenliegenden Formationen vollständig fehlen. Das Oligocän besteht zu unterst aus Süsswasser- und Sumpfbildungen und birgt ein weit ausgedehntes, aber nicht zu Tage tretendes Braunkohlenflötz (untere Braunkohlenformation), das bei Machern und noch mehr in der Colditzer, Grimmaer und Bornaer Gegend abgebaut wird, während die bei Gautzsch und Gross-Städteln abgeteuften Schächte wegen der Ungunst der Verhältnisse wieder eingingen. Das untere Braunkohlenflötz fällt vom Plagwitzer Grauwackenrücken aus langsam in der Richtung nach Stötteritz ein und ruht hier auf einer 154 m mächtigen Unterlage aus Kaolinthon und scharfkörnigem Quarzsand, die offenbar die oberflächlichen Zersetzungsrückstände eines Quarzporphyrs, also eines vulkanischen Gesteins sind, das sich aus dem Porphyrgebiet von Beucha und Taucha, wo es in zahlreichen Steinbrüchen durch Tagbau gewonnen wird, unterirdisch bis hierher erstreckt.

Nach dem Absatze der untern Braunkohlenformation erfolgte eine Senkung, wodurch die Umgebung Leipzigs durch das von Norden hereinbrechende Meer überflutet und mit Meeresablagerungen, den Sanden und Thonen des Mittel- und Oberoligocäns, bedeckt wurde. Eine neue, im entgegengesetzten Sinne wirkende Niveauänderung legte das über-

Bau und dessen Einwirkung auf das Leben der Menschen. Leipzig 1854, S. 186. — F. Hofmann, Boden- und Untergrundsverhältnisse in Leipzig, in E. Hasse, Die Stadt Leipzig und ihre Umgebung, geographisch und statistisch beschrieben. Leipzig 1878, S. 8—12 — O. Lungwitz, a. a. O. S. 22—24 — A. Thiem, Grundwasserströme, in: Leipzig und seine Bauten S. 25—28.

schwemmte Gebiet wieder trocken, doch blieben ausgedehnte Sumpf- und Wasserflächen zurück, in denen sich die lichten Sande und Thone des Miocäns mit wenig mächtigen Braunkohleneinlagerungen (obere Braunkohlenformation) niederschlugen. Im Johannisthal, der alten städtischen Sandgrube, wurde ein solches Flötz zu Anfang des Jahrhunderts längere Zeit bergmännisch durch Schächte abgebaut. Noch vor dem Eindringen des nordischen Inlandeises bahnten sich auch Elster und Pleisse entweder als zwei getrennte Flüsse oder noch zu einem Strome vereinigt von Süden her ihren Lauf bis an die Leipziger Gegend und brachten mächtige Geröll-, Kies- und Sandmassen, die präglacialen oder pliocänen Elster- und Pleisseschotter, mit. Zugleich begannen sie durch Vertiefung ihres Bettes das einförmig-ebene Flachland mannigfach zu gliedern, bis sie sich beim Eintritt der Eiszeit über 30 m tief eingegraben und damit ungefähr ihr heutiges Niveau erreicht hatten. Die ebene Fläche, die sich von Stötteritz aus südöstlich über Liebertwolkwitz zieht, stellt die älteste, höchstgelegene Aue des alten Stromes dar, dessen mächtige Kiesablagerungen unter einer dünnen Decke von Geschiebelehm verhüllt sind und in zahlreichen Sandgruben abgebaut werden.

Nun brach die Eiszeit herein, deren Absätze sich in bemerkenswerter Weise von den früheren Ablagerungen unterscheiden. Vor allem liess das über ganz Norddeutschland sich ausbreitende Binneneis nach seinem Rückgange eine gewaltige Grundmoräne zurück, die vorwaltend aus Geschiebelehm, einem aus der Zermalmung der verschiedensten Gesteinsarten hervorgegangenen, sich rauh und kratzig anfühlenden Lehm, besteht und als eine bis zum Erzgebirge reichende Decke von wechselnder Mächtigkeit die unterlagernden Formationen verbirgt, soweit sie nicht selbst durch die Arbeit der Flüsse weggenagt oder durch Menschenhand abgeräumt ist. Stellenweise sind in diese Decke mehr oder minder mächtige Kies- und Sandablagerungen eingebettet, die das Schmelzwasser aus dem Material der Grundmoräne fortführte, je nach der Korngrösse sonderte und aufbereitete und schliesslich schichtenweise wieder absetzte. Ferner gehört hierher der namentlich in der Südvorstadt häufige Bänderthon, der eine deutlich wahrnehmbare Grenze zwischen den unterlagernden Flussschottern und dem auflagernden Geschiebelehm bildet. Auch stirnmoränenartige Rückzugsgebilde hat das abschmelzende Eis zurückgelassen: das sind die schon erwähnten flachgewölbten Decksandhügel, die bei Taucha und Rückmarsdorf der Geschiebelehmdecke aufgesetzt sind (vergl. S. 21). Sie sowohl wie die alte Grundmoräne bestehen lediglich aus nordischem Material, das

in wirrem Durcheinander mit zahllosen Gesteinskörnchen und
Splittern oder mit verschieden grossen abgeschliffenen und
abgerundeten Steintrümmern, den erratischen Blöcken, förmlich
durchspickt ist. Die erratischen Blöcke oder Findlinge stammen
nachweislich aus dem südlichen Skandinavien und sind, wie
ihre Anordnung und die Richtung der auf anstehendem Gestein
bei Taucha erkennbaren Gletscherschliffe darthut, mit dem In-
landeis von Norden nach Süden gewandert. Zu dem nordischen
Gesteinsmaterial gesellen sich aber noch andere Gerölle, die
unzweifelhaft dem Muldegebiet angehören. Jedenfalls sind
die viel weiter verbreiteten älteren (präglacialen) Elster- und
Pleisseschotter grundverschieden von den jüngern (altdiluvialen)
Schottern, die, weil beide Flüsse zur Eiszeit bereits ihr heutiges
Bett einnahmen, in ihrer Verbreitung auf die jetzige Elster-
und Pleissenaue beschränkt sind. Letztere zeigen ein buntes
Gemisch. von nordischen und südlichen Gesteinstrümmern, in
ersteren dagegen, die aus dem oberen Vogtlande und dem
Elstergebirge stammen, fehlen die Gesteine Skandinaviens und
des Muldegebietes vollständig.

Die Anwesenheit der Muldegerölle, die u. a. in der Nord-
und Nordostvorstadt fast bei jeder Grundgrabung blossgelegt
werden, beweist, dass jener Strom einst die Leipziger Niederung
durchfloss und zwar zu einer Zeit, wo sich das nordische In-
landeis bereits bis hierher erstreckte und sein Schmelzwasser
und Moränenmaterial mit den Gewässern und Geschieben der
Mulde vermischte. Demnach vereinigten sich einst bei Leipzig
drei Ströme, um im breiten Thalgrund der heutigen Elsteraue
an Schkeuditz vorbei der Saale zuzueilen, und man kann das
alte Muldebett stromaufwärts über Naunhof bis Grimma, also
bis zum jetzigen Muldelaufe verfolgen, der ehemals, statt sich
nach Norden fortzusetzen, westwärts in der Richtung nach
Leipzig umbog. In unserer Nachbarschaft ist der alte Strom-
lauf durch jüngere Auflagerungen verwischt, in der weiten
Ebene von Naunhof dagegen, die jetzt von der trägen, frosch-
gesegneten Parthe[1]) durchschnitten wird, ist er noch wohl
erkennbar. Ferner bewegt sich in dem verlassenen Bett noch
immer ein kräftiger Grundwasserstrom, der bei Naunhof gefasst
und durch die dortigen Wasserwerke der Stadt Leipzig zuge-
leitet wird.

Die heutigen Leipziger Flussniederungen, die zugleich die
tiefste und ebenste Fläche des ganzen Gebietes sind und sich
landschaftlich durch reichen Wechsel von Eichenwald und
Wiesengelände auszeichnen, werden von Alluvialbildungen er-

---

[1]) Die Parthe entspringt im Colditzer Wald, fliesst an Naunhof und Taucha
vorüber und mündet am Eingange des Leipziger Rosenthals in die Pleisse.

füllt. Zu unterst lagern Kiese und Sande, darüber folgt Aulehm, der aus dem Niederschlage der feinen Sinkstoffe des Wassers hervorging und durch die Flüsse zur Überschwemmungszeit weithin über die Aue ausgebreitet wurde. Er stellt einen äusserst fruchtbaren Ackerboden von 1—4 m Mächtigkeit dar, der zahlreiche stattliche Niederungsdörfer hat entstehen lassen (vergl. S. 30). Auf Aulehm liegen auch Leipzigs Gemüselieferanten, die Kohlgärten, und ebenso giebt er fast ausschliesslich das Material für die Ziegelbereitung.

So lässt der Leipziger Boden, wenngleich er seinen äusseren Umrissen nach eintönig erscheint, durch seinen inneren Bau eine abwechselungsvolle Entstehungsgeschichte erkennen [1]) und giebt für die Lage der Stadt und die wirtschaftlichen Verhältnisse ihrer Umgebung manchen beachtenswerten Fingerzeig an die Hand.

An fliessendem Wasser, das den Schmuck einer jeden Landschaft bildet, hat die Leipziger Gegend keinen Mangel, da sie, wie schon wiederholt angedeutet, von drei Flüssen, der alle andern Gewässer aufnehmenden und in die Saale mündenden Elster, der Pleisse, Parthe und vielen kleinen Bächen durchschnitten wird.

Die aus dem Elstergebirge kommende Elster und die oberhalb Werdau entspringende Pleisse fliessen in der Leipziger Aue vielverschlungenen Laufes ein gutes Stück nahe nebeneinander her und bilden dabei ein solches Gewirr von Nebenarmen und Altwässern, dass es selbst dem Ortskundigen schwer fällt, sich in dem verschieden benannten, zwischen Wald und Wiesen verlaufenden Gewässerlabyrinth zurechtzufinden. Beide Flüsse berühren den Westen Leipzigs, um sich endlich beim

---

[1]) Nach Hermann Credner ist die geologische Gliederung des Leipziger Bodens, kurz zusammengefasst, folgende (von unten nach oben zu lesen):

Alluvium { Aulehm,
Kies- und Sandablagerungen;

Diluvium { Decksand (rein nordisches Material, Rückzugsgebilde beim Abschmelzen des Inlandeises),
Geschiebemergel und Geschiebelehm (rein nordisches Material, Grundmoräne des Inlandeises),
Bänderthon (Absatz der Schmelzwassertrübe),
Altdiluviale Schotter der Mulde, Elster und Pleisse (gemischtes nordisches und südliches Material);

Tertiär { Pliocän: Präglaciale Elster- und Pleisseschotter,
Miocän: Obere Braunkohlenformation (mit kleinen Braunkohlenflötzchen),
Ober- und Mitteloligocän: Marine Sande und Thone,
Unteroligocän: Untere Braunkohlenformation (Hauptbraunkohlenflötz);

Oberkarbon;
Untersilurische Grauwackenformation.

Nachbardorfe Möckern zu vereinen und zwar ungefähr an der Stelle, wo die Elster aus ihrer alten Süd-Nordrichtung nach Westen umbiegt. In zwei Armen, in der eigentlichen Elster und der Luppe, durchmisst der Fluss die ausgedehnte Niederung, die einst dem vereinigten 'Elster- Pleisse- Muldestrom als Bett diente und sein Wasser in die Saale leitete.

Trotz ihres nicht übermässig langen Laufes sind Elster (195 km) und Pleisse (90 km) so fischreich, dass die Leipziger Fischer eine besondere zahlreiche Zunft bilden, die alljährlich ihr traditionelles Fischerstechen feiert. Ferner bestand auf beiden Flüssen vor Erbauung der Eisenbahnen bis in die Mitte des 19. Jahrhunderts hinein die Flösserei, wenngleich wegen der vielen kurzen Krümmungen nur kurzes Holz befördert werden konnte. Behufs ausgiebiger Holzzufuhr wurden Elster und Pleisse durch den Zwenkauer Flossgraben verbunden, worauf die Stämme auf einem jetzt verschütteten Kanal zum Flossplatz geleitet und dort aufgestapelt wurden. Um auch Lützen mit Holz zu versorgen, zweigte man im 16. Jahrhundert den Lützener Flossgraben ab, der unweit der Saale wieder in die Luppe mündet. Endlich wird die Elster von vielen Mühlen und Leipzigs industriellen Anlagen benutzt und scheint in Zukunft zur Speisung des Kanals berufen zu sein, der Leipzig mit der Elbe oder Saale verbinden soll.

Weniger angenehm ist die andere Eigenschaft der Flüsse, dass sie die Niederung alljährlich weithin unter Wasser setzen. Ihr früher sehr ausgedehntes Überschwemmungsgebiet ist allerdings durch Regulierungsarbeiten, Schutzdämme und Flutbetten wesentlich eingeschränkt worden, sodass die früher lästigen Fieber verschwanden und auf dem einstigen Überschwemmungsgebiet ganz neue Stadtteile emporwuchsen. Doch sind unliebsame Verkehrsstörungen noch immer nicht ausgeschlossen. Denn einmal fliesst das Hochwasser wegen des schwachen Gefälles der wenig geneigten Ebene nur sehr langsam ab, und dann ist die Aue vom Grundwasser und von zahlreichen Quellen wie ein Schwamm durchtränkt, obschon die Wasserfülle gegen früher beträchtlich abgenommen hat. Ein solches Quellennest, dessen Wasservorrat gesammelt und auf dem Wege über das Probstheidaer Wasserwerk der Stadt zugeführt wird, findet sich am Streitholze bei Connewitz. Ausserdem hat die übergrosse Durchfeuchtung des Untergrundes ausgedehnte Sümpfe hervorgerufen, die Leipzig auf drei Seiten umgeben und dicht an die Stadt herantreten. Der Brühl, dessen niederdeutsche Bezeichnung Pruel oder Briel soviel wie Morast bedeutet, war bis in den dreissigjährigen Krieg hinein ein solcher Sumpf und bildet zugleich die Scheide zwischen dem höher gelegenen trockenen Sandboden und dem tieferen, nassen Moorboden. Die Trockenlegung des Brühls, der tiefsten Stelle der ganzen Stadt, hat lange Zeit in Anspruch genommen, und fast alle Häuser des nördlichen Leipzigs und der Parthenaue, von den Bahnhöfen bis nach Schönefeld, ruhen auf starken Unterbauten oder auf Pfahlrosten.

Erklärlicherweise sind die Sümpfe und Überschwemmungen dem Klima nicht günstig. Aus den feuchten Wiesen steigen abends dichte Dünste auf, sodass ein reiner Sonnenuntergang in der Aue zu den Seltenheiten gehört. Ebenso waren die feuchten Fluren vor der umfassenden Flussregulierung die Heimstätten des Fiebers, das Leipzig zu einer der wenigst gesunden deutschen Städte machte. Namentlich die an die tiefgelegene Aue grenzende Westseite war wegen der Sumpfluft verrufen. Die fieberbringende Nachbarschaft der zeitweilig überschwemmten sumpfig-waldigen Elster- und Pleissenebene macht O. Kuntze mit für die immerhin hohen Sterblichkeitsziffern von $11{,}5$—$15{,}4\,^0/_{00}$ verantwortlich, die jährlich in den Niederungsdörfern von Gautzsch bis Wahren unter den Erwachsenen über 5 Jahren herrschen.[1]) Umgekehrt sind die höher liegenden Orte des Ostens und Nordens sehr gesund, und auch Wahren würde weniger zu leiden haben, wenn nicht die mit stehendem Wasser erfüllten Lehmgruben und die in der Nachbarschaft ausmündenden Leipziger Schleussenwässer die Luft verpesteten. Endlich sind die durchfeuchteten Fluren willkommene Brutherde zahlloser Mückenschwärme, die im Verein mit dem unvertilgbaren Knoblauch zu den unangenehmsten Plagen unserer Gegend gehören.[2])

Die Umgürtung mit Sümpfen, Abzugsgräben, Flussarmen und Überschwemmungsgebieten ist auf die Entwickelung

---

[1]) O. Kuntze, Zur Statistik und Kritik von Leipzig und 42 Vororten. Leipzig 1881, S. 22.

[2]) Über die Flüsse, Quellen und Sümpfe der Leipziger Umgebung vergl.: J. G. Schulz, a. a. O. S. 24, 25, 88 — *r, a. a. O. S. 12, 36—39 — C. Gretschel, Leipzig und seine Umgebungen. Leipzig 1828, S. 2, 3, 65 — Stolle, a. a. O. S. 9, 10 — Leipzig in seiner Vergangenheit und Gegenwart. Leipzig 1847, Seite 89 — L. Bechstein, Leipzig. Dresden (nach 1850) S. 22—24, 54 — H. Aster, Die Gefechte und Schlachten bei Leipzig im Oktober 1813. Dresden I. (1852) S. 15—23 — G. R. Bornemann, Leipzig und seine Bildungsanstalten. Leipzig 1865, S. 2 — Kneschke, a. a. O. S. 327 — Rommel, a. a. O. S. 19—21, 27 — F. Reppin, Bemerkungen über die alte Bodengestaltung Leipzigs. Schriften des Vereins für Geschichte Leipzigs I. (1872) S. 64, 65 — O. Mothes, Die Elsterniederung in der sogenannten vorhistorischen Zeit. Ebenda I. (1872) S. 221, 223 — H. Wuttke, Geschichte Leipzigs bis zum Ende des 13. Jahrhunderts. Ebenda I. (1872) S. 133 — F. Hofmann, in Hasse, a. a. O. S. 8, 9 — Lungwitz a. a. O. S. 21, 22 — A. Sach, Die deutsche Heimat. Halle 1885, S. 401, 402 — F. G. Hahn, Die Städte der norddeutschen Tiefebene in ihrer Beziehung zur Bodengestaltung. Forschungen zur deutschen Landes- und Volkskunde I. 3 (1885) S. 116 — H. Gruner, Beiträge zur Hydrologie der Weissen Elster. Mtlgn. V. f. Erdk. Leipzig 1891, S. 6—8.

Leipzigs nicht ohne Einfluss geblieben. Wegen der Seltenheit brauchbarer Übergänge bereiteten die zahllosen Flussverzweigungen und die starke Neigung der Niederung zur Sumpfund Lachenbildung dem friedlichen Verkehr und kriegerischen Unternehmungen früherer Zeiten ernstliche Schwierigkeiten oder machten die freie Verbindung auf dem schlammigen Untergrunde stellenweise ganz unmöglich. Aber eben um dieser ¡Nachteile willen besass Leipzig andrerseits den hoch erwünschten Vorteil des Schutzes und war als Festung oder als Rückhalt für eine sich verteidigende Armee wie geschaffen. Das galt namentlich von dem ursprünglichen Stadtkern, der, auf zwei Seiten umgeben und gesichert von einer langgestreckten morastigen Niederung, gleichsam die Spitze eines schmalen Dreiecks zwischen Pleisse und Parthe einnahm und gegen Ende des 12. Jahrhunderts einer der wichtigsten militärischen Plätze des deutsch-slavischen Grenzgebietes und zugleich der bequemste Übergangspunkt über jene beiden Flüsse war. Denn hier ist die Aue am schmalsten, indem sie zwischen Leipzig und Lindenau eine Einschnürung erleidet, die ein über fünf Flussarme und Gräben führender Dammweg überbrückt. Noch heute spielt sich auf ihm der Löwenanteil des Verkehrs zwischen Leipzig und Lindenau ab; aber noch wichtiger war er früher, als es keine Eisenbahnen und nur wenige Kunststrassen gab. Die bei Connewitz und Zwenkau im Süden, bei Schkeuditz im Nordwesten durch die Aue führenden Fahrwege waren wegen des Hochwassers nicht immer gangbar, noch weniger die durch die Niederung laufenden Fusssteige, die nur von kleineren Truppenabteilungen und meist bloss von Infanterie benutzt werden konnten. Somit stellte jener Dammweg auf einer langen Strecke in der ohnehin übergangsarmen Elster-Pleissenaue den einzigen nicht überfluteten und daher jederzeit verfügbaren Übergang dar, der natürlich eine ganz besondere Bedeutung erlangen musste, weil er den Verkehr auf diesen Punkt als auf den einzigen innerhalb eines weiten Gebietes hinwies. Kein Wunder, dass das Lindenauer Defilé ein hochwichtiges Stück der alten Frankfurter Heer- und Handelsstrasse war und 1813 beim Rückzuge der Franzosen aus Leipzig eine hervorragende Rolle spielte.[1]

Übrigens hat Leipzig in jedem Jahrhundert die Kriegsfurie unter seinen Mauern gesehen, und das Leipziger Blachfeld ist

---

[1] Geschichte und Beschreibung von Leipzig für Fremde und Reisende. Leipzig 1796 S. 9 — Aster a. a. O. S. 9—11, 18, 20 — Moser, a. a. O. S. 36 — O. Delitsch, Allgemeine geographische Lage, in Hasse, a. a. O. S. 11 — Hahn, a. a. O. S. 116, 117 — A. Simon, Die Verkehrsstrassen in Sachsen und ihr Einfluss auf die Städteentwicklung bis zum Jahre 1500. Forschungen zur deutschen Landes- und Volkskunde, VII. 2 (1892) S. 252.

überreich an blutigen Erinnerungen. Denn durch die Sicherheit der Lage bot die Stadt nicht bloss dem Verteidiger eine
vorzügliche Stellung, sondern die weiten welligen Ebenen
eigneten sich für alle Waffengattungen trefflich zur offenen
Feldschlacht, und die fruchtbare Umgebung, sowie der an
Hilfsquellen reiche Handelsplatz lockten aus allen Weltgegenden
die kriegführenden Heere an. Hier lief überdies eine ganze
Anzahl von Strassen zusammen, und die Truppen waren in ihren
Bewegungen damals genau so wie heute an das jeweilig vor-
handene Wegnetz gebunden. Im dreissigjährigen Kriege wurde
Leipzig sechsmal belagert und viermal erobert, während in
seiner Nähe bei Breitenfeld zwei weltgeschichtlich entscheidende
Schlachten zum Austrag kamen. Noch schwerer lastete der
siebenjährige Krieg auf der hart mitgenommenen Stadt, deren
Fluren durch die Freiheitskriege wiederum in eines der gewaltigsten Schlachtfelder Europas verwandelt wurden.[1]
       Glücklicherweise hat die Leipziger Gegend nicht bloss
den Kriegsgott angezogen, sondern dieselbe Gunst der natürlichen Verhältnisse, die sie zum Tummelplatze feindlicher
Heere machte, und dieselben Strassen, die bei allen kriegerischen Ereignissen ihren Knotenpunkt in Mitleidenschaft zogen,
lockten auch den friedlichen Verkehr, der Leipzigs Wohlstand
mächtig gefördert hat. Man kann sich vielleicht wundern, dass
die Pleissestadt ein blühender Stapelort ward, obgleich sie
fern von allen natürlichen Verkehrswegen, besonders von
schiffbaren Strömen, liegt und obgleich ihre nächste Umgebung den Zugang eher erschwert als erleichtert. Aber
einmal konnte sich der Handel in den früheren unruhigen
Zeiten nur in gut befestigten oder natürlich geschützten
Siedelungen gedeihlich entfalten, da sie ihm sichere Durch-
gangs- und Ruhepunkte boten, und dann war Leipzig das
Herz eines fruchtbaren Ackerbaubezirkes, der sich schon früh
dicht bevölkerte und sehr bald einen geschäftlichen Mittelpunkt brauchte. Der nur an wenigen Stellen von festem
Gestein durchbrochene Ackerboden des Flachlands ist trotz
seiner geringen Mächtigkeit durch die Kulturarbeit so ergiebig
gemacht worden, dass er reichliche Erträge abwirft und einer
dichten, auf zahlreiche Ortschaften verteilten Bevölkerung
Nahrung und Verdienst gewährt. Am stärksten besiedelt sind
die Ränder der breiten Flussauen, deren fetter, schwarzer
Humusboden eine überaus fruchtbare Ackererde abgiebt, die
den weitgehendsten Anbau gestattet und an der Pleisse, Parthe
und Elster, namentlich beiderseits der Luppe und unteren Elster,

---

[1] *r, a. a. O. S. 255 — Aster, a. a. O. S. 9 — Kneschke, a. a. O. S. 4
— Sach, a. a. O. S. 398, 399.

förmliche perlenschnurartige Reihen wohlhabender Ackerbau-
dörfer hervorgerufeṇ ̣hat. Ferner bedurfte ein so hoch ent-
wickeltes und stark bewohntes, aber fruchtarmes Industriegebiet
wie das Erzgebirge notwendig eines Platzes, wo es seine
Erzeugnisse absetzen und sich mit Nahrungsmitteln versorgen
konnte.

Allmählich ging Leipzigs Einfluss über die nähere
Nachbarschaft hinaus, dank der vorteilhaften Lage, die der
rasch aufblühende Platz für seine weitere Umgebung besass.
Das norddeutsche Tiefland entsendet drei grosse Buchten
tief in die deutsche Mittelgebirgszone hinein, und jede dieser
Buchten hat wegen ihrer Verkehrswichtigkeit eine Grossstadt
— Köln, Leipzig, Breslau — entstehen lassen. Leipzig steht
unter ihnen obenan, denn ein gütiges Geschick verlegte es in
den mittelsten der drei alten Meerbusen, in die sächsisch-
thüringische Tieflandsbucht, die das durch Erträgnis und
innere Reichtümer ganz anders geartete deutsche Oberland
mit dem deutschen Niederlande verbindet, während sie zugleich
zwischen dem in der Kultur fortschreitenden Industriegebiet des Westens und dem mit Naturschätzen reich aus-
gestatteten Ackerbaugebiet des Ostens vermittelt. Verschiedene
Ausstattung benachbarter Landschaften ruft aber stets wechsel-
seitige Beziehungen hervor, und die sächsisch-thüringische
Bucht schien durch ihre ausgezeichnete zentrale Lage von
vornherein zu einem hochbedeutsamen Sammler des menschen-
anhäufenden Verkehrs bestimmt zu sein, zumal in einer Zeit,
wo der politische Verband des Reiches noch fest und noch
keine Sonderung in einzelne Staaten und Verkehrsgebiete
eingetreten war. Wer aus Niederdeutschland möglichst zentral
nach Oberdeutschland gelangen wollte und auf leicht überschreit-
baren niedrigen Gebirgsübergängen (Fichtelgebirge, Frankenwald) zugleich zum Donau-, Main- und Rheinthal strebte,
wer über die Hochebenen des Vogtlandes das gesegnete
Böhmen aufsuchte oder die umgekehrten Wege aus dem
bergigen Süden in den ebenen Norden einschlug, wer endlich von Westen nach Osten wanderte, der musste unbedingt
die weit ausgreifende Tieflandsbucht passieren, die selbst den
Flug der Wandervögel beeinflusste. Wer kennt sie nicht,
die Leipziger Lerchen, die früher hier beim herbstlichen
Durchzug durch jene innerdeutsche Gebirgslücke massenweise
gefangen wurden! [1])

Fast eben so weit wie von den deutschen Meeren als
von den Alpen, von der Westgrenze als von der Ostgrenze

---

[1]) A. Kirchhoff, Über die Lagenverhältnisse der Stadt Halle. Mtlgn.
V. f. Erdkunde Halle 1877, S. 97.

entfernt, liegt nun Leipzig inmitten dieses Beckens auf Linien, die von der Rheinmündung nach Breslau, von der Odermündung über Berlin zum Bodensee, von Hamburg nach Wien, von Danzig nach Strassburg, von Frankfurt a. M. nach Frankfurt a. O. führen. Es ist gleich weit entfernt von Basel wie von Danzig, von Breslau wie von Frankfurt a. M., vom schlesischen wie vom westfälischen Industriebezirk, und wie die bequemsten Wege von der mittleren Elbe zum lebhaften Verkehrsbereich des Mains und Mittelrheins Leipzig berührten, so gelangten dorthin nicht minder die Handelszüge, die aus Schlesien und Böhmen nach Mittel- und Nordwestdeutschland gerichtet waren oder den Verkehr zwischen den deutschen Nordseestädten und dem Adriatischen Meere vermittelten. Somit reichte sich in der sächsisch-thüringischen Bucht und insbesondere in Leipzig der Handel aus den entgegengesetztesten Teilen Deutschlands die Hand und schuf hier einen natürlichen Knotenpunkt für eine ganze Reihe leicht zugänglicher und viel begangener Strassen, die, aus allen Himmelsrichtungen kommend und nach allen Richtungen gehend, von wichtigen Zielen ausliefen und nach wichtigen Zielen führten. Diese Vielseitigkeit der geographischen Bedingungen erklärt Leipzigs hohe Bedeutung für den kriegerischen und friedlichen Völkerverkehr und ist die Grundlage seiner zunehmenden Entfaltung gewesen.[1])

Man würde indess irren, wollte man aus dieser wahrhaft zentralen Lage, die um so schärfer hervortrat, als Deutschland und Österreich noch ein gemeinsames Reichs- und Bundesgebiet bildeten, einseitig nur eine Begünstigung Leipzigs ableiten. Im Gegenteil, es besass damals wie heute seine Nebenbuhler, da Halle, Erfurt, Naumburg, Zeitz und andere Städte der thüringisch-sächsischen Bucht wegen des Gewerbefleisses ihrer Bewohner und als Ruhepunkte des Durchgangsverkehrs ebenfalls eine einflussreiche Stellung im mittelalterlichen Handel einnahmen.[2]) Vor allem war das geographisch

[1]) F. G. Leonhardi, Geschichte und Beschreibung der Kreis- und Handelsstadt Leipzig nebst der umliegenden Gegend. Leipzig 1799, S. 286—297 — B. v. Cotta, a. a. O. S. 190 — W. Roscher, a. a. O. S. 239 — H. O. Zimmermann, Die kaiserlichen Privilegien der Leipziger Messen. Schriften des Vereins für Geschichte Leipzigs I. (1872) S. 86—97 — Delitsch und Hasse, in Hasse, a. a. O. S. 12, 17 — Kirchhoff, a. a. O. S. 96, 97, 99 — Heller, a. a. O. S. 50 fg. — A. Penck, Das Deutsche Reich, in Kirchhoffs Länderkunde von Europa II. (1887) S. 445, 452—454 — Sach, a. a. O. S. 397 — Simon, a. a. O. S. 252, 253 — W. Ule, Die Stadt Halle, ihre Lage und Entwickelung. Aus allen Weltteilen 1894, S. 202 — R. Buschick, Die Abhängigkeit der verschiedenen Bevölkerungsdichtigkeiten des Königreichs Sachsen von den geographischen Bedingungen. Wissenschaftl. Veröffentl. d. V. f. Erdk. Leipzig II. (1895) S. 18—23.
[2]) Zimmermann, a. a. O. S. 86 fg. — Heller, a. a. O. S. 5 fg. — Penck, a. a. O. S. 452.

und wirtschaftlich mannigfach bevorzugte Halle wegen der
Ergiebigkeit seiner seit uralter Zeit ausgebeuteten Salzquellen
und durch die zur Elbe führende Wasserstrasse der Saale das
Eingangsthor nach Thüringen und ein wichtiger Vermittelungs-
platz zwischen Slaven und Deutschen. Wohl besass es vor
der Flussregulierung wegen der Nachbarschaft der sumpfigen
Elstermündungen schwierigere Saaleübergänge und war auch
vom Gebirgsfusse zu weit entfernt, sodass Leipzig die aus dem
Süden kommenden Warenzüge leicht auffangen und an sich
ziehen konnte. Dafür fiel es aber als einzige Brückenstadt über
die Saale um so mehr ins Gewicht und ist noch jetzt ein gefährlicher Nachbar. Die unmittelbare Nähe reicher Braunkohlenlager, die teilweise die Stadt unterteufen, hat letztere zu einem
lebhaften Industrieplatze umgestaltet, dessen Universität mit der
Leipziger wetteifert. Dann hat Preussens Fürsorge die Grenzstadt
Halle zu einem überraschend schnell emporgeblühten Mittelpunkte eines siebenstrahligen Eisenbahnsternes und zu einem voll-
ebenbürtigen Konkurrenten für den Durchgangsverkehr zwischen
Ost- und Westdeutschland gemacht. Ist doch der von hier nach
Breslau führende Schienenstrang um 37 km kürzer als der geographisch natürlichere Weg über Leipzig, Dresden und Görlitz!
Um Halle die Überlegenheit der Wasserstrasse zu sichern,
sträubt sich der Nachbarstaat auch gegen alle Leipziger Kanal-
pläne, die auf eine unmittelbare Verbindung mit dem verkehrs-
reichsten deutschen Strome, der Elbe, abzielen.[1]

    Wenn Leipzig dennoch schon zu Beginn des 15. Jahr-
hunderts seine Nebenbuhler zu überflügeln vermochte, obwohl
sie unter günstigeren Verhältnissen arbeiteten, so ist das ein
glänzendes Zeugnis für die Thatkraft seiner Bürger, welche
die Weltstellung ihrer Stadt richtig erkannten und in ihren
Bestrebungen von den Landesherren verständnisvoll unterstützt
wurden. Bei allen Wirren dachten die Leipziger stets zuerst
an ihren Handel, den sie von fremden Einflüssen und Ein-
schränkungen frei zu machen und frei zu halten suchten.
Allein sie hätten doch keinen Erfolg haben können, wenn ihnen
nicht die Lage ihrer Stadt wirksam zu Hilfe gekommen wäre.

II.

Vor allem ist Leipzig durch seine Messen[2] gross und

[1] Kirchhoff, a. a. O. S. 88—103 — Ule, a. a. O. S. 199—212 — Hasse,
a. a. O. S. 12, 18 — Hahn, a. a O. S. 117 — Penck, a. a. O. S. 376, 377 —
Havestadt und Contag, Die Leipziger Kanalfrage. Leipzig 1893.
[2] Über die Entwickelung des Leipziger Handels und der Leipziger Messen
vergl. die bereits erwähnten Abhandlungen und Bücher von Schulz (S. 12—20,
351—381); Geschichte und Beschreibung von Leipzig (S. 6.); Neue Ansicht von
Leipzig (S. 40—43); Leonhardi, Geschichte u. s. w. (S. 23 fg., 32 fg., 41 fg.,
47, 55, 285 fg., 309—322); Leonhardi, Neue Beschreibung (S. 74), *r (S. 2—10,

berühmt geworden, die, aus einfachen Jahrmärkten hervorgegangen, sich bis ins 12. Jahrhundert zurückverfolgen lassen und
gegen Ende des 17. und 18. Jahrhunderts, sowie nach der
Gründung des deutschen Zollvereins ihre höchste Blüte erlebten.
Leipzig war bereits ein befestigter Ort[1]) und wegen seiner Lage
an der von Halle herüberführenden alten Salzstrasse ein reger
Salzmarkt, als Markgraf Otto der Reiche zwei Jahrmärkte,
einen Oster- und einen Michaelismarkt, einrichtete und den
Platz mit einem Marktbanne ausstattete, nach dem auf 1 Meile
im Umkreise kein anderer Markt abgehalten werden durfte.
Um den Handel, der an dem reichen Freiberger Silberbergbau
und dem Handelsgeist der schon damals vereinzelt im Lande
ansässigen Juden einen Rückhalt gefunden hatte, noch mehr
zu heben, versprach Markgraf Dietrich 100 Jahre später (1268)
den nach Leipzig kommen-den Kaufleuten und ihren Gütern
unbedingte Sicherheit selbst für den Fall, dass er mit ihren
Landesherren im Kriege läge. Dank dieser weisen Massnahme
begann der Handel immer mehr seine Strasse nach Leipzig
zu ziehen; aber noch spielten die reichen Nachbarorte Merseburg und Halle als Stapelplätze eine ungleich wichtigere Rolle.
Da verlor Halle in unglücklichen Fehden seine hervorragende
Handelsstellung, die es als ein Glied des mächtigen Hansa-
bundes schon lange besass, während Leipzig noch ein völlig
bedeutungsloser Flecken war, und eine durch Zufall entstandene
Feuersbrunst legte den alten Bischofssitz Merseburg in Asche.
Die meisten der dort ansässigen Kaufleute siedelten nach
Leipzig über, das nun sofort Verbindungen mit dem Osten

180, 255); Gretschel (S. 17, 23, 29, 33, 123 — 129); Leipzig in seiner Ver-
gangenheit und Gegenwart (S. 3—5, 130—132); Diezmann (S. 92—98);
Kneschke (S. 57, 164—292, 321, 328); Rommel (S. 69); Zimmermann
(S. 86—97); Moser (S. 14, 19, 32—36, 214—239, 419—436, 736, 759); Heller
(S. 4—72); Sach (S. 397—401); Penck (S. 446, 452 — 454); Simon
(S. 251—260). Ferner: Leipzig, ein Handbuch. Leipzig 1802, S. 102, 105—116,
199, 122—131 — Leipzig und seine Umgebungen mit Rücksicht auf ihr histo-
risches Interesse. Zeichnungen von Winkler und Verhas, Text von C. Ramshorn.
Braunschweig 1841, S. 112—114 — C. W. Hingst, Blicke in die früheste
Geschichte Leipzigs. Schriften des Vereins für Geschichte Leipzigs I. (1872)
S. 77—84 — E. Hasse, Geschichte der Leipziger Messen. Leipzig 1885 —
Gensel, Handel und Gewerbefleiss, in: Leipzig und seine Bauten S. 50—52 —
G. Wustmann, Aus der Baugeschichte. Ebenda S. 61, 62 — G. Wustmann,
Quellen zur Geschichte Leipzigs. Leipzig II. (1895) S. 54 — H. A. Daniel,
Deutschland nach seinen physischen und politischen Verhältnissen. Leipzig
II. (1895) S. 472—479 — Offizieller Katalog der Sächsisch-Thüringischen
Industrie- und Gewerbeausstellung zu Leipzig 1897, bearbeitet von H. Kleinpaul.
Leipzig 1897, S. VI—XIV — P. Lehmann, Länder- und Völkerkunde. Neudamm
1. (1898), S. 292—293.
   [1]) Ob Leipzig damals, den Angaben der Chroniken zufolge, 5— 6000
Einwohner gehabt hat, ist zweifelhaft. Manche sehen in 1—2000 Bewohnern
schon eine sehr hoch gegriffene Zahl.

und Süden anknüpfte und eine eigene Münze nebst Zoll- und Niederlagsgerechtsamen erhielt.

In der Folge blühte Leipzig immer mehr auf und muss als einflussreicher Handelsplatz sicherlich schon zu der Zeit in Aller Munde gewesen sein, als im Jahre 1409 eine grosse Anzahl deutscher Studenten und Professoren wegen ausgebrochener Zwistigkeiten aus dem goldenen Prag nach Leipzig wanderte und dort den Grund zu einer der ältesten deutschen Hochschulen legte. Man traute also dem betriebsamen Orte die für das Gedeihen einer jungen Musenstadt erforderliche Kraft zu, die auch der Hussitenkrieg nicht lahm zu legen vermochte. Vielmehr zog sich nach der Plünderung und Zerstörung Tauchas durch die Hussiten dessen Handel ebenfalls nach Leipzig und zwar so vollkommen, dass heute nur noch der als Volksfest gefeierte Tauchsche Jahrmarkt[1]) an die einstige Bedeutung des Nachbarstädtchens erinnert. Viel bedenklicher waren die Verheerungen der Pest, die gegen 8000 (?) Opfer wegraffte und aus Furcht vor Ansteckung die kaum gefestigten Verkehrsbeziehungen wieder zu vernichten drohte.[2]) Um die schweren Wunden zu heilen, die Krieg und Pest der Stadt geschlagen, und um ihr die Möglichkeit zu geben, die durch das Unglück angehäufte Schuldenlast zu tilgen, fügte Kurfürst Friedrich II. als neue Erwerbsquelle den bisher bestehenden Jahrmärkten 1458 noch einen dritten, den Neujahrsmarkt, hinzu, mit der Vergünstigung, dass alle diejenigen, die es wagen würden, ihre Waren an Leipzig vorbei nach Halle oder Merseburg zu schaffen, zeitlebens vom Besuche der Leipziger Märkte ausgeschlossen sein sollten.

1497 erfolgte endlich seitens des Kaisers Maximilian die erste kaiserliche Bestätigung aller drei Jahrmärkte, die nunmehr erst ihr örtliches Gewand abstreiften und als eigentliche oder Reichsmessen anerkannt wurden. Gleichzeitig erhielt die Stadt die weitgehendsten Stapelrechte, indem der Kaiser alle bisher zu Leipzigs Nachteil bestandenen Privilegien der Nachbarorte für ungiltig erklärte und ausdrücklich bestimmte, dass im Umkreise von 15 Meilen kein Markt oder keine Niederlage irgendwelcher Art gehalten werden durfte. Alle Waren, die jenen Bezirk berührten, mussten nach Leipzig gebracht werden und dort vor dem Weitertransport drei Tage lang zum Verkauf ausgestellt bleiben. Käufer und Verkäufer erhielten kaiserliches Geleit, und niemand durfte sie bei Strafe der Reichsacht in ihren

---

[1]) Nach G. Wustmann (Quellen II. S. 544—548) ist die seltsame Sitte des Tauchschen Jahrmarktes viel jünger, nämlich ein ausgearteter, auf Leipzig beschränkter Rest des Vergnügens, das die Leipziger ehemals bei einem wirklichen Besuche des Tauchaer Jahrmarktes hatten.

[2]) 1680 raffte die Pest in Leipzig wiederum 3200 Menschen weg.

Geschäften stören. Diese hochbedeutsamen Vergünstigungen, die in solchem Umfange keiner andern Stadt zu teil wurden, haben Leipzigs Ruf als Weltstadt überhaupt erst begründet. Dankbar hat man daher 1897 bei der 400jährigen Gedenkfeier der Leipziger Messen auch ihres Gründers gedacht und über dem Thorweg des neuen Kaufhauses das bronzene Standbild Kaiser Maximilians errichtet.

Die Leipziger waren sich der kostbaren Errungenschaften wohl bewusst, die ihnen das Übergewicht über alle ihre Nebenbuhler sicherten, und haben namentlich die heute kaum noch verständlichen Stapelrechte mit bewundernswerter Zähigkeit, freilich auch mit kleinlicher Eifersucht bis in die Mitte des 18. Jahrhunderts gegen die Messgelüste von mehr als 40 Städten verteidigt. So sehr pochten sie auf ihre Vorrechte, dass die natürlich vorgezeichneten Wege, wenn sie Leipzig nicht berührten, den geographischen Gegebenheiten zum Trotz über Leipzig gelegt werden mussten. Aus demselben Grunde widersetzte man sich hartnäckig der Elbe- und Oderschiffahrt, weil sonst die nur zu Lande erreichbaren Leipziger beim Durchgangsverkehr zu kurz gekommen wären. Dabei war die Wasserstrasse vor der Erbauung der Eisenbahnen der billigste, natürlichste und bequemste Weg; und obgleich man von Prag bis Hamburg auf der Elbe 48 Zollstätten passieren musste, so war der schlechtere, beschwerliche Landweg ungleich teurer. Hatte man doch noch 1834 für einen zweispännigen Mietwagen von Leipzig nach Dresden und zurück allein schon an Strassen-, Brücken- und Geleitsgeldern 6 Thaler zu erlegen.[1]

Anfangs ging Leipzig stets siegreich und neu gekräftigt aus dem erbitterten Ringen um die Handelsherrschaft hervor, und seine Bedeutung wuchs in demselben Masse als es durch die politische Entwickelung des Reiches in dessen Mittelpunkt rückte. Während Leipzig den Durchgangsverkehr nach dem deutschen Osten und dem slavischen Osteuropa vermittelte, pflegte Frankfurt a. M. den Handel mit Frankreich, und die Wichtigkeit jener beiden Brennpunkte des Durchgangsverkehrs, zu denen sich Breslau als natürlicher Haupthandelsplatz des Ostens hinzugesellte, regte zu innigerer Verbindung zwischen ihnen an. Die drei Städte waren gewissermassen die Hände, durch die der deutsche Handel mit dem Osten und Westen ging. So entstand die über die betriebsamen Städte Thüringens und der Lausitz führende Handelsstrasse, die seitdem die Hauptlinie für den gesamten deutschen Verkehr wurde und dem im Herzen des Reiches gelegenen Centralplatze Leipzig weitaus den meisten Nutzen brachte.

---

[1] Stolle, a. a. O. S. 95.

3*

Hervorgerufen durch den Handel und ihn wiederum
fördernd, entfaltete sich in Leipzig eine eigene Industrie und
ein blühendes Zunft-, Gilden- und Innungswesen. Von allen
Seiten strömten, wiederholt in grösserer Menge, Einwanderer
herbei, die der Stadt frisches Blut und neues Leben zuführten
und jedesmal einen Aufschwung der wirtschaftlichen Entwickelung anbahnten. Ein wesentlicher Gewinn war es, als
holländische Kaufleute und Gewerbetreibende, besonders Tuch-
weber, um des Glaubens willen und um den Bedrückungen der
Spanier zu entgehen, nach Leipzig kamen und ihre alten
Handelsbeziehungen, ihre erprobten Arbeiter und grosse
Kapitalien mitbrachten. Zu ihnen gesellten sich später französische Hugenotten, die als einen ganz neuen Erwerbszweig
die Seidenfabrikation einführten. Ferner siedelten sich zahlreiche Gewerbetreibende der verschiedensten Art an, sodass
sich der Manufakturwarenhandel immer mehr nach Leipzig zog,
das gleichzeitig ein wichtiges Absatzgebiet für die branden-
burgisch-preussische Wollweberei, die schlesische Leinenin-
dustrie, die damals unerreicht dastehende sächsische Gewerbethätigkeit und den erzgebirgischen Silberbergbau war. Einen
weiteren folgenschweren Fortschritt bahnte die Verlegung des
deutschen Buchhandels von Frankfurt a. M. nach Leipzig an,
wo er, weniger durch Censurbedrückungen beeinträchtigt, sich
eine bleibende Heimat sicherte und späterhin den grössten
Umfang in ganz Deutschland annahm. Nunmehr überflügelte
Leipzig auch die älteren Reichsmessen von Frankfurt a. M. und
wurde einer der bedeutendsten, wenn nicht der bedeutendste
deutsche Handelsplatz und Geldmarkt, dessen Messen europäischen Ruf genossen und damals wie heute das bunteste
Durcheinander der verschiedensten Völkerschaften sahen. An-
gesehene Fremde und die Landesherren wählten die lebhafte
Stadt gern zu längerem Aufenthalte, und der alte Iccander
pries sie (1725) begeistert als „die Mutter der Kamönen und
Musen unseres Sachsenlandes, den Ausbund aller civilité und
die Lehrmeisterin aller Sitten, die Perle der sächsischen Kauff-
mannschafft, die Nahrung der gantzen Handlung und das kleine
Meissner Rom.“[1]
Auf die Dauer konnte Leipzig sein Übergewicht jedoch
nicht behaupten. Als das politische Gesamtgefüge des heiligen
Römischen Reiches deutscher Nation immer lockerer ward,
sonderten sich dementsprechend auch die Verkehrsgebiete, und
überall erstanden neue Konkurrenten, unter denen namentlich
Berlin, Magdeburg und Breslau mit Erfolg gegen den alten Nebenbuhler ankämpften. Trotz aller Berufungen auf seine verbrieften

---

[1] Iccander, Das königliche Leipzig u. s. w. Leipzig 1725, S. 7.

Rechte wurde Leipzig entweder umgangen oder anderweit geschädigt, und das kräftig aufstrebende Preussen richtete zu Leipzigs Nachteil auf der Oder, Elbe und Saale einen durch Kanäle unterstützten regen Schiffsverkehr ein. Die alten Stapelrechte konnten ebenfalls nicht mehr streng aufrecht erhalten werden, weil sonst zu befürchten stand, dass die Nachbarstaaten Gleiches mit Gleichem vergelten würden. Der siebenjährige Krieg machte den veralteten Privilegien völlig ein Ende, wie er überhaupt Leipzig die schwersten Wunden geschlagen hat. Die Nachwirkungen des dreissigjährigen Krieges, der der Stadt 1070000 Thaler kostete,[1] vermochte sie durch geeignete Gegenmassregeln wieder wett zu machen. Im siebenjährigen Kriege[2] dagegen musste Leipzig mindestens 12 Millionen Thaler Kontribution zahlen, an deren Last es bis ins 19. Jahrhundert hinein zu tragen hatte, da bei einer Einwohnerzahl von etwa 25000 Seelen auf den Kopf 1400 Mark Kriegskosten kamen. Ferner mussten die Bürger drückende Einquartierungslasten auf sich laden, ganz abgesehen davon, dass ihre Zahl während des Krieges um 4000 Seelen zurückging und dass sie einen Teil des Durchgangsverkehrs verloren, der friedlichere Gegenden aufsuchte und die einmal eingeschlagenen Wege beibehielt, namentlich dann, als Schlesien endgiltig preussisch geworden war. Freilich verfiel Leipzig dank der unverwüstlichen Natur seiner Messen keineswegs, ja es erhielt 1772 sogar ein ganz neues Element, indem lästige Zollplackereien die aus dem Osten kommenden, vorwaltend jüdischen Kaufleute bewogen, die Messen von Frankfurt a. O. fortan nicht mehr zu besuchen, sondern sich nach Leipzig zu wenden, wo sie bisher nur vereinzelt waren und gern aufgenommen wurden. Denn sie brachten den Löwenanteil des russisch-polnischen Handels mit, und die aus ihm erzielten Einnahmen liessen die ungeheuren Summen, die der siebenjährige Krieg gekostet hatte, der Stadt zehnfach wieder zurückfliessen. Ferner blieb Leipzig nach wie vor das Handelscentrum Innerdeutschlands, zumal es im gewerbthätigen Erzgebirge und Vogtland einen Rückhalt besass, den ihm kein Gegner nehmen konnte. Obendrein kamen die Leipziger immer mehr zu der heilsamen Überzeugung, dass Freiheit die wahre Seele des Handels sei. In diesem Sinne wussten sie sich eine von Abgaben möglichst befreite Elbe- und Saaleschiffahrt dienstbar zu machen, die sie vordem so hartnäckig bekämpft hatten.

---

[1] Moser, a. a. O. S. 631—694.
[2] Leonhardi, Geschichte u. s. w. S. 78, 297—306 — Kneschke, a. a. O. S. 6—14 — Moser, a. a. O. S. 729—735 — E. Kroker in Wustmann, Quellen I. (1889) S. 346—422. II. S. 369—502.

Die Zeit der Napoléonischen Herrschaft und des sächsisch-französischen Bündnisses brachte Leipzig abwechselnd Nutzen und Schaden. Einen empfindlichen Stoss dagegen versetzte ihm der Wiener Kongress, der dreifünftel Sachsens an Preussen gab und die preussische Zollgrenze an drei Stellen so nahe an Leipzig heranrückte, dass letzteres eine Grenzstadt gegen Preussen wurde und seinen Handel solange gefährdet sah, als Sachsen mit dem Nachbar auf gespanntem Fusse blieb und dem deutschen Zollverein nicht beitrat. Kaum war dies aber 1834 geschehen, als die Leipziger Messen einen ungeahnten Aufschwung nahmen und durch die bald darauf ihren Siegeslauf antretenden Eisenbahnen nachdrücklich gefördert wurden. Die wachsende Vervollkommnung der Verkehrsmittel hat zwar späterhin die Wichtigkeit der Messen für den Welthandel erheblich eingeschränkt und namentlich die Neujahrsmesse sehr beeinträchtigt.[1]) Gegen früher haben die Messen überhaupt ihren Charakter wesentlich verändert und eine mehr börsenmässige Gestalt angenommen, indem die Verkäufer meist mit Musterlagern ankommen und Bestellungen aufnehmen. Leipzig hat der veränderten Bedeutung der Messen und den neuerdings von Berlin ausgehenden Versuchen, den Messverkehr dorthin zu ziehen, in richtiger Erkenntnis Rechnung getragen.

Schon mehrere Wochen vor dem Beginn der Messe werden umfassende Vorbereitungen getroffen. In den Gassen und auf den Plätzen ersteht eine zweite Stadt, die Budenstadt, und auf den Eisenbahnen kommen lange Güterzüge an, deren endlose Wagenreihen die Bahnhöfe oft kaum zu fassen vermögen. Viele Leipziger wandern aus, ohne jedoch die Stadt zu verlassen, indem sie alle verfügbaren Zimmer den erwarteten Messfremden einräumen und sich einstweilen mit den bescheidensten Stübchen begnügen. Die Fremden stellen sich allmählich zahlreicher ein und werden von den Bahnzügen namentlich an Messsonntagen haufenweis ausgeschüttet. Die Häuser der inneren Stadt in der sogenannten Messlage verwandeln sich bis hoch hinauf in Verkaufsstände, selbst die Hausflure werden vermietet, und die Durchgänge oder Hauswände bedecken sich mit Plakaten und Firmenschildern. Die Geschäfte beginnen, wobei der Grosshandel meist schon in der Vorwoche beendet ist, ehe überhaupt die eigentliche Messe eingeläutet und damit amtlich eröffnet wurde. Nur der

---

[1]) Doch sind der Buch-, Glas-, Leder- und Rauchwarenhandel und andere Handelszweige Leipzig treu geblieben, da bei manchen Warengattungen persönliche Aussprache oder eigene Anschauung in hohem Grade wünschenswert ist. Das gilt vor allem vom Pelzhandel, für den Leipzig neben London und Nischni Novgorod ein Hauptstapelplatz ist, weil es das Zurichten und Färben der Felle für die ganze Welt besorgt.

Pelzwaren- und Kleinhandel halten die ganze Messe über an, und am Schlusse der Ostermesse findet die Buchhändlermesse statt. Da man aber nicht bloss kaufen und verkaufen will, so ist auch für Kurzweil bestens gesorgt, und zwischen den Buden bewegt sich bis spät in die Nacht hinein ein buntes Jahrmarktstreiben.

Die Flut der zuströmenden Waren und Fremden wächst bis zu einer gewissen Höhe, um dann langsam wieder zu sinken. Leerer und stiller wird es, wenn die Zahlwoche zu Ende geht. Die Buden verschwinden, die verscheuchten Leipziger kommen aus ihren Verstecken wieder hervor und nehmen ihre alten Wohnsitze ein. Bald zeigt die Stadt ihr gewöhnliches Alltagsaussehen, und jeder geht wie früher seinen Geschäften nach.[1]

So ist Leipzig der ständige Kaufladen für Sachsens und Thüringens Industrie und für viele ausländische Erzeugnisse, während es andrerseits ein weites Gebiet mit Rohstoffen und Halbfabrikaten versorgt und namentlich mit Nordamerika in reger Verbindung steht. Nach Hamburg und Berlin ist es der wichtigste deutsche Handelsplatz, im Postverkehr nimmt es, unmittelbar hinter der Reichshauptstadt folgend, die zweite Stelle ein.[2] Aber Leipzig ist nicht allein eine Handelsstadt, obwohl der Handel den vierten Teil der Bevölkerung (108000 Seelen) ernährt; es ist wegen seiner bequemen Verbindungen mit dem Zwickauer Steinkohlengebiet, das die natürliche Grundlage seiner Gewerbethätigkeit bildet, auch der Sitz einer blühenden Grossindustrie, die sich seit der Gründung des Zollvereins namentlich in den Vororten nach den verschiedensten Richtungen hin mächtig entfaltet hat und wiederum als ein wirksamer Hebel auf Handel und Verkehr von Einfluss ist. 45 % der Bewohner Leipzigs und 57 % der in den umgebenden Ortschaften wohnenden Bevölkerung, insgesamt 216000 Menschen, leben von gewerblicher Thätigkeit, die sich vorwaltend auf chemische Industrieen, auf Maschinenfabrikation und das vielgestaltige Buchgewerbe (Buchdruck,

---

[1] Tableau von Leipzig (1784) S. 96—99 — Neue Ansicht von Leipzig S. 84—88 — Stolle, a. a. O. S. 106 — B. Senff, Buntes Leipzig. Leipzig 1842/43 Heft I. S. 42, Heft 4. Seite 27—32 — Bechstein, a. a. O. S. 36 — Diezmann, a. a. O. S. 99—101, 107, 108 — Rommel, a. a. O. S. 68, 69 — Daniel, a. a. O. S. 476 — W. Dietlein, Deutsches Land und Volk. Leipzig 1877 S. 145—147,

[2] 1897 betrug die Zahl der in Leipzig eingegangenen Briefsendungen 58 Millionen, der abgesandten 91 Millionen, der eingegangenen Packete 3 Millionen, der abgegangenen 5 4/5 Millionen. Im Postanweisungsdienst belief sich der Bargeldumsatz auf 290 Millionen Mark. An Zeitungen wurden 18 Millionen Stück evrsandt, während 1,2 Millionen Telegramme zur Annahme und Ausgabe gelangten.

Buchbinderei, Schriftgiesserei, Papierfabrikation u. s. w.) erstreckt.[1])

III.

In demselben Masse aber als Leipzig an Reichtum und Macht gewann, hat sich in naturgemässer Wechselwirkung sein äusseres Bild verändert und verschönt. Aus dem Slavendörfchen wurde eine deutsche Kolonie, aus der Kolonie ein Landstädtchen, aus diesem eine Handels- und Universitätsstadt und daraus endlich eine Grossstadt.[2]) Rostartig eingerammte Pfähle und andere Pfahlbaureste beweisen im Verein mit Steingeräten, die bei Reudnitz und in der Hainstrasse ausgegraben wurden, dass schon in vorgeschichtlicher Zeit Pfahlbaubewohner in der weithin versumpften Niederung ein ärmliches Dasein fristeten. In den ersten christlichen Jahrhunderten lebten dann deutsche Stämme, vielleicht Hermunduren,[3]) in jenem Gebiet, die sich allmählich westwärts über die Elbe und Saale zurückzogen, worauf der slavische Nachschub der Völkerwanderung die verlassenen Sitze einnahm. Sonst ist nicht viel über Leipzigs älteste

---

[1]) Lungwitz, a. a. O. S. 14 — Sach, a. a. O. S. 406 — P. Hirschfeld, Leipzigs Grossindustrie und Grosshandel in ihrer Kulturbedeutung. Leipzig 1887 — Penck, a. a. O. S. 446, 452—454 — Gensel, a. a. O. S. 53 — Daniel, a. a. O. S. 472—479 — Kleinpaul, a. a. O. S. V, X—XIV — Lehmann, a. a. O. S. 293.

[2]) Den nachfolgenden Betrachtungen liegen zu Grunde die bereits erwähnten Werke und Abhandlungen von Iccander; J. G. Schulz; D. Prasch; Tableau von Leipzig; Geschichte und Beschreibung von Leipzig; Neue Ansicht von Leipzig; Leonhardi, Geschichte und Beschreibung; Leonhardi, Neue Beschreibung; Leipzig, ein Handbuch; Gretschel; Stolle; *r; Ramshorn; Bechstein; Leipzig in seiner Vergangenheit und Gegenwart; Diezmann; Bornemann; Kneschke; Rommel; Wuttke; Hingst; Mothes; Hasse, Die Stadt Leipzig; Moser; Lungwitz; Sach; Leipzig und seine Bauten; Wustmann, Aus Leipzigs Vergangenheit; Wustmann, Quellen. Ferner: G. Wustmann, Der Leipziger Baumeister Hieronymus Lotter. Gymnasialprogramm, Leipzig 1875 — G. Wustmann, Nachlese zu dem Leben des Leipziger Baumeisters Hieronymus Lotter. Schriften des Vereins für Geschichte Leipzigs II. (1878) S. 45—61 — G. Wustmann, Leipzig durch drei Jahrhunderte. Leipzig 1890 — G. Wustmann, Bilderbuch aus der Geschichte der Stadt Leipzig. Leipzig 1897 — Romantische Gemälde von Leipzig. 24 Bilder von K. B. Schwarz. Leipzig 1804 — J. Ch. Dolz, Versuch einer Geschichte Leipzigs. Leipzig 1818 (enthält reichliche Litteraturnachweise) — Leipzig und seine Umgebungen. Leipzig 1828 — G. C. Claudius, Leipzig, ein Handbuch. Leipzig 1792 — K. Grosse, Chronik der Stadt Leipzig. Leipzig 1839 — E. Sparfeld, Chronik von Leipzig 1848 — E. Hasse, Statistische Wanderungen durch Leipzig. Leipzig 1876 — Leipzig und seine Universität vor 100 Jahren. Aus den gleichzeitigen Aufzeichnungen eines Leipziger Studenten. Leipzig 1879.

[3]) Bei Markranstädt wurde ein Gerippe nebst verschiedenen Geräten, darunter eine Vase römischer Arbeit und zwei Schalen mit eingeritzten griechischen Inschriften, blossgelegt. Da die Hermunduren mit den Römern Handel trieben, erklären sich diese Funde. Ferner deckte man bei Gross-Dalzig ein Grab mit einem aufrecht sitzenden Skelett auf, was für einen nichtslavischen Stamm spricht, indem die später hier ansässigen Wenden ihre Toten zu verbrennen pflegten. (Moser, a. a. O. S. 5, 6.)

Vergangenheit bekannt; doch steht fest, dass die Stadt viel
jünger ist als Halle, das wahrscheinlich eine uralte keltische
Niederlassung aus vorchristlicher und vorgermanischer Zeit
darstellt. Andreas Goldmayr, ein Nürnberger Dichter des
16. Jahrhunderts, will zwar aus astrologischen Berechnungen
nachgewiesen haben, dass Leipzig 41 Minuten nach 1 Uhr
am Sonntag Vormittag, den 16. April des Jahres 551 gegründet
sei. Doch thut man gut, sich mit weniger genauen Angaben
zu begnügen und zu sagen, dass Leipzig der Überlieferung
zufolge ein armseliges Fischerdorf war, das wendisch-sorbische
Slaven in den Anfangsjahrhunderten des Mittelalters am Zu-
sammenflusse der Pleisse und Parthe anlegten, wo sie inmitten
der Moräste und Wälder willkommenen Schutz und ergiebigen
Fischfang fanden. Der Name jenes Dorfes geht jedenfalls
auf die Grundform Lipz, von lipa Linde, zurück. Leipzig
heisst somit Lindenplatz oder Lindicht und bedeutet dasselbe
wie die böhmische Stadt Leipa.[1]) Die Linde scheint in der
ganzen Umgebung sehr häufig gewesen zu sein; das lassen
wenigstens die mit dem Worte Linden beginnenden Dörfer
vermuten, z. B. Lindenau, Lindennaundorf, Lindenthal, Linden-
hain, Lindhardt. Von der Form Lipz gab es wohl zwanzig
verschiedene Schreibarten, die unsicher hin- und herschwank-
ten, bis sich nach der Reformation die jetzige Schreibweise
einbürgerte. Ausser Leipzig waren noch viele andere Wenden-
dörfer in der Ebene zerstreut, z. B. Stötteritz und Connewitz
(Holzplatz), bei denen man slavische Urnenlager und Begräbnis-
plätze aufgedeckt hat, Zschocher (Hinter dem Berge), Gautzsch,
Eutritzsch, Reudnitz, Gohlis, Leutzsch, Neutzsch u. s. w. Auch
der Name des kleinen Rietschkebaches (von rijeka Fluss) ist
slavischen Ursprunges.

In den langen erbitterten Kämpfen, die zwischen den wieder-
vordringenden Deutschen und den sich kräftig wehrenden
Slaven entbrannten, wurde Leipzig von ersteren befestigt und
vom König Heinrich dem Vogelsteller zum Schutze des umgebenden Landes und der neu angesiedelten deutschen Kolonisten mit einer Burg, der alten Burg,[2]) versehen. Trotzdem
die Slaven mit eiserner Faust niedergehalten und geknechtet
wurden, bestand das alte wendische Fischerdorf noch lange neben
der jungen deutschen Kolonie, und wendische Sprache und
Sitte blieben bis zum Jahre 1327 bestehen, wo das Deutschtum

---

[1]) Ob der von Ptolemäus erwähnte, seiner Lage nach aber nicht näher
bestimmte germanische Ort Lupfurdum auf Leipzig zu beziehen sei, muss sehr
dahingestellt bleiben. Andere meinen, dass der Name Leipzig mit Lippe oder Luppe
zusammenhängt und dass die Linde erst später in unser Gebiet verpflanzt wurde.
[2]) Sie lag am Eingange der heutigen Pfaffendorfer Strasse, unweit des alten
Theaters.

soweit erstarkt war, dass die slavische Sprache abgeschafft und ihr Gebrauch vor Gericht streng verboten wurde. Die slavische Siedelung ging dann allmählich im deutschen Orte auf. Unter dem Schutze der alten Burg breitete sich Leipzig rasch aus, sodass es 1015 zum ersten Male sicher als Stadt erwähnt und urbs genannt wird. Es muss also schon ein ansehnlicher Platz gewesen sein, zwar keine Stadt, keine urbs im modernen Sinne, wohl aber ein mit Wall und Graben befestigter Ort,[1]) der nach mannigfachen Wechselfällen 1134 durch Erteilung einer Verfassung zur Stadt erhoben wurde. Bei einem Aufstande ward die alte Burg zerstört, aber an ihrer Stelle entstanden im Einklange mit der· damaligen Dreiecksgestalt Leipzigs drei andere kleine Zwingburgen, durch die Dietrich der Bedrängte die widerspenstige Bürgerschaft vorübergehend im Zaume hielt.[2])

Wenn auch die Einwohner regen Salzhandel trieben (vergl. S. 33). so verdienten sie sich ihren Unterhalt vorzugsweise als Ackerbürger. Man rodete den Urwald ab, um den fruchtbaren Boden dem Feldbau dienstbar zu machen, und das Leben war so billig, dass, allerdings unter Berücksichtigung des früher höheren Geldwertes, eine Mandel Eier oder 8 Heringe 1 Pfennig, ein Huhn 2 Pfennige und ein Scheffel Korn 22 Pfennige kosteten. Erklärlicherweise trug auch die Stadt ein durchaus landwirtschaftliches Gepräge. Die Nikolaikirche, die samt ihrer nächsten Umgebung den alten Stadtkern ausmachte, war von stattlichen Gehöften umrahmt, auf dem Boden der heutigen Universität standen einige ländliche Vorwerke, und in den Nebengassen wohnten die Handwerker in kleinen Miethäusern. Die nach dem Brühl zu gelegene Fläche trug noch dichten Wald, der Brühl selbst war ein Sumpf.

Als der Handel im 14. Jahrhundert eine Stätte in Leipzig zu finden begann, wurde der Ort immer mehr erweitert, namentlich nach dem Morastgrunde des Brühls hin, worauf die Stadt statt ihrer bisherigen Dreiecksgestalt einen mehr viereckigen Umriss annahm und mit starken Festungswerken, Wällen, vorspringenden Basteien und breiten tiefen Gräben umgeben ward. Die von Türmen flankierte Mauer sperrte die eigentliche oder innere Stadt von ihren Vorstädten ab, aber es dauerte noch

---

[1]) Er besass als ältestes Leipziger Gotteshaus die Nikolaikirche. Die von schottischen Mönchen schon früh auf dem jetzigen Naundörfchen, der alten Schottengasse, errichtete St. Jakobskapelle oder Schottenkirche ist wieder verschwunden.

[2]) Sie lagen am Grimmaischen Thore, in der Gegend der Matthäikirche und unweit der Pleissenburg, doch hat sich nur die letztere unter wiederholten Ortsveränderungen und Umbauten bis 1897 erhalten. An Stelle der beiden anderen entstanden späterhin das Paulinum und die Matthäikirche.

lange, ehe Leipzigs ländlicher Charakter gänzlich verwischt wurde. Selbst zu einer Zeit, in der Handel und Gewerbe bereits in Blüte standen, waren viele reiche Leute Landwirte und Handelsherren zugleich, und die bekannten Leipziger Höfe waren noch im 15. Jahrhundert geräumige, mit Wohnhäusern, Scheunen, Ställen, anschliessenden Feldern und Nutzgärten versehene Mittelpunkte landwirtschaftlicher Thätigkeit.

Nachdem die Reformation trotz vielfacher Schwierigkeiten und Verfolgungen auch in Leipzig Fuss gefasst hatte, wurden die früheren Ordensklöster in städtische Gebäude umgewandelt. Ferner liess Herzog Moritz die Pleissenburg in stattlicher Pracht an ihrer bis vor kurzem innegehabten Stelle neu aufbauen. Die Arbeiten leitete der aus Nürnberg stammende Bürgermeister Hieronymus Lotter, der zugleich einer der tüchtigsten Bauherren seiner Zeit war und die ihm anvertraute Stadt mit zum Teil noch jetzt vorhandenen, eng mit seinem Namen verbundenen Bauwerken schmückte. Ihm verdankt man vor allem den Bau des Rathauses.[1])

Im übrigen machte die Stadt mit ihren Vorstädten bis ins 19. Jahrhundert hinein einen Eindruck, der ihrem berühmten Namen wenig entsprach. Die niedrigen Häuser, deren nach vorn gerückte Giebel mancherlei Verzierungen und plumpe Schnörkel trugen, waren vielfach aus Holz erbaut und mit Schindeln gedeckt und glichen in den Vorstädten geradezu armseligen Hütten. Neben dem besten Hause und in der besten Strasse standen unansehnliche Hüttchen, sodass der Mischmasch grosser und kleiner, stattlicher und unscheinbarer Baulichkeiten ein bunt zusammengewürfeltes Strassenbild gewährte. Der Grund liegt darin, dass Leipzig in jedem Jahrhundert unter schweren Kriegsnöten zu leiden hatte und deshalb mit seinen Mitteln möglichst sparsam und haushälterisch umgehen musste. Alle älteren öffentlichen Gebäude spiegeln diese Zwangslage unverkennbar wider, und wenn auch einzelne kunstsinnige Bürger auf ihre Kosten eine Anzahl mehr oder minder gefälliger Gebäude aufführen liessen, so konnte sich die „fürnehm Lindenstadt" an künstlerischem Schmucke nie mit der gediegenen Pracht der süddeutschen Handelsstädte oder dem vornehmen Luxus der kleinen Residenzen messen.[2])

Schon früh bürgerte sich in Leipzig die geschlossene enge

---

[1]) Die Gewölbe des Rathauses lagen damals in gleichem Niveau mit dem Markte, während Stufen zum mittleren Durchgange führten. Späterhin wurde der Boden durch Aufschüttungen so erhöht, dass man jetzt in die Läden hinabsteigen muss, während der Durchgang in gleicher Höhe mit dem Markte liegt. Vergl. Reppin, a. a. O.

[2]) Zwei interessante Stadtbeschreibungen Leipzigs aus dem 16. Jahrhundert veröffentlicht G. Wustmann, Quellen I, S. 3—34.

Bauweise ein und gab zur Entstehung von Höfen, Durchhäusern und Durchgängen Anlass, die wohl in keiner Stadt so eigenartig ausgebildet sind wie hier. Einmal war die Messvermietung eine Haupteinnahmequelle für die Bevölkerung, dann wurde das verfügbare Bauareal durch die sumpfige Umgebung, das Überschwemmungsgebiet der Flüsse, den Kranz der Vorstädte und die Umwallung beschränkt. Um den Raum möglichst auszunutzen, war man daher bestrebt, bei geringer Strassenbreite möglichst tiefe Grundstücke zu errichten, die gleichzeitig die Anlage von Verkaufsständen gestatteten und als Strassen für den Durchgangsverkehr freigegeben waren. So entstanden die oft genannten Leipziger Höfe, die mit ihren ungeheuer erscheinenden Gebäuden und den schmalen hochumbauten Durchgängen einen tiefen Eindruck auf den jungen Goethe machten, sodass er sie mit kleinen Burgen und Halbstädten verglich. Unter ihnen, die bald die Glanz- und Sammelpunkte des Messverkehrs wurden, stand Auerbachs Hof obenan. Er wurde als Leipzig in Leipzig, als Leipzigs Herz oder als Klein-Leipzig gefeiert, alle kostbaren Luxus- und Modewaren strömten in ihm zusammen, und in ihm erging sich, wie auf den Promenaden, zu bestimmten Tagesstunden die vornehme Welt.

Ein Ereignis, das durch eine silberne Erinnerungsmünze verewigt wurde, war die Einführung der Strassenbeleuchtung. Am Weihnachtsabend des Jahres 1701 brannten zum ersten Male 700 Laternen mit Öllämpchen, die auf schwarzen Pfählen, an den Hauswänden oder an Ketten über den Strassen angebracht waren. Die Ölbeleuchtung blieb in vollem Umfange bis 1838 bestehen, worauf die in der städtischen Sandgrube vor dem Halleschen Thore erbaute Gasanstalt die Gasversorgung übernahm.

Immer mehr war man auch auf die Verschönerung der Stadt bedacht. Die kriegerischen Ereignisse hatten gelehrt. dass die Befestigungen ihren Zweck nicht mehr erfüllten, und es wurde deshalb beschlossen, die wertlosen Hindernisse nach und nach zu beseitigen und sie gemeinnützigen Interessen dienstbar zu machen. Die Bemühungen, Leipzig ein heiteres Aussehen zu geben, begannen vor allem nach dem siebenjährigen Kriege, und mit ihnen ist der Name des Bürgermeisters Dr. Karl Wilhelm Müller eng verbunden, der als Förderer alles Guten und Schönen eine segensreiche Verwaltungsthätigkeit entfaltet hat.[1]) Er erneuerte in Leipzig das kirchliche Leben und führte eine tiefgreifende Verbesserung der arg vernachlässigten Schulverhältnisse durch; sein Hauptwerk

---

[1]) Müllers einfaches Denkmal steht in den Parkanlagen gegenüber dem Magdeburger Bahnhofe.

aber, das eine völlige Veränderung des Stadtbildes zur Folge hatte, waren die Leipziger Promenaden.

Allerdings führten um das Weichbild der Stadt schon im 17. Jahrhundert Alleen, die mit Weiden, Linden und Maulbeerbäumen [1]) bepflanzt waren. Doch konnte man sie nicht gerade schön nennen, und die fleissig um die Thore wandernden Bürger hatten unter dem Staube und den aus dem fauligen Wasser des versumpften Festungsgrabens aufsteigenden Gerüchen mancherlei zu leiden. Bei seinen Neuerungen liess Dr. Müller die festen Basteien noch bestehen. Dagegen wurden sämtliche Schanzen abgetragen, und das gewonnene Erdreich diente zur Ausfüllung der übelriechenden Gräben. In dem Raume zwischen der innern und äussern Festungsmauer, dem sogenannten Zwinger, entstanden Häuser, Gärten und Strassen. Nur an einer Stelle, am Schwanenteiche, wurde der alte Wallgraben offen gelassen, sonst wurde er überall zugeschüttet und mit Alleen, Anlagen und Gärten bedeckt. Das belebteste, aber auch staubigste und wenigst angenehme Stück war die Strecke zwischen der Thomas- und Barfüsserpforte, auf die sich die vornehme Welt Jahrzehnte lang beschränkte. Von dem bunten Leben und Treiben, das sich hier zu bestimmten Zeiten entfaltete, schrieb der Student Goethe in sarkastischer Weise: „Da bin ich nun in Leipzig, ist mir sonderbar worden beim Nähern und kann nicht sagen, wie sich mein Erdgeruch und Erdgefühl gegen die schwarz-, grau-, steifröckige, krummbeinige, perrückenbeklebte, degenschwänzliche Magisters, gegen die feiertagsberockte, altmodische, schlanklige, vieldünkelige Studentenbuben, gegen die zankende, krieselnde, schnäbelnde und schwämelnde Mägdlein und gegen die strotzliche, schwänzliche und finzliche Jungemägde ausnimmt, welcher Greuel mir alle heut um die Thore entgegnet sind." Beim Promenieren konnte man auch leicht erfahren, welche Dame französisch sprach, da diese Sprache sehr laut gesprochen zu werden pflegte, während man deutsch, weil es nichts Seltenes war, heimlich redete.

Mit dem zunehmenden Wohlstande hatte nämlich das französische Wesen auch in Leipzig seinen Einzug gehalten, das, angesteckt durch den in Deutschland herrschenden Geist, immer mehr darnach trachtete, ein „Klein-Paris" zu werden.

---

[1]) Die Maulbeerbäume wurden 1670 vom Kaufmann Daniel Kraft in Leipzig eingebürgert, der auch die erste Seidenmanufaktur errichtete und die Rohseide durch Seidenraupenzucht selbst gewinnen wollte. Die Bäume erhielten sich auf den Promenaden und in den grossen Plantagen zwischen dem Grimmaischen und Peterthore über 100 Jahre und fielen so sehr ins Auge, dass Goethe Leipzig geradezu eine Maulbeerbaumstadt nannte. In dem strengen Winter des Jahres 1780 erfroren indess die Maulbeerbäume, und ihre Anpflanzung wurde seitdem aufgegeben.

Hohle Vornehmthuerei, Kastengeist, Geldstolz, Eigendünkel,
übertriebener Hang zu Luxus und Pracht rissen unter den verschiedenen Ständen ein, unter denen das Geld dem Handels-
stande die bevorzugteste Stellung einräumte. Das war die
Blütezeit der Schmähschriftenlitteratur, die vornehmlich in
den 80er Jahren des 18. Jahrhunderts üppig wucherte. Leipzig
erhielt den wenig schmeichelhaften Beinamen eines Paradieses
der Thoren und hohlen Köpfe, und die Leipziger Zustände
wurden mit beissendem Spott gegeisselt.[1]

Das Gegenstück zu den öffentlichen Promenaden bildeten
die zahlreichen weitläuftigen Gärten, die wie ein Kranz die
Stadt umgaben und von den Bürgern mit grossem Eifer und
Geldaufwand gepflegt wurden. Ursprünglich hatten sich
wohlhabende Familien vor den Festungsmauern kleine Nutz-
oder Ziergärten mit einfachen Häuschen angelegt. Als aber
die Gartenkunst einen sichtlichen Aufschwung nahm, entstanden
jene sehr verschiedenartigen Anlagen, die als eine vielgerühmte
Zierde der Stadt in den damaligen Adressbüchern und Reise-
führern unter die hervorragendsten Sehenswürdigkeiten gerechnet wurden und Leipzig in den beneidenswerten Ruf
brachten, eine der grössten deutschen Gartenstädte zu sein.[2]

---

[1] Derartige Schmähschriften über Leipzig sind z. B. das Tableau von
Leipzig (1784), Leipzig im Profil (1799) und vor allem Detlev Praschens Ver-
traute Briefe über den politischen und moralischen Zustand von Leipzig (1787).
Das Buch dieses Verfassers, dessen richtiger Name Degenhard Pott lautete, wurde
konfisziert und noch in demselben Jahre von einem Anonymus (Beilage zu Praschens
Vertrauten Briefen) scharf widerlegt. Doch hat man ihm nur sehr starke Über-
treibungen, keine thatsächlichen Unwahrheiten nachweisen können, sodass das
Buch eine immerhin wichtige Quelle zur Sittengeschichte darstellt. Vergl.
G. Wustmann, Cramers Ode auf Leipzig. Schriften des Vereins für Geschichte
Leipzigs II. (1878) S. 167 — G. Wustmann, Aus Leipzigs Vergangenheit
S. 236—249, 381—383.

[2] Am meisten bewundert und verherrlicht wurde Reichels Garten, der die
Gestalt eines ausgebreiteten Fächers besass und füglich als eine kleine Vorstadt
gelten konnte. Die Dorotheenstrasse führt jetzt mitten durch sein ehemaliges
Gebiet, an das unmittelbar der nicht minder gefeierte Klein-Bosische Garten
anstiess, der heute von der Promenadenstrasse durchschnitten wird. Der Gross-
Bosische Garten nahm den weiten Raum zwischen dem Grimmaischen Thore
und dem Johannisthal ein. Letzteres war ursprünglich eine bis zum Rossplatz
reichende Sandgrube, die später aufgelassen und, soweit sie nicht in den Be-
bauungsplan fiel, mit mehreren Hunderten kleiner Gärtchen ausgefüllt wurde.
Erwähnenswert ist ferner Löhrs Garten, den der gleichnamige Besitzer aus einem
Morast herstellen liess, um seinen durch den siebenjährigen Krieg verarmten
Mitbürgern Gelegenheit zum Verdienst zu geben. Bekannt und als Gemüselieferanten wichtig waren endlich die Kohlgärten im Gebiete von Reudnitz und
Volkmarsdorf. Der Nachbarort Stötteritz trieb bis in die vierziger Jahre hinein
ausgedehnten Tabaksbau, und an der Stelle des heutigen Napoléonsteins stand
die in der Völkerschlacht abgebrannte Quandt'sche Tabaksmühle.

Eine wertvolle und willkommene Ergänzung fanden die Promenaden und
Gärten im Rosenthal, einer mit dichter Eichenholzung bedeckten Aue, die lange
Zeit ein blosser Nutz- und Wirtschaftswald war und erst verhältnismässig spät
in einen anmutigen Park verwandelt wurde.

Leider riss seit dem Ende des vorigen Jahrhunderts eine traurige Verwahrlosung der Leipziger Gärten ein, und späterhin schmolzen sie mit der wachsenden Bauthätigkeit als ein Opfer der Spekulation rasch zusammen, um immer neuen Häuserreihen Platz zu machen. Heute sind sie bis auf das Johannisthal und einige andere Reste verschwunden, und mit ihnen ist ein gutes Stück Leipziger Poesie dahingegangen.[1]

Die lustig grünenden Gärten sollten den Leipzigern nicht bloss die ihrer Heimat fehlenden Naturschönheiten ersetzen, sie sollten ihnen auch Abwechselung gewähren für die Eintönigkeit der dumpfigen inneren Stadt, die noch immer ein nichts weniger als ansprechendes Gepräge trug. Die mit Kieselsteinen gepflasterten Strassen und Gässchen hatten keine Bürgersteige, sondern in der Mitte der Fahrbahn lief eine Reihe grösserer Kiesel, die bei schlechtem Wetter mit Vorliebe als Fusssteig benutzt wurden. Selbst in den belebtesten Strassen, in denen nachts trübselig die spärlich angezündeten Öllampen brannten, gab es nicht allzuviele Läden oder Gewölbe, deren breiter, zweigeteilter Thorbogen als Eingang und Schaufenster diente. Vier breitere Thore und mehrere schmale, nur für Fussgänger bestimmte Pförtchen führten durch die Umwallung in die enge Stadt, während die umfangreicheren Vorstädte durch 12 Thore zugänglich waren, von denen die wichtigsten den Hauptthoren der inneren Stadt entsprachen.

Nachdem mit dem Fortschritte der Zeit seit 1824 die lästige Einrichtung der Thorsperre[2] und die hemmenden Umwallungen beseitigt wurden und die Stadt somit ihre Fesseln gesprengt hatte, begann sich die Bauthätigkeit allerorts zu regen. Denn längst war die innere Stadt zu eng geworden, und ebenso wiesen die neuen Verhältnisse gebieterisch auf eine Ausdehnung der Vorstädte hin, denen die Thorsperre die Wohlthat eines ungehinderten gemeinsamen Verkehrs mit der abgeschlossenen Altstadt bisher versagt hatte. Aller Verkehr drängte sich vielmehr innerhalb der Umwallung zusammen, sodass die bis zum dreissigjährigen Kriege wiederholt eingeäscherten Vorstädte unbedeutende Dörfer blieben und einen vorwaltend ländlichen Anstrich trugen. Jetzt breitete sich ganz

---

[1] Die Querstrasse, heute eine unserer nüchternsten Strassen, gehörte noch in den zwanziger Jahren zu den freundlichsten Strassen, da fast jedes Haus in einem Garten lag.

[2] Wegen der vielen Umständlichkeiten und Verkehrserschwerungen, mit denen die Thorsperre verknüpft war, erfreute sie sich keiner sonderlichen Beliebtheit. Trotzdem liess sich der Rath erst 1824 zur Aufhebung der veralteten Einrichtung herbei, worauf die zwecklos gewordenen Thore und Pförtchen erst freundlichen Eingängen, dann öffentlichen Anlagen und freien Plätzen weichen mussten.

Leipzig nach allen Seiten hin mächtig aus, wobei sich wegen des Handels zunächst die grossen Landstrassen mit Häusern bedeckten. Bei diesem strahlenförmigen Auswachsen kamen besonders die Gerberstrasse an der grossen Handelslinie nach dem Norden, der Grimmaische Steinweg an der Strasse nach Dresden und dem Osten, der Peterssteinweg an der Handelsstrasse nach Süden und der Ranstädter Steinweg an der wichtigen Heerstrasse nach Thüringen und Frankfurt a. M. zur Geltung. Sie bildeten gleichsam das Knochengerüst für die spätere Entwickelung der Vorstädte, weil die meisten Fuhrleute und Landwirte in den Vorstädten abstiegen und dadurch längs der Hauptverkehrsadern die Entstehung von Gasthöfen, sowie die Ansiedelung von Fleischern, Bäckern, Schmieden und andern Handwerkern veranlassten.[1]

So war bereits eine tiefgreifende Umgestaltung der örtlichen Verhältnisse angebahnt, als der Beginn des Eisenbahnbaues einen neuen, über alle Erwartungen folgenreichen Aufschwung herbeiführte. Gewerbefreiheit, Eisenbahnen und die durch letztere überhaupt erst praktisch mögliche Freizügigkeit haben die Städteentwickelung mächtig gefördert und das überraschend schnelle Aufblühen der Grossstädte verursacht, weil sie die Bevölkerung beweglicher machten und in den Mittelpunkten des Verkehrs zusammenströmen liessen, die zugleich die Hauptsitze einer sich rasch entfaltenden Grossindustrie wurden.

Leipzig ist heute ein zwölfstrahliger Eisenbahnstern, nachdem der Unternehmungsgeist eines Harkort, Tenner und List 1839 als eine der ersten deutschen Bahnen die Leipzig-Dresdener Eisenbahn ins Leben gerufen hatte. Diese Strahlen schliessen sich eng an die alten Handelsstrassen an, und die geographischen Voraussetzungen, die einst in Gemeinschaft mit dem Gang der Geschichte aus Leipzig einen hervorragenden Strassenknoten machten, haben somit auch die Ausgestaltung seines Bahnnetzes sichtlich beeinflusst. Beispielsweise folgt die Thüringer Bahn der alten Strasse nach Frankfurt, die Linie über Gera und Probstzella einerseits, über Altenburg und Hof andrerseits den alten Nürnberger Strassen, und ebenso fallen die beiden Hauptstrassen nach Dresden, sowie die ehemaligen Handelswege nach Berlin, Magdeburg u. s. w. mit Hauptbahnen zusammen.[2]

---

[1] Hasse, Statistische Wanderungen S. 6 — Hasse, Leipzig S. 23.
[2] Bechstein, a. a. O. S. 39, 40 — Kirchhoff, a. a. O. S. 99 — Sach, a. a. O. S. 401 — Wichel, in: Leipzig und seine Bauten S. 612 — Das Zusammenfallen der alten Handelswege und der heutigen Eisenbahnen zeigt deutlich die Verkehrskarte von Sachsen bei Buschick, a. a. O.

Mit dem Bahnbau bricht für Leipzig eine völlig neue Zeit an, die schliesslich zur Entstehung der heutigen Grossstadt führte. Vor allem nahm die Bauthätigkeit einen ganz andern Charakter an, indem sich ihr Schwerpunkt von den Landstrassen, die ihre alte Bedeutung verloren, in den verkehrsspendenden Bereich der Bahnhöfe an der inneren Peripherie der Stadt verschob. Zunächst wurden die Zwischenräume zwischen den radial ausstrahlenden Hauptstrassen durch konzentrisch verlaufende Strassengürtel ausgefüllt, und als das Areal nicht mehr zulangte, suchte man durch umfassende Flussregulierungen und Trockenlegungsarbeiten für die zusehends anwachsenden Vorstädte Raum zu gewinnen.[1]) Da der morastige Untergrund und die Spekulation den Hausbau nicht unerheblich verteuerten, so nutzte man das Gelände nach Kräften aus. Daher die endlosen Reihen der vierstöckigen Mietskasernen, die den ländlichen Anstrich der Vororte grösstenteils verwischten und sie in das nüchterne Gewand der pilzartig emporschiessenden modernen Grossstädte kleideten, zumal auch die Fabrikthätigkeit dort ihre Hauptarbeitsstätte aufgeschlagen hat. Am gewaltigsten ist wohl der Aufschwung von Plagwitz gewesen. Seitdem ein um Leipzigs Wohl hochverdienter Mitbürger, Dr. Karl Heine, die Einbeziehung des Ortes in die Thüringer Bahn durchsetzte und zur Erleichterung der Zu- und Abfuhr den Anschluss der dort entstehenden Fabriken an den Plagwitzer Bahnhof erwirkte, verwandelte sich das bescheidene Dörfchen, das 1834 erst 187 Einwohner zählte, in eine schornsteinübersäete Fabrikstadt mit einer Bevölkerung von 16000 Seelen (1895). Die grossen Nachteile, die eine zu ausgebreitete Industrie und noch mehr das dichtgedrängte Zusammenwohnen vieler Menschen in moralischer und gesundheitlicher Beziehung im Gefolge zu haben pflegen, sind nicht ausgeblieben. Die Mietskasernen vergiften mit ihren engen Höfen die Luft so sehr und manche Berufe sind mit solchen Beschwerden verbunden, dass in Leipzig die Todesfälle durch Erkrankung der Atmungsorgane, neben denen Lungenschwindsucht, Magen- und Darmkatarrhe die verheerendsten Krankheiten sind, einen ausserordentlich hohen Prozentsatz ausmachen und mit zu den höchsten in ganz Deutschland erreichten Zahlen gehören.[2]) Man sucht daher neuerdings dem Überhandnehmen der Miets-

---

[1]) Hasse, Statistische Wanderungen S. 7, 8 — Hasse, Leipzig S. 24, 25.
[2]) Kuntze, a. a. O. S. 26 — Hasse, Leipzig S. 202 — Verwaltungsbericht der Stadt Leipzig für das Jahr 1895. Leipzig 1897, S. 863 — Im Jahre 1895 starben in Leipzig an Lungenschwindsucht 1000, an Lungenentzündung und anderen Krankheiten der Atmungsorgane 937, an Magen- und Darmkatarrh 2705 Menschen.

kasernen und Hinterhäuser durch baupolizeiliche Gegenmassregeln vorzubeugen.

Andrerseits fehlt es aber auch nicht an freundlicheren
Bildern. An das Westviertel, das seine Gründung ebenfalls
dem Gemeinsinn Dr. Karl Heines verdankt, lehnt sich auf
trocken gelegtem, einst mit wassererfüllten Lehmgruben
(Schimmels Teich) durchsetztem Sumpfboden das erst in den
letzten Jahrzehnten emporgewachsene Südwest- oder Konzert-
viertel, das reich an prächtigen öffentlichen Gebäuden und
künstlerischen Privathäusern ist. Überhaupt hat sich, gefördert
durch einsichtsvolle Behörden, das Aussehen Leipzigs sehr
zu seinem Vorteil verändert, und aus dem schlichten, unan-
sehnlichen Orte ist eine vornehme Weltstadt geworden, die
sich schon aus der Ferne durch ein Heer von Fabrikschloten
und durch den über ihr lastenden dunkelgrauen Dunstkreis
bemerkbar macht. Sie zerfällt zunächst in den alten und
altertümlichen Kern der inneren Stadt, der zugleich der Sitz
des Handels ist. Um ihn reihen sich die ungleich volkreicheren
inneren und äusseren Vorstädte als Wohnplätze der handeltreibenden Bevölkerung, während der weitere Ring der seit
1889 einverleibten stadtartigen Vororte das Hauptgebiet der
Fabrik- und Gewerbethätigkeit ist. Zu diesen Bevölkerungs-
centren, die Leipzig wie zwei grosse Gürtel umgeben, kommen
endlich noch zahlreiche Siedelungen an der äussersten Stadt-
grenze (Aussendörfer), die durch wirtschaftliche Interessen
unmittelbar mit Leipzig verbunden sind. Jeden Morgen sieht
man Scharen von Menschen aus den Vororten nach Leipzig
strömen, und allabendlich fluten diese Massen, die sich nur
während der Arbeitszeit in der Stadt aufhalten, wieder an die
Peripherie zurück.[1]

Diese Thatsachen leiten uns zum Schlusse hinüber zur
Einwohnerzahl unserer Pleissenstadt. Im Verhältnis zu seiner
Bedeutung und seinem Weltrufe als Messplatz hatte Leipzig
bis ins 19. Jahrhundert hinein eine recht bescheidene Einwohnerzahl, sodass man es bezeichnenderweise die kleine
Stadt mit dem grossen Rufe nannte.[2] Lange stand es hinter
der reichen Bergwerksstadt Freiberg zurück. Denn langwierige
Kriegsstürme, Seuchen und Unglücksfälle aller Art, die zwar
die fortschreitende Entwickelung Leipzigs nicht aufzuhalten
vermochten, räumten so unter seiner Bevölkerung auf, dass
in dem 220jährigen Zeitraume von 1600—1820 der Überschuss
der Todesfälle über die Geburten insgesamt 52000 Seelen
ausmachte. Bloss in wenigen Jahren war ein geringes Überwiegen

[1] Sach, a. a. O. S. 407 — Penck, a. a. O. S. 452—454 — O. Richter,
Das Deutsche Reich. Leipzig 1891, S. 467.

[2] Leipzig, ein Handbuch S. 5 — Diezmann, a. a. O. S. V.

der Geburten zu verzeichnen. Im übrigen war es lediglich die Zuwanderung, die jene Lücken wieder ausfüllte und eine freilich unerhebliche Vermehrung zur Folge hatte. Am Ende des 16. Jahrhunderts schätzte man Leipzigs Einwohnerzahl auf 14—1500 Seelen,[1]) 1676 betrug sie 20000, beim Eintritt ins 19. Jahrhundert 32000 Köpfe. Erst seit 1828 begann sich ein jährlich zunehmender Geburtenüberschuss bemerkbar zu machen, und späterhin brachte der durch die Eisenbahnen hervorgerufene Aufschwung im Handel und Gewerbe solche Förderung, dass Leipzig 1864 85000 Einwohner besass. 1870 trat es endlich mit mehr als 100000 Einwohnern in die Reihe der Grossstädte ein, die erfahrungsgemäss die Bewohner eines weiten Umkreises wie mit magnetischer Kraft an sich ziehen und dadurch das Land entvölkern, um es in grösserer Nähe mit ihren Arbeitermengen wieder zu bevölkern. So auch Leipzig, dessen nach dem letzten Kriege mächtig aufgeblühte Grossindustrie Geschäftsleute und Arbeiter in solchen Massen anlockte, dass in keiner Stadt die Zahl der nicht am Orte und namentlich nicht im Heimatsstaate Geborenen einen so beträchtlichen Bevölkerungsanteil ausmacht wie hier.[2]) Namentlich die aus stillen Ackerbaudörfern in rege Industrieorte umgewandelten Vororte wurden ein hochbedeutsamer Arbeitsmarkt für weite Landbezirke, die ihre überschüssigen Kräfte dorthin sandten. Da war es kein Wunder, dass 1890, nach Einverleibung der Vororte, die Einwohnerschaft Gross-Leipzigs auf 357000 Seelen angewachsen war und heute die Zahl von 422000 überschritten hat, eine Zunahme, die in erster Linie auf das überraschend schnelle Emporstreben der neu einverleibten Tochtergemeinden zurückzuführen ist.[3]) Was eine solche Menschenmasse, die zur Messzeit um mehr als 50000 Seelen zunimmt, an Nahrungsmitteln verbraucht, kann

---

[1]) J. Jastrow, Die Volkszahl deutscher Städte zu Ende des Mittelalters und zu Beginn der Neuzeit. Histor. Untersuchungen Heft 1. (1886) S. 157 — O. Gerlach, Der Fleischkonsum Leipzigs. Jahrbücher für Nationalökonomie und Statistik 45. (1885) S. 518.

[2]) 1885 waren in Leipzig von 1000 Personen der ortsanwesenden Bevölkerung nur 361 in Leipzig selbst geboren. 292 waren aus Sachsen, 319 aus andern deutschen Staaten, 23 aus Europa, 3 aus aussereuropäischen Ländern zugezogen. Der Überschuss der Eingewanderten über die in Leipzig Geborenen betrug 1880—85: 13379 Seelen, seitdem ist aber immer mehr das umgekehrte Verhältnis eingetreten. Hasse, Statistisches, in: Leipzig und seine Bauten S. 36—38 — Buschick, a. a. O. S. 21, 22.

[3]) Im allgemeinen findet eine Auswanderung von Alt- nach Neu-Leipzig statt; vornehmlich setzt sich die schon lange beobachtete Entvölkerung der innern, durch den Promenadenring umgrenzten Stadt infolge der sogenannten Citybildung, d. h. der Ausscheidung eines besonderen Geschäftsviertels, fort, indem die in guter Geschäftslage liegenden Wohnräume in Geschäftsräume umgewandelt werden. 1885 betrug die Einwohnerzahl des innersten Stadtkernes 25016, 1890: 22551,

man daraus ermessen, dass auf dem Centralschlachtviehhofe der Gesamtumsatz 1894 gegen 22 Millionen Mark betrug und seitdem stetig gestiegen ist.[1])

So ist Leipzig dank seiner günstigen Lage in wechselvoller Geschichte durch Kaiserhuld und Fürstengnade und durch die Thatkraft seiner Bewohner aus einem im sumpfigen Dickicht versteckten Fischerdörfchen zur volksreichsten Stadt Sachsens und zur viertgrössten Stadt Deutschlands herangewachsen. Als ein Hauptknotenpunkt deutscher Eisenbahnen, als Buchhändler-, Gewerbe- und Handelscentrum und tonangebend in der Musik, als Heimstätte des obersten deutschen Gerichtshofes, des Reichsgerichts, und dadurch gleichsam die zweite Hauptstadt des deutschen Bundesstaates, als Sitz der drittgrössten deutschen Universität und der ersten deutschen Handelshochschule sieht es seine Blüte sich täglich mehr entfalten und ist in jeder Beziehung eine bedeutsame Stadt.[2]) In

1895 nur noch 19650 Seelen. Zum Vergleich sei erwähnt, dass die Bewohnerzahl der Londoner City in dem Zeitraum von 1851—96 von 127000 auf 37000 Köpfe heruntergegangen ist. Hasse, Statistische Wanderungen S. 24 — Hasse, Leipzig S. 49 — Verwaltungsbericht S. 74.

[2]) J. G. Schulz, a. a. O. S. 145—151 — *r, a. a. O. S. 27 — G. F· Knapp, Ältere Nachrichten über Leipzigs Bevölkerung. Mtlgn. d. Statistischen Bureaus der Stadt Leipzig Heft 6. (1872) — Hasse, Statistische Wanderungen S. 10 fg. — Hasse, Leipzig S. 119—124 — Hasse, Statistisches, in: Leipzig und seine Bauten S. 36—38 — Gerlach, a. a. O. — Kuntze, a. a. O. S. 3 — Verwaltungsbericht S. 21—74 — A. Schönherr, Einfluss der Eisenbahnen auf die Bevölkerungszunahme im Königreich Sachsen. Gymnasialprogramm, Leipzig 1898.

Wachstum von Alt-Leipzig.

Jahr	Einwohner	Jahr	Einwohner	Jahr	Einwohner
Ende des 16.Jahrh.	14—15000	1792	29431	1814	32475
1699	15653	1800	32146	1825	41506
1776	24000	1811	35230	1826	39495
				seit 1828	ständig über 40000

Wachstum von	1834	1864	1871	1880	1890	1895	Zunahme 1871/95
Alt-Leipzig . . .	44802	85394	106925	149081	179689	183137	76212 (71,27%)
Neu-Leipzig . .	8899	41406	54166	95204	177433	216832	162666 (300,31%)
Gesamt-Leipzig	53701	126800	161091	244285	357122	399969	238878 (148,28%)

Diese Tabelle zeigt deutlich, wie sich die einverleibten Vororte, die in ihrer Gesamtheit Neu-Leipzig ausmachen, mit dem Aufschwunge der Grossindustrie aus kleinen Dorfern in stadtartige Siedelungen verwandelten und an Volkszahl Alt-Leipzig schliesslich überflügelten. Doch ist zu beachten, dass sie ihre wirtschaftliche Bedeutung und damit ihren raschen Bevölkerungszuwachs nicht in sich selbst tragen, sondern beides der Stadt Leipzig entlehnen, die als Grossstadt die Einwanderer erst anlockte und nicht Raum genug besass, um sie alle aufzunehmen.

[2]) Bechstein, a. a. O. S. 5, 24 — Diezmann, a. a. O. S. 25 — Bornemann, a. a. O. S. 2, 3 — Sach, a. a. O. S. 397, 401, 403, 405 — J. Kutzen, Das

Leipzig fand die folgenschwere Disputation zwischen Martin Luther und Dr. Eck statt, hier begannen Gottsched und die Neuberin die Reformation des deutschen Theaters und der deutschen Sprache, und unter seinen Mauern wurde eine der entscheidendsten Schlachten der Weltgeschichte geschlagen. In Leipzig erblickte sein berühmtester Sohn und einer der grössten Gelehrten aller Zeiten, Wilhelm von Leibniz, das Licht der Welt, und hier wurde Christian Thomasius, der aufgeklärte Bekämpfer der Hexenprozesse und der Folter, geboren. Ferner war Leipzig der Geburtsort Richard Wagners, der Sterbeort Sebastian Bachs, Hillers und Mendelssohn-Bartholdys, und gefeierte Geistesheroen wie Gellert, Klopstock, Lessing, Goethe, Schiller und viele andere wählten es für längere oder kürzere Zeit zum Aufenthalt.[1]) So wirken praktisches Leben, Wissenschaft und Kunst in glücklicher Vereinigung zusammen, um Leipzig einen eigenartigen Charakter zu verleihen, wie man ihn bei Handels- und Fabrikstädten nicht gerade häufig wiederfindet. Sie legten den Grund zu Leipzigs Ausgestaltung und Ausdehnung, sie gewährleisten auch eine sichere Bürgschaft für sein ferneres Gedeihen, und so ist Leipzig, ohne Hauptstadt oder Residenz zu sein und ohne sich der Anziehungskraft einer malerischen Umgebung zu erfreuen, eine achtungsgebietende, weit über Deutschlands Grenzen hinaus bekannte Welt- und Grossstadt.

---

deutsche Land. 3. Aufl. Herausgeben von W. Koner, Breslau 1880, S. 526, 527 — Kleinpaul, a. a. O. S. X — Richter, a. a. O. S. 467 — G. Wustmann in: Leipzig und seine Bauten S. 63, 64, 66.
[1]) Kneschke, a. a. O. S. 24—40, 63—124, 301—312, 334—390 — O. Günther, Der Leipziger Aufenthalt deutscher Dichter und Denker im 18. Jahrhundert. Schriften des Vereins für Geschichte Leipzigs II. (1878) S. 93—114 — G. Wustmann, Die Verbannung des Harlekin durch die Neuberin. Ebenda II. (1878) S. 149—163.

Das Fichtelgebirge

in seiner Bedeutung für den mitteleuropäischen Verkehr.

Eine anthropo-geographische Studie

von

Friedrich Nüchter.

Inhalts - Übersicht.

EINLEITUNG.

I. TEIL.

Die geographischen Verhältnisse des Fichtelgebirges und
die daraus resultierenden Verkehrsmöglichkeiten.

A. Das Fichtelgebirge in centraler Lage in Mitteleuropa.

I. Die Lage an sich.

II. Modifikationen der Lage und ihrer Werte durch die Bodenbeschaffenheit Mitteleuropas.

1. Die Verkehrsgebiete Mitteleuropas.

2. Der die Verkehrsbedeutung des Fichtelgebirges beeinflussende
Gebirgsbau Mitteleuropas.

EINLEITUNG.

Der Verkehr ist die zweite Form der Berührung des Menschen mit der Erdoberfläche. Die Verschiedenheiten der Erdoberfläche werden sich widerspiegeln in damit parallel gehenden Änderungen der Äusserungen des Verkehrs, und diese werden so zu Erscheinungen von geographischem Interesse. Die wichtigste dieser Verschiedenheiten ist die grösste Thatsache der Gliederung der Erdoberfläche: die Scheidung des Festen und Flüssigen. Das letztere ist zwar fast absolut siedelungsfeindlich, anökumenisch, dagegen dem Verkehre vor allem auf etwas höheren Stufen der Verkehrskultur ausserordentlich hold, und so ergiebt sich als erste grosse Gliederung die jener geographischen analoge des Verkehrs auf dem Lande und auf dem Wasser. Da letzterer naturgemäss stets zum Lande strebt, so ist hier von besonderem Interesse der Berührungsstreifen zwischen beiden, der Übergangsgebilde mannigfachster Art erzeugt.

Während aber der Verkehr auf dem Wasser wegen der stets gleichbleibenden Unterlage unter jedem Himmelsstriche ungefähr dieselben Formen zeigt, hat sich der Landverkehr wie jede menschliche Thätigkeit den mannigfachen Veränderungen der Erdoberfläche anzupassen und ist daher gezwungen, sich in viel höherem Masse zu differenzieren als jener. Eine Verkehrsgeographie muss daher notwendig sein „die Lehre von der Verschiedenheit der Verkehrsverhältnisse in verschiedenen Erdräumen".[1] Dies kann sie vor allem bei umfassenderen Betrachtungen, die weite Gebiete überschauen und dabei dann in der Verschiedenheit der Verkehrsthatsachen die grossen Unterschiede der Zonen wiederfinden. Sie ist es aber auch, wenn sie kleinere Gebiete charakterisiert als durch ihre Lage zwischen grösseren, wegen der Verschiedenheit ihrer natürlichen Gaben nach Austausch strebenden zonenähnlichen Gebilden bestimmt zum Durchgangsland, zu einem Stückchen Erdoberfläche mit verhältnismässig hoher Verkehrsintensität.

---

[1] A. Hettner, Der gegenwärtige Stand der Verkehrsgeographie. Geographische Zeitschrift III, p. 624 ff.

Dann darf sie aber neben jenen Fragen der Lage auch
jene Verschiedenheiten des Antlitzes der Erde nicht vergessen,
welche wir unter dem Sammelnamen Bodenbeschaffenheit zusammenzufassen gewohnt sind. Das Ideal jedes Verkehrs ist
die gerade Linie. Ganz ist diese auf lange Erstreckungen nur
auf dem Flüssigen zu erreichen, annähernd auf dem Festen
dann, wenn es in seiner Erstreckung als weite Ebene am
meisten Ähnlichkeit mit dem Meere hat. Je bedeutender
jedoch die Höhenunterschiede werden, desto grössere Beeinflussungen muss sich der Verkehr gefallen lassen, desto deutlicher prägen sich in seinen Linien, Organen, Schöpfungen u. s. w.
Wirkungen aus, die sich ähnlich überall da zeigen, wo einer
Bewegung Hindernisse in den Weg treten.

Lässt sich aber nicht jene oben gegebene Hettnersche
Definition der Verkehrsgeographie auch umkehren, etwa so:
Sie sei die Lehre von der Gleichheit oder auch dem Gleich-
bleiben der Verkehrsverhältnisse in den gleichen Erdräumen?
Mit einer gewissen Berechtigung sicher, und sie führt uns dann
auch einen Schritt weiter. Denn der eine Faktor jedes Verkehrs, die Erdoberfläche, zeigt in der kurzen Spanne Zeit, die
wir Geschichte nennen, so wenig Veränderungen, dass wir,
wenn wir von den allerdings oft Wichtigkeit erlangenden Modifikationen der Waldflächen, der Sümpfe u. ähnl. absehen,
sie wohl als eine konstante Grosse in Rechnung setzen dürfen,
welche auf die verschiedenen Geschlechter der Menschen, die
über sie hinweggingen, stets denselben Einfluss ausübte. „Wie
an einem Fels von bestimmter Gestalt jede Welle in dieselbe
Form von Brandung zerschellen wird, so werden bestimmte
Naturverhältnisse den auf ihrem Boden, in ihrer Umrahmung
sich abspielenden geschichtlichen Geschehnissen immer wieder
gleichartige Formen verleihen, ihnen dauernd Schranke und
Bedingung sein." [2]) Dieser Einfluss muss sich dann wohl auch
bei dem Verkehre in allen Zeiten gemeinsamen Zügen offenbaren, die hervorzuheben eine weitere Aufgabe jeder verkehrsgeographischen Untersuchung sein wird. Jedes Problem derselben verlangt demnach auch eine geschichtliche Betrachtung.

Noch deutlicher zeigt dies eine weitere Erwägung. „Es
ist klar, dass man den Verkehr nicht als eine mechanische
Bewegung, ähnlich dem Fliessen des Wassers, auffassen darf.
Die Bahnung jedes Weges entspringt aus einem Willensakte
oder aus einer Reihe von Willensakten, die von bestimmten
Motiven beeinflusst werden und die einer psychologischen
Analyse unterworfen werden müssen." [3]) Der zweite Faktor

---

[2]) Ratzel, Anthropogeographie I, p. 42.
[3]) Hettner, Der gegenwärtige Stand etc.

jedes Verkehrs, der Mensch, ein psycho-physisches Wesen, darf also nicht vergessen werden. Dabei kommen naturgemäss fast nur „massenpsychologische Instinkte" in Betracht, die mit den Zeiten sich ändern, zur Bahnung neuer oder zur Entwertung alter Wege führen. Die Wege haben demnach „eine mit dem Gesamtverlauf der Civilisation innig verknüpfte Entwickelungsgeschichte",[4]) und Richtung und Bedeutung derselben wird sich daher nur bei steter Berücksichtigung jenes Gesamtverlaufes der Civilisation, vor allem freilich des Teiles derselben, der dem Verkehr am reichsten Nahrung spendet, des Handels, erklären lassen, wobei vor allem bei kleineren Gebieten nie zu vergessen ist, dass sie nur Teile eines grösseren Ganzen sind, mit dessen Entwickelung die ihre untrennbar verbunden ist und von dem allein sie grössere Bedeutung erlangen können.

Doch auch der Raum als solcher wird jeder verkehrsgeographischen Untersuchung ein wichtiger Gegenstand sein müssen; denn das Wesen des Verkehrs ist Raumverknüpfung. Der Verkehr wird demnach in seiner Bedeutung ebben und fluten je nach der Grösse der Räume, die ihm zur Verfügung stehen, und ein grössere Räume beherrschender Verkehr wird bei sonst gleichen kulturellen Verhältnissen von entsprechend gewaltigerer Bedeutung sein, als ein von kleinen Räumen eingeengter.[5]) Nun wechseln aber, wie die Raumanschauungen, so auch die politischen Räume und deren Zugänglichkeit für den Verkehr im Laufe der Geschichte sehr bedeutend, und wenn die Intensität des Verkehrs durch ein Gebiet ihre Erklärung finden soll, so muss auch aus diesem Grunde die geographische Erörterung von solchen geschichtlicher Natur unterstützt werden, die vor allem die für den Verkehr der verschiedenen Zeiten massgebenden politischen Räume ins Auge zu fassen haben werden.

Diese und ähnliche Erörterungen, die also ihrem ganzen Wesen nach geographischer und geschichtlicher Natur sein müssen, lassen sich natürlich überall anstellen, wo ein Gebiet für Verkehrsfragen in Betracht kommt. Geographisch interessant werden sie vor allem da sein, wo einmal die Lage das Gebiet zum Verkehrsgebiet bestimmt hat und durch eine Fülle von in der Lage gegebenen Beziehungen dem Verkehr verstärkte Intensität verleiht, wo aber auch die Bodenbeschaffenheit eines Gebietes derart ist, dass sie die Entwickelung und Ausgestaltung des Verkehrsnetzes stark beeinflusst.

---

[4]) Schäffle, Bau und Leben des sozialen Körpers III, p. 163.
[5]) Vgl. Ratzel, Politische Geographie, p. 438, Anm. 4: „Nur in der Grösse der Räume liegt der wesentliche Unterschied dessen, was die Nationalökonomen die Periode der Weltwirtschaft nennen, von dem, was ihnen die Periode der Volkswirtschaft ist".

Schon ein flüchtiger Überblick über Deutschlands Bodenbau zeigt; dass kaum ein Teil unseres Vaterlandes in dieser
Hinsicht interessanter erscheint, als jener merkwürdige
Kreuzungspunkt der zwei wichtigsten Linien des mitteldeutschen Gebirgsbaues, der zugleich hydrographisch eines
der wichtigsten Centren Europas ist, das Fichtelgebirge.
Freilich, um die verkehrsgeographischen Eigenschaften dieses
Stückchens deutscher Erde kennen zu lernen, genügt nicht
eine Betrachtung des Fichtelgebirges im eigentlichen Sinne,
wie es sich als centraler Stock über seine Umgebung erhebt;
denn dessen verkehrsgeographische Wirksamkeit war ja lange
Zeit ein Herausweisen der bedeutenderen Strassenzüge aus
seinem kräftig umrandeten Innern. Vielmehr müssen wir,
wenn wir nicht zu einem zu negativen Resultat kommen
wollen, auch seine Umgebungen beachten, vor allem da, wo
sie, wie der Frankenwald, als ein Ubergangsgebilde aufzufassen
sind, das zu einem wieder schärfer individualisierten Gebirge
hinüberführt, oder da, wo sie, wie die südwestlichen Vorlagerungen, aus verkehrsgeographischen Gründen nicht wohl zu
trennen sind.

Folgendermassen liesse sich unser Gebiet dann etwa umgrenzen.

Im NW würde die freilich etwas konventionelle Loquitz-
Hasslachlinie den dort beginnenden Thüringer Wald von
unseren Erörterungen ausscheiden, [6]) während im SO die
Waldsassener Senke einen deutlichen Fingerzeig für die Abgrenzung gegen den Böhmerwald giebt. Im NO und N
würde, da für unsere Zwecke eine genauere Abgrenzung unnötig ist, eine zunächst durch das oberste Elsterthal und dessen
Fortsetzung zum Egerbecken bezeichnete Linie genügen, die
wir dann mit Gümbel „fast willkürlich" mit der nördlichen
bayerischen Landesgrenze nach W verlaufen lassen, „obwohl
der Charakter des Vogtlandes, wie der des Saalwaldes selbst
bis über die Schwarza hinüber fast der nämliche bleibt". [7])

Im SW und W endlich ist das Fichtelgebirge sowohl
geologisch wie auch orographisch am deutlichsten abgegrenzt.
Die höchsten Höhen des ganzen Gebietes senken sich hier
ziemlich steil zu einem im Mittel nur 350—400 m hohen
Thal. Die Trias- und Juraschichten sind staffelförmig ab-
gesunken, eine lange Bruchlinie, ein „scharfer, fast geradliniger
Schnitt", trennt hier das Gebirge. [8]) Und doch werden wir
nicht hier eine Grenze für die Erörterung der uns berührenden
Frage ziehen können. Vielmehr erscheint es nötig, auch

---

[6]) Vgl. Regel, Thüringen I, p. 27 ff. und Gümbel, Das Fichtelgebirge, p. 7.
[7]) und [8]) Gümbel, p. 7.

noch das benachbarte, dem Fichtelgebirge geologisch, petrographisch, orographisch, ja fast in jeder Hinsicht als etwas
Neues, Fremdes in der Landschaft gegenüberliegende Gebiet,
den nördlichen Teil des fränkischen Jura, für unsere Untersuchungen mit zu berücksichtigen. Eine Begründung dieser
für den Augenblick etwas gewaltsam, weil widernatürlich erscheinenden Verknüpfung müssen wir uns für später vorbehalten. Doch sei schon jetzt auf die gewiss nicht zufällige
Thatsache hingewiesen, dass beide Gebiete in innigster Verknüpfung erscheinen, solange von einer Geschichte dieser
Gegenden gesprochen werden kann. Wie der östlichste Gau
der fränkischen Lande, der Radenzgau, sich von den Ufern
der fränkischen Regnitz bis zu den Gebieten der oberen Saale
ausbreitete,[9]) so umfasste auch die Diöcese des Bischofs von
Bamberg fast das ganze von uns umschriebene Gebiet. Als
es sich dann später vor allem in zwei grössere Teile zerlegte,
da herrschten die Zollern hier an den Hängen des Jura und
drüben überm Mainthal auf den waldbedeckten Höhen des
Fichtelgebirges und seiner Umgebungen, und über beiden Seiten
des Thales waltete auch der Krummstab der Fürstbischöfe von
Bamberg. Dem Volksbewusstsein und den Schilderern jener
Gegenden war das „Gebirge" Fichtelgebirge und Frankenwald
zusammen mit dem nördlichen Juraabschnitt[10]), und heute sind
wieder die Hauptteile aller in einem politischen Gebilde vereinigt, im früheren Obermainkreis, dem jetzigen Oberfranken,
wenn auch noch mancherlei, so die bunte Verbreitung der
christlichen Konfessionen, die ziemlich gleiche Bedeutung der
zwei wichtigsten Städte, der früheren Hauptstädte Bayreuth und
Bamberg, und manches andere, die frühere Trennung ahnen lässt.

W Grenze ist uns demnach das Regnitzthal und das dasselbe ungefähr fortsetzende N-S Stück des Mainthales, S Grenze
der senkrecht darauf stehende Pegnitzeinschnitt und dann eine
Linie, die diesen mit der Wondrebsenke verbindet, für die uns
freilich die Natur gar keine Anhaltspunkte giebt.

Unsere erste Aufgabe wird nun sein, darzustellen, welche
natürlichen Eigenschaften des so umgrenzten Gebietes geeigenschaftet erscheinen, auf den Verkehr irgendwie bestimmend
einzuwirken.

---

[9]) Stein, Geschichte Frankens I, p. 45. (1883—86.)
[10]) M. Joh. Will zählt z. B. in seinem „Teutschen Paradeiss in dem vor-
trefflichen Fichtelberg, Anno 1692" auch alle möglichen Burgen und Städte des
nördlichen Jura auf. (Archiv des Histor. Vereins von Oberfranken, Bayreuth;
XV. 1. p. 1 ff.)

I. TEIL.

Die geographischen Verhältnisse des Fichtelgebirges und die daraus resultierenden Verkehrs-Möglichkeiten.

A. Das Fichtelgebirge in zentraler Lage in Mitteleuropa.

Die erste Frage der Geographie ist stets das Wo? Denn die Antwort auf dieselbe giebt durch die genauere Festlegung auf einen bestimmten Raum der Erde zugleich eine Reihe von Beziehungen, die diesem Raume eigen sind, sozusagen der Lage immanente Werte bilden. Selbst bei einer Betrachtung, die lediglich das Wo? im Auge behält und vollständig davon absieht, was die übrigen geographischen Thatsachen hinzubringen, ergeben sich bemerkenswerte Eigenschaften, die um so wichtiger erscheinen, als sie gleichsam den grossen Rahmen, das Gerüste abgeben, das die anderen dann z. T. ausfüllen, z. T. auch wohl verbergen, nur durchscheinen lassen. Wir betrachten daher zunächst:

I. Die Lage an sich.

Da sagt uns schon die doch sehr allgemein gehaltene Angabe: das Fichtelgebirge liegt in Europa, dass es dem Erdteil angehört, der „in der Mitte der kontinentalen Landwelt liegt", der „umgebene", der „zentrale"[1]) Erdteil ist und daher bestimmt erscheint, mit allen anderen in Wechselwirkung, in Austausch und Verkehr zu treten, der „nur von den inneren, nicht von den äusseren Meeren" des Erdballes umgeben ist. Freilich, so allgemein die Lagebestimmung ist, genau so allgemein müsste auch die Antwort sein, die zu geben wäre, wenn wir die Wirksamkeit jener Lage an einem kleinen Gebiete, das nicht, wie z. B. England, die Grösse der Lage Europas gleichsam in sich verdichtet enthält, nachweisen wollten. Wir haben daher unsere Aussage zu präcisieren.

Das was Europa vor allen anderen Erdteilen auszeichnet, das europäischste an ihm, ist seine ausserordentlich reiche

---

[1]) Ritter, Europa p. 30. (Berlin 1863.)

horizontale Gliederung. Zwei grosse, vom Atlantischen Ozean
nach Osten eindringende Meerbusen, das Mittelmeer im S, die
Nord- und Ostsee im N, verursachen sie und verleihen so fast
dem ganzen Erdteil peninsularen Charakter und seinem mittleren
Abschnitte eine isthmusartige Lage. (Eine Äquidistanzenkarte
zeigt daher im westlichen Teile Europas nur einen schmalen,
etwa die Breite zwischen Donau und Main ausfüllenden und
ungefähr bis zur Saône-Senke reichenden Streifen, der mehr
als 400 km vom Meere entfernt liegt und der sich selbst in
der Gegend südlich von Krakau nur zu einem kleinen Gebiete,
das 600 km und darüber entfernt ist, weitet. Erst im O
von Moskau können wir Landstriche treffen, von denen aus
wir 800 km und darüber zu jedem Meere zurückzulegen haben.
Solche finden wir aber in nicht ganz unbeträchtlicher Ausdehnung selbst in dem kleineren Australien, während Afrika, Nord-
und Südamerika Meeresentfernungen von 1600 km, Asien gar
solche von 2400 km aufzuweisen haben.)
    Auf dem so beschaffenen Europa liegt unter dem 50.° n. Br.
auch unser Gebiet. Gerade der 50.° ist aber derjenige, den wir
als typisch für Mitteleuropa bezeichnen könnten. Denn während
der 45.° schon das mittelmeerische Frankreich des Rhone-
beckens und den am weitesten nach N vorgeschobenen mediterranen Zweig schneidet und der 40.° die westliche Hälfte des
Mittelmeeres fast genau halbiert, so dass das am reinsten mittelmeerische Land Europas, Italien, zum grössten Teil nördlich
desselben liegt, wogt unter dem 55.° n. Br. schon die Nord-
und die Ostsee. Letztere setzt eben dort zu ihrer charakteristischen Wendung nach N an, um sich dann unter dem
60.° in ihre zwei am energischsten das nördliche Europa
öffnenden Ausläufer zu entfalten, während unter derselben Breite
die Nordsee sich schon breit dem nördlichen Abschnitte des
Atlantischen Ozeans öffnet.
    Diese Lage zwischen dem Nord- und dem Südmeer Europas
ist aber mehr als das. Sie ist zugleich die Lage zwischen
zwei ausserordentlich wichtigen Kulturgebieten,[2]) die zudem
nicht nur reich an einer Fülle von ihnen in Europa eigentümlichen Naturprodukten sind, sondern auch fähig erscheinen,
die ihrer Hinterländer an das mitteleuropäische Ufer zu werfen.
Die Aufforderung zu einem lebhaften Austausch zwischen dem
Norden und dem Süden war damit gegeben, und dieser musste,
wollte er nicht den weiten Seeweg um das westliche Europa
einschlagen, seit seinem Beginne wichtige N—S Wege durch

---

[2]) vgl. Ritter, Europa, p. 27 „Das Mittelmeer, das merkwürdigste Kultur-
meer des Planeten." — „Die Nord- und Ostsee, das einzige Mittelmeer des
temperirten Nordens des Planeten, das eben so bedeutungsvoll wirkte für die
Nordvölker des Erdteils, wie jenes für die Südvölker!"

Mitteleuropa legen. Diese scharten sich naturgemäss im zentraleren Teile desselben zu wenigen stammähnlichen Hauptwegen, um sich gegen die lebenspendenden Küsten gleich den nahrungsuchenden Wurzeln weithin zu verzweigen. Der bedeutungsvollste dieser Hauptwege wird aber nicht nur der Theorie nach ungefähr in der Mitte Mitteleuropas sich entwickelt haben, da ihm ja hier nach O und W die reichsten und vielseitigsten Beziehungen möglich waren, sondern auch, weil gerade in der Mitte jener schon erwähnte Ausläufer des Mittelmeeres, die Adria, am weitesten nach den beiden Gegenmeeren ausgreift.

Dies führt uns auf eine zweite bedeutungsvolle Eigenschaft der Lage unseres Gebietes: Es gehört dem Streifen an, den man ungezwungen als die Scheide zwischen dem östlichen und westlichen Europa bezeichnen kann. Der 12.⁰ östl. v. Gr. ist der Meridian des Fichtelgebirges. 14⁰ weiter im Osten schneidet den 50. Breitengrad eine Linie, welche die letzte bedeutende Einengung Europas zwischen dem Schwarzen Meer bei Odessa und der Ostsee beim Frischen Haff ungefähr andeutet; im O derselben breitet das europäische Russland seine weiten, asienhaften Ebenen zu voller Grösse aus, und schon haben wir die Linie überschritten, jenseits der das eigentliche Herrschaftsgebiet des Pontus liegt. In gleicher westlicher Entfernung öffnet sich der Kanal nach seiner letzten Einengung durch das Cotentin zum Ozean, und dessen Herrschaft deutet ebensowohl das von demselben Grade halbierte meerumgürtete Albion, wie auch der mächtig sich nach Frankreich hereinwolbende Golf von Biscaya an.[3]

Wenn nun auch der Unterschied zwischen dem ozeanischen Westen und dem kontinentalen Osten nicht derart gross ist, und also auch nicht so zum Austausch einladend erscheint, wie jener zwischen dem N und dem S, so ist er doch immerhin bedeutend genug, um zu regem Verkehr Anlass zu geben. Wir erinnern nur an den auch das ganze Mittelalter hindurch eine grosse Rolle spielenden Tausch von Wein, den der W und SW lieferte, gegen die Felle, das Rauchwerk, des O und NO. —

---

[3] Zum 12.⁰ als ungefähre Mittellinie Zentraleuropas kommt man auch, wenn man nicht, wie wir, lediglich nach Kriterien der horizontalen Entfaltung Europas scheidet, sondern vor allem die Orographie desselben berücksichtigt. 7⁰ weiter westlich trennt das Saône-Rhonebecken die zentralfranzösischen Gebirge von den Alpen, und vom Plateau von Langres und den Umwallungen des Pariser Beckens rinnen die Flüsse nach W zum Ozean, wenn auch freilich die norddeutsche Ebene sich in einem schmalen Streifen noch über diesen Grad westwärts erstreckt. 7⁰ weiter im O aber „biegt das System der s ü d europäischen Erhebungen in den Karpaten nach N; die m i t t e l europäische Gliederung kommt hier in Wegfall und das Karpatenland trifft mit der nordischen Ebene zusammen und verschmilzt mit ihr." (Penck, Das deutsche Reich, p. 94. Unser Wissen von der Erde, B. II, 1. Teil, 1. Hälfte.)

Und wenn auch allen Landwegen in diesen Richtungen die beiden Seewege im N und S der mitteleuropäischen Halbinsel gewaltige Konkurrenten sein mussten, so waren doch bei der für europäische Verhältnisse immerhin bedeutenden Entfernung beider Meereswege von einander (meist ungefähr 900 km) auch grosse Landwege ein dringendes Bedürfnis und mussten es umsomehr sein, je ferner jene lagen, also am meisten in dem zentralsten Streifen, dem auch unser Gebiet angehört.

Setzen wir den Fall völlig gleicher Wegsamkeit Mitteleuropas, so würden, da dann die zentrale Lage die meisten Beziehungen nach allen Seiten ermöglichte und da die Wege immer zur Mitte streben, die Lageverhältnisse an sich unser Gebiet zu einem Knotenpunkt von Wegen machen, wie er bedeutungsvoller in einem Umkreis von etwa 400 km sich kaum hätte entwickeln können.

Auch in einer anderen wichtigen Beziehung wird gern für unsere Gegenden zentrale Lage in Anspruch genommen. Das Gebirge soll sich mitten in Deutschland erheben, und Gutsmuths wollte daher den Ochsenkopf poetisch „Deutsche Krone" taufen.[4]) Aber wenn es auch gewiss bedeutungsvoll und die Lage des Fichtelgebirges trefflich charakterisierend erscheinen mag, dass ein Kreisbogen aus der Mitte desselben den Anfangspunkt des Rheindeltas, die Mündung der Weser und Oder, Pressburg, Trient, Basel und Strassburg trifft,[5]) so ist es doch mit dem Begriff: „Zentrale Lage" bei einem Siedelungsgebiete, wie es unserm Volke nun einmal leider beschert ist, eine etwas eigene Sache. Taute sucht sie für die Oberlausitz nachzuweisen[6]), und Arnold[7]) nimmt sie für Hessen in Anspruch. Wir bescheiden uns daher, Schmidt beizustimmen: „Dass das Fichtelgebirge im Herzen Deutschlands liegt, ist ein mit wenig Grund oft wiederholter Satz, der auch dann wenig Berechtigung hat, wenn man ihn, als aus alter Zeit stammend, in Rücksicht auf das deutschsprechende Österreich anwendet."[8]).

Aber auch jener andere Vorteil der Lage, das Herz Mitteleuropas zu sein, ist nur ein problematischer Wert; denn der Begriff des praktisch besten Weges verlangt nicht nur „die möglichst gerade", sondern auch „die möglichst horizontale und möglichst im Niveau der Erdoberfläche liegende Linie".[9]) Bedeutende vertikale Erhebungen können demnach ein zentral

---

[4]) und [5]) Daniel-Volz, Deutschland nach seinen physischen und politischen Verhältnissen I. 1894. p. 288 f.
[6]) G. Taute, Die Naturbedingungen in ihrer Bedeutung für den Verkehr der Oberlausitz. Jahresbericht d. Ver. f. Erdk. z. Leipzig 1895.
[7]) Arnold, Ansiedelungen und Wanderungen deutscher Stämme 1875.
[8]) Alb. Schmidt, Führer durch das Fichtelgebirge, 1894.
[9]) Schäffle, Bau und Leben, p. 137.

gelegenes Land für den Grossverkehr unwegsam machen (Tibet),
und zu einer ergebnisreicheren Würdigung der Lage können
wir nur dadurch kommen, dass wir sie betrachten im Zusammenhang mit einem so oder so beschaffenen Boden, der durch
diese Eigenschaften die Vorteile der Lage vielleicht erhöht,
durch jene zum Teil unwirksam macht, die einen Beziehungen
hemmt, die anderen fördert.

*II. Modifikationen der Lage und ihrer Wertung durch die
Bodenbeschaffenheit Mitteleuropas.*

1. Die Verkehrsgebiete Mitteleuropas.

„Als Teil eines grösseren Ganzen, das einer organisierten
Welt angehört, muss das Verhältnis des Teiles zum ganzen
Organismus erforscht werden." Diese methodische Forderung
aus Ritters Einleitung zu „Europa" gilt auch uns. Es wird
daher nötig, zunächst in einem allgemeinen Überblick über
die Oberflächenbeschaffenheit Mitteleuropas dessen wichtigste
verkehrsgeographische Eigenschaften kennen zu lernen und
deren Rückwirkung auf die Wertung unseres Gebietes als
Verkehrsgebiet zu prüfen.

Die wichtigsten Thatsachen und zugleich die auch für
den Verkehr entscheidenden sind aber diese: Im S erstreckt
sich ein gewaltiges Hochgebirge ungefähr von W nach O und
füllt dort einen grossen Teil des Raumes mit unwegsamen
Höhen. Im N legt sich an das Meer in derselben Richtung
eine nach O sich immer mehr verbreiternde Tiefebene, und
zwischen beiden zieht ein breites Band von nirgends alpine
Höhen erreichenden Mittelgebirgen hin, die oft freilich zu Hügellandschaften sich senken und grössere und kleinere Becken-
länder umrahmen.

Die Alpen scheiden auf eine lange Erstreckung Süd- und
Mitteleuropa, trennten demnach früher, als sie den Bewohnern
der italischen Halbinsel zum grössten Teil noch unbekannt
waren, ein Land hoher Kultur scharf von den rauhen Berg- und
Waldlandschaften Germaniens, die dadurch verhältnismässig
lange Zeit im Kulturschatten blieben; sie waren auch später
dadurch von höchster Bedeutung für das ganze Kulturleben
Mittel- und Osteuropas, dass sie die fortschreitende Entwickelung
aus dem direkten S—N Wege ablenkten und zu einem Umweg
über den Westen zwangen. (Ratzel.) So konnte schon die
westlichere Lage an und für sich zu einem Vorsprung in allen
Kulturfragen verhelfen. Erscheinen auch mit Höherentwickelung
der Verkehrstechnik die Alpen ausgezeichnet durch einen grossen
Reichtum an Pässen und durch hohe Wegsamkeit vor allem

der für sie so charakteristischen Längsthäler, so macht ihre bedeutende Gesamterhebung und ihre für europäische Verhältnisse gewaltige W—O Erstreckung doch einen in dieser Richtung sich bewegenden Grossverkehr unmöglich. Ihr wunderbarer, die Lombardei umgürtender Bogen nimmt auch der Poebene, dem innern Rande des Gebirges, jede grössere Bedeutung für einen kontinentalen Verkehr.

Diesem bleibt also nur der äussere Rand. Hier findet er auch willkommene Bahnen auf dem Alpenvorland, das sich als ein zuerst immer breiter, dann wieder schmäler werdender, meist bequem wegsamer Streifen von hochebenenhaftem Charakter längs der Alpen nach O zieht und dort eine dem Verkehr nicht minder günstige Fortsetzung im Karpatenvorland findet, wie er auch im W verhältnismässig leichten Übergang zum Rhonebecken gestattet. Dadurch und auch, weil er im N von dem Verkehr schon wieder grössere Schwierigkeiten bietenden Beckenlandschaften eingeschlossen wird, ist dieser Saum „eine der wichtigsten natürlichen Strassen, welche Europa von O nach W kreuzen."[1]

In anderer Weise beeinflussen die Alpen den Süd-Nord-Verkehr, und er ist gerade von höchster Bedeutung. Denn die Alpen trennen nicht nur ein an Gaben der Natur wie der Kultur reiches Land, Italien, von Mitteleuropa, sondern mit ihm zugleich die zwei für Mitteleuropa wichtigsten Meeresbuchten des Mittelländischen Meeres nebst ihren rückwärtigen Verbindungen. Der Verkehr war demnach hier, seitdem er sich in das Gebirge und durch dasselbe nach N wagte, ganz auf die Pässe angewiesen, und je intensiver er wurde, desto mehr wird er sich auch den bequemsten Alpenpassagen zugewendet haben, und das sind für ihn meist die niedrigsten. „Aber durchweg sind es hohe Pässe, die über die Alpen führen, mit alleiniger Ausnahme von zweien, dem tiefen Brenner und dem Pass von Reschen-Scheideck, die beide unter 1500 m Höhe bleiben."[2] Die Bedeutung des Brenner wird dadurch ausserordentlich gesteigert, dass östlich von ihm die gewaltige Mauer der Tauern auf eine Strecke von etwa 150 km, das ist einer Entfernung, die etwa der Länge des Erzgebirges mit Elstergebirge und linkselbischem Sandsteingebirge entspricht, jeden anderen Verkehr als den auf gefahrvollen und schwerpassierbaren Jäger- und Saumpfaden unmöglich macht. Der Brenner war auch schon das ganze Mittelalter hindurch der begangenste Alpendurchgang; nicht weniger als 66 Römerzüge,

---

[1] Penck, a. a. O. p. 187.
[2] Penck, p. 189.

die Hin- und Rückreise gerechnet, fanden über ihn ihren Weg,[3]) und als 1484 Erzherzog Siegmund von Tirol den Weg über denselben herstellt, d. h. wohl verbessert, da wird er gerühmt als „der Erfinder der wahren Kunst, die Berge, deren Felsen er durch Feuer, Schwefel und Eisen spaltete, gangbar zu machen."[4]) Vom Brenner aus führten dann die Wege nach dem N herab auf das breite Alpenvorland, aber meist nicht, wie heute, dem Innthal folgend, sondern die Kalkalpen im Fernpass überschreitend oder über Mittenwald-Weilheim, seit 1330 über Mittenwald-Oberammergau,[5]) ins Lechthal steigend.

Den Norden Mitteleuropas füllt eine Bodenform, die auf den ersten Blick auch in Bezug auf ihre Wegsamkeit das gerade Gegenteil der verkehrshemmenden und streng die Wege vorschreibenden Hochgebirgslandschaft des Südens zu sein scheint, eine weite Ebene, deren höchste Erhebung der etwa 330 m hohe Turmberg bei Danzig ist. Und doch lässt sich nicht verkennen, dass vor allem in Zeiten einer noch wenig hohen Verkehrskultur von ihr ein ähnlicher Einfluss auf den Verlauf der Wege ausging, wie von jener. Was im S die Terraingestaltung bewirkte, das erzwangen hier andere Eigenschaften des Bodens. Weite Sumpf- und Moorstrecken, die „für den Verkehr allerungünstigste Oberflächenform, ein Mittelding zwischen Festland und Wasser" (Kohl), Gegenden voll Sand, breite, versumpfte Flussufer, eine Menge von Seen machten die weite Ebene für den Grossverkehr unwegsam und wiesen diesen, wie im S die Alpen, an den Rand der Ebene, also auf die See hinaus oder an den Abhang der deutschen Mittelgebirge. Daher sehen wir schon sehr frühe eine für den W—O-Verkehr höchst wichtige Strasse, die „hohe Strasse" Sachsens, der Lausitz u. s. w. mit ihren mannigfachen Abzweigungen[6]) sich am Rande der mitteldeutschen Gebirgsschwelle und ihrer östlichen Fortsetzungen entwickeln und grosse Bedeutung gewinnen.

Während so demnach dem O—W-Verkehr der Ebene vor allem einzelne Formen der Wasserverteilung hindernd in den Weg traten, sind andere für den S—N-Verkehr von höchster Wichtigkeit: die wasserreichen, für Schiffahrt trefflich geeigenschafteten Flüsse des Flachlandes öffnen dasselbe in hohem Grade den nördlichen Meeren und bieten lange schon wegen ihres geringen Gefälles und ihres auch im Sommer noch

---

[3]) Schwartz, Mailands Lage und Bedeutung als Handelsstadt, Köln 1890.

[4]) E. Gasner, Zum deutschen Strassenwesen von der ältesten Zeit bis zur Mitte des 17. Jahrhunderts. Leipzig 1889. (p. 65.)

[5]) Götz, Die Verkehrswege im Dienste des Welthandels, 1888, p. 551.

[6]) Vgl. neben Taute auch: Falke, Zur Geschichte der hohen Landstrasse in Sachsen. Archiv für die Sächsische Geschichte VII. p. 113 ff.

genügenden Wasserreichtums, den sie zum grossen Teil den niederschlagsreichen Mittelgebirgen verdanken, bequeme Wege, die um so willkommener waren, je weniger brauchbar die Landwege sich erwiesen.

Freilich blieben dies die letzteren nicht immer. Als die Ebene anfing, sich dem von Westen heranströmenden Heer von deutschen Kolonisten zu öffnen, da war es diesen durch ihrer Hände Arbeit leicht möglich, die Naturgegebenheiten zu verbessern; ein neues Deutschland erwuchs hier, wirtschaftliche und politische Werte von vorher ungeahnter Grösse entfalteten sich, und immer mehr verschob sich der Schwerpunkt der deutschen Macht nach dem Tieflande des N, ein Wort Ratzels bewahrheitend: „Ein Hauch von der wirtschaftlichen und politischen Grösse des Meeres weht über jedes dem Meere zugewendete Tiefland hin."[7]

Weniger einfach als am Fusse der Alpen und am Rande des Meeres gestalten sich die Verhältnisse in dem dazwischen liegenden Streifen deutschen Bodens. Ein Gebiet höchst eigenartiger Natur, das auf den ersten Blick aus höheren und niederen Bergzügen und aus dazwischen liegenden Senken, die oft den Charakter weiter Becken haben, regellos zusammengewürfelt erscheint, entfaltet sich hier vor unseren Augen. Nirgends erheben sich die Gebirge in die Regionen absoluter Unwegsamkeit; fast nirgends finden sich auch, wie in der nordischen Ebene, jeden grösseren Verkehr hemmende Moorstrecken. Aber die Richtung der Bergzüge, die Lage ihrer Einsenkungen und vor allem auch die Achsenrichtung der Becken wies fast überall den Hauptverkehrsstrassen ihre bestimmten Bahnen und lässt sie so in enger Abhängigkeit vom Bodenrelief erscheinen.

Ein Blick auf die Karte genügt, um diese sich langhinstreckende Zone von zum Teil ausserordentlich reizvollen Hügel- und Berglandschaften in zwei Teile zu scheiden, einen breiten W und einen bedeutend schmäleren O; die nach O zu sich immer mehr verbreiternde Tiefebene ist nur ein anderer Ausdruck für dieselbe Thatsache. Der 12.° östl. L. giebt ungefähr die Scheidelinie, und nur eine schmale Brücke, die zudem zum Teil noch trümmerhaft erscheint, knüpft etwa unter dem 50.° Breitengrade Bande zwischen der westlichen und der östlichen Hälfte: das Fichtelgebirge. Die beiden das Mittelgebirge umfassenden Bodenformen, die Tiefebene des Nordens und die Hochebene des Südens, stossen hier in Ausläufern weit gegen das Innere Deutschlands vor und schaffen diese Einengung, so dem Fichtelgebirge eine einzigartige

---

[7] Politische Geographie p. 697, vgl. auch p. 691.

Stellung im Zuge der deutschen Mittelgebirge verleihend und
darum auch eine etwas genauere Betrachtung fordernd.
Das Alpenvorland verbreitert sich, wie schon erwähnt, ungefähr in der Mitte seiner Längserstreckung ganz bedeutend.
Ein etwa 300 km langer Abschnitt des Oberlaufes der Donau,
deren Thal im allgemeinen die nördlichste Grenze des alpinen
Gebietes bezeichnet, entfernt sich immer weiter vom Fusse des
Gebirges, bis sie bei Regensburg von Ausläufern des böhmisch-
bayerischen Grenzgebirges zum Abbiegen nach SO, also zur
erneuten Annäherung an die Alpen gezwungen wird. Dort
erreicht sie, indem sie den 49.^{0} n. Br. sogar noch etwas überschreitet, den nördlichsten Punkt ihres ganzen Laufes, den
Abschnitt, der sie am tiefsten nach Mitteleuropa hereinführt.
Nicht mit Unrecht könnte man wohl eine solche Stelle im
Flusslauf einer Meeresbucht vergleichen; denn ihre Wirkungen
sind z. T. dieselben: Bis hieher kann der vom Meere kommende
Verkehr auf bequemen Wegen ins Land eindringen, und dem
zum Meere eilenden wird gleichsam eine hilfreiche Hand weit
entgegen gestreckt, also ganz der Platz für eine Siedelung,
die berufen ist, im Verkehrsleben der Nation eine Rolle zu
spielen. Dieser naturgegebene Beruf erscheint hier noch dadurch verstärkt, dass die weiter donauaufwärts immer häufiger
werdenden und zudem oft ihre Lage ändernden Sand- und
Kiesbänke die Donaufahrt immer beschwerlicher machen.
Ebenso liessen ein paar energische Einengungen des Stromes,
vor allem die bekannte bei Weltenburg und Kehlheim, wo
zwischen steilen Kalkfelsen die Wellen mühsam sich Bahn
brachen, es manchem Schiffer geraten erscheinen, die gefähr-
lichen Strecken zu meiden und vorher schon zu landen. Die
frühzeitige grosse Bedeutung Regensburgs für den Verkehr zum
O, selbst bis hin zur alten Kaiserstadt Byzanz und der alten
Metropole des russischen Reiches, Kiew, erklärt sich daraus.
    Ein anderes macht seine Lage für uns noch interessanter.
Bei Regensburg mündet unter dem Meridian des Fichtelgebirges
ein Flüsschen, die Naab. Am Abhang des nördlichen Böhmerwaldes, vor allem aber an den Gehängen des Fichtelgebirges
liegen seine Quellen; dann eilen seine Gewässer durch eine
demnach in meridionaler Richtung sich erstreckende wellige
Thalmulde nach S, und ihr zwischen dem fränkischen Jura und
dem Böhmerwald eingesenktes Gebiet ist nicht anders aufzufassen, denn als „eine Dependenz des Alpenvorlandes".[8]
Von den Höhen des Fichtelgebirges führt demnach eine allmählich immer breiter werdende und dadurch auch politische
Bedeutung erlangende Senkung hochebenenhaften Charakters,

[8] Penck, p. 137.

der durch mancherlei von O und W hereinziehende Hügelreihen freilich öfter stark verwischt wird, als naturgegebener
N—S Weg zum letzten bedeutenderen Donauhafen und über
die Donau hinüber zur bayrischen Hochebene, zu den Alpen,
deren wichtigster Pass, der Brenner, sich fast in gerader südlicher Fortsetzung dieser natürlichen Linie öffnet, mit ihm eine
Fülle von weitreichenden Beziehungen zum ferneren Süden.
Die Bedeutung dieses N—S Weges und damit die Grösse
der Lage des Fichtelgebirges erhält eine ausserordentliche
Steigerung noch dadurch, dass in der nördlichen Fortsetzung
dieser Senke ein ähnliches Gebilde ähnliche Wirkungen erzeugt. Die norddeutsche Tiefebene sendet drei Buchten ziemlich
tief in den Wall der deutschen Mittelgebirge herein, so deren
Gefüge lockernd und auch die rückwärts liegenden Teile dem
Tieflande und dem Meere näher bringend. Dass drei Städte
wie Köln, Leipzig und Breslau sich als Zentren dieser Buchten
entwickeln konnten, charakterisiert stark genug die Wichtigkeit
solcher Bodenformen. Ebenso ist für eine Rangordnung
derselben vielleicht bezeichnend, dass die grösste der drei
Städte sich in der mittleren Bucht entwickelte, trotzdem sie
noch eine so günstig gelegene und auch viel protegierte Konkurrentin, wie es Halle war, aus dem Felde zu schlagen hatte.
Schon öfter ist dargestellt worden, was solchen Buchten ihre
vor allem verkehrsgeographisch so ausserordentliche Bedeutung
verleiht, was insbesondere berechtigt, den in dem Namen
Tieflands„buchten" enthaltenen Vergleich zu wagen nicht allein
im Hinblick auf die rein äusserliche Formenähnlichkeit, sondern vor allem auch auf mancherlei ähnliche anthropogeo-
graphische Wirkungen beider Gebilde, die zuletzt sich auf die
Grundthatsache zurückführen lassen, dass der Verkehr möglichst
horizontale Bewegungen als am vorteilhaftesten erkennt und
dass er solange als möglich Bahnen, die ihm solche gestatten,
beibehält. Ebenso sind, meist im Zusammenhang damit, alle
die natürlichen Vorzüge, vor allem auch die der Lage, welche
speziell die sächsisch-thüringische Bucht zu einem der wichtigsten Verkehrsgebiete Deutschlands machten und dessen
zentralste Stadt, Leipzig, zu einer im Laufe der Jahrhunderte
fast stets steigenden Bedeutung gelangen liessen, wiederholt
schon eingehender erörtert worden. [9] Für unsere Zwecke genügt es daher, diese derart, als höchste wirtschaftliche Werte

---

[9] Vgl. neben Taute auch: Heller, die Handelswege Inner-Deutschlands
im 16., 17. und 18. Jahrhunderte u. ihre Beziehungen zu Leipzig; 1884.
A. Kirchhoff, die Lagenverhältnisse der Stadt Halle. Mitteilungen des Ver. für
Erdkunde zu Halle 1877. K. Hassert, die geographische Lage und Entwickelung
Leipzigs. Mitteilungen des Vereins für Erdkunde zu Leipzig 1898.

enthaltend, charakterisierte Bucht als ein Gegenstück der Naabbucht zu betrachten. Wie dort das Hochland, so streckt hier
ebenfalls ungefähr unter dem 12° östl. L. das Tiefland einen
Zweig zum Fichtelgebirge. Nur in sehr allmählichem Anstiege,
wie eine wenig geneigte schiefe Ebene erheben sich die dem
Gebirge im N vorgelagerten Hügellandschaften, und weit nach
S findet daher der Verkehr der Tiefebene fast hindernislose
Bahnen. Die Thäler der Saale, der Elster und der Pleisse
geben ihm die Richtung, und es sammeln sich hier die Strassen
aus den weiten Gebieten des N und NO, die jetzt die deutsche
Vormacht und Deutschlands Hauptstadt tragen, aber auch
Strassen von den nicht sehr fernen Meeren, denen, wie wir
schon sahen, die grösseren Ströme vor allem dienstbar waren,
so dass hier alle die Wirkungen der Ebene und damit auch
manche des Meeres bis fast an den Fuss unseres Gebietes
herangetragen werden. Tiefland und Alpenvorland nähern
sich auf eine Entfernung von nicht sehr viel über 100 km,
und die Quellen von Abflüssen der Nord- und der Südab-
dachung des Mittelgebirgswalles liegen nur wenige Stunden
auseinander: dem Nordsüdverkehr ist so von der Natur eine
Bahn bereitet, wie sie in gleich grossartiger Einfachheit in
dem orographisch so bewegten Mitteleuropa sich erst da
wieder findet, wo die dritte der Tieflandsbuchten an der Oder
nur durch geringfügige wasserscheidende Höhen von dem
Thale der March getrennt ist. Die wahrhaft kontinentale
Bedeutung dieser Linie tritt auch sofort klar hervor, wenn
man beachtet, dass auf demselben N—S Streifen, dem das
Fichtelgebirge angehört, oder doch in seiner nächsten Nachbarschaft Christiania und Kopenhagen, München, Venedig und
Rom, der Sund und der Brenner liegen, und dass Berlin nur
ein klein wenig seitwärts nach O gerückt erscheint.

Aber auch die Gebiete, die zwischen der Naabbucht und
ihrem nordischen Gegenstück an das Fichtelgebirge heran-
reichen, bringen demselben reiche Beziehungen und geben so
seiner Lage erhöhtes verkehrsgeographisches Interesse. Auch
hier ein Widerspiel! Streckten sich in longitudinaler Richtung
Tiefebene und Hochgebirgsvorland die Hände entgegen, so
lehnen sich hier in der Richtung der Breitenkreise zwei
Beckenlandschaften, nur durch das Fichtelgebirge getrennt,
aneinander: das südwestdeutsche und das böhmische Becken.

Das südwestdeutsche Becken hat im wesentlichen die
Form eines mächtigen Dreieckes, das auf der nördlichen Seite
die mitteldeutschen Gebirge vom Schiefergebirge bis zum
Frankenwald, im SO hauptsächlich der Jura, im W das
Lothringer Stufenland begrenzen. Während es demnach nach
NO tief hereingreift ins Herz Deutschlands, hat seine südliche

Ecke bequeme Beziehungen zu jener merkwürdigen Senke
zwischen dem alpinen und dem französischen Gebirgstypus,
welche der Saône-Rhone ihre Wege wies und mittelmeerische
Einflüsse mehr als irgend eine andere Stelle des europäischen
Bodens tief herein in den Kontinent lenkte. Dazu kommt
noch, dass der das Becken durchfliessende Rhein als ein
Alpenabfluss dasselbe mit jenem südlichen Hochgebirge verknüpft und in den Thälern seiner Zuflüsse wichtige Pfade
hinauf zu den Pässen und hinüber nach Italien führt; dass er
aber da, wo er das Becken wieder verlässt, eine zwar enge,
aber, weil die einzige, daher um so wichtigere Gasse durch
den Mittelgebirgswall zur norddeutschen Tiefebene, d. h. zu
ihrem vorgeschobenen Posten, dem rheinischen Tieflandsbusen,
offnet. Nimmt man dazu noch, dass auch die Umwallungen
des Beckens reiche Verknüpfungsmöglichkeiten bieten: durch
die Senke von Zabern zum Lothringer Stufenland und ins
Pariser Becken; durch die mancherlei Durchgänge des Jura
zur oberdeutschen Hochebene und zum Hauptweg nach O,
zur Donau; durch die hessische Senke endlich nach N und
NO ins Thal der Weser und in die Thüringer Gebiete, so
ergiebt sich daraus die ausserordentliche Wichtigkeit dieses
Beckens als eines mitteleuropäischen Durchgangslandes.

Dasselbe steht aber in engsten Beziehungen zu unserm
Gebiet. Denn während die eine der in demselben massgeben-
den Hauptrichtungen durch den Rhein in seinem Laufe zwischen
Basel und Mainz repräsentiert wird, bringt die andere der Main,
der grösste Nebenfluss des Rheines, deutlich zur Erscheinung.
Er ist aber zugleich, wie bekannt, der wichtigste Abfluss des
Fichtelgebirges und sammelt in seinem Becken auch eine
Reihe anderer in jenen Gegenden entstehender Gewässer.
Der Vereinigungspunkt beider, in dessen Nähe zudem noch
drei weitere der vorhin angedeuteten Verkehrsrichtungen
münden, „so dass hier büschelförmig die natürlichen Strassenzüge zusammenlaufen, wie an keiner zweiten Stelle Mitteleuropas,"[10]) liegt unter demselben Breitengrade wie das Fichtelgebirge und erhebt dadurch auch die Beziehungen zum W
weit über das Mass von Bedeutung, das ein zum Teil schiff-
barer Fluss schon an und für sich einer Verkehrsrichtung verleiht. Freilich darf bei einer Abschätzung des Wertes derselben
nicht vergessen werden, dass der Main, der durch die eigentümlichen orographischen Verhältnisse des südwestdeutschen
Beckens oft gezwungen ist, neue Wege einzuschlagen, wegen
seines fast einzigartig gekrümmten Laufes nicht als sehr vorteilhafter Repräsentant jener Beziehungen angesehen werden kann.

---

[10]) Penck, p. 254.

Viel energischer umschlossen und darum auch viel früher
als das südwestdeutsche Becken in seiner Eigenschaft als
solches aufgefasst ist das böhmische Becken, geologisch
ebenso wie orographisch scharf charakterisiert und auch in
seiner ganzen Geschichte individualisiert wie kein zweites Land
Mitteleuropas, „ein so eigenartiges, vollkommen begrenztes
Land, wie es inmitten eines Kontinentes, ohne Meeresgrenzen,
überhaupt nur denkbar ist".[11]) Obwohl hydrographisch zu
Norddeutschland gehörig, hängt es doch, so lange es geschichtlich hervortritt, aufs engste mit dem Südosten und
Osten zusammen. Über die dort scheidende mässig ansteigende
Plateaulandschaft drangen die heutigen Bewohner des zentralen
Teiles ein und hängen heute noch in breiter Verknüpfung
mit Stammesgenossen zusammen; uralte Wege knüpften dort
Handelsverbindungen nach Mähren und Ungarn und auch
durch die jedem Verkehr günstige mährische Pforte nach
Schlesien und Polen.

Die wichtigste Verkehrslinie ist das Thal der Moldau-Elbe;
es findet einerseits nach Süden eine bequeme Fortsetzung zur
Donau und zum salzspendenden Gebiete der Alpen, andererseits ist es durch das Engthal der Elbe natürlich mit der
nordischen Ebene verknüpft. Zu dieser Rinne senken sich
die Nebenflüsse und die anderen Verkehrswege, und in jenem
Abschnitte, in welchem sich die wichtigsten derselben zum
Moldauthale öffnen, erhob sich früh schon das „goldene Prag"
zur Beherrscherin Böhmens, nicht nur im politischen, sondern
auch in jedem andern Sinne, vor allem auch im wirtschaftlichen.
Dort einten sich daher auch die Verkehrsstrassen, die diesen
scheinbar so abgeschlossenen Kessel mit dem kulturgebenden
Westen und Nordwesten verbanden, um von hier wieder nach
Osten auszustrahlen.[12])

Da nun, wo Böhmen am weitesten nach dem mittleren
Deutschland eindringt, rührt es an das Fichtelgebirge, und
dieses allein scheidet es, wie schon angedeutet, von dem hier
nach O weit vordringenden südwestdeutschen Becken, so dass
demnach dessen O—W Linie, der Main, berufen erscheint,
auch dem nahe an seine Quellen reichenden Böhmen ein
Weg nach dem W zu sein und das Fichtelgebirge höchst bedeutungsvoll für in der Richtung der Breiten sich vollziehende
geschichtliche Bewegungen zu machen. Die Lage der Mittelpunkte beider Becken macht dies noch deutlicher; denn
beide liegen fast genau unter dem von uns als das Fichtel-

---

[11]) H. Schurtz, Die Pässe des Erzgebirgs p. 5. (1891).
[12]) Supan, Die Österreichisch-Ungarische Monarchie. (Kirchhoffs Länderkunde: B. II. Unser Wissen u. s. w. B. II, 1. Teil, 2. Hälfte 1889, p. 146 ff.

gebirge treffend charakterisierend erkannten 50° n. Br.: Prag
unter 50° 5′ 19″ und Frankfurt a. M. unter 50° 6′ 43″. Eine
direkte Linie zwischen beiden schneidet demnach den zentralsten Teil des Fichtelgebirges und trifft in ihrer östlichen Verlängerung die alte Eingangsstadt und früh wichtige östlichste
Handelszentrale dieses Streifens, Krakau (50° 3′ 50″).

Rückschauend auf das bisher Erörterte ergiebt sich: das
Fichtelgebirge ist zu einem Übergangs- oder Durchgangsland
bestimmt; denn es liegt da, wo vier ausgesprochen individua-
lisierte Landschaften Mitteleuropas aufs engste zusammentreten,
gewinnt dadurch Anteil an dem Leben aller und wird Vermitt-
lungszone für die von einem zum gegenüberliegenden Gebiete
strebenden Äusserungen kulturellen, vor allem wirtschaftlichen
Lebens. Es wird ihm also im reichsten Masse das zu teil,
„was der Vorstellung von der Lage eines Ortes einen Inhalt
verleiht, der weit über die topographischen Antworten auf die
Frage: Wo? hinausgeht",[18] eine Reihe von ausserordentlich
bedeutungsvollen Beziehungen zu den wichtigsten Teilen des
zentralen Europas. Tiefebene und Hochebene und als ihre
Hinterländer die Meeresküste und die Alpen nach der einen,
das westliche und das östliche Becken Süd-Deutschlands und
als deren rückwärtige Verbindungen Ost- und Westeuropa nach
der andern Richtung, die sich hier berühren, liegen ja nicht
in totem Nebeneinander da, sondern es ist eine lebendige An-
einandergliederung, und Beziehungen zwischen allen, die sich
über unser Gebiet hinwegspinnen, können nicht ausbleiben.
Charakteristisch ist es auch, dass nicht nur eine Reihe von
Staaten: Sachsen, Böhmen, Bayern und thüringische Städtchen,
dorthin sich drängen, dort sich anlehnen, zum Teil die von
der Natur gegebenen Mulden füllend, sondern dass auch —
und das ist, weil ursprünglicher und viel dauernder, weniger
der oft etwas willkürlich waltenden politischen Geschichte unterworfen — dort vier Volksstämme an-, ja ineinander sich
schieben: Bayern, Franken, Sachsen und Thüringer.

Am elementarsten und anschaulichsten prägt sich die
Eigenschaft des Fichtelgebirges als eines Mittelgliedes zwischen
verschiedenen Neigungen des Bodens, aus der dann eine Reihe
damit verknüpfter anthropogeographischer Wirkungen hervorgehen, aus in seiner Funktion als Wasserscheide. Schon
sehr frühe ist Schilderern des „Berges" als höchst bemerkenswert aufgefallen, dass vier Flüsse von dort nach den verschiedenen
Himmelsgegenden enteilen. Um das Wunder noch deutlicher
zu machen, wob die allzeit hurtige Phantasie hinzu, dass ein
hoch in den Bergen versteckter geheimnisvoller See aller

---

[18]) Ratzel, Polit. Geogr. p. 236.

vier Flüsse Erzeuger sei. Dadurch erschien ihnen der gewaltig hohe Fichtelberg so recht gestempelt zu einem „Haupte und Gebieter deutschen Landes", ähnlich einem siegreichen Feldherrn, der das umliegende Land dadurch symbolisch seiner Herrschaft unterwirft, dass er nach den vier Örtern der Welt sein eroberndes Schwert schwingt.

Schon der im 15. Jahrhundert thätige Matthias von Kemnat, der in seiner „Chronik Friedrich des Siegreichen" auch den seiner Heimat nahe gelegenen Berg und vor allem seinen Schätzereichtum schildert, erwähnt den See und die aus ihm fliessenden vier Flüsse, und Bruschius, der erste ausführliche Beschreiber des Fichtelgebirges, besingt diese Merkwürdigkeit 1592 folgendermassen:

Moenus ubi pater et cum Sala nobilis Egra
Et Nabus ex uno monte lacuque fluunt,
Quatuor in partes abeuntia flumina mundi,
Quorum Albis bibit et Rhenus et Ister aquas.[14])

Sind wir auch gewohnt, derartige Naturwunder mit etwas nüchterneren Augen zu betrachten, so sind uns doch die vier Flüsse ein prägnanter und interessanter Ausdruck der Thatsache, dass vier auf grössere Entfernungen hin sich erstreckende Bodenneigungen hier beginnen, und dass damit die vier Endpunkte naturgegebener Bahnen für alle geschichtlichen Bewegungen aneinander rühren und zum Übergang einladen.

Freilich gehoren zwei von diesen Flüssen, Saale und Eger, einem und demselben Stromgebiet an, so dass zur Elbe strebende Bewegungen zwei Wege angedeutet fanden, was eine Schwächung der Bedeutung des einen zur Folge haben musste; diese musste sich wahrscheinlicher bei der Eger, als bei der Saale offenbaren, da erstere nur zu einem beschränkten Gebiete, das der Oberlauf der Elbe beherrscht, führt, und da wegen der kräftigen Umrandung desselben im O eine Fernwirkung in gerader Richtung über die Elbe hinweg sehr erschwert war. Der Nordweg dagegen führte zum Mittel- und Unterlauf der Elbe und damit zur kaum begrenzten Ebene. Dass die Saale denselben freilich sozusagen nur andeutet, indem sie eine Bodensenkung nach N beweist, wird durch die eigentümliche Beschaffenheit ihres Oberlaufes erklärt; wir werden später noch davon zu sprechen haben. Die Elster und auch die Pleisse übernehmen bald sozusagen vikarierend ihre Funktionen.

Noch ein anderer Unterschied ist charakteristisch und lehrreich. Die nach N und nach S weisenden Flüsse treffen die

---

[14]) Vgl. Quellen und Erörterungen zur bayrischen und deutschen Geschichte, B. II. Des Matthias von Kemnat Chronik Friedrich I. des Siegreichen; für Bruschius: Ausführliche Beschreibung des Fichtel-Berges in Norgau liegend u.s.w. Leipzig 1716.

Gebiete, für deren Verknüpfung mit unserm Gebiete sie uns Symptome sind, an Stellen breitester Entfaltung, gleichsam an Achsen derselben. Sie müssen so theoretisch als Sammellinien eines ausgedehnten Gebietes, als Fortsetzung des nach allen Seiten verknüpfungsreichen Weges durch die Mitte eines Verkehrsgebietes gelten und dadurch erhöhte Bedeutung gewinnen. Die nach O und W ziehenden Abflüsse dagegen bahnen sich ihre Wege ziemlich am Rande ihrer Becken, erscheinen demnach excentrisch, nach N verschoben, fassen daher auch nicht die ganze Bewegung in sich zusammen, sondern müssen einen Teil derselben an weiter südlich sich entwickelnde, in westlicher oder nordwestlicher Richtung zum rheinischen, in östlicher zum böhmischen Verkehrszentrum streichende Verkehrswege abgeben.

Dieser Unterschied der longitudinalen und latitudinalen Verkehrswege kann sich demnach auch in einem Wertunterschiede derselben geschichtlich ausprägen.

2. **Der die Verkehrsbedeutung des Fichtelgebirges beeinflussende Gebirgsbau Mittel-Europas.**

Um die in der Lage des Fichtelgebirges begründeten Beziehungsmöglichkeiten nicht allein nach ihrem aus der Zonenlage apriorisch deduzierten Werte, sondern nach ihrer thatsächlichen Bedeutung zu erfassen, suchten wir vor allem die natürlichen Gebiete zu erkennen, welche die Lage zu einer charakteristischen und verkehrsgeographisch wirksamen machen. Wollen wir im folgenden das Bild des dadurch wirklich Gegebenen noch etwas genauer zeichnen, so müssen wir etwas länger bei der damit schon herbeigezogenen und auch so schon öfter gestreiften zweiten Bedingung jeder Verkehrsmöglichkeit, den orographischen Verhältnissen, verweilen und besonders die die einzelnen Naturgebiete scheidenden Höhen, die den Verkehrswert des Fichtelgebirges je nach ihrem eigenen mehren oder mindern, in den Kreis unserer Betrachtungen ziehen.

Hochgebirge schaffen nicht nur dadurch polarähnliche Verhältnisse, dass sie anökumenische Gebiete mitten in Zonen intensivster Bewohnung hereinlegen, sondern auch dadurch, dass sie einen hohen Grad von Unwegsamkeit aufweisen. Glücklicherweise ist der Wall der höchsten Erhebungen selten auf sehr lange Strecken undurchbrochen, und Pässe ermöglichen meist einen das Gebirge querenden Verkehr. Aber diesem sind durch sie ganz bestimmte, unwandelbare Bahnen angewiesen, und er kann nur, wenn der Pässe viele sind, wie in manchen Teilen der Alpen, aus den gegebenen Wegen den auswählen, der nach Herkunft und Ziel des Verkehrsstromes am zweckmässigsten

erscheint. Das Verkehrsnetz wird unter solchen Verhältnissen
fast immer ziemlich weitmaschig sein; in grossen Zügen, die
wegen ihrer Jahrhunderte hindurch gleichbleibenden oder nur
gelinde schwankenden Bedeutung etwas wie einen Abglanz der
monumentalen Ruhe, der „Ewigkeit" der Hochgebirgsnatur in
sich tragen, werden sich die einzelnen Routen des Grossverkehrs
vor unseren Augen entrollen; sie werden sich scharf abheben
von den Touristen- und Jägerpfaden nicht nur, sondern auch
von den Wegen und Strässchen, die, lokalem Verkehre dienend,
hineinführen in die einzelnen Thälchen, auch wohl ins Nachbar-
thal hinübersteigen und in ihrem Verlaufe all die Kleinformen
einer so bunten und abwechselungsreichen Natur widerspiegeln.

Mittelgebirge, als deren Typus wir die deutschen hinnehmen
wollen, unterscheiden sich dadurch von den höchsten Erhebungen der Erde, dass sie nirgends absolut unwegsam sind.
Wenn die Wege hier Höhen, die in den Hochgebirgen willkommene und vielgesuchte Pfade sind, meiden, so geschieht
dies nur, weil der Verkehr in jeder Form nicht allein darnach
trachtet, gewisse Ziele zu erreichen, sondern auch darnach, dass
dies mit möglichst wenig Aufwand von Kraft geschehe. Demnach wird der an und für sich beste Weg, der geradlinige, dann
unrentabel, wenn er mit unverhältnismässig grossen Opfern an
Kraft und Zeit erkauft werden müsste. Ein Kompromiss ist
die Folge: der beste Weg ist der, welcher Kürze und Bequemlichkeit am weitgehendsten vereint.

Nun können zum ersten zwar die Ziele, die über ein nur
etwas ausgebreitetes Mittelgebirge hin erstrebt werden, sehr
verschieden sein, und dies würde nach dem vorhin Gesagten
einen grösseren Reichtum an Wegen, ein viel engmaschigeres
Netz derselben ergeben als im Hochgebirge. Andererseits ist
aber der bequemste Weg meist der, welcher die geringste
Steigung zu überwinden hat. Der Verkehr wird deshalb
gern nach möglichst horizontalen Bahnen trachten, die Höhenzüge, wo es mit dem Grundsatz der Kürze vereinbar ist,
meiden oder, wo er sie zu überschreiten gezwungen ist, dies
auf dem kürzesten Wege senkrecht zum Streichen derselben
versuchen, gleich dem Wasser, das harte Schichten durchbrechen
muss;[1] vor allem wird er auch, wo es möglich ist, die natürlichen Hereinragungen einer sanfteren Neigung des Bodens in
die Regionen der Steilabhänge, die Thäler, für seine Zwecke
benützen, sofern sie nicht durch zu grosse Enge, durch dem
Verkehr abholde Bodenbeschaffenheit und ähnliches als ungastlich erscheinen. Aus diesen Gründen werden wir doch

---

[1] Vgl. v. Richthofen, Führer für Forschungsreisende p. 170 u. Ratzel,
Anthropo-Geogr. II. p. 534.

wieder auch das engmaschigere Verkehrsnetz der Mittelgebirge
in starker Abhängigkeit von den Formen der Erdoberfläche
sich entwickeln sehen. Dass er dabei freilich nicht lediglich
den mechanischen Gesetzen des Wassers folgt, deuteten wir
einleitend schon mit einem Worte Hettners an. Das Wort
Cottas: „Der Verkehr senkt sich wie eine Flüssigkeit von den
Höhen in die Tiefen"[2]), enthält eben einen Vergleich, der als
solcher schon wie alle Vergleiche hinkt, der aber noch mehr
an erklärendem Werte durch den sehr nahe liegenden Gedanken
verliert, dass der Verkehr zuerst doch in den allermeisten Fällen,
bevor er dem Wasser gleich die Berge herabfliessen kann, zu
ihnen emporsteigen muss, und dass daher seine ideale Bahn
im Gebirge nicht die oben steile Erosionskurve,[3]) sondern die
schiefe Ebene ist, der zuliebe er öfter Thalungen meiden wird.

Die Funktionen der Bodenformen für den Verkehr sind
also im Mittelgebirge hauptsächlich zweifacher Art: die Wege
erhalten durch sie für kürzere oder längere Strecken ihre
Richtung, und sie werden, während sie sich im Ideal der Wegsamkeit, einer weiten Ebene, zerstreuen würden, hier zusammengefasst, um so stärker, je kräftiger die Profilierung des
Bodens ist. Eine Wirkung von Lage und Bodengestalt zugleich
ist die meist bald eintretende Differenzierung im Wegenetz,
die wichtige von weniger bedeutenden Wegen scheidet: der
Weg wird dem intensivsten Verkehre dienen, der die wichtigsten
Ziele auf den bequemsten Wegen verbindet. Freilich das Streben
nach bequemen Pfaden wird vor allem in Zeiten niederer Verkehrskultur ausschlaggebender gewesen sein als die Lage der
kürzeren. Denn der durch Benutzung der letzteren erzielte
Gewinn wird um so weniger bedeutend, die zur Erreichung
der bequemeren Strassen notwendigen Abweichungen immer
unwichtiger, je entfernter die Ziele sind. Dazu kommt, dass
die „Überwindung des Raumes an sich" schon sehr viel Zeit
kostete. „Die Wege konnten zwischen den weit auseinander
liegenden Orten nur weit sein und schwankten gar sehr um
die kürzeste Linie."[4]) Aber die Überwindung des Raumes
forderte an sich auch schon sehr viel Arbeit, und daher wurde
wiederum öfter ein kurzer Weg gewählt, den der heutige Verkehr als zu beschwerlich umgeht. Denn „um so weniger fielen
— damals — die Schwierigkeiten ins Gewicht, die auf beschränkten Gebieten zu überwinden sind. Diesem Gesetze
folgend, suchten die alten Verkehrswege weniger ängstlich als
die neueren die starken Steigungen zu vermeiden."[4]) Für lokale

---

[2]) Nach Zoepfl, Fränkische Handelspolitik im Zeitalter der Aufklärung.
Leipzig 1894.
[3]) Supan, Physische Erdkunde, 2. A. p. 382.
[4]) Ratzel, Politische Geographie p. 414.

Erscheinungen siegte also wieder oft die einen kürzeren Weg
gewährende Lage über die günstigere Bodenbeschaffenheit.
Nach diesen allgemeinen Erörterungen, welche die wichtigsten Beeinflussungen der Organe des Verkehrs durch das
Mittelgebirge darzustellen versuchten, wenden wir unsere Blicke
wieder der Wirklichkeit zu. Wir gewinnen dadurch zugleich
einen Prüfstein für jene theoretischen Ergebnisse, zunächst
freilich nur für einen Teil derselben. Ein anderer reicht über
die uns fürs erste interessierende Frage nach der Einwirkung
der dem Fichtelgebirge benachbarten Gebirge auf
dessen Verkehrsbedeutung schon hinaus.
Wie uns die nach vier Himmelsgegenden vom Fichtelgebirge rinnenden Flüsse das am deutlichsten sichtbare Zeichen
für ebensoviel dort sich treffende Absenkungen waren, so kann
eine andere Berühmtheit dieser Berge als ein der allem Wunderbaren und Kuriosen geneigten Naturanschauung früherer Jahrhunderte adäquater Ausdruck für eine weitere charakteristische
Eigenschaft desselben hingenommen werden: Auch vier Gebirge
sollten hier ausstrahlen und zwar zwischen den Flüssen nach
den vier Nebenhimmelsgegenden; das Fichtelgebirge galt
daher „als der eigentliche Angelpunkt Deutschlands“.[5]) Die
Wissenschaft hat auch diesen Ruhmestitel des Gebirges schon
ziemlich lange zerpflückt, seines etwas mystischen Glanzes
entkleidet; aber doch musste sie auch in ihm einen berechtigten
Kern anerkennen: das Fichtelgebirge erscheint auch ihr noch
als ein wichtiger Kreuzungspunkt der zwei auf deutschem
Boden so deutlich hervortretenden Gebirgsrichtungen, die wir
am einfachsten nach zwei ihrer Vertreter als die sudetische
und die erzgebirgische unterscheiden, als „mitteldeutscher
Gebirgsknoten“ (Penck) und als eine Gegend, in der sich vier
der bedeutendsten Erhebungen unseres Vaterlandes sehr nahe
treten. Unter anderer Form sind diese letzteren uns schon
entgegengetreten: als die Ränder und Scheiden der vier ans
Fichtelgebirge rührenden Mulden und Buchten. Denn nicht
über flaches, kaum Hügelland zu nennendes Terrain hinweg
steht jede der letzteren mit ihren Nachbarn in Beziehung,
sondern kräftig modellierte Höhenzüge bilden eine energisch
hervortretende Grenze, die auch dem Verkehr hin und her
manches Problem stellt, hier zur Benutzung einladet und dort
dieselbe schwer macht, hier Randstrassen an ihrem Abhange
hin entstehen lässt, dort Wege zum Abbiegen und Ausweichen
veranlasst.
Da zieht zunächst ein Waldgebirge in einer langen Linie
von SO nach NW. Über 400 km liegen zwischen der Gegend

---

[5]) Penck, p. 297.

von Linz, wo an der Donau seine Richtung sich ändert, bis zum Werradurchbruch; erst hier verdeutlichen Höhenzüge einer anderen, nordsüdlichen, Streichrichtung auch eine andere Landschaftsgliederung. Quer zieht es über vier Längen- und über 2½ Breitengrade hinweg als die Gebirgsdiagonale eines gewaltigen Viereckes von etwa 300 km Seitenlänge, sowohl für den N—S-, wie auch für den O—W-Verkehr eine stets zu berücksichtigende Naturgegebenheit. Betrachten wir dieselbe in denjenigen ihrer Eigenschaften, die den Verkehr zu beeinflussen imstande waren und sind, etwas genauer.

Ein Blick zeigt schon, dass der ganze Gebirgswall in zwei nur lose verknüpfte Teile zerfällt. Der südöstliche Flügel, der Böhmerwald, übertrifft den nordwestlichen nicht nur an Länge, sondern meist auch an Breitenausdehnung und Höhe, ist auch in Entstehung und Bau vollständig von seinem Gegenstück verschieden. Ein uraltes Gebirge, zusammengesetzt aus einzelnen langgedehnten Rücken, legt sich sein südlichster Teil in einer Breite bis zu 70 km herein zwischen das böhmische Becken und das bayerische Alpenvorland. Die wichtigsten Pässe, der von Kuschwarda und der von Eisenstein, finden sich in Höhen von über 900 m und wurden deshalb, und da die Wege über sie nicht einen, sondern mehrere Rücken zu überschreiten haben, nie von Strassen, die auch den Grossverkehr anlockten, benützt, obwohl schon sehr frühe Saumtiere meist mit Salz aus Bayern sie begingen. Der von Süden über die Alpen herkommende Verkehr wurde demnach nicht versucht, vom bayerischen Alpenvorlande nach Böhmen zu jener natürlichen Nordstrasse, die das Moldau-Elbethal bietet, überzutreten, sondern er zog westlich des Böhmerwaldes nach N.

Der Südwestabhang des südlichen Teiles dieses Gebirges weist auch auf eine lange Strecke der Donau und mit ihr der bedeutendsten OW-Strasse im nördlichen Alpenvorland den Weg. Verliefe nun eben dieser Abhang die ganze Erstreckung des Waldes in gerader Richtung weiter, so würde dadurch wohl an ihm entlang ein bedeutender Verkehrsweg vom Scheitelpunkt der Donau zum oberen Main, wo er aus der Fortsetzung dieses Bergwalles heraustritt, und zur oberen Weser erzeugt worden sein, eine Randstrasse, analog der schon erwähnten nördlich des Erzgebirges oder der Bergstrasse.[6]) So aber sehen wir, dass der südliche und der nördliche Teil des Böhmerwaldes untereinander in der Richtung divergieren. Der südliche ist stärker nach W, der nördliche stärker nach N gewendet. Dazu liegt dem

---

[6]) Vgl. Ratzel, Polit. Geogr. p. 650: In dem Bestreben, die Vorteile des Tieflandes soweit wie möglich an das Gebirge heranzutragen, nähern sich die Wege dem Rande des Gebirges und sammeln dort die aus den Thälern und Pässen kommenden kleineren Adern.

südlichen der „Vordere Wald" breit vor, drückt gleichsam die
Donau vom eigentlichen Hauptkamm weg und mit ihr auch
den von SO herkommenden Verkehr, dem er, über sich
hinaus noch wirkend, Richtung zwar auch noch zum Main,
aber zu dessen mittlerem Abschnitte giebt, so dass von dem
weiter nördlich hinstreichenden Gebirge, also auch dem Fichtel-
gebirgswestabhang, ein Teil des Verkehrs, der sich sonst ihm
entlang wohl hinschieben würde, abgelenkt wird.

Der nördliche Teil des Böhmerwaldes, der Oberpfälzer
Wald, ist durch „eine etwa 20 km breite Einsenkung, die in
Form eines welligen Hügellandes die Gebirgsumrandung
Böhmens völlig unterbricht",[1] von dem südlichen deutlich
getrennt. In etwa 425 m Höhe führt eine natürliche Strasse
bequem nicht nur die aus dem hier nach N vorstossenden
Alpenvorlande, sondern auch die von W kommenden Strassen
nach Böhmen (von Furth nach Taus). Aber sie liegt etwas
weit hinter dem Vorderen Wald zurück und erscheint so zwar
für den Verkehr aus Bayern nach Böhmen, der die weiter südlich sich öffnenden hochgelegenen Pässe gern meiden wollte,
höchst willkommen, wie denn auch eine uralte Strasse hier Regensburg und Prag verband; aber den über Böhmen hinaus oder
auch nur den in die nordwestliche Ecke des böhmischen Beckens
ziehenden Verkehr vermochte sie nur in geringem Masse an-
zuziehen. Um so wichtiger war sie von je her für den W—O
Verkehr. Der Oberpfälzer Wald freilich ist geeigenschaftet,
mit ihr dafür in Wettbewerb zu treten. Seine Pässe sind zwar
noch bedeutend höher; aber doch überschreitet keiner die
700 m-Linie, und die Erhebung selbst hat vor allem an Breitenausdehnung bedeutend verloren; sie ist „auf 75 km Länge eine
nur wenige Stunden breite Gebirgskette". Über sie fanden
Wege in Einsattelungen Raum, die aus dem weiherreichen Thal
der oberen Naab an den von den Höhen kommenden kleineren
Flüsschen, der Pfreimt, der Waldnaab, der Wondreb, empor-
stiegen und denen dann östlich des Kammes die weiterein-
greifende Mies und ihre Nebenflüsse Richtung gaben und sie zunächst in dem wichtigen Knotenpunkte Pilsen sammelten. Die
Strassen von Waidhaus über Pfraumberg nach Haid, von Bärnau
nach Tachau, von Tirschenreuth nach Plan gehören hierher.
Sie alle vermochten einen Teil des aus dem südwestdeutschen
Becken nach Böhmen ziehenden Verkehrs anzulocken; aber
auch sie kamen für den Nord-Südverkehr kaum in Betracht,
da sie senkrecht auf dieser Verkehrslinie stehen. Dies Zurück-
weisen des meridionalen Verkehrs ist demnach ein Charakteristi-
kum des ganzen Böhmerwaldes.

---

[1] Vgl. für Böhmerwald: Supan, Österreich-Ungarn, p. 109 ff.

Der Nordwestflügel des Querwalles, der Thüringer Wald, der, wie schon erwähnt, enge mit dem Frankenwald verwachsen ist, zieht als ein zirka 110 km langer, die umliegende Landschaft 400—500 m überragender Höhenzug nach N W. Seine höchsten Erhebungen sind in der Mitte, wo sie im Beerberg bis auf 983 m anschwellen, wo die Kammlinie nicht unter 800 m herabgeht und im Mittel 840 m erreicht. Dann erniedrigen sich die Höhen beträchtlich, und wenn sich auch der Rücken des Inselsberges nochmals bis zu 916 m emporwölbt, so beträgt die mittlere Kammhöhe doch nur noch etwa 600 m, um dann gegen das Durchbruchsthal der Werra hin noch viel bedeutender zu sinken, so dass diese in einem nur wenig über 200 m liegenden Thal das Gebirge abgrenzend umfliesst.[8] So ist der Thüringer Wald zwar „einem Riegel gleich gegen die Hauptverkehrsrichtung vorgeschoben" und wirkte auch in ältester Zeit „als Waldgebirge in voller verkehrshemmender Bedeutung";[9] aber bei der Schmalheit des ganzen Mittelgebirgszuges, sowie bei dem der Ausbildung des Verkehrs im ganzen sehr förderlichen Verlauf der Thäler war ziemlich leicht möglich, was bei der doch bedeutenden Längsausdehnung des Gebirges auch frühzeitig als notwendig erschien, eine Durchbrechung desselben an verschiedenen Stellen. Bald fanden wichtige Heer- und Handelsstrassen aus Süd- nach Norddeutschland durch das Gebirge Wege, sogar über den höchsten zentralen Teil, wie die alte von Suhl nach Crawinkel-Erfurt ziehende „Leubenstrasse". Wenn demnach der Thüringer Wald auch nicht dadurch die Verkehrsbedeutung der Fichtelgebirgs-Umgebung steigert, dass er sich neben dieselbe als ein dem Verkehr vollkommen feindliches Gebiet legt, so ist doch schon dies eine Werterhöhung, dass nach N W hin für jeden diese Richtung kreuzenden Verkehr ein ihn mindestens ebenso wie das Fichtelgebirge hemmendes oder erschwerendes Bodenrelief Naturgegebenheit ist.

Für eine Randstrasse am südlichen Abhang des Waldes zeigt vor allem das demselben zum Teil parallele Werrathal eine dieser Richtung günstige Neigung des Bodens an. Als dritter der deutschen Tieflandströme nähert sich hier die Weser ganz beträchtlich dem mitteldeutschen Gebirgsknoten, und zwischen dem südlichsten Punkte des Werrathales und dem nächstgelegenen des Mainthales, der zugleich dessen nördlichster ist, liegen nur etwa 32 km. Eine natürliche Verknüpfung nicht nur der von der Weser durchströmten deutschen Mittelgebirgslandschaft, sondern auch der Nordsee mit unserem Gebiete .

---

[8] Regel, Thüringen I, p. 47 ff. und [9] Entwicklung der Ortschaften im Thüringerwald. Petermanns Mitteilungen, Erg. Heft 76, p. 6 ff.

scheint damit um so mehr gegeben, als auch die von der
Werra zunächst durchflossene „Gebirgsvorstufe" „durchaus als
Hochfläche, die allerdings nach O durch weit fortgeschrittene
Thalbildung und Abtragung starke Veränderungen erlitten hat,
angelegt ist"[10]) und also ein dem Verkehr nicht ungünstiges
Terrain bietet. Aber einmal findet eine solche Randstrasse
nach SO hin keine stark ins Gewicht fallende Fortsetzung
(vergl. Seite 86); zum andern ist die Bedeutung der Weser
als des kleinsten und wasserärmsten der drei hier in Betracht
kommenden Tieflandströme an und für sich schon geringer;
zum dritten wird sie durch Thatsachen der Morphologie des
deutschen Bodens noch verringert. Denn zu beiden Seiten
des Stromes baut sich das Mittelgebirge am weitesten hinaus
in die Ebene, drängt diese weit nach N zurück, schafft ein
Gebiet, das zwar nirgends verkehrsfeindlich ist, das vielmehr
in seinen verschiedenen kleinen Thallandschaften höchst willkommene Durchgangsbecken enthält, das aber nimmer eigene
bedeutende Werte für den Verkehr schaffen, oder doch den
Verkehr weiter Hinterländer wie in einem grossen, geräumigen
Hafen sammeln konnte. Es ist eine Gegend mit kleiner Gliederung, und etwas klein und zierlich erscheinen daher auch
alle ihre Funktionen. Auch das darf übrigens nicht übersehen
werden, dass eine neue, im Thal- und Hügelbau des mittleren
Deutschland dort sich offenbarende Richtung, die als die
rheinische Streichrichtung meist bezeichnet wird und die ihren
verkehrsgeographisch bedeutungsvollsten Ausdruck in der
hessischen Senke findet, im NW des Thüringer Waldes ein
Umbiegen, ein Ablenken der Richtung nach N verursacht, und
„jede Ablenkung der geschichtlichen Bewegung bedeutet zugleich
eine Schwächung ihrer Energie".[11])

Im nördlichen Teile des Oberpfälzer Waldes zeigen sich
anstatt der Falten, die bis hierher in langen Isoklinalen nach NW
streichen, plötzlich solche, die nach NO gewendet sind,[12]) und
im Fichtelgebirge spricht sich diese neu auftretende Streichrichtung jedem sichtbar im Verlauf von kräftig hervortretenden
Höhenzügen aus. Es kreuzt sich nämlich hier, also etwa in der
Mitte des vorhin erörterten SO—NW-Zuges, mit diesem die
andere deutsche Gebirgsrichtung, und der typische Vertreter derselben, das Erzgebirge, steht hier ungefähr senkrecht auf
dem ersteren und streicht in langer Linie nach NO. Dieses
Gebirge kann im allgemeinen als eine von N nach S ansteigende
Hochebene betrachtet werden, die nach S steil abfällt.[13]) Bei

[10]) Regel I, p. 51.
[11]) Ratzel, Anthropo-Geographie.
[12]) Supan, a. a. O. p. 111.
[13]) Schurtz, Pässe des Erzgebirgs p. 5.

einer Länge von etwa 140 km erhebt es sich auf ungefähr 100 km über die 800 m Isohypse (nach Süssmilch - Hörnig), so dass seine mittlere Sattelhöhe von Pröschold auf 810 m berechnet wurde.[14]) Wegen dieser immerhin bedeutenden Erhebung und einer verhältnismässig geringen Schartung (nach Pröschold mittlere Schartung 66 m), vor allem aber wohl wegen des schwer zu überwindenden Steilabfalles zum Thal der Eger „mussten die Gebirgswege immer von mehr lokaler Bedeutung sein und können nicht unter die grossen Strassen des Weltverkehrs gerechnet werden,"[15]) wenn das Gebirge auch frühe schon von dem aus Böhmen vor allem nach der salzspendenden Gegend von Halle strebenden Verkehr überschritten wurde. Vergisst man bei Konstatierung dieser Thatsache nicht, dass auch das Erzgebirge ungefähr quer zu der für jeden Verkehr Mitteleuropas so wichtigen N—S-Richtung steht, so ergiebt sich daraus, wie wichtig die Gegenden sein mussten, wo es umgangen werden konnte: im O das tief eingeschnittene Elbethal und noch weiter östlich die Pässe der Lausitz, und im W die Umgegend des Fichtelgebirges. Diese war um so wichtiger, da zu ihr hin der aus dem N kommende Verkehr am Erzgebirge, dessen Streichrichtung entsprechend, gleichsam herabglitt, wie ja auch der Böhmerwald, der südliche Schenkel des an das Fichtelgebirge hier sich anschliessenden Gebirgswinkels, die N—S-Wege energisch nach W, also in die Zone des Fichtelgebirges, ablenkte.

Noch verstärkt wird die Abweisung jedes N—S-Weltverkehrs durch das Erzgebirge dadurch, dass seinem mauergleichen Steilabfall gegenüber sich ein neues Verkehrshindernis auf ziemlich lange Strecken hin auftürmt. Über dem tief eingebrochenen Egerthal, dessen mittlere Höhe im Egerer Becken etwa 440 m beträgt, erheben sich im S wieder Höhen, zum Teil Reste der hier eingebrochenen Massen, wie die einförmige Granitmasse des Karlsbader Gebirges und der steil zur Eger abfallende Kaiserwald, zum Teil Zeugen einer gewaltigen, mit jenen Einbrüchen jedenfalls in innigem Zusammenhang stehenden Vulkanthätigkeit, der Duppauer Basaltstock und weiterhin das Leitmeritzer Mittelgebirge.[16]) Vom nördlichsten Böhmerwald, an den sich diese Parallelhöhen des Erzgebirges im W anlehnen, sind sie durch die zirka 600 m hohe Einsattelung von Sandau-Königswart geschieden; sonst erheben sie sich meist über 700 m mit Wölbungen bis zu fast 1000 m. Weiter im O führt allerdings die weite und tiefe Saazer Senke (Saaz 233 m) bequem nach dem zentralen Böhmen.

---

[14]) Pröschold, bei Stange, Orometrie des Thür. Waldes.
[15]) Schurtz p. 10.
[16]) Supan, Österreich-Ungarn p. 116 ff.

Dieses Bergland ist aber nicht allein deswegen von Bedeutsamkeit, weil es die verkehrshemmenden Eigenschaften vor allem des westlichen Erzgebirges verdoppelt, sondern auch deshalb, weil es den Wert des Egerthales als Bahn für den Grossverkehr, den dieses als das weiteste Hereingreifen des oberen Elbegebietes nach dem zentralen Mitteleuropa und zum rheinwärts führenden Mainthal voraussetzen lässt, bedeutend vermindert. Nicht nur engt es die Eger, nachdem diese das kleine, 25 km lange, zum Teil sumpfige Egerer Tertiärbecken durchflossen hat, bedeutend ein, so dass bei Elbogen ein sehr enges Durchbruchsthal die Strasse nicht mehr aufzunehmen imstande ist. Die südlichen Höhen drängen auch den Fluss oberhalb Kaaden so weit nach N bis hart an den Fuss des Erzgebirges, dass sein Thal dadurch noch mehr zu einem nur in seinen einzelnen Abschnitten für den lokalen Verkehr Bedeutung erlangenden Randwege Böhmens wird, den die nach dem Herzen Böhmens zielenden Strassen frühzeitig verlassen müssen, ein Umstand, der seiner Rückwirkungen wegen den O—W-Verkehr vom Eger- ins Mainthal und umgekehrt zu steigern sicher nicht geeigenschaftet erscheint.

Um so wertvoller erscheint es, dass der Nordabhang des Erzgebirges, das in breiten Bodenwellen sich sehr allmählich erniedrigt. bequemste Gelegenheit für eine dem Erzgebirge parallele Randstrasse bietet. Diese konnte nicht nur den Verkehr aus dem Mainthal, der an und für sich schon jenen Gegenden und ihren Hinterländern zustrebte, aufnehmen, sondern zog auch den an, der die Passage durch das gebirgumrandete Böhmen, das zudem noch zum grösseren Teil von einer fremden Nation bewohnt ist, scheute und daher dasselbe im N umging.

Den eigentümlichsten, von den bisher erörterten ziemlich stark abweichenden Verhältnissen begegnen wir im Westen und Südwesten unseres Gebietes. Das Gegenstück des böhmischen, das südwestdeutsche Becken, wird dort auf seiner südöstlichen Seite durch den Franken-Jura vom Alpenvorland geschieden. Aber während die anderen Gebirge, denen wir bisher als zwei Becken trennende Höhenzüge begegneten, eine meist deutlich ausgesprochene Kammbildung aufwiesen und sich zugleich durch ihre Eigenschaft als Wasserscheide selbst deutlich als Trennungsfaktoren kennzeichneten, finden wir hier nichts ähnliches. Ein vom Aussenrande des Gebirges langsam ansteigendes Plateau, das nur hier und da zur langen Bruchlinie der Donau auch wirklich steil abbricht, fällt nach innen in meist stark geneigten Gehängen, manchmal in fast oder ganz senkrechten Kalkwänden für gewöhnlich ins Gebiet des Keuper ab. Die Thäler dieser Innenseite sind sehr oft

kurz, schluchtenartig, sehr wasserreich, an steilen Berghinter-
gründen endend, also wohl landschaftlich von hohem Reiz,
aber für den Verkehr fast unbrauchbar, die Hochflächen von
Natur aus sehr wasserarm, meist steril und rauh, also auch
nichts weniger als verkehrsfreundlich.

Als sehr wichtig erscheint, dass dieses breite Plateau nicht
Eine Richtung beibehält, sondern, nachdem es zuerst auf etwa
250 km in SW—NO Richtung hinzog, sich plötzlich nach N,
ja sogar nach NNW wendet, so dass es dort also fast parallel
vor allem dem nördlichen Teile des Böhmerwaldes verläuft.
So legt es sich wie ein Arm im S und O um das südwestdeutsche Becken und scheint es durch seinen Steilabfall und
seine breite, unfreundliche Hochfläche ziemlich energisch vom
Alpenvorlande zu trennen.

Aber ein Blick auf die hydrographischen Verhältnisse dieses
Gebietes zerstört diese Auffassung vor allem für den östlicheren
Teil des Beckens. So leicht ist die Verknüpfung zur Donau,
dass ein beträchtliches Stück des Beckens durch den Jurawall
hindurch seine Gewässer zur Donau schickt, so dass die Wasserscheide im Innern des Beckens verläuft. Ja, an einer Stelle
schuf der Einbruch des Rieses eine fast vollständige Unterbrechung der Jurahöhen, und nur in dem kaum 1 Stunde langen
Durchbruchsthal der Wörnitz bei Harburg zeigt sich noch, dass
die Gewässer hier ein wohlumrandetes Gebiet verlassen. Ferner
lehrt uns die Geologie, dass die Donau selbst im älteren
Quartär einen Ast quer durch den Jura hindurch ins fränkische
Becken schickte,[17]) und heute noch entspringt unmittelbar neben
der vom nördlichen Keuperlande kommenden Altmühl, der
ausserdem noch zwei ebenfalls den Jura querende Nebenthäler
tributär sind, die schwäbische Rezat in nur 5 m höherem Niveau
bei Treuchtlingen; „mächtige Geröllablagerungen bezeugen noch
heute, dass hier vordem eine Wasserverbindung existierte."[18])
Erwähnen wir noch, dass schon vor 1000 Jahren der Gedanke
einer Kanalverbindung zwischen Donau und Rhein entstehen
und vor über 50 Jahren auch durchgeführt werden konnte,
so wird dies genügen, um zu zeigen, wie leicht es auch dem
Verkehr werden musste, aus dem Alpenvorlande Wege nach N
durch den Jura zu finden, wie wenig letzterer imstande war,
den Wert der östlich von ihm sich öffnenden Naabbucht als
Südnordweg durch seine negativen Eigenschaften zu erhöhen
und ebensowenig die von SO kommende und nicht weit von
Regensburg an die Gebirgsumrandung herantretende Strasse
des Donauthales abzuweisen und etwa im Naabthal aufwärts
zum oberen Main zu zwingen.

---

[17]) Penck p. 168.
[18]) Ebenda p. 225.

Nun ist aber der Jura nur eine der verschiedenen Stufen-
landschaften des Beckens; eine ähnliche, freilich nicht so deutlich hervortretende bildet im Innern des Beckens der Keuper,
und sie verläuft parallel dem nördlichen Teil des Jura, schliesst
also mit ihm ein Becken 2. Ordnung ein, das als das fränkische
bezeichnet wird; die Rezat-Regnitzlinie markiert dessen Längsachse, die parallel zur Naabsenke, aber mit entgegengesetzter
Neigung verläuft, und durchschnittlich nur 80 km von ihr entfernt ist. Sie wird besonders wichtig dadurch, dass sie nicht
nur im Main- und Itzthal eine Fortsetzung nach N zur Werra und
bis hinein in die Gehänge des Thüringer Waldes findet, sondern
weil auch der in ihrer südlichen Fortsetzung mündende Lech
geradeswegs hinaufführt zum Hochgebirge. Die weiter östlich
sich bietenden Naturbahnen dagegen, die Thalwege der Isar
und des Inn, biegen nach O ab, verlängern also die Wege
und zerreissen die N—S Linie der Naab. Es erscheint demnach
das Rezatbecken als eine zudem von der Natur noch sehr
begünstige Konkurrenzbahn für den S—N-Verkehr neben dem
Naabthal, der schon die Thatsache der westlicheren Lage
auch einen anthropogeographisch begründeten Vorteil verleiht.
Von besonders grossem Einfluss auf die verkehrsgeographischen Verhältnisse des Fichtelgebirges erscheint dadurch der
nördlichste Teil des fränkischen Jura. Das Pegnitzthal hat in die Juragehänge eine tiefe und ziemlich breite Bresche
gelegt und einen senkrecht auf das Regnitzthal treffenden OW-
Durchgang geöffnet. Nördlich desselben treten die Kalkberge
wieder weiter nach W vor, nähern sich also wieder dem Süd-
nordthale und verlaufen in einem vor allem im nördlichsten
Abschnitte sehr deutlichen Steilabfall in meridionaler Richtung
ein gutes Stück über den 50.⁰ hinaus. Hier wird also die alte
Darstellung von den vier vom Fichtelgebirge ausstrahlenden
Gebirgen durch die Gewalt der Thatsachen am schärfsten
zurückgewiesen. Denn der Jura setzt nicht, wie die andern,
dem Fichtelgebirge sich nähernden Gebirge, wenigstens eine
der im Zentralknoten vereinigten Hauptrichtungen fort, sondern
er schiebt sich breit vor denselben, verengert den obersten Teil
des Mainthales und damit den östlichen Ausläufer des südwestdeutschen Beckens ganz bedeutend, indem er den Main ein
gutes Stück nach N drängt und verdoppelt so in gewisser
Hinsicht den ganzen Westabhang des Fichtelgebirges und eines
Teiles des Frankenwaldes. Seine nördlichsten bedeutenden
Höhen, die steilabfallenden, schmalen Plateaus des Staffelberges,
des Cordigast, liegen demnach westlich oder sogar nordwestlich
von Punkten, wo, wie wir später sehen werden, die wichtigsten
Durchgänge des Fichtelgebirges sich öffnen.
So ergeben sich für jede aus dem Regnitzbecken kommende,

zur nördlichen und nordöstlichen Tiefebene durch das Fichtelgebirge strebende Strasse drei Möglichkeiten: Umgehung des
Jurablockes im N, also im Main-, oder im S, also im Pegnitzthal, oder Durchbrechung desselben. Ein Teil des nordsüdlichen
Verkehrs wird jedenfalls durch den Jura ganz abgehalten werden,
die Fichtelgebirgspassagen zu benützen, selbst wenn diese bequemer sein sollten; er wird vielmehr Wege über den Thüringer
Wald suchen, zu dem die Itz ja emporleitet und wo im N die
weit ausbiegende Saale entgegenkommt. Vor eine ähnliche
Alternative wird aber auch der W—O-Verkehr gestellt, vor allem,
so weit er aus dem Mainthal ins nördliche oder mittlere böhmische Becken zu gelangen trachtet. Wie früher schon die nicht
günstige Beschaffenheit des Egerthales hervorgehoben wurde,
so muss demnach jetzt auch eine Verminderung des Wertes des
oberen Mainthales konstatiert werden, die ebenfalls die Bedeutung
der einen direkten Übergang aus dem Thale des Maines zu dem
der Elbe ermöglichenden Landschaft verringert.

Der Verkehr nähert sich hier demnach dem Fichtelgebirge
nicht in einem einheitlich zusammengefassten Strom und teilt
sich erst am Fusse des Gebirges, sich die je nach seinen Zielen
bequemsten Pässe suchend, sondern die Natur sorgte schon
vorher für Zersplitterung. Nicht der Fuss des Durchgangs-
gebirges war demnach für die erstehende Verkehrszentrale
bestimmt, sondern vor dem Abhang des vorgelegten Berglandes
sammelten sich die Adern des Verkehrs und da, wo sich die
wichtigsten derselben trafen, da war auch der Platz für die
Hauptstadt des Gebirges. Da nun, wie wir schon erkennen
konnten, die Bedeutung der meridionalen Wege sicher grösser
ist, als der in O—W-Richtung ziehenden, so erscheint nicht
das obere Mainthal, sondern das Regnitzthal als das Hauptthal.
Da, wo sich in demselben die SW—NO-Linien einten, war die
Gegend, die zunächst als für den Hauptort prädestiniert gelten
muss, also das Gebiet der Pegnitzmündung. Denn „die Hauptstädte der Gebirge liegen in der Ebene";[19]) das „Gebirge"
begann aber schon mit den steilen Kalkwänden des Jura. Wollen
wir demnach die durch und um das Fichtelgebirge laufenden
Verkehrslinien nicht als abgerissene Fäden, die lose und un-
übersichtlich in der Luft flattern, betrachten, so wird nichts
übrig bleiben, als auch den nördlichen Teil des Jura in den
Kreis unserer ferneren Betrachtung zu ziehen.

Wir haben nun den ganzen Kreis der Nachbargebiete um-
schrieben und versucht, kurz zu skizzieren, welche Rückwirkungen
sie durch die Eigenart ihrer Bodenbeschaffenheit auf die Verkehrsverhältnisse des Fichtelgebirges auszuüben bestimmt erscheinen.

---

[19]) Ratzel, Anthropo-Geographie II, p. 492.

Zusammenfassend bemerken wir: Keines der Nachbargebiete ist von Natur derart begünstigt, dass es Verkehrsadern, welche die Lage unserm Gebiet zuweist, diesem zu entziehen vermöchte. Aber auf Richtung und Bedeutung der einzelnen Strassenzüge üben die mitteldeutschen Gebirge massgebenden Einfluss aus. Während sie die von N und NO kommenden energisch zusammenfassen, werden die Wege, die von S her in unser Gebiet hereintreten, schon lange vorher zerlegt, auf zwei naturgegebene Bahnen verteilt und der westliche Arm dann gegen das Fichtelgebirge zu aus einem S—N in einen SW—NO-Weg abgelenkt, wobei er ein dem Fichtelgebirge fremdes Gebiet in die Konstruktion des Wegenetzes mit einbezieht. Die W—O-Wege werden durch die letzte Thatsache, aber auch durch die nicht günstigen Verhältnisse des nordwestlichen Böhmens an Bedeutung sehr geschwächt, ja sogar zum grossen Teil veranlasst, das Fichtelgebirge weit im S zu umgehen, wo ihnen die Pässe des Böhmerwaldes, vor allem die breite Further Senke, willkommene Pforten boten.

Es bleibt uns nach den diesen Abschnitt einleitenden allgemeinen Bemerkungen jetzt noch die Frage zu beantworten: Wie beeinflusst die Bodenbeschaffenheit des Fichtelgebirges und seiner näheren Umgebung den Verlauf und die Bedeutung der dort zusammenströmenden Wege? Oder mit anderen Worten: Wir haben nicht nur nachzuweisen, inwieweit die durch die Lage des Fichtelgebirges und die Bodenbeschaffenheit der Nachbargebiete gegebenen Möglichkeiten ihrer Verwirklichung mehr oder weniger günstige lokale Verhältnisse finden, sondern auch, welche besonderen Eigenschaften die Besonderheiten der Morphologie dieser Gegenden dem Verkehre und seinen Organen einzuprägen imstande sein werden.

B. Die morphologischen Verhältnisse des Fichtelgebirges und deren Rückwirkung auf den Verkehr.

Wie wir schon darstellten, einigen sich die zwei Hauptrichtungen der Gebirge Mitteldeutschlands in unserm Gebiete zu einem merkwürdigen Knoten. Dieser für den Bodenbau, wie auch für den Verkehr Mitteleuropas so wichtige grosse Zug ist auch das charakteristische der ganzen Kreuzungszone in ihren Einzelformen, vor allem aber des zentralsten Teiles desselben, des Fichtelgebirges im eigentlichen Sinne. Dieses ist auf eine im Durchschnitt 500 m hohe, vom Böhmerwald zum Thüringerwald ziehende Erhebung wie auf einen Sockel aufgesetzt. „Wir sehen es in dem unmittelbaren Zuge des Thüringer Waldes und des böhmisch-bayerischen Grenzgebirges

so gleichartig mitten eingefügt, dass wir dem Westrande des
Gebirges entlang vom thüringischen Gebiete bis zur Oberpfalz
fortgehen können, ohne eine auffällige Änderung im Gebirgsbau wahrzunehmen."[1]) Wer aber von der Höhe eines Gipfels,
am besten vielleicht von der Kösseine aus, den Zug eines Teiles
seiner bedeutendsten Erhebungen verfolgt, sieht, wie sie in
höchst merkwürdiger Weise senkrecht auf jenem westlichen
Rande und parallel zum Streichen des Erzgebirges verlaufen.
Was dadurch einer oberflächlichen Betrachtung schon wahrscheinlich erscheint, macht die geologische Untersuchung zur
Gewissheit, „eine Doppelbeteiligung des Fichtelgebirges am
hercynischen und Erzgebirgs-System, von denen es sowohl der
äusseren Form, wie der inneren Zusammensetzung nach ver-
wandtschaftliche Beziehungen bewahrt hält, eine Durchdringung
beider Systeme, die zusammen wirken, die orographische
Stellung unseres Gebietes zu verstärken." (Gümbel.) Beide
Richtungen treten in Erhebungen klar und wirkungsvoll hervor.

Im W erheben sich die höchsten Emporwölbungen des
Gebirges, der Ochsenkopf und der Schneeberg (1023 und
1051 m), in erzgebirgischer Richtung hintereinander. Aber
jeder kann als Beherrscher eines längeren, sudetisch streichenden Bergrückens angesehen werden. Besonders deutlich erscheint dies beim Schneeberg. Da stellt sich dem aus dem
Inneren kommenden Wanderer eine mächtige, meist granitische
Mauer entgegen, die beim Hohen Matzen beginnt, im Schneeberg gipfelt, sich dann in der Hohen Haide etwas nach W
wendet und im Wetzstein bei Gefrees endet. Die an den
Ochsenkopf sich angliedernden Rücken fasst Gümbel zu einem
jenem Zuge parallelen zusammen: Sie nehmen erst, nachdem
sie weiter nach W vorgedrungen sind, nach und nach eine
NW—SO-Richtung an und gehen allmählich in jenen westlichen
Randgebirgsrücken über, der sich quer vor das Steinwaldgebirge
legt und sich bis zur äussersten Südgrenze bei Erbendorf und
Waldeck fortsetzt.[2]) Die beiden, der Hauptsache nach parallelen
Glieder der Westumwallung sind durch die zwei nach entgegengesetzten Richtungen sich neigenden Thäler des obersten Weissen
Mains und der Fichtelnaab getrennt. Auf der in über 750 m
Höhe befindlichen Wasserscheide zweier Quellbäche derselben
soll da, wo beide Züge am innigsten verwachsen sind, ein
mooriger Strich die letzten Überreste jenes früher erwähnten
sagenumwobenen Quellsees bezeichnen.

Die im N und S auf der Westumrandung senkrecht
stehenden, erzgebirgisch streichenden Wälle schwellen zwar

---

[1]) Gümbel p. 8.
[2]) Gümbel p. 13.

nicht zu solchen Höhen an, erheben sich aber trotzdem
kräftig in ihrem dunklen Waldkleide über der sonst etwas einförmigen Plateaulandschaft. Der Nordzug, der auch nach seiner
höchsten Erhebung den Namen Waldsteingebirge, oft auch
wegen der ziemlich lebhaften Profilierung durch aneinander
gereihte Gipfel die Bezeichnung „Waldsteinkette" erhält, bewegt
sich im W meist in Höhen von 750 bis 800 m und gipfelt in
dem 878 m hohen Waldstein, so dass er sich im Durchschnitt
etwa 300 m ziemlich steil über dem Sockel erhebt. Nach O
zu senkt er sich dann freilich rasch zu flacheren Wellen,
welche die Verbindung zum Elstergebirge herstellen, sich selten
viel über 600 m erheben und dem Verkehre nirgends grössere
Schwierigkeiten entgegenstellen.

Im S findet sich gar ein Doppelzug, erst das Erhebungs-
gebiet der Kösseine, die sich allerdings nur auf kurze Erstreckung hin zu Höhen von über 700 m erhebt, um bald nach
NO zum Thal der Röslau sich ziemlich rasch abzusenken;
dann bedeutend mächtiger in seiner Längsausdehnung und
darum auch weithin als erzgebirgisch streichender Zug kräftig
hervortretend, der durch eine tiefe Senke von der Kösseine
getrennte Steinwald, wohl auch in Gegenüberstellung zu seinem
nördlichen Parallelzug die Weissensteinkette genannt. Sie überragt zwar jenen an absoluter Höhe, da sie in dem mächtigen
Gewölbe des eigentlichen Steinwaldes 942 m erreicht, senkt
sich aber dann ebenso bald zu einem „zusammenhängenden,
oben lebhaft mit kleinen Kuppen besetzten Zug" [2]) mit Höhen
zwischen 600—700 m, um sich dann weiter im O, ähnlich wie
der Nordzug, noch mehr zu verbreitern und zu verflachen.

Diese drei fast rechtwinkelig aufeinanderstossenden Wälle
bilden ein mächtiges, nach O wenig geschlossenes Viereck, ein
„Granithufeisen", wie es Gümbel nennt, der allerdings als dessen
südlichen Bogen nur die Kösseine, nicht aber den Steinwald
annimmt. Für mitteldeutsche Verhältnisse müsste eine so
geartete Landschaft als jedem grösseren Verkehr direkt feindlich bezeichnet werden, wenn nicht manche andere Naturgegebenheiten gestatten würden, dieses Urteil in günstigerem
Sinne zu modifizieren.

Fürs erste ist die verhältnismässige Kleinheit des ganzen
Gebietes hervorzuheben. Der SO—NW-Wall, die mächtig vortretende Front des Gesamtbaues, hat vom südlichsten Ausläufer
des Ochsenkopfzuges bei Waldeck bis zum nördlichsten des
Schneeberges, dem Wetzstein bei Gefrees, nur eine Längen-
ausdehnung von etwa 30 km, während der nördliche Flügel,
die Waldsteinkette, bis zur Thalbucht der nach NW rinnenden

---

[2]) Götz, Handbuch von Bayern I, p. 690. (1895.)

Schwesnitz, jenseits welcher die oben erwähnte Verflachung eintritt, nur ungefähr 25 km, der südliche dagegen, die Höhen des Steinwaldes, in der schon sehr weit gefassten Ausdehnung bis zu dem zum Egerthal sich senkenden Kohlwald cirka 30 km, bis in die Nähe von Konnersreuth bei Waldsassen aber, bis wohin er sich mit einer einzigen bald zu erwähnenden Ausnahme nicht unter die 600 m Isohypse senkt, gar nur etwas über 20 km lang sich hinzieht. Es fällt demnach der Centralstock als verkehrshinderndes orographisches Moment nicht sehr in die Wagschale, da er mit für den Fernverkekr geringen Umwegen umgangen werden kann.

Zum andern ist aber auch dem Verkehr eine Durchmessung des Hufeisens ermöglicht. Denn die Teile desselben sind nicht fest zusammengebaut gleich den Wällen einer gewaltigen, über dem Mainthal sich erhebenden Bastion; sie sind auch nicht an den Flanken undurchbrochen, sondern natürliche Senken, Pässe, ermöglichen hier und dort einen nicht sehr schweren Eingang ins Innere, ein Durchwandern in beiden Hauptrichtungen. Da wo die Waldsteinhöhe der Stirnmauer sich anschliesst, trennt sie beide deutlich der vom Kornbach durchflossene Höllpass. Die Wasserscheide zwischen Eger und Main senkt sich dort aus Höhen von 750 m und darüber im N und aus noch bedeutenderen im S zu etwa 670 m herab in einer nicht breiten, doch nirgends schluchtenartigen Einkerbung, die nur durch die früher jedenfalls viel stärkere Vermoorung, von der noch die Fülle der Weiher bei Weissenstadt Zeugnis giebt, dem Verkehr ernstere Schwierigkeiten bereitete, da ja der Sockel selbst schon etwa 500 m Höhe erreicht.

In einer jenem Passe ungefähr gleichen Meereshöhe (653 m) liegt ein aus dem Hintergrunde des Röslauthales zum obern Thal der Fichtelnaab führender Übergang zwischen dem Hohen Matzen und der Kösseine, also ein Gegenstück des Höllpasses, das freilich an Bedeutung dadurch sehr verlieren muss, dass sich ihm als weiteres Hindernis der weit südwärtsstreichende Ochsenkopfzug entgegenstellt. Um so wichtiger ist die breite Senke zwischen Kösseine und Steinwald. Die Kösseine dringt in einem weiherbesäeten Thal tief zwischen beide Bergwölbungen ein; ein Nebenbach der Naab setzt dessen Richtung fort, nachdem ein langsam ansteigender Querrücken in zirka 625 m Höhe Naab und Eger schied; selbst über dem Naabthal drüben senkt sich dort der Ochsenkopfzug auf 590 m, während er sich sonst meist in Höhen von über 650 m bewegt; er ermöglicht so eine bequeme Fortsetzung der NO—SW-Richtung.

Findet so der Verkehr aus Franken nach Böhmen an den Ecken Wege, um ins Innere der Bergumrahmung zu dringen, so bieten sich dem Verkehr aus der sächsischen Bucht zur oberen Pfalz solche durch die beiden Flügel des Gebirges hindurch. Der Waldsteinzug senkt sich zwischen dem Hallersteiner Wald und seinen Ausläufern, zu denen wir noch den Kleinen Kornberg rechnen können, und dem Grossen Kornberg zum meridionalen Thal der Lamitz, so dass die Wasserscheide zwischen Saale und Eger im O von Kirchenlamitz nur noch in 570 m Höhe liegt. Im S verkümmert der Kösseinezug rasch und ermöglicht so von N her bequemen Zugang zu einer jener Lamitzsenke gegenüberliegenden Einkerbung des Steinwaldes zwischen Redwitz und Mitterteich, wo bei Groschlattengrün in ebenfalls 570 m Höhe ein Übergang aus dem Thal der Kösseine in die Wondreb-Waldnaabsenke sich findet.

Das Innere des ganzen Gebirgsbogens ist ein welliges Hochland, das zwischen 500 und 600, auch 650 m Meereshöhe schwankt und das sich nach O zum Tertiärbecken von Eger senkt. Eine Weiher- und Torfstichzone, wie die zwischen Weissenstadt und Wunsiedel, erinnert ebenso deutlich durch ihr Dasein, wie durch ihren Namen — Zeitelmoos (Moos-Moor) — an das Verkehrshindernis, das in früheren Zeiten hier häufiger war als jetzt. Das Thal der Eger kommt für den Verkehr sozusagen nur negativ in Betracht, einmal wegen seiner Ausbiegung nach N, dann vor allem, weil sich der Fluss auf ziemlich lange Strecken einen für jeden Verkehr unbrauchbaren Weg in den Granit eingegraben hat. Wo er das Engthal verlässt und ins Egerer Becken heraustritt, nähern sich ihm die letzten Ausläufer des südlichen Teiles der Gebirgsumrandung, und von N her ziehen breite, meist in Höhen von über 600 m sich haltende Waldwellen, die dem Gebirgsinneren einen gewissen Abschluss nach O geben, wo sie sich nicht sehr steil zum Egerthal absenken. Auf diese Weise wird nicht nur der aus dem Innern kommende Westweg, sondern auch die natürliche Strasse des Röslau-Kösseinethales, deren Einengung bei Arzberg zu kurz ist, um dem Verkehr ernste Schwierigkeiten zu bereiten, ans Egerthal herangedrängt und hier eine wichtige natürliche Pforte geschaffen.

Die Orographie des Centralstockes lässt also deutlich vorgezeichnete Eingangspunkte in das Berginnere erkennen. Zwischen sie müssen sich die Linien der Strassen spannen, welche im Streben nach dem kürzesten Wege für den Fernverkehr oder auch im lokalen Verkehr der umliegenden Nachbargebiete es verzogen, das Gebirge nicht zu umgehen, sondern zu durchbrechen. Es konnte dies wegen der nicht verkehrsfeindlichen Beschaffenheit des grössten Teiles des inneren Hochlandes in annähernd gerader Linie geschehen.

Eine weitere Frage ist die nach den Umgehungsmöglich-

keiten. Beginnen wir im SO. Das Fichtelgebirge ist hier deutlich vom Böhmerwald durch jene schon öfter erwähnte Senke
geschieden, die meist nach dem alten Kloster Waldsassen
genannt wird. Aus dem Thale der oberen Naab, etwa da, wo
sich Fichtelnaab und Waldnaab vereinigen, führt die Senke über
die mit einer ungeheuren Zahl von Teichen bedeckten wasserscheidenden Wellen, die sich kaum über 500 m erheben, ins
Thal der in der Laufrichtung ein Gegenstück zur Waldnaab
bildenden Wondreb, die sie ins Egerthal hinableitet, ohne jedoch
die Strasse immer in ihr Thal zwingen zu können. Wenn man
sich erinnert, dass parallel dieser Senke der Weissensteinzug
zu beträchtlichen Höhen ansteigt, so dass auch jeder Verkehr,
der jenen Wall durchbrechen will, einen Teil jener Senke bis
zur wasserscheidenden Höhe benutzen muss; dass ferner diese
Senke als ziemlich geradlinige Fortsetzung des Naabbeckens
zur oberen Eger erscheint und damit als ein Teilstück des
Weges, der den Centralstock im O zu umgehen trachtet, so
wird man die Wichtigkeit dieser Naturbahn zu schätzen wissen.
Da zum oberen Naabthal aber auch das Pegnitzthal Wege aus dem
fränkischen Becken herüberweist, so wird diese Senke dadurch
zugleich eine wichtige Konkurrentin der W—O-Strassen des
Gebirges, vor allem der parallel laufenden Kösseinesenke. Freilich
ist auch nicht zu verkennen, dass sie für jeden Fernverkehr
dadurch an Bedeutung verlieren muss, dass in ihrer Fortsetzung
das Steilgehänge des Erzgebirges ihr gegenübersteht.[4]
Im W schuf die Natur schon durch die Art der Entstehung
des westlichen Vorlandes natürliche Wege für Umgehung
des Fichtelgebirges. Denn die Trias ist dort parallel dem
jetzigen Gebirgsrande in merkwürdiger Weise abgebrochen, „verschoben, verworfen, ja selbst zum Überkippen gebracht, und
ihre Trümmer füllen nun in zahlreichen, dem Rande parallelen
Wellen, Hügeln und Rücken das vertiefte, breite Vorland zwischen
Fichtelgebirge und fränkischer Alb aus".[5] Manche von ihnen
erheben sich zu ziemlich beträchtlichen Höhen, so im SO die
Bocksleite bei dem Städtchen Weidenberg, die dort in Höhen
von meist über 550 m nach NW streicht, 100 m und mehr über
dem Steinachthal, zu dem sie im N steil abbricht, während
sie im SO durch eine plateauartige, leicht gewellte, von der
Haidenaab durchflossene, also nach SO sich abdachende Hügel-
landschaft mit den Ausläufern des Fichtelgebirges zusammenhängt; oder der Bergzug im SSW von Kulmbach, der sich
200 m und darüber über dem dort 300—320 m hohen Mainthal
erhebt, oder endlich der lange Bergrücken zwischen Bayreuth

---

[4] Götz, Handbuch von Bayern, I.
[5] Gümbel, p. 17.

und Berneck, der meist als Bindlacher Berg bezeichnet wird und sich etwa 12 km lang in Höhen von nahe an 500 m hält. Einen bedeutend breiteren Raum einnehmend, aber auch weniger klar in der herrschenden Richtung angeordnet, erscheinen die Höhenzüge zwischen dem oberen Main- und dem Rodachthal, die zwar ganz zum Vorlande des Frankenwaldes gehören, aber doch gleich hier erwähnt sein sollen. Auch sie erreichen Höhen von 500 m und mehr über Thalungen von etwa 300 m Höhenlage im S und SW, während sie im O durch leichte Wellen in 400 m mit dem Abfall des Frankenwaldes etwas zusammenhängen.

Alle diese Höhenzüge sind ihrer ganzen Anordnung gemäss für eine Umgehung des Fichtelgebirges im S in keiner Weise ein Hindernis, ja sie leiten gewissermassen dazu hin. Wohl aber sind sie dem von W oder SW her kommenden Verkehr eine unangenehme Ausfüllung des weiten Thales. Wie sie die Flüsse zwangen, auf lange Erstreckungen ihnen entlang sich hin zu bewegen und sie dann senkrecht zu durchbrechen, so können sie auch einem Verkehr, der zwar schmale, aber doch ziemlich beträchtliche Höhen meidet, in sehr kleinem Massstab und gleichsam nur andeutungsweise jene eigentümlich verlaufenden Wege aufnötigen, die aus einem Längs- und einem Querthalstück bestehen, wie sie für den Schweizer Jura typisch sind. Freilich Wege, die eine kurze, energische Anstrengung nicht scheuen, konnten vor allem den längsten jener Höhenzüge, den Bindlacher Berg, wohl auch überwinden.

Ganz anderer Art ist das nördliche Vorland des Fichtelgebirges, der Frankenwald, das Bindeglied zwischen dem Centralstock und dem Thüringerwald, also ein Teil des mächtigen Walles zwischen Donau und Weser. Er macht freilich im ganzen Zuge den am wenigsten gebirgshaften Eindruck. Einst ein Teil des uralten Gebirges, das in geologischen Urzeiten Mitteleuropa durchzog, ist er seitdem der allgemeinen Zerstörung anheimgefallen; er hat dann freilich durch jenen schon erwähnten Abbruch im SW eine neue Front bekommen, verdankt aber jetzt seinen Charakter als Bergland eben dem Elemente, das ihm denselben früher nahm, dem Wasser. Denn die Thäler ungerechnet, ist der Frankenwald nichts weiter, als ein weites, welliges Plateau mit verhältnismässig sehr geringen Niveauunterschieden. Leicht lässt sich dasselbe in drei Teile zerlegen, ohne dass es uns dabei auf irgend eine genauere Begrenzung derselben ankäme.

Ein Blick von den nordwestlichen Randhöhen des Fichtelgebirges zeigt im N, zunächst ein grösseres Gebiet mit sehr geringer Profilierung; weite, flache Thälchen, leichte, nur selten etwas energisch vortretende, meist bewaldete Bergkuppen, kurz, ein hügeliges Hochland trägt die Wasserscheide zwischen Main und Saale und neigt sich zu beiden Flüssen nur sehr allmählich. Es ist das Münchberger Gneisgebiet. Aber nach W bricht es dann steil ab zum Mainthal, und sein Rand ist zerrissen von tiefeingeschnittenen Flussthälchen. Keines derselben hat soviel Raum, dass es als eine Zunge des tieferen Landes einen Weg allmählich zum Plateau heraufführen könnte; die Strassen suchen daher alle in raschem Anstieg an den Thalgehängen herauf die höhere Fläche zu gewinnen. Da sich jenseits dieses so beschaffenen Gebietes, im NW, bald wieder beträchtlichere Erhebungen geltend machen, so erhält es dadurch zugleich den Charakter einer Senke und wird ein sehr wichtiges Durchgangs-land, das sich nur selten über 600 m erhebt.

Die Bedeutung dieser Senke wird durch andere, zum Teil mit der zunehmenden Höhe in Verbindung stehende Eigenschaften des nachbarlichen eigentlichen Frankenwaldes noch gesteigert. Die Wasserscheide verläuft in letzterem über Höhen, die sich im Döbraberg der 800 m Linie nähern und nur an wenigen Orten 650 m nicht erreichen. Die Flüsschen erhalten dadurch auf ihrem verhältnismässig kurzen Lauf zu dem 300—350 m hohen Vorland ein ganz bedeutendes Gefälle, das, unterstützt durch die Beschaffenheit der dort herrschenden Schiefer, ihnen ermöglichte, sich tief einzugraben und das ganze Gebiet in eine Menge von ungefähr parallelen Rücken, die erst nach SW, dann mehr nach S gerichtet sind, zu zersägen. Eine treffliche Schilderung des landschaftlichen Charakters dieser Gegenden, die auch sofort deren Verkehrseigenschaften erkennen lässt, giebt Gümbel.[6]) Es sind „Bergrücken, auf denen man stunden-lang in gerader Linie fortwandern kann, ohne auch nur einer mässigen isolierten Bergkuppe zu begegnen. Man glaubt sich auf einem hohen, nur mässig nach SW geneigten Plateau zu befinden, inmitten einer nur schwach hügeligen Landschaft. Schlägt man aber die querlaufende Richtung ein, so stehen wir rasch vor einer tiefeingeschnittenen Thalung, zu der wir nur über steilgeneigte Gehänge niedersteigen können. Ein gleich steiles Gehänge erhebt sich jenseits zu einem ähnlichen schmalen Rücken, wie der eben verlassene, und ebenso steil fällt das Gehänge wiederum zu einem neuen Thaleinschnitte ab. So führt uns die ermüdende Wanderung von wenigen Stunden in dieser Querrichtung über fünf und mehr solcher hohen, schmalen Rücken zu ebenso vielen engen Thaleinschnitten." Am ener-gischsten aufgelockert ist das Gehänge im NW, wo die Rodach ein ganzes Bündel von solchen Abflüssen sammelt, von denen wenigstens die grösseren, nachdem sie erst in sehr starkem Gefälle von den Höhen herabstürzten, in ihrem unteren Laufe

---

6) Gümbel, p. 16.

so weite Thalebenen zu schaffen imstande waren, dass Wohnorte Raum finden und Strassen hier ins Gebirge eindringen
konnten. Hier ist also jedenfalls die Richtung der Wege natur-
gegeben. NW—SO-Wege von grösserer Bedeutung sind unmöglich. Auch die NO—SW-Wege waren nicht vollwertige
Nebenbuhler des bequemen Münchberger Durchganges, vor
allem in einer Zeit, die noch nicht als höchstes Problem der
Raumbewältigung möglichst grosse Kürze des Weges ansah,
da ihr „Zeit" noch kein so grosses Gut war, wie der Gegenwart.
    Der NO des nördlichen Vorlandes endlich liesse sich am
kürzesten als das obere Saalethal oder auch als das b a y e r i s c h e
Vo g t l a n d bezeichnen. Es ist ein hügeliges, von Thälchen
mit rasch dahineilenden Bächen durchfurchtes Gebiet, das zwar
dem Verkehr eine Reihe von Möglichkeiten giebt und ihn hin-
überleitet zu dem ganz ähnlich gearteten sächsischen Vogtland,
das aber doch geeigenschaftet ist, denselben schon vorher an
gewissen Orten zu sammeln. Die Saale wendet sich, nachdem
sie erst in der Hauptrichtung nach NO floss, nach N, indem
sie die Richtung ihres Nebenflüsschen, der Lamitz, fortsetzt,
das ihr den Weg aus dem Fichtelgebirgsinnern zuleitet. Die
Strasse aus der Münchberger Gegend muss demnach die Saale
überschreiten, und sie kann es innerhalb dieses nördlich
gerichteten Abschnittes bequem, da dessen Gehänge nur sehr
allmählich ansteigen. Dazu fliessen diesem aus drei verschiedenen
östlichen Richtungen Bäche zu und deuten durch ihre Thälchen
ebenso wie durch die dazwischen liegenden Rücken ein Aus-
einander- und Zusammenstrahlen der Verkehrsrichtungen nach
NO, O und SO hier an, weisen also nicht allein zum Abhang
des Erzgebirges, sondern auch in das Egerer Becken und zur
nördlichen Tiefebene. Dazu kommt noch, dass die Saale nicht
nur nach einem kurzen Nord-Laufe wieder zu einem grossen,
westlich gerichteten Bogen zurückwendet und dadurch schon
den Verkehr zwingt, sie zu verlassen, sondern dass sie auch
bald „der echte Typus eines in das Schiefergebirge eingeschnittenen Plateauflusses wird, durchaus vergleichbar den
grösseren Rheinzuflüssen im Rheinischen Schiefergebirge. Ihr
Thal verengt sich vielfach derart, dass die Verkehrswege sic
meiden."[7] Sie wird dadurch jedem senkrecht zu ihr verlaufenden Verkehr ein höchst unangenehmes Hindernis, indem
sie ihm gleichsam seine Pfade abgräbt; ihr linker, kleiner
Nebenfluss, die Selbitz, verdoppelt durch sein tief eingerissenes
unteres Thal noch diese Wirkung. Die Hauptverkehrswege
werden demnach aus jenen Gegenden nach dem S gewiesen
und müssen dort die Saale überschreiten. Durch all das ist

---

[7] Regel I, p. 35.

die Lage eines nicht unwichtigen Sammelplatzes von Verkehrsadern hier ziemlich deutlich vorgezeichnet; seine Entstehung war
um so eher ermöglicht, als er seiner Lage nach zugleich Mittelpunkt einer kleinen Plateaulandschaft werden musste.

Die Saale wird ihrem Berufe, die am Fichtelgebirge
zusammenströmenden Wege nach der Tiefebene zu lenken,
bald untreu; an ihre Stelle tritt die Elster und weiter im N
die Pleisse. Erstere bringt in ihrem obersten Laufe auch
eine andere Wegrichtung zum deutlichen Ausdruck, die wir
als das letzte Stück der das Fichtelgebirge umgehenden
Wege noch zu erwähnen haben. Im NO knüpft das Elstergebirge — Erzgebirge so innig an das Fichtelgebirge an,
dass letzteres nur den westlichsten Teil des Erzgebirges
bildet[8]); der das letztere kennzeichnende Steilabfall nach S
beginnt bald, nachdem die schon früher erwähnten flachen
Bergwölbungen bei Selb dem Fichtelgebirgsinnern einen Abschluss im O gaben. Von N her bringt nun die Elster natürliche Wege an diesen Steilabfall heran. „Das Thal der oberen
Elster ist flach und weit, darum geeignet zum Übergang nach
Böhmen und Bayern. Die Pässe an den Elsterquellen liegen
zwar 693 m und 675 m hoch; aber sie gestatten einen allmählichen, geradlinigen Abstieg, und hier führt demnach der
bequemste Weg von der Elster nach der Eger."[9]) Er findet
seine natürliche Fortsetzung im Pass von Waldsassen oder — nach
dem westlichen Böhmen — in dem von Königswart. Als östlichster der am Fichtelgebirge vorbei oder durch dasselbe von
N nach S zu dem bayerischen Alpenvorlande führenden Wege
erscheint er von nicht zu unterschätzender Bedeutung; denn
er ist ein Teil des kürzesten Weges aus dem nördlich des
Erzgebirges gelegenen Deutschland nach dem Brenner und
damit nach Italien. Freilich hat der durch das Fichtelgebirge
führende Parallelweg den grossen Vorteil voraus, dass seine
Pässe 100 m niedriger sind und dass für ihn auch eine Einsenkung, wie das nur cirka 430 m hohe Egerer Becken, nicht
vorhanden ist.

Noch bleibt uns übrig, einen Blick auf die orographische
Beschaffenheit der dem Fichtelgebirge im SW und W vorgelagerten Schwelle des nördlichen Jura zu werfen. Die allgemeinen Eigenschaften des Jura für den Verkehr haben wir
schon hervorgehoben. Hier in unserem Gebiete erscheint eine
vor allen anderen gewissermassen potenziert: die Zerklüftung
durch Thäler. Im S hat, wie ebenfalls schon angedeutet, die

---

8) Suess, Antlitz der Erde II, p. 126.
9) Simon, Die Verkehrsstrassen Sachsens bis 1500. Forsch. z. deut. Landes-
· und Volkskunde B. VII.

Pegnitz einen Durchgang im Jurawall geöffnet und reicht als eine Bucht des Regnitzbeckens nach O, die sich von Nürnberg bis Hersbruck kaum um 40 m hebt. Dann wendet sich das Hauptthal allerdings in rechtem Winkel nach N und führt uns in eines jener echten Jurathäler, eng, von steilen, zum grossen Teil felsigen, zum Teil auch bewaldeten Gehängen eingefasst, durch vorspringende Felsriffe das Bächlein zu den mannigfachsten Windungen nötigend. Aber ein Seitenthälchen setzt die Hauptrichtung von W nach O fort. Da hier auch von O her ein Nebenflüsschen der Naab, die Vils, mit seinem in nicht 400 m Höhe verlaufenden Thale ebenfalls weit in den Jura hereingreift, so ist dieser ganz bedeutend eingeengt; eine Strasse nach dem O überschreitet ihn leicht und erreicht, ohne in Höhen von 500 m zu gelangen, das Naabhochland.

Nördlich der Pegnitz verbreitert sich das Kalkgebirge wieder. Mit steilen Wänden hebt es sich aus der im Regnitzthal im Durchschnitt nur 300 m hohen Keuperebene zu zusammenhängenden Plateaus von 500 m und darüber, die als welliges Hochland, nur von flachen Trockenthälchen oder von nackten, riffartig emporragenden Kalk- oder Dolomitfelsen belebt, erscheinen. Besonders energisch und geschlossen tritt der Plateaurand über dem nördlichen Regnitzthal dort hervor, wo er den Namen „die lange Meile" führt. Aber vorher ist er noch einmal von dem Thale der Wiesent durchbrochen. Dieses Flüsschen zeigt in dem so eigentümlichen Verlaufe seines Thales und seiner Seitenthäler zum letztenmal im W sichtbar jene zwei Richtungen, die uns so oft im O begegneten. Dadurch, wie auch durch die von den Geologen konstatierte Thatsache, dass die Brüche, die den SW-Rand von Fichtelgebirge und Frankenwald schufen, auch noch dieses Gebiet in Mitleidenschaft zogen,[10]) wird noch eine gewisse Verbindung dieses Juraabschnittes mit dem Fichtelgebirge hergestellt. Dem Verkehr freilich sind diese mannigfachen Windungen, diese Abbiegungen, die fast zu Umkehrungen werden, nicht willkommen, ebensowenig die engen, steilen Thäler, die ihn stets wie in Hohlwegen gefangen halten, ihm in früheren Zeiten wohl auch kaum Platz zwischen Wasser, sumpfigen Wiesen und Fels boten. Ein Ausweg war verhältnismässig leicht: Eine freilich starke Steigung, vielleicht an den Gehängen eines kurzen Seitenthälchens, brachte den Verkehr durch eine einzige energische Anstrengung auf die Hochfläche; auf ihr konnte er dann solange verweilen, bis er die Thäler umgehen oder in ihrem obersten, noch wenig kräftig eingeschnittenen Teile queren konnte. Dieselbe Möglichkeit bot sich im S dem Verkehr,

---

[10]) Suess.

der das obere Pegnitzthal und vor allem dessen mächtige Ecke meiden wollte und ebenso im N dem, der nicht die nördlichen Teile des Jura im weit gebogenen Thale des Maines umgehen wollte. Auch dieser konnte über das Gebirge nähere Wege vom Ende des im wesentlichen west-östlich gerichteten Mainabschnittes bei Bamberg zur östlichsten grösseren Thalmulde des Maines bei Bayreuth und zu den das Fichtelgebirge dort im S umgehenden Wegen nach Böhmen, wie auch zum Ausgang des Weissen Maines ins grössere Thal und damit zum Münchberger Gebiet suchen. Der Abstieg nach O war in jedem Falle leichter; der Steilabhang ist zwar hier auch noch vorhanden; aber er erscheint mehr in die Breite gezogen, verflacht sich und ruht ja auch auf einer höheren Unterlage, deren Erhebung bei den Quellen des Roten Maines etwa 400 bis 450 m beträgt.

Zusammenfassung.

Fassen wir in kurzen Zügen die aus obiger Darstellung sich ergebenden allgemeinen Thatsachen, die für den Verkehr in den von uns besprochenen Gegenden als natürliche Gegebenheiten zu allen Zeiten bestimmend waren, noch einmal zusammen, so ergiebt sich folgendes: Das Fichtelgebirge ist nicht nur seiner ganzen Stellung im mitteldeutschen Gebirgsbaue nach ein Übergangs- und Zwischengebilde, „so dass dasselbe fast in gleicher Weise zu dem einen, wie zu dem andern der beiden Gebirgssysteme als teilnehmendes Glied hinzu tritt"[1] und sowohl die Formen des einen wie die des anderen zeigt, sondern auch nach seinen verkehrsgeographischen Eigenschaften.

Seine Lage und die Beschaffenheit seiner mitteldeutschen Umgebung ermöglichen ihm eine Fülle von Beziehungen nach allen Richtungen und zu den wichtigsten Verkehrsgebieten Mitteleuropas. Es ist ein Gebirgsisthmus, analog jenem „zwischen Hindostan und Turkestan, Persien und der hohen Tatarei"[2]; wenn er auch diesem gewaltigsten seiner Brüder, der vor allen andern ausgezeichnet ist „durch die Höhe der Gebirge und durch den Reichtum der eindringenden Landschaften sowohl, als auch durch die Grösse der Schenkel der zusammenstossenden Gebirge"[2], nicht gleichgestellt werden kann, so ist er doch ebenso wie jener, natürlich in entsprechendem Massstabe, ausgezeichnet durch eine ausserordentliche Kreuzung der Handelsstrassen. Die Grösse seiner Lage wird dadurch für das Fichtelgebirge die allerwichtigste Naturgegebenheit. Aber es fasst die dadurch heran-

[1] Gümbel, p. 8.
[2] Kohl, p. 227.

gebrachten Wege nicht, wie es die weitausgreifenden Arme
der Mittelgebirgswälle anzudeuten scheinen, in einem Kreuzungspunkt, in einem Knoten von fast kontinentaler Wichtigkeit zusammen. Denn wir haben hier nicht wie in jenem mächtigen
„Grenzblock" eine „Scharung", ein Zusammendrängen von
Faltenzügen, gepaart mit einer „Endverwachsung" von solchen [3])
vor uns, sodass nur wenige Pässe den Übergang vermitteln.
Das Fichtelgebirge hängt vielmehr fast überall nur ganz lose
mit den benachbarten Gebirgen zusammen. Es liegt wie ein
gewaltiger Felsblock im Verkehrsstrom, den die Fluten zwar
auch überströmen, aber doch zum grössten Teil umrauschen.
Der von allen Seiten herandrängende Verkehr findet überall
nicht e i n e n naturgegebenen Weg, sondern eine Reihe von
Möglichkeiten, für die er sich entscheiden kann. Das Ender-
gebnis ist demnach eine Teilung, eine Zersplitterung der
Verkehrswege, eine Auflockerung des Verkehrsnetzes. Selbst
da, wo eine Stelle wie die Münchberger Senke von Natur
aus besonders zum Durchgangsgebiet geschaffen erscheint,
kann eine Minderung des Wertes durch andere, kürzere Wege
oder durch geschichtliche Verhältnisse eintreten, die benachbarte Strassen zur Bedeutung gelangen lassen.

Dem Eindruck der Verworrenheit, der dadurch dem ersten
Anscheine nach hervorgerufen werden muss, wird durch den
so regelmässigen Bau des Fichtelgebirges vorgebeugt. Dem
aus den verschiedenen Himmelsgegenden an den Gebirgsstock
herankommenden Verkehr geben die einzelnen Gebirgszüge
seine Richtung; dadurch wird die Grundthatsache des Gebirgsbaues jener Gegenden, das Vorherrschen und Sichkreuzen der
zwei deutschen Gebirgsrichtungen, auch zugleich Grundthatsache für den Verlauf der Verkehrswege und für die Konstruktion
des theoretischen Verkehrsnetzes. Auch die Linien des letzteren
zeigen zum grossen Teil jene zwei Richtungen; in diesen legt
es sich um alle vier Seiten des Gebirges und dringt auch
in Randstrassen in dasselbe ein; als Diagonalen in dem dadurch entstehenden Rhombus oder Rhomboid erscheinen die
das Gebirge querenden Wege. Nur im W werden sich grössere
Unregelmässigkeiten zeigen, weil hier ja der Jurablock den
eigentlichen Sammelpunkt der Wege weit vom Rande weg
verlegt.

Wichtig sind auch die Einflüsse, welche die Hydrographie unseres Gebietes auf dessen Verkehrsverhältnisse
ausübt, wenn sie auch an Bedeutung hinter den Wirkungen
des Gebirgsbaues zurücktreten. Zwar markieren Thatsachen
hydrographischer Art auch im Gesamtgemälde einen grossen

---

[3]) Supan, Grundzüge der physischen Erdkunde, 2. Aufl., p. 476.

Zug „durch die radienförmige, vom Centralstock nach allen
Weltgegenden gewendete Richtung, in welcher die vier Wasser-
sammler unseres Gebietes ihren Lauf nehmen und dadurch so
vielfache Zerschlitzung des Wassernetzes bedingen"[4]); sie
machen uns dadurch, wie schon angedeutet, recht augenscheinlich,
dass dort sich vier Bodenmulden aneinander lehnen. Aber es
kommen weder die Flüsse selbst als Wasserstrassen, noch auch
die meisten Thäler als Verkehrswege, die zum Centralstock oder
gar in ihn hineinführen, in Betracht. Ja, wir können sogar die
Thatsache als typisch fast für das ganze Gebiet hinstellen, dass
die Flussthäler für den Verkehr meist nur als negativer Faktor,
als ein Hindernis, zur Wirksamkeit kommen. Denn wenn, um
ein Wort Ratzels zu gebrauchen, „in unsern deutschen Mittelgebirgen das Pittoreske meist in die Thäler verlegt ist", so
stiegen damit zugleich auch die Verkehrsschwierigkeiten von
den Höhen herab. Das Wasser brachte sie damit freilich auch
den Menschen näher und machte sie weniger unüberwindlich.

Es lässt sich in der Frage der Beschaffenheit der Thäler
ein petrographisch begründeter Unterschied zwischen dem
Fichtelgebirge und seiner Umgebung konstatieren. In dem
zum grossen Teil aus Granit und Gneis bestehenden Centralstock gehören Erscheinungen wie die tief in die granitische
Hochfläche sich einsägende Eger zu den Ausnahmen.[5]) Die
Thalungen sind meist muldenartig; auch die Pässe haben
selten den Charakter von Schluchten; ja, ihr volkstümlicher
Name Hölle deutet nicht, wie sonst wohl der Name „Höllen-
thal" oder ähnliche, auf eine zerklüftete, zerrissene, schaurig
wilde Landschaft, sondern leitet sich bezeichnenderweise von
„Hüll" = Moor, Sumpf, ab.[6]) In die Schiefer des Frankenwaldes, die Kalke und Dolomite des Jura dagegen gruben
sich die Flüsse tief ein, schufen steilwandige, enge Thäler,
aus denen der Verkehr meist, wenn er in ihrer Richtung sich
bewegte, auf die Höhen flüchtete, oder die er, wenn er sie
queren sollte, umging.

Ein anderer charakteristischer Unterschied zwischen Fichtelgebirge und Frankenwald, der enge mit dem Bauprinzip beider
zusammenhängt, verstärkt diese Wirkungen noch. Im Fichtelgebirge finden sich eigentliche Pässe, Einsenkungen, Schartungen
in den Bergzügen, also ein bedeutendes Herabsteigen der
Wasserscheide. Nicht so im Frankenwalde. Dort verläuft die
Wasserscheide in nur langsam wechselnden, im allgemeinen
ziemlich gleichbleibenden Höhen auf dem alten, dort wenig
veränderten Plateau. Der Quellenlauf aller Flüsse, die für die

---

[4]) Gümbel, p. 19.
[5]) Götz, Bayern II, p. 4.
[6]) Dr. Schmidt, Führer durch das Fichtelgebirge.

das Gebirge überschreitenden Wege in Betracht kommen, liegt demnach in den höchsten Teilen des Gebirges. Die Flüsse „stellen sich daher durch ihr starkes Gefäll — in diesem Laufabschnitt — sehr vielen Kalkalpenabflüssen gleich;" (Gümpel) ihr Thal verengt sich also und wird meist vom Verkehr gemieden. Im Fichtelgebirge dagegen kommt der auf den höchsten Kämmen liegende Abschnitt der Flüsschen gar nicht in Betracht; die Wege suchen Nebenthäler, die zu den tiefer liegenden Pässen führen.

Wie in den Bergzügen, so offenbart sich auch in den Thälern die Doppelnatur des Fichtelgebirges. Beide Gebirgsrichtungen prägen sich auch in deren Verlauf aus und verursachen oft nach kurzen Strecken einen Wechsel der Flussrichtung, wodurch der neue Abschnitt mehr oder weniger senkrecht zum vorhergegangenen gestellt wird, so dass die Thäler etwas Unruhiges in ihren Wegen erkennen lassen. In zweifacher Hinsicht wirkt dies auf den Verkehr. Er wird, weil er grosse Umwege scheut, solche Thalungen bald verlassen und nähere Wege einschlagen. Wo so gestaltete Thäler aber tiefer einschneiden, werden sie ihn auch aus grösseren Gebieten verweisen, da sie dann über weitere Räume hin die Bahnen des Verkehrs abgraben, zerschneiden und so auch in Gegenden mit Hochflächencharakter, welcher weitgehende Wegsamkeit zu verbürgen und daher eine Zerstreuung der Wege zu verursachen scheint, ganz bestimmte Teile als Verkehrsgebiete aussondern.

Wenn wir wenigstens eine Thatsache anführen wollen, die das Wasser auch in seiner dem Verkehr förderlichen Arbeit zeigt, so ist es die, dass es die in unserm Gebiete so häufigen steilen Wände zerschnitt und es dem Verkehr sehr oft erleichterte, an den Gehängen kleiner Seitenthälchen auf schiefer Ebene rasch die Plateaufläche zu gewinnen.

„Höhe und Form und Lage zusammen bewirken, dass in einem Lande die Anlage auf Verbindung überwiegt, während in einem anderen die Hemmungen überwiegen."[7]) Unsere Gegenden gehören nach allem was wir gehört haben, sicher zu ersteren Ländern. Für sie ist von den drei genannten Faktoren der dritte der grösste. So lange die Lage der Fichtelgebirgsgegenden zur Wirkung kommen und ausgenützt werden kann, solange ist diesen Gegenden eine grosse Verkehrsbedeutung sicher. Die Bodenbeschaffenheit macht den Wert der Lage dadurch leichter realisierbar, dass sie Verbindungen nach allen Richtungen hin, je nach den Erfordernissen der Zeit, ermöglichte und auch, weil sie anderen Linien leicht gestattete, vikarierend an die Stelle einer solchen Strecke zu treten, die durch irgend welche Verhältnisse unterbunden erscheint.

---

[7]) Ratzel.

II. TEIL.

Der Verkehr durch das Fichtelgebirge und dessen Umgebung in seiner geschichtlichen Entwickelung.

Wir haben uns in unserer bisherigen Darstellung gehütet, irgendwie geschichtlich Gewordenes mit der Darstellung des natürlich Gegebenen zu verquicken. Wir suchten soweit es ging, die „Bestimmung" dieses Stückchens Erde, soweit sie sich aus dessen geographischen Verhältnissen erkennen lässt, darzustellen. Naturgemäss erhebt sich nun die Frage: Zu welchen Zeiten und inwieweit erfüllte es denn seine Bestimmung? Oder: Wann wurden die geographischen Möglichkeiten zu geschichtlichen Wirklichkeiten? Schon die Frage: Wann? weist darauf hin, dass die folgenden Erörterungen wesentlich geschichtlicher Natur sein müssen. Um sie mit guten Gründen als notwendige Ergänzung der vorausgegangenen geographischen Untersuchungen einzuführen, dürfen wir uns allerdings nicht darauf stützen, dass die wichtigste Eigenschaft des hier in Betracht kommenden zweiten Faktors jedes Verkehrs, des Menschen, der freie Wille ist, wie dies Kohl und nach ihm Taute thun.[1]) Denn wir würden dadurch entweder einen Begriff einführen, der uns jede tiefere Erklärung der geschichtlichen Erscheinungen unmöglich machen und uns lediglich zu einer rein beschreibenden, nach äusseren Merkmalen klassifizierenden Darstellung zwingen würde. Oder aber der „freie Wille" wäre uns nur bequemes Symbol der Mitwirkung des allzeit beweglichen, auch von etwas anderem als geographischen Gegebenheiten bestimmten Menschen; dann müssten wir doch wieder hinter dem „freien" Willen die bestimmenden Motive zu entdecken suchen.

Ein anderer Gedanke fordert viel dringender eine kurze geschichtliche Ergänzung der geographischen Darlegungen: der zweite Faktor jedes Verkehrs, der Mensch, ist eben ein geschichtliches Wesen, und das wichtigste Gesetz der Menschheit ist: Entwickelung. Wollen wir demnach die Verkehrs-

---

[1]) Kohl, Verkehr u. Ansiedelungen etc., p. 524. Taute, Oberlausitz, p. 54.

möglichkeiten unseres Gebietes in ihrer Wirklichkeit betrachten, so müssen wir damit zugleich die Verkehrsentwickelung bei demjenigen Teile der Menschheit, der für die Belebung der Naturwege dieser Gegenden in Frage kommt, darstellen. Dabei dürfen wir freilich nie vergessen, dass diese Menschheitspartikel nur ein Teil eines grösseren, mächtig rückwirkenden Ganzen ist und vor allem, dass auch sein Verkehr nur als eine Äusserung und Erscheinungsform seiner ganzen Kulturentwickelung gelten darf. (Vgl.: „Jedenfalls gehört der Intensitätsgrad der Transportmittel zu den am meisten charakteristischen Kennzeichen der volkswirtschaftlichen Kulturstufe überhaupt.")[2]) Diese „Geschichtlichkeit" alles Menschlichen ergiebt eine ganz neue Art der Lage. Die natürliche Lage bleibt für menschliches Mass fast stets ewig unverändert; aber „mit den natürlichen Lagen verbinden sich Staaten, Städte, Grenzen, Wege und was sonst die Menschen von politischen Gebilden auf der Erde hervorrufen", und schaffen so eine „politische Lage", die dem Wechsel unterworfen ist.[3]) Es fragt sich nun, welchen Gesetzen der Wechsel, die Entwickelung der uns vor allem interessierenden Verkehrsthatsachen folgt.

Schon einleitend machten wir darauf aufmerksam: Der Verkehr ist seinem Wesen nach Raumüberwindung; er wird daher um so bedeutungsvoller sein, je grösser die Räume sind, die er mit einander in Beziehung setzt. Auf kleinen Inseln können sich demnach keine Strassen von grosser Bedeutung entwickeln, und auf Kontinenten können die grössten Naturwege zu minimaler Wichtigkeit herabgedrückt werden, wenn sie durch menschliche Werke in eine Menge kleiner Stücke zerrissen werden, wenn der Strom, der frei dahinrauschen sollte, oft und oft unterbrochen, gleichsam von vielen Katarakten durchsetzt wird. Und diese Gefahr, durch Fesselung an kleine Räume tödlich getroffen zu werden, ist für den Verkehr in gewissen Perioden sehr gross gewesen.

Der Verkehr ist nämlich, wie schon angedeutet, nur eine Teilerscheinung des wirtschaftlichen Lebens. Dieses hängt aber aufs innigste zusammen mit irgend welchen politischen Gebilden. Oder, wie Schmoller es ausdrückt: „In allen Phasen der volkswirtschaftlichen Entwickelung fällt dem einen oder anderen politischen Organe des Stammes- oder Volkslebens eine führende und beherrschende Rolle auf dem Wirtschaftsgebiete zu."[4]) Nun braucht zwar jedes politische Gebilde Raum, ist ein erdgeborner Organismus; mit der Grösse des ihm

[2]) Roscher, Nationalökonomik des Handels u. Gewerbefleisses; 6. Aufl. p. 366.
[3]) Ratzel, Politische Geographie, p. 238.
[4]) Schmoller, Studien über die wirtschaftliche Politik Friedrich des Grossen; Jahrbuch VIII, p. 16.

zur Verfügung stehenden Raumes wächst meist auch seine politische Bedeutung[5]); es ist also an und für sich schon von der Natur angewiesen, im Streben nach grösseren Räumen gleichsinnig mit dem Verkehr zu arbeiten. Aber es giebt auch politische Gebilde, die in weitgehendstem Masse vom Raum zu abstrahieren suchen, die Stadtstaaten. Da sich ihre Macht jedoch wesentlich auf den Handel gründet, so sind auch sie notwendigerweise allen Äusserungen des Verkehrs günstig; solange sie die Macht haben, ihre Interessen zu wahren, wahren sie damit zugleich die eines freien Verkehrs und verstehen es, durch Gewalt oder durch Kompromiss die allenfalls feindlichen benachbarten Landstaaten ihnen hierin willfährig zu machen.

Wenn aber die Landstaaten die auch wirtschaftlich herrschenden Mächte werden, dann gilt für deren Beurteilung meist eine andere Erfahrungsthatsache. Grossräumige politische Anschauungen und Auffassungen sind erst allgemeiner seid jungen Jahren und zum grössten Teil erst durch den immer gewaltiger in die Ferne drängenden Verkehr erzeugt, der so für sich selbst auch arbeitete. Wie das Denken, so waren früher auch die politischen Gebilde meist kleinräumig.[5]) Sie aber konnten, sobald sie wirtschaftlich von Bedeutung wurden, vor noch nicht sehr lange verflossener Zeit den Verkehr in würgende, niederzwingende Fesseln legen, die herrlichsten Verkehrsstrassen durch die Menge der politischen Grenzen in Stücke zerreissen, durch Zölle, Stapelrechte und ähnliches veröden lassen und dadurch dem Verkehr wirklich alle Lebensadern unterbinden.

Wollen wir demnach die Stellung unseres Gebietes im Verkehr der verschiedenen Zeiten einigermassen gerecht würdigen, so kann dies nur geschehen unter steter Rücksichtnahme auf die das wirtschaftliche Leben beherrschenden politischen Gebilde dieser Gegenden. Selbstverständlich liegt es uns dabei fern, eine eingehende Geschichte des Verkehrs unseres Gebietes oder auch nur der Wege oder der Zölle oder ähnlicher Teilerscheinungen liefern zu wollen. Ein etwas skizzenhafter Überblick muss genügen, um die wichtigsten Verkehrsthatsachen der verschiedenen Zeiträume, die Entstehung bedeutungsvoller Verkehrscentren, ihr Steigen und Sinken im Kampf ums Dasein. das Hervortreten der markantesten Strassenzüge u. s. w. mehr schlaglichtartig zu beleuchten, wobei freilich auch andere geschichtliche Bewegungen, die nicht direkt wirtschaftlicher Natur sind, uns aber doch die eigentümliche Stellung unseres Gebietes im geschichtlichen Leben Mitteleuropas erkennen lassen, nicht vergessen werden sollen. Für das ganze Ergebnis dieser Erörterungen wird freilich eine leidige Thatsache von nicht er-

---

[5]) Ratzel, Politische Geographie, an versch. Stellen.

wünschtem Einfluss sein, die ein neuerer Forscher in die Klageworte zusammenfasst: Es giebt kaum einen deutschen Staat, dessen wirtschaftliche Verhältnisse in Vergangenheit und Gegenwart so wenig durchforscht sind, als die Bayerns."[6])

I. Das Fichtelgebirge und seine Umgebung in den geschichtlichen Bewegungen vor Emporkommen der Stadtstaaten.

Das centrale Stück des mitteldeutschen Gebirgswalles kann nicht, wie manche andere Gebiete unseres Vaterlandes, den Ruhm für sich in Anspruch nehmen, in frühen, prähistorischen Zeiten schon vom eilenden Fuss der Händler auf engen Pfaden entlang den Flüssen, oder über die schmalen Bergrücken hin, die nach allen Seiten Ausschau nach beutelustigen Feinden gestatteten, durchzogen worden zu sein. Nicht melden uns zerstreute Notizen alter Schriftsteller, dass auf diesem Wege Schätze des Nordens dem begehrenden Süden zugeführt wurden oder dass römische Händler in diese Waldwildnisse eindrangen. Ebensowenig sind Funde glänzender Bernsteinstückchen oder alter Münzen römischen oder arabischen Ursprungs uns sichere Zeugnisse eines alten, hier durchpassierenden Handelsverkehrs. Das breite, zudem ganz zurück- und versteckt liegende Waldgebirge lockte keinen der Fremdlinge, hier den Versuch zu machen, den Wall der deutschen Mittelgebirge zu durchbrechen. Es teilte darin die Funktion der meisten anderen, vor allem der etwas breiten, Mittelgebirgslandschaften, die alle „mit ihrer dichten Bewaldung, welche im Schwarzwald und Odenwald den Waldcharakter fast merklicher macht, als die Gebirgsnatur, und mit ihren immerhin nicht unschwierigen Übergängen der ersten Urbarmachung — also auch dem Verkehr — kaum geringere Hindernisse zu bieten scheinen als die Hochgebirge."[7]) Um so mehr war es demnach zur G r e n z e geeigenschaftet. In frühesten Zeiten war es denn auch wohl ein Teil des die Kelten von den Germanen trennenden Gebietes. „Nach Cäsar und Tacitus — nebenbei kommen noch Zeugnisse von Strabo und Ptolemäus in Betracht — hatten einen grossen Teil der Germania magna, alles Land vom S her bis zum Main und den nördlichen Randgebirgen Böhmens und Mährens, ursprünglich keltische Stämme inne."[8]) Nur einzelne Namen scheinen auf sie als die frühesten Besiedler unserer Gegenden hinzuweisen. „Wo Halle und Hall uns entgegentreten, da liegt

---

[6]) G. Schanz, Zur Geschichte der Kolonisation u. Industrie in Franken. 1884.
[7]) Ratzel, Anthropogeographie I, p. 183 ff.
[8]) Much, Verbreitung der Germanen etc. Korresp. Bl. f. Anthropologie 18, p. 154 ff.

die keltische Spur",[9]) und eine uralte Siedelung Hallstadt liegt am Main nahe der Regnitzmündung. (Vielleicht bezeugt sogar hoch auf dem Frankenwalde, noch rechts der Saale, der Name des Dörfchens Isaar frühe keltische Bewohner?)
Die Kelten mussten den Germanen auch in Süddeutschland weichen. Ob man aber davon sprechen kann, wie Penck es thut, dass fünf Jahrhunderte lang die Rolle des Fichtelgebirges als Eingangspforte für allerlei Völker, Alemannen, Thüringer, Burgunder, Slaven, in das südwestdeutsche Becken währte,[10]) erscheint zum mindesten fraglich. Die Lokalforschung spricht nicht dafür. „Das bayrische Vogtland — durch das jene Völkerzüge doch hätten kommen müssen — hat allem Anschein nach keine vorslavische Vergangenheit. Nirgends findet sich eine Spur älterer Besiedelung."[11])
Unser Gebiet, vor allem die für Wanderungen von Völkern fast allein in Betracht kommende Münchberger Senke, erscheint dem Forscher als „eine prähistorische Wüste", „ein vor Einwanderung der Slaven unaufgesuchtes Waldland", und auch die prähistorische Karte von Bayern, Blatt Lichtenfels,[12]) bestätigt dies vollständig: Ein Bronzefund und eine römische Münze ist alles, was sie für diese Gegenden zu verzeichnen hat; dass daraus nicht Schlüsse auf irgend welchen Verkehr, der sicher grössere Spuren hinterlassen hätte, gezogen werden dürfen, wird wohl zugegeben werden. Damit ist auch eine Vermutung Felix Dahns als auf sehr schwachen Füssen stehend bezeichnet. Er erzählt, Domitius Ahenobarbus sei von seinem Hauptquartier Augsburg etwa 2 v. Chr. mit einer anscheinend nicht starken Armee durch Nordschwaben und Franken bis an die Elbe gezogen. „Über die Richtung dieses Zuges wissen wir nichts, müssen jedoch vermuten, dass dieser von Franken (auf der alten Nürnberger Handelsstrasse über Hof, Weida, Gera) längs der Elster und Saale erfolgt sei."[13])
Dass in den Jahrhunderten nach Christo eine lebhafte Westwärtsbewegung germanischer Stämme der Elbgegenden und des ferneren Ostens stattfand, ein zweites Zeitalter westgermanischer Wanderungen[14]) begann, steht freilich fest. Aber wahrscheinlich benützten alle die langsam, schichtenweise sich vorschiebenden Völkerstämme und Völkerbruchteile jenen uralten Völkerweg durch die breit sich öffnende thüringische

[9]) Anthropogeographie II, p. 538.
[10]) Penck, Das deutsche Reich, p. 241.
[11]) Zapf in: Beiträge zur Anthropologie und Urgeschichte Bayerns 8, p. 41 ff.
[12]) ebd. B. 7. (Eine einzige Steinaxt ist in all den Mooren des Fichtelgebirges gefunden worden, kein Pfahlbau, kein Knüppelweg.) (Ratzel.)
[13]) Wietersheim-Dahn, Geschichte der Völkerwanderung, 1880, I, p. 83.
[14]) Lamprecht, Deutsche Geschichte I, p. 270.

Muschelkalkebene nach W zur hessischen Senke[15]) und von hier nach SW in die Thalungen des Mains. Und wenn sie später, wie die Hermunduren, thatsächlich südlich vom Thüringer Wald Wohnsitze finden[16]) und sogar lebhaften Handel mit den Römern bis über die Donau und nach Augsburg treiben, so haben auch sie wahrscheinlich die lange Zunge des Thüringer Waldes umgangen, um im Werra- und Mainthal wieder aufwärts zu steigen.

In einem Falle freilich war das Fichtelgebirge Völkerpforte. Als die deutschen Stämme, dem Zug nach W und wahrscheinlich auch einem starken Druck von O folgend, die Elbegegenden geräumt hatten, folgten ihnen slavische Völker nach und setzten sich in den verlassenen Gebieten fest. Ende des 6. Jahrhunderts hatten sie Böhmen besetzt, und vielleicht noch im 6. Jahrhunderte, wahrscheinlich aber erst nach 630, um welche Zeit der gegen sie vordringende Merovinger Dagobert bei der vielgesuchten Wogastisburg von ihnen aufs Haupt geschlagen worden war, fanden sie auch ein weites Feld der Verbreitung jenseits der Umwallung Böhmens. „Wo der Weg am bequemsten gewesen, da war der Strom der slavischen Einwanderung am breitesten und hat sich aus diesem Grunde auch am nachhaltigsten erwiesen":[17]) in der Münchberger Senke, die Eger aufwärts ins Innere des Gebirges, ohne jedoch durch den Kornbachpass nach W herabzusteigen, dann vor allem durch die Pforte von Waldsassen und noch weiter im S durch den Pass von Taus hatten sie natürliche Wege. Weit drangen die Fremdlinge nach dem Westen vor, besetzten das obere Main- und das Regnitzthal, ja auch noch weiter westwärts befindliche Gegenden; auf welche Weise, ob kämpfend oder durch „infiltration lente", eingeladen oder gar durch zwangsweise Versetzung, wie manche annehmen, das zu entscheiden ist nicht wohl möglich.

Aber schon vorher hatten fränkische Kaufleute den Weg nach O, nach Böhmen gefunden, freilich wohl kaum mainaufwärts durch unser Gebiet, sondern wahrscheinlicher aus den Gegenden der Elbe. Wir erinnern nur an Samo, der bis zum Herrscher Böhmens emporgestiegen sein soll, und jedenfalls, auf was für historischen Grundlagen seine Geschichte auch fussen mag, ein treffliches Symbol der von W kommenden, zur Herrschaft berufenen Kultur ist, deren Vorläufer und erste Träger hier, wie so oft, ein kühner Kaufmann war: „Güter zu suchen geht er, doch an sein Schiff knüpfet das Gute sich an" (Schiller).

---

[15]) Vgl. auch Arnold, Ansiedelungen und Wanderungen.
[16]) Dr. Rudhart weist dies nach gegen Zeuss: Archiv für Geschichte Oberfrankens, Bayreuth; II, 2, p. 39.
[17]) Mitteilungen d. Ver. f. Gesch. d. Deutschen in Böhmen 21, p. 281 ff.

Keine Urkunden oder Chroniken erzählen uns von dem Thun und Treiben jener slavischen Einwanderer. Nur aus den Namen, die noch allenthalben die am lautesten sprechenden Zeugnisse dafür sind, dass ein fremdes Volk jahrhunderte lang den jetzt wieder deutschen Boden bewohnte, lässt sich noch mancherlei über ihr Kulturleben entnehmen, und da sind für unsere Frage vor allem ein paar Namen von Ortschaften des Fichtelgebirges interessant, die uns Gradl[18]) erklärt hat: Oschwitz (ein Dorf zwischen Arzberg und Schirnding), in einer Urkunde von 1320 und später noch Moswicz oder Moschwicz genannt, stellt er zu slavisch mostĕnice, über einen Sumpf gelegte Holzbrücke.

Schloppa an der Wondreb bei Waldsassen und ebenso Schloppen bei Kirchenlamitz erklären sich vom slavischen slopĕj = Fussstapfen und slapiti: treten, sodass wir hier also Pfade vermuten dürfen.

Ein wie es scheint bedeutenderer Weg führte an Trogau bei Liebenstein (n. w. von Eger) vorbei; denn sl. dráha bedeutet „Weg"; (doch ist auch nahe verwandt dráhy = Anger).

Die Richtigkeit dieser Namenerklärungen vorausgesetzt, haben wir in ihnen also die ersten Nachweisungen von Verkehrslinien in unserem Gebiete. Zwei der dadurch festgelegten Pfade sind ihrer Richtung nach nur eindeutig: der Weg im Thale der Röslau bei Oschwitz führte hinab zur Eger, hinauf zur Kösseinesenke, und ein Knüppeldamm sollte das sumpfige Terrain passierbar machen. Der Fusspfad, von dessen Dasein uns der Name Schloppa erzählt, folgte naturgemäss der Wondrebsenke, verband den Westen mit dem Egerthal. Dass der Name des benachbarten Ortes Pograt (1287 Podagrat) von sl. pod, unter, oder po, an, und hrad, etwas Umzäuntes, Befestigtes, ein Garten, eine Burg, eine Stadt, abzuleiten ist, macht das Dasein dieses Pfades noch wahrscheinlicher. Die Burg schützte und bewachte ihn da, wo er sich zu Thal senkte, vielleicht den Wald verliess.

Auch der durch den Namen Trogau angedeutete Weg kann nach Lage des Dorfes im NW des Egerer Beckens und nach der Richtung der dort durch die Flüsschen geschaffenen Thäler und Höhenzüge kaum anders als in SO—NW-Richtung verlaufen sein, wäre uns also der erste Fingerzeig für einen Verkehrsweg längs der östlichen Seite des Centralknotens, also ein Gegenstück zu jenen beiden im Süden. Alle drei hätten sich dann der Natur nach im Egerthal vereinigt, ungefähr wohl in der Gegend, wo heute Eger liegt.

Lange dauerte es, bis auf die gewaltige Ebbe des Deutschtums wieder eine Flut folgte, und es ist geographisch begründet

---

18) H. Gradl, Geschichte des Egerlandes (— 1437). Prag 1893.

dass sie zuerst und am energischsten im Süden im Donau-
thal und auf dem Alpenvorland hin und dann im Norden auf
der weiten Ebene ihre Wege fand. Karl der Grosse war der
erste Träger dieser germanischen Offensive. Donauabwärts
drang er, zerstörte der Avaren Ringe und gründete die avarische
Mark. Von Franken her war ihm der Main die natürliche Strasse
gewesen, die Regnitz führte ihn dann nach Süden, und die Donau
schickte die Altmühl ihm entgegen. Seinen grossen Gedanken,
durch einen Kanal das fehlende Stück der Wasserstrasse zu
ergänzen, erwähnten wir schon. Dass er dabei zunächst nicht
im kühnen Flug der Ideen die beiden beteiligten Strom-
systeme und deren Meere, die Weltstadt Konstantinopel und
sein Heimatland verbinden wollte, an eine Ableitung des indischen Handelszuges dachte, wie Roscher u. a. es annehmen,
sondern dass praktisch-politische, besonders kriegerische Zwecke
ihn vor allem und zuförderst dazu veranlassten, ist schon deshalb sehr wahrscheinlich, weil die mittlere und untere Donau
ja von ihm meist feindlich gesinnten Völkern bewohnt war.[19])
Für uns ist seine ganze Thàtigkeit in diesen östlichen
Gegenden deshalb wichtig, weil sie zum ersten Male die Kultur
des Westens in etwas kräftigerem Zuge an diese kulturarmen
Grenzgebiete heranbringt, und weil uns aus dieser Zeit als eine
Folge jener Thatsache die ersten historischen Nachweise eines
gewissen Verkehrs mit den ostwàrts wohnenden Slaven erhalten
sind. Wir denken an das bekannte Kapitulare von 805, das
auch den Handel mit den Slaven regelt: De negotiatoribus qui
partibus Sclavorum et Avarorum pergunt, quousque procedere
cum suis negotiis debeant...[20]) Von den in demselben genannten Orten liegen an der Grenze unseres Gebietes Halazstat,
das schon erwähnte Hallstadt bei Bamberg, und Foracheim,
Forchheim. Ob sie mit den andern erwähnten Siedelungen
Stationen einer gewaltigen, von Bardaenowic, Bardewick, bis
Lauriacum, Lorch, ziehenden Nord-Südhandelsstrasse, wie z. B.
auch Inama-Sternegg annimmt,[21]) oder Grenzorte für ostwärts
führende Wege sind, scheint uns nicht zweifelhaft. Eine Strasse,
die auf eine so bedeutende Strecke stets der Grenze ungefähr
entlang liefe, stets in der Flanke das kulturniedrigere, feindlich
gesinnte Volk hàtte, ist kaum denkbar. Über den Inhalt des
Handels erfahren wir nichts als die negative Thatsache, dass die
Ausfuhr von Waffen verboten ist. Interessant ist uns die Lage
der zwei uns berührenden Ortschaften: Hallstadt am Eingang
des Obermainthales: die hier sich sammelnden Wasserläufe

[19]) Roscher, p. 119; dagegen Falke, Gesch. d. deut. Handels, I, p. 39.
[20]) Monum. Germ. histor. Leges I, p. 133.
[21]) v. Inama-Sternegg, Wirtschaftsgeschichte I, p. 436, 450.

zeigen auf ganz naturgemässe Weise hierher als auf einen Sammelpunkt der Slaven, die das weite Mainthal und seine Seitenzweige
und auch, wie nicht nur viele Orts- und Bergnamen, sondern
auch die Menge der aufgefundenen Gräber beweist, die Gehänge
ringsum bewohnten; und Forchheim, ähnlich gelegen in weiter
Ebene vor dem Ausgang des vielverzweigten, den nördlichen Jura
aufschliessenden Wiesentthales, also ebenfalls ein geographisch
gegebener Sammel- und Marktplatz für eine grössere Umgebung.

Wenn uns auch irgendwelche Daten über den hier sich
abwickelnden Handel fehlen, so können doch ein paar allgemein
giltige Thatsachen sicher auch hier vorausgesetzt werden. Die
eigentlichen Träger des Handels jener Zeiten waren Juden.
Karl der Grosse verspricht ihnen Handelsfreiheit und Freizügigkeit (-concessimus eis de rebus eorum propriis commutationem
facere et proprium suum cuicumque voluerint vendere-). [22])
Gehandelt wurde auch hier nur mit den kostbarsten oder am leichtesten zu transportierenden oder den notwendigsten Gegenständen. [23]) Diese Annahmen finden ihre Bestätigung und Ergänzung durch eine Urkunde, die freilich erst aus dem Anfang
des 10. Jahrhunderts stammt und zunächst für andere Gegenden
gilt, die aber zum Teil jedenfalls auch für unsere Gegenden hätte
Giltigkeit haben können, da dieselben Voraussetzungen hier
statthatten, nämlich Handelsbeziehungen zu Slaven. Wir meinen
die Zollordnung von Raffelstetten. [24]) Aus „dieser so wichtigen
und in ihrer Art leider einzigen Urkunde" tritt uns deutlich „die
Lebhaftigkeit des Handelsverkehrs mit den Slaven entgegen".
Ein dort eine sehr grosse Rolle spielender Handelsartikel, das
Salz, kommt freilich für unsere Gegenden nicht in Betracht.
Sklaven, Pferde und Rinder werden aus Böhmen herbeigeführt.
Slavische Handelsleute bringen Wachs auf Saumtieren oder in
Manneslasten. Juden zahlen den gewöhnlichen Zoll „wie stets
unter den früheren Königen". Sie vor allem brachten wohl
zum Tauschplatze, was der schon vorgeschrittenere Westen
bot: Tücher, Schmuck, Geräte und ähnliches.

Dass bei einem derartigen Handelsbetriebe eigentliche
Wege nicht nötig waren und also auch noch nicht existierten,
sieht man klar. Was also die Wälder durchzog, an Flüssen
sich hinschlängelte oder noch öfter auf Höhen seine Bahnen
nahm, das waren schmale, höchst primitive Fusspfade, so breit,
dass ein beladener Säumer und ein Mann neben ihm Platz fanden.
Solche Wege brauchten auch gelegentlich grössere Steigungen
nicht zu scheuen. Noch viel öfter aber werden sie nach Art

---

[22]) Nach Inama-Sternegg.
[23]) Roscher, p. 64.
[24]) Mon. Germ. Leg. III, p. 480; Riezler, Geschichte Bayerns I, p. 275 ff.

der Eingebornenpfade Innerafrikas unangenehme Hindernisse in oft grossen Windungen zu umgehen gesucht haben. Nur insofern lässt sich bei ihnen zwischen den Naturgegebenheiten und dem Verlauf der Verkehrswege eine Harmonie konstruieren, als der Verkehr vor allem die grössten ihm günstigen Thatsachen zu benutzen verstand, und zwar wohl deshalb, weil die grösseren Bewegungen, die der Völker oder Stämme, die ja denselben Gesetzen folgen, diese Naturgegebenheiten schon vorher als brauchbar fanden und ihnen daher frühzeitig Bewohner brachten; minder günstige, abgelegene oder schwer passierbare Gegenden waren noch nicht bewohnt und daher auch vom Verkehr gemieden.

Noch ein paar Jahrhunderte bleibt unser Gebiet das, was es gewesen, als Karl der Grosse und mit ihm deutsche Kultur seinen Rand berührten, ein Grenzwald, der freilich nach und nach gelockert wird, Lücken zeigt, die auch ahnen lassen, in welchen Richtungen er von Kolonisten durchstreift wurde. Noch ein Jahrhundert ist zwar die an seinem Rande hinführende Strasse sehr belebt von politisch-kriegerischem Verkehr. Regensburg ist die Hauptstadt der deutschen Karolinger, welche dadurch andeuten, dass sie die von ihrem grossen Ahnherrn ererbte Aufgabe, die Ausbreitung des Deutschtums, Abwehr der unruhigen, westwärts drängenden Nachbarn, erfassten, die aber doch in steten, friedlichen und kriegerischen Beziehungen zum fränkischen Stammgebiet bleiben und so die Main-Regnitz-Donaustrasse gar oft benützen müssen. Nicht selten sieht daher Forchheim Reichstage in seinen Mauern, und noch der letzte Erbe karolingischer Macht, Konrad von Franken, wird hier 911 von Franken, Sachsen, Alemannen und Bayern zum König gewählt. Dann aber sinkt das Städtchen rasch zu fast vollkommener Bedeutungslosigkeit herab.[25]

Regensburg erblüht durch seinen Handel zu dauerndem Glanze. Weithin nach O und NO breitet es seinen Einfluss; in Kiew selbst sind seine Kaufleute; eine Reihe reicher Funde von bayerischen Denaren aus dem 10. und 11. Jahrhunderte wurde in Niederpolen und Masovien gemacht, und die Stadt wird als die volkreichste, wenn auch nicht dem Raume nach grösste, Deutschlands gepriesen.[26]

Und doch ragt nördlich von ihr fast unerschüttert noch ein slavisch-heidnischer Keil weit herein in deutsches Land. Das Waldgebirge bewährt sich auch hier als grosse „Defensivstellung".[27] „Der Gebirgsknoten des mittleren Deutschlands bildet die Klippe, an der sich der Strom der deutschen Aus-

[25]) Dümmler, Geschichte des ostfränkischen Reiches, III.
[26]) Riezler, I, p. 366.
[27]) Ratzel, Anthropo-Geogr. I, p. 198.

breitung und fränkischen Staatenbildung im früheren Mittelalter bricht", wie er schon einmal zur Römerzeit „wie eine Festung zwischen Noricum und Germanien, wo nach Drusus Feldzügen die Elbe als Reichsgrenze angesehen ward", mitten inne lag.[28])

Noch fasst die Volksanschauung die Höhen des nördlichen Jura und die dahinter liegenden Berglandschaften als ein Ganzes, das den Westen von Böhmen trennt, wenn es „in einer wohl aus dem 9. Jahrhunderte stammenden Aufzeichnung" von dem keine drei Meilen östlich von Bamberg auf dem Jura gelegenen „Königshoven", (jetzt Königsfeld) heisst: „Königshoven, quod est in montanis contra Boemiam". Die zwischenliegende Senke war also noch nicht von Germanen besiedelt.[29])

Ebenso scheint lange Zeit die Bezeichnung Nordwald für den ganzen Zug vom Böhmerwald bis zum Frankenwald gegolten zu haben (vergl.: 1029 Regin, flumen in Nortwald,[30]) 1010: Nortwald, separans terras Baivariam et Bohemiam,[31]) und 1144: „de nemore suo secus Kranach, quod vulgariter dicitur Nortwald."[32]) Wohl hat schon Ludwig der Deutsche 846 den Bau von Slavenkirchen in den Gegenden des Zusammenflusses von Main und Regnitz angeordnet (ut In terra sclavorum qui sedent Inter moinum et radantiam fluvios ... ecclesiae constuerentur quatenus ille populus noviter ad christianitatem conversus habere potiusset ubi et baptismum perciperent etc.).[33]) ,Wohl war auch schon im Zusammenhang mit Kriegszügen Karls, des Sohnes Karls des Grossen, bei denen sich 805 auch ein Heer mainaufwärts und um das Fichtelgebirge nach Böhmen bewegt haben soll, um sich dort mit anderen Truppen an der Eger zu treffen,[34]) (wodurch zum ersten Male die Rolle des Fichtelgebirges als West-Ost-Durchgangsland geschichtlich belegt wäre), eine Mark gegen die unruhigen Nachbarn begründet worden. Diese soll sich als Limes Sorabicus an der Saale aufwärts, über das Fichtelgebirge, am oberen Main die regio Slavorum in sich begreifend, in den Nordgau hinein erstreckt haben,[35]) was allerdings geographisch etwas sehr unwahrscheinlich ist.

Aber noch ums Jahr 1000 erscheinen diese Gegenden als wegen ihrer dichten Waldungen kaum betreten und noch sehr wenig christianisiert: der Halberstädter Bischof hält dem von Würzburg, der sich gegen die Errichtung des Bamberger Bistums

---

[28]) Polit. Geogr., p. 670.
[29]) Hirsch, Jahrbücher d. deut. Reiches unter Heinrich II, p. 31.
[30]) Erben, Regesta Bohemiae, p. 40.
[31]) ebd., p. 37.
[32]) ebd., p. 190.
[33]) Hirsch, Jahrbücher II, p. 29, nach Monum. Boica XXVIII 1, p. 40 ff.
[34]) Gradl, Egerland, nach Palacky.
[35]) Höfner, Die Mark auf dem Nordgau. Inaug.-Diss. Würzburg 1863, p. 6.

sträubt, vor, dass er selbst gesagt habe: Si rex ibi facere vellet episcopatum, facile illum ecclesiae tuae quod tibi utilius esset, posse tribuere, te parvum inde fructum habere, totam illam terram pene silvam esse, Sclavos ibi habitare te in illa longinqua vel nunquam vel raro venisse,[86]) und noch 1058 klagt eine Synode über Bamberg: Erat enim plebs hujus episcopii utpote ex maxima parte Slavonica, abhorens a religione christiana.[87])

Aber schon drangen auf naturgegebenen Wegen, die wir später als Strassen zum grössten Teil wiederfinden werden, die deutschen Kolonisten ein; in deutschen Ortsnamen hinterlassen sie ihre deutlichsten Spuren an der Regnitz, an der Wiesent. im Mainthal und bezeichnender Weise auf dem Jura in der geraden Fortsetzung des bei Bamberg endenden W—O-Main-stückes: Königsfeld haben wir schon erwähnt, und Hollfeld war dort um 1000 der äusserste Vorposten des Deutschtums.[88]) Dann bezeichnet die Gründung des Bistums Bamberg einen energischen Schritt, ein Vorwärtsrücken des gesamten mittel-alterlichen Kulturlebens nach O an dem naturgegebenen Wege dorthin, am Main, eine Verengerung des heidnischen Zwischen-raumes zwischen Franken und dem ebenfalls schon christiani-sierten Böhmen. Aber die Grösse des Gaues, an den sich die Neugründung zum grössten Teile anlehnte, des Radenzgaues, beweist, wie dünn damals noch alle diese Gebiete bevölkert waren. („Die grosse Ausdehnung .. aller in bestimmte Grenzen eingeschlossenen politischen oder kirchlichen Herrschafts- oder Wirkungskreise im frühen Mittelalter deutet auf dünne Be-völkerung".)[89])

Zweieinhalb Jahrhundert mussten vergehen seit der Zeit, die uns zum ersten Male einen die Gegenden unseres Gebirges berührenden Handelsstrom zeigte, bis die Nachrichten über den-selben etwas häufiger werden, offenbar im Zusammenhang mit der immer weiter schreitenden Auflockerung des slavischen Grenzwalles.

Bamberg, das schon 973 als civitas Erwähnung findet, muss sicher 1007 schon eine nicht unbedeutende Stadt gewesen sein, „indem sie als blosse villula oder selbst als modesta civitas den canonischen Satzungen gemäss ungeeignet erschienen wäre, Sitz eines Bischofs zu werden".[40]) Da konnte dann auch der Handel nichts Fremdes sein, umsomehr als der Main ja die Wege

---

[86]) Ludewig, Scriptores rerum germanicarum I, 1718, p. 1116.
[87]) Hirsch, p. 31. Auch Holle, Die Slaven in Oberfranken, Archiv II, 1, p. 16.
[88]) Stadelmann, Einführung des Christentums in Oberfranken, Archiv V, 3, p. 63 ff. und XIX, 2, p. 44. Anm.
[39]) Ratzel, Polit. Geogr., p. 442.
[40]) Gengler, Codex Juris Municipalis, p. 106 ff. (1863).

wies. Die Bamberger Kaufleute finden denn auch bald Erwähnung und zwar als eine geschlossene, mit bestimmten Rechten versehene Körperschaft;[41]) dies geschieht in einer Urkunde, die für uns um so wichtiger ist, als in ihr zum ersten Male auch jene Stadt bedeutsamer hervortritt — bezeichnenderweise sofort als im Streit um Verkehrsvorrechte befindlich — die bald alle anderen überflügeln und Metropole für das ganze Kulturleben, vor allem aber für den Verkehr dieser Gegenden werden sollte, Nürnberg. Aus einer Urkunde Heinrich IV. aus dem Jahre 1062 geht hervor, dass das ältere Fürth früher schon alles, was damals einer Stadt eigentümlich war: Marktrecht, Zoll und Münze, besessen, dann unter Heinrich III. an das aufstrebende Nürnberg verloren hatte und es jetzt von letzterem wieder zurückgewann (ac quendam locum, Furth dictum, mercaturam, a... patre nostro aliquando a Norenbec (!) translatam, cum theoloneo et percussura proprii numismatis reddidimus et reconfirmauimus. Ita ut mercatores, ibidem negotiantes, finitimorum mercatorum, scilicet Ratisbonensium, Herbipolensium, Babenbergensium iustitiis utantur.)[42])

Nürnberg und Fürth, wie auch Bamberg, liegen an der grossen Süd-Nordlinie des Regnitzthales und alle drei auch an wichtigen Ost-Westwegen, zu dieser Zeit vor allem deshalb wichtig, weil sie den Handel in ein eben sich öffnendes, an damals viel begehrten Naturprodukten reiches, aufnahmefähiges Hinterland führten. Die nach Osten weisende Linie der Pegnitz wird noch deutlicher als damals höchst wichtige Handelsrichtung gekennzeichnet: Zur selben Zeit, als sich Nürnberg noch der ihm neu übertragenen Handelsrechte erfreute, wurde dem Bischof von Bamberg für seinen Ort Hersbruck das Marktrecht mit allem zeitgemässen Zubehör verliehen.[43]) Bischof Günther hatte dies — nach Hirsch — offenbar erstrebt, „um durch einen der Slavengrenze näher gelegenen Punkt Nürnberg in der Handelsstrasse zuvorzukommen"; [44]) der Name des dazu ausersehenen Ortes beweist ja auch, dass thatsächlich hier ein Weg vorbeizog und die Pegnitz überschritt. Aber Hersbruck ist heute noch ein unbedeutendes Landstädtchen, und Fürth trat ebenfalls gegen Nürnberg Jahrhunderte lang ganz in den Schatten. Hatte dieses vor ersterem die Gunst der Lage an noch einer höchst wichtigen Handelsstrasse voraus, so kam ihm gegenüber Fürth neben anderen lokalen Begünstigungen, z. B. Erleichterung des Überganges über die Pegnitz durch die Flussteilung, vor allem wohl der trefflich für

41) Hirsch, p. 115.
42) Ludewig, a. a. O. p. 1282 f.
43) J. A. v. Schultes, Historische Schriften I, 1798, p. 30.
44) Hirsch, Jahrbücher, p. 115.

eine schützende Burg geeignete Felsen zu statten. (Vgl. Schäffle: Das Primäre bei Städteanlagen ist meist das Schutzmotiv;[45]) die Notiz Roschers: In den Städteanlagen der Griechen war oft entscheidend ein Berg, der aus der Ebene burgartig und leicht zu befestigen hervorragte,[46]) lässt sich auch auf Nürnberg anwenden). Freilich, nach einer anderen Richtung weist die Angabe des Chronisten Lambert von Hersfeld, „dass damals (1072) das Gedächtnis des hl. Sebald zu Nurinberg berühmt geworden sei und ein grosser Zulauf des bei ihm Hilfe suchenden Volkes stattgefunden habe".[47]) Wie sehr solcher durch religiöse Motive verursachte „Zulauf des Volkes" in jenen Zeiten auch Handel und Wandel förderte, ist bekannt und spricht sich in dem Bedeutungswandel des Wortes: Messe deutlich aus.

Das Resultat der Entwickelung von etwa 100 Jahren war, wenn wir dies gleich vorausschicken wollen, jedenfalls dies, dass Nürnberg nicht nur jene beiden Rivalen, sondern auch das viel ältere Bamberg weit überflügelte. 1062 gewinnt das über Nürnberg triumphierende Fürth die Rechte der Kaufleute von Bamberg u. s. w.; 1163 dagegen erhalten die Bamberger und Amberger das Privileg, mit eben der Sicherheit und Freiheit, wie die Nürnberger, im ganzen Reiche zu reisen und ihren Handel zu treiben, und wo von den Nürnbergern kein Zoll oder keine Abgaben gefordert würden, sollte es ebenso mit den Bambergern u. s. w. gehalten werden.[48]) In diesen zwei Thatsachen ist klar der Wechsel der Zeiten ausgedrückt. Wir werden auf die Ursache desselben noch einmal zurückkommen.

Auch eine andere, später für unser Gebiet eine grosse Bedeutung erlangende Stadt wird in jenen Jahren zum ersten Male erwähnt, auch sie in Verknüpfung mit einer Wirkung des Verkehrs, Eger. Die Grenzbestimmung einer Schenkung Heinrich IV. vom Jahre 1061 lautet:.. ubi Swrbaha fluit in Crumbanaba et sursum ubi oritur Crumbanaba et ubi oritur Swrbaha et inde ubi oritur Trewina et deorsum Trewina usque in illam viam, quae procedit de Egire, et per eandem viam usque in Swrbaha et deorsum Swrbaha usque in Crumbanaba ... in pago Nortgove et in marchia Napurg sitam.[49]) Swrbaha ist der Höllbach, an dessen Quelle heute noch der Ort Schwurbach am Südabhang der Kösseine liegt; die Crumbanaba heisst jetzt Fichtelnaab (vgl. Dorf Krummenaab an ihr bei Erbendorf) und die Trewina-Trebniz mündet bei Redwitz in die Kösseine.[50])

---

[45]) Schäffle, Bau und Leben III, p. 155.
[46]) Roscher, a. a. O. p. 3.
[47]) Chroniken deutscher Städte I, 1862, Einleitung.
[48]) J. F. Roth, Geschichte des Nürnbergischen Handels 1800—1802 I, p. 10.
[49]) Erben, Regesta Bohemiae nach Mon. Boica XXIX, 1, p. 148.
[50]) Nach: Bayreuther Archiv VIII, 3, p. 13 ff.

Jene Strasse verlief also von Eger aus die Röslau und die Kösseine aufwärts und setzte sich in der Senke zwischen Steinwald und Kösseinegruppe zur Fichtelnaab fort, erscheint demnach als eine Bestätigung und wohl auch als eine Vergrösserung jenes aus dem Namen Oschwitz schon gefolgerten Pfades im Röslauthal und als eine seit langer Zeit hier verlaufende, allgemeiner bekannte Verkehrsstrasse mit einer über ganz lokale Verhältnisse hinausgehenden Bedeutung. Dass sie, wie gegen O nach Eger, so gegen W zu den um dieselbe Zeit im Pegnitzthal auftretenden Handelsorten sich spannte, kann wenigstens als wahrscheinlich angenommen werden.

Der östliche Grenzwall wird also zuerst. im Süden des Fichtelgebirges durchbrochen. Dass vom Egerland aus auch nach Regensburg, also wohl durch die Waldsassener Senke, frühe und lebhafte Verknüpfungen statthatten, lebhaftere als nach dem Westen, lässt sich wohl mit Sicherheit daraus schliessen, dass das Egerland nicht dem Bistum Bamberg oder dem Erzbistum Prag, sondern der Diöcese Regensburg zugehörte.[51]) Auch die politische Stellung desselben lässt Rückschlüsse auf die Verkehrsverhältnisse jener Zeiten zu. Fast ein paar hundert Jahre hielt sich das Ländchen in grösserer oder geringerer Unabhängigkeit von der Krone Böhmens. Ja, die Grenzwälder, die Böhmen auf allen Seiten umgaben und deren Wert als Zierde und Schutz des Vaterlandes noch Karl IV. pries,[52]) zogen sich auf den im Südosten vorgelagerten Höhen des Tepler Plateaus und des Karlsbader Gebirges hin, separierten also das obere Egerbecken noch energischer. Die Senke von Königswart war der einzige Eingang, Schloss Königswart eine Schutz- und Sperrvorrichtung mitten im Markwald; ein Thor ist dort erwähnt, (porta, id est exitus terrae).[53]) Tepl erscheint 1197 als Marktstätte, „zum Typus der Strassenmärkte gehörig", und eine Urkunde von 1213 besagt, die Leute von Tepl sollen nicht belästigt werden mit Strassenbaufrohnden etc., da sie das Landesthor zu befestigen und zu bewachen haben.[54]) Eine ähnliche Stellung nimmt Elbogen ein. „Seit dem 13. Jahrhunderte beherrschte es als königliche Burg eines der bedeutendsten Landesthore und bildete den militärischen Schlüssel des oberen Egerlandes".[55]) So war also das Egerland scharf und deutlich von Böhmen geschieden, ein politisches Zwischengebilde im Schatten der

[51]) Archiv VIII, 3, p. 18 ff.
[52]) Loserth, Der Grenzwald Böhmens. (Mitteil. d. Ver. f. Gesch. d. Deutsch. in Böhmen 21, p. 193.)
[53]) Lippert, Social-Geschichte Böhmens I, 1896, p. 68 f.; Erben, Reg. Boh. p. 195.
[54]) Erben, p. 255.
[55]) Loserth, p. 193.

Berge, das wegen der leichten Durchgängigkeit des Haupt-
gebirgswalles früher ein breites Herausströmen der Slaven,
jetzt ein kräftiges Rückfluten der Deutschen sah, und das
infolge der Verkehrseigenschaften seiner Grenzen lange inniger
mit dem W als mit Böhmen verknüpft war.

Auch im N drang das Deutschtum immer tiefer in die
Thalgründe ein und auf den Höhen vor. Fürs Jahr 1130 bezeugt eine Urkunde,[56]) dass der Verkehr im Mainthal nordöstlich
von Bamberg reger geworden ist: Kaiser Lothar verleiht dem
Orte Staffelstein Marktrecht.

In diesem Jahrhundert entfaltet sich auch im Frankenwald,
etwas später im Fichtelgebirge emsiges Leben. Überall sind
die Deutschen im Vordringen. Die jedenfalls nicht dichte
slavische Bevölkerung verschwindet, nachdem sie sich ver-
gebens gegen die Eindringlinge zu verteidigen gesucht hat.
Von allen Seiten kommen diese, und wieder bewährt sich das
Fichtelgebirge als reich an Beziehungen nach allen Seiten, als
ein Übergangs- und Mischgebiet. Von Süden her besetzen
bayerische Kolonisten das Gebirgsinnere, und ihr pfälzisch-
bayerischer Dialekt, der bis zum Waldstein und zur Wasserscheide gegen die Saale reicht, verrät sie heute noch;[57]) die
Naabsenke führte sie herauf. Dass ins Innere vereinzelt auch
fränkische Kolonisten von Westen her eindrangen, — der Kornbachpass bot dazu die Wege — bezeugt der Name des Dorfes
Franken bei Weissenstadt. Aber gerade diese Namengebung
kennzeichnet den Fall als eine Ausnahme.

Das sog. Bayreuther Fränkisch herrscht im Saalland. Es
zieht sich aus dem Obermainthale längs des Westrandes des
Centralstockes an und auf dem Gebirge herein, „ist verbreitet
zu beiden Seiten der Strasse nach Hof bis über Rehau hinaus."
Klar genug tritt dadurch die Münchberger Senke als Weg der
Einwanderung hervor.

Neben diese Abart des fränkischen Dialektes legt sich weiter
im Westen eine zweite: das Bamberger Fränkisch, entsprechend
der westlichen Lage Bambergs, durch die politische und religiöse Scheidung konserviert und in seinen trennenden Merkmalen verstärkt.

Und damit auch der Einfluss des Nordens nicht fehle, ragt
ein Zweiglein des Thüringischen in jene Gegenden herein und
füllt das Gebiet der Selbitz.

Um 1200 war jedenfalls der Durchgang zum nordöstlichen
Deutschland besiedelt; 1214 wird Hof zum ersten Mal genannt,
und zwar schon als Pfarrei, also jedenfalls als grösseres Gemein-

---

[56]) v. Schultes, Historische Schriften I, p. 213.
[57]) Zapf, Ethnographische Karte des nord-östlichen Oberfrankens. Beitr.
z. Anthrop. u. Urgesch. Bay. VIII, p. 146 ff. — u. Zapf, Archiv XIII¹, 2, 41.

wesen.[58]) (Die Angabe in Götz, Handbuch II, „der Reichsvogt von Curia Regnitziana bricht um 1080 die noch bestehenden Sorbenburgen und legt den Grund zur Altstadt Hof", scheint einer kritiklosen Chronik von Hof — von H. Wirth 1843 — nachgeschrieben zu sein).[59]) Seit dem 11. und 12. Jahrhundert hat auch eine wirkliche, organisierte Ausbreitung des Christentums im Vogtland stattgefunden.[60]) Plauen kommt rasch empor und hat auch bald Verbindungen nach dem Südwesten; castrum Strasberg wird schon 1194 genannt,[61]) sodass wir also annehmen können, etwa um 1200 sei der Wall auch im Nordosten durchbrochen, dem Strome der Kultur, des Handels, aller andern Lebensäusserungen der nie rastenden Gesellschaft eine Bahn über das Plateaugebirge geöffnet gewesen.

Rasch, ja allem Anschein nach übereilt, wurde auch der Frankenwald besetzt, so dicht, dass die Ansiedler, vielleicht enttäuscht durch das doch rauhe Klima und den nicht ergiebigen Boden, sich bald wieder zurückzogen, weswegen wir zum Beispiel in dem „bischöflichen Salbuch des fränkischen Waldes" von 1333 eine Menge Namen von Wüstungen finden.[62])

(Anm: Eine so tief versteckt in einem Seitenthälchen des obersten Weissen Maines gelegene Siedelung, wie Bischofsgrün gilt als eine der ältesten Ortschaften Oberfrankens.[63]) Ist dies berechtigt, so muss es uns jedenfalls ein Fingerzeig dafür sein, dass man bei derlei Erörterungen doch gut thut, der menschlichen Freiheit, d. h. wohl besser des oft sonderbar spielenden Zufalls nicht zu vergessen. Denn dass natürliche Wege sehr frühe Kolonisten in diesen weltabgeschiedenen Winkel gewiesen hätten, kann füglich nicht behauptet werden.)

Etwa 600 Jahre hat demnach das Fichtelgebirge und seine Umgebung als Grenzgebiet der slavischen Welt des Ostens eine Rolle gespielt. Lange hatten die geschichtlichen Bewegungen die centrale Gebirgshäufung umgangen, war vor allem der mainaufwärts kommende Verkehr nach Süden und Südosten abgelenkt worden, zum Donauthalweg. Nur sehr allmählich dringen die Mächte des Westens, repräsentiert durch Christentum und Deutschtum, in dem feindlichen Grenzraum vor, erst den Zusammenhang lockernd, dann ihn gleichsam in konzentrischem Angriffe von allen Seiten her bestürmend. Auch hierbei tritt deutlich die Tendenz der Westostbewegungen, den Zentralstock zu umgehen, hervor. Noch sehr lückenhaft, nur

---

[58]) Christ. Meyer, Quellen zur Geschichte der Stadt Hof 1894, p. V.
[59]) Vgl. darüber Meyer, ebenda.
[60]) Mitteilungen des Altertumsvereins zu Plauen I, p. 4.
[61]) Simon, Verkehrssfrassen Sachsens, p. 37 (1892).
[62]) Bayreuther Archiv VIII, 2, 1 ff.
[63]) Nach Götz, Bayern II.

andeutungsweise, treten aus dem geschichtlichen Dunkel nach und nach auch die einzelnen Wege hervor, auf denen Handel und Verkehr ihre Bahnen ziehen. Marktorte entstehen da, wo die natürlichen Verhältnisse Sammelpunkte des Verkehrs schufen; doch keiner erscheint zunächst von irgend einer grösseren, die andern überragenden Bedeutung. Der Kaiser verleiht ihnen, meist wohl bestätigend und sanktionierend, was auf natürliche Weise sich schon entwickelt hatte, das Marktrecht. Er gilt auch noch als Herr der Wege, der Zölle und des Geleites. Die fürstlichen Gewalten treten noch gar nicht hervor, und damit erscheint eine weniger nach der Willkür der Fürsten oder auch nach deren Geldbedürftigkeit sich richtende, sondern mehr den lokalen Bedürfnissen und den natürlichen Gegebenheiten entsprechende Lösung aller einschlägigen Fragen wenigstens wahrscheinlicher.

Die folgenden Jahrhunderte bringen in all diesen Dingen grundstürzende Änderungen hervor. Die lokale geographische Hauptursache derselben ist die, dass der Grenzwall überall durchbrochen, zerstört wird. Es liegt aber „in der Durchbrechung dieser Art von Grenzen einer der grössten Wendepunkte in der Geschichte der Beziehungen zwischen Volk und Land überhaupt", „der Anlass zu einem mächtigen Aufschwung der ganzen Staatenentwickelung".[64]) Hinter Fichtelgebirge und Frankenwald breitete sich im N und NO ein aufs neue dem Deutschtum gewonnenes Land aus, weite Ebenen, voll von Kulturmöglichkeiten und voll von Aufgaben für jugendfrische Kräfte, aber auch reich an Bedürfnissen und bereit, gegen die immer willkommenen Naturprodukte, wie Vieh, Wachs, Felle, alles aufzunehmen, was junge Kulturen brauchen. Zudem hatte dieses weite Feld deutschen Unternehmungsgeistes als östliches Hinterland nicht ein höher stehendes Kulturgebiet, das ebenfalls alles, was not that, hätte geben können; bis in die tiefsten Wälder Polens und Russlands hinein kam vielmehr fast alle Kultur nur aus dem Westen.

Im Osten zwar schien der zum grossen Teil von Tschechen bewohnte böhmische Kessel manchmal nicht sehr anzulocken. Ist es auch nicht geschichtlich, was der nationalste Geschichtschreiber jener Gebiete, Cosmas, von dem 1055 erwählten Herzog Spitignev berichtet, so ist es doch vor allem durch die Art der Darstellung nicht übel charakterisierend: „Am Tage seiner Thronerhebung vollbrachte er etwas Grosses und Wunderbares, was ihn für alle Zeiten merkwürdig machte; denn er befahl, dass alle Deutschen, ob reich oder arm...., innerhalb drei Tagen aus Böhmen vertrieben werden sollten".[65]) Aber auch dieses öfter

---

[64]) Ratzel, Politische Geographie, p. 114.
[65]) Geschichtschreiber der deutschen Vorzeit LXV, p. 104.

etwas feindselig gesinnte Nachbargebiet war politisch, wenn auch nie sehr fest, mit Deutschland verbunden und kulturell ebenso von ihm abhängig, wie jedes östlich gelegene europäische Land von seinem westlichen Nachbar. Durch alle Verhältnisse schimmern die Spuren dieser Wanderung der Kultur nach Osten hindurch. So ist, um nur ein paar etwas bezeichnende Fälle zu erwähnen, das Prager Recht ein Sprössling des Nürnberger (... iure civitatis Nurembergensis, quo Maior civita nostra Pragensis a prima sui fundacione freta est et fruitur),[66]) und auch die zu Eger hielten die Nürnberger für ihre „Altväter", unter deren Einfluss aller Wahrscheinlichkeit nach auch ihr Recht entstand.[67]) Auf denselben Wegen fast hält die das Mittelalter so tief bewegende Cistercienserbewegung ihren Siegeszug nach Böhmen: 1127 wird Kloster Ebrach, 1132 Kloster Langheim in einem Seitenthälchen des nördlichen Jura und schon auch Waldsassen gegründet,[68]) und 10 Jahre später stiftet Mirozlaus von Böhmen ein monasterium Cisterciensis ordinis in Sedlez, zu dessen Einrichtung ihm der Convent des Klosters Waldsassen auf seine an den dortigen Abt gerichtete Bitte einen Bruder zuschickt.[69])

Jetzt war demnach das Fichtelgebirge aus einem Randgebirge des schwäbisch-fränkischen Beckens und des nördlichen Alpenvorlandes erst eigentlich ein Scheidegebirge zwischen jenen beiden Teilen des mitteleuropäischen Bodens einerseits und der norddeutschen Tiefebene und dem böhmischen Becken andererseits geworden, aus einem Grenzwalde ein Durchgangsgebiet, so erst jetzt die Bestimmung erfüllend, die wir ihm nach seiner Lage zusprachen.

Um die daraus sich ergebenden Folgen in ihrer ganzen Tragweite würdigen zu können, ist noch ein Blick auf grössere, zeitlich ungefähr parallel sich entwickelnde oder wenig später eintretende Verhältnisse nötig.

Die Kolonisation des nordöstlichen Deutschlands tastete sich z. T. am Abhang der deutschen Mittelgebirge hin. Die „Hohe Strasse", der wir noch begegnen werden, bezeichnete hier ihren Weg. Aber in viel breiterem, freierem Strome führte sie der tief nach dem kontinentalen Europa hereinragende Meeresbusen der Ostsee nach dem Osten. Hier entwickelte sich im Laufe von ein paar Jahrhunderten ein so gewaltiges wirtschaftliches Leben, erblühte entlang der Küste eine Reihe so mächtiger Handelsstädte, knüpften sich Verbindungen nach N und nach O von so weittragender Bedeutung, dass jede politische Aktion in diesen Gegenden nur in innigstem Zu-

---

[66]) Emler, Reg. Bohem. IV, p. 825.
[67]) Gaupp, Deutsche Stadtrechte 1851 I, p. 182 ff.
[68]) Nach Götz, Bayern und Gradl, Egerland.
[69]) Erben, Reg. Boh. 103.

sammenhang mit jener wirtschaftlichen Entwickelung gedacht werden kann und an Wichtigkeit daher weit hinter jene zurücktritt. Noch grössere Tragweite erlangten für unser Gebiet Veränderungen, die sich im Süden Europas vollzogen. Da war Konstantinopel lange die glänzende Hauptstadt der Welt gewesen, „die Schatzkammer aller der von den Deutschen so heiss ersehnten Schätze des Orients", [70]) und auf mannigfachen Wegen hatte es dieselben nach dem etwas sehr randlich gelegenen Mitteleuropa geleitet: donauaufwärts, über Marseille, durchs schwarze Meer zu den Bernsteinküsten der Ostsee, natürlich auch über Italien. Aber immer mehr brach die Herrlichkeit des östlichen Kaisertumes zusammen, und als gar die Banner einer barbarischen, halb nomadenhaften, asiatischen Nation auf den rauchenden Trümmern der alten Kaiserstadt wehten, da mochte das wie ein verspätetes Symbol dafür erscheinen, dass dieselbe schon längst ihre Bedeutung für Europa verloren hatte.

In ungeheurem Aufschwung aber waren inzwischen die italienischen Handelsstädte erblüht. Die Kreuzzüge hatten sie auf die See hinausgewiesen. Trotz Papst und Ostrom hatten sie schon in einem gross organisierten Schleichhandel die mannigfachsten Beziehungen zu den Feinden der Christenheit, den Arabern, geknüpft, ja selbst den östlichen Handelszug durch das Schwarze Meer nach Norden abgefangen und abgelenkt. Dann hatten die Venetianer es sogar verstanden, einen Kreuzzug anstatt gegen die Bedränger des Kreuzes gegen ihre machtvolle Konkurrentin Konstantinopel zu dirigieren und die daraus sich ergebenden politischen Vorteile zur Begründung ihres Welthandels und zur Verdrängung auch ihrer italienischen Nebenbuhler, der Pisaner und Genuesen, zu verwerten. Erwähnen wir noch, dass es den Italienern auch gelang, die vornehmsten Industriezweige des Morgenlandes, vor allem die Seidenzucht und die Seidenwirkerei, nach Italien zu verpflanzen, so wird dies genügen, um zu zeigen, welch gewaltig neues Leben auch im Süden jetzt pulsierte. Dass es am Ende desjenigen mittelmeerischen Zweiges, der am tiefsten ins Herz Europas hineinragte, am stärksten sich regte, und dass daher Venedig vor allem blühte, ist schon aus rein geographischen Gründen leicht verständlich.

Mitten inne zwischen diesen beiden neu sich entfaltenden Welten lag unser Gebiet als Durchgangsland. Jetzt kam seine echt mitteleuropäische Lage zur vollen Geltung; jetzt erschien es bestimmt, Mittler zu sein zwischen den beiden wichtigsten Meeren der mittelalterlichen Welt.

[70]) Vgl. Falke, Geschichte des deutschen Handels, B. I, p. 65 ff.

Die Folge der oben geschilderten gewaltigen Umwälzungen
war für Italien und Deutschland ein rapides Emporsteigen der
Gemeinwesen, die von Anfang an dem Verkehre ihre Bedeutung verdankten und deshalb am ersten gerüstet waren, alle
Vorteile der neuen Lage sich zu eigen zu machen: der Städte.
Die centrale Gewalt im Reiche war meist zur Ohnmacht ver-
dammt, die nach und nach sich emporringenden Fürstenmächte
noch zu sehr im Entstehen begriffen, zudem noch ganz in
naturalwirtschaftlichen Verhältnissen stehend, dem Getriebe des
Verkehrs fremd, so dass die Städte eigentlich konkurrenzlos sich
entfalten und eine Macht gewinnen konnten, die gelegentlich
Fürsten und Kaisern trotzte.

Darzustellen, wie sich die Verkehrsverhältnisse unseres
Gebietes unter solchen Umständen entwickelten, ist unsere
weitere Aufgabe.

II. Der Verkehr im Zeitalter der Städteblüte.

1) Politische Bewegungen im Fichtelgebirgsgebiet.

Auch in unserm Gebiet geht wie so oft politische Expansion mit wirtschaftlicher parallel oder eilt ihr sogar voraus.
Das letztere ist freilich wohl oft nur scheinbar der Fall,
da hierhergehörige Urkunden p tischen Inhaltes gewöhnlich
viel weiter zurückreichen als Nachrichten über wirtschaftliche
Ereignisse. Aber sie sind uns ein Beweis dafür, dass jene
Gegenden stärker ins Licht treten, für erstrebenswert gelten,
bekannter werden, was alles auf einen regeren Verkehr, der dies
vermitteln half, schliessen lässt. Denn „die wirtschaftlichen
Bewegungen haben die gleiche Neigung, wie die geistigen —
nämlich über die Grenzen der Staaten hinauszustreben —, und
alle zusammen vergrössern dadurch gleichsam als ein Neben-
erzeugnis ihrer eigenen Bestrebungen die Kenntnis des Raumes
und die politischen Raumauffassungen und -ansprüche, so dass
zuletzt die Staaten ebenfalls über grössere Flächen hinzuwachsen
streben".[1] Auch der Gedanke, dass es „zur vollständigeren
oder minder vollständigeren Erreichung der den Grenzland-
schaften eigenen Vorteile... nur auf das Mass von Druck und
Gegendruck ankommt, welches von der diesseits oder von der
jenseits des fraglichen Landstriches wohnenden Bevölkerung
und ihrer Staatsmacht aufgewendet wird",[2] lässt aus Grenz-
vorschiebungen einen Rückschluss auf verstärkte geschichtliche
Bewegung im Sinne der Vorwölbung der Grenzen zu.

Für unser Gebiet ist besonders die Expansion der Zollern-

---

[1] Ratzel, Polit. Geogr. p. 84.
[2] Götz, Bayern I, p. 5.

macht charakteristisch. Die im Regnitzthal fussenden Hohenzollern schoben sich immer weiter nach NO vor. Ein Teil des
Erbes der 1248 ausgestorbenen Meranier gab ihnen im Thale
des Roten Maines einen neuen Operationspunkt. Auch die
Erwerbung Kulmbachs, also des Vereinigungsgebietes beider
Mainquellflüsse und des Einganges zum eigentlichen Durchgangsland nach dem NO, vollzog sich verhältnismässig glatt.
Nachdem es 1290 schon einmal an die Burggrafen verpfändet
worden war, fiel es zufolge eines 1338 mit dem Grafen von
Orlamünde geschlossenen Erbvertrages 1340 definitiv an die
Zollern.[3]) Dagegen offenbarten sich noch bei Erwerbung
des Frankenwaldplateaus dessen Eigenschaften als Grenzgebiet
in politisch - geographisch interessanter Weise. Wie lange
schwankten die Gebiete um Hof hin und her! Dort hatte sich
in irgend einer Art von Selbständigkeit ein kleines Gebilde
längere Zeit erhalten, das die Thäler der oberen Saale und
ihrer rechten Nebenflüsschen, der beiden Regnitzen, ausfüllte,
ein kleines Beispiel für die individualisierende und isolierende
Wirkung des Innern von Plateaugebirgen. 1230 wird es als
„Regnitzland" zum ersten Mal erwähnt und zwar in selbständiger Nennung neben Franconia; sein Hauptort ist Hof (Curia
Regnitiana).[4]) Es erscheint über ein Jahrhundert wie auf der
Schneide zwischen dem Norden und dem Süden stehend,
einmal in den Händen der Burggrafen, dann wieder von ihnen
an die Vögte von Weida gegeben, offenbar, weil es ihnen
noch zu abgelegen, zu schwer zu halten war; dann wird es
wieder vom Kaiser an die Burggrafen verliehen. Im Jahre
1373 kommt es definitiv an die letzteren.[5]) Aber noch hängen
ihm weiter östlich schwankende Teile an; die burggräfliche
Interessensphäre greift herüber bis ins Thal der oberen
Elster: 1397 erneuert Wilhelm von Meissen den Burggrafen
das Vermächtnis der Städte Voitsberg, Ölsnitz, Adorf und
Tiersheim,[6]) und 1409 setzt das Hofgericht die Burggrafen
in den Genuss dieses Erbes;[7]) aber ganz wird dasselbe nicht
behauptet: die Elstergebiete gingen wieder verloren. Erst
1524 findet eine endgiltige Festlegung und Abrundung jener
Grenzen statt.[8])

Sicherer und bestimmter verlief die Erwerbung des westlichen Teiles des Egerlandes. Schon frühe haben die Burggrafen Beziehungen zur Stadt Eger: 1285 erhalten sie dort das

[3]) Meyer, Quellen zur Geschichte der Stadt Kulmbach.
[4]) Stein, Geschichte Frankens I, p. 268.
[5]) Meyer, Quellen zur Geschichte der Stadt Hof; Einleitung.
[6]) Monumenta Zollerana V, p. 397.
[7]) Monumenta Zollerana VI, p. 570.
[8]) Nach Longolius, Sichere Nachrichten von Kulmbach-Bayreuth.

Burglehen und erscheinen im selben Jahre auch als Burggrafen von Elbogen.[9]) Langsamer, aber um so unwiderstehlicher dringen sie in das Innere des Gebirgswalles und senken dort ihre Wurzeln immer tiefer ein. Bezeichnenderweise kommen sie von SW her, also auch hierin der Notwendigkeit der Umgehung des gewaltigen Frontwalles folgend: 1285 erhalten sie die Veste Wunsiedel, scheinen sie jedoch noch einmal abzugeben, da sie dieselbe 1321 wieder von den Voitsbergern kaufen.[10]) Diesem Besitz lassen sie nun in rascher Folge andere Erwerbungen folgen. So kaufen sie z. B. Weissenkirchen (= Weissenstadt) und die Burg Rudolfstein vom Kloster Waldsassen, oder sie brechen auf Befehl des Kaisers 1352 den Epprechtstein als ein Raubnest und erhalten ihn dafür zum Lehen[11]) etc. Mit Recht bemerkt daher der Geschichtschreiber des Egerlandes, Gradl, zum Jahre 1376: „Langsam aber stetig drang von Westen her die Herrschaft der Burggrafen von Nürnberg gegen das Egerland vor; gern oder ungern mussten sich die Besitzenden im Striche zwischen Hohenberg — Arzberg und Wunsiedel — Weissenstadt — Kirchenlamitz einer nach dem andern zum Verkauf ihrer Güter an die Burggrafen oder, was dieselbe Wirkung hatte, an Bürger von Wunsiedel etc. verstehen".[12])

Der Gegendruck war eben zu schwach. Der allgemeine Zug ging nach dem Osten. Die wichtigsten Interessen der sächsischen Fürsten wiesen diese dorthin, und die neu aufgekommene Macht der Zollern hatte daher den Vorteil, ihnen gleichsam in den Rücken zu fallen. Das Egerland aber „in seiner eigentümlichen und undefinierbaren Stellung",[13]) zu sehr individualisiert, um sofort in einem grösseren Ganzen aufzugehen, und doch als echtes Durchgangsland zu sehr stärkeren Einflüssen von allen Seiten ausgesetzt, um selbst ein Ganzes bleiben zu können, wusste sich noch viel weniger des heftig drängenden Nachbarn zu erwehren, so gern es auch seine Positionen im Fichtelgebirge sich bewahrt hätte, in dem dunklen Gefühle wohl, dass es rettungslos dem böhmischen Löwen verfallen müsse, wenn es den einen Stützpunkt auf dem Gebirge ganz verliere. Interessant ist es, wie schon die Zeitgenossen deutlich das Prekäre, Unhaltbare der Lage des Egerlandes fühlten, so wenn ein Chronist als Grund der Verpfändung an Böhmen anführt: „Und dieweil Eger, die statt, dem reich und denn andern reichsstetten zu weit gelegen ware, sich offt bey Römischer

[9]) Mon. Zoll. II.
[10]) Mon. Zoll. II, p. 359.
[11]) Mon. Zoll. III, p. 242.
[12]) Gradl, Egerland, p. 246.
[13]) Gradl, Chroniken der Stadt Eger, Prag 1884, p. XV.

kayserlicher majestat beklagt hette der injurien, überlast und
grossen drangsall, so inen von iren nachpaurn, den Beheimen
und sonderlich der andern herumb lichenden herschafften ge-
schahe", verpfändete es der Kaiser an Böhmen (1322).[14] Klar
ist hier ausgesprochen einmal die mittelalterliche Unfähigkeit
der Beherrschung grösserer Räume, zum andern die Gefahr
zentraler Lage („in der Stärke ebenso gewaltig, wie in der
Schwäche bedroht").[15]

Noch sei hervorgehoben, wie hier das Ost- und Nordost-
wärtsschieben der Burggrafen aufhörte, als in derselben Richtung ein grösserer, kühnerer Sprung gelang, die Festsetzung
der Zollern in der Mark Brandenburg. „Ich wünsch dir dazu
Glück; Krieg und Widerwärtigkeit genug!" soll Sigismund dem
Burggrafen Friedrich bei der Belehnung zugerufen haben. Der
Zoller war gerüstet, besser als die Bayern und die Luxemburger,
die vorher das Wagestück versucht hatten. Näher lag das neue
Gebiet seinem Blick; die eben erworbenen Fichtelgebirgspassagen führten ihn hinab ins norddeutsche Flachland auf
Wegen, welche Bürger der Stadt, deren Burggraf er war, vor ihm
schon oft gezogen waren; und nicht auf fremde Erde führten
sie ihn: Hiess doch auch die Nürnberger Umgebung manchmal
wie Brandenburg des heiligen Reiches Streusandbüchse. So
erntete der Träger der politisch aktionsfähigeren Macht etwas
von Früchten, welche die wirtschaftlich viel stärkere, aber
politisch eingeengte gesät hatte. Zu ihr wollen wir uns nach
diesen Abschweifungen wenden.

2) Nürnbergs Handel im Mittelalter mit besonderer
Berücksichtigung des das Fichtelgebirge passie-
renden Verkehrs.

Die Signatur eines im 13. Jahrhunderte beginnenden und
sich durch ungefähr 300—400 Jahre erstreckenden Abschnittes
der inneren deutschen Geschichte ist für unser Gebiet die
beherrschende Stellung Nürnbergs. Rasch erhebt es sich
aus der geringen Zahl seiner Mitbewerber, was gegenüber der
Mehrheit derselben auch aus der überragenden Gunst seiner
Lage leicht erklärlich erscheint. Nur die Stelle, wo die so
wichtige Rednitzlinie den Main trifft, scheint von Natur mindestens in eben demselben Grade zu einem Verkehrsmittel-
punkte ausersehen zu sein, wie die Mündung der Pegnitzlinie
in den S—N-Weg. Es wäre deshalb Bamberg als mächtiger
Rivale Nürnbergs um so mehr zu erwarten, als es letzteres durch
die für jede landwirtschaftliche Kultur ausserordentlich vorteil-

---

[14] Gradl, Chroniken der Stadt Eger.
[15] Ratzel, Pol. Geogr., p. 282.

hafte Bodenbeschaffenheit seiner näheren Umgebung weit übertrifft. Es wird denn auch schon in einem Privileg Friedrich II.
von 1219, worin dieser Nürnberg mit neuen, reichen Freiheiten
begabt, hervorgehoben — man möchte meinen im Hinblick
auf das benachbarte Bamberg —, dass Nürnberg solcher besonderen Gnaden würdig und bedürftig sei, „sonderlichen aber,
alldieweilen sie (die Stadt) keinen Weinbau oder schiffreiches
Wasser habe, auch auf einem rauhen und unfruchtbaren Boden
lege".[1]) Man hat die Thatsache, dass dennoch Nürnberg auch
diesen Rivalen rasch besiegte (vgl. S. 122), auf geschichtliche
Gründe zurückführen wollen, so darauf, dass es Nürnberg
früh gelang, eine selbständige Stellung zu erringen, während
Bamberg öfter, doch stets vergeblich, die bischöfliche Herrschaft abzuschütteln unternahm. Man kann wohl auch eben
jene Ungunst der lokalen Verhältnisse um Nürnberg als an-
spornend zu energischer Bethätigung aller schlummernden
Kräfte ins Feld führen, wie dies von Nürnberger Chronisten
schon frühzeitig geschieht; sie variieren offenbar den Gedanken-
gang jenes Privilegs, wenn von ihnen z. B. als ein Grund, warum
die Nürnberger anfingen, „erbar kaufmanschaft zu treiben in
fremde lant", angeführt wird: „dass sie narung weit westen zu
suechen, wann umb Nurenberg ein sandiger spröder poden
ist".[2]) Doch scheint die für Bamberg so ungünstige Differenzierung der Werte und Machtverhältnisse beider Städte zum
weitaus grössten Teil begründet in den früher dargelegten
Erhöhungen der Schwierigkeiten für einen direkten W—O-
Verkehr durch die mächtigen Krümmungen des Mains und
durch die Häufung und Bedeutung der trennenden Höhen
im Osten Bambergs; ferner darin, dass wegen jener Thatsachen auch der Donau-Mainverkehr nicht die Regnitz herab
dem Maine zueilte, sondern lieber auf direktem Wege von
Nürnberg aus den Würzburger Mainbogen gewann, und dass
der S—N-Verkehr schon zum grossen Teil südlich von
Bamberg den Jura überschritt. So kam nach Nürnberg der
noch ungeteilte Verkehr aus dem Süden und der grösste Teil
des nach Böhmen und nach der Donau gerichteten Stromes.
    Sehr frühzeitig erscheint die Reichsstadt in reger Handels-
verknüpfung mit den Städten des Rheines: schon 1112
schliesst sie mit Worms einen Zollfreiheitsvertrag, 1219 mit

---

[1]) Roth, Handel Nürnbergs I, p. 13 (nach Ratsschreiber Müllner † 1634).
[2]) Meisterlins Chronik der Reichsstadt Nürnberg. 1488 (Chroniken III, p. 116.)
Vgl. auch: „Diese stat ist gepawet in einem sandigen felt, das unfruchtbar ist,
darumb so muss sein und ist da ein kundig gewinlich volk, und seind alle
burger kaufleut oder gut hantwerker, darmit gewinnent und habent sie gross
reichthumb und einen grossen namen in allen deutschen landen."[3])
    [3]) Meisterlins Chronik der Reichsstadt Nürnberg. p. 50.

Speyer, 1264 mit Mainz; 1256 tritt sie in den rheinischen Städtebund.[4]) Diese Beziehungen werden immer mehr erweitert:
Flandern tritt in intimen Connex mit Nürnberg (1361 erhalten
die Nürnberger Bürger dort eines ihrer reichhaltigsten Handels-
privilegien in 50 Artikeln), ebenso Köln; nach Frankreich
spinnen sich bald Fäden, und Lyon gewinnt für die Nürnberger grosse Bedeutung. Weine bringen sie vor allem vom
Rhein und aus Frankreich, Tuche aller Art aus Mecheln,
Ypern und Gent.
 Nicht viel späteren Datums, aber von noch grösserer
Wichtigkeit sind die Handelsunternehmungen der Nürnberger
nach dem Süden. Dort, in Venedig, treten zuerst die
Regensburger in regere Verbindung mit Italien, und in dem
berühmten Kaufhaus der Deutschen in Venedig, im Fondaco
dei Tedeschi, der zum ersten Male 1228 klar erwähnt wird,
nehmen sie den obersten Platz ein.[5]) Auch von Augsburg
heisst es schon in einem Aktenstück vom Jahre 1308: „Mit
Rücksicht auf die alte Freundschaft beider Städte".[6]) Nürnberg trat erst später in lebhaften Wettbewerb mit jenen
beiden Städten. Zwar machte sich schon der 1250 geborene
Albrecht Behaim, der, wie dann auch seine Nachkommen, von
Italien mit „Spezereien" handelte, einen Namen, und der ebenfalls nach Italien handelnde Conrad Ebner erwarb solch grosses
Gut, dass er dem Kaiser Rudolf im Jahre 1276 eine ansehnliche
Geldsumme leihen konnte (nach Roth). Aber grössere Bedeutung erlangte der Nürnberger Handel nach Venedig erst
im 14. Jahrhundert. (Vgl. dazu auch Notizen Nürnberger
Chronisten wie die folgende: „Anno 1300 hat König Albertus..
einen Hof gen Nürnberg gelegt; darzu der König aus Böhmen,
die Herzoge, Markgrafen u. s. w. kamen. Als nun die Versammlung bey einander war, fingen etliche Geschlechter, deren
Namen Ehrenhalber hier verschwiegen bleibe, samt andern
Ersamen Personen ... zu Nürnberg an, Kaufmannschaften in
fremden Landen zu treiben)".[7]) Der Erfolg war nicht gering.
Schon 1366 spricht Kaiser Karl IV. von Nürnberg als „der
fürnemsten vnd bass gelegisten Stat des Reiches hie zu Lande",
wo wir „vnser wonung vnd hof pflegen zu haben".[8])
 Der „Italienhandel" brachte die Produkte mittelmeerischer
Gegenden, wie die des fernen Indiens. Da spielte eine Haupt-
rolle das Lieblingsgewürz des Mittelalters, der Safran, dessen

[4]) Nach Roth, Nürnberger Handel I.
[5]) H. Simonsfeld, Der Fondaco dei Tedeschi und die deutsch-venetianischen
Handelsbeziehungen 1887, II, p. 47.
[6]) ebenda, p. 57.
[7]) Roth, (nach anonymem Annalisten) I, p. 21.
[8]) Mon. Zoll. III, p. 106.

Hauptmarkt Aquileja war. Die Nürnberger erhielten dort 1390 Handelsfreiheit.[9]) Für 100000 Dukaten wurden jährlich von hier, sowie „von Apulien und Süditalien nach Venedig gebracht, und die Deutschen waren es, welche denselben hauptsächlich ausführten".[10]) In Nürnberg sind daher unter den die Reinheit und Güte der Waren untersuchenden „Schauern" besonders oft die Safranschauer erwähnt, und ihr „Schauen" war keine blosse Formalität: so wird z. B. 1444 und wieder 1456 ein Mann wegen Fälschung des Safrans verbrannt, 1456 ein Weib aus Regensburg desselben Reates wegen lebendig begraben.[11]) — Pfeffer, Ingwer, Negelein und andere Spezereien kommen ebenfalls über die Alpen; sie werden in Nürnberg noch „gerbuliert" (ausgesucht, gereinigt); die Früchte des Südens: Feigen, Rosinen, Johannisbrot etc., fehlen nicht. Ein Haupthandelsartikel waren ferner seidene Waren, andere feine Stoffe, purpurfarbene Tücher etc. So bekennt 1375 Burggraf Friedrich, den Nürnberger Kaufleuten Graser und Pirkheimer 597 Gulden für „samyt, guldeine (Goldbrokat) vnd seideine tuchen" schuldig zu sein.[12]) Nennen wir dazu noch die Dinge, die wohl auch als „levantische Waren" bezeichnet werden: Weine, Öl, Baumwolle, mancherlei Leder, ferner noch venetianische feine Glaswaren und den, über Genua kommenden so viel gebrauchten Weihrauch, so haben wir damit wohl den Hauptinhalt des nach Norden flutenden Handelsstromes aufgezählt.

Aber noch eine andere Quelle speiste den Nürnberger Handel. Reichstes gewerbliches Leben entfaltete sich im Innern der Stadt und gab ihr eine im mittelalterlichen Deutschland einzigartige Bedeutung. Die Zahl der Zünfte wuchs im 14. Jahrhundert ausserordentlich. Diese Thatsache beweist nicht nur immer weitergehende Arbeitsteilung, die erhöhte Erfolge ermöglichte, sondern auch den gewaltigen Umfang des gewerblichen Lebens, das immer neue Zweige zu treiben imstande war. Während für das 13. Jahrhundert nur 10 Zünfte nachzuweisen sind (Tuchmacher, Wollenschlager, Mäntler oder Gewandschneider, Färber, Gürtler, Kürschner, Schwertfeger, Schmiede, Hammerschmiede, Beckenschmiede), die durch ihr Dasein schon eine gewisse Blüte vor allem der Metallindustrie andeuten, sind es im 14. Jahrhunderte nicht sehr viel unter 100, unter denen auch wieder die Spezialisierungen vor allem der Tuch- und Metallbearbeitung dominieren.[13]) Im 15. Jahr-

---

[9]) Roth I, p. 43.
[10]) Simonsfeld, Fondaco II, p. 35.
[11]) Roth IV, p. 341 ff.
[12]) Mon. Zoller. III, p. 304.
[13]) Baader, Histor. Ver. für Mittelfranken 1871/72, Beil. III.

hunderte kaufen denn auch in Nürnberg die österreichischen, brandenburgischen und andere Fürsten ihre Kleinodien für Hochzeiten und andere Feste ein;[14]) die Rotschmiede oder Gelbgiesser verfügen manchmal über 600 Arbeitskräfte; 1484 sind in Doos bei Nürnberg 3 Messingfabriken, und es klingt echt nürnbergisch, wenn z. B. berichtet wird: „Erasmus Ebner, geboren 1511, war ein sehr gelehrter Mann, ein vortrefflicher Jurist und ein guter lateinischer Dichter, handelte aber doch mit Messing. Er war ein verständiger Messingbrenner und Messingmacher" und trat, um diese Kunst zu lehren, später in die Dienste des Herzogs von Braunschweig.[15]) Aber auch das charakterisiert das lebhafte, alles Neue rege und energisch aufnehmende, unternehmungslustige Geschlecht sehr gut, dass Michael Behaim und Caspar Baumgärtner 1373 eine Pulvermühle erbauten und dass Ulmann Stromer 1390 eine Papiermühle anlegte.[16]) Wenn wenige Jahre später, 1398, die 1. Papiermühle in Chemnitz[17]) und um dieselbe Zeit auch eine in Eger ersteht, so ist uns das wieder einmal eine kleine Andeutung der Ostwärtswanderung der Kultur und ein Fingerzeig, dass auch dafür die naturgegebenen Wege massgebend waren. Von nicht geringer Bedeutung war auch die Waffenfabrikation in der Stadt; 1398 erhält Nürnberg eine „Hammerwerkfreiheit", und den Kaisern liegt sehr viel an der Blüte der Reichsstadt, „weil durch die Eisenwerke viel Wehr und Waffen daselbst geschmiedet wurde".[18]) Die Blütezeit des Nürnberger Handwerks fällt freilich erst in den Ausgang unserer Periode bis in die Zeiten des dreissigjährigen Krieges. „Nicht genug wissen gleichzeitige Schriftsteller den Überfluss an allen Gattungen von Künstlern und Handwerkern in Nürnberg zu rühmen, die durch Feinheit und Brauchbarkeit ihrer Arbeit ihre Vaterstadt durch ganz Europa berühmt machten.[19])

Für die aus dem Süden und Westen herbeigebrachten Produkte und für die Erzeugnisse ihres Gewerbefleisses fanden die Nürnberger Absatzgebiete im ganzen mittleren Europa. (Regiomontan wählte Nürnberg zum Wohnorte, „quia propter excursum mercatorum quasi centrum Europae habiatur".[20]) Aber zwei kamen für sie besonders in Betracht.

Zunächst beherrschte Nürnberg natürlich wirtschaftlich seine

---

[14]) Falke, Handel II, p. 125 f.
[15]) Roth I, p. 315.
[16]) ebenda I, p. 50.
[17]) Simon, Verkehrsstrassen Sachsens.
[18]) Roth I, p. 51.
[19]) Reicke, Geschichte der Reichsstadt Nürnberg 1896.
[20]) Roscher, p. 69, Anm. 1 (nach Roth).

ganze U m g e b u n g und wurde Mittelpunkt des ganzen lokalen Verkehrs. Zwei Messen gewannen dabei für das Zusammenströmen der Massen vor allem Bedeutung, eine Frühjahrs- und eine Herbstmesse. Der ersteren gab eine eigentümliche kirchlich-weltliche Feier erhöhte Anziehungskraft: Sigismund hatte der Stadt 1424 die Reichskleinodien und Heiligtümer „auf ewig" anvertraut und ihr dabei das Recht gegeben, sie jährlich einmal dem Volke zu weisen und vom Tage der „Weisung" an 14 Tage lang Messe und Jahrmarkt abhalten zu dürfen. Schon 1425 wurde die erste „Heiltumsmesse" gefeiert und schon 1431 wegen starker Frequenz auf 24 Tage erweitert; trotz einer Beschwerde des von einer Menge von rheinischen Fürsten und Reichsstädten unterstützten Frankfurt, ja trotz Aufhebung des kaiserlichen Privilegs hielten die Nürnberger an ihrer Messe fest.[21]) Diese wurde ein Stelldichein des Adels und der höheren Geistlichkeit der ganzen Umgebung, erlangte aber nie, wie die Frankfurter oder Leipziger Messen, nationale oder gar internationale Bedeutung. — Ähnlich stand es auch mit dem andern bekannten Nürnberger Markte, dem Thomasmarkte, zu dem z. B. 1527 an einem Tage 1007 Wagen und 105 Karren zusammenströmten, ohne dass jedoch auch er mehr als lokale Bedeutung gewonnen hätte.

Zu internationaler Grösse aber erwuchs der Nürnberger Handel vor allem durch seine Beziehungen zu den germanisch-slavischen Gebieten im Osten Deutschlands, denen vor allem Nürnberger Kaufleute alle Produkte des glücklicheren Südens und alle Erzeugnisse des gewerbefleissigen Westens und des centralen Europas brachten. Von Ungarn bis zur fernen Ostseeküste und bis hinein nach Polen fanden sie willige Abnehmer und auch Verkäufer von ihnen willkommenen Rohprodukten. Früh schon zogen sie den grössten Teil des Verkehrs zwischen Böhmen und den Rheingegenden an sich und verstanden es, sich umfangreiche Privilegien von den böhmischen Herrschern zu erwerben. So verspricht König Johann 1326 den Nürnberger Kaufleuten „per terram suam universam per aquam sive per terram tutum et securum iter, transitum mercium liberum et conductum".[22]) Karl, Markgraf von Mähren, bestätigt dies Privileg und verlängert den vorbehaltenen Aufkündigungstermin von einem auf zwei Monate, etc.[23]) Bald sind die Nürnberger Rechte erstrebenswerte Muster für andere Städte, so dass z. B. Karl IV. 1356 die Bürger von Augsburg begnadet, dass sie in Prag dieselben Rechte haben sollen, wie die Nürnberger,[24])

[21]) Roth IV, p. 364.
[22]) Emler, Reg. Bohem. III, p. 485.
[23]) ebenda IV, p. 222.
[24]) Augsburger Urkundenbuch No. 513.

oder aber, wenn die Bürger von Eger für den Handel nach
Ungarn dieselben Privilegien bekommen wie die von Nürnberg
und Prag (1396).[25]) Dass aber die Nürnberger nicht konkurrenzlos den Markt in Böhmen beherrschten, beweist z. B. eine
Urkunde von 1330: Ludwig der Bayer „cives Pragenses et
Egrenses liberat ab omnibus theloneis et pedagiis in Romano
imperio",[26]) oder ein Geleitsvertrag der Grafen von Hohenlohe,
des Burggrafen von Nürnberg u. a., „daz wir gelaite haben
geben allen kaufleuten, swennen sie varn, reiten oder gen",
insonderheit den Kaufleuten von Eger.[27]) Aber immerhin ver-
sah Nürnberg fast das ganze Land mit all den gewöhnlichen
Artikeln des täglichen Bedarfs[28]), und für die Bedeutung der
Nürnberger im Handel weiter donauabwärts zeugt am lautesten
der stete Kampf der Wiener Kaufmannschaft gegen die unbequemen westlichen Rivalen.[29])

Freilich der grösste Teil dieses Verkehres ging naturgemäss
über die Pässe des nördlichen Böhmerwaldes, worauf schon
der im Jahre 1319 mit Cham geschlossene Zollfreiheitsvertrag
hinweisen würde, wenn nicht z. B. eine Reihe von Notizen, die
besagen: „auff dem Böhmer Wald sind denen Kaufleuthen viel
gütter aufgehauen worden", so 1411, oder ähnlich im selben
Jahre: „bey Tachau im Bernauer glait sind etliche Pallen aufgehauen worden" etc.,[30]) dies klar aussprechen würden. Die
dorthin führenden Strassenzüge liegen aber ausserhalb des für
uns in Betracht kommenden Gebietes. Nur der Verkehr nach
Eger und darüber hinaus ins nördliche Böhmen berührte das
Fichtelgebirge. Da wir auf die Bedeutung Egers noch zurückkommen werden, so wollen wir jetzt nur daran erinnern, dass
vor allem die Bergbaugebiete des nördlichen Böhmens die
Nürnberger lebhaft anzogen. So schloss 1531 Bernhardt Tychtel
zu Tutzing, Hans Ebner und August Tychtel zu Nürnberg und
etliche andere Mitverwandte einen Kontrakt zur Ausbeutung
der kupferbergischen Bergwerke, zu welchem Zwecke ein
Gesamtkapital von 15000 Gulden „in guter böhmischer Münz"
zusammengelegt wurde.[31]) In Zusammenhang mit ähnlichen
Unternehmungen mögen sich auch die Nürnberger ein Privileg
der Herren von Elbogen und Weissenkirchen erworben haben
(1482), das ihnen freie Hantierung in deren Land erlaubt und
sie an keine „gewissen" Strassen bindet.[32])

---

[25]) Gradl, Egerland, p. 284.
[26]) Emler III, p. 485.
[27]) Mon. Zoll. II, p. 400.
[28]) Baader a. a. O.
[29]) Falke, Handel II.
[30]) Roth I, p. 148.
[31]) Roth I, p. 380 ff.
[32]) Roth I, p. 96.

Böhmen ist, wie wir schon andeuteten, als Durchgangsland wenig geeignet. Die Wirkung des doppelten orographischen Hindernisses wird potenziert durch den tschechischen Keil, der sich zwischen Süddeutschland und Schlesien legt. Er war als fremdsprachiges Gebiet vor allem in früheren Tagen dem langsam ziehenden Verkehr ungastlich, löste Schlesien von Süddeutschland los, dem es der Lage nach zugehörte (Ratzel), und zwang dadurch auch die Verkehrswege aus dem SW nach dem O zu einer bedeutenden nördlichen Ausbiegung.

Zwar scheint ein Verkehr durch Böhmen nach dem Osten nie ganz gefehlt zu haben: Hübsch erzählt, über Zittau und Prag habe frühzeitig eine Strasse von Schlesien nach Nürnberg geführt,[33]) und mancherlei Privilegien der Nürnberger und Augsburger für den Handel nach Böhmen, Schlesien und Polen lassen dies wahrscheinlich erscheinen.[34])

Aber der Hauptverkehr ging durch die Münchberger Senke über Hof nach dem Osten.

1472 schreibt Kurfürst Albrecht von Brandenburg an Heinrich von Aufsess darüber „wie man vom hof aus den kaufmann gleiten soll: Nemlich welche vff zwickau wollen gein Olsnitz oder plawen, Die gleitt man dieselben strassen etc".[35]) Ähnlich schreibt das Hofer Landbuch über die Geleitsverhält- nisse: „vom Hoff aus gein Plauen ist die greniz des fursten- thumbs und glaits zwischen grosem und klein Zobern. Item vom Hoff aus gein Olschniz ist die greniz zu Neunkirchen im pach".[36]) Diese beiden hier genannten Strassenzüge waren die Ausläufer jenes Zweiges der schon öfter erwähnten Hohen Strasse, der am Rand des böhmischen Kessels nach Schlesien hinzog und der sich in der Lausitz mit einem von Leipzig kommenden Arm zur wichtigsten Strasse des östlichen Deutschlands vereinigte.

Das war auch der Weg der Nürnberger, der sie über Zwickau, Chemnitz, Freiberg und Dresden zu einem ihrer Haupt- absatzgebiete führte. Schon 1399 schliesst Markgraf Wilhelm von Meissen einen Geleitsvertrag mit Breslau, 1404 auch mit Krakau, der neben dem nördlichen, nach Leipzig ziehenden Weg auch einen andern berücksichtigt, der bei Dresden die Elbe über- schreitet. Dass dies kein anderer als der Nürnberger Osthandels- weg war, geht aus späteren Nachrichten klar hervor: Kurfürst

---

[33]) u. [34]) Hübsch, Geschichte des böhmischen Handels 1849, p. 104 u. a. a. O. und Roth I, p. 94.

[35]) Burckhardt, Quellensammlung z. Gesch. d. Hauses Hohenzollern, Bd. I, 1857, p. 96.

[36]) Dr. Meyer, Quellen z. Gesch. d. Stadt Hof II, p. 97. (1896.)

Friedrich erlässt 1462 eine Strassen- und Zollordnung: Von Budissin sollten die, die gen Franken wollen, gehen auf Bischofs- werda, Dresden, Freiberg... Voitsberg (Ölsnitz) und fort gen Franken". Der Rat der Stadt Meissen nennt auf einem „Tag" zu Fraustadt 1512 diese Strasse direkt die nürnbergische Strasse, ebenso wie auch die ältesten Bürger von Chemnitz, „welche die Strasse nach Schlesien und Polen eine lange Zeit gebauet", unter Eid aussagen, die Strassen aus Schlesien von Breslau und Glogau seien nie anders als auf Görlitz, Budissin, Dresden, Zwickau und also fürder gen Nürnberg gegangen.[87]) Dass der Verkehr auf denselben nicht gering war, beweist eine andere, auf eben diesem Tage gemachte Aussage des Rates von Döbeln, „dass etliche von Döbeln vor langer Zeit von Nürnberg Kauf- mannsgut auf Geding oft mit 20—30 Wagen geführt und die Strassen gen Hof gezogen, von hier auf Zwickau etc. gen Breslau". Auch die Nürnberger Chronisten wissen von dieser Strasse zu berichten, freilich weniger Erfreuliches: 1422 werden zwischen Hof und Zwickau den Nürnbergern Güter aufgehalten, ebenso 1424 bei Chemnitz und bei Plauen, 1425 wieder bei Chemnitz im Namen des Herzogs von Sachsen, 1485 bei Görlitz und Budissin etc.[88])

Das Endziel fast aller aus dem Reich nach dem fernen Osten Ziehenden war Breslau, der Stapelplatz der Oderbucht, dem schon 1274 Herzog Heinrich II. von Schlesien das alleinige Recht der Niederlage verliehen hatte; es war der äusserste Vor- posten des nach Osten siegreich vorgedrungenen deutschen Bürgertums, der grosse Markt zwischen Slaven und Deutschen. „Die von Westen kommenden Kaufleute hatten wenig Neigung, über Breslau hinaus nach dem unwirtlichen Osten vorzudringen, wo das Risiko so sehr wuchs, die Wege schlechter wurden, und Unkenntnis der Sprache das Fortkommen erschwerte".[89]) In Breslau endete daher auch meist der Nürnberger Warenzug, um sich dann wohl durch polnisch-jüdische Händler weithin über die polnischen und russischen Ebenen zu verteilen. Manche Zeugnisse für die innige Verknüpfung beider Städte sind vor- handen. Die grösseren Breslauer Kaufmannshäuser hielten ihre Bevollmächtigten und gleichzeitig ihre Warenniederlagen in anderen Handelsplätzen (wie es ähnlich auch von anderen, so von den Nürnbergern in den niederländischen Städten, bezeugt ist), und da war für sie im Westen Nürnberg die Hauptstation. Im Geschicke vieler Familien spiegelte sich die Thatsache des

[87]) J. Falke, Zur Geschichte der hohen Landstrasse in Sachsen. Archiv für die Sächs. Geschichte VII, p. 113 ff.
[88]) Roth I, p. 160, 162, 248.
[89]) Geschichte Schlesiens v. Grünhagen I, p. 402 ff.

lebhaften Verkehrs zwischen beiden Städten wieder. So ziehen die Gutthäter, die aus Kulmbach stammen sollen, nach Polen, von hier einige nach Breslau, andere nach Nürnberg (Anfang des 16. Jahrh.).[40]) Andere sind direkt von Nürnberg nach Breslau übergesiedelt, und manche von ihnen haben sogar Eingang in die Breslauer Ratslinie gefunden, so die Hengel, Distler, Pfinzing, Scheurl; ja, der grösste Historiker Schlesiens im Mittelalter, Peter Eschenloer, stammt aus Nürnberg.[41]) Kaufmannsgüter von Breslau gehen selbst nach Venedig über Nürnberg, und umgekehrt befördern die Nürnberger Venetianer Waren nach Breslau. So beschwert sich 1437 der Nürnberger Rat bei dem von Breslau, dass dort gekaufte Karmoisinfarbe in Venedig als unecht befunden wurde.[42])

Was die Nürnberger auf der so belebten Strasse nach Osten brachten, haben wir in der Hauptsache schon erwähnt (vgl. noch eine Aufzählung von Kaufmannsgütern, die bei einer „Nahme" in der Nähe von Hof 1432 verloren gingen: „ein Fass mit Weinstein, 15 Ztr. schwer, 2 Fässer, eines mit Feigen, das andere mit Zucker, Mehl, Palmatseiden, und ein Bällein mit Baumwolle, alles bei 14 Ztr. schwer, ein Lagel mit Feigen, bei 3 Ztr. schwer, 8 Bällein mit Baumwolle, bei 14 Ztr. schwer").[43]) Als Rückfracht bevorzugten sie vor allem viererlei:

1) Kupfer, bei dessen Gewinnung auch die Augsburger Fugger sehr stark beteiligt waren; (1530 sind ihnen und etlichen Bürgern von Nürnberg nicht weit von Breslau etliche Wagen aufgehauen worden, „darauf Waren gewesen sind, so viele tausend Gulden wert gewesen sind und nachmals im Kurfürstentum Sachsen geplündert worden sind" — also auch der Verkehr nach Augsburg ging zum Teil durch die Passagen des Fichtelgebirges nach Breslau![44])

2) Schlesische Leinwand, die in Nürnberg erst feiner zubereitet und gefärbt wurde; wie lohnend dieser Handelszweig war, sehen wir aus den Geschicken des Bartholomäus Viatis, eines in sehr ärmlichen Verhältnissen in Nürnberg eingewanderten Venetianers, der sich durch den Handel mit schlesischer Leinwand, „Semisch Leder" und Straussenfedern zu einem der reichsten Kaufleute Deutschlands emporschwang und 1200000 Gulden hinterlassen haben soll; sein Schwiegersohn war der bekannte Martin Peller.[45])

----

[40]) Roth I, p. 326.
[41]) Nach Grünhagen.
[42]) Simonsfeld, Fondaco II, p. 73 und I, No. 412.
[43]) Baader, Verein für Gesch. Mittelfrankens 1871/72, III. Beil.
[44]) Roth I, p. 408.
[45]) ebenda I, p. 389.

3) Wachs, das im Mittelalter so viel gebraucht und gern gekauft wurde, weil es verhältnismässig am sichersten zu transportieren war; so kaufte Michael Beheim, als er 1541 eine Summe Geldes nicht sicher nach Nürnberg bringen konnte, dafür polnisches Wachs und schickte es über Böhmen dorthin[46]; und endlich

4) Vieh; denn nicht nur zogen fast alljährlich Händler aus Polen und Schlesien mit grossen Herden nach Bamberg und Würzburg, sondern auch die Nürnberger selbst trieben damit einen schwunghaften Handel aus dem Osten in die Heimat, mainabwärts, ja bis Köln, so dass ihnen z. B. 1375 der Bischof von Köln, ebenso 1416 Wilhelm von Sponheim bei Ingelheim eine Anzahl Ochsen aufhalten konnte.[47] Nach der in einem Geleitsstreit zwischen Nürnberg und dem Burggrafen 1386 gefällten Entscheidung des Pfalzgrafen Friedrich ist daher zwar „alles viech und all ding, di man ysset oder trinckht, ledig und los (vom Geleitsgeld), was man aber von viech, haring, Salcz auf den Rhein oder gen Frankchen von der Stat treibet oder füret, das sol das geleit geben: von Ainem Ochsen Anderthalben pfenning, von 1 Chue 1 ₰, von 1 Scheiben Salcz ½ ₰, von 1 Swein ½ ₰, von einer Tunn häring 1 ₰ und von ainem zeuntten flachs oder hanifs vier haller".[48] Dass diese Urkunde auch die Heringe als wichtigen Handelsartikel der Nürnberger nennt, deutet auf Beziehungen derselben auch zum Norden Deutschlands. Andere Nachrichten lassen die Hauptzielpunkte etwas genauer erkennen. „1531 werden vier Wägen von Nürnberg und Leipzig nach Frankfurt a. O. 3 Meilen von Wittenberg überfallen, dabei ein Nürnbergscher Bürger ein stattlich Vermögen gehabt".[49] Mit Thorn in Preussen besteht bis 1764 ein auf Gegenseitigkeit beruhender Zollbefreiungsvertrag; die Thorner zahlen jährlich bei dessen Erneuerung einen Goldgulden und einen Goldgroschen und geben den Pfeffer (?).[50] 1540 hält sich ein Gabriel Tetzel in Thorn auf.[51] Die Danziger Handelsleute beschweren sich frühe schon über die ihnen scharfe Konkurrenz im Handel nach Russland machenden Nürnberger, scheinen aber doch mit Nürnberg auch in Geschäftsverbindung gestanden zu haben; denn 1527 wird Matthes König aus Danzig, der von der Leipziger Messe auf Nürnberg gefahren ist, im Erlanger

[46] Falke, Handel II. 52.
[47] Roth I, p. 155
[48] Mon. Zoll. V. 188 ff.
[49] Roth I. 409.
[50] Roth VI, 38.
[51] Reicke, Geschichte Nürnbergs, p. 1031.

Wald gefangen genommen.[52]) Diese Nachrichten, sowie auch
die über Beziehungen zu Stettin (ein Volkamer von Nürnberg
verliert z. B. einmal 8 Tonnen Fische, die von Stettin kamen[53])
zeigen uns die Nürnberger in Verknüpfung mit Städten der
Hansa. Letztere lieferten vor allem die im Mittelalter mit
seinen vielen Fasttagen noch viel mehr wie jetzt begehrten
Fische, besonders die Heringe, die Hauptquelle des lübischen
Reichtumes. Aber die Nürnberger werden — und auch das
zeugt für den Umfang ihrer Geschäfte, wie für die Unter-
nehmungslust ihrer Kaufleute — im Norden weniger als gute
Kunden, viel mehr aber als gefürchtete Nebenbuhler betrachtet,
wie wir es schon von Danzig hörten; ausser Engländern, Holl-
ländern, Vlamen und Brabantern darf daher auch kein Nürnberger in eine hansische Stadt aufgenommen werden.[54]) — In
interessanter Weise lässt noch eine andere Notiz die Ausdehnung
des Nürnberger Handels hervortreten: Die Nürnberger teilen
die Veranlassung einer im Jahre 1444 von ihnen mit einem fränkischen Ritter geführten Fehde — natürlich Räubereien desselben
—, die bis zu einem freilich vergeblichen Zug der Nürnberger,
Rothenburger und Windsheimer vor Städtlein und Schloss
Lichtenberg tief im Frankenwald führte, folgenden Städten mit:
Frankfurt a. O., Berlin, Stendal, Brandenburg, Angermünde,
Görliz, Budissin, Lauben, Buntzla, „dieweil man vielleicht besorgt, dass die Nürnbergschen Burger dem orthen von denen
von Harras oder Wallnfelsern angegriffen werden möchten".[55])

Der nach dem Norden gerichtete Verkehr der Nürnberger
verlief natürlich nicht auf der hohen Strasse am Erzgebirge
entlang, sondern zweigte schon in Hof oder Plauen oder Zwickau
von derselben ab und wandte sich zu einer anderen Centrale
deutschen Handels, nach Leipzig, das für die Nürnberger
mindestens dieselbe Wichtigkeit hatte wie Breslau. Wohl war
die Strasse durch das Vogtland schon vor dem Empor-
kommen Leipzigs belebt gewesen: von Halle aus waren
schon seit langer Zeit die Salzkarren über Zeitz ins Vogtland und von hier nach Franken gezogen.[56]) Aber die wichtigsten Beziehungen zum Norden hatte damals Erfurt zusammengefasst, und was sich dorthin wandte, ging demnach dem
Verkehr durch den Frankenwald verloren. Denn Leipzig trat
ähnlich wie Nürnberg verhältnismässig spät auf den Plan und
musste erst in heissem Kampfe jene älteren, gut gerüsteten
Wettkämpfer um die Vorherrschaft im Handel Mitteldeutsch-

[52]) Falke, Handel II, 49 und Roth I, 407.
[53]) Falke II, 48.
[54]) Roth IV, 39.
[55]) Chroniken II, p. 59 ff und Roth I. (nach Müllner).
[56]) Falke II, 136.

lands besiegen, was ihm etwa um 1500 vollständig gelungen ist. „Vom 15. Jahrhundert an sind die Leipziger Messen eine der Säulen des europäischen Handels".[57]) 1507 erhält die Stadt als ihr wichtigstes Privileg und als eine Bestätigung und Erweiterung ihrer schon 1497 erworbenen Rechte das Niederlags- oder Stapelrecht, „dass nun hiefür kein Jahrmarkt, Messe oder Niederlage inner 15 Meilen geringsum die obbebestimmte Stadt Leipzig soll aufgerichtet und gehalten werden in keinerlei Weise", wobei zugleich auch das Erfurter Stapelrecht für ungiltig erklärt wurde.[58]) Jetzt konnte Erfurt als niedergekämpft gelten, und das Hauptinteresse der Nürnberger musste sich demgemäss Leipzig zuwenden, das mit ihnen und den Augsburgern übrigens schon seit 1388 in Verbindung stand.[59]) Sie ebneten sich auch hier die Wege dadurch, dass sie die Landesherrn zu ihren Gunsten zu stimmen wussten. Schon 1467 erteilte Kurfürst Ernst und sein Bruder Herzog Albrecht von Sachsen den Nürnberger Kaufleuten, welche durch Sachsen reisen würden, einen Schutzbrief: Sie sollten selbst in Kriegszeiten, ja sogar im Kriegsfalle mit Nürnberg selbst, Schutz und sicheres Geleit, sowie Rechtsbeistand haben, und erst ein Vierteljahr nach der Kündigung sollte der Schutzbrief erlöschen.[60])

Das 1509 gewährte Stapelrecht musste um so grösseren Einfluss auf die Beziehungen zwischen beiden Städten haben, als es zugleich Strassenzwang in sich schloss; denn innerhalb jener Fünfzehnmeilenzone mussten alle Handelsartikel mit geringen Ausnahmen „auf der ordentlichen Strassen" nach Leipzig gebracht und hier drei Tage zum Verkauf ausgeboten werden.[61]) Natürlich wurden dadurch Zwangswerte geschaffen, die einerseits zwar erhöhte Frequenz der von Nürnberg nach Leipzig führenden Strassen herbeiführen mussten, die aber auch sehr oft zu „Umgehungen", zum Einschlagen von neuen, ausserhalb jenes Bannkreises liegenden Wegen Veranlassung gaben. Für beide Fälle bieten sich Beispiele dar:

Der Verkehr über Erfurt nach Norden wurde durch jenes Stapelrecht abgelenkt und über Leipzig gezwungen. Gegen einen Rückfall in alte natürliche Wege kämpfen 1590 die Leipziger Händler und Bürger um so energischer an, als zu dieser Zeit die Blüte Hamburgs beginnt und damit jener Nordweg zu immer steigender Bedeutung gelangt. Sie klagen in einer Eingabe, „das alle die Wahren, so von

[57]) Hasse, Geschichte der Leipziger Messen; 1885, p. 2.
[58]) Hasse, p. 18. u. Heller, die Handelswege Innerdeutschlands etc. 1884 p. 9.
[59]) Heller, p. 7.
[60]) Hasse, p. 14.
[61]) Heller, p. 9.

Luneburg auf Nuremburgk gehen und vor diesem allhier zukommen und abgelegt worden ... itziger Zeit in bemelter Stad
Erffurdt von den Luneburger Fhurleutten abgeleget und sie
herkegen die Nurnburger und andere Wahren allda wieder
aufladen". Demnach war es vorher den Leipzigern doch gelungen, die Bedeutung Erfurts sehr zu schwächen.[62])

Was dadurch für die Frequenz der von Nürnberg nach
Nordosten führenden Wege gewonnen wurde, scheint auf andere
Art wieder verloren gegangen zu sein. Auch die südliche
Linie der Hohen Strasse lag noch innerhalb der 15 Meilen.
Demnach sollten auch die nach Osten sich wendenden oder
von dort nach Franken ziehenden Kaufleute das Leipziger
Stapelrecht respektieren, also z. B. nach Görlitz-Breslau
über Leipzig fahren. Die „gerechte Strasse" auf Leipzig wird
daher öfters besonders eingeschärft. So giebt Herzog Johann
dem Zwickauer Rat bekannt, dass die süddeutschen Fuhrleute,
welche die von Hof über Plauen, Zwickau oder Werdau etc.
nach Leipzig führende Handelsstrasse verlassen würden, mit
hohen Strafen belegt werden sollen.[63]) (1551 wird dieser Befehl
wiederholt, weil Regensburger und Nürnberger „auf einer viel
weniger bequemen" Strasse über Schleiz, Gera, Zeitz nach
Leipzig zogen. Die Ansichten über die Bequemlichkeit der
Strassen waren freilich verschieden; dies geht daraus hervor,
dass das Hofer Landbuch berichtet: „Item die herschafft glaitt
vom Hoff aus uff der strassen gein Gefell dadurch oder daneben hin, wie es die strassen giebt uff Schlaiz und durch
Schlaiz furthin gein Awmen; ist die beniembst vnd nechst
stras gein Leypzigk".[64])

Dass trotz Verbot und Strafen die Fuhrleute den weitausgreifenden Fangarmen egoistischer Stadtpolitik zu entgehen
suchten, kann ihnen niemand verargen. Schon 1528 erwirken
die Breslauer in Verbindung mit dem Markgrafen von Brandenburg bei König Ferdinand von Böhmen ein Mandat, demzufolge
sie über Prag nach Nürnberg handeln dürfen. Der sächsische
Herzog kann zwar 1530 den Böhmerkönig noch einmal dazu
bewegen, dass er die Breslauer wieder auf die Hohe Strasse
verweist; aber der Weg durch Prag nach Nürnberg besteht
dennoch fort: Laut einer Anzeige des Herzogs von Friedland
sind in seiner Stadt Frankenstein 1545 fünfzig Wagen Kaufmannsgüter eingetroffen, die nicht den vorgeschriebenen Weg
über Leipzig und die „Sechsstädte" (der Lausitz) passiert hatten,
sondern über Prag nach Breslau gefahren waren.[65])

---

[62]) Hasse, p. 47.
[63]) Heller, p. 15.
[64]) Meyer, Quellen, Hof II, Landbuch p. 97 ff.
[65]) Heller, p. 14.

Aber doch hielt sich der Verkehr der Nürnberger vor allem nach Sachsen auf einer beträchtlichen Höhe und beherrschte in gewissen Artikeln noch lange den gesamten Markt. Belege dafür giebt uns ein im Jahre 1581 an den Kurfürsten August eingereichter Bericht „über die Nürnberger Kaufleute, die in Leipzig und in anderen Sächsischen Orten Handel treiben". Zwistigkeiten mit Nürnberg scheinen den Kurfürsten auf den Gedanken gebracht zu haben, die in Sachsen lagernden Nürnberger Waren eventuell zu konfiszieren; oder aber diese Erkundungen sind für den Nürnberger Handel die Sturmvögel einer heraufziehenden Abschliessungspolitik. Wir entnehmen aus dem Berichte ein paar Angaben, die uns als das einzige zur Verfügung stehende zahlenmässige Material über den Umfang des Handels der Reichsstadt in diese Gegenden doppelt interessant erscheinen:

„Marten Pfintzings Erben haben einen stattlichen Handel mit allerlei Seidengewand, Barchent und Spezerei, erkauften in Leipzig ein Haus um 8000 fl und haben in Sachsen an Waren und Schulden 40000 fl stehen; ähnlich, doch nicht so viel die Grubischen.

Die Werdermannischen von Nürnberg haben bey vielen fürtrefflichen Händlern in Leipzigk alle Marcket und sonsten für Seidengewandt ein stattlich geldt zu fordern, wenigstens 40000 fl.

Joachim Phinolt hat mit Materialien und Spezerey einen fürtrefflichen Handel uff Leipzigk, an dem im falle darnach allezeit 20000 fl zu erholen ist. Dergleichen Handel haben Hanss und Baltzer Fürstenhauser, haben auch viel Kunthleut und schulden.

So kauffen die anderen gemeinen händler und kremer jn Leipzigk, so es mit der ellen ausschneiden und dem pfund auswegen, in Frankfurd a. M. und zu Leipzigk von denen, so zu Nurmbergk wohnen, viel Seidengewand vnd Specerey, die auch alle Leipzigsche Märkte und sonsten ein stadlich gelt auf Nurmbergk ordnen oder zalen müssen, wie denn berurte Nurmberger die Seidenwahr, Specerey vnd Materialia alle jn jren Landen haben.

Die Nürnberger kaufen hinwieder zu Leipzigk, Colditz, Waltheimb, Rochlitz und Kemnitz jährlich in 200000 fl rohe Leinwand, die zum Teil in Leipzig gefärbt, dann auf Nürnberg gesandt wird, welches daher der einge handel so mir wissend und Euer Churf. Gn. Landen zutreglich ist".[66]

Kürzer, aber nicht weniger charakteristisch ist folgende Notiz: „Straub, Franz, Handelsmann, 1538 Genannter des Rats

---

[66] Archiv für Sächsische Geschichte B. IV. 1866, p. 210 ff.

(zu Nürnberg). Ist 211307 fl schuldig gewesen, das hat der Kurfürst von Sachsen zahlen sollen".[67]) Jedenfalls kam dieser Nürnberger in einer der damals höchste Kühnheit erreichenden Spekulationen, Monopolisierungsversuche etc. zu Fall, wobei auch der Kurfürst von Sachsen beteiligt war. Das Bezeichnende dabei ist, dass letzterer sich des Nürnbergers als offiziellen Leiters des Geschäftes bediente.

3) Die Verkehrsbedeutung anderer Städte am Fichtelgebirge.

Von den am Rande des Fichtelgebirges liegenden Städten gewann neben Nürnberg nur Eger eine grössere Bedeutung, nicht nur als oft auch vom kriegerischen Verkehr benutzte wichtige Eingangspforte nach Böhmen, sondern auch als ein sich selbst lebhaft am Handel beteiligender Vorposten deutschen Bürgertums am slavischen Grenzrand. Natürlich war für Eger noch mehr als für Breslau die fränkische Metropole die wichtigste Stadt des Westens. Die langen herzlichen Beziehungen zwischen beiden Städten, die sich vor allem in den für Eger schlimmen Tagen der Hussitennot im schönsten Lichte zeigten, erscheinen selten ernstlich gestört. Zwar erheben sich 1303 Misshelligkeiten „wegen der neuen Gesätze, die sie (die Egerer) auf uns und unsere Burger (die Nürnberger) gelegt, wovon wir und unsere Bürger grossen Schaden genommen haben;" (also schon lebhafter Verkehr!) die Nürnberger scheinen auch mit Gegenmassregeln ähnlicher Art nicht gezögert zu haben; denn König Albrecht befreit am 7. März 1305 die Egerer von Zahlung des Zolles in Nürnberg, zu welcher Leistung sie gegen ihre alten Rechte und Freiheiten gezwungen würden. Aber schon wenige Tage darauf (am 10. März) bekunden Rat etc. der Stadt Nürnberg, dass sie mit Eger eine volle Einigung dahin trafen, dass weder ein Egerer in Nürnberg, noch ein Nürnberger in Eger unter irgend welchem Vorwand künftig mehr zur Zahlung eines Zolles „verhalten" sein soll.[1])

Eger darf jedoch nicht nur als vorgeschobener Posten oder als grosse Handelsniederlage Nürnbergs betrachtet werden; es hatte frühe schon eigene Bedeutung. Seine Privilegien für den Handel nach Böhmen reichen weit zurück. König Ottokar, der 1265 Eger besetzt, giebt, um die Bürgerschaft günstig zu stimmen, den Egerern neben einer Bestätigung ihrer Rechte etc. die Erlaubnis, frei von Zöllen und Mauten durch Böhmen

---

[67]) Roth I, p. 367.
[1]) Gradl, Egerland p. 134.

ziehen zu dürfen.²) Und als Rudolf von Habsburg die aufstrebende slavische Ostmacht zertrümmert hat, da sucht er
Ottokar auch an Güte zu übertreffen; darum fügt er der Bestätigung der Egerer Privilegien ex affluencia quoque gracie
specialis Zoll- und Mautfreiheit im ganzen römischen Reiche hin-
zu.³) Später werden diese Privilegien noch öfter bestätigt, durch
Strafzusätze ergänzt, durch neue Gnaden erweitert (1342
Zollfreiheit für Mähren, 1365 für Ungarn alle Rechte und Freiheiten der Kaufleute von Prag und Nürnberg).⁴) Sie standen
auch nicht guten Vorsätzen ähnlich lediglich auf dem Papier;
frühe Nachrichten beweisen vielmehr das Vorhandensein einer
regen kaufmännischen Thätigkeit. Schon zu Anfang des 14. Jahrhunderts ist Eger Münzort (ein Münzmeister ist 1342 genannt).⁵)
Eine Egerer Chronik weiss gar schon vom Jahre 1272 über
die reichen und wohlthätigen Egerer Kaufleute zu berichten.⁶)
In Prag sind sie bald als Nebenbuhler gefürchtet, und Richter
und Schöffen der Stadt (unter denen sich auch ein Pesold
von Eger befindet!) verordnen deshalb 1333 um „der choutleute
willen, di vnser porger sein, das si gedeihen vnd nicht verderben, das alle geste (Fremden), di Koufleute sein, di ir
kaufmannschaft zv vns ze Prag bringent, di sein von Eger,
von Regenspurk, von Kolen oder von wan si sein", ihre
Ware höchstens 5 Tage lagern dürfen; dann müssen sie dieselbe
in Gegenwart von Zeugen zum Verkauf, aber nur an Bürger aus
Prag oder aus anderen böhmischen Städten, „di irer losung
gebent", nicht aber an Gäste, öffnen und auslegen.⁷) In der
früheren Bestätigung eines ebenfalls gegen das Überhandnehmen
der Gäste gerichteten Prager Statuts von 1304 sind nur die von
Flandern, von Venedig und von andern Gegenden erwähnt,⁸)
was vielleicht auf eine in der Zwischenzeit stattgehabte bedeutende
Vergrösserung des Egerer Geschäftsbetriebs zu schliessen erlaubt. Seit 1306 hat sich ohnehin dessen Stellung im Handels-
leben jener Gegenden durch die Errichtung eines 14 Tage
nach Pfingsten beginnenden vierzehntägigen Jahrmarktes (nun-
dinas, que vulgariter dicitur jarmergt) verstärkt.⁹) Ein 1321
gegebenes Privileg für den Zinnhandel befestigt sie weiter vor
allem in ihren Beziehungen zum Fichtelgebirge: alles Zinn,
das man durch ihre Stadt führt, sollen die Egerer schmelzen

²) Gradl, Egerland p. 99 u. Emler, Reg. Boh. II, p. 199.,
³) Emler II, p. 203 f.
⁴) Gradl p. 186; p. 236.
⁵) ebenda p. 85, 87.
⁶) Hübsch, p. 113.
⁷) Emler III, p. 777 ff.
⁸) Emler, Reg. Bohem. II, p. 868 f.
⁹) ebenda II. p. 901.

und mit der Stadtmarke bezeichnen dürfen, „wie sie das von alter Gewohnheit her gethan haben".[10]) Im 14. und 15. Jahrhunderte offenbaren sich dann mannigfache und weitreichende Verknüpfungen der Egerer. Dass sie in einem Geleitsvertrag fränkischer Herrn schon 1326 besondere Erwähnung finden,[11]) hoben wir schon hervor. 1395 erscheint die Frankfurter Messe als Zahltermin für Eger („Wir haben geben dem Hensel Sneider C gulden für den erhart Rudusch, die wir im schuldig waren in Frankfurt in die Herbstmez"),[12]) was sicher ein Beweis für die lebhaften Beziehungen zum untersten Main ist. König Wenzel hat auch 1391 die „gerechte Strasse" dorthin festgestellt, freilich seitab von unserm Gebiete, über Neustadt (a. d. W. N.) und Weiden, von hier jedenfalls zur Pegnitzstrasse.[13]) Um dieselbe Zeit müssen die Egerer auch die Hilfe Wenzels gegen drückende neue Auflagen rheinischer Städte in Anspruch nehmen, und 1393 versprechen die Strassburger, die Egerer mit Wein und Gütern zollfrei passieren zu lassen. Dasselbe verlangt Wenzel dann auch vom Bischof von Speier und von Frankfurt, wobei sich freilich herausstellt, dass die Frankfurter nur solchen Zoll den Egerern abverlangten, „als Eure und des heiligen Reiches Fürsten und Herrn und der Landvogt des Landfriedens am Rheine bei uns gelegt haben, was uns selbst gar unbequem und schädlich ist (ein September 1390 auf dem Nürnberger Reichstag eingeführtes „Ungelt").[14])

Für Beantwortung der Frage nach den Objekten des Verkehrs von und nach Eger kommt zunächst eine Notiz über eine „Nahme" bei Eger im Jahre 1452 in Betracht, die besonders deutlich die Grösse des Tuchhandels und die weitgehende Differenzierung in Geschmack, Ursprungsort, Herstellungsweise etc. erkennen lässt: „Dem Urich Fürterer wurden 1452 zu Eger niedergelegt mehrere ganze Tuch von Löwen, ein grünes und rothes Tuch von Löwen, ein schwarzes und lichtes Herrtaler, mehrere schwarze und rothe Bursat, lichte Tücher von Ache, rothes Frankfurter Tuch, schwarzes Tuch von Gebershausen, lichtes, blaues und rothes Trautner, fünf ganze Putzpacher Tücher, 16 mechlichs Paar Hosen, 16 Paar Lyrich Hosen, 19 Ellen grobes engliches Tam, dann Akaley-Tuch und Kemleins-Gewand".[15]) — Dass Wein auch hier wie für jeden Verkehr aus dem Westen eine Rolle spielte, geht aus der oben erwähnten Einigung mit Strassburg hervor.

---

[10]) Emler, Reg. III, p. 279 u. Gradl, p. 155.
[11]) Mon. Zoll. II, p. 400.
[12]) Gradl, Chroniken v. Eger etc. p. 187, 188.
[13]) Gradl, p. 274.
[14]) ebenda p. 277.
[15]) Baader, Histor. Ver. f. Mittelfranken 1871/72. III. Beil.

Die Egerer brachten dem Westen vor allem zweierlei: Felle und Lederwaren, sowie Met. Schon das Privileg Rudolfs von Habsburg 1279 sucht im Fellhandel die Egerer dadurch zu begünstigen, dass es den Einfluss der „Gäste" eliminiert, wie es auch den Kleinverkauf von Tuch und Getränken durch Gäste verbietet, „nisi forte apud Egram Dominorum Curie celebrentur". Es bestimmt für den Fellhandel: Item hospes ab hospite non minus quam centum pelles aspiolinas et totidem vulpinas et leporinas vel alias quascumque totidem in numero pariter et quartale corii emere presumat.[16] Eine andere Nachricht bestätigt, dass auch noch etliche Jahrhunderte später Eger in diesem Handelszweige eine Rolle spielte: Das Landbuch von Hof bestimmt: „So die von Eger zum jarmarkt Laurenci gleit nemen, geben sie dem haubtmann 6 gulden und dem voit 2 rote fele, den zweien des haubtmanns knechten jedem ein par schuech.[17]

Der Egerer Met war nun vollends berühmt; er erscheint sogar würdig, als Spezialgeschenk an den Kaiser geschickt zu werden („furlon von dem met gein Nurenberg, den man unserm genedigen könig sandt 1430),"[18] und wenn wir Hübsch glauben dürfen, so sollen die Nürnberger Rotschmiedgesellen seinetwegen gar die weite Wanderung nach Eger nicht gescheut haben, um alljährlich einmal an der Quelle sich zu laben.[19]

Hätte der, wie wir sehen, sicher sehr rege Verkehr nach und von dem Westen lediglich die das Fichtelgebirge im Süden umgehende Strasse der Waldsassener Senke benützt, die ihn über Weiden ziemlich rasch über die Grenzen unseres Gebietes oder doch an denselben hin führte, so hätten wir die Frage etwas summarischer behandeln können. Aber ein paar Thatsachen geben uns die Gewissheit, dass auch eine quer durch das Fichtelgebirge ziehende Strasse, die also Eger mit dem oberen Mainthal verband, wenigstens seit dem 15. Jahrhunderte ziemlich belebt war. Auch hier spielen unter den hiehergehörigen Nachrichten solche über Beraubungen die erste Rolle, da sie uns etwas mehr als nur die Thatsache eines stattfindenden Verkehres berichten.

Im Jahre 1413 schweben Verhandlungen zwischen dem Burggrafen Johann und dem Landgrafen von Leuchtenberg über einen von den Leuten des letzteren verübten Strassenraub. Dieser geschah in des Burggrafen Geleit „vnd vf seiner Strassen zwischen der Weyssenstat vnd Eger." Der Landgraf

---

[16] Gaupp, Deutsche Stadtrechte 1851, I, p. 182 ff; Emler II, p. 503 f.
[17] Meyer, Quellen II, Hofer Landbuch, p. 69.
[18] Gradl, Chroniken (Ausgabelisten der Stadt Eger), p. 213.
[19] Hübsch, p. 252.

will vom Raube „widergeben vnd keren drey vnd vierzig geverbte tuche vnd was leinwat, parchant, Saffran noch iczunt vorhanden seind," das andere an Geld. Beteiligt waren Bürger von Nürnberg, Ravensburg, Eger und St. Gallen (letztere erst später erwähnt). Dass ihr Schaden ein sehr bedeutender, der Warenzug also ein grosser war, ergiebt sich daraus, dass Burggraf Johann bekennt, „den Christian Coler und Consorten, Bürgern zu Nürnberg, und andern Kaufleuten, denen ihre Habe in seinem Geleit genommen worden ist, von Kerunge wegen solcher Habe 2807 Gulden 2 Schilling schuldig worden zu sein". Der Landgraf von Leuchtenburg hat ihm dafür sein Schloss Stierberg verpfändet.[20])

Dass solcher Verkehr auf dieser Strasse nicht zu den Ausnahmefällen gehörte, beweist neben der Thatsache des von Hohenberg nach Kulmbach hier durchführenden Geleits[21]) auch z. B. eine Notiz aus den Ausgabelisten der Stadt Eger: „1436 Item den soldnern V gr, die hetten sie zu der Weissenstat verczert, do sie der keyserin hofmeister vnd die von Nürmberg und ander mehr beleytteten."[22])

In diesen Ausgabelisten figurieren noch eine Reihe von anderen Posten, die ebenfalls ein Licht auf die Beziehungen, in denen Eger stand, werfen, so für Zehrung gen Kulmbach, oder gen Bayreuth, oder gen Hollfeld, oder „als er rayt zu unserm herrn marggraven von Brandenburg, oder gen Hof". Noch interessanter ist vielleicht die Angabe, dass man 1427 zahlte „zu furlon siben wegen, das man dy von Erffurt auff und abe gefürt hat, LX guld. on 1 guld". Selbstverständlich war das rührige Eger vor allem für die nahe liegenden kleineren Städte an und auf dem Gebirge von Wichtigkeit, und ein lebhafter Verkehr wird zwischen ihnen stattgefunden haben. Nur ein paar Thatsachen seien hervorgehoben. In einer Münchberger Urkunde erscheint 1474 der Egerer Jahrmarkt als Zahlungstermin, „ein Beweis, dass damals noch Eger der Hauptort für die Gewerbsleute unserer Gegend war".[23]) Wunsiedel erhält nicht, wie die meisten Orte jener Gegend, Nürnberger, sondern 1327 Egerer Recht.[24]) Die Bayreuther endlich verschreiben 1463 in Zeiten der Not das nötige Malz aus Eger.[25])

Auch in anderen Randstädtchen des Gebirges fehlte es nicht an einem gewissen gewerblichen Leben. Es spielte wie so oft

---

[20]) Mon. Zoller. VII, p. 210, 224, 309.
[21]) ebd. VII, p. 182.
[22]) Gradl, Chroniken, p. 226.
[23]) Zapf, Versuch einer Geschichte der Stadt Münchberg 1828, p. 54.
[24]) Mon. Zoller. II, p. 427.
[25]) Bayreuther Archiv II, p. 3; 141.

dabei stets die Tuchfabrikation und die um dieselbe sich gruppierenden Gewerbe die führende Rolle.

Bayreuth, „das besonders im 14. Jahrhunderte, teils in Ansehung seines gewerblichen Verkehrs, teils durch die vorüberführende nürnbergisch-sächsische Commercialstrasse, teils durch die von Kaiser Karl IV. im Jahre 1361 gestattete Einrichtung einer Münzstätte einen besonderen Aufschwung genommen", [26]) giebt in dem aus dem Jahre 1464 stammenden Stadtbuch genaue Verordnungen über alle in die Tuchfabrikation einschlagenden Fragen: Breite und Länge des Tuches, Zahl der Faden, Beschaffenheit der Wolle, Färbung etc. Die Tuch-Schau ist geregelt; ein städtisches Tuchzeichen dient zur behördlichen Qualifikation der geschauten Stücke. Besonders erwähnt ist das mörltuch, ein ungefärbtes, gewöhnliches Tuch, ein Beweis, dass besonders für die umwohnenden Landbewohner gearbeitet wurde. Weydmesser, Weydbegysser, Tuchwalker, Tuchstreycher, Wollenschawer fehlen nicht. Neben diesen treten nur noch die Zinngiesser (kandelgiesser) hervor.[27]) Freilich die in einer Polizeiordnung vom Jahre 1447 vereinbarte Ausschliessung aller nicht verbürgerten Personen vom Klein- und Grosshandelsbetriebe, ausgenommen auf dem Jahrmarkte, „da ein jeglicher mit seinen Pfennwerden (= Kleinkram) zu Markte stehen mag",[28]) wird zwar den Vätern der Stadt als genügender Schutz gegen jede fremde Konkurrenz gegolten haben; sie bedeutete aber, da sich natürlich Bayreuth bei der Nähe einer so gewaltigen Rivalin wie Nürnberg nicht leicht aus eigener Kraft Raum im Handelsgetriebe schaffen konnte, freiwilliges Ausscheiden, Selbstausschliessung vom Weltverkehr. Aus dem mit einer starken Dosis Neid gemischten stolzen Unterthanengefühle des Residenzbewohners entspringen daher Ausrufe, wie der nicht gerade freundnachbarliche Gesinnung gegen die mächtigen Kaufherrn des nahen Handelsemporiums verratende des Bayreuther Chronisten Heller: „.... wie dergleichen pfeffersäckisch stolzieren und hochmuth dess kaufmannspöfels noch iezo kein end hat".[28])

Ähnlich lagen die Dinge in Kulmbach; auch dieses war ein kleines, wesentlich für den Bedarf des umliegenden Gaues produzierendes Landstädtchen. Nach dem Landbuch der Herrschaft Plassenburg von 1398 [29]) ist der Zoll der Herrschaft, die Bürger haben ihn aber „bestanden" und geben davon jährlich auf Jakobi 20 Pfund Heller. Eine Zolltaxe ist nicht aufgestellt; auch unter „Geleit" wird nur besonders hervorgehoben, dass

[26]) Gengler, Cod. jur. municip. p. 164 ff. .

[27]) Dr. Chr. Meyer, Quellen zur Geschichte der Stadt Bayreuth 1893.

[28]) Meyer, Bayreuth, p. 161.

[29]) Meyer, Quellen der Stadt Kulmbach, p. 161 ff.

jeder Fuhrmann „von einem jeglichen fuder weyns gibt zwelf pfennig"; natürlich kommt auch Salz in die Stadt, wahrscheinlich von Halle; „man nymmt von einem jeglichen wagen zwen gross virling salzes, von einem karren halbsoviel". Auf einem Wochen-markte stehen die Händler mit ihrem „krame", Gewantschneider mit gefärbten und grawen (ungefärbten) Tuchen, Cramer, Pfragner (Kleinhändler mit Lebensmitteln), Hefner, Syber etc., lauter Kleingewerbetreibende; nirgends zeigt sich eine An-deutung eines die lokalen Verhältnisse überschreitenden Handels.

Etwas mehr lässt einen hier durchziehenden Warenstrom das „Landbuch von Stadt und Amt Kulmbach von 1531"[30]) ahnen. Zwar vermeldet es von dem Zolle, den, wie wir hörten, die Kulmbacher Bürger gepachtet hatten: „dieweil sich in er-kundigung bei den alten findet, dass dieser Zoll so gering gewest und die herschaft denen von Culmbach mit genaden geneigt gewest, so sei derselbige Zoll zu die 70 gulden zinst (jährlicher Stadtzins) geschlagen worden". Vielleicht dürfen wir die hierin sich kundthuende Geringfügigkeit des durch-gehenden Verkehrs in Beziehung setzen zu den Nachrichten vom Aufblühen Bayreuths in diesen Jahrhunderten, wie ja ein Alternieren in der Bedeutung der zwei nach Sachsen führenden Hauptstrassen nicht unwahrscheinlich ist. Das Landbuch führt als Ursache dieses Rückganges das Fehlen einer festen Zoll-taxe an: „denn es bei allen castnern ungleich angenommen worden und findet sich, dass die furleut von des zols wegen die strass für Culmbach gemeiden". Jetzt ist ein Tarif vor-handen; „putter, schmer, speck, unschlit, kes, gesalzne visch und haring, wein, korn und salz, sowie wagen und karren mit zentnergutern" (= Kaufmannsgütern) berücksichtigt er und charakterisiert so deutlich einmal die rein agrarische Umgebung, aber doch auch die Beziehung zum Fernhandel der damaligen Zeiten. Öfter scheint auch ein Wagen oder ein Karren mit „nussen oder kesten" (essbaren Kastanien) die Stadt passiert zu haben; denn der Kastner hat von jedem „ein huet voll". — Zum Markt Galli kommen auch fremde Gewandschneider; die von Hof spielen darunter die wichtigste Rolle; sie haben „ein sonder ort innen rechter hant als man zu dem Thor hineingeht".

Selbst dafür haben wir ein paar Nachrichten, dass sich einzelne Kulmbacher und auch Bayreuther hinaus wagten in die weite Welt, handeltreibend gleich jenem Nürnberger „Kauf-mannspöfel". Die „doran gelegte landstrass", welche die Chronisten so gerne für das „aufnehmen" ihrer Stadt verant-wortlich machen, brachte eben hier wie dort nicht nur durstige und hungrige Fuhrleute, dem Zöller und dem Kastner ihre Nahrung

[30]) Meyer, Quellen der Stadt Kulmbach, p. 161 ff.

und natürlich auch die nie fehlenden Juden (die Kulmbacher und Bayreuther können dem Kloster Langheim 8000 Pfund Heller leihen, deren rückständige Zinsen 1384 1000 Goldgulden betragen);[31]) sie nahm auch einen oder den andern der Bürgerssöhne mit hinaus in die gefahrvolle und doch so lockende, schätzespendende Ferne. Bezeichnend für unsere Städte ist es, dass die paar hiehergehörigen Nachrichten nach dem Osten weisen, nach Sachsen und Schlesien. Des einen Kulmbachers, der in Polen handelte und später in Breslau und Nürnberg Zweige trieb, haben wir schon gedacht. Um 1417 sind anderen Kulmbacher Bürgern „durch die von Gorlitz und Sittau vor der stadt Budissin etliche ochsen verloren gegangen," und die sühneheischenden Kulmbacher haben ihre Feinde deshalb sogar vors geistliche Gericht des Konziliums geladen; König Sigmund bittet daher den Burggrafen, „er solle doch die Bürger von Kulmbach stille seyn lassen, biss er mit seinem Bruder Wenczlaw gesprochen, zumal beyde weltlich weren".[32]) Und als 1525 der Kurfürst Johann von Sachsen allen seinen Unterthanen das Waffentragen („alle were ausserhalb einer hacken und eines zimblichen brodmessers") verbietet und ein solches Gebot auch vom Markgrafen verlangt, „dieweil unsere land aneinander stossen", da wurde auf dem Landtage zu Kulmbach dagegen geltend gemacht: „nachdem etlich der unsern bey euch (Bayreuth) und anders wo ihren käuflichen handeln nit allein in, sondern auch gar durch unsers oheimbs und bruders von Sachsen fürstenthumb haben, andere weitere und frembde ort besuchen müssen", dass sie dann „auf anlaufen weder leuth noch viehe möchten aufhalten".[33])

Grössere Bedeutung erlangte Hof. Der Verkehr wird schon von der Sage in engen Zusammenhang mit der Entstehung der Stadt gebracht; (sie stellt die Rodung der Wälder dar als geschehen, um den „Schnapphähnen" das sichere Versteck zu nehmen und dem Wandersmanne eine reine Strasse zu schaffen; damit verknüpft sie das Brechen von Raubburgen in der Umgebung und den Bau von Kirche und Stadt und vereinigt so in sich die drei wichtigsten Motive zur Siedelung: das agrikulturliche, das Schutz- und das Verkehrsmotiv); er wird hier auch schon von der Natur viel mehr konzentriert als am Westabhang des Fichtelgebirges und konnte daher auch viel intensiver wirken als in den vorhin genannten Städten. Mit Treue und einem gewissen Stolze zählt daher auch die Chronik die gewichtigen Personen auf, die hier durchreisten: 1296 der Erzbischof von Salzburg und der von Ravenna, 1297 der von Mainz, der von

[31]) Meyer, Quellen von Kulmbach p. VII.
[32]) Mon. Zoller. VII, p. 447.
[33]) Heller, Chronik v. Bayreuth b. Meyer, Quellen p. 187.

Böhmen herkam, 1310 der von Magdeburg etc.[34]) Charakteristisch erscheint sicher auch, dass die ersten Zunftkapellen, welche Erwähnung finden, die der Schmiede und Wagner sind; sie wurden um 1376 erbaut.

Aktiv konnte sich die Stadt freilich erst später am Verkehr beteiligen, als sie selbst produktiv wurde. Die Chronik berichtet darüber: „Anno 1432 waren nit über 40 tuchmacher allhie, auch nit mehr dann 3 schleyerwürkereien,.. ungeachtet dass hernach die tuchmacher sich sehr gemehret, also dass an. 1535 bei 200 tuchmacher in unser stadt gefunden worden und das schleyerwirken so hoch gestiegen, das es itziger Zeit neben dem bierbreuen der fürnembste handel ist und viel hundert personen durch spinnen und wirken, kaufen und verkaufen der schleyer sich nehren".[35]) Wollen wir dem Chronisten glauben, so sind die ersten drei Schleierwirker von Kulmbach hierhergekommen; da wir aber in Kulmbach keine ähnlichen Gewerbe finden, so sind wir wohl berechtigt, in der starken Verbreitung der Fabrikation jener feinen, vor allem für den Handel nach slavischen Gegenden sehr brauchbaren Tücher eine Wirkung der Nachbarschaft des industriell sich früh entwickelnden und gerade auch in dieser Spezies bedeutenden Ober-Sachsens zu sehen. (Nach Lippert wurden in früheren Zeiten diese dünn und lose wie Netze gewebten Schmucktüchlein als Zahlungsmittel benützt. Je 10 bildeten eine Werteinheit = 10 Hühner, oder soviel Gerste, um ein Pferd 40 Tage zu füttern. „Die Reichen besitzen deren ganze Kasten voll, und sie haben den Cours wie bares Geld").[36]) Die Schleier scheinen meist zunächst nach Leipzig verkauft worden zu sein. Nach einer späteren Notiz kamen wenigstens 1637 ausnahmsweise drei polnische Kaufherrn nach Hof, um Schleier zu kaufen, „da dieses Mal der Unsicherheit halber niemand zur Messe nach Leipzig kommen konnte.

(Anm.: Das Schleierwirken war auch sonst auf dem Gebirg verbreitet. Von Münchberg berichten Bürgermeister und Rat 1562, dass viele Einwohner sich mit Spinnen und Schleiermachen beschäftigen.[37]) Auch die Baumwollenweberei ist früh auf jenen Höhen heimisch. Sie wurde unter Burggraf Johann IV. ums Jahr 1415 eingeführt; er befahl, einzelnen Personen zu geben „das erste Jar ytschlichem II simra korns, ein halben tzentner pawmwollen ... vnd sol mein herre ir Iglichem das erst yar leyhen XX guldein, die sollen sie meinem herrn yn fünff yaren wider betzalen Ir iglicher alle Jar

---

[34]) Chronik von M. Enoch Widmann (1592) bei Meyer, Quellen zur Geschichte der Stadt Hof I.
[35]) Meyer, p. 59.
[36]) Lippert, Socialgeschichte Böhmens I, p. 83.
[37]) Zapf, Münchberg p. 85.

IIII guldein" etc. Da dabei von „knappenlon" und vom „berck-
lon" die Rede ist, so wurde daraus der Schluss gezogen, dass die
Barchentweberei besonders wegen der Verdienstlosigkeit durch
den im Sinken begriffenen Bergbau eingeführt wurde).[38])
Von etwas mehr als lokaler Bedeutung scheinen auch
die Hofer Jahrmärkte gewesen zu sein. Dass die Egerer
den Laurencimarkt frequentierten, erwähnten wir schon. Auch
die Nürnberger kamen dorthin: 1439 sind etliche Bürger der
Reichsstadt, die auf den Jahrmarkt gen Hof zogen, von ein
paar Adeligen aufgehalten worden.[39]) Der von Leipzig hier
durchziehende Warenstrom tritt darin zu Tage, dass man bei
Einrichtung eines neuen Jahrmarktes 1508 die Zeit um Pauli
Bekehrung (25. Januar) als die geeignetste vorschlägt; „denn
es mocht auch zu dieser zeit des jars von gesalzen fischen
und ander war vom markt zu Leypzig, auch aus andern landen
gebracht und daselbst (in Hof) in kaufmansschlegen (Buden)
vertrieben werden".[40])

Bamberg wollte, wie schon angedeutet, nie recht zur
Blüte kommen, obwohl schon frühzeitig der mainabwärts-
gehende Handel ziemlich beträchtlich gewesen sein muss.
Denn zu Friedrich I. kommen auf einen Tag zu Würzburg
1156 viele bambergische Bürger, um sich wegen zu vieler und
ungerechter Mainzölle zu beschweren, und der Kaiser erklärt
auf ihre Bitte auch alle diese Zölle mit Ausnahme von dreien
für ungiltig.[41]) (Ibi cum esset, ingens civium et mercatorum
babebergensium multitudo accessit, wie es ein Bamberger
Annalist darstellt.)[42]) In Mainz und in Frankfurt sind die Bamberger zollfrei und erneuern jedes Jahr, in ersterer Stadt gemeinsam mit den Nürnbergern, feierlich die Privilegien; „man
bringt unter Vorantritt der Stadtpfeifer auf einer hölzernen
Credenz zwey Handschuhe von gelbem Leder, einen Räder
Albus und Pfeffer,"[43]) ein Beweis, dass die Zollbefreiung schon
in sehr frühe Zeit zurückreicht.

Die „rechte, die zu dem Zolle im Bamberg gehorent",
offenbaren auch deutlich durch die Fülle der namhaft gemachten Waren, die dort zu Markt gebracht oder durchgeführt
werden, dass ein lebhafter Verkehr nicht fehlte. Es seien nur
die wichtigsten hervorgehoben: Wagen und Karren kommen

---

[38]) Bayr. Archiv XIV, p. 2. 56 ff.
[39]) Roth I.
[40]) „Ordnung, wie von newen ein jarmarkt in der stadt zum Hof aufgericht werden soll." (Meyer, Quellen, Hof II, p. 136 ff.
[41]) v. Schultes, Historische Schriften I, p. 352.
[42]) Dr. Deuber, Grundriss der bambergischen Handelgeschichte, Bamberg 1838.
[43]) Roth IV, p. 28.

an; letztere zahlen stets die Hälfte. Frankenwein, Heringe, Met, Salz aus Thüringen oder über Nürnberg aus Bayern repräsentieren die Objekte mittelalterlichen Handels, denen wir schon oft begegneten. Eisen, Kupfer, Zinn und Blei, die hier auch oft „in ein schif gelegt" werden, deuten auf die nicht sehr fernen erzreichen Berge. Pfeffer, Saffran „oder was geslatter würtze ist" weisen nach Nürnberg. Ferner kommen Wagen mit allen möglichen Produkten des Gewerbefleisses und der Landwirtschaft (hopfen, wolle, obze, pech, nuzzen, vnslit, smerwe, wahse, ole, gewent, leder, kremerey, preter mancherlei Art, Schreinerarbeiten wie tische, kufen etc., glase, pecher, loe, maltze, koln, knoblauch, aschlauch und rechter lauch etc). Der Verkehr selbst war den Bambergern direkte Nahrungsquelle, was aus folgender Bestimmung hervorgeht: Ein iglich furman der mit sinem wagen oder mit sinem karren vmb lon furet vber zolls mal hinus oder herein . . . . der gibt ein schilling.[44]) Wichtig war vor allem der nahe Main, die willkommene Strasse nach Franken. Jakob Ayrer erzählt uns in seiner von 900—1599 reichenden Bamberger Reimchronik, dass sie stark frequentiert wurde.

> Wein, Korn vnd Drait,
> Vnd ander wahr, ohn vnterschaidt,
> Was nur von dem Main vnd Frankfurt,
> Vnd sonsten auch von manchem ort,
> Aus Nürnberg, Beheim vnd Prag
> Vnd Anderswo geschickt werden mag,
> Das wirdt als auff dem Wasser tief
> Geladen vnd gefüllt In Schif
> Vnd weiters verschickt in das Land etc.[45])

Aber trotzdem schon 1245 Friedrich II. den Bambergern ein umfangreiches Messprivileg verlieh, und obwohl Ludwig der Bayer 1335 ihre alte Zollfreiheit für das ganze Reich erneuerte,[46]) (aus dem Jahre 1364 wird auch ein „neuwes Kaufehaus" erwähnt)[47]): als Handelsstadt blieb Bamberg stets in verhältnismässiger Unbedeutendheit; das einzige, was die Bürger lebhafter exportierten, waren Produkte der so reich gesegneten Umgebung, vor allem Süssholz (vgl. Ayrer: „ . . . süsses Holz, man führet sein ganz wägen vol In ganzem Teutschlandt in die Stett").[48]) Nirgends offenbaren sich auch irgendwelche bedeutendere Beziehungen Bambergs zu dem Handel sowohl

---

[44]) Fr. v. Hohenlohe „Rechtsbuch" 1348, ed. v. Dr. C. Höfler, Bamberg 1852. (Quellensammlung zur fränk. Gesch., III. B.)

[45]) Herausgeg. v. I. Heller, 2. Bericht d. histor. Vereins zu Bamberg p. 21.

[46]) Gengler, Cod. jur. munic. p. 106 ff.

[47]) Copialbuch St. Jacobi zu Bamberg, 11. Bericht d. hist. V. z. Bamb. p. 40.

[48]) Ayrer-Heller, a. a. O. p. 22.

der süddeutschen Handelsstädte, als auch des vor allem wichtigen Ostens und Nordens. Das Urteil Falkes über Bamberg bestätigt sich demnach: Bamberg, in seiner Verbindung mit der grossen Donaustrasse und den Alpenwegen durch Nürnberg abgeschnitten, ohne ein gewerbreiches und naturreiches Hinterland, als vorwiegend geistliche Fürstenstadt ohne jene rastlose bürgerliche Emsigkeit und Wachsamkeit, welche den Mangel eines Hinterlandes durch Thätigkeit innerhalb der eigenen Mauern zu ersetzen vermögen, gewann nie eine 1. Stelle im Handel, sondern begnügte sich mit der Teilnahme an der Spedition auf dem Maine, mit dem Vertrieb der Naturprodukte seiner fruchtbaren, doch wenig ausgedehnten Umgebung, mit einer lokalen Gewerblichkeit.[49])

Ein paar andere Fichtelgebirgsstädtchen könnten wir unbeschadet der Vollständigkeit unserer Darstellung übergehen, wenn sie nicht mit einer Thätigkeit untrennbar verknüpft wären, die dem Fichtelgebirge im Mittelalter eine Bedeutung gab, von der jetzt nur noch in Sagen und Märchen der umwohnenden Steinbrecher und Bauersleute ein kleiner Rest leise ausklingt, mit dem Bergbau.

Seit uralten Zeiten schon scheint in diesen waldigen Bergen das Graben nach Erzen zuhause gewesen zu sein. Nach der „Bavaria" kannte schon Ottfried von Weissenburg das Fichtelgebirge als Spender reicher Bergschätze,[50]) und ein heimischer Forscher hält es für wahrscheinlich, dass in sehr früher, prähistorischer Zeit Bergleute die einzigen Bewohner des Gebirges waren, in dasselbe eindrangen trotz Waldesdickicht und Sumpf, Erze suchten und wieder davongingen. Welchem Stamme sie angehörten, lässt er freilich unentschieden,[51]) während Lippert wenigstens das für erwiesen annimmt, dass Slaven nicht zuerst den Bergbau in jenen Höhen eingeführt haben.[52])

Geschichtlichen Boden betreten wir erst, als die Kaiser anfingen, eines ihrer wichtigsten Regale auch in unseren Gegenden zu verleihen. Am ersten bewerben sich darum die betriebsamen Mönche von Waldsassen. Ihnen gewährt König Heinrich 1230 das Recht, alle Adern und Gänge von Gold und Silber und andern Metallen auf den Gütern ihres Stiftes auszubeuten, ohne dass uns aber Nachrichten darüber bekannt sind, wie weit von dieser Gnade Gebrauch gemacht worden

---

[49]) Falke, Handel II, p. 132.
[50]) Bavaria III, p. 267.
[51]) Alb. Schmidt, Der alte Zinnbergbau im Fichtelgebirg, Arch. XV, 3, p. 187 ff. und: Neue Beiträge zur Gesch. d. Zinngewinnung im Fichtel-Geb. Arch. XVIII, 1, p. 178 ff.
[52]) Lippert, Social-Gesch. Böhmens I.

wäre.[53]) Fast ein Jahrhundert später (1324) verleiht Kaiser Ludwig dem Burggrafen Friedrich IV. die Erzwerke zu Plassenburg („vnser vnd des Reychs recht an dem Ertzwerch, an Golde, an Silber vnd an Chupfer zu dem Plassenberg mit allen Gangen zwischen dem Plassenberge vnd dem Münchberge vnd Schorengast, ob der gang sich dahin zuge."))[54]) Um 1363 wurde der Bergort Goldkronach gegründet und 1365 dem Bergwerk, das dort „auferstanden und funden ist, die Freyung und Gewohnheit verliehen, die da sind zu der Igela."[55]) Die Glanzperiode fällt hier in die Jahre 1395—1430, und die Erträgnisse scheinen in dieser Zeit sehr reich gewesen zu sein.

Schon früher hatten im Innern des Fichtelgebirges Bergbauversuche angesetzt, die zwar nach weniger edlem Metalle trachteten, aber dafür längere Dauer und weiterreichende Bedeutung hatten. Die ältesten Nachrichten melden freilich erst von 1402, 1411 und 1423 Verleihungen auf sog. Zwittergänge, die Zinnerz enthielten.[56]) Aber Kretschmar erwähnt in seinen Berghistorien,[57]) dass schon 1282 in der Gegend von Wunsiedel Gold und Zinn gewaschen wurde, und damit würde auch ungefähr sowohl die Privilegierung des Zinnhandels für Eger 1321, (siehe S. 148!) als auch eine Notiz in einem Geleitsvertrag der Burggrafen, der Hohenlohe, Rieneck und Wertheim von 1313 übereinstimmen, nach welchem von einem jeden Pferd, „das Kupfer oder Zinn zeucht", bezahlt werden soll „ein Schilling Heller."[58])

Über die rasch wachsende Bedeutung dieser Unternehmungen giebt Schmidt besonders aus dem Geschicke der beiden Städte Weissenstadt und Wunsiedel mancherlei Nachrichten. Wir erwähnen hier nur, dass allem Anscheine nach die erstere im 15. Jahrhundert Wunsiedel rasch überflügelte; denn des Zinngericht in Weissenstadt war die oberste Instanz für das ganze Markgrafentum; die Wunsiedler sandten um 1440 ihre Erze zum Schmelzen dorthin, wohin sich auch viele Berg- und Fuhrleute — die Chroniken sprechen wohl ziemlich stark übertreibend von 400—500 Berg- und Hüttenleuten in Weissenstadt —, sowie Zinnblechhändler zogen, „welche meist nach Leipzig, Magdeburg und Naumburg und dergleichen Handelsstädten ihren Betrieb gehabt."[59]) Doch bald war Wunsiedel wieder der Hauptsitz einer ausgedehnten Zinnindustrie, die „nirgends ihres Gleichen hatte" und so behäbigen

[53]) Gradl, Egerland p. 84.
[54]) Monum. Zoller. II, p. 380.
[55]) Gümbel, Fichtelgebirge p. 387.
[56]) und [57]) ebd. p. 331 u. p. 310 und Schmidt, a. a. O.
[58]) Monum. Zoller. II, p. 318.
[59]) Wöchentl. histor. Nachr. 2. Jahrg. 1767, Bayreuth, p. 249.

Reichtum erzeugte, dass ein reicher Zinnherr für ein von ihm 1451 gestiftetes Spital sich seinen Bedarf an Pfründnern aus Hof verschreiben musste.

Auch sonst hörte man überall an den Hängen des Fichtelgebirges, auch im Frankenwald und am Jura das Pochen der emsig suchenden Bergleute. Bei Kirchenlamitz beginnt 1505 einer sein Zinnbergwerk an der Stelle, „als man gehet nach Wunsiedel"; [60]) das Hofer Landbuch weiss vom Jahre 1409 von einem Pochwerk bei Pilgramsreuth (Rehau). Bei Dürrenweid in der Nähe Nordhalbens hat der Markgraf Albrecht Achilles 1477 ein reiches Bergwerk auf Eisen, Blei, Silber und Gold, aus dem noch 1609 für 8 Mark Gold gewonnen wird. [61]) Schon 1344 privilegiert Ludwig der Bayer das Kloster Langheim zum Bergbau auf seinen Gütern Lubegast (Leugast) und Teuschnitz. [62])

Ebenso regt es sich im Süden, im Nordgau, wo in den ältesten Zeiten mehr als 100 Hammerwerke, noch etwas vor Mitte des 17. Jahrhunderts 85 in Betrieb waren. Freilich wird auch hier als ständige Klage laut, dass niemand tiefe Stollen graben wolle; „wenn sie nicht gleich auf reiches Erz trafen, so warfen sie an einem frischen Ort einen neuen Schurf". [63])

Den Landesherrn, vor allem den Burggrafen, scheinen diese Unternehmungen lange Zeit von grossem Vorteil gewesen zu sein, wie aus einer Bemerkung eines verdienten Ratgebers der Zollern hervorgeht, der sagt: „Demnach ist durch die gnade gotes das erst aufnehmen Burggraf Johannsen das Bergkwergk am Fiechtelbergk eroffnet, das dann Merklichen nutz bracht, davon derselb Burggraf vill Stet, Sloss und Nutzung zu dem Burggrafthumb kaufft und bracht hat". [64])

4) Die wichtigsten Strassenzüge im Fichtelgebirgsgebiet.

Den Umfang des Verkehrs, der im Mittelalter das Fichtelgebirge durch- und umzog, seine Bedeutung für die wichtigsten Siedelungen und damit zugleich seine wichtigsten Stationen haben wir im Vorhergehenden einigermassen zu skizzieren versucht. Eine weitere Aufgabe wird sein, die Hauptwege desselben etwas genauer darzustellen, als es sich aus den paar

---

[60]) nach Schmidt.
[61]) Will, Teutsches Paradeiss etc. p. 39.
[62]) v. Schultes, Historische Schriften 1798, I, p. 102.
[63]) Zirngiebl, Geschichte des bayr. Handels; Abh. der bayr. Akad. der Wissenschaft 4. B. 1818, p. 331.
[64]) Des Ritters L. v. Eyb Denkwürdigkeiten, herausg. v. Dr. C. Höfler, 1849, p. 114. (Quellensammlung für fränk. Geschichte, B. I.)

gelegentlichen Andeutungen im letzten Abschnitte konstruieren liesse. Dabei liegt es uns naturgemäss fern, eine auch dem Lokalforscher genügende eingehende Untersuchung über die so mannigfach differenzierten Strassen nnd Strässchen eines doch immerhin umfangreichen Gebietes zu liefern. Unser einziger Zweck ist, die auch für den Fernverkehr bedeutungsvolleren Strassenzüge hervortreten zu lassen. Sie sind ja auch das starke Gerippe, an das die Strassen zweiter und dritter Ordnung angegliedert sind, die Ströme, denen die Nebenflüsse und Bäche zueilen. Alle dabei in Betracht kommenden Strassen können wir einteilen in solche, die das Fichtelgebirge i. w. S. durchqueren, und in solche, die unser Gebiet nur randlich berühren. Fast alle nach NO, sowie nach O und nach N ziehenden Strassen, also die meisten Wege nach Böhmen, Sachsen und Thüringen, finden ihren Mittelpunkt in Nürnberg; dicse Stadt sei daher auch unser Ausgangspunkt.

Eine der wichtigsten Nordoststrassen verband wie es scheint von Anfang an zwei der für Bewältigung des vorgelagerten Jurablockes in Betracht kommenden Möglichkeiten: Umgehung und Durchbrechung (vgl. S. 93). Sie benutzte nämlich nur auf eine kurze Strecke das scheinbar auf natürliche Weise zum obersten Mainthal führende Pegnitzthal, mied vielmehr die scharfe Wendung und das verkehrsfeindliche Engthal, indem sie den Jura erstieg. Dies geschah bei dem Städtchen Gräfenberg. Dessen Lage ziemlich tief im Thal der Erlanger Schwabach schliesst die eine Möglichkeit, es sei als kleines Centrum eines lokalen Verkehrsgebietes entstanden, fast ganz aus und lässt es deutlich erkennen als ein Produkt des Verkehrs, als eines jener Strassenstädtchen, die sich so oft da entwickelten, wo der Verkehr rastete, bevor er es unternahm, ein grösseres Hindernis zu bewältigen. Dem Orte giebt schon 1331 König Ludwig die Erlaubnis, einige Jahrmärkte abzuhalten, und Karl IV. gestattet (1350), Schloss und „Markt" mit einer Mauer zu umgeben. Der später (1536) hier erwähnte Zoll bezeugt den Verkehr deutlicher.[1]) Über das 1427 als Stadt erwähnte Hilpoltstein,[2]) das sich als Plateaustädtchen da entwickelte, wo der Verkehr die Höhen erreicht hatte; über das Dorf Bronn, das ein paarmal als Ort einer „Nahme", eines räuberischen Überfalls auf hier vorbeiziehende Kaufleute, genannt wird, zog die Strasse in fast genauer Nordostrichtung über den Jura weg, um ins Thal der Pegnitz da hinabzusteigen, wo sich dieselbe noch nicht so tief in die Kalkfläche eingeschnitten hat. Das Städtchen Pegnitz erwuchs hier. Zoll und Geleit

---

[1]) Lehmus, Geschichte von Gräfenberg, Bayreuther Archiv III. 3, p. 58 ff.
[2]) Diplomat. Baruth. etc. Bayreuther Archiv.

werden schon in einer Urkunde erwähnt, durch die Wenzel 1402 das Amt „Beheimstein" „mit dem Stetlein Pegnicz dorunder gelegen" an den Burggrafen Johann übergiebt.[3]) Ebenso ist ein schon 1421 dort vorhandener „Steinweg" ein sicheres Zeichen für hier durchpassierenden lebhafteren Verkehr. („ein acker gelegen by Begnitz uf dem Steinweg, der von dem Griess an in kummen ist.")[4])

Die Strasse wandte sich jetzt nach Norden, überstieg die kaum markierte Wasserscheide zum Roten Main und berührte dann Creussen, das 1358 mit Bewilligung des Kaisers Karl zur Stadt gemacht wird,[5]) ja dessen Name „Crusni" schon „Ringmauer" oder „mit Mauern umgebener Ort" bedeuten soll.[6])

Das obere Thal des Roten Maines wurde von der Strasse nur auf eine kurze Strecke benützt, da es bald in ziemlich engem, windungsreichem Laufe nach Osten ausbiegt; sie eilte vielmehr westlich desselben auf kürzerem Wege nach Bayreuth. (Das Lehenbuch nennt einen „Herolzhoff gelegen zwischen Beyereut und Creussen uf der strass"; vielleicht der Hörhof?)[7])

Bayreuth erwuchs frühzeitig in der ersten grösseren Thalweitung des Maines zwischen Jura und Fichtelgebirge, wahrscheinlich als Brückenstadt. 1231 wird es zum erstenmal als Stadt genannt („in confinio civitatis Beirreuth sita"),[8]) und bis zum Jahre 1283 reichen Nachrichten zurück, die von einem Zoll der Burggrafen in der Stadt sprechen (.. de Tolonio nostro opidi nostri in Bewerrut).[9])

Bevor der Weg von hier aus den Rand des östlichen Gebirges erreichen konnte, musste er erst die demselben parallelen Vorhöhen überwinden. Der Bindlacher Berg scheint frühe bei den Fuhrleuten keinen guten Ruf genossen zu haben; das „Teutsche Paradeiss" nennt die Strasse hier sehr beschwerlich. Bei Berneck, wo die Ölschnitz einen Anschnitt des Steilgehänges schuf, ohne jedoch der Strasse im engen Thal Raum bieten zu können, stieg diese zum Plateau empor. Die Nachricht, dass 1398 hier Nürnberger Bürgern Güter aufgehalten wurden (ähnlich 1499 im markgräflichen Geleit).[10]) ebenso die, dass hier eine Zollstätte errichtet wurde,[11]) beweisen das Vorhandensein der Strasse. Über Gefrees, wo zu derselben Zeit

[3]) Mon. Zoller. VI.
[4]) Lehenbuch vom Jahre 1421. Archiv XVII, p. 167.
[5]) Mon. Zoller. III, p. 330.
[6]) Stobäus, Archiv XIII, 2. p. 29 ff.
[7]) Lehenbuch dss Markgrafen Friedrich I. 1421 ff; Abteilung „Gebirg"; Archiv XVII, p. 156.
[8]) Archiv III. 2, p. 35.
[9]) Mon. Zoller. II, p. 144.
[10]) Roth I.
[11]) Bavaria III, 555.

ein Zoll erstand, und über Mussen, das die Burggrafen 1328,
allem Anschein nach als Rivalen Münchbergs, das sie damals
noch nicht besassen, zur Stadt zu erheben suchten,[12]) kam die
Strasse nach Münchberg, ins Gebiet der Saale. Münchbergs
Lage kennzeichnet das Städtchen deutlich als vom Verkehr geschaffen, als eine auf der Plateaufläche entstandene Raststation,
die fast genau in der Mitte liegt zwischen dem westlichen Steilabfall und der eigentlichen Hauptstadt der Hochfläche, Hof.
(Vgl. auch: „zu Munchberg under der strass an dem Plessen-
steyg").[13]) Auf dem Wege nach Hof, der in ziemlich gerader
Richtung verlief, musste noch ein Wald passiert werden, welcher
ob seiner Unsicherheit lange Zeit berüchtigt war, die Untreu
bei Konradsreuth. So wurden dort 1530 Nürnberger Bürger,
die von der Leipziger Messe kamen, angesprengt und ein
anderer Nürnberger, der aus Joachimsthal hier durchreiste,
trotz marggräflichen „lebendigen Geleits" und trotz eines Nürnberger „Einspännigen" (Stadtsoldaten) gefangen und nach acht-
monatlicher Gefangenschaft ermordet (Roth I). In den Hofer
Chroniken findet diese von Franken kommende wichtigste aller
Strassen öfter als die „Hohe Strasse" Erwähnung. Dass sich
dieselbe hier teilte, um Ölsnitz oder Plauen oder über Gefell Schleiz
zu erreichen, haben wir früher schon erwähnt. (Vgl. S. 139 u. 145.)

Ein anderer Strassenzug, der sich frühzeitig zwischen
Nürnberg und Hof spannte, durchbrach den Jura ganz. Der
Verlauf desselben ist etwas genauer festzustellen, da er vor
allem auf dem Jura oft zu Geleitsstreitigkeiten der Burggrafen
mit ihren Nachbarn, den Bischöfen vom Bamberg, Anlass gab,
welche „Kundschaften", Zeugenaussagen über das Herkommen,
zur Folge hatten.

Die über Erlangen, Bayersdorf und Forchheim im
Regnitzthal herabkommende Strasse fand in dem in erzgebirgischer Richtung ziehenden unteren Thal der Wiesent
einen etwa 15 km langen, meist über 1 km breiten Einschnitt
des Juragehänges, der ihr naturgemäss Veranlassung war, sich
nach NO zu wenden. Im Hintergrund derselben entstand
nicht weit vom Steilrand ein Raststädtchen ähnlich Gräfenberg, Ebermannstadt. 1322 erlaubt König Ludwig
eine Befestigung des Dorfes und giebt dem neugegründeten
Städtchen Nürnberger Recht.[14]) Der vorbeiziehende Weg
wird 1382 als Wagenweg gekennzeichnet: „Die Wiesen zu
Ebermanstatt obwentig der Stat an dem Wagenweg".[15]) Da
wo das Thal fast senkrecht zur bisherigen Richtung abbiegt

---

[12]) Mon. Zoll. II. 427.
[13]) Lehenbuch.
[14]) Jaeck, Allgem. Geschichte Bambergs; 1811, p. 59.
[15]) Copialbuch St. Jac. z. Bamberg; 11. Ber. p. 51.

und sich auch bedeutend verengt, verliess es der Verkehr und
schob sich in steilem Anstieg bei Streitberg auf die Höhe
des Plateaus, nachdem er zuvor auf einer 1348 genannten
Brücke die Wiesent überschritten hatte (. . . iugera agrorum sita
apud pontem).[16]) Um diese Zeit hatte Konrad von Schlüsselberg
auf Neideck, gegenüber Streitberg, die Strasse zwischen Neideck
und Streitberg zu Errichtung einer Mauth durch eine Mauer
absperren lassen und geriet dadurch in eine schwere Fehde
mit den Burggrafen und den Bischöfen von Würzburg und
Bamberg, während welcher er getötet 1347 wurde (vgl. Aussage
des fricze Newersteter 1408).[17]) Die Burg von Streitberg
„war für die Markgrafen ein wichtiger Waffenplatz, besonders
zur Deckung des Passes vom Oberland in das Unterland, und
wurde daher 1553 von den Nürnbergern und Bambergern sorgfältig zerstört".[18]) In nördlicher Richtung ziehend, erreichte
die Strasse Hollfeld, nachdem sie vorher den Thaleinschnitt
der Aufsess überschritten hatte, entweder bei dem Orte Aufsess,
wofür zu sprechen scheint, dass dort schon sehr frühzeitig
Juden wohnhaft waren,[19]) oder aber, wie die spätere Poststrasse,
bei Draisendorf.[20]) Hollfeld liegt am oberen Wiesentthal, da wo
dieses ein anderes kleines Thälchen aufnimmt und noch nicht
die charakteristischen Thalformen der fränkischen Schweiz
zeigt. Hier teilte sich die Strasse. Der eine Zweig mündete
in eine später noch zu erwähnende, zwischen Bamberg und
Bayreuth sich spannende Strassenlinie und wandte sich daher
scharf nach Osten. Er zog über Schönfeld, wo das bambergische und das burggräfliche Geleit sich schied (Friedrich
von Aufsess bezeugt dies 1413, dass es ihm „kunt vnd gewiss
ist mer dann vor fünfzig Jaren vnd als ich auch zu holvelt
zu Schul ging");[21]) dann folgte er ein Stück dem Verlauf der
heutigen Landstrasse, kreuzte die obersten Zuflüsschen der
Wiesent, stieg zuletzt aber weiter nördlich als jetzt über Preusch-
witz als „Hochstrasse" nach Bayreuth herab. (1421; „zu
Bryswiz uf der Hohenstrassen gelegen bey Beyrrewt").[22])
Diese Nürnberg-Bayreuther Strasse scheute also, um die tiefen
und mannigfaltig sich windenden Jurathäler zu meiden, nicht
den grossen Umweg im Norden, der ihr ermöglichte, die
Flüsschen in ihrem Oberlauf bequem zu überschreiten; diese
offenbaren sich demnach hier in ihren geschichtlichen Wirkungen

---

[16]) Hohenlohes Rechtsbuch, p. 311. (Quellen z. fränk. Gesch.; B. III.)
[17]) Bavaria III. 689; Mon. Zoller. VI, p. 436.
[18]) Archiv III, 2, p. 108 ff.
[19]) Archiv VI. 1, p. 13 ff.
[20]) Atlas Germaniae v. Homann 1735.
[21]) Mon. Zoller. VII, p. 183.
[22]) Lehenbuch 1421.

deutlich als Naturgegebenheiten negativer Art. Dass die Strasse oft benützt wurde, ist ausser allem Zweifel; so sagt Hans von Newnstatt 1413 aus, er wäre vor 17 Jahren dieselbe mit „bey czweinczig geschirren, wegen vnd karren", gezogen und habe dabei zu Hollfeld übernachtet.[23])

Der andere Ast der bei Hollfeld sich gabelnden Strasse setzte die bisherige Richtung zunächst fort; über K a i n a c h , ebenfalls einem Grenzort bambergischen und burggräflichen Geleits,[24]) W o n s e e s, das die Burggrafen 1328 zur Stadt zu erheben suchten[25]) (vgl. Mussen!), Z e d e r s i z (1421: Zedersiz, „ein eckerlein an der strass"),[26]) S c h i r r a d o r f, (ebenso 1421: ein Acker „an der strasse"[27]) nach K a s e n d o r f, um sich hier ebenfalls mit einer von Bamberg kommenden Strasse zu vereinigen und mit ihr über H e y b s c h (1421 Heybsch an dem Neherpach an der strass[28]) nach K u l m b a c h weiterzuziehen; der Rote Main wurde vorher bei Katschenreuth überschritten. (Die Brücke dort freilich erst bei Will 1692 erwähnt).[29])

Es scheint aber auch eine a n d e r e R o u t e frühe von H o l l f e l d nach K u l m b a c h geführt zu haben, so dass also die Strasse in verschiedenen Zweigen vom Hochplateau herabstieg. Kurfürst Albrecht empfiehlt dem Bischof von Augsburg und dem Marschall von Pappenheim als Reiseroute nach Berlin u. a.: Bayerstorff-Z w e r n i z (das östlich jener vorhin genannten Strasse liegt!) — Kulmbach-Hof.[30]) Das Geleit der Markgrafen geht auch durch T h u r n a u („Das Geleit der Markgrafen, wo es den Gerichtsbezirk berührt, soll ungeschmälert und ungehindert sein" 1539).[31]) In einem etwa gleichzeitigen Entscheid des Bischofs von Augsburg zwischen dem Burggrafen und dem Bischof von Bamberg wird die Existenz einer zweiten Strasse von Hollfeld nach Kulmbach bestätigt 1538 („von Holvelt auss die ander Strass, so nit auff Cassendorff, Sondern daneben auff ander strassen gein Culmach geen").[32]) Andeutungen über den genaueren Verlauf derselben über Thurnau hinaus stehen uns nicht zur Verfügung. Eine Karte: Episcopatus Bambergensis, in Homanus: Atlas Germaniae Specialis 1735, lässt sie bei Heubsch in die Kasendorfer Strasse münden, was jedenfalls unwahrscheinlich ist.

---

[23]) Mon. Zoller. VII, p. 185.
[24]) Mon. Zoller. VII, p. 183.
[25]) Mon. Zoller. II, p. 427.
[26]) Lehenbuch p. 40.
[27]) ebenda p. 21.
[28]) ebenda p. 52.
[29]) Teutsches Paradeiss p. 29.
[30]) Burkhardt, Das Fünfft Merckische Buch 1471—73; Jena 1857.
[31]) Beiträge z. Historie d. Frankenlandes, 2. Teil 1760, p. 62.
[32]) Codex Probationum Diplomaticus Bambergae, No. 87 b.

Das Thal des Weissen Maines öffnete diesen vom Jura herabsteigenden Strassen ein Thor durch die Vorhöhen des Fichtelgebirges. Das vereinigte Mainthal führt dazu auch von W eine natürliche Verkehrsstrasse hierher, so dass also hier ein paar Strassenzüge sich einigen müssen, bevor sie zum nordöstlichen Durchgang emporsteigen können. Kulmbach entstand hier, jedenfalls von Anfang an im Schutze einer auf steilen Höhen thronenden, den Pass beherrschende Burg. Bis in die neueste Zeit kam denn auch in den Geschicken der Stadt vor allem jenes kriegerische Motiv zur Geltung, und die Plassenburg war durch lange Jahrhunderte die wichtigste Festung der Markgrafen. Naturgemäss erkannte auch bald der Verkehr die Vorteile der Lage. Zoll und Geleit werden 1338 zum ersten Male erwähnt; [33]) schon 1408 wölbt sich dort eine steinerne Brücke über den Main („wisen vnd acker gelegen bey kulmnach jenseit der steinen Brucken"),[34]) und auch die Strasse selbst wird als „Hohe Strasse" öfter genannt (1421 : Das Guldeinfelt an der Hohenstrossen etc.).[35])

Die Strasse folgte nur auf eine sehr kurze Strecke dem Thal des Weissen Maines und lenkte, wo sich dieser nach SO wendet, in das Nebenthälchen der Schorgast ein, das sie aber auch schon bei Unter-Steinach wieder verliess, um bei Kupferberg, das, wie alle diese Städtchen an einem Einrisse des Steilrandes liegt, das Gebirge zu betreten. 1406 klagt Burggraf Johann wider den Bischof von Bamberg: „Cuncz v. Brandenstein vnd ander die seinen sind vns in vnser geleyte bei dem kupferberg gefallen",[36]) obwohl doch nach dem Zeugnis des Conrad Raczenberger schon 60 Jahre und länger das burggräfliche Geleit auf der Strasse Hof-Kupferberg-Kulmbach bestehe.[37])

Auf zwei Wegen wurde Hof erreicht. Der eine zog sich bald stark nach Osten und vereinigte sich zu Münchberg mit der Bayreuther Strasse (vgl. Landbuch v. Kulmbach 1531: „die herschaft hat von Culmbach aus zu glaiten bis gein Hof fur Munchberg").[38]) Der andere dagegen hielt sich ungefähr parallel der Bayreuther Strasse und strebte gen Schauenstein. 1386 kauften die Burggrafen Stadt und Veste Schauenstein mit Geleyten und Zöllen,[39]) was eine vorbeiführende Strasse

---

[33]) Mon. Zoller. III, p. 43.
[34]) ebenda VII, p. 489.
[35]) Landbuch p. 95; ähnlich p. 96.
[36]) Mon. Zoller. VI, p. 344.
[37]) ebenda VII, p. 183.
[38]) Chr. Meyer, Quellen z. Gesch. v. Kulmbach, 1895.
[39]) Mon. Zoller. V, p. 175 ff.

beweist. Auf dem Wege dorthin erwuchs Helmbrechts zu einem Städtchen (1444 erhielt es Hofer Stadtrecht),[40]) und die Bergnamen im SW desselben bei Wüstenselbitz: Brückles Berg, Strossners Berg, zeugen auch dafür, dass eine Strasse hier entlang zog. Sie ist im NO von Schauenstein auch belegt (für 1402) durch eine der so häufigen Gewaltthaten. Der Burggraf klagt gegen die Vögte von Weida: Sie haben genommen „meines herrn lewten auf der strasz zwischen dem Hof und Schawenstein etc".[41])

Eine dritte, in diese zweite mündende Strasse nach Hof tritt nur einmal hervor und da, als zu Unrecht bestehend, vom Nachbar angefochten. Im Kulmbacher Landbuch von 1531 heisst es: „fur Kupferberg und durch das Presecklein stet die herschaft mit dem stift Bamberg in erorterung; doch wirdet itzt on mittel (ohne Vermittelung der Bamberger?) von der herschaft wegen durch das Presecklein auf den Helmbrechts zue bis gein Hof geglait".[42]) Doch schon der S. 165 erwähnte Schiedsspruch des Bischofs von Augsburg von 1538 bestimmt: „Es soll auch die Farstrasse durch das Bressecklein abe sein und die gemein Land strass wie von alters durch Kupfferberg allein gepraucht werden, doch das der Steg durch das Bressecklein zu reyten und zu geen unverspert pleyb, auch zum Kupfferberg keyn newer Zoll aufgericht werde".[43]) Der Nachsatz scheint anzudeuten, dass die Burggräflichen, um einen ihnen unbequemen bischöflichen Zoll in Kupferberg zu umfahren, einen neuen, weiter im W verlaufenden Weg über Presseck nach Helmbrechts eingeschlagen hatten, der aber als durchgehende Strasse wieder aufgelassen wurde, nachdem bambergischerseits der Zoll abgeschafft worden war.

Neben diese Strassenzüge können wir ein paar andere stellen, die den grössten Teil unseres Gebietes nur am Rande berührten und deren wir daher nur ganz kurz gedenken wollen.

Im Süden zog aus der Pegnitzsenke ein ganzes Bündel von Strassen zu den böhmischen Pässen: über Amberg, über Sulzbach-Hahnbach, über Vilseck gegen Weiden und Neustadt a. d. W. N. Letzteren Zug erwähnten wir schon; er wird den Egerern als die gerechte Strasse nach Frankfurt vorgeschrieben (vgl. S. 149), weist also auf die Waldsassener Senke als die wichtigste Verknüpfung.

Auf noch einen anderen Strassenzug deuten Notizen aus der Geschichte Auerbachs, das schon 1315 bambergische

---

[40]) Archiv XIV. 2, p. 51.
[41]) Thüring. Geschichtsquellen. Urkunden der Vögte v. Weida II, No. 433.
[42]) Meyer, Quellen, Kulmbach.
[43]) Cod. Probat. Diplomat. Bamberg, No. 87 b.

Stadt ist und im ältesten Bistumsurbar als mit einem Zoll begabt angeführt ist. Ebenso gestattet 1353 der Pfalzgraf dem Rat und den Bürgern seiner Stadt zu Auerbach die Erhebung eines Zolles von Karren, Wagen, Kaufmannsgütern und Vieh zum Bessern von Brücken und anderer Notdurft. Den Verkehr nach Nürnberg beweist eine von Karl IV. verliehene Zollfreiheit (1366), über deren Umfang der Münzmeister Leupolt Gross zu Nürnberg Erklärungen abgiebt. Die Frequenz der Strasse scheint später gesunken zu sein; denn 1418 verordnet der Pfalzgraf, „das alle kauflüte vnd ir wagenlüte mit im wagengeschirrn vnd kauffmanschafft die strasse durch Awerbach, alls dann die Strass da vormals durchgegangen ist, faren müssen" bei Strafe von 15 Gulden. Die Fuhrleute sollen auf diese Bestimmung aufmerksam gemacht werden, wenn sie nach Thumbach kommen.[44]) Also kam der Weg von dort her und war höchstwahrscheinlich ein Teilstück eines Weges nach Eger, der alten Strasse, die wir schon in einem andern Teilstück in der Senke zwischen Kösseine und Steinwald kennen lernten (S. 122). Denn bei einer späteren Grenzbestimmung, einer Regulierung zwischen Pfalz und Brandenburg 1536, wird die Grenze mit 58 Marksteinen bezeichnet und „fänget an an der Strasse, die von Markt W a l t e r s h o f f gen R e d w i z zugehet...; fürter gehet sie . . . über die Kemnatische Landstrasse".[45]) Beachtet man dazu noch, dass die Zollern früh darnach trachteten, am Rauhen Culm eine Stadt zu schaffen (1358 erhält die „N e u - s t a d t" dort Stadtrechte; Zoll und Geleit sind ebenfalls früh erwähnt),[46]) so dürfte es wohl nicht zu gewagt erscheinen, einen Strassenzug von Auerbach über alle diese Orte nach Eger zu vermuten. Dass derselbe nicht etwa von Neustadt a. C. aus über Erbendorf den Steinwald im Süden umging und sich so mit der südlichen „Egerstrasse" vereinigte, geht daraus hervor, dass in einem Salbuch der Herrschaft Parkstein und Weiden von 1416 gesagt ist: Vom Geleit fällt in Erbendorf keine Gült: „wann daselben kain landstras noch kaufmanschaft für get".[47]) (Die „Egerstrasse", die in diesem Salbuch als Grenze des Halsgerichts erwähnt ist, ist die in der Nähe vorbeiführende Strasse zur Waldsassener Senke.)

Gegen Nürnberg zu überschritt die Auerbacher Strasse wohl nicht weit von Michelfeld das Pegnitzthal; denn den Wirten in diesem Dorfe ist es untersagt, „Wagenlüte" über Nacht zu

---

[44]) Gengler, Cod. jur. municip., p. 65 ff.
[45]) Teutsches Paradeiss, p. 17.
[46]) Bavaria II, 495 und Mon. Zoll.
[47]) Bavaria II, p. 482 f.
[48]) Gengler, p. 65 ff.

herbergen.[48]) Dann scheint sie über Plech (denen von Blech wird
1538 „Ir trieb (Viehtrieb) und hutt von Blech aus an der strassen
gegen Michuelt warts" erlaubt)[49]) zum Thälchen der Schnaittach
bei dem Städtchen gleichen Namens herabgestiegen zu sein,
wo schon sehr frühe eine Brücke das Flüsschen überspannte;
von hier zog sie nach Lauf an der Pegnitz und in deren Thal
weiter nach Nürnberg. Von Lauf über Schnaittach zweigte
sich übrigens auch (wenigstens später) eine über Betzenstein
zur Bayreuther Strasse führende Zufahrt ab. Die Karten aus
dem Anfange des 18. Jahrhunderts geben sie an; die Wichtigkeit der bei Schnaittach thronenden Bergveste des Rothenberg
scheint ihr Dasein zu bestätigen, und von dem im Pegnitzthal
unterhalb Lauf liegenden Behringersdorf heisst es: „Woselbst
der Weg nicht allein nachher Böhmen gehet, sondern auch
fast ohne alle Unbequemlichkeit von Nürnberg aus nach
Sachsen, wohin die uralte, von allen ausdencklichen Seculis
her gebrauchte ordentliche Land-Strasse jeder Zeit so gegangen ..."[50]) freilich ist diese Darstellung, weil in einer der
gern in etwas kräftigen Farben malenden „Zollvertheidigungen"
(1699) der Brandenburger enthalten, nur cum grano salis zu
nehmen, vor allem betreffs des behaupteten Alters der Strasse.

Eine höchst wichtige Randstrasse zog sich im Westen
unseres Gebietes nach Norden, doppelt bedeutsam für uns, da
sie schon sehr frühe als wichtigste Konkurrenzlinie der Hofer
Strasse erwähnt wird. In einem Geleitsbrief der Grafen von
Henneberg und der Burggrafen für den Markgrafen von Meissen,
der 1346 zum Reichstag nach Nürnberg reisen wollte, heisst
es: „Vnd sullen vnd wullen den selben vnsern Sueher, den
Marggrafen vnd alle die mit ym riten von Nürnberg, wen er
von dannen riten wil, wider biz gein Koburg oder zu dem
hofe, an weliche der stete ein er allir liebist wil, sicher
brengin".[51]) Der naturgegebene Weg für die Strasse nach
Koburg war zunächst das Regnitzthal: hier führte „in dem
Tale auf dem Sand"[52]) die Geleitsstrasse, zunächst gemeinsam
mit der Kulmbacher, über Erlangen und „Beyersdorf", über
den als Geleitsgrenze viel umstrittenen Kreutzbach bei
Baiersdorf nach Forchheim und Bamberg. Als Ilzthal-
strasse zog sie sich dann über Koburg und über den „Wald"
nach Gräfenthal und dann ungefähr im Saalethal nach N
und NO. In Koburg zweigte auch die Linie ab, die, wie wir

[49]) Cod. Probat. Dipl. Bamberg. No. 87 b.
[50]) Zollsachen, Sammelband, Univers. Bibl. Erlangen, Jur X. 172 a. No. 7.
Brandenburgische allgemeine Zollvertheidigung etc. Onoltzbach 1699.
[51]) Mon. Zoller. III, p. 141.
[52]) Mon. Zoller. VI, p. 348 ff.

schon sahen, (S. 87.) den Thüringer Wald bei Oberhof überschritt und Erfurt erreichte, „das in den mittleren Zeiten gewissermassen der Tauschplatz zwischen Ober- und Niederdeutschland war".[53]) Näher als diese ausserhalb unseres Gebietes liegenden Strassenzüge berührt uns ein anderer Weg,
der freilich auch keine grosse Bedeutung errang. Über das
früh zum Städtchen gewordene Staffelstein zog er sich nach
NO ins Thal der Rodach, nachdem er bei Hochstadt den
Main überschritten hatte (vgl. „Hochstatt, an der Bambergischen
Landstrasse, machet berühmt die steinerne Mainbruck").[54]) Da,
wo die Rodach aus drei Flüsschen zusammenfliesst, erstand
Cronach. Verkehr war hier vorhanden; denn 1340 erlaubt
der Kaiser dem Bischof Leopold, das Geleitgeld zu Cronach zu
nehmen[55]), und das Hohenlohesche Rechtsbuch von 1348 zählt
die Rechte des Zolles zu Chranach auf; currus vel carruca sal
ad forum deferens sind vor allem genant. Dass aber auch
andere Kaufmannsgüter hier vorbeigingen, beweist die Nachricht, dass hier 1444 genommen wurden: „12 scheiben wachs,
eyn vass mit rauher war, Schonberck oder Smalentzisch (vielleicht schönes oder smalentzisches werk, wahrscheinlich Zobel-
felle, aus Smolensk?), die sum weis man nicht wol, ein vess-
lein, dorinnen 11 panczer und für 100 gülden saffran, ist bei
19 ℔ gewest, summa ist pey 150 gulden wert".[56]) Dies weist
auf eine durchgehende Handelsstrasse. Sie zog sich jedenfalls
im Thal der Rodach hin: In Rodach (Ort) wohnen im Jahre
1444 Fuhrleute,[57]) und das schon auf einem der schmalen, früher
geschilderten Frankenwald-Rücken gelegene Nordhalben führt
seinen Ursprung gar auf Nürnberger Kaufleute zurück. Diese
sollen die Anfänge der Stadt, ein paar feste Häuser auf dem
Hochrücken gegenüber einer nun in Trümmern liegenden Raub-
burg, „der Not halber" erbaut haben, um ihre Waren auf der
vorbeiziehenden Hochstrasse zu schützen.[58]) Das Körnchen
Wahrheit in der Sage ist jedenfalls, ähnlich wie bei Hof, dies,
dass die beiden Motive des Schutzes und des Verkehrs die
Entstehung des Städtchens veranlassten. Auf dem Rücken zog
sich die Strasse zum Rennsteig, den sie wahrscheinlich bei
Rodacherbrunn überschritt (eine „Neue Schenke" deutet dort
auf Fuhrmannsverkehr),[59]) und stieg dann nach Lobenstein und
weiter zur Ebene hinab.

[53]) Roth I, p. 106.
[54]) Will, Teutsches Paradeiss, Archiv XVI. 1, p. 32.
[55]) Stöhr, Chronik von Cronach 1825; p. 74.
[56]) Städtechroniken II, p. 57 ff. und 567.
[57]) ebenda.
[58]) Bavaria III, p. 284.
[59]) Will, 1692; Archiv XVI. 1, p. 38.

Alle diese von Nürnberg ausstrahlenden Strassen wurden in mehr oder weniger grossen Winkeln von anderen Strassenzügen gekreuzt, die wir freilich nicht in ein Bündel zusammenfassen können, da alle Richtungen der Gebirge und auch der Flussthäler in ihnen zur geschichtlichen Wirksamkeit kommen. Die wichtigste W—O-Strasse, die an den Fuss des Fichtelgebirges führte, folgte nicht dem Mainthal, das den nördlichen Jura umgeht. Doch zog auch hier eine Strasse nach Osten. In Burgkundstadt ist schon 1348 eine Zollstätte.[60]) Gegenüber liegt Strössendorf, dessen Name schon die vorbeiführende Strasse verrät. Eine steinerne Brücke führt die Strasse von hier nach Burgkundstadt hinüber.[61]) Bei Schwarzach „an dem pach", der dort von Norden zum Main kommt, ist die Geleitsgrenze zwischen Bamberg und Kulmbach.[62]) Eine oft erwähnte und wie es scheint weithin bekannte Brücke bei Burghaig trägt dann den Verkehr wieder auf das andere Ufer, nach Kulmbach. Schon ihr Name „Weinbrücke", den wir zum ersten Mal für 1401 belegen können, weist ebenso wie die ersten Kulmbacher Geleitsnachrichten, (vgl. S. 153) darauf hin, was der Westverkehr brachte.[63]) [Zu einer Notiz des Lehenbuches Johann III. von 1419: „Mertein Waldenfels zum Hawg hat empfangen... ein wisen bey der weinbrucken gelegen", bemerkt der Herausgeber: Haag, Bez. Amt Hof oder Rehau?[64]) Sicher keins von beiden, sondern auch hier diese Weinbrücke; vgl. auch noch: „bei dem Hawg unter der Weinbrucken 1421.[65])]

Diese Mainthalstrasse fand einerseits ihre Fortsetzung in den schon früher erörterten Wegen nach Hof; andererseits bog ein Zweig nach SO aus, um Bayreuth zu erreichen; er scheint vor allem durch den lokalen Verkehr zwischen den beiden Hauptstädten Kulmbach und Bayreuth belebt gewesen zu sein. Die parallelen östlichen Höhenzüge geben die allgemeine Richtung. Ein schon sehr frühe erwähnter Ort Brückleins lässt auch den genaueren Verlauf wenigstens für eine kurze Strecke erkennen (1323 giebt der Graf von Orlamünde dem Kloster Langheim Güter in Brückeleins).[66]) Naturgemäss setzte sich diese Strasse sowohl von Kulmbach nach NW, als auch von Bayreuth nach SO fort und weitete sich so zu einem, dem westlichen Gebirgsrand parallelen Strassenzug aus. Aber derselbe tritt nur wenig hervor. Das nördliche Glied ist durch eine „hohe

[60]) Hohenlohes Rechtsbuch p. 115.
[61]) Will, p. 32.
[62]) Kulmbacher Landbuch v. 1531.
[63]) Chr. Meyer, Quellen, Kulmbach. Lehenbuch Johann III; p. 136; vgl. p. 161 ff.
[64]) Meyer, Quellen, Hof, II, p. 15.
[65]) Archiv XVII, p. 71.
[66]) ebenda II. 1, p. 80.

Strasse", die sich nicht weit von Cronach auf den Höhen im SW
von Seibelsdorf und Rugendorf hinzieht, heute noch angedeutet
und dadurch geschichtlich nachgewiesen, dass von Kulmbach
aus „gen stat Kronach" geleitet wird.[67]) Nur einmal gewinnt
diese Linie einige Bedeutung und zwar in der Kriegsgeschichte.
Die Feste Rosenberg über Cronach war im dreissigjährigen
Krieg ein vielumstrittener und mannhaft verteidigter Kampfpreis,
der den Weg nach Kulmbach gegen eine aus dem oberen
Werrathal kommende Armee deckte; ja noch mehr: 1637
kann Kaiser Ferdinand III. an den Bischof von Bamberg und
die Bürger von Cronach einen Dankesbrief schreiben, in welchem
er anerkennend hervorhebt, dass auch Böhmen durch Cronach
vor feindlichem Einfall gesichert sei.[68])

Denn diese Strasse fand ihre Fortsetzung von Bayreuth
nach Südosten zu den Passagen nach Böhmen; sie überschritt
wenigstens später auf einer steinernen Brücke bei Neunkirchen
im SO von Bayreuth den Roten Main und verzweigte sich auf
dem breiten, zwischen Fichtelgebirge und Jura sich dehnenden
welligen Streifen, der ein Ausstrahlen je nach den Zielen ermöglichte. So wurde von Kulmbach aus geleitet nach „Kempt-
nat, gein Pressat, gein Tumpach (sicher das schon erwähnte
Kirchen-Thumbach bei Auerbach und nicht, wie Meyer annimmt, ein Tampach, B. A. Staffelstein!)[69]) und gein Auerbach.[70]) Nach letzteren zwei Orten wurde ein Stück der
Nürnberger Strasse von Bayreuth über Creussen benützt (vgl.:
„uff der strassen fur Beyrrewt, Crewsen aus und aus geim
Amberg und furter in das land zu Payrn").[71]) Die Strasse nach
Pressat setzte sich über Parkstein nach Weiden fort; zwischen
letzteren beiden Orten wurde 1416 eine Strasse angelegt.[72])

Eine dritte von Kulmbach ausstrahlende Strasse zweigte
in der Nähe von Kupferberg bei Nieder- oder Unter-Steinach
von der Hofer Strasse ab, um, das Fichtelgebirge durchquerend,
Eger zu erreichen. Der Eintritt in die Bergumwallung war ihr
durch den Kornbachpass vorgeschrieben. Zu ihm stieg sie über
Wirsberg und Markt-Schorgast, von denen das erstere an
einer Einkerbung des Randes, das zweite auf dem Plateau sich
entwickelte, empor, nachdem sie bei Gefrees, einer alten
Fuhrmannsstation, die Bayreuth-Hofer Strasse gekreuzt und
die Thälchen der Ölschnitz und ihrer Nebenflüsschen da überschritten hatte, wo sie sich noch nicht mit vereinter Kraft ein

---

[67]) Kulmbacher Landbuch 1531. (Meyer, Quellen, Kulmbach.)
[68]) Stöhr, Chronik von Cronach, p. 271 und 275.
[69]) Kulmbacher Landbuch 1531; Anm.
[70]) ebenda.
[71]) Landbuch von Hof; Meyer, Quellen von Hof, II, p. 131 ff.
[72]) Bavaria II, 664.

cañonartiges Schluchtenthal gegraben haben. Von dem gleichsam die erste Stufe bildenden Plateau war der Eintritt ins
Innere des Fichtelgebirgs nicht schwer. Die Entwickelung des
Bergbaues wird zuerst den Verkehr lebhafter gestaltet haben.
Weissenstadt wird Mitte des 14. Jahrhunderts bedeutender:
1348 heisst es noch Weizzenkirchen, 1368 Weissenstat.[73]) In fast
gerader Richtung konnte die Strasse im innergebirgischen Hochlande ihrem Ziele zustreben. Rauschensteig lag an ihr; der
Name scheint es anzudeuten, eine Nachricht aus dem Jahre 1382
es zu bestätigen: eine „Nahme" geschah dort und in dem nicht
weit seitabliegenden „Rudgersgrün"; in Eger selbst hatten Verräter „auf die von Eger ihre Spehe" gehabt, um sie desto
sicherer abzufangen, sobald sie sich auf den Weg machten.[74])
Dann ging der Weg über Thiersheim: 1415 kauften es die
Burggrafen von den Markgrafen von Meissen „mit geleiten und
zcollen".[75]) Weiter im O stieg man ins Egerthal hinab, vielleicht
bei Hohenberg, da nach einer Kundschaft von 1413 die
Burggrafen schon 50 Jahre „von Hoenberg gen Nuremberg
vnd des gleichen wiederumb" geleitet haben,[76]) wahrscheinlicher
aber im Thal der Röslau durch die Passage von Schirnding,
gemeinsam mit der Redwitzer Strasse und mit dem Wege von
Wunsiedel her, der jedenfalls schon früher sich mit der Haupt-
strasse vereinigt hatte. Der Schirndinger Pass galt als Eingang
ins Egerland; eine Befestigung oder eine Warte muss hier gewesen sein, die bei drohender Gefahr von Eger aus besetzt
wurde. 1395 erhalten zwei Egerer Geld, „da sy lagen zu lant-
wer zu Schirnting".[77])

Allen diesen von Kulmbach ausstrahlenden Strassen war
aber nicht das Mainthal die wichtigste Zubringungslinie; vielmehr stellte der Hauptverkehr zwischen Bamberg und Kulmbach das Prinzip der Kürze über das der Bequemlichkeit und
überstieg den Jura.

Die Strasse wandte sich von Bamberg zuerst nach NO,
ist als „Memmelsdorfer Strasse" 1348 genannt,[78]) durch den
1402 erwähnten Ort Strassgiech[79]) weiter bezeichnet, und das
um dieselbe Zeit auftretende Städtchen Schesslitz,[80]) eine
der kleinen Randstädte, legt auch ihren Eintritt ins Gebirge fest.
Von hier aus geleiteten die Bambergischen und vorher, „als
Scheszlicz vnd das geleite meines herren von Truhending was",

[73]) Mon. Zoller. III, p. 146.
[74]) Gradl, Buch der Gebrechen, Archiv XV. 2, p. 230.
[75]) Mon. Zoller. VII, p. 340.
[76]) ebenda VII, p. 182.
[77]) Gradl, Chroniken, p. 186.
[78]) Hohenlohes Rechtsbuch.
[79]) Mon. Zoller. VI, p. 143.
[80]) Nach Götz, Handbuch von Bayern.

die Grafen von Trüdingen „bis czu dem Crewcz, das do stet an
der strassen, als man geet, fert oder reitet von Stadelhofen gen
czigenfelt", und von diesem Kreuz aus, das ein anderer beschreibt
als „das Crewcz, das do stet czwischen der kalten herberg
(dem kaltenhawsz) vnd welkendorf" an der vorhin beschriebenen
Querstrasse, geleiten die Burggrafen über Atzendorf, also genau der heutigen Landstrasse entsprechend, nach Kasendorf,
wo sich diese Strasse mit der Nürnberger vereinigte.[81]
    Aber auch nach Bayreuth ging von Bamberg aus ein
Weg über das Gebirge. Er trennte sich erst in Schesslitz
von der Kulmbacher Strasse ab; denn von hier geleiteten „die
herren von Truhending bis gen ludbach (Ludwag) mitten in
das Dorf"[82] auf der Strasse „gen Beyerreut oder aber gen
Culmnach auf die ander seiten", nach Bayreuth also jedenfalls
über Hollfeld und von dort die schon beschriebene „Hohe
Strasse" weiter ins obere Mainthal. [Der Weg von Bamberg nach
Hollfeld scheint sehr geschwankt zu haben. Die „Karte des
deutschen Reiches", Blatt Bamberg 1887, bezeichnet eine von
Hollfeld über Drosendorf genau nach Westen führende Strasse
als „die alte Strasse", die dann nach Litzendorf herabsteigt, und
thatsächlich wird auch schon 1351 in Bamberg von einer Litzen-
dorfer „Strassen" geredet,[83] was auf grössere Bedeutung derselben schliessen lässt. Die Karten vom Anfang des 18. Jahrhunderts dagegen lassen diese Bamberg-Bayreuther Strasse
über Gehsfeld (Geisfeld) — Möckendorf (Melkendorf) — Hohen-
bolz (Hohen-Pölz) — Drosendorf nach Hollfeld verlaufen.]
    Noch bleibt uns übrig, um das Netz der das Fichtelgebirge
umschliessenden und durchziehenden Wege zu vervollständigen,
nach Strassen zu suchen, die im Osten eine meridionale Verknüpfung herstellten. Hof erscheint hier als der natürlichste
Ausgangspunkt. Ein Gegenstück zu den von Hof nach Südwesten ziehenden Verkehrslinien ist eine nach Südosten gerichtete
Strasse, die als „Egerstrasse", „Egerische Strasse" früh genannt
ist, so 1397 in einer dem Hofer Kloster gemachten Dotation[84]
oder 1402: Uff der Egerstrasse ward genommen unser burger
einem vom Hofe II pfert, ein sloyr, III stucke gegarntes etc.[85]
Von Hof in südöstlicher Richtung weiterziehend, verliess sie
bald das Saalethal und erreichte über Kautendorf, wo wir
sie als „Hohe Strasse" erwähnt finden,[86] Rehau. Eine
„steynen pruck" ist dort fürs Jahr 1502 belegt, ebenso eine

---

[81]) Mon. Zoller. VII, p. 187 und VI, p. 436.
[82]) ebenda.
[83]) Copialbuch des St. Kathar. Spit. zu Bamberg. 10. Ber. d. hist. Ver. p. 114.
[84]) Meyer, Quellen der Stadt Hof I, p. 50.
[85]) Thüringische Geschichtsquellen etc.
[86]) Wöchentl. Histor. Nachr. Bayreuth 1769, p. 100.

„strassen, die do geet vom Hof gein Asch".[87]) Dieselbe wird
kurz darauf bei Gelegenheit der Umgrenzung des herrschaftlichen
Waldes zu „markt Resaw" als die „alte strass" bezeichnet, ein
Beweis frühzeitiger Bedeutung. („Den Meringspach zu perg bis
an die alten strass, da dannen bis an der Schonlynter gut" etc.)
Sie erreichte demnach auf der Höhe hinziehend Asch. um von
hier auf geradem Wege zum Mittelpunkt des Egerer Beckens
hinabzusteigen. Eine Abzweigung dieser Strasse lernen wir
aus derselben vorhin angezogenen Waldumgrenzung kennen.
Dort ist auch genannt „die unter strass, die geen Schonwald
geet", ferner „ein steynein kreuz, das an der strass vor dem
harst steet" (harst = Horst im S. von Rehau). Dieser Weg
setzte sich jedenfalls über Schönwald nach Selb fort und
ist vielleicht nicht viel jünger als jener über Asch; denn Selb
und Asch scheinen ebenfalls ungefähr gleichen Alters zu sein:
beide werden 1231 von Friedrich II. den Vögten von Weida
als „oppida" gegeben und 1281 in einer Urkunde Rudolfs als
„fora" genannt.[88]) 1426 erhält Selb Stadtgerechtigkeit. Nach
SO ist es wahrscheinlich über Hohenberg mit Eger verknüpft
gewesen; denn 1391 wird bei Gelegenheit einer „Weisung" der
Raine des zwischen Hohenberg und Selb liegenden „Neuen
Hauses" die Strasse erwähnt, „die gen Hohenberg führt."[89])

Die das Fichtelgebirge durchquerende Nord-Südstrasse
tritt bezeichnenderweise nur in Bruchstücken und erst sehr spät
hervor. Bei Oberkotzau war 1550 ein „steynern prücklein",
und ein Teich wird beschrieben als an der Strasse gelegen, „da
man gein Hoff zeucht".[90]) In Schwarzenbach a. d. S. liess
man 1530 eine steinerne Brücke über die Saale machen, wozu
man sogar Kirchengeräte opferte.[91]) Die Lage von Kirchenlamitz lässt vermuten, dass von Anfang an wie jetzt die Strasse
nicht die Thalsenke benützte, sondern die Ausläufer des Wald-
steinzuges überstieg. Dann wandte sie sich jedenfalls über
Marktleuthen nach Wunsiedel, ohne dass uns jedoch urkundliche
Nachrichten über ihren Verlauf zur Verfügung stünden.

Noch sei erwähnt, dass auch von Münchberg aus über
Schwarzenbach a. d. S. und Rehau eine Verbindung nach
Eger vorhanden war (eine steinerne Brücke zu puch [= Bug
an der obersten Saale] wird 1502 erwähnt).[92])

Wir können damit den Überblick über die Strassenzüge
unseres Gebietes beenden; denn wenn sich auch sicher noch

[87]) Hofer Landbuch p. 182 f.
[88]) Wöchentl. Histor. Nachr. 1769, p. 119, 122.
[89]) Archiv. XIV, 2. p. 44.
[90]) Longolius, Sichere Nachrichten etc. III, p. 121.
[91]) Quellen, Hof I, p. 138.
[92]) Wöchentl. Histor. Nachr. Bayreuth 1768, 3. B. p. 274.

manche Strasse nachweisen liesse, wenn auch manche der
aufgezählten nur in etwas weiten Spannungen von einer Station
zur andern sich streckt und genaueres Durchforschen sicher
mancherlei Verbesserungen ergeben würde, so treten doch die
im Mittelalter wichtigsten Linien genügend hervor, und auch
das Zusammenfügen der einzelnen Strassen zu einem ·Verkehrs-
netze lässt sich deutlich erkennen.   Erinnern wir uns der .
Forderungen, die wir nach dem Gesamtbau des Gebirges
an das theoretische Verkehrsnetz stellten, so erkennen wir bei
Betrachtung des in Wirklichkeit erzeugten eine vollkommene
Übereinstimmung in den Grundthatsachen.

Das Verkehrsnetz zerfällt in zwei Teile. Im Osten herrscht
Regelmässigkeit und Einfachheit.   Die grossen Linien der
dort zusammenlaufenden mitteldeutschen Gebirge und der
zwischen ihnen zum Sockel des Centralstockes heranziehenden
Mulden fassen die geschichtlichen Bewegungen der Menschen
zusammen und schaffen dadurch Mittelpunkte des Verkehrs am
Rande des Gebirges: Hof, Eger, Weiden, letzteres freilich nur
wenig hervortretend, sozusagen nur Repräsentant der einigenden
Wirkung der Naabsenke, vorgeschobener Posten von Regensburg.

Deutlich offenbart sich auch in den den Centralstock umgehenden Linien der Einfluss der zwei dort sich kreuzenden
Hauptrichtungen des Gebirgsbaues, und sie vereinigen sich auch
leicht erkenntlich zu der theoretisch zu erwartenden Figur des
Verkehrsnetzes, zum Rhomboid, dem auch die Diagonalen
nicht fehlen. Im Frankenwald dagegen erzeugte die Parallel-
gliederung des Gebirgsrücken auch ein ungefähres Parallel-
system der Wege, das freilich wegen der Biegung des Waldes
fast zum Radialsystem wird.

Unruhe und Unklarheit kommt jedoch von Westen her
in das Bild. Der Main selbst ist bezeichnend für die hier
sich einstellende Zersplitterung.   Er verknüpft nur einen Teil
des westwärts geneigten Thalbeckens mit dem Fichtelgebirge,
während ein anderer, ein Unterbecken, durch einen zweiten
Quellarm des Mains stärker an den Jura gefesselt ist, sodass
dadurch schon eine Zweiteilung des Vorlandes herbeigeführt
wird. Beide Quellflüsse umarmen sich zwar nicht fern vom
Fuss des Gebirges. Aber die Lage dieses Punktes ist für
eine, den gesamten Verkehr sammelnde Centrale ungünstig;
er ist durch den vorgelagerten Jurablock zu weit nach Norden
geschoben, durch eben den Jurablock, der schon lange vorher
die Wege zersplitterte und der ihnen so jetzt auch die Möglichkeit einer zweiten Einigung nimmt. Einen Teil derselben
weist er ganz aus unserm Gebiete; die andern lenkt er von
einem Ausgangspunkt und zu einem Ziele auf verschiedenen
Wegen und zwar nicht nur die nach Sachsen, sondern auch

die nach Böhmen strebenden Strassen. Die Folge ist eine Vervielfältigung der Kreuzungspunkte, also der für Orte von grösserer Bedeutung bestimmten Plätze. Zwei Knotenpunkte treten klar hervor; zwei Hauptstädte des Fürstengeschlechts der Zollern erwuchsen, Kulmbach und Bayreuth, und die endgültige Sammlerin der Wege, Nürnberg, liegt vor dem ganzen Gebirge. Nicht also verursachte ursprünglich die Zersplitterung der politischen Verhältnisse des Landes auch eine Zersplitterung der Verkehrswege, wie es Zöpfl andeutet („der Zug der Landstrassen wurde in Franken — wegen der die Zersplitterung der Landeshoheit begünstigenden Städtebildung infolge Ansiedelung an Burgen — nicht nur durch die geographische, sondern in hohem Masse auch durch die politische Gliederung des Landes bedingt").[98]) Das mag zutreffen für Wege lokaler Bedeutung. Die Strassen von umfassenderer Wichtigkeit aber waren selbst städtebildend und boten ihre Kreuzungspunkte als Sitze auch politischer Macht dar.

Mit nicht misszuverstehender Deutlichkeit macht sich aber auch, wenn man das früher Erörterte nicht vergisst, eine Differenzierung des Wertes der einzelnen Elemente des Verkehrsnetzes geltend. In breitem, gewaltigem Strome wälzt sich der Verkehr durch die Münchberger Passage nach Nordosten. Denn er schliesst in sich nicht nur den von Natur aus schon nordöstlich verlaufenden Verkehr aus dem Mainthal, sondern auch den abgelenkten S—N-Verkehr. Das Regnitzthal hat die Naabsenke als Konkurrenzlinie für den meridionalen Verkehr in jenen Zeiten weit übertroffen; Nürnberg ist emporgestiegen, Regensburg gesunken. Der direkte N—S-Verkehr durch das Fichtelgebirge ist daher so unbedeutend, dass er kaum nachzuweisen ist, und auch die Spuren einer im Osten sich vollziehenden Umgehung (über Eger) sind sehr gering (vgl. S. 193). Was aber dadurch dem Fichtelgebirge an Wert hier genommen wird, wird ihm für seine nördlichen Passagen wieder gegeben, sodass sich hier geschichtlich die früher hervorgehobene Fülle der Durchgangsmöglichkeiten in deutlichster Wirksamkeit zeigt.

Der W—O-Verkehr zeigt deutlich die Spuren der Ungunst der orographischen Verhältnisse. Der centrale Weg durch das eigentliche Fichtelgebirge wird zwar frequentiert, doch anscheinend nie sehr stark; auf jeden Fall tritt er erst spät in die Geschichte. Die nördliche Umgehung hat kaum mehr als lokale Bedeutung. Auch der uralte Südweg im Kösseinethale tritt fast ganz in den Schatten, wie denn überhaupt das oberste Mainthal noch so sehr als innergebirgisch gelten muss, dass

---

[98]) Zoepfl, Fränkische Handelspolitik im Zeitalter der Aufklärung 1894, p. 8.

von ihm aus in der Hauptsache nur lokale Ströme den Südabhang des Centralstockes umfliessen. Das ganze „Gebirge"
umgehend, damit freilich zum grossen Teil ausserhalb unseres
Gebietes bleibend, eilt aber der Grossverkehr aus der Pegnitz-
bresche in verschiedenen Linien nach dem Osten.

In siedelungsgeschichtlichen Thatsachen prägt sich diese
Differenzierung ebenfalls deutlich aus: der unbedeutendste der
Kreuzungsorte zwischen N—S- und O—W-Verkehr ist sicher
Weiden.

Noch eine andere Thatsache ist hier interessant: die Fülle
der kleinen Städtchen, die den Steilrand umsäumen und die
fast stets da liegen, wo ein Flüsschen denselben zersägte und
dadurch dem Verkehr bequemeren Aufstieg ermöglichte. So
sind sie deutliche Produkte des Ruhebedürfnisses der Wanderer,
der Gewohnheit, vor Überwindung grösserer Schwierigkeiten
erst noch einmal die Kräfte zu sammeln, Raststationen. Öfter
entsprechen ihnen sogar solche auf der Höhe, am oberen Rande
des Plateaus (z. B. Gräfenberg — Hilpoltstein, zum Teil auch
Berneck — Gefrees, Kupferberg — Markt Leugast, Wirsberg
— Markt-Schorgast).

Noch eine Erscheinung ist verhältnismässig häufig zu beobachten: die auf dem Plateau vereinigten Strassenzüge teilen
sich in der Nähe des Randes und steigen in verschiedenen
Zweigen ins Thal herab, selbst dann, wenn sie einem Ziele
zustreben, so von Hollfeld nach Kulmbach über Kasendorf und
über Thurnau, vom Plateau südwestlich von Pegnitz nach Nürnberg über Gräfenberg und über Schnaittach-Laut. Die Verschiedenheit der Teilziele, die freilich alle auf dem einen Wege
Nürnberg-Hof liegen, verursacht die Trennung bei München-
berg. Ein Arm strebt über Kulmbach, der andere über
Bayreuth. Ähnliches beobachtete auch Schurtz bei den vom
Erzgebirge herabsteigenden Strassen nach Böhmen; es ist im
Grunde nichts anderes als ein geographischer Ausdruck der
menschlichen Fähigkeit, zu wählen zwischen in der Hauptsache
gleichen Möglichkeiten.

5) Folgen der Beherrschung des Verkehrs durch
den Stadtstaat Nürnberg.

Wie an so manchen Stellen Deutschlands und Italiens war
also auch hier auf der Scheide von Franken und Bayern eine
glänzende Heimstätte des Verkehrs entstanden. Unter seinem
Fusstritt war sie erblüht, und seine Zeichen trug sie allenthalben
zur Schau. Wie eine Oase der neuen, geldwirtschaftlichen
Kultur in der noch weit im Rückstand befindlichen Umgebung
erschien sie, auf kleinem Raume eine Fülle von regen, dräng-

enden, freudig schaffenden Kräften in sich schliessend, die eben wegen des engen Raumes um so konzentrierter wirkten. um so rascher, glänzender sich entfalten mussten.[1]) Da erwuchs ein Geschlecht stolzer Kaufherrn, und auch die Patrizier sahen es nicht für eine Befleckung ihrer Ehre an, herabzusteigen in die Arena, in der gerungen ward um die wirtschaftliche Beherrschung eines beträchtlichen Teiles von Deutschland. Es entwickelte sich eine gefestete Tradition commercieller Usancen, es sammelte sich eine Summe von Weltgewandtheit und Welterfahrung, von Kenntnissen kaufmännischer und warentechnischer Natur an, und ebenso häufte sich eine so gewaltige Kapitalmacht, dass all die an und für sich schon grossen Vorteile der Konzentration der Kräfte gegenüber dem umliegenden Lande ins Unendliche sich erhöhen mussten.

Daneben erwuchs in den Zünften ein trefflich geschultes, bis ins Einzelnste gegliedertes und nach strengen Gesetzen geordnetes Heer von Arbeitern für den Export, das ebenfalls jede andere Konkurrenz lange Zeit niederzuhalten wusste und den Warenstrom mit einer ausserordentlichen Fülle von Artikeln aller Art speiste.

Weder Handel noch Gewerbe zögerten auch nur einen Augenblick, ihre Übermacht gegenüber minder begünstigten Konkurrenten zur rücksichtslosen Geltung zu bringen. Der Egoismus, der Grundtrieb jeder Handelsthätigkeit, trat aus allen Einrichtungen, vor allem aus den für Behandlung der „Gäste" geltenden Bestimmungen klar hervor, noch unverdünnt (veredelt und auch verwässert) durch irgend welche die Gesamtheit der Nation oder grössere Teile derselben ins Auge fassende Wohlfahrtspolitik, als eine reine Politik der Macht. Freilich der krasseste Ausdruck derselben, das z. B. in Leipzig mit ausserordentlicher Zähigkeit und mit dem Aufwand eines oft bedenklichen Scharfsinnes verteidigte Stapelrecht mit damit eng verknüpftem Strassenzwang, tritt in Nürnberg nur für einzelne Produkte hervor; so bestand z. B. ein Waidstapel zu Recht.

Vielleicht ist es sogar zum grossen Teil berechtigt, wenn Falke die Ohnmacht des Reiches und seiner Teile als ein dem mittelalterlichen Handel günstiges Geschick preist, als einen unermesslichen Vorzug desselben vor dem der Gegenwart; „auf dieser seiner unabhängigen gesetzgeberischen Macht beruhte sein Umfang und seine Grösse, darauf gründeten sich seine grossartigen, den damaligen Verhältnissen vollkommen entsprechenden Einrichtungen.[2])

---

[1]) vgl. Ratzel, Polit. Geogr. p. 360. „Die Geschichte enger Räume ist eine vorauseilende."

[2]) Falke, Geschichte des deutschen Handels I, p. 199.

Sogar den Mangel wusste die Reichstadt seit früher Zeit und in konsequentestem Vorwärtsschreiten in weitgehendem Masse zu überwinden oder wenigstens unschädlich zu machen, der eigentlich in ihrem Wesen begründet lag: ihre Kleinräumigkeit. Die umliegenden Landstaaten, die näheren wie die ferneren, die vor allem als Absatzgebiete in Frage kamen, standen wirtschaftlich noch auf einer Stufe, die jede Konkurrenz mit den Städten ausschloss, waren deshalb fast vollständig auf diese angewiesen und daher so wie so gerne bereit, ihre Grenzen dem Waren bringenden und Landesprodukte abnehmenden Kaufmanne zu öffnen. Und dies um so lieber, als er nicht nur die Kassen der Zölle und der Geleitsstätten, die neben der „Münze" als grösste Kleinodien der Fürsten gepriesen werden,[3] füllte, sondern auch für die allzeit Geldbedürftigen der selten versiegende Quell war, der halb gezwungen, halb freiwillig grössere und kleinere Summen stets zu spenden im stande war, die oft nur sehr schwer, manchmal aber auch gar nicht mehr aus einem „Soll" in ein „Haben" umgewandelt werden konnten.

Die Mauern aber, mit denen der Egoismus die einzelnen Handelsstädte sich umgürten hiess, um den fremden Handel unschädlich, ja unmöglich zu machen zu Gunsten der Bürger der Stadt, durchbrach Nürnberg auf geschickte Weise wenigstens zum Teil durch ein von Anfang an gepflegtes „grossartiges System der gegenseitigen Zollbefreiungen, das wohl mit dem System der norddeutschen Hansa verglichen werden kann".[4] Ludwig der Bayer bestätigt 1332 ein Privileg Heinrich VII; in dieser Urkunde sind schon 70 Städte angeführt, in denen die Nürnberger von Abgaben frei sind („specialiter in theloneis et iuribus vulgariter phuntrecht nuncupatis")[5] und denen dafür die Nürnberger meist ähnliche Zugeständnisse für ihre Stadt machen. Dass die meisten derselben im Westen, im Gebiete des Rheines liegen, ist schon deshalb natürlich, weil der Osten eben erst anfing, in den Gesichtskreis und Machtbereich der Deutschen zu treten.

Beides zusammen, Verträge mit Fürsten sowohl als mit Städten, gaben dem Handel das Wichtigste, den grossen freien Raum trotz der Kleinräumigkeit der handeltreibenden politischen Gebilde; sie gewährleisteten dadurch zu einem grossen Teil die gewaltige Blüte Nürnbergs, wie auch Augsburgs und anderer Reichsstädte.

---

[3] Eybs Denkwürdigkeiten, 1438. (Quellens. für fränk. Gesch.; B. I, p. 68. „Muntze und geleit, das zwey ire (der Fürsten) hochste cleynot sein."
[4] Roscher p. 123.
[5] Städtechroniken I, p. 222 f.

Nicht aber, oder doch nur in sehr unvollkommener Weise konnten sie auch insofern die Nachteile der Kleinräumigkeit der Stadtstaaten überwinden, dass sie auch über die Mauern der Städte und ihre nächste Umgebung hinaus genügenden Schutz gewährten, und ebensowenig darin, dass sie eine zweckdienliche Entwickelung der wichtigsten Organe des Verkehrs, der Wege, verbürgten.

Schutz war aber doch so nötig. Denn viel angefeindet standen die Städte inmitten des Getriebes der Zeiten, und zahllos war die Schar ihrer Bedränger. Die emporkommenden Fürsten der Landstaaten sahen mit scheelen Augen auf die blühenden Gemeinwesen, die sich inmitten der von ihnen beherrschten Gebiete in stolzer Selbständigkeit erhoben, und sie hätten dieselben gar zu gern in ihre Gewalt gebracht. Wie das den Herrschern Böhmens mit Eger gelang, deuteten wir schon an. Nürnberg jedoch blieb stets, selbst für die energischsten und rücksichtslosesten Zollern, ein unverdaulicher Bissen.

Der Adel des Landes aber, der besonders in unserm Gebiete zahlreich wie der Sand am Meere war und überall auf den zu Befestigungen wahrhaft einladenden Hängen des Jura, aber auch des Fichtelgebirges sass, sah Reichtum und Glanz in den Städten sich anhäufen, sah den Stolz der Kaufmannsherrn und wie sie es ihm in ritterlichen Übungen oft gleich thaten, in pekuniärer Leistungsfähigkeit ihn weit übertrafen. Und da suchte er nur zu oft durch Raub und Plünderung sich schadlos zu halten für das Unrecht, das seiner Ansicht nach der Lauf der Zeiten durch die Begünstigung der Städte beging; der gefährliche Spruch vom „Rauben und Reiten, das keine Schande sei", kam auf; ja die Ritter fühlten sich wohl als eine Geissel Gottes gegenüber den hochmütigen „Pfeffersäcken"; denn, so sagt ein adeliger Sänger, „den stetten hat er (der Böse) hochvart geben, wie si dem adel widerstreben, und den genzlich vertreiben, wider gott, on alles recht, auch damit gaistlichs geschlecht; si liessens wol beleiben".[6])

Die kaiserliche Gewalt, der eigentliche Friedenshort, war lange schon unfähig, durchgreifende Massregeln zum Schutze des Landfriedens zu treffen. Sie begnügte sich mit oft durch Versprechungen versüssten Mahnungen an die Fürsten, die Raubhäuser zu brechen (vgl.: 1347 thut König Karl kund, dass er den Burggrafen Johann und Albrecht die „besundere gnad getan habe vnd in erlaubt, daz sie alle Rauphüser vnd Vesten, daruf man des Ryches Strazzen beschedigt vnd beraubt, be-

---

6) Städtechroniken II, p. 355 nach Uhland, Volkslieder.

twingen vnd beschedigen sullen vnd mügen, wenn oder wie si
wellen. Vnd was si der selben Rauphuser vnd Vesten also be-
twingen vnd gewinnen, die selben haben wir in verlihen".[7]) 1352
fordert er sie ernsthaft und nachdrücklich auf, die Strasse durch
Franken zu befriedigen).[8]) Oder aber sie versuchte dem Unwesen
durch Landfriedensbünde zu steuern, in denen sie die Stadt- und
die Landstaaten zu gemeinsamer Bekämpfung der Raubritter zu
vereinigen suchte. So verbinden sich, um nur ein Beispiel her-
auszugreifen, 1397 die Bischöfe von Bamberg und Eichstädt,
die Burggrafen von Nürnberg und andere Reichsfürsten, die
Städte Nürnberg, Rothenburg, Weissenburg und Schweinfurt
mit König Wenzel zur Aufrechterhaltung des Landfriedens.[9])
Diese „fränkische Einigung" breitet sich im nächsten Jahre
weiter aus; die Grafen von Henneberg und der Landgraf von
Thüringen treten bei, andere geloben, dem Burggrafen von
Nürnberg in derselben zu dienen;[10]) Urkunden erzählen von
solchen, die sich mit ihr wieder versöhnen, nachdem die Einung
gegen sie wegen Räuberei vorgegangen ist;[11]) eine Reihe
von Burgen werden gebrochen (1397 im Grabfeld, dann Spiess,
Leupoldstein, Lauenstein [Leuenfels?] auf dem Jura, nördlich
von Lauf, bei Hilpoltstein);[12]) aber es sind nur Augenblicks-
erfolge, Eintagsfliegen. Schon 1403 errichtet König Ruprecht
eine neue Einung gegen die Räuber, zumal in Franken [13]), und
schon diese immer wiederholte Erneuerung solcher Bündnisse
würde die Unausrottbarkeit des Übels und die ziemliche Nutz-
losigkeit der kaiserlichen Bemühungen offenbaren, auch wenn
nicht der Klagen über Raub und Nahme in jenen Jahrhunderten
Legion wäre.

So waren denn die Städte vor allem auf Selbsthilfe angewiesen. Durch turmbewehrte Mauern und tiefe Gräben
schützten sie sich gegen allzu begehrliche Nachbarn; Nürnberg war thatsächlich in seiner mittelalterlichen Rüstung, zu
der freilich auch das zahlreiche, in Waffen wohl geübte Volk
der Stadt gehörte, für jene Zeiten unüberwindlich und hielt
z. B. auch den energischen Angriffen im zweiten Markgrafen-
kriege stand. Bekannt ist, dass die Städte frühe die Wucht vereinter Kraft kannten und übten: die Städtebündnisse zeigten sich
oft den vereinten Angriffen einer Reihe von Fürsten gewachsen.
1256 trat auch Nürnberg dem rheinischen Städtebund bei.[14])

---

[7]) Mon. Zoller. III, p. 171.
[8]) ebenda VIII.
[9]) Mon. Zoller. V, p. 392.
[10]) ebenda VI, No. 28, 27, 30, 31, 33.
[11]) ebenda 27, 30.
[12]) Roth I, p. 80.
[13]) Mon. Zoller. VI, p. 207.
[14]) Roth I, p. 17.

Später blieb es fast stets in engem Konnex mit den kleineren Reichsstädten seiner näheren Umgebung, Weissenburg, Rothenburg etc., mit denen zusammen auch gemeinsame Expeditionen gegen Strassenräuber ausgerüstet wurden, so der schon erwähnte Zug gen Lichtenberg 1444. Aber freilich, wie sehr sie auch bei solchen Zügen sich bemühten, ihre Hand den Rittern fühlen zu lassen, Burgen brachen, Dörfer ausbrannten etc., in dem permanenten Kriegszustand des 14. und 15. Jahrhunderts, dem unaufhörlichen, bald hier, bald dort als Raubüberfall sich äussernden Kleinkrieg war diese Rüstung viel zu schwer und zu plump und nur geeignet, gelegentlich einmal zu einem derben Schlag auszuholen, damit der Übermut des Adels nicht gar zu sehr ins Kraut schiesse. Daher war es dringende Notwendigkeit für die Städte, eine einigermassen grössere Gewähr für schneller bereiten Schutz ihrer auf den Strassen sich hin und her bewegenden Güter zu finden. Es blieb ihnen kein anderer Ausweg, als mit den Fürsten der umliegenden grösseren Staaten sich ins Benehmen zu setzen, denen nach und nach wie andere Regalien so auch die kaiserliche Aufgabe des Strassenschutzes immer mehr zufiel. Durch die Institution des Geleites sollte, da eine permanente Sicherheit der Strassen noch ein unerreichbares Ideal war, wenigstens eine aktuelle herbeigeführt werden.

Zwar hatte König Heinrich VII. das Geleitsrecht dem Schultheissen von Nürnberg selber 1313 verliehen; dessen Pflichten beschreibt das Privileg so: Scultetus Nurimbergensis, qui pro tempore fuerit, stratas communes vel regias vulgariter appellatas defendere ac per eas secure conducere debeat quoslibet transeuntes.[15]) Aber das Recht und die Pflicht blieb der Stadt nicht lange. Sie „hat diese Herrlichkeit nicht viel geachtet, weil dabei viel Gefahr, Mühe und Unkosten, aber wenig Nutzen dabei waren; so haben damals die Burggrafen angefangen, sich des Geleits anzunehmen. Sie haben sich dann auch das Geleit bei dem 1427 geschehenen Verkauf (ihrer Burg zu Nürnberg) vorbehalten".[16]) So berichten Nürnberger Chronisten; freilich legen sie dabei der konstatierten Thatsache eine falsche Ursache unter. Nicht Gleichgültigkeit hatte die Verschiebung veranlasst, sondern die praktische Unmöglichkeit, auf einem vom Kaiser, in dessen Namen das Geleit geführt wurde, immer unabhängiger werdenden und der Reichsstadt gegenüber politisch vollkommen selbständigen Gebiet ein Recht auszuüben, das, wenn es irgend welchen Zweck haben sollte, allerlei Funktionen in sich schloss, die lediglich Sache der Landes-

---

[15]) Roth IV, p. 54 und Dr. Joh. Falke, Geschichte des deutschen Zollwesens, p. 135.
[16]) Roth, ebenda.

obrigkeit waren. (Die Angabe Falkes,[17]) Nürnberg habe das Geleitsrecht 1356 von Karl IV. erworben und, nachdem es zeitweilig die Burggrafen wieder an sich gebracht hatten, seit dem 15. Jahrhundert auf die Dauer ausgeübt, ist irrtümlich.) Fast zahllos sind die Verträge, die von den geleitgebenden Fürsten geschlossen wurden, allen Kaufleuten durch ihr Land und Gebiet das Geleit zu geben und denselben vor Schaden gut zu stehen, sie auch zu warnen, wo es möglich ist; selten fehlt dabei natürlich die Taxe dafür. Während früher, im 13. und im Anfange des 14. Jahrhunderts, die Namen der Vertragschliessenden deutlich als Hauptrichtung des Handels die Richtung zum Rhein erkennen lassen, werden dann auch die Urkunden häufiger, welche die Wege nach Norden und Osten zu schützen versprechen. So bringt das Jahr 1369 eine Vereinigung der Markgrafen von Meissen und des Burggrafen wegen „zugriffe" ihrer Mannen;[18]) 1370 verbünden sich der Bischof von Bamberg, der Pfalzgraf bei Rhein, die Landgrafen von Thüringen und Burggraf Friedrich von Nürnberg wegen „grosser vnde Merglicher gebrechen, dy wir tegelichen haben vnde liden an herschaften, luten vnde guten von Roube, namen, brande vnde unrechten widirsagen."[19]) Wenn auch hier der Raub von Kaufmannsgütern nicht erwähnt ist, so spielt er doch sicher eine ebenso grosse Rolle, wie in einem 1395 zwischen Bamberg, Würzburg, dem Burggrafen und Meissen geschlossenen Bunde, „wann sulch vnfriede und Rawberey in vnsers landen auferstanden ist, daz keinerley kawfleut noch vnserr selbst leut friedleich durch vnserr lant gereiten oder gezihen mugen".[20])

Die einzelnen Fürsten haften auch für den in ihrem Geleit erlittenen Schaden und sind bemüht, die geraubten Güter wieder zur Stelle schaffen zu helfen; ein Beispiel dafür ist uns das Verhalten des Burggrafen bei einer bei Weissenstadt 1413 geschehenen „Nahme" (siehe S. 150f). Es muss auch zugegeben werden, dass einzelne der für unser Gebiet in Betracht kommenden Landesherrn es nicht an dem ernstesten Willen fehlen liessen, das Gebot des Sachsenspiegels wahr zu machen: „Des Koninges strate in watere unde in velde die solen steden vreden (ewigen Frieden) hebben unde allet dat dar binnen kumt."[21]) So bestellte Kurfürst Albrecht Achilles für seine fränkischen Lande eine streifende Schutzmannschaft. Man soll, „auf das dann frid vnd son mog gemacht werden vff den strassen", 20 guter, redlicher gesellen

[17]) Falke, Handel I, p. 239 f.
[18]) Mon. Zoller. III, p. 183.
[19]) Mon. Zoller. III, p. 200 ff.
[20]) ebenda II, No. 344.
[21]) Ernst Gasner, Zum deutschen Strassenwesen; 1889, p. 57, Anm.

bestellen, deren jeder etwa 50 Gulden kosten mag: „Denn Ir verstet, das Xpferd nichts hellfen, angesehen, so sie an einem end hallten, will man dann durch die vinger sehen, so raubt man an dem andern end." Wenn aber 20 in zwei oder drei Haufen, oder auch wieder zusammen streifen und „wollen dann die amtleut auch Vleis haben, so ist es mit gots hillf vss gericht." Freilich, an dem Fleiss der Amtleute scheint es oft gefehlt zu haben. Denn in demselben Briefe schreibt der Kurfürst: „Wir wollen von unsern ambtlewten gehorsam haben, das sie rauberey Wern vnd den, die der rauberey pflegen, nicht glait geben oder In furschub thun wider fremde noch vil mynder wider die vnnsern, sie sein wer sie wollen."[22]) Und in einem andern Brief redet er noch deutlicher: ... keret euch an keinen amptman, es sey do oder annderswo, sie sind jung oder alt, Vns heimlich oder nicht, do wollen wir euch den rucken zu halten; dann sie vnd Ir ampt sullen thun, was Ir (die Räte in Ansbach) sie heisst, als fern sie vnnser amptlewt wollen sein, do lasst euch an Vnd weret rauberey und henkt sie an die pawm als iczund gescheen ist vnd betegt sie nicht vff das man sie nit lauffen lass ... Wir wollen keinem rauber kein geleit geben."[23]) Das war deutlich genug gesprochen, und es fehlte auch nicht an Gelegenheit, die scharfen Befehle des Kurfürsten auszuführen, vor allem nicht an Galgen. Nicht ohne Humor nennt sie der bibelfeste M. Joh. Will die „Bäume des Erkäntnüsses Gutes und Böses"; in seinem „Teutschen Paradeiss" durften die freilich nicht fehlen. („Innzwischen stehen diesse dürre Bäume, mit ihren elenden Früchten, gemeiniglich auf wohl erhabenen Hügeln, an öffentlichen Landstrassen zu iedermanns Warnung und reden die Vorüber gehenden gleichsam also an: Felix, quem faciunt aliena pericula cautum! Das Bös erkenn aus frembder Pein, so wirstu klug und glücklich seyn!")[24]) Und wenn wir heute noch auf den Kartenblättern jener Gegenden bei jedem grösseren Orte, sicher bei jedem Städtchen den Galgenberg neben der Strasse verzeichnet finden, so erkennen wir darin eine geographisch fixierte Reminiscenz an jene nicht sehr erfreuliche Epoche unserer Geschichte.

Trotz alledem erfüllten die fürstlichen Geleite je länger sie bestanden, um so weniger ihren Zweck. Denn rasch wurden sie reine Geldquellen der Fürsten, zur Ausbeutung besonders derjenigen Städte dienlich, bei denen ihrer Freiheiten wegen die Zollschraube nicht wohl angewendet werden konnte. Die

[22]) und [23]) Burkhardt, das Funfft Merckische Buech 1471—73. (Quellensammlung z. Gesch. d. Hauses Hohenzollern) Jena 1857, p. 66 f u. 82.
[24]) Will, Arch. XV. 1, p. 45.

Folge war, dass Streitigkeiten zwischen den Geleitnehmenden
und den Geleitgebenden, ebenso aber zwischen den letzteren
untereinander, vor allem über die Grenze der Geleitsbefugnisse,
an der Tagesordnung waren.

So lagen sich die Nürnberger und die Burggräflichen
stets in den Haaren. 1386 entscheidet Friedrich, Pfalzgraf bei
Rhein, in einem den Nürnbergern günstigen „Laudum" einen
solchen Geleitsstreit und setzt 14 Orte um Nürnberg fest, wo
von redlicher Kaufmannschaft Geleit genommen werden soll.
Wenn man an einem Orte Geleit giebt, soll man an allen
andern „ledig und los sein zu der Vart".[25]) 1453 erneuert
diesen Spruch Pfalzgraf Ludwig, Herzog in Ober- und Nieder-
bayern, und 1496 regelt der „Harrasische Vertrag" diese Angelegenheit, mit der stets natürlich auch Zollfragen verquickt
sind, aufs neue, ohne dass damit Friede eingezogen wäre.[26])

Die Burggräflichen und die Bischöflichen stritten sich über
die Geleitsrechte auf den einzelnen Strassen. 1406 scheinen
die Zwistigkeiten ihren Anfang zu nehmen; 1408 beginnen die
„Kundschaften" und reichen bis 1415, ohne dass uns aus dieser
Zeit ein Abschluss bekannt geworden wäre; 1538 entscheidet der Bischof von Augsburg wieder über Irrungen in
derselben Frage, „gleitenshalb der Strassen von Creutzbach,
durch den Ebermanstetter grund gein Culmbach und hin-
widerumb".[27])

„Wenn zwei sich streiten, freut sich der Dritte", und das
waren in diesen Fällen meist diejenigen, um deretwillen
eigentlich und zumeist alle jene Anstalten ins Leben gerufen
waren, die „reitenden" Ritter. Vor allen die Höhen des Jura
waren mit einer dem Kaufmanne furchtbaren Reihe von Burgen
garniert, und Falke hat Recht: „Es ist fast kein adeliger Name
der Umgegend, der nicht auch in Nürnbergs Annalen auf der
Landstrasse als „Taschenklopfer" oder „Stegreifritter" vor-
kommt".[28]) Gar die Gegend um Hilpoltstein, wo wichtige
Strassen nach Böhmen und Sachsen noch nahe zusammen
waren, konnte man getrost als die reine Räuberecke bezeichnen.
Wildenfels, Strahlenfels, Spiess, Leupoldstein, Hilpoltstein,
Wolfsberg, Bernfels, Betzenstein, Stierberg, Leuenfels — vielleicht liesse sich die Zahl der Namen selbst für den engen
Umkreis von ein paar Stunden noch vermehren — alles Burgen,
deren keine dem Reisenden gastlich winkte![29]) Unermüdlich

---

25) Mon. Zoller. V, p. 188 ff.
26) „Zollsachen", Univ. Bibl. Erlangen, Jur. X, p. 172 a.
27) Mon. Zoller. V. u. VI. an versch. Orten u. Cod. Probat. Bamb.; No. 87 b.
28) Falke, Handelsgeschichte II.
29) Archiv VIII, p. 176 ff.

sind die Chronisten im Aufzählen von „Nahmen"[30]), und wenn diese langen, stets gleichartigen Notizen auch sonst wenig Reiz haben, so geben sie doch einen Begriff vom Umfang des Nürnberger Handels, der ebensowohl in Dänemark wie in den Alpen, bei Breslau wie am Rhein und in den Niederlanden bedroht war, und der sogar in Anspruch genommen wurde „wegen etlich Solds, den der König schuldig verblieben!"[31]) Da sind die Bemerkungen nicht selten, die Plackerei habe so zugenommen, dass es um Nürnberg „einer offenen Vehd gleichgesehen", und 1437 wird sogar das Frankfurter Messgeleit wegen zu grosser Räuberei abgeschrieben, also eine offizielle Bankerotterklärung der für den Landfrieden verantwortlichen Stände.[32])

Da muss die Stadt „oft solche Bevehder durch geringen abtrag und andere mittel zur aussöhnung kommen lassen, damit sie es nicht noch gröber gemacht haben"; denn hatte der Rat wirklich einmal einen erwischt, so kam der ganze Adel der Nachbarschaft und auch die Fürsten als „Fürbitter", und dass sie ihre Bitten etwas nachdrücklich zu machen verstanden haben, braucht wohl kaum bezweifelt zu werden. Deshalb begnügte sich der Rat meist mit Urfehden, oder einem Gelöbnis, der Stadt eine Zeit lang mit so und soviel Glefen zu dienen, oder eine Wallfahrt zu unternehmen etc. Andere wieder „purgieren sich mit einem Leiblichen Aid", dass sie nicht dabei gewesen, geben auch wohl caution, nachdem ihnen der Rat vorher „glait zur aussführung ihrer Unschuld" zugesichert hat; sie werden dann „ausser Sorg gelassen", „die Sach nochmahls vertragen". Mancher freilich empfängt auch den vollen Lohn seiner Thaten, wie es die Bamberger und die Brandenburger Halsgerichtsordnung verlangen: „Item ein yder bosshaftiger vberwundener Rauber sol mit dem swert vom leben zum todt gericht werden".[33])

Wie viel geringer musste da noch die Möglichkeit, in sicherem Frieden seine Strasse zu ziehen, und wie viel gefährlicher musste jede Handelsunternehmung sein, wenn die Nürnberger mit ihren Nachbarn, vor allem mit den Burggrafen selbst, im Streit lagen! Der Ausspruch des Markgrafen Albrecht, „der prant ziere den krieg, als das magnificat die vesper", ist zwar schon oft zitiert, aber für die harte Zeit zu bezeichnend, als dass wir ihn nicht erwähnen sollten.[34]) Denn es waren

---

[30]) vgl. Müllner bei Roth I;
[31]) Roth I, p. 75.
[32]) Roth I, p. 159 ff.
[33]) H. Zoepfl, die peinl. Halsgerichtsordnung Karl V. nebst der Bamberger und Brandenburger Halsgerichtsordnung, 3. Auflage 1883, 106.
[34]) Chroniken II.

nicht nur leere Worte: 2 Städte, 3 Klöster, 10 Schlösser, 75 Herrensitze, 17 Kirchen, 13 Eisenhämmer, 28 Mühlen, 17 Dörfer verwüstete Albrecht in dem grossen Kriege gegen Nürnberg 1449/50, und 3000 Morgen Wald brannte er nieder.[35] Dass dabei das Nützliche mit dem Angenehmen verbunden wurde, zum Brand die „Nahme" kam, war nicht anders zu erwarten. Die Stadt suchte auch, sobald ein „solch gefährlich weit aussehendes Werk" wie dieser oder der zweite Markgrafenkrieg 1552 zu drohen schien, ihre Kaufleute so weit als möglich vor Schaden zu bewahren, indem sie dieselben aufforderte, „ihre Händel soviel möglich an sich zu ziehen und den Leuthen nicht zu trauen, fürnehmlich ihrer Güter halben auf den Strassen solche Fürsehung zu thun, damit soviel möglich Schaden und Nachteil verhütet würde".[36] Ähnliche Ausschreiben liessen sie auch ergehen, bevor 1523 der schwäbische Bund einen Kriegszug auf das Gebirge unternahm, um die Strasse nach Sachsen etwas von räuberischen Adeligen zu säubern.

Ähnlich den Schutzorganen des Verkehrs musste auch das, was Schäffle den „Stützorganismus" der räumlichen Verknüpfung nennt, zur Zeit der den Verkehr beherrschenden Stadtstaaten sehr schwach entwickelt sein, die Wege.

Denn hier lagen die Verhältnisse ähnlich. Die politischen Gebilde, die am meisten Interesse an einer fortschreitenden Entwickelung des Wegewesens haben mussten, die Städte, waren räumlich so beschränkt, dass die Stückchen Weges, die ihrem Einfluss unterstanden, für die gesamten Entfernungen kaum in Betracht kamen. Die Fürsten hingegen, in deren Gebieten der weitaus grösste Teil der Strassen verlief, hatten an diesen zunächst lediglich ein rein finanzielles Interesse, nämlich das der Ausnützung der von einem gütigen Geschick „durch ihre Lande gelegten" Handelswege; nur insoweit, als dieses Interesse Verbesserungen notgedrungen heischte, damit nicht etwa die Fuhrleute Umgehungen vorzogen, waren wirklich hilfreiche Eingriffe zu erwarten. Dies war aber fast gar nie der Fall; denn wo hätten bessere Wege die Fuhrleute angezogen?

In früheren Jahrhunderten lagen die Sachen wenigstens etwas günstiger. Die Wege waren da noch Regale und ebenso die Zölle; beide waren dadurch von den lokalen Gewalten wenigstens rechtlich unabhängig. Ihre Besserung war Pflicht der Anwohner, und ihre Breite sollte nach dem Sachsenspiegel also sein, „dat en wagen deme anderen gerumen moge".[37] Ein kleiner Zoll darf erhoben werden, aber nur zur Besserung

---

[35] Falke, Handel II, p. 143.
[36] Roth I, p. 266.
[37] Gasner, Zum deutschen Strassenwesen, p. 56. .

der Strassen und zur Sicherung des Geleites, und noch
Friedrich II. verordnet, dass jeder, der erhöhten oder un-
gerechten Zoll erpresst, gleich einem Strassenräuber soll
bestraft werden.[38])

Aber diese Regale gingen den Weg der andern; sie kamen
in die Hände der Fürsten, und damit wurde die Wegever-
besserung zum grössten Teile eine Aufgabe ganz lokaler Gewalten,
der Markgenossen, der Städte.[39]) Nichts kann den durch diesen
Wechsel verursachten Umschwung deutlicher ersehen lassen,
als die Verordnung Sigismunds, „dass alle Kuppler-, Huren-
und Frevelbussen zur Ausbesserung der Wege verwendet werden
sollten, damit das Sündengeld zu Gute gebracht würde". Wegebessern war demnach etwas besonders Verdienstvolles geworden;
wie jämmerlich müssen demnach die Strassen beschaffen gewesen sein!

Unsere Gegenden treten erst in jener zweiten Periode ins
Licht der Geschichte. Dass hier die Dinge nicht anders waren,
beweisen zunächst ein paar fromme Stiftungen, von denen sich
sicher die Stifter besonderen Gotteslohn versprachen: 1375 bestimmt die Burggräfin Elisabeth mit Zustimmung ihres Gemahls
200 Pfund Heller aus ihrer Morgengabe „zu Wegen und
Stegen",[40]) und 1509 geben ein paar Bamberger Domherrn
ein Kapital zur Verbesserung des Weges bei Zapfendorf (an
der Strasse von Bamberg nach Lichtenfels).[41])

Die in den Städten und in der Nähe derselben bedeutend
erhöhte Frequentierung der Wege musste dort am ersten eine
Besserung derselben nötig erscheinen lassen. Deshalb wird
uns da auch am frühesten von eigentlichem Wegebau berichtet.
So wird in der ersten Hälfte des 15. Jahrhunderts in Bayreuth
eifrig gepflastert, wobei der Chronist freilich manchmal die
Bemerkung nicht unterlässt: „Do was lange jahr ein mördlich
bös Weg gewest"; man schüttete auch wohl einen Damm auf,
um dem Wege festeren Grund, dem Wasser Abfluss zu verschaffen, z. B. 1448 „machet man ein rück vom niederen thor
herein fürn spital biss an Tappert (Fusspfad?) gepflastert,
anderthalb Gärten weit".[42]) Ebenso wurde, wenn hie und da
Hochwasser die Strassen zerstörte, nicht versäumt, bessernd
einzugreifen. So vereinigen sich der Rat Bambergs und
Pfleger etc. vom St. Katharinenspital dortselbst zum Wegebessern,
„nachdem sie angesehen haben den grozzen sichtigen gebrechen, der da waz von des wazzers wegen an der fertigen

---

[38]) ebenda, p. 46.
[39]) ebenda, p. 65.
[40]) Archiv VI. 3, p. 119.
[41]) Jäck, Geschichte Bambergs.
[42]) Heller, Chronik von Bayreuth.. (Meyer, Quellen p. 128.)

Strassen vor dem Langenthor"; der Spitalmeister soll einen „vertigen weck, darauf ein wagen dem andern wohl entweichen mag, lazzen geen daselbst durch sein velt".[48]) Auch ein „alter Steinweg" wird bei Bamberg schon 1359 erwähnt.[44])

Etwas genaueres über die Art der Besserung erfahren wir aus dem Baumeisterbuch des Endres Tucher 1464—75: Vor Nürnberg wird ein Weg gebessert mit etlichen „pausch wachalter", und die fronenden Bauern führen „feltstein in die löcher". Die Gräben an den Strassen vor der Stadt hatte früher ein alter Söldner in Stand gehalten; seit seinem Tode sind sie nicht mehr geräumt worden, und die Fuhrleute beklagen sich über die Wege. Deshalb wird jemand mit 10 Pfund besoldet, der auch die Bauern anhalten soll, die Gräben sieben Schuh weit auszuwerfen. „Die Leute haben sich nämlich oft nötigen lassen, aber ich redete mit ihnen und sie thaten es", wie Tucher treuherzig sagt.[45])

Die Thätigkeit der Fürsten tritt neben der der Städte ganz zurück; sie müssen aber doch wohl unterstützend sich beteiligt haben, da sonst wohl die steinernen Brücken, die wir schon öfter erwähnten, kaum entstanden wären. Dass zum Bau einer solchen zu Schwarzenbach a. d. S. sogar das Kirchengerät gegeben wurde, führten wir schon an.

Dann wird freilich an die schlechten Wege gedacht, wenn, wie z. B. in Hof 1508, die Frage erörtert wird, wie ein neuer Jahrmarkt in Aufnahme zu bringen sei. „Die weyl ein merkliche clage von den fuerleuthen gefurt und gebraucht wurd der strassen halben umb und bei der stat Hof, auch sunst uf dem lande, das sie tief halben derselben mit den lastwagen nit auskommen konnen", soll der fürstliche Hauptmann der Stadt dieselben innerhalb der Stadtmarkung bessern lassen, „damit die furleuth unclaghaft gemacht werden und das sie dieselben dester lieber farn"; ausserhalb des Stadtrains aber soll „der castner mit fron der armen leuth und ein zymlichen taglon bessern".[46])

Wie aber trotz solcher Massregeln, weil sie eben vereinzelt blieben, die Strassen besonders zur Winterszeit beschaffen waren, das lässt drastisch ein Reisebericht über die Rückkehr der Tochter des Kurfürsten August von Sachsen zu ihrem Gemahl, dem Pfalzgrafen Johann Casimir in Heidelberg, erkennen. Am 21. Januar 1579 sind die Reisenden in Hof, am 22. in Gefrees, am 23. in Bayreuth. Es hatte stark getaut; wegen steten Regens war viel Wasser da und ein sehr steinichter und

[43]) Copialb. d. Katharinen-Klosters; 10. Ber. d. hist. V. z. Bamberg, p. 130.
[44]) ebenda, p. 148.
[45]) nach Gasner, p. 135.
[46]) Quellen, Hof, von Meyer, II, p. 127.

rauher Weg; aber die Pfalzgräfin bleibt doch im Schlitten. (!) Mehr Pferde mussten angespannt werden: die Kufen wurden zerstört trotz der Schuhe, die man darunter gelegt hatte. Über Pegnitz und Gräfenberg ging es nach Nürnberg. 10—12 Pferde, so stark man sie bekommen konnte, wurden vorgespannt, und doch ging es nur sehr langsam vorwärts. In Gräfenberg wurden die Reisenden von Nürnberger Ratsherrn dienstbereit empfangen; auch an Vorspann und möglichster Besserung der Wege liessen diese es nicht fehlen. (Bezeichnend ist auch, dass die Fürstin die Ehre, ein adeliges Geleit zu haben, dankend ablehnte, damit nicht die Bayreuther mit den Nürnbergern an der Grenze in Fehde gerieten!)[47])

Die andere Hälfte des kaiserlichen Erbes hatten freilich die Fürsten nicht vergessen, die Zölle. Hier thaten sie zu viel, was dort zu wenig geschah. Der Zoll wurde eine der am besten fliessenden, allzeit erträglichen Geldquellen. Zweierlei machte dieses Recht der Fürsten zu einer oft sehr unangenehmen Plage für jeden Verkehr. Lange Zeit herrschte bei Erhebung der Zölle wie des Geleits vollkommene Willkür; entweder sie wurden, wie in Kulmbach, von jedem Kastner verschieden genommen (siehe S. 153); oder sie waren unter verschiedene Nutzniesser geteilt, von denen jeder sein Schäfchen tüchtig scheren wollte, so in Hof, wo „sich vil beklagen, wie sie mit dem zoll uf einem teil, den sie der herschaft geben und uf den andern teil unter den thorn, der dem spital daselbst gehört, hoch und merklich beschwert werden". Es scheint hier gehalten worden zu sein, wie beim Geleit, bei dem es z. B. heisst: „Von 1 Wagen 4 schilling, mehr oder weniger nach gefallen des glaitzmans und gestalt der leut".[48]) Andererseits erlöschen auch hier wie im ganzen Reich die Klagen über die Menge der Zollstätten; sie werden vielmehr im Laufe der Jahrhunderte immer häufiger. Im 14. Jahrhunderte beginnen die hebhafteren Streitigkeiten zwischen Nürnberg und den Burggrafen. 1366 verbietet Kaiser Karl IV. den Burggrafen, was er ihnen ein paar Jahre vorher erlaubt hatte, Zoll und Geleit von den Nürnbergern zu erheben, „wann nun auch nottürftig ist, dass Fürsten, Herrn vnd Stette, die vnsern Hof suchen, an allen Dingen rechten kauf möchten gehaben". Denn manche nehmen so grossen Zoll und Geleit, „das davon mancher Fürsten vnd Herrn Strasz, Gelaitz vnd Zoll darnider ligen".[49]) Nicht zwanzig Jahre später aber verlangen die

---

[47]) Archiv für sächsische Geschichte V, p. 418 ff.
[48]) Meyer, Quellen, Hof, II, p. 136 ff u. 99.
[49]) Mon. Zoller. III, p. 106.

Nürnberger wieder von den Burggrafen die Abstellung der ungewöhnlichen Zölle und Geleite und weisen dabei drei Briefe vor, jenen Widerruf Karl IV., eine „goldein bull von 1355, die sagt, daz sie aller alten vnd newer vngewonlicher zolle, geleyte vnd vngelt überhaben sollten sein", und eine Bestätigung dieser Bulle durch Wenzel 1379.[50]) Sie mahnen in einem Brief auch die Regensburger, ihnen in diesem Zollstreit beizustehen.[51]) Die 1386 erfolgte Entscheidung des Pfalzgrafen Friedrich erwähnten wir schon. Die Burggrafen mussten sich zunächst mit dem Geleit bequemen. Aber schon 1404 sieht sich Nürnberg wieder von 24 Zöllen umgürtet, von denen 10 nur 3 Meilen von der Stadt entfernt sind (nach Roth); der Streit wogt weiter, und auch der später immer und immer wieder zusammen mit jenem Privileg Karls IV. von 1355 zitierte Harrasische Vertrag von 1496 vermag um so weniger eine gegen Übergriffe von der einen oder der andern Seite sichernde Rechtsgrundlage zu schaffen, als er sich mit der zwar zeitgemässen, aber eben sehr vagen Bestimmung begnügt, mit den Zöllen zu Biberau, Schwebheim etc. . . . „soll es gehalten werden wie von Alter herkommen ist".[52]) In diesem Vertrage werden auch zum ersten Male sogenannte „Wehrzölle" festgesetzt, Zollstätten an Nebenstrassen, die das Umfahren der Hauptzollstätten unrentabel machen sollten.

Denn mit der Erhebung von Zöllen war naturgemäss eine andere Unannehmlichkeit für den Verkehr, der Strassenzwang, verbunden; „er ist seinem Ursprung nach so alt wie das Zollrecht".[53]) In früheren Jahrhunderten war er freilich wenig lästig gewesen, da die Fuhrleute wegen der geringen Wegeentwickelung ohnehin wenig andere Wege sich heraussuchen konnten als die schon seit alter Zeit benützten. Als im Laufe der Zeit die Naturgegebenheiten durch neu entstehende Wege besser ausgenützt wurden, suchten manche Kaiser dieser Entwickelung wenigstens einzelne Hindernisse aus dem Wege zu räumen. Sie setzten daher die auch im Volksbewusstsein als ein natürliches Recht empfundene Strassenfreiheit fest als eine Freiheit der Wahl unter denjenigen Strassen, an denen Zölle sind. Sie wollten damit wenigstens einen Zwang zu Gunsten bestimmter Städte oder Fürsten unmöglich machen. So sagt Sigismund in einem Privileg für die Nürnberger 1434: „Des Reiches Strasse soll zu Wasser und zu Land offen und unversperrt sein und jeder soll frei auf derselben fahren" „an

---

[50]) ebenda VIII, p. 244.
[51]) ebenda V, p. 164.
[52]) „Zollsachen" No. 3. Univ. Bibl. Erlangen.
[53]) Falke, Geschichte des deutschen Zollwesens p. 118.

solliche Ende, da Im das nach Gestalt seiner Sache am fug-
lichsten ist und da er sein Lieb vnd Gute am friedlichsten
vnd bequemlichsten getrauet durchzubringen". Aber er muss
solche Strassen und Wasserflüsse suchen und bauen, „daruff
Zoll oder Mawte seyn".[54]

Dass sehr oft der Egoismus dieses oder jenes fürstlichen
Dieners die Fuhrleute auf bestimmte Strassen zu nötigen
suchte, geht aus Worten des Kurfürsten Albrecht hervor, der
1472 schreibt: „Wo die furlewt hin Wollen, da gleyt man
sie hin. . . Wolt aber der Castner zum Hof die ding Von
seiner strass ziehen seinen vettern zulieb, so wollen wir es
weren, er lass den kauffmann frey Wandern, Wo er will
vnd halt sich gein einem teyl als gleich, als gein dem
andern, die vettern werden es wol mit einander auss-
tragen".[55] Solche, den „gemeinen Nutzen" nie aus den
Augen verlierende Forderungen waren aber leider immer
nur zu schnell vergessen, vor allem dann, wenn es galt,
einer fürstlichen Stadt einen Vorteil zuzuwenden. Das beste
Beispiel bietet auch hier die schon öfter erwähnte „Ordnung
wie von neuem ein jarmarkt zum Hof aufgericht werden soll",
der dem baulustigen Markgrafen Friedrich dem Älterem neue
Einkünfte verschaffen sollte. Da wird beantragt: Man soll besonders Achtung haben auf die Fuhrleute, die Zentnergut
(= Kaufmannsgüter) führen, dass sie nicht von der rechten
Landstrasse neben und ausserhalb der Stadt Hof hinfahren
„als bisher ye zu zeiten für Hirsperg und mer enden geschehen ist". „Arme Leut" der umliegenden Dörfer sollen
gegen eine „sunderliche, zymliche vererung" verpflichtet werden,
dass sie solche Fuhrleute aufhalten und mit ihren Wagen und
Pferden gen Hof treiben. Als nachbarliche Liebenswürdigkeit
wird hinzugesetzt: „Des sull sunderlicher vleys gehabt werden
der herzogischen halben (von Sachsen), dass ine ir furnemen
damit vergleicht werd". Das alles ginge noch an. Aber es
sollen sogar die Fuhrleute, die von Ölsnitz über Adorf nach
Eger herabsteigen und von dort über Tirschenreut nach Bayern
fahren, womöglich nach Hof gezwungen werden; es wird
daher vorgeschlagen, in den Ämtern Selb und Hohenberg
auf solche achten zu lassen und sie, sobald sie markgräfliches
Gebiet berühren, ebenfalls nach Hof zu treiben, „damit die
strassen fur den Hof nicht abgelegt werd und sie dann furter
uff der strassen bleiben für Beyrrewt, Crewsen aus und aus gein
Amberg und furter in das land zu Payrn".[56]

---

[54] Zollsachen, Univ. Bibl. Erlangen, No. 3.
[55] Burkhardt, Quellen etc. p. 118.
[56] Meyer, Quellen der Stadt Hof, II. p. 136 ff.

Ein Rückblick auf die Darstellung der Berührungen des von einem Stadtstaat beherrschten Verkehrs mit den Landstaaten der Nachbarschaft lässt dieselbe in vieler Hinsicht fast wie eine einzige grosse Klage über eine Zeit voll der ärgsten Lasten, Beschwerlichkeiten und Gefahren für jeden Wanderer erscheinen. Ausgebeutet auf friedliche und kriegerische Weise, scheint sich der Kaufmann scheu dahinzuwinden, stets schwankend zwischen trotzigem, freilich oft ohnmächtigem Ankämpfen gegen die Gefahren und einem krämerhaften Handeln und Feilschen um Kompromisse, Privilegien, Duldung. Klein wird dabei oft der Sinn, und beschwerlich fällt der unermüdlich um Frieden rufende Kaufmann hochgemuten, grossen oder gar phantastischen Zielen nachjagenden Herrschern. [Bekannt ist der von Götz von Berlichingen in seiner Lebensbeschreibung überlieferte Ausruf des Kaisers Max, den Goethe so zitiert: „Wie gehts zu! Wenn ein Kaufmann einen Pfeffersack verliert, soll man das ganze Reich aufmahnen; und wenn Händel vorhanden sind, daran Kaiserlicher Majestät und dem Reich viel gelegen ist, dass es Königreich, Fürstentum, Herzogtum und anders betrifft, so kann euch kein Mensch zusammenbringen".] Trotzdem ist der Handelsmann gerne gesehen und wird wohl auch auf mehr oder weniger sanfte Weise herbeigezogen; denn er bringt, was den Fürsten ihr fast nur von Bewirtschaftung des Bodens lebendes Land nur in geringem Masse geben kann und was sie doch so nötig hatten: Geld, und er wird mit einem Schein des Rechtes oder auch ohne einen solchen auf alle nur mögliche Weise ausgenützt.

Nun sehen wir aber, wie eine zum grossen Teil auf den so geschundenen und gequälten Verkehr sich gründende, vom Handel lebende Stadt gerade in jenen Jahren eine Blüte und Bedeutung erreicht, zu der sie sich heute noch nicht wieder erhoben hat; wir sehen regstes Leben auf den grossen Strassen sich entfalten, erkennen, wie alle die kleinen Städtchen unter dem Einfluss dieses Verkehrs erwachsen, und wie er günstiger gelegene zu höherem Werte erhebt; wie die einzelnen Strassenzüge sich klarer hervorheben und aus den kleinen, markgenossenschaftlich begrenzten Netzen der Lokalwege zu einem grösseren Ganzen sich zusammenschliessen; wie weithin im deutschen Lande, vor allem im deutschen Osten die Produkte verkauft werden, die der Nürnberger Händler von den Gestaden des mittelländischen Meeres, von den Ufern des Rheines oder aus den Werkstätten seiner fleissigen Mitbürger brachte. Ein scheinbar unüberbrückbarer Widerspruch!

Und doch lässt er sich befriedigend lösen.

Vielerlei geschah zwar in jenen Jahrhunderten, das geeignet schien, den Verkehr zur Unbedeutendheit zu verdammen; aber doch war keines eine Thatsache, die ihn hätte tödlich treffen müssen.

Manche Naturgegebenheit konnte er nicht ausnützen, da er durch Zwang oder Gewohnheit auf einmal festgelegten Strassen auch festgehalten wurde, und zu manchem Umweg wurde er dadurch gezwungen. Aber das blieben für eine grössere Betrachtung lokale Erscheinungen, Ungleichheiten, sozusagen Ungerechtigkeiten im Verkehrsnetz erzeugend, Zwangswerte und -unwerte schaffend, die aber nicht verhindern konnten, dass der Ausschnitt aus dem Verkehrsnetz Mitteleuropas, dem unser Gebiet angehört, als Ganzes betrachtet von ausserordentlicher Wichtigkeit für das gesamte Centraleuropa blieb.

Wohl bewegte sich der Zug der handelnden Kaufleute auf oft furchtbar schlechten Wegen mühselig dahin und überwand die Steilgehänge des Gebirges nur unter den gewaltigsten Anstrengungen; aber er war darin nicht im Nachteil gegenüber anderen Gebieten und blieb nicht unter dem Niveau der Verkehrskultur der ganzen Zeit.

Wohl wurde dem Kaufmann oft und oft von allzeit begehrlich ausgestreckten raublustigen Händen das genommen, was ihn hinaus trieb in die feindliche Ferne, was jeden auf Handel sich gründenden Verkehr veranlasst, der Verdienst, der Lohn seiner Mühen. Aber morgen konnte ihm ein günstiger Zufall wieder doppelt in den Schoss werfen, was ihm heute ein unangenehmes Missgeschick geraubt hatte.

Nie aber ward der Verkehr ins Herz getroffen; denn nie wurde ihm sein Wesentlichstes geraubt, der freie, grosse Raum, den er zu verknüpfen die Aufgabe hat. Nie haben sich wirklich trennende Mauern erhoben zwischen den durch Gaben der Natur oder des Gewerbefleisses verschiedenen Gebieten, aus deren Verbindung er seine Nahrung sog. Darum blieb der Verkehr in unserem Gebiete in jenen Zeiten gross und bedeutend trotz aller Misshelligkeiten, weil die grösste Naturgegebenheit dieses Stückes deutscher Erde wirksam geblieben war, seine Lage, die es prädestinierte zu einem Durchgangsland zwischen dem Norden und dem Süden und in kleinerem Massstabe auch für den Osten und den Westen Mitteleuropas.

MITTEILUNGEN

DES

VEREINS FÜR ERDKUNDE

ZU

LEIPZIG.

——— 1899. ———

LEIPZIG.
DUNCKER & HUMBLOT.
1900.

Inhaltsverzeichnis.

I. Mitteilungen über den Verein.

II. Wissenschaftliche Mitteilungen.

39. Jahresbericht.

Jahr 1899.

Im verflossenen Vereinsjahre fanden insgesamt acht allgemeine und eine ausserordentliche Sitzung statt, in denen folgende Vorträge gehalten wurden:

4. Januar.   Privatdozent Dr. Kurt Hassert aus Leipzig: „Die geographische Lage und Entwicklung Leipzigs".

1 Februar.   Roman Oberhummer aus München: „Kleinasien am Ende des Jahrhunderts, auf Grund eigener Reisen und Beobachtungen".
Dr. Ernst Friedrich aus Leipzig: „Mitteilungen über die von ihm herausgegebene Handels- und Produktenkarte von Kleinasien".

22. März.   Professor Dr. Hartmann aus Berlin: „Die wirtschaftliche Zukunft Syriens, und Deutschlands Anteilnahme daran".|

5. April.   Privatdozent Dr. Hans Stumme aus Leipzig: „Damaskus".

12. Mai.   Professor Dr. Chun aus Leipzig: „Der Verlauf und die wichtigsten Ergebnisse der deutschen Tiefsee-Expedition".

17. Mai.   Dr. Siegfried Passarge aus Berlin: „Skizzen aus der Kalahari und vom Okovango".

25. Oktober.   Dr. Paul Ehrenreich aus Berlin: „Die Indianer des südwestlichen Nordamerika, besonders die Moqui von Tusayan".

8. November.   Dr. Gerhardt Schott aus Hamburg: „Die ozeanographischen und meteorologischen Arbeiten der Valdivia".
Privatdozent Dr. Otto zur Strassen aus Leipzig: „Die zoologischen Arbeiten der deutschen Tiefsee-Expedition".

6. Dezember.   Professor Dr. Karl von den Steinen aus Berlin: „Reise nach den Markesas".

NB. Ein ausführlicherer Sitzungsbericht folgt einige Seiten später.

Die wissenschaftlichen Veröffentlichungen des Vereins gelangten im Lauf des Jahres nach zwei Richtungen hin zum Abschluss: es konnte sowohl das bereits im vorigen Jahresbericht angekündigte 3. Heft des III. Bandes, in dem die Forschungsresultate Dr. O. Baumanns über die Insel Pemba (mit Originalkarte) niedergelegt worden sind, wie auch der IV. Band zur Ausgabe gelangen. Dieser ist betitelt: „Beiträge zur Geographie des mittleren Deutschland" und enthält auf 382 Seiten vier mit Karten und Abbildungen ausgestattete Arbeiten:

1) Dr. Paul Wagner, Die Seen des Böhmerwaldes;
2) Dr. Emil Schöne, Der Fläming;
3) A. Gukassian, Über den Parallelismus der Gebirgsrichtungen, mit besonderer Berücksichtigung der Hauptrichtungen des hercynischen Systems;
4) Max Mändler, Kritik orometrischer Werte und Richtungsverhältnisse der Kamm- und Thalbildungen im Thüringerwald.

An Unterstützungen zu wissenschaftlichen Reisen und Forschungen wurden gewährt: 600 Mark Herrn Professor Dr. *Kurt Hassert* in Tübingen zu einer Reise nach Italien, und 1000 Mark (aus den Mitteln der Karl Ritter-Stiftung) den Herren Professor Dr. Steindorff und Freiherrn von Grünau zu einer Expedition nach der Oase Siwah.

Zur Erledigung der geschäftlichen Angelegenheiten des Vereins hielt der Vorstand drei Sitzungen ab, davon zwei gemeinsam mit dem Beirat. Die Verhandlungen betrafen in erster Linie die Organisation des Vortragswesens innerhalb der geographischen Gesellschaften Deutschlands und die Schaffung einer besonderen Publikation des Vereins neben den Mitteilungen; ausserdem Wahlangelegenheiten und die Vogelmedaille. Zu dieser wurden die Vorarbeiten fertig gestellt und je ein Exemplar in Silber an den Bruder und die Schwester des Reisenden übersandt. Mit der erstmaligen Verleihung der Medaille in Gold soll bis 1901 gewartet werden.

Zu einer sehr erhebenden, ungemein zahlreich besuchten Festlichkeit gestaltete sich die ausserordentliche Sitzung am 12. Mai, die zum Empfang des zurückkehrenden Leiters der deutschen Tiefseeexpedition in den Räumen des Krystallpalastes stattfand. An den Vortrag des Herrn Professor Dr. *Chun* schloss sich ein Festmahl mit Damen. Der vom 28. September bis 4. Oktober in Berlin tagende VII. Internationale Geographenkongress war von einer ganzen Reihe von Mitgliedern sowohl des Vorstandes wie des Vereins besucht.

Recht umfangreich waren die im Laufe des Jahres im Vorstand eintretenden Veränderungen. Statutengemäss schieden mit dem 30. Juni aus dem Vorstand aus: der zweite Vorsitzende, Herr Professor Dr. *Berger,* der dritte Schriftführer, Herr Dr. *H. Fischer,* und der Bibliothekar, Herr *Hofmann.* Dieser wurde, als sofort wieder wählbar, wieder gewählt, während zum zweiten Vorsitzenden Herr Professor Dr. *H. Meyer,* zum dritten Schriftführer Herr Oberlehrer Dr. *W. Ruge* gewählt wurden. Das Amt des ersten Schriftführers wurde nach der Berufung Dr. *Hasserts* als Professor nach Tübingen einstweilen nicht wieder besetzt; es wurde in der Oktobersitzung Herrn Privatdozent Dr. *Weule* übertragen. Im Herbst legte dann Herr Geheimer Hofrat Professor Dr. *Ratzel* aus Gesundheitsrücksichten den Vorsitz nieder. An seine Stelle wurde Herr Prof. Dr. *Hans Meyer* zum ersten Vorsitzenden gewählt, während das Amt des ersten stellvertretenden Vorsitzenden Herrn Professor Dr. *Chun* übertragen wurde. Aus dem Beirate schieden nach dreijähriger Wirksamkeit bestimmungsgemäss aus: die Herren Professor Dr. *Peter*, Lehrer *Tittmann*, Oberamtsrichter *Kranichfeld*, Geheimer Regierungsrat Dr. *Platzmann, Georg Rödiger sen.,* Oberlehrer Dr. *Ruge*, Prof. Dr. *H. Meyer.·* An ihre Stelle traten die Herren Oberstabsarzt Dr. *Düms,* Maler *Heubner,* Direktor Dr. *Roth,* Buchhändler *Albert Brockhaus* und die Kartographen *Herrich* und *Debes.*

Die in den oberen Räumen des Grassimuseums untergebrachte Vereinsbibliothek steht den Mitgliedern wie früher Dienstag und Donnerstag nachmittags von 5—7 Uhr zur Benutzung offen.

Der Stand der Kasse, deren Revision die Herren Konsul *Nachod* und Bankdirektor *Assmann* auch diesmal in dankenswerter Weise übernahmen, ist fortdauernd günstig, wenn auch, infolge der bedeutenden Ausgaben für wissenschaftliche Zwecke, die grossen Überschüsse des vorigen Jahres nicht erzielt werden konnten. Der geringe Fehlbetrag der Karl Ritter-Stiftung ist auf deren starke Inanspruchnahme durch die genannten Unterstützungen, dann aber auch auf die Kapitalisierung von 3000 Mark zurückzuführen. Der Bestand des Lomerschen Legates hat sich im Lauf des Jahres auf 210 Mark erhöht. Näheres bringt der umstehende Kassenbericht.

Die Mitgliederzahl des Vereins erfuhr bis zum Jahresschluss keine sonderlich grossen Veränderungen. Von den Ehrenmitgliedern wurden uns zwei, Professor Dr. *Heinrich Kiepert* in Berlin am 21. April und Dr. *Oscar Baumann* in Wien am 12. Oktober durch den Tod entrissen; von den korrespondierenden Mitgliedern schied Professor Dr. *Ed. Petri* in St. Petersburg durch Tod aus. Aus der Mitte·der ordentlichen Mitglieder starben, soweit bis jetzt bekannt geworden: Konsul *R. Huste, Karl Vörster,* Professor Dr. *G. Wiedemann,* Rechtsanwalt *Tscharmann,* Professor Dr. *Socin,* Frau *Marie Schomburgk, Emil Weber;* ihnen Allen wird der Verein ein dankbares und freundliches Andenken bewahren. Im ganzen sind durch Tod, Wegzug oder Austritt im Laufe des Jahres 31 Mitglieder aus dem Verein ausgeschieden, während in derselben Zeit 41 neue Mitglieder aufgenommen wurden. Der Verein zählte am Anfang des Jahres 1900 581 ordentliche, und insgesamt 644 Mitglieder.

Kassa-Conto des Vereins für Erdkunde.

Soll. Haben.

1899.		ℳ	₰	1899.			ℳ	₰
Jan. 1.	An Bestand	1933	26	Januar	Per	Conto der Vorträge .	16;8	6ò
	„ Zinsen von			bis	„	Conto der Mitteilungen	285²	30
	ℳ 1000.— Preuss. 3¹/₂°/₀			Dec.	„	Conto der Bibliothek	635	8;
	Konsols	35	—		„	Unkosten-Conto . .	175²	76
	„ 3000.— 3¹/₂°/₀ Credit-				„	Saldo	49;	6ò
	Pfandbr.	105	—					
	An Mitgliederbeiträgen .	5230	—					
	„ Zahlung von Duncker							
	& Humblot . . .	38	70					
	„ vergütete Zwischen-							
	zinsen	75	23					
		7417	19				7417	19
1900.								
Jan. 1.	An Bestand	497	60					

Kassa-Conto der Carl Ritter-Stiftung.

Soll. Haben.

1899.		ℳ	₰	1899.			ℳ	₰
Jan. 1.	An Bestand	2994	73	Per	Effekten-Conto für gekaufte			
	An Hypothekzinsen von				ℳ 3000.— 4°/₀ Leipziger			
	ℳ 22000.— à 4¹/₄°/₀ . . .	935	—		Hypotheken-Pfandbriefe .		3093	25
	„ 9000.— à 4¹/₂°/₀ . . .	405	—	„	Sendung an Prof. Dr. Hassert		600	50
	„ Zinsen von			„	Zahlung an Prof. Dr. Steindorff		1000	—
	ℳ 3000.- Lpz. 4°/₀ Hyp.-Pfdb.	120	—	„	Steuern		29	09
	„ 2400.- 3¹/₂°/₀ Preuss. Kons.	84	—					
	„ 500.- 3¹/₂°/₀ Kom.-Pfdbrf.	17	50					
	„ 200.- 3¹/₂°/₀ Lpz. Stadt-Anl.	7	—					
	„ Mitgliederbeiträgen	141	50					
	„ Saldo	18	11					
		4722	84				4722	84
				1900.				
				Jan. 1.	Per Fehlbetrag		18	11

Kassa-Conto der Dr. Hans Meyer-Stiftung.

Soll.   Haben.

1899.	$\mathcal{M}$	$\mathfrak{d}$	1899.	$\mathcal{M}$	$\mathfrak{d}$
Jan. 1. An Bestand	2308	01	Per Zahlung an Prof. Hans Meyer	3832	76
„ Effekten-Conto für verk.			„ Sendung an Staudinger, Berlin	300	40
$\mathcal{M}$ 1500.— Preuss.			„ Steuern	29	09
$3^{1}/_{2}\%$ Konsols . .	1524	75	„ Saldo	945	51
„ Hypothekzinsen von					
$\mathcal{M}$ 30000.— à $4^{1}/_{4}\%$	1275	—			
	5107	76		5107	76
1900.					
Jan. 1. An Bestand	945	51			

Kassa-Conto des Lomer'schen Legats.

1899. Januar 1. An Bestand . . . . $\mathcal{M}$ 195.—

     „ Zinsen von $\mathcal{M}$ 500.— Sächs. Rente „ 15.—

1900. Januar 1. An Bestand . . . . $\mathcal{M}$ 210.—

Vermögensbestand:

I. Verein für Erdkunde.

ℳ 1000.—. Preussische $3^{1}/_{2}\%$ Konsols.
„ 3000.—. $3^{1}/_{2}\%$ Kredit-Pfandbriefe.

II. Karl Ritter-Stiftung.

ℳ 22000.—. $4^{1}/_{4}\%$ Hypothek.
„ 9000.—. $4^{1}/_{2}\%$ do.
„ 3000.- . 4% Leipziger Hypotheken-Pfandbriefe.
„ 2400.- . $3^{1}/_{2}\%$ Preussische Konsols.
„ 500.—. $3^{1}/_{2}\%$ Kommuual-Pfandbriefe.
„ 200.—. $3^{1}/_{2}\%$ Leipziger Stadt-Anleihe.

III. Dr. Hans Meyer-Stiftung.

ℳ 30000.— $4^{1}/_{4}\%$ Hypothek.

IV. Lomer'sches Legat.

ℳ 500.-—. Sächsische Rente.

Vorstehenden Kassenbericht des Vereins für Erdkunde für das Jahr 1899 haben wir geprüft und richtig befunden.

Leipzig, den 9. Februar 1900.

Fritz Nachod.　F. C. Assmann.

Vereinssitzungen des Jahres 1899.

Allgemeine Vereinssitzung am 4. Januar. Nachdem der erste stellvertretende Vorsitzende, Herr Dr. *Hugo Berger,* die Namen der neuaufgenommenen Mitglieder bekannt gegeben hatte, sprach Herr Privatdozent Dr. *Kurt Hassert* aus Leipzig über die „Geographische Lage und Entwickelung Leipzigs". Der Vortrag ist veröffentlicht in den Mitteilungen des Vereins 1898, Seite 17—53.

Allgemeine Vereinssitzung am 1. Februar. Nach Bekanntmachung der Namen der neu aufgenommenen und neu vorgeschlagenen Mitglieder macht der Vorsitzende, Herr Geheimer Hofrat Professor Dr. *Friedrich Ratzel,* einige geschäftliche Mitteilungen über die Mitgliederbewegung und die Kassenverhältnisse des Vereins. Er giebt bekannt, dass die von den Mitgliedern gezeichneten und inzwischen eingehobenen Beiträge für die Deutsche Südpolar-Expediton 10503,40 Mark ergeben haben und bemerkt zugleich, dass vielleicht das Reich unter günstigen Finanzverhältnissen den Hauptanteil der Expeditionskosten übernehmen wird. Nachdem die Wahl der als Kassenrevisoren vorgeschlagenen Herren Konsul Nachod und Bankdirektor Assmann von der Versammlung genehmigt worden ist, weist der Vorsitzende auf einige neu erschienene Bücher hin.

Darauf hält Herr *Roman Oberhummer* aus München einen Vortrag über „Kleinasien am Ende des Jahrhunderts, auf Grund eigener Reisen und Beobachtungen".

Der Vortragende, der nach halbjährigem Aufenthalt in Damaskus 1896 mit Herrn Dr. Heinrich Zimmerer eine Reise durch Nordsyrien und Kleinasien ausgeführt hatte, entwarf zunächst in kurzen Zügen ein allgemeines geographisches Bild Kleinasiens. Da beide Forscher der verschiedenen Landessprachen mächtig waren, so brauchten sie keinen Dolmetscher; ein Kaiserlicher Ferman sicherte ihnen überall die zuvorkommendste Aufnahme, so dass sie selbst zur Zeit der Armeniergemetzel ungehindert reisen konnten. Ende Sommer zogen die Reisenden, der Hitze wegen oft des Nachts, aus Nordsyrien über die cilicischen Pässe des Taurus ins alte Kappadocien, untersuchten namentlich das grossartige, aber kaum bekannte Höhlengebiet des 4000 Meter hohen Argäus und den unbekannten Mittellauf des Halys (Kizil Irmak), um endlich auf der neuen Eisenbahn von Konia nach Konstantinopel zurückzukehren.

Für die genauere Schilderung der im Centrum Kleinasiens zurückgelegten Touren wählte der Vortragende die entgegengesetzte Richtung, weil die meisten Reisenden von Konstantinopel aus mit der Anatolischen Bahn in das Land kommen werden.

Auf bequemer Bahnfahrt kommt man nach Eskischehr, das seit der Eröffnung der Bahn einen lebhaften Aufschwung genommen hat, aber trotzalledem das unvermittelte Aufeinanderprallen der abendländischen Kultur mit den Sitten und Anschauungen des Orients in unverkennbarer Weise zeigt. Weiter geht es nach Afiun-Karahissar, das ein ebenfalls wichtiges Verkehrscentrum zu werden verspricht, und nach Konia, dem alten Mittelpunkte seldschuckischer Herrschaft und Pracht. Da hier die Bahn endet, muss man zu Wagen die öden Salzsteppen nach Akserai durchmessen, von wo sechs weitere Tagesfahrten nach Kaisarieh führen. Je näher das wunderbare Höhlenland kommt, um so häufiger werden Höhlen und phantastisch gestaltete Tuffmassen. Endlich ist mit Kaisarieh jenes unvergleichliche Gebiet erreicht, das, im Osten vom schneebedeckten Argäus begrenzt, in seinen lockeren, leicht zerstörbaren Tuffmassen die sonderbarsten Erosions- und Höhlenbildungen umschliesst. Hier giebt es zahllose Höhlendörfer, Kirchen und Kapellen, deren Inneres die mittelalterlichen Mönche mit Tausenden noch heute erhaltener Bilder und Zierraten schmückten.

In die Schilderung dieses Weges wurden zahlreiche Stimmungsbilder über Land und Volk und tägliches Leben eingeflochten. Das bequeme Reisen auf den kleinasiatischen Bahnen, die Anstrengungen und Entbehrungen im abgelegenen Innern, die herzliche Gastfreundschaft seitens der Landbevölkerung, der griechischen Mönche und der amerikanischen Mission fanden eingehende Würdigung. Nicht minder wurden die Schwierigkeiten zur Erlangung eines Ferman, ferner der Verkehr mit den türkischen Behörden und die Strenge des türkischen Pass- und Meldewesens durch drastische Beispiele erläutert. Weiterhin gab der Vortragende praktische Winke für Ausrüstung, Anwerbung von Dienerschaft, Reiseart und Reisekosten, hob rühmend das Entgegenkommen der Beamten, weniger rühmend das Gebahren der durch ihre Bedrückungen und ihr herrisches Auftreten allgemein verhassten Saptiehs oder Gendarmen hervor und machte endlich wertvolle Bemerkungen über die deutsche Kolonisation und die deutschen Interessen in Kleinasien.

Im Anschluss an diesen Vortrag machte Herr Kartograph Dr. *Ernst Friedrich* genauere Mitteilungen über den Inhalt und die wissenschaftlichen Grundlagen der von ihm herausgegebenen beiden Karten von Kleinasien (Geographische Karte, Handels- und Produktenkarte von Kleinasien).

Die Vorführung von Lichtbildern aus dem Reisegebiet des Herrn *Oberhummer* bildete den Beschluss.

Allgemeine Vereinssitzung am 22. März im Saale des Kaufmännischen Vereinshauses. Der Vorsitzende, Herr Dr. *Hugo Berger*, schreitet zunächst zur Vornahme der Wahlen, die sich durch das statutengemässe Ausscheiden mehrerer Vorstandsmitglieder nötig machen; auf Vorschlag des Vorstandes werden Herr Dr. Hans Meyer zum stellvertretenden Vorsitzenden, Herr Gymnasialoberlehrer Dr. Ruge zum stellvertretenden Schriftführer neu, und Herr Lehrer Hofmann zum Bibliothekar wieder gewählt. Die Neuwahl eines Schriftführers an Stelle des als Professor nach Tübingen berufenen Herrn Dr. Hassert wird auf später verschoben. Alsdann wird nach dem Bericht der Kassenrevisoren dem Kassierer Herrn Bankier Keil Entlastung erteilt und die Liste der neu aufgenommenen und zur Aufnahme vorgeschlagenen Mitglieder verkündet. Den Vortrag des Abends hält Herr Prof. Dr. *Hartmann* aus Berlin über: „Die wirtschaftliche Zukunft Syriens, und Deutschlands Anteilnahme daran".

Neuerdings hat man einen Vergleich angestellt zwischen dem Verhältnis Deutschlands zur Türkei und dem Englands zu Indien. Vor derartigen politischen Spekulationen ist dringend zu warnen. Deutschland hat in der Türkei nur die Aufgabe der wirtschaftlichen Hebung; sie erfolgreich zu lösen, dazu ist vor allem das Vertrauen der Regierung notwendig. Wirtschaftliches Gedeihen beruht auf dem Vorhandensein eines ausgebildeten Netzes guter Verkehrswege, und hierfür ist in Syrien fast noch nichts geschehen. Die Gestaltung des künftigen Bahnnetzes ist durch die Natur vorgezeichnet: zwei Hauptstränge, einer an der Küste, ein anderer im Innern, östlich von dem nordsüdlich streichenden Gebirge, sind durch westöstliche Verbindungsstrecken in Beziehung zu setzen. Unter diesen ist die wichtigste die südlichste. Wird nämlich der innersyrische Strang, wie dies unabweisbar geboten, bis nach Aila (Akaba) am Nordostzipfel des Roten Meeres fortgeführt und von dort aus mit der Küste verbunden, so ist eine ziemlich kurze Verbindung zwischen dem Mittelmeer und dem Roten Meere, sowie dem Indischen Ocean hergestellt; solche Verbindung ist zunächst für die Türkei als Besitzerin Westarabiens von der höchsten Wichtigkeit, da der Landweg von Syrien dorthin so gut wie ungangbar ist, auf die Verbindung aber durch Ägypten (zu Lande oder durch den Kanal von Suez) nicht mit Sicherheit zu rechnen ist. Auch für unseren ostafrikanischen und ostasiatischen Besitz könne es von entscheidender Bedeutung werden, jene Verbindung zu haben, falls die Engländer einmal den Kanalweg unpraktikabel machen sollten. Als Hafenort kommt Ghazze (Gaza) in Betracht, das etwa via Hebron mit Aila zu verbinden wäre. Daneben ist die bereits bestehende Linie Jaffa-Jerusalem über das einer grossen Entwickelung als Kurort fähige Jericho an den innersyrischen Strang anzuschliessen. Im Norden muss durch die Linie Aleppo-Alexandrette das syrische Bahnnetz an den grossen anatolischen Überlandweg angegliedert werden; das Bindeglied muss die Strecke Konia-Adana-Ajas mit Dampftraject Ajas-Alexandrette (Entfernung wie Warnemünde-Gjedser) bilden. In Mittelsyrien ist die Linie Damaskus-Haifa mit Weiterführung nach Derr am Euphrat auszubauen. Neben dem Bahnbau muss eine andere Arbeit nebenhergehen: die Einführung deutschen Gewerbs- und Handelslebens und deutschen Geisteslebens. Jene hat mit grossen Schwierigkeiten zu kämpfen. Undenkbar ist eine Kolonisation im grossen Stil, da das türkische Gesetz in strengster Weise an solche die Aufgabe der Staatsangehörigkeit knüpft. Auch der Erwerb von Grundbesitz durch Kauf ist bis auf weiteres durchaus zu widerraten; die Bodenbesitz-Verhältnisse sind die denkbar ungünstigsten; das Grundbuchwesen ist in heilloser Verwirrung, die Rechtsverhältnisse sind äusserst verwickelt; dazu kommt die Bestechlichkeit aller Beamten. Landwirte dürfen durchaus nur in Dienst- oder Pachtverhältnis zu den Grossgrundbesitzern Syriens treten. Von anderen Gewerben verspricht Weinbau, Seidenzucht und Bergbau bedeutenden Ertrag. Zur Hebung der bestehenden und Schaffung neuer Kulturen ist die Beratung der Ankömmlinge durch Eingelebte nötig. Durch Errichtung einer Anstalt im Lande selbst muss die eindringende Erforschung und Darstellung aller kulturellen Verhältnisse des Landes gefördert werden. Gelehrte und Männer praktischer Berufe müssen in einer solchen Anstalt Einführung in Sprache und Sitten des Landes und Rat für das gedeihlichste Betreiben ihrer Fachstudien erhalten. Zugleich müsste diese Anstalt ein Mittelpunkt für Verbreitung deutschen Geisteslebens unter den Eingeborenen werden. Eine deutsche Grammatik für Araber wird etwa Anfang 1900 vorliegen; den Arabern muss die schöne und die wissenschaftliche Litteratur Deutschlands zugänglich gemacht werden. Der Vortragende schloss mit einem Vergleich: der Türke sei wie ein Mann, der einen herrlichen Palast ererbt, diesen aber habe verfallen lassen und nun in einem Winkel darbe; es sei Recht und Pflicht, ihn zur Herstellung und dadurch zu würdigerer Lebenshaltung zu führen, vor allem zu der Erkenntnis, dass materielles Wohlergehen nur durch ernstes, beharrliches Arbeiten zu gewinnen und zu erhalten sei.

Allgemeine Vereinssitzung am 5. April. Nach der Aufnahme neuer Mitglieder und nach einigen einleitenden Bemerkungen des Vorsitzenden, Herrn Dr. *Hugo Berger,* hält Herr Privatdozent Dr. *Hans Stumme* einen Vortrag über „Damaskus", wozu er einen von ihm selbst angefertigten Stadtplan verteilen lässt.

Nicht selten wird die Frage aufgeworfen, welche von den drei grössten Städten des syrisch-palästinensischen Gebietes die interessanteste sei, ob Dasmaskus, Beirût oder Jerusalem. Es muss aber eine jede dieser drei Städte als in ihrer Art interessant bezeichnet werden. Keine von ihnen ist aber besser als Damaskus geeignet, dem Besucher den unverfälschten Orient und den unverfälschten Orientalen zu zeigen. An historischen Erinnerungen steht Damaskus hinter Jerusalem und vielen ganz kleinen Orten jener Gegenden allerdings zurück; diesen Mangel ersetzt aber die wunderbar schöne Lage der Stadt in reichem Masse. Aus den Schluchten des Antilibanon braust der Bárada hervor und bewässert vortrefflich die Landschaft, die sich zwischen diesen östlichen Vorbergen des Antilibanon und den etwa 40 Kilometer östlich davon liegenden Sumpfseen hinzieht. Die Umgebung von Damaskus, die Ghûta, ist eine Gartenlandschaft. Interessant ist das Kanalisationssystem in der Umgebung der Stadt und in der Stadt selbst. Das Land um Damaskus ist grün; hinter dem Grün der Gärten verschwindet jede andere Farbe. Man vergleicht die Lage der Stadt öfter mit der Gestalt eines Löffels (Manche sagen: mit der Gestalt eines Löffels im Spinat!). Der Stadtteil Meidân bildet den Stiel des Löffels; er ist lang und schmal und weist nur eine einzige grössere Strasse auf, welche man bei windigem Wetter am besten blinzelnd durchwandert, denn Stroh und Häcksel nebst sonstigem landwirtschaftlichen Staub fliegt alsdann umher. Hier wohnen nämlich Leute, die Landwirtschaft treiben oder landwirtschaftliche Produkte absetzen. Der Meidân gewährt meist ein nüchternes Bild, ausser zu zwei Zeiten des Jahres, nämlich beim Einzuge und beim Auszuge der Karawane der Mekkapilger. Nordwestlich von der Vorstadt

Meidân liegt der Stadtteil Kanâwât. Hier befindet sich das Militärserai und die Kasernenbauten. Den Stadtteil Kanâwât schliesst nach Norden der Civilserai-Platz ab, an dem verschiedene wichtigere Gebäude liegen, nämlich (ausser dem Civilserai) das Hotel Viktoria, das Kriminalgericht, das Postamt, das Gefängnis etc. Von hier hat man nicht weit nach der Tekkîje (einem vom Sultan Selîm im Anfange des 16. Jahrhunderts erbauten Gebäudekomplex, der zur Aufnahme von Pilgern bestimmt war) und nach dem Merdsch, einer etwa $^1/_2$ Kilometer langen Wiese am Bárada, auf der namentlich wunderschöne Pferde beobachtet werden können. Man gelangt von hier auch leicht nach Sâlihîje, der Kurdenstadt, im Norden von Damaskus. In Sâlihîje kann man die interessante kurdische Sprache studieren; überhaupt giebt es in Damaskus treffliche Gelegenheit zu Sprachstudien. Die Hauptsprache ist natürlich das Arabische; aber auch das Türkische, das Aramäische, das Tscherkessische und das Kurdische werden in Damaskus gesprochen. Sehr wichtig ist das Studium des West-Aramäischen. Namentlich die Bäcker von Damaskus sind aramäisch sprechende Leute; sie stammen nämlich meistens aus Malûlâ, einem Dorfe, das 12 Wegstunden nordöstlich von Damaskus liegt. In Malûlâ hat sich noch das West-Aramäische, die Sprache Christi, erhalten, und ferner in den Dörfern Bachâ und Dschubb-Adin; sonst ist es überall verschwunden. — Von Sâlihîje kommen wir durch die nördliche Vorstadt El-Amâra rasch und bequem nach dem Centrum der Stadt Damaskus. Zum Centrum gehören die drei Quartiere der Muhammedaner, der Christen und der Juden. Das Judenquartier liegt im Süden der die Stadt von West nach Ost durchziehenden „Geraden Strasse" (Derb el-mustakîm); das muhammedanische Viertel liegt westlich vom christlichen, beide nördlich von der „Geraden Strasse". Letztere ist bekanntlich in Apostelgeschichte 9, 11, erwähnt; der Apostel Paulus wohnte daselbst. Im muhammedanischen Viertel wird man vor allem die Omajjadenmoschee besuchen, die grösste Sehenswürdigkeit der Stadt. Sie ist von Welîd erbaut worden. Zwölfhundert griechische Künstler soll sich Welîd aus Konstantinopel haben kommen lassen. Beim Bau wurde nicht gespart an teuerstem Marmor zum Bekleiden der Wände und zum Belegen des Fussbodens, an Edelsteinen zum Einsetzen in die Gebetsnischen oder an Gold zum Belegen der aus teurem Holze bestehenden Decke, von der 600 goldene Lampen herabhingen. Das herrliche Bauwerk wäre vor 6 Jahren übrigens beinahe gänzlich der Vernichtung anheimgefallen. Ein in den benachbarten Bazaren ausgebrochener Brand zerstörte einen grossen Teil der Moschee. — Der Vortragende schilderte hierauf das Leben und Treiben am Hofe der Omajjaden, von denen die meisten einem fröhlichen — beinahe zu fröhlichen — Lebensgenusse nicht abhold waren, und die das Verbot des Weines im Korân offenbar völlig vergessen hatten. — Endlich führte der Vortragende die Zuhörer in das Christenviertel und erinnerte an das schreckliche Christenmassacre, das im Juli des Jahres 1860 hier wütete. Es sollen 6000 Christen in wenigen Tagen von den Muhammedanern und Drusen hier getötet worden sein; an 15000 wurden im Gebirge niedergemetzelt. Man erblickt jetzt noch die Spuren jenes Mordbrennens hier und da; viele Damascener Christenfamilien wanderten nach der Metzelei nach Beirût aus.

Dem Vortrage folgte die Vorführung von einigen dreissig Lichtbildern, von denen ein Drittel Aufnahmen von Gebäuden und Strassen der Stadt Damaskus waren, während zwei Drittel Typen von Damascenern und Bewohnern der Umgegend darstellten.

Ausserordentliche Vereinssitzung am 12. Mai. Der Vorsitzende, Herr Geh. Hofrat Professor Dr. *Ratzel,* eröffnete die Sitzung, indem er Herrn Professor Dr. *Chun* begrüsste und zugleich beglückwünschte zu der erfolgreichen Durchführung der Valdivia-Expedition. Hierauf sprach dieser über „Die deutsche Tiefsee-Expedition auf dem Schiffe Valdivia".

Am 1. August 1898 verliess die Expedition Hamburg, um über Edinburg nach den Färöer-Inseln, dem nördlichsten Punkt der Reise, zu segeln; dann ging es über die Kanarischen Inseln nach Kamerun. Auf dieser ersten Strecke hatte man sich erst in den schwierigen Mechanismus der Arbeit hineinzufinden. Von der Ambas-Bai aus, einer Perle im deutschen Kolonialbesitz, genossen die Teilnehmer einen herrlichen Ausblick in die Urwaldregion und in den Kamerunschen Urwald, von dessen unerwarteter Pracht und dessen Wucht der Entfaltung sie berauscht und überwältigt waren. Nicht einmal die Tropenlandschaften von Ceylon, von Sumatra, von den Seychellen konnten auf sie einen solchen Eindruck machen, wie gerade dieser Urwald. Kamerun selbst dürfte in wenigen Jahren eine deutsche Kolonie repräsentieren, die auf eigenen Füssen steht. Man machte einen Ausflug auf dem Wuri-Fluss bis zu seinen Schnellen. Weiter führte die Reise nach der Congomündung, der Grossen Fischbai und nach Kapstadt. Während dieses ersten Drittels der Fahrt hatte die Expedition relativ wohlbekannte Gebiete durchfahren; jetzt galt es zum wichtigsten Teil der Fahrt, zur Erforschung der antarktischen und indischen Gebiete, überzugehen. Es widerstrebte zunächst dem wissenschaftlichen Leiter der Expedition, hierbei den Kurs der früheren Expeditionen der „Gazelle" und des „Challenger" einzuschlagen, und so entschloss er sich, nach Süden vorzugehen, wozu ihn auch Mitteilungen anderer Schiffe bewogen, die von der gewaltigen Packeistrift, welche sich vor Jahren dort geltend machte und die selbst Australienfahrer in Bedrängnis brachte, nichts mehr zu berichten wussten. Auf dieser Route war auch die Möglichkeit gegeben, das geographische Problem, das sich an die Bouvet-Insel anschliesst, zur Lösung zu bringen. Sie war im Jahre 1739 von dem französischen Admiral Bouvet endeckt und mit „Cap de la Circoncision" bezeichnet worden. Vergeblich suchte sie Cook nach ihr; auch James Ross bemühte sich, hier Klarheit zu schaffen, indem er vierzehn Tage lang in der Bouvet-Region kreuzte; doch weder er noch der zwei Jahre später dort erscheinende Amerikaner Moore fand eine Spur von ihr. Nur Walfischfänger im Dienste des Engländers Enderby wiesen zu Beginn dieses Jahrhunderts, jedoch nur unklar, auf die Existenz zweier Inseln in dieser Region hin, und so vermutete man, dass die Bouvet-Insel einem vulkanischen Ausbruche zum Opfer gefallen sei.

Eifrig suchte die Expedition die Positionen der Enderby'schen Walfischfänger ab — keine Spur von einer Insel, — am 24. November wurde durch Lotungen ein unterseeischer Rücken nachgewiesen, der der Insel vielleicht als Sockel dienen konnte, und nun machte man sich daran, die ganze Region systematisch abzusuchen. Am 25. Nov., bei diesiger Luft, wurde in nur 7 Seemeilen Entfernung die Insel entdeckt, eine Erscheinung mit grandiosen Gletschern, mit schneeweiss schimmerndem Firnfeld und mit schroffer, steil gegen das Meer abbrechender Eismauer. Ihr grosser Kraterkegel wurde auf 935 m Höhe bestimmt. In ihrem Schutze konnte dann eine Reihe oceanographischer Arbeiten erledigt werden. Eine Landung war leider nicht möglich. Wohl suchte man auch nach einer angeblich vorhandenen zweiten Insel, indessen ohne Erfolg; allerdings verhinderten Nebel und Sturm ein weiteres Vorgehen.

Bei der Weiterfahrt nach Südosten kamen bald die ersten Eisbröckelchen und dahinter Treibeis in senkrechten Bänken. Ziemlich weit drang die „Valdivia" zwischen den einzelnen Eisfeldern vor, und da das Meer entsprechend ruhig war, konnten auch umfangreiche wissenschaftliche Arbeiten vorgenommen werden. Bald mehrten sich die Eisberge: man musste auf den Rückzug bedacht sein. Volle drei Wochen folgte die Expedition der Packeisgrenze. Es hält schwer, die Pracht der Eisberge zu beschreiben: bald würfelförmig, bald amphitheatralisch aufsteigend oder scharf zerklüftet, trieben sie einher; im reinsten Himmelblau bis zum Azurblau leuchteten ihre Spalten auf.

Die Lotungen wiesen gewaltige Tiefen auf; nicht weniger als 11 schwankten zwischen 5000 und 6000 m, 5 zwischen 4000 und 5000 m, und nur eine (nahe bei der Bouvet-Insel) zeigte 3080 m.

Die „Valdivia" überschritt nun den 61., 62., 63., und 64. Breitegrad und gelangte damit in die Nähe des fast sagenhaft verschwommenen Enderby-Landes. Ob es eine Insel ist, oder eine Landgrenze, das zu erforschen wird die Aufgabe der kommenden Südpolar-Expedition sein. Enderby-Land war bei dem Eintreffen der „Valdivia" von schwerem Packeis umgeben. Jetzt musste die Expedition ihren Rückzug antreten. Sie stellte den südlichsten Punkt unter 64° 15' durch eine Lotung auf 4647 Meter fest und nahm ihren Weg zurück. Am 17. Dezember wurde einer der ergebnisreichsten Züge mit dem grossen Schleppnetz gemacht.

Die Weiterfahrt nach den Kerguelen war ausserordentlich stürmisch, und so kam es, dass, als man Weihnachten feiern wollte, der Leiter der Expedition mit Stricken an das Klavier festgebunden werden musste, und der Photograph mitsamt seinem Apparat und dem Blitzlicht über Alle hinwegschoss. Endlich fuhr die „Valdivia" am zweiten Weihnachtsfeiertage in den Gazellehafen der Kerguelen ein. Die Kerguelen galten immer als Sinnbild der antarktischen Inseln; Professor Chun fand sie paradiesisch. Drei Frühlingstage verbrachte die Expedition auf ihnen, am meisten dort durch die Tierwelt gefesselt. Möven, Sturmvögel, Raubmöven umflatterten in dichten, dunklen Scharen die Insel; Seeschwalben umschwirrten die Dampfbarkasse bei ihrer Umfahrt, oder setzten sich zutraulich auf dieselbe, Kormorane trippelten ohne Scheu umher und Seerobben und Seeelephanten schauten die Kommenden furchtlos an. Auf Ersuchen des französischen Marineministeriums revidierte Professor Chun auf den Kerguelen die dort angelegten Depots und fand sie unberührt. An zwei abgelegenen Inseln, St. Paul und Neu-Amsterdam, vorbei steuerte die Expedition in den blauen Indischen Ocean.

Es ging nach Padang, nach den Nicobaren, nach Ceylon, nach den Korallenatollen der Malediven, nach den Tschagos-Inseln und den Seychellen, von den Seychellen endlich nach Ostafrika. Ein reich gegliedertes Bodenrelief wurde erwiesen, und Tiefen bis 5000 Meter begleiteten die Expedition selbst bis nach Ostafrika hin. Höchst merkwürdig erschien hierbei die Sprungschicht der Meerestemperatur, die sich meist zwischen 50 m und 200 m Tiefe findet. Auf eine Schicht, deren Temperatur wenig von der der Oberfläche abweicht, folgt bei nur 20—25 m Tiefendifferenz eine plötzliche Temperaturabnahme oft um 8°—9°.

Die ausgeworfenen Schliessnetze zeigten, dass alle Schichten von Organismen belebt waren, bis 80 Meter Tiefe mit Diatomeen und Geisselorganismen. Unterhalb dieser lichten Regionen, dieser flachen Schichten, traf man keine lebenskräftigen Pflanzenschichten mehr an, aber immerhin rieselt von der Oberfläche ein ganzer Regen pflanzlicher Organismen bis zum Boden nieder. Eine Fülle tierischer Organismen zehrt sie auf. Da die Tiefsee-Fauna sich vor allem am grossartigsten an der Küste entwickelte, so gab diese Wahrnehmung Anlass, den Kurs der Expedition bis zu den Nicobaren auszudehnen. Hier sollten auch deren Bewohner in ethnographischer Hinsicht untersucht werden. Sie sind ein schöner Volksstamm, nur entstellt durch das Betelkauen. Sie besitzen eine auffällig hochrotbraune Hautfarbe und gehen vollständig unbekleidet. Nicht minder eigenartig zeigen sich die Bewohner der Malediven. Ein merkwürdiges Gemeinwesen trat der Expedition auf den seit zehn Jahren dem Weltverkehr entrückten Tschagos-Inseln entgegen wo rund 600 von Mauritius importierte, zum grossen Teil verheiratete Neger unter vier Weissen in musterhafter Ordnung und Arbeitswilligkeit beschäftigt sind.

Zuletzt fuhr die Expedition längs der ostafrikanischen Küste; gerade der Abschluss dieser Fahrt überbot an Grossartigkeit Alles, was aus der Tiefsee-Fauna gewonnen wurde: Fische von monströser Grösse mit seltsam konstruierten Augen, Tintenfische, Crustaceen, herrliche Glasschwämme brachten die Netze aus der Tiefe herauf. Nun ging es rasch zurück durch das Rote Meer und das Mittelländische Meer.

Allgemeine Vereinssitzung am 17. Mai. Nach der Verkündigung der Namen der neu aufgenommenen Mitglieder und nach einigen geschäftlichen Mitteilungen legte der Vorsitzende, Herr Geh. Hofrat Prof. Dr. *Ratzel,* eine Probeprägung der vom Vereine gestifteten und von Prof. Klinger ausgeführten Eduard Vogel-Medaille vor, die bei besonderen Gelegenheiten, zum ersten Male voraussichtlich beim 40. Stiftungsfeste des Vereins im Jahre 1901, an hervorragende deutsche Forschungsreisende verliehen werden soll, um dadurch das Andenken an den Leipziger Afrikareisenden Eduard Vogel zu ehren. Vorher wird aber den beiden noch lebenden Geschwistern Eduard Vogels je ein in Silber geprägtes Exemplar der Medaille übersandt werden. Den Vortrag des Abends hält Herr Dr. *Siegfried Passarge* über: „Skizzen aus der Kalahari und vom Okovango".

Von einer englischen Gesellschaft erhielt der Vortragende im Jahre 1896 den Auftrag, im Steppengebiete von Britisch-Central-afrika geologische Untersuchungen nach abbauwürdigen Mineralien anzustellen. Von Palapye, der Hauptstadt des mächtigen, englischfreundlichen Häuptlings Khama aus wurden zu diesen Zwecken eine Reihe von Expeditionen tief in die Kalahari hinein unternommen, bei denen das nötige Wasser mitgenommen wurde, so dass der Reisende von den spärlich vorkommenden Wasserstellen unabhängig seinen Weg selbst wählen konnte. Wegen der damals herrschenden Rinderpest war die Ausrüstung der Expeditionen mit Zugtieren mit grossen Schwierigkeiten verknüpft, da Ochsen schwer zu bekommen waren und Esel den Anstrengungen einer Wüstenreise nicht gewachsen sind. Die Kalahari umfasst fast das ganze grosse Plateau, das Südafrika einnimmt; obwohl der Name „Sandfeld" bedeutet, ist sie doch mit Buschwald, der entweder aus Dornengebüsch oder Laubsträuchern besteht, bedeckt, und hin und wieder finden sich auch weite Grasebenen. In der Trockenzeit ist die Steppe trostlos, öde, gelb, kahl und schattenlos. Aber schon in der zweiten Hälfte der Trockenzeit bedecken sich die Bäume mit frischem Grün, Ende November regt sich auch die niedere Vegetation, und bald prangt die ganze Steppe in einem bunten Flor von Blumen und blühenden Kräutern; zahllose Insekten durchschwirren die Luft, unter denen besonders farbenprächtige Schmetterlinge zahlreich vertreten sind. Aber schon im April, wenn die Regenzeit zur Neige geht, stirbt diese Pflanzenwelt ab, und nach 2 bis 3 Monaten haben auch die Bäume wieder ihr Laub verloren, und die Steppe zeigt wieder das öde, leblose Bild. Wasser findet sich in der Kalahari während der Trockenzeit nur an vereinzelten Stellen in Gesteinspfannen im anstehenden Grundgestein, wo sich das Wasser aus den umgebenden Schichten auf dem undurchlässigen Gestein sammelt; in alten Flussbetten vermögen die Bakalahari auch durch sinnreich eingerichtete Saugbrunnen Wasser aus den feuchteren Schichten zu heben. Die Bewohner der Steppe sind Buschmänner, von kleiner 140—160 Centimeter hoher Gestalt und dürftigem Körperbau, die aber trotzdem im Laufen eine staunenswerte Ausdauer besitzen und die Gazelle totzulaufen vermögen. Sie zerfallen in drei Stämme, von denen jeder eine besondere Sprache mit zahlreichen Schnalzlauten spricht. Jeder Stamm und auch jede Familie besitzt zwei Gebiete, ein Pfannenfeld, wo ihnen eine Gesteinspfanne während der Trockenzeit das nötige Wasser spendet, und ein Steppengebiet, wohin sie während der Regenzeit ziehen, um grosse Jagdzüge zu unternehmen und sich an den zahlreichen Früchten, Wurzeln, Raupen, Schildkröten, Ochsenfröschen u. s. w. für die Entbehrungen der Trockenzeit zu entschädigen. In früherer Zeit waren die Steppengebiete sehr wildreich, aber seit der Einführung von Feuerwaffen und besonders seit dem Eindringen der Treckboeren in diese Gebiete, die als vorzügliche Schützen die Ausrottung des Wildes als Sport betreiben, hat sich die Zahl des

Wildes so weit vermindert, dass es heute den Eingeborenen mit ihren primitiven Jagdwaffen nur noch selten gelingt, ein grösseres Jagdtier zu erlegen. Infolge dessen hat sich auch die Zahl der steppenbewohnenden Buschmänner in der letzten Zeit sehr verringert. Besonders in der Trockenzeit, wenn die Natur ruht, führt der Buschmann ein klägliches Dasein und kämpft einen harten Kampf um seine Existenz; was Wunder, wenn er sich in diesem Kampfe alles Dessen zu entledigen sucht, was ihm hinderlich ist und dabei eine abstossende Gefühlsrohheit offenbart; Greise und Kranke, die der in der Steppe herumstreifenden Horde hinderlich sind, werden ihrem Schicksal und damit den Raubtieren der Wüste überlassen, und Kinder, die geboren werden, während die Mutter noch das jüngste Kind nährt, werden getötet. Auch die Wertschätzung des eigenen Lebens ist bei den Buschmännern der Kalahari gering.

Ganz anders als in der Kalahari sind die Verhältnisse am Okovango; dort ist ein weites Sumpfgebiet, das nur an den Rändern von wenigen Buschmannstämmen bewohnt wird. In früherer Zeit war es noch bedeutend grösser, und der ehemals ansehnliche Ngami-See liegt heute fast trocken; überall macht sich eine Abnahme der Bodenfeuchtigkeit bemerkbar. Infolge seiner grossen Fruchtbarkeit hat das Sumpfgebiet als Kornkammer Südafrikas noch eine grosse Zukunft. Wenn die Trockenzeit im Juli ihren Höhepunkt erreicht hat, beginnt das Wasser des Okovango infolge grosser Niederschläge in Portugiesisch-Westafrika beträchtlich zu steigen, und die umliegenden Gebiete können dann reichlich bewässert werden. Die 500 Bewohner des ganzen Gebietes sind körperlich ziemlich herabgekommen; ihre socialen Verhältnisse erinnern lebhaft an unsere mittelalterlichen Lehnsverhältnisse mit ihren Hörigen und Unfreien. Seit 1893 hat England seine Hand auf das Gebiet gelegt, das es durch eine kleine Polizeitruppe regieren lässt. Die seit 1896 wütende Rinderpest, die von 120—150 000 Stück Rindvieh nur 5000 übrig liess, hat in den wirtschaftlichen Verhältnissen der Bewohner einen grossen Umschwung bewirkt, da die Viehzucht seitdem fast ganz aufgehört hat. Zur wirtschaftlichen Erschliessung des Landes hat England jetzt Boeren angesiedelt, die aber in ihren Verhältnissen nicht recht vorwärts kommen können, da auch ihnen infolge der Rinderpest die Viehzucht erschwert ist.

Allgemeine Vereinssitzung am 25. Oktober 1899. An Stelle des Herrn Geh. Hofrat Professor *Ratzel*, der den Vorsitz aus Gesundheitsrücksichten niederlegte, wurde Herr Prof. Hans Meyer zum ersten Vorsitzenden, und an Stelle des als Professor der Geographie nach Tübingen berufenen Herrn Dr. Hassert Herr Privatdozent

Dr. Weule zum ersten Schriftführer gewählt. Sodann erstattete Herr Prof. *Ratzel* kurz Bericht über den VII. Internationalen Geographenkongress in Berlin. Der Kongress hat glänzenden, ja beispiellosen Erfolg gehabt; mehr als 1600 Geographen und Geographinnen wohnten ihm bei, und 6 Haupt- und 16 Sektionssitzungen haben nicht genügt, das umfangreiche Programm in allen seinen Teilen zu erschöpfen. Dennoch ist er den einem internationalen Kongress zu stellenden Aufgaben in vollem Masse gerecht geworden; er hat die Frage der Südpolarforschung zu einem befriedigenden Abschluss gebracht, hat die internationale Verständigung über gemeinsame Erdbebenbeobachtungen angebahnt und die schon auf den Kongressen in Bern und London angeregte Frage der Herstellung einer Weltkarte im Massstabe von 1 : 1 000 000 beträchtlich gefördert. Reich war der Kongress ferner an litterarischen und wissenschaftlichen Darbietungen, und über alles Lob erhaben das warme Entgegenkommen und die Gastfreundschaft der Reichshauptstadt. Die Organisation war geradezu musterhaft; sie wurde allerdings durch das glänzende und geräumige Lokal, das Abgeordnetenhaus, wesentlich erleichtert. Im Gegensatz zu seinen Vorgängern wies der Kongress wenig grosse Reisende auf, ein Zeichen, dass auch das dritte grosse Zeitalter der Entdeckungen, wie man die zweite Hälfte des 19. Jahrhunderts genannt hat, zu Ende geht. Die zahlreichen Ausflüge waren gut besucht und verliefen allesamt zur Zufriedenheit der Teilnehmer.

Warme, einer langjährigen Freundschaft und einer Teilung von Freud und Leid entsprungene Worte widmete sodann Herr Prof. Hans Meyer dem Andenken des am 12. Oktober in Wien nach qualvollen Leiden verstorbenen Afrikaforschers Oscar Baumann. Am 25. Juni 1864 in Wien als Sohn eines Bankbeamten geboren, ist der Forscher kaum 35jährig dem Erdteil, dem er die reiche Arbeit seines Lebens gewidmet hatte, zum Opfer gefallen. Auf der Wiener Universität und dem militärgeographischen Institut vorgebildet, hatte er schon 1883 Montenegro und Albanien bereist, war 1885 mit Lenz den Congo hinaufgegangen, hatte dann die Insel Fernando Poo mit ihrer eigenartigen Bevölkerung durchforscht und sich sodann dem Osten des Erdteils zugewandt. Mit Hans Meyer zusammen fiel er 1888 in Buschiris Hände; nichtsdestoweniger finden wir ihn 1890 bereits wieder in Usambara, der Perle unserer Kolonie am Indischen Ocean. Die Hauptaufgabe aber seines Lebens war die grosse Expedition durch Massailand zu den Nilquellen, die er glänzend durchführte. Noch nicht dreissigjährig, löste er das Problem, das Jahrtausende beschäftigt hatte. 1895 endlich unterzog der Unermüdliche sich im Auftrage des Leipziger Vereins für Erdkunde der Durchforschung des Sansibar-Archipels.

Die Persönlichkeit Baumanns ist vielen Leipzigern wohl bekannt. Er war kräftig, muskulös, und alles an ihm zeugte von unbeugsamer Willenskraft. Er war ein fester Charakter; in Ostafrika nannte man ihn bwana kivunja, den Zerbrecher. Fern lag ihm jede Ruhmredigkeit; der einzige Massstab für die Wertschätzung eines Menschen waren für ihn dessen Leistungen auf geographischem Gebiet. Im persönlichen Verkehr etwas unbeholfen, fühlte Baumann sich eigentlich nur „im Busch" wohl. Dennoch schlug unter der rauhen Hülle ein weiches Herz, dessen schönster Zug die rührende Liebe zur betagten Mutter war. Seit 1896 war Baumann österreichischer Konsul in Sansibar. Schon damals schwer krank, war er im Herbst 1898 kaum noch zu erkennen; er litt an Gehirnaffektionen, und diesem krankhaften Zustande ist auch die Entstehung der vielberufenen „Galgenskizzen" zu verdanken. Sein Tod war für ihn eine Erlösung, — für die geographische Forschung ist der Heimgang Baumanns ein schwer ersetzbarer Verlust, wird er doch für immer als ein Bahnbrecher auf Afrikas Boden gelten müssen.

Den Hauptvortrag des Abends hielt Herr Dr. *Paul Ehrenreich* aus Berlin. Der Gegenstand seines am Schluss durch zahlreiche Lichtbilder illustrierten Vortrages war die Schilderung der eigenartigen sogenannten Pueblo-Bevölkerung der südwestlichen Uniongebiete, insonderheit der Moqui-Indianer, die der Forscher im August des vorigen Jahres besucht hat. Unter Pueblo im weiteren Sinne verstehen wir alle Ansiedelungen sesshafter Indianer in jenen ehemals spanischen Gebieten, sofern diese Siedelungen aus Stein- und Lehmziegelbauten aufgeführt sind. Im engeren Sinne umfassen die Pueblos eine bestimmte, scharf abgegrenzte Völkergruppe in Arizona und Neu-Mexiko, die im Gegensatz zu den nomadischen Jägerstämmen des westlichen Nordamerika seit uralter Zeit Ackerbau treibt und in festen, durch eine eigenartige Architektur ausgezeichneten Dorfanlagen haust. Wie die ausgezeichneten neuen Forschungen der amerikanischen Ethnologen ergeben haben, steht diese Indianerbevölkerung ihrem Wesen nach nicht mehr so isoliert und rätselhaft da, wie man bis vor kurzem annahm, wissen wir doch jetzt, dass die merkwürdigen Höhlen- und Klippenbewohner (cliff dwellers) der vorcolumbischen Zeit, die ihre Spuren in den tief eingeschnittenen Flussthälern (Cañons) der Hochebenen hinterlassen haben, ebenso wie die verschollenen Erbauer der grossen, über viele Gebiete Arizonas zerstreuten Dorfruinen als ihre direkten Vorfahren anzusehen sind. Die heutigen Pueblo-Indianer gehören vier verschiedenen Völkerfamilien an, deren Kultur indessen infolge der Gleichheit der Existenzbedingungen sehr einheitlich ist. Nur die ungleiche Zeitdauer der Berührung mit dem Christentum hat einige Unterschiede geschaffen. Zwei der Gruppen, die Tanoa und die Keres, wohnen am oberen Rio Grande del Norte in Neu-Mexiko; weiter westlich, im Gebiet des alten Cibola, wohnen die Zuñi; die der Schoschonenfamilie angehörigen Hopi oder Moki (Moqui) endlich sitzen im nördlichen Arizona, in der von den Spaniern, die bereits 1540 bis hierher vordrangen, sogenannten Landschaft Tusayan (36° n. Br. 110—111° w. L.), wenig nördlich des Kleinen Colorado und der Atchinson-Topeka-Santa-Fé-Bahn. Diese Moki waren der Hauptgegenstand des Vortrages.

Wie alle Pueblo-Indianer, wohnen auch die Moki auf der Mesa. Mesa ist im spanischen Sprachgebrauch eigentlich nur der die Ebene überragende Denudationsrest einer weggewaschenen Schicht, ein sogenannter Zeugenberg. Die hier genannten Mesas sind indessen nicht isoliert, sondern hängen mit dem Hochplateau zusammen. Ihre Erhebung über der Ebene schwankt zwischen 120 und 200 m; ihre Meereshöhe beträgt rund 2000 m. Der Landschaftscharakter ist wüstenhaft; die Flüsse trocknen aus, doch gedeiht eine reichliche Vegetation, und die Gegend wird ungemein reizvoll durch die Farbenglut der durch keine Wolkenbildung gehinderten Sonnenbestrahlung. Hauptort ist gegenwärtig Walpi (Wolpi), das mit dem Hauptplateau nur durch einen ganz schmalen Gang in Verbindung steht. Andere Orte sind Hano oder Tewa auf derselben östlichen Mesa, Shipaulovi und Mishongnovi auf der mittleren, Oraibi endlich, die altertümlichste Anlage, auf der östlichen Mesa. Ehrenreichs Besuch dieser Moquidörfer fiel in den August, also in die Jahreszeit der grossen Sommerceremonien, durch die die Indianer nach uralter Tradition für ihre Pflanzungen Regen und Gedeihen von den Göttern ihrer Väter erbitten. Diese Feste haben sich erhalten trotz einer zum Teil nicht kurzen Berührung mit der europäischen Kultur und dem Christentum; doch ist vorauszusehen, dass sie unter dem Einfluss der modernen Verkehrsverhältnisse bald verschwinden werden. Die wichtigsten Feste der Moqui sind der Schlangen- und Antilopentanz einerseits und der Flötentanz andererseits. Beide Feste werden in abwechselndem Jahresturnus derart gefeiert, dass die eine Hälfte der Dörfer den Schlangentanz feiert, wenn die andere dem Flötentanz huldigt. Wie der ganze Kultus dieses Völkchens, sind auch diese Tänze mit einem höchst komplizierten Ritual verbunden. Die grösste Rolle dabei spielen die verschiedenen Priesterschaften, die, aus den alten Clans oder Phratrien hervorgegangen, heutzutage wirkliche Kultusgenossenschaften darstellen. Jede Priesterschaft besitzt einen unterirdischen Raum, in dem die Opferhandlungen stattfinden. Diese Räume, die Kivas, sind in der Regel 6—8 m lang, halb so breit und 3—4 m hoch. Der Zugang wird durch eine Leiter vermittelt. Die Tänze selbst setzen sich nun aus einer grossen Reihe einzelner Ceremonien zusammen. Ihnen voraus gehen vieltägige Beratungen, die Bereitung des Medizintrankes und die Anfertigung der Gebetsfederstäbe. Den Beginn der eigentlichen Feierlichkeiten stellt dann der Auszug der Priester zum Schlangenfang dar, meist von Klapperschlangen, mit denen der Moqui umgeht, als wären sie die harmlosesten Lebewesen. Nach mehrtägigen vorbereitenden, höchst feierlichen Tänzen kommt es schliesslich zu der Ceremonie der Schlangenwaschung, einer Prozedur, bei der jedes einzelne der oft nach Hunderten zählenden giftigen Reptile mehrfach durch eine geweihte Flüssigkeit gezogen wird; endlich dann auch zum Haupttanz. Bei diesem wirken neben den Schlangenpriestern auch die Antilopenpriester mit, alle gleich phantastisch herausgeputzt und bemalt. Er beginnt mit einem Wettlauf um ein heiliges Gefäss, das der Sieger zur Befruchtung seiner Felder im Acker vergräbt, geht dann in eine meist wilde rhythmische Bewegung der in Gruppen von drei Mann geteilten Priester über, bei der die Schlangen wiederum eine besonders auch für die Zuschauer nicht ungefährliche Rolle spielen, und endet schliesslich mit einer grossen „Reinigung" der Männer, die hervorgerufen wird durch ein als Brechmittel dienendes Nachtschattengewächs. In ähnlicher Weise wie in Oraibi der Schlangentanz, findet in Walpi der Flötentanz statt; nur die Reinigungsceremonie am Schlusse fehlt.

Mit Recht hob der Vortragende die hohe wissenschaftliche Bedeutung des Studiums der heutigen Moquibevölkerung hervor. Sie liegt darin, dass wir hier in der Lage sind, den ganzen Kulturbesitz, das geistige Leben, die Religion und Symbolik eines Naturvolkes noch in zwölfter Stunde zu erkennen, eine Möglichkeit, die uns in gleichem Masse kaum an einem anderen Punkte der Erdoberfläche noch geboten ist. Auch von den Festen abgesehen, ist das Leben in den Pueblos höchst eigenartig und interessant. Die Dörfer bestehen aus langen Häuserreihen, deren jede in zwei bis drei Blocks zerfällt. Die Häuser selbst sind rechteckig, oft quadratisch. Die Wände sind aus flachen, mit Lehm verschmierten Steinen ausgeführt, die Dächer aus starkem Balkenwerk gefertigt, das mit einer Lehmschicht überdeckt ist. Regel sind An- und Aufbauten an den einzelnen Häusern, sodass schliesslich eine terrassenförmige Anlage entsteht, deren Anblick in hohem Grade malerisch ist. Den Aufstieg zu den Aufbauten vermitteln Leitern. Im Anschluss an die Lichtbilder gab der Vortragende ausführliche Erläuterungen über das tägliche Leben der Moqui, ihre Tracht, die hohe Stufe ihres durch Klima und Terrain sehr erschwerten Ackerbaues, ihre socialen Verhältnisse und ihre voraussichtliche Zukunft.

Allgemeine Vereinssitzung am 8. November. Der Vorsitzende, Herr Prof. *Hans Meyer,* eröffnete die Sitzung mit einigen geschäftlichen Mitteilungen. Hierauf sprach Herr Dr. *Schott* von der Seewarte in Hamburg über die oceanographischen und meteorologischen Arbeiten der „Valdivia". Unter den oceanographischen Aufgaben standen die Tiefenmessungen in vorderster Reihe. Sie waren an jeder Stelle, wo das Schiff zum Arbeiten anhielt, ein unabweisbares Bedürfnis, galt es doch, behufs Vornahme der Schleppnetzzüge, stets zunächst die wirkliche Tiefe zu ergründen und die Bodenbeschaffenheit kennen zu lernen. So wurde fast an jedem Morgen eine Lotung vorgenommen. An der Hand von Apparaten und Drahtproben schilderte der Vortragende sodann die Technik des Lotens. Der Draht wird, während das Schiff stoppt, an der Luv-, d. h. der dem Winde zugekehrten Seite, hinabgelassen. Bei schwerer See muss das Schiff mit dem Bug gegen die See andampfen, um den Abtrieb zu verhüten. Die „Valdivia" hat sich dabei auch unter den schwierigsten Verhältnissen ausgezeichnet bewährt. Die Lotmaschine besteht im wesentlichen aus einer Stahltrommel, die zur Aufnahme von 6—8000 Meter Draht dient. An diesem wird das Lotrohr befestigt. Beim Loten selbst besteht die Hauptschwierigkeit darin, das sich stetig vermehrende Drahtgewicht durch Bremsen zu kompensieren. Benutzt wurde zweierlei Draht, einer von 1,3 Millimeter Durchmesser, von dem 1000 Meter 15 Kilogramm wogen, und ein anderer von weniger als 1 Millimeter Durchmesser, aber einer trotzdem bedeutenden Bruchfestigkeit. Das Aufwinden des Drahtes geschah mittels Dampfmaschine oder Elektromotor. Besonders der letztere hat sich sehr gut bewährt, und ist für die geplante Südpolexpedition zu empfehlen. Jede Lotung dauerte etwa anderthalb Stunden. Die Anspannung der Trommel beim Aufwinden ist ungeheuer; sie beträgt bei grösseren Tiefen mehrere Hunderttausend Kilogramm. Die Hauptergebnisse der Lotungen lassen sich in Folgendem zusammenfassen: Die wichtigste Strecke war die zwischen dem Cap, der Bouvet-Insel, Enderby-Land und den Kerguelen. Hier war die Arbeitswahrscheinlichkeit gering, hatte doch der „Challenger" nur fünf, die deutsche „Gazelle" gar nur drei Lotungen dort ausführen können. Südlich des 40. Grades südl. Breite lag überhaupt noch keine Lotung vor. Die „Valdivia" hat es dort indessen bis auf 40 Tiefenmessungen gebracht. Sie hat das bisher dort angenommene Plateau nicht vorgefunden, sondern, von dem Sockel um die Bouvet-Insel abgesehen, überall mehr als 5000 Meter Tiefe gelotet. Die Maximaltiefe, an 40 Grad südl. Breite gelegen, betrug 5733 Meter. Auch die sogenannte westaustralische Tiefe reicht nach den Beobachtungen der „Valdivia"

nicht so weit nach Südwesten, wie bisher angenommen wurde; sie
erleidet vielmehr eine Unterbrechung durch einen wenig mehr als
2000 Meter tiefen Höhenrücken, der die Malediven mit den
Tschagos-Inseln verbindet. Dahingegen wurden, wie es voraus-
zusehen war, die Böschungswinkel an der Westseite von Sumatra
als sehr steil befunden. Für die Umsicht, mit der alle diese
Arbeiten durchgeführt wurden, spricht nichts besser, als der geringe
Drahtverlust der „Valdivia". Nimmt man eine durchschnittliche
Meerestiefe von 3500 Meter an, so ergeben die 180 von der
„Valdivia" ausgeführten Lotungen eine Gesamttiefe von 1,25 Millionen
Meter. Der Gesamtverlust betrug dabei nur 6500 Meter, also
$1/_2$ Prozent, ein wahrhaft verschwindender Satz gegenüber den
Verlusten englischer Kabeldampfer.

Neben den Tiefenmessungen standen die physikalischen und
chemischen Untersuchungen des Wassers und die Messung der
Bodentemperaturen in zweiter Linie. Von Thermometern wurden
zwei Systeme benutzt, ein älteres, von „Challenger" und „Gazelle"
seiner Zeit ausschliesslich geführtes, das seinem Wesen nach ein
Maximum- und Minimumthermometer ist, und das neuere, von
Negretti und Zamba. Während jenes nur bei konstant abnehmenden
Temperaturen zu gebrauchen ist, eignet sich dieses für alle Fälle,
selbst für Profile mit rückspringenden Temperaturen. Es ist jetzt
zum ersten Male in antarktischen Gewässern benutzt worden. Ein
drittes Thermometer, das elektrische von Siemens Brothers, zeigte
noch verschiedene Mängel. Sind diese aber einmal behoben, so
wird es sehr·gut funktionieren. Nur einen Mangel wird man nicht
beseitigen können: die ungeheuer starke, fast einen halben Zoll
dicke Kabelleitung.

An 59 Stellen wurden Temperaturprofile aufgenommen. Von
denen des tropischen Indischen Oceans sind die des Monsungebietes
zwischen 8⁰ und 10⁰ nördl. Breite interessant durch die rapide
Temperaturabnahme unterhalb 200 Meter. Schott erklärt diese
durch die Wirkung der heftigen Oberflächenströmungen, die die
warmen, oberen Schichten wegführen, so dass gleichsam die kalten
Tiefenwasser emporgesaugt werden. Auch an der Eisgrenze war
das Profil höchst eigenartig. So zeigte die Oberfläche Temperaturen
von — 1,3⁰; in 80 Meter Tiefe fand sich dann — 1,7⁰. Von
da ab bis zu einer Tiefe von 2000 Metern folgte dann eine
Zone mit über Null, während die untersten Schichten schliesslich
gleichmässig bis zur Bodentemperatur von — 0,4⁰ abnahmen.
Es ist dies übrigens dieselbe Erscheinung, die Nansen in der
Arktis beobachtet hat.

Bezüglich der Eisverhältnisse fand die „Valdivia" einen
scharfen Gegensatz zwischen ihrem westlichen Arbeitsfeld um die

Bouvet-Insel und den Osten gegen Enderby. Dort im Westen zeigten die Eisberge fast ausnahmslos starke Spuren der Verwitterung. Sie hatten alle eine lange Reise hinter sich, und dieser Umstand lässt den Schluss zu, dass dort bis weit gegen den Pol hin keine grössere Landmasse zu erwarten ist. Im Osten dagegen waren die Eisberge durchweg frisch und unzersetzt, eine Thatsache, die, falls sie den gegenteiligen Schluss zulässt, für die Durchführung der geplanten deutschen Expedition sehr bedeutsam ist.

Der Salzgehalt und das spezifische Gewicht des Meerwassers wurde zweimal täglich bestimmt. Ungemein gross war die Durchsichtigkeit des indischen Meeres. Während die Plankton-Expedition eine sehr grosse weisse Scheibe bis 66 Meter Tiefe hatte verfolgen können, blieb hier eine sehr kleine Scheibe bis 47 Meter sichtbar.

Für die meteorologischen Arbeiten war die Ausrüstung von der Seewarte gestellt worden. Alle vier Stunden wurde notiert; daneben waren noch drei Registrierapparate aufgestellt, die ausgezeichnet gearbeitet haben. Das Hauptergebnis der gesamten Beobachtungen ist, dass jenseits der Zone der „braven Westwinde" vorwiegend Ostwinde wehen, dass aber mit diesen keineswegs höhere Barometerstände verknüpft sind. Es giebt also am Südpol keine Anticyklone, und damit — und das ist der springende Punkt in der ganzen antarktischen Forschung — aller Wahrscheinlichkeit nach auch keine grössere Landmasse.

Herr Dr. *zur Strassen* berichtete hierauf über die zoologischen Arbeiten der deutschen Tiefsee-Expedition. Hier war die Hauptaufgabe die Erforschung der vertikalen Verbreitung der pelagischen Tierwelt. Dieser Aufgabe nachzukommen, benützte man an Bord eine grosse Reihe der verschiedenartigsten Netze, die der Versammlung in natura vorzuführen der Vortragende unerwarteter Weise leider verhindert war, ein Übelstand, dem indessen durch Modelle und Lichtbilder leicht abgeholfen wurde. Zum Fang der grossen Lebewesen auf dem Meeresboden benutzte man das Grundnetz; für alles Andere zwischen Boden und Oberfläche kamen lediglich Vertikalnetze in Betracht, die aus feiner Müllergaze gefertigt waren und oben am Rande 2,5 Meter Durchmesser hatten. Am unteren, spitzen Ende trugen sie einen riesigen gläsernen Eimer, in den die Beute beim Hochziehen des Netzes, das immer vertikal erfolgte, niedersank. So kam sie stets in tadellosem Zustand oben an. Auch in quantitativer Beziehung waren die Ergebnisse äusserst günstig; die „Valdivia" schaut mit Stolz auf eine geradezu unübersehbare Fülle von Formen und Exemplaren. Der Grundzug in der Formenwelt der Tiefsee ist das Bizarre. Mit diesem Hand in Hand geht indessen eine

unleugbare Feinheit der Form, sowie eine ausserordentlich zarte
Abtönung der Farben. So schimmern die Tiefseemedusen in
leuchtendem Braunviolett, während die Fische ausnahmslos im
sattesten Sammetschwarz erscheinen. Grosse Gegensätze vereinigt
die Tiefseefauna bezüglich der Augen. Viele Lebewesen sind ganz
oder nahezu blind, wohingegen bei anderen Formen der Kopf
sozusagen nur Auge ist. Er ist völlig durchsichtig und ruft ganz
den Eindruck hervor, als sei er von Glas. Ein drittes, neues
Princip ist dann, was der Redner Teleskopprincip nannte: die
Augen stehen auf langen Stielen oder Röhren, die weit aus dem
Kopf herausragen. Wozu aber, so muss man sich fragen, haben
jene Lebewesen Augen, wenn sie kein Licht haben? Nun, zwar
dringt der Sonnenstrahl niemals in jene dunklen Tiefen, aber
lichtlos sind diese dennoch nicht. Das Licht geht vielmehr von
den Tieren selbst aus. Viele von ihnen phosphorescieren, und
andere haben besondere Leuchtorgane, die oft den ganzen Körper
bedecken. Der Zweck dieser Organe kann nun nicht sein, mit
ihrer Hilfe das Meer abzuleuchten. Dazu sind sie zu schwach;
zudem ist die Beute zu spärlich. Sie wirken vielmehr genau in
derselben Weise wie die Laterne eines Leuchtturmes auf die Vögel,
oder eine Lampe auf die Motten; die kleinen Tiere schwimmen
auf den hellen Punkt zu und werden vom Fisch in aller Ruhe
verspeist. Ist somit das Lichtproblem zur Zufriedenheit gelöst,
so steht die Zoologie doch noch völlig ratlos einer Reihe von
. Organen gegenüber, die bei einem Teile der Tiefseefauna am
Vorderkopfe sich fand. Man weiss weder, ob sie Leucht- oder
aber Sinnesorgane sind. Mit Recht betont zur Strassen, dass die
Aufgabe der „Valdivia" nicht allein darin bestand, alte Probleme
zu lösen, sondern auch, neue aufzuwerfen.

Grundnetz wie Vertikalnetz haben den Übelstand, beim Hochziehen die gesamte über ihnen liegende Wassersäule mit abzufischen. Zur Lösung der Hauptfrage, der vertikalen Verbreitung
der pelagischen Fauna, sind sie also ungeeignet. Zu deren Lösung
benutzte man nun das Chun'sche Schliessnetz, eine höchst sinn-
reiche, auf dem Propellersystem beruhende Einrichtung, die es
gestattet, jede gewünschte Tiefseezone für sich abzufischen. Mit
Hilfe dieses Netzes hat man nun gefunden, dass z. B. alle die
vorerwähnten schwarzen Fische, die vordem als Grundform galten,
frei im Wasser schwimmen; man hat mit ihm ferner gefunden,
dass die dichte, seit längerer Zeit schon bekannte Oberflächenflora
jenseits 80 Meter Tiefe einer Art Schattenflora Platz macht, die
ihrerseits bis 350 Meter Tiefe hinabreicht. In noch grösseren
Tiefen kann keine Pflanze mehr gedeihen; sie bedarf des Sonnen-
lichts, und das reicht nicht weiter. Wovon aber leben denn unter

diesen Umständen die Tiere der grossen Tiefen und des Grundes, die doch ebenso wie die oberen, direkt oder indirekt, auf pflanzliche Nahrung angewiesen sind? Nähren sie sich etwa von den abgestorbenen, aus den oberen Schichten zu Boden sinkenden Organismen? Und sind diese nach so langer, der Zersetzung Thür und Thor öffnender Fahrt, überhaupt noch zur Nahrung dienlich? Die Valdivia-Expedition hat auch dieses Problem gelöst. Sie hat durch ihre subtilen Beobachtungen nachgewiesen, dass eben keine Schicht ohne Tiere ist, und dass besonders die Tiefen von 600—1000 Metern ungemein reich an ihnen sind. Die grossen Tiefen sind zwar ärmer, aber ganz ohne Leben ist das Meer nirgends. So lebt denn die untere Schicht immer von der anderen, über ihr ruhenden, und das ermöglicht auch den grotesken Tieren des tiefsten Grundes ein ganz behagliches Dasein.

Allgemeine Vereinssitzung am 6. Dezember 1899. Zuerst wurde Herr Prof. Dr. Chun zum zweiten Vorsitzenden gewählt. Nach einigen geschäftlichen Mitteilungen durch den Vorsitzenden, Herrn Prof. Dr. *Meyer,* sprach Herr Prof. Dr. *Karl von den Steinen* aus Berlin über seine Reise nach den Markesas-Inseln.

Der Vortragende hat 1897 das ganze südöstliche Polynesien bereist und sich im speciellen auf den Markesas ein halbes Jahr aufgehalten.

Diese sind eine französische Kolonie und als Dependence dem Gouverneur von Tahiti unterstellt. Sie liegen etwa gleich weit von Neu-Guinea und der peruanischen Küste entfernt. Östlich findet der Seefahrer 70 Längengrade hindurch kein Land bis zu den Gestaden Südamerikas. Die Breitenlage ist 8—11° s. Br., 750 Seemeilen nordöstlich von Tahiti. Von 12 Inseln, der Gesamtzahl der Markesas, sind 6 bewohnt: die Nordwestgruppe mit Nukahiwa, Uahuka und Uapou, und die Südostgruppe mit Hiwaoa, Tahuata und Fatuiwa. Die grösste dieser Inseln ist Nukahiwa; die volkreichste hingegen und Sitz der Mission ist Hiwaoa.

Die Markesaner sind die ersten echten Polynesier gewesen, deren Bekanntschaft die Europäer gemacht haben. Es war der spanische Admiral Alvaro Mendana, der vor mehr als 300 Jahren, im Juli 1595, von Peru kommend, zuerst die Insel Fatuiwa und in den nächsten Tagen die anderen Hauptinseln der Südgruppe fand. Er benannte sie zu Ehren des Marques de Mendoza, des damaligen Vicekönigs von Peru. Der nächste Besucher war Cook im Jahre 1774. Auch er lernte nur die Südostgruppe kennen. Die Nordwestgruppe wurde erst 1791 von dem Amerikaner Ingraham und dem Franzosen Marchand entdeckt. Von jetzt ab folgte sich Schiff auf Schiff; es kamen verschiedene der grossen Durchquerer des Stillen Oceans, vor allen der russische Admiral Krusenstern; es kamen die Kriegsschiffe, die Sandelholzhändler, die Walfischfänger, die protestantischen und die katholischen Missionare, und schliesslich hisste 1842 der französische Admiral Dupetit-Thouars die Trikolore. Genauere Kenntnis von Land und Leuten haben wir indessen auch seither nicht erhalten; ein kleines Wörterbuch und eine Grammatik, dazu etliche Erbauungsschriften und verschiedene Aufsätze meist anthropologischen Inhalts, das ist Alles, was wir haben.

Die Verbindung der Markesas mit der Kulturwelt wird durch drei von der französischen Regierung subventionierte Segelschiffe hergestellt, die allmonatlich die Post von San Francisco bringen und auf dem Hinweg Taiohae, den Haupthafen von Nukahiwa, anlaufen. Prof. von den Steinen fuhr am 1. August 1897 von San Francisco ab und erblickte in der Frühe des 24. die trotzig, in wilder, heroischer Schönheit aufragenden Berge von Nukahiwa. Wie Tahiti, sind auch die Markesas vulkanischen Ursprungs, doch ohne Krater. In steilen schroffen Formen erheben sich die Inseln in einer centralen Kette bis zu 1200 m Höhe. Von dieser senken sich dann Querrippen zum Meer, Steilthäler einschliessend, die in flach ausgeschnittene Buchten enden. Eine Zierde dieser Querrippen sind prachtvolle Kaskaden, deren höchste nicht weniger als 600 Meter herabstürzt. Nur auf Nukahiwa und Hiwaoa kommt es zu Plateaubildungen von 4—600 m Höhe, die in steilem An- und Abstieg den Verkehr zwischen Nord- und Südküste vermitteln. Üppige Vegetation in den tieferen Thälern, üppig auch auf den Höhen, die der Passat bestreicht, aber eine baumlose Gräser- und Farrendecke an den abgewandten Seiten — das ist der Grundzug der Vegetation. Für die Ernährung der Bevölkerung spielt vor allem die Brodfrucht, dann erst Kokos, Banane und Pandanus die grösste Rolle. Unklar ist noch, ob der Hund vor den Europäern einheimisch gewesen ist. Zweifellos einheimisch waren dagegen Schwein und Ratte.

Der wirtschaftliche Wert der Markesas ist sehr gering; die Ausfuhr betrug 1897 nur 250 Tonnen Kopra, 500 Ballen Baumwolle, 50 Tonnen Fungus. Neuerdings hat man mit dem Anbau von Kaffee begonnen. Im Gegensatz zu Tahiti fehlt aber das ebene Vorland, und die menschlichen Siedelungen ziehen sich nur bis 200 m thalaufwärts. Für die Bevölkerungszahl sind die alten Schätzungen ganz ohne Wert. 1838 schätzte Dupetit-Thouars 20200 Seelen; 1856 wurde ihre Zahl auf 12550, 1882 auf 4865 Seelen geschätzt. Herr von den Steinen schätzt für 1897 3800 Eingeborene — das ist der ganze Rest. Als Hauptursache der

Abnahme gelten Schwindsucht, Lepra und die geringe Anzahl der Geburten. Die Zahl der Leprösen beträgt nicht unter 250 oder 6,6 Prozent.

Der Beginn seiner mühsamen Arbeit — von den Steinen hat alle Orte der Inseln aufgesucht — brachte dem Forscher Enttäuschung auf Enttäuschung: Alles, selbst der Baustil war europäisiert, und die Damen trugen „Schinkenärmel". Regierung und Mission haben es trefflich verstanden, mit den alten, von Forster als so idyllisch, als fast paradiesisch geschilderten Zuständen aufzuräumen. Nicht mehr umschwimmen die vor hundert Jahren so schwärmerisch gefeierten Frauen und Mädchen in Scharen das ankommende Schiff, um es, an Bord kletternd, im Sturm zu nehmen; nicht mehr umhüllt in graziösem Faltenwurf die Tapa, das weisse Rindenzeug, die schlanken Glieder; und nicht mehr kreist der kawagefüllte Becher im Rate der Männer. Alles Das ist heute bei strengen Strafen untersagt; auch das Tätowieren, das hier zur höchsten Vollendung gelangt war. Selbst der Blumenschmuck der Frauen in der Kirche ist verboten. Für die Kawa kam zunächst das Opium, dann, nachdem auch dessen Genuss unterdrückt war, der tahitische Rum; darauf der Cocospalmwein. Heute trinkt der Markesaner Floridawasser, eine Art Eeau de Cologne, und spirituöse Patentmedicinen! Auch der ursprüngliche Hausbau ist fast gänzlich abgeschafft, und der Festkalender schliesst sich ganz an den französischen an. Getanzt wird nur zu Neujahr und am Tage des Bastillensturmes! So sind denn auch die alten Ethnologica in alle Welt zerstreut, und von den Steinens Sammlung kam nur dadurch zu stande, dass der Forscher jedes bewohnte Dorf aufsuchte und den Resten wie ein Antiquitätenhändler nachspürte. Nur auf Fatuiwa, weit im Südosten, war es noch besser. Hier hatte die alte Generation noch nicht alles vergessen; sie schnitzten noch in der alten Weise, übten noch immer die Tätowierung aus und tanzten noch ohne Rücksicht auf den Pariser Festkalender. Von der älteren Generation, die noch heute an den merkwürdigsten Vorstellungen über Familien- und Verwandtschaftsverhältnisse festhält und noch in all ihrem Denken und Handeln in den alten Tapu-Gesetzen steht, erhielt er eine Fülle wichtiger Angaben, ja, er entdeckte sogar in alten Knotenschnüren wahre Urkunden der verschiedenartigsten Genealogien und Lieder. Auch Ethnologica guter alter Art waren hier noch vereinzelt zu haben; sie zieren jetzt das Berliner Museum für Völkerkunde, allen voran die aus Schildpatt prachtvoll geschnitzte Angel, mit der Maui dereinst die Insel Tongarewa den Tiefen des Meeres entfischte.

In die Mythologie und die Tradition der Markesaner suchte der Reisende in der Weise einzudringen, dass er sich von alten

Männern und Frauen lange Geschichten in die Feder diktieren
liess, dabei von Zeit zu Zeit der stets zahlreichen Korona kleinere
Abschnitte unter möglichster Nachahmung der Affekte des Erzählers
vorlesend, und nachher die Niederschrift mit Hilfe eines Dolmetschers enträtselte. So hat er sich von Insel zu Insel, von
Dorf zu Dorf durchgearbeitet, bis er schliesslich selbst ein Tuhuka,
ein Wissender, wurde.

Der zweite Teil des Vortrages war im wesentlichen der
Erklärung des Tapu-Begriffs gewidmet. Tapu oder Tabu (auch
Kapu) ist bekanntlich der Ausfluss jener den Polynesiern und
Mikronesiern gemeinsamen religiös-politischen Anschauung, auf
Grund deren ein Gegenstand irgend welcher Art, sei es eine
Person oder eine Sache, als in einer Art Bann befindlich betrachtet
wird. Der Bann kann sich dann entweder als Schutz oder als
Strafe äussern. Tabu ist demnach eine Art göttlicher Kraft, die
zunächst den Göttern und Allem, was mit ihnen in Verbindung
steht, dann den mit göttlicher Natur begabten Vornehmen inne-
wohnt und die sich darin äussert, dass alle Dinge, in denen sie
von selbst liegt, dem Gebrauch der Menschen entzogen sind,
während sie zugleich nach dem Willen der Bevorrechteten auf
alles Übrige gelegt werden kann, was schon die Folge einer einfachen Berührung durch einen derselben ist. Tapu, d. h. heilig,
ist vor allem das Maraë, die Steinterrasse mit den Gräbern der
grossen Priester und zugleich die Opferstelle. Heute sind diese
Stätten in Verfall, aber dennoch ist der alte Glaube an das ihnen
anhaftende Tapu noch in voller Kraft. Des ferneren sind alle
Krankheiten ausschliesslich die Folge des Tapu-Bruchs und können
nur durch Opfer geheilt werden. Tapu sind die Priester, besonders
die erste Klasse, die Taua, die fast den Göttern gleich geachtet
werden; tapu sind weiterhin manche Tiere, wie Rochen und
Makrelen, wenngleich nur für bestimmte, beschränkte Lokalitäten
(ein Analogon zum nordamerikanischen Totem), tapu ist jeder
Häuptling, insonderlich bei seinem Tode, bei dem vordem Schweine
und Menschen, heute nur noch Schweine in grosser Zahl geopfert
werden; tapu ist schliesslich alles, ist überall, und es ist leichter,
keine Bazillen zu verschlucken, als kein Tapu zu übertreten.

Es giebt nun verschiedene Arten und Grade des Tapu,
zunächst einen grossen Tapuzustand und einen gewöhnlichen, einen
Tapu des täglichen Lebens. Dieser ist in weitestem Masse für
die Frauen in Geltung. Für die Frau ist auf den Markesas die
Kawa Tapu; sie nahm nur Teil an den kannibalischen Mahlzeiten
vergangener Tage, und sie musste sich sogar des Genusses der
Kokos, des Haifischfleisches, der Tintenfische, kurz aller der
Speisen enthalten, die selten oder wohlschmeckend waren. Auch

der Aal ist neuerdings für die Frauen tapu, und zwar seit der Zeit, wo die Männer in den Besitz von Gewehren kamen. Diese wurden onomatopoetisch „puhi" genannt. Sie erhielten damit den Namen des Aals, und schon diese zufällige Übereinstimmung genügte.

Eine zweite Gruppe macht einen Unterschied zwischen dem Tapu des Kopfes und dem des „Mareo", des weiblichen Hüftenschurzes. Der Kopf wird nicht etwa als Behälter des Gehirns und damit als Träger des Gedankens geschätzt — nach markesanischer Ansicht sitzen diese im Leib —, sondern nach Ansicht des Vortragenden als das Feinste am menschlichen Körper im Geschmack — eine Reminiscenz an die übrigens noch gar nicht weit zurückliegende Kannibalenzeit. Das Kopftapu äussert sich nun in den merkwürdigsten Gebräuchen; so darf die Tochter die Mutter ungestraft an den Kopf schlagen, während diese ihr Kind nur unter Entschuldigungen am Rumpfe strafen darf. Auch dürfen die Haare der Kinder niemals seitens der Eltern geschnitten werden, wohl aber ist das den Grosseltern gestattet. Das Mareo-Tapu hat die Eigentümlichkeit, sofern es nicht gewahrt wird, Unglück und Unheil überall hinzubringen. Aus diesem Grunde sind dann die Rechte der Trägerin jenes Schurzes, der Frau, nach jeder Richtung hin beschnitten.

Den Gipfelpunkt des Tapu-Wesens bildet endlich das Tama-Tapu, das Tapu des heiligen Sohnes. Es äussert sich in der Erscheinung eines Jünglings, dem thatsächlich keinerlei Beschränkung des Willens auferlegt wurde; was er begehrte, ward ohne zu zögern erfüllt. Nur eins fehlte ihm: die Unverletzlichkeit, die dem Taua eigen war, sobald er — wie der Ausdruck lautet — den Gott „verschluckt", d. h. sobald er besessen war. Durfte der also Begnadete unberührt selbst des Feindes Land durchrasen, so galt es andererseits als Ehrensache, den Tama des Feindes in seine Hand zu bekommen.

An den Vortrag schloss der Redner die Vorführung einer langen Reihe von Lichtbildern, zu einem Teile landschaftliche Motive von der Markesas darstellend, zum anderen dem Volksleben entnommen, zum dritten anthropologischer Natur.

Mitgliederverzeichnis 1899.

A. Vorstand.

B. Ehrenmitglieder.

C. Korrespondierende Mitglieder.

D. Ordentliche Mitglieder in Leipzig.

E. Auswärtige ordentliche Mitglieder.

F. Mitglieder der Karl Ritter-Stiftung, die nicht dem Verein angehören.

A.

I. Vorstand.

Vorsitzender: Prof. Dr. **Hans Meyer.**
1. Stellvertreter: Prof. Dr. **Karl Chun.**
2. Stellvertreter: Prof. Dr. **Emil Schmidt.**
Schriftführer: Privatdozent Dr. **Karl Weule.**
1. Stellvertreter: Dr. **August Fitzau.**
2. Stellvertreter: Oberlehrer Dr. **Walter Ruge.**
Kassierer: Bankier **Otto Keil.**
Stellvertreter: Kaufmann **Georg Rödiger** sen.
Bibliothekar: Lehrer **Hermann Hofmann.**

II. Den Ausschuss
für die Verwaltung der Karl Ritter-Stiftung
bilden ausser den oben Genannten folgende Mitglieder des Vereins:

Amtshauptmann Geh. Reg.-Rat Dr. **H. A. Platzmann.**
Geh. Bergrat Prof. Dr. **F. Zirkel.**
Buchhändler **A. Brockhaus.**
Generalleutnant z. D. **Krüger.**
Kaufmann **K. T. A. Northoff.**

III. Beirat.

Reichsgerichtsrat **Stellmacher.**
Professor Dr. **Karl Schulz.**
Professor **O. Lungwitz.**
Oberstabsarzt Dr. **Düms.**
Kunstmaler **H. Heubner.**
Direktor Dr. **Roth.**
Buchhändler **Alb. Brockhaus.**
Kartograph **Alw. Herrich.**
Kartograph **Ernst Debes.**

B. Ehrenmitglieder.

Jahr der
Ernennung.

1. *Adolf Bastian,* Dr., Geh. Regierungsrat, Prof. und
   Direktor der ethnol. Abteil. des Kgl. Museums
   für Völkerkunde in Berlin 1881
2. † *Oskar Baumann,* Dr., K. K. Konsul in Sansibar . . 1893
3. *Hugo Berger,* Dr. u. Prof. a. d. Univ. Leipzig, Kurprinzstr. 5 1896
4. Fräulein *Hedwig Clara Baronesse v. Eberstein* auf Schönefeld bei Leipzig 1874
5. *Julius Hann,* Dr., Hofrat, Professor der Meteorologie
   an der K. K. Universität Graz 1886
6. *Sven Hedin,* Dr., Stockholm, Norra Blasieholmskamm 5 1897
7. Frau *Louisa Hay Kerr* in London 1866
8. † *Heinrich Kiepert,* Dr., Prof. in Berlin 1866
9. *Alfr. Kirchhoff,* Dr., Prof. in Halle a. S., Giebichenstein 1886
10. *Oskar Lenz,* Dr., Prof. in Prag 1881
11. *Clements Markham,* Präsident der Geographischen Gesell-
    schaft zu London 1886
12. *Hans Meyer,* Dr. u. Prof. in Leipzig, Haydn-Strasse 20 1887
13. *Fridtjof Nansen,* Dr., Prof. an der Univ. Christiania . 1890
14. *Georg Neumayer,* Dr., Prof., Wirkl. Geh. Admiralitätsrat,
    Direktor der Deutschen Seewarte in Hamburg . . 1883
15. *Frhr. Nils Adolf Erik v. Nordenskjöld,* Professor in Stockholm 1881
16. *J. Powell,* Major in Washington, Direktor of the Bureau
    of American Ethnology 1886
17. *Wilhelm Reiss,* Dr., Geh. Regierungsrat, Schloss Könitz
    bei Saalfeld 1886
18. *Frhr. Ferd. v. Richthofen,* Dr., Geh. Regierungsrat und
    Professor in Berlin 1881
19. *Sophus Ruge,* Dr., Professor in Dresden 1886
20. *Georg Frhr. v. Schleinitz,* Kontre-Admiral a. D., Haus
    Hohenborn. Post Lügde bei Bad Pyrmont . . . 1883
21. *Georg Schweinfurth,* Dr., Professor in Berlin 1881
22. *Alexander Sibiriakoff,* in Irkutsk 1881
23. *Eduard Suess,* Dr., Professor in Wien 1886
24. *Hermann Wagner,* Dr., Prof. u. Geh. Reg.-Rat in Göttingen 1886
25. *Alexander v. Woeikof,* Dr., Prof. in St. Petersburg . . 1886
26. *Hermann v. Wissmann,* Dr , Berlin 1891
27. *Ferdinand Zirkel,* Geh. Bergrat, Prof., Dr. in Leipzig
    Thalstrasse 33, II 1892

C. Korrespondierende Mitglieder.

Jahr der
Ernennung.

 1. *Max Buchner*, Dr., Direktor des Ethnograph. Museums
    in München 1886
 2. *Otto Clauss*, Dr., Privatdozent in München 1886
 3. *Guido Cora*, Professor in Turin 1886
 4. *Rudolf Credner*, Dr., Professor in Greifswald 1886
 5. *Frhr. A. v. Danckelman*, Dr., Prof. in Berlin 1882
 6. *Theobald Fischer*, Dr., Prof. in Marburg 1883
 7. *v. François*, Major in Berlin 1886
 8. *L. Friederichsen*, Dr. und Sekretär der Geographischen
    Gesellschaft in Hamburg 1881
 9. *G. K. Gilbert* in Washington 1886
10. *Graf v. Götzen*, Ober-Leutnant in Berlin 1895
11. *C. L. Griesbach*, Dr., Dir. Geol. Survey of India, Calcutta 1886
12. *F. v. Gülich*, Kaiserl. Min.-Resident a. D., Wiesbaden . 1883
13. *Fr. Gust. Hahn*, Dr., Prof. in Königsberg 1886
14. *Bruno Hassenstein*, Dr., Kartograph in Gotha 1883
15. *Alfred Hettner*, Dr., Prof. in Heidelberg 1897
16. *Fr. Hirth*, Dr., Prof. in München, Leopoldstr. 59 . . . 1883
17. *Emil Holub*, Dr. med. in Wien 1881
18. *E. Kalkowsky*, Dr., Prof. in Dresden 1883
19. *C. M. Kan*, Dr., Prof. in Amsterdam 1883
20. *R. Kiepert*, Dr., Kartograph in Berlin 1883
21. *Wlad. Köppen*, Dr., Prof. in Hamburg 1886
22. *L. v. Lóczy*, Prof. am Polytechnikum in Budapest . . 1886
23. *A. v. Mechow*, Kgl. Preuss. Major a. D. in Marksburg
    bei Braubach a. Rh. 1883
24. *Eduard Naumann*, Dr., Privatdozent in München . . . 1886
25. *Albr. Penck*, Dr., Prof. an der Universität in Wien . . 1886
26. *Carl Peters*, Dr., Reichskommissar z. D. 1886
27. † *Ed. Petri*, Dr., Prof. in St. Petersburg 1886
28. *Philippi*, Dr. med., Prof. in Santiago (Chile) 1886
29. *Fr. Regel*, Dr., Prof. in Würzburg 1886
30. *Paul Reichard* in Berlin 1886
31. *O. Schneider*, Dr., Prof. in Dresden-Blasewitz, Südstr. 5 1881
32. *Paul Schreiber*, Prof., Dr., Direktor des Kgl. Sächs.
    Meteorol. Institutes in Chemnitz 1886

D. Ordentliche Mitglieder

im Leipziger Stadtgebiet wohnend (auswärtige s. unter E).

Die mit * bezeichneten Mitglieder sind im Laufe des Jahres infolge Versetzung, Wegzug, durch Abmeldung u. s. w., die mit † bezeichneten durch den Tod ausgeschieden. (R) bedeutet Mitglied der Leipziger Karl Ritter-Stiftung.

Eintrittsjahr.

1. *Abendroth, Robert*, Dr. phil., Custos an der Universitäts-Bibliothek. Brandvorwerkstr. 38 1875
2. *Abraham, Max*, Dr. jur., Verlagsbuchhändler. Thalstr. 10 1878
3. *Ackermann, Alfred*, Verlagsbuchhändler. Bismarckstr. 17 1893
4. *Adler, Bruno*, stud. geogr. Windmühlenstr. 50 1900
5. *Albert, Karl*, Schuldirektor. Kaiser Wilhelmstr. 53 . . 1891
6. *Anger*, Dr. jur. u. Landrichter. Robert Schumannstr. 1, I 1895
7. *Arlès*, Frau. L.-Plagwitz, Elisabethallee 9 1896
8. *Assmann, F. C.*, Bankdir. in Plagwitz (Leipzig, Markt 11) 1883
9. *Auerbach*, Turnlehrer an der III. Realschule. Sophien-platz 1, pt. 1895
10. *Bädeker, Fritz*, Buchhändler. Nürnbergerstr. 46 . . . 1870
11. *Bädeker, Hugo*, Verlagsbuchhändler. Leibnizstr. 19, I . 1897
12. *von Bärenfels*, Reichsgerichtsrat. Dörrienstr. 1 . . . 1896
13. *Bärwinkel, Emil*, Justizrat. König Johannstr. 4 . . . 1876
14. *Bach, Heinr.*, Dr. med. Tauchaerstr. 10 1900
15. *Backhaus, C.*, Dr. med. u. Ass. a. d. Univ.-Frauenklinik. Stephanstr. 7 1900
16. *Bahrdt, Rob. Theod.*, Dr. med., Hofrat. Emilienstr. 9 . 1878
17. *Barth*, Frau *Clara A. A.* Thalstr. 10 1900
18. *Barth, Rob.*, Dr. Querstr. 19 1900
19. *Baldamus, A.*, Dr. phil., Professor L.-Gohlis, Albertstr. 3b, II 1887
20. *Bassenge, Gustav*, Ingenieur und Prokurist der Kammgarn-spinnerei. Pfaffendorferstr. 1895
21. *Bauer, Ernst*, Brauereibesitzer. Täubchenweg 5/7 . . 1891
22. *Baumann, O.*, Oberstleutnant a. D. Waldstr. 12 . . 1896
23. *Baumgärtner, Alphons*, Dr. jur., Verlagsbuchh. Salomonstr. 28 1877
24. *Baumgärtner, Lionel*, Dr. jur., Buchhdlr. Windmühlenstr. 35 1884
25. *Baur*, Frl. *Marie*, Institutsvorsteherin. Königstr. 22 . 1875
26. *Becker, Arthur*, Dr. phil. Augustusplatz 1 1880
27. *Becker, Georg August*, Kaufmann. Moschelesstr. 2 . . 1894

28. *Becker, Martin,* Privatier. Augustusplatz 1 1900
29. *Beckmann, Ernst,* Dr. u. Prof. a. d. Univ. Brüderstr. 34, II 1885
30. *Beer,* Reichsgerichtsrat. Mozartstr. 7 1890
31. *Beerholdt, Hugo,* Agent. Erlenstr. 1 1868
32. *Begemann, Ed.,* Kaufmann. Uferstr. 11 1896
33. *Behrends, Otto,* Lehrer. Kronprinzstr. 23 1894
34. *Benda,* Ingenieur. Karolinenstr. 23 1897
35. *Bendix, Alfred,* Kaufmann. Sidonienstr. 55 1882
36. *v. Bennigsen, Gustav,* Hauptmann. König Johannstr. 19 1895
37. *Berkholtz,* Dr. med. und Stabsarzt im 106. Inf.-Reg.
     Nordstr. 44, I 1895
38. *Bernhardt, Albert,* Kaufmann. Dresdenerstr. 7 1876
39. *Bernhardt, Franz,* Kaufmann. Pfaffendorferstr. 48 . . 1889
40. *Berthold, E. R.,* Dr. phil. Hospitalstr. 13 1887
41. *Berry, Karl,* Zahnarzt u. 1. Assist. a. zahnärztl. Institut
     der Universität. Blücherstr. 5 1900
42. *Bettmann,* Dr. med. u. prakt. Arzt. Dresdenerstr. 11, II 1899
43. *Beyer,* Dr. phil. und Schuldirektor z. D. L.-Eutritzsch,
     Petschauerstr. 8 1893
44. *Bielefeld, Eugen,* Kaufmann. Querstr. 14 1884
45. *Bielefeld, Max,* Dr. u. Kaufmann in Fa. C. G. Gaudig Nachf.,
     Querstr. 14 1897
46. *Binding, Ludwig,* Dr. jur., Geh. Hofrat und Prof. an
     der Universität. Bismarckstr. 6 1874
47. *Blaser, Herm.,.* Besitzer der Apotheke zum roten Kreuz.
     Windmühlenstr. 56 1900
48. *Blechschmidt, Paul,* Lehrer. Czermaks Garten 1, I . . 1896
49. *Blüthner, Herm.,* Kaufmann. Nikolaistr. 3 1889
50. *Blume,* Reichsgerichtsrat. Jacobstr. 5 1900
51. *Böhm, Alb.,* Fabrikbesitzer. Fichtestr. 70 1900
52. *Böhm,* Dr., Universitäts-Professor. Egelstr. 10 1890
53. *Böker, Rob.,* Kaufmann. Nordstr. 1877
54. *Böttcher, Joh. Edm.,* Dr., Prof., Rektor am Realgymnasium.
     Zeitzerstr. 10 1891
55. *Böttrich,* Reichsgerichtsrat. Jakobstr. 7, II 1896
56. *Bokemeyer, Heinr.,* stud. jur. Kramerstr. 7, II 1900
57. *v. Bomhard,* Reichsgerichts-Senatspräsident. Flossplatz 35 1890
58. *v. Bomsdorff, Theodor.* L.-Reudnitz, Augustenstr. 8 . . 1861
59. *Bonjean, Olivier,* Kaufmann. Ranstädter Steinweg 6 . 1875
60. *Borcherdt, Oskar,* Regiss. a. Stadttheater. König Johannstr. 5 1900
61. *Bornmüller, Julius Heinr.,* Redakteur. Bismarckstr. 12 . 1875
62. *Brandstetter, R.,* Buchhändler. Nürnbergerstr. 46 . . . 1896
63. *Braun,* Reichsgerichtsrat. Fürstenstr. 8 1893
64. *Braunbehrens,* Reichsgerichtsrat. Lessingstr. 2, II . . . 1894

65. *Brauns, Heinrich,* Buchhändler. Fürstenstr. 9, II . . . 1896
66. *Breddin,* Dr. u. Prof. L.-Gohlis, Halleschestr. 27, II . 1899
67. *von den Brincken,* Baron. Robert Schumannstr. 12 B, pt. 1897
68. *Brockhaus, Albert,* Verlagsbuchhändler. Querstr. 16 . . 1882
69. *Brockhaus, Heinrich Eduard,* Dr. phil., Buchhändler (R). Salomonstr. 17 1862
70. *Brockhaus, Heinrich,* Dr., Univers.-Prof. Salomonstr. 17 1884
71. *Brockhaus,* Frau *Louise* 1898
72. *Brockhaus, Max,* Musikalienverlag. Querstr. 16 . . . 1900
73. *Brockhaus, Rudolf,* Verlagsbuchhändler. Querstr. 16 . . 1895
74. *Brückner,* Reichsgerichtsrat. Schenkendorfstr. 10 . . . 1892
75. *Brüel,* Dr., Privatgelehrter, Zoolog. Instit. d. Univ. Thalstr. 33 1900
76. *Brügmann,* Kaufmann. Mozartstr. 19 1896
77. *Brühl,* Frl. *Leonore,* Lehrerin. L.-Schleussig, Könneritzstr. 27 1900
78. *Bruns, Heinr.,* Dr., Professor, Geh. Hofrat, Direktor der Sternwarte. Stephanstr. 3 1885
79. *v. Buchwald,* Reichsgerichtsrat. Goethestr. 9 1893
80. *Bücher, Karl,* Dr. und Professor an der Universität. Gustav Adolphstr. 3 1896
81. *Büchner, Karl,* Fabrikdir. L.-Plagwitz, Nonnenstr. 17/21 1900
82. *Bühring, Walter,* Generalagent. L.-Lindenau, Gundorferstr. 31 1900
83. *Bülau,* Frl. *Antonie.* Leibnizstr. 21, I 1888
84. *v. Bünau,* Frau Justizrat. L.-Gohlis, Poetenweg 9, I . 1900
85. *Burchard, Kurt,* Dr. jur. u. Professor an der Universität. Haydnstr. 6, I 1898
86. *Burckas, Hugo,* Rechtsanwalt. Gohlis-Eutr., Halleschestr. 1 1882
87. *Burgkhardt, Joh.,* Dr., Realschul-Oberlehrer. L.-Reudnitz, Konstantinstr. 6 1889
88. *Burian,* Dr. u. Ass. a. physiol. Inst. d. Univ. Schulstr. 6, II 1900
89. *Buschick,* Dr. phil. und Lehrer. Arndtstr. 37, II . . 1893
90. *Calame, G. Adalb.,* Reichsgerichtsrat. Kaiser Wilhelmstr. 25 1884
91. **Carstanjen, A.,* Rechtsanwalt. Davidstr. 1 b, I . . . 1897
92. *Carus, Julius Viktor,* Dr. med., Prof. a. d. Universität (R). Universitätsstr. 15 1861
93. *Chun, Karl,* Dr. und Professor an der Universität, Zoologisches Institut. Thalstr. 33 1899
94. *Cichorius, C. A.,* Dr., Professor an der Universität. Moschelesstr. 5 1888
95. *Clarus, A.,* Dr. med. Dorotheenstr. 1 1887
96. *Clarus, Eugen,* Dr. med. und prakt. Arzt. L.-Plagwitz, Carl Heinestr. 30 1895
97. **Cohn, Max,* Chemiker. Quaistr. 1, I 1874
98. *Cohnheim, Martha,* Frau Prof. Kleine Burggasse 2 . . 1890
99. *Colditz, L.,* Dr. und Justizrat. Promenadenstr. 1 . . . 1900

Eintrittsjahr.

100. *Conrad, Friedrich,* Verlagsbuchhändler. Elsterstr. 26 . 1895
101. *Conrad, W.,* Ingenieur. Harkortstr. 15 1887
102. *Crass, Gustav,* Juwelier. Elsterstr. 14, III 1897
103. *Crayen, Feodor Alexander,* Kaufmann. Erdmannstr. 17 1871
104. *Credner, Hermann,* Dr. phil., Geh. Bergrat u. Professor
an der Universität. Karl Tauchnitzstr. 11 1869
105. *Credner, H.,* Buchhändler. Dresdenerstr. 1 (Johannis-
gasse 34/35) 1878
106. *v. Criegern,* Lic. theol., Dr. phil., Archidiakonus an der
Thomaskirche. Burgstr. 1 1874
107. *v. Cronenthall, Eugen Hänel,* Oberstleutnant der Königl.
Niederl. Kriegsmarine. Rossplatz 13 1879
108. *Curschmann,* Dr., Geh. Medizinalrat und Professor an
der Universität. Stephanstr. 8 1892
109. **Dähnhardt, O.,* Dr. phil., Gymnasial - Oberlehrer.
Thomasiusstr. 17 1898
110. *Dannenfelser,* Eisenbahndir. u. Baurat. Dresdner Bahnhof 1900
111. *Davignon, Louis,* Kaufmann. Brühl 2 1900
112. *Davignon, William,* Rentier. Ferdinand Rhodestr. 20, I 1898
113. *Debes, Ernst,* Kartograph. Nürnbergerstr. 46 1873
114. *Degenkolb,* Dr. u. Prof., Geh. Hofrat. Bismarckstr. 16 1900
115. *Deiss,* Dr., Justizrat und Rechtsanwalt am Reichsgericht.
Bismarckstr. 2 1893
116. *Devrient, Alphons,* Prokurist d. Fa.: Giesecke & Devrient.
Nürnbergerstr. 9, II 1896
117. *Dietrich, Victor,* Kaufmann. Brühl 6 1900
118. *Dietz,* Reichsgerichtsrat. Bismarckstr. 9, III 1894
119. *v. Dincklage,* Freiherr, Reichsgerichtsrat. Ferdinand
Rhodestr. 17, III 1897
120. *v. Dincklage,* Freiherr, Regierungssekretär. Ferdinand
Rhodestr. 17, II 1900
121. *Dippe,* Dr. med. u. prakt. Arzt. Promenadenstr. 12, II 1897
122. *Dodel, Heinrich,* Stadtrat. Sebastian Bachstr. 44 . . 1896
123. *Dohmke,* Frau *Julie* verw. Professor. Königstr. 19 . . 1898
124. †*Dolega, Max,* Dr. med. Funkenburgstr. 10 1891
125. **v. Domarus,* Major 1887
126. *v. Donat, Hubert Franz Marie Joh.,* Hauptmann z. D.
Südstr. 37, pt. 1884
127. *Dönitz,* Frl. *Emma Therese.* Thomasiusstr. 16 . . . 1900
128. *Dorenberg, Joseph,* Konsul. Petersstr. 34, I 1900
129. *Dörffel, F.,* Dr. med. u. prakt. Arzt. Seb. Bachstr. 7, II 1897
130. *Dorsch, Joh. Nic.,* Kaufmann. Mahlmannstr. 2 . . . 1887
131. *Dressler,* Frl. *Maria,* Lehrerin. Schenkendorfstr. 13 . 1897
132. *Driver, Oskar,* Fabrikbesitzer. Egelstr. 7, II 1896

133. *Drucker,* Dr. jur., Rechtsanwalt u. Justizrat. Neumarkt 29, II 1896
134. *Dufour-Féronçe, Albert,* Kaufmann. Wilh. Seyferthstr. 2 1893
135. *Dufour-Féronçe, Oswald.* Marschnerstr. 3, II 1897
136. *Düms,* Dr. med. und Oberstabsarzt. Leibnizstr. 26 . 1893
137. *Dürbig, Anton Ferdinand,* Kaufmann (R). Centralstr. 12 1881
138. *Dürbig,* Frau *Charlotte* geb. *Kabitsch.* Centralstr. 18, II 1900
139. *Dürr, Alfons Friedr.,* Buchhändler (R). Querstr. 14 . 1866
140. *Duval, Karl,* Kaufmann. König Johannstr. 6 . . . 1896
141. *Dybwad, H.,* Architekt. Mozartstr. 8, pt. 1897
142. *v. Eckardt, Felix,* Redakteur. Lortzingstr. 8, I . . . 1898
143. *Eckert,* Dr. phil. Weststr. 10 1895
144. *Edlinger, Ludwig,* Buchhändler, i. Fa. F. A. Brockhaus.
      Querstr. 16 1900
145. *von Ege,* Reichsgerichtsrat. Hauptmannstr. 10 . . . 1893
146. *von Ege,* Reichsgerichtsrat. Plagwitzerstr. 11 1900
147. *Eggert, Rich.,* Kaufmann. Lessingstr. 10 1900
148. *Ehrmann, Paul,* Lehrer am Taubstummen - Institut.
      Härtelstr. 6, III 1900
149. *Einhorn,* Buchhändler. Rossplatz 16 1890
150. *Eisenreich, L.,* Schuldirektor. Gerichtsweg 11, II . . 1887
151. *Eelboo,* Baurat und Architekt. Leibnizstr. 11 1890
152. *Elsner, Fritz,* Dr. u. Gerichtschemiker. Sidonienstr. 51 1897
153. *Elster, E.,* Dr., Prof. a. d. Univ. Stephanstr. 18, III 1891
154. *Engert, Otto,* i. Fa. Buchhandlung K. F. Koehler . . 1898
155. *Engländer,* Reichsgerichtsrat a. D. Schreberstr. 13, II 1896
156. *Erdmann, Kurt,* Kartograph. Brüderstr. 23 1886
157. *Erler, Otto,* Kaufmann. Brühl 46/48 1897
158. *Erttel, P.,* Konsul und Bankier. Bismarckstr. 16 . . 1900
159. *Erythropel, J. W.,* Justizrat u. Rechtsanwalt am Reichs-
      gericht. Grassistr. 17 1881
160. *Etzold, Franz,* Dr. phil. Elisenstr. 52 1900
161. *Eulenburg,* Verlagsbuchhändler. Mozartstr. 23 . . . 1896
162. *Ewald, Ch. W. C.,* Reichsgerichtsrat. Schwägrichenstr. 11, I 1897
163. *Ewald,* Frl. *Ella,* Lehrerin a. d. Baur'schen Töchterschule.
      Plagwitzerstr. 31, III 1900
164. *Fahrig, Karl,* Kaufmann. Zöllnerstr. 2 (Petersstr. 28) 1871
165. *Feddersen, Bernh. Wilh.,* Dr. phil. (R). Karolinenstr. 9 1861
166. *Felix, J.,* Dr., Professor an der Universität. Gellertstr. 3 1890
167. *Fendius,* Frau *Bertha* verw. Lampestr. 1, I 1900
168. *Fenthol,* Dr., Zahnarzt. Centralstr. 10 1896
169. *Fick, Rudolph,* Dr. med. u. Professor an der Universität.
      Gustav Adolphstr. 5, pt. 1896
170. *Fiedler, Max,* Kaufmann. Pfaffendorferstr. 50, III . 1896
171. *Finkelstein, Joseph,* Kaufmann. Plagwitzerstr. 49, pt. . 1878

Eintrittsjahr.

172. *Fischer, Carl Fr.,* Architekt. L.-Lindenau, Wettinerstr. 33 1900
173. *Fischer, Hans,* Dr. phil., Kartograph. Nürnbergerstr. 46 1881
174. *Fitzau, August,* Dr. phil. Pfaffendorferstr. 8 1888
175. *Flechsig, Paul,* Dr., Univ.-Professor. Windmühlenweg 20 1892
176. *Flinsch, Heinrich sen.,* Kaufmann. Augustusplatz 2 . 1874
177. *Flohr,* Amtsrichter. Georgenstr. 1 b 1896
178. *Fölzer,* Frl. Waldstrasse 12, III 1898
179. *Frege, Alex.,* Kaufmann. Nicolaistr. 6, I 1900
180. *Frege, Ferd.,* Bankier. Katharinenstr. 11 1900
181. *Freiesleben, Paul,* Kaufmann. Plagwitzerstr. 10 (Kleine
     Fleischergasse) 1884
182. *Frenkel, Paul,* Rechtsanwalt. Katharinenstr. 27 . . . 1883
183. *Frenkel,* Fabrikbesitzer. Leibnizstr. 7, I 1896
184. *Frey,* Dr. phil. Gustav Adolphstr. 27 1893
185. *Freyer, Richard,* Kaufmann. Schulstr. 12 (Brühl 61) . 1877
186. *Friede, Bernh.,* Kaufmann. L.-Plagwitz, Jahnstr. 71 . 1900
187. *Friedrich, Ernst,* Dr. und Ass. am geogr. Institut der
     Universität. L.-Reudnitz, Heinrichstr. 40 1899
188. *Friedrich,* Frau verw. Albertstr. 32 1900
189. *Friedrich, P. L.,* Dr. med. und Professor an der Univ.
     Flossplatz 31, II 1897
190. *Fritsch, M.,* Dr. phil. Sebastian Bachstr. 20 1894
191. *Fritsche, H. Tr.,* Fabrikbesitzer. L.-Gohlis, Antonstr. 9 1873
192. *Fritzsche, L.,* Kaufmann (Inhaber der Firma E. Büttner).
     Alte Elster 12 1895
193. **Frobenius, Leo.* L.-Gohlis, Wilhelmstr. 3 1897
194. *Galli,* Reichsgerichtsrat. Bismarckstr. 17 1897
195. *Gambaroff, Stephan,* stud. rer. nat. Liebigstr. 3, III . 1900
196. *Gardthausen, Viktor,* Dr. phil., Professor an der Uni-
     versität. Lampestr. 10 1884
197. *Gebhard,* Frau verw. Verlagsbuchh. Seb. Bachstr. 53 . 1897
198. *Geibel, Ad.,* Dr. phil. und Buchhändler. Bahnhofstr. 3
     (Dresdenerstr. 17) 1881
199. *Geibel, Karl,* Buchhändler. Löhrs Platz 5 (Dresdenerstr. 17) 1867
200. *Gensel, Julius,* Dr. jur., Sekretär der Handelskammer.
     Hillerstr. 3 1878
201. *Gentsch,* Dr. jur. und Bankdirektor. Klostergasse 3 . 1900
202. *Georgi,* Buchhändler. Salomonstr. 16 1896
203. *Georgi, Curt,* Kaufmann. Waldstr. 13 1896
204. *Georgi, O. Rob.,* Dr. jur., Oberbürgermeister a. D. und
     Geh. Rat. Querstr. 26/28 1882
205. *Gerhard, Raimund,* Verlagsbuchhändler. Lessingstr. 12 1897
206. *Gerhard,* Frl. *Similde,* Dame des K. S. Sidonienordens.
     Lessingstr. 4 1878

Eintrittsjahr.

207. *Giesecke, Johannes,* Buchdruckereibes. Nürnbergerstr. 12 1897
208. *Giesecke, Hermann,* Buch- und Kunstdruckereibesitzer.
Sebastian Bachstr. 46 1871
209. *Gildenmeister, Ed.,* Dr. Berlinerstr. 9 1900
210. *Girbardt, Hilmar,* Kaufmann. Karl Tauchnitzstr. 33
(Grimmaischestr., Mauricianum) 1884
211. *Gödel, Louis,* Kaufmann. Elisenstr. 13 1891
212. *Goedecke, Ed.* L.-Gohlis, Döllnitzerstr. 1 1900
213. *Goetze,* Frl. *Emmy.* L.-Gohlis, Augustenstr. 13 . . . 1898
214. *Göhring, Alfred,* Kgl. Portug. Konsul. Augustusplatz 1 1879
215. *Göhring, Edmund, Oskar,* Kaufmann. Weststr. 11 . . 1869
216. *Goldfriedrich, G. Ad.,* Oberfinanzrat. An der alten Elster 14 1878
217. *Göring, Anton,* Professor und Maler. Waldstr. 44 . . 1875
218. *Göschen, Gustav,* Kaufmann. Tauchaerstr. 10, III . . 1896
219. *Göttel,* Buchdruckereibesitzer. Grassistr. 27 1892
220. **Gotthard, F.,* Pastor. Waldstr. 70 1896
221. *Gottschald, Otto,* Kaufmann. Pfaffendorferstr. 7 . . . 1880
222. *Götze, Johann Wilh. Adolf,* Kaufmann (R). Gneisenaustr. 1 1873
223. *Grabau, N.,* Kaufmann. Elisenstr. 42 1900
224. *Grimm, Herm.,* Generalagent. Alexanderstr. 40 B . . 1899
225. *Grimpe, Georg,* Besitzer des Thüringer Hofs. Burgstr. 1900
226. *Gröppler, W.,* Kaufmann. Moschelesstr. 1 1889
227. *Grosse, Bernhard,* Kaufmann. Schulstr. 2 1894
228. *Grübel, Curt.* Plauenscher Platz 1/2 Treppe C III r. . 1900
229. *Grumbach, Joh.,* Rauchwarenhändler. Ritterstr. 38/40 1891
230. *Grünler, Otto,* Dr. jur., Geh. Regierungsrat. Täubchenweg 2 1882
231. *Grunow,* Verlagsbuchhändler. Inselstr. 20 1897
232. **Grünthal, Bruno,* Kaufmann. Tauchaerstr. 13 . . . 1875
233. *Gulden, Paul,* Fabrikant. Plagwitzerstr. 11 1897
234. *Günther, Karl,.* Buchhändler. Kaiser Wilhelmstr. 13
(Querstr. 10/12) 1878
235. *Guthe, Herm.,* Dr. u. Prof. a. d. Univ. Körnerplatz 7, II 1879
236. *Guthzeit, M.,* Dr. und Assistent am chemischen Uni-
versitäts-Laboratorium. Emilienstr. 11 1887
237. *Haack, Paul,* Direktor der Leipziger Wollkämmerei.
Berlinerstr. 140 1900
238. *Haake, Jul. Herm.,* Dr. med., Privatdozent an der
Universität. Georgiring 9 1866
239. *Haasmann,* Hauptmann im K. S. 7. Inf.-Reg. No. 106.
L.-Gohlis, Möckernschestr. 10, III 1894
240. *Habenicht, Theod.,* Kaufmann. L.-Plagwitz, CarlHeinestr. 20 1879
241. *Haber,* Justizrat. Bismarckstr. 18 1900
242. *Haberland,* Verlagsbuchhdlr. L.-Reudnitz, Crusiusstr. 4—6 1896
243. *Hacker,* Dr. med. und prakt. Arzt. Nürnbergerstr. 54 1895

Eintrittsjahr.

279. *Hobusch*, Frl. *Anna*, Lehrerin. Zeitzerstr. 15, I . . . 1897
280. *Hoffmann, Albin*, Dr., Geh. Medizinalrat und Professor
an der Universität. Rossplatz 14 1887
281. *Hoffmann, Alfred*, Kaufmann. Plagwitzerstr. 49, I . . 1888
282. *Hoffmann-Goedecke*, Frau *Emma* verw. Plagwitz, Carl
Heinestr. 10 1888
283. *Hoffmann, Jul. Rob.*, Architekt. Sidonienstr. 51 . . . 1888
284. *v. Hoffmann, Oskar*, Kaufmann. Augustusplatz 7 . . 1867
285. *Hofmann, F.*, Dr., Prof. u. Geh. Med.-Rat. Windmühlenstr. 49 1888
286. *Hofmann, Georg*, Reichsgerichtsrat. Lessingstr. 24, I . 1900
287. *Hofmann, Hermann*, Lehrer an der V. Bürgerschule.
Bayerschestr. 21, I 1871
288. *Hofmann, M.*, Kaufmann. Blücherplatz 2 1877
289. *Holberg*, Frau *C.*, Privata. Dresdenerstr. 7 1897
290. *v. Holleben*, Frau *A.* Lessingstr. 9, I 1898
291. *Holz, Georg*, Dr., Professor an der Univ. Elsterstr. 53 1892
292. *Holzapfel, Karl*, Kaufmann. Petersstr. 17 (Heinrich
Schomburgk) 1900
293. *Hösel, Ludwig*, Dr. Härtelstr. 8, III 1890
294. *Hubert*, Dr. med. und prakt. Arzt. Harkortstr. 10, pt. 1896
295. **Hübner*, Frl. *E.*, Institutsvorsteherin. Dorotheenstr. 7 1897
296. *Huste, A.*, Kaufmann. Gottschedstr. 2 1900
297. *†Huste, Richard*, Kaufmann u. Konsul. Gottschedstr. 5, I 1874
298. *Ihle*, Dr. med. u. prakt. Arzt. L.-Lindenau, Bernhardstr. 15 1895
299. *Jacobi, Gustav*, Kaufmann. Georgenstr. 34 1900
300. *Jacobson, Alfons*, Kaufmann. Pfaffendorferstr. 14 (Brühl 85) 1884
301. *Jäger, Bruno*, Buchhändler. Rossplatz 17 1884
302. *John, Paul*, Buchhändler. Ferdinand Rhodestr. 37 . 1900
303. *Jummel, Friedrich Ottomar*, Baumeister. L.-Eutritzsch,
Wiesenstr. 29 1878
304. *Junge, Curt*, Oberlehrer a. Kgl. Gymnasium. Nordstr. 46 1900
305. *Jürgens, Wilh.*, Kaufmann. L.-Plagwitz, Carl Heinestr. 26 1869
306. *Kabisch, Herm.*, Prokurist. Grassistr. 10 1900
307. *Kabitsch*, Frl. *Joh.* Centralstr. 18, II 1900
308. *Kaden*, Hauptmann u. Batteriechef. L.-Gohlis, Braustr. 23 1900
309. *Kästner, Rud.*, Kursmakler. Königstr. 9 1900
310. *Keil, Alfred*, Dr. phil., Bankier. Plagwitz, Carl Heinestr. 1 1895
311. *Keil, Otto*, Bankier. Markt 16 1875
312. *Keil, Paul*, Bankier. Markt 16, II 1895
313. *Keilberg, Heinrich*, Kaufmann. Ranstädter Steinweg 29 1869
314. *Kettembeil*, Frau *Anna* geb. *Brockhaus.* Funkenburgstr. 13 1900
315. *Ketzer*, Realschuloberlehrer. Elisenstr. 50 1898
316. *Kirchner, Ernst*, Kommerzienrat und Fabrikbesitzer.
Karl Tauchnitzstr. 55 1894

317. *Kitte, Max,* Kaufmann i. Fa. Kitte & Co. Humboldtstr. 4 1897
318. *Kleinjung, Rudolf,* Ingenieur und Prokurist der Wollkämmerei. Pfaffendorferstr. 46 1899
319. *Kleinschmidt, W.,* Kaufmann. Lessingstr. 14, II . . . 1897
320. *Klemm,* Musikalien- u. Verlagsbuchhändler. Neumarkt 28 1898
321. *Klemm, Herrm.* Robert Schumannstr. 12 B 1900
322. *Klinger, Georg,* Kaufmann. Königsplatz 17 1898
323. *Klinger, Max,* Professor. L.-Plagwitz, Carl Heinestr. 6 1898
324. *Klinkhardt, Victor,* Dr. Egelstr. 3 1900
325. *Klöppel,* Geh. Justizrat, Dr. jur. Schenkendorfstr. 8 . 1895
326. *Knauth, Oktavio,* Kaufmann. Elsterstr. 38 1894
327. *Knudson, W.,* Professor. Leibnizstr. 18 1900
328. **Kob, Friedrich,* Kaufmann. Mozartstr. 21 1884
329. *Koehler-Schall,* Frau *Bertha* verw. Verlagsbuchhändler.
Taubchenweg 21 1898
330. *Köhler, L.,* Diakonus an St. Johannis. L.-Reudnitz,
Konstantinstr. 8, I 1898
331. *Kolb,* Reichsgerichtsrat. Beethovenstr. 7, II 1898
332. *Kölliker,* Dr. med. und Professor an der Universität.
Tauchaerstr. 9 1893
333. *König, Heinrich,* Dr. phil. u. Fabrikbes. Bahnhofstr. 8, III 1896
334. *Kormann, Georg,* Dr. jur. u. Rechtsanwalt. Universitätsstr. 4 1880
335. *Körner,* Fabrikbesitzer. Parkstr. 1 1896
336. *Kranichfeld, Wilh.,* Oberamtsrichter. Fürstenstr. 11 . 1874
337. *Kratzmann, R.,* Realschuloberlehrer. Körnerplatz 8 . 1892
338. *Krauss, Paul,* Kartograph. Bibliogr. Institut, L.-Reudnitz 1885
339. *Krause, Georg Max,* Civilingenieur. Hospitalstr. 28 . 1900
340. *Krausse,* Leutnant im 107. Inf.-Reg. L.-Eutritzsch,
Pötzschauerstr. 6 1895
341. *Krehl, Chr. L. E.,* Dr. phil., Geh. Hofrat, Professor an
der Universität. An der I. Bürgerschule 4 . . . 1861
342. *Kretschmer, Adolf,* Rechtsanwalt. Braustr. 2 1877
343. *Kritz, Paul,* Dr. phil. L.-Gohlis, Antonstr. 1895
344. *Kröner, Adolf,* Geh. Kommerzienrat, Vorsitzender des
Deutschen Buchhändler-Börsenvereins. Königsstr. 33 1884
345. *Krückmann,* Dr. med. und Privatdozent a. d. Univers.
Liebigstr. 14, I 1899
346. **Krug,* Fräulein *Martha,* Lehrerin. Lessingstr. 4 . . 1895
347. *Krüger,* Generalleutnant z. D. Kaiser Wilhelmstr. 41, III 1896
348. *Kühn, Johannes,* Dr. phil. Petersstr. 5 1882
349. *Kühn,* Dr. phil. u. Handelsschuldirektor. Stieglitzens Hof 1893
350. *Kummer, K. F. A.,* Kommerzienrat (R). Auenstr. 8 . 1871
351. *Kupfer, Friedrich,* Realschullehrer. Kreuzstr. 11 . . . 1895
352. *Kürsten, Rud.,* Dr. phil. Auenstr. 19, I 1900

496. *Rödiger, Georg sen.*, Kaufmann. Plagwitz, Carl Heinestr. 14
(Leipzig, Brühl 2) 1879
497. *Rödiger, Theodor*, Kaufmann. Plagwitzerstr. 14 . . . 1868
498. *Rohmer*, Architekt. Hohestr. 27 c 1896
499. *Rossbach, Arwed*, Dr. phil., Stadt- u. Baurat. Albertstr. 36 1895
500. *Rospatt, Cassius*, Reichsgerichtsrat. Humboldtstr. 14 . 1891
501. *Rost, Adolf*, Buchhändler, Hinrichs'sche Buchhandlung.
Blumengasse 2 1887
502. *Rost, David*, Buchhändler. Blumengasse 2 1891
503. *Rost, R.*, Baumeister. Weststr. 20, pt. 1892
504. *Roth*, Dr., Direktor der Teichmann - Dr. Roth'schen
Privatschule. Universitätsstr. 26 1889
505. *Ruge, W.*, Dr. phil., Oberlehrer am Königl. Gymnasium.
Waldstr. 6 1889
506. *Sabarth*, Dr. u. Reichsgerichtsrat. König Johannstr. 16 1900
507. *Sachsenröder, Eugen*, Generalkonsul. Blücherstr. 24 . 1900
508. *v. Salza*, Major. Brandvorwerkstr. 30 1900
509. *Sander*, Fräulein *Else*, Lehrerin. Delitzscherstr. 7 d . 1897
510. *Sander, C. Leopold*, Buchhändler. Sternwartenstr. 46 . 1886
511. *Sänger*, Dr. med. und Prof. an der Univ. Königsstr. 24 1896
512. *Säuberlich, Otto*, Prokurist v. Oscar Brandstetter. Inselstr. 10 1900
513. *Schaeffer, C. Felix*, Kaufmann. Rathausring 10
(Berger & Voigt) 1900
514. *Scheibner, W.*, Dr. phil., Geh. Hofrat und Professor an
der Universität. Schletterstr. 8 1881
515. *Schenkel, Emil*, Kaufmann. Karlstr. 5 1897
516. *Schill*, Dr. jur. und Oberjustizrat. Plagwitzerstr. 24 . 1899
517. *Schilling, Bernh.*, Kaufmann. Neumarkt 14, II, Tr. E 1900
518. *Schilling, Fritz*, Dr. Brüderstr. 63 1900
519. *Schlick, Max Klemens*, Bankier (R) (Firma: Schirmer
& Schlick). Reichsstr. 33/35 1871
520. *Schlieper, C.*, Direktor. Zeitzerstr. 6 1896
521. *Schlobach, Otto*, Kaufmann. Plagwitzerstr. 53 . . . 1895
522. *Schmalz*, Reichsgerichtsrat. Haydnstr. 11, I 1893
523. *Schmidt*, Postkassierer. L.-Gohlis, Äussere Halleschestr. 20 1899
524. *Schmidt, Anton*, Lehrer. Rossplatz 12, III 1896
525. *Schmidt, Emil*, Dr. phil. et med., Professor an der
Universität. Kaiser Wilhelmstr. 39, I 1882
526. *Schmidt-Engel, Johannes*, Kaufmann. Nordplatz 1 . . 1897
527. *Schmidt, Eugen*, Reichsgerichtsrat. Kaiser Wilhelmstr. 27 1892
528. *Schmidt, Julius Wilhelm*, Bankier u. Königl. Schwedischer
und Norweg. Konsul. Weststr. 23 (Grimmaischestr.) 1871
529. *Schmidt, Rich.*, Bankier. Carl Tauchnitzstr. 63 . . . 1900
530. *Schmidt - Westrum*, Frau *Mathilde*. Moschelesstr. 11, II 1898

Eintrittsjahr.

531. *Schmidtlein,* Assist. am zoolog. Institut der Universität.
Thalstr. 33 1900
532. *Schober, Friedrich Max,* Dr., General-Konsul und Oberregierungsrat a. D. Rathausring 13 1887
533. *Schoen,* Dr. med. u. Prof. a. d. Univ. Dorotheenstr. 2, II 1896
534. *Schomburgk, Henry,* Kaufmann. Petersstr. 17 1807
535. †*Schomburgk,* Frau *Martha* verw. Rudolfstr. 2 . . 1884
536. **Schönkopff,* Fräulein *Marie.* Schulstr. 12, III . . . 1807
537. *Schreiber, Theodor,* Hofrat, Prof., Dr., Direktor d. Städt.
Museums. Leplaystr. 9, III 1900
538. *v. Schrenck v. Notzing,* Freiherr v. Nürnbergerstr. 60 1897
539. *Schröder, Georg,* Kaufmann. Gerberstr. 2/4 (L.-Gohlis,
Lindenstr. 11) 1881
540. *Schröder, Paul,* Kaufmann. Wiesenstr. 1, II 1895
541. *Schroen, Arthur Eugen C.,* Kaufmann. Kurprinzstr. 14 1802
542. *Schröter, Franz,* Prof., Dr., Oberlehrer am Realgymnas. 1880
543. *Schubarth-Engelschall,* Landgerichtsrat. Dorotheenplatz 3 b 1885
544. *Schuberth, Fritz,* Buchhändler (in Firma: Robolsky).
Leplaystr. 6 1891
545. *Schulz,* Frau Major *Doris.* L.-Plagwitz, Carl Heinestr. 13 1896
546. *Schulz, Erich,* Kaufmann. Weststr. 35, pt. 1893
547. *Schulz, Karl,* Dr., Prof. u. Bibliothekar am Reichsgericht.
Jakobstr. 10 1883
548. *Schulze, Gust.,* Kaufmann. Elsterstr. 40 1890
549. *Schulze, R.,* Dr., Lehrer an der I. Bürgerschule.
Sidonienstr. 21, pt. 1890
550. *Schumann,* Reichsanwalt. Kaiser Wilhelmstr. 27, II . 1894
551. *Schumann, Alex. Georg,* Kaufmann. L.-Reudnitz,
Riebeckstr. 3/7 1900
552. *Schumann, Oskar,* Kaufmann. Sidonienstr. 51 . . . 1891
553. *Schwabe, C. Wilhelm Bernhard,* Kommerzienrat und
Konsul (R). Weststr. 19 1871
554. *Schwarze, Arthur,* Dr. med. Mozartstr. 2, I 1895
555. *Schwarze, Gotthilf,* Dr., Oberlehrer am Realgymnasium.
Sophienstr. 21 1892
556. *Schwickert, Otto,* Privatmann. Wintergartenstr. 1, II . 1895
557. *Scobel, A.,* Kartograph. L.-Reudnitz, Friedrich Auguststr. 2 1877
558. *Seeliger, G.,* Dr. phil. und Professor an der Universität.
L.-Gohlis, Kirchweg 2 1898
559. *Seetzen,* Fräulein, Lehrerin. Hohestr. 7 1897
560. *Seidel, Louis,* Lehrer. Querstr. 19, II 1896
561. *Sening, Otto,* Kaufmann. Schwägrichenstr. 15, I . . 1896
562. *v. Seydewitz,* Pfarrer. Hauptmannstr. 3 1896
563. *Sievers,* Dr. und Reichsgerichtsrat. Windmühlenstr. 49 1900

Eintrittsjahr.

564. *Simroth*, Dr. phil., Professor und Oberlehrer an der
Realschule. Fichtestr. 32 1890
565. *Sochatzy*, Frl. Dr. Mühlgasse 4 1898
566. †*Socin*, Dr. phil., Prof. an der Universität. Querstr. 5 1890
567. *v. Sommerlatt*, O., Landgerichtsrat. Weststr. 10, III . 1892
568. *Sörgel*, Fräulein *Marie*, Privata. Moschelesstr. 4, II . 1897
569. *Spalteholz*, Dr. med. und Professor an der Universität. .
Plagwitzerstr. 9, II 1897
570. *Spillner*, *Heinrich*, Kaufmann. Bayerschestr. 27, I . . 1900
571. *Sprockhoff*, A., Kanzleirat a. Reichsgericht. Frankfurterstr. 25 1900
572. *Stahl*, *Albin*, Kaufmann. L.-Plagwitz, Mühlenstr. 4 . 1900
573. *Steckner*, *Oskar*, Kaufmann. Georgiring 7 1874
574. *Steindorff*, Dr. phil. u. Prof. an der Univ. Haydnstr. 8 1894
575. *Stellmacher*, Reichsgerichtsrat. Albertstr. 36, pt. . . . 1890
576. *Stenglein*, Reichsgerichtsrat. Seeburgstr. 44, II . . . 1894
577. *Stephan*, *Karl*, Dr. phil., Chemiker i. Fa. Schimmel & Co.
L.-Gohlis, Poetenweg 7 1898
578. *Stintzing*, Dr. jur. und Privatdozent an der Universität.
Sidonienstr. 67, pt. 1896
579. *Stobbe*, Frau Geheimrätin. Weststr. 70 1890
580. *Stobbe*, *Hans*, Dr., Privatdozent an der Universität.
Grassistr. 36, III 1891
581. *Stockmann*, Frau *Clara*. Beethovenstr. 8, II 1897
582. *Stohmann*, Frau Prof. *Alice*. Inselstr. 7, pt. 1900
583. *Stoll*, A., Dr. und Fabrikbesitzer. Inselstr. 24, pt. . . 1897
584. *Stolpe*, *Rob.*, Privatier. L.-Lindenau, Lindenstr. 23 . . 1891
585. *Storm*, *Carl*, Kaufmann. Parkstr. 11 1900
586. *de Stoutz*, Dr. jur. Beethovenstr. 12, I 1898
587. *zur Strassen*, Dr. phil., Privatdozent a. d. Univ. Moltkestr. 22 1895
588. *Strobel jun.*, *Julius*, Kaufmann. Markt 1 1900
589. *Strube*, *Karl*, Kaufmann. Inselstr. 27 1897
590. *Struve*, *Gustav*, Dr. und Fabrikbesitzer. Zeitzerstr. 28 1897
591. *Stumme*, *Hans*, Dr. phil. und Prof. an der Universität.
Funkenburgstr. 4, III 1898
592. *Sussmann*, *August*, Kaufmann. Lessingstr. 22 (Ritterstr.) 1877
593. *Tamamscheff*, *Constantin*, stud. rer. nat. Grassistr. 21 . 1900
594. *Taube*, *Max*, Dr. med. u. prakt. Arzt. Königsplatz 1, III 1896
595. *v. Tauchnitz*, *Christian Karl Bernh.*, Freiherr, Dr. jur.,
Buchhändler u. Kgl. Brit. Generalkonsul. Dresdenerstr. 5 1866
596. *Tetzner*, *Franz*, Dr. und Oberlehrer. Humboldtstr. 29 1900
597. *Theuerkauf*, *Em.*, Kaufmann. Zeitzerstr. 11 1896
598. *Thieme jun.*, *Alfred*. Grassistr. 2 1897
599. *Thieme*, *C. Alfred*, Kaufmann und Geh. Kommerzienrat.
Weststr. 15 1867

Eintrittsjahr.

600. *Thieme, Georg,* Buchhändler. Seeburgstr. 31, pt. . . . 1897
601. *Thieme, Ulrich,* Dr. phil. Erdmannstr. 17 1900
602. *Thieme,* Lehrer. Friedrich Auguststr. 7 1892
603. *Thomas, Aug.,* Schuldirektor. Braustr. 2 1878
604. *Thomas, Karl,* Lehrer. L.-Kleinzschocher, Albertstr. 28 1900
605. *Thorer, Curt,* Kaufmann. Bismarckstr. 2, I 1898
606. *Thorer, Paul,* Kaufmann und Rittergutsbesitzer. Brühl 70 1894
607. *Thorey, Max,* Rathausring 7, I 1900
608. *Thümmler,* Dr. med. und prakt. Arzt. Harkortstr. 3, III 1896
609. *Tillmanns, Rob. Herm.,* Dr. med., Medizinalrat und
       Professor an der Universität. Wächterstr. 30 . . . 1874
610. *Tittmann, Friedr. Herm.,* Lehrer. Sophienstr. 58 . . 1892
611. *Tittmann,* Dr. jur. Plagwitzerstr. 31 1900
612. *Traumüller, Friedr.,* Dr. phil. und Professor, Oberlehrer
       am Nikolaigymnasium. Auenstr. 8 1875
613. *Trendelenburg,* Geh. Medizinalrat, Dr. med. u. Professor
       an der Universität. Königsstr. 33, I 1895
614. *Trenkmann,* Frau Oberamtmann. Promenadenstr. 16 . 1898
615. *Tröger, Karl,* Fabrikant. Hohestr. 33 1894
616. *Tröndlin,* Dr., Justizrat und Oberbürgermeister . . . 1892
617. †*Tscharmann, Jos. Julius,* Rechtsanwalt. Bahnhofstr. 19 1866
618. *Ultsch, Andreas,* Kaufmann. Bismarckstr. 12, pt. . . 1895
619. *Unruh, G.,* Fabrikdirektor. L.-Plagwitz, Nonnenstr. 4 . 1900
620. *Veiel,* Reichsgerichtsrat. Dufourstr. 21, II 1897
621. *Vincent,* Frl. *N.* Dorotheenplatz 2 1900
622. *Vörster, Alfred,* Buchhändler (Firma: F. Volckmar).
       Salomonstr. 1 (Hospitalstr. 10) 1887
623. †*Vörster, Karl* (Firma: F. Volckmar), Buchhändler.
       Salomonstr. 20 (Hospitalstr. 10) 1875
624. *Voigt-Gerhard, A.,* Opernsänger. Bismarckstr. 14, pt. 1897
625. *Voigt, Max,* Dr. jur. u. Rechtsanwalt. Grassistr. 21, III 1897
626. *Voigtländer, Rob.,* Verlagsbuchhändler. Täubchenweg 19 1896
627. *Volckmar,* Frau *Antonie.* Rossplatz 17 1897
628. *Volk,* Frau *J.* Linnéstr., Botanischer Garten 1898
629. *Volkelt,* Dr. phil. u. Prof. an der Univ. Auenstr. 3, II 1895
630. *Volkmann, Karl,* Amtsrichter. Rathausring 2 b, II . . 1894
631. *Wach, Adolf,* Dr. jur., Geheimer Rat und Professor an
       der Universität. Goethestr. 9 1886
632. *Wagner, Heinr.,* Kartograph. Stephanstr. 16 1875
633. *Wagner, Julius,* Kaufmann. Emilienstr. 13, pt. . . . 1894
634. *Wagner, Paul,* Dr. med. u. Privatdozent an der Universität.
       Wiesenstr. 1 1897
635. *Walch, Max,* Dr. med., prakt. Arzt. Dresdenerstr. 6 . 1898
636. *Wandersleben,* Reichsgerichtsrat. Kaiser Wilhelmstr. 32 1896

637. *Wappler, G.,* Kaufmann. Plagwitzerstr. 28 1900
638. †*Weber, Emil,* Fabrikbesitzer. Simsonstr. 2 1882
639. *Weber, Moritz,* Fabrikbesitzer. Bismarckstr. 7 1891
640. *v. Wedel,* Frl. Humboldtstr. 4, II 1900
641. *Weddige, Anton,* Dr. phil., Professor an der Universität.
    Simsonstr. 8 1869
642. *Wehner, Clemens,* Kaufmann. Thomasring 5 1900
643. *Weichardt,* Architekt. Leibnizstr. 11 1889
644. *Weicher, Theod.,* Buchhändler. Hospitalstr. 27 . . . 1900
645. *Weichsel,* Reichsgerichtsrat. Parkstr. 11, II 1893
646. *Weickert, Otto,* Kaufmann (R). Sternwartenstr. 79 . . 1878
647. *Weigeldt, O. P.,* Lehrer. Südstr. 78 1886
648. **Weigert,* Dr. med. und Stabsarzt. Lessingstr. 16 . . 1896
649. *Weller,* Reichsgerichtsrat. Haydnstr. 1 1895
650. *Welter, Robert,* Kaufmann. Asterstr. 3 1896
651. *Wengler,* Regierungsrat. Kreuzstr. 3 1898
652. *Weniger, E.,* Dr. jur. und Rechtsanwalt. Braustr. 2, II 1897
653. *Weule, Karl,* Dr., Privatdozent an der Universität und
    Direktorialass. a. Mus. f. Völkerkunde. Kronprinzstr. 40 1899
654. †*Wiedemann, Gustav,* Dr. med., Geh. Hofrat und
    Professor an der Universität. Thalstr. 35 1873
655. *Wiener, Otto,* Dr. u. Prof. a. d. Universität. Thalstr. 35 1900
656. *Wildhagen,* Dr., Rechtsanwalt beim Reichsgericht.
    Leibnizstr. 26/28 1898
657. *Wilke, Friedr. Ed.,* Dr. phil. u. Realgymnasial-Oberlehrer.
    Grassistr. 15 1882
658. *Winchenbach,* Reichsgerichtsrat. Kaiser Wilhelmstr. 27, III 1893
659. *Windscheid,* Frau verw., Geh. Rat. Parkstr. 11 . . . 1893
660. *Winter,* Hofrat Prof. Dr. Schletterstr. 8, I 1900
661. *Winzer,* Dr. jur. u. Landgerichtsdir. Brandvorwerkstr. 21 1897
662. *Wislicenus, Joh.,* Dr., Geh. Hofrat und Professor an der
    Universität. Liebigstr. 18 1885
663. *Wittmaack,* Reichsgerichtsrat a. D. Humboldtstr. 7, I 1897
664. *Woelker, Max,* Kaufmann. Carl Tauchnitzstr. 15 . . 1900
665. *Wölker, G.,* Kaufmann, Generalkonsul. Carl Tauchnitzstr. 31 1884
666. *Wohlrab, Alb.,* Dr. Hospitalstr. 3 1899
667. *Woltereck,* Dr. phil., Assist. a. zoolog. Institut d. Univers.
    Thalstr. 33 1900
668. *Wülker, Richard,* Dr. phil., Prof. an der Universität (R).
    L.-Gohlis, Bismarckstr. 5 1886
669. *Wundt, Wilh.,* Dr. phil., Professor an der Universität,
    Geh. Hofrat. Goethestr. 6 1875
670. **Würker,* Frau *Emma.* Moschelesstr. 13 1895
671. *Wüstenfeld,* Reichsgerichtsrat. Schwägrichenstr. 13 . . 1894

Eintrittsjahr.

672. *Wychgram*, Dr. phil., Professor u. Direktor der höheren .
Töchterschule. Rosenthalgasse 13, III 1893
673. *Zacharias*, Fräulein *Marie*, Lehrerin. Gottschedstr. 7 . 1889
674. *v. Zahn*, Fräulein. Ranstädter Steinweg 6, III . . . 1899
675. *v. Zahn*, Sek.-Leutnant im 107. Infanterie-Regiment.
L.-Eutritzsch, Pötzschauerstr. 9, I 1894
676. *v. Zahn*, Hofrat, Rosenthalgasse 13, II 1895
677. *Zeitschel*, *Otto*, Dr. Schreberstr. 6 1900
678. *Ziegenhirt*, *Karl*, Verlagsbuchhändler. Mittelstr. 2, I . 1893
679. *Zieger*, *Bernhard*, Rechtsanwalt. Klostergasse 5 . . . 1890
680. *Ziegler*, Privatmann. Emilienstr. 18 1894
681. *Zimmerle*, Dr. jur., Reichsgerichtsrat. Leplaystr. 1 . . 1893
682. *Zimmermann*, *Theod.*, Lehrer. Zeitzerstr. 31 1896
683. *Zöllner*, *Julius*, Privatgelehrter. Erdmannstr. 14 . . . 1870
684. *Zweifel*, Dr. med., Prof. u. Geh. Medizinalrat. Stephanstr. 7 1888

E. Auswärtige Mitglieder.

Eintrittsjahr.

713. *Köhler,* Dr. phil., Assistent an der Kgl. Landwirtschaftl.
Versuchsstation zu Möckern 1893
714. *Körting,* Frl. *Antonie.* Leutzsch bei Leipzig 1900
715. *Körting, Max.* Leutzsch bei Leipzig 1900
716. *Krügel, Friedr.,* Privatmann. Freiburg i. Br., Goethestr. 47 1890
717. *Krupp, Fr. Alfr.,* Geh. Kommerzienrat. Essen a. Ruhr 1885
718. *Kuntze, Otto,* Dr. phil. San Remo (Villa Girola) Italien 1872
719. *Lommatzsch,* Hauptmann im 107. Inf.-Reg. L.-Möckern 1896
720. *Mathiesen,* Fabrikbesitzer. Leutzsch bei Leipzig, i. d. Post 1900
721. *Meischeider, G. O. E. Julius,* Dr. jur., Reichsgerichtsrat.
Oetzsch 1896
722. *Meyer, Arthur.* Leutzsch bei Leipzig 1900
723. *v. Meyer, Ernst,* Dr. phil. und Prof. a. d. Technischen
Hochschule in Dresden, Zelleschestr. 32 1886
724. *Müller,* Dr. phil., Rittergutsbesitzer. Schönau 1891
725. *Paul, C.,* Pastor in Lorenzkirch bei Strehla 1894
726. *Rein, Bernard,* Fa. Schirmer & Schlick, ehem. Kaiserl.
Konsul, Madrid, z. Z. Nizza 1881
727. *Rohland, Ed.,* Brauereibesitzer. Möckern bei Leipzig . 1900
728. *Ruderisch,* Dr. med. Dahlen i. S. 1900
729. *Schumann, Constantin,* Revierförster. Arnsdorf bei
Böhrigen (Nossen) 1889
730. *Sieglin, Wilh.,* Dr. u. Prof. a. d. Universität Berlin . . 1886
731. *Striegel,* Dr. und Assistent a. d. K. S. Landwirtschaftl.
Versuchsstation Möckern. Möckern bei Leipzig . . 1900
732. *Vollsack,* Ökonomierat u. Rittgutsbes. auf Gross-Zschocher 1877
733. *Waldbaur, Robert,* Fabrikant i. Firma Berger & Wirth.
L.-Schönefeld, Gartenstr. 18, pt. 1897
734. *Wangemann,* Pfarrer in Gautzsch 1893
735. *Wangemann,* Major. 4. Division. Chemnitz 1898
736. *Welter,* Rittergutsbesitzer. Güldengossa bei Leipzig . 1898
737. *Winkler, W.,* Privatgelehrter. Jena, Oberer Philosophen-
weg 11 1890

F. Mitglieder der Karl Ritter-Stiftung,

die nicht dem Verein für Erdkunde angehören.

Fricke, C. jun., Zimmermeister.
Gericke, C. Heinr., Dr., Fabrikbesitzer.
Götz, Gustav, Kaufmann.
Gross & Co., Eisenhandlung.
Hessler, Friedr. Rud., Stadtrat.
Linke, Friedr., Kaufmann.
Strube, Karl, Goldarbeiter.
Winter, Otto, Kaufmann.

Abgeschlossen am 27. März 1900.

Die deutsche Nordseeküste

in physikalisch-geographischer und morphologischer Hinsicht,

nebst einer

kartometrischen Bestimmung der deutschen Nordseewatten

von

Reinhold Haage.

Inhalts-Übersicht.

EINLEITENDER TEIL.

I. TEIL.

Die Dynamik der deutschen Nordseeküste.

II. TEIL.

Morphologie und Morphometrie der deutschen Nordseeküste.

Einleitender Teil.

Über den Begriff der Küste im allgemeinen.

Welche Bedeutung im engeren Sinne man dem Begriffe „Küste" auch zu Grunde legen mag, sei es die einer Linie, die alle diejenigen Punkte des Festlandsockels verbindet, die in einem und demselben Augenblicke von den Fluten des Oceans benetzt werden, oder sei es die eines Festlandsaumes von endlicher Breite, innerhalb dessen all die unendlich vielen Lagen- und Gestaltsänderungen im kleinen sich vollziehen, die diese Linie des augenblicklichen Wasserstandes, von der Flut landeinwärts getragen, mit der Ebbe wieder zurückschreitend, in halbtägiger Periode kontinuierlich durchmacht, oder sei es die Bedeutung der inneren oder der äusseren Begrenzungskurve dieses amphibischen Bandes, oder welcher sonstigen Auffassung man wohl Raum geben möge: da sie alle von demselben Objekt, der Küste ausgehen, so müssen allen diesen specielleren Definitionen doch gewisse Merkmale notwendig gemein sein, das sind diejenigen, die von Hause aus im Wesen der Küste begründet liegen und daher mit dem Begriff „Küste" unzertrennlich verbunden sind.

Diese einer Küste ein für allemal zukommenden charakteristischen Eigenschaften lassen sich in drei Thesen einkleiden, deren jede dem Begriff „Küste" ein neues Prädikat beilegt, und die in ihrer Gesamtheit denselben in seinen wesentlichen Zügen vollständig bestimmen.

Der erste dieser zur Fixierung des Küstenbegriffs notwendigen, gleichzeitig aber auch hinreichenden Sätze ist der:

1. Die Küste ist eine Grenze.

Hiermit ist gesagt: die Küste ist etwas Endliches. Nur das, was keine Grenze hat, das Grenzenlose ist unendlich. Das Begrenzte, d. i. das Beschränkte, — das liegt im Begriff der Grenze oder Schranke — ist endlich, mithin auch das, was seine Umgrenzung bildet, die Grenze selbst, da sie ja nur einen Teil des begrenzten Ganzen ausmacht.

Ferner liegt hierin ausgesprochen: die Küste ist nichts Primäres, nichts Selbständiges, nichts an und für sich Bestehendes. Bevor sie ist, müssen zwei Gebilde sein, die gewisse Merkmale aufweisen, in denen sie von einander abweichen, und die ein Erkennen jedes Gebildes als eines geschlossenen Ganzen, als einer Einheit für sich erst möglich machen. Wo Grenzen sind, da sind auch Unterschiede. Die Grenze an sich ist etwas Abstraktes; die Unterschiede und Gegensätze, die in ihr aufeinander treffen, sind es erst, durch die man zu dieser Abstraktion gelangt; die verschiedenen Eigenschaften der beiden Nachbargebiete, die sich in ihr berühren, und die Wechselbeziehungen, die aus dieser Berührung hervorgehen, sind es, die ihrem Charakter die hauptsächlichsten Züge aufprägen. Das Wesen einer Grenze lässt sich nicht erforschen, wenn man nicht beide Gebiete zu gleicher Zeit und in gleichem Masse im Auge behält; sie schwindet zu einem Nichts zusammen, wenn man von einem der beiden absieht, sie wird zu einem Zerrbild kurzsichtiger Einseitigkeit, wenn man sie nur vom diesseitigen Standpunkte betrachtet und einen Blick auch von der anderen Seite her unterlässt.

Die zweite Thesis lautet:

2. Die Küste ist eine Grenze auf der Oberfläche der Erde.

Auch im Innern der Erde, auch draussen im unermesslichen Weltenraume kommen Grenzen vor, hier die Grenzen der geologischen Schichten, dort die Grenzen der Milliarden von Himmelskörpern. Beide scheiden gleich dünnen idealen Wänden Räume dreier Dimensionen von einander. Anders die Küsten. In einer Fläche liegend, der Oberfläche unseres Erdkörpers, können sie wie alle geographischen Grenzen nur die Grenzen zwischen Flächengebieten sein, und zwar Flächen, die selbst auf der Erdoberfläche liegen. Mithin können sie nur Gebilde der zweiten oder der ersten Dimension sein, also entweder Flächen oder Linien. — Unter Erdoberfläche ist hierbei die Basis der unseren Planeten umhüllenden Atmosphäre zu verstehn, d. h. diejenige Fläche, in der sich die Atmosphäre mit der Hydrosphäre und der Lithosphäre berührt, und die vermöge des Zusammentreffens dieser drei Sphären zur vornehmsten Existenzbedingung für die Biosphäre wird. — Nur Erscheinungen, die sich auf der Oberfläche der Erde abspielen, können infolgedessen für das Wesen der Küste von Belang sein. Thatsachen, die dem Bereiche des Erdinnern oder dem des Aussenraums angehören, können hierbei nur insoweit mitsprechen, als sie auf der Erdoberfläche zur Geltung kommen.

Die Prädikate dieser beiden ersten Thesen kommen der Küste nicht ausschliesslich zu; beide teilen sie mit den sogenannten trockenen Grenzen auf der Erde; die in der ersten ausgesprochene Eigenschaft besitzen sogar alle disjunktiven Gebilde überhaupt, z. B. auch die obengenannten geologischen und astronomischen Begrenzungsflächen. Ein dem Begriffe „Küste" rein specifisches Prädikat wird hingegen den bisherigen in der dritten und letzten Thesis hinzugefügt, die sich folgendermassen aussprechen lässt:

3. Die Küste ist die Grenze zwischen einer Land- und einer Meeresfläche auf der Oberfläche der Erde.

Hierin liegt zugleich begründet, dass die Küste eine Naturgrenze ist. Behält man hierbei ausserdem immer die Thatsache im Auge, dass das Meer etwas Flüssiges, infolgedessen also etwas Bewegliches ist, das den geringsten Impulsen nachgiebt, das Land hingegen etwas Beharrendes, mehr oder minder Festes, und beachtet man gleichzeitig die Folgerungen, die sich aus dem Aufeinandertreffen zweier so grundverschiedener Elemente sowohl in physikalischer als auch in politischer Beziehung ergeben müssen, so ist mit diesem letzten Satze nicht nur eine vollständige allgemeine Definition des Begriffes „Küste" gegeben, sondern zugleich auch ein Ausblick auf den Weg eröffnet, den man bei einer eingehenden Betrachtung einer Küste zu beschreiten hat.

II.

Über die Lage der deutschen Nordseeküste.

Hält man an der in der dritten Thesis im vorigen Kapitel gegebenen allgemeinen Definition des Küstenbegriffs fest, so erklärt sich die Bezeichnung „Deutsche Nordseeküste" aus sich selbst als die Grenze des deutschen Bodens gegen die Nordsee. Aber nicht nur ihr Begriff, sondern auch ihre Lage auf der Erde ist vermöge des Gebundenseins der Küste an die beiden Flächen, deren Nachbarschaft sie vermittelt, zugleich ausgedrückt: Die deutsche Nordseeküste ist überall da zu suchen, wo deutsches Land in die Fluten der Nordsee eintaucht. Nicht in der Lage Deutschlands allein, auch nicht in der der Nordsee allein ist demnach die deutsche Nordseeküste in ihrer Lage bestimmt; keines von beiden würde, für sich allein genommen, hinreichen; eine Küste kann unmöglich durch einen einzigen Komplex festgelegt sein, da sie ja etwas Relatives ist. Sondern erst in der Lage beider Gebiete gegen einander, in dem räumlichen Nebeneinander beider ist die Lage der Küste völlig gegeben. Soweit deutscher Boden und Nordsee neben einander liegen und einander berühren, soweit reicht das deutsche Nordseegestade in seiner Längsausdehnung.

Demgemäss ist die Lage der deutschen Nordseeküste begründet:
a) in der Lage des deutschen Reiches,
b) in der Lage der Nordsee,
c) in der Lage beider zu einander.

a) Unter allen Ländern in Europa hat Deutschland die centralste Lage. Durch den breiten, hohen Alpengürtel im Süden von mittelmeerischen Einflüssen abgesperrt, im Norden durch die tiefe Einbuchtung der Nordsee mit dem Weltmeer verbunden, dessen segensreiche Einwirkung dank dem Flachlandcharakter des norddeutschen Küstenlandes weit bis in das deutsche Mittelgebirgsland hinein sich geltend machen kann, liegt Deutschland gerade dort, wo die von Ost nach West fortschreitende Verjüngung des dreieckförmigen europäischen Festlandrumpfes ihren mittleren Betrag erreicht. So hat es die Natur so recht zum Übergangsland geschaffen wie kaum ein anderes Land auf der Erde, indem sie ihm eine Mittelstellung anwies nicht nur zwischen den breiten kontinentalen Flächen des Ostens und den westeuropäischen Ländern oceanischen Charakters, sondern auch zwischen den Mittelmeerländern im Süden und dem von Nord- und Ostsee beherrschten Norden.

Abgesehen von der Einbuchtung, die es im Süden durch den böhmischen Keil erfährt, nimmt sein Areal sowohl nach Norden als auch nach Westen an Breite zu und erreicht seine grösste Ausdehnung in der Richtung der Linie Memel-Konstanz, einer Geraden, die der Südküste der Nordsee annähernd parallel läuft. Die südlichste Gemeinde des deutschen Reiches ist das Dorf Einödsbach im Algäu im Südwesten des Königreichs Bayern, unter 47^0 $20'$ nördl. Br. gelegen, die nördlichste Nimmersatt bei Memel in der Provinz Ostpreussen, unter 55^0 $53'$. Nach Osten zu reicht das deutsche Gebiet mit dem Dorfe Schilleningken bei Schirwindt in der Nähe von Pillkallen in Ostpreussen bis 22^0 $53'$ ö. L. am weitesten vor. Redingen ist der letzte deutsche Grenzort, den man passiert, wenn man auf der Strasse von Diedenhofen nach Montmédy die deutsch-französische Grenze überschreitet; er liegt 5^0 $55'$ ö. L. So beträgt die Breitendifferenz zwischen dem nördlichsten und dem südlichsten Punkt Deutschlands ungefähr $8\frac{1}{2}$ Grade; Ost- und Westgrenze liegen im Maximum 17 Längengrade auseinander.

Vergleicht man diese vier Kardinalpunkte Deutschlands mit den äussersten Punkten Europas: dem Nordkap auf der norwegischen Insel Mager, 71^0 $12'$ n. Br., dem Westkap Dunemore Head in Irland, 10^0 $30'$ w. L., dem Kap Lithinos auf Kreta, 34^0 $55'$ n. Br., und dem Netju-Gipfel zwischen der Obmündung und dem Grosslandrücken im Nordosten des europäischen Russlands, an dessen Fusse unter 66^0 $5'$ ö. L. die Ostgrenze Europas am weitesten gegen Asien vorspringt, so ergeben sich für die beiden Westpunkte und die beiden Ostpunkte Längendifferenzen von $16^1/_2$ und 43 Graden; um $15^1/_2$ Breitengrade liegt der nördlichste Punkt Deutschlands südlicher als das Nordkap, $12^1/_2$ Breitengrade reicht Europa weiter nach Süden als Deutschland. Diese Zahlenangaben bieten einen deutlichen Ausdruck für die centrale Stellung, die Deutschland seiner Lage nach unter den europäischen Ländern einnimmt.

b) Die Nordsee bildet ein deutlich abgesondertes, seichtes Nebenbecken des nordöstlichen Teiles des an Rand- und Mittelmeeren reichen, vielgegliederten Atlantischen Oceans, der sich als ein Bindeglied zwischen die Alte und die Neue Welt legt. Seine Gestalt ist die eines breiten, vom nördlichen bis zum südlichen Polarkreis reichenden S-förmigen Streifens, dessen Ränder einerseits an der Angolaküste in Südwestafrika unter 13^0 $40'$ ö. L. und andererseits an der Küste von Georgia in den Vereinigten Staaten von Nordamerika unter 81^0 $45'$ w. L. ihre grösste seitliche Verschiebung erfahren. Die Nordsee ist von diesem offenen Weltmeere durch die Britischen Inseln abgesperrt und so zum Randmeere gemacht. Obwohl auf drei Seiten von Ländermassen umgrenzt, im Osten von Skandinavien und Jütland, von der deutschen, niederländischen und belgischen Küste im Süden, von England und Schottland im Westen, hat sie dennoch den Charakter einer Meeresbucht von viereckiger Gestalt, der ihr einst eigen gewesen zu sein scheint, und der sich auch heute noch in mancher Beziehung bemerkbar macht, durch den Durchbruch des 32 km breiten Ärmelkanals verloren und in letzterem einen zweiten Zugang zum Ocean erhalten.

Was ihre Umgrenzung anbetrifft, so repräsentiert die Nordsee unter allen Meeren der Erde ein ganz besonders merkwürdiges Exemplum in der Morphologie der Meeresräume, dadurch nämlich, dass ihre Grenzen ebenso genau wie die politischen Räume der civilisierten Welt auf diplomatischem Wege vereinbart und gesetzlich festgelegt sind.

In dem internationalen Vertrag zu Haag, der am 6. Mai 1882 „über die polizeiliche Regelung der Fischerei in der Nordsee ausserhalb der Küstengewässer" von den sechs Nordseemächten Grossbritannien, Frankreich, Belgien, den Niederlanden, Deutschland und Dänemark abgeschlossen wurde, sind die Grenzen der Nordsee folgendermassen festgelegt. Artikel 4 dieses Vertrags lautet: *)

„Die Grenzen der Nordsee werden, insoweit es sich um die Anwendung der Bestimmungen dieses Vertrages handelt, gebildet:

I. im Norden: durch den 61. Grad nördlicher Breite;

II. im Osten und Süden:

---

*) Reichsgesetzblatt 1884 No. 11.

1. durch die norwegische Küste zwischen dem 61. Grade nördl. Br. und dem Leuchtturm von Lindesnäes (Norwegen),

2. durch eine gerade Linie, die man sich von dem Leuchtturm von Lindesnäes (Norwegen) nach dem Leuchtturm von Hanstholm (Dänemark) gezogen denkt,

3. durch die Küsten Dänemarks, Deutschlands, der Niederlande, Belgiens und Frankreichs bis zum Leuchtturm von Gris Nez (Frankreich);

III. im Westen:

1. durch eine gerade Linie, die man sich von dem Leuchtturm von Gris Nez (Frankreich) nach dem östlichen Feuer von South Foreland (England) gezogen denkt,

2. durch die Ostküsten von England und Schottland,

3. durch eine gerade Linie, welche Duncansby Head (Schottland) mit der Südspitze von South Ronaldsha (Orkney-Inseln) verbindet,

4. durch die Ostküsten der Orkney-Inseln,

5. durch eine gerade Linie, welche das Feuer von North Ronaldsha (Orkney-Inseln) mit dem Feuer von Sumburgh Head (Shetland-Inseln) verbindet.

6. durch die Ostküsten der Shetland-Inseln,

7. durch den Meridian des Feuers von North Unst (Shetland-Inseln) bis zum 61. Grad nördlicher Breite.

Was den Norden und den Osten anbetrifft, so sind die Grenzen der Nordsee in diesem Vertrage etwas enger gezogen als es bisher in der Oceanographie üblich war. Nach O. Krümmels Vorbilde nämlich betrachtete man bisher als Nord- und Ostgrenze der Nordsee den Parallelkreis von Stadtland (Norwegen) in $62^1/_4^0$ n. Breite und die gerade Linie Fleckerö-Leuchtfeuer — Hanstolm-Leuchtfeuer.*) (Vergl. hingegen die Grenzbestimmung des Haager Vertrags I und II, 2.) Trotz dieser Abweichung von dem bisherigen Brauche — vielleicht ist sie mit durch den Umstand bedingt, dass die siebente, die nordöstlichste Nordseemacht Schweden-Norwegens dem Vertrag nicht beigetreten ist, — nehmen wir keinen Anstand, diese neue Fixierung der Nordseegrenzen für die folgenden Betrachtungen zu acceptieren. Denn erstens dürfte sich in der ganzen geographischen Litteratur keine Angabe der Nordseeumgrenzung finden, die an Genauigkeit und Unzweideutigkeit dieser gleich käme, und zweitens dürfte doch wohl kein anderer Vorschlag einen berechtigteren Anspruch auf eine allgemein giltige Anerkennung in der Wissenschaft besitzen als ein solcher, der in einem

---

*) O. Krümmel, Versuch einer vergleichenden Morphologie der Meeresräume. Leipzig 1879 pag. 92 u. 96.

internationalen Vertrage nach völkerrechtlichen Grundsätzen vereinbart und gesetzlich sanktioniert ist.

Als die äussersten Punkte der Nordsee hätte man demnach die folgenden zu betrachten:

Ihren südlichsten Punkt erreicht sie in dem Kap Gris Nez bei Calais unter 50° 52′ n. Br. Ihre Nordgrenze bleibt noch um 5½ Grade dem nördlichen Eismeer fern, dessen kalte Strömungen hier ohnehin einesteils durch den östlichen Ausläufer der warmen Floridaströmung in ihrem Einfluss bedeutend geschwächt, anderenteils auch durch die Schwelle des höher gelegenen seichten Beckens der Nordsee den mitteleuropäischen Küsten ferngehalten werden. Etwas mehr als 10 Breitengrade beträgt demnach die meridionale Ausdehnung der Nordsee. Nach Westen hin reichen ihre Fluten bis in den Moray Firth in Schottland, der in dem Firth of Inverness bei dem Orte Beauly unter 4° 40′ w. L. endigt. Hanstholm an der jütischen Westküste, 8° 38′ ö. L. gelegen, ist der äusserste ausserdeutsche Ort, den die Nordsee an ihrer Ostgrenze bespült, aber nicht der äusserste überhaupt. Sondern unsere deutsche Küste selbst hat den östlichsten Ausläufer der Nordsee aufzuweisen; es ist dies die unter 9° 2′ ö. L. endende Bucht von Meldorf in Süderdithmarschen.

c) In dieser Fixierung der äussersten Punkte Deutschlands und der Nordsee sind zugleich die wichtigsten Thatsachen für die gegenseitige Lage beider Gebiete zu einander enthalten:

An keiner Stelle ragen die Ränder der Nordsee über Europas Grenzen hinaus; sie ist also ein völlig europäisches Meer. Indessen, sie ist kein rein deutsches Meer; denn während sie nahezu um 6 Grad hinter der Westspitze Europas zurückbleibt, reicht sie 10½ Grad weiter nach Westen als das deutsche Reich. Fast 14 Grad liegt ihre Ostgrenze westlicher als die Deutschlands. Nach Norden hin überragt Europa die Nordsee um mehr als 10 Breitengrade, hingegen reicht dieselbe 5 Grad weiter nach Norden als der deutsche Boden. Deutschland wird demzufolge sowohl im Norden als auch im Westen von der Nordsee überragt. Innerhalb 5 Breitengraden bespült sie nördlicher gelegene, innerhalb 10½ Längengraden westlicher gelegene Länder als Deutschland. Darin liegt ausgesprochen, dass Deutschland sich mit anderen Staaten in das deutsche Meer teilen muss und nur einen kleinen Teil hiervon inne hat, nämlich die südöstliche Bucht.

Der nördlichste deutsche Ort Nimmersatt liegt an der Ostsee; sein Parallelkreis berührt deutschen Besitz an keiner anderen Stelle wieder, d. h. die deutsche Nordseeküste reicht weniger weit nach Norden als die deutsche Ostseeküste, wenn auch der hierin obwaltende Breitenunterschied nur gering ist.

Der Westmeridian Deutschlands, der von Redingen, verlässt das Festland nicht auf deutschem Boden, das will sagen: die Westgrenze Deutschlands ist aus ihrer normalen, d. i. rein nördlichen Richtung nach Nordnordost abgelenkt; die deutsche Küste reicht infolgedessen nicht soweit nach Westen, wie es der Ausdehnung ihres Hinterlandes entsprechend der Fall sein müsste; das deutsche Reich ist an der Nordseeküste ein Stück nach Osten zurückgedrängt.

Fast 14 Grad liegt die Ostgrenze der Nordsee westlicher als die Deutschlands und 57 Grad westlicher als die Europas. Um 16 Grad bleibt ihr südlichster Punkt hinter demjenigen Europas zurück und um $3\frac{1}{2}$ Grad hinter dem des deutschen Reiches. Im Süden und Osten also überragt Deutschland die Nordsee. Beide Gebiete greifen demnach in der Richtung Südost-Nordwest in einander über, und dasjenige Feld des Gradnetzes auf dem Globus, in welchem ihre gegenseitige Berührung sich notwendig vollziehen muss, wird eingeschlossen durch den Ostmeridian und den Südparallel der Nordsee und den Westmeridian und den Nordparallel des deutschen Reiches. Es sind dies die Linien: 9° 2′ ö. L. (Meldorf), 50° 52′ n. Br. (Gris Nez), 5° 55′ ö. L. (Redingen), 55° 53′ n. Br. (Nimmersatt).

Das sphärische Rechteck, das von diesen vier Kugelkreisen auf dem Globus bestimmt wird, überdeckt etwas mehr als 3 Längengrade, d. s. $\frac{1}{6}$ der grössten ostwestlichen Ausdehnung Deutschlands und reichlich $\frac{1}{4}$ derjenigen der Nordsee, und 5 Breitengrade, d. s. etwa die Hälfte der nordsüdlichen Ausdehnung jedes der beiden Gebiete für sich genommen. Als seine Ecken kann man die folgenden vier Punkte ansehn: Give auf dem jütischen Heiderücken, Hatzbach bei Marburg in Hessen-Nassau, Amstenrade bei Maastricht. Die Nordwestecke 5° 55′ ö. L. 55° 53′ n. Br. liegt in der Nordsee und fällt fast mit dem nordwestlichsten Punkt der deutschen oder Helgoländer Bucht zusammen, die man durch den Meridian von Texel und dem Parallelkreis der vor der jütischen Westküste, Blaavands Huk gegenüber liegenden Sandbank Horns Riff von der eigentlichen Nordsee abzugrenzen pflegt.

Dieses sphärische Rechteck bildet den Rahmen für das Bild des deutschen Nordseegestades. Soweit derselbe reicht, soweit mindestens müssen die beiden Nachbargebiete betrachtet werden, wenn man das Wesen der Küste recht verstehen will. Des Meeres Anteil auf diesem rechteckigen Globusausschnitt deckt sich, wie bereits angedeutet wurde, nahezu mit dem Begriff der Helgoländer Bucht. Auch das feste Land, das man auf diesem Bilde sieht — es sind vor allem Schleswig-Holstein, Hannover, Oldenburg, Westfalen — bildet in gewissem Sinne ein abgeschlossenes Ganzes in der deutschen Landschaft. In seiner Abhandlung „Über die Grenzen des nördlichen und südlichen Deutschlands" vom Jahre 1836 unterscheidet Leopold von Buch neben einem südlichen und einem nördlichen Deutschland, die durch die Weingrenze von einander geschieden werden, noch ein „meerumflossenes oder immergrünes Deutschland, in welchem die Mitteltemperatur keines einzigen Monats jemals unter den Gefrierpunkt herabsinkt". „Die Folge davon ist, sagt Buch weiterhin, dass auch nur wenig erfriert, und dass grüne Blätter sich den ganzen Winter durch erhalten können. . . . . Die Grenzen dieses immerfort sich verjüngenden Landes sind nicht schwer zu finden. Man erkennt sie leicht und bestimmt an dem Wachsen und Gedeihen eines Busches, der uns hier so gut wie unbekannt bleibt. Es ist die Stechpalme, ilex aquifolium, deren Blätter glänzen wie die Spiegel, und deren lebhaftes Grün durch die weissen Stacheln am Rande und durch den zierlichen weissen Rand selbst besonders gehoben wird."*) Sie herrscht fast allgemein in Mecklenburg, Holstein, Bremen, Oldenburg und Hannover; ihre Ostgrenze bildet der Peenefluss; von Ludwigslust und Lübtheen verläuft ihre Südgrenze in südwestlicher Richtung der Aller zu und erreicht sogar die Städte Minden, Münster und Köln. Dieses von v. Buch genannte „meerumflossene Deutschland" ist es, mit dem wir es bei einer Betrachtung der deutschen Nordseeküste zu thun haben. Es kommt dem Stück deutschen Bodens, das wir in unserem Küstenbilde sehen, annähernd gleich; nur den äussersten südöstlichsten Teil desselben nimmt es nicht ein.

Doch werden die Grenzen des Gebietes, in dem die Berührung zwischen der Nordsee und dem deutschen Lande vor sich geht, in Wahrheit noch bedeutend enger gezogen; nur einen kleinen Teil jenes Gradfeldes nimmt die deutsche Nordseeküste ein. Ihr westlichster Punkt wird repräsentiert durch die Westspitze der äussersten der ostfriesischen Inseln, der Insel Borkum. Dieselbe liegt 6° 40' ö. L. und 53° 35' n. Br. Ihr nördlichster Punkt liegt dort, wo die deutsch-dänische Grenze zwischen dem dänischen Grenzort Wester-Wedstedt und dem deutschen Dorfe Endrup bei Hvidding in Nordschleswig das Wattenmeer erreicht. Es geschieht dies unter 8° 40' ö. L. und 55° 17' n. Br.

Unter allen Buchten der Küste ist der Dollart diejenige, die am weitesten nach Süden reicht. Als südlichster Punkt unserer Küste hat demnach der südlichste Punkt des deutschen Dollartufers zu gelten. Dieser liegt gerade da, wo die deutsche Westgrenze den Dollart erreicht; es geschieht dies an der Mündung der Westerwoldschen

---

*) Leopold von Buchs gesammelte Schriften, herausgegeben von Ewald, Roth und Dames, IV. Bd. II. Teil.

Aa, des Grenzflüsschens zwischen Deutschland und den Niederlanden, unter 7^0 $13'$ ö. L. und 53^0 $14'$ n. Br. Als den östlichsten Punkt haben wir Meldorf 9^0 $2'$ ö. L. und 54^0 $29'$ n. Br. bereits kennen gelernt.

Die Lage der deutschen Nordseeküste ist demnach durch die folgenden topographischen Angaben fixiert:

$$55^0 \ 17' \text{ n. Br.}$$

$6^0\,40'$ ö. L. $\qquad\qquad\qquad\qquad\qquad 9^0\,2'$ ö. L.

$$53^0 \ 14' \text{ n. Br.}$$

In meridionaler Richtung erstreckt sie sich also über 2 Gradfelder, in latitudinaler etwa über $2^1/_2$. Es ist mithin ein verhältnismässig enger Raum, auf dem sich die Berührung des deutschen Bodens mit der Nordsee vollzieht.

Inseln von rein oceanischer Lage besitzt Deutschland in der Nordsee nicht und kann es nicht besitzen, da solche in ihr überhaupt nicht vorkommen. Die Felsklippe Helgoland ist das einzige Stück Land, das von der Festlandküste isoliert liegt; 60 km von Kuxhaven, nur 48 km von der Halbinsel Eiderstedt entfernt, kann sie dennoch nicht als oceanische Insel gelten.

Sieht man von dem kleinen Anteil ab, den dieses Eiland an der deutschen Küste hat, so kann man sich die deutsche Nordseeküste aus zwei Zweigen zusammengesetzt denken, einem latitudinalen und einem meridionalen; der erstere läuft etwa in der Richtung des Parallelkreises $53^0\,40'$ n. Br., der andere deckt sich nahezu mit der Linie $8^0\,50'$ ö. L. Doch läuft, im Grunde genommen, der meridionale Zweig ebenso wenig nach dem reinen Norden wie der latitudinale nach dem reinen Westen. Beide sind um einen Winkel von etwa 12^0 auf der Erdoberfläche in dem der Bewegung des Uhrzeigers entgegengesetzten Sinne von ihrer normalen Lage abgelenkt, sodass sie mehr nach Nordnordwest und Westsüdwest als nach Nord und West weisen. Sie treffen sich beide etwa bei Marne in Süderdithmarschen unweit Brunsbüttel am rechten Ufer der Elbmündung unter $9^0\,0'$ ö. L. und $53^0\,57'$ n. Br. Die Luftlinie Borkum-Marne misst ungefähr 158 km, die Strecke Hvidding-Marne ist nur um 10 km kürzer, sie ist 148 km lang; und diese annähernde Gleichheit der Luftlinien überträgt sich auch, wie wir im folgenden zeigen werden, auf die Küstenlängen, sodass die Elbmündung das deutsche Nordseegestade fast genau halbiert.

So gleicht unsere Küste in ihrer Grundform einem rechten Winkel, dessen Scheitel etwa bei Brunsbüttel zu suchen ist, und dessen Schenkel beide gleichlang sind und einerseits bei Borkum, andererseits bei Hvidding endigen.

Doch die küstenbildenden Agentien lassen sich bei ihrer

ausserordentlichen Mannigfaltigkeit und bei dem grossen Bewegungsvermögen, das dem einen der beiden der Küste eigentümlichen Elemente, dem Flüssigen, anhaftet, nicht auf eine einzige mathematische Linie bannen. Zwei Inselguirlanden umsäumen das deutsche Nordseegestade; sie machen die Küste zu einer Doppelküste und erhöhen so die horizontale Gliederung derselben ausserordentlich. Auf diese Weise sind bei jedem der beiden Zweige eine Inselküste und eine festländische Küste zu unterscheiden. Die Westspitze von Borkum und die Nordspitze von Romoe bilden die beiden Eckpfeiler der Aussenküste.

Der meridionale Zweig der Festlandküste weist in seiner südlichen Hälfte drei Buchten auf, die von Husum, Tönning und Meldorf; ihnen entsprechen die drei Halbinseln Eiderstedt, Wesselburener Koog und Dieksand. Eine ganz besonders grosse Deformation erleidet die festländische Küste in dem latitudinalen Teile durch die Buchten des Dollart und der Jade und durch die Ästuarien der Elbe und der Weser; immerhin ist dieselbe an keiner Stelle so beträchtlich, dass die fundamentale Gestalt des rechten Winkels dadurch verloren ginge. Betrachtet man diese Ästuarien auch als Buchten des Meeres, so bilden die Häfen von Bremen und Hamburg die südlichsten, bez. die östlichsten Ausläufer der deutschen Nordseeküste; und dann bezeichnen der Parallel von Bremen, $53^0 5'$ n. Br., und der Meridian von Hamburg, $10^0 0'$ ö. L., die Binnengrenzen der deutschen Küstenzone an der Nordsee.

Fassen wir das im vorliegenden Kapitel Gesagte noch einmal kurz zusammen: Zwei Linien und ein einzelner Punkt fixieren Lage und Gestalt der deutschen Nordseeküste:

a) Mündung der Westerwoldschen Aa in den Dollart bei der Stadt Bunde — Bremen — Hamburg — Hvidding;

b) Westspitze von Borkum — Marne bei Brunsbüttel — Nordspitze von Romoe;

c) Helgoland.

Die zweimal gebrochene Linie Aa-Mündung — Bremen — Hamburg — Hvidding repräsentiert die sogenannte Innenküste, d. i. die Linie, die die Punkte verbindet, mit denen das Meer am weitesten landeinwärts reicht. Der Rechtwinkelzug Borkum — Marne — Romoe bildet gewissermassen das Rückgrad der ganzen Küste. Das Felseneiland Helgoland schliesslich liegt gleichsam im Schwerpunkt des rechtwinkligen, gleichschenkligen Dreiecks, das durch diese Linie b) und die gerade Verbindung Romoe-Borkum eingeschlossen wird.

III.

Die deutsche Nordseeküste in ihrer verkehrspolitischen Bedeutung für Mitteleuropa.

Drei Umstände sind es, die Deutschland zum wichtigsten Durchgangslande in Mitteleuropa machen: seine centrale Lage auf dem europäischen Festlande, seine Lage am Meer und die Beschaffenheit seines Bodens.

Europa wird nur an seinem Süd-, West- und Nordgrenzen vom Meere bespült. Im Osten wird es durch das Uralgebirge von dem grossen asiatischen Tieflande getrennt. Nach Osten giebt es also, solange die russisch-sibirische Pacific-Bahn noch nicht ins Leben gerufen ist, keinen Verkehrsweg nach dem Meere. Die Nordküsten Europas wenden sich in ihrem grösseren östlichen Teile dem nördlichen Eismeer zu; denn ungefähr 5 Breitengrade weit reicht unser Kontinent in die nördliche Polarzone hinein. Die Nordküsten Russlands sind infolgedessen während der grösseren Hälfte des Jahres vom Eise blockiert, die Häfen der Ostsee bis zum Kap Domesnäs am Rigaischen Meerbusen herab wenigstens während mehrerer Monate. So ist Osteuropa in seinem Verkehr mit dem freien Weltmeere auf die Vermittelung seitens der westlicher gelegenen Teile Europas angewiesen.

Doch hängt die Lage eines Ortes zum Meere auf unserem Erdteile nicht lediglich davon ab, ob er mehr oder weniger weit nach Westen vorgeschoben ist; sondern es liegt in der eigentümlichen dreieckförmigen Verjüngung, die der europäische Kontinent nach Westen hin infolge seiner Einschnürung durch die Nordsee erleidet, begründet, dass, obwohl der Atlantische Ocean in der Richtung von Süd nach Nord streicht, die Linien gleicher Meerferne aus der Nord-Süd-Richtung zu einem mehr nordost-südwestlichen Verlauf abgelenkt werden. Daher findet der Zug nach dem Meere, der alle Völker der Erde mehr oder weniger beherrscht, sobald sie in das Zeichen des Weltverkehrs getreten sind, und der im allgemeinen orthogonal zu den Linien gleicher Meerferne gerichtet ist, in Mitteleuropa von Südost nach Nordwest statt. Nicht nur für den Osten, sondern auch für den Südosten Europas vermittelt Deutschland einen grossen Teil des Verkehrs mit dem Ocean.

Hierzu kommt, dass gerade dort, wo der Festlandrumpf nach Westen zu immer schmäler und schmäler wird, wo seine Nord- und seine Südküste mehr und mehr mit einander konvergieren, sich zwischen beide in ostwestlicher Richtung eine hohe Verkehrsschranke schiebt in Gestalt der Alpen und ihrer östlichen Fortsätze, der Karpathen, die der einen Küste den nördlichen, der andern den südlichen mittelmeerischen Teil des Festlands zuerteilt. Abgesehen davon, dass das mittelländische Meer infolge seines binnenmeerischen Charakters und seiner Verbindung mit dem indischen Ocean durch die Meerenge von Suez in Hinsicht auf den Weltverkehr sein Hauptgewicht mehr den Ländern des Orients als dem Abendland zuwendet, so ist auch ohnehin jene Teilung Europas durch die Alpen zu Gunsten der Nordhälfte ausgefallen. Ist doch die Nordgrenze des Alpengürtels, als die man den Parallelkreis von Wien 48° 20' anzunehmen pflegt, fast 23 Grad von dem Nordkap auf Magerö entfernt, seine Südgrenze hingegen, der 43. Breitengrad (Toulon) nur wenig mehr als 8 Grad von Kap Lithinos auf Kreta.

Dass die Alpen ein Randgebirge des Mittelmeerbeckens sind und den weitaus grösseren Teil des Festlands von letzterem absperren, und zwar fast $^3/_4$ seiner meridionalen Ausdehnung, und darunter das gesamte Areal des deutschen Bodens, dieser Umstand giebt dem Charakter Mitteleuropas und damit zugleich auch dem der Nordseeküste ein grundlegendes Merkmal.

Dieser fördernde Einfluss der Alpenschranke auf die verkehrspolitische Bedeutung unserer Küste wird noch erhöht durch das Fehlen von zusammenhängenden Hochgebirgsketten in Mitteldeutschland, durch den sanften Abfall der deutschen Mittelgebirgslandschaft nach Norden hin und durch den Flachlandcharakter des der Küste zunächst gelegenen Hinterlandes. Dem Zusammenwirken aller dieser in der vertikalen Gliederung des Bodens beruhenden Faktoren ist es zu danken, dass ein engmaschiges Netz von Wasserstrassen und Schienenwegen die deutschen Lande durchzieht und selbst den entlegensten Ort Mitteleuropas, sei es durch Flussschiffahrt, sei es durch Eisenbahnverkehr, in eine gewisse Verbindung mit dem Meere treten lässt und mehr oder minder der segensreichen Einwirkung der Küste teilhaftig macht.

Infolge seiner Lage am Meer wird das deutsche Reich zum Durchgangsland für alle diejenigen von seinen Nachbarstaaten, die dem Ocean weniger nahe liegen. Es sind dies der grösste Teil des russischen Reiches, das mehr als die Hälfte von Europas Areal einnimmt, ferner der Norden von Österreich-Ungarn und ein Teil der Schweiz. Hinter seinen westlichen Nachbarn hingegen, Frankreich, Luxemburg, Belgien und den Niederlanden steht es in dieser Hinsicht zurück. Auch Dänemark und Schweden-Norwegen besitzen eine bessere oceanische Lage; denn, wenn sie auch nicht weiter nach Westen vorgeschoben liegen als Deutschland, so ist doch bei ihnen das Verhältnis der Meeresgrenzen zu den Landgrenzen bedeutend grösser als das Deutschlands; und ihre nördliche Lage ist infolge der mildernden Einwirkung des Floridastroms nicht imstande, die Bedeutung, die ihnen aus der Lage am Meer erwächst, herabzusetzen.

Von allen Teilhabern an der Nordsee hat die Natur jedoch das meerumflossene Grossbritannien am meisten begünstigt. Nicht genug, dass seine gesamte Westgrenze von den Wellen des Atlantischen Oceans bespült wird, nimmt es auch noch den grössten Teil des Nordseegestades ein und bildet es den weit in das Meer hinaus vorgeschobenen Vorposten des europäischen Festlandes.

Unter allen diesen Ländern, denen im Osten und Südosten mit kontinentaler Lage und denen im Westen und Norden oceanischen Charakters nimmt Deutschland eine Mittelstellung und infolgedessen auch eine Mittlerstellung ein. Sein Anteil am Weltmeere wird ihm durch die beiden nordöstlichen Nebenmeere des Atlantischen Oceans übermittelt, die Nordsee und die Ostsee. Die skandinavische und die jütische Halbinsel machen die Ostsee zu einem Binnenmeere, zu einer grossen Bucht, die weit in das Festland nach Osten eingreift und ihren Ausgang nach dem Ocean erst durch die Nordsee nehmen muss. Obgleich die deutsche Ostseeküste länger ist als die Nordseeküste, so bleibt ihr Wert für den oceanischen Verkehr Deutschlands doch weit hinter dem der letzteren zurück, ja, er stützt sich zum grossen Teile nur auf die Bedeutung der Nordsee. Mit der Erschaffung des Kaiser-Wilhelm-Kanals ist dieser Nachteil zwar gemindert, aber durchaus nicht aufgehoben worden.

So sehen wir den Verkehr von ganz Mitteleuropa sich nach der südöstlichsten Bucht der Nordsee hin zuspitzen. Nicht zum geringsten Teile mit durch den Verlauf der mitteleuropäischen Urstromthäler vorgezeichnet, laufen in der deutschen Bucht alle die Verkehrsstrassen zusammen, die den Festlandrumpf durchziehen und die Einflüsse der Nordsee bis in die südöstlichsten Teile Mitteleuropas tragen. An der Schwelle des nordwestdeutschen Küstenstrichs sind denn auch die beiden bedeutendsten Handelsstädte erblüht, die das deutsche Reich besitzt, Hamburg und Bremen, als die beiden Knotenpunkte einer Schar vieler einmündender überseeischer Dampferlinien und kontinentaler Schienenwege, als die beiden Grundpfeiler jenes grossen Thores des Weltverkehrs, das die deutsche Nordseeküste repräsentiert.

I. Teil.

Die Dynamik der deutschen Nordseeküste.

I.

Über die Kräfte, die an der Gestaltung der Küste gewirkt haben und noch wirken.

Nachdem die Frage Wo? in der Bestimmung der allgemeinen Umrisse des nordwestdeutschen Küstengebiets eine vorläufige Beantwortung in dem Kapitel II des Einleitenden Teiles gefunden hat, ist es die Frage nach der Entstehung, mit der man ja an die Lösung eines jeden geographischen Problems herantreten muss, die uns einen tieferen Einblick in das Wesen der Küste verschafft. Wie ist die deutsche Nordseeküste entstanden? Wie ist sie zu dieser Lage und Gestaltung gekommen, die sie heute besitzt? Diese grundlegenden Fragen muss man zunächst zu beantworten suchen. Sie bilden die Schwelle, die überschritten werden muss, wenn man zu einem klaren Verständnis der physikalisch-geographischen und politisch-wirtschaftlichen Verhältnisse, die an unserer Küste herrschen, gelangen will.

Sieht man ab von den durch die Interessen der Menschen diktierten seitlichen politischen Begrenzungslinien, so ist das Bild der Küste, wie es uns heute vorliegt, aus jahrtausendelangem, ununterbrochenem Wirken physischer Kräfte hervorgegangen. Auch heute noch sind Tag und Nacht Kräfte an der Umgestaltung der Küsten thätig, und nach menschlichem Ermessen werden sie wohl nie zu wirken aufhören. Alltäglich wälzt sich die brandende Woge gegen das Gestade und bröckelt eine Erdscholle nach der andern ab, um sie entweder an einer anderen Stelle des Ufers wieder an das Land zu werfen oder sie in den Ocean hinauszutragen und dem Meeresgrunde zu übergeben. Tropfen auf Tropfen rollt stündlich in den Strombetten zum Meere, und jeder von ihnen führt Atome von Gesteinen gelöst mit sich, die er auf seiner Wanderung durch die Alluvialdecke hin aufgenommen hat. Auch die Bodenformen des Meeresgrundes und des Festlandes haben ihren Anteil an der Küstenbildung; sind sie es doch, welche den Lauf des fliessenden Wassers im Meere und auf dem Lande bedingen und damit die wesentlichsten Faktoren für die Wasserzuführung ausmachen. Die Sonne macht ihren Einfluss auf die Küstengestaltung in doppelter Weise geltend; rein mechanische Energie überträgt sie in Verbindung mit dem Mond der Gezeiten-welle; als Wärmespenderin und damit zugleich als Gebieterin der Winde ist sie. es, die bei der Abmessung der Mengen jährlicher Verdunstung und jährlicher Niederschläge, der beiden extremen Ausdrücke aller meteorologischen und klimatischen Einflüsse, das Zünglein der Wage hält. Schliesslich sind in einer Betrachtung der Dynamik der Küste all die vielen Ciseleure und Modelleure im kleinen nicht zu vergessen, die dem Pflanzen- und dem Tier-reich angehören.

So wie alle diese Kräfte am Ausbau der Küste langsam und fast unmerklich, aber stetig wirken, so wirkten sie wohl bereits vor Millionen von Jahren. Ob freilich, wie zuweilen angenommen wird, in der Urzeit unserer Erdgeschichte ausserdem noch ihrer Natur nach andere, viel stärker und schneller wirkende Kräfte thätig waren, oder ob die Kräfte zwar dieselben waren, ihre Wirkung aber viel gewaltiger als heute, oder ob sich die Küsten-bildung damals in genau demselben langsamen Tempo vollzog wie heute, das dürfte wohl schwer zu entscheiden sein.

Die Kräfte der Urzeit, mögen sie nun denjenigen, die noch heute wirken, gleichen oder nicht, fasst man als tektonische Kräfte zusammen, indem man darunter alle die Ursachen ver-steht, die zu der Erschaffung der Kontinente beitrugen. Mit den Kontinenten zugleich bildeten sie deren natürliche Umgrenzung, die Küste; ihnen verdankt die Küste ihre Lage auf der Erde und ihre Gestalt im grossen.

II.
Die geologische Entwickelungsgeschichte der deutschen Nordseeküste. Die tektonischen Kräfte.

Die Küste als die Scheide zwischen Festem und Flüssigem auf der Erdoberfläche ist gleichsam als ein Ausdruck der Relation der Lage der Land- und Meeresflächen gegeneinander anzusehn. Da nun diese beiden Elemente die einzigen sind, die sich in die Oberfläche der Erde teilen, eine Thatsache, die sich folgendermassen formulieren lässt:

Areal des Festen + Areal des Flüssigen = Areal der Erdoberfläche

eine Relation, die man füglich die Relation der Grösse der Land- und Meeresflächen nennen könnte, so ist mit dem Verlauf der Küsten und mit der allem Irdischen ein für allemal als Schranke und Mass beigegebenen Dimension der Erde zugleich auch die

Verteilung von Wasser und Land auf der Erdoberfläche in Lage, Gestalt und Grösse gegeben. Aber auch umgekehrt ist vermöge jener beiden Relationen durch die Grösse der Erde und durch Lage, Gestalt und ˙ Grösse des einen oder des andern der beiden durch die Küste getrennten Elemente gleichzeitig auch die Küste selbst festgelegt.

Die Entwickelungsgeschichte der Küsten ist demnach nichts anderes als die Geschichte der Verteilung des Festen und des Flüssigen auf der Erde. Wie die Begriffe Land, Wasser und Küste eng aneinander gebunden sind, so berichten auch die Geschichte der Kontinente, die Geschichte der Meere und die Geschichte der Küsten notwendig von ein und denselben Begebenheiten in der Vergangenheit der Oberfläche unseres Planeten; sie sind nicht drei an Inhalt verschiedene Teile, sondern nur drei von verschiedenen Gesichtspunkten aus betrachtende Darstellungen ein und derselben Erdgeschichte.

Nicht allein in Europa, sondern wohl überall, wo Land aus dem Ocean hervorragt, ist nicht ein einziger Punkt zu finden, der nicht mindestens einmal schon unter Wasser gestanden und dem Meeresgrunde angehört hätte; und mit gleichem Rechte lässt sich bei den vielen in ihrem wahren Umfange für uns Menschen gar nicht übersehbaren Wandelungen, die die Erde im Laufe ihrer geologischen Entwickelung erlitten hat, annehmen, dass jeder Punkt des heutigen Meeresbodens in früheren Zeiten periodenweise trocken gelegen habe. Für die frühere Meeresbedeckung der Kontinente haben wir Zeugen in den sedimentären Schichten der Lithosphäre unseres Erdkörpers, des Beobachtungsfeldes aller erdgeschichtlichen Forschung. Die unterhalb des Meeresgrundes liegenden Gesteinsmassen sind zwar durch die überlagernden Fluten einer tiefgehenden geognostischen Untersuchung verschlossen; aber, wer sich mit den Revolutionen der Erdgeschichte vertraut gemacht hat, in denen in des Wortes eigentlichster Bedeutung erniedrigt wird, was vordem erhöhet war, und umgekehrt, für den unterliegt es keinem Zweifel, dass es keine Beweisgründe giebt, die ihn zu der Annahme zwingen könnten, dass dort, wo heute Meer ist, auch vor undenkbaren Zeiten notwendig immer Meer gewesen sein müsse. Jeder Ort auf der Erde stand in der Vergangenheit unter dem Banne eines periodischen Wechsels säcularer Land- und Meeresbedeckung. (Damit soll jedoch nicht gesagt sein, dass dieser Wechsel ein gesetzmässig wiederkehrender gewesen sei.)

Zwischen den einzelnen verschiedenen Zuständen in der Oberflächenbeschaffenheit der Erde müssen notwendig stetige Übergänge stattgefunden haben. Das Gesetz der Stetigkeit beherrscht alles, was im Raum und in der Zeit ist; es beherrscht alles Sein und

Werden; ihm unterliegen alle Zustände und Veränderungen in der
Natur, also auch die in der Konfiguration der Land- und Wassermassen auf der Erdoberfläche. Demnach muss für jeden Punkt
der Erdoberfläche notwendig ein oder mehrere Male eine Zeit
bestanden haben, im Vergleich zu unserer Vorstellung von der
Sonnenzeit etwa eine Sekunde der geologischen Zeit, in welcher
derselbe im Begriffe war, in das Meer hinabzutauchen oder der
Flut des Oceans zu entsteigen. Mit anderen Worten: Jeder
Punkt der Erdoberfläche ist mindestens einmal eine Zeit
lang Küste gewesen.

Behalte man immer diese Thatsachen vor Augen, suche man
dabei ferner immer zu berücksichtigen, dass die Erde einer Kugel
von 510 Millionen qkm Oberfläche nahezu gleichkommt, dann
wird man sich der Einsicht nicht verschliessen können, dass das
scheinbar dauernde, feste Bild, das die Küste in ihrem heutigen
Umrisse darbietet, nichts anderes ist als eine Momentaufnahme in
dem ewigen Werden und Vergehen, dem sie wie alles Irdische
unterworfen ist, nichts anderes als eine einzige von all den unendlich
vielen möglichen Lagen, die sie bereits angenommen hat und
vielleicht noch annehmen wird, die, für sich betrachtet, für die
Erdgeschichte nicht mehr zu bedeuten hat als etwa ein Punkt der
Wurfbahn einer abgeschossenen Kugel für die ganze Bewegung
des Geschosses.

An eine geschlossene Darstellung der vorgeschichtlichen Strandverschiebungen der Nordseeküste lässt sich natürlich nicht denken,
aus zwei Gründen: Einmal besitzen wir nur einzelne Etappen in
den Bewegungen, die die Küste, von den Transgressionen der
Meere getragen, im Verlaufe von Millionen von Jahrhunderten über
die Erde hin gemacht hat, in den Grenzen der geologischen
Formationen. Sie geben uns nur an, welchen ungefähren Verlauf
die Küste des europäischen Festlands zu dieser oder jener Zeit
besessen hat. Zweitens aber kann von einer Nordseeküste in den
frühen geologischen Zeitaltern überhaupt nicht die Rede sein. Erst
dann, als die tektonischen Kräfte der Urzeit unser Festland in
seinen heutigen Umrissen vollendet und ein Nordseebecken geschaffen hatten, dann erst erschien die Nordseeküste als selbständiges
Gebilde auf dem Schauplatz der Erdgeschichte. Vermutlich geschah
dies gegen Ende der Jungtertiärzeit.

Bekanntlich war während der Oligocänzeit ganz Norddeutschland bis an den Fuss des Erzgebirges von einem Meere bedeckt,
das durch einen schmalen Meeresarm längs des Senkungsgrabens
des Oberrheins zwischen Taunus und Vogelsgebirge und zwischen
Vogesen und Schwarzwald mit einem nordalpinen Tertiärmeer verbunden war. In der darauffolgenden Epoche, dem Miocän, löste

sich diese Verbindung zwischen Nordmeer und Südmeer. Das eine zog sich nach Nordwest, das andere nach Südost zurück. Schliesslich lag von Deutschland ausser der nördlichen Kalkalpenzone und der schwäbisch-bayrischen Hochebene nur noch das Gebiet der heutigen Hochmoore unter Wasser, d. s. die Länder Schleswig-Holstein, Mecklenburg, Hannover, Oldenburg und die Niederlande. Die Nordküste Deutschlands mag in dieser Zeit einen Verlauf gehabt haben, der sich etwa durch die folgenden Orte andeuten lässt: Rostock, Wittenberge, Hannover, Bielefeld, Münster, Essen, Brüssel, Ostende.

Zur Pliocänzeit scheint nur noch die Niederung der Rheinmündung vom Meere bedeckt gewesen zu sein. In Deutschland ist die Pliocänformation nicht vertreten, ein Zeichen dafür, dass dasselbe während der Ablagerung dieses letzten Elementes des Tertiärs bereits Land war. Die Zeit der Entstehung der deutschen Nordseeküste in ihrer heutigen Grundform dürfte demnach zwischen dem Miocän und dem Pliocän zu suchen sein. Immerhin können vielleicht auch noch in der Quartärzeit geringe Transgressionen stattgefunden haben. Ja, es sprechen viele Anzeichen dafür, dass die Küstenstriche von Hannover, Oldenburg und Holstein während der diluvialen Vergletscherung Norddeutschlands zeitweise von einem seichten Meere bedeckt waren. Bei Stade, Bredstedt, Meldorf, Rotenburg und vielen anderen der Nordseeküste nahegelegenen Orten sind im Korallensand, dem interglacialen Ablagerungsprodukt, Thonlager mit marinen Ablagerungen, Resten ehemaliger Austernbänke gefunden worden. Mithin muss das Meer in dem auf die erste Eiszeit gefolgten Zeitalter sich weiter landeinwärts erstreckt haben als heute.

Auch während der letzten Vergletscherungsepoche ist Nordwestdeutschland wahrscheinlich Meer gewesen. Denn nicht nur die sogenannten Friktionserscheinungen des Inlandeises wie Schliffe, Schrammen, die erratischen Blöcke, die gesellig auftretenden Evorsionsseen haben die der Nordsee zunächst gelegenen deutschen Küstenstriche nicht aufzuweisen — der 182 m hohe Piesberg bei Osnabrück ist für die deutsche Nordseeküste der nächste Ort, an dem Gletscherschliffe deutlich ausgeprägt sind —, sondern es fehlt sogar in Hannover und Oldenburg westlich von der Linie Stade-Ülzen-Bergen a. d. Dumme der obere Geschiebelehm, das Zermalmungsprodukt der Gletschermoränen der letzten Eiszeit. Einen weiteren Grund für die Annahme einer Meeresbedeckung Nordwestdeutschlands während der Eiszeit hat man in dem Umstande zu erblicken geglaubt, dass sich bei Groningen in Holland obersilurische Kalke finden, die von der Insel Gotland zu stammen scheinen, von denen man aber in Schleswig-Holstein und Hannover nicht die geringsten Spuren erblickt; und es liegt so die Vermutung nahe, dass der äusserste Nordwesten Deutschlands nur durch Drifteis von den Einwirkungen der diluvialen Vergletscherungen berührt worden sei. Für die letzte Eisperiode wenigstens ist dies wohl mit ziemlicher Gewissheit anzunehmen. Buchenau sagt von ihr: „Während der ganzen Zeit ihrer Dauer blieb der deutsche Nordwesten der verarmenden Ausspülung eines flachen Meeres oder der Auslaugung und Auswehung durch die atmosphärischen Gewässer und den Wind ausgesetzt." *) Sie hat jedenfalls den Grund gelegt für die Unfruchtbarkeit der dürftigen, öden Geest- und Heidelandschaft Nordwestdeutschlands.

III.
Die vulkanischen und seismischen Kräfte.

Die physischen Erscheinungen auf der Erdoberfläche, die man auf die Wirkung solcher Kräfte zurückzuführen pflegt, die ihren Sitz im Innern der Erde haben, lassen sich je nach der Art und Weise, wie sie zum Ausdruck kommen, in zwei Hauptgruppen sondern, in plötzlich eintretende, katastrophenartige Erscheinungen und in langsam und allmählich sich vollziehende Veränderungen. Zu den ersteren gehören Einstürze, vulkanische Eruptionen, Erdbeben u. s. w.; die letzteren fasst man als sogenannte säculare Strandverschiebungen zusammen.

Hat die deutsche Nordseeküste Zeugen von der Thätigkeit solcher dem Bereich der Lithosphäre angehöriger Kräfte aufzuweisen, und wirken diese Kräfte auch noch in der geologischen Gegenwart? Dies sind die Fragen, mit denen wir uns in den beiden nächsten Kapiteln beschäftigen wollen.

Namentlich in der älteren friesischen Litteratur fehlt es nicht an Stimmen, die von Erdbeben- und vulkanischen Erscheinungen sprechen, die in Verbindung mit den Sturmfluten am Gestade der deutschen Nordsee aufgetreten seien. So erzählt der Chronist Lorenz Lorenzen, der in der Zeit von 1752 bis 1776 Prediger auf Pellworm war, dass im Anfang des 18. Jahrhunderts auf den Watten nördlich von Langeness plötzlich mitten im salzigen Meere eine Süsswasserquelle hervorgebrochen sei. Petrejus berichtet sogar die wunderbare Mähre von der Entdeckung einer Quecksilberader durch Tuulgräber in der Gegend von Nordstrand im Jahre 1588. Auch von Funden von Petroleumquellen berichten die alten Chronisten Frieslands.

---

*) Buchenau, Die Ostfriesischen Inseln und ihre Flora. (Verh. des XI. deutschen Geographentags zu Bremen, pag. 132.)

Ohling scheint der Ansicht, dass endogene Kräfte bei dem Zerstörungswerk des Meeres mitwirkten, beizupflichten, wenn er sagt: „Im Jahre 1755, ungefähr gleichzeitig mit dem Erdbeben von Lissabon, erhob sich nach glaubwürdigen Überlieferungen im Burggraben zu Hinte eine Welle zu einer Höhe von 3 bis 4 m, sodass die an dem Bau eines Giebels beschäftigten Arbeiter weichen mussten; und 1825, 24 Stunden vor der Sturmflut, flossen an vielen Stellen die Brunnen ohne sichtbare Veranlassung über. So z. B. stieg in einem Brunnen auf dem Vosseberg, dem höchsten Teil von Papenburg, drei Tage vor der Sturmflut das Wasser 4 Fuss über seine gewöhnliche Höhe, und in dem Keller des Domänenpächters Dirk Carstens entsprang gleich nach der Flut eine Süsswasserquelle, wodurch der Notstand auf Neuharlingersiel und Akkumersiel, hervorgerufen durch Anfüllung der Cisternen und Brunnen mit Salzwasser, glücklich ein Ende fand. An anderer Stelle glaubten Leute, die auf einen Deich geflüchtet waren, eine Erderschütterung wahrzunehmen, indem sie das Gefühl hatten, der Deich sinke unter ihren Füssen."[*)]

Trotzdem kann nicht gesagt werden, dass vulkanische oder erdbebenerregende Kräfte bei der Bildung der deutschen Nordseeküste einen wesentlichen Anteil genommen hätten. Die wenigen Fälle, die auf eine Thätigkeit plötzlich wirkender endogener Kräfte in jenen Gegenden schliessen lassen könnten, sind so schwach argumentiert, dass sie, ganz abgesehen davon, dass sie ja auch als rein sekundäre, erst durch die infolge der eintretenden Sturmfluten hervorgerufene ungleiche Belastung der Küstengebiete entstandene Erscheinungen angesehen werden können, bei einer wissenschaftlichen Betrachtung der Erdbebenfrage ohne grossen Belang sind. Ist doch seit Jahrhunderten eine wirklich wissenschaftliche Beobachtung eines Erdbebens an unserer Nordseeküste nicht zu verzeichnen gewesen. Liegt doch die letztere fern von allen vulkanischen Herden und Schüttergebieten der Erde; und heutigen Tages wenigstens ist unsere Geest- und Marschlandschaft frei von jeden vulkanischen Störungen und Erdbebenerscheinungen.

Die deutsche Nordseeküste dürfte vorwiegend unter einer allmählichen Transgression des Meeres gebildet worden sein. Hierfür sprechen sowohl die morphologischen als auch die mineralogischen Bodenverhältnisse der Nordsee. Sie ist ein ungewöhnlich seichtes Meer, und gerade der deutschen Küste wendet sie ihren flachsten Teil zu. Nur langsam fällt die Böschung des Festlandsockels ab; erst in ihrem nördlichsten Teile stellen sich grössere Tiefen ein.

---

*) Ohling, Zur Entstehungsgeschichte der ostfriesischen Marschen. 74. Jahresber. d. Naturforschenden Ges. zu Emden, Emden 1890, pag. 19.

Vor den ost- und westfriesischen Inseln findet der Abfall in das Meer etwas schneller statt als vor den nordfriesischen. Hier ist die 10 m-Tiefenlinie nur 5 km, die von 20 m nur 10 bis 11 km von der Aussenküste der Inseln entfernt; beide haben einen regelmässigen, fast geradlinigen Verlauf von Ost nach West, parallel der Küste; hier sind keine gefahrdrohenden Untiefen vorgelagert. Anders vor den nordfriesischen Inseln; dort verläuft die 10 m-Tiefenlinie als eine vielgebuchtete Kurve in einem wechselnden Küstenabstande von 2,5 bis 12,5 km; und die 20 m-Isobathe bleibt 30 bis 45 km weit von der Aussenküste entfernt. Die deutsche Bucht selbst reicht nicht über die 40 m-Isobathe hinaus.

Würde sich der Meeresspiegel nur um 200 m senken, so würde das norddeutsche Tiefland in dem Meeresgrunde der flachen Nordsee ohne merkliche Änderung seines Böschungswinkels seine natürliche Fortsetzung finden. Von Flamborough Head bei Hull bis nach Hanstolm bei Roshage an der Nordwestspitze Jütlands würde eine Hügelkette ziehen, an derselben Stelle, wo die heutige Doggerbank den flachen südlichen Teil von dem tieferen nördlichen scheidet. Abgesehen von einer tiefen, fjordartigen Bucht im Osten um die Südspitze Norwegens herum, dem nördlichsten Saume des Skagerrak, würde die Küstenlinie Europas ungefähr längs des 62. Parallels ausserhalb der Shetland-Inseln verlaufen; und es ist nicht unwahrscheinlich, dass der europäische Kontinent wirklich einmal diese Ausdehnung besessen hat und dann durch das Vorschreiten des Meeres auf seine heutige Gestalt reduciert worden ist.

Ein weiterer Grund für die Annahme, dass sich die Nordseeküste auf ruhigem Wege gebildet habe, ist in dem Umstande zu erblicken, dass auf dem Meeresboden der Nordsee vulkanische Gesteinsfragmente nicht vorkommen. Auf der Untersuchungsfahrt, die S. M. Kanonenboot „Drache" unter Führung des Kommandanten Korvetten-Kapitän Holzhauer im Sommer 1882 durch die Nordsee unternahm, sind an 35 Stellen der Nordsee Meeresgrundproben gehoben worden. Die Fahrt ging von Wilhelmshaven querüber nach Aberdeen, von hier nach Lerwick auf den Shetland-Inseln, dann nach Bergen und von da nach Wilhelmshaven zurück. Die 35 Untersuchungsstationen liegen um je 50 Seemeilen von einander entfernt. v. Gümbel in München hat diese 35 Meeresgrundproben analysiert.*) Er trennt sie nach Zusammensetzung und mineralogischer Beschaffenheit in zwei Hauptgruppen: 1. Quarzigsandige, 2. Sandig-thonige.

---

*) Die Ergebnisse der Untersuchungsfahrten S. M. Knbt. „Drache" in der Nordsee in den Sommern 1881, 1882 u. 1884. Berlin 1886, pag. 23.

Der ersten Gruppe gehören weitaus die meisten Proben an, 26 an der Zahl; dieselben sind locker gebunden, hellgräulich, weisslich oder rötlich gefärbt. Die zweite Gruppe beschränkt sich auf nur 5 Proben; sie sind fest gebunden, in feuchtem Zustande bis zu einem gewissen Grade plastisch, dunkel- bis schwärzlichgrau gefärbt und enthalten nicht unbeträchtliche Mengen des feinsten Sandes; sie entstammen der tiefen norwegischen Rinne, die um die Südspitze Schweden-Norwegens in das Skagerrak eingreift. Einige wenige Proben aus dem Meeresteile, der südlich von den Shetland-Inseln liegt, bestanden fast nur aus zerbrochenen Muschelschalen; sie sind keiner von beiden Gruppen beigeordnet. Eigentlich kalkige, etwa dem Globigerinen-Schlamm entsprechende Ablagerungen wurden in der Nordsee gar nicht gelotet. Es fehlt hierzu an der erforderlichen Tiefe; die tiefste Lotungsstelle betrug nur 317 m, sie befand sich vor der Küste von Bergen, und bekanntlich steht ja die mineralogische Beschaffenheit der Meeresablagerungen in enger Beziehung zu der Tiefe, in der sie gefunden werden.

Diejenigen sieben Proben, die in der deutschen Bucht gehoben wurden, und die hier am meisten in Betracht kommen, ergaben das folgende Resultat: drei Meeresgrundproben im Nordwesten und Westen von Helgoland aus 25 m, 35 m und 37 m Tiefe förderten lockeren Quarzsand und abgerollte, feine Quarzkörnchen bis zu 5 mm Durchmesser zu Tage von blassrötlicher bis gelblicher Färbung, untermengt mit zahlreichen Blättchen von Kali- und Magnesiaglimmer, Granaten, Hornblende-, Feldspath- und Orthoklasstückchen, Zirkon, Magneteisen und Glaukonit. Mit Säuren übergossen, zeigte der Sand lebhaftes Aufbrausen und verriet damit einen beträchtlichen Gehalt an kohlensaurem Kalk. Derselbe rührte meist her von kleinen, abgeriebenen Trümmern von Muschelschalen, besonders Foraminiferen, Ostracoden, Ratolien und in kleinen Mengen auch Diatomeen.

Weiter im Meere draussen, nordwestlich von Helgoland, ungefähr unter dem Meridian von Ameland und dem Parallel von Föhr, findet sich feiner, lockerer, glimmerreicher Sand mit ziemlich starkem Gehalt an abschlemmbarem Thon; hierin kommen wohlabgerundete Sandkörnchen vor von 0,1 mm Dicke, ferner Hornblende, Granat, Orthoklas, Hypersthen und Plagioklas.

Längs der jütischen Küste sind auf dem 6. Längengrad östl. von Greenwich gegenüber Sylt, 55° n. Br., und gegenüber Ringkjöbing-Fjord, 56° n. Br., zwei Meeresuntersuchungen vorgenommen worden; die erste Lotungsstelle misst 40 m, die andere 45 m Tiefe. Beide Proben ergaben rötlichen, infolge seines Gehaltes an Magneteisenteilchen rostfarbenen, feinkörnigen Quarzsand, mit Glimmer untermischt. Die Beimengung von Foraminiferen, Echiniden-

Stacheln, Spongien-Nadeln, Ostracoden-Schälchen und Diatomeen in dem ziemlich reichlich vorhandenen Schlamm war hier nicht unbeträchtlich.

Fast alle Meeresgrundproben, die wir dieser Untersuchungsfahrt verdanken, besitzen mit Ausnahme einiger weniger, die fast nur aus lokalen Ablagerungen von Muschelschalen bestehen, einen beträchtlichen Anteil in Salzsäure unlöslicher Stoffe. Alles in allem genommen, trägt der Boden der Nordsee, abgesehen von der norwegischen Rinne, einen sandigen Charakter. Diese sandigen Bestandteile enthalten nicht unbedeutende Beimengungen von Urgebirgsmineralien wie Orthoklas, Glimmer, Hornblende, Granat, Zirkon, Turmalin, Magnetit, Granit, Glaukonit, Glimmerschiefer u.s.w. Sie weisen unbedingt auf zerstörte Urgebirgsgesteine hin, die mit den Felsarten übereinstimmen, aus denen sich die Gebirge Norwegens und Schottlands zusammensetzen. „Obwohl einzelne Gesteinsfragmente den Verdacht vulkanischer Abkunft erregten, sagt v. Gümbel, so wurden doch eigentlich vulkanische Aschenteile, Bimssteinstücke oder Lavaglasfäden nicht gefunden."

Diese mineralogischen Untersuchungen sind von ausserordentlicher Bedeutung für die Geographie der Nordsee und ihrer Küsten. Einmal geben sie einen Anhaltepunkt für den letzten Abschnitt in der Entwickelungsgeschichte dieses Meeresbeckens; liegt doch in dem Fehlen vulkanischer Gesteinsfragmente auf dem Meeresboden begründet, dass sich die Bildung dieses Meeres in ihrer letzten Vollendung ohne irgend welche wesentliche Einwirkung vulkanischer Kräfte vollzog.

Andererseits aber wirft die Bestätigung einer auffälligen Armut an Thon- und Schlickmassen ein klares Licht auf die vielumstrittene Frage nach der Entstehung der Watten und Marschen an dem Südrand der Nordsee. Es ist damit gezeigt, dass der Meeresgrund selbst nur einen verschwindend kleinen Beitrag zu dem Schlickansatz liefern kann, der an den Flachküsten von Deutschland und den Niederlanden stattfindet.

IV.

Die säcularen Strandverschiebungen an der deutschen Nordseeküste.

Die Thatsache einer relativen Niveauveränderung zwischen Wasser und Festland hat man schon im Altertum wahrgenommen; bereits Strabo berichtet von solchen.*) Im 15. Jahrhundert bildeten

---

*) Süss, Das Antlitz der Erde II. Wien 1885.

sie namentlich unter den Gelehrten Italiens den Gegenstand lebhafter wissenschaftlicher Erörterungen. Man nahm ein allseitiges
Sinken des Meeres an, eine Ausfüllung und Austrocknung der
Meere infolge der anschwemmenden Thätigkeit der Flüsse und
infolge eines vermeintlichen Übergewichts der Verdunstungsmengen
über die Niederschlagsmengen. In ihrer schroffsten Form wurde
diese sogenannte Desiccationstheorie 1743 von Celsius ausgesprochen,
der, gestützt auf seine Beobachtungen an den schwedischen Küsten,
geradezu die vollständige Austrocknung und Verdunstung der
sämtlichen Wasserbecken und einen allmählichen Übergang unserer
Erde in den Zustand, in welchem sich heute die Sonne bereits
befindet, in Aussicht stellte.

Playfair (1802) und nach ihm Leopold von Buch (1807)
waren es, die zuerst klarlegten, dass die Änderung des Wasserstandes an den Küsten nur auf Hebungen der Festländer beruhen
könnten. Dieser Elevationstheorie stellte sich in neuerer Zeit eine
Richtung entgegen, die sich an den Namen von Süss knüpft, die
die Niveauveränderungen auch auf die Bewegungen der Meere
zurückgeführt wissen will.

Da ja die Küste nichts Absolutes, nichts Festliegendes ist,
sondern nur der Ausdruck der relativen Lage von Land und Meer,
so ist es äusserst schwierig festzustellen, ob eine Zunahme des
Areals des Landes durch die Hebung des Festlandrumpfes oder
durch das Sinken des Meeresspiegels hervorgerufen ist. Ebenso
kann bei einer Verminderung des Areals des Landes entweder eine
Senkung des Festlandes, oder eine Hebung des Wasserspiegels, oder
beides zugleich die Ursache sein; beides ruft dieselbe Wirkung in
der relativen Lage des Landes und des Meeres hervor. Weil
sich also die wahren Ursachen der Küstentranslationen schwer erkennen lassen, so pflegt man nicht mehr von säcularen Hebungen
und Senkungen des Landes oder des Meeres zu sprechen, sondern
vorsichtiger Weise von negativen und positiven Strandverschiebungen,
indem man unter positiven Strandverschiebungen solche Niveauveränderungen versteht, die das Areal des Festlands verkleinern,
unter negativen hingegen solche, welche einer Hebung des Landes
entsprechen.

Die Kennzeichen einer negativen Strandverschiebung sind:
vorgelagerte Inseln und Sände, Landzunahme in Form von Halbinseln und Nehrungen, Strandseen, sogenannte Relictenseen, Küsten-
sümpfe an Flussmündungen, Richtungswechsel der Flüsse kurz vor
der Mündung, Deltabildungen, Küstengerölle oberhalb der heutigen
Linie des höchsten Wasserstandes bei Hochwasser-Springzeit, Strand-
terrassen und Strandlinien, trocken gelegte Muschelbänke und
andere organische Reste marinen Ursprungs, Korallenbänke, Ver-

flachung der Küstenfahrstrassen, Versandung der Häfen. Jedoch ist wohl zu berücksichtigen, dass Landzunahme, vorgelagerte Inseln, Strandseen, Versandung der Küstenfahrstrassen und Häfen auch durch Ablagerung und Anschwemmung erzeugt werden können. Senkungsküsten kennzeichnen sich besonders durch die Merkmale der Angriffsthätigkeit des Meeres. Hahn sagt mit Recht: „Jede Küste, welche vom Meere durch Wegspülungen und Überschwemmungen Abbruch erleidet, ist der Senkung verdächtig".*) Die Küsten, an denen Senkungen stattgefunden haben, zeigen eine auffällige Zerrissenheit und eine stark ausgeprägte Gliederung. Trichterförmige Mündungen werden für ein sicheres Anzeichen einer positiven Strandverschiebung gehalten. Dieselben beruhen einerseits auf dem verstärkten Eindringen der Flut in die Flussmündungen, andererseits auf der Zunahme des Gefälls. Namentlich kurze Küstenflüsse, die im Vergleich zu ihrer Länge eine breite Mündung besitzen, wie etwa die Eider, sprechen für die Senkung des Landes. Ebenso scheinen solche Küsten relativ zu sinken, an denen Deltabildungen vorhanden sind, die ihrer Auflösung mehr und mehr entgegengehn, wie das am Nildelta und am Rheindelta der Fall sein soll. Ein sehr starker Beweisgrund für eine positive Strandverschiebung ist das Vorkommen unterseeischer Wälder und Torfmoore. Auch eine Veränderung der Flora der Küstengegend kann Anhaltepunkte für die Annahme einer stattgefundenen Strandverschiebung bieten. War die Küste bisher von Pflanzen bedeckt gewesen, die trockenen Boden lieben, so werden dieselben bei eintretender Senkung einer Bruchflora Platz machen. Auch die Reste menschlicher Kultur, z. B. Schleusen, Strassenpflaster u. s. w., die unterhalb des Meeres angetroffen werden, sprechen dafür, dass ein Sinken des Landes stattgefunden hat.

Pegelbeobachtungen geben nicht immer einen sicheren, untrüglichen Aufschluss über das Wesen der Strandverschiebungen; denn die Unterschiede, welche die mittleren jährlichen Wasserstände aufweisen, können auch durch anhaltenden Windstau hervorgerufen sein. Die Resultate der Pegelbeobachtungen sind immer nur mit grösster Vorsicht für die Thatsachen der säcularen Strandverschiebungen zu verwenden.

Sind auch an unserer Nordseeküste in historischer Zeit hebende und senkende Kräfte thätig gewesen, und wenn dies zutrifft, wirken sie heute noch fort? Dies ist die Frage, der wir im folgenden näher zu treten haben.

An Flachküsten, wie die deutsche Nordseeküste eine ist, sind

---

*) Hahn, Untersuchungen über das Aufsteigen und Sinken der Küsten. Leipzig 1879.

die Niveauveränderungen insofern sehr gut zu beobachten, als hier wegen des schwachen Gefälls des Strandes bereits eine geringe Strandverschiebung genügt, um weite Flächen unter Wasser zu setzen oder trocken zu legen. Gleichwohl liegen eingehende Untersuchungen und sorgfältige wissenschaftliche Beobachtungen über Niveauveränderungen, die an Genauigkeit und einheitlicher Durchführung etwa denjenigen an den schwedischen und deutschen Ostseeküsten zur Seite gestellt werden könnten, für die Nordseeküste zur Zeit noch nicht vor. Man muss sich also damit begnügen, die wenigen vereinzelten Andeutungen, die sich hier und da über diesen Gegenstand finden, zusammenzustellen und Schlüsse aus ihnen zu ziehen.

R. Credner giebt in seiner Abhandlung über die Deltas*) eine Zusammenstellung der Küsten, geordnet nach dem Gesichtspunkte, ob Senkung oder Hebung an ihnen vorwiegt. Zu den Senkungsküsten rechnet er auch die deutsche Nordseeküste; und in der That, fast alle Kriterien der positiven Strandverschiebung scheinen für diese zuzutreffen. Schon die erstaunlichen Landverluste, die hier stattgefunden haben, sprechen für eine Senkung des Landes. Denn wie ungünstig auch die Windverhältnisse sind, unter denen die deutsche Bucht zu leiden hat, und die die erste Ursache für das Auftreten von Sturmfluten bilden, so lässt sich kaum annehmen, dass es dem Meere ohne die gleichzeitige Einwirkung von Senkungen des Bodens gelungen sei, solche ausserordentliche Verwüstungen anzurichten, wie sie z. B. in den Einbrüchen des Dollart, der Jade und der Zuidersee vorliegen. Weitere Argumente für eine frühere Senkung der deutschen Nordseeküste sind die unterseeischen Wälder und Torf- oder Darglager, die sogenannten Tuulbänke, die sich in der ganzen Längsausdehnung derselben sowohl unter der Marsch als auch zwischen dem Festland und den vorgelagerten Inseln hinziehen, die nicht nur im Wattenmeere, sondern sogar auch ausserhalb der nordfriesischen Inseln angetroffen werden. Sie setzen sich aus Baumstämmen, Wurzeln, Zweigen und Blättern, an manchen Stellen auch aus Schilf, Binsen und anderen Gräsern zusammen. Diejenigen unter ihnen, die sich durch ihre Struktur geradezu noch als versunkene Wälder erkennen lassen, sind teilweise von einer 2 bis 3 m dicken Schlickschicht bedeckt, teilweise stehen sie noch frei und aufrecht im Meerwasser. In den meisten Fällen sind sie, jedenfalls unter der Einwirkung der Stürme und Fluten, denen sie einst ausgesetzt waren und noch sind, in der Richtung nach Südost übergekippt. Bei der

---

*) R. Credner, Die Deltas. Petermanns Geogr. Mitt. Ergänzungsheft No. 56.

Hallig Oland reichen die Bäume fast bis an den Wasserspiegel herauf, und an den Tagen, denen anhaltende ablandige Winde vorangegangen sind, zu welcher Zeit die Trübung des Wattenmeeres sehr gering zu sein pflegt, kann der Schiffer ihre Gipfel im Wasser deutlich unterscheiden. Zwischen der Insel Röm und dem Festland werden sie 3,1 m unter dem mittleren Wasserspiegel angetroffen. Die Beenshallig und Seesand bei Amrum sind ringsum von versunkenen Wäldern umgeben. Der Chronist Johannes Petrejus, der von 1565 bis 1605 in Odenbüll auf Nordstrand als Pfarrer lebte, schätzt in einem Bericht über seine Heimatinsel das Gebiet der unterseeischen Moore an der Westküste Schleswigs auf 500 Demath, d. s. etwa 2$^1/_2$ qkm. An der Westküste von Sylt, bei Föhr in der Husumer Aue, am Gotteskoog östlich von der Wiedingharde und an vielen anderen Orten Nordfrieslands sind umfangreiche Torflager gefunden worden.

Aus der Lagerung der Moore, die sich nach Prestels Angaben[*] auch längs der ganzen Küste von Ostfriesland hinziehen und in den Marschen von Jever sogar eine Mächtigkeit von 16 m besitzen, schliesst Ohling, dass die dortige Küste einst mindestens um denselben Betrag höher gelegen haben müsse als jetzt. Denn unterhalb der Moore finde man denselben Diluvialboden, der auf der Geest zu Tage tritt. Die Moorbildung müsse aber notwendig unberührt von den Salzfluten des Meeres vor sich gegangen sein, auf der Oberfläche des Landes beginnend, etwa durch hohe Dünenketten geschützt.

Auch bei der Insel Helgoland, und zwar zwischen der Felseninsel und der Sanddüne, finden sich Spuren, die auf eine ehemalige Baumvegetation und Waldmoorbildung hinweisen.[**]

Man hat die Dargmassen an der deutschen Küste gedeutet als die Reste versunkener Eichen, Birken, Espen, Erlen, Weissdorn und mehrerer Arten von Nadelhölzern. Heute weist die Geest nur an vereinzelten Stellen und da auch nur spärlichen Baumwuchs auf. Die Marsch ist geradezu baumlos zu nennen. Man schliesst hieraus, dass einstmals die Bodenverhältnisse und das Klima Nordwestdeutschlands günstiger gewesen sein müssen als jetzt. Man will auch aus der Reihenfolge, in der die Torfmassen übereinander geschichtet sind — zu unterst liegen die Eichen und diejenigen anderen Bäume, die nur ein wärmeres Klima vertragen, zu oberst diejenigen, die auch unter ungünstigeren Bedingungen gedeihen — ein allmähliches Zurückgehen der Temperatur in den

---

[*] Prestel. Boden und Klima von Ostfriesland. Emden 1870.
[**] Tittel. Die natürlichen Veränderungen Helgolands. Leipzig 1894, pag. 127.

historischen Zeiten erblicken. Man meint, es müsse einst für die Nordseeküste eine Zeit gegeben haben, in der sie nicht den stürmischen Nordwestwinden ausgesetzt war, die heute einen Baumwuchs an ihrem Gestade nicht aufkommen lassen, eine Zeit, in der die Nordsee den Charakter einer ruhigen Meeresbucht besessen habe. Sind dies auch blosse Hypothesen, die Annahme einer stattgehabten relativen Senkung des Landes lässt sich bei der erdrückenden Fülle von Funden untermeerischer Tuulbänke nicht von der Hand weisen.

Über die Art und Weise freilich, wie diese Senkungen erfolgt sind, ob plötzlich oder allmählich, darüber gehen die Meinungen auseinander.

Die pflanzlichen Bestandteile, die den Torf bilden, sind nicht etwa Tangarten, sondern Süsswasser- und Landpflanzen, ein Beweis dafür, dass der Boden des Wattenmeers einst Land, Sumpf oder Süsswassersee gewesen sein muss. Diese und viele andere Umstände deuten darauf hin, dass der Senkung der Küste eine Lagunen-bildung vorangegangen sein muss. Durch die vorgelagerten Dünenketten, die sich etwa an der Stelle der heutigen friesischen Inseln am Saume des Festlands hinzogen, wurden die Küstenflüsse abgedämmt; sie traten aus ihren Ufern und überschwemmten das hinter den Dünen gelegene Küstenland. Die Dünenketten blieben als Nehrungsstreifen zwischen den Lagunen und dem Meere über Wasser. Allmählich senkte sich das Land mehr und mehr; die hinter den Dünen in den Lagunen stehenden Wälder gerieten unter Wasser. Schliesslich mussten auch die Nehrungen dem fortgesetzten Andrängen der Flut nachgeben, und sie wurden in die Inselketten zerstückelt, die heute die deutsche Nordseeküste umsäumen.

So einleuchtend diese Theorie der Entstehung der friesischen Küsten auch sein mag, so erheben sich doch Stimmen dagegen. So sagt Forchhammer: Wenn die versunkenen Baumstämme andauernd der Zersetzung des Süsswassers ausgesetzt gewesen wären, so müssten sie völlig in Vermoderung übergegangen sein, und die Anzeichen der Verwesung müssten an den Stämmen von oben nach unten zunehmen und an den Wurzeln am stärksten sein, weil diese am längsten im Wasser gestanden hätten.*) Dem wäre aber gerade nicht so, sondern der Fuss der Bäume sei wunderbarer Weise sehr gut erhalten. Dies führt ihn zu der Annahme, dass eine plötzliche Senkung um mehrere Meter stattgefunden haben müsse, infolgederen der Fuss der Bäume sofort in das

---

*) Forchhammer, Über die veränderte Wasserhöhe an den dänischen Küsten. Zeitschrift f. allg. Erdkunde, Neue Folge. Bd. I, pag. 473.

salzreiche und daher konservierend wirkende Grundwasser des Meeres geraten sei.

Doch scheint Forchhammer seine Untersuchungen nur an vereinzelten Stellen des Wattenmeeres und der Marschen angestellt zu haben und sich bei seiner Behauptung von dem Vorkommen wohlerhaltener submariner Stämme lediglich auf seine Beobachtungen in der Husumer Aue zu stützen. Nun ist aber gerade diese Wattstrasse eine von den tiefsten und breitesten Rinnen, die den nordfriesischen Archipel durchziehen. Die salzige Flut kann ungehindert von Westen her in dieselbe eindringen und den Salzgehalt des Wassers, der am Grunde sein Maximum erreicht, immer auf der alten Höhe erhalten. Übrigens würden, wie Hahn mit Recht einwendet, bei einer plötzlichen, ruckweisen Senkung die Bäume schwerlich in ihrer vertikalen Stellung verharrt haben. Solange nur vereinzelte Fälle einer Konservierung der Bäume beobachtet werden, die sich vielleicht auch durch lokale Einwirkung der Flut oder durch vor Vermoderung schützende Anschwemmung und Verkleidung mit Sand- oder Thonmassen oder auch mit Harzhüllen erklären liessen, solange muss an der Annahme festgehalten werden, dass die Senkung der Küste langsam und allmählich stattgefunden hat.

Ausser diesen submarinen Wäldern und Torflagern, deren Dasein die Meereswoge alltäglich bezeugt, indem sie neben kleinen Bernsteinstücken auch Braunkohlenstücke und runde, geschliffene Hölzer, sogenanntes Rollholz, auf den Strand wirft, haben wir noch eine ganze Reihe von Thatsachen, die von einer früheren Senkung sprechen. So fand Hansen in den 60er Jahren an der Westseite der Insel Sylt am Fusse des Roten Kliffs geradezu ein Braunkohlenlager von 32 m Länge und 0,6 m Mächtigkeit vor.

Als ein sehr gewichtiges Senkungsphänomen werden von vielen die trichterförmigen Mündungen der deutschen Nordseeströme angesehn. Ems, Weser, Elbe, Eider haben in früheren Zeiten, so wird behauptet, als die Küste noch höher lag als heute, Deltas besessen; die Strömungserscheinungen in der Nordsee sind damals bedeutend ruhiger gewesen als jetzt. Später hat sich die Küste gesenkt, das Meer ist mit gewaltigem Andrang in die Mündungen hineingebrochen. Die Gezeitenbewegung sowohl als auch die durch das verstärkte Gefäll vergrösserte Stosskraft des Flusses haben alsdann das Delta aufgelöst. Noch heute besitzen diese Ströme in Gestalt einer grossen Menge von vorgelagerten Sänden und Platten ein sogenanntes submarines Delta, ein Wattendelta, das nur infolge der Gezeitenbewegung nicht über das Niveau des Hochwassers wachsen kann.

Dass diese Senkungen der Küste zum Teil noch in historischer

Zeit stattgefunden haben, dafür sprechen viele Funde von Kultur-
resten, die mitten in den Torflagern gemacht wurden. In einem
versunkenen Birkenwalde bei Husum entdeckte man einen gut
erhaltenen heidnischen Grabhügel. Ebenso sind auf Sylt eine Anzahl von Hünengräbern mit Steinpflasterungen unter den Torflagern
gefunden worden. Die steinernen Waffen, die in den Gräbern
vorhanden waren, lassen auf die Zeit schliessen, der letztere entstammen. Die meisten dieser altertümlichen Funde sind in der
Hansenschen Sammlung auf Föhr untergebracht.[*) Bei Krempe
in Holstein wurden Thonscherben in einem Torflager entdeckt.
Auch in den Mooren Ostfrieslands sind zu wiederholten Malen
Bretterwerk und andere Reste einer früheren Kultur gefunden
worden. In dem Wattenmeer der Halligen werden bei Sturmfluten
noch oft die Leichensteine und die sonstigen Trümmer versunkener
Kirchhöfe an das Land gespült und in dieser steinarmen Marsch-
gegend wohl oft auch zu Bauzwecken verwandt.

Beim Bau des neuen Rathauses zu Hamburg fand man 4 m
unter der Höhe des Strassenpflasters einen mit dünnen Weiden-
zweigen und Birkenstämmen bestickten Damm, der zum Teil von
Meermuscheln bedeckt war, ein Beweis dafür, dass er einst vom
Brackwasser bespült wurde. Im Freihafengebiet von Hamburg
wurde beim Bau der St. Annen-Brücke 0,5 m unter dem Niveau
des Meeresspiegels eine regelrecht mit· Geröllsteinen gepflasterte
Strasse entdeckt. Man hat hieraus geschlossen, dass einerseits das
Meer einst tiefer in die Elbmündung gereicht und andererseits auch
eine Senkung des Landes stattgefunden hat.[**)

Dass in der dänischen Grenzstadt Ribe ein neues Strassenpflaster neben einem mehrere Fuss tiefer liegenden älteren gefunden
wird, ist irrtümlicher Weise auch als das Zeichen einer Senkung
des Landes angesehen worden. In diesem Falle erklärt aber
Forchhammer die Erscheinung dadurch, dass die Stadt nach einer
Zerstörung durch Feuersbrünste oder Belagerung auf dem durch
Schutt erhöhten Boden wieder aufgeführt worden sei.

Die Senkungserscheinungen reichen auf der jütischen Halbinsel nach Forchhammer bis zu einer geraden Linie, die das an der
Westküste gelegene Nissum-Fjord mit Nyborg auf Fünen verbindet.
Der Teil von Jütland, der nördlich von dieser Linie liegt, gehört
dem skandinavischen Hebungsgebiete an. Doch würde man irren,
wollte man diese Linie als Achse und Knotenlinie einer oscillierenden
Schaukelbewegung auffassen. Prestel hält die „tiefe Rinne", die

---

*) Jensen, Die nordfriesischen Inseln. Hamburg 1891.
**) Wichmann, Die beim Rathausbau in Hamburg aufgefundenen Bau-
reste und der Spiegel der Nordsee. Globus Bd. 56, pag. 219.

sich in der Nordsee vom Kanal nach der Doggerbank hin erstreckt, für das Centrum der Senkung des deutschen und holländischen Nordseegebiets.

Was die Pegelbeobachtungen anbelangt, so liegen hierüber für die deutsche Nordseeküste nur zwei Resultate vor. Reinhold bestimmte die positive Strandverschiebung, die die Einpolderungen am Dollart in einem Jahrhundert erlitten haben, auf 0,87 m. Barghorn fand mit Hilfe einer zehnjährigen Beobachtungsreihe an der Nesserländer Schleuse bei Emden eine Senkung von 1,41 m für ein Jahrhundert. Von diesen Bestimmungen hält Hahn die erstere für die richtigere, weil ihr eine längere Beobachtungsdauer zu Grunde liege. Barghorn und auch Prestel sind der Meinung, dass die Senkung der ostfriesischen Küste zur Zeit noch fortdauern; hingegen behauptet Forchhammer, dass die Strandverschiebung an der Westküste von Schleswig-Holstein ihren Abschluss erreicht habe.

Süss, der sich ja allen Annahmen von Senkungen der Festländer gegenüber skeptisch verhält, will auch von einer allgemeinen Senkung der Nordseeküste nichts wissen. Es gäbe, sagt er, viele Stellen derselben, an denen sich auch nicht die geringste Senkung habe nachweisen lassen, wie ja auch z. B. die seit zwei Jahrhunderten an den Schleusen von Amsterdam angestellten Pegelbeobachtungen keine Niveauveränderung lehrten. Nach seiner Annahme sind die Zerstörungen an der Nordseeküste lediglich das Werk der Meereswogen; wandernde Dünen haben die Wälder der Küste, die einst weiter seewärts lag, verschüttet und in Torfmoore verwandelt.

Vergleicht man nun alle diese Berichte über die Niveauveränderungen an der Nordseeküste, so kommt man zu dem folgenden Schlussergebnis:

An vielen Stellen der Küste werden Anzeichen einer positiven Strandverschiebung in historischer Zeit angetroffen. An keiner Stelle kann eine Niveauveränderung konstatiert werden, die einer Hebung des Landes entspräche. Gleichwohl sind alle diese Argumente, namentlich weil man bis jetzt nur an einzelnen weit auseinander liegenden Orten Beobachtungen gemacht hat, noch nicht gewichtig genug, um die Annahmen einer allgemeinen positiven Strandverschiebung der ganzen Küste zu rechtfertigen. Sicher aber ist, dass Senkungen lokaler Natur stattfanden, die freilich zum Teil auch auf das Nachgeben des Untergrundes, der auf unreifen Mooren ruht, zurückzuführen sind. An manchen Stellen der Küste, wie in der Wilstermarsch am rechten Ufer der Unterelbe und am Dollart scheinen diese durch die Nachgiebigkeit des Untergrundes bedingten Senkungen des Landes noch anzuhalten.

V.
Die Gezeitenströmungen in der Nordsee.

In einem Meere so seichten Charakters wie das deutsche Meer sind Gezeiten und Bodenplastik aufs engste mit einander verbunden. Die Gezeitenwelle nimmt die feinen Sand- und Schlickteilchen von denjenigen Stellen, an denen die Strömung den Meeresboden am stärksten angreift, weg und setzt sie an anderen Orten, wo sich die Macht der Wogen gebrochen hat, wieder ab. Haben die tektonischen Kräfte in der Urzeit unserem deutschen Meere den Rahmen aufgeprägt, in welchem sich alle hydrodynamischen Bewegungen in jahrtausendelangem Wirken abspielen mussten und noch alltäglich abspielen, so sind innerhalb desselben die Gezeiten als die Feinmechaniker und Modelleure im kleinen thätig, nicht nur an der ins einzelne gehenden Ausgestaltung der Ränder, sondern infolge der Seichtigkeit des Beckens, das das Feld ihrer Thätigkeit bildet, auch an der Abthönung der Untiefen und Bänke, die dasselbe, kleinen Hügelketten gleich, in seiner ganzen Ausdehnung durchziehen. So kann man sowohl den Tiefenverhältnissen nach als auch den Gezeitenströmungen entsprechend vier Teile des Nordseebeckens unterscheiden:

1. einen südöstlichen flachen Teil längs der dänischen, deutschen und holländischen Küste, der etwa mit der sogenannten Helgoländer Bucht identisch ist;

2. einen tiefen Teil im Nordosten, dem die Norwegische Rinne und das Skagerrak angehören;

3. einen nordwestlichen Teil, den nach Norden hin geöffneten Golf zwischen den Ostküsten Englands und Schottlands und der Doggerbank, und

4. einen südwestlichen Teil zwischen England und Belgien, die sogenannte Tiefe Rinne, die die Fortsetzung des englischen Kanals bildet.

In der grösseren südlichen Hälfte bis zu einer stark nach Norden ausgebauchten Linie, die Aberdeen mit Göteborg verbindet, kommen keine Tiefen über 100 m vor. Nördlich von dieser Linie schwankt die Tiefe zwischen 100 und 200 m. Tiefen über 300 m finden sich an der West- und Südküste der skandinavischen Halbinsel in der Norwegischen Rinne. Im nördlichen Teile des Skagerrak nehmen diese zu bis auf 808 m, der grössten Tiefe, die in der Nordsee bisher gelotet wurde; es geschah dies im Jahre 1872 auf der Untersuchungsfahrt von S. M Aviso „Pommerania".

Das Relief des Nordseegrundes ist reich an hügeligen Erhebungen, Die bedeutendste Untiefe ist die Doggerbank. Ihren

Namen verdankt sie dem Reichtum an Kabeljau, dessen Fang hier seit Jahrhunderten mit ganzen Flotten von Fahrzeugen, namentlich in den Monaten November bis März und April, betrieben wird.*) Sie liegt zwischen dem 54. und dem 56. Grad nördlicher Breite und dem 1. und 5. Meridian östlich von Greenwich. Sie erstreckt sich in der Richtung von Nordost nach Südwest in einer Länge von ungefähr 150 Seemeilen = 277,8 km und nimmt etwa die Mitte der Nordsee ein. Ihre Südwestspitze liegt rund 50 Seemeilen von der englischen, ihre Nordostspitze 100 Seemeilen von der dänischen Küste entfernt. Wenn auf ihr auch an einigen Stellen Tiefen von 41 bis 45 m vorkommen, am Westrande sogar eine grubenartige Vertiefung von 56 m, so ist dieselbe doch in ihren Hauptumrissen von einem geschlossenen Zweig der 40 m-Isobathe abgegrenzt. Ihre höchsten Erhebungen kommen dem Meeresspiegel bis auf 13 m nahe. Nach Südwesten hin fällt sie steil gegen die tiefere Westhälfte der Nordsee ab. Ihre östliche Abdachung ist flach. Längs ihres Südabfalles verbindet eine von West nach Ost ziehende, 60 bis 80 m tiefe Rinne, das Silver-Pit, das britische Nordseebecken mit der deutschen Bucht.

Der jütischen Küste sind zwischen Hanstholm und dem Limfjord die Jütland-Bank, die kleine und die grosse Fischerbank vorgelagert. Horns-Riff, Rote-Kliff-Bank und Amrum-Bank liegen vor den Nordfriesischen Inseln. Die Lange Vierzig, die Leman- und die Ower-Bänke, die Swarte Bank gefährden die britische Nordseeküste. Zwischen der Tiefen Rinne und der holländischen Küste befinden sich die Braune Bank und die Breite Vierzehn.

Die Nordsee besitzt keine selbständige Flutwelle. Durch zwei Thore erhält sie ihre Gezeitenbewegung vom Atlantischen Ocean. Die eine Flutwelle tritt nördlich von Schottland ein, eine zweite findet ihren Eingang durch den Pas de Calais. Die nördliche Welle strömt sowohl nördlich von den Shetland-Inseln als auch zwischen diesen und den Orkney-Inseln herein. Der Hauptstrom derselben setzt in die tiefe Mulde, die sich längs der Ostküste Schottlands hinzieht. An dem Südwestende der Doggerbank teilt er sich in zwei Arme. Der eine schwenkt in östlicher Richtung durch das Silver-Pit nach der deutschen Bucht ab, der andere Zweig behält die Nord-Süd-Richtung bei und läuft an der Küste Englands hin bis an die Themsemündung; teils tritt er in diese ein, teils wendet er sich der niederländischen Küste zu. Er erreicht dieselbe aber nicht, sondern wird von der zweiten durch den Kanal eintretenden, stärkeren Flutwelle in nordöstlicher Richtung mit

---

*) Segelhandbuch für die Nordsee, herausgeg. vom Hydrographischen Amt der Admiralität. Berlin 1884. Heft III, Seite 3.

fortgerissen. Diese Kanal-Welle läuft an der holländischen Küste entlang und beherrscht, mit der südlich um die Doggerbank herumfliessenden Nordwelle vereinigt, die Gezeitenerscheinungen der deutschen Bucht. Ausserdem treten noch die schwachen Flachwasserwellen hinzu, welche die Nordwelle von den Shetland-Inseln her über die Doggerbank geradenwegs auf Helgoland zusendet.

Das Zusammenwirken aller dieser Strömungen machen die Gezeitenbewegungen an den deutschen Küsten zu recht komplizierten. Die aus reinem Westen durch das Silver-Pit kommende Welle ist die stärkste und daher die vorherrschende. Sie streicht fast genau in der Richtung des 54. Breitengrads und setzt geradenwegs auf der schleswigsche Küste zu. Die Breiten- und Tiefenverhältnisse des Nordseebeckens bringen es mit sich, dass diese Flutwelle, wenigstens im offenen Meere, den Charakter einer stehenden Welle annimmt. Sechs Stunden braucht sie, um von der britischen Ostküste bis zu den nordfriesischen Inseln zu gelangen, sechs Stunden lang läuft der Ebbestrom den gleichen Weg zurück. Wenn sich der Meeresspiegel an dem Ostrande des Beckens hebt, sinkt er an seinem Westrande und umgekehrt. So gleicht die Nordsee unter dem 54. Parallel einem Becken, dessen Inhalt mittels einer in der Mitte seiner Längsausdehnung angreifenden Kraft in oscillierende Bewegung gesetzt ist, das also von einer stehenden Welle durchlaufen wird, deren Wellenlänge gleich der Länge des Beckens ist. In der Mitte liegt der Knotenpunkt der Welle. Der Strom an der schleswigschen Küste unter 54^0 kentert, d. h. geht in Ebbe über, wenn Helgoland Hochwasser hat; und Hochwasser von Helgoland fällt nahezu mit Niedrigwasser von Spurn Point am Ausfluss des Humber zusammen. Denn die Hafenzeit Helgolands, d. i. die Zeit des Eintritts des Hochwassers an dem Tage der gleichzeitigen Kulmination von Sonne und Mond (Neumond-Springflut), ist $11^h 33^m$, die von Spurn Point hingegen ist $5^h 26^m$. Wenn umgekehrt bei Spurn Point Hochwasser eintritt, setzt der Weststrom längs des ganzen 54. Breitengrads in Oststrom um.

In der Gegend von Helgoland biegt der Flutstrom nach Nordosten und dann nach Norden um, läuft die Küste von Schleswig entlang und verliert sich alsdann allmählich nördlich vom Horns Riff. In das Skagerrak tritt von Nordwesten her um die Südspitze der skandinavischen Halbinsel herum eine besondere Flutwelle ein, die aber keinen Einfluss auf die Strömungen in der Helgoländer Bucht ausübt.

An den Küsten äussern sich Ebbe und Flut in dem Sinken und Steigen des Wasserspiegels. Das Hochwasser folgt der Kulmination des Mondes; dies ist das erste Gesetz der Gezeitenbewegung.

In der Gegend, wo die Gezeitenwelle zur stehenden Welle geworden ist, lassen sich die Gezeitenerscheinungen am leichtesten erklären. Es gilt hier der Satz: Solange das Wasser steigt, läuft Flutstrom, solange es fällt, Ebbestrom.

An solchen Orten der Küste, die frei von stehenden Wellen sind, gipfelt das Gesetz der Gezeitenbewegung in dem Satz: Der Flutstrom läuft etwa drei Stunden vor bis drei Stunden nach Hochwasser, der Ebbestrom etwa drei Stunden vor bis drei Stunden nach Niedrigwasser.

Doch giebt es keinen Ort an der deutschen Nordseeküste, der frei von der Einwirkung der stehenden Welle wäre. Überall tritt die fortschreitende Welle mit einer mehr oder weniger starken stehenden Welle kombiniert auf. Dazu kommt noch, dass im flachen Wasser neben der halbtägigen Welle eine Welle von vierteltägiger Periode entsteht, die auf die eigentliche Gezeitenwelle interferierend einwirkt, teils verstärkend, teils abschwächend.

Der Flutwechsel schwankt an den dem offenen Meere zugewandten deutschen Küsten zwischen 2,5 und 3,5 m und wird im Mittel als 3,3 m angenommen;*) er ist also, namentlich im Vergleich zu dem an der englischen Küste, verhältnismässig gering. Auch besteht hier kein grosser Unterschied zwischen Springflut und Nipflut wie etwa bei Boston Deep an der britischen Ostküste, wo die Fluthöhe bei Springzeit 7,1 m und bei Nipzeit 2,8 m beträgt. Daher kommt es auch, dass an der deutschen Nordseeküste der Einfluss der Stürme auf die Gezeitenerscheinung merklich hervortritt. Durch Richtung und Stärke des Windes wird hier die Flutgrösse derartig verändert, dass zuweilen taube Fluten grösser erscheinen als Springfluten.

Ihr Maximum erreicht die Fluthöhe an unserer Küste bei Wilhelmshaven, 3,5 m. Dies liegt offenbar in der trichterförmigen, sackartigen Gestalt der Jade und der Verengung ihrer Mündung begründet. Von allen unmittelbar am Meere gelegenen deutschen Orten hat die Insel Helgoland die kleinste Fluthöhe. Dieselbe beträgt zur Nipzeit 1,8 m, zur Springzeit 2,8 m.

Von den gesamten Nordseeküsten haben nur die norwegischen und die dänischen geringere Fluthöhe als die deutschen; an diesen schwankt sie zwischen 1,0 und 1,5 m.

Die Geschwindigkeit der Gezeitenbewegung steigt an keinem deutschen Küstenorte über zwei Seemeilen in der Stunde.

---

*) cf. Tabelle der Hafenzeiten im Segelhandbuch der Nordsee. Heft I, Seite 56.

VI.

Temperatur, Salzgehalt und Eisverhältnisse in der Nordsee und an ihren Küsten.

Nächst den Strömungen des Wassers im offenen Meere und an den Küsten sind es die klimatischen Wechselwirkungen der Kontinente und der Meere, in denen die physischen Gegensätze zwischen dem Festen und dem Flüssigen auf der Erde am deutlichsten zum Ausdruck kommen. Doch machen sich diese thermischen Unterschiede infolge der ausserordentlich grossen Beweglichkeit des Trägers aller klimatischen Erscheinungen, der Luft, nicht nur da, wo beide Elemente zusammenstossen, an den Küsten, bemerkbar, sondern auch im Meere und auf dem Lande selbst.

Bekanntlich genügt diejenige Wärmemenge, welche nötig ist, um die Temperatur von einem Kilogramm Wasser um 1^0 C. zu erhöhen, dazu, um ein Kilogramm Luft um 4^0, ein Kilogramm Sand sogar um $5^1/_2{}^0$ zu erwärmen. Die gleiche Wärmemenge, die nötig ist, um einen Kubikmeter Wasser um 1^0 zu erwärmen, reicht zu der gleichen Temperaturerhöhung von zwei Kubikmetern Quarzsand oder von 3000 Kubikmetern Luft hin. Infolge seiner verhältnismässig sehr grossen specifischen Wärme ändert das Wasser seine Temperatur viel langsamer als das Land und die Luft. Hierauf beruht der mildernde Einfluss, den grosse Wasserflächen auf das Klima der umliegenden Länder ausüben. Die grösste Konstanz besitzt die Temperatur des Meerwassers im Laufe des Jahres auf dem offenen Meere; am stärksten schwankt sie an den Rändern, wo sie durch das Klima der Kontinente beeinflusst wird.

Das Maximum der Temperatur des Nordseewassers fällt in die Mitte des August, das Minimum in die erste Hälfte des Märzmonats. Im allgemeinen folgt die Wassertemperatur der Lufttemperatur, allerdings mit Abstumpfung der Extreme. Doch überall, wo man das Jahresmittel der Wassertemperatur an der Oberfläche mit der mittleren Lufttemperatur vergleicht, ergiebt sich ein Wärmeüberschuss für die Wasseroberfläche gegen die Luft. So beträgt bei

	Borkum Riff	Helgoland
die mittlere Wassertemperatur	$9,9^0$	$9,9^0$
die mittlere Lufttemperatur	$9,2^0$	$8,7^0$
Wärmeüberschuss des Wassers	$0,7^0$	$1,2^0$

Hieraus kann man ersehen, welche Wärmemengen die Nordsee jährlich an ihre Küstenländer abgiebt.

In den Monaten November bis April ist das Nordseewasser im nordwestlichsten Teile am wärmsten, dort, wo das wärmere Wasser des Oceans eintritt, am kältesten hingegen an den holländischen;

deutschen und dänischen Küsten. In den Monaten Mai bis Oktober herrschen die umgekehrten Temperaturverhältnisse.

Die Schwankungen der Temperatur des Wassers werden mit zunehmender Tiefe immer geringer. Doch hängen auch diese von der Bodenform des Untergrundes ab. Auf Untiefen ist die Temperatur grösseren Schwankungen unterworfen als in entsprechender Höhe über tiefen Stellen, weil das Wasser an seichten Stellen dem Meeresboden ·viel näher liegt. Über tiefem Grunde behält das Wasser seine Temperatur mit grösserer Beharrlichkeit als über seichtem.

Polare Ströme kalten Wassers können wegen des steilen Abfalls des Meeresgrundes nach Norden zu nicht in die Nordsee eindringen. Daher ist das Grundwasser der Nordsee verhältnismässig warm. Nach Boguslawsky ist die mittlere Temperatur des Wassers südlich von der Doggerbank wärmer als nördlich davon, und zwar

an der Oberfläche um 1,6 ° C.

in 20 m Tiefe um 3,0 ° „

in 40 m Tiefe um 9,0 ° „

am Boden in 50 m Tiefe um 8,5 ° „

Im südlichen Teile beträgt die mittlere Temperatur an der Oberfläche 17,5 ° C., am Grunde ist sie nur um wenig geringer, nämlich 17,1 ° C.

Der Salzgehalt und mit ihm das specifische Gewicht des Meerwassers sind nicht so grossen Schwankungen unterworfen, wie seine Temperatur. Die Dichte des Nordseewassers ist stärker als die des atlantischen Oceans; dies beruht auf dem Umstande, dass die Verdunstung durch die umliegenden Ländermassen gefördert wird. Ihr Spiegel liegt daher nicht unbedeutend tiefer als der des Oceans, nach v. Klöden 0,78 Pariser Fuss, d. s. 0,25 m. Ebenso ist das Niveau der Ostsee höher als das der Nordsee, da sie salzärmer ist. Der Spiegel der Ostsee steigt von West nach Ost an, in derselben Richtung, in der ihr Salzgehalt abnimmt.

Am schwersten und salzreichsten ist das Nordseewasser im nördlichen Teile; hier beträgt sein Salzgehalt 3,56—3,52 Prozent, sein specifisches Gewicht 1,0272—1,0269. Im mittleren Becken, das von fremden Zuflüssen fast unberührt bleibt, beträgt der Salzgehalt 3,52—3,48 Prozent, das specifische Gewicht 1,0269—1,0266. Im Südwesten, wo die Strömung aus dem Kanal salzreiches Wasser zuführt, steigt der Salzgehalt wieder auf 3,54 Prozent. In der deutschen Bucht ist er infolge der starken Süsswasserzuflüsse der Weser und Elbe bedeutend geringer, und er ändert sich merklich mit der Wassermenge, die jene Ströme führen. Die .Weser erreicht im Februar, die Elbe im März ihren .höchsten Stand. In den Monaten November bis April senden Elbe und Weser mehr als doppelt soviel Wasser in das Meer als in den Monaten Mai bis

Oktober (Verhältnis 20 : 9). Hingegen verändert der Rhein seinen Wasserstand im Laufe des Jahres nicht sehr. Seine Abflussmenge des Winters verhält sich zu der des Sommers wie 10 : 9. Der Salzgehalt des Wattenmeeres schwankt zwischen 2,75 und 3,32 Prozent.*)

Wie schwankend die Dichtigkeitsverhältnisse des Wassers in der Helgoländer Bucht sind, das geht am deutlichsten aus den Resultaten hervor, welche die Beobachtungen des Salzgehalts an den deutschen Küstenstationen

Borkum Feuerschiff . . . . Station I
Weser Aussenfeuerschiff . . . . „ II
Helgoland . . . . „ III
List auf Sylt . . . . „ IV
Horn's Riff Feuerschiff . . . . „ V

geliefert haben. Nach diesen beträgt der mittlere Salzgehalt

	im Winter	Frühjahr	Sommer	Herbst	pro Jahr
bei I	3,25	3,25	3,28	3,31	3,28
„ II	3,46	3,31	3,28	3,35	3,35
„ III	3,42	3,29	3,26	3,41	3,34
„ IV	2,97	3,03	3,24	3,08	3,08
„ V	3,27	3,28	3,29	3,24	3,27

Am grössten sind die monatlichen Schwankungen an der schleswigschen Küste; diese empfängt die Süsswasserzufuhr aus erster Hand, sie ist den mannigfaltigsten Strömungen unterworfen; die von Südwest und Süd kommende Küstenströmung führt die Süsswassermengen der Elbe und Weser dicht an den nordfriesischen Inseln vorbei.

Im Jahre 1875 betrug der Salzgehalt bei Helgoland Sylt

im		Helgoland	Sylt
im	Januar	3,48	2,96
„	Februar	3,41	2,95
„	März	3,45	2,96
„	April	3,45	2,99
„	Mai	3,22	3,09
„	Juni	3,25	3,17
„	Juli	3,25	3,30
„	August	3,25	3,29
„	September	3,34	3,20
„	Oktober	3,54	3,04
„	November	3,48	2,96
„	Dezember	3,30	2,97

Auffälliger Weise zeigt sich oft bei Helgoland gerade in den Monaten ein verhältnismässig starker Salzgehalt, in denen die

---

*) Marshall, Die deutschen Meere und ihre Bewohner. Leipzig 1895.

Abflussmengen der Weser und der Elbe am grössten sind. Es erklärt sich dies daraus, dass in dieser Zeit die Wasserläufe die stärkste Stosskraft besitzen und die umliegenden Salzwassermengen mit sich ins Meer hinaus fortreissen, wodurch ein verstärkter Auftrieb des salzigen Wassers aus der Tiefe verursacht wird.

Die Westströmung längs der Südküste Norwegens und die Ostströmung im südlichen Teile des Skagerrak, die den Austausch zwischen dem Nordsee- und dem salzärmeren Ostseewasser vermitteln, haben auf den Salzgehalt in der Helgoländer Bucht keinen Einfluss.

Nach einer Analyse, die Arends mitteilt,*) sind in 7680 Teilen Nordseewasser die folgenden Salzmengen enthalten:

Chlornatrium	197,5	Teile
Chlormagnesium	28,362	„
Chlorkalium	4,446	„
Schwefelsaure Talkerde	10,2	„
Schwefelsaure Kalkerde	4,926	„
Kieselerde	0,782	„

Nach einer neueren, von Pfaff herrührenden Analyse des Nordseewassers kommen bei einem Salzgehalt von 3,44 Prozent auf:

Chlornatrium	74,20	Teile
Chlormagnesium	11,04	„
Chlorkalium	3,80	„
Bromnatrium	1,09	„
Brommagnesium	—	-
Schwefelsaurer Kalk	4,72	„
Schwefelsaure Magnesia	5,15	„
Kohlensaurer Kalk	—	„
Kohlensaure Magnesia	—	„

Infolge des starken Salzgehalts und der hohen Temperatur friert die Nordsee auf hoher See niemals zu. Nur an den Küsten und im Wattenmeer zeigt sich Eisbildung. Die Wattflächen, die sich längs der ganzen deutschen Nordseeküste hinziehen, begünstigen dieselbe ausserordentlich. Die seichten Wassertümpel, die bei Eintritt der Ebbe auf ihnen zurückbleiben, frieren leicht und schnell zu. Die zurückkehrende Flut hebt die Eisschollen auf, trägt sie landeinwärts und legt sie in einer geschützten Bucht nieder. Während jedes Niedrigwassers bildet sich eine neue Eisdecke über den Watten, die einen weiteren Beitrag zur Eisanhäufung liefert. Hierzu kommt noch das Eis der Ströme und Küstenflüsse, das meist in Gestalt treibender Schollen dem Meere zugeführt wird. Sobald dieselben das Wattenmeer erreicht haben und in das eigentliche

---

*) Arends, Physische Geschichte der Nordseeküsten und deren Veränderungen seit der cymbrischen Flut. Emden 1823.

Bereich der Gezeitenbewegungen gelangt sind, werden sie von dem Hochwasser zum grossen Teile auf die zu beiden Seiten der Mündungen liegenden Watten und Sände hinaufgetrieben und dort niedergelegt.

Auf diese Weise ereignet es sich, dass in strengen Wintern das ganze ost- und nordfriesische Wattenmeer zufriert bis auf die wenigen breiten Tiefe, die dasselbe durchziehen. Dann sind die Inselbewohner oft wochen- und mondelang von jedem Verkehr mit dem Festlande abgeschnitten. Nur in Fällen dringendster Not werden dann Versuche gemacht, auf dem an Spalten und offenen Flussrinnen reichen Watteis mittels des Eisbotes, das je nach Bedarf als Schlitten oder als Kahn benutzt werden kann, das Land zu erreichen. Bei andauerndem Frost findet wohl auch zwischen dem Festland und den nächstgelegenen Inseln ein Verkehr zu Fuss über die feste Eisdecke statt.

Die grösste Gefahr aber entsteht für die Inselfriesen erst dann, wenn das Watteis im Frühling zu tauen beginnt. Dann tragen gewaltige Orkane die Treibeismassen zuweilen bis auf die Wiesen und Gehöfte der Inseln hinauf, und solche Eisfluten richten oft grösseren Schaden an als die Sturmfluten. Nach jedem Winter sind starke Veränderungen in dem deutschen Wattenmeere zu verzeichnen. An einer Stelle sind grosse Wattflächen von den Eisschollen fortgerissen worden, an einer andern sind neue Sände angesetzt worden; und in jedem Frühjahr muss die Betonnung in den Küstengewässern geprüft und wo es sich nötig macht, ersetzt und verlegt werden.

Was die Eisverhältnisse in den Flussmündungen und Häfen der deutschen Küste anbetrifft, so sind, um diese eingehend zu ergründen, im Jahre 1882 vom Hydrographischen Amt der deutschen Admiralität an sämtliche Hafenbehörden Fragebogen mit den folgenden Fragen zur Beantwortung ausgegeben worden:*)

1. Wann tritt durchschnittlich die erste Eisbildung im Strome, wann die Eisschmelze ein, und welche Zeit vergeht im allgemeinen bis zum völligen Zufrieren und beim Auftauen bis zum Schmelzen des Eises?

2. An welcher Seite des Seegats oder Stroms bildet sich das Eis zuerst, und an welcher Seite beginnt es zuerst zu verschwinden? An welcher Seite des Fahrwassers bez. an welchen Stellen desselben findet der stärkste Eisgang statt?

3. Welchen Einfluss hat die Strömung und der Wind auf den im Seegat, im Strome oder auf dem Haff eintretenden Eisgang?

4. Tritt zuweilen Eisstauung ein?

---

*) Annalen der Hydrographie 1882, Heft VI.

5. Wie äussert sich der Eisgang auf die Tiefenverhältnisse? Diese behördlichen Anfragen lieferten für die Häfen der Nordseeküste die Fixierung der folgenden Thatsachen:

I. Die Eider (Hafenbehörde Rendsburg). Die Eider friert in sehr strengen Wintern bis unterhalb Tönning zu; sogar ein Teil des Purrenstroms, d. i. die Aussen-Eider, ist dann mit Eis bedeckt. Niemals aber geht diese feste Eisdecke über Vollerwiek hinaus. Eisgang und Eisstauung sind auf der Eider noch nicht beobachtet worden.

II. Die Elbe (Hafenbehörde Hamburg). Auf der Elbe zeigt sich Eis in den Monaten Dezember bis März, sodass von Mitte Dezember bis Ende Februar unter Umständen der Schiffsverkehr durch Eis behindert ist. Das Eis bildet sich zuerst auf den Sänden und verschwindet zuerst wieder im Fahrwasser. Der stärkste Eisgang findet natürlich im Stromstrich statt. Eisstopfungen, die bei anhaltenden Ostwinden leicht eintreten könnten, werden durch die Thätigkeit der Eisbrecher verhindert.

III. Die Unterelbe (Hafenbehörde Kuxhaven). Ein völliges Zufrieren der Elbe findet von Glückstadt bis Kuxhaven überhaupt nicht statt. Ebbe und Flut halten die Eismassen beständig in Bewegung. Mit den im Februar und März eintretenden Regenschauern verschwindet die Eisbedeckung sehr schnell. Infolge der Vereisung müssen oft Segelschiffe vor der Elbmündung in dem Hafen von Kuxhaven Schutz suchen.

IV. Die Weser (Hafenbehörde Bremen). Die Eisbildung bei Bremerhaven hängt von der Kälte im oberen Stromgebiet ab. 2 bis 3 Tage anhaltende Fröste von — 4 ^{0} C. bereits bilden auf den Sänden um den Leuchtturm „Hohe Weg" herum das sogenannte Jungeis. Das Eis bildet sich auf dem Ufer, das der Strömung am wenigstens ausgesetzt ist. Es kann zuweilen vorkommen, dass alte Fahrwasser durch den Eisgang zerstört und neue gebildet werden.

V. Die Jade (Hafenbehörde Wilhelmshaven). Es gab Jahre ohne jede Eisbildung und wiederum andere, in denen sich das Watteis bis Anfang April erhielt. Ein gänzliches Zufrieren des Fahrwassers findet in der Jade nicht statt. Der Eisgang ist am stärksten an den vorspringenden Ecken des Mündungstrichters und an der Leeseite des Fahrwassers. Eine vollständige Stockung des Schiffsverkehrs infolge des Eises tritt in der Jade nicht ein.

VI. Ems und Dollart (Hafenbehörde Emden). Das Eis bildet sich zuerst an der Leeseite, dann auf der Luvseite, zuletzt im Fahrwasser. Der Frost währt von Mitte Dezember bis März. Der Dollart ist bei westlichen und südwestlichen Winden namentlich, in seinem östlichen Teile, mit Eis angefüllt; hingegen ist dann auf der holländischen Seite ein mehr oder weniger breites Fahrwasser offen.

VII.

Strömungserscheinungen und Schlickansatz in den Mündungstrichtern der deutschen Nordseeküste.

Im wesentlichen ist die Bildung der Watten an Flachküsten auf zwei Thatsachen zurückzuführen:

1. Richtung und Stärke des Flut- und Ebbestroms,
2. Schlickgehalt des Wassers.

In ruhigen, tiefen Meeren erhält sich der Mündungsstrom eines Flusses infolge seiner Stosskraft und des geringen specifischen Gewichts des Flusswassers im Vergleich zu dem des ungleich schwereren Salzwassers des Oceans noch weit ins Meer hinaus als geschlossener Wasserfaden. Anders verhält es sich in Meeren mit heftigem Auftreten der Gezeiten wie z. B. in der Nordsee. Die Flut dringt hier tief in die Ästuarien hinein. Die Flussläufe, deren Geschwindigkeit sich hier auf ein Minimum vermindert hat, setzen dem Flutstrom nur geringen Widerstand entgegen. So kommt es, dass die Gezeitenerscheinungen in der Ems bis Leer, in der Weser bis Bremen, in der Elbe bis Geesthacht oberhalb Hamburg und in der Eider bis Rendsburg stromaufwärts reichen. Es entstehen Stauungen in den Mündungen, das Wasser kommt geradezu zum Stillstande; die Flüsse lassen die festen Bestandteile sinken, die ihnen eine Unzahl von Flüsslein und Bächlein aus den Diluvial- und Alluvialschichten des deutschen Flach- und Mittelgebirgslandes zugeführt haben. Dazu kommt, dass der Flutstrom selbst eine Menge Schutt in den Fluss hineinträgt und so versandend wirkt. Die Ebbe sucht denselben zwar, in entgegengesetzter Richtung wirkend, wieder in das Meer hinauszuführen; und ihre Stromgeschwindigkeit ist, in den innersten Teilen der Ästuarien wenigstens, meist grösser als die der Flut, weil sie mit dem Gefälle des Flusses läuft, und weil ferner zur Ebbezeit mehr Wasser ausfliesst als zur Flut in die Mündung eintritt. Dennoch genügt die Ebbe nicht, das Strombett rein zu fegen. Denn, je weiter die Wassermassen von der Ebbe seewärts getragen werden, um so mehr breiten sie sich wegen der Divergenz der Ufer aus, um so geringer wird daher ihre Geschwindigkeit und ihre Stosskraft. Immer geringer werden die Gesteinsmengen, die sie fortzutragen im stande sind, je näher sie dem offenen Meere kommen. Ausserdem ist, wie experimentell gefunden worden ist, die Ebbeströmung eine reine Oberflächenbewegung. Ihre Geschwindigkeit nimmt mit zunehmender Tiefe ausserordentlich rasch ab. Sie lässt demnach die mitgeführten Sedimente auf die Sohle des Mündungsbettes niedersinken; und so kommt es, dass zahlreiche Sände, sogenannte submarine Deltas, den Mündungen der Eider, Elbe, Weser und Ems vorgelagert sind, die auch immer submarine bleiben werden, da sie infolge der Gezeitenbewegung nicht über Fluthöhe emporwachsen können. Der Flutstrom tritt bei allen deutschen Nordseeströmen aus Westnordwest und Nordwest in die Mündung ein, aus derselben Richtung, in der die Unterläufe dieser Ströme fliessen. Man hat diese Erscheinung auch in anderen Gegenden der Erde wahrgenommen und im Anschluss hieran als ein Gesetz der Gezeitenphänome ganz allgemein hingestellt, dass die Ströme ihre Mündungsläufe nach der Richtung hinwenden, aus der sie den Gezeitenstrom empfangen.*)

Die Flut strömt stärker an dem südwestlichen Ufer der Ästuarien als an dem nordöstlichen. Der Ebbestrom hingegen besitzt eine grössere Geschwindigkeit an den nordöstlichen Ufern. Die Ausbauchungen der Flutlinien des Flut- und des Ebbestroms, oder, was dasselbe ist, der Stromstrich befinden sich nicht, wie es der Theorie nach sein müsste, gerade in der Mitte des Flussbettes; sondern letzterer ist in beiden Fällen nach rechts verschoben. Ebbe und Flut benutzen nicht dieselbe Rinne; bewegt man sich mit dem Laufe des Flusses dem Meere zu, so hat man zur Linken die Flutstrasse, zur Rechten die Strasse des Ebbestroms. Die Aussenläufe der Ems, Weser, Elbe und Eider besitzen aus diesem Grunde je zwei Hauptfahrrinnen. Die linke, d. i. die durch den Flutstrom erzeugte Rinne, ist die tiefste und die am deutlichsten ausgeprägte von beiden; sie liegt gegen die Nordwestwinde geschützter als die breite, aber versandete und weniger tiefe, daher schwerer zu passierende Ebbestrasse, die sich an das rechte Ufer anlehnt. Sie ist deshalb auch die Hauptverkehrsstrasse für die Schiffahrt. Dicht streicht sie am linken Flussufer dahin, das in der Regel einen steileren Abfall aufweist als das an Sänden reiche, flache rechte Ufer, auf welchem die stärkste Aufschlickung stattfindet. Beide Sände sind durch Platten und Sände von einander getrennt. Die Flutstrasse endet meist mit einer Binnenbarre im inneren Teile der Flussmündung, der Ebbestrasse ist draussen im Wattenmeere eine Aussenbarre vorgelagert. Auch in den Seegaten des nordfriesischen Archipels stösst man auf solche Erosionserscheinungen der Gezeitenströme. So ist im Lister Tief, der Strasse zwischen Sylt und Röm, ein steiles südliches und ein flach ansteigendes nördliches Ufer deutlich zu beobachten. Im allgemeinen aber ist die Gestaltung der nordfriesischen Watten noch nicht hinreichend zu deuten, weil sich hier die Interferenzen der

---

*) O. Krümmel, Die Erosion durch Gezeitenströme. Petermanns Geogr. Mitteil. Bd. 1889, S. 129.

Flutwellen noch nicht völlig übersehen lassen. Nach Krümmel lässt sich bis jetzt nur eine Konvergenz der nordfriesischen Seegate auf Helgoland zu bestätigen.

Infolge der ausserordentlich starken Schuttführung der Flüsse machen sich zur Erhaltung eines Fahrwassers von hinreichender Tiefe in den Unterläufen von Ems, Weser, Elbe und Eider fortgesetzte Baggerungen nötig. Im Jahre 1852 wurden aus dem Flussbett der Unterelbe zwischen Hamburg und Kuxhaven mittels Dampfbaggerung 6060600 Kubikfuss Schlamm und Sand gehoben, 1860 9868750 und 1869 16953300. Bei der Neuregulierung der Unterweser sind in den Jahren 1887 bis 1894 rund 28 Millionen Kubikmeter von 6 Dampfbaggern aus dem Weserflussbett gebaggert worden.*)

Wibel fand am 3. Dezember 1875 in der Unterelbe bei Hamburg bei Hochwasser in 100000 Teilen Elbwasser durch Abfiltrieren 11 Teile feste Erdmassen.**)

Hagen hat die Schlickführung des Wassers im Jadebusen eingehend untersucht. Er hat hierbei nicht nur in verschiedenen Tiefen das Wasser geschöpft, sondern auch zwischen den einzelnen Flutintervallen unterschieden. An einer 10 m tiefen Stelle waren unter 100000 Teilen Wasser an festen Stoffen vorhanden:***)

Flutintervall	an der Oberfläche	2 m über dem Grunde
bei Niedrigwasser	14 Teile	16 Teile
nach der 1. Stunde der Flut . . .	19 „	23 „
„ „ 2. „ „ „ . . .	19 „	26 „
„ „ 3. „ „ „ . . .	15 „	24 „
„ „ 4. „ „ „ . . .	12 „	20 „
„ „ 5. „ „ „ . . .	11 „	16 „
bei Hochwasser	10 „	13 „
nach der 1. Stunde der Ebbe . . .	10 „	12 „
„ „ 2. „ „ „ . . .	10 „	12 „
„ „ 3. „ „ „ . . .	10 „	12 „
„ „ 4. „ „ „ . . .	12 „	12 „
„ „ 5. „ „ „ . . .	13 „	13 „

Der Schlickgehalt des Wassers ist also am stärksten kurz nach

---

*) Bücking, Die Unter-Weser und ihre Korrektion. Verhandlungen des 11. deutschen Geographentags zu Bremen pag. 117; ferner Franzius, Die Korrektion der Unterweser. Petermanns Geogr. Mitt. 1880, S. 294.

**) Hamburg in naturh. und medic. Beziehung. Festschrift zur 49. Versammlung deutscher Naturforscher und Ärzte zu Hamburg 1876.

***) Monatsberichte der Berliner Akademie 1884, pag. 135.

dem Eintreten der Flut. Die Abnahme der Trübung mit dem Fortschreiten der Flut erklärt sich daraus, dass das Wasser, je höher die Flut steigt, sich mehr und mehr über die Watten ausbreitet und mehr Schlick auf ihnen fallen lässt. Diese Abnahme dauert bis um die Mitte der Ebbe an. Dann aber reisst das Wasser, wenn sich die Ebbe auch am Boden bemerkbar macht, wieder mehr Schlickmassen vom Grunde mit sich fort, und es beginnt die Zunahme des Schlickgehalts, die bis zur 1. Stunde nach Niedrigwasser anhält.

Mit diesen Untersuchungen ist gleichzeitig die Thatsache konstatiert, dass der Schlickgehalt zu jeder Tageszeit mit der Tiefe zunimmt. Man ersieht ferner hieraus, dass die Flut mehr Material landeinwärts befördert als die Ebbe dem Meere zuführt, und es erklären sich hieraus einerseits das verhältnismässig schnelle Wachsen des Marsch- und Wattenlandes, andererseits die für Baggerungsarbeiten und Flussregulierungen aufzuwendenden ausserordentlich hohen Kosten.

Einen noch grösseren Unterschied der Schlickführung des Flutstroms und des Ebbestroms konstatierte der Ingenieur Hübbe. Derselbe fand im Januar 1859 in der Unterelbe bei Kuxhaven kurz nach Eintritt der Flut im Maximum 20,1 Teile Schlick in 100000 Gewichtsteilen Wasser, hingegen nur 1,7 Teile um die Zeit des Hochwassers.

Die Geschwindigkeit der Flut wie der Ebbe ist im mittleren Stadium am stärksten. An der Oberfläche läuft der Ebbestrom im allgemeinen $1/2$ bis 1 Knoten stärker als die Flut (1 Knoten = 6,84 m). In der Tiefe scheint es umgekehrt zu sein. Wenigstens in der Jade läuft der Ebbestrom am Boden 92 cm, der Flutstrom 99 cm in der Sekunde; ersterer ist dabei um 21 Prozent, letzterer nicht ganz um 11 Prozent schwächer als an der Oberfläche.

Als specifisches Gewicht des Jadewassers fand Hagen 1,02335 bis 1,02398 bei einer Temperatur von 8° R. Salzgehalt und specifisches Gewicht scheinen eine Stunde vor Hochwasser am grössten zu sein. Nach einer von ihm angestellten Analyse enthielt der Niederschlag des Jadewassers: 65,2 Prozent Kieselerde

4,2	„	Thonerde
6,9	„	Eisen- und Manganoxyd
3,5	„	Kalkerde
1,3	„	Bittererde
1,4	„	Kali
1,5	„	Natron
1,4	„	Chlor
14,3	„	Wasser, Kohlensäure

organische Substanzen und etwas Phosphorsäure.

Offenbar hat man es in der Anschwemmungsthätigkeit der
Gezeitenströme vor den Flussmündungen nicht nur mit rein
mechanischen, sondern auch mit chemischen Erscheinungen zu thun.
Mit der Mischung des Meer- und des Flusswassers zu Brackwasser
vollzieht sich zugleich das Ausscheiden der kalkhaltigen Stoffe der
Salz- und der Süsswasserinfusorien. Die Organismen der Flüsse
können zum grossen Teile nicht in salzigem Wasser leben, und
ebenso sterben die Diatomeen, Globigerinen, Ostracoden und die
sonstigen Organismen des Meeres ab, sobald sie in das Brackwasser
gelangen. Sie bilden die Niederschläge der chemischen Ausscheide-
prozesse, die ununterbrochen in den Ästuarien stattfinden. Ursprünglich zeichnen sich sowohl die Flüsse wie auch das Meer
durch ihre Klarheit und Durchsichtigkeit aus; dort aber, wo beide
zusammenstossen, zeigt sich das trübe, schmutzig-graue Wasser des
Wattenmeers und der Flussmündungen. Mit Recht hat man daher
das Gebiet des Brackwassers, die Mündungstrichter, das chemische
Laboratorium für die Geologie der Marschen genannt, jenes fruchtbaren Streifens, der nach einer Schätzung von Arends in einer
Ausdehnung von 424 Quadratmeilen, d. s. 23345,44 qkm, die
deutsche und niederländische Nordseeküste umsäumt.

Die Frage nach der Entstehung der Marschen und Watten
ist seit Jahrhunderten eine heftig umstrittene gewesen. Dass sie
niemals eine endgiltige Lösung fand, das liegt wohl nur daran,
dass man sie, wie so viele andere wissenschaftliche Fragen, in
ganz einseitiger Weise lange Zeit zu beantworten suchte. Dass die
Marschen Schwemmland sind, darüber ist man sich zu jeder Zeit
klar gewesen. Doch sehen sie die einen für ein Schwemmprodukt
der Flüsse an; andere wiederum halten die anschwemmende
Thätigkeit des Meeres für den wesentlichen Faktor ihrer Entstehung.
Dass das Meer nicht unbedingt erforderlich ist bei der Bildung
von Neuland, darin ist den letzteren Recht zu geben, das ersieht
man ja daraus, dass sich längs des ganzen Unter- und Mittellaufs
der Ströme Alluvionen, die sogenannten Flussmarschen, hinziehen,
die frei von der Einwirkung des Meeres entstanden sind. Ausserdem ist zu berücksichtigen, dass, wie die neuesten von v. Gümbel
angestellten Untersuchungen des Meeresbodens der Nordsee lehren,[*]
der thonige und schlammige Schlick oder Klei, der den Haupt-
bestandteil der Marschen bildet, nur in verschwindend geringen
Mengen auf dem Meeresgrunde angetroffen wird.

Prestels Annahme, das Material der deutschen Marschen
entstamme den englischen und schottischen Felsenküsten, an deren
Zertrümmerung die Brandung ununterbrochen arbeite, wird sofort

---

[*] cf. pag. 22.

durch die Thatsache hinfällig, dass die Trübung des Wassers der
Nordsee erst im Wattenmeere beginnt, während draussen auf hoher
See die Meeresfluten die schönste Klarheit aufweisen.

Andererseits aber ist von Arends an der Hand von Messungen
der Schlickführung der Nordseeströme festgestellt worden, dass
sämtliche der Nordsee zugehörigen Flüsse Mitteldeutschlands in
einem Zeitraum von 3 Jahrtausenden höchstens 6 Quadratmeilen, d.s.
330,36 qkm, Land hätten bilden können, vorausgesetzt, dass alle
Sedimente, die diese mitführen, an der Küste abgesetzt würden
und nicht das Geringste hiervon dem Meeresgrunde der hohen
See zugeführt würde, ein Exempel, das an sich richtig sein mag,
das aber bei einer Entscheidung der Frage nach der Entstehung
des Marsch- und Wattenlandes nicht die Bedeutung besitzt, die
ihm zuweilen zuerkannt wird, da es in dem offenbar ganz willkürlich
angenommenen zeitlichen Faktor eine Voraussetzung in sich birgt,
die noch der Bestätigung harrt. Denn wer sagt uns, dass
die Marschbildung an der deutschen Nordseeküste erst seit
3000 Jahren vor sich gehe?

Erst die Chemie hat uns gelehrt, in das Geheimnis der Neu-
landbildung an Flachküsten einzudringen: Vor allem ist eine
grosse Menge von Meeressalzen zur Schlickbildung nötig,
die Basen derselben, Kalkerde und Talkerde, verbinden
sich mit der Humussäure, die das Flusswasser gelöst
enthält, und liefern so den Schlamm, das wichtigste
Bindemittel für die Sandmassen und übrigen Stoffe, die
Meer und Fluss an den Mündungen anhäufen. Die humus-
sauren Salze bilden den Hauptfaktor für die Entstehung
der Watten und der Marschen. Hieraus erklärt sich auch
in gewisser Hinsicht das Fehlen der Wattenbildungen in anderen
Meeren, wie z. B. in der salzarmen Ostsee.

VIII.
Die deutschen Nordseeinseln und ihre Entstehung.

Jedem der beiden Flügel der deutschen Nordseeküste ist eine
Vorpostenkette kontinentaler Inseln vorgelagert. Unter ihnen zeigen
die einen, die ostfriesischen Inseln, mit den westfriesischen zusammen, eine besonders auffällige Anordnung; sind sie doch gleichsam wie Perlen auf einer Schnur guirlandenartig aufgereiht. Sie
gleichen insgesamt in ihren äusseren Umrissen einem zerstückelten
Nehrungsstreifen, und so griff denn bald in der Wissenschaft die
Meinung Platz, man habe in der ostwestfriesischen Inselguirlande
der Nordseeküste eine Analogie zu den Nehrungen der Ostsee zu

erblicken. Dieser Ansicht huldigt offenbar auch Hoff, wenn er spricht: „Vielleicht bildeten sie (die ostfriesischen Inseln) einst eine zusammenhängende Dünenreihe im Meere wie die Nehrungen im baltischen Meere, in welcher sich nur den Mündungen der Ems und Weser gegenüber Öffnungen befanden, und hinter diesen Vormauern mag das Ansetzen bedeutender Stücke Landes an den alten Küsten von statten gegangen sein."*)

Von den nordfriesischen Inseln, die sich längs der Westküste von Schleswig von der Halbinsel Eiderstedt bis zur Halbinsel Skalling erstrecken, bilden nur die fünf nördlichsten, Fanö, Kielsand, Koresand, Manö und Röm eine geschlossene, gerade Linie. Aber schon die dreifingerförmige Insel Sylt springt um ein Beträchtliches von dieser Linie nach Westen vor. Höchstens Amrum und das kleine Seesand vor der Süder-Aue können noch als Glieder jener Kette angesehen werden. Die breite Insel Föhr jedoch und die Halligen passen durchaus nicht zu einer reihenförmigen Anordnung. Letztere scheinen zur Zeit des Hochwassers kleine, über das Wattenmeer in wechselvoller Form bunt durcheinander hingestreute Inselchen zu sein; in Wahrheit sind sie nichts anderes als die Kuppen dreier breiter, an das Festland angegliederter Wattblöcke, die durch die Süder-Aue und die Norder-Hever von einander getrennt sind. Die Inseln des nordfriesischen Archipels bilden also keineswegs in sich ein einheitliches Ganze; auch sind die beiden Halbinseln Skalling und Eiderstedt nicht als die natürlichen Abgrenzungen desselben anzusehen. Denn Skalling trägt genau denselben Dünencharakter wie die dänischen Sandinseln Fanö, Manö und Koresand; und was Eiderstedt anbetrifft, so steht fest, dass diese Halbinsel in historischer Zeit noch zu den nordfriesischen Inseln gehört hat und erst mittels Deichbauten künstlich an das Festland angegliedert worden ist. Wenn es also bei der geschlossenen Kette der ostfriesischen Inseln noch angängig ist, von einem „nehrungsartigen Inselstreifen" zu sprechen, für die nordfriesische Inselwelt würde eine solche Bezeichnung nur dazu angethan sein, eine irrige Meinung über die Entstehung dieser Inseln hervorzurufen.

In Wahrheit hat man in der west- und ostfriesischen Inselkette ebensowenig ein nehrungsartiges Gebilde zu erblicken wie in dem nordfriesischen Archipel. Seitdem sowohl auf Sylt, Föhr und Amrum als auch auf Wieringen, Texel, Terschelling und Ameland ein diluvialer Kern nachgewiesen ist, auf Sylt sogar Ablagerungen, · die über die heutige Meereshöhe hinausragen und dabei

---

*) Hoff, Natürliche Veränderungen der Erdoberfläche Bd. I, pag. 394.

dem Miocän angehören, seitdem ist die Annahme hinfällig geworden, dass diese Inseln lediglich durch Mündungs- und Küstenströmungen erzeugte Schwemmgebilde seien.

Neben dieser geologischen Argumentation sei noch auf ein rein morphologisches Merkmal hingewiesen, das sehr gegen die Ansicht spricht, dass der nordfriesischen und der ostfriesischen Küste einst je eine geschlossene Nehrung vorgelagert gewesen sei. In der Anordnung der Watten an der Küste von Oldenburg und Westhannover ist eine auffällige Regelmässigkeit zu erkennen, die dahin geht, dass zwischen je zweien der ostfriesischen Inseln ein Seegat rechtwinkelig zur Festlandküste in das Wattenland einschneidet. Zwischen je zwei Gliedern der Inselkette aber mündet ein kleines Küstenflüsschen in das Meer; liegt es da nicht nahe, in den Baljen, die eine Insel von der andern trennen, nichts anderes als die natürlichen Fortsetzungen dieser Küstenflüsschen, als ihre verbreiterten Mündungen zu erblicken? Noch ausgeprägter zeigt sich diese Erscheinung an der Westküste von Schleswig. Hier ist das Juvrer Tief die Fortsetzung der Bröns-Au, das Römer Tief diejenige der Brede-Au; in gleicher Beziehung stehen zu einander das Lister Tief und die Wied-Au, das Vortrapp-Tief und die Gotteskoog-Au, Norder- und Süder-Aue zur Lecker Au, die Norder-Hever zur Arl-Au; noch in historischer Zeit hat die Eider in die Süder-Hever gemündet; die Miele bei Meldorf in Dithmarschen setzt sich zwischen die vorgelagerten Wattflächen hindurch als Norder-Piep fort. So entspricht jeder Lücke in den beiden Inselguirlanden an der Festlandküste die gegenüberliegende Mündung eines Küstenflüsschens. Wären aber nun die Inseln früher zu einer langen Nehrung verbunden gewesen, wie ist es dann gekommen, dass die Wogen gerade an denjenigen Stellen diese Nehrung durchbrochen hätten, die den Punkten gegenüber liegen, an denen die Küstenflüsse in das dahinterliegende Haff einmündeten? Dass die breiten Ströme Eider, Elbe, Weser und Ems die Nehrung von innen durchbrochen hätten, lässt sich wohl annehmen. Dass aber die vielen kleinen Küstenflüsschen eine Stosskraft besessen hätten, die hinreichend gewesen wäre, durch das Haff hindurch die Nehrung von innen anzugreifen, ist nicht einleuchtend. Eine Hypothese von einer einstigen ostwestfriesischen und einer nordfriesischen Nehrung mit dahinterliegenden Haffen würde keine Antwort geben können auf die Frage: Warum sind die Nehrungen gerade gegenüber den Mündungen der kleinen Küstenflüsschen unterbrochen worden?

Einwandsfreier und mehr einleuchtend dürfte die folgende Erklärung der Entstehung der friesischen Inseln sein: In früherer

Zeit ragte das Festland in geschlossener Form noch ein Stück über die heutigen Inseln hinaus. — Hahn nimmt an, dass vor 2—3 Jahrtausenden die Aussenkante des Festlands etwa. mit der heutigen 10 Faden-Isobathe zusammenfiel. — Das Wattenmeer bestand damals noch nicht. In gerader Linie setzte sich die jütische Westküste nach der Elbemündung hin fort, und verlief von hier an, rechtwinkelig umbiegend, nach Westen. Die heutigen friesischen Inseln bezeichnen den damaligen, jedenfalls etwas erhöhten Dünensaum des Festlands. Hinter demselben lagen, vielleicht tiefer als das Meeresniveau, Niederungen, ähnlich den heutigen Depressionen der Niederlande. Unter der Mitwirkung einer vielleicht noch heute andauernden positiven Strandverschiebung drang das Meer in die Mündungen der Ströme und Küstenflüsse ein. Letztere traten aus ihren Ufern, und es bildeten sich hinter den Dünen in den Niederungen Lagunen. Mit jeder Sturmflut erweiterten sich die Mündungsthore der Flüsse. Schliesslich vereinigten sich bei fortschreitender positiver Strandverschiebung die Lagunen, von denen noch heute die Torfmoore zeugen, zu einem einzigen Wattenmeere, und von den Küstenrändern blieben nur noch die Inselreihen übrig; auf diese Weise erhielt das Überschwemmungsgebiet, das Wattenmeer, zwischen den Inseln ebensoviel breite Eingänge, als das Land Ströme und Küstenflüsse besessen hatte und noch besass. Die deutschen Nordseeinseln sind nicht als nehrungsartige Gebilde den Strandwällen der Ostsee zur Seite zu stellen, sondern sie sind kontinentale Abgliederungsinseln. Dass bei diesem Zerstörungswerk die Westküste Schleswigs stärker in Mitleidenschaft gezogen wurde als die ostfriesische Küste, kann nicht Wunder nehmen, da ja gerade dort die südlich der Doggerbank durch das Silver-Pit in westöstlicher Richtung verlaufende Gezeitenwelle senkrecht zur Küstenlinie auftrifft. Ein trefflicher Beweisgrund dafür, dass nur in dieser Weise sich die Entstehung der friesischen Inseln deuten lässt, liegt in dem Vorkommen von Dünen auf diesen Inseln. „Es ist an sich undenkbar, sagt Meyn,*) dass eine Düne im tiefen Meere oder auch nur im offenen Meere entstehe; sie will und muss notwendig ein Festland hinter sich haben, um darauf zu wandern und Bestand zu gewinnen. Daher waren die Marschen westlich an der Inselkette, auf denen die Düne rückwärts gewandert ist, ... vorhanden, ehe die Dünenkette entstand. Damit aber Marsch sich bilden konnte, musste es ein schützendes Vorland auf der Aussenkante geben, und damit die Düne sich bilden konnte,

---

*) Meyn, Die geognostische Beschreibung der Insel Sylt. Berlin 1876, pag. 96 u. 58.

musste das Vorland ein sandreiches sein." Mit anderen Worten: Das Festland muss einst noch ein Stück über die heutigen Inseln hinausgereicht haben. „Überall, wo Dünen auf Nehrungen ohne dahinterliegendes Festland sich finden, bezeichnen sie ein zerstörtes Festland, dessen Überbleibsel sie sind. Im Meere entsteht keine Düne."

II. Teil.

Morphologie und Morphometrie der deutschen Nordseeküste.

I.

Der Wattensaum und seine Gliederung.

Zwischen den friesischen Inseln und dem Festlande, zum Teil noch über diese hinausreichend, dort, wo sie fehlen, zwischen Eidermündung und Jade, unvermittelt in das offene Meer übergehend, liegt die Wattenzone, das amphibische Übergangsgebilde zwischen Wasser und Land. Der Gürtel auf der Böschung des Festlandsockels, innerhalb dessen die Linie des augenblicklichen Wasserstandes, von der Macht der Gezeiten getrieben, einem fortwährenden Wechsel in Lage und Gestalt unterworfen ist, besitzt an unserer Nordseeküste eine so äusserst geringe, ja fast unmerkliche Neigung, dass die Gezeitenbewegung hier nicht wie an den meisten übrigen Gestaden der Erde in einem Auf- und Niederschwanken, sondern in einem Vor- und Zurückschreiten der Welle zum Ausdruck kommt. Vermöge dieses Überwiegens der horizontalen Komponente in der Translation der Küstenlinie über die vertikale wird hier der physischen Grenze zwischen Wasser und Land die Bedeutung und der Charakter eines selbständigen geographischen Raumgebildes verliehen, eines streifenförmigen Flächengebietes von 10—50 km Breite; und wenn kein anderes Problem der Erdkunde, eine Betrachtung der deutschen Nordseeküste musste lehren, dass man es in einer Küste niemals mit einer Linie, sondern stets mit einer Fläche zu thun hat, mit einer Grenzzone. Der Wattensaum hat denn auch seine Grenzen, seine Vorsprünge und Einbuchtungen, seine Exklaven und seine Enklaven, mit einem Worte seine Gliederung wie jedes geographische Raumgebilde.

Die Gliederung der Watten wird herbeigeführt durch eine Schar von Wasserrinnen, sogenannte Tiefe, Baljen, Priele u. s. w. Man kann dieselben in zwei Hauptgruppen teilen: 1. solche, die die Küsteninseln von dem Festlande scheiden, 2. solche, die die Inseln von einander trennen. Die ersteren laufen der

Festlandküste annähernd parallel und können daher füglich **Längs-priele** genannt werden; die letzteren verlaufen in einer Richtung, die die Längsrichtung der Küste mehr oder weniger orthogonal durchkreuzt, d. s. die sogenannten **Querpriele.** Diese vermitteln zwischen den Inseln hindurch die Verbindung des Wattenmeers mit dem offenen Meere; sie sind die breiteren und tieferen von beiden. Zur Zeit des Niedrigwassers repräsentieren sich diese Priele als zum Teil trocken gelaufene, zum Teil von kleinen Wasseradern durchflossene Furchen oder Thäler; sie sind es, die die Grenzen der mit schwacher Neigung ansteigenden Wattebenen bilden. Während des Hochwassers zeigt das Wattenmeer eine weite, ebene Wasser-fläche, dann geben nur noch lange Reihen von Tonnen und Pricken, d. s. Birkenstämmchen, die in das Watt festgerammt sind, die in regelmässigen Abständen über dem Wasser hervorragen, dem geübten Auge des Küstenschiffers Zeugnis von dem Vorhandensein dieser fahrbaren Rinnen. Sonst lässt sich um Hochwasser nicht viel von einer Gliederung des Wattenmeers bemerken. Will man die Watten klassifizieren, so muss man sie zu der Zeit betrachten, da sie ihr trockenes Gewand angelegt haben, da die Unterschiede in den Bodenverhältnissen des Wattengrundes zum Ausdruck kommen. Bei eintretender Ebbe nehmen sowohl das Festland als auch die Küsteninseln an Land zu; je mehr sie fortschreitet, um so mehr heben sich die Wattflächen aus dem Meere, bis schliesslich das Anwachsen des Landes innehält, und beide, Festland und Insel, sich die Hand reichen und zusammenstossen. Dieses Begegnen von Festland und Inseln findet in den Längsprielen statt. In diesem Augenblicke sind die Inseln an das Festland angegliedert, sie sind Halbinseln geworden; sie sind „schlickfest". Die Watten diesseits der Längspriele gehören zur Festlandküste, sie heissen **Festlandwatten.** Was jenseits der Längspriele liegt, bildet den Ebbe-Zuwachs der Inseln, d. h. den Zuwachs an Land, den die Inseln um Niedrigwaser erfahren, die sogenannten **Inselwatten.**

Die Querpriele laufen nur zum geringsten Teile zur Ebbe trocken; nur wenige von den Inseln erhalten zur Ebbezeit eine trockene Verbindung unter einander, nur wenige werden mit einander schlickfest. Von den grösseren Inseln sind es nur Amrum und Föhr, die um Niedrigwasser ein Ganzes bilden. Hingegen werden mit dem Festlande fast alle Inseln schlickfest. Borkum ist die einzige — von Helgoland ist hier natürlich abgesehen worden — die durch einen Meeresarm beständig vom Kontinente getrennt ist. Sonst werden alle Küsteninseln um Niedrigwasser Halbinseln des Festlands, wenn auch nicht mit allen ein regelmässiger Verkehr zu Fuss über das Watt unterhalten wird.

An die Festlandwatten und an die Inselwatten setzen sich

oft wieder kleinere halbinselförmige Watten an; Traegers Beispiele folgend,*) mögen sie Watten 2. Ordnung genannt werden, denen diejenigen Watten, von denen bis jetzt die Rede war, die sich an das Festland oder an eine Insel unmittelbar anlehnen, als Watten 1. Ordnung gegenüberzustellen sind. Diesen beiden Arten ist die eine Eigenschaft gemeinsam, dass sie, sei es unmittelbar, sei es mittelbar, an dauernd trocken liegendes Land grenzen. Neben ihnen giebt es noch solche Watten, die nur nasse Grenzen besitzen, d. h. die ringsum vom Meer umflossen werden; das sind die Sände oder inselförmigen Watten oder Wattinseln. (Nicht zu verwechseln mit Inselwatten!) Je nachdem diese Sände den Inselwatten oder den Festlandwatten näher liegen, sind sie jenen oder diesen zuzuteilen. Ausserhalb der 5 m-Isobathe kommen keine Sände mehr vor, die etwa als selbständige Wattinseln zu gelten hätten.

Es lassen sich demzufolge die deutschen Nordseewatten unter Beiseitelassung der Flusswatten in die folgenden Gruppen sondern:

I. Festlandwatten.
    a) Festlandwatten 1. Ordnung,
    b) Festlandwatten 2. Ordnung,
    c) Sände, den Festlandwatten vorgelagert;
II. Inselwatten.
    a) Inselwatten 1. Ordnung,
    b) Inselwatten 2. Ordnung,
    c) Sände, den Inselwatten vorgelagert.

Benannt werden die Watten meist nach den zunächst gelegenen Küstenorten oder Landschaften, zuweilen wohl auch nach besonderen Eigentümlichkeiten, die ihnen zukommen. Der Bezeichnung „Robbenplate" z. B. begegnet man mindestens vier- bis fünfmal im deutschen Wattenmeere. Manche freilich, namentlich die kleineren Sände, finden sich auf den Admiralitätskarten ohne Namen verzeichnet, obgleich man auch von ihnen annehmen muss, dass ihnen der Volksmund Namen beigelegt hat; diese konnten in den folgenden tabellarischen Angaben der vom Verfasser erzielten Messungsergebnissen natürlich nur ihrer Lage nach bezeichnet werden.

Diesen Messungen zufolge beträgt das Gesamt-Areal der deutschen Wattenzone an der Nordseeküste, abgesehen von den 0,6 qkm umfassenden Watten um Helgoland, 3655,9 qkm. Hiervon sind:

---

*) Traeger, Die Halligen der Nordsee. Forschungen zur deutschen Landes- und Volkskunde. Bd. VI, pag. 306.
**) Von den Flusswatten in den Unterläufen der Ströme ist in der vorliegenden Betrachtung des deutschen Wattsaumes überhaupt abgesehn worden. Nur beiläufig ist in Tafel V ihr Areal angeführt worden.

I. Festlandwatten . . . . 2571,9 qkm
und zwar a) 1. Ordnung . .. 1882,4 qkm
       b) 2. Ordnung . . 543,0 „
       c) Sände . . . . 146,5 „
II. Inselwatten. . . . . 1084,0 qkm
und zwar a) 1. Ordnung . . 930,2 qkm
       b) 2. Ordnung . . 127,8 „
       c) Sände . . . .   26,0 „

Hierbei hat man unter den Sänden isolierte Wattinseln zu verstehn, die mit dem geschlossenen Wattensaum nicht in fester Berührung stehn und sich nicht wie dieser an dauernd trockenes Land anlehnen. Vereinzelt tauchen sie vor den friesischen Inseln und innerhalb der zahlreichen Buchten, die das Meer in das Wattland hineinsendet, aus dem Wasser auf. Sie repräsentieren die Exklaven des Wattensaumes.

Von den friesischen Inseln werden alle ausser Borkum um Niedrigwasser mit dem Festlande schlickfest. Infolgedessen bilden alle Inselwatten ausser denen von Borkum mit den festländischen Watten ein geschlossenes Ganzes. Die Borkumer Watten samt dem sich an dieselben angliedernden Inselwatt 2. Ordnung Randzel bleiben beständig durch Wester-Ems und Oster-Ems von dem eigentlichen Wattensaum getrennt. Auch sie bilden daher eine Watten-Exklave, und zwar eine ringförmige Exklave, in deren Innerem die eigentliche Insel Borkum liegt.

Der geschlossene Wattensaum wird demnach von den folgenden, in Tafel I aufgeführten Wattflächen gebildet:

      A. I. a) . . 998,7 qkm
      A. I. b) . . 126,8 „
                  1125,5 qkm.

      A. II. a) . . 780,9 qkm
      A. II. b) . .   6,1 „
                 787,0 qkm.

      B. I. a) . . 883,7 qkm
      B. I. b) . . 416,2 „
                1299,9 qkm.

      B. II. a) . . 149,3 qkm
ausser B. II. a) 7) — 29,4 „
            119,9 qkm
      B. II. b) . . 121,7 qkm
ausser B. II. b) 2) — 82,0 „
         39,7 qkm
               159,6 qkm.

Er umfasst daher vor der Küste von Schleswig-Holstein 1912,5 qkm und vor der Küste von Hannover und Oldenburg 1459,5 qkm.

Der geschlossene Wattensaum an der deutschen Nordseeküste hat ein Areal von 3372,0 qkm. Zu den Exklaven der
Wattenzone zählen:

B. II. a) 7) Watten um Borkum   29,4 qkm
B. II. b) 2) Randzel . . . . .   82,0 „
                                             111,4 qkm.

A. I. c) . . . . 92,8 qkm
A. II. c) . . . . 18,1 „
                                             110,9 qkm.

B. I. c) . . . . 53,7 qkm
B. II. c) . . . . 7,9 „
                                             61,6 qkm.

Die gesamten Exklaven der deutschen Nordsee-Watten-
zone (exkl. die Watten um Helgoland) besitzen ein Areal von
283,9 qkm. Hiervon kommen 110,9 qkm auf die Küste von
Schleswig-Holstein und 173,0 qkm auf die Küste von Hannover
und Oldenburg.

Auch Enklaven besitzt das amphibische Wattland, das sind
die dauernd innerhalb der Wattenzone trocken liegenden Küsteninseln. Von unseren Küsteninseln in der Nordsee (cf. Tafel IV)
sind alle ringsum von Watten umgeben; nur an der Westküste der
Insel Sylt fehlen die Watten. Doch auch hier deckt sich keineswegs die Hochwasser-Küstenlinie mit der Niedrigwasser-Küstenlinie,
sondern diese liegt etwas weiter seewärts als jene, wenn auch der
Zwischenraum, den beide zwischen sich lassen, zu schmal ist, um
auf Küstenkarten kleineren Massstabes dargestellt werden zu können.
Auch vor dieser Küste liegt ein wenn auch schmaler Streifen
Landes, innerhalb dessen die augenblickliche Wasserstandslinie
vorwärts und rückwärts schwankt; mithin ist auch Sylt eine Enklave
der deutschen Wattenzone.

Die gesamten Enklaven der deutschen Wattenzone
umfassen 487,5 qkm; hiervon kommen 366,3 qkm auf den nordfriesischen und 121,2 qkm auf den ostfriesischen Zweig.

Eine Sonderstellung unter den 35 in Tafel IV aufgeführten
Enklaven des Wattengebiets nimmt die Enklave Borkum ein; während
alle übrigen innerhalb des geschlossenen Wattensaumes liegen; liegt
diese innerhalb einer Wattenexklave, die von den Borkumer Watten
und dem Randzel gebildet wird.

Alle diese Enklaven aber sind Bestandteile des Festlandes,
das Meer besitzt keine selbständigen Gebilde innerhalb der Wattenzone; denn die kleinen Tümpel, die die Ebbe zur Zeit des Niedrigwassers auf den Watten zurücklässt, sind nicht umfangreich und
bedeutend genug, um als nasse Enklaven der amphibischen

Wattenzone den trockenen Enklaven, den Inseln gegenüber gestellt zu werden.

Zusammenfassung: Die amphibische Grenzzone der Watten zwischen dem deutschen Boden und der Nordsee besitzt ein Areal von 3655,9 qkm; hiervon bilden 3372,0 qkm (92 $^1/_4$ %) einen geschlossenen Grenzsaum, die übrigen 283,9 qkm (7 $^8/_4$ %) liegen als Exklaven innerhalb des Meeresgebiets. Watten-Exklaven innerhalb des Gebiets des Festlands giebt es natürlich nicht. Ebensowenig besitzt die Wattenzone nasse, d. h. dem Meere angehörende Enklaven. Von trockenen, d. h. dem Lande zugehörende Enklaven liegen im Wattengebiete 487,5 qkm.

Das Verhältnis des Areals der Watten-Exklaven zu dem des geschlossenen Wattensaums beträgt 1 : 12.

Weit draussen im Meere liegt noch neben der trockenen Land-Exklave Helgoland (0,6 qkm) die 0,6 qkm grosse amphibische Watten-Exklave Helgoländer Watten.

II.

Die physischen Grenzen der deutschen Wattenzone.

Die Wattenzone als das amphibische Übergangsgebilde zwischen Land und Meer muss notwendig zweierlei Arten von Grenzen haben, trockene und nasse Grenzen — von den beiden seitlichen politischen Grenzlinien sei zunächst abgesehn —, jene dort, wo sie mit dem Lande sich berührt, diese gegen das Meer hin. Die trockenen Grenzen sind identisch mit der Hochwasser-Küstenlinie, die nassen mit der Niedrigwasser-Küstenlinie. Beides sind Doppelküsten, beide bestehen aus einer Hauptlinie und einzelnen Abgliederungen. Die trockenen Grenzen repräsentieren die kontinentale Hochwasser-Küstenlinie und die insulare Hochwasser-Küstenlinie; letztere ist identisch mit den Rändern sämtlicher Wattenenklaven; alle Wattenenklaven haben nur trockene Grenzen, da es nasse, d. h. dem Meere angehörige Enklaven innerhalb des Wattensaums nicht giebt. Die nassen Grenzen der Wattenzone setzen sich zusammen aus der zusammenhängenden Niedrigwasser-Küstenlinie und aus den Rändern der im Meere vorgelagerten Sände oder Wattinseln, der Wattenexklaven.

Nur eine einzige Exklave besitzt auch trockene Grenzen, d. i. die ringförmige Exklave Borkumwatten mit dem Randzel (30,0 km). Die trockenen Grenzen der Wattenzone sind die folgenden:

Tafel II. A. 312,2 km
Tafel II. B. 318,5 km

Die kontinentale Grenzlinie misst 630,7 km
Tafel IV. A. 389,4 km
Tafel IV. B. 213,0 km.

Die Ränder der Wattenenklaven sind 602,4 km lang.

Die nassen Grenzen des Wattengebiets werden von den folgenden in Tafel III näher bezeichneten Küstenlängen gebildet:

A. I. a) . . 536,0 km
A. I. b) . . 97,5 „
633,5 km

A. II. a) . . 494,5 km
A. II. b) . . 13,2 „
507,7 km

B. I. a) . . 641,4 km
B. I. b) . . 276,9 „
918,3 km

B. II, a) . . 229,4 km
ausser B. II. a) 7) — 29,1 „
200,3 km

B. II. b) . . 92,5 km
ausser B. II. b) 2) — 63,7 „
28,8 km

229,1 km.

Die nasse Grenzlinie des geschlossenen Wattensaums ist 2288,6 km lang; hiervon kommen 1141,2 km auf die Küste von Schleswig-Holstein und 1147,4 km auf die Küste von Hannover und Oldenburg.

Nasse Grenzen sind ferner die Küstenlinien von:

B. II. a) 7) Borkumwatten 29,1 km
B. II. b) 2) Randzel . . 63,7 „
92,8 km

A. I. c) . . . . 274,4 km
A. II. c) . . . . 95,7 „
370,0 km

B. I. c) . . . . 189,8 km
B. II. c) . . . . 44,9 „
234,7 km

Die Ränder der Watten-Exklaven betragen insgesamt 697,5 km, auf die schleswig-holsteinsche Küste kommen 370,0 km, auf die hannover-oldenburgische 327,5 km.

Ausser diesen Grenzen gegen das Land und das Meer hin, den natürlichen Grenzen, besitzt die deutsche Wattenzone in ihren Flanken Grenzlinien, die weder den trockenen noch den nassen

Grenzen zugerechnet werden können; es sind dies die politischen, von der Hand des Menschen gezogenen Grenzen gegen das dänische und das niederländische Wattland, sie sind Grenzen gegen amphibische Gebiete und liegen wie diese zeitweise trocken und zeitweise unter Wasser. Diese künstlichen Grenzen können demgemäss als amphibische Grenzen den natürlichen, den trockenen und den nassen, gegenübergestellt werden. Die deutsch-dänische Wattengrenze misst 10,0 km, die deutsch-niederländische 11,3 km, beide zusammen 21,3 km.

Zusammenstellung der Grenzen der deutschen Wattenzone.

Trockene Grenze des Wattensaums 630,5 km
Nasse Grenze des Wattensaums . 2288,6 „
Amphibische Seitengrenzen . . . . 21,3 „
Grenzen der Exklaven (nass) . . . 697,5 „
   „   „   „   (trocken) . 602,4 „
                            4240,3 km.

Die gesamte Grenzlänge des deutschen Wattengebiets (exkl. Helgoländer Watten) misst 4240,3 km. Hiervon sind:

Trockene Grenzen . . . . 1232,9 km
Nasse Grenzen . . . . 2986,1 „
Amphibische Grenzen . . . . . . 21,3 „

Sehr in die Augen fallend ist bei diesen Messungsergebnissen der beträchtliche Unterschied, der zwischen der Länge der nassen Grenzen und derjenigen der trockenen Grenzen besteht. Sieht man von den Rändern der Enklaven und der Exklaven, deren Längen einander sehr nahe kommen, ab und betrachtet man die eigentliche peripherische Grenzlinie des geschlossenen Wattensaums für sich, so stellt sich dieser Unterschied noch bedeutend stärker dar: Jene peripherische Linie ist 2940,4 km lang, auf eine Länge von 630,5 km grenzt der Wattsaum an Landflächen, hingegen mit 2288,6 km an Wasserflächen; das Verhältnis des trockenen Randes zum nassen Rande beträgt 2 : 7, sodass $^2/_9$ der Peripherie dem Lande, $^7/_9$ dem Meere zugekehrt sind. Hierin kommt deutlich zum Ausdruck, dass die festländische Niedrigwasser-Küstenlinie bedeutend mehr gegliedert ist als die festländische Hochwasser-Küstenlinie. In ihren allgemeinen Grundzügen zwei Parallelkurven, ist doch die eine von ihnen drei bis viermal so lang als die andere; nach dem Meere hin ist die Wattenzone viel gegliederter als nach dem Trockenen hin, weil ersteres eine Unzahl von Buchten und Wattrinnen in sie hineinsendet, während vom Festlande nur wenige Halbinseln (Eiderstedt, Norder-Dithmarschen und Dieksand) in den Grenzsaum der

Watten vorspringen. Die Gliederung wird noch wesentlich erhöht durch die grosse Anzahl von Enklaven und Exklaven.

Das Verhältnis Umfang: Fläche (Ritter) beträgt für die deutsche Wattenzone bei Einrechnung von Exklaven und Enklaven 1 : 0,86 = 1,16, das Verhältnis Fläche: Umfang (Berghaus) 1 : 1,16 = 0,86, beides im km-qkm-System ausgedrückt. Mit andern Worten: Im deutschen Wattengebiet kommen auf 1 km des Umfangs 0,86 qkm des Areals und auf 1 qkm des Areals 1,16 km Grenzlinie.

An vier Stellen der Küste erleidet der deutsche Wattensaum Unterbrechungen von beträchtlicher Breite, d. i. vor den Mündungen der Ems, Weser, Elbe und Eider. Hier findet er längs der Unterläufe dieser Ströme seine Fortsetzung weit in das deutsche Flachland hinein in Gestalt der Flusswatten. Soweit die Wirkung der Gezeitenwelle in die Mündungstrichter hineinreicht, soweit ist auch in diesen die Uferlinie in beständigem Vorwärts- und Rückwärtsschwanken begriffen, soweit sind auch eine Hochwasser- und eine Niedrigwasser-Uferlinie zu unterscheiden. (Areal der Flusswatten und Länge der Uferlinien in den Mündungstrichtern siehe Tafel V.) Als politische Grenze des Festlands gegen das Meer hin muss aber die Küste offenbar ein lückenloses Gebilde sein. An welchen Stellen überschreitet nun die Küstenlinie die Flussmündungen? Wo liegt die Grenze zwischen Flussmündungsfläche und Wattenmeer? Die Natur selbst giebt uns so gut wie keinen Anhalt zur Beantwortung dieser Fragen. Es ist lediglich dem Belieben des Menschen überlassen, hierüber Bestimmungen festzustellen. Eine internationale Festsetzung des Küstenterritoriums giebt es allerdings seit dem Jahre 1882. In dem Vertrag, betr. die polizeiliche Regelung der Fischerei in der Nordsee ausserhalb der Küstengewässer, der am 6. Mai 1882 zu Haag zwischen Deutschland, den Niederlanden, Belgien, Frankreich, Grossbritannien und Dänemark abgeschlossen wurde, wurde bestimmt:*)

„Artikel 2. Die Fischer jeder Nation sollen das ausschliessliche Recht zum Betriebe der Fischerei haben in dem Gebiete bis zu drei Seemeilen Entfernung von der Niedrigwasser-Grenze in der ganzen Längsausdehnung der Küsten ihres Landes und der davor liegenden Inseln und Bänke.

In den Buchten ist das Gebiet der drei Seemeilen von einer geraden Linie ab zu rechnen, welche in dem dem Eingang der Buch zunächst gelegenen Teile von einem Ufer derselben zum andern

---

*) Reichsgesetz 1884 No. 11, pag. 25. Das Gesetz zur Ausführung der internationalen Konvention vom 6. Mai 1882, am 30. April 1884, auf Helgoland ausgedehnt durch Art. I Ziffer V. 4, der Verordnung vom 22. März 1891 (cf. Reichsgesetz 1891, pag. 21).

da gezogen gedacht wird, wo die Öffnung zuerst nicht mehr als
10 Seemeilen beträgt:

Der gegenwärtige Artikel soll die den Fischerfahrzeugen bei der
Schiffahrt und beim Ankern in den Küstengewässern eingeräumte
freie Bewegung in keiner Weise beschränken, nur haben sich dieselben hierbei genau nach den von den Uferstaaten erlassenen
besonderen polizeilichen Vorschriften zu richten."

„Artikel 3. Unter der in dem vorigen Artikel erwähnten
„Seemeile" ist der 60. Theil eines Breitengrades zu verstehn."

Einbuchtungen, deren Öffnungsbreiten grösser als 10 Seemeilen
d. s. 18,51852 km sind, besitzt die Niedrigwasser-Linie der
deutschen Nordseeküste überhaupt nicht. Auch die Ästuarien der
Elbe, Weser und Ems, die den Buchten offenbar beizuzählen sind,
erreichen an keiner Stelle diese Breite. Dort, wo die Aussenelbe
zwischen Scharhörn und Buschsand ins offene Meer mündet, nähern
sich die Sände zu ihren beiden Seiten etwa auf 16 km. Die
Watten von Wangeroog und die Ausläufer des Wurster Watt lassen
zwischen sich einen Mündungsarm von etwa 11,5 km Breite, der
von der Aussenjade und der Aussenweser eingenommen wird.
Noch bedeutend schmäler sind die Mündungen der Wester-Ems
und der Oster-Ems. Infolgedessen verläuft bei allen deutschen
Nordseeströmen die Grenze zwischen Mündungsfläche und Meer
innerhalb des Küstenterritoriums, und es kann daher diese Linie
in den Flussmündungen nicht auf dem Wege internationaler Verein-
barung bestimmt werden, sondern es dürfte lediglich Sache der
deutschen Regierung sein, dieselbe zu ziehen. Eine solche amtliche
Festsetzung giebt es aber nicht. „In der Kaiserlich deutschen
Marine wird ein Unterschied zwischen See- und Flusswatten nicht
gemacht."*) Die Frage nach der Grenze der Mündungsflächen
der Ströme nach dem Meere hin bleibt also eine offene Frage.

In der vorliegenden kartometrischen Bestimmung des deutschen
Wattensaums ist die Grenze zwischen Seewatten und Flusswatten
in den Flussmündungen durch gerade Linien senkrecht zum Stromstrich an denjenigen Stellen gezogen gedacht, an denen die erste
Divergenz der beiden Uferlinien deutlich zu beobachten ist, in der
Eider bei Tönning, in der Elbe bei Zweidorf unterhalb Brunsbüttel,
in der Weser bei Geestemünde und in der Ems bei Jarssum
gegenüber Pogum. Insgesamt messen diese vier Mündungsbreiten 7,7 km.**) Rechnet man diese mit ein, so beträgt
die Länge der Hochwasser-Küstenlinie der deutschen

---

*) Schriftlicher Bescheid von seiten des Reichs-Marine-Amts vom 22. Mai
1897 an den Verf. auf eine diesbezügliche Anfrage hin.
**) cf. Tafel II. C.

Nordseeküste 638,2 km und die der Niedrigwasser-Küstenlinie 2296,3 km, von beiden nur der kontinentale Anteil
betrachtet. Der insulare Anteil der ersteren misst 602,4 km,
der der letzteren 697,5 km. Inkl. Mündungsbreiten misst
die gesamte Hochwasser-Küstenlinie 1240,6 km, die gesamte Niedrigwasser-Küstenlinie 2993,8 km. Das arith-
metische Mittel zwischen beiden ist 2117,2 km. Ihr
mittlerer Horizontalabstand misst 13,537 km, ihr mittlerer
Vertikalabstand ist identisch mit der mittleren Fluthöhe
und beträgt mithin 3,3 m. [Der mittlere Horizontalabstand
zwischen Hochwasser- und Niedrigwasser-Küstenlinie oder, was
dasselbe ist, die mittlere Breite des Wattensaums ist durch das
Verhältnis bestimmt Gesamt-Areal von Watten und Inseln: Länge
der Küste (Luftlinie Hvidding-Marne-Borkum) d. i. 4143,4 : 306 =
13,537.]

III.
Die politischen Grenzen der deutschen Wattenzone.

Die amphibischen Grenzen des Wattensaums, d. s. diejenigen
gegen die Watten der Nachbarstaaten, sind politischer Art. Die
jüngere von beiden ist die deutsch-dänische Wattengrenze. Im
Wiener Frieden, am 30. Oktober 1864 unterzeichnet, wurde mit
der neuen Landesgrenze zwischen Dänemark und Schleswig zugleich
auch die Grenze zwischen den deutschen und den dänischen Watten
festgelegt. In Artikel V dieses Friedensvertrags, durch den Dänemark die Länder Schleswig-Holstein an Preussen und Österreich
abtrat, heisst es:

„De là (Lintrup an der Königsau) la limite orientale de la
paroisse de Seem et let limites méridionales des paroisses de Seem,
Ribe et Vester-Vedstedt formeront la nouvelle frontière qui dans
la mer du Nord passera à distance égale entre les îles de Manœ
et Romœ."*)

Unter 8⁰ 40′ ö. L. und 55⁰ 17′ n. Br. trifft die deutsch-
dänische Grenze zwischen dem dänischen Wester-Wedstedt und
dem deutschen Endrup bei Hvidding auf die Hochwasser-Küstenlinie. Von da aus zieht die Grenze in gerader Linie in südwestlicher Richtung am südlichen Ufer des Juvrer Tief über das Watt
hin und läuft in der Mitte zwischen den Inseln Manö und Romö
hindurch. Zwei am Nordende des zu den Römer Watten gehörigen
Juvrer Sandes unter 8⁰ 31′ ö. L. und 55⁰ 13′ n. Br. errichtete
deutsche Grenzbaken bezeichnen die Wattengrenze.

---

*) Petermann's Geogr. Mitt. 1864, S. 429.

Viel weiter zurück liegt die Festsetzung der niederländisch-deutschen Grenze. Zum ersten Male wurden die allgemeinen Umrisse derselben bestimmt durch eine Urkunde des Kaisers Friedrich III. vom 30. September 1454,*) durch die Ostfriesland zur Reichsgrafschaft erhoben und dem Junker Ulrich von Greetsiel zu Lehen gegeben wird „mit den schlossern, stetten Embden, Norden, Gredziel, Berumb, Esens, Jever, Friedburg, Auwerich, Lehrort, Stickhausen und Lengen, und sonst ander schlosser, statte und dorpffer, die da liegen von der Westerembse an Ostwerdt bis an die Weser mit Budtjadungen und Statlandt, mit allen den eilanden, die neben dem gantzen lant Ostfrieslandt in der see liegen, zu norden zuitwerdt bis an die alten deutschen paelen, von der Aha bis zu Hempoel, zu Detern und zu Lengen, mit den friesischen werdern, gantz heel, auch dem wasser die Embse und allen andern schiffreichen wassern, bachen, teichen, flussen, klain und gross, wie dieselben den nahmen haben, und von recht zu Oistfrieslandt gehorig seindt." Unter der Aha ist hierbei die Westerwoldsche Aa zu verstehn, ein kleines Flüsschen westlich der Ems, das noch heutigen Tages die Grenze zwischen Deutschland und den Niederlanden bildet von Nieuwe Schans bis zu seiner Mündung am Staatensiel in den Dollart unter 7^0 $13'$ ö. L. und 53^0 $14'$ n. Br. Hempoel ist ein zu den Papenburger Kanalanlagen gehörendes Wasser südöstlich von Völlen, jetzt Hampol genannt. Die friesischen Werder umfassen die Kirchspiele Freijade, Varel, Bockhorn, Zetel und Horsten.

Besondere Bedeutung besitzt dieser kaiserliche Erlass für die Bestimmung der Grenze zwischen Deutschland und den Niederlanden oder zwischen Ostfriesland und Westfriesland in der Unter-Ems; spricht doch diese Urkunde den gesamten Besitz der Ems Ostfriesland zu; und infolgedessen verläuft noch heutigen Tages die politische Grenze nicht etwa im Stromstrich der Wester-Ems, sondern entlang der Niedrigwasser-Küstenlinie am niederländischen Ufer.

Von einer Grenzlinie im Dollart ist in dem Erlass Friedrichs III. vom Jahre 1454 noch nicht die Rede. Diese fand erst ihre Festsetzung in dem Grenzvertrage zwischen Hannover und den Niederlanden zu Meppen am 2. Juli 1824. Hierin wurde über den Verlauf der Grenze von Nieuwe Schans bis zum Dollart und weiter über die Dollartwatten hin folgendes bestimmt:**)

---

*) Ostfriesisches Urkundenbuch, herausgegeben v. E. Friedländer. Emden 1878. Bd. I, No. 677.

**) Traité de limites entre l'Hanovre et le royaume des Pays-Bas, signé á Meppen le 2 juillet 1824 et ratifié par l'Hanovre le 24 septembre de la même année. Nouveau Recueil de Traités, herausgegeben v. Martens. Göttingen 1820. Bd. 11, pag. 379.

„Artikel 36. Von dem Punkte an, wo der sogenannte Heerenschloot zwischen Neuschanz und Hensems Sägemühle in das rechte Ufer des Aa-Stroms einschneidet, geht die Grenzlinie im Thalwege dieses Flusses entlang bis ohnfern des Staatensyhls, wo dieselbe östlich ausspringt und dem Schloote entlang läuft, der um das Grundstück hergeht, welches nach Artikel 4 des Convenants, der unterm 3. November 1706 zwischen Ostfriesland und Groningen abgeschlossen wurde, an die Niederlande abgetreten worden ist.

Dieses ostseits des Staatensyhls liegende Grundstück ist damals 40 Rheinl. Ruthen breit und 60 Rheinl. Ruthen lang (1 Rheinl. Ruthe = 3,7662 m), quer über den Deich gemessen, und der Schloot mit eingerechnet, abgegraben worden. Der ausserhalb nach dem Dollart zu und ostseits der Aa liegende Anwachs verbleibt infolge des angezogenen Convenants vor wie nach hannoversches Eigenthum und Territorium.

Von da an, wo der um jenes Grundstück gehende Schloot unterhalb des Staatensyhls wieder auf die Aa stösst, bildet der Thalweg dieses gemeinschaftlichen Flusses bis zum Termino a quo im Dollart weiter die Landesgrenze.

Artikel 41. Die neu verglichene Grenzlinie im Dollart fängt von dem Punkte an, welcher auf einer Entfernung von 710 Ruthen Rheinl. oder 2674 niederl. Ellen 6 Palmen von dem am Fusse und nördlich des Deiches beim Staten Syhl jetzt noch vorhandenen Pfahl nach dem Dollart zu am westlichen oder linken Ufer des Aa-Stroms zu fallen kömmt und auf der, diesem Traktate beizufügenden, neuest vermessenen Grenzkarte mit dem Buchstaben F bezeichnet ist.

Von hier an läuft die Grenzlinie durch den Dollart bis zur Ems unter einem Winkel von 8 Grad 9 1/2 Minuten westlich von der wahren Nordlinie, welches die Mittellinie zwischen Norden gen Osten, nach dem Kompasse in Gemässheit des Convenants vom Jahre 1723 gezogen, ist, dessen westliche Abweichung vom wahren Norden zu 13 Grad 47 Minuten für obgenanntes Jahr gemeinschaftlich ist angenommen worden.

Die hier im Dollart festgesetzte Grenzlinie soll auf immer verbleiben, wenn auch der Aa-Strom seinen gegenwärtigen Lauf künftig verändern mögte."

Bald nach Ausführung des Grenzvertrags vom 2. Juli 1824 entstanden zwischen beiden Staaten Meinungsverschiedenheiten derartig, „dass der Grenzstein No. 203 für das Punctum a quo, von welchem ab die im Artikel 41 des Grenztraktats vom 2. Juli 1824 vereinbarte Grenzlinie durch den Dollart 8 Grad 9 1/2 Minuten in westlicher Abweichung von der wahren Nordlinie laufen sollte, Niederländischer Seits als richtig gelegt behauptet wurde, während man Hannoverscher Seits denselben 8 Ruthen 3 Fuss Rheinl., d. s. 31,071 m, westlich davon in der Richtung auf den Punkt C der betreffenden Grenzkarte gelegt wissen wollte."*) Im Jahre 1859 einigte man sich schliesslich dahin, dass die streitige Grundfläche in zwei Hälften geteilt und jedem Reiche eine von beiden zugelegt werden solle; im übrigen beschloss man „von dem gefundenen Mittelpunkte aus die tractatgemässe Richtung für die Grenze durch den Dollart in einer westlichen Abweichung von 8 Grad 9$^1/_2$ Minuten von der wahren Nordlinie beizubehalten". Durch eine von beiden Staaten eingesetzte Kommission wurde im Jahre 1860 die Mitte jener 8 Ruthen 3 Fuss langen streitigen Linie von F bis C festgestellt, und „der neu verglichene Grenzpunkt a quo, der nun 4 Ruthen 1$^1/_2$ Fuss Rheinl., d. s. 15,536 m, westlich von dem alten dem Punkte F lag, ward durch einen in den Boden eingetriebenen Pfahl und die neue Grenzlinie durch den Dollart durch eine in dem Anwachs ausgeworfene Grüppe bezeichnet. Zugleich wurde festgestellt, dass die Richtung der künftigen Grenzlinie aus dem neuverglichenen Punkte a quo mit der Richtung auf den Rathausturm zu Emden von eben diesem Punkte aus gegen Westen einen Winkel von 6 Grad 44 Minuten 34 Sekunden bilde."

Dort, wo diese Linie auf die Mündungsfläche der Ems trifft, etwa in der Breite von Pogum, biegt die deutsch-niederländische Grenze in scharfem Winkel nach Westen um und läuft von da an dem Erlass vom 30. September 1454 zufolge am linken Ufer der Wester-Ems entlang, bis sie zwischen Borkum und Rottum das Meer erreicht.

Die Unterlagen, auf die sich die nachfolgenden Messungsergebnisse stützen, sind, damit für alle Teile des ausgemessenen Gebietes dasselbe Mass der Annäherung an die wahren Grössen und Formen in der Natur erreicht werde, so ausgewählt, dass ihnen ein gleicher Massstab zu Grunde gelegt sei. Denn nur dadurch, dass die sämtlichen Karten, auf denen die Messungen vorgenommen werden, in demselben Massstab angelegt sind, wird ein einheitliches Gesamtergebnis erzielt und eine Vergleichung der Einzelresultate untereinander ermöglicht.

---

*) Déclaration échangée entre les Pays-Bas et le Hanovre touchant la rectification des limites dans le Dollart, signée à la Haye le 14 mars et à Hanovre le 19 mars 1863. Nouveau Recueil de traités, herausgegeben von Martens. Göttingen 1875. Bd. 20, pag. 529.

Die Messungen wurden vorgenommen auf den folgenden von der Hydrographischen Abteilung des Reichs-Marine-Amts herausgegebenen Seekarten:

No. 70. Schleswig-Holstein, Westküste, Nördlicher Teil. Massstab 1 : 100000. Nach den Vermessungen S. M. Kanonenboot „Drache" unter Leitung von Korv.-Kapt. Holzhauer 1879. Berlin 1881.

No. 61. Schleswig-Holstein, Westküste, Südlicher Teil. Massstab 1 : 100000. Nach den Vermessungen S. M. S. „Albatross" 1889, Kommandant Kapt-Lt. Hartmann. Berlin 1890.

No. 49. Die Mündungen der Jade, Weser und Elbe. Massstab 1 : 100000. Nach den neuesten Vermessungen. Berlin 1895.

No. 64. Die ostfriesischen Inseln. Sektion IV. Massstab 1 : 100000. Nach den Vermessungen S. M. Kanonenboot „Drache" 1878, Kommandant Korv.-Kapt. Holzhauer. Berlin 1890.

Nur bei den Messungen der Flusswatten musste, weil auf der Admiralitätskarte No. 49 der Unterlauf der Weser nicht völlig verzeichnet ist, die der Abhandlung „die Unter-Weser" von Franzius in Petermanns Geogr. Mitt. Bd. 1880 beigegebenen Karte des Weserstroms, Massstab 1 : 50000, zu Hilfe genommen werden. Auf das Gesamtergebnis der Messungen des eigentlichen Wattensaums hat dies jedoch keinen Einfluss; abgesehen von Tafel V beruhen alle Angaben durchgängig auf Karten im Massstab 1 : 100000.

Die Instrumente, mit denen die Messungen ausgeführt wurden, sind das Polarplanimeter von I. Amsler und das Parallelkurvimeter von Ule.

TAFEL I.

Das Areál der Wattenzone.

A. Küste von Schleswig-Holstein.

I. Festlandwatten.

a) Festlandwatten 1. Ordnung.

qkm

1. Nordgrenze (Hvidding) — Fähre von Ballum 86,4
2. Fähre von Ballum — Kanal von Hoyer 22,3
3. Kanal von Hoyer — Hafen von Dagebüll 179,0
4. Hafen von Dagebüll — Schleuse von Ockholm . . . 58,7
5. Schleuse von Ockholm — Arlaumündung 64,6
6. Arlaumündung — Husum (Mettgrund) 16,9
7. Husum — Tetenbüllspieker 29,6
8. Tetenbüllspieker — Vollerwiek 100,1
9. Vollerwiek — Tönning 21,4
10. Tönning — nordwestl. Spitze des Wesselburener Koog 9,3
11. Wesselburener Koog — Büsum 143,3
12. Büsum — Warverort 7,2
13. Warverort — Hafen von Meldorf 27,9
14. Meldorf — Barlterdeich 30,3
15. Barlterteich — Rugenort 66,6
16. Rugenort — nordwestl. Spitze des Kaiser-Wilhelm-Koog 24,1
17. Kaiser-Wilhelm-Koog — Zweidorf bei Brunsbüttel . . 111,0

Summa: 998,7

b) Festlandwatten 2. Ordnung.

qkm

Zu I. a) 2) 1. Jordsandflach 43,2
a) 5) 2. Nordstrandischmoor-Watten 14,5
3. Norderplate am Reusshafenloch 3,0
4. Watt zwischen Strand und Beensley . . . 10,5
a) 16) 5. Bielshövensand 55,6

Summa: 126,8

c) Sande, den Festlandwatten vorgelagert.

				qkm
Zu I. a)	1)	1.	Sände zwischen Ballum und Havneby (Röm)	1,4
b)	1')	2.	Sände vòr Jordsandflach	0,2
a)	3)	3.	Hunnigensände und Neue Plate	3,4
		4.	Sände vòr Hoyer	0,6
		5.	Sände zwischen Dagebüll und Föhr	4,7
b)	2)	6.	Sände im Butterloch	0,3
a)	7)	7.	Kohlhof	2,4
a)	8)	8.	Mittelplate, nordwestl. von Eiderstedt	2,9
		9.	Lorenzensplate und Robbensand	4,9
		10.	Westerplate	2,4
		11.	Kleine Fiegenplate	1,0
		12.	Grosse Fiegenplate	1,1
		13.	Ehstensielerplate	2,6
a)	11)	14.	Isern Hinnerk	0,8
a)	13)	15.	Sände im Kronenloch	0,5
a)	15)	16.	Sände im Neufahrwasser	2,8
a)	17)	17.	Sände vor dem Neufelder Watt	1,0
		18.	Gelbsand	4,2
		19.	Vogelsände	4,7
		20.	Medemsand	23,2
		21.	Kratzsände	0,9
		22.	Spitzsand	1,7
b)	5)	23.	Tertiusplate	24,1
		24.	Sände östlich der Tertiusplate	1,0

Summa: 92,8

II. Inselwatten.

a) Inselwatten 1. Ordnung.

		qkm
1.	Römer Watten	82,0
2.	Sylter Watten	163,9
3.	Föhrer Watten	93,8
4.	Amrumer Watten	42,6
5.	Watten um Langeness	61,7
6.	Watten um Hooge und Norderoog	74,8
7.	Watten um Pellworm und Süderoog	163,5
8.	Watten um Nordstrand und Südfall	98,6

Summa: 780,9

b) Inselwatten 2. Ordnung.

		qkm
Zu II. a) 8)	Heversteert	6,1

c) Sände, den Inselwatten vorgelagert.

qkm

Zu II. a) 2)   1. Leghörn 1,5

2. Sände im Eidumtief 0,5

3. Theeknobs 1,3

4. Hörnumsand 1,6

5. Holtknobs 1,8

6. Jungnamensand 1,6

a) 3)   7. Sände vor Näshörn 0,7

a) 4)   8. Südliche Vorlagen von Amrum 0,5

9. Westliche Vorlagen von Amrum 1,1

10. Westerbrandung 1,0

a) 5)   11. Watten zwischen Hooge und Nordmarsch . 0,2

12. Seesandwatt 0,8

13. Scheelsplate 4,7

14. Beenshalligwatten 0,5

15. Südliche Vorlagen von Süderoog 0,3

Summa: 18,1

B. Küste von Hannover und Oldenburg.

I. Festlandwatten.

a) Festlandwatten 1. Ordnung.

qkm

1. Hörne (gegenüber Brunsbüttel) — Mündung der Oste .   7,1

2. Mündung der Oste — Kuxhaven   8,6

3. Kuxhaven — Kugelbake   0,9

4. Kugelbake — Padingbütteler Tief 129,4

5. Padingbütteler Tief — Bremerhaven 49,1

6. Blexen — Fedderwardersiel (Lang Lütjensand) . . . 65,8

7. Fedderwardersiel — Eckwarderhörne (Butjadinger Watt) 63,8

8. Eckwarderhörne — Wilhelmshaven (Watten im inn. Jadebusen) 126,1

9. Wilhelmshaven — Schillighörn 39,4

10. Schillighörn — Karolinensiel 81,5

11. Karolinensiel — Neuharlingersiel 26,7

12. Neuharlingersiel — Bensersiel 41,3

13. Bensersiel — Westeraccumersiel 19,0

14. Westeraccumersiel — Nessmersiel 24,2

15. Nessmersiel — Norddeich 51,6

16. Norddeich — Norden (Schweinsrücken) 24,3

17. Norden — Greetsiel (Leysand) 23,3

18. Greetsiel — Knock (Pilsumer Watt) 52,1

19. Knock — Jarssum 19,9

20. Pogum — Neues Staatensiel (Deutsch. Anteil an d. Dollart-Watten) 29,6

Summa: 883,7

b) Festlandwatten 2. Ordnung.

				qkm
Zu I. a)	4)	1.	Watten um Neuwerk und Scharhörn . .	101,1
		2.	Kleinwatt	3,9
		3.	Grosser Knechtsand	58,8
a)	5)	4.	Wurster Watt	30,9
a)	7)	5.	Alte Mellum	117,8
a)	12)	6.	Janssand	9,0
a)	16)	7.	Kopersand, Ilzendorfplate	74,7
		8.	Hamburgersand	20,0

Summa: 416,2

c) Sände, den Festlandwatten vorgelagert.

				qkm
Zu I. a)	4)	1.	Sände im Bakenloch	0,7
b)	3)	2.	Nördliche Hohenhörn-Westsände	1,6
		3.	Südliche Hohenhörn-Westsände	1,3
		4.	Hohenhörn-Ostsand	1,0
		5.	Nördlicher kleiner Knechtsand	3,5
		6.	Südlicher kleiner Knechtsand	6,8
b)	4)	7.	West-Eversand	5,3
		8.	Nord-Eversand	7,8
		9.	Tegeler Plate	3,8
		10.	Sände zwischen West-Eversand und Tegeler Plate	0,8
		11.	Sände zwischen grossem Knechtsand und Wurster Watt	0,5
a)	6)	12.	Sände vor Lang Lütjensand	0,3
a)	7)	13.	Robbenplate vor der Wesermündung . .	10,1
a)	8)	14.	Jappensand im Jadebusen	4,0
a)	18)	15.	Paapsand	6,2

Summa: 53,7

II. Inselwatten.

a) Inselwatten 1. Ordnung.

		qkm
1.	Watten um Wangeroog	19,7
2.	Watten um Spiekeroog	26,7
3.	Watten um Langeoog	26,4
4.	Watten um Baltrum	6,7
5.	Watten um Norderney	17,3
6.	Watten um Juist	23,1
7.	Watten um Borkum	29,4

Summa: 149,3

b) Inselwatten 2. Ordnung.

		qkm
Zu II. a) 6) 1. Nordland		39,7
a) 7) 2. Randzel		82,0
	Summa:	121,7

c) Sande, den Inselwatten vorgelagert.

qkm

Zu II. a) 2) 1. Robbenplate und andere westliche Vorlagen
von Spiekeroog 0,8
a) 3) 2. Nordöstliche Vorlagen von Langeoog . . . 0,8
3. Nordwestliche Vorlagen von Langeoog . . 1,7
a) 4) 4. Sande nordöstlich vor Baltrum 0,7
a) 6) 5. Östliche Vorlagen von Juist 0,7
b) 2) 6. Hund 2,6
7. Möven-Steert in der Alten Ems 0,6
Summa: 7,9

Watten um Helgoland.

qkm

1. Watten der Hauptinsel 0,1
2. Watten der Sanddüne 0,5
Summa: 0,6

Zusammenfassung.

A. Küste von Schleswig-Holstein.

I. Festlandwatten:
a) 1. Ordnung . . . . 998,7 qkm
b) 2. Ordnung . . . . 126,8 „
c) Sände . . . . 82,8 „
1218,3 qkm

II. Inselwatten:
a) 1. Ordnung . . . . 780,9 qkm
b) 2. Ordnung . . . . 6,1 „
c) Sände . . . . 18,1 „
805,1 qkm

B. Küste von Hannover und Oldenburg.

I. Festlandwatten:
a) 1. Ordnung . . . . 883,7 qkm
b) 2. Ordnung . . . . 416,2 „
c) Sände . . . . 53,7 „
1353,6 qkm

II. Inselwatten:

    a) 1. Ordnung . . . . 149,3 qkm
    b) 2. Ordnung . . . . 121,7 „
    c) Sände . . . . 7,9 „

                                    278,9 qkm

[Watten um Helgoland . . . . . . 0,6 qkm]

Festlandwatten insgesamt . . . . . 2571,9 qkm
Inselwatten insgesamt . . . . 1084,0 „

Watten an der Küste von Schleswig-Holstein . . 2023,4 qkm.
Watten an der Küste von Hannover und Oldenburg 1632,5 „
Gesamt-Areal der deutschen Nordsee-Watten 3655,9 qkm
    (exkl. Helgoländer Watten)

TAFEL II.

Die Länge der Hochwasser-Küstenlinie der Festlandküste.

A. Küste von Schleswig-Holstein.

                                      km
1. Nordgrenze — Fähre von Ballum 22,4
2. Fähre von Ballum — Kanal von Hoyer 14,1
3. Kanal von Hoyer — Hafen von Dagebüll 31,6
4. Hafen von Dagebüll — Schleuse von Ockholm . . . 12,2
5. Schleuse von Ockholm — Hafen von Husum 25,2
6. Hafen von Husum — Hafen von Tönning (Küste der
   Halbinsel Eiderstedt) 86,4
7. Tönning — Büsum 30,2
8. Büsum — Hafen von Meldorf 28,6
9. Meldorf — Zweidorf bei Brunsbüttel 61,5

                               Summa: 312,2

B. Küste von Hannover und Oldenburg.

                                      km
1. Hörne — Mündung der Oste 4,7
2. Mündung der Oste — Kuxhaven 21,8
3. Kuxhaven — Kugelbake 3,2
4. Kugelbake — Geestemünde 46,0
5. Blexen — Eckwarderhörne 31,2

km

6. Eckwarderhörne — Wilhelmshaven (Küste des inneren
   Jadebusens). 54,8
7. Wilhelmshaven — Schillighörn 23,9
8. Schillighörn — Karolinensiel 14,6
9. Karolinensiel — Neuharlingersiel 7,4
10. Neuharlingersiel — Bensersiel 9,0
11. Bensersiel — Westeraccumersiel 5,9
12. Westeraccumersiel — Nessmersiel 8,9
13. Nessmersiel — Hafen von Norddeich 15,2
14. Hafen von Norddeich — Hafen von Norden 17,1
15. Hafen von Norden — Greetsiel 16,0
16. Greetsiel — Knock 22,9
17, Knock — Jarssum . . . . , ... 4,6
18. Pogum — Neues Staatensiel 11,1

Summa: 318,3

C. Mündungsbreiten.

km

Eider bei Tönning 0,4
Elbe zwischen Zweidorf bei Brunsbüttel und Hörne 4,1
Weser zwischen Geestemünde und Weserdeich bei Blexen . 1,8
Ems zwischen Jarssum und Pogum (längs des Meridians
   7° 15' ö. L.) 1,4

Summa: 7,7

Gesamt-Länge der Hochwasser-Linie der deutschen
festländischen Nordseeküste 638,2 km.

TAFEL III.

Die Länge der Niedrigwasser-Küstenlinie.

A. Küste von Schleswig-Holstein.

I. Länge der nassen Grenzen der Festlandwatten.

a) Festlandwatten 1. Ordnung.

km

1. Grenzbaken an der deutsch-dänischen Grenze unter
   8° 31' ö. L. und 55° 13' n. Br. — Nordende der
   Römer Ley 7,0
   Südende der Römer Ley — Fähre von Ballum . . . 7,7
2. Südende der Kohlby-Ley — Hoyerkanal 5,2

km

3. Hoyerkanal — Nordende der Westerley 19,2
Südende der Westerley — Nordende der Föhrer Ley 42,6
Südende der Föhrer Ley — Dagebüll 24,9
4. Dagebüll — Nordende des Schlütt 5,4
Südende des Schlütt — Schleuse von Ockholm . . . 18,4
5. Schleuse von Ockholm — Nordende des Strand . . . 9,6
Südende des Strand — Ende des Butterloch 10,0
Südende des Butterloch — Norderplate 3,0
Norderplate — Arlaumündung 2,8
6. Arlaumündung — Husum (Mettgrund) 6,5
7. Husum — Tetenbüllspieker 14,0
8. Tetenbüllspieker — Vollerwiek 74,3
9. Vollerwiek — Tönning 21,4
10. Tönning — Nordwestl. Spitze des Wesselburener Koog 10,6
11. Wesselburener Koog — Büsum 103,7
12. Büsum — Warverort 7,4
13. Warverort — Meldorf 11,9
14. Meldorf — Barlterdeich 18,8
15. Barlterdeich — Südöstl. Spitze von Bielshövensand . . 10,9
Dieksandpriel — Rugenort 52,0
16. Rugenort — Nordwestl. Spitze des Kaiser-Wilhelm-Koog
(Franzosensand) 2,8
17. Kaiser-Wilhelm-Koog — Zweidorf bei Brunsbüttel . . 45,9

Summa: 536,0

b) Festlandwatten 2. Ordnung.

km

1. Jordsandflach 21,0
2. Nordstrandischmoor-Watten 19,1
3. Norderplate im Reusshafenloch 8,7
4. Watt zwischen Strand und Beensley 6,7
5. Bielshövensand 42,0

Summa: 97,5

c) Sände, den Festlandwatten vorgelagert.

km

1. Sände zwischen Ballum und Havneby (Röm) 9,1
2. Sände vor Jordsandflach 2,8
3. Hunnigensände und Neue Plate 14,9
4. Sände vor Hoyer 4,1
5. Sände zwischen Dagebüll und Föhr 11,2
6. Sände im Butterloch 2,2
7. Kohlhof 6,8
8. Mittelplate, nordwestlich von Eiderstedt 8,8

	km
9. Lorenzensplate und Robbensand	20,2
10. Westerplate	14,6
11. Kleine Fiegenplate	6,3
12. Grosse Fiegenplate	12,5
13. Ehstensielerplate	10,1
14. Isern Hinnerk	4,3
15. Sände im Kronenloch	5,2
16. Sände im Neufahrwasser	17,7
17. Sände vor dem Neufelder Watt	7,2
18. Gelbsand	11,8
19. Vogelsände	18,1
20. Medemsand	33,5
21. Kratzsände	7,4
22. Spitzsand	8,1
23. Tertiusplate	32,7
24. Sände, östlich der Tertiusplate	4,8
	Summa: 274,4

II. Länge der nassen Grenzen der Inselwatten.

a) Inselwatten 1. Ordnung.

	km
1. Römer Watten	58,0
2. Sylter Watten	
Nordende der Westerley — Nordspitze von Sylt	33,5
Nordspitze von Sylt — Südspitze von Sylt	41,4
Südspitze von Sylt — Südende der Westerley	44,8
3. Föhrer Watten	
Nordende der Föhrer Ley — Nordende des Amrum-Tief	32,8
Südende der Föhrer Ley — Südende des Amrum-Tief	27,9
4. Amrumer Watten	45,0
5. Watten um Langeness	
Nordende des Schlütt — Westspitze des Schweinsrücken	25,4
Westspitze des Schweinsrücken — Südende des Schlütt	26,6
6. Watten um Hooge und Norderoog	
Sandhörn — Rummelloch	39,6
7. Watten um Pellworm und Süderoog	
Rummelloch — Beensley	55,6
8. Watten um Nordstrand und Südfall	
Holmer Fähre — Pohnsbucht	63,9
	Summa: 494,5

b) Inselwatten 2. Ordnung.

	km
Heverstert	13,2

c) Sände, den Inselwatten vorgelagert.

	km
1. Leghörn	5,3
2. Sände im Eidumtief	6,0
3. Theeknobs	8,4
4. Hörnumsand	7,1
5. Holtknobs	12,5
6. Jungnamensand	7,8
7. Sände vor Nashörn	4,1
8. Südliche Vorlagen von Amrum	2,5
9. Westliche Vorlagen von Amrum	5,0
10. Westerbrandung	7,0
11. Watten zwischen Hooge und Nordmarsch	4,0
12. Seesandwatt	5,9
13. Scheelsplate	13,3
14. Beenshalligwatten	3,4
15. Südliche Vorlagen von Süderoog	3,3
Summa:	95,6

B. Küste von Hannover und Oldenburg.

I. Länge der nassen Grenzen der Festlandwatten.

a) Festlandwatten 1. Ordnung.

	km
1. Hörne — Mündung der Oste	6,8
2. Mündung der Oste — Kuxhaven	19,6
3. Kuxhaven — Kugelbake	2,8
4. Kugelbake — Stickers Gat	4,9
Bakenloch — Kleines Watt	17,5
Kleines Watt — Krumme Tögel	16,4
Kappeler Tief — Padingbütteler Tief	26,2
5. Schwarze Gründe — Bremerhaven	27,0
6. Blexen — Fedderwardersiel (Lang Lütjensand)	53,5
7. Fedderwardersiel — Hoheweg-Balje	10,3
Sengwarder Balje — Eckwarderhörne	14,4
8. Eckwarderhörne — Schweiburger Tief	27,5
Schweiburger Tief — Wilhelmshaven	92,5
9. Wilhelmshaven — Schillighörn	31,4

km

10. Schillighörn — Blaue Balje 40,8
    Eversandbalje — Karolinensiel 23,6
11. Karolinensiel — Ostende des Spiekeroog-Längspriels . . 19,9
    Westende des Spiekeroog-Längspriels — Neuharlingersiel 15,7
12. Neuharlingersiel — Ostende des Langeoog-Längspriels . 19,4
    Westende des Langeoog-Längspriels — Bensersiel . . . 29,8
13. Bensersiel — Westeraccumersiel 22,2
14. Westeraccumersiel — Ostende des Baltrumer Längspriels 6,0
    Westende des Baltrumer Längspriels — Nessmersiel . . 6,2
15. Nessmersiel — Ostende des Norderney-Längspriels . . 4,8
    Westende des Norderney-Längspriels — Norddeich . . 15,0
16. Jantjemerplate bei Norddeich 5,4
    Schweinsrücken — Norden 6,1
17. Leysand — Greetsiel 7,2
18. Greetsiel — Knock (Pilsumer Watt) 30,1
19. Knock — Jarssum 12,7
20. Küste der deutschen Dollartwatten (Geise) 25,7

Summa: 641,4

b) Festlandwatten 2. Ordnung.

km

1. Watten um Neuwerk und Scharhörn 57,5
2. Kleines Watt 5,3
3. Grosser Knechtsand 31,9
4. Wurster Watt 30,6
5. Alte Mellum, Ostküste 32,2
   Alte Mellum, Westküste 51,7
6. Janssand 10,4
7. Ilzendorfplate, Ostküste 6,6
   Kopersand, Westküste 30,7
8. Hamburgersand 20,0

Summa: 276,9

c) Sände, den Festlandwatten vorgelagert.

km

1. Sände im Bakenloch 7,5
2. Nördliche Hohenhörn-Westsände 6,4
3. Südliche Hohenhörn-Westsände 10,3
4. Hohenhörn-Ostsand 5,9
5. Nördlicher kleiner Knechtsand 7,8
6. Südlicher kleiner Knechtsand 12,7
7. West-Eversand 18,1
8. Nord-Eversand 17,4
9. Tegeler Plate 8,1

		km
10.	Sände zwischen West-Eversand und Tegeler Plate . . .	5,4
11.	Sände zwischen Grosser Knechtsand und Wurster Watt	2,6
12.	Sände vor Lang-Lütjensand	3,6
13.	Robbenplate	37,2
14.	Jappensand	35,2
15.	Paapsand	11,6

Summa: 189,8

II. Länge der nassen Grenzen der Inselwatten.

a) Inselwatten 1. Ordnung.

		km
1.	Watten um Wangeroog	32,0
2.	Watten um Spiekeroog	45,5
3.	Watten um Langeoog	40,0
4.	Watten um Baltrum	10,8
5.	Watten um Norderney	33,6
6.	Watten um Juist	38,4
7.	Watten um Borkum	29,1

Summa: 229,4

b) Inselwatten 2. Ordnung.

		km
1.	Nordland	28,8
2.	Randzel	63,7

Summa: 92,5

c) Sände, den Inselwatten vorgelagert.

		km
1.	Robbenplate und andere westl. Vorlagen von Spiekeroog .	6,4
2.	Nordöstliche Vorlagen von Langeoog	5,2
3.	Nordwestliche Vorlagen von Langeoog	3,9
4.	Sände nordöstlich vor Baltrum	7,4
5.	Östliche Vorlagen von Juist	6,2
6.	Hund	6,3
7.	Möwensteert in der Alten Ems	9,5

Summa: 44,9

Niedrigwasser-Küstenlinie von Helgoland

		km
1.	Hauptinsel	4,5
2.	Sanddüne	4,7

Summa: 9,2

Zusammenfassung.

A. Küste von Schleswig-Holstein.

I. Festlandwatten-Küste:
  a) 1. Ordnung . . . . 536,0 km
  b) 2. Ordnung . . . . 97,5 „
  c) Sände . . . . 274,4 „
                                  907,9 km

II. Inselwattenküste:
  a) 1. Ordnung . . . . 494,5 km
  b) 2. Ordnung . . . . 13,2 „
  c) Sände . . . . 95,6 „
                                  603,3 km

B. Küste von Hannover und Oldenburg.

I. Festlandwatten-Küste:
  a) 1. Ordnung . . . . 641,4 km
  b) 2. Ordnung . . . . 276,9 „
  c) Sände . . . . 189,8 „
                                  1108,1 km

II. Inselwatten-Küste:
  a) 1. Ordnung . . . . 229,4 km
  b) 2. Ordnung . . . . 92,5 „
  c) Sände . . . . 44,9 „
                                  366,8 km.

[Niedrigwasser-Küste von Helgoland, inkl. Düne 9,2 km]

Festlandwatten-Küstenlinie insgesamt . . . . 2016,0 km
Inselwatten-Küstenlinie insgesamt . . . . 970,1 „

Niedrigwasser-Küstenlinie von Schleswig-Holstein . . 1511,2 km
Niedrigwasser-Küstenlinie von Hannover und Oldenburg 1474,9 „

Gesamt-Länge der deutschen Nordsee-Niedrigwasser-Küstenlinie (kontinental und insular, exkl. Helgoland) 2986,1 km.

Seitliche Begrenzung der deutschen Wattenzone.
                                                           km
1. Politische Grenzlinie gegen die dänischen Watten . . . 10,0
2. Politische Grenzlinie gegen die niederländischen Watten 11,3
                                                           21,3

TAFEL IV.

Die deutschen Nordsee-Inseln.
(Enklaven der Wattenzone.)
A. Küste von Schleswig-Holstein.

	qkm Areal.	km Küstenlänge.
1. Röm	49,1	33,9
2. Sylt	93,6	107,6
3. Jordsand	0,2	1,9
4. Kleine Küsteninseln zwischen Hvidding und Scherrebeck	0,6	5,6
5. Föhr	80,9	34,5
6. Amrum	27,1	39,2
7. Seesand	1,0	4,5
8. Buschsand	5,2	16,8
9. Helmsand	0,2	2,0
Die Halligen:		
10 Oland	0,8	4,5
11. Langeness, Nordmarsch, Buthwehl	11,0	30,0
12. Appelland-Gröde	2,4	11,6
13. Habel	0,2	3,2
14. Hamburger Hallig	0,5	3,5
15. Hooge	6,6	11,3
16. Nordstrandischmoor	2,2	6,8
17. Pellworm	35,6	30,2
18. Norderoog	0,2	1,8
19. Süderoog	1,0	4,1
20. Südfall	1,1	4,6
21. Nordstrand	46,8	31,8
Summa:	366,3	Summa: 389,4

B. Küste von Hannover und Oldenburg.

	qkm Areal	km Küstenlänge
1. Neuwerk	1,1	3,9
2. Scharhörn	4,7	11,0
3. Arngast	0,3	3,9
4. Oberahnsche Felder	0,2	2,8
5. Wangeroog	8,0	22,5
6. Spiekeroog	15,2	21,8
7. Langeoog	14,2	25,3

	qkm Areal	km Küstenlänge
8. Baltrum	8,2	 12,7
9. Norderney	21,6	 28,4
10. Juist	16,4	. . . 31,5
11. Wrack östlich von Juist	0,2	 1,4
12. Memmertsand	1,7	 13,6
13. Lütje Hörn	0,7	 4,2
14. Borkum	28,7	 30,0

Summa: 121,2 Summa: 213,0

	qkm Areal	km Küstenlänge
[Helgoland, Hauptinsel	0,55	. . . . 4,3]
do. Sanddüne	0,05	. . . . 1,1]
	0,60	5,4

Deutsche Nordseeinseln (exkl. Helgoland)
Gesamt-Areal 487,5 qkm Gesamt-Küstenlänge 602,4 km

TAFEL V.

Die Mündungstrichter der Elbe, Weser und Ems.

a) Areal der Mündungsflächen

inkl. Flusswatten und Flussinseln.

Elbe (Hamburg — Zweidorf bei Brunsbüttel) . . . 191,3 qkm
Weser (Bremen — Geestemünde) . . . . 101,9 „
Ems (Leerort — Jarssum) . . . . 18,8 „

Gesamte Mündungsflächen: 312,0 qkm

b) Areal der Flusswatten.

Elbe.   Linkes Ufer . . . . . . 18,4 qkm
Rechtes Ufer . . . . . . 6,7 „
Watteninseln . . . . . . 11,1 „
Gesamte Elbwatten . . . . 36,2 qkm

Weser.   Linkes Ufer . . . . . . 1,3 qkm
Rechtes Ufer . . . . . 7,3 „
Watteninseln . . . . . 21,5 „
Gesamte Weserwatten . . . . 30,1 qkm

Ems.   Linkes Ufer . . . . . . 3,9 qkm
       Rechtes Ufer . . . . . . 6,4 „
       Watteninseln . . . . . . 1,1 „
         Gesamte Emswatten . . . . 11,4 qkm

                   Gesamte Flusswatten: 77,7 qkm

c) Länge der Hochwasser-Uferlinien.

Elbe.   Linkes Ufer . . . . 75,6 km
       Rechtes Ufer . . . . 74,9 „

                            150,5 km

Weser.   Linkes Ufer . . . . 67,5 km
       Rechtes Ufer . . . . 67,1 „

                            134,6 km

Ems.   Linkes Ufer . . . . 23,1 km
       Rechtes Ufer . . . . 21,6 „

                            44,7 km

Gesamt-Länge der Uferlinien bei Hochwasser: 329,8 km

d) Länge der Niedrigwasser-Uferlinien.

Elbe.   Linkes Ufer . . . . 82,4 km
       Rechtes Ufer . . . . 87,5 „

                            169,9 km

Weser.   Linkes Ufer . . . . 71,4 km
       Rechtes Ufer . . . . 66,3 „

                            137,7 km

Ems.   Linkes Ufer . . . . 19,8 km
       Rechtes Ufer . . . . 25,1 „

                            44,9 km

Gesamt-Länge der Uferlinien bei Niedrigwasser 352,5 km

Hierbei ist der Lauf der Unter-Elbe aufwärts gerechnet bis zum Leuchtfeuer an der Einmündung des Köhlbrand bei Hamburg-Altona, die Unter-Weser bis zur grossen Eisenbahnbrücke in Bremen, die Unter-Ems bis zur Einmündung der Leda bei Leerort.

Islands Siedelungsgebiete
während der landnámatíð.

Von

Oskar Schumann.

Inhalts-Übersicht.

Quellen:

Ldn.   Landnámabók: Íslendinga sögur, förste Bind. Kjöbenhavn 1843.
Ísl.   Are enn fróþe.   Íslendingabók.
Heimskr.   Heimskringla eller Norges Kongesagaer af Snorre Sturlasson.   Hg.
    v. Unger, Christiania 1868.
Eg.   Egils Saga Skallagrímssonar.   Hg. v. Finnur Jónsson, Halle 1894.
Vd.   Vatnsdæla Saga.   Reykjavík 1893.
Gþ.   Gull-Þóris Saga.   Hg. v. Maurer, Leipzig.
Kål.   Kålund.   Bidrag til en historisk-topografisk Beskrivelse af Island.
    I og II.   Kjöbenhavn 1877, 1879—82.
Munch.   Historisk-geographisk Beskrivelse over Kongeriget Norge i Middelalderen.
    Mohs 1849.
Maurer.   Die Entstehung des Isländischen Staates und seiner Verfassung.
    München 1852.
Maurer.   Island von seiner ersten Entdeckung bis zum Untergange des Frei-
    staates.   München 1874.
Maurer.   Zur politischen Geschichte Islands.   Leipzig 1880.
Keilhack.   Islands Natur und ihre Einflüsse auf die Bevölkerung.   (Deutsche
    Geographische Blätter IX.)
Keilhack.   Beiträge zur Geologie der Insel Island.   (Zeitschrift der Deutschen
    geologischen Gesellschaft XXXVIII.)
Preyer und Zirkel.   Reise nach Island.   Anhang A.   Leipzig 1862.
Winkler, G. G.   Island.   Braunschweig 1861.
Poestion.   Island.   Wien 1885.
Olafsen, Eggert.   Des Vice Lavmands Eggert Olafsens und des Landphysici
    Biarne Povelsens Reise durch Island.   I, II.   Kopenhagen und Leipzig
    1774, 1775.
Olavius, Olaus.   Olaus Olavius Oekonomische Reise durch Island.   Dresden
    und Leipzig 1787.
Verordnung, betreffend eine erweiterte Handelsfreiheit für Island.   Kopenhagen.
Thaarup, Friderich.   Versuch einer Statistik der dänischen Monarchie.   II.
    Kopenhagen 1796.
Statistik Aarbog.   Danmarks Statistik.   3. Aargang 1888.   Kjöbenhavn.
Statistik Tabelværk.   Ny Række.   Förste Bind.   Kjöbenhavn 1850.
Statistik Tabelværk.   Siette Hæfte.   Kjöbenhavn 1842.
Statistik Tabelværk.   Tiende Hæfte.   Kjöbenhavn 1846.
Statistike Meddelelser.   Danmarks Statistik.   Tredie Række, 12. Bind.   Kjöben-
    havn 1892.

An der Grenze des nördlichen Polarmeeres erhebt sich zwischen Europa und Amerika aus den Fluten des nordatlantischen Oceans die Insel Island. Niemals hat Island auf den Gang der politischen Geschichte einen nennenswerten Einfluss ausgeübt, und trotzdem gehört es zu den merkwürdigsten Ländern unserer Hemisphäre. Während der langen, düstern Winternächte entstand in dem weltentlegenen Lande eine Litteratur, der kein germanisches Volk etwas Ähnliches an die Seite zu stellen vermag. In Island erreichte die skaldische Dichtkunst eine Blüte, die das, was bereits in der norwegischen Heimat geleistet worden war, bei weitem übertraf. Zur isländischen Poesie gesellte sich im 13. Jahrhundert eine hochentwickelte, in manchen Teilen geradezu klassische Prosa, deren Inhalt sich teils auf die Thaten hervorragender Personen und Geschlechter, teils auf die Geschichte der ganzen Insel bezieht. Unter den Erzeugnissen der letzteren Gattung befindet sich ein Werk, das in der gesamten Weltlitteratur einzig dasteht: die Landnámabók. Nirgends wieder ist uns wie hier die Möglichkeit gegeben, die Besiedelung eines Landes bis ins Kleinste genau bestimmen zu können. Der hohe Wert dieser Siedelungsgeschichte wird überdies durch ein zweites Moment noch wesentlich erhöht. Die Besitzergreifung Islands ist ein ausgezeichnetes Beispiel einer reinen Neulandsiedelung. Zwar war Island bei Ankunft der Nordleute nicht unbewohnt, aber die Bevölkerung bestand nur aus Anachoreten, die ohne weiteres ihre Wohnsitze verliessen. Kein blutiger Kampf war demnach zu bestehen, kein Vergleich abzuschliessen; nur die Schranken der Natur setzten der Besiedelung ein Ziel. Ein Bild der Siedelungsverhältnisse Islands während der landnámatíð zu entwerfen und kartographisch zur Darstellung zu bringen, soll Zweck folgender Arbeit sein.

I.

Die erste sichere Nachricht über Island rührt von einem irischen Mönche Namens Diciulus her, welcher ums Jahr 825 ein geographisches Werk „de mensura orbis terrae" schrieb. Irische Kleriker hatten ihm von einem grossen, im Norden gelegenen Eilande berichtet, das nach der ganzen Beschreibung mit Island

identisch ist. Mit Dicuilus beginnt auch die lange Reihe derjenigen, welche Island für die Thule der griechischen und römischen
Schriftsteller erklären. Lange Zeit kam es niemand in den Sinn,
daran zu zweifeln, dass die Behauptung des Mönches richtig
sei. Erst im Jahre 1610 suchte der gelehrte Isländer Arngrímur
Jónsson nachzuweisen, dass die Berichte der alten Autoren über
Thule nichts mit Island zu thun haben. Seit jenen Tagen ist
über diesen Gegenstand viel geschrieben und gestritten worden,
aber es ist noch keinem gelungen, sicher zu beweisen, welches
Land es war, das die Alten Thule nannten.

Zur Zeit des Dicuilus besass Island eine schwache irische
Bewohnerschaft, die aber wohl ausschliesslich aus Anachoreten
bestand. Hiermit stimmt überein, was Ari in der Íslendíngabók
c. 1 sagt: „Da waren hier christliche Männer, welche die Norweger
Papar nennen, aber sie fuhren nachher weg, weil sie nicht mit
Heiden zusammen hier sein wollten, und liessen irische Bücher
und Glocken und Krummstäbe zurück, woraus man erkennen konnte,
dass es Iren waren." Die Ldn.[1]) fügt in Bezug auf die Glocken
und Krummstäbe hinzu: „Solches fand sich im Osten zu Papey
und zu Papýli, auch wird in englischen Büchern erwähnt, dass in
jener Zeit Verkehr zwischen beiden Ländern bestanden habe."

Die eigentliche Geschichte Islands beginnt aber erst mit der
Wiederentdeckung der Insel durch Nordleute. Man kann nicht
sicher angeben, wer von den nordischen Männern zuerst Island
entdeckt hat. Es wird wohl immer unentschieden bleiben müssen,
ob der Ruhm Naddoðr oder Garðarr gebührt. Über beide Personen
berichtet die Ldn.[2]) folgendes:

„Es wird erzählt, dass Leute aus Norwegen nach den Færöern
fahren wollten, dabei nennen einige den Wiking Naddoðr, aber
sie wurden westwärts ins offene Meer verschlagen, und da fanden
sie ein grosses Land. Sie stiegen in den östlichen Buchten auf
einen hohen Berg und sahen sich weithin um, ob sie Rauch oder
andere Anzeichen bemerkten, daran sie sehen könnten, dass das
Land bewohnt wäre, und sie sahen nichts dergleichen. Im Herbste
fuhren sie zurück nach den Færöern, und als sie von dem Lande
absegelten, fiel starker Schnee auf den Bergen, und deswegen
nannten sie das Land Snæland (Schneeland). Sie lobten das Land
sehr. Der Ort, an dem sie gelandet waren, heisst jetzt Reyðarfjall
in den Ostfjorden. So erzählte der Priester Sæmundr enn fróði."

„Ein Mann hiess Garðarr Svavarsson, ein Schwede von Abkunft; er fuhr aus, um Snæland zu suchen nach der Angabe seiner
mit Seherkraft begabten Mutter. Er kam an Land im Osten vom

---

[1]) Ldn. S. 24. — [2]) Ldn. I, c. 1.

östlichen Horn, dort war damals ein Hafen. Garðarr segelte rings um das Land, da wusste er, dass es eine Insel war. Den Winter über war er im Norden zu Húsavík im Skjálfandi, und er baute dort ein Haus. Als er im Frühlinge zur Seefahrt bereit war, da wurde einer seiner Leute, der Náttfari hiess, auf einem Boote mit einem Knechte und einer Magd verschlagen. Er wohnte später an dem Orte, der Náttfaravík heisst. Darauf fuhr Garðarr nach Norwegen und lobte das Land sehr. Er war der Vater des Uni, des Vaters von Hróarr Túngu-goði. Danach wurde das Land Garðarshólmr (Insel des Garðarr) genannt, und da war Wald[1]) vom Gebirge bis zum Strande (skógr milli fjalls ok fjöru)."

Nach Naddoðr und Garðarr besuchte als dritter Entdecker Flóki die Insel. „Flóki Vilgerðarson[2]) hiess ein grosser Wiking; er fuhr aus, um Garðarshólmr zu suchen und segelte von dem Orte ab, der Flókavarði heisst; dort treffen Hörðaland und Rogaland zusammen. Mit Flóki war auf dem Schiffe ein Bauer, der Þórólfr hiess, und ein anderer Namens Herjólfr und Faxi von den Hebriden. Flóki besass drei Raben, die er in Norwegen geweiht hatte; und als er den ersten losliess, flog er gleich zum Vordersteven zurück, der zweite flog in die Luft auf, aber auch zum Schiffe zurück; der dritte hingegen flog über den Vordersteven in derjenigen Richtung fort, in welcher sie dann auch Land fanden. Sie kamen von Osten her nach Horn und segelten dann südwärts am Lande entlang. Aber als sie westwärts um Reykjanes fuhren, und der Meerbusen sich öffnete, sodass sie Snæfellsnes sahen, sprach Faxi: Das muss ein grosses Land sein, das wir gefunden haben, denn hier ist ein grosser Wasserlauf, seitdem wurde die Bucht Faxaós genannt. Flóki und seine Begleiter segelten nun westwärts über den Breiðifjörðr und landeten im Vatnsfjörðr an den Barðaströnd. Dort war die Bucht voll Fische und vor lauter Fischfang kamen sie nicht dazu, Heu zu machen, und darum starb im Winter all ihr Vieh. Der Frühling war ziemlich kalt. Da bestieg Flóki einen Berg und sah nördlich jenseits des Gebirges einen Fjord voll Treibeis; daher nannten sie das Land Ísland (Eisland), wie es seitdem genannt wird. Den nächsten Winter verbrachte Flóki mit seinen Gefährten im Borgarfjörðr, aber den folgenden Sommer fuhren sie nach Norwegen zurück. Wenn sie über das Land befragt wurden, schmähte es Flóki sehr, aber Herjólfr sagte Gutes wie Böses, Þórólfr hingegen erzählte, in dem

---

[1]) Maurer, Island von seiner ersten Entdeckung etc., S. 14 und 15, hat alle Quellen, in welchen von Islands Holzreichtum berichtet wird, einer genauen Kritik unterzogen und kommt zu dem Urteile, dass auch der altisländische Wald, soweit es sich um die historische Zeit handelt, nur Buschholz war.

[2]) Ldn. I, c. 2.

Lande, das sie entdeckt, triefe von jedem Halme Butter (drjúpa smjör af hverju strái); darum wurde er Þórólfr smjör genannt."
Keiner der 3 Entdecker nahm auf Island bleibenden Aufenthalt. Der erste, welcher nach der Insel zog, um sich dauernd niederzulassen, war Íngólfr. Íngólfr[1]) und sein Ziehbruder Hjörleifr hatten an Hólmsteinn und Hersteinn, den Söhnen des Jarls Atli, einen Totschlag begangen. Hierauf liessen sie dem Vater einen Vergleich anbieten, und man einigte sich dahin, dass Íngólfr und Hjörleifr als Busse dem Jarl ihren ganzen Grundbesitz abtreten sollten. Da rüsteten die Ziehbrüder ein grosses Schiff aus und verliessen Norwegen, um das Land zu suchen, welches Flóki entdeckt hatte und Island genannt wurde. Sie fanden Land und waren in den Ostfjorden in dem südlichen Álptafjörðr. Als sie das Land untersuchten, dünkte es ihnen im Süden besser als im Norden. Sie hielten sich einen Winter in Island auf und fuhren dann zurück nach Norwegen. Kurze Zeit darauf begaben sie sich zum zweiten Male nach Island. Anfangs segelten sie zusammen, aber als das Land in Sicht kam, wurden sie von einander getrennt. Den Hjörleifr verschlug es nach Westen; er landete schliesslich bei Hjörleifshöfði, wo damals ein Fjord war, dessen innerster Teil dem Vorgebirge gegenüber lag. Als der Frühling kam, wollte er pflügen und säen; da er aber nur einen Ochsen hatte, zwang er seine irischen Sklaven, den Pflug zu ziehen. Darüber ärgerten sie sich und erschlugen Hjörleifr, worauf sie nach den Vestmannaeyjar entflohen.

Als Íngólfr Island erblickte, warf er seine Hochsitzpfeiler (öndvegissúlur)[2]) über Bord und sagte, dass er sich dort ansiedeln würde, wo die Pfeiler ans Land trieben. Er landete bei Íngólfshöfði und sandte sofort seine Knechte Vífill und Karli aus, die Pfeiler zu suchen. Sie kamen nach Hjörleifshöfði und fanden den toten Hjörleifr. Sie fuhren zurück und verkündigten Íngólfr das traurige Ereignis. Sofort brach dieser nach Hjörleifshöfði auf. Als die Leiche begraben war, ging Íngólfr auf das Vorgebirge hinaus, und sobald er von hier aus die Inseln erblickte, und sah, dass das Schiff verschwunden war, vermutete er sogleich, wohin die Mörder entflohen sein könnten. Er fuhr nach den Inseln und erschlug alle Sklaven, soweit sie nicht bei seiner Ankunft ins Meer gesprungen und ertrunken waren. Von diesen „Westmännern", wie die Irländer von den Norwegern genannt wurden, erhielten die Inseln den Namen Vestmannaeyjar (Westmännerinseln)[3]),

---

[1]) Ldn. I, c. 3—8. — [2]) Diejenigen Hauspfeiler, zwischen denen sich der Ehrensitz des Hausvaters befand. Weinhold, altnordisches Leben S. 220.
[3]) Inselgruppe südlich von der Rángárvalla-s.

den sie noch heute führen. Íngólfr kehrte nach Hjörleifshöfði zurück und verbrachte hier den zweiten Winter. Den Sommer darauf fuhr er westwärts am Lande entlang und wohnte den dritten Winter am Íngólfsfell westlich von der Ölfusá. Während dieser Zeit fanden Vífill und Karli die Hochsitzpfeiler bei Arnarhváll unterhalb der Heide. Dies veranlasste Íngólfr, im nächsten Frühjahre niederwärts über die Heide zu ziehen, um sich dort anzusiedeln, wo die Pfeiler ans Land gekommen waren; er wohnte zu Reykjarvík[1]).

Nach der gewöhnlichen Berechnung nimmt man an, dass Íngólfs erste Reise ins Jahr 870 fiel, während die definitive Ansiedlung 874 erfolgte. Isl. c. 1: „Island wurde zuerst von Norwegen aus besiedelt, in den Tagen des Haraldr hárfagri — damals, als Ívarr, Sohn des Ragnar loðbrók, Edmund den Heiligen, König der Angeln, erschlagen liess. Das geschah aber 870 Winter nach Chr. Geb., wie dies in seiner Geschichte geschrieben steht." Ldn. I, 6: „Den Sommer, als Íngólfr mit den Seinen sich auf Island niederzulassen begann, war Haraldr hárfagri 12 Jahre in Norwegen König gewesen; da waren vergangen seit Beginn der Welt 6073 Winter, aber seit der Fleischwerdung des Herrn 874 Jahre."

Gar bald ergoss sich nach der wiederentdeckten Insel ein wahrer Strom von Auswanderern. So gross war ihre Zahl, dass Haraldr, um einer Entvölkerung Norwegens vorzubeugen, die Auswanderung mit einer Steuer belegte. Isl. I: „Man verglich sich beiderseits dahin, dass jeder, der nach Island zöge, dem Könige, falls er nicht davon befreit würde, 5 Öre zahlen sollte. So ist die Abgabe entstanden, die heutzutage Landöre (landaurar) genannt wird; es wurde da bald mehr, bald weniger gezahlt, bis Ólafr enn digri bestimmte, dass abgesehen von den Frauen und denen, die er selbst davon befreite, jedermann, der die Fahrt zwischen Norwegen und Island machte, dem Könige eine halbe Mark zahlen sollte."

Freilich verliessen gewiss sehr viele heimlich das Land, denn die Ldn. berichtet nur in 4 Fällen, dass die Auswanderung mit Erlaubnis des Haraldr geschah. Sogar aus des Königs eignem Munde hören wir, dass seine Bestimmung von vielen umgangen wurde. „Es ist schicklich, dass du mit meiner Erlaubnis fährst, oder willst du es auch heimlich thun, wie es jetzt Sitte wird." „Das werde ich nicht thun", sprach Ingimundr, „dass ich gegen dein Verbot fahre"[2]).

Für die Beurteilung der Nationalitätsverhältnisse Islands ist es von hohem Werte, dass sich in sehr vielen Fällen feststellen lässt, aus welchen Ländern die Ansiedler stammten.

---

[1]) Hauptstadt des Landes, in der Gullbringu-s. gelegen. — [2]) Vd. c. 12.

— 94 —

Es kamen aus Irland:

Avangr[1]), Þormóðr und Ketill[2]), Skorri[3]), Flóki[4]), Vilbaldr[5]),
Áskell hnokan[6]), Steinrauðr[7]) und der Einsiedler Ásólfr alskik[8]).

Schottland:

Svartkell enn katneski[9]), Hundi[10]) und Erpr[11]).

von den Hebriden:

Kalmann[12]), Bárðr suðreyíngr[13]), Hrolleifr enn mikli[14]),
Ljótr[15]), Kampa-Grímr[16]), Þorsteinn leggr[17]), Ketill enn fíflski[18]).

Schweden und Gautland:

Hella-Björn[19]), Sléttu-Björn[20]), Þórðr knappr[21]), Nafar-Helgi[22]),
Þormóðr enn rammi[23]), Helgi enn magri[24]), Oddr[25]), Snæbjörn und
Friðleifr[26]).

Dänemark:

Uni enn danski[27]). Sein Vater Garðarr war aber schwedischer
Abkunft.

Norwegen:

I. Norwegen überhaupt:

Skinna-Björn[28]), Haraldr hríngr[29]), Eirekr, Sohn des Hróaldr[30]),
Þórðr, Sohn des Björn byrðusmjör[31]), Þorkell enn háfi[32]), Geiri[33]),
Þorsteinn lunan[34]), Ófeigr grettir[35]), Þormóðr skapti[36]), Þorbjörn
jarlakappi[37]).

II. Sehr oft wissen wir sogar, aus welcher Gegend Norwegens die Ansiedler kamen.

1. Hálogaland: Grímr enn háleyski[38]), Geirröðr[39]), Úlfarr[40]),
Finngeirr[41]), Þuríðr sundafyllir und ihr Sohn Völu-Steinn[42]),
Ólafr bekkr[43]), Geirleifr[44]), Þórir þursasprengir[45]), Þengill mjöksigl-
andi[46]), Eyvindr, Sohn des Loðinn aungull[47]), Máni[48]), Eysteinn, Sohn

---

[1]) Ldn. I, c. 14. — [2]) Ldn. S. 49, Anm. 7. — [3]) Ldn. I, c. 19
und II, c. 24. — [4]) Ldn. I, c. 19. — [5]) Ldn. IV, c. 11. — [6]) Ldn. V, c.
8. — [7]) Ldn. V, c. 13. — [8]) Ldn. I, c. 15. — [9]) Ldn. I, c. 13. — [10]) Ldn.
II, c. 17 und II, c. 16. — [11]) Ldn. II, c. 17. — [12]) Ldn. II, c. 1. — [13]) Ldn.
III, c. 11. — [14]) und [15]) Ldn. III, c. 4. — [16]) Ldn. III, c. 18. — [17]) Ldn.
IV, c. 8. — [18]) Ldn. IV, c. 11. — [19]) Ldn. II, c. 31 und III, c. 9. —
[20]) Ldn. III, c. 9. — [21]) und [22]) Ldn. III, c. 11. — [23]) Ldn. S. 202, Anm.
9. — [24]) Ldn. III, c. 12. — [25]) Gþ. c. 1. — [26]) Ldn. III, c 11. — [27]) Ldn.
IV, 4. — [28]) Ldn. III, c. 1. — [29]) Ldn. S. 170, Anm. 13. — [30]) Ldn.
III, c. 7. — [31]) Ldn. S. 198, Anm. 4. — [32]) Ldn. S. 233, Anm. 2. —
[33]) Ldn. III, c. 20. — [34]) Ldn. V, c. 7. — [35]) bis [37]) Ldn. V, c. 11. —
[38]) Ldn. I, c. 19. — [39]) bis [41]) Ldn. II, c. 13. — [42]) Ldn. II, c. 29. —
[43]) Ldn. III, c. 11. — [44]) Ldn. S. 211, Anm. 7. — [45]) Ldn. III, c. 14. —
[46]) und [47]) Ldn. III, c. 17. — [48]) Ldn. III, c. 20.

des Þorsteinn drángakarl[1]), Ölver, Sohn des Eysteinn[2]), Skjöldólfr[3]), Sighvatr rauði[4]), Þorsteinn enn hvíti[5]), Ólafr tvennumbrúni[6]). ·

2. Naumudalr: Þorsteinn svarfaðr[7]), Ketill hængr[8]), Ketilbjörn enn gamli[9]), Án rauðfeldr[10]).

3. Þrándheimr: Kolgrímr enn gamli[11]), Eyvindr vápni[12]), Steinbjörn kortr[13]), Hrafn enn heimski[14]), Þórhaddr enn gamli[15]), Ketill und Graut-Atli[16]), Björn gullberi[17]).

4. Norðmæri: Jörundr háls[18]), Skagi Skoptason[19]), Einarr[20]) Hrollaugr[21]), Molda-Gnúpr[22]).

5. Raumsdalr: Íngimundr enn gamli[23]), Ásgerðr[24]).

6. Sunnmæri: Dýri[25]), Eysteinn enn digri[26]).

7. Firðafylki: Íngólfr[27]), Skallagrímr[28]), Flosi[29]), Hásteinn[30]) Loptr enn gamli[31]), Kolbeinn klakkhöfði[32]).

8. Sogn: Þórðr skeggi[33]), Helgi bjóla[34]), Björn enn austræni[35]) Örlygr[36]), Valþjófr[37]), Hrólfr enn digri[38]), Þórðr illugi[39]), Auðr en djúpauðga[40]), Vesteinn[41]), Vebjörn sygnakappi[42]), Þórhrólfr fasthaldi[43]), Gunnólfr enn gamli[44]), Gnúpa-Bárðr, Ásbjörn und Helgi, Söhne des Heyjángrs-Björn[45]), Þorsteinn, Sohn des Gnúpa-Barðr, Eilífr und Björn[46]), Hallsteinn[47]), Özur hvíti[48]), Sæmundr enn suðreyski[49]).

9. Hörðafylki: Þormóðr goði[50]), Þórðr gnúpa[51]), Loðmundr enn gamli[52]), Bjólfr[53]), Þórir enn háfi[54]), Krumr[55]), Böðvarr enn hvíti[56]), Brandönundr[57]), Úlfr enn vorski[58]), Þorviðr[59]), Hallvarðr súgandi[60]), Eyvindr und Ketill höröski[61]), Þorgeirr enn höröski[62]), Þórólfr Mostrarskegg[63]), Hallsteinn, Sohn des Þórólfr Mostrarskegg, Þórarinn[64]), Þórðr und Önundr, Söhne des Víkíngr[65]), Eysteinn meinfretr[66]), Önundr breiðskeggr[67]), Þorbergr[68]).

---

[1]) u. [7]) Ldn. IV, c. 13. — [3]) Ldn. IV, c. 7. — [4]) Ldn. V, c. 3. — [5]) Ldn. IV, c. 1.
[6]) Ldn. V, c. 10. — [7]) Ldn. III, c. 13. — [8]) Ldn. V, c. 3. — [9]) Ldn. V, c. 12.
[10]) Ldn. II, c. 26. — [11]) Ldn. S. 48, Anm. 4 und 5. — [12]) und [13]) Ldn. IV,
c. 1. — [14]) Ldn. V, c. 1. — [15]) Ldn. IV, c. 6. — [16]) Ldn. IV, c. 2. —
[17]) Harð. S. 1. — [18]) Ldn. S. 176, 174 und 259. — [19]) Ldn. III, c. 16. —
[20]) Ldn. S. 234 und 440. — [21]) Ldn. IV, c. 8 und 9. — [22]) Ldn. IV, c.
12. — [23]) Ldn. III, c. 2. — [24]) Ldn. V, c. 2. — [25]) Ldn. II, c. 27. —
[26]) Ldn. IV, c. 11. — [27]) Ldn. I, c. 3. — [28]) Eg. c. 3. — [29]) Ldn. V,
c. 7. — [30]) Ldn. I, c, 3. und V, c. 9. — [31]) Ldn. V, c. 8. — [32]) Ldn. II,
c. 5. — [33]) Ldn. I, c. 10. — [34]) und [35]) Ldn. I, c. 11 und I, c. 10. —
[36]) Ldn. I, c. 12 und I, c. 10. — [37]) Ldn. I, c. 13. — [38]) Ldn. II,
c. 6 und I, c. 10. — [39]) Ldn. IV, c. 10. — [40]) Ldn. II, c. 15 und I, c.
10. — [41]) Ldn. II, c. 27 und II, c. 29. — [42]) Ldn. II, c. 29. — [43]) Ldn.
II, c. 31. — [44]) Ldn. III, c. 11. — [45]) Ldn. IV. c. 10. — [46]) Ldn. V, c.
5. — [47]) Ldn. V, c. 9. — [48]) Ldn. V. c. 10. — [49]) Vd. c. 7. — [50]) und
[51]) Ldn. II, c. 6. — [52]) Ldn. IV, c. 5. — [53]) Ldn. IV, c. 6. — [54]) und
[55]) Ldn. IV, c. 6. — [56]) und [57]) Ldn. IV, c. 7. — [58]) Ldn. IV, c. 10. —
[59]) Ldn. V, c. 8. — [60]) Ldn. S. 147, Anm. 9. — [61]) Ldn. III, c. 19. —
[62]) Ldn. V, c. 2. — [63]) Ldn. II, c. 12. — [64]) Ldn. V. c. 8. — [65]) Ldn. II, c. 27
und 29. — [66]) Ldn. III, c. 1. — [67]) Ldn. S. 60, Anm. 7. — [68]) Ldn. II, S. 13.

10. **Haddingjadalr**: Þórir, Sohn des Grímr[1]), Dala-Kollr[2]), Þórir, Sohn des Hersen Ási[3]).

11. **Valdres**: Björn zu Reynir[4]).

12. **Rogaland**: Geirmundr heljarskinn und Hámundr heljarskinn[5]), Úlfr enn skjálgi[6]), Örn[7]), Flóki[8]), Þórir, Sohn des Grímr gráfeldarmúli[9]), Finnr enn auðgi[10]), Hafnar-Ormr[11]), Auðólfr[12]).

13. **Agðir**: Þorvaldr und sein Sohn Eirekr rauði[13]), Steinólfr enn lági und seine Tochter Arndís enen auðga[14]), Eyvindr kné[15]), Kráku-Hreiðarr[16]), Þórir dúfunef[17]), Eysteinn, Sohn des Rauð-úlfr[18]), Ásgrímr und Ásmundr, Söhne des Öndottr kráka[19]), Þrándr mjöksiglandi[20]), Böðólfr und sein Sohn Skeggi[21]), Bröndólfr und Már, Söhne des Naddoðr[22]), Álfr enn egðski[23]).

14. **Vík**: Þorgeirr und Þorsteinn, Söhne des Úlfr gyldir[24]), Kolbeinn, Sohn des Sigmundr[25]).

15. **Upplönd**: Bruni enn hvíti[26]), Þrasi[27]), Bálki[28]), Önundr[29]).

Übersicht [30]).

Irland:	9	Personen.
Schottland:	3	„
Hebriden:	7	„
Schweden und Gautland:	9	„
Dänemark:	1	Person.
Norwegen überhaupt:	10	Personen.
Hálogaland:	18	„
Naumudalr:	4	„
Þrándheimr:	8	„
Norðmæri:	5	„
Raumsdalr:	2	„
Sunnmæri:	2	„
Firðafylki:	6	„
Sogn:	21	„
Hörðafylki:	22	„
Haddingjadalr:	3	„
Valdres:	1	Person.

---

[1]) Ldn. II, c. 5. — [2]) Ldn. II, c. 16. — [3]) Ldn. V. c. 9 und II, c. 5. — [4]) Ldn. IV, c. 13. — [5]) Ldn. II, c. 19. — [6]) Ldn. S. 129, Anm. 6. — [7]) Ldn. II, c. 26. — [8]) Ldn. III, c. 11. — [9]) Ldn. III, c. 18. — [10]) Ldn. c. 17. — [11]) Ldn. S. 53, Anm. 17. — [12]) Ldn. III, c. 14. — [13]) Ldn. II, c. 14. — [14]) Ldn. II, c. 21 und II, c. 32. — [15]) Ldn. II, 29. — [16]) Ldn. III, c. 7. — [17]) Ldn. III, c. 8. — [18]) Ldn. III, c. 14. — [19]) Ldn. III, c. 15. und 12. — [20]) Ldn. III. c. 12. — [21]) Ldn. III, c. 19. — [22]) Ldn. V, c. 11. — [23]) Ldn. V. c. 13. — [24]) Ldn. V, c. 6. — [25]) Ldn. III, c. 9. — [26]) Ldn. III, c. 11. — [27]) Ldn. S. 276, Anm. 13. — [28]) Ldn. II, c. 32. — [29]) Ldn. III, c. 20. — [30]) Vgl. hierzu Blatt 64 im Handatlas für die Geschichte des Mittelalters von Spruner-Merker. Ebenso Munch. Beskrivelse etc.

Rogaland: . . . . 9 Personen.
Agðir: . . . . 16 „
Vík: . . . . 3 „
Upplönd: . . . . 4 „

Die grosse Masse der Einwanderer war demnach norwegischer Abkunft. Sehr schwach beteiligten sich Schweden, Gautland und Dänemark, während die Zahl der Kelten und Halbkelten wahrscheinlich nicht unbedeutend gewesen ist. In Norwegen stehen obenan Hörðafylki und Sogn, in zweiter Linie folgen Agðir und Hálogaland. Am wenigsten wurde der Südwesten Norwegens von der Auswanderung betroffen.

Die Gründe[1]), welche den Einzelnen zur Auswanderung bestimmten, sind zwar sehr verschiedener Natur, zumeist aber erklären sie sich aus den damaligen politischen Verhältnissen Norwegens. Bis gegen Ende des 8. Jahrhunderts bestand Norwegen aus ungefähr 30 Staaten (fylki), welche selbst wieder in eine Anzahl kleiner Gaue (heröð) zerfielen, deren Leitung in der Hand einzelner Häuptlinge (hersar) lag. Die Häuptlinge scheinen aus den Angehörigen bestimmter edler Geschlechter (jarlar) hervorgegangen zu sein und den Königsnamen angenommen zu haben, wenn es gelang, die Würde bleibend an ein einzelnes Haus zu knüpfen[2]).

Diese Zustände erfuhren eine vollständige Veränderung durch das kraftvolle Auftreten des Königs Haraldr hárfagri.

Haraldr, dessen Erbreich in Vík lag, gelobte, sein Haar nicht mehr scheren und kämmen zu lassen, bis er Alleinherrscher über Norwegen sein werde.[3]) Zunächst unterjochte der junge König die Reiche des nördlichen und mittleren Norwegens. Da erkannten die mächtigen Kleinkönige im Südwesten des Landes die ihnen drohende Gefahr, und sie verbanden sich zu gemeinsamem Widerstand. Es kam zur Schlacht im Hafrstjörðr (um 872), aber Haraldr blieb Sieger. Die unterworfenen Häuptlinge verliessen zumeist die alte Heimat und begaben sich nach Irland, Schottland, Frankreich, den Hebriden, Færöern und Schetlandsinseln — und schliesslich auch nach Island.

Neben den Vornehmen des Reiches litten besonders auch die grossen Bauern unter dem Drucke des neuen Regimentes. Um in den Besitz reicher Einkünfte zu gelangen, hatte Haraldr die Allodia konfisziert und dadurch die Freiheit des Bauernstandes gebrochen. „König Haraldr eignete sich in jedem fylki alle Allodia

---

[1]) Vgl. Maurer, die Entstehung des Isländischen Staates etc. S. 40 ff.
[2]) Maurer, Island v. s. ersten Entdeckung etc. S. 20.
[3]) Heimskr. S. 51.

an und das ganze Land, das bebaute wie das unbebaute, und ebenso die See und die Gewässer; alle Bauern sollten seine Pächter (leiglendingar) sein, ebenso die, welche im Walde arbeiteten, und die Salzarbeiter und alle Jäger und Fischer, zur See wie zu Lande; alle diese wurden ihm dienstpflichtig"[1]).

In Hinblick auf die politischen und socialen Umwälzungen in Norwegen wird es leicht verständlich, warum in weitaus den meisten Fällen Haraldr den Anstoss zur Auswanderung gab.

„Geirmundr heljarskinn[2]), Sohn des Königs Hjörr, war ein herkonungr; er herte auf der Westfahrt, hatte aber ein Reich in Rogaland. Als er zurückkam, nachdem er lange Zeit fortgewesen war, hatte der König Haraldr im Hafrsfjörðr gegen Eirekr, den König der Hörðar, und Súlki, den König von Rogaland, und Kjötvi enn auðgi gekämpft und den Sieg davongetragen. Haraldr hatte ganz Rogaland in Besitz genommen und viele Männer von ihren Stammgütern vertrieben. Da sah Geirmundr keine andere Möglichkeit, als das Land zu verlassen, weil er da kein Ansehen mehr genoss. Er entschloss sich, Island aufzusuchen."

„Als der König Haraldr in Norwegen die Regierung angetreten und sich mit dem Jarl Hákon, dem Sohne des Grjótgarðr verschwägert hatte, gab er Sygnafylki (= Sogn) dem Jarl Hákon, seinem Verwandten, und zog nach Vík im Osten. Aber Atli enn mjófi wollte das Regiment nicht eher abtreten, als bis er mit König Haraldr zusammengetroffen wäre. Die Jarle stritten hierüber eifrig und begaben sich zu ihrem Kriegsheer. Sie trafen im Stafanesvágr in Fjalir zusammen und kämpften gegen einander. Da fiel der Jarl Hákon, aber Atli wurde verwundet und nach Atley gebracht, wo er an seinen Wunden starb. Hierauf behauptete Hásteinn (Sohn des Atli) die Herrschaft, bis der König Haraldr und der Jarl Sigurðr ein Heer gegen ihn zusammenzogen. Da entfloh Hásteinn und fuhr nach Island"[3]).

„Hallvarðr súgandi[4]) hatte im Hafrsfjörðr gegen Haraldr gekämpft und fuhr wegen dieser Feindschaft nach Island." Ebenso: Önundr tréfótr[5]), Bálki, Sohn des Blæingr[6]), Þrándr mjöksiglandi[7]). — „Örn hiess ein vornehmer Mann, er fuhr nach Island wegen Gewaltthätigkeit (fyrir ofríki) des Königs Haraldr"[8]). Ebenso: Dýri[9]) und Örlygr[10]). — „Án rauðfeldr verfeindete sich (varð missáttr) mit Haraldr und verliess deswegen Norwegen"[11]). Ebenso: Eyvindr vápni[12]), Refr enn rauði[13]) und Ófeigr[14]). „Hella-Björn war immer ein Feind (var jafnan óvin) des Königs Haraldr gewesen;

---

[1]) Eg. c. 4. — [2]) Ldn. II, c. 19, — [3]) Ldn. V, c. 9. — [4]) Ldn. II, c. 29. — [5]) und [6]) Ldn. II, c. 32. — [7]) Ldn. V, c. 11. — [8]) Ldn. II, c. 26. — [9]) Ldn. II, c. 27. — [10]) Ldn. II, c. 31. — [11]) Ldn. II. c. 26. — [12]) und [13]) Ldn. IV, c. 1. — [14]) Ldn. V, c. 2.

er fuhr nach Island"[1]). — Úlfr, der Sohn des Brunda-Bjálfa, hatte zwei Söhne: Þórólfr und Skallagrímr. Der König Haraldr hárfagri liess Þórólfr töten auf Grund von Verleumdungen der Söhne der Hildiríðr. Da Haraldr kein Wehrgeld zahlen wollte, rüsteten Skallagrímr und Úlfr ein Handelsschiff aus und entschlossen sich, nach Island zu fahren[2]).

Unter Haralds Jarlen scheint in der Durchführung der Steuerbestimmungen besonders hart gewesen zu sein, Hákon, der Sohn des Grjótgarðr. Wenigstens wird nur von diesem Jarl berichtet, dass um seinetwillen Norweger auswanderten.

Verhältnismässig viele Ansiedler hatten ihre Heimat eines Totschlages wegen verlassen müssen. „Þorvaldr und sein Sohn Eirekr rauði verliessen Iaðarr wegen Totschlages (fyrir víga sakir)[3]). Gunnólfr enn gamli erschlug den Vegeirr und fuhr hierauf nach Island[4]). Þormóðr enn rammi erschlug den Gyrðr und wurde deshalb landesflüchtig (varð fyrir þat landflótti)[5]). Ketill hængr beging einen Mordbrand (brendi inni) an Hárekr und Hrærekr, den Söhnen der Hildiríðr, die durch Verleumdung den Tod des Þórólfr verschuldet hatten. Hierauf beschloss Ketill, nach Island zu fahren[6]). Þorsteinn verübte an Þórormr und seiner gesamten Familie einen Mordbrand. Hierauf fuhr er nach Island[7]). Flosi erschlug 3 Beamte (sýslumenn) des Königs und fuhr dann nach Island[8]). Özur hvíti beging einen Totschlag an geweihter Stätte (vá víg í veum), als er mit Sigurðr hrísi auf der Brautfahrt war. Deshalb flüchtete er nach Island.[9]) Íngólfr und sein Ziehbruder Hjörleifr verliessen Norwegen wenigstens indirekt wegen eines Totschlages"[10]).

Manche Personen wanderten auch aus blosser Neigung aus, oder es lockten günstige Nachrichten über Islands Beschaffenheit. Örlygr bekam Lust, nach Island zu fahren (hann fýstist at fara til Íslands)"[11]). Ebenso: Þórhaddr enn gamli[12]) und Eyvindr, Sohn des Þorsteinn höfði[13]). — „Bruni enn hvíti hiess ein vornehmer Mann, er fuhr aus blosser Neigung (af fýsi sinni) nach Island"[14]). Ebenso Sighvatr rauði[15]). Grímr[16]) sagte: „Ich werde im Sommer mit meinem Bruder nach Island fahren. Mir ist Gutes von der Beschaffenheit des Landes berichtet worden, dass das Vieh selbst im Winter allein (sjálfala) seine Nahrung findet, in jedem Wasser Fische leben, und grosse Waldungen zu finden sind, und dass man sicher ist vor dem Angriffe eines Königs oder anderer gewaltthätiger

---

[1]) Ldn. II, c. 31. — [2]) Forts. s. S. 106. — [3]) Ldn. II, c. 14. — [4]) und [5]) Ldn. III, c. 11. — [6]) Ldn. V, c. 3. — [7]) Ldn. V, c. 6. — [8]) Ldn. V, c. 7. — [9]) Ldn. V, c. 10. — [10]) S. S. 92. — [11]) Ldn. I, c. 12. — [12]) Ldn. IV, c. 6. — [13]) Ldn. III, c. 19. — [14]) Ldn. III, c. 11. — [15]) Ldn. V, c. 3. — [16]) Vd. c. 10.

Männer". — „Das (sc. die Ächtung des Þórólfr Mostrarskegg) war
10 Winter später, als Íngólfr ausgefahren war, um sich in Island
niederzulassen; und es war diese Fahrt sehr berühmt geworden,
weil die Leute, welche von Island kamen, Gutes von den Verhältnissen des Landes berichteten" [1]). — „Björn und Helgi [2]) wollten
nach Island fahren, denn sie glaubten von diesem Lande viel
Verlockendes gehört zu haben; sie sagten, man brauche das Land
nicht zu kaufen, der Strand sei reich an verendeten Walfischen,
der Lachsfang einträglich und der Fischfang könne zu jeder Jahreszeit betrieben werden".

In einigen Fällen bildet wohl auch eine Prophezeiung den
Beweggrund zur Auswanderung. „Íngimundr enn gamli [3]) wurde
auferzogen in Hefni bei Þórir, dem Vater des Grímr und Hrómundr.
Die Völwe Heiðr prophezeite allen, dass sie sich in einem Lande
ansiedeln würden, welches damals im Westmeere (noch) nicht entdeckt war [4]). Þorsteinn lunan [5]) hiess ein Norweger; ihm war
prophezeit worden, dass er in einem Lande sterben würde, welches
damals nicht besiedelt war".

Um vollständig zu sein, führen wir schliesslich noch diejenigen
Personen an, deren Motive vereinzelt dastehen. „Helgi [6]) hiess
ein Sohn des Hrólfr von Gnúpufell. Er war im Osten geboren
und stammte mütterlicherseits aus den Upplönd. Helgi fuhr
nach Island, um seine Verwandten aufzusuchen. — Skútaðar-
Skeggi hiess ein angesehener Mann in Norwegen. Sein Sohn war
Björn, den man Skinna-Björn (Pelz-Björn) nannte, weil er ein
Holmgardsfahrer (Hólmgarðsfari) [7]) war. Als ihm die Kauffahrten
zuwider wurden, fuhr er nach Island [8]). — Einarr [9]) fuhr nach
den Orkneyjar, um seine Verwandten aufzusuchen, aber sie wollten
nichts von seiner Freundschaft wissen. Da kaufte sich Einarr in
ein Schiff ein bei 2 Brüdern: Vestmaðr und Vemundr. Sie fuhren
nach Island."

Bei der Wahl des neuen Wohnortes spielte nicht selten
der Aberglaube eine grosse Rolle. Sobald Island in Sicht kam,
warfen manche Einwanderer die Hochsitzpfeiler über Bord, in
der Absicht, sich dort niederzulassen, wo dieselben ans Land
treiben würden. So verhielten sich z. B. Íngólfr, Þórólfr, Auðr,
Loðmundr, Þórðr skeggi, Hrollaugr und Hásteinn. Wurden aber
die Pfeiler infolge hohen Wogenganges verschlagen, so begnügte
man sich vor der Hand mit einem interimistischen Wohnsitz,

---

[1]) Eyr. c. 3. — [2]) Laxd. c. 2. — [3]) Ldn. III, c. 2. — [4]) Forts. s.
S. 116. — [5]) Ldn. V, c. 7. — [6]) Ldn. II, c. 29. — [7]) Wahrscheinlich
Novgorod in Russland. Zeitschr. f. deutsch. Altertum XII, 345. — [8]) Ldn.
III, c. 1. — [9]) Ldn. III, c. 20.

den man jedoch sofort wieder verliess, sobald sich die Pfeiler fanden. Diese Sitte begegnet uns im letzten Grunde auch bei Skallagrímr, der sich dort ansiedelte, wo der Sarg seines Vaters Kveldúlfr ans Land getrieben war[1]). Bisweilen folgte man auch der Weisung einer Gottheit[2]), oder eines Meermännleins[3]), oder endlich, sobald der Einwanderer ein Christ war, dem Ausspruche eines heiligen Mannes[4]).

Die eigentliche Besitzergreifung eines Gebietes erfolgte zuweilen durch Umfahren des Landes mit Feuer (at fara eldi um landit). War Gefahr vorhanden, dass ein anderer zuvorkommen könnte, so schoss man einen brennenden Pfeil nach dem Lande, welches man okkupieren wollte.

Hatte man sich einmal in einer Gegend häuslich eingerichtet, so blieb man auch in der Regel dort wohnen. Sehr oft heisst es von den Ansiedlern: Ok bjó þar meðan hann lifði (und wohnte hier, solange als er lebte). Selten wird dagegen berichtet, dass der ursprüngliche Wohnsitz wieder aufgegeben wurde. Die Motive, welche den Einzelnen zum Weiterziehen veranlassten, waren sehr verschieden; entweder ist es ein Totschlag[5]), oder die Kunde von einem Verwandten[6]), oder Verheiratung[7]), oder Unzufriedenheit mit dem bisherigen Sitze[8]), oder endlich ein elementares Ereignis[9]).

Da in Island die bewohnbaren Gebiete in der Hauptsache auf den Küstensaum eingeschränkt sind, so war es ganz natürlich, dass sich die Ansiedler bei der Wahl eines geeigneten Wohnsitzes in der Regel des Seeweges bedienten. Von der Benutzung eines Landweges berichtet dagegen die Ldn. nur in fünf Fällen. Die interessanteste Person ist in dieser Beziehung Bárðr, der auf seiner Wanderung vom Nordlande nach dem Ostlande den äusserst gefahrvollen und daher gegenwärtig nur selten begangenen Vatnajökulsvegr einschlug. „Bárðr[10]), ein Sohn des Heyjángrs-Björn kam mit seinem Schiffe in den Skjálfandafljótsós und nahm den ganzen Bárðardalr[11]) von der Kálfborgará und Eyjardalsá landeinwärts, und er wohnte eine Zeit lang zu Lundarbrekka. Da merkte er am Wetter, dass die Landwinde besser waren als die Seewinde und vermutete deshalb südlich von der Heide besseres Land. Im Monat Gói[12]) schickte er seine Söhne südwärts, und diese fanden góibeytill[13]) und andere Pflanzen. Im nächsten Frühjahre darauf liess aber Bárðr für alles Vieh, das gehen konnte, Schlitten machen und jedes Tier sein Futter ziehen und dazu das

---

[1]) Ldn. I, c. 19. — [2]) Ldn. III, c. 12. — [3]) Ldn. II, c. 5. — [4]) Ldn. I, c. 12. — [5]) Ldn. II, c. 14 und III, c. 20. — [6]) Ldn. II, c. 26. — [7]) Ldn. IV, c. 1. — [8]) Ldn. III, c. 18 und 17. — [9]) Ldn. IV, c. 12. — [10]) Ldn. III, c. 18. — [11]) Thal in der Suðr-Þingeyjar-s. — [12]) Ende Februar und Anfang März. — [13]) Equisetum hiemale.

bewegliche Gut. Er zog über das Vonarskarð[1]), das man seitdem Bárðargata nennt"[2]).

Verhältnismässig weite Strecken legten zu Lande auch Íngimundr und Þórir zurück, von denen der erstere von der Borgarfjarðar- nach der Húnavatns-sýsla, der letztere von der Ísafjarðar- nach der Hnappadals-sýsla zog: „Íngimundr rüstete sich zur Reise nach Island und mit ihm sein Verwandter (Schwager) Jörundr háls, seine Freunde Eyvindr sörkvir, Ásmundr und Hvati und seine Knechte Friðmundr, Böðvarr, Þórir refskegg und Úlfell. Sie landeten im Südviertel und waren alle während des Winters in Hvanneyri bei Grímr[3]), dem Ziehbruder des Íngimundr; aber im Frühjahre zogen sie nordwärts über die Heide. Sie kamen in einen Fjord, wo sie 2 Widder (hrúta) fanden und nannten ihn deshalb Hrútafjörðr, dann fuhren sie nordwärts um das Land und gaben ihm weithin Namen. Während des Winters hielten sie sich im Víðidalr zu Íngimundarholt[4]) auf, von wo aus sie im Süden schneefreie Berge sahen. Dorthin zogen sie im Frühlinge und Íngimundr erkannte die Gegend als das Land, welches ihm prophezeit worden war"[5]). — „Grímr[6]) fuhr nach Island und hielt sich während des Winters zu Grímsey im Steingrímsfjörðr[7]) auf. Bergdís hiess seine Frau, aber Þórir ihr Sohn. Grímr ruderte während des Herbstes mit seinem Knechte zum Fischen, aber der Knabe Þórir lag am Steven und steckte in einem Seehundsfell, das am Halse zugezogen war. Grímr fing ein Meermännlein (marmennil), und als er es heraufgezogen hatte, sprach er: „Sage uns die Zukunft, oder wo wir uns in Island ansiedeln sollen." Das Meermännlein sprach: „Das brauche ich euch nicht zu sagen, ausser dem Knaben im Seehundsfell. Er soll da wohnen, wo Skálm, eure Stute, sich unter ihrer Last niederlegt." Mehr Worte konnten sie nicht aus ihm herausbringen. Später ruderte Grímr mit seinen Genossen während des Winters auf das Meer, aber der Knabe blieb am Lande. Da ertranken sie alle. Bergdís und Þórir verliessen im Frühlinge Grímsey und zogen westwärts über die Heide nach dem Breiðifjörðr; den Sommer darauf wandten sie sich südwärts; da ging Skálm voran bis sie von der Heide herab südwärts an den Borgarfjörðr kamen, da, wo zwei rote Sandhügel waren. Hier legte sich Skálm unter ihrer Last am äusseren Hügel nieder"[8]).

In den übrigen zwei Fällen handelt es sich um Wege, die nicht nur sehr kurz sind, sondern auch insofern einander gleichen, als durch ihre Benutzung die Umsegelung der Reykjanes-Halb-

---

[1]) Senke zwischen dem Vatnajökull und dem Túnguafellsjökull. Kál. II, 153. — [2]) Forts. s. S. 125.— [3]) S. S. 107. — [4]) Hügel östlich von der Viði- dalsá. Kál. II. 23) Húnavatns-s. — [5]) Ldn. III, c. 2. — [6]) Ldn. II, c. 5 [7]) Fjord in der Stranda-s. -- [8]) Forts. s. S. 109.

insel[1]) vermieden wurde: „Ketilbjörn[2]) fuhr nach Island und kam mit seinem Schiffe, welches Elliði hiess, in den Elliðaárós[3]) unterhalb der Heide. Während des ersten Winters war Ketilbjörn bei seinem Verwandten Þórðr skeggi; im Frühjahre aber zog er landeinwärts über die Heide, um sich Land zu suchen. Sie hielten Nachtruhe und bauten einen Schuppen (skála) zu Skálabrekka. Hierauf kamen sie zu einem Flusse, welchen sie Öxará nannten; sie verloren da ihre Axt (öxi sinni). Sie ruhten unter einem Gebirgsrücken, den sie Reyðarmúli nannten, nach den Forellen (áreyðar), welche sie in einem Flusse fingen"[4]). Íngólfs Wanderzüge sind bereits oben[5]) ausführlich beschrieben worden.

Island war bei Ankunft der Nordleute so gut wie unbewohnt. Deshalb konnten die ersten Einwanderer weitausgedehnte Gebiete in Besitz nehmen. Íngólfr besetzte z. B. den ganzen Südwesten der Insel: zwischen der Ölfusá, dem Hvalfjörðr südlich von der Brynjudalsá und der Öxará, und alle dazugehörigen Landzungen. = (Die ganze Gullbríngu- und Kjósar-sýsla und den westlichen Teil der Árness-sýsla). — Skallagrímr nahm Land vom Selalón landeinwärts bis zum Borgarhraun und südwärts bis zu den Hafnarfjöll: Die ganze Landschaft, so weit, als sie durch die zum Meere fliessenden Wasserläufe begrenzt wird. = (Die ganze Mýra-sýsla, den weitaus grössten Teil der Borgarfjarðar- und ein kleines Gebiet der Hnappadals-sýsla). — Helgi enn magri eignete sich den ganzen Eyjafjörðr an vom Reynisnes bis zum Siglunes. = (Die ganze Eyjafjarðar-sýsla und den westlichen Teil der Suðr-Þíngeyjar-sýsla). — Ketill hængr nahm alle Länder zwischen der Þjórsá und dem Markarfljót. = (Die Rángárvalla-sýsla mit Ausnahme des Küstengebietes). — Auðr, Rollaugr und Íngimundr enn gamli besetzten immerhin nach relativ bedeutende Gebiete.

In der späteren Zeit wurde aber eine Bestimmung erlassen, wonach die Grösse des zu okkupierenden Landes ein gewisses Maximum nicht überschreiten durfte. „Denjenigen, welche später hierherkamen (sc. nach Island), schienen die Früheren zu viel Land genommen zu haben; aber König Haraldr hárfagri brachte einen Vergleich dahin zu stande, dass keiner mehr nehmen sollte, als er mit seinen Schiffsgenossen an einem Tage mit Feuer umschreiten könnte. Man sollte Feuer machen, wenn die Sonne im Osten stand. Dazu sollte man andere Feuer machen, und zwar so, dass man ein jedes von dem nächsten aus sehen könne; aber dasjenige Feuer, welches angemacht wurde, wenn die Sonne im Osten stand, das sollte man brennen lassen bis zum Abend.

---

[1]) Halbinsel in Südwesten des Landes. [2]) Ldn. V, c. 12. — [3]) Fluss-mündung in der Árness-s. — [4]) Forts. s. S. 129. — [5]) S. S. 92 ff.

Damit sollten sie ihren Weg machen, bis die Sonne im Westen stand und dann dort anderes Feuer anmachen" [1]). Für Frauen bestand eine besondere Vorschrift, wonach sie nicht mehr Land nehmen durften, als sie an einem Tage, so lang als sie im Frühjahre sind, mit einer zweijährigen Kuh umschreiten könnten, von Sonnenaufgang bis Untergang; die Kalbin von mittlerer Grösse und gut gehalten [2]).

Mit der Okkupation freien Landes ging von Anfang an parallel eine zweite Form der Besiedlung, die entweder in den persönlichen Verhältnissen des Einwanderers oder in zeitlichen Umständen ihre Erklärung findet. Einerseits waren die Häupter der einzelnen Auswanderungszüge stets von einer kleineren oder grösseren Zahl von Verwandten, Freunden, Freigelassenen und Knechten umgeben, welche in der neuen Heimat in dem landnám des Anführers Besitz erhielten; andrerseits mussten sich auch Einwanderer, die zu einer Zeit nach Island kamen, da das Land zum grössten Teile schon besetzt war, an ältere Ansiedler wenden.

Manche erhielten von einem früheren Okkupanten den ganzen Besitz, oder wenigstens einen Teil desselben, gegen Bezahlung abgetreten [3]), wofür die Ausdrücke at kaupa land (Land kaufen) und at selja land (Land verkaufen) üblich sind.

In weitaus den meisten Fällen erfolgte aber die Überlassung eines Landgebietes unentgeltlich, und zwar sind in dieser Beziehung 3 Modi zu unterscheiden. Sehr oft verschenkte der ursprüngliche Besitzer Land, wobei es sich in der Regel um Verwandte, Freunde oder Freigelassene handelt [4]). Hierfür werden in den Sagas die Ausdrücke at gefa land (Land geben), at fá land (Land geben) und at þiggja land (Land in Empfang nehmen) angewendet. Gewöhnlich wurde aber der Empfänger als Okkupant behandelt, in welchem Falle von der Ldn. die Formel at nema land (Land nehmen) gebraucht wird, oft mit der Bemerkung, dass die Besitzergreifung með ráði oder með leyfi (mit Erlaubnis) des Gebers erfolgte. Endlich berichtet die Ldn. auch von einigen Personen, die ihr Landgebiet durch Verheiratung mit der Tochter eines Ansiedlers erwarben [5]).

Stolze Naturen verschmähten es aber, durch Kauf oder unentgeltliche Überlassung Besitzer von Land zu werden. Ihnen erschien es ehrenvoller, den bisherigen Besitzer unter Anwendung von Gewalt (Vertreibung oder Herausforderung zum Zweikampf) zum Weichen zu bringen [6]).

---

[1]) Ldn. V, c. 1. — [2]) Ldn. S. 264, Anm. 7. — [3]) Beisp. s. S. 105, 107, 108, bes. 125 etc. — [4]) Beisp. s. S. 108, 111, bes. 112 etc. — [5]) Beisp. s. S. 109, 116, bes. 120 etc. — [6]) Beisp. s. S. 111, 117, 129 etc.

II.
Die Aufteilung des Landes.

1. Gullbríngu sýsla.

Íngólfr[1]) nahm Land zwischen der Ölfusá und dem Hvalfjörðr, südlich von der Brynjudalsá und der Öxará, und alle dazugehörigen Landzungen. Wie sich aus den Angaben über das landnám des Þórðr skeggi und des Ásbjörn ergiebt, lag Íngólfs Landgebiet i. eng. S. zwischen der Úlfarsá und dem Hraunsholtslækr[2]). — Þórir haustmyrkr[3]) nahm den Selvágr und die Krýsuvík[4]). — Die Söhne des Molda-Gnúpr[5]) besiedelten Grindavík. — Steinunn en gamla[6]), eine Verwandte des Íngólfr, fuhr nach Island und war während des ersten Winters bei Íngólfr. Er erbot sich, ihr ganz Rosmhvalanes südlich vom Hvassahraun zu geben; aber sie gab ihm hierfür einen gefleckten Mantel und wollte das Kauf nennen. Dies schien ihr sicherer hinsichtlich einer Zurücknahme. — Eyvindr[7]) hiess ein Verwandter und Ziehbruder der Steinunn. Sie gab ihm Land zwischen den Kvíguvogabjörg und dem Hvassahraun. — Herjólfr[8]) war ein Verwandter und Ziehbruder des Íngólfr. Deshalb gab ihm Íngólfr Land zwischen Reykjanes und Vogr. — Ásbjörn Özurarson[9]), ein Brudersohn des Íngólfr, nahm Land zwischen dem Hraunsholtslækr und Hvassahraun: ganz Álptanes.

2. Kjósar sýsla.

Þórðr skeggi[10]) nahm mit Erlaubnis Íngólfs in dessen landnám Land zwischen der Úlfarsá und dem Leiruvágr. — Hallr goðlaus[11]) hiess ein Sohn des Helgi goðlaus. Vater und Sohn wollten nicht opfern und glaubten an ihre eigene Kraft. Hallr fuhr nach Island und nahm mit Erlaubnis Íngólfs Land von dem Leiruvágr bis zur Mógilsá. — Helgi bjóla[12]), ein Sohn des Ketill flatnefr, fuhr nach Island und nahm mit Erlaubnis Íngólfs das ganze Kjalarnes zwischen der Mógilsá und Mýdalsá. — Örlygr[13]) hiess ein Sohn des Hrappr, eines Sohnes von Björn buna. Er wurde bei dem heiligen Bischofe Patrekr auf den Hebriden erzogen. Örlygr bekam Lust nach Island zu fahren und bat den Bischof, die Obhut über ihn zu übernehmen. Der Bischof hiess ihn Holz zu einer Kirche mit sich nehmen, und eine eiserne Glocke, ein plenarium und geweihte Erde. Die Erde sollte er unter die Eckpfosten der Kirche legen. Ausserdem wies ihn der Bischof an, dort Land zu nehmen, wo er zwei Berge von

---

[1]) Ldn. I, c. 8. — [2]) Ein Teil dieses Gebietes liegt in der Kjósar-s. — [3]) Ldn. V, c. 14. — [4]) Ein Teil dieses Gebietes liegt in der Árness-s. — [5]) bis [9]) Ldn. V, c. 14. — [10]) Ldn. I, c. 10. — [11]) und [12]) Ldn. I, c. 11. — [13]) Ldn. I, c. 12.

der See aus sehen würde. In jedem Berge werde sich ein Thal hinaufziehen. Unter dem südlichen Berge solle er sich ansiedeln: Dort solle er seine Wohnstätte nehmen, eine Kirche erbauen lassen und sie dem heiligen Kolumba weihen. Örlygr handelte, wie ihm der Bischof befohlen hatte und nahm mit Erlaubnis des Helgi Land von der Mógilsá bis zum Ósvifslækr. — Svartkell enn katneski[1]) nahm Land zwischen der Mýdalsá und Eilífsdalsá. — Valþjófr[2]), ein Sohn des Örlygr enn gamli, nahm ganz Kjós. — Hvamm-Þórir[3]) nahm Land zwischen der Laxá und Fossá. — Þorsteinn[4]), ein Sohn des Sölmundr, nahm Land zwischen der Fossá und Botnsá.

3. Borgarfjarðar sýsla.

Kolgrímr enn gamli[5]), ein Sohn des Hersen Hrólfr, nahm Land von der Botnsá seewärts bis zur Kalmansá. — Zwei Brüder[6]) nahmen das ganze Akranes zwischen der Kalmansá und Örriðaá. Þormóðr besass das Land südlich von Reynir. Ketill hatte Akranes westlich von Reynir und nördlich vom Akrafell bis zur Örriðaá. — Bekan[7]) nahm Land im Gebiete des Ketill: von der Berjadalsá bis zur Örriðaá. — Finnr enn auðgi[8]) nahm Land südlich von der Laxá bis zur Kalmansá. — Hafnar-Ormr[9]) nahm Melahverfi seewärts bis zur Örriðaá und Laxá, aber landeinwärts bis zur Andakílsá. — Zwei Brüder[10]) wohnten in dem landnám des Finnr und Hafnar-Ormr; aber Finnr und Hafnar-Ormr kauften ihnen ihren Besitz ab, weil sie sich durch die Beiden eingeengt fühlten[11]). — Kveldúlfr und Skallagrímr[12]) entschlossen sich, nach Island zu fahren, weil sie gehört hatten, dass sich dort ihr Freund Íngólfr befinde. Sie warteten auf Fahrwind in Sólundir. Daselbst eigneten sie sich das Handelsschiff an, welches der König Haraldr dem Þórólfr hatte wegnehmen lassen, als dessen Männer eben von England zurückkamen. Sie töteten die Führer des Schiffes und die gesamte Besatzung mit Ausnahme von zwei Mann, durch die sie dem Könige das Ereignis verkünden liessen. Vater und Sohn rüsteten nun jedes der beiden Schiffe aus, und es waren in jedem 30 Mann. Kveldúlfr steuerte das Schiff, welches sie weggenommen hatten. Grímr enn háleyski war Anführer auf dem Schiffe des Kveldúlfr. Als sie weit in der See waren, wurde Kveldúlfr krank. Als er sich dem Tode nahe fühlte, berief er seine Schiffsgenossen zu sich und sprach: Wenn ich sterbe, so macht mir einen Sarg und werft mich über Bord und sagt meinem Sohne Grímr, er solle seinen Wohnsitz nicht weit von dem Orte nehmen, wo der Sarg ans Land kommt.

---

[1]) u. [2]) Ldn. I, c. 13. — [3]) u. [4]) Ldn. I, c. 14. — [5]) Ldn. I, c. 15. — [6]) Ldn. I, c. 15. — [7]) bis [10]) Ldn. I, c. 17. — [11]) S. auch S. 128, Anm. 15. — [12]) S. auch S. 99.

Hierauf starb Kveldúlfr und ward über Bord geworfen. — Das Schiff, dessen Führung nun Grímr (G. enn háleyski) übernahm, landete in der Mündung der Gufá. Als die Schiffsgenossen hierauf das Land untersuchten, fanden sie nicht weit von dem Schiffe den Sarg des Kveldúlfr in einer Bucht. Sie trugen ihn auf die Land-zunge, welche sich dort befand, und bedeckten ihn mit Steinen. Skallagrímr landete am Knararnes in den Mýrar[1]). Er erforschte das Land und fand daselbst grosse Sümpfe und weite Wälder zwischen Gebirge und Strand. Als sie landeinwärts am Fjord entlang gingen, kamen sie zu einer Landzunge, wo sie Schwäne (álptir) fanden. Deshalb nannten sie den Ort Álptanes. Bevor sie die Landzunge verliessen, trafen sie Grímr enn háleyski. Dieser sagte dem Skallagrímr alles, was ihm Kveldúlfr aufgetragen hatte. Skallagrímr ging fort, um zu sehen, wo der Sarg ans Land getrieben war: er sagte sich, dass nicht weit davon ein guter Wohnsitz sein werde. Skallagrímr war während des Winters dort, wo er gelandet war und erforschte da die ganze Gegend. Er nahm Land vom Selalón landeinwärts bis zum Borgarhraun und südwärts bis zu den Hafnarfjöll: die ganze Landschaft, so weit, als sie durch die zum Meere fliessenden Wasserläufe begrenzt wird. Er errichtete sein Gehöft bei der Bucht, wo der Sarg des Kveldúlfr ans Land gekommen war und nannte es Borg. Skalla-grímr verteilte den Bezirk unter seine Schiffsgenossen, und es nahmen viele Männer Land mit seiner Erlaubnis. — Dem Grímr enn háleyski[2]) gab er Land südlich vom Fjord: zwischen der Andakílsá und Grímsá; und er wohnte zu Hvanneyri[3]). — Þorbjörn svarti[4]) kaufte von Hafnar-Ormr Land: von Selaeyri landeinwärts und bis zur Forsá landaufwärts. — Björn gullberi[5]) nahm den südlichen Reykjardalr. — Þorgeirr meldun[6]) empfing von Björn gullberi alles Land oberhalb der Grímsá. — Óleifr hjalti[7]) hiess ein vornehmer Mann; er kam mit seinem Schiffe in den Borgar-fjörðr; er war den ersten Winter bei Skallagrímr und nahm mit dessen Erlaubnis Land zwischen der Grímsá und Geirsá[8]). — Ketill blundr[9]) und sein Sohn Geirr kamen nach Island und waren den ersten Winter bei Skallagrímr. Da heiratete Geirr die Þórunn, Skallagríms Tochter. Im Frühjahre darauf wies Skallagrímr ihnen Land an, und sie nahmen Land von der Flókadalsá landeinwärts bis zur Reykjadalsá und die ganze Zunge landeinwärts bis Rauðsgil und den ganzen Flókadalr oberhalb der Hügel. — Önundr breiðskeggr[10]) nahm die ganze Zunge zwischen der Hvítá und

---

[1]) Mýra s. — [2]) Ldn. I, c. 19. — [3]) Hof nicht weit vom Borgarfjörðr.
[4]) bis [6]) Ldn. I. c. 19. — [7]) Ldn. I, c. 20. — [8]) Es muss, wie Ey. S. 91 schreibt, Flókadalsá heissen. — [9]) und [10]) Ldn. I, c. 20.

Reykjadalsá. — Rauðr[1]) nahm Land landeinwärts von Rauðsgil bis Gil. — Grímr[2]) nahm das südliche Land von Gil landeinwärts bis Grímsgil. —

4. Mýra sýsla.

Þorkell kornamúli[3]) nahm den südlichen Bergrücken vom Kollslækr landeinwärts bis Deildargil. — Úlfr[4]), ein Sohn des Grímr enn háleyski, nahm Land zwischen der Hvítá und den Suðrjöklar. — Kalman[5]), ein Hebride von Geburt, nahm Land westlich von der Hvítá zwischen den Fljót und die ganze Kalmanstúnga, und alles Land ostwärts unter den Gletschern, soweit es mit Gras bewachsen war. — Hrosskell[6]), ein Sohn des Þorsteinn, fuhr nach Island und wohnte zuerst zu Akranes. Da belästigten ihn die Brüder Ketill und Þormóðr[7]). Darauf nahm er die Hvítársíða zwischen der Kjarrá und den Fljót. — Hrosskell gab dem Þorvarðr[8]) den ganzen Fljótsdalr aufwärts an den Fljót entlang. — Hrosskell gab seinem Schiffsgenossen Þorgautr[9]) Land unten in Síða. — Ásbjörn enn auðgi[10]) kaufte Land südlich von der Kjarrá, vom Sleggjulækr landeinwärts bis zu den Hvítbjörg. — Örnólfr[11]) nahm den Örnólfsdalr und den nördlich davon gelegenen Kjarradalr landeinwärts bis zu den Hvítbjörg. — Ketill blundr[12]) kaufte von Örnólfr alles Land nördlich von Klif. — Hrómundr[13]) hiess ein Bruder des Grímr enn háleyski. Er nahm den Þverárdalr und die Þverárhlíð niederwärts (südwärts) bis zum Hallarmúli und vorwärts (ostwärts) bis zur Þverá. — Ísleifr und Ísrauðr, zwei Brüder[14]), nahmen Land vom Sleggjulækr niederwärts, zwischen der Örnólfsdalsá und Hvítá: im Norden niederwärts bis zum Rauðalækr, aber im Süden niederwärts bis Hörðhólar. — Þorbjörn[15]), ein Sohn des Arnbjörn und Bruder des Lýtíngr im Vápnafjörðr, nahm die Stafaholtstúnga zwischen der Norðrá und Þverá. — Þorbjörn blesi[16]) nahm Land im Norðrárdalr südlich vom Flusse, von Krókr landeinwärts, und das ganze Hellisdalr. — Geirmundr[17]), ein Sohn des Gunnbjörn, nahm die Landzunge zwischen der Norðrá und Sandá. — Örn enn gamli[18]) nahm den Sanddalr und Mjófidalr und ebenso den Norðrárdalr niederwärts von Krókr bis Arnarbæli. — Rauða-Björn[19]) nahm den Bjarnardalr und die Thäler, welche sich daselbst abzweigen. — Karl[20]) nahm den Karlsdalr vom Hreðuvatn landeinwärts und wohnte unter dem Karlsfell. Er hatte Land niederwärts bis Jafnaskarð, bis zum Gebiete des Grímr. — Gríss und Grímr[21]) hiessen Freigelassene des Skallagrímr; ihnen gab Skallagrímr Land

---

[1]) bis[4]) Ldn. I, c. 21. — [5]) und[6]) Ldn. II, c. 1. — [7]) S. S. 106. — [8]) u.[9]) Ldn. II. c. 1. — [10]) bis[14]) Ldn. II, c. 2. — [15]) bis[21]) Ldn. II, c. 3.

oben am Gebirge: dem Gríss die Grísartúnga, aber Grímr den Grímsdalr. — Bersi goðlaus[1]) nahm den ganzen Lángavatnsdalr. — Sigmundr[2]) hiess ein Freigelassener des Skallagrímr, ihm gab Skallagrímr Land zwischen der Gljúfrá und Norðrá. — Rauðabjörn[3]) kaufte Land von Skallagrímr zwischen der Gljúfrá und Gufá. — Þorbjörn krumr und Þórðr beigaldi[4]) hiessen zwei Brüder; ihnen gab Skallagrímr Land westlich von der Gufá. — Dem Þórir þurs und Þorgeirr jarðlángr und ihrer Schwester Þorbjörg staung[5]) gab Skallagrímr Land am Südufer der Lángá entlang. — Ein Mann hiess Áni[6]). Ihm gab Skallagrímr Land seewärts an der Lángá entlang: zwischen dieser und dem Hafslækr. — Þorfinnr enn strángi[7]) hiess ein Bannerträger des Þórólfr, eines Sohnes von Skallagrímr; ihm gab Skallagrímr seine Tochter Sæunn und alles Land westlich der Lángá: seewärts bis zum Leirulækr und landeinwärts bis zum Gebirge. — Íngvarr hiess ein Mann[8]), der Vater der Bera, die mit Skallagrímr verheiratet war; ihm gab Skallagrímr Land zwischen dem Leirulækr und Straumfjörðr. — Steinólfr[9]) nahm mit Erlaubnis des Skallagrímr den ganzen beiderseitigen Hraundalr bis zur Grjótá. — Þórir, ein Sohn des Þorgils knappi[10]), hatte alles Land zwischen der Hitá und Álptá landeinwärts bis zum Gebiete des Steinólfr in Besitz genommen. —

5. Hnappadals sýsla.

Þórhaddr[11]), ein Sohn des Steinn mjöksiglandi, nahm den Hitárdalr: südwärts bis zur Grjótá, aber seewärts bis zur Kaldá und zwischen der Hitá und Kaldá bis zum Meere. — Þorgils knappi[12]), ein Freigelassener des Kolli, nahm den Knappadalr. — Þórir[13]) nahm Land südlich von der Gnúpá bis zur Kaldá, unterhalb Knappadalr, zwischen Gebirge und Strand. — Kolbeinn klakkhöfði[14]) fuhr nach Island und kaufte alles Land zwischen der Kaldá und Hitá[15]) unterhalb der Sandbrekka; er wohnte zu Kolbeinsstaðir. — Þormóðr goði und Þórðr gnúpa[16]), zwei Brüder, fuhren nach Island und nahmen Land von der Gnúpá bis zur Straumsfjarðará. Þórðr hatte den Gnúpudalr und wohnte daselbst; Þormóðr wohnte zu Rauðkollsstaðir. Der Sohn des Þormóðr hiess Guðlaugr enn auðgi. Als dieser sah, dass die Lande zu Rauðamelr besser waren als die im südlichen Teile der Gegend, forderte er dem Þorfinnr (Sohn des Þórir)[17]) seinen Besitz ab und bot ihm den Zweikampf an. Sie wurden beide im Zweikampf kampfunfähig, aber Þuríðr, die Tochter des Túngu-Oddr, heilte beide und söhnte

---

[1]) bis [10]) Ldn. II, c. 4. — [11]) und [12]) Ldn. II, c. 4. — [13]) S. S. 102. — [14]) Ldn. II, c. 5. — [15] Für Hitá ist mit Sk. (Ldn. S. 79, Anm. 2) Haffjarðará zu lesen. — [16]) Ldn. II, c. 6. — [17]) S. Anm. 13.

sie aus. Guðlaugr nahm dann Land von der Straumsfjarðará bis Fura, zwischen Gebirge und Strand.

6. Snæfellsnes sýsla.

Vali enn sterki[1]) hiess ein Gefolgsmann des Königs Haraldr enn hárfagri; er beging einen Totschlag an geweihter Stätte und wurde deshalb verbannt. Er fuhr nach den Hebriden und liess sich hier nieder, aber seine 3 Söhne Atli, Alfarinn und Auðunn segelten nach Island. Atli nahm mit seinem Sohne Ásmundr Land von Fura bis Lýsa. — Hrólfr enn digri[2]), ein Sohn des Eyvindr eikikrókr, nahm Land von Lýsa bis zur Hraunhafnará. — Sölvi[3]) nahm Land zwischen Hellir und Hraunhöfn. — Sigmundr[4]), ein Sohn des Ketill þistill, der den Þistilsfjörðr in Besitz genommen hatte, nahm Land zwischen dem Hellishraun und Beruvíkrhraun. — Grímkell[5]), ein Sohn des Álfr und Bruder des Gunnbjörn, nach dem die Gunnbjarnarsker benannt sind, nahm Land vom Beruvíkrhraun bis zum Neshraun, und seewärts bis zur Spitze des Vorgebirges. — Álfarinn[6]), ein Sohn des Vali enn sterki, hatte zuerst die Landzunge zwischen dem Beruvíkrhraun und Enni genommen. — Ormr enn mjóvi[7]) kam mit seinem Schiffe in die Mündung der Frósá und wohnte einige Zeit in Brimilsvellir; er vertrieb den Ólafr belgr[8]) und nahm Víkin hin gamla zwischen Enni und Höfði. — Herjólfr[9]), ein Sohn des Sigurðr, fuhr nach Island, als er bereits alt war und nahm Land zwischen Búlandshöfði und dem Kirkjufjörðr. — Vestarr[10]), ein Sohn des Þórólfr blöðruskalli fuhr nach Island mit seinem sehr alten Vater und nahm Eyrarlönd und den Kirkjufjörðr. — Kolr[11]) nahm Land vom Fjarðarhorn landeinwärts bis zum Tröllaháls und seewärts über Berserkseyri bis zum Hraunsfjörðr; — Auðunn stoti[12]), ein Sohn des Vali enn sterki, nahm den ganzen Hraunsfjörðr oberhalb Hraun zwischen dem Svínavatn und dem Tröllaháls. — Björn[13]) hiess ein Sohn des Ketill flatnefr. Als Ketill nach den Hebriden zog, blieb Björn auf dem Eigentum seines Vaters zurück. Weil sich aber Ketill weigerte, dem König Haraldr Tribut zu zahlen, trieb Haraldr den Björn von seinen Gütern und setzte sich in den Besitz derselben. Da fuhr Björn westwärts über das Meer. Er wollte sich aber hier (sc. auf den Hebriden) nicht niederlassen und wurde deshalb Björn enn austræni genannt. Björn zog nach Island und nahm Land zwischen dem Hraunsfjörðr und der Stafá. — Þórólfr[14]), ein Sohn des Örnólfr fiskreki,

---

[1]) und [2]) II, c. 6. — [3]) bis [4]) Ldn. II, c. 7. — [5]) bis [6]) Ldn. II, c. 8. — [7]) Ldn. II, c. 9. — [8]) Ólafr hatte alles Land von der inneren Seite des Enni bis zur Frósá in Besitz genommen. — [9]) und [10]) Ldn. II, c. 9. — [11]) und [12]) Ldn. II, c. 10. — [13]) Ldn. II, c. 11. — [14]) Ldn. II, c. 12.

wohnte in Mostr; darum nannte man ihn Mostrarskegg. Er war ein grosser Opferer und glaubte an Thor. Er zog nach Island wegen Gewaltthätigkeit des Königs Haraldr hárfagri und fuhr am Südlande entlang. Aber als er westwärts an den Breiði- fjörðr kam, warf er seine Hochsitzpfeiler über Bord und sagte, er wolle sich dort ansiedeln, wo Thor dieselben ans Land treiben werde. Ausserdem gelobte er, sein landnám dem Thor zu weihen und es nach ihm zu benennen. Þórólfr segelte in einen Fjord, welchem ¦er den Namen Breiðifjörðr gab. Er kam an Land ungefähr¨in der Mitte der Südküste des Fjordes. Da fand er Thor (sc. die Hochsitzpfeiler mit dem Thorskopfe) an einer Land- zunge, die seitdem Þórsnes genannt wird. Sie landeten südlich vom Þórsnes in einer Bucht, welche Þórólfr Hofsvogr nannte. Hier errichtete er sein Gehöft und erbaute einen grossen Tempel, welchen er dem Thor weihte. Dieser Ort heisst nun Hofstaðir. Der Fjord war damals wenig oder nicht besiedelt. Þórólfr nahm Land von der Stafá landeinwärts bis zur Þórsá, und nannte das ganze Gebiet Þórsnes. — Geirröðr[1]) fuhr mit Finngeirr und Úlfarr kappi nach Island. Geirröðr nahm Land von der Þórsá landeinwärts bis zur Lángadalsá. Geirröðr gab dem Úlfarr Land zu beiden Seiten des Úlfarsfell und von dem Berge landeinwärts. Dem Finngeirr gab er Land am inneren Álptafjörðr. — Geirríðr hiess eine Schwester des Geirröðr; sie war verheiratet mit Björn, einem Sohne des Bölverkr blindíngatrjóna. Þórólfr hiess ihr Sohn. Nach dem Tode des Björn zog Geirríðr mit ihrem Sohne nach Island, und sie waren im ersten Winter zu Eyri. Im Frühjahre gab Geirröðr seiner Schwester Wohnung im Borgardalr, aber Þórólfr zog nach Norwegen (fara utan) auf die Wikingsfahrt. Als er nach Island zurückkam, forderte er Úlfarr den Besitz ab und bot ihm den Zweikampf an. Úlfarr war alt und kinderlos; er fiel im Zwei- kampfe. — Þorbergr[2]) nahm die beiden Lángdælir. — Steinn mjöksiglandi[3]) nahm die Skógarströnd vom Gebiete des Þorbergr ab bis hinein zur Laxá. — Íngólfr enn sterki[4]) nahm Land von der Laxá landeinwärts bis zur Skraumuhlaupsá.[5]) —

7. Dala sýsla.

Þorsteinn rauðr[5]), ein Sohn des Óleifr enn hvíti und der Auðr en djúpauðga, einer Tochter des Ketill flatnefr, machte sich zum Heerkönige. Er vereinigte sich mit Sigurðr enn ríki, einem Sohne des Eysteinn glumra. Sie gewannen Katanes und Suðrland, Ros und Merrhæfi und mehr als die Hälfte von Schottland. Þorsteinn

---

¹) bis ³) Ldn. II, c. 13. — ⁴) Ldn. II, c. 14. — ⁵) Ein Teil dieses Ge- bietes liegt in der Dala-s. — ⁶) Ldn. II, c. 15 und 16.

war König darüber, bis ihn die Schotten verrieten, und da fiel
er im Kampfe. Auðr war zu Katanes, als sie den Tod ihres
Sohnes erfuhr. Sie liess sich heimlich im Walde ein Handelsschiff
bauen und fuhr über die Orkneyjar und Færeyjar nach Island.
In ihrer Begleitung befanden sich 20 freigeborene Männer. Auðr
kam nach Vikarsskeið und litt Schiffbruch. Hierauf begab sie
sich nach Kjalarnes zu ihrem Bruder Helgi bjóla. Er lud sie mit
der Hälfte ihrer Leute zu sich ein. Ihr aber kam diese Einladung
nicht gut vor, und sie sagte, er würde noch lange ein kläglicher
Kerl (litilmaðr) bleiben. Nun fuhr sie westwärts nach dem Breiðifjörðr zu ihrem Bruder Björn. Er ging ihr entgegen mit seinen
Knechten und lud sie mit allen ihren Leuten zu sich ein. Sie
nahm die Einladung auch an. Im Frühjahre darauf fuhr Auðr
mit ihren Gefährten tiefer in den Breiðifjörðr hinein, um Land zu
suchen. Auðr nahm alle Thäler am inneren Fjorde von der
Dögurðará bis zur Skraumuhlaupsá. Auðr gab ihren Schiffsgenossen
und Freigelassenen Land. — Ketill[1]) hiess ein Mann; ihm gab Auðr
Land von der Skraumuhlaupsá bis zur Hörðadalsá. — Hörðr[2])
hiess ein Schiffsgenosse der Auðr; ihm gab sie den Hörðadalr. —
Vífill[3]) hiess ein Freigelassener der Auðr; er fragte die Auðr,
warum sie ihm nicht, wie anderen Männern, eine Wohnstätte gebe?
Sie antwortete, das thue nichts, er werde doch überall als tüchtig
gelten. Sie gab ihm aber den Vífilsdalr. — Hundi[4]) hiess ein
Freigelassener der Auðr, ihm gab sie den Hundadalr. — Sökkólfr[5])
hiess ein Freigelassener der Auðr; ihm gab sie den Sökkólfsdalr. —
Dem Erpr[6]), einem Sohne des Jarls Melldun, gab Auðr die Freiheit
und das Land am Sauðafell. — Kollr[7]) nahm den ganzen Laxárdalr und alles Land bis zur Haukadalsá. — Kjallakr[8]), ein Sohn
des Björn enn sterki, fuhr nach Island und nahm Land von der
Dögurðará bis zu den Klofníngar. — Geirmundr heljarskinn[9])
fuhr mit seinen Freunden Úlfr enn skjálgi und Steinólfr enn lági nach
Island. Sie landeten in Elliðaey im Breiðifjörðr. Hier erfuhren
sie, dass der Fjord im Süden bereits besiedelt war, aber wenig
oder nicht im Westen. Geirmundr fuhr nach der Meðalfellsströnd und
nahm Land von der Fábeinsá bis zu den Klofasteinar. — Steinólfr
enn lági[10]), ein Sohn des Hersen Hrólfr von Agðir, nahm Land
von den Klofasteinar landeinwärts bis zum Grjótvallarmúli. Er
ging auf einen Berg und sah landeinwärts ein grosses, mit Wald
bewachsenes Thal. An einer Stelle bemerkte er einen offenen
Platz; da liess er ein Gehöft bauen, welches er Saurbær nannte,
weil die Gegend sehr morastig war. Denselben Namen legte er

---

[1]) bis [6]) Ldn. II, c. 17. — [7]) Ldn. II, c. 18. — [8]) Ldn. II. c. 19. —
[9]) S. S. 98. — [10]) Ldn. II, c. 21.

dem ganzen Thale bei. — Sléttu-Björn[1]) hiess ein Mann, der sich
mit Þuríðr, der Tochter des Steinólfr enn lági, verheiratete. Er
nahm mit Erlaubnis des Steinólfr das westliche Thal in Saurbær. —
Úlafr belgr[2]) nahm Land nördlich vom Grjótvallarmúli landeinwärts.
— Gisl skeiðarnef[3]) nahm den Gilsfjörðr zwischen dem Ólafsdalr
und dem Króksfjarðarmúli[4]). — Das Land zwischen der Laxá und
Dögurðará gab Auðr jedenfalls Herjólfr, Eysteinn und Hallstein,
die mit Töchtern des Þorsteinn rauðr verheiratet waren.[5])

8. Barðastrandar sýsla.

Þórarinn krókr[6]) nahm den Króksfjörðr bis zum Hafrafell. —
Ketill ilbreiðr[7]) nahm den Berufjörðr. — Úlfr enn skjálgi[8])
nahm das ganze Reykjanes zwischen dem Þorskafjörðr und Hafrafell.
— Hallsteinn[9]), ein Sohn des Þórólfr Mostrarskegg, nahm den
Þorskafjörðr. — Þrándr mjóbeinn[10]) wohnte in Flatey, als Oddr
skrauti und sein Sohn Þórir nach Island kamen und sich im Þorskafjörðr ansiedelten. — Þorbjörn loki[11]) nahm den Djúpatjörðr und
das Grónes bis zum Gufufjörðr. — Ketill gufa[12]) kam spät in
der landnámatíð nach Island; er hatte im Westen geheert. Ketill
landete im Rosmhvalanes und sass während des ersten Winters
zu Gufuskálar; aber im Frühlinge zog er auf Nes landeinwärts
und hielt sich den zweiten Winter zu Gufunes auf. Ketill erhielt
auf Nes keine Wohnung und zog nach dem Borgarfjörðr und
verweilte den dritten Winter zu Gufuskálar an der Gufá. Frühzeitig im Frühjahre fuhr er westwärts in den Breiðifjörðr, um sich
Land, zu suchen. Er hielt sich zu Geirmundarstaðir auf und warb
um Ýr, die Tochter des Geirmundr, und sie wurde ihm auch
gegeben. Geirmundr wies den Ketill nach den Landgebieten in
den Westfjorden. Als Ketill zurückgekommen war, fuhr er westwärts um Mýrar herum und war den vierten Winter auf Snæfellsnes
zu Gufuskálar. Hierauf nahm er den Gufufjörðr und das Skálanes
bis zum Kollatjörðr. — Kolli[13]), ein Sohn des Hróaldr, nahm
den Kollafjörðr und das Kvígandanes und den Kvígandafjörðr. —
Knjúkr[14]) hiess ein Sohn des Þórólfr spörr, der mit Örlygr nach
Island gekommen war. Er nahm alle Landzungen vom Kvígandafjörðr bis zu der Barðaströnd. — Geirsteinn kjálki[15]) nahm mit
Erlaubnis des Knjúkr den Kjálkafjörðr und das Hjarðarnes. —
Geirleifr[16]), ein Sohn des Eirekr, nahm die Barðaströnd zwischen
dem Vatnsfjörðr und die Berghlíðar. — Þórólfr spörr[17]) kam mit
Örlygr nach Island und nahm den westlichen Patreksfjörðr und

---

¹) bis ³) Ldn. II, c. 21. — ⁴) Ein Teil dieses Gebietes liegt in der Barðastrandar-s. — ⁵) Ldn. II, c. 18. — ⁶) bis ⁸) Ldn. II, c. 22. — ⁹) Ldn. II,
c. 23. — ¹⁰) Ldn. II, c. 19. — ¹¹) Ldn. II, c. 23. — ¹²) Ldn. II, c. 24. —
¹³) bis ¹⁶) Ldn. II, c. 25. — ¹⁷) Ldn. II, c. 26.

die Víkr westlich von (fyrir vestan) Barð, ausser Kollsvík, wo
Kollr, der Ziehbruder des Örlygr, wohnte. Þórólfr nahm auch die
Keflavík südlich von (fyrir sunnan) von Barð[1]). Þorbjörn tálkni
und Þorbjörn skúma[2]) nahmen den halben Patreksfjörðr und den
ganzen Tálknafjörðr bis zum Kópanes. — Ketill ilbreiðr[3]), ein Sohn
des Þorbjörn tálkni, nahm alle Thäler vom Kópanes bis zum
Dufansdalr. Er gab seine Tochter Þórarna dem Hergils hnappraz
und zog südwärts in den Breiðifjörðr und nahm den Berufjörðr
bei Reykjanes. — Geirþjófr[4]), ein Sohn des Valþjófr, nahm Land
im Arnarfjörðr: den Forsfjörðr, Reykjarfjörðr, Trostansfjörðr und
Geirþjófsfjörðr. —

9. Ísafjarðar sýsla.

Án rauðfeldr[5]) fuhr mit Grelöð, seiner Frau, nach Island und
kam einen Winter später als Örn in den Arnarfjörðr. Án hielt
sich während des ersten Winters im Dufansdalr auf. Da war es
der Grelöð, als käme ein übler Geruch aus dem Erdboden. Örn
hörte von seinem Verwandten Hámundr heljarskinn, der im Nordviertel im Eyjafjörðr wohnte, und bekam Lust, dorthin zu reisen.
Deshalb verkaufte er an Án alles Land zwischen Lánganes und
Stapi. Án errichtete seine Wohnung zu Eyri. Da war es der
Grelöð, als käme Honigduft aus dem Grase. — Eirekr[6]) nahm den
Keldudalr auf der Südseite des Dýrafjörðr, und das Sléttanes bis
Stapi und bis zum äusseren Háls im Dýrafjörðr. — Vesteinn[7]),
ein Sohn des Vegeirr und ein Bruder des Vebjörn sygnakappi,
nahm Land zwischen den Hálsar im Dýrafjörðr. — Þorbjörn súrr[8])
kam nach Island, als das Land vollständig besiedelt war; ihm gab
Vesteinn den halben Haukadalr. — Dýri[9]) nahm den Dýrafjörðr. —
Þórðr[10]), ein Sohn des Víkíngr oder des Königs Haraldr, nahm Land
zwischen Þúfa im Hjallanes und dem Iarðfallsgil. — Íngjaldr[11]),
ein Sohn des Bruni, nahm den Íngjaldssandr zwischen dem Hjallanes
und der Ófæra. — Önundr[12]), ein Sohn des Víkíngr und ein
Bruder des Þórðr in Alviðra, nahm den Önundarfjörðr. — Hallvarðr súgandi[13]) nahm den Súgandafjörðr und die Skálavík bis zum
Stigi. — Þuríðr sundafyllir[14]) und ihr Sohn Völu-Steinn fuhren von
Hálogaland nach Island und nahmen die Bolúngarvík. — Helgi[15]),
ein Sohn des Hrólfr, kam in den Eyjatjörðr. Da der Fjord damals vollständig besiedelt war, wollte er Island wieder verlassen, aber er wurde in
den Súgandafjörðr zurückgetrieben. Während des Winters hielt er sich
bei Hallvarðr auf, im Frühling aber zog er fort, um sich eine Wohn-

---

[1]) Die Víkr liegen aber fyrir norðan (so liest auch E) Barð, und Keflavík
liegt fyrir austan Barð. — [2]) bis [5]) Ldn. II, c. 26. — [6]) bis [10]) Ldn. II, c. 27.
[11]) Ldn. II, c. 28. — [12]) bis [16]) Ldn. II, c. 29.

stätte zu suchen. Er kam in einen Fjord, wo er auf dem zur Ebbezeit trockenen Strande eine Harpune (skutil í flæðarmáli) fand.
Deshalb nannte er den Fjord Skutilsfjörðr nnd siedelte sich hier
an. — Þórólfr brækir[1]) nahm einen Teil des Skutilsfjörðr und
die Skálavík. — Eyvindr kné[2]) nahm den Álptafjörðr und Seydis-
fjörðr. — Vebjörn-Sygnakappi[3]) nahm Land zwischen dem
Skötufjörðr und Hestfjörðr: so viel, als er an einem Tage umschreiten
konnte und ausserdem noch das Land, das er Folafótr nannte. —
Gunnsteinn und Halldórr[4]), die Söhne des Gunnbjörn, nach dem
die Gunnbjarnarsker benannt sind, nahmen den Skötufjörðr und
den Laugardalr und die Ögrvík bis zum Mjófifjörðr. — Snæbjörn[5]),
ein Sohn des Eyvindr austmaðr, nahm Land zwischen dem Mjófifjörðr und der Lángadalsá. — Ólafr jafnakollr[6]) nahm Land von
der Lángadalsá bis zur Sandeyrará. — Þórhrólfr fasthaldi[7]) nahm
Land von der Sandeyrará bis zur Gýjarsporsá im Hrafnsfjörðr. —
Örlygr[8]), ein Sohn des Böðvarr, eignete sich Slétta und die Jökuls-
firðir an. — Geirmundr[9]) zog westwärts nach den Strandir und
nahm Land vom Rýtagnúpr ostwärts bis Horn und von da ostwärts bis zum Straumnes. Er errichtete vier Höfe: einen in
Aðalvík, den verwaltete sein Amtmann; den andern in Kjaransvík,
den verwaltete sein Sklave Kjaran; den dritten auf der westlichen
Allmende, den verwaltete sein Sklave Björn, der wegen Schaf-
diebstahls geächtet wurde, als Geirmundr tot war; sein Besitz
aber wurde zur Allmende; den vierten in Barðsvík, den verwaltete
sein Sklave Atli, und dieser hatte 12 Sklaven unter sich[10]).
Hella-Björn[11]) nahm Land vom Straumnes bis Drángar[12]). —

10. Stranda sýsla.

Þorvaldr[13]), ein Sohn des Ásvaldr, nahm das Drángaland und
die Drángavík bis zum Eingines. — Herrauðr hvítaský'[14]) war
ein vornehmer Mann; er wurde auf Befehl des Haraldr erschlagen,
aber seine 3 Söhne fuhren nach Island und nahmen Land zu
Strandir: Eyvindr den Eyvindarfjörðr, Ófeigr den Ófeigsfjörðr und
Íngólfr den Íngólfsfjörðr. — Eirekr snara[15]), nahm Land vom
Íngólfsfjörðr bis Veiðilausa. — Önundr tréfótr[16]) nahm Land von
Kleifar bis Ófæra: die Kaldbaksvík, Kolbeinsvík und Byrgisvík. —
Björn[17]) nahm den Bjarnarfjörðr. — Steingrímr[18]) nahm den
ganzen Steingrímsfjörðr. — Kolli[19]) nahm den Kollafjörðr und
das Skriðnisenni. — Þorbjörn bitra[20]) nahm den Fjord, der nun
Bitra heisst. — Arndís en auðga[21]), eine Tochter des Steinólfr

---

[1]) bis [4]) Ldn. II, c. 29. — [5]) Ldn. II, c. 30. — [6]) bis [8]) Ldn. II, c. 31.
[9]) Ldn. II, c. 20. — [10]) Über das zweite landnám des Geirmundr siehe
S. 112. — [11]) Ldn. II, c. 31. — [12]) Ein Teil dieses Gebietes liegt in der
Stranda s. — [13]) bis [15]) Ldn. II, c. 31. — [16]) bis [21]) Ldn. II, c. 32.

enn lági, nahm Land im Hrútafjörðr von Borðeyri seewärts. —
Þröstr und Grenjaðr[1]), die Söhne des Hermundr lokinn, nahmen
Land im Hrútafjörðr von Borðeyri landeinwärts.

11. Húnavatns sýsla.

Þóroddr[2]) nahm Land im Hrútafjörðr. — Skinna-Björn[3])
nahm den Miðfjörðr und den Línakradalr. — Haraldr hríngr[4])
nahm das ganze äussere Vatnsnes: westwärts bis zur Ambáttará,
aber ostwärts landeinwärts bis zur Þverá, und von da quer über
das Land zum Bjargaós und alles auf der meerwärts gelegenen
Seite der Berge. — Sóti[5]) nahm Vestrhóp. — Auðun
skökull[6]), ein Enkel des englischen Jarls Hunda-Steinarr, nahm
den Víðidalr. — Ormr[7]) nahm den Ormsdalr. — Íngimundr
enn gamli[8]) nahm den ganzen Vatnsdalr landeinwärts vom
Helgavatn und vom östlich davon gelegenen Urðarvatn. — Jörundr[9])
nahm Land vom Urðarvatn seewärts bis zum Mógilslækr. —
Hvati[10]) nahm Land vom Mógilslækr seewärts bis zur Giljá. —
Ásmundr[11]) nahm Land vom Helgavatn seewärts: die þingeyra-
sveit. — Friðmundr[12]) nahm den Forsæludalr. — Hallormr[13])
heiratete Þórdís, Íngimunds Tochter, die als Mitgift das Land an
der Kornsá erhielt. — Eyvindr auðkúla[14]) nahm den ganzen Svína-
dalr. — Þorbjörn kolka[15]) nahm die Kolkumýrar und Eyvindr
sörkvir nahm den Blöndudalr. — Ævarr[16]), ein Sohn des Ketill
helluflagi, fuhr nach Island und ebenso seine Söhne mit Ausnahme
von Vefreyðr. Ausserdem fuhren mit ihm, Gunnsteinn, sein Freund,
und Auðólfr und Gautr; aber Vefreyðr befand sich noch auf der
Wikingsfahrt. Ævarr kam mit seinem Schiffe in den Blönduós;
da waren die Landgebiete westlich von der Blanda schon in Besitz
genommen. Ævarr fuhr die Blanda hinauf, um sich Land zu
suchen, aber als er dorthin kam, wo die Móbergsbrekkur zu finden
sind, richtete er eine hohe Stange auf und erklärte, dass er diesen
Ort zum Wohnsitze seines Sohnes Vefreyðr bestimme. Hierauf
nahm er den ganzen Lángidalr von da landeinwärts und ebenso
nördlich vom háls. Ævarr teilte das Land mit seinen Schiffsgenossen und wohnte zu Ævarsskarð. Später kam auch Vefreyðr
nach Island und errichtete seine Wohnung zu Móberg. — Gautr[17])
besiedelte den Gautsdalr. — Holti[18]) nahm den Lángidalr von
Móberg seewärts. — Hólmgaungu-Máni[19]), nahm die Skaga-
strönd: die westliche landeinwärts bis zur Fossá, aber die östliche
bis Mánaþúfa. — Þorkell víngnir[20]) nahm alles Land im
Vatnsskarð und den Svartárdalr. —

---

[1]) Ldn. II, c. 33. — [2]) bis [7]) Ldn. III, c. 1. — [8]) Ldn. III, c. 2. —
[9]) bis [13]) Ldn. III, c. 3. — [14]) bis [19]) Ldn. III, c. 5. — [20]) Ldn. III. c. 6.

12. Skagafjarðar sýsla.

Eilífr örn[1]) nahm Land von Mánaþúfa landeinwärts bis zur Gaunguskarðsá und den Laxárdalr. — Sæmundr enn suðreyski[2]) nahm die ganze Sæmundarhlíð bis zum Vatnsskarð oberhalb des Sæmundarlækr. — Skefill[3]) kam mit seinem Schiffe in den Gaunguskarðsárós zu derselben Woche wie Sæmundr; aber während Sæmundr mit Feuer um sein landnám zog, eignete sich Skefill alles Land nördlich von der Sauðá an. Das nahm er von dem landnám des Sæmundr ohne dessen Erlaubnis, und Sæmundr liess das so hingehen. — Úlfljótr[4]) nahm das ganze Lángaholt unterhalb (östlich) vom Sæmundarlækr. — Álfgeirr[5]) nahm die Álfgeirsvellir landeinwärts bis zur Mælifellsá. — Þórviðr[6]) nahm Land von der Mælifellsá landeinwärts bis zur Giljá. — Hroskell[7]) nahm mit Erlaubnis des Eirekr den ganzen Svartárdalr und alles Land am Yrarfell, er nahm das Thal landeinwärts bis Gilhagi. — Eirekr[8]) nahm Land von der Giljá über die Goðdalir und abwärts bis zur Norðrá. — Vekell enn hamrammi[9]) nahm Land von der Giljá seewärts bis zur Mælifellsá. — Kráku-Hreiðarr[10]) hiess ein Sohn des Ófeigr lafskegg. Beide rüsteten sich zur Fahrt nach Island aus, und da sie das Land in Sicht bekamen, ging Hreiðarr an den Mastbaum und erklärte, er werde seine Hochsitzpfeiler nicht über Bord werfen, denn es sei ohne Bedeutung, danach seine Bestimmung zu treffen. Er sagte, er wolle lieber den Thor anrufen, dass er ihm Land anweise und erklärte, er werde um das Land kämpfen, wenn er es bereits besetzt finde. Er kam in den Skagafjörðr und segelte am Borgarsandr auf, sodass er Schiffbruch litt. Hávarðr hegri kam zu ihm und lud ihn zu sich ein, und so war er während des Winters in Hegranes. Im Frühjahre aber fragte ihn Hávarðr, was er vorhabe; er aber erwiderte, er wolle mit Sæmundr um sein Land kämpfen. Davon suchte ihn Hávarðr abzubringen und sagte, das sei schon übel abgelaufen; er bat ihn, zu Eirekr in den Goðdalir zu gehen und seinen Rat zu holen: denn er ist der weiseste Mann in der Gegend. Hreiðarr that so. Da er aber zu Eirekr kam, suchte ihn dieser von solcher Friedensstörung abzubringen und sagte, es sei unpassend, wenn die Leute sich streiten wollten, wo doch das Land noch so wenig besiedelt sei; er erklärte, er wolle ihm lieber selbst die Landzunge von Skálamýri seewärts geben und sagte, dahin habe ihn eigentlich Thor gewiesen, denn dahin habe sein Vordersteven gesehen, als er am Borgarsandr auffuhr. So, meinte er, habe er Land genug für sich und seine Söhne. Dieses Anerbieten nahm Hreiðarr an.

---

[1]) bis [7]) Ldn. III, c. 6. — [8]) bis [10]) Ldn. III, c. 7.

— Önundr víss[1]) nahm den östlichen Teil des östlichen Thales von Merkigil landeinwärts. Aber da Eirekr zufahren wollte, um den ganzen westlichen Teil des Thales in Besitz zu nehmen, nahm Önundr eine Opferweissagung (blótspán) vor, um zu erfahren, wenn Eirekr zufahren werde, das Thal in Besitz zu nehmen. Dann war Önundr der Schnellere und schoss mit einem brennenden Pfeile über den Fluss und heiligte sich so das westliche Thal. — Kári[2]) nahm Land zwischen der Norðrá und dem Merkigil. — Þorbrandr örrek[3]) nahm die ganze Silfrastaðahlíð von der Bólstaðará landeinwärts und den ganzen nördlichen Norðrárdalr. — Hjálmólfr[4]) nahm die Blönduhlíð. — Þórir dúfunef[5]) kam mit seinem Schiffe in den Gaunguskarðsárós. Da war die ganze westliche Landschaft schon besiedelt. Er fuhr über die Jökulsá nach Landbrot und nahm Land zwischen der Glóðafeykisá und Djúpá. — Kollsveinn enn rammi[6]) nahm Land zwischen der Þverá und Gljúfrá. — Gunnólfr[7]) nahm Land zwischen der Þverá und⁀Glóðafeykisá. — Öndottr[8]) kam nach Island in den Kolbeinsárós und kaufte Land von Sléttu-Björn: von der östlichen Seite der Hálsgröf seewärts bis zur Kolbeinsárós, aber auf der westlichen Seite seewärts von dem Bache, welcher von Nautabú aus ins Meer fliesst und landeinwärts bis zur Gljúfrá. — Kolbeinn[9]), ein Sohn des Sigmundr, nahm Land zwischen der Grjótá und Deildará, den Kolbeinsdalr und Hjaltadalr. — Hjalti[10]) nahm mit Erlaubnis des Kolbeinn den Hjaltadalr. — Þórðr[11]), ein Sohn des Björn byrðusmjör, nahm die Höfðaströnd im Skagafjörðr zwischen der Unadalsá und Hrolleifsdalsá. — Friðleifr[12]) hiess ein Mann; väterlicherseits ein Gaute, aber seine Mutter Bryngerðr war eine Flamländerin. Friðleifr nahm die ganze Sléttahlíð und den Friðleifsdalr zwischen der Friðleifsdalsá und Stafá. — Flóki[13]) nahm den Flókadalr zwischen der Flókadalsá und dem Reykjarhóll. — Þórðr knappr[14]) nahm Land von Stífla landeinwärts bis zur Túnguá; und Nafar-Helgi nahm das östliche Land vom Haganes landeinwärts bis zur Flókadalsá unterhalb Barð und landeinwärts bis zur Túnguá. — Bárðr Suðreyíngr[15]) nahm⁀Land von Stífla landeinwärts bis zur Mjófadalsá. — Bruni enn hvíti[16]) nahm Land zwischen der Mjófadalsá und den Úlfsdalir. —

13. Eyjafjarðar sýsla.

Der Wiking Úlfr und Ólafr bekkr[17]) fuhren nach Island. Úlfr nahm die Úlfsdalir und Ólafr nahm alle westlichen Thäler und einen Teil vom Ólafsfjörðr bis zur Grenze des⁀Þormóðr. —

---

[1]) bis [6]) Ldn. III, c. 8. — [7]) bis [9]) Ldn. III, c. 9. — [10]) und [11]) Ldn. III, c. 10. — [12]) bis [17]) Ldn. III, c. 11.

Þormóðr enn rammi[1]) nahm den ganzen Siglufjörðr zwischen den Úlfsdalir und Hvanndalir. — Gunnólfr enn gamli[2]) nahm den östlichen Ólafsfjörðr landeinwärts bis zur Reykjaá und seewärts bis Vomúli. — Eyvindr[3]), ein Sohn des Björn aus Gautland, heiratete Raförta, eine Tochter des irischen Königs Kjarvalr, und liess sich in Irland nieder. Deshalb wurde er Eyvindr austmaðr genannt. Eyvindr und Raförta hatten einen Sohn, der Helgi hiess. Sie gaben ihn zur Erziehung nach den Hebriden; aber als sie nach zwei Jahren zurückkamen, war er so ausgehungert, dass sie ihn nicht wiedererkannten. Sie nahmen ihn mit sich fort und nannten ihn Helgi enn magri (der Magere). Er wurde hierauf in Irland erzogen, und als er erwachsen war, wurde er ein Mann von grossem Ansehen. Er heiratete die Þórunn hyrna, eine Tochter des Ketill flatnefr. Sie besassen viele Kinder: Hrólfr und Íngjaldr hiessen die Söhne. — Helgi enn magri zog nach Island mit seiner Frau und seinen Kindern; mit ihm fuhr auch Hámundr heljarskinn, der mit Íngunn (Helgis Tochter) verheiratet war. Helgi war sehr gemischt in seinem Glauben; er glaubte an Christus, rief aber den Thor bei Seefahrten oder in sonstigen Nöten an. Als Helgi Island sah, fragte er den Thor, wo er Land nehmen solle. Die Antwort aber wies ihn nordwärts um das Land. Da fragte sein Sohn Hrólfr, ob er auch ins Eismeer (Dumbshaf) fahren würde, wenn ihn Thor dahin wiese; denn das Seevolk merkte an dem Meere, dass man am Ende des Sommers stand. Helgi landete südlich von Hrísey im Svarfaðardalr und hielt sich im ersten Winter zu Hámundarstaðir auf. Sie bekamen einen strengen Winter. Im Frühjahre ging Helgi auf das Sólarfjall und sah, dass einwärts zu im Meere alles viel dunkler anzusehen war. Den Fjord aber nannten sie Eyjafjörðr, wegen der Inseln, die vor ihm lagen. Hierauf brachte Helgi seinen ganzen Besitz wieder an Bord, Hámundr aber blieb zurück. Helgi landete bei Galtarhamar und untersuchte während des Sommers die ganze Gegend. Er nahm den ganzen Eyjafjörðr vom Siglunes bis zum Reynisnes in Besitz. Er machte bei jeder Flussmündung ein Feuer an und heiligte sich so den ganzen Meerbusen zwischen den beiden Vorgebirgen. Während des Winters war Helgi zu Bíldsá, aber im Frühlinge brachte er seine Wohnung nach Kristsnes und wohnte hier, so lange als er lebte. Helgi glaubte an Christus und nannte darum nach ihm seine Wohnung. — Þorsteinn svarfaðr[4]) fuhr nach Island und nahm mit Erlaubnis des Helgi den Svarfaðardalr. — Karl[5]) nahm den ganzen Strand von Upsir seewärts bis Mígandi. — Galmi[6]) nahm die Galmaströnd zwischen

---

[1]) und [2]) Ldn. III, c. 11. — [3]) Ldn. III, c. 12. — [4]) bis [6]) Ldn. III, c. 13. —

der Þorvaldsdalsá und Reistará. Sein Sohn hiess Þorvaldr. Diesem
gab Hámundr Land zwischen der Reistará und Hörgá. —
Geirleifr[1]) nahm den Hörgárdalr landeinwärts bis zur Myrká. —
Þórðr slítandi[2]) nahm den Hörgárdalr von der Myrká landein-
wärts und auf der anderen Seite (öðrumegin) seewärts bis Drángar.
— Þórir þursasprengir[3]) nahm den ganzen Öxnadalr. —
Auðólfr[4]) nahm den Hörgárdalr von der Þverá seewärts bis zur
Bægisá. — Eysteinn[5]), ein Sohn des Rauðúlfr, nahm Land von
der Bægisá seewärts bis zur Kræklíngahlíð. — Helgi enn magri gab
Ásmundr[6]), dem Sohne des Öndottr kráka, die Kræklíngahlíð. —
Helgi enn magri[7]) gab seinem Schwiegersohne Hámundr Land zwischen dem Merkigil und der Skjálgdalsá. — Helgi gab seine Tochter
Þóra dem Gunnarr, einem Sohne des Úlfljótr, der die Gesetze nach
Island brachte, und Land von der Skjálgdalsá landeinwärts bis
zum Háls. — Helgi gab Auðun rotinn, einem Sohne des Þórólfr
smjör, seine Tochter Helga und Land vom Háls landeinwärts bis
zum Villíngadalr. — Helgi gab seinem Sohne Hrólfr alles Land
östlich von der Eyjafjarðará von Arnarhvoll landeinwärts. — Helgi
gab seinem Sohne Íngjaldr Land von Arnarhvoll seewärts bis zur
Þverá hin ytri. — Helgi gab seine Tochter Hlíf dem Þorgeirr,
einem Sohne des Þórðr bjálki, und Land von der Þverá seewärts
bis zur Varðgjá.[8])

Suðr-Þíngeyjar sýsla.

Skagi Skoptason[9]) nahm mit Erlaubnis des Helgi die östliche
Eyjafjarðarströnd: von der Varðgjá seewärts bis zur Hnjóskadalsá.
— Þórir snepill[10]) nahm den ganzen Hnjóskadalr bis Ódeila. —
Þengill mjöksiglandi[11]) nahm mit Erlaubnis des Helgi Land von
der Hnjóská seewärts bis zur Grenivík. — Þormóðr[12]) nahm die
Grenivík und Hvallátr und den ganzen Strand bis zum Þorgeirs-
fjörðr. — Þorgeirr[13]) nahm den Þorgeirsfjörðr und den Hvalvatns-
fjörðr. — Loðinn aungull[14]) hiess ein Mann; er war geboren zu
Aungley in Hálogaland und fuhr wegen Gewaltthätigkeit des Jarls
Hákon nach Island. Loðinn starb während der Fahrt, aber sein
Sohn Eyvindr nahm den Flateyjardalr landeinwärts bis zu den
Gunnsteinar. — Kampa-Grímr[15]) fuhr von den Hebriden nach
Island und wurde während des ganzen Sommers auf dem Meere
umhergetrieben. Er litt Schiffbruch am Skjálfandafljótsós und
nahm Kaldakinn zum zweiten Male.[16]) — Þorfiðr máni[17]) nahm
Land unterhalb der Eyjardalsá bis zum Landamót und einen Teil

---

[1]) Ldn. III, c. 13. — [2]) bis [5]) Ldn. III, c. 14. — [6]) Ldn. III, c. 15. — [7]) Ldn.
III, c. 16. — [8]) Ein Teil dieses Gebietes liegt in der Suðr-Þíngeyjar s. — [9]) Ldn.
III, c. 16. — [10]) bis [14]) Ldn. III, c. 17. — [15]) Ldn. III, c. 18. — [16]) Kaldakinn war
von Þórir snepill (Anm. 10) verlassen worden. — [17]) Ldn. III, c. 18. —

vom Ljósavatnsskarð. — Þórir[1]), ein Sohn des Grímr gráfeldarmúli von Rogaland, nahm Land innerhalb des Ljósavatnsskarð. — Heðinn und Höskuldr[2]), die Söhne des Þorsteinn þurs, nahmen das westlich von der Túnguheiði gelegene Land. Heðinn wohnte zu Heðinshöfði. Höskuldr nahm alles Land östlich von der Laxá und wohnte zu Skörðuvík. — Die Ziehbrüder Vestmaðr und Úlfr[3]) nahmen den ganzen Reykjadalr westlich von der Laxá landeinwärts bis zum Vestmannsvatn. — Þorsteinn höfði[4]) hiess ein Herse zu Hörðaland; seine Söhne waren Eyvindr und Ketill hörðski. Nach dem Tode des Vaters bekam Eyvindr Lust, nach Island zu fahren, aber Ketill bat seinen Bruder, auch für ihn mit Land zu nehmen, für den Fall, dass er Lust verspüren würde, nachzukommen. Eyvindr kam in die Húsavík und nahm den Reykjadalr vom Vestmannsvatn landeinwärts: er wohnte zu Helgastaðir. Náttfari, der mit Garðarr ausgefahren war, hatte sich früher den Reykjadalr angeeignet und an die Bäume Merkzeichen gemacht; aber Eyvindr trieb ihn fort und liess ihn nur im Besitz der Náttfaravík. Ketill kam auf die Botschaft seines Bruders hin nach Island und wohnte zu Einarsstaðir. — Grenjaðr[5]), ein Sohn des Hrappr und Bruder des Geirleifr, nahm den Peigjandadalr und die Hraunaheiði, das Þorgerðarfell und den unteren Laxárdalr. — Böðólfr[6]), ein Sohn des Grímr Grímólfssonar, nahm ganz Tjörnes zwischen der Túnguá und Ós. Máni[7]) fuhr nach Island und litt am Tjörnes Schiffbruch. Einige Winter wohnte er zu Máná, bis ihn Böðólfr vertrieb. Hierauf nahm er Land unterhalb der Kálfborgará zwischen dem Fljót und der Rauðaskriða. —

Norðr-Þingeyjar sýsla.

Skeggi[8]), ein Sohn des Böðólfr, nahm das Kelduhverfi landeinwärts bis zum Keldunes. — Ljótr óþveginn[9]) nahm das Kelduhverfi vom Keldunes landeinwärts. — Önundr[10]), ein Sohn des Blæingr, nahm das Kelduhverfi vom Keldunes ab. — Einarr[11]), Vestmaðr und Vemundr fuhren an der Nordküste Islands entlang und segelten westlich von Slétta in einen Busen hinein. Sie stellten zu Reistargnúpr eine Axt auf und benannten danach den Öxarfjörðr, westlich davon stellten sie einen Adler auf und benannten die Arnarþúfa, drittens stellten sie ein Kreuz auf und nannten den Ort Krossás; so heiligten sie sich den ganzen Öxarfjörðr. — Reistr, ein Sohn des Bjarneyja-Ketill, nahm Land zwischen dem Reistargnúpr und Rauðagnúpr. — Arngeirr nahm ganz Slétta zwischen dem Hávararlón und der Sveinúngsvík.

[1]) und [2]) Ldn. III, c. 18. — [3]) bis [6]) Ldn. III, c. 19. — [7]) Ldn. III, c. 20. — [8]) Ldn. III, c. 19. — [9]) bis [11]) Ldn. III, c. 20. —

Sveinúngr nahm die Sveinúngsvík, aber Kolli die Kollavík. — Ketill þistill nahm den Þistilsfjörðr zwischen dem Hundsnes und Sauðanes. — Gunnólfr kroppa[1]) nahm die Gunnólfsvík und das Gunnólfsfell und das ganze Lánganes westlich von der Helkunduheiði. —

Norðr-Múla sýsla.

Finni[2]) nahm den Finnafjörðr und Viðfjörðr. — Hroðgeirr enn hvíti[3]) nahm die Sandvík nördlich vom Digranes: alles bis zum Viðfjörðr. — Eyvindr vopni[4]) kam in den Vopnafjörðr und nahm den ganzen Fjord von der Vestradalsá ab. — Steinbjörn kortr[5]) fuhr nach Island und kam in den Vopnafjörðr. Eyvindr, sein Vaterbruder, gab ihm alles Land zwischen der Vopnafjarðará und Vestradalsá. — Hróaldr bjóla[6]) war der Ziehbruder des Eyvindr vopni; er nahm Land westlich von der Vestradalsá: das halbe Thal und den ganzen Selárdalr seewärts bis zum Digranes. — Þorsteinn enn hvíti[7]) fuhr nach Island und kam nach der landnámatíð mit seinem Schiffe in den Vopnafjörðr. Er kaufte Land von Eyvindr vopni und wohnte einige Winter zu Tóptavöllr nördlich von Síreksstaðir, bis er in den Besitz von ´Hofslönd gelangte: dadurch, dass er von Steinbjörn eine Schuld forderte, aber dieser ausser Land nichts zur Bezahlung hatte. — Lýtingr[8]) nahm die ganze Vopnafjarðarströnd, den Böðvarsdalr und den Fagridalr. — Þorsteinn torfi[9]) nahm die ganze Hlíð von den Ósfjöll ab landeinwärts bis zur Hvanná. — Hákon[10]) nahm den ganzen westlichen Jökulsdalr oberhalb der Teigará. — Skjöldólfr[11]), ein Sohn des Vemundr, nahm den Jökulsdalr östlich von der Jökulsá: von der Knefilsdalsá landeinwärts. — Þórðr[12]), ein Sohn des Þórólfr hálmi, nahm alle Túngulönd zwischen dem Lagarfljót und der Jökulsá nördlich von der Rángá. — Özur slagakollr[13]) nahm Land zwischen der Ormsá und Rángá. — Ketill und Graut-Atli[14]), die Söhne des Þórir þiðrandi, nahmen Land im Fljótsdalr, bevor Brynjólfr nach Island kam: die beiden Lagarfljótsstrandir. Ketill nahm Land westlich vom Fljót: zwischen der Hengiforsá und Ormsá. — Þorgeirr Vestarsson[15]) hiess ein vornehmer Mann. Er hatte drei Söhne: der eine war Brynjólfr enn gamli, der andere Ævarr enn gamli und der dritte Herjólfr. Sie zogen alle nach Island, jeder in seinem Schiffe. Brynjólfr kam in den Eskifjörðr und nahm Land jenseits des Gebirges: den ganzen Fljótsdalr: auf der westlichen Seite oberhalb der Hengiforsá, aber auf der östlichen Seite oberhalb der Gilsá[16]); den ganzen Skriðudalr und ebenso die Ebenen seewärts bis zur Eyvindará und ein grosses

---

[1]) bis [7]) Ldn. IV, c. 1. — [8]) bis [14]) Ldn. IV, c. 2. — [15]) Ldn. IV, c. 3. — [16]) Dieser Teil liegt in der Suðr-Múla-s. —

Gebiet von dem landnám des Uni.[1] — Hrafnkell[2]) hiess ein Sohn des Hrafn. Er kam gegen Ende der landnámatíð nach Island und war den ersten Winter im Breiðdalr. Im Frühlinge aber zog er über das Gebirge und ruhte im Skriðudalr aus und schlief ein. Da träumte ihm, ein Mann käme zu ihm und bäte ihn aufzustehen und so schnell als möglich wegzuziehen. Er erwachte und ging fort. Als er noch nicht weit gegangen war, stürzte der ganze Berg niederwärts. Hierauf nahm Hrafnkell den Hrafnkelsdalr. — Þorkell fullspakr[3]) nahm die ganze Njarðvík, und Vetrliði nahm den Borgarfjörðr. — Þórir lína[4]) nahm die Breiðavík. — Þorsteinn kleggi[5]) nahm zuerst die Húsavík. — Loðmundr enn gamli[6]) hiess ein Mann, aber sein Ziehbruder war Bjólfr. Sie fuhren von Þulunes in Vors nach Island. Loðmundr war mit ungewöhnlich grosser Kraft ausgerüstet und zauberkundig. Er warf seine Hochsitzpfeiler über Bord und sagte, er wolle sich dort ansiedeln, wo sie ans Land treiben würden. Die Ziehbrüder landeten in den Ostfjorden, und Loðmundr nahm den Loðmundarfjörðr und wohnte hier diesen Winter. Da hörte er, dass sich seine Pfeiler an der Südküste befänden. Hierauf brachte er all seine Habe ins Schiff, und als das Segel gehisst war, legte er sich nieder und befahl, keiner solle sich erkühnen, ihn beim Namen zu nennen. Als er einige Zeit gelegen hatte, entstand ein grosses Getöse. Da sahen die Männer, dass ein grosses Bergstück auf das Gehöft stürzte, welches Loðmundr inne gehabt hatte. Hierauf richtete sich Loðmundr auf und sprach: Das ist meine Bestimmung, dass kein Schiff, welches hier einsegelt, glücklich landen soll. Er segelte hierauf südwärts bis vor Horn und dann westwärts am Lande entlang bis Hjörleifshöfði und landete etwas weiter im Westen davon.[7]) — Bjólfr[8]), ein Ziehbruder des Loðmundr, nahm den ganzen Seyðisfjörðr. Er gab seine Tochter Helga dem Án enn rammi und schenkte ihr als Mitgift den ganzen nördlichen Strand des Seyðisfjörðr bis zur Vestdalsá.

Suðr-Múla sýsla.

Graut-Atli[9]) nahm den östlichen Strand des Lagarfljót: alles zwischen der Giljá[10]) und dem Vallanes westlich vom Öxnalækr. — Ævarr enn gamli[11]), ein Bruder des Brynjólfr, kam nach Island in den Reyðarfjörðr und zog über das Gebirge; ihm gab Brynjólfr den ganzen Skriðudalr oberhalb der Gilsá. — Ásrauðr[12]) hiess ein Mann, welcher Ásvör heiratete, die Tochter des Herjólfr und Bruder- und Stieftochter des Brynjólfr. Sie erhielt als Mitgift alles

---

[1]) Uni war wegen Landesverrat vertrieben worden. — [2]) Ldn. IV, c. 3. — [3]) u. [4]) Ldn. IV, c. 4. — [5]) u. [6]) Ldn. IV, c. 5. — [7]) Forts. s. S. 126. — [8]) Ldn. IV, c. 6. — [9]) Ldn. IV, c. 3. — [10]) Richtiger ist, wie Sk. liest, Gilsá. — [11]) und [12]) Ldn. IV, c. 3. —

Land zwischen der Gilsá und Eyvindará. — Eyvindr[1]) kam mit Brynjólfr nach Island und errichtete seine Wohnung im Mjófifjörðr. — Egill enn rauði[2]) nahm den Norðrfjörðr. Freysteinn enn fagri nahm die Sandvík, den Viðfjörðr und den Hellisfjörðr. — Þórir enn háfi und Krumr[3]) fuhren nach Island. Þórir nahm die Krossavík zwischen Gerpi und dem Reyðarfjörðr. Krumr aber nahm Land zu Hafranes und bis zum Þernunes und die seewärts gelegene Küste, als auch Skrúðey und die übrigen Ausseninseln, ausserdem 3 Höfe auf der anderen (nördlichen) Seite des Fjordes gegenüber vom Þernunes. — Vemundr[4]) nahm den Fáskrúðsfjörðr. — Þórhaddr enn gamli[5]) war Tempelvorsteher zu Mæri in Þrándheimr. Er bekam Lust nach Island zu fahren und brach seine Tempel ab und nahm die Tempelerde und die Säulen mit fort. Er kam in den Stöðvarfjörðr und legte dem ganzen Fjord die Heiligkeit des Landes von Mæri bei und liess nichts töten ausser wohlerworbenem Vieh. — Hjalti[6]) nahm die Kleifarlönd und den ganzen Breiðdalr von da landeinwärts. — Herjólfr[7]) nahm alles Land seewärts bis zu den Hvalsnesskriður. — Herjólfr[8]), ein Bruder des Brynjólfr, nahm die Heydalalönd unterhalb der Tinnudalsá seewärts bis zur Ormsá. — Skjöldólfr[9]) nahm das ganze Stræti nördlich vom Gnúpr und auf der anderen Seite landeinwärts bis Ós und bis Skjöldólfsnes an der Fagradalsá im Breiðdalr. — Þjóðrekr[10]) nahm zuerst den ganzen Breiðdalr; aber er entwich von hier wegen Brynjólfr und zog über .das Gebirge in den Berufjörðr. Er nahm den ganzen nördlichen Strand und den südlichen über das Búlandsnes hinweg und auf der anderen Seite landeinwärts bis zu den Rauðaskriður. Er wohnte drei Winter zu Skáli und verkaufte dann seinen Besitz an Björn enn háfi. — Björn sviðinhorni[11]) nahm den nördlichen Álptafjörðr, von Rauðaskriður landeinwärts, und den Sviðinhornadalr. — Þorsteinn trumbubein[12]) nahm Land östlich vom Leiruvágr bis zu den Hvalsnesskriður. — Böðvarr enn hvíti[13]) nahm Land vom Leiruvágr landeinwärts: alle Thäler, welche daselbst liegen, und seewärts auf der anderen Seite bis zum Múli. — Brandönundr[14]) nahm Land nördlich vom Múli: den Kambsdalr und das Melrakkanes landeinwärts bis zur Hamarsá.

Austr-Skaptafells sýsla.

Þórðr skeggi[15]), ein Sohn des Hrappr, fuhr nach Island und nahm Land im Lón, nördlich von der Jökulsá, zwischen dieser und der Lónsheiði. Er wohnte zehn Winter oder länger in Bær, bis er erfuhr, dass sich seine Hochsitzpfeiler unterhalb der Heide in dem Leiruvágr befänden. Da zog er dorthin und wohnte zu

---

[1]) bis [5]) Ldn. IV, c. 6. — [6]) bis [15]) Ldn. IV, c. 7. —

Skeggjastaðir. Er verkaufte Lónlönd an Úlfljótr, der die Gesetze aus Norwegen brachte. — Þorsteinn leggr[1]) nahm alles Land nördlich von Horn bis zur Jökulsá im Lón; er wohnte drei Winter in Böðvarsholt und verkaufte hierauf das Land und zog wieder nach den Hebriden. — Hrollaugr[2]) fuhr mit Erlaubnis des Königs Haraldr nach Island, und mit ihm zogen seine Frau und seine Söhne. Er kam in die östlich von Horn gelegene Gegend und warf seine Hochsitzpfeiler über Bord. Sie schwammen in den Hornafjörðr; er selbst aber wurde verschlagen und trieb westwärts an der Küste entlang. Sie landeten im Westviertel in dem Leiruvágr von Nes und hielten sich hier während des ersten Winters auf. Da hörte Hrollaugr von seinen Hochsitzpfeilern und zog deswegen ostwärts. Während des zweiten Winters war er am Íngólfsfell. Hierauf fuhr er ostwärts nach dem Hornafjörðr und nahm Land vom Horn westwärts bis zur Kvíá. Zuerst wohnte er an der Skarðsbrekka im Hornafjörðr, aber später zu Breiðabólstaðr im Fellshverfi. Zu dieser Zeit gab er die Länder nördlich vom Borgarhöfn preis, aber diejenigen südlich vom Hreggsgerðismúli besass er bis zu seinem Tode. — Hrollaugr verkaufte an Ketill[3]) die Hornafjarðarströnd: von Horn landeinwärts bis Hamrar. — Auðun enn rauði[4]) kaufte von Hrollaugr Land: von Hamrar land-einwärts und auf der anderen Seite seewärts bis Viðborð. — Þorsteinn enn skjálgi[5]) kaufte Land von Hrollaugr: alles von Viðborð südwärts über die Mýrar hinweg bis zur Heinabergsá. — Úlfr enn vorski[6]) kaufte von Hrollaugr Land: von der Heina-bergsá südwärts bis zum Hreggsgerðismúli. — Dem Þórðr illugi[7]) gab Hrollaugr Land zwischen der Jökulsá und Kvíá. — Ásbjörn[8]), ein Sohn des Heyjángrs-Björn, eines Hersen von Sogn, fuhr nach Island und starb auf dem Meere. Aber seine Frau Þorgerðr und seine Söhne kamen nach Island und nahmen ganz Íngólfshöfðahverfi zwischen der Kvíá und der Jökulsá.

Vestr-Skaptafells sýsla.

Bárðr[9]) nahm ganz Fljótshverfi[10]). — Eyvindr karpi[11]) nahm Land zwischen dem Almannafljót und der Geirlandsá. — Ketill enn fíflski[12]), ein Sohn der Jórunn, einer Tochter des Ketill flatnefr, zog von den Hebriden nach Island; er war ein Christ. Ketill nahm Land zwischen der Geirlandsá und Fjarðará oberhalb des Nýkomi. Er wohnte in Kirkjubær; dort hatten früher Papar gesessen, und deshalb durften sich keine Heiden ansiedeln. — Böðmóðr[13]) nahm Land zwischen dem Drífandi und der Fjarðará

---

[1]) Ldn. IV, c. 8. — [2]) Ldn. IV, c. 9. — [3]) bis [8]) Ldn. IV, c. 10. — [10]) S. auch S. 101. — [11]) bis [12]) Ldn. IV, c. 11.

und landeinwärts bis zum Böðmóðshorn. — Eysteinn[1]), ein Sohn des Hrani, fuhr von Norwegen nach Island. Er kaufte das Land, welches Eysteinn enn digri in Besitz genommen hatte[2]), und nannte es Meðallönd. — Vilbaldr[3]) nahm das Túnguland zwischen der Skaptá und Hólmsá. — Leiðólfr[4]) kappi nahm Land östlich von der Skaptá bis zum Drífandi. — Ísólfr[5]) kam gegen Ende der landnámatíð nach Island und forderte von Vilbaldr das Land oder einen Zweikampf. Vilbaldr wollte nicht kämpfen und verliess Búland. Er bewohnte hierauf das Land zwischen der Hólmsá und dem Kúðafljót. Ísólfr aber zog nach Búland und besass das Land zwischen dem Kúðafljót und der Skaptá. — Hrafn hafnarlykill[6]) nahm Land zwischen der Hólmsá und Eyjará. — Eysteinn[7]), ein Sohn des Þorsteinn drángakarl, siedelte sich im Fagridalr an. — Ölver[8]), ein Sohn des Eysteinn, nahm Land östlich von der Grímsá. Daselbst hatte seit der Ermordung des Hjörleifr niemand aus Furcht vor den Landgeistern Land genommen. — Sigmundr kleykir[9]), ein Sohn des Önundr bíldr, nahm Land zwischen der Grímsá und Kerlíngará. — Björn[10]) nahm Land zwischen der Kerlíngará und Hafrsá. — Loðmundr enn gamli[11]) nahm Land zwischen der Hafrsá und dem Fúlalækr, der nun Jökulsá in Sólheimasandr heisst.[12])

Rángárvalla sýsla.

Þrasi[13]), ein Sohn des Þórólfr hornabrjótr, nahm Land zwischen der Kaldaklofsá und Jökulsá. — Hrafn enn heimski[14]) nahm Land zwischen der Kaldaklofsá und Lambafellsá. — Ásgeirr kneif[15]) nahm Land zwischen der Lambafellsá und Seljalandsá. — Þorgeirr enn hörðski[16]) kaufte von Ásgeirr kneif Land zwischen der Lambafellsá und Írará. — Ófeigr[17]) hiess ein vornehmer Mann im Raumsdælafylki, der mit Ásgerðr verheiratet war. Ófeigr verfeindete sich mit dem Könige Haraldr und wurde erschlagen. Da fuhr Ásgerðr mit ihren Söhnen und mit ihrem Bruder Þórólfr nach Island und nahm Land zwischen dem Seljalandsmúli und dem Markarfljót und das ganze Lánganes landeinwärts bis zum Joldusteinn. — Þórólfr[18]), ein Bruder der Ásgerðr, nahm mit Erlaubnis seiner Schwester Land westlich vom Fljót zwischen den beiden Deildará. — Ásbjörn[19]), ein Sohn des Reyrketill, und sein Bruder Steinfiðr nahmen Land oberhalb der Krossá östlich vom Fljót. Steinfiðr wohnte zu Steinfinnsstaðir. Ásbjörn heiligte sein Land dem Thor und nannte es Þórsmörk. — Ketill hængr[20]) zog mit Íngunn,

---

[1]) Ldn. IV, c. 11. — [2]) Dieses Land lag zwischen der Geirlandsá und dem Besitze des Ketill enn fiflski. — [3]) u. [4]) Ldn. IV, c. 11. — [5]) u. [6]) Ldn. IV, c. 12. S. auch S. 132. — [7]) bis [11]) Ldn. IV, c. 13. — [12]) S. auch S. 123. — [13]) und [14]) Ldn. V, c. 1. — [15]) bis [19]) Ldn. V, c. 2. — [20]) Ldn. V, c. 3.

seiner Frau, und seinen Söhnen nach Island. Er kam mit seinem
Schiffe in den Rángárós und war den ersten Winter zu Hrafntóptir.
Ketill nahm alle Länder zwischen der Þjórsá und dem Markar-
fljót. Daselbst nahmen später viele vornehme Männer mit Erlaubnis des Hængr Land. Für sich selbst besetzte Ketill das
Land zwischen der Rángá und dem Hróarslækr unterhalb des
Reyðavatn; er wohnte zu Hof. Hængr besass auch alle Länder
östlich von der Rángá en eystri und vom Vatnsfell bis zu dem
Bache, welcher westlich von Breiðabólstaðr oberhalb der Þverá
fliesst: alles ausser Dufþaksholt und Mýrin; das gab er dem
Dufþakr. — Sighvatr rauði[1]) nahm mit Erlaubnis des Hængr in
dessen landnám Land westlich vom Markarfljót: die Einhyrníngsmörk
oberhalb der Deildará. — Jörundr goði[2]) siedelte sich westlich
vom Fljót zu Svertingsstaðir an und errichtete hier einen grossen
Tempel. Östlich vom Fljót zwischen der Krossá und dem
Joldusteinn lag ein Streifen unbesetzten Landes. Das umging
er mit Feuer und legte es zu seinem Tempel. — Þorkell bundin-
fóti[3]) nahm Land mit Erlaubnis des Hængr rings um den Þrí-
hyrníngr. — Baugr[4]), ein Ziehbruder des Hængr, nahm mit Erlaubnis des Hængr die ganze Fljótshlíð seewärts über Breiðabólstaðr
hinaus bis zum Besitze des Hængr. — Hildir und Hallgeirr fuhren
mit ihrer Schwester Ljót[5]) nach Island und nahmen Land zwischen
dem Fljót und der Rángá: ganz Eyjasveit bis zur Þverá landeinwärts. — Die Brüder Eilífr und Björn[6]) fuhren nach Island.
Eilífr nahm den Oddi enn litli landeinwärts bis zum Reyðarvatn
und Víkíngslækr. Björn wohnte in Svínhagi und nahm Land
landeinwärts an der Rángá entlang. — Kolr[7]), ein Sohn
des Óttarr böllr, nahm Land östlich vom Reyðarvatn und
Stotalækr westlich von der Rángá und dem Tröllaskógr. —
Hrólfr rauðskeggr[8]) nahm ganz Hólmslönd zwischen der Fiská und
Rángá. — Úlfr gyldir[9]) hiess ein mächtiger Herse von Þelamörk,
der in Fíflavellir wohnte. Sein Sohn war Ásgrímr. Der König
Haraldr sandte seinen Verwandten Þrórormr aus Þruma zu Ásgrímr,
Tribut zu fordern (at heimta skatt); aber dieser zahlte nicht.
Da sandte er Þrórormr zum zweiten Male, und zwar mit der
Weisung, dem Ásgrímr das Leben zu nehmen. Þrórormr erschlug
auch den Ásgrímr. Þorsteinn, ein Sohn des Ásgrímr, war auf
der Wikingsfahrt, aber Þorgeirr, der zweite Sohn war 10 Jahre
alt. Kurze Zeit darauf kam Þorsteinn von der Plünderung und
eilte nach Þruma und verübte an Þrórormr und seiner gesamten
Familie einen Mordbrand, und als er das Vieh erschlagen hatte,

---

[1]) bis [3]) Ldn. V, c. 3. — [4]) u. [5]) Ldn. V, c. 4. — [6]) bis [8]) Ldn. V, c. 5.
— [9]) Ldn. V, c. 6. —

raubte er auch alles bewegliche Gut. Hierauf zog er nach Island, und mit ihm fuhren sein Bruder Þorgeirr und ihre Muhme Þórunn, die alle Þórunnarhálsar nahm. — Þorgeirr[1]) kaufte Oddalönd von Hrafn, dem Sohne des Hængr: die beiden Strandir und Varmadalr und alles zwischen der Rángá und dem Hróarslækr. — Þorsteinn[2]) nahm mit Erlaubnis des Flosi, der früher die Rángárvellir genommen hatte, Land oberhalb des Víkíngslækr bis zum Besitze des Svínhaga-Björn. — Ketill enn einhendi[3]) nahm alle Rángárvellir enir ytri oberhalb Lækjarbotnar und östlich von der Þjórsá. — Ketill örriði[4]) nahm Land an der Þjórsá entlang. — Ormr auðgi nahm mit Erlaubnis des Ketill Land an der Rángá entlang. — Þorsteinn lunan[5]) fuhr als alter Mann mit seinem Sohne Þorgil nach Island. Sie nahmen den oberen Teil der Þjórsárholt. — Die Brüder Ráþormr und Jólgeirr[6]) nahmen Land zwischen der Þjórsá und Rángá: Ráþormr eignete sich das Land östlich vom Rauðalækr an. Jólgeirr besetzte das Land westlich vom Rauðalækr bis zum Steinslækr. — Áskell hnokan[7]) nahm Land zwischen dem Steinslækr und der Þjórsá. — Þorkell bjálfi[8]) eignete sich alles Land zwischen der Rángá und Þjórsá an.

Árness sýsla.

Loptr enn gamli[9]) nahm Land westlich von der Þjórsá: zwischen der Rauðá und Þjórsá und landeinwärts bis zum Skúfslækr und Breiðamýri en eystri landeinwärts bis zum Súluholt. — Þorviðr[10]), ein Sohn des Úlfarr, fuhr von Vors nach Island. Loptr, sein Verwandter, gab ihm Land zu Breiðamýri. — Þórarinn[11]), ein Sohn des Þorkell aus Alviðra, nahm Land an der Þjórsá entlang oberhalb des Skúfslækr bis zur Rauðá. — Hásteinn hængr[12]) nahm Land zwischen der Rauðá und Ölfusá landeinwärts bis zum Fyllarlækr und ganz Breiðamýri landeinwärts bis Holt. — Hásteinn gab seinem Verwandten Hallsteinn[13]) den oberen Teil von Eyrarbakki. — Þórir[14]), ein Sohn des Hersen Ási, nahm den ganzen Kaldnesíngahreppr vom Fyllarlækr landeinwärts. — Hroðgeirr enn spaki[15]) und sein Bruder Oddgeirr nahmen den Hraungerðíngahreppr. — Önundr bíldr[16]) nahm Land östlich vom Hróarslækr. — Özur hvíti[17]) nahm zuerst ganz Holtalönd zwischen der Þjórsá und dem Hraunslækr. — Ólafr tvennumbrúni[18]) nahm ganz Skeið zwischen der Þjórsá und Hvítá bis zum Sandlækr. — Þrándr mjöksiglandi[19]) nahm Land zwischen der Þjórsá und Laxá und landeinwärts bis zur Kálfá und bis zum Sandlækr. —

---

[1]) und [2]) Ldn. V, c. 6. — [5]) bis [8]) Ldn. V, c. 7. — [7]) bis [11]) Ldn. V, c. 8. — [12]) bis [16]) Ldn. V, c. 9. — [17]) und [18]) Ldn. V, c. 10. — [19]) Ldn. V, c. 11. —

Ófeigr grettir und Þormóðr skapti[1]) fuhren nach Island und waren den ersten Winter bei ihrem Verwandten Þorbjörn laxakarl. Im Frühlinge aber gab ihnen Þorbjörn den Gnúpverjahreppr; Ófeigr erhielt den äusseren Teil zwischen der Þverá und Kálfá, er wohnte zu Ófeigsstaðir; aber Þormóðr gab er den östlichen Teil, er wohnte in Skaptaholt. — Þorbjörn laxakarl[2]) nahm den ganzen Þjórsárdalr und den ganzen Gnúpverjahreppr landeinwärts bis zur Kálfá. — Þorbjörn jarlakappi[3]) kaufte von Már, dem Sohne des Naddoðr, Land im Hrunamannahreppr: alles unterhalb des Selslækr bis zur Laxá. — BrØndólfr und Már[4]), die Søhne des Naddoðr, kamen frühzeitig nach Island, um sich anzusiedeln. Sie nahmen den Hrunamannahreppr: soweit, als die Flüsse die Grenzen bestimmen. — Þorbrandr[5]), ein Sohn des Þorbjörn enn óargi, und sein Sohn Ásbrandr kamen gegen das Ende der landnámatíð nach Island und Ketilbjörn wies sie zur landnám oberhalb des Múli, der bei der Stakksá beginnt und bis zur Kaldakvísl reicht. Sie wohnten im Haukadalr. Ihnen schien das Land zu klein, weil die östliche Landzunge damals besiedelt war. Sie verliessen ihr landnám und nahmen den oberen Teil des Hrunamannahreppr oberhalb Gyldarhagi: vom Múli im Íngjaldsgnúpr aus gesehen. — Eyfreyðr enn gamli[6]) nahm die östliche Landspitze zwischen der Kaldakvísl und Hvítá. — Ketilbjörn[7]) nahm ganz Grímsnes vom Höskuldslækr landeinwärts und den ganzen Laugardalr und die ganze Biskupstúnga landeinwärts bis zur Stakksá. — Ásgeirr[8]) hiess ein Sohn des Úlfr; ihm gab Ketilbjörn seine Tochter Þorgerðr, die als Mitgift ganz Hlíðarlönd oberhalb Hagagarðr erhielt. — Eilífr auðgi[9]) heiratete Þorkatla, die Tochter des Ketilbjörn. Sie erhielt als Mitgift Höfðalönd. — Hallkell[10]), der mit Ketilbjörn die gleiche Mutter besass, kam nach Island und hielt sich während des ersten Winters bei Ketilbjörn auf. Dieser erbot sich, ihm Land zu geben. Hallkell aber erschien es unwürdig, Land anzunehmen und forderte von Grímr[11]) das Land oder den Zweikampf. Grímr ging mit Hallkell zum Zweikampfe und fiel, aber Hallkell wohnte seitdem hier. — Þorgrímr bíldr[12]) nahm alles Land oberhalb der Þverá. Sein Freigelassener war Steinrauðr, ein Sohn des Melpatrekr von Irland. Er eignete sich ganz Vatnslönd an. — Hrolleifr[13]), ein Sohn des Einarr, kam in den Leiruvágr, als schon alles an der See hin besiedelt war. Er nahm Land bis zur Grenze des Steinrauðr südwestlich von der Öxará, die über Þíngvöllr fliesst, und er wohnte einige Winter in Heiðabær. Dann

---

[1]) bis [6]) Ldn. V, c. 11. — [7]) bis [10]) Ldn. V, c. 12. — [11]) Grímr besass Grímsnes. — [12]) und [13]) Ldn. V, c. 13. —

forderte er von Eyvindr in Kvíguvogar den Zweikampf oder Landverkauf. Eyvindr aber zog vor, sein Land zu verkaufen. — Ormr enn gamli[1]) nahm Land östlich von der Varmá bis zur Þverá und um das ganze Íngólfsfell. — Álfr enn egöski[2]) nahm alles Land westlich von der Varmá. —

III.
Die Lage der Siedelungen.[3])

Obwohl Island einen Flächenraum von 104785 qkm[4]) besitzt, so kam doch für die Besiedelung nur ein verhältnismässig kleines Gebiet in Betracht. Wohin auch der landnámamaðr seinen Fuss setzte, überall trat ihm in einiger Entfernung vom Meere die Natur feindselig entgegen. Ganz Innerisland bildet eine öde, schauerliche Sand- und Steinwüste. Hier und da erhebt sich aus der grauen Grusmasse das weisse Schaumgewölbe eines Gletschers. Sehr oft fehlt aber auch diese Abwechslung, und der Wanderer erblickt ringsum nur nackte Lavafelder. „In Island waren es nicht nur ein paar Vulkane, welche sich und ihre Umgebung mit dem feuerflüssigen Steinbräu bedeckt haben, hier liegt der erstarrte Teig über Hunderte von Geviertmeilen verbreitet, über Höhen und Tiefen, und weit, weit über den Ort seines Ursprunges hinaus."[5]) Verlassen wir jedoch das unwirtliche Innere der Insel, um uns den Gebieten zuzuwenden, wo die Naturverhältnisse der menschlichen Ansiedlung günstig waren.

Die Siedelungsgebiete Islands zeigen hinsichtlich ihrer Lage im allgemeinen einen dreifachen Typus, je nachdem sie den Küstensaum, das Tiefland oder die Flussthäler einnehmen. Der Küstensaum kommt am reinsten zur Ausbildung auf der weit hervorragenden Nordwesthalbinsel, die mit dem Hauptlande nur durch eine 7,5 km breite Landenge verbunden ist. Zwar erfreut sich jene Abschnürung einer überaus reichen Gliederung, aber die zahlreichen Fjorde endigen oberseeisch nicht in eigentlichen Thälern, sondern in steil sich erhebenden, kurzen, kesselartigen Thalwannen, während das Gebirge mit seinen schroff abfallenden Abhängen bis ziemlich an die Ufer herantritt. So kommt es, dass für die Besiedelung nur ein schmaler Saum übrig bleibt. Ähnlich liegen die Verhältnisse in den sogenannten Ostfjorden[6]), wenn auch hier die Gebirge zwischen sich und dem Meere im allgemeinen einen breiteren Raum freilassen. Bei den übrigen

---

[1]) und [2]) Ldn. V, c. 13. — [3]) Vgl. Keilhack, Islands Natur etc. S. 1 ff.; Keilhack, Beiträge etc. S. 376; Zirkel, S. 281 ff. — [4]) Aarbog S. 10. — [5]) Winkler S. 61. — [6]) Fjorde der Ostküste. Hauptgebiet ist die Suðr-Múla-s. —

Küstenlandschaften Islands ist dagegen die geringe Ausdehnung
der Kulturzone hauptsächlich eine Folge vulkanischer Verheerungen.
Ganz Snæfellsnes[1]) wird im Innern von Lavafeldern und zahlreichen kleineren Vulkanen erfüllt. Noch ärger waren aber die
Verwüstungen in der Gullbríngu sýsla, wo der Boden geradezu
von Lavamassen starrt. Es ist ein überaus düsteres Bild, welches
G. Winkler in seinen stimmungsvollen Schilderungen von dieser
sýsla entwirft. „Man darf nur auf die Hügelebene gleich hinter
den letzten Häusern von Reykjavík hinaufsteigen und den Blick,
vom Meere abgewendet, gegen Südosten richten, um sich von den
Schauern, welche die Natur hier birgt, berühren zu lassen. Da
versperren bald lange Hügelrücken, deren breite Abhänge mit
dunkelm Schutt bedeckt sind, die weitere Einsicht. Auf der grau-
braunen Fläche zu unseren Füssen hat sich, so weit das Auge
unterscheiden kann, nicht ein Grashälmchen niedergelassen."[2])
    Unter den isländischen Tiefebenen verdienen in Anbetracht
ihrer Grösse vor allen Dingen drei hervorgehoben zu werden.
Die westlichste derselben breitet sich hauptsächlich innerhalb der
Mýra- und Borgarfjarðar sýsla aus. Geologisch betrachtet bildet
das Ganze ein grosses Versenkungsgebiet, das nach Osten hin in
eine Reihe radial angeordneter Thäler übergeht. Nichts charakterisiert die Eigenart dieses Tieflandes mehr, als die Bezeichnung
Mýra sýsla[3]); denn fast überall besteht der Boden aus grossen,
nur ab und zu von Basalthügeln unterbrochenen Morästen. Eine
ähnliche Physiognomie besitzt auch die mittlere der drei Tief-
ebenen. Sie erstreckt sich vom östlichen Arme des Markarfljót
bis zum Lavastrom der Reykjanes-Halbinsel und gehört im wesentlichen der Árness- und Rángárvalla sýsla an. Über das ganze
Land wechseln weite, mitunter üppige Wiesen und Weidegründe
mit ebensoweit sich erstreckenden Sumpfflächen ab. Die letzte
Tiefebene endlich reicht vom südlichen Fusse des Vatnajökull bis
zum Mýrdalsjökull und umfasst in der Hauptsache die Vestr- und
Austr-Skaptafells sýsla. Zu allen Zeiten bot dieses Gebiet den
Schauplatz ärgster Verwüstungen. Hunderte von Quadratmeilen
fruchtbaren Landes liegen hier unter Schutt und Sand begraben.
Den Skeiðarársandr[4]), die grösste und breiteste Sandebene Islands,
fanden jedenfalls bereits die ersten Ansiedler vor. Wenigstens
würde es sonst ganz unverständlich sein, warum die Strecke
zwischen der Skeiðará und dem Fljótshverfi unbesiedelt blieb.
Einige Sandstrecken entstanden dagegen während der landnámatíð

---

[1]) Die mittlere der drei grossen Halbinseln an der Westküste des Landes.
— [2]) Winkler S. 159. — [3]) mýrr = Moor, Sumpf. — [4]) Im südlichen Teile der
Austr-Skaptafells-s. 5 bis 6 Meilen lang und beinahe ebenso breit. —

selbst. So berichtet z. B. die Ldn. von Verwüstungen innerhalb
der Landschaft Álptaver: „Hrafn hafnarlykill [1]) nahm Land zwischen
der Hólmsá und Eyjará [2]) und wohnte zu Dynskógar. Er ahnte
einen Vulkanausbruch (hann vissi fyrir elds uppkvomu) und
brachte seine Wohnung nach Lágey [3]). „Molda-Gnúpr [4]) fuhr nach
Island und nahm Land zwischen dem Kúðafljót [5]) und der Eyjará
und ganz Álptaver, wo damals ein grosses Wasser war, das Gelegenheit zum Schwanenfang bot. Molda-Gnúpr verkaufte an
mehrere Personen einen Teil seines landnám und die Gegend
war dicht besiedelt, bevor Erdfeuer (jarðeldr) hernieder kam. Da
flüchteten sie westwärts, etc." Auch die Bildung des Sólheimasandr fällt wahrscheinlich noch in die landnámatíð [6]). Die übrigen
Verheerungen im Gebiete der Austr- und Vestr-Skaptafells sýsla
gehören dagegen der Zeit nach 934 an.

Die Flussthalsiedelungen [7]) sind im wesentlichen eine Eigentümlichkeit der Dala-, Húnavatns-, Skagafjarðar-, Eyjafjarðar-,
Suðr-Þingeyjar und Norðr-Múla sýsla. Wenn hiernach dem Nordlande der Hauptanteil zufällt, so führt das auf einen fundamen-
talen Unterschied im Gebirgsbau Islands zurück. Während sonst
in Island die Plateaubildung vorherrscht, ist im Nordviertel das
Gebirge durch zahlreiche, zum Teil recht geräumige Thäler zerschnitten und gegliedert. Gelegentlich der späteren Erörterungen
wird sich zeigen, wie die günstige Konfiguration des Nordens
auch bei der Besiedelung des Landes zum Ausdruck kam.

Wirtschaftliche Zustände und Siedelungsdichte.

Unsere Kenntnis von den wirtschaftlichen Verhältnissen der
altisländischen Bevölkerung ist begreiflicherweise nicht so speziell,
wie dies beim Vorhandensein einer genauen Statistik der Fall
sein würde. Die schwierigste und am meisten umstrittene Frage
bildet die nach der Bedeutung des Ackerbaues. Zahlreiche
Ortsnamen, wie Akr, Akranes, Akratúnga, Akrafjall, Akreyri, und
die völlig glaubhaften Zeugnisse der alten Sagas und Rechtsbücher
lassen gar keinen Zweifel aufkommen, dass ehedem der Ackerbau weit verbreitet war. Alle späteren Bemühungen, den Anbau
von Kornfrüchten zu einer lohnenden Erwerbsquelle zu gestalten,
haben sich dagegen als vergebliche erwiesen. So erhielten z. B.

---

[1]) Ldn. IV, 12. — [2]) Flüsse der Vestr-Skaptafells-s. — [3]) Die Ruinen
von Dynskógar waren noch im 17. Jahrhundert bekannt. Lágey soll westlich
von der Eyjará gelegen haben. (Kål II. 330 ff.). Auf der Karte ist das Gebiet
des Hrafn durch ? gekennzeichnet worden. — [4]) Ldn. IV, c. 12. — [5]) Fluss
der Vestr-Skaptafells-s. — [6]) Wahrscheinlich 934. — [7]) Auf der Karte ist von
den Flussläufen immer nur derjenige Teil angegeben worden, welcher den Siedelungen angehört. —

unter Friedrich V. 15 Familien Befehl, nach Island zu reisen und dort den Ackerbau zu versuchen. Nichts wurde versäumt, was zum Gedeihen des Unternehmens dienen konnte. Allenthalben erreichten denn auch die Halme eine genügende Grösse und setzten reichlich Körner an, aber nur selten gelangte die Frucht zur Reife[1]). Sollte man deshalb befugt sein, hieraus auf eine Verschlechterung des Klimas innerhalb der historischen Zeit schliessen zu dürfen? Nichts wäre übereilter! Hartes, reifes Korn gehörte jedenfalls auch im alten Island zu den Seltenheiten, denn sonst konnte es nicht als etwas Ungewöhnliches angesehen werden, dass ein einzelner, sehr günstig gelegener Acker Jahr für Jahr sicheren Ertrag lieferte. [2]) Wenn aber der Ackerbau trotz ungenügender Ausbeute dennoch in weit grösserem Umfange als jetzt betrieben wurde, so erklärt sich das vor allen Dingen aus den damaligen Verkehrsverhältnissen. „Die ungleich schwierigere Zufuhr vom Auslande her musste selbst einen geringeren Ertrag der eigenen Landwirtschaft noch lohnend erscheinen lassen, während jetzt der so sehr erleichterten Konkurrenz der fremden Einfuhr gegenüber der Betrieb anderer Wirtschaftszweige sich ungleich vorteilhafter erweist[3]).

Islands Meere, Flüsse und Seen sind von einer überaus grossen Menge von Fischen aller Gattungen bevölkert. Schon Flóki, Islands dritter Entdecker, fand im Vatnsfjörðr einen so grossen Reichtum an Fischen, dass er im Übereifer ganz vergass, für den Winter Heu einzusammeln.[4]) Aber trotz der günstigen Voraussetzungen kam dem Fischfange in der alten Zeit nur eine ganz untergeordnete Bedeutung zu. Nur selten geschah es, dass der Landbauer[5]) bei Beginn des Winters seinen Hof verliess und nach der Küste reiste, um dort mit seinen Leuten der Fischerei obzuliegen. Der Fischfang war vielmehr Sache des Seebauern, während der Landbauer es vorzog, seinen Bedarf an Fischen durch Kauf zu decken. Als Ausfuhrprodukt kam dagegen der Fisch überhaupt noch nicht in Betracht. Erst als Island an die Herrschaft der Norweger fiel, begann der später so wichtige Fischhandel mit dem Auslande.

Da weder die Fischerei, noch viel weniger der karge Ackerbau einen genügenden Lebensunterhalt bot, so muss die Existenzmöglichkeit der altisländischen Bevölkerung in anderer Richtung gesucht werden. Unter allen Naturbedingungen, welche den Menschen umgeben, wirkt keine so tief auf seine Geschicke ein,

---

[1]) Olafsen II, 187. — [2]) Vigaglúma, c. 7 und 8. — [3]) Maurer, Isl. v. s. ersten Entd. etc. S. 18. — [4]) S. S. 91. — [5]) Maurer, Isl. v. s. ersten Entdeckung etc. S. 421. —

als das Klima. Island besitzt nun im Vergleich zu seiner hohen Lage, 63^0 $24'$ bis 66^0 $33'$ n. B., ein auffallend mildes Klima. Die Jahresisotherme von 0^0, welche in Amerika bis zum 50. Breitengrad und in Innerasien noch tiefer herabsteigt, berührt nur die nördlichste Spitze Islands, wogegen diejenige von 5^0 C. nur an der skandinavischen Küste eine noch grössere Ausbuchtung als auf Island erreicht. Weniger günstig gestalten sich freilich die Verhältnisse, wenn man Islands Sommertemperatur ins Auge fasst. Die temperierende Wirkung des Meeres lässt es nur zu einem „feuchtkühlen" Sommer kommen, dessen Charakter mehr unseren Monaten März, April und Mai entspricht, während unsere Monate Juni, Juli und August gänzlich fehlen.[1] Island wird von der 10^0 Isotherme des wärmsten Monats nur noch berührt. Waldwuchs und Getreidebau sind demnach ausgeschlossen. Dafür besitzt aber Island üppige, grüne. Wiesen, deren würzige und nährende Kräuter ein ausgezeichnetes Futter geben. Weidewirtschaft und Viehzucht bildeten deshalb im alten Island die Grundlage des Wohlstandes.

Sieht man davon ab, dass ganz Innerisland von der Besiedelung ausgeschlossen blieb, so ergiebt sich als nächstwichtige Thatsache die verhältnismässig geringe Zahl der Siedelungen[2] und ihre in der Hauptsache gleichmässige Verteilung über das Land. Beide Erscheinungen stehen in enger Beziehung zu den wirtschaftlichen Verhältnissen der alten Isländer. Die grünen, saftigen Wiesen ihres Landes, und die Unmöglichkeit, den Ackerbau als lohnende Beschäftigung zu treiben, machten sie zu Viehzüchtern. Eine solche Erwerbsweise schliesst aber ihrer ganzen Natur nach dichte Bevölkerung aus; der Hirt braucht, um existieren zu können, weitere Räume als der Ackerbauer. Bei aller Weitläufigkeit der Siedelungen war jedoch Island dichter bevölkert, als in Hinblick auf die Güte des Landes vorauszusetzen wäre. Der isländische Hirt begnügte sich nicht, seine Herde auf die Weide zu treiben, sondern er schuf sich ausserdem in unmittelbarer Nähe seines ärmlichen Hofes ein Stück Kulturland, den tún, d. h. dasjenige Wiesengebiet, welches eingezäunt, geebnet und gedüngt wurde und nur zur Heugewinnung, nicht als Weide diente. Während so der Isländer der Natur mehr abzwang als

---

[1] Winkler S. 87. — [2] Gullbringu-s. $5^2/_2$, Siedelungen, Kjósar-s. $8^1/_2$, Borgarfjarðar-s. 16, Mýra-s. 34, Hnappadals-s. 7, Snæfellsnes-s. $19^1/_2$, Dala-s. $16^2/_2$, Barðarstrandar-s. $17^1/_2$, Ísafjarðar-s. $20^1/_2$, Stranda-s. $13^1/_2$, Húnavatns-s. 20, Skagafjarðar-s. 28, Eyjafjarðar-s. $20^1/_2$, Suðr-Þingeyjar-s. $17^1/_2$, Norðr-Þingeyjar-s. .12, Norðr-Múla-s. 20, Suðr-Múla-s. 19, Austr-Skaptafells-s. 9, Vestr-Skaptafells-s. 14, Rángárvalla-s. 29, Árness-s. $28^1/_2$. Die Bruchteile entstehen dadurch, dass einige Siedelungen zwei Gebieten angehören. Als Gesamtsumme der Ansiedler ergiebt sich hiernach die Zahl 377. —

sie ihm freiwillig bot, liess er aber andererseits eine wichtige Nahrungsquelle ziemlich unbeachtet. Die Reichtümer des Meeres und der Flüsse veranlassten ihn nicht zu intensivem Betriebe des Fischfanges, sondern er wandte seinen Fleiss fast nur der Landwirtschaft zu. Diese Gleichförmigkeit der Beschäftigungsweise, wobei an den Boden überall dieselben Anforderungen gestellt wurden, führte naturgemäss auch zu einer gleichmässigen Verteilung der Siedelungen.

Absolute Gleichheit existiert allerdings nicht. Es bestehen Gegensätze, nur sind dieselben geringer Natur. So erstreckt sich im Nordlande ein Streifen dichter Siedelungen von der Húnavatns sýsla bis zur Suðr-Þingeyjar sýsla. Hier waren die Existenzbedingungen für eine hauptsächlich auf Viehzucht angewiesene Bevölkerung ganz besonders günstig. In das Gebirgsland lagern sich zahlreiche und geräumige Thäler ein, die mit ihrem üppigen Graswuchs vorzügliches Weideland boten. Hierzu kommt, dass im Nordlande Feuer und Eis weniger verheerend als sonst auf Island gewirkt haben. Das Nordland besitzt nur einige kleine Gletscher, und während im Süden der Insel sechs grössere vulkanische Herde anzutreffen sind, entfällt auf den Norden nur ein einziges, allerdings ziemlich ausgedehntes Vulkangebiet[1]). „Auf der Wanderung durch das Nordland erholen sich Auge und Gemüt von den düstern Eindrücken, welche vorher der fast tägliche Anblick der wüsten Lavaströme hervorgerufen hat"[2]). Ganz frei von Schattenseiten ist freilich auch das Nordland nicht. Durch langanhaltende Nord- und Nordwestwinde wird das grönländische Treibeis aus der Bahn des Polarstromes in die warme, längs der Westküste Islands nordwärts streichende Drift gedrängt und von dieser an die Nord- und Ostküste der Insel weiter geführt[3]). Oft verschwindet das Eis bald wieder, aber manchmal bleibt es auch monatelang liegen. Dann stellen sich auf ganz Island, besonders aber im Nordlande, die verderblichsten Folgen ein. Die Luft ist kalt, feucht und neblig, es friert und schneit sogar im Sommer, das Gras wächst nur dünn, die Tiere werden mager und unter den Menschen brechen gefährliche Seuchen aus. Zum Glücke gehören solche Schreckensjahre zu den Seltenheiten. Gewöhnlich ist im Nordviertel das Klima zwar etwas kälter als in den übrigen Teilen der Insel[4]), aber dafür trockener, beständiger und gesünder.

Im Gegensatz zu der dichten Bevölkerung des Nordlandes repräsentieren die zwei wichtigsten Ebenen Islands, Mýra-Borgar-fjarðar-sýsla und Árness-Rángárvalla sýsla, ein Gebiet, wo die Siedelungen hinter der mittleren Dichtigkeitsstufe zurückbleiben.

---

[1]) Ódáðahraun. — [2]) Winkler S. 265. — [3]) Poestion S. 19. — [4]) Der Unterschied beträgt im Jahresmittel circa 4° C.

Wie bereits oben hervorgehoben wurde, bestehen diese Ebenen zum grössten Teil aus Moorboden, dessen sandige, wasserdurchdrängte Erde nur eine spärliche Vegetation erzeugt. „Es ist ausserdem eine ungemein beschwerliche Arbeit von den Mooren oder von den Wiesen von moorähnlicher Beschaffenheit das Gras einzubringen, das — dünn und zerstreut stehend — mühsam geschnitten werden muss, wobei die Schnitter oft bis an die Knie im Schlamm waten. Dabei ist auch das Gras der Wiesen und Moore weniger wohlschmeckend für die Tiere und zugleich weniger nahrhaft als das Tún-Gras"[1]. Bei einer solchen Beschaffenheit des Landes war natürlich dichte Besiedelung unmöglich, sondern die Ansiedler mussten, um genügend viel Futter für ihr Vieh beschaffen zu können, sehr grosse Gebiete in Besitz nehmen.

Während in der Regel die Küstengebiete am dichtesten besiedelt sind, zeigt Island gerade die entgegengesetzte Erscheinung. Jemehr wir uns in der Mýra-Borgarfjarðar sýsla Ebene und in den grossen Flussthälern dem Landinnern nähern, desto engmaschiger wird das Netz der Siedelungen. Dieser eigentümliche Zug steht in inniger Beziehung zu den Vegetationsverhältnissen Islands. Ausser dem bereits erwähnten tún gehören zu den Grasländereien des Isländers die úteng und die afréttir. Als úteng, (äussere Wiese), werden die ausserhalb des Tún-Zaunes gelegenen Grasplätze bezeichnet, die teils wirkliche Wiesen und Moore, teils grasbewachsene Schuttkegel oder auch nur mit Heidekraut und spärlichem Grase bekleidete Höhen sind. Besonders günstig gelegene Stellen dienen zwar zur Heugewinnung, aber in der Hauptsache ist die úteng Weideland. Am weitesten von den Höhen entfernt sind die afréttir, d. h. die hochgelegenen Thaleinsenkungen zwischen den Bergen. Sie erinnern so recht an die Almen unserer Alpen und bilden infolge ihres üppigen Graswuchses eine Hauptgrundlage der isländischen Schafzucht. Es ist ausserordentlich interessant, dass bereits in der Ldn. hervorgehoben wird, wie die ersten Ansiedler durch die Fruchtbarkeit der afréttir veranlasst wurden, ihre Wohnungen in der Nähe der Berge aufzuschlagen. „Sumir þeir er fyrstir komu út byggu næstir fjöllum, ok merkðu at því landskostina, at kvikféit fýstist frá sjónum til fjallanna"[2].

---

[1] Poestion S. 357. — [2] Ldn. V, c. 1: Die ersten Ansiedler wohnten zum Teil am nächsten bei den Bergen und wurden dadurch auf die Güte des Landes aufmerksam, dass das Vieh (beim Weiden) von der Küste eifrig nach dem Hochlande hinstrebte. — Auch Olaus Olavius weist in seinem Berichte S. 165 auf die Güte der Hochweiden hin: „ ... und endlich bekömmt man durch diese Abwechselung sowohl daheim als auf den Gebirgen mehr und fettere Milch als gewöhnlich, weil die Festuca ovina, Poa, Alopecurus, Phleum, Arundo, und einiges Carices, wonach die Kühe sehr begierig sind, fast häufiger in den entfernten Thälern als auf den Hofländereyen wachsen.

Islands Gestade sind von einem reichen Kranze grösserer
und kleinerer Inseln umgeben, von denen viele einen ausserordentlich hohen Wert repräsentieren, sei es nun als Fischerei-
stationen oder als Brutplätze der Eidervögel. Angesichts dieser
Vorteile muss es auffallen, dass die ersten Ansiedler den Inseln
nur geringes Interesse entgegenbrachten. Selbst die Vestmannaeyjar, eine im Süden von der Rángárvalla sýsla gelegene Inselgruppe, wurden erst sehr spät besiedelt. „Ormr ánauðgi[1]) besiedelte zuerst die Vestmannaeyjar; die bis dahin nur als Fischer-
plätze benutzt worden waren, und niemals, oder selten, als Winter-
sitz gedient hatten.“ Gegenwärtig besitzen die Westmännerinseln
infolge ihrer vorzüglichen Fischbänke die dichteste Besiedelung
Islands[2]). Für eine fast ausschliesslich von der Viehzucht lebende
und mit grossen Landansprüchen auftretende Bevölkerung konnten
die Inseln dagegen nichts Verlockendes haben. — Von den übrigen
isländischen Inseln kommt für die Besiedelung eigentlich nur noch die
Flatey-Gruppe in Betracht. „Þrándr mjóbeinn[3]) nahm die Inseln
westlich vom Bjarneyjaflói[4]) und wohnte in Flatey.“ — Eine dritte,
ebenfalls im Breiðifjörðr gelegene Inselgruppe, wurde dagegen nur
vorübergehend in Besitz genommen. Þorvaldr und sein Sohn
Eirekr rauði[5]) nahmen Land an den Hornstrandir[6]). Daselbst
starb Þorvaldr. Eirekr zog dann südwärts und machte Land ur-
bar im Haukadalr. Da bewirkten die Sklaven des Eirekr, dass
der Hof des Valþjófr durch den Sturz eines Berges verschüttet
wurde. Es kam zu Streitigkeiten. Eirekr beging einen Mord
und wurde verbannt. Nun nahm er die Inseln Brokey und Öxney
und wohnte den ersten Winter zu Traðir in Suðrey. Nach kurzer
Zeit verübte Eirekr abermals einen Totschlag. Er entfloh aus
dem Lande und machte sich auf, die Gunnbjarnarsker[7]) zu suchen.
Hierbei wurde er der Entdecker von Grænland (Grönland). —
Die Insel Skrúðey endlich war jedenfalls unbewohnt und besass
für ihre Eigentümer nur Wert als Grasplatz[8]).

Das heutige Island.

Die Eigenart der Siedelungsverhältnisse Islands während der
landnámatíð wird noch deutlicher hervortreten, wenn wir zum

---

[1]) Ldn. V, c. 5. — [2]) Auf 1 qkm wohnen 33,24 Menschen, in Island
überhaupt nur 0,67. (Meddelelser 3,12). — [3]) Ldn. II, c. 19. — [4]) Südlich
von der Barðastrandar-s. liegen im Breiðifjörðr gegen 600 Inseln und Inselchen:
die sogenannten Vestreyjar. Die südlichste Inselgruppe wird von den Bjarn-
eyjar gebildet, die von den übrigen Inseln durch den Bjarneyjaflói getrennt
werden. Kål I, 540 und 545. — Flói = ein Gebiet tieferen Wassers. —
[5]) Ldn. II, c. 14. — [6]) In der Stranda-s. — [7]) Inseln zwischen Island und
Grönland. — [8]) S. S. 124. —

Schlusse einen Blick auf die heutigen Zustände werfen. Zu diesem Zwecke ist es nötig, etwas näher auf die Entwickelung des isländischen Handels [1] einzugehen. Während die Isländer in der freistaatlichen Zeit aktiv am Handel teilnahmen, brachten es allerhand Unglücksfälle, wie schwarzer Tod, Vulkanausbrüche etc. mit sich, dass der Verkehr mit dem Auslande allmählich in die Hand fremder Nationen überging. An die Stelle des eigenen Volkes traten namentlich die Engländer und Hanseaten. Gleichzeitig begann auf Island eine folgenschwere Verschiebung der wirtschaftlichen Verhältnisse. Die Landwirtschaft ging zurück, und der Fischfang gewann an Ausdehnung. Trotzdem stellten sich zunächst keine Übelstände ein, denn unter dem Regime der englischen und deutschen Kaufleute fehlte es dem Lande weder an ausreichender Zufuhr fremder, noch an genügendem Absatze der eignen Produkte. Ein verderblicher Schritt war es dagegen, als Christian IV. im Jahre 1602 auf den Gedanken kam, den isländischen Handel zu Gunsten der dänischen Städte Kopenhagen, Malmö und Helsingör zu monopolisieren. In den Jahren 1602—83 wurde der Handel von drei aufeinander folgenden Kompagnien ausgeübt, von 1684 ab verpachtete der König jeden Hafen einzeln; 1733 kam man aber auf das alte System, den Handel einer Kompagnie zu überlassen, wieder zurück. Die Handelsgesellschaften beuteten das arme Island in der unerhörtesten Weise aus. Sie versagten den Einwohnern oft Getreide und Mehl und drangen ihnen dafür allerhand überflüssige oder schädliche Dinge, wie Kramwaren, Tabak, Branntwein, gegen die höchsten Preise auf. 1759 ging der Handel in königliche Regie über. Von jetzt ab besserten sich zwar die Verhältnisse, aber da die königliche Kasse mit Verlust arbeitete, wurde der Handel mit Island 1764 neuerdings einer Kompagnie übertragen. Sofort zeigten sich auch die alten Missstände wieder. Im Jahre 1768 erwies sich alles für Island bestimmte Mehl als geringwertig und verdorben. Eine zur Untersuchung dieser Angelegenheit eingesetzte Kommission verurteilte die Kompagnie zu 4400 Rthr. Strafe. Solche und ähnliche Vorkommnisse und die bitteren Klagen der Isländer veranlassten endlich den König, im Jahre 1774 die Kompagnie aufzulösen und den Handel wieder für eigene Rechnung führen zu lassen. Trotzdem nahm auf Island das Elend immermehr überhand. Hungersnot und die furchtbaren Vulkanausbrüche der Jahre 1783 und 1784 brachten die Einwohner dem Untergange nahe. Da entschloss sich endlich die dänische Regierung, mit dem Monopolhandelssystem zu brechen. Statt dass man aber das Übel bei

---

[1] Vgl. Thaarup II², 16 ff. — Maurer, Zur politischen Gesch. Isl., 268 ff.

der Wurzel anfasste, geschah die Aufhebung nur zu Gunsten der Angehörigen der dänischen Gesamtmonarchie. Eine Wendung zum Besseren trat aber immerhin ein, und bald sollte ein weiterer Fortschritt geschehen. Als Dänemark im Kieler Frieden dem Besitze Norwegens entsagt hatte und damit die Zahl der zum Handel mit Island Berechtigten bedeutend vermindert worden war, sah sich der König genötigt, auch Ausländern den Verkehr mit Island zu erlauben. Am 11. September 1816 erliess Friedrich VI. folgende Verordnung: „Unsere Rentekammer ist allergnädigst autorisirt, vom Anfang des künftigen Jahres an und bis weiter, Pässe oder Bewilligungen zur Fahrt auf Island für eine gewisse Anzahl von Handelsschiffen, die den Unterthanen fremder Staaten gehören, auszufertigen"[1]). Von einer unbeschränkten Handelsfreiheit konnte freilich auch jetzt noch nicht die Rede sein, denn den fremden Schiffern und Kaufleuten wurde die Arbeit durch allerhand drückende Bestimmungen ausserordentlich erschwert. Erst 1854 gelang es den Isländern, ein Gesetz zu erstreiten, durch welches die Häfen ihres Landes für die ganze Welt geöffnet wurden.

Es kann nicht unsere Aufgabe sein, ausführlich nachzuweisen, welche Wirkungen der Monopolhandel auf die wirtschaftlichen Verhältnisse Islands ausübte. Nur ein einziger, aber freilich der wichtigste Punkt soll hervorgehoben werden. Da die Monopolisten die Seeprodukte höher bewerteten als die Produkte des Landes, so verlor die Viehzucht einen Teil ihrer früheren Bedeutung. Zu weit ist es aber gegangen, wenn Maurer[2]) behauptet, der Fischfang habe so an Ausdehnung zugenommen, dass derselbe schliesslich zur ersten Erwerbsquelle wurde. Nach Angabe der offiziellen Statistik lebten den 2. November 1845 auf Island 47830 Personen vom Landbau, aber nur 3667 vom Fischfange[3]). Am 2. November 1840 war das Verhältnis 45940:3773 gewesen[4]), und nach der Volkszählung vom 1. Februar 1801 betrieben von 47240 Einwohnern gar nur 257 den Fischfang[5]). Die Ergebnisse der Volkszählung vom Jahre 1769 waren uns leider nicht zugänglich, aber dafür können wir auf ein anderes Zeugnis hinweisen, das ebenfalls gegen Maurer spricht. Eggert Olafsen, der im Auftrage der königlichen Societät der Wissenschaften zu Kopenhagen in den Jahren 1752—53 (also zur Zeit des Monopolhandels) durch Island eine Reise unternahm, schreibt: „Diese Nachricht von der isländischen Schaafzucht ist zwar etwas

---

[1]) Verordnung etc. § 1. — Poestion lässt diese Verord. ganz unerwähnt. — [2]) Maurer, Zur pol. Gesch. Isl. 280. — Auch Poestion, S. 372, teilt Maurers Meinung. — [3]) Tabelværk; ny Række, 1. B. S. 322. — [4]) Tabelværk; 10, 235. — [5]) Tabelværk; 6, 179. —

weitläufig geworden, wir haben aber für nötig erachtet, einmal
für alle davon ausführlich zu handeln, weil sie den grössten
Teil der Nahrung der Einwohner ausmacht"[1]. Und an einer
anderen Stelle heisst es: „Weil Westerjöckeln einer der grössten
Fischörter in Island ist, so wollen wir etwas ausführlich von der
Fischerey, als dem zweyten Zweig des Handels und der
Nahrung der Isländer, reden"[2]. — Auch hinsichtlich der Zeit
nach 1854 bedarf Maurers Auffassung der Berichtigung. Während Maurer als Wirkung der im Jahre 1854 gewährten Handelsfreiheit erwartete, dass nun eine Kräftigung der Landwirtschaft erfolgen würde, trat gerade die entgegengesetzte Erscheinung ein.[3]

Verhältnis des Landbaues zum Fischfang:

		Landbau	Fischfang
1. Febr.	1850	82,0 %	6,9 %
1. Okt.	1855	81,2 %	7,8 %
1. „	1860	79,0 %	9,3 %
1. „	1870	75,0 %	9,8 %
1. „	1880	73,0 %	12,0 %
1. Novbr.	1890	64,5 %	17,5 %

Aus vorstehender Tabelle erhellt, dass zwar auch heute noch
die wichtigste Nahrungsquelle der Isländer im Landbau besteht;
aber andererseits ist ersichtlich, wie der Fischfang an Bedeutung
stetig zugenommen hat. Mit der Umgestaltung der Erwerbsver-
hältnisse musste sich notwendig auch eine Veränderung der
Siedelungsverhältnisse vollziehen. Die Menschen wohnen nicht
mehr so gleichmässig über das Land hin verteilt, wie während
der landnámatíð, sondern in der Nachbarschaft der zahlreichen
Fischplätze sind Gebiete örtlicher Verdichtungen entstanden. Der
Fischer erhebt geringere Raumansprüche als der Landbauer, denn
jenem ist der Boden nicht mehr die nährende Mutter, sondern
nur noch Wohnstätte und Handelsplatz. Am lohnendsten erweist sich die Fischerei in der Vestmannaeyjar sýsla, wo 77 % der
Bevölkerung vom Fischfange leben. Dann folgen in absteigender
Linie die Gullbringu- und Kjósar sýsla (64 %), die Ísafjarðar
sýsla (30 %), die Borgarfjarðar sýsla (26 %), und die Snæfellsnes
sýsla (24 %)[4]. Vergleicht man hiermit die Skala der Volksdichten
Islands, so ergiebt sich, dass die Gebiete dichtester Bevölkerung
mit den genannten Fischereibezirken zusammenfallen. Auf 1 qkm
bebauten Landes lebten in der Vestmannaeyjar sýsla 33,24 Per-

---

[1] Olafsen I, 115. — [2] Olafsen I, 180. — [3] Maurer, Zur pol. Gesch.
Isl. S. 285. — [4] Meddelelser 3, 12. S. 244. —

sonen, in der Gullbríngu- und Kjósar sýsla 7,94; in der Ísafjarðar sýsla 3,07 und in der Borgarfjarðar sýsla 2,54 [1]).

Die Verschiebung der wirtschaftlichen Zustände Islands zu Gunsten des Fischfanges wirkt aber auf den Charakter der Siedelungen noch in einer anderen Beziehung umgestaltend ein. In demselben Masse, in welchem der Fischfang an Ausdehnung gewinnt, findet auch ein Abströmen der Bevölkerung aus dem Landinnern nach dem Strande statt. Nichts ist für die zunehmende Bedeutung der Küstengebiete typischer, als das Wachstum der drei isländischen Kaufstädte: Reykjavík, Ísafjörður und Akueyri [2]). Von 1880—1890 vergrösserte sich Reykjavík um 50 %, Ísafjörður um 62 % und Akueyri um 10 % [3]), während in dem gleichen Zeitraume die Gesamtbevölkerung Islands von 72 445 auf 70 927 sank [4]). Hierbei ist es wieder ausserordentlich bezeichnend, dass Reykjavík und Ísafjörður in Fischereidistrikten liegen, während Akueyri einem Gebiete angehört, wo nur 11 % der Bevölkerung vom Fischfange leben.

---

[1]) Meddelelser 3, 12. S. 222. — [2]) R. in der Gullbríngu-s. Í. in der Ísafjarðar-s. und A. in der Eyjafjarðar-s. — [3]) Meddelelser 3, 12. S. 220. — [4]) Meddelelser 3, 12. S. 170. —

14

ISLAND

während

r landnámatíð.

O. Schumann.

MITTEILUNGEN

DES

VEREINS FÜR ERDKUNDE

ZU

LEIPZIG.

—— 1900. ——

LEIPZIG.
DUNCKER & HUMBLOT.
1901.

Inhaltsverzeichnis.

I. Mitteilungen über den Verein.

II. Wissenschaftliche Mitteilungen.

40. Jahresbericht.

Jahr 1900.

Im verflossenen Vereinsjahre fanden insgesamt sieben allgemeine und eine ausserordentliche Sitzung statt, in denen folgende Vorträge gehalten wurden:

3. Januar.   **Dr. Max Friederichsen aus Hamburg:** Über seine Reise zum Ararat und zum russisch-armenischen Hochland. Mit Lichtbildern.

7. Februar.   **Dr. Herrmann Meyer aus Leipzig:** Über seine neueste Reise nach Central-Brasilien.

7. März.   **Oberleutnant Olufsen aus Kopenhagen:** Über seine letzte Pamir-Expedition. Mit Lichtbildern.

12. März.   **Prof. Dr. Fridtjof Nansen aus Christiania:** Allgemeiner Bericht über die Expedition des Fram. Mit Lichtbildern.

4. April.   **Plantagenbesitzer G. Truppel aus Berlin:** Samoa und die Samoaner. Mit Lichtbildern.

24. Oktober.   **Professor Dr. Steindorff aus Leipzig:** Über seine mit Herrn v. Grünau unternommene Reise nach der Oase Siwah. Mit Lichtbildern.

7. November.   **Legationsrat Dr. Freiherr M. v. Oppenheim aus Cairo:** Über seine vorjährige Reise durch Syrien und das nordwestliche Mesopotamien. Mit Lichtbildern.

5. December.   **Geheimer Bergrat Professor Dr. H. Credner aus Leipzig:** Armorika.

NB. Ein ausführlicherer Sitzungsbericht folgt einige Seiten später.

Die wissenschaftlichen Veröffentlichungen des Vereins hatten mit dem IV. Bande einen gewissen Abschluss erlangt. Eine Fortsetzung sollen sie erst 1901 erfahren, wo zur Feier des vierzigjährigen Jubiläums des Vereins eine grössere Monographie von Prof. Dr. *W. Ule* in Halle über den Starnberger- oder Würm-See erscheinen soll. Dem Bande soll ein ziemlich umfangreicher Atlas beigegeben werden.

In Rücksicht auf diese geplante Veröffentlichung hat die Unterstützung von wissenschaftlichen Reisenden in engen Schranken gehalten werden müssen; sie beschränkt sich auf eine einmalige Beihilfe von 100 Mark an Prof. *Ule* zum Zweck seiner Seenforschung.

Zur Erledigung der geschäftlichen Angelegenheiten des Vereins hielt der Vorstand fünf Sitzungen ab, davon zwei gemeinsam mit dem Beirat. Die Verhandlungen betrafen im Beginn des Jahres die Stellungnahme des Vereins zu der am 17. Januar in Leipzig erfolgten Flottenkundgebung und die Verwendung des von Vereinsmitgliedern aufgebrachten Fonds für die geplante deutsche Südpolar-Expedition, ferner die Herausgabe eines zum vierzigjährigen Jubiläum des Vereins zu veröffentlichenden Apian-Monographie, Wahlangelegenheiten und die Nansenfeier. In der zweiten Hälfte des Jahres betrafen sie die Feier des Stiftungsfestes selbst, die Fortsetzung der wissenschaftlichen Publikationen und die Unterstützung von wissenschaftlichen Reisenden.

Im Januar beteiligte sich der Verein an der von ihm, dem Deutschen Flottenverein und der Deutschen Kolonialgesellschaft, Abteilung Leipzig, in der Alberthalle des Kristallpalastes veranstalteten Flottenkundgebung; am 12. März fand dann im Palmengarten eine ausserordentliche Sitzung statt, in der *Fridtjof Nansen* über seine Fram-Fahrt berichtete und die sich zu einer wirklich erhebenden, äusserst zahlreich besuchten Festlichkeit gestaltete. An Nansens Vortrag schloss sich ein Festmahl mit Damen.

Die Veränderungen im Vorstand waren auch diesmal ziemlich umfangreich. An die Stelle des statutengemäss ausscheidenden zweiten stellvertretenden Vorsitzenden Herrn Prof. Dr. *E. Schmidt* trat Herr Professor *Ratzel;* der ausscheidende erste Schriftführer Herr Dr. *Weule* und der Kassierer Herr Bankier *Otto Keil* nahmen die auf sie gefallene Wiederwahl von neuem an. Für den aus dem Vorstand ausgetretenen zweiten Schriftführer Herrn Dr. *Fitzau* trat Herr Dr. *Ruge* ein, während das Amt eines dritten Schriftführers Herrn Dr. *Helmolt* übertragen wurde. Im Beirat traten an die Stelle der statutengemäss ausscheidenden Herren Reichsgerichtsrat *Stellmacher,* Prof. Dr. *Schulz* und Prof. *Lungwitz* die Herren Oberreichsanwalt Dr. *Olshausen,* Prof. Dr. *Berger* und Rechtsanwalt Dr. *Hillig*.

Die in den oberen Räumen des Grassi-Museums untergebrachte Vereinsbibliothek steht den Mitgliedern wie früher Dienstag und Donnerstag nachmittags von 5—7 Uhr zur Benutzung offen.
Der Stand der Kasse, deren Revision die Herren Konsul
Nachod und Bankdirektor *Assmann* auch diesmal in dankenswerter
Weise übernahmen, ist andauernd günstig, wie der umstehende
Kassenbericht beweist. Eines höchst erfreulichen Vermögens-Zu-
wachses hatte sich die Karl Ritter-Stiftung zu erfreuen in Gestalt
eines Legates von 15000 Mark seitens des am 10. Oktober 1900
verstorbenen Ehrenmitgliedes des Vereins, Fräulein *H. C. Baronesse
v. Eberstein* auf Schönefeld. Der Erblasserin sei auch an dieser
Stelle ein dankbares Andenken zugesichert.

Die Mitgliederzahl des Vereins hat in überaus erfreulicher
Weise zugenommen, in erster Linie durch die werbende Kraft
des Nansen-Vortrags, der allein weit über hundert neue Mitglieder
dem Verein zuführte. Von den Ehrenmitgliedern wurde uns, wie
erwähnt, Fräulein *von Eberstein* durch den Tod entrissen; von den
korrespondierenden Mitgliedern schied am 10. Januar General
von Tillo in St. Petersburg durch Tod aus. Aus der Mitte der
ordentlichen Mitglieder starben, soweit bis jetzt bekannt geworden:
Prokurist *Devrient,* Kaufmann *Dürbig,* Dr. jur. *Lange,* Kaufmann
Th. Rödiger, Reichsgerichtsrat *Wandersleben,* Amtsrichter *Flohr,*
Bankier *Schlick* und Kommerzienrat *H. Giesecke.* Ihnen allen wird
im Verein ein dankbares und freundliches Andenken gewahrt bleiben.
Im ganzen sind durch Tod, Wegzug oder Austritt im Laufe des
Jahres 40 Mitglieder aus dem Verein ausgeschieden, während im
gleichen Zeitraum 162 neue Mitglieder aufgenommen wurden, sodass der Verein Anfang 1901 705 ordentliche, 37 korrespondierende
und 24 Ehrenmitglieder zählte. Der Gesamtbestand ist somit
766 Mitglieder.

Kassa-Conto der Karl Ritter-Stiftung.

Soll.   Haben

1900.	ℳ	₰	1900.	ℳ	₰
An Hypothekzinsen von			Jan. 1. Per Fehlbetrag	18	11
ℳ 9000.— Capital . . .	405	—	„ Steuern	36	56
„ 10000.— „ . . .	425	—	„ Saldo	1671	83
„ 12000.-- „ . . .	532	50			
„ Zinsen von					
ℳ 3000.- 4 % Lpz. Hyp.-Pfdb.	120	—			
„ 2400.- 3½% Preuss. Kons.	84	—			
„ 500.- 3½% Kom.-Pfdbrf.	17	50			
„ 200.- 3½% Lpz.Stadt-Anl.	7	—			
„ Mitgliederbeiträgen . . .	135	50			
	1726	50		1726	50
1901.					
Jan. 1. An Bestand	1671	83			

Kassa-Conto des Vereins für Erdkunde.

Soll.   Haben.

1900.	ℳ	₰	1900.	ℳ	₰
Jan. 1. An Bestand	497	60	Per Conto der Vorträge	2471	45
„ Zinsen von			„ „ „ Bibliothek . . .	1261	62
ℳ 1000. - Preuss. 3½%			„ „ „ Mitteilungen . .	1483	90
Konsols	35	—	„ Unkosten-Conto	1953	79
„ 3000.— Leipz. 3½%			„ Saldo	678	37
Credit	105	—			
An Mitgliederbeiträgen .	7020	—			
„ Zahlung von Duncker					
& Humblot . . .	61	45			
„ Sendung von Dr. von					
Oppenheim . . .	25	25			
„ Zwischenzinsen . . .	108	84			
	7853	14		7853	14
1901.					
Jan. 1. An Bestand	679	37			

Kassa-Conto des Lomer'schen Legats.

1900. Januar 1. An Bestand . . . .*ℳ* 210.—
        „ Zinsen von *ℳ* 500.— Sächs. Rente . . . „ 15.—
1901. Januar 1. An Bestand . . . .*ℳ* 225.—

Kassa-Conto der Dr. Hans Meyer-Stiftung.

1900. Januar 1. An Bestand . . . .*ℳ* 945.51
        „ Hypothekzinsen . . . . „ 1275.—
                                ℳ 2220.51
        An Steuern . . . . „ 29.71
1901. Januar 1. An Bestand . . . .*ℳ* 2190.80

Vermögensbestand am 1. Januar 1901.

I. Karl Ritter-Stiftung.

$\mathcal{M}$ 9000.—. $4^{1}/_{2}^{0}/_{0}$ Hypothek.

„ 10000.—. $4^{1}/_{4}^{0}/_{0}$ „

„ 12000.—. $4^{1}/_{2}^{0}/_{0}$ „

„ 30c0.—. $4^{0}/_{0}$ Leipziger Hypotheken-Pfandbriefe.

„ 2400.—. $3^{1}/_{2}^{0}/_{0}$ Preussische Konsols.

„ 500.—. $3^{1}/_{2}^{0}/_{0}$ Kommunal-Pfandbriefe.

„ 200.—. $3^{1}/_{2}^{0}/_{0}$ Leipziger Stadt-Anleihe.

II. Verein für Erdkunde.

$\mathcal{M}$ 1000.—. $3^{1}/_{2}^{0}/_{0}$ Preussische Konsols.

„ 3000.—. $3^{1}/_{2}^{0}/_{0}$ Leipziger Kredit-Pfandbriefe.

III. Dr. Hans Meyer-Stiftung.

$\mathcal{M}$ 30000.—. $4^{1}/_{4}^{0}/_{0}$ Hypothek.

IV. Lomer'sches Legat.

$\mathcal{M}$ 500.—. $3^{0}/_{0}$ Sächsische Rente.

Vorstehende Rechnungabschlüsse pro 1900 des Vereins für Erdkunde, der Karl Ritter-Stiftung, der Dr. Hans Meyer-Stiftung und des Lomer'schen Legats haben wir geprüft und richtig befunden.

Leipzig, den 8. Februar 1900.

F. C. Assmann.   Fritz Nachod.

Vereinssitzungen des Jahres 1900.

Allgemeine Vereinssitzung am 3. Januar. Nach Verlesung der zahlreichen neu aufgenommenen und neu vorgeschlagenen Mitglieder begrüsst der Vorsitzende, Herr Professor Dr. *Hans Meyer,* den Redner des Abends. Dieser, Herr Dr. *Max Friederichsen* aus Hamburg, ergreift sodann das Wort zur Schilderung seiner Reise nach dem Ararat und dem russisch-armenischen Hochland. Die Reise bildete gewissermassen den Abschluss der grossen Exkursionen, die den Teilnehmern des VII. Internationalen Geologen-Kongresses in St. Petersburg und Moskau geboten wurden. Ihrer ganzen Natur nach natürlich keine eigentliche Forschungsreise, gab sie dem Reisenden gleichwohl eine ausgezeichnete Gelegenheit, sich mit den morphographischen und morphologischen Grundzügen jener geographisch und geologisch, aber auch historisch höchst interessanten Region vertraut zu machen, ebenso wie auch ihre Bewohner ziemlich eingehend zu studieren.

Seiner Lage nach bildet Russisch-Armenien die Landbrücke zwischen Schwarzem Meer und Kaspischem See. Der Brückencharakter tritt besonders auf dem Kartenbilde so auffällig hervor, dass man Armenien häufig den kaukasischen Isthmus genannt hat. Er ist ausgezeichnet durch seine Symmetrie, die sich in den orographischen, wie in den hydrographischen Verhältnissen äussert. Wie Kuban und Terek den Kaukasus im Norden begleiten, so folgen seiner Hauptrichtung im Süden Rion und Kura, und beiden parallel verlaufen dann auch die Randketten des armenischen Hochlandes. Nur an zwei Stellen wird diese Symmetrie gestört: im Westen, wo das Meskische Gebirge sich fast rechtwinklig zu der sonst vorherrschenden Nordwest-Südost-Richtung stellt, und im Osten, wo der Aras (Araxes) ebenfalls in nordöstlich gerichtetem Lauf die Hochlandsketten durchbricht, um sich mit der unteren Kura zu vereinigen — wir haben dort fast eben dieselbe Erscheinung, wie in Deutschland: wie hier herzynische und jurassische

Gebirgsrichtung fast rechtwinklig sich kreuzen, so dort die nordwestlich streichende kaukasische und die südwestlich gerichtete taurische, deren östlichster Vertreter eben das Meskische Gebirge ist. Auf dem Treffpunkt beider Streichungsrichtungen liegt Russisch-Armenien, oder besser, auf dem vereitelten Treffpunkt, denn die Enden aller Ketten sind da, wo sie zusammenstossen müssten, tief unter vulkanischen Hochflächen begraben. Vulkanische Gesteine, Andesite, Trachyte und Basalte bedecken in der That grosse Teile des Landes, und vulkanischer Natur sind auch die gewaltigen Bergesriesen, die sich majestätisch über der Hochfläche erheben: der Grosse und der Kleine Ararat, der Bingöl, Alagöz und Tanturek. Die Mächtigkeit jener Decke ist ungemein bedeutend: Tuffe und Basaltschichten lagern sich in dicken Lagen übereinander; darüber finden sich hier und da noch lakrustine, recente Ablagerungen, deren Konturen, aus der Ferne gesehen, sich als schnurgerade Linien am Horizont abzeichnen. Durch alle diese Schichten aber hindurch greifen tiefe Schluchten mit kañonartig steilen Wänden. Sie sind, nächst den tektonischen Flussthälern, fast das Einzige, was Abwechselung in die Monotonie der Oberflächengestaltung des Landes bringt.

Die Flussthäler nehmen selbst in gewissem Grade am Charakter des Landes teil, wenigstens so weit ihre Vegetation in Frage kommt. In seinem unteren Teil zeigte das Akstaffathal noch ganz die westiranische Flora: es war schön bewaldet, und prächtige Gruppen von Buchen und Wallnussbäumen boten dem Auge manch schönes Bild. Aber schon am Göktschai-See zeigten sich die ersten Vorboten des Hochlandes; hier hört der Wald auf, und nur die dornige, stachelige Vegetation der eigentlichen Hochfläche kommt noch fort. Die Hochflächenflora ist xerophil trotz einer Regenmenge, die mit 750 Millimeter der Westeuropas keineswegs nachsteht. Die Regen sind auch nicht einmal ungünstig verteilt; dennoch nützen sie dem Land wenig, da sie in dem porösen, lockeren, vulkanischen Gestein ungemein rasch versickern. So hat auch hier der Mensch zur künstlichen Berieselung greifen müssen, mit deren Hilfe allein die Nährstoffe dem Boden entzogen werden können. Sie ist nicht häufig im Lande, findet sich vielmehr meist nur in den Thälern und Thalschluchten. Wo sie aber mit Eifer gepflegt wird, wie in der Umgebung von Eriwan, da gleicht das Land einem Garten, in dem Pfirsiche, Melonen und Reben herrlich gedeihen; hat doch der Redner Trauben von 30 Centimeter Länge und Beeren von der Stärke eines Fingers gesehen. Der eigentliche Charakterbaum der Landschaft ist die Pyramidenpappel, die überall in langen Reihen die Wasserläufe begleitet.

Der einförmigen Hochfläche sind zahlreiche vulkanische Kegel aufgesetzt, deren bedeutendste das Araratpaar sind. Beide Berge sind von sehr reiner Kegelform, die allein, auch ohne Berücksichtigung der Heiligkeit des Bodens, auf dem sie stehen, das Gemüt des Beschauers ergreift. Dass keiner von beiden der Landungsplatz des biblischen Noah gewesen, ist bekanntlich längst erwiesen; dieser liegt vielmehr weiter südlich am Nordrand Arabistans, im Armenischen Taurus, südlich vom Wan-See. Im Lande selbst heisst der Berg auch gar nicht Ararat, sondern die Armenier nennen ihn seit Alters Masis, während er bei den Türken Agri Dagh, bei den Persern Kuhi Nuh heisst. Orographisch ist der Ararat der östliche Ausläufer einer langen, gebogenen, nach Süden offenen Reihe erloschener Vulkane. Dass er auf einer Spalte steht, lehrt schon ein kurzer Blick auf ein durch beide Kegel gelegtes Profil. In seiner Doppelgestalt bietet er ein wahrhaft grossartiges Bild: der Grosse Ararat erhebt sich mit 5156 Metern mehr als 4000 Meter über die ihm unmittelbar vorgelagerte, kaum 1000 Meter hohe Ebene von Eriwan. Eine derartig gewaltige relative Erhebung steht auf der Erde einzig da, und so hat denn der Berg lange für unersteigbar gegolten. Dennoch ist er im Laufe des 19. Jahrhunderts sehr oft erklommen worden; von der Ersteigung durch Parrot 1829 an bis 1894 zählt man deren nicht weniger als 21. Die Besteigung ist nicht schwierig; sie erfordert aber in dem armen Lande gleichwohl eine Karawane, ferner eine militärische Bedeckung. Nötig dazu sind ausserdem drei vom Wetter begünstigte Tage. Grosse wissenschaftliche und touristische Erfolge sind übrigens dabei nicht zu erlangen; alle seine Hänge sind trostlos und öde. Nur für die Triangulation ist er wichtig geworden.

Besiedelt ist der Ararat nur an zwei Stellen, einmal am Grossen Ararat in der Nähe des 1840 durch einen Bergsturz verschütteten Dorfes Aghuri, wo Kurden im Sommer ihre Schafe zur Weide treiben, dann in dem Sattel zwischen den beiden Gipfeln, wo ein russischer Posten bei 2700 Meter Höhe die Grenze hütet gegen Perser und Türken; ist doch hier der Grenzpunkt aller drei Reiche. Dieser Sattel ist auch der beste Aufstiegspunkt zum Kleinen Ararat, den Friederichsen erstiegen hat. Er ist ungeheuer steil und steht mit 35—38 Grad Neigungswinkel nur hinter dem Kljutschew auf Kamtschatka zurück, während er den Vesuv mit 31 Grad bedeutend übertrifft. Ringsum ist er von Geröll- und Schuttmassen umgeben, die den Aufstieg erschweren, den Abstieg aber in kaum $2^1/_4$ Stunde bewerkstelligen lassen. Alle diese Schuttmassen sind der Schwere nach angeordnet, daher die Kegelform des Berges. In sie hinein aber sind durch Erosion ungeheure Barrancos gerissen, die unten in breite Schuttkegel auslaufen.

Beim Kleinen Ararat ist der Aufstieg im Gegensatz zu seinem grossen Nachbar höchst lohnend, nicht zum mindesten in meteorologischer und geologischer Beziehung. Die zahlreich auftretenden Seitenkratere gewähren mit ihren Lavaströmen einen guten Einblick in die Genesis des Grossen Ararat. Der Gipfel aber, der, wie der ganze Berg, aus Andesit besteht, zeigt in geradezu unendlicher Fülle das Phänomen der Blitzröhren, das der Spitze des Grossen Ararat fehlt, ebenso wie die Gewitter selbst. Nach der Massenhaftigkeit der Erscheinung hat man das Gestein des Kleinen Ararat geradezu Fulgurit-Andesit genannt. Beide Berge spielen übrigens ihrer isolierten, Alles überragenden Lage wegen für ganz Armenien die Rolle meteorologischer Kondensatoren und natürlicher Blitzableiter. Die Gewitter sollen den Eindruck hervorbringen, als ob der ganze Berg in Flammen stände.

Ganz verschieden nach Form und Gestalt ist der nördlich der Ebene von Eriwan gelegene Alagöz, der mit 4095 Meter den Kleinen Ararat um ein Weniges überragt. Er ist ein centraler Krater, der aus Lava und Tuffen, welch letztere dem Kleinen Ararat fehlen, aufgebaut ist. Ihm mangelt gänzlich die schöne Form seiner beiden südlichen Nachbarn. Dafür indessen sind seine flachen Hänge ein ungemein fruchtbares Kulturland.

Die Bewohnerschaft des russischen Armenien besteht entgegen der üblichen Annahme nur zum geringsten Teil, nämlich nur zu 20 Prozent aus Armeniern. Weit zahlreicher sind Perser, Kurden, Tataren und Russen. Dennoch sind die Armenier seit jeher die Träger der Kultur in jenem unwirtlichen Gebiet. Von hoher Statur, brünett, sind sie heller als die Perser, und ausgezeichnet durch eine stark gebogene, der der Juden ähnliche Nase. Im allgemeinen gelten sie für verständig, friedliebend, arbeitsam und enthaltsam. Dabei sind sie geschmeidig und verfügen über ein unleugbares Handelstalent. Damit zusammen hängt die Neigung, sich von ihrer Heimat hin in alle Welt zu verbreiten. Ähnlich wie die Juden, sind auch sie arg zersplittert und weit über die Türkei und Russland, das ganze Mittelmeergebiet und Österreich-Ungarn, ja, über Persien und Indien hin verbreitet. Dazu kommt, dass sie, seit Jahrtausenden von Nachbarstaaten überflutet, alle Leiden eines Pufferstaates haben durchkosten müssen. Nur unter der Dynastie der Bagratiden (859 bis 1080) sind sie zu staatlicher Blüte gediehen. Seit 961 war Ani die stolze Hauptstadt des Reiches, dasselbe Ani, das heute nur als wüster, wenn auch grossartiger Trümmerhaufen das Plateau in der Schlinge des Aladjatschai krönt. Heute hat es seine Rolle, wenn auch in sehr herabgeminderter und einseitiger Form, an das berühmte Kloster Etschmiadsin am Fusse des Alagöz übertragen, den Sitz des Katholikos der schismatischen armenischen Kirche, der noch immer, oder vielmehr in stets steigendem Masse, die geistige und politische Führerschaft des Volkes verkörpert.

Im Gegensatz zu der Wohlhabenheit dieses Klosters lebt der armenische Bauer in äusserst ärmlichen und dürftigen Verhältnissen. Schon seine Behausung lässt an Komfort alles zu wünschen übrig. Aus Lavablöcken in rohester Weise aufgebaut oder aus Lehm hergestellt, entbehren die Hütten der seitlichen Fenster ganz. Dafür enthält das flache Dach zwei Öffnungen, die dem Rauch zum Austritt dienen, dem Licht aber gleichzeitig Eintritt gewähren. Häufig wird die Hütte, in Rücksicht auf den langen und harten Winter, gar halb oder ganz unterirdisch angelegt; sie verrät sich dem Wanderer bei hochliegendem Schnee dann nur durch den aufsteigenden Rauch. Dicht neben dem Wohngemach befindet sich der Stall; neben diesem aber, in hohe, nurhagähnliche Haufen geschichtet, das Feuerungsmaterial, das in diesem holzarmen Lande aus getrocknetem Kameel- und Büffelmist besteht. Erwerbszweig ist in erster Linie die Schafzucht; im Ackerbau wird Gerste, Weizen, Spelz und Flachs in günstigeren Berglagen bevorzugt, während die Ebenen Reis, Baumwolle, Tabak und Sesam hervorbringen. Daneben blüht auch Seiden-, Bienen- und Obstbauzucht; schliesslich der Weinbau.

Damit schloss der Redner seinen inhaltreichen, durch viele, ungemein scharfe Lichtbilder illustrierten Vortrag.

Allgemeine Vereinssitzung am 7. Februar. — Zunächst gab Herr Professor *Chun* eine Übersicht über die Mitgliederbewegung des Vereins im verflossenen Jahre. Die Gesamtzahl der Mitglieder beträgt jetzt 650. Von den Ehrenmitgliedern sind verstorben: der Altmeister der Kartographie H e i n r i c h K i e p e r t, am 21. April, und der Afrikareisende O s k a r B a u m a n n, am 12. Oktober 1899. Nach Erledigung einiger anderen geschäftlichen Angelegenheiten begrüsste der Vorsitzende dann den Redner des Abends, Herrn Dr. *Herrmann Meyer*, der, ein Sohn unserer Stadt, ähnlich wie sein Bruder Hans dreimal den Kilimandjaro erforscht habe, jetzt bereits zum zweitenmale aus dem dunkelsten Brasilien zurückgekehrt sei. Darauf ergriff Herr Dr. Meyer selbst das Wort über seine z w e i t e R e i s e i n C e n t r a l b r a s i l i e n.

Das Quellgebiet des Schingu ist für den Geographen wie den Ethnographen gleich interessant. Für die ethnographischen Verhältnisse bezeichnend ist die Thatsache, dass Eisen den Eingeborenen bis vor wenigen Jahren völlig unbekannt war. Geographisch auffallend ist die Schmalheit des Schingu-Quellgebietes, das in seiner äusseren Gestalt einer menschlichen Hand ähnelt. Zu dieser

Enge stehen in starkem Gegensatz die grossen Wassermassen, die von den einzelnen Flüssen nach Norden entführt werden. Sie sind nur erklärlich aus den bedeutenden Niederschlägen, die zudem, da unter dem Sandstein der Oberfläche undurchlässiger Thon lagert, nicht in den Boden einsickern können. Orographisch ist das Quellgebiet charakterisiert durch ein Aufsteigen von Ost nach West. Dieses Aufsteigen äussert sich in der besseren Fahrbahn der östlichen Quellflüsse, des Kuluene und Kulisehu, während die westlichen ein immer schlechteres Fahrwasser aufweisen. Schon der 1896 auf der ersten Reise befahrene Yatoba war ungünstig genug.

Die wichtigste Frage des Schingu-Quellenproblems drehte sich vor Antritt der Reise um den Ronuro. War er der wirkliche Quellfluss, und woher kam er sowohl wie sein westlicher Zufluss, der Atelchu? Als Oberlauf des Ronuro konnten nur der Rio Profundo und der Rio Formoso in Betracht kommen. Wie aber, wenn sie zum Paranatinga strömten und damit zum Tapajoz? Dann blieb das Ronuroproblem auch fernerhin ungelöst; zudem entfiel dann der zweite Teil der Aufgabe der Expedition, die Erforschung des weit im Osten fliessenden Paranayuba, von dessen Bevölkerung der Reisende vor drei Jahren so viel des Interessanten gehört hatte.

In den letzten Tagen des März 1899 brach die Expedition nach vierwöchiger sorgsamer Vorbereitung von Cuyaba auf. Von 62 gekauften Maultieren verblieben schliesslich 51 für die Durchführung des Unternehmens. Der Aufbruch geschah noch gerade zur rechten Zeit, denn das Land stand wieder einmal am Vorabend einer Revolution. Acht Tage später, und die Expedition wäre schon im Entstehen gescheitert. Das Städtchen Rosario am oberen Cuyabafluss erschien völlig ausgestorben; alle Wehrfähigen standen unter den Waffen. Die Jahreszeit war für die Reise noch sehr ungünstig; es fiel noch viel Regen, und die Wege waren grundlos. Für die dadurch bedingten Mühseligkeiten aber entschädigte das frische Grün der Matten und das rege Leben überall in der Natur. Nur viele Schlangen gab es; doch wurde zum Glück niemand verletzt. Am Paranatinga gesellten sich dann etliche neue Begleiter in Gestalt einiger zahmen Bakairi zu der Karawane, die über die Wasserscheide zum Quellgebiete des Rio Formoso hinabstieg, nachdem der von allen deutschen Schingu-Expeditionen her bekannte Antonio, ebenfalls ein zahmer Bakairi, mit der unter der Führung Dr. Pilgers stehenden Tropa und fünf Leuten zum Kulisehu nach Osten aufgebrochen war.

Mit dem Betreten des Formosothales hatte man die gangbaren Wege verlassen; jetzt stand man auf völlig jungfräulichem Gebiete. Zunächst erfolgte der Bau der Kanus, der zwei Wochen in Anspruch nahm. Am 23. Mai erfolgte dann die Abfahrt zu Thal. Der Fluss trägt seinen Namen des Schönen, Prächtigen mit Recht; sowohl landschaftlich wie auch nach Tier- und Pflanzenleben ist er reich ausgestattet. Sehr bald begann dann jedoch das Gebiet der Stromschnellen. Es waren ihrer über 150 zu bewältigen. 35 davon bereiteten die denkbar grössten Schwierigkeiten; nicht weniger als 14 Kanus gingen dabei verloren, ganz abgesehen von vielen Apparaten und der halben Ladung. Dazu kam der Übelstand, dass die Ersatzboote oftmals weiter oberhalb des erreichten Punktes gezimmert werden und damit den gefahrvollen Weg auch ihrerseits zurücklegen mussten. Auch die sonstigen Entbehrungen und Strapazen waren furchtbar. Siedlungen gab es nirgends; zu Jagd und Fischfang fand sich keine Gelegenheit, da weder Wild noch Fische vorhanden waren. So wurde schliesslich alles verzehrt, selbst Jaguar- und Schlangenfleisch. Tagelang bildeten junge Palmkeime die einzige Nahrung. Dazu fehlte das Salz, das notdürftig durch Gaben von Salzsäure ersetzt wurde. Zu allem Unglück brachen dann Dysenterie und Fieber aus. Nur ein freudiges Ereignis fällt in die trübe Zeit der Stromfahrt: die am 7. Juni erfolgte Entdeckung eines stattlichen Wasserfalles, der in zwei gewaltigen Armen 15 Meter tief herabstürzt. Bastianfall soll er heissen.

Die Expedition konnte sich als gerettet betrachten, nachdem am 2. Juli der Strom Fische aufwies, die nach sechswöchiger Frist die erste stickstoffhaltige Nahrung bildeten. Die Lage war in der That kritisch gewesen; Hunger, Anstrengungen und Krankheit hatten alle Teilnehmer zur Verzweiflung gebracht. Daraus ergab sich nun auch notgedrungen eine Änderung des weiteren Planes: mit dieser Mannschaft und in diesem Zustande zum Paranayuba vorzudringen, wäre Selbstmord gewesen.

Am 8. Juli traf man endlich auf dem linken Ufer die ersten Spuren von Eingeborenen; doch trotz tagelangen Suchens und Wartens in dem unweit des Flusses gelegenen Dorfe gelang es nicht, die Bewohner selbst zu Gesicht zu bekommen. Über ihre Zugehörigkeit kann man daher nur Vermutungen hegen; allem Anschein nach sind sie kein Schinguvolk, sondern gehören zum Tapajoz. — Sehr bald war nunmehr übrigens die Einmündung des Yatoba erreicht; dann kam von links die des Atelchu, schliesslich das wohlbekannte Schingu-Coblenz, der Zusammenfluss von Ronuro und Kuluene, und damit die Gewissheit, am Ende der eigentlichen Expedition zu stehen.

Die Rückkehr erfolgte den Kulisehu aufwärts. Dr. Meyer hat dabei alle an ihm wohnenden Stämme von neuem berührt und kann nur Unerfreuliches von ihnen berichten. Interessant ist übrigens, dass die Indianer, um eine bei dem grossen Sprachenreichtum des zentralen Matto Grosso notwendige Verständigung zu ermöglichen, ihre Kinder stammesweise gegenseitig zeitweilig austauschen.

In den ersten Tagen des September wurde der obere Kulisehu und das Lager Dr. Pilgers erreicht, der in der Zwischenzeit eine sehr stattliche botanische Sammlung angelegt hatte. Sie soll in der Hauptsache dem Berliner Botanischen Museum überwiesen werden. Am 16. Oktober erfolgte der Einzug in Cuyaba.

Der Redner schloss mit dem Ausdruck des Dankes an seine Begleiter und warf dann einen Blick auf die geographischen Erfolge der Expedition. Für den ganzen Weg liegen Messungen und Itinerare vor; dann sind die Ronuroquellen definitiv festgestellt; schliesslich ist die Entdeckung des Bastianfalles hervorzuheben. Gezeigt hat sich bei dem ganzen Unternehmen, dass der Ronuro kein Eingangsthor ist; der Kulisehu ist ungleich besser. Ihn empfiehlt denn auch der Redner seinen Nachfolgern, denen noch immer der Paranayuba mit seinen reichen geographischen und ethnologischen Schätzen winkt.

Allgemeine Vereinssitzung am 7. März. — In der von Herrn Professor Dr. *Hans Meyer* geleiteten Märzsitzung sprach der dänische Oberleutnant *Olufsen* über seine zweite Reise zum Pamir und damit über ein Gebiet, das politisch, als Grenzgebiet zwischen Russisch- und Britisch-Asien, ebenso wichtig wie geographisch interessant ist. Die eigentliche Reise begann in Osch, einer nur wenige Meilen südöstlich von Andisjan, dem gegenwärtigen Endpunkte der transkaspischen Eisenbahn, gelegenen russischen Station in Turkestan, am Nordfusse des Alai. Die ganze Region war zur Zeit des Aufbruchs, Juli 1898, sehr unsicher; überfielen doch wenige Tage nach Olufsens Abreise 10000 Kirgisen den russischen Posten in Andisjan, um wenig später auch Osch zu bedrohen. In Begleitung von zwei Europäern und einer Anzahl Sarten ging es zunächst über den Alai. Hier erwies sich die Olgynlug-Grassteppe als besonders interessant, sowohl hinsichtlich ihres Pflanzenkleides als auch der grossartigen Fülle von Weidetieren der Kirgisen. Auch das Volksleben in den Jurten am Rand des Gebirges bot mit seiner verhältnismässig hochstehenden Webeindustrie manches Bemerkenswerte. Über den Taldykpass und durch die Alaisteppe, deren wunderbar grossgehörnte, ponygrosse, wilde Schafe auffielen, gelangte man in die Steinwüste am Karakul, einem grossen Kratersee mit ganz öder Umgebung. Von dort kam man schliesslich zur letzten russischen Station Pamirsky Post: 25 Mann unter einem Leutnant.

In sieben Märschen ging es dann zum 3310 m hoch gelegenen Daschilkul, dem ersten Hauptziel der Expedition. Er
liegt in ödester Gegend; keine Spur von Pflanzenwuchs findet
sich an den steilen Hängen; noch nie hatte bis dahin ein Boot
seine Fläche durchfurcht. Der Aufenthalt war hier noch un-
angenehmer als am Karakul. Die ungemein kräftig wirkende
Sonne erhitzte den Boden und erzeugte einen aufsteigenden Luft-
strom, der die unteren Luftschichten mit einem dichten Staub
erfüllte, so dass die Sonne, trotz des blauen Himmels, ohne
scharfe Ränder erschien. Die Vermessung des Sees machte einen
längeren Aufenthalt notwendig. Dabei erregte das Faltboot in
seiner eigenartigen Zusammensetzung, ferner aber auch die vielen
grossen Kisten, in denen natürlich nichts anderes als Gold sein
konnte, die Aufmerksamkeit der nomadisierenden Kirgisen in
hohem Grade. Sie planten daher einen Überfall. Eines Nachts
erwachte Olufsen von einem kratzenden Geräusch, und beim
Aufblicken sah er den Oberleib eines Kirgisen, der sich zur
Hälfte durch die Zeltwand gezwängt hatte. Olufsen richtete
seinen Revolver auf ihn, und er verschwand. Am nächsten Tage,
den 22. August, wurde dann der Überfall wirklich ausgeführt; er
misslang aber, da es den Europäern mit der treu gebliebenen
Begleitmannschaft gelang, nicht weniger als 33 von den 52 Feinden,
wie auch die Verräter im eigenen Lager, einige unzuverlässige
Kirgisen, festzunehmen. Sie alle wurden den Russen zur Be-
strafung übergeben.

Über den 4300 m hohen Khargosch-Pass ging es dann nach
Wakhan und Garan, Schuguan und Roschan hinein, Landschaften
im Südpamir, die den Pāndsch begleiten und ihrerseits im Süden
vom Hindukusch begrenzt werden. Die Bevölkerung ist altiranisch;
sie betreibt intensiven Ackerbau mit Hilfe künstlicher Berieselung.
Zu ihnen gehören die Siaposch, die aus Wakhan stammen. Der
nahende Winter mahnte zum Aufsuchen einer geeigneten Station.
Die erste, bei Ischkaschim gelegene, wurde bald wieder aufgegeben,
da fast die ganze dortige Bevölkerung aussätzig war; vielen waren
schon ganze Glieder abgefallen. Die endgiltige Station wurde
dann im weiter unten am Pāndsch gelegenen Chorock eingerichtet,
wo der lange Winter mit sprachlichen und ethnographischen Studien
hingebracht wurde. Die Dörfer bestehen aus dicht aneinander
gerückten kastenartigen Steinhäusern, auf deren flachen Dächern
man die ganze Siedlung abgehen kann. Fenster sind unbekannt;
durch die Holzthür gelangt man an den Viehraufen vorbei ins
„Fremdenzimmer", von da in den Männerraum, von dort endlich
ins Frauengemach, das Olufsen aber nur ein einziges Mal, und
auch erst, nachdem die Bewohnerinnen weggeführt worden waren,

betreten durfte. Rings an den Wänden lief, wie auch in den anderen Räumen, eine steinerne Erhöhung, die aber für die vier vorhandenen Ehefrauen — als strenggläubige Mohammedaner halten sie an den Vorschriften des Korans fest — in vier Hürden geteilt war, jede für eine Frau und deren Nachkommenschaft. Die Minimaltemperatur während des Winters betrug — 24⁰ Celsius; sie wurde aber gar nicht fühlbar, da absolute Windstille herrschte. Erdbeben waren häufig. Von den Sitten der Bewohner schilderte Olufsen besonders die Hochzeits- und Begräbnisgebräuche; dann gab er auch einige Züge aus dem Geistesleben.

Am 1. März 1899 war der Winteraufenthalt zu Ende, und der Rückweg wurde angetreten. Er führte durch ungeheure Schneemassen und erfolgte zum grossen Teil mit Hilfe von Yaks, die sich für den Transport viel besser eigneten als Kameel und Pferd. Nach 47 Tagen war die Karawane wieder in Turkestan. Die Heimreise erfolgte dann über Chiwa und Persien. Ende November 1899 war man, nach fast 21 Monaten, wieder in Dänemark.

Im Anschluss an seinen, von frischem Humor durchwehten Vortrag führte Olufsen eine sehr umfangreiche und ungemein belehrende Kollektion von Lichtbildern vor.

Ausserordentliche allgemeine Vereinssitzung am 12. März. *Fridtjof Nansen* in Leipzig! Wie ein Zauberwort hatte diese Kunde gewirkt und wohl nahe an zweitausend Zuhörer nach dem grossen Saale des Palmengartens geführt, wo in einer ausserordentlichen allgemeinen- Vereinssitzung, der Herr Professor Dr. *Hans Meyer* präsidierte, Herr Professor Dr. *Fridtjof Nansen* über seine „Nordpolarexpedition 1893—1896" sprach. Das Auditorium setzte sich aus den ersten Kreisen unserer Stadt, ihrer wissenschaftlichen Welt zusammen. Die scharfen Lichtbilder hatte das Institut Kosmos in Leipzig geliefert.

Am Eingang seines nahezu zweistündigen Vortrages beleuchtete der kühne Polarforscher zunächst kurz die Ergebnisse der früheren Polarexpeditionen und legte dann die Hauptziele seiner eigenen, auf das sorgfältigste ausgerüsteten dar. Die schwierigste Aufgabe sei der Bau des Schiffes gewesen, doch sie hat Archer vorzüglich gelöst. Welch' eine „Schule der Geduld" wartete der dreizehnköpfigen Besatzung, wenn man bedenkt, dass sie auf der „Fram" in 3 Jahren eine Strecke zurücklegten, die ein transatlantisches Dampfschiff in 3 Tagen durchmisst, dass sie vom 20. September 1893 bis 30. Dezember 1894 im ganzen 1590 Seemeilen durchmass, wobei die wirkliche Entfernung nur 380 Seemeilen betrug. Vom

15. Mai 1894 bis 27. August 1894 wurde die „Fram" 306 See-
meilen getrieben und kam doch nur 8 Seemeilen vorwärts. Die
Mannschaft der „Fram" erfreute sich im allgemeinen eines guten
Gesundheitszustandes; an Bord des Schiffes kam kein Fall von
Krankheit vor, auch kein Fall von Erkältung und Schnupfen.
Etwas eintönig war zuweilen das Leben an Bord der „Fram",
oft ganz gemütlich. Dazu war es ein gutes Schiff, Proviant
genügend vorhanden; die ausgezeichnete Bibliothek wurde fleissig
benutzt. Viele der Expeditionsmitglieder hatten daher reiche
Gelegenheit, zu lesen und zu lernen. Neben Unterhaltung und
Kartenspiel kam die wissenschaftliche Arbeit zu ihrem vollen
Recht: astronomische, magnetische und meteorologische Beobachtungen galt es vorzunehmen, was bei — 50 Grad Temperatur
nicht gerade angenehm erschien. Es galt die Meerestiefe zu
untersuchen, wobei man, entgegengesetzt der Ansicht von einem
seichten Polarmeere, ausserordentliche Tiefenschwankungen
bemerkte und erst in einer Tiefe von 3850 m den Boden fand.
Auch die Feststellung der Meerestemperatur in verschiedenen
Tiefen, von der Oberfläche herab bis zum Grunde, ergab über-
raschende Resultate und zeigte das Vorhandensein wärmeren
Wassers unter der kalten Oberflächenschicht. Dies ist
dahin zu deuten, dass der Golfstrom das Polarbecken mit einem
verhältnismässig warmen Wasser füllt, so dass das Wasser am
Nordpol wärmer als im atlantischen Meere ist.

Wohl war die Unterhaltung auf dem Schiff sehr gut, aber
nicht genügend, um die Eintönigkeit ganz zu vergessen — die
Landschaft zeigte immer und immer Eis mit Wasser dazwischen,
denselben Himmel und dasselbe Weiss. Doch auch die Polar-
gegend hat ihre Schönheiten. Wie glücklich waren die Insassen
der „Fram", wenn nach langer Polarnacht die Dämmerung kam
und die Sonne am Himmel wieder erschien; aber sie wurden bald
müde, die weisse Sonne zu sehen, nichts weiter als blendendes
Weiss, weiss der Himmel, weiss der Schnee, keine Änderung,
keine Farbe! Man suchte dann dunkle Räume an Bord. —
Dann sinkt die Sonne allmählich niedriger und verschwindet am
Horizont; der Himmel ist etwas gelb gefärbt, dann rötlich, dann
dunkelrot, bis die Dämmerung erscheint und die tiefe Polarnacht,
„die Nacht der Schönheit", kommt. In der von Eiskrystallen
erfüllten Luft bildet der Mond seine Ringe, und Nebenmonde erscheinen. Wohl ist die Polarmondnacht schön, aber noch viel
schöner mit dem Nordlicht in seiner Pracht und seinen feurigen
Wundern, wenn es in Strahlen und Bogen und Feuerschlangen
aufschiesst, in allen möglichen Farben aufleuchtet, wenn das
Phänomen seinen Höhepunkt mit einer „Götterdämmerung" ohne-

gleichen erreicht und der Himmel zu brennen beginnt. Dann verschwindet mit einem Male das Ganze und der Mond wandelt wieder durch die stille Nacht. Die Polarnacht ist schöner als der Polartag; Nansen hat sich oft nach ihr zurückgesehnt. Im Winter 1894 kamen für die „Fram" schwere Tage; gewaltige Eispressungen drohten das Schiff zu zertrümmern, und mächtige Schollen türmten sich an ihm auf. Seine treffliche Konstruktion aber liess, obwohl alles auf das Verlassen des Schiffes vorbereitet war, auch die Gefahr vorübergehen.

Als die gefürchtete arktische Nacht vorüber war, wurde die „Fram" wieder weiter nach Süden zurückgetrieben. Nansen sah nun ein, dass die Expedition ihre Aufgabe weiter lösen würde und nahm den Gedanken auf, dass es einer Schlittenexpedition vielleicht möglich sein würde, die Gegend nördlich von der „Fram" zu untersuchen. Angesichts der Gefahr unternahm er allein das Wagnis, doch Johansen schloss sich an, und die „Fram" blieb in Sverdrup's guten Händen.

Im März 1895 trat Nansen mit dem Leutnant Hjalmar Johansen seine sehr sorgfältig vorbereitete Schlittenreise an. Sie nahmen 28 Hunde, 2 Schlitten und 2 Segeltuchkajaks mit, in welcher der auf drei Monate berechnete Proviant verteilt worden war; für die Hunde war für 30 Tage Futter gesorgt. Nordwärts ziehend, fanden sie erst grosse Strecken flachen Eises und kamen daher rasch vorwärts; doch bald sahen sie sich vor gewaltigen Eisrücken von aufgestautem Meereis, über welche die 250 kg schweren Schlitten geradezu hinweggehoben werden mussten. Nur sehr mühsam und langsam ging die Fahrt mit dem Schlitten auf dem koupierten Eisterrain mit seinen Eisrücken, zusammengefrorenen Rinnen und zusammengeschobenen Eisblöcken von statten; von Tag zu Tag mehrten sich die Schwierigkeiten. Als der 86. Kreis n. Br. im April erreicht war, entschloss sich Nansen zur Umkehr und änderte seinen Kurs in der Richtung nach Franz-Josefs-Land. Beide, Nansen und Johansen, trugen bei 40—45⁰ Kälte nur Wollkleider. Im Laufe des Tages verdichteten sich daher die Ausdünstungen des Körpers nach und nach in der äusseren Kleidung, die nun eine Eismasse bildete und zu einem richtigen Eispanzer gefror, so hart und steif, dass die Arme bei jeder Bewegung krachten. Erst wenn beide in den Schlafsack krochen, verspürten ihre Körper etwas Wärme. Strümpfe, Handschuhe und Schuhe wurden durch die Körperausdünstung während des Tages ganz nass; um die Strümpfe zu trocknen, legte man sie nachts auf die Brust. Die Schlittenreise ging nun südwärts gegen Franz-Josefs-Land; neue Schwierigkeiten traten der Expedition in Form von Spalten offenen Wassers im Eis entgegen, die umgangen werden mussten und daher den Weg unnötig verlängerten. Der April verging, der Mai verging, man sah kein Land; immer und immer derselbe eintönige Eishorizont, immer dasselbe Eis, immer dieselben verwünschten Wasserspalten, Tag für Tag, Woche für Woche, Monat für Monat immer dieselbe mühselige Quälerei über das Eis. Kaum kamen die Schlitten an einem Tage $1/2$ Meile vorwärts, oft nur $1/4$ oder $1/8$ Meile. Inzwischen schwanden die Vorräte Nansen's von Tag zu Tag, und von den Hunden musste einer nach dem anderen getötet werden, um den übrigen als Futter zu dienen. Zuletzt blieben nur noch zwei, Nansen's und Johansen's Hund, übrig. Endlich am 24. Juli 1895, sah man zum ersten Mal Land, ein ganz und gar mit Schnee und Eis bedecktes Land. Es erschien wie eine weisse Wolke — nun sollte Nansens und Johansens Not im Treibeis zu Ende sein, doch vergingen noch 14 Tage, ehe sie es erreichten. Ein Zwischenfall ziemlich ernster Natur, die Begegnung mit einem Eisbären am 4. August 1895, hätte für beide leicht gefährlich werden können. Endlich am 6. August 1895 erreichten Nansen und Johansen offenes Wasser; sie banden ihre Kajaks zusammen, segelten südwärts und kamen, vom Winde getragen, nach einigen Tagen nach einem mit Eis und Schnee bedeckten Land. Hier beschlossen sie zu überwintern und auf wohlgeschütztem Platz an einer Klippe ihr Zelt zu errichten. Ein unbeschreibliches Gefühl der Freude bemächtigte sich ihrer, als sie wieder Steine unter ihren Füssen hatten, als sie die ersten kleinen Pflanzen im Geröll erblickten und die ersten Blüten des Papaver nudicaule, des gelben Mohns, als sie die ersten Vögel auf den Felsen sitzen sahen — das war für sie das schönste Paradies. Nansen beschloss hier auf Franz-Josefs-Land unter 81° n. Br. zu überwintern. Die schwierigste und wichtigste Arbeit war der Hüttenbau, zu dem hauptsächlich Wallrosshäute das Material zu liefern hatten. In dieser 10 Fuss langen und 6 Fuss breiten Hütte, die durch Thranlampen bis zu einer Temperatur von 0° „geheizt" wurde, brachten Nansen und Johansen den ganzen Winter, zehn Monate lang, gemeinsam zu. Unter Schlafen und Essen verging die Zeit; das Menu bildete das als reichlicher Proviant gewonnene Bärenfleisch, zum Frühstück gekocht, abends gebraten, ab und zu etwas „Thrangebäck". Beide versuchten, so viel wie möglich zu schlafen; sie waren in dieser Beziehung sehr glücklich und brachten es oft auf 20 Stunden täglich. Eine Hauptbeschäftigung bildete die Herstellung und Veränderung des aus Bärenfellen gebildeten Lagers, das immer den Abdruck des Steinfundamentes bot. Ein Tag war wie der andere. Es kam die dritte Polarnacht und mit ihr Neujahr heran.

Nansen und Johansen benutzten die Zeit, um neue Kleidungs-
stücke anzufertigen, sowie Schlitten und Kajaks wieder in Stand
zu setzen, und am 19. Mai 1896 verliessen sie ihre Winterhütte
mit der Absicht, auf dem nächsten Wege nach Spitzbergen hinüber
zu gelangen. Sie erreichten am 12. Juni das offene Wasser und
segelten nach der Südküste. Unterwegs wurden sie von einem
wütenden Wallross angegriffen, hatten auch das Missgeschick, bei
einem Ausflug ins Binnenland ihre alle Vorräte enthaltenden Kajaks
vom Lande abgetrieben zu sehen, wobei die Entschlossenheit
Nansens, der sich ins eiskalte Wasser stürzte und ihnen nachschwamm,
noch glücklich das Verhängnis wendete. Am 17. Juni hörte Nansen
Hundegebell und bald den Ruf einer Stimme: er begegnete dem
Engländer Jackson, der auf Cap Flora auf Franz-Josefsland weilte.
Nun wurde auch Johansen abgeholt und die Ankunft des „Wind-
ward" abgewartet, mit welchem die beiden Polarforscher am
7. August 1896 nach der Heimat fuhren. Wenige Tage nach der
Ankunft Nansens in Vardö lief die „Fram" in Kvenanger Fjord
ein. Nansen und Johansen vereinigten sich mit der Schar ihrer
Getreuen und Genossen, um auf der „Fram" am 9. September 1896
wieder im Heimatshafen einzulaufen. Das Ergebnis der Forschungs-
fahrt der „Fram" habe ein gutes Beispiel dafür gegeben, dass viele
Hypothesen, die als Thatsachen angesehen worden sind, umgeworfen
wurden; auch in der Südpolargegend dürfte dies zutreffen.

Unmittelbar nach dem Vortrage versammelte sich ein grosser
Teil der Erschienenen, etwa 400, zu gemeinsamem Abendessen
im Saale des Palmengartens. Hier nahm Herr Professor
Dr. Hans Meyer das Wort zur Begrüssung des Gefeierten. Was
soll heute der Verein, der schon vor zehn Jahren Nansen die
Ehrenmitgliedschaft verliehen, zu Nansens Ruhme sagen? Es hiesse
Wasser ins Meer tragen. Als Nansen von seiner Expedition
zurückkam, und seine Reiseerlebnisse in der ganzen Welt bekannt
wurden, war es interessant zu sehen, wie Nansen von den verschiedenen Nationen bewertet wurde: den Engländern galt er
als Ersinner des eisfesten Schiffes, bei den Amerikanern
trat die Wertschätzung seiner Schlittenreisen in den Vordergrund, und in Deutschland wurde er als ein Mann planvoller
Voraussicht, als ein Mann der Eis- und Meeresforschung
gefeiert. Alle aber, romanische und germanische Nationen stimmen
in einem überein: sie feiern Nansen als einen Mann der That.

Der Gefeierte erwiderte, es sei für ihn eine schwere Aufgabe,
auf die schönen Worte so herzlich zu antworten, wie er es wünsche.
Er habe immer das Gefühl, dass er jener Fliege gleiche, die auf
einem Wagen sass und sagte, dass sie so grossen Staub machen
könne. Es ist doch nur ein Mann nach Norden gegangen und

that was er konnte. Als er zurückgekommen, ist die ganze Welt aufgestanden; sie hat nicht berücksichtigt, dass die „Fram" der Wagen war, auf dem die Fliege sass. Den Lohn, den er gefunden und doch selbst wenig verdient, möchte er auf die zwölf Gefährten übertragen wissen. Man hat gesagt, dass er ein Mann der That sei, er wisse es nicht; aber er sei genau mit den Vorbereitungen, und eine Nation, die deutsche, besässe auch die Eigenschaft, gründlich zu sein. Wenn die deutsche Nation dazu kommen werde, die Polarforschung aufzunehmen, werde ihr die Wissenschaft folgen. Sein Gegenüber, der Vertreter des antarktischen Südens, Herr Professor Chun, feierte dann die Gattin des Professors Nansen.

Allgemeine Vereinssitzung am 4. April. Nachdem der Verein in diesem Vortragssemester zwei nordische Gäste gehört hatte, konnte er in seiner April-Sitzung, der Herr Professor Dr. *Hans Meyer* präsidierte, einen tropischen Gast, Herrn Plantagenbesitzer *G. Truppel* aus Apia, begrüssen, der unter Vorführung einer Reihe fesselnder Lichtbilder über Samoa und die Samoaner berichtete.

Der heutige Kulturstand jeder einzelnen Gruppe der Südsee hängt ganz von der Natur und von der Dauer der Berührung mit der weissen Rasse ab. Daher finden wir überall ein verschiedenes Resultat. Samoa, die „Perle der Südsee", wie sie Ehlers genannt hat, unsere jüngste, langersehnte koloniale Erwerbung, kann gleichsam als Prototyp für die Entwickelungsphasen jener fernen Eilande gelten. Dort hat so recht eigentlich die Wiege unserer Kolonialpolitik gestanden. Was uns so unlöslich an Samoa fesselt, das ist nicht sein wirtschaftlicher Wert, der von geringem, wenn auch vielfach unterschätztem Umfang ist, sondern sein ideeller Wert, der es zu einem Stück deutscher Kulturarbeit stempelt. Seit drei Decennien ist Samoa der Brennpunkt aller Handelsbeziehungen gewesen, die sich in den 60er und in den 70er Jahren in der Südsee ausbreiteten. Seiner geographischen Lage, seiner Fruchtbarkeit, seinen klimatischen Verhältnissen ist es zuzuschreiben, dass die Wahl der ersten deutschen Handelspioniere auf Samoa fiel, auf eine Inselgruppe von 2787 Quadratkilometer Umfang, etwa so gross, wie das Herzogtum Meiningen.

Auf einen Raum, zweimal so gross wie Europa, sind die pazifischen Inselschwärme, innerhalb deren Samoa liegt, verstreut; in ihnen haben wir den Restbestand eines alten, in die Fluten versunkenen Weltteils, des einstigen pazifischen Festlandes, zu erblicken. Samoa selbst ist hierbei in günstiger Weise von der Natur bevorzugt. Dort wird die Kokospalme zur souveränen Be-

herrscherin der wirtschaftlichen Existenz. Von einheimischen Säuge-
tieren kommen nur einige Fledermausarten vor. Der Hund und
das Schwein sind erst von den Europäern im 17. Jahrhundert
eingeführt worden. So ist es erklärlich, dass der Samoaner für
jedes grössere Tier das Wort Hund und Schwein hat, und dass
er so auch das Pferd als „Reitschwein" bezeichnet. Dann giebt
es auf Samoa noch einige Formen der Vogelwelt; in der Insekten-
fauna ist nichts Beachtenswertes vorhanden. Giftige Schlangen
kommen nicht vor. Das Klima Samoas besitzt den Vorzug, dass
die beständig wehenden Passatwinde die tropische Hitze wesentlich
abschwächen, so dass nur 33 Grad Celsius im Schatten herrschen,
während die mittlere Temperatur 25 Grad Celsius beträgt. An
Regen ist kein Mangel, aber auch von einer eigentlichen Regenzeit keine Rede. So kann der Europäer bei einigermassen ver-
nünftiger Lebensweise jahrelang in Samoa verweilen, ohne Einbusse
an seiner Gesundheit zu erleiden. Es ist erklärlich, dass die Wahl
für das Unternehmen des energischen, rastlosen, thatkräftigen
Godeffroy für seinen Südseehandel, der seit 1878 sich in der
Handels- und Plantagengesellschaft konzentrierte, auf dieses Eiland
fallen musste. Von hier aus hat sich der Handel bis in die entlegensten Korallenatolle verbreitet. Ursprünglich wurden Handels-
schooner unter waghalsigen, abenteuernden Händlern ausgerüstet
und die ersten grossen Tauschbeziehungen mit den Bewohnern
der Südsee angeknüpft. Diese „traders" thaten den ersten Front-
dienst der wirtschaftlichen Aufschliessung der Südsee. So wenig
verlockend ein solcher mit Strapazen und beständiger Lebensgefahr
verknüpfter Beruf für dieselben auch war, so vermochten doch
Viele diesen Robinsonaden nicht zu entsagen: der ewig lachende
blaue Himmel, das Weben einer jungfräulichen Natur, der Reichtum des Landes thaten ein Übriges. Und so stellten sich in der
Südsee Gestalten ein, welche die Typen eines Cooper noch weit
übertreffen. Aus diesen „traders" entwickelten sich dann im Verlaufe der Zeit kleine Agenten.

Frühzeitig hatte schon Godeffroy erkannt, dass der Tausch-
handel keine genügende Unterlage für sein gross gedachtes Unternehmen bilden könne, dass vielmehr die Zukunft des letzteren in
einer rationellen Bodenbewirtschaftung zu suchen sei. Es wurde
viel Lehrgeld bezahlt, bevor man auf die Höhe des jetzigen muster-
giltigen Betriebes gelangte. Vor allem war die Arbeiterfrage zu
lösen, eine schwierige Frage insofern, als die wirtschaftlich günstige
Lage der Samoaner jeder Beschränkung der Unabhängigkeit entgegensteht. Godeffroy suchte daher, wie man es in Fidschi, in
Queensland gethan, Arbeiter auf anderen Inselgruppen. Vor ihm
war man auf einen mitleidlosen Arbeiterraub ausgegangen; es war

auf diesem Gebiete des Arbeiterhandels in der Südsee geradezu grausam gesündigt worden. Die Vorteile einer „Arbeiterwanderung" an sich sind indessen nicht zu unterschätzen; man muss anerkennen, dass durch sie gewisse Kulturkeime auf den ursprünglichen Boden verpflanzt werden. Für das Pflanzungsgebiet in Samoa, das in vier Pflanzungen ein Gesamtareal von 3500 Hektar aufweist, liefern die Salomoninseln und der Bismarck-Archipel das Arbeitermaterial. Diese Pflanzungen bieten ein so anmutendes und herzerquickendes Bild, wie kaum ein ähnliches in anderen Kolonien. Die Kokosnuss, der Kakao werden mit gutem Erfolge gebaut; auch die Kaffeekultur ist vorhanden.

Die Grundlage dieser Pflanzungen der Handels- und Plantagengesellschaft ist ihrem langjährigen Direktor, Konsul Theodor Weber, zu verdanken, einem Manne, welcher bereits vor 1870 Samoa als ein Bollwerk deutschen Lebens aus der englischen Machtsphäre hob. Der Grundton deutschen Lebens klingt überall in Apia an, in Liedersang und Wort. Eine deutsche Schule erfreut sich dort eines sehr regen Besuches.

Die wirksame Staffage zu dem wirklich anmutenden Bilde in unserer neuen Niederlassung bilden die Samoaner selbst, die wir als eine Varietät der malayischen Rasse betrachten dürfen. Freilich vereinen sie in ihrem Charakter viele Widersprüche. Es ist ein hervorragend schöner Menschenschlag von ebenmässigem, schlankem Wuchs, mit Anklängen an europäischen Typus. Seine Individuen, in der Hautfarbe vom Hellfarbigen bis zum Bronzefarbigen wechselnd, sind mehr fettreich als muskulös, aber sonst geschickt zu jeder Leibesübung und Handfertigkeit, gewandte Reiter und gute Schützen. Ihre intellektuelle Befähigung ist hervorragend, die Schärfe ihrer Sinne wunderbar. Auf der einen Seite zeigen sie ein leichtlebiges Temperament und ein gefälliges Benehmen, auf der anderen eine gewisse Stumpfheit des Gemüts, die leicht in Verstellungskunst übergeht. Ihrer kriegerischen Neigung ist keine allzu grosse Bedeutung beizulegen; es ist ja erklärlich, dass in dem ereignislosen Dasein der Samoaner ein fröhlicher Krieg eine angenehme Unterbrechung bildet. Schon die Häufigkeit dieser Kriege lehrt es, und die diesen vorangehenden übermässig langen Wortkämpfe, dass sie nicht immer ernst zu nehmen sind. Allerdings hat die unglückliche Verquickung politischer Fragen mit den samoanischen sozialen Verhältnissen diesen Kriegszuständen neuerdings einen anderen Charakter gegeben und eine langsame Entartung des sympathischen Charakters und Temperaments dieses Völkchens herbeigeführt.

In ihre Lebensweise haben die Samoaner manches von den Europäern aufgenommen, nur, was die Männer betrifft, in der

Kleidung nicht. Die samoanischen Damen dagegen sind eher zu modischen Extravaganzen geneigt; sie lieben ungemein die Parfüms. Von den europäischen Nahrungsmitteln hat das Brot bei den Samoanern Eingang gefunden. In der Wahl ihrer Getränke sind die Samoaner sehr konservativ, indem sie nach wie vor ihrem Nationalgetränk, der aus gekauten Wurzeln bereiteten, von anregender Wirkung sich gebenden Kawa huldigen. Im allgemeinen benutzen die Samoaner unser Handwerkszeug und unser Hausgerät: Spiegel, Petroleumlampen, ja selbst Nähmaschinen sind bei den samoanischen Häuptlingsfrauen in Gebrauch. Die vergleichsweise hohe Kulturstufe der Samoaner prägt sich in der Stellung der Frau aus. Das Familienleben ist indessen nie innig bei ihnen gewesen, woran das lockere Band der Ehe und die laxen Sitten die Schuld trugen. Immerhin sucht man der Zügellosigkeit der Sitten durch frühe Heiraten zu steuern.

Seit den 40er Jahren sind die Samoaner zum Christentum bekehrt, ohne Kollision und Blutvergiessen. In gewissem Sinne sind die Samoaner gläubigere Christen als manche Weisse. Dass sie die Religion mit einem ganz anderen Bewusstsein auffassen als der weisse Mann auf gleichem Lebensniveau, ist erklärlich.

Die Missionsthätigkeit hat überhaupt nur einen praktischen Erfolg, wenn sie auf einen staatlichen Rückhalt rechnen kann; in dieser und anderer Beziehung konnten in Samoa weder die drei Mächte, noch das Scheinkönigtum den Samoanern einen sittlichen Halt und Stützpunkt bieten. Der König wurde beispielsweise mit 400 Dollars Gehalt abgefunden, und der frühere Premierminister vertauschte seinen Posten seiner Zeit mit dem eines Nachtwächters. Einen solchen Staatsrückhalt fanden allerdings die Fidschi-Inseln, als sie durch Annexion an England kamen. Tonga dagegen ist ein unabhängiges, politisch geordnetes Königreich. Von tief einschneidender Bedeutung für seine Entwickelung war das frühzeitige Verbot von Landesverkäufen gegen Auswucherung der weissen Händler; zugleich wurde dafür gesorgt, dass die Tonganer Herren des Landes blieben, wenn auch die Inseln seit Jahren dem englischen Einfluss verfallen sind.

So haben wir in der englischen Kronkolonie der Fidschi-Inseln und in dem selbständigen Königreich Tonga zwei für uns lehrreiche Entwickelungsgänge vor uns. In Samoa setzen wir uns in ein gemachtes Nest hinein; wir kennen Land und Leute und brauchen nicht erst zu experimentieren. Allerdings ist vor Überschätzung zu warnen, da das für Anbauzwecke geeignete Land nicht allzu reichlich vorhanden ist. Dass Amerika in der Insel Tutuila sich einen Anteil gesichert hat, ist zu verschmerzen, da wir in Samoa selbst noch einen Platz besitzen, der sich zu einem bevorzugten Hafen eignet. Der Hauptwert Samoas liegt in seiner Befähigung zu einem maritimen Stützpunkt, namentlich dann, wenn die Verbindung durch den Isthmus durchgeführt ist. Es ist nun dafür zu sorgen, dass die Samoaner nicht dadurch das Schicksal des Aussterbens ereile, dass man dem unzweifelhaft hochbegabten Volksstamme seine politische und soziale Organisation entzieht. Wir haben es in unserem neuen Landesgebiet mit einem Menschenmaterial zu thun, das ernstlicher erzieherischer Arbeit lohnt.

Allgemeine Vereinssitzung am 24. Oktober. Der Vorsitzende, Herr Professor Dr. *Hans Meyer,* begrüsst die zahlreichen Anwesenden und teilt das vorläufige Programm für das im März 1901 zu feiernde vierzigste Stiftungsfest mit. Den Vortrag des Abends hält Herr Professor Dr. *Steindorff* über seine Reise nach der Oase Siwa.

Seit der Forschungsreise, die Gerhard Rohlfs im Winter 1873/74 in die Libysche Wüste unternommen hat, zur geographischen Erforschung der Oasenreihe von Charge bis Siwa, war dieses Gebiet Afrikas kaum wieder von Europäern betreten worden; teils war das Interesse daran hinter das für ganz unerforschte Gebiete zurückgetreten, teils verhinderte der Europäerhass des dort mächtigen Ordens der Senussi den Zutritt. Das war ein weniger für die Erdkunde, als für die Altertumswissenschaft unerfreulicher Zustand; denn für die Kenntnis der alten Denkmäler und Inschriften war Rohlfs Reise ergebnislos geblieben. Da unternahm Ende 1898 von Kairo aus Lt. Frhr. von Grünau eine Reise nach Siwa; dank der Energie des jetzt dort residierenden egyptischen Beamten verlief sie ohne ernstliche Störung. Grünau wies in seinem Reisebericht namentlich auf zahlreiche Reste alter Tempel und Gräber in der Ammonsoase hin und auf die mancherlei unter dem Schutte noch verborgenen Schätze, deren Ausgrabung sich lohnen dürfte. Das Interesse der Altertumsforscher empfing durch diesen Bericht lebhafte Anregung — aber wer sollte die Kosten für eine neue Expedition tragen?

Nicht von seiten der Regierung, sondern von privater Seite kam hochherzige Hilfe: der Fabrikbesitzer Ernst Sieglin in Stuttgart stellte der Kgl. Sächsischen Gesellschaft der Wissenschaften für eine Expedition nach der Oase Siwa eine grössere Summe zur Verfügung; diese selbst und die Leipziger Karl Ritter-Stiftung steuerten namhafte Beträge bei. Frhr. von Grünau und Professor Steindorff wurden mit der Reise betraut — Ende November 1899 sollte die Expedition von Kairo aufbrechen. Die Vorbereitungen wurden grösstenteils in Europa getroffen, besonders für den Transport von Trinkwasser Säcke aus wasserdichter Leinwand beschafft, die sich vortrefflich bewährten; Kamele aber und Begleitmannschaften mussten an Ort und Stelle besorgt werden. Die Preise dafür waren mässig: Das Kamel täglich 3 Mark 35 Pfennig, an Ruhetagen 2 Mark 70 Pfennig; darin war Lohn und Beköstigung des Treibers eingeschlossen. Es wurden 17 Kamele mit Treibern, ein Beduine als Führer, und an lebendem Proviant 50 Hühner und 30 Tauben mitgenommen. Am 30. November wurde von Kairo nach dem Westen aufgebrochen; man hatte sich für die Route Abu-Roas, Wadi Natrun, Maghara, Bur Abul-Geradik, Gara entschieden.

Der erste Marschtag war kurz; schon am zweiten gelangten die Reisenden auf ein kahles, pflanzenloses Hochplateau, dessen Boden nur mit Sand und Kieseln bedeckt war. Am Mittage des zweiten Tages wurde das Natronthal erreicht, in dem Fabrikanlagen zur Gewinnung des in den Seen und im Boden massenhaft vorhandenen Natrons errichtet sind. Verschiedene Klöster befinden sich hier; dem bekanntesten, dem Kloster des hl. Makarius, wurde ein Besuch abgestattet. Alles ist darin im Verfall begriffen; als einziger Zeuge vergangener Herrlichkeit ist eine prachtvoll geschnitzte und mit Elfenbein ausgelegte Holzwand übrig geblieben. Von da ging es weiter in westlicher Richtung: öder, gleichförmiger Weg, kühle Temperatur. Marschiert wurde von Sonnenaufgang (7 Uhr) bis eine halbe Stunde vor Sonnenuntergang ($^1/_2 - ^3/_4 5$ Uhr), also täglich zehn Stunden; in jeder Stunde wurden durchschnittlich 4 Kilometer zurückgelegt. Der geplagteste Mensch war beim Aufschlagen des Lagers, wie morgens beim Aufbruch der Koch; aber er machte seine Sache gut; täglich wurde eine Art frischen Brotes aus Wasser und Gerstenmehl bereitet; $2^1/_2$ Stunden nach dem Marsche war täglich ein schmackhaftes Mittagsmahl für die beiden Reisenden aufgetragen, freilich heute Hühner, morgen Tauben, so lange es deren gab; dann heute Konserven und morgen wieder solche.

So ging die Reise weiter bis Moghara, an einem 6 Kilometer langen See mit ungeniessbarem, bittersalzigem Wasser; in der Nähe aber wurde eine Art trinkbaren Wassers gefunden. Hier gab es einen Ruhetag; der körperlichen Reinigung und dem Ausbessern der Kleider kam er sehr zu statten; verdorben aber wurde er den Reisenden durch einen mehrstündigen lästigen Mückenschwarm, so gross und dicht, dass zeitweilig jedes Schutzmittel dagegen versagte. Der weitere Weg in der Richtung auf Gara führte zunächst an den malerischen Abstürzen des nördlichen Küstenplateaus vorüber, das, vom Morgen bis zum Abend in einem rosigen Duft eingehüllt. in malerischer Pracht dalag. Bei dem Brunnen Abul-Geradiks

wurden zum ersten Mal Karawanenspuren angetroffen (Alexandrien-
Siwa). Das Gelände, mit Salz getränkter, auf der Oberfläche
überall geborstener weisser Boden, sah hier aus wie ein grosses
Schneefeld. Am 16. Marschtage, am 8. nach dem Aufbruch aus
Moghara, wurde Gara erreicht; es war die höchste Zeit, denn
schon trat Wassermangel ein. Die Oase liegt unter dem Meeresspiegel, zählt etwa 80 fieberelende Bewohner, lebt von Dattelbau
und -Handel und bietet ausser alten Gräbern für den Forscher
nichts Altertümliches. Drei Tage später hatten die Reisenden am
Abend das prächtige Bild der weiten Oase Siwa vor ihren Augen.
Am folgenden Tage war das Ziel erreicht: in 18 Marschtagen
waren rund 600 Kilometer nur auf öden Wüstenpfaden zurückgelegt worden.

Das Empfehlungsschreiben des Ministerpräsidenten bereitete
gute Aufnahme, die Reisenden bekamen zwei behagliche Zimmer
im Amtsgebäude; auch die Scheikhs verhielten sich freundlich, und
jede Sorge vor erzwungener Umkehr schwand. Die Oase liegt
29 Meter unter dem Spiegel des Mittelmeeres, sie mag 15—20
Quadratkilometer Fruchtland umfassen und zählt etwa 7200 Bewohner.
Die Siwis gehören fast alle dem europäerfeindlichen Orden der
Senussi an. Haupteinnahmequelle des Landes ist der Bau der
Dattelpalme, davon nach offizieller, aber zu niedriger Zählung
162 888 Stämme Früchte tragen sollen. Es werden von den
Datteln jährlich 36—37 000 Mark Steuern gezahlt. Ausser den
Dattelpalmen werden in der Oase etwa 16 000 Ölbäume gezählt;
sonstige Nutzpflanzen sind Aprikosen, Feigen, Tomaten, Citronen,
Granaten, Wein; von Getreide wird nur Gerste gebaut. Haustiere
sind Schafe, Ziegen, Kamele und ein paar Kühe; Esel werden aus
Egypten eingeführt; Tauben und Hühner werden gehalten; ein
paar Gänse auf dem Teiche in Sibucha können an Leipzigs
Schwanenteich erinnern.

In der Umgegend von Siwa sind zwei grössere Tempelreste:
der Tempel von Aghurmi besitzt eine Kammer mit bildlichen
Darstellungen; der Tempel von Ummeheda, das Orakelheiligtum,
ist zwar sehr baufällig, aber hochinteressant und historisch wichtig.
Ausserdem wurden zwei grössere Gräberberge untersucht; besonders
der eine war für die Untersuchung reich an Ergebnissen. Von
anderen Ruinenstätten kamen namentlich zwei griechisch-egyptische
Tempel der Umgegend in Betracht. Eine reiche Ausbeute an
Glassachen und anderen Altertümern wurde in dem Gräberfeld
von Zetun und dem von Abul Auwaf gemacht, wohin, nachdem
die Arbeiten in Siwa am 3. Januar beendigt worden waren, am
4. Januar aufgebrochen war; hier wurde bis zum 7. Januar fleissig
gearbeitet. Am 8. wurde der Marsch in südöstlicher Richtung

fortgesetzt; er führte bei Areg zur Entdeckung interessanter Felsengräber und damit zu dem Beweise, dass diese Gegend, durch die jetzt nur Karawanenstrassen führen, vor 1000 und mehr Jahren eine in blühenden Städten ansässige Bevölkerung gehabt hat.

Darauf wurde nach der 5—6 Tagereisen entfernten Oase Baharie aufgebrochen. Unterwegs trat ernster Wassermangel ein, infolge des Leichtsinns der Araber; auch der Hunger machte sich empfindlich geltend, da nicht einmal das zum Brotbacken nötige Wasser mehr vorhanden war. Unter Anspannung aller Kräfte eilte man deshalb vorwärts und erreichte am Abend des 17. Januar das Ziel. Neu aufgefunden wurden hier zwei egyptische Tempel, der eine aus der Zeit des Apries (588—570 v. Chr.), der andere aus der des Amasis (569—526 v. Chr.). Der Hauptfund wurde in der grossen Gräberstadt östlich von Baniti und el-Kasr gemacht: das Grab zweier Oasenfürsten aus der Zeit Ramses' II. (etwa 1300 v. Chr., also ein paar Jahrhunderte vor der Zeit König Davids). Professor Steindorff und Freiherr v. Grünau liessen das Grab vom Schutte befreien und die interessanten Wanddarstellungen freilegen.

Am 22. Januar wurde von Baharie aufgebrochen und statt in 3 bis 4 Tagen das Nilthal zu erreichen, der schwierige, aber sehr interessante Weg über das Wadi Rajan, eine Wüstenniederung mit Pflanzenwuchs und einer 25 Grad Celsius warmen Quelle, eingeschlagen. Nach sehr anstrengenden Märschen gelangte die Expedition am Abend des 26. Januar an das Nilthal. Am 27. Januar fiel bei Sonnenaufgang der Blick auf die schönste Landschaft Egyptens; das Auge labte sich nach der langen Wüstenwanderung an dem Anblick der üppigen Wiesen und Felder. Abends wurde in Medina Halt gemacht, Tags darauf die Karawane nach Hause gesandt. Die beiden Reisenden aber durchpilgerten noch die landschaftlich schöne Stadt und ihre Umgebung, sowie die Ruinen des alten Krokodilopolis-Arsinoë. Am Morgen des 29. Januar setzten sie sich auf die Eisenbahn und trafen mittags wieder in Kairo ein — 62 Tage waren sie unterwegs gewesen.

Allgemeine Vereinssitzung am 7. November. Der Vorsitzende, Herr Professor Dr. *Hans Meyer*, berichtet über die Veränderungen im Mitgliederbestand, der durchaus erfreulich ist (696 ordentliche Mitglieder, 25 Ehrenmitglieder, 37 korrespondierende) und begrüsst den Redner des Abends. Dieser, der Kaiserl. Legationsrat Dr. Freiherr *Max von Oppenheim* aus Kairo, berichtet dann über seine vorjährige Reise durch das nördliche Syrien und das nordwestliche Mesopotamien. Die Reise war eine Ergänzung zu der von 1893, die ebenfalls durch Syrien nach Norden, dann aber in weitem Bogen den Tigris entlang zum Persischen Golf führte. Die letzte Expedition beschränkt sich in ihrem zweiten, wesentlichen Teil auf die zwischen dem oberen Euphrat und Tigris gelegene Region. Da diese das Durchgangsgebiet für die geplante Bagdadbahn ist, an der deutsches Kapital und deutsche Interessen am meisten beteiligt sind, so erhält die Reise neben der geographischen und archäologischen auch noch eine wirtschaftliche Bedeutung. Der Redner bezeichnet sie selbst als einen vollen Erfolg, da er nicht weniger als 500 neue Inschriften in Keilschrift, Syrisch und Griechisch aufgenommen und 1700 Photographien mitgebracht hat. Der erste Teil der Reise umfasst den Weg von Damaskus durch das Längsthal zwischen Libanon und Antilibanon bis Aleppo. Nördlich von Baalbek, wo gegenwärtig Ausgrabungen stattfinden, beginnt ein vulkanisches Gebiet, das reich ist an Grabtürmen von hohem Alter und an Burghügeln, die, wie die Schuttschichten beweisen, z. T. eine ganze Reihe von Siedlungen nacheinander getragen haben. In den Citadellburgen von Homs und Hama, zwei Provinzialstädten von ziemlicher Bedeutung, finden wir solche Zufluchtsstätten noch heute. Wehmütige Erinnerungen ruft dann der Reichtum an mittelalterlichen Burgen im nördlichen Libanon hervor. Sie sind alle von Kreuzfahrern erbaut und gleichen völlig den Burgen am Rhein oder der Marienburg. Eine der imposantesten, deren gotische Thor- und Fensterbogen noch heute gut erhalten sind, ist die um 1200 erbaute Kalat il Husn westlich von Homs.

Vom Libanon führte den Reisenden sein Weg durch die Hama-Ebene nach Osten. Hier liegt Selemije (Ismailia), heute das Zentrum der Nachkommen der Assassinen, jener fanatischen, politisch-religiösen Sekte, die unter der Führung des „Alten vom Berge" während der Kreuzzüge zwei Jahrhunderte lang im ganzen Vorderasien eine furchtbare Rolle gespielt hat. Die spärlichen Reste sind harmlos. Ihr Gebiet wie das nördlich bei Aleppo sich anschliessende ist heute öde und trostlos; vor 1500 oder 1300 Jahren aber war es ein Kulturgebiet, dessen hohe Blüte noch heute durch die zahllosen Steinbauten bezeugt wird. Sie ziehen sich, zu Siedlungen vereinigt, oft Kilometer weit dahin. Eine dieser Ruinenstädte, Kerraten genannt, soll allein 200000 Kaufleute gehabt haben. Heute hausen dort nomadisierende Beduinen, die nichts Besseres kennen, als dem schwächeren Nachbar seine Kamele abzunehmen und im übrigen die Jahrtausende alten Sitten ihrer Vorfahren unverändert fortführen. Die Blutrache ist auch bei ihnen üblich.

Mit dem Marsche von Aleppo aus über den Euphrat beginnt der zweite Teil der Reise. Auch das nordwestliche Mesopotamien ist heute ein lediglich von Beduinen durchzogenes ödes Gebiet, in dem indessen die Baumwolle ausserordentlich gut gedeiht. Sie hat sich gerade für den deutschen Bedarf als sehr geeignet erwiesen, und Oppenheim ist der Ansicht, dass die Bagdadbahn nicht die nördliche Route über Birejik und Mardin nach Mossul nehmen darf, sondern durch das obere Euphratthal und den Chabur entlang geführt werden muss. Der Reichtum an Ruinen in diesem Gebiet ist ebenfalls gross; Oppenheim stellt es darin dem Hauran völlig gleich. Das gegenwärtige Zentrum ist Urfa mit 30000 bis 40000 Einwohnern. Es hat eine grosse Zukunft, da in seiner Nähe sowohl Kupfer wie Kohlen in recht abbauwürdiger Menge und Güte vorhanden sind. Hier befinden wir uns in der Region der Hamidieh, einer Art Kosakentruppe, die von der türkischen Regierung vorwiegend aus kurdischen Elementen organisiert worden ist. Wie zu erwarten war, äusserte sich diese „Organisation" in fortwährenden Fällen von Raub und Mord. Die Hamidieh wohnen in Zelten von ganz ungeheuren Abmessungen. Jedes fasst Hunderte von Personen.

Recht interessante Ergebnisse zeitigte dann die Reise in das Tektek-Gebirge und den Gebel Aba el Aziz im Winkel zwischen Euphrat und Chabur. Archäologische Funde thaten kund, dass der Verkehr der südarabischen Himjariten dereinst bis hierher gereicht hat. Heute würden die zahllosen Raubkarawanen, die das Land durchstreifen und die fast täglich auch die Oppenheimsche Expedition bedrohten, einen solchen Verkehr einfach unmöglich machen. Seinen merkwürdigsten Fund machte der Reisende in Ras el Ain el Chabur; er grub dort die Thorfaçade eines grossen Palastes aus, die im Gesamthabitus wie auch dem der Einzelskulpturen den Bau- und Bildwerken von Sendschirli sehr ähneln. Keilinschriften fehlen auch hier nicht. Die interessanteste unter den aufgefundenen Figuren war eine weibliche Figur oder richtiger ein Hermenkopf ohne Schultern. Der Reisende hält das Gesicht für verschleiert und sieht in diesem Fund nicht nur den ältesten Beleg für die Sitte des Verschleierns, sondern auch den ältesten Versuch ihrer bildnerischen Wiedergabe.

Mit der Erforschung des Tektek hielt der Reisende seine Aufgabe für gelöst; er wandte sich von Tell Heseke nach Norden gen Mardin und Diarbekr, ging dann in westlicher Richtung über Aintab nach Adana und erreichte nach Übersteigung der berühmten Kilikischen Pässe im Taurus Konia, von wo ihn die anatolische Eisenbahn Konstantinopel zuführte. In Mesopotamien hatte die Expedition unter grosser Hitze gelitten; hier in Kleinasien

deckte hoher Schnee alle Hänge und Thäler. Der überaus inhalt-
reiche, hochinteressante Vortrag wurde durch eine grosse Zahl vor-
züglicher Lichtbilder illustriert.

Allgemeine Vereinssitzung am 5. Dezember. In der
Dezember-Sitzung, der Herr Professor Dr. *Hans Meyer* präsidierte,
hielt Herr Geheimrat Dr. *Credner,* der geschätzte Geologe unserer
Universität, einen hochinteressanten Vortrag über Armorika, die
Küstenlandschaft der Bretagne. Versetzen wir uns in eine Periode
der Entwickelungsgeschichte der Erde, die selbst für den Geologen
weit zurückliegt, auf einen Schauplatz, der sich ungeheuer bis
heute wieder verändert hat. Zur Zeit der Juraperiode blicken wir
auf eine Wasserfläche, aus der nach und nach das westliche
Europa emporgestiegen ist. Das Land, wo sich jetzt Paris, Orléans,
Tours, Nancy u. s. w. erheben, war damals noch Meeresboden.
Über dieses Meer erhob sich namentlich im Westen eine mehrere
Tausend Meter hohe Gebirgsinsel, die sich vom westlichen Frankreich bis Irland zu erstreckte. Seit der Juraperiode war die Scholle
der Erdkruste, die sich allmählich zum Kontinente entwickelte,
in langsamer Hebung begriffen. Jene Insel wurde durch das
stetige Trockenlegen des Meeres und das gleichzeitige Bewachsen
des Festlandes allmählich landfest, also ein Teil des auftauchenden
Kontinents, der sich weit bis nach England erstreckte. Am Ende
der Tertiärzeit wurde diese Hebung durch eine Senkung abgelöst,
infolge deren der Ozean von neuem auf den Kontinent eindrang.
Die Folge hiervon war, dass der Ozean sich von Norden her das
Becken der Nordsee, von Südwesten aber den Canal la Manche
auswühlte und auf diese Weise Britannien zur Insel machte, indem
er es vom Festlande schied. Hiermit wurde zugleich jene uralte
Gebirgsinsel in zwei Teile zerschnitten, deren kleinerer bei dem
Kontinente verblieb, und dieser ist Armorika, die heutige Bretagne.
Armorika ist heute nur noch der Rumpf eines Hochgebirges; die
Bretagne ist eine fast ebene Platte, die nur hie und da durch
ganz flache Höhen unterbrochen ist, welche von besonders wider-
standsfähigem Gestein herrühren. Mit der Einförmigkeit des Ge-
ländes harmoniert die Einförmigkeit des Klimas, das das gemässigte
Seeklima Frankreichs ist. Eine ausserordentlich üppige Vegetation
entfaltet sich hier, um abzuwechseln mit trostlosen Haiden, die
nicht weniger als ein Drittel der Bretagne bedecken. In den sehr
tiefen Thälern des Landes macht sich Ebbe und Flut bemerkbar.
Der zerschlitzte Uferrand des Landes ist mit schroffen Inseln besetzt. Die Zerschlitztheit der Küste hat ihren Grund nicht nur
in der Wirkung der rasenden Welle, sondern auch in der Höhe

3*

der Flut, die bis 13 Meter beträgt, sowie ferner in der Senkung des Landes, die ein weiteres Vordringen des Meeres in das Land gestattet. Ein rasendes Meer wütet hier, Tod und Verderben den Schiffen bringend, die hierher verschlagen werden.

Noch ungastlicher als das Meer waren früher die Bewohner dieser Inseln. Durch falsche Feuersignale lockten sie die Vorbeifahrenden an, um durch deren Schiffbruch den Besitz des Strandgutes zu erlangen.

Die Bretagne ist eine der wenigen Domainen der Kelten. Die von Cornwall nach Armorika, dem Lande in der Nähe des Wassers, übergesiedelten Kelten haben die Eigenart ihrer Nationalität noch heute bewahrt. Die armorische oder keltische Sprache wird hier gepflegt. Das ganze Land ist in Parzellen gegliedert, die von hohen Wällen umgeben sind. Das Gehöft eines wohlhabenden Kelten ist ein eigenartiges Gebäude. Das Merkwürdigste hierbei sind die Schlafschränke, in welchen die Bewohner ihr Nachtquartier beziehen. Auch ein Paradezimmer ist vorhanden, das höchst eigenartig ausgeschmückt ist. Das Nationalgetränk, das Bier der Kelten, ist Cider, eine Art Obstwein, den sie selbst keltern. Die Bretagne ist das Land der prähistorischen Denkmäler. Ganze Alleen von Riesensteinen ziehen sich kilometerweise über die Haide und enden in Cromlechs, welche den Priestern der Urbewohner des Landes als Opferstätten dienten. Dolmen gruppieren sich um diese Nationalheiligtümer und sind die kylopischen Grabkammern der Edlen jenes Volkes.

Mitgliederverzeichnis 1900.

A. Vorstand.

B. Ehrenmitglieder.

C. Korrespondierende Mitglieder.

D. Ordentliche Mitglieder in Leipzig.

E. Auswärtige ordentliche Mitglieder.

F. Mitglieder der Karl Ritter-Stiftung, die nicht dem Verein angehören.

A.

I. Vorstand.

Vorsitzender: Prof. Dr. **Hans Meyer.**
1. Stellvertreter: Prof. Dr. **Karl Chun.**
2. Stellvertreter: Geh. Hofrat Prof. Dr. **Fr. Ratzel.**
Schriftführer: Privatdozent Dr. **Karl Weule.**
1. Stellvertreter: Oberlehrer Dr. **Walter Ruge.**
2. Stellvertreter: Dr. **Hans Helmolt.**
Kassierer: Bankier **Otto Keil.**
Stellvertreter: Kaufmann **Georg Rödiger sen.**
Bibliothekar: Lehrer **Hermann Hofmann.**

II. Den Ausschuss
für die Verwaltung der Karl Ritter-Stiftung

bilden ausser den oben Genannten folgende Mitglieder des
Vereins:

Amtshauptmann Geh. Reg.-Rat Dr. **H. A. Platzmann.**
Geheimrat Prof. Dr. **F. Zirkel.**
Buchhändler **A. Brockhaus.**
Generalleutnant z. D. **Krüger.**
Kaufmann **K. T. A. Northoff.**

III. Beirat.

Oberstabsarzt Dr. **Düms.**
Kunstmaler **H. Heubner.**
Direktor Dr. **Roth.**
Buchhändler **Alb. Brockhaus.**
Kartograph **Alw. Herrich.**
Kartograph **Ernst Debes.**
Oberreichsanwalt Dr. **Olshausen.**
Prof. Dr. **Hugo Berger.**
Rechtsanwalt Dr. **Curt Hillig.**

B. Ehrenmitglieder.

C. Korrespondierende Mitglieder.

D. Ordentliche Mitglieder

im Leipziger Stadtgebiet wohnend (auswärtige s. unter E).

Die mit * bezeichneten Mitglieder sind im Laufe des Jahres infolge Versetzung, Wegzug, durch Abmeldung u. s. w., die mit † bezeichneten durch den Tod ausgeschieden. (R) bedeutet Mitglied der Leipziger Karl Ritter-Stiftung.

Eintrittsjahr

1. *Abendroth, Robert,* Dr. phil., Bibliothekar an der Univ.-Bibliothek. Brandvorwerkstr. 38 1875
2. †*Abraham, Max,* Dr. jur., Verlagsbuchhändler. Thalstr. 10 1878
3. *Ackermann, Alfred,* Verlagsbuchhändler. Bismarckstr. 17 1893
4. *Adler, Bruno,* cand. geogr. Rudolfstr. 8, III 1900
5. *Albert, Karl,* Schuldirektor. Kaiser Wilhelmstr. 53 . . 1891
6. *Anger,* Dr. jur. u. Landgerichtsrat. Rob. Schumannstr. 1, I 1895
7. *Arlès,* Frau. L.-Plagwitz, Elisabethallee 9 1896
8. *Assmann, F. C.,* Bankdir. in Plagwitz (Leipzig, Markt 11) 1883
9. *Auenmüller,* Oberleutnant im 107. Infanterie-Regiment. L.-Möckern, Kaserne 1895
10. *Auerbach,* Turnlehrer an der III. Realschule. Schleussig, Schnorrstr. 1895
11. *Bädeker, Fritz,* Buchhändler. Nürnbergerstr. 46 . . . 1870
12. *Bädeker, Hugo,* Verlagsbuchhändler. Leibnizstr. 19, I . 1897
13. *von Bärenfels,* Reichsgerichtsrat. Dörrienstr. 1 1896
14. *Bärwinkel, Emil,* Justizrat. König Johannstr. 4 . . . 1876
15. *Bach, Heinr.,* Dr. med. Tauchaerstr. 10 1900
16. *Backhaus, C.,* Dr. med. u. Ass. a. d. Univ.-Frauenklinik. Stephanstr. 7 1900
17. *Bahrdt, Rob. Theod.,* Dr. med., Hofrat. Emilienstr. 9 . 1878
18. *Barth,* Frau *Clara A. A.* Thalstr. 10 1900
19. *Barth, Rob.,* Dr. Querstr. 19 1900
20. *Baldamus, A.,* Dr. phil., Professor L.-Gohlis, Albertstr. 3b, II 1887
21. *Bassenge, Gustav,* Ingenieur und Prokurist der Kammgarnspinnerei. Pfaffendorferstr. 1895
22. *Bauer, Ernst,* Brauereibesitzer. Täubchenweg 5/7 . . 1891
23. *Baumgärtner, Alphons,* Dr. jur. und Domherr. Salomonstr. 28 1877
24. *Baumgärtner, Lionel,* Dr. phil., Buchdruckereibesitzer. Windmühlenstr. 35 1884
25. *Baur,* Frl. *Marie,* Institutsvorsteherin. Königstr. 22 . 1875

26. *Becker, Arthur*, Dr. phil. Augustusplatz 1 1880
27. *Becker, Georg August*, Kaufmann. Schwägrichenstr. 7, II 1894
28. **Becker, Martin*, Privatier. Augustusplatz 1 1900
29. *Beckmann, Ernst*, Dr. u. Prof. a. d. Univ. Brüderstr. 34, II 1885
30. *Beer*, Reichsgerichtsrat. Mozartstr. 7 1890
31. *Beerholdt, Hugo*, Agent. Erlenstr. 1 1868
32. *Begemann, Ed.*, Kaufmann. Uferstr. 11 1896
33. *Behrends, Otto*, Lehrer. Kronprinzstr. 23 1894
34. *Benda*, Ingenieur. Karolinenstr. 23 1897
35. *Bendix, Alfred*, Kaufmann. Sidonienstr. 55 1882
36. **v. Bennigsen, Gustav*, Hauptmann. König Johannstr. 19 1895
37. *Berkholtz, Dr. med. und Stabsarzt im 106. Inf.-Reg.
    Nordstr. 44, I 1895
38. *Bernhardt, Albert*, Kaufmann. Dresdenerstr. 7 1876
39. *Bernhardt*, Frau *Franz*. Funkenburgstr. 12, pt. 1889
40. *Berthold, E. R.*, Dr. phil. Hospitalstr. 13 1887
41. *Berry, Karl*, Zahnarzt u. 1. Assist. a. zahnärztl. Institut
    der Universität. Blücherstr. 5 1900
42. *Bettmann*, Dr. med. u. prakt. Arzt. Dresdenerstr. 11, II 1899
43. *Beyer*, Dr. phil. und Schuldirektor z. D. L.-Eutritzsch,
    Petschauerstr. 8 1893
44. *Beyer, Horst*, Kaufmann. Waldstr. 6, II 1900
45. *Bielefeld, Eugen*, Kaufmann. Querstr. 14 1884
46. *Bielefeld, Max*, Dr. u. Kaufmann in Fa. C. G. Gaudig Nachf.,
    Querstr. 14 1897
47. *Bieler, Eugen*, Direktor. Hauptmannstr. 10 1900
48. *Binding, Ludwig*, Dr. jur., Geh. Rat und Professor an
    der Universität. Bismarckstr. 6 1874
49. *Blaser, Herm.*, Besitzer der Apotheke zum roten Kreuz.
    Windmühlenstr. 56 1900
50. *Blechschmidt, Paul*, Lehrer. Inselstr. 12, III 1896
51. *Blüthner, Herm.*, Kaufmann. Nikolaistr. 3 1889
52. *Blume*, Reichsgerichtsrat. Jacobstr. 5 1900
53. *Böhm*, Dr., Universitäts-Professor und Geh. Medizinalrat.
    Egelstr. 10 1890
54. *Böhne, Alb.*, Fabrikbesitzer. Fichtestr. 70 1900
55. *Böker, Rob.*, Kaufmann. Nordstr. 14 1877
56. *Böttcher, Oskar*, Dr. und zweiter Direktor der K. S. Land-
    wirtsch. Versuchsstat. Möckern. Möckern bei Leipzig 1900
57. *Böttcher, Joh. Edm.*, Dr., Prof., Rektor am Realgymnasium.
    Zeitzerstr. 10 1891
58. *Böttrich, Reichsgerichtsrat. Jakobstr. 7, II 1896
59. *Bokemeyer, Heinr.*, stud. jur. Kramerstr. 7, II 1900
60. *v. Bomhard*, Reichsgerichts-Senatspräsident. Flossplatz 35 1890

61. *v. Bomsdorff, Theodor.* L.-Reudnitz, Augustenstr. 8 . . 1861
62. *Bonjean, Olivier,* Kaufmann. Ranstädter Steinweg 6 . 1875
63. **Borcherdt, Oskar,* Regiss. a. Stadttheater. König Johannstr. 5 1900
64. *Bornmüller, Julius Heinr.,* Redakteur. Bismarckstr. 12 . 1875
65. *Bramsch,* Leutnant im 107. Reg. L.-Möckern 1900
66. *Bramsch,* Leutnant im Ulanen - Regiment No. 18.
    L.-Möckern, Kaserne 1894
67. *Brandstetter, R.,* Buchhändler. Nürnbergerstr. 46 . . . 1896
68. *Braun,* Reichsgerichtsrat. Fürstenstr. 8 1893
69. *Braunbehrens,* Reichsgerichtsrat. Lessingstr. 2, II . . . 1894
70. *Brauns, Heinrich,* Buchhändler. Fürstenstr. 9, II . . . 1896
71. *Breddin,* Dr. u. Prof. L.-Gohlis, Halleschestr. 27, II . 1899
72. *von den Brincken,* Baron. Robert Schumannstr. 12 B, pt. 1897
73. *Brockhaus, Albert,* Verlagsbuchhändler. Querstr. 16 . . 1882
74. *Brockhaus, Heinrich Eduard,* Dr. phil., Buchhändler (R).
    Salomonstr. 17 1862
75. *Brockhaus, Heinrich,* Dr., Univers.-Prof. Salomonstr. 17 1884
76. *Brockhaus,* Frau *Louise* 1898
77. *Brockhaus, Max,* Musikalienverlag. Querstr. 16 . . . 1900
78. *Brockhaus, Rudolf,* Verlagsbuchhändler. Querstr. 16 . . 1895
79. *Brückner,* Reichsgerichtsrat. Schenkendorfstr. 10 . . . 1892
80. *Brüel,* Dr., Privatgelehrter, Zoolog. Instit. d. Univ. Thalstr. 33 1900
81. *Brügmann,* Kaufmann. Mozartstr. 19 1896
82. *Brühl,* Frl. *Leonore,* Lehrerin. L.-Schleussig, Könneritzstr. 27 1900
83. *Bruns, Heinr.,* Dr., Professor, Geh. Hofrat, Direktor der
    Sternwarte. Stephanstr. 3 1885
84. *v. Buchwald,* Reichsgerichtsrat. Goethestr. 9 1893
85. *Bücher, Karl,* Dr. und Professor an der Universität.
    Gustav Adolphstr. 3 1896
86. *Büchner, Karl,* Fabrikdir. L.-Plagwitz, Nonnenstr. 17/21 1900
87. *Bühring, Walter,* Generalagent. Sebast. Bachstr. 4 . . 1900
88. *Bülau,* Frl. *Antonie.* Leibnizstr. 21, I 1888
89. *v. Bünau,* Frau Justizrat. L.-Gohlis, Poetenweg 9, I . 1900
90. *Burchard, Kurt,* Dr. jur. u. Professor an der Universität.
    Haydnstr. 6, I 1898
91. *Burckas, Hugo,* Rechtsanwalt. Gohlis-Eutr., Halleschestr. 1 1882
92. *Burgkhardt, Joh.,* Dr. und Professor. Realschul-Oberlehrer.
    L.-Reudnitz, Konstantinstr. 6 1889
93. *Burian,* Dr. u. Ass. a. physiol. Inst. d. Univ. Schulstr. 6, II 1900
94. *Buschick,* Dr. phil. und Lehrer. Arndtstr. 37, II . . 1893
95. *Calame, G. Adalb.,* Reichsgerichtsrat. Schenkendorfstr. 14 1884
96. *Carus, Julius Viktor,* Dr. med., Prof. a. d. Universität (R).
    Universitätsstr. 15 1861

Eintrittsjahr

203. *Gensel, Julius,* Dr. jur., Sekretär der Handelskammer
a. D. und Justizrat. Hillerstr. 3 1878
204. *Gentsch,* Dr. jur. und Bankdirektor. Klostergasse 3 . 1900
205. *Georgi,* Buchhändler. Salomonstr. 16 1896
206. *Georgi, Curt,* Kaufmann. Waldstr. 13 1896
207. *Georgi, O. Rob.,* Dr. jur., Oberbürgermeister a. D. und
Geh. Rat. Möckern, Kirschbergstr. 1882
208. *Gerhard, Raimund,* Verlagsbuchhändler. Lessingstr. 12 1897
209. *Gerhard,* Frl. *Similde,* Dame des K. S. Sidonienordens.
Lessingstr. 4 1878
210. *Giesecke, Johannes,* Buchdruckereibes. Nürnbergerstr. 12 1897
211. †*Giesecke, Hermann,* Buch- und Kunstdruckereibesitzer,
Kommerzienrat. Sebastian Bachstr. 46 1871
212. *Gildenmeister, Ed.,* Dr. Berlinerstr. 9 1900
213. *v. Gillern,* Frhr. Dr., Ass. a. d. K. S. Landwirtschaftl.
Versuchsstation Möckern. Möckern bei Leipzig . . 1900
214. *Girbardt, Hilmar,* Kaufmann. Karl Tauchnitzstr. 33
(Grimmaischestr., Mauricianum) 1884
215. *Gödel, Louis,* Kaufmann. Elisenstr. 13 1891
216. *Goedecke, Ed.* L.-Gohlis, Döllnitzerstr. 1 1900
217. *Goetze,* Frl. *Emmy.* L.-Gohlis, Kaiser Friedrichstr. 26 1898
218. *Göhring, Alfred,* Kgl. Portug. Konsul. Augustusplatz 1 1879
219. *Göhring, Edmund, Oskar,* Kaufmann. Weststr. 11 . . 1869
220. *Goldfriedrich, G. Ad.,* Oberfinanzrat. Wettinerstr. 22 1878
221. *Göring, Anton,* Professor und Maler. Waldstr. 44 . . 1875
222. *Göschen, Gustav,* Kaufmann. Tauchaerstr. 10, III . . 1896
223. *Göttel,* Buchdruckereibesitzer. Grassistr. 27 1892
224. *Gottschald, Otto,* Kaufmann. Pfaffendorferstr. 7 . . . 1880
225. *Götze, Johann Wilh. Adolf,* Kaufmann (R). Gneisenaustr. 1 1873
226. *Grabau, N.,* Kaufmann. Elisenstr. 42 1900
227. *Grimm, Herm.,* Generalagent. Alexanderstr. 40 B . . 1899
228. *Grimpe, Georg,* Besitzer des Thüringer Hofs. Burgstr. 1900
229. *Gröppler, W.,* Kaufmann. Moschelesstr. 1 1889
230. *Grosse, Bernhard,* Kaufmann. Schulstr. 2 1894
231. *Grübel, Curt.* Plauenscher Platz 1/2 Treppe C III r. . 1900
232. *Grumbach, Joh.,* Rauchwarenhändler. Ritterstr. 38/40 1891
233. *Grünler, Otto,* Dr. jur., Geh. Regierungsrat. Täubchenweg 2 1882
234. *Grunow,* Verlagsbuchhändler. Inselstr. 20 1897
235. *Gulden, Paul,* Fabrikant. Plagwitzerstr. 11 1897
236. *Gumpel, Gustav.* Grassistr. 46 1900
237. *Günther, Karl,* Buchhändler. Kaiser Wilhelmstr. 13
(Querstr. 10/12) 1878
238. *Guthe, Herm.,* Dr. und Professor an der Universität.
Körnerplatz 7, II 1879

270. *Hesse, Albert,* Dr. phil. Schreberstr. 6 1900
271. *Heubner, H.,* Maler. Elsterstr. 9 1876
272. *Heydenreich, Arthur.* Hillerstr. 2 1893
273. *Heydenreich, Gust. Ernst,* Kaufmann (R). Hillerstr. 2 1869
274. *Heydrich, L.,* Bildhauer. Plagwitzerstr. 10, I 1897
275. *Hiersemann, Karl W.,* Buchhändler. Königsstr. 3 . . 1895
276. *Hille, F. B.,* Dir. d. Gr. Leipz. Strassenbahn. Zeitzerstr. 6 BI 1900
277. *Hillig,* Dr. *Curt,* Rechtsanwalt. Markgrafenstr. 4, II . 1898
278. *Hillig,* Frau *Marie* verw. Dr., geb. Schomburgk.
    L.-Plagwitz, Carl Heinestr. 1884
279. *Hirt, Arnold Ludwig,* Buchhändler. Salomonstr. 15 . 1874
280. *Hirzel,* Frl. *El.* Beethovenstr. 8, I 1900
281. *Hirzel, Georg,* Verlagsbuchhändler. Schwägrichenstr. 8 1893
282. *His, Wilhelm,* Dr. med., Geh. Medizinalrat und Professor
    an der Universität. Königsstr. 22 1874
283. *Hobusch,* Frl. *Anna,* Lehrerin. Zeitzerstr. 15, I . . . 1897
284. *Hoffmann, Albin,* Dr., Geh. Medizinalrat und Professor
    an der Universität. Rossplatz 14 1887
285. **Hoffmann, Alfred,* Kaufmann. Plagwitzerstr. 49, I . 1888
286. **Hoffmann-Goedecke,* Frau *Emma* verw. Plagwitz, Carl
    Heinestr. 10 1888
287. *Hoffmann, Jul. Rob.,* Architekt. Schenkendorfstr. 12 . 1888
288. *v. Hoffmann, Oskar,* Kaufmann. Augustusplatz 7 . . 1867
289. *Höffner,* Landgerichtsrat. Stephanstr. 12, II 1900
290. *Hofmann, F.,* Dr., Prof. u. Geh. Med.-Rat. Windmühlenstr. 49 1888
291. *Hofmann, Georg,* Reichsgerichtsrat. Lessingstr. 24, I . 1900
292. *Hofmann, Hermann,* Lehrer an der V. Bürgerschule.
    Südstr. 9 1871
293. *Hofmann, M.,* Kaufmann. Thomasring 13, II . . . 1877
294. *v. Hohnhorst,* Oberleutnant im 107. Infanterie-Regiment.
    L.-Möckern, Kaserne 1895
295. *Holberg,* Frau *C.,* Privata. Dresdenerstr. 7 1897
296. *v. Holleben,* Frau *A.* Lessingstr. 9, I 1898
297. *Holz, Georg,* Dr., Professor an der Univ. Elsterstr. 53 1892
298. *Holzapfel, Karl,* Kaufmann. Petersstr. 17 (Heinrich
    Schomburgk) 1900
299. *Hösel, Ludwig,* Dr. Härtelstr. 8, III 1890
300. *Hubert,* Dr. med. und prakt. Arzt. Harkortstr. 10, pt. 1896
301. **Hübner,* Frl. *E.,* Institutsvorsteherin. Dorotheenstr. 7 1897
302. *Huste, A.,* Kaufmann. Gottschedstr. 2 1900
303. *Ihle,* Dr. med. u. prakt. Arzt. L.-Lindenau, Bernhardstr. 15 1895
304. *Jacobi, Gustav,* Kaufmann. Georgenstr. 34 1900
305. *Jacobson, Alfons,* Kaufmann. Pfaffendorferstr. 14 (Brühl 85) 1884
306. *Jäger, Bruno,* Buchhändler. Rossplatz 17 1884

379. *v. Lesser*, Freiherr, Dr. und Privatdozent a. d. Univers.
   Schwägrichenstr. 1, II 1900
380. *Leskien, August*, Dr. phil., Professor an der Universität
   und Geh. Hofrat. Stephanstr. 10 1876
381. *v. Leupoldt, Chr. Aug.*, Kaufmann. Grimmaischestr. 32 1876
382. *Lewald*, Justizrat und Rechtsanwalt am Reichsgericht.
   Simsonstr. 2, II 1896
383. *de Liagre, Oskar*, Buchhändler. Georgenstr. 20 B . . 1897
384. **Liebert, H.*, Dr., Zahnarzt. Emilienstr. 29, I . . . 1895
385. *Liebeskind-Platzmann, Franz Ludwig*, Kaufmann. An
   der Milchinsel 2, pt. 1865
386. **Liebster*, Oberleutnant im 179. Inf.-Reg. Rudolfstr. 6, III 1896
387. *Lippmann*, Dr. jur. u. Reichsgerichtsrat. Albertstr. 44 1895
388. *Lipsius, Justus Herm.*, Dr., Geh. Hofrat und Professor
   an der Universität (R). Weststr. 87/89 1882
389. *List*, Frau *Flora*. Plagwitzerstr. 1 1896
390. **Lobe*, Dr. jur. und Landgerichtsrat. Liviastr. 2, I . 1896
391. *Loeser, Max*, Kaufmann. Windmühlenstr. 24 1896
392. *Lohse*, Dr. jur. und Hofrat. Katharinenstr. 20 . . . 1895
393. *Lommatzsch*, Hauptmann im 107. Inf.-Reg. L.-Möckern 1896
394. *Lomnitz, F.*, i. Fa. Verlagsbuchhandlung Georg Wigand.
   Rudolfstr. 2 1898
395. *Löschcke*, Rechtsanwalt. Katharinenstr. 27 1890
396. *Ludwig-Wolf, L. Friedr.*, Stadtrat. Poststr. 5 1888
397. *Lungwitz, Oskar*, Prof. u. Realgymn.-Oberlehrer. Braustr.17 1878
398. *Lutterbeck, August*, Kaufmann. Marienstr. 31 1897
399. *Lutterbeck, E.*, Kaufmann und Consul. Lessingstr. 9 . 1890
400. *Luxenberg*, Frl. L.-Eutritzsch, Delitzscherstr. 162, pt. 1899
401. *Mackenthun*, Dr. med. und prakt. Arzt. Lortzingstr. 1 1897
402. *Mackroth, Christ. Adolf*, Buchhändler. Petersstr. 11 . 1870
403. *Madelung*, Frau Hauptmann. Bismarckstr. 2, III . . 1897
404. *Mädler, Anton*, Fabrikbesitzer. Petersstr. 8 1896
405. *Marcks*, Dr. phil. u. Prof. an der Universität. Stephanstr. 12 1895
406. *Martens*, Dr. Thalstr. 12 B, II r. 1900
407. **Martini, Arwed*, Staatsanwalt. Kaiser Wilhelmstr. 3 . 1883
408. *Marx, Bruno*, Kaufmann. Weststr. 4 1900
409. *Maurer, Bernh.*, Kaufmann. Emilienstr.11(Katharinenstr.20)1876
410. *Mayer, Adolf*, Dr. phil., Prof. a. d. Universität. Rossplatz 14 1868
411. *Mayer, Arthur*, Kaufmann, i. Fa. Morgenstern & Kotrade.
   Weststr. 79 1897
412. *Mayer, Fritz*, Bankier. Wilh. Seyfferthstr. 2 1877
413. *Meisel, Gustav*, Kaufmann. Tauchaerstr. 7 1875
414. *Meissner*, Kaufmann. Salomonstr. 15, I 1896

415. *Meissner, Julius Friedr.*, Kaufmann u. Kommerzienrat (R).
Sidonienstr. 18 1867

416. *Meissner, Jul. Wilh.*, Kaufmann. Sidonienstrasse 18
(Meissner & Buch) 1900

417. *Meissner, Richard,* Kaufmann. Schwägrichenstr. 3 . . 1894

418. *Meissner, Wilh.*, Kaufmann. Sidonienstr. 18 (Meissner & Buch) 1900

419. *Menge,* Dr. jur. und Reichsanwalt. Kaiser Wilhelmstr. 31 1894

420. *Mentz, G. R. P.*, Prokurist an der Kreditanstalt.
Robert Schumannstr. 1, pt. 1897

421. *Meyer,* Bankier. Rob. Schumannstr. 9 1896

422. *Meyer, Arndt,* Buchhändler. Bibliographisches Institut,
Taubchenweg 17 1894

423. *Meyer, Eugen,* Rentier. Beethovenstr. 6, I 1898

424. *Meyer, George,* Bankier. Neumarkt 40 1900

425. *Meyer, Gustav,* Kaufmann. Schwägrichenstr. 5 . . . 1893

426. *Meyer, Hermann,* Buchhändler. Plagwitzerstr. 44 . . 1895

427. *Meyer, Herrmann,* Dr. phil. Robert Schumannstr. 12, pt. 1894

428. *Meyer, Karl,* Buchhändler. Bibliographisches Institut . 1894

429. *Meyer, Oskar,* Bankier. Bismarckstr. 9 1895

430. *Meyer, Wilhelm,* Kaufmann, i. F. George Meyer. Neumarkt 40 1900

431. *Mielisch, Hugo,* Kartograph. Friedr. Auguststr. 2 . . 1888

432. *Miltner,* Reichsgerichtsrat. Elsterstr. 45 1900

433. *Morgenstern,* Frau *Bertha* verw. Hofrat. Funkenburgstr. 9, I 1884

434. *Mühl, C.,* Redakteur im Bibliogr. Institut. Jablonowskystr. 1 1874

435. *Müller,* Reichsgerichtsrat. Jakobstr. 9 1896

436. *Müller, Alwin,* Dr. med. und prakt. Arzt. Dorotheenplatz 1896

437. *Müller, Ed. Jul.,* Redakteur. Braustr. 27, II 1900

438. *Müller, Erich,* Polizeirat. Bismarckstr. 5, III 1883

439. *Müller, Herrmann,* Fabrikbes. L.-Plagwitz, Alte Str. 21, pt. 1893

440. *Mylius,* Frau Apotheker Dr. *E.* Markt 12 1900

441. *Nachod, F.,* Vice-Konsul der Vereinigten Staaten.
Karl Tauchnitzstr. 43 1884

442. *Nachtigall, Wilh.,* Maschinenfabrikant. Kohlgartenstr. 15 1900

443. *Naoum, Ph.,* Konsul. Auenstr. 9 1896

444. *Neimann, Eduard,* Architekt. Schreberstr. 3, pt. . . 1885

445. *Neisse, M. G.,* Reichsgerichtsrat. Schwägrichenstr. 9, III 1891

446. *Neumann, G.,* Dr. med. u. prakt. Arzt. Windmühlenstr. 46 1899

447. *Niesmann, E.,* Kaufmann. Humboldtstr. 2, III . . . 1894

448. *Nitzsche, Karl,* Rittergutspächter in Thonberg (R) . . 1874

449. *Noack,* Dr. und Bezirkstierarzt. Salomonstr. 2 . . . 1900

450. *Northoff, Karl Friedr. Ant.,* Kaufmann (R). Dorotheenstr. 2 1874

451. *Obst, Bernhard Hermann,* Dr. med. und Direktor des
Völkermuseums. Bayerschestr. 59, I 1863

486. *Ratzel, Friedrich,* Dr. phil., Geh. Hofrat und Professor
an der Universität. Grassistr. 10 1886
487. *Reclam, Heinr.,* Buchhändler (R). Kreuzstr. 7 . . . 1875
488. *Rehbein, C. Adalb. H.,* Reichsgerichtsrat. Hohestr. 17 1884
489. *Rehwoldt,* Fabrikbesitzer (Firma: Gebr. Brehmer). Karl
Tauchnitzstr. 29 1893
490. *Reinhardt, Kurt,* Kaufmann. Lessingstr. 10 1897
491. *Reinicke, Em.,* Verlagsbuchhändler. Stephanstr. 18, III 1895
492. *Reissig,* Frau *Martha.* Karl Tauchnitzstr. 8 1898
493. *Rentsch, C.,* Student. Karl Tauchnitzstr. 10 1898
494. *Reuther,* Professor und Konrektor am Realgymnasium.
Sidonienstr. 51 1873
495. *Richard, Ludwig,* cand. phil. Windmühlenstr. 47, III 1900
496. *Richter,* Fräulein *Hedwig.* Äussere Löhrstr. 11 . . . 1886
497. *Richter, Joh.,* Diakonus. L.-Gohlis, Möckernschestr. 5 1900
498. *Riehl, Gustav,* Dr. und Professor an der Universität.
Salomonstr. 1, II 1900
499. *Ritter, Heinr.,* Buchhändler. Täubchenweg 1, II . . 1876
500. *Ritzhaupt, Konrad Curt,* Kaufmann. Marienstr. 21, I 1872
501. *Roediger, Georg jun.,* Kaufmann. L.-Plagwitz, Elisabeth-
Allee 14 1895
502. *Rödiger, Georg sen.,* Kaufmann. Plagwitz, Carl Heinestr. 14
(Leipzig, Brühl 2) 1879
503. †*Rödiger, Theodor,* Kaufmann. Plagwitzerstr. 14 . . . 1866
504. *Rohland, Ed.,* Brauereibesitzer. Möckern bei Leipzig . 1900
505. *Rohmer,* Architekt. Hohestr. 27 c 1896
506. *Rossbach, Arwed,* Dr. phil., Stadt- u. Baurat. Albertstr. 36 1895
507. *Rospatt, Cassius,* Reichsgerichtsrat. Humboldtstr. 14 . 1891
508. *Rost, Adolf,* Buchhändler, Hinrichs'sche Buchhandlung.
Blumengasse 2 1887
509. *Rost, David,* Buchhändler. Blumengasse 2 1891
510. *Rost, R.,* Baumeister. Weststr. 20, pt. 1892
511. *Roth,* Dr., Direktor der Teichmann-Dr. Roth'schen
Privatschule. Universitätsstr. 26 1889
512. *Ruge, W.,* Dr. phil., Oberlehrer am Königl. Gymnasium.
Waldstr. 6 1889
513. *Sabarth,* Dr. u. Reichsgerichtsrat. König Johannstr. 16 1900
514. *Sachsenröder, Eugen,* Generalkonsul. Blücherstr. 24 . 1900
515. *v. Salza,* Major. Brandvorwerkstr. 30 1900
516. *Sander,* Fräulein *Else,* Lehrerin. Delitzscherstr. 7 d . 1897
517. *Sander, C. Leopold,* Buchhändler. Sternwartenstr. 46 . 1886
518. *Sängewald,* Buchhändler. Weststr. 87, I 1900
519. *Sapper, Karl,* Dr. phil. und Privatdozent an der Univ.
Königstr. 7, Treppe B, II 1900

589. *Stintzing*, Dr. jur. und Privatdozent an der Universität.
 Sidonienstr. 67, pt. 1896
590. *Stobbe*, Frau Geheimrätin. Weststr. 70 1890
591. *Stobbe, Hans*, Dr., Prof. an der Univ. Grassistr. 36, III 1891
592. *Stockmann*, Frau *Clara*. Beethovenstr. 8, II 1897
593. *Stohmann*, Frau Prof. *Alice*. Inselstr. 7, pt. 1900
594. *Stoll, A.*, Dr. und Fabrikbesitzer. Inselstr. 24, pt. . . 1897
595. *Stolpe, Rob.*, Privatier. L.-Lindenau, Lindenstr. 23 . . 1891
596. *Storm, Carl*, Kaufmann. Parkstr. 11 1900
597. **de Stoutz*, Dr. jur. Beethovenstr. 12, I 1898
598. *zur Strassen*, Dr. phil., Prof. a. d. Univ. Südstr. 119 1895
599. *Striegel*, Dr. und Assistent a. d. K. S. Landwirtschaftl.
 Versuchsstation Möckern. Möckern bei Leipzig . . 1900
600. *Strobel jun., Julius*, Kaufmann. Markt 1 1900
601. *Strube, Karl*, Kaufmann. Inselstr. 27 1897
602. *Struve, Gustav*, Dr. und Fabrikbesitzer. Zeitzerstr. 28 1897
603. *Stumme, Hans*, Dr. phil. und Prof. an der Universität.
 Funkenburgstr. 4, III 1898
604. *Sussmann, August*, Kaufmann. Lessingstr. 22 (Ritterstr.) 1877
605. **Tamamscheff, Constantin*, stud. rer. nat. Grassistr. 21 1900
606. *Taube, Max*, Dr. med. u. prakt. Arzt. Königsplatz 1, III 1896
607. *v. Tauchnitz, Christian Karl Bernh.*, Freiherr, Dr. jur.,
 Buchhändler u. Kgl. Brit. Generalkonsul. Dresdenerstr. 5 1866
608. *Tetzner, Franz*, Dr. und Oberlehrer. Humboldtstr. 29 1900
609. *Theuerkauf, Em.*, Kaufmann. Zeitzerstr. 11 1896
610. *Thieme jun., Alfred*. Grassistr. 2 1897
611. *Thieme, C. Alfred*, Kaufmann und Geh. Kommerzienrat.
 Weststr. 15 1867
612. *Thieme, Georg*, Buchhändler. Rabensteinplatz 2 . . . 1897
613. *Thieme, Ulrich*, Dr. phil. Erdmannstr. 17 1900
614. *Thieme*, Lehrer. Johannis-Allee 7 1892
615. *Thomas, Aug.*, Schuldirektor. Kaiser Wilhelmstr. 15 . 1878
616. *Thomas, Karl*, Lehrer. L.-Kleinzschocher, Albertstr. 28 1900
617. *Thorer, Curt*, Kaufmann. Bismarckstr. 2, I 1898
618. *Thorer, Fritz*. Bismarckstr. 1900
619. *Thorer, Paul*, Kaufmann und Rittergutsbesitzer. Brühl 70 1894
620. *Thorey, Max*, Rathausring 7, I 1900
621. *Thümmler*, Dr. med. und prakt. Arzt. Harkortstr. 3, III 1896
622. *Tillmanns, Rob. Herm.*, Dr. med., Medizinalrat und
 Professor an der Universität. Wächterstr. 30 . . . 1874
623. *Tittmann, Friedr. Herm.*, Lehrer. Sophienstr. 58 . . 1892
624. *Tittmann*, Dr. jur. Plagwitzerstr. 31 1900
625. *Traumüller, Friedr.*, Dr. phil. und Professor, Oberlehrer
 am Nikolaigymnasium. Auenstr. 8 1875

Eintrittsjahr

626. *Trendelenburg,* Geh. Medizinalrat, Dr. med. u. Professor
an der Universität. Königsstr. 33, I 1895
627. *Trenkmann,* Frau Oberamtmann. Promenadenstr. 16 . 1898
628. **Tröger, Karl,* Fabrikant. Hohestr. 33 1894
629. *Tröndlin,* Dr., Justizrat u. Oberbürgermeister. Dresdner Str. 3 1892
630. *Ultsch, Andreas,* Kaufmann. Bismarckstr. 12, pt. . . 1895
631. *Unruh, G.,* Fabrikdirektor. L.-Plagwitz, Nonnenstr. 4 . 1900
632. *Veiel,* Reichsgerichtsrat. Dufourstr. 21, II 1896
633. *Vincent,* Frl. *N.* Dorotheenplatz 2 1900
634. *Vörster, Alfred,* Buchhändler (Firma: F. Volckmar).
Salomonstr. 1 (Hospitalstr. 10) 1887
635. *Vörster,* Frau *Marie.* Salomonstr. 20 1875
636. *Voigt,* Dr. *A.,* Oberl. a. d. I. Realschule. Färberstr. 15, I 1900
637. *Voigt-Gerhard, A.,* Opernsänger. Bismarckstr. 14, pt. 1897
638. *Voigt, Max,* Dr. jur. u. Rechtsanwalt. Grassistr. 21, III 1897
639. *Voigtländer, Rob.,* Verlagsbuchhändler. Täubchenweg 19 1896
640. *Volckmar,* Frau *Antonie.* Rossplatz 17 1897
641. *Volk,* Frau *J.* Linnéstr., Botanischer Garten 1808
642. *Volkelt,* Dr. phil. u. Prof. an der Univ. Auenstr. 3, II 1895
643. *Volkmann, Karl,* Amtsrichter. Promenadenstr. 17, II . 1894
644. *Wach, Adolf,* Dr. jur., Geheimer Rat und Professor an
der Universität. Goethestr. 9 1886
645. *Wachtel,* Dr. jur. und Rechtsanwalt. Mozartstr. 7, II 1900
646. *Wagner, Heinr.,* Kartograph. Stephanstr. 16 1875
647. *Wagner, Julius,* Kaufmann. Emilienstr. 13, pt. . . . 1894
648. *Wagner, Paul,* Dr. med. u. Privatdoz. a. d. Univ. Wiesenstr. 1 1897
649. *Walch, Max,* Dr. med., prakt. Arzt. Dresdenerstr. 6 . 1898
650. *Waldbaur, Robert,* Fabrikant i. Firma Berger & Wirth.
L.-Schönefeld, Gartenstr. 18, pt. 1897
651. *Wallerstein, Wilh.* Bosestr. 5 1900
652. †*Wandersleben,* Reichsgerichtsrat. Kaiser Wilhelmstr. 32 1896
653. *Wappler, G.,* Kaufmann. Plagwitzerstr. 28 1900
654. *Weber, Moritz,* Fabrikbesitzer. Bismarckstr. 7 1891
655. **v. Wedel,* Frl. Humboldtstr. 4, II 1900
656. *Weddige, Anton,* Dr. phil., Prof. an der Univ. Simsonstr. 8 1860
657. *Wehner, Clemens,* Kaufmann. Thomasring 5 1900
658. **Weichardt,* Architekt. Leibnizstr. 11 1880
659. *Weicher, Theod.,* Buchhändler. Hospitalstr. 27 . . . 1900
660. *Weichsel,* Reichsgerichtsrat. Parkstr. 11, II 1893
661. *Weickert, Otto,* Kaufmann (R). Sternwartenstr. 79 . . 1878
662. *Weigeldt, O. P.,* Schuldirektor. Südstr. 78 1886
663. *Weller,* Reichsgerichtsrat. Haydnstr. 1 1895
664. *Welter, Robert,* Kaufmann. Asterstr. 3 1896
665. *Wengler,* Regierungsrat. Kreuzstr. 3 1898

666. *Weniger, E.*, Dr. jur. und Rechtsanwalt. Braustr. 2, II 1897
667. *Weule, Karl*, Dr., Privatdozent an der Universität und
Direktorialass. a. Mus. f. Völkerkunde. Kronprinzstr. 40 1899
668. *Wiener, Otto*, Dr. u. Prof. a. d. Universität. Thalstr. 35 1900
669. *Wildhagen*, Dr., Rechtsanw. b. Reichsger. Leibnizstr. 26/28 1898
670. *Wilke, Friedr. Ed.*, Dr. phil. u. Prof., Oberlehrer a. Realgymn.
zu Leipzig. L.-Stötteritz, Marienhöhe, Wasserturmstr. 1882
671. *Winchenbach*, Reichsgerichtsrat. Kaiser Wilhelmstr. 27, III 1893
672. *Windisch,* Geh. Hofrat, Dr. und Prof. an der Universität,
Universitätsstr. 15, III 1900
673. *Windscheid*, Frau verw., Geh. Rat. Parkstr. 11 . . . 1893
674. *Winter*, Hofrat Prof. Dr. Schletterstr. 8, I 1900
675. *Winzer*, Dr. jur. u. Landgerichtsdir. Brandvorwerkstr. 21 1897
676. *Wislicenus, Joh.*, Dr., Geh. Hofrat und Professor an der
Universität. Liebigstr. 18 1885
677. *Wittmaack*, Reichsgerichtsrat a. D. Humboldtstr. 7, I 1897
678. *Woelker, Max*, Kaufmann. Carl Tauchnitzstr. 15 . . 1900
679. *Wölker, G.*, Kaufmann, Generalkonsul. Carl Tauchnitzstr. 31 1884
680. *Wohlrab, Alb.*, Dr. phil., Lehrer a. d. 14. Bez.-Schule.
Nostizstr. 43 1899
681. *Woltereck*, Dr. phil., Privatdozent an der Univ. Thalstr. 33 1900
682. *Wülker, Richard*, Dr. phil., Geh. Hofrat und Prof. an
der Universität (R). L.-Gohlis, Bismarckstr. 5 . . 1886
683. *Wundt, Wilh.*, Dr. phil., Professor an der Universität,
Geh. Hofrat. Goethestr. 6 1875
684. *Wüstenfeld*, Reichsgerichtsrat. Schwägrichenstr. 13 . . 1894
685. *Wychgram*, Dr. phil., Professor u. Direktor der höheren
Töchterschule. Rosenthalgasse 13, III 1893
686. *Zacharias*, Fräulein *Marie*, Lehrerin. Gottschedstr. 7 . 1889
687. *v. Zahn*, Fräulein. Ranstädter Steinweg 6, III . . . 1899
688. **v. Zahn*, Sek.-Leutnant im 107. Infanterie-Regiment.
L.-Eutritzsch, Pötzschauerstr. 9, I 1894
689. *v. Zahn*, Hofrat, Rosenthalgasse 13, II 1895
690. *Zarncke*, Dr. und Prof. a. d. Univ. Kaiser Wilhelmstr. 29, III 1900
691. *Zeitschel, Otto*, Dr. Schreberstr. 6 1900
692. *v. Zezschwitz*, Leutnant im 107. Reg. L.-Möckern . . 1900
693. *Ziegenhirt, Karl*, Verlagsbuchhändler. Mittelstr. 2, I . 1893
694. *Zieger, Bernhard*, Rechtsanwalt. Klostergasse 5 . . . 1890
695. *Ziegler*, Privatmann. Emilienstr. 18 1894
696. *Zimmerle*, Dr. jur., Reichsgerichtsrat. Leplaystr. 1 . . 1893
697. *Zimmermann, Theod.*, Lehrer. Zeitzerstr. 31 1896
698. *Zimmern*, Dr. und Prof. a. d. Univ. Johannisallee 11, III 1900
699. *Zöllner, Julius*, Privatgelehrter. Erdmannstr. 14 . . . 1870
700. *Zweifel*, Dr. med., Prof. u. Geh. Medizinalrat. Stephanstr. 7 1888

E. Auswärtige Mitglieder.

F. Mitglieder der Karl Ritter-Stiftung,

die nicht dem Verein für Erdkunde angehören.

Gross & Co., Eisenhandlung.

Hessler, Friedr. Rud., Stadtrat.

Abgeschlossen am 7. Februar 1901.

Die

geographische Verbreitung der Vulkane.

Bemerkungen zu den Karten
über die geographische Verbreitung des Vulkanismus.

Von

Dr. Carl Wägler.

Inhalts-Verzeichnis.

In den folgenden Begleitworten zu der Karte über die geographische Verbreitung der vulkanischen Erscheinungen wird dem Leser manche aufgestellte Behauptung kühn, und die so konsequent durchgeführte Einteilung in Gebiete bez. Becken als unnatürlich und vielleicht recht zwecklos erscheinen. Dazu möchte ich bemerken, dass ich nur das fortgesetzt habe, was man seit Anfang des Jahrhunderts schon begonnen hatte, als man den grossen Ozean als ein vom Vulkanismus eingefasstes Becken betrachtete. Ferner wird bei Hinzuziehung von Tiefenkarten der Meere viel von dem Anschein der Kühnheit schwinden.

Aus der Verbreitung der vulkanischen Erscheinungen, wie sie mir das Bild der Karte bot, habe ich unter Mitbenutzung der Tiefenkarten der Ozeane zu schliessen versucht, eine Induktion, deren Berechtigung Herr S. Mehedinti in seiner Inauguraldissertation: „Über die kartographische Induktion“, Leipzig 1899, schlagend bewiesen hat. Hier möchte ich die folgenden Stellen zitieren:

S. 21: „Die wirkende Kraft schafft die Form. Das ist die Fundamentalwahrheit, die dem Geographen das Recht giebt, die Data der Karten als Basis der Induktion zu gebrauchen. . . . Denn was ist eine Karte anderes, als eine Darstellung der durch die Aktion der treibenden Kräfte, die an der Erdoberfläche arbeiten, hervorgebrachten Formen? Und wenn in der Natur eine bestimmte Beziehung zwischen den Formen und den bewegenden Kräften vorhanden sein muss, was ist dann natürlicher für uns, als von der Form auf die Kraft überzugehen, d. h. von der Karte zur Natur . . .“

Die letzte Karte über die Verbreitung der Vulkane, die die ganze Erde umfasst, ist in Berghaus' physikalischem Atlas, Abteilung für Geologie, enthalten. Seit seiner Ausgabe haben sich durch die neueren Forschungen eine grosse Menge von Daten angesammelt. Diese mit dem schon vorhandenen Material zusammenzuarbeiten unter Zugrundelegung des Berghaus'schen Atlas ist der Zweck dieser Arbeit. Trotz der vielen Mühe, die ich darauf verwendet habe, fürchte ich fast, dass der Vorwurf der

Lückenhaftigkeit auch dieser Arbeit nicht erspart bleiben wird, einerseits wegen der Fülle des Materials, andererseits wegen der Unzugänglichkeit der Quellen, sei es nun, dass sie überhaupt nicht aufzutreiben waren, sei es, dass sprachliche Schwierigkeiten entgegentraten.

Die geographische Verbreitung der vulkanischen Erscheinungen scheint mir auf gewisse grosse Gebiete der vulkanischen Thätigkeit hinzudeuten. Ich habe deren drei gefunden, denen sich später jedenfalls noch Ergänzungen, vielleicht ein viertes, oder noch mehr. hinzugesellen werden.

Ich will hier mit dem Gebiete beginnen, welches man schon früher für ein solches erkannt hat, dem „pazifischen Becken". Unzweifelhaft ist dieses Becken dasjenige, wo sich die Thätigkeit der Vulkane am stärksten gezeigt hat. Es wird vollkommen von Kettengebirgen, denen Vulkane aufgesetzt sind, umschlossen. Sogar für die noch nicht erforschte Strecke von etwa 100 Längengraden, zwischen Viktorialand und den äussersten Landsichtungen westlich von Grahamsland, hat Dr. Reiter in seiner Abhandlung[1]) wahrscheinlich gemacht, dass dort eine ähnliche Küste, wie die den ganzen Ozean umsäumende zu erwarten ist. Die Entdeckung der Vulkane Erebus und Terror berechtigt dazu, auch an dieser mutmasslichen Kettengebirgsküste Vulkane bez. vulkanische Decken anzunehmen. Ist doch neuerdings fast genau in der Mitte des bisher noch wenig bekannten Teiles von Nordamerika zwischen 55 ⁰ bis über 60 ⁰ nördlicher Breite und 125 ⁰ bis 145 ⁰ westlicher Länge von Greenwich ein sogar noch thätiger Vulkan[2]) entdeckt worden. Weitere Forschungen in diesem Gebiete werden sicher in seiner Umgebung noch andere Vulkane finden lassen.

Obwohl die Grenzen des zu behandelnden „pazifischen Beckens" unmittelbar klar sind, sollen sie doch der Vollständigkeit wegen aufgenommen werden.

Die längste ununterbrochene Schranke bildet die Westküste Amerikas, die, vom Meere undurchbrochen, sich über bald 120 Breitengrade erstreckt. An sie schliesst sich im Norden der Bogen der Aleuten an, dann Kamtschatka, die Inselketten der Kurilen, der japanischen und Liu-kiu-Inseln, weiterhin Formosa, die

---

[1]) Die Südpolarfrage und ihre Bedeutung für die genetische Gliederung der Erdoberfläche. Zeitschrift für wissenschaftliche Geographie, 1888. Nach Prof. Supans Bericht über die belgische Südpolarexpedition (Petermanns geogr. Mitteilungen, 1899, S. 123/24) ist ein Vergleich mit Amerika als einem nach dem Stillen Ozean zu mit hohen, steil abfallenden Gebirgen mit Vulkanen, nach der anderen Seite mit flacher Küste versehenen Kontinente recht treffend. Ein peinliches Festhalten der Umrisse ist nicht am Platze.

[2]) Geogr. Zeitschrift v. Prof. Dr. Hettner, 5. Jahrg. 1899, S. 53.

Philippinen, Molukken, Neu-Guinea mit den Louisiaden, die Salomon-inseln, Neuen Hebriden, Viti-, Tonga-, Kermadek-Inseln, Neu-See-land, Auckland, Campbell, Ballenyinseln, Viktorialand, Peters I. Insel, Grahamsland mit den unmittelbar vorgelagerten Inseln. Diese letzteren beginnen einen leicht nach Osten geschwungenen Bogen in Süd-Nordrichtung. Sein anderes Ende bildet Feuerland, das den Übergang zu Amerika und somit die Schliessung des Kreises um den Stillen Ozean vermittelt.

Die Teile, welche diese Grenzen vom Becken des Grossen Ozeans ausschliessen, die ich ihm aber gewissermassen anhänge, sollen dann besprochen werden.

Ein Blick auf die Karte giebt sofort eine Zweiteilung[1]) des pazifischen Beckens in einen grossen nördlichen und einen kleineren südlichen Abschnitt. Diese wird durch das pazifische Inselmeer und die „Osterschwelle" (Supans) hervorgerufen. Die genaue Grenzlinie verläuft von den Tongainseln über Tafahi (= Boskawen) nach den Samoainseln, von diesen nach den Cookinseln (Rarotonga) Tubuaiinseln (= Australinseln), Rapa(iti) Mangarewa, Pitkairn, Oster-insel (Rapanui), Sala y Gomez, Galapagos-, Kokosinseln und der Azuero-Halbinsel.[2])

A. Zuerst sei der viel reicher zu gliedernde nördliche Ab-schnitt betrachtet. Mit Hülfe der Tiefenkarten bin ich zu folgenden fünf Gebieten gelangt:

· 1. Das „nordpazifische Becken" wird vom übrigen durch eine Linie abgeschnitten, deren Hauptstützpunkt die Hawaii-Inseln mit ihren westlichen Ausläufern bilden (Supans Hawaiischwelle). Nach Osten zu läuft diese Linie zunächst in der Richtung der Inseln, biegt dann aber zwischen 150° und 140° W. von Greenwich in die nördliche ein und wendet sich erst nördlich von 30° der amerikanischen Küste zu, die sie ungefähr in der Gegend von San Franzisko erreicht. Gegen Westen zieht die Grenze auf der Hawaiischwelle über die ihr aufgesetzten Inseln bis zur Gangesinsel

---

[1]) In Petermanns Mitteilungen, 1899, Heft VIII, hat Herr Prof. Dr. Supan eine Arbeit: „Die Bodenformen des Weltmeeres" mit einer Karte veröffentlicht, die meine im Konzept schon vorhandenen Aufzeichnungen bestätigt. Seine Bezeichnungen habe ich zum Teil unverändert aufgenommen.

[2]) Von der Kokosinsel die Grenze gerade nach dieser Halbinsel zu führen, veranlasste mich eine Bemerkung in dem Werke: „Géographie Univervelle par Elisée Reclus, Amérique du Sud, les régions andines, pag. 468: . . . c'est donc à l'Amérique Centrale plus qu'au continent méridional que se rattacheraient les iles Galápagos, si on devait les considérer comme une dépendance naturelle du Nouveau Monde . . . nachdem der Verfasser kurz vorher den Ausdruck ge-braucht hat: . . . la courbe des isobathes de 3000 mètres . . . en embrassant les fonds qui portent l'île Cocos, s'affine en une pointe dirigée vers la péninsule d'Azuero, dans la région des isthmes. Ausserdem führt ein Vergleich mit Supans Karte zu demselben Ergebnis.

(ca. 154¹/₂⁰ O. v. G. und 31⁰ N.); von hier wendet sie sich nach Süden, ändert ihre Richtung am nördlichen Wendekreise in eine westliche, bis sich in nördlicher Richtung wieder Volcano-, Bonin- und Schitschito-Inseln als Grenzmarken anschliessen, mit denen die Grenze auf die Umrandung des ganzen „pazifischen Beckens" einmündet. Dieses Becken ist neben der ausserordentlichen vulkanischen Thätigkeit, die sich hier zeigt und früher ihre Denksteine gesetzt hat, noch durch die Anhäufungen grosser Tiefen an der nordwestlichen Begrenzung (die Supan in den „japanischen" und den „Aleutengraben" zusammenfasst) und ausserdem östlich der Sandwichinseln ausgezeichnet. Diese letztere Einsenkung könnte man vielleicht im Anschluss an Supans Bezeichnung „Hawaiigraben" nennen.

2. Westlich und südlich wird das eben besprochene Gebiet vom „westpazifischen" berührt, dessen Ausdehnung durch eine Linie von ungefähr Kuré (das der Hawaiischwelle aufsitzt, ca. 178⁰ W. v. G. und 28¹/₂⁰ N.) nach Wake, dem nördlichsten Ausläufer der Marschallinseln, diesen selbst, den Karolinen- und Palauinseln vollkommen bestimmt ist, von welch letzteren die Grenze auf Halmaheira (= Djilolo) einläuft. Djilolo bildet dann mit den Philippinen und den japanischen Inseln den Rest der Umrandung dieses Teiles. Die Marianenreihe teilt dieses Gebiet wieder in das westlich gelegene „Philippinen-" [1]) und das östliche „Marianenbecken", die beide durch den „Karolinengraben" mit einander verbunden sind.

3. Gehen wir wieder südlich weiter, so gelangen wir zum „pazifischen Mittelmeer". Neben den bereits genannten Grenzen gegen die anderen Gebiete haben wir noch eine Linie von den Marschall- über die Gilbert- (= Kingsmill-), Ellice- (= Lagunen-) Inseln, die südlich von ihnen gelegenen Untiefen [2]), die zerstreuten Inseln Uea, Futuna und Alofi nach den Vitiinseln zu nennen. Die übrigen Grenzen sind aus der Festlegung des ganzen pazifischen Beckens ohne weiteres klar. Wenn auch der Vergleich mit den „Mittelmeeren" etwas schief ausfallen mag, so halte ich doch diese spezielle Bezeichnung für nicht so ganz unpassend.

Das „melanesische" Nebenbecken löst sich durch das Ende der Salomen-, die Santa Cruz-Inseln, Rotuma und Futuna ab.

4. Von hier aus wenden wir uns nun östlich zum „Centralpazifischen Becken". Von dem noch übrig bleibenden Stück der nördlichen Hälfte des Stillen Ozeans wird es durch eine Grenze abgetrennt, die vom Ostende der Hawaii-Inseln nach den Marquesas

[1]) Supan schreibt „Philippinenbucht".
[2]) Vergl. Petermanns Mitteilungen 1897, S. 193.

und Pitkairn führt. Nach dem Vorkommen vulkanischer Produkte
sondert sich von ihm noch die langgestreckte (fast grabenförmige)
„polynesische Mulde" ab, die zwischen den Gesellschaftsinseln,
Mangarewa, Rapa-iti, Tubuai-, Cookinseln und dem Ostende der
Samoainseln gelegen ist.

5. Den Rest des nördlichen Abschnittes des pazifischen Beckens
möchte ich mit dem Namen „ostpazifisches Becken" belegen. Eine
Gliederung scheint mir nach dem Vorkommen vulkanischer Thätigkeit nicht angebracht.

B. Bei dem viel kleineren südlichen Teile des Beckens des
Stillen Ozeans lassen sich nur drei Unterabteilungen unterscheiden:

1. Verbinden wir Sala y Gomez mit den Juan Fernandez-
Inseln und führen die Linie bis zur Bucht von Arauka (südlich
von Concepçion [ca. $37^1/_2^0$ S.]), so schneiden wir das an der südamerikanischen Küste sich hinziehende „tropische Becken" ab.
Supan nennt dieses Gebiet das „chilenisch-peruanische" mit dem
zwischen 10^0 und 28^0 südlicher Breite das Gestade begleitenden
Atakamagraben.

2. Dieselbe Verbindungslinie umschliesst das „pazifische Süd-
ostbecken"[1]) im Norden. Im Westen bewirken die Trennung vom
übrigen Gebiete die Osterinsel, die Untiefe von 2928 m (etwa $38^1/_2^0$ S.
und 112^0 W.), Dougherty-(= Keates-)Insel und Peters I. Insel.

3. Das übrig bleibende, nicht weiter zu zerlegende Becken
mag als das „südpazifische" eingeführt werden. In ihm findet sich,
ähnlich wie im „nordpazifischen" (A 1), eine Anhäufung von grossen
Tiefen auch an der Westseite. (Supan belegt sie mit den Namen
„Kermadek-" und „Tongagraben.")

Nach Behandlung des grossen Rumpfes mögen nun die Glieder
einer Betrachtung unterworfen werden. Sie befinden sich zwar
ausserhalb der oben (S. 2/3) genannten Grenzen, jedoch gehören sie,
nach dem jetzigen Stande der Forschungen wenigstens, dem Gebiete mit an. Die erste und bedeutendste Berichtigung wird dieser
Versuch einer Einteilung in Asien erfahren, wo man mit fortschreitender Landeskunde vielleicht auch eine ungeahnte Ausbreitung vulkanischer Thätigkeit finden wird, wie einst in Ostafrika.
Wie viele Vulkane sind schon westlich und südlich vom Elisée
Reklus-Vulkan[2]) entdeckt worden! Auch in diese Einzelvorkomm-
nisse wird man später ein gewisses System zu bringen wissen.

---

[1]) Von Supan „pazifisch-antarktisch" genannt.
[2]) Sven Hedin hat erst neuerdings wieder aus diesen Gegenden (36° 30' N.
86° O. v. G. und 36° 10' N. 87° 30' O. v. G.) vulkanische Gesteine mitgebracht.
Freilich scheinen hier Deckenergüsse vorzuwalten, da trotz des verhältnismässig
geringen Alters der Steinstücke Krater nicht bemerkt worden sind. S. Petermanns Geogr. Mitteilungen, Ergänzungsheft 131.

Etwas verwegen wird der Gedanke erscheinen, vom Baikalsee über die grosse, sibirische vulkanische Platte nach Franz Josephs-Land, König Karl-Inseln und Spitzbergen eine Linie zu ziehen, von wo dann durch die „arktische Schwelle" (Supans) die Verbindung mit der „atlantischen Schwelle" hergestellt wäre. Wenigstens können Spitzbergen und Franz Josephs-Land auf Bruchrändern stehen, da Nansen in hohen Breiten grosse Tiefen gefunden hat. Dafür könnte auch die geringe Entfernung (1230 km auf einem grössten Kugelkreise) von Franz Joseps-Land bis zum letzten Zeugen vulkanischer Thätigkeit hoch im Norden von Sibirien sprechen, wo doch die Strecke Viktorialand bis Peters I. Insel zwei und ein halb mal so gross ist (3000 km auf einem grössten Kreise). Allerdings machen hier auch tektonische Momente die Verbindung wahrscheinlich (s. S. 2 Anm. 1). Sollte diese Linie von Sibirien aus nach dem hohen Norden aufrecht erhalten werden, so würde die „eurasische Senke"[1]) im Süden und Westen von dem noch zu behandelnden „indisch-antarktischen" Gebiet, die in Europa nördlichsten Vorkommnisse vulkanischer Zeugnisse, Island und die arktische Schwelle begrenzt sein.

Von den „Gliedern" des pazifischen Beckens sind zu erwähnen:

1. Das „Beringbecken", dessen Lage unmittelbar aus dem Namen ersichtlich ist, dessen genauere Begrenzung ich aber unbestimmt lassen möchte, soweit sie nicht aus seiner Lage zwischen dem asiatischen und amerikanischen Kontinente hervorgehen.

2. Das „japanische" Becken. Die Lage und Ostgrenze gehen aus dem Namen hervor. Im übrigen umgeben es die Bruchlinien mit den Vulkanen der Halbinsel Liaotung[2]) und in der Provinz Kirin, Halbinsel Korea und die Fortsetzung des durch die Kurilen angegebenen Bogens über die Insel Jesso nach dem asiatischen Festlande.

Diese beiden Becken könnten auch den Übergang zu einem vierten grossen Gebiete (asiatisch-arktisch), in das auch die eurasische Senke einzurechnen wäre, bilden. Als Aussenstücke des grossen Ozeans sind ferner noch zu nennen:

3. Das Sulu-Becken.

4. Das Celebes-Becken.

5. Das Banda-Becken.

Über ihre Grenzen brauche ich nichts hinzuzufügen. Sie sind vielleicht auch in Rücksicht auf die geographische Verbreitung des

---

[1]) Das durchschnittlich 360—460 m hohe Uralgebirge ist gegenüber der ungeheuren Ausdehnung der russischen Ebene zu vernachlässigen.

[2]) E. v. Cholnoky: Kurze Zusammenfassung der wissenschaftlichen Ergebnisse meiner Reise in China und in der Mandschurei 1896/98. Verhandl. der Gesellschaft für Erdkunde, Berlin 1899, No. 5/6.

Vulkanismus mit den Sundainseln und Hinterindien in das „südostasiatische" Gebiet zusammen zu fassen.

Schon mehrfach habe ich von dem „indisch-antarktischen" Becken gesprochen. Umschlossen wird es von den Salomoninseln an bis Grahamsland und seinen Vorlagerungen von der Grenze des an erster Stelle behandelten „pazifischen" Beckens. Dann aber bezeichnen die Südsandwich-, Bouvet-[1]), Prince Edwards-, Crozet-[1]), Kergueleninseln, Neu Amsterdam, Maskarenen die Marksteine der Grenze. Weiterhin verläuft die Scheidelinie durch Madagaskar, die Comoren längs des Centralafrikanischen Grabens, durch Abessynien, das rote Meer, Jordanbruch nach Armenien. Von hier aus wendet sie sich nach dem Südende des Kaspisees, schneidet in leicht geschwungenem Bogen (ähnlich den ostasiatischen Inselbögen) durch Persien hindurch nach der Halbinsel Kathiawar (= Gudscherat) durch Vorderindien nördlich von 20^0 zum Irawadi. Dann ändert sich ihre Richtung wieder in eine südliche durch die Landschaft Irawadi nach den Andamanen. Längs der Sundainseln wendet sie sich endlich nach Neu-Guinea zurück zwischen Banda- und Alfurensee hindurch.

1. Die Valdiviaexpedition [2]) hat südlich etwa vom $55.^0$ südlicher Breite das über 5500 m tiefe „antarktische" Becken gefunden, dessen natürliche Nordgrenze die Südsandwich-, Bouvet-, Prince Edwards-, Crozet-, Kerguelen- und Macdonald- (Heard-) Inseln bilden. Den weiteren Verlauf der Trennungslinie wage ich nicht festzustellen. Würde sie nach Viktorialand zu ziehen sein, und

---

[1]) Man wird hier vielleicht, gestützt auf die schon mehrfach erwähnte Supansche Tiefenkarte den Einwand erheben, dass es unzulässig sei, die über 5000 m tiefe Kap- bez. Kerguelenmulde gleichsam zu überbrücken. Dem habe ich folgendes zu entgegnen:

1. Bei Teilung des pazifischen Beckens in eine Nord- und Südhälfte ist die Grenzlinie über einen Meeresarm von gleicher Tiefe gezogen worden (zwischen den Samoa- und Cookinseln).

2. Verbindet man die Bouvetinsel mit der Crozetschwelle und den Kergueleninseln, so ergiebt sich ein ganz ausgesprochener vulkanischer Bogen.

3. Die Lotungen von über 5000 m sind zu beiden Seiten der Richtung des durch die Inseln bezeichneten Bogens ausgeführt worden, so dass der Annahme eines Rückens oder einer Schwelle, die die beiden Mulden durchsetzt, zunächst noch nichts entgegensteht. Man braucht demnach wohl kaum zu furchten, mit der Annahme eines solchen Fundamentes, auf dem die Inseln stehen sollen, den Vorwurf zu verdienen, man suche zuviel Regelmässigkeit in der Natur.

4. Der Ozeanograph der Valdivia-Expedition, Dr. Schott (s. Anm. 2), spricht selbst von einem Becken (später unter No. 1 angeführt) und dieses muss dann doch abgeschlossen sein. Die naturlichsten Anhaltspunkte für diese Umschliessung sind die genannten Inselgruppen.

[2]) Zeitschrift der Gesellschaft für Erdkunde, Berlin 1899, XXXIV. Bd., Heft 2 (Tafel 4).

zwar zwischen Südpol und dem unterm Polarkreis gesichteten Lande, so würde diese zugleich auch als Südgrenze des

2. „australischen" Gebietes gelten können, dessen Umfang noch durch eine Linie von den Maskarenen über den unterseeischen Vulkan mitten im indischen Ozean (ca. 7^0 S. und 89^0 O. v. G.) nach dem N.-W.-Ende von Sumatra bezeichnet wird. Längs der Insel Java und etwas noch über sie hinaus zieht sich der Sundagraben hin. Von dem „australischen" Gebiete lassen sich nun durch die vulkanische Ostküste von Australien, ferner durch Tasmanien und die Ballenyinseln drei kleinere östliche und ein grösseres westliches Becken abtrennen. Letzteres will ich „westaustralisches" Gebiet nennen. Einen Stützpunkt zwischen Tasmanien und den Ballenyinseln bilden die Royal Company-Inseln, über deren geologische Natur nichts zu finden war. Die drei Gebiete sind, von Süden aus gezählt:

a) „Neuseeländische Mulde"[1]), die durch den „Neukaledonischen" Rücken bis zu seinem Schnitt mit der Verlängerung der Südostküste Australiens abgetrennt wird.

b) „Kermadekbecken" („Fidschibecken" Supans) durch eine von den Hebriden an der Südostspitze Neukaledoniens vorbeiführende und sich dann nach Neuseeland wendende Linie abgeschlossen.

c) „Korallenmeerbecken"[2]), der Rest des Abschnittes.

Als Unterabteilungen des „indischantarktischen" Gebietes sind nun noch das

3. „indischafrikanische" und das

4. „arabische" Gebiet zu nennen. Diese beiden stossen längs der Linie der arabischen Südküste bis zur Kuria-Muria-Bay zusammen. Dann wendet sich die gemeinsame Grenze nach der Verbreiterung des persischen Meerbusens, in der die Bahr el Benat-Inseln gelegen sind, und über diesen hinweg zum „persischen Bogen".

Dazu gesellt sich noch zwischen den beiden afrikanischen Gräben

5. die „ostafrikanische Platte", deren genauere Bestimmung ohne weiteres klar ist.

Weit über die Küsten der angrenzenden Kontinente erstreckt sich nun das „atlantische" Gebiet. Die Ausdehnung dieses ist durch die andern im Osten, Süden und Westen vollständig bestimmt. Nach Norden hingegen möchte ich die Grenzen zunächst noch offen lassen. Bei Annahme des asiatisch-arktischen Gebietes

---

[1]) Supan trennt diese nicht von dem westlichen Teile und nennt sie „ostaustralische" Mulde.

[2]) Supan teilt hier noch in ein „Korallen-" und „Hebridenbecken". Vom vulkanistischen Standpunkte aus habe ich dazu keine Veranlassung.

würden England, Island, Neu Fundland und die nördlichsten vulkanischen Spuren in Amerika das Ende des atlantischen Gebietes in dieser Himmelsrichtung bezeichnen.

Von ungefähr 50° südlicher Breite bis gegen den nördlichen Polarkreis lassen sich nun verschiedene Unterabschnitte auseinanderhalten. Die Haupteinteilung in eine östliche und westliche Hälfte giebt die „atlantische Schwelle". Nach Tiefenkarten ist die Richtung dieser vollkommen klar, ich will sie aber doch mit markieren, um, so weit möglich, vollständig zu sein. Diese ist im Süden zunächst durch die ihr aufgesetzten vulkanischen Inseln bezeichnet: Bouvetinsel, Gough-Insel, Tristan da Cunha, Ascension. Dann folgen die submarinen Vulkane wenig südlich vom Äquator und St. Paul. Von hier zieht sie sich in einem nach Westen gewölbten Bogen nach der Azorengruppe. Darauf wendet sich die Erhebung nach Norden bis etwa 49° Norden, durch ungefähr 5 Breitengrade nach Nordwest, um dann umlenkend von Südwest auf Island einzulaufen. Ihre Fortsetzung findet sie in Jan Mayen, vielleicht auch, wie schon oben erwähnt, im Spitzbergen-plateau Supans.

1. Betrachten wir nun die Verbreitung der vulkanischen Erscheinungen auf der Karte, so fällt sofort auf, dass die Azoren, Madeira, Ahaggar, Tibesti, el Melha in einer fast geraden Linie[1]) liegen, die in Abessynien einmündet und von der Osthälfte des atlantischen Gebietes ein Stück abtrennt, das fast $^2/_3$ von Afrika enthält. In diesem Gebiete bringt wieder die ganz markante Linie St. Helena—Inseln des Guineabusens—Kamerun eine Teilung hervor. Hier spaltet sich diese Verbindung jedoch in zwei Arme, von denen der eine über Aïr (Asben) nach Ahaggar, der andere nach dem Djebel Marrah und el Melha führt. In dem Winkel, den sie bilden, liegt

a) die „Tsadseesenke"[2]), welche im Norden durch die Verbindung Ahaggar—Tibesti—el Melha abgeschlossen wird. Westlich von ihr befinden sich durch oben genannte Grenzen bestimmt

b) das „westafrikanische" Gebiet und die[3]) „mittelatlantische Mulde", die in einer Linie Madeira—Canarische—Capverdische Inseln—unterseeische Vulkane unter 20° W. aneinanderstossen.

c) Südlich der Tsadseesenke befinden sich das „centralafrikanische" und „südafrikanische" Gebiet. Der Walfischrücken, die Spuren vulkanischer Thätigkeit quer durch Südafrika, bis zum

---

[1]) Auf diese in der Mitte fast der Karte gelegene Verbindungslinie hat die am Rande ziemlich viel deformierende Projektion nur geringen Einfluss. Diese Linie ist auch in Wahrheit von einer geraden nur wenig verschieden.
[2]) In der Landschaft Bodele steigt diese Senke bis auf 160 m herab.
[3]) Den Namen „nordafrikanische Mulde" möchte ich nicht aufnehmen, weil dieser Teil sich nur an die Inseln, nicht den Kontinent selbst anlehnt.

Nyassasee, der dem Grabengebiet angehört und somit der Grenze des indisch-antarktischen Gebietes, trennen sie von einander. Das „Maskarenenbecken" ist ein Nebengebiet des südafrikanischen und wird durch die Crozetinseln, die Untiefe von 1646 m (30° 20'—35° 30' S., 54°—52° O.) und die südwärts ziehende Vulkanreihe Madagaskars abgetrennt.

2. Den Norden der Osthälfte nimmt das „Mittelmeergebiet" ein. Das nördliche Ende wird durch die Südgrenze der eurasischen Senke auf dem europäischen Festlande bezeichnet, ferner durch Frankreichs mächtige vulkanische Massive und die geringen Spuren in Spanien.

Als Unterabteilungen ergeben sich ohne weiteres das a) „Balearen" und b) „Tyrrhenische Becken", ferner c) die „Fessan-senke" zwischen Tibesti, Ahaggar und Djebel es Soda, Djebel Schergija Harudj assod und abiad, die „durchweg ein und dasselbe Massiv[1] bilden". Von einer weiteren Gliederung des Mittelmeergebietes möchte ich absehen.

3. Als selbständiges fast vollkommen vom Vulkanismus umschlossenes Becken stellt sich das „westindische"[2] dar, das von den grossen und kleinen Antillen, Südamerika, Mittelamerika und der Vulkanreihe von Mexiko umgeben wird. Eine Gliederung des „amerikanischen" Gebietes, nördlich dieses westindischen Beckens, ist wohl nicht angebracht.[3]

4. Zwischen der atlantischen Schwelle von der Bouvetinsel bis St. Paul, Fernando de Noronha, Trinidad (20° S.), der Untiefe von 658 m (31° S., 35° W.), der Bank[4] in 45 m Tiefe (49°—45° S., 35°—27° W.) und den Südsandwichinseln liegt die „südatlantische Mulde", westlich von ihr das „südamerikanische Gebiet".

Als Anhang zu dem eben besprochenen Stoffe seien noch einige Bemerkungen angefügt, die zu ihm zwar Bezug haben, aber unter einander wenig zusammenhängen.

Die Gliederung und Namengebung der einzelnen Gebiete ist geeignet, den Anschein zu erwecken, als wiese der Verfasser dem Wasser eine wichtige Rolle in der Verbreitung des Vulkanismus zu. Er hält vielmehr die Füllung von Becken mit Wasser oder Eindringen des Wassers in Vertiefungen und vulkanische Eruptionen

---

[1] Kufra, Reise von Tripolis nach Kufra von G. Rohlfs, Leipzig 1881, S. 180.

[2] Supan zerteilt dieses noch in das „Yukatan-" und „karibische Becken".

[3] Die Bermuda-Inseln (32° 30' N., 65° W. v. G.) können uns keinen Anhalt geben, denn nur ihr Untergrund ist (wie Challenger- und Argusbank im SW.) vulkanischer Natur, während die Auflage, die die jetzt sichtbare Insel zusammensetzt, aus Kalkstein besteht.

[4] Nach dem Aufsatze in den Annalen der Hydrographie u. maritimen Meteorologie, 1899, S. 37 hat schon 1854/55 Kapitän Feyen eine Bank durch Lotungen bestimmt. Diese ist aber bis in die neueste Zeit vergessen worden.

für gleichzeitige Folgen einer Ursache, der Zusammenziehung der Erde. Mag nun das Erdinnere fest oder flüssig oder plastisch sein, es steht unter dem Drucke der festen Erdmassen. Sobald nun Brüche entstehen, werden die heissen Massen entlastet und quellen empor, sich infolge der Druckverminderung ausdehnend. Anderseits haben Brüche und Absenkungen der zwischenliegenden Schollen die Folge, dass das Wasser in den entstandenen Vertiefungen entsprechend seiner Schwere sich sammelt. Werden nun innerhalb der Bruchränder durch emporgedrungene Massen oder in anderer Weise Teile von irgendwelcher Grösse oder Form abgegrenzt, so entstehen Komplexe von Seen innerhalb der Ränder des nicht mit in die Tiefe gegangenen Landes.

Die warmen Quellen habe ich, soweit irgend möglich, in die Karte aufgenommen. Indessen bin ich mir wohl bewusst, viele nicht verzeichnet zu haben, da dies der Massstab nicht zuliess. Ausserdem scheinen sie mir dieselbe Stellung einzunehmen wie die Erdbeben, die man zunächst für abhängig von den Vulkanen erklärte, oder wenigstens mit ihnen in enger Beziehung stehend.

Wenn man nämlich die Gesteine untersucht, denen die heissen Quellen entspringen, so zeigen die Karten sehr häufig Gesteine höheren Alters, als die hier behandelten Vorkommnisse besitzen. Man kann also nicht immer aus dem Funde heisser Quellen auf „jungvulkanische" Thätigkeit schliessen wollen.

Was nun die Ausführung der Karte betrifft, so ist noch folgendes hervorzuheben:

Die Länderumrisse sollen die Formen der Länder, wenn auch genau, so doch nur in grossen Formen geben, um einen Überblick über die Verbreitung der Vulkane auf und zwischen den die Meeresoberfläche überragenden Landstücken zu ermöglichen. Darin liegt, dass die Landformen das weniger Wichtige der Karte sind. Sehr viele vulkanische Produkte sind in viel zu grossem Massstabe eingetragen worden, als der Grösse der Karte entspricht. Dazu war der Verfasser gezwungen, wenn er sie überhaupt dem Auge sichtbar machen wollte.

Trotzdem war es noch nicht möglich, überall so deutlich zu sein, wie es wohl wünschenswert wäre, z. B. bei der Eintragung der heissen Quellen in Kleinasien (wovon ich schon oben [S. 11] gesprochen habe).

Die Gradnetze wurden durch geometrische Konstruktion gefunden. Infolgedessen haben sich durch die selbst bei peinlicher Sorgfalt unvermeidlichen Fehler Ungenauigkeiten eingestellt. Diese sind dann durch das Überziehen der Bleistiftzeichnung mit Tusche durchaus nicht verkleinert worden.

In dem Zeichen o (Vulkane, die in historischer Zeit thätig waren) liegt zugleich, dass die betreffenden Vulkane zum Teil sich jetzt noch im Solfatarenzustand, dem Stadium sogenannter „verlöschender" Thätigkeit sich befinden. Ich habe dieses Zeichen nur angewendet, wenn ein geschichtlicher Ausbruch vor 1800 aus der Quelle als thatsächlich hervorging. Wenn mir die Zeugnisse der Autoren, die über Ausbrüche von Bergen berichteten, nicht sicher erschienen, habe ich diese Berge als nicht thätige eingezeichnet.

Ferner ist noch zu erwähnen: Die Angaben über historische oder vorhistorische Thätigkeit gingen derartig auseinander — ja dieser Unterschied war oft gar nicht berücksichtigt — dass ein Urteil gar nicht möglich war. Ich habe auch dann die Vulkane als vorhistorische angegeben.

Ich will nun versuchen, ein Verzeichnis der Vulkanberge zu geben. Freilich tritt hier die Schwierigkeit auf, dass man oft gar nicht beurteilen kann, ob ein Vulkan selbständiges Centrum, wenn ich so sagen darf, oder nur ein parasitischer Kegel ist, der einem grösseren Komplexe von Bergen als ein Glied zugehört. Eine weitere Schwierigkeit ist die der Namengebung und Namenschreibung. Infolge der Benutzung von Büchern ganz verschiedener Sprachen werden auch die Namen vielleicht manche Merkwürdigkeiten an sich tragen. Am zweckmässigsten dürfte es wohl sein, die Vulkane nach den oben näher besprochenen Gebieten namentlich aufzuzählen. Ich habe zuerst das pazifische Becken behandelt. Wenn wir hier zunächst Kamtschatka ins Auge fassen, so sind dort schon 41 Vulkane zu nennen, von denen nach der neuesten Karte[1]) elf als thätig angegeben sind und im folgenden durch gesperrten Druck bezeichnet werden sollen. Diese elf liegen alle auf der Ostseite der Halbinsel, wo auch die bei weitem grössere Zahl sich befindet.

Auf der Westhälfte liegen nur:

Zisel	Elleuleken	Losaki(=Sopotschnaia)
Piroshnikof	Moroshechneia	Icha

Auf der Ostseite finden wir:

Sheveliuch	Tschapina	Grosser Semia-
Krestowskaia	Kiziman	tschik
Kliutschewskaja-	Khamtschen (Fuchs:	Kl. Semiatschik
Sopka	Hamtschen?)	Bakkening
Ushkinskaia	Kronotskaja	Zhupanowa
GrosserTolbatscha	Unana	Koriakskaja
Herbert Stewart	Taunzhitz	Awatschinska
Gordon	Uzon	(Fuchs Awatscha)
Kleiner Tolbatscha	Kischpinitsch	Kozelska

---

[1]) The Scottish Geographical Magazine, vol. XV. May 1899, No. 5. Kamchatka, by G. E. H. Barrett-Hamilton. Leider hat Herr Barrett-Hamilton nicht angegeben, welches Kriterium zur Beurteilung der Thätigkeit oder Nichtthätigkeit der Vulkane er angewendet hat.

Viliuchino	Asatscha	Utaschut
Apatscha	Khodutka	Ilina
Poworotnaja	Ksudatsch	Koschelewa
Goly	Vine	Chaokhch

Von den 55 Vulkanen auf der sich an Kamtschatka südwärts anschliessenden Inselreihe der Kurilen[1]) (nach Prof. J. Milne) sind nur einige namentlich aufzuführen:

Auf der Insel	Auf der Insel
Alaid: Alaid	Sinnarka[3]): Sinnarka
Paramuschir: Ebeko	Raikoke: Raikoke.
Shirinki[2]): Shirinki	Matau: Sarytschew Peak
Makanruschi: Makanruschi	Raschau: Raschau
Onekotan: Toor ussyr	Uschischir: Uschischir
Severgin: Khaninakotan	Ketoi: Ketoi
Tschirinkotan: Tschirinkotan	Urup: Atatsu u. Páiwa
Ekarma: Ekarma	Iturup: Tschirrup.

Dazu kommen noch auf Schiaschkotan 1 thätiger, ebenso auf Simuschir und den Schwarzen Brüdern, auf Iturup 8 thätige Vulkane, ferner auf Paramuschir 7, Onekotan 2, Schiaschkotan 2, Ketoi 2, Simuschir 4, Makansuru 1, Schwarze Brüder 1, Urup 4, Kunaschiri 4 nicht thätige Vulkane.

Von den japanischen Inseln enthält Jesso:

Rishiri	Tarumai	Morijoski
Shiretoko (Itaschi)[4])	Shiribets Yama	Ganju
Ranshi	(Siribetsu)	Tschokai
Atosanobori	Iwaonobori	Bandai San
Mashui	Usu	Schirane
Oakan	Komagatake	Jake
Meakan	(Komaga)	Asama
Nutapkaushipe	Esan	Fuschi
(Tokatschi)	und 1 unbenannter	Daisen
Optateshipe (Ischikari)	(Nuburi)	Sampei
Yubaridake (Jubari)	Hondo: Jake-jama	und 10 unbenannte
Eniwa	Iwaki	

---

[1]) Volcanoes on Kuril Islands (Chi Shima) Explored by Prof. J. Milne and H. J. Snow. Supplementary Papers 1893, vol. III, part. 4.

[2]) Vielleicht gleich Asirmintar.

[3]) Dieser Vulkan ist bei Berghaus (geolog. Karte v. Asien, Nebenkarte Japan u. Kurilen) als thätiger Vulkan bezeichnet. Ich habe ihn deshalb beibehalten, in der Erwartung, dass seine Existenz noch nachgewiesen oder seine Identität mit einem andern (vielleicht auf Schiaschkotan) ermittelt wird. Die Angaben über Thätigkeit oder Ruhe habe ich hier nur Berghaus entnehmen können.

[4]) Die bei Berghans verzeichneten Namen sind hinter den entsprechenden Vulkanen in Klammern angegeben. Der Raiden Berghans' liess sich mit keinem identifizieren.

Zu Hondo gehören die an seiner Nordwestseite gelegenen
Inselvulkane Oschima und Koschima.

Auf Kiuschiu endlich liegen noch die Vulkane:

Aso, Onsen, Kirischima, Kaiman und drei ohne Namen.

Die Fortsetzung der eben genannten Reihen bilden die Riukiu-
inseln, die nach Formosa (= Taiwan) hinüberleiten. Hier sind
zu nennen:

Iwo, Erabu, Naka, Suwase und 1 Unbenannter.

Auf Formosa[1]) liegen Schichiteiton-san (= Paulon-san), Taiton-
san, Sabo-san, Kannon-san. Unter den Pescadores ist Hokoto vulkanisch. Über die Batan(oder Baschi)inseln, auf denen bisher keine Vulkane nachgewiesen sind, gelangen wir zu den Babuyan-Inseln, wo wir

Babuyan-Claro, Didika, Kamiguin(uan)

finden. An diese schliessen sich an:

Cagud (Cagua)	Taal	Isarog
Sinocoan	Majaijai	Mayon
Corregidor	Labot	Balusan
Maquiling	Kolasi	

und 4, deren Namen nicht zu ermitteln waren auf der Insel Luzon,
ein Schlammsprudel auf Bilaran[2]) und einer auf Leyte[2]), der Susanan
auf Panay, Canlaon (Canloonor, Malaspina) und Bakon auf
Negros, Siquihor (Siquijor), östlich davon Camiguin nördlich von
Mindanao, Macaturin (= Sugut), Apo, Matutum auf Mindanao.

Die Sangi(r)inseln enthalten:

Awoeh (Awu), Siauw, Tagulan(da), Ruang.

Auf der Nordostspitze von Celebes liegen

Klabat, Lokon, Sipatan (Saputan).

Der Westküste Djilolos (Halmaheiras) und den ihr vorgelagerten
Inseln sind aufgesetzt: auf Moratai

der Tolo, Tarakan, Gamakora, Ternate, Tidore, Moti,
Makian.

Den von Berghaus an der Südküste von Batjan verzeichneten
Vulkan möchte ich nach Guillemard[3]) streichen. Von Djilolo habe
ich die Grenze des pazifischen Beckens nach Neu Guinea gezogen,
dessen westliche, fast ganz abgetrennte Halbinsel Berou zwei
Vulkane[1]) besitzt. Der grosse Leib, wenn man so sagen darf,

---

[1]) Dr. Yamasaki: Unsere geographischen Kenntnisse von der Insel Taiwan
(Formosa), Petermanns Mitteilungen 1900, S. 221—233.

[2]) Die Angabe als Schlammsprudel habe ich dem Bande Australasia von
Stanford's Compendium entnommen 1894, während auf Berghaus' Karte von
Asien (entworfen 1899) dieser als Solfatare eingetragen ist.

[3]) Stanford's Compendium, vol. 2, 1894.

[4]) Nach Berghaus' Atlas, Abteil. Geologie, Karte III ist nur einer, auf
Karte XV keiner verzeichnet. Nach Guillemard sind auch keine vorhanden.
Die Existenz dieser beiden ist also sehr zweifelhaft.

dieser Insel trägt an seiner Nordseite noch den Mt. Cyclops und auf seinem östlichen Ausläufer den Mt. Victory.[1]) Die nördlich vorgelagerten Inseln, die wir Deutschen unter dem Namen „Bismarckarchipel" zusammenfassen, sind zum Teil vollkommen vulkanisch. Alle Vulkane zu nennen, wird wohl heute trotz der fortgeschrittenen Kenntnis der Inseln kaum möglich sein. Es seien hier nur die folgenden hervorgehoben:

Lesson, Vulkan (Manumudar), Karkar[2]) (Dampier), Lottin, Rook (Umboi), Tupinier, Gloucester, Vater und Söhne, Mutter und Töchter, Ghaie[3]), drei auf den d'Entrecastauxinseln.

Nächst diesen besitzen die Salomoninseln

Bagama, Fauro[4]). Simbo, Murray, Russell, Sawo und zwei auf Gera.[5])

Der Vulkan Tinakula (Tinakora) gehört den Sta-Cruz- oder Königin Charlotteinseln an, die überhaupt vulkanischer Natur sind. Ausser diesem und einem nördlich von ihm liegenden Vulkan ohne Namen sind hier noch nordöstlich von ihm der thätige Taumako und südöstlich der anscheinend ruhende Tukopia anzuführen. Den Torres- und Banksinseln gehören an:

Ureparapara[6]), Mota[7]), Vanua Lava, Meralawa.

Unter den „Neuen Hebriden" sind hervorzuheben:

Ambrym[8]) (Chinambrym), Paäma, Lopevi, Api, Mataso, Mau (Montagu), Nguna (Engun), Erromango, Tanna, Aneityum.

Den Übergang zu den Vitiinseln bildet Supans „Vitirücken", der später vielleicht als vulkanisch nachgewiesen wird. Auf diesen Inseln sind bei Berghaus fünf Vulkane verzeichnet:

Taviumi östlich von Vanua Levu, Tova östlich von Viti Levu, Mbukelevu auf Kandavu, Totoja östlich von diesem und ein Unbenannter.

---

[1]) Auf der Karte ist noch Mt. Trafalgar zu finden, dessen Vorhandensein mir indessen auch nicht mehr gesichert erscheint, da er sonst auf keiner Karte zu finden ist.

[2]) Nach Guillemard (s. S. 14 Anm. 2). Berghaus verlegt Dampier an die Westspitze von Neupommern. Sehr wertvoll ist auch in geologischer Beziehung für diese Gegend Langhans' Deutscher Kolonialatlas.

[3]) Graf von Pfeil: Studien und Beobachtungen aus der Südsee, 1899, S. 170 (S. 169—191); Parkinson: Im Bismarckarchipel, 1887, S. 37—48.

[4]) Da sich ausser auf Berghaus' Karte noch andere Angaben fanden, habe ich diesen gegen Guillemard beibehalten.

[5]) Diese beiden Vulkane sind allerdings auch noch zweifelhaft.

[6]) Die Thätigkeit ist nicht unbedingt festgestellt.

[7]) Mota sind zwei Vulkane, die so eng miteinander verbunden scheinen, dass sie nur als einer zu zählen sind.

[8]) Bei der Angabe über Thätigkeit oder Ruhe habe ich mich hier an Sievers: Australien und Ozeanien gehalten.

Verhältnismässig geringe Tiefen von 2000—3000 m trennen diese Gruppe von den Tonga(oder Freundschafts)inseln. Hier sind aufzuführen:

Fonualei, Late, Wesley Rock[1]), Kao, Tofua (Tufoa) submariner Vulkan 1885[1]), Ata (Pylstaart).

Weiter südlich gehend treffen wir unter den Kermadekinseln die Vulkane:

Raoul (Sunday I.), Macaulay, Curtis-Inseln Espérance.

Sie bilden den Übergang nach Neu Seeland, wo wir acht thätige und verschiedene jetzt ruhende Vulkane finden. An Namen konnte ich nur finden:

Wakari[2]), Tarawera, Tongariro, Wellington, Akaroa, Otago.

Unter den die weitere Begrenzung des pazifischen Beckens bildenden Inseln sind besondere Berge als Vulkane nicht hervorzuheben. Erst in Viktorialand sind wieder einige besonders zu nennende Punkte. Wir finden hier zunächst Cap Adare, das nach den Angaben von Dr. Borchgrevink[3]) eine sehr junge vulkanische Bildung zu sein scheint. Vielleicht ist dieser Ort selbst unter die „thätigen" Vulkane zu zählen. Auf den nördlich gelegenen „Ballenyinseln" ist von dem Forscher, dessen Namen sie tragen, wohl auch „Thätigkeit" festgestellt worden, mir scheint aber, dass dies nur Solfataren und nicht „echte" (wenn man so sagen darf) Vulkane sind. Südwärts von Cap Adare sind noch Possession Insel, die mit der ebenfalls vulkanischen Franklininsel einen vom „thätigen" Erebus und seinem stummen Nachbar Terror aus nach Norden ziehenden unterseeischen Rücken aufgesetzt sind, und westlich auf dem „Festlande" der Mt. Melbourne zu finden.

---

[1]) Sievers zählt im ebengenannten Werke (S. 15 Anm. 8) die Vulkane in der auch hier wiedergegebenen Reihenfolge auf (S. 149), spricht aber dann (S. 150) von einer Insel „Sandfly Rock", die nach dem Zusammenhange die südlichste sein muss, ich kann sie nur mit dem südlichsten submarinen Vulkan von 1885 (auch Falkoninsel genannt) identifizieren. (Unklar bleibt mir aber, wie „Wesley" durch einen submarinen Ausbruch hier entstanden sein soll, das doch viel nörd-licher liegt.) An derselben Stelle erfolgte 1898 ein neuer Ausbruch.

[2]) Wakari ist ein der Nordinsel von Neu-Seeland nördlich vorgelagerter Vulkan.

[3]) Durch die Güte meines hochverehrten Herrn Lehrers, Prof. Dr. Ratzel, erlangte ich Einsicht in die kleine Schrift: Antarctic Exploration: A Plea for a National Expedition by Sir Clements R. Markham, K. C. B., F. R. S. Hier fand ich die einzige Angabe des Grundes zur Annahme so junger vulkanischer Thätigkeit. Auf S. 5 stand: 1895 Kristensen and Borchgrevingk landed on a pebbly beach (kieseliges Ufer) occupied by a penguin rookery (Geniste) at Cap Adare without encountering any land-ice descending to the sea. Wenn man damit noch die Ausführungen Dr. Frickers in seinem Werke: „Über Temperatur und Feuchtigkeitsverhältnisse am Südpol" zusammenhält, so muss man der oben ausgesprochenen Meinung über das Alter der vulkanischen Thätigkeit beistimmen.

Nach Überspringung eines Raumes von gegen 3000 km gelangen wir zu der vulkanischen Peters I. Insel, Adelaïdeinsel. Hier sind dann noch zu nennen:

Christensen Vulkan[1]), Lindenberg Zuckerhut, *Seymourinsel, Pauletinsel, Joinvilleinsel*, Bridgemaninsel, Clarenceinsel.

Vor Christensen Vulkan ist noch Deceptioninsel anzuführen, wo die vulkanische Thätigkeit in grossartiger Weise durch warme Quellen und Fumarolen zum Ausdruck kommt.

Von Clarenceinsel gehen wir nun nach Feuerland, wo wir nach José Türke[2]) einen Vulkan finden, der mit dem Mt. Olivaia[3]) identisch sein dürfte. Weiter findet man längs der pazifischen Küste Südamerikas die Vulkane:

Vulkan Fitzroy	Llaimas	Azufre (Copiapó)
San Clemente	de la Mesa	Volcan del Agua
Yanteles	Aluminé	Negra [6])
Corcavado	Nevada	Volcan de la Piedra
Minchimavído	Lonquimai	parada
Hornopiren	Tolhuaca	Doña Inés
Yate	Callaqui	V. del Juncal (Bolsón)
Calbuco[4])	Copahué	Los Morros
Tronador	Antuco	V. de Antofalla
Osorno[5])	Chillan	Chaco (Sa del Nacimi-
Llanquihue	de las Yeguas	ento del Ch. el Morro
Puyehue	el Deskabezadochiko	del Ch., V. del Ch.)
Pillan	Peteroa	Lastarria (Cerro de
Riñihue	Overo	Azufre)
Panguipulli	Tinguiririca	Llullaiyaco(-allaco)
Quetrupillan	las Damas	Socompa(-ba)
Villa Rica	Maipo	Tumisa (Tomizo)
Questradagun	San José	Llascar
(=Quetrudeguin)	Elqui	V. Licancaur

---

[1]) Verschiedene angeführte Vulkane sind möglicherweise unter die „thätigen" zu rechnen, sie sind durch Kursivschrift gekennzeichnet.

[2]) Atlas de Chile por José Turke, Santiago 1895 ungefähr 54° 55′ S. und 68° 10′ W. v. G. findet sich das Wort Volcan bei einem Berge.

[3]) Petermanns Geogr. Mitteilungen, 1897, Tafel 13. Allerdings findet sich hier keine Angabe über die geologische Beschaffenheit.

[4]) Steffen, Verhandl. d. Gesellsch. f. Erdkunde, Berlin, 1894, S. 85—89.

[5]) E. Reclus, Amérique du Sud, les régions andines, S. 723 Z. 4 v. u.

[6]) „Vulkane oder Abkömmlinge davon sind alle Berge der Puna ausnahmslos", schreibt L. Darapsky in: „Zur Geographie der Puna de Atacama", Zeitschr. d. Gesellsch. f. Erdkunde, Berlin, 1899, No. 4. Wegen Raummangels konnten nicht alle auch in die Karte aufgenommen werden.

V. Tatio	El Altar	Ilaló
V. San Pedro	Tunguragua	Cerros de Calcalí
Ollagua	Igualata	Guamaní
Mino	Chimborazo	Pambamarka
Olca	Llimpi	Cayambe
Tua	Carihuairazo	Pululagua
Ysluga (= Isluga)	Sagoatoa	Mojanda
Sajama (= Sahama)	Quispicascha	Cusin-urcu
Ubinas	Quilotoa	Chanchagran
Illampu	Quilindaña	Imbabura
Illimani	Cotopaxi	Cotocachi
Volcan d'Amate	Chaupi	Páramo de Piñan
(= Putina)	Iliniza	C. de Angochagua
Misti	Rumiñahue	Páramo del Anjel
Ampato	Sincholagua	Chiles
Coropuna	Antisana	Cerro Negro
Solimana [1])	Corazon	Cumbal
Sarasara	Pasochoa	Volcan de Pasto
El Azuay	Chacaná	Purace
Sangay	Atacatzo	V. de Barragan
Cerros de Yaruquies	Pichincha	Tolima.
Quilimas		

Mit dem nördlich vom Tolima gelegenen „thätigen" Vulkan und dem Mt. „Olivaia" sind demnach an der Westküste von Südamerika gegen 120 Vulkane zu verzeichnen, darunter weit über 30 „thätige".

Im anschliessenden Mittelamerika [2]) kann man die Vulkane aufführen:

Chiriqui	Poas	Orosi
Turrialba	Tenorio	Made(i)ra
Irazu	Cuipilapa Miravalles	Omotepe
Barba	Rincon de la Vieja	Mombacho

[1]) Elisée Reclus nennt statt des Solimana: l'Achatayhua, ich glaube aber, dass dies zwei verschiedene Namen für ein- und denselben Bergstock sind.

[2]) Als Hauptquelle für dieses Namenverzeichnis ist Dr. Sappers Arbeit: „Über die räumliche Anordnung der mittelamerikanischen Vulkane" in der Zeitschrift der Deutschen Geolog. Gesellschaft, 1897, S. 672 ff. anzusehen. Daneben habe ich noch die beiden Aufsätze: „Über Gebirgsbau und Boden des nördlichen Mittelamerika", Petermanns Mitteilungen Ergänzungsheft No. 127, und „Vulkane in San Salvador und Südost-Guatemala" benutzt. Beide sind von demselben Verfasser, C. Sapper, geschrieben. Merkwürdig ist der Lagenunterschied des Vulkans Jumay, der in dem erstgenannten Aufsatz etwa unter 90° 16' W. v. G. und 14° 19' N., in dem letzten aber unter ungefähr 89° 50' W. und 14° 38—39' N. angegeben ist. Auf der Karte ist der Massstab zu klein, um alle angeführten Vulkane, 81 an der Zahl, wirklich darzustellen.

Catarina	Santa Elena	Macanzi
Mosaya	Jucuapa (Cerro del	Guasapa
Momotombo	Tigre)	[Capullo?]
Asososco	Taburete	San Diego
Las Pilas	Cerro verde	Ipala
Rota	V. Berlin	Iztepeque
Sta Clara	Tecapa	Jalapa (= Imay,
Telica	San Vicente	= Iumay)
Portillo	Ilopango	Tahual (Laguna del
Chichigalpa	San Salvador	Hoyo)
El Viejo (Chinandega)	Boqueron	Chingo
El Chongo	Izalco	Las Víboras
Coseguina	San Marcelino	Las Flores
Sacate grande	Santa Ana	Jumay
Cerro del Tigre	Tamagasote (Naranjo)	Moyuta
Meanguera	Laguna de las Ranas	Tecuamburro
Conchaguita	Chalchuapa	Pacaya
Conchagua (= Ocote	Cuyanausul	Agua
+ Bandera)	Cuyotepe (Sabana)	Fuego
San Miguel	Laguna verde	Acatenango
Chinameca (Laguna	Lagunita	Toliman
verde + Limbo)	Cerro grande de	Atitlan
Alegria	Apaneca	San Pedro
Santiago Maria	Nejapa	Zunil
Usulutan	Tecomatepe	Cerro quemado

Santa Maria, Lacandon, Tajumulco, Tacaná.

In Nordamerika sind anzuführen:

V. de Tuxtla	Estrella	Patamban
Pic von Orizaba	Cerro de	Vulkane v. Zamora
Los Derrumbados	Chimalhuacan	Colima
Cofre de Perote	C. de Acosac (Sta.	Cerro grande
Lag. Quelchutaque	Catarina)	(b. Tequila)
Lag. de las minas	Cerro de Navajas	Bufa de Mascota
Lag. Alchichica	Nevado de Toluca	Ceboruko
V. Pizarro	Jorullo	San Juan Mts.
Malinche	V. de Patzcuaro	Table Rock
Popocatepetl	C. de las Humaredas	San Francisco Mts.
Iztaccihuatl	El Curutaco	Lesson Peak
Cerro de Ajusco	V. del Gallo	Mt. Hood
Monte alto	V. del Palmar	Mt. Helens
Monte bajo	V. Maritaro	Mt. Rainier
Cerro de Guadalupe	Cerro del Gigante	Mt. Baker
Peñon de los baños	Pic de Tancitaro	Mt. Edgekomb

2*

Mt. Crillon	Mt. Drum	Alai
Mt. Fairweather (?)	Iliamna	Agilleen
Mt. Wrangell	Mt. Augustin	Pawlowski
Tillmann	Wenjaminow	(ev. = Agilleen).

Dazu kommen noch in Californien: Las tres Virgines, Pic Hump, C. Salamahue[1]), Pico Agudo. Östlich vom Crillon, auf der Ostseite des Lynntjördes ist neuerdings erst, wie schon oben erwähnt, ein thätiger Vulkan beobachtet worden, aber ohne irgend welchen Namen. Für alle auf Berghaus' Übersichtskarte angedeuteten Vulkane waren gar nicht Bezeichnungen zu finden. [2])

Den Schluss des Bogens um den Stillen Ozean bilden nun die Aleutenvulkane. Berghaus verzeichnet dort 20 Vulkane, von denen hier nur die folgenden als thätige hervorgehoben werden sollen:

Schischaldin	Bogoslaw-Insel	Korowinsk
Pogromnoi	Grewingk[3])	Amachta
Makuschin	Umnak	Tanaga.

Innerhalb dieses eben beschriebenen Vulkangürtels verteilen sich auf die oben behandelten Gebiete die noch zu nennenden Vulkane folgendermassen:

Dem „nordpazifischen Becken" gehören der Mauna Loa und Kilauea an, neben denen die übrigen Vulkane der Sandwichinseln ganz zurücktreten. Während auf den vulkanischen Boninseln kein Berg besonders hervorzuheben ist, setzen sich die nach Japan über-leitenden Schitschitoinseln aus den folgenden Vulkanen zusammen:

Aogo, Koschima, Mijake, Oschima,

zu denen sich noch vier nicht thätige, nicht weiter zu bezeichnende, gesellen.

Im „westpazifischen Becken" fallen neben dem unter-seeischen Vulkan (wenig nördlich von 20⁰ N.) und den ruhenden Volkanoeinseln die stattliche Reihe der Marianen (oder Ladronen) auf:

Farallon	Agrigan	Anatagan
Gani (= Urak)	Pa(y)gan	Saipan (= Seipan)
Asuncion	Alamagan	und einer auf der
(= Assongsong)	Sariguan	Insel Guam.

Auch die Palauinseln sind vulkanisch.

---

[1]) Für diesen Berg ist auch der Name Cerro Calamahue bez. Sta. Catalina zu finden.

[2]) Prinz L. von Savoyen hat den Eliasberg erstiegen und erklärt ihn für nicht vulkanisch. Deutsche Rundschau für Geographie und Statistik. XX, Heft 3. Dez. 1897.

[3]) Grewingk kann vielleicht auch als Nebenvulkan vom Bogoslaw ange-sehen werden. Reclus schreibt wenigstens (Amérique boréale 1890, S. 202), dass ihre gegenseitige Entfernung nur 200 m betrage.

Wenig zu erwähnen ist vom „pazifischen Mittelmeer". Die Inseln Yap, Ruk, Ponape, Kusaie verdanken den unterirdischen Kräften ihre Entstehung. Der Vulkan Tucopia und die aus gleichen Gesteinen zusammengesetzte Insel Rotuma sind die Grenzsteine für das melanesische Nebenbecken.

Die in der Besprechung der Gebiete schon gegebene Aufzählung der Vorkommnisse von Spuren vulkanischer Thätigkeit ist nur noch durch Anführung von Uea, Fortuna, Alofi, Niua-fu zu ergänzen.

Im „ostpazifischen" Becken sind nur die Revillagigedoinseln noch nicht genannt. Die vulkanische Natur der kleineren Glieder dieser Gruppe scheint festzustehen. Aber über die geologische Beschaffenheit der grössten Insel Socorro ist keine Angabe vorhanden.

Auch die der südlichen Hälfte des pazifischen Beckens angehörenden Vulkane und vulkanischen Inseln sind in der Hauptsache schon genannt. Erwähnt sei nur noch, dass die zur Galapagosgruppe gehörige Insel Fernandina einen thätigen Vulkan trägt, und östlich von Mas a Tierra, einer Insel, die mit dem westlich gelegenen Mas a fuero unter dem Namen Juan Fernandez-Inseln zusammengefasst wird, 1839 ein unterseeischer Vulkanausbruch stattgefunden hat.

Das oben (S. 6, 10) genannte, vorläufig noch problematische „eurasische" Gebiet enthält im japanischen Becken den Paischan, auf der Insel Quelpart den Hal-la-san (auf neueren Karten auch Mt. Auckland genannt), ferner den Paopa nördlich vom Delta des Irawadi, Sattelberg auf Hainan, Kollao Ray südlich von dieser Insel unweit der Küste von Annam, Ko Mun an der Ostküste des Golfes von Siam, Dumaran vor der Ostspitze von Palawan (= Paragua), Cagayan (= Cayagan) Subu, Melabu auf Celebes. Ausser diesen sind noch die vulkanischen Pribilowinseln, Matthäusinsel mit Pinnacled Rock und St. Lorenz-Insel zu nennen, die im Beringbecken emporgetaucht sind. Mitten im asiatischen Kontinent erheben sich die Elisée Reclus-Vulkane, Ruysbruk-Vulkane und Bushy Volcanoes östlich von einer Reihe vorläufig noch unbenannter. Die Südgrenze dieses Gebietes bildet zugleich die Nordgrenze des indisch-antarktischen Beckens. Den Inseln westlich von Neu-Guinea sind eine grosse Anzahl von Vulkanen aufgesetzt, für die ich die folgenden Namen ermittelt habe:

Gunong Api (S. v. Ceram)	Serua	Gunong Api (N. v. Wetter-Insel)
Ceram Laut	Nila	Pantar
Manawoka	Tiau	Lobetolo
Tiooi	Dammer	Lamarang
Manuk	Moa	Komba
	Roma	

Wokka	Wilis	Tungul
Lobetobi	Ngebel	Kadaka
Semang	Prigi	Burangrang
Gunong Api (Flores-	Kukusan	Tangkuban Prahu
Insel)	·Lavu	Gede
Romba	Merapi	Pangrango
Rokka	Merbabu	Salak
Palani	Telomojo	Endut
Gunong Api (N. v.	Ungaran	Halimun
Sumbawa)	Muriah (Moeriah)	Banu
Tambora	Lassen	Karang
Ngenges	Beser	Pulosari
Rinjani	Sumbing	Salak Gede
Agung	Sendoro (Sundara)	Prinzen-Insel
Batur	Telerep	Krakatau
Batu Kau	Prahu	Sebesi
Baluran	Rogodjambangang	Sebuku
Idjen	Bromo	Tangkamus
Suket	Beser	Siminung
Raun	Slamat	Ranau
Pakisan	Penusupan	Karang
Ringgit	Tscheribon (Cheribon)	Pataho
Sahing	Tjerimaj	Dempo
Argopuro	Tjakarbuwana	Kaba
Hijang	Putri	Korinchi
Lurus	Galunggung	Indrapura
Lemongan	Sawal	Talang
Senongkrong	Kratjak	Singalang
Tenger	Papandaj(y)ang	Merapi
Bromo	Sito Tjirombang	Ophir
Ajek-ajek	Kendang	Berapi
Semeru (oe)	Wajang	Saut
Ngadipuro	Luhur	Luse
Ardjuno	Tilu	Abong abong
Penanggungan	Malabar	Yamura
Andjasmoro	Pangradinan	Barren-Insel
Borowati	Pipisan	Narkondam
Kelut	Simpai	

Längs der Umrisslinie des indisch-antarktischen Beckens sind ferner noch, und zwar auf dem Boden des asiatischen Festlandes. anzuführen:

Tschandra Gup	Taftan	Hasar Koh
Nauschada	Basman	Demavend

Sawalan	Bingöl	Harrauerid
Sehend	Sindshar	Harra Cheiber
Tandurek	Hauran	Harr Altebe
Ararat		

Die vulkanischen Inseln des roten Meeres:

Tair, Selur, Sukur, Perim

vermitteln den Übergang zu dem grossen Vulkangebiet im Osten von Afrika. Hier seien nur die Namen verzeichnet:

Orteale	Sabu	Kenia
Kibreale	Winsegur	Dönje Buru[2])
Ali Bogo	Saka	Lonongot
Dubbi	Volcanic Peaks	Ssussua
Abida	Sogidavulkan	Runsoro
Ajelo	Dedessotdate	(= Ruwensori)
Bar Dap	Kulall	Kirunga Ndogo
Dofane	Lubur[1])	Kirunga-tscha-
Zuquala	Telekivulkan	gongo[8])
Harro	Luttur[1])	Dönje Ngai
Dendi	Sugobo.[1])	Kilimandscharo
Fandali	Elgon	Meru

Unter den Komoren enthält Gross-Komoro einen thätigen Vulkan. Auf Madagaskar finden wir Amber und das Ankaratragebirge; Réunon, die östlichste der Maskarenen, trägt ebenfalls einen thätigen Vulkan. Die übrigen dem Rande des Beckens aufgesetzten Inseln wären hier wieder zu nennen. Als Ergänzung habe ich noch hinzuzufügen: .

Sawadowskji- und Saundersinsel.

Nicht erwähnt sind innerhalb des Beckens die Schlammsprudel an der Ostküste des Bengalischen Meerbusens, der submarine Vulkan an seiner Westküste, ein ebensolcher westlich von der Südspitze Sumatras mitten im Meere, ein gleicher im Kaspischen Meere, die Schlammsprudel um Baku, die Vulkane von Aden, Lord Howe-Insel, östlich von Australien.

In dem übrigbleibenden atlantischen Gebiet sind besonders zu nennen nur unter den Capverdischen Inseln der Fogo, von den Canarien Lanzarote. Unter den Azoren sind die Inseln São Miguel und Terceira bemerkenswert wegen der in ihrer Nähe stattgefundenen, diesem Jahrhundert angehörigen unterseeischen

---

[1]) Cavendish's Reise, Globus Bd. 73, 1898, S. 301/2.
[2]) v. Höhnel, Ostäquatorialafrika. P. M. Ergh. No. 99, 1890.
[8]) Grogan, Through Africa from the Cape to Cairo, Geogr. Journal 1900 S. 164 ff.

Ausbrüche. Die Namen der in Europa oder auf den zugehörigen Inseln während des neunzehnten Jahrhunderts in Thätigkeit gewesenen Vulkane brauche ich wohl hier nicht aufzuführen, höchstens ausser dem isländischen Hekla noch den Esk auf Jan Mayen. Was überhaupt Europa betrifft, so habe ich wegen der Kleinheit des Massstabes auf Eintragung der Namen verzichtet, was keiner Entschuldigung bedarf.

An Litteratur sind die folgenden Arbeiten und Werke anzuführen:

W. Weber, Der arabische Meerbusen, Inaug.-Dissert., Marburg 1888, S. 33—55.
Blanford, Geology and Zoology of Abyssinia, 1874, Part. II.
Haggenmacher, Reise im Somaliland, P. M.[1]) Erg.-Heft 47, 1876, S. 18.
Hartmann, Abessynien (Das Wissen der Gegenwart), 1883, S. 1—8.
Mitteilungen der Afrikanischen Gesellschaft, Bd. V, 1886—89, Tafel 5.
Cavendish's Reise durch Somaliland zum Rudolph-See, Geographical Journal, Februar 1898.
Geographical Journal 1898, 11, S. 16—38. Somaliland.
— 1898, S. 387—93. Somaliland.
Menges Reisen im Somaliland, P. M. 1885, Tafel 20.
Karawanenstrasse Zeila-Ankober, P. M. 1890, Tafel 9 v. G. E. Fritzsche.
Dromeaux' Durchquerung von Deutschostafrika, P. M. 1899, Tafel 1.
Karte der Gebiete von Deutschostafrika und Britischostafrika nach Dr. Fischers Aufnahmen v. Dr. Hassenstein, P. M. 1895, Tafel 1.
v. Höhnel, Ostäquatorialafrika, P. M. Erg.-Heft 99, 1890.
Fischer, Bericht über die Reise in das Massailand, Mitteilungen der geogr. Gesellschaft Hamburg 1882/83, S. 80—90.
v. Götzen, Durchquerung Afrikas, 1895.
Peters, Deutschostafrika, 1895 (die einzelnen geolog. Kapitel u. geolog. Karte).
Bernhardt, Bericht über die bergm. und geolog. Ergebnisse seiner Reisen in Deutschostafrika, Zeitschrift der Deutschen geolog. Gesellschaft, 1899, S. 59—73.
Stromer v. Reichenbach, Geologie der deutschen Schutzgebiete in Afrika, 1896, Karten.
Grogan, Through Africa from the cape to the Cairo, Geogr. Journal, August 1900, S. 168—185.[2])
Ratzel, Versuch einer Zusammenstellung der wissenschaftlichen Ergebnisse der Stanleyschen Durchquerung Afrikas, P. M. 1885, S. 257.
Keller, Die ostafrikanischen Inseln (Bibliothek der Länderkunde), 1898.
Fritsch, Südafrika bis zum Sambesi, 1885, II, IV.
Passarge, Ein Ausflug zu den südwestafrikanischen Guanoinseln[3]), Globus Bd. 74, 1898, S. 105—110.
Büttikofer, Liberia, Reisebilder 1890, 1. Bd., VI.
Doelter, Vulkane der Cap Verden, 1882.
Schirmer, Le Sahara, 1893, S. 6—24.

---

[1]) Diese Abkürzung bedeutet Petermanns (geographische) Mitteilungen, Ergänzungsheft No. 47.

[2]) Dieser Reisebericht bringt eine schöne Photographie „Geysers near Albert Edward Lake", deren im Text nicht Erwähnung gethan wird.

[3]) Ich glaube, die in diesem Aufsatze enthaltenen Angaben bedürfen noch der wissenschaftlichen Bestätigung.

Blankenhorn, Die geognostischen Verhältnisse in Afrika, 1. Teil: Der Atlas, das nordafrikanische Faltengebirge, P. M. Erg.-Heft 90.

Schnell, Das marokkanische Atlasgebirge, P. M. Erg.-Heft 103.

Graf v. Pfeil, Eine Reise nach Fez, Globus Bd. 73, 1898, S. 233—238, 259—263.

Rohlfs, Kufra, Reise von Tripolis nach Kufra, 1881, S. 180.

Chavanne, Afrika im Lichte unserer Tage, 1881.

Gumprecht, Die vulkanische Thätigkeit auf dem Festlande von Afrika und auf den Inseln des roten Meeres, 1849.

Beiträge zur geologischen Kenntnis des östlichen Afrikas. Denkschrift der K. Akademie der Wissenschaften, Wien 1891 (die Kapitel von Suess und v. Höhnel).[1]

Gebel Ses in der Harra und seine Ruinen, Globus (Max v. Oppenheim) Bd. 75, S. 339.

Friedrich, Übersichtskarte von Kleinasien, 1898.

Radde, Karabagh, P. M. Erg.-Heft 100, 1890.

Glinjanoi-Ausbruch, Deutsche Rundschau für Geographie und Statistik.

Stahl, Zur Geologie von Persien, P. M. Erg.-Heft 122, 1898.

Sven Hedin, Reisen in Tibet, P. M. Erg.-Heft 131.

Jatschewsky, P. M. 1899, Litteraturbericht No. 174, VII 1) und X 3).

Barrett-Hamilton, Kamchatka, Scottish Geographical Magazine, vol. 15, No. 5.

Milne, Volcanoes on Kuril Islands, Supplementary papers 1893, vol. III, part. 4.

— Geological Map of Yezo, Supplementary papers 1893, vol. III, part 4.

Naumann, Neue Beiträge zur Geologie und Geographie Japans, P. M. Erg.-Heft 108, 1893.

Krahmer, Russland in Asien, 1899, IV (schreibt Peik-to-San statt Paischan).

v. Toll, Geologische Skizze d. Neusibirischen Inseln, P. M. 1900, VII, Taf. 13.

v. Cholnoky, Kurze Zusammenfassung d. wissenschaftl. Ergebnisse meiner Reise u. s. w. Verhandl. d. Gesellsch. f. Erdkunde, Berlin, Bd. XXVI, 1899, S. 251—61.

v. Richthofen, China II, 1882, geolog. Kapitel.

— Schantung und Kiautschou, 1898.

Verbeck u. Fennema, Description géologique de Java et Madoura, übers. P. M. 1898, S. 25 ff.

Warburg, Eine Reise nach den Bonin- und Vulkanoinseln. Verhandl. der Gesellsch. f. Erdkunde, Berlin, 1891, S. 248 ff.

Christmas Island, Globus Bd. 74, S. 263.

Bemerkungen aus Globus Bd. 73, 1898 und 75, 1899.

Australasia, Stanford's Compendium II, New Issue, 1894.

Langenbeck, Die Weihnachtsinsel im indischen Ozean, P. M. 1899, S. 292.

Parkinson, Im Bismarckarchipel, 1887, S. 35—50.

Graf v. Pfeil, Studien und Beobachtungen aus der Südsee, 1899.

Cust, Ambrym Island, New Hebrids Islands, Geogr. Journal, 1896.

Carlsen, Bericht über Pitcairn Island, Globus Bd. 75, 1899, S. 74—77.

Galapagos-Inseln, El. Reclus, Amérique du Sud, les régions andines, 1893, S. 469.

Fricker, Antarktis (Bibl. d. Länderkunde), 1898, III.

Reiter, Die Südpolarfrage und ihre Bedeutung für die genetische Gliederung der Erdoberfläche. Zeitschrift für wissensch. Geogr., 1888.

Supan, Bericht über die belgische Südpolar-Expedition, P. M. 1899, S. 123/124.

Chun, Bericht über die Valdivia-Expedition, Zeitschrift der Gesellschaft für Erdkunde, Berlin, 1899.

Markham, Antarctic Exploration: A plea for a National Expedition (ohne Jahreszahl).

---

[1] Einige Angaben sind auch P. M. 1897, Tafel 14, 1898, Tafel 6, 1897, Tafel 2 und Deutschem Kolonialblatt 16, Mai 1896, entnommen.

Hoskold, Karte von Argentinien (ohne Jahreszahl).

Türke, Atlas de Chile, 1895.

Bericht über Arturo Barrios' Expedition in die Anden. Verhandl. d. Gesellsch. f. Erdkunde, Berlin, Bd. XXVII, 1900, No. 7, S. 391.

Morenos Expedition in die patagonischen Anden, Globus Bd. 73, S. 333—340.

Stutzer, Das Itajahithal u. d. Municipium, Blumenau 1891, II.

Canstatt, Das republikanische Brasilien, 1899, S. 50—54.

Stübel, Die Vulkanberge von Ecuador, 1897.

Hill, Jamaika, Bulletin of the Museum of Comparative Zoology at Horward College in Cambridge, vol. XXXIV, 1899.

Sapper, Vulkane in San Salvador und Südost-Guatemala, P. M. 1897, S. 1 ff.

— Über die räumliche Anordnung der mittelamerikanischen Vulkane, Zeitschrift der Deutschen Geologischen Gesellschaft, 1897, S. 672 ff.

— Über Gebirgsbau u. Boden des nördlichen Mittelamerika, P. M. Erg.-Heft 127.

— Das nikaraguensische Erdbeben vom 29. IV. 1898 u. die Maribiosvulkane, Globus Bd. 75, 1899, S. 201—208, 222—227.

Sievers, Die Inseln vor der Nordküste von Venezuela, Globus Bd. 74, 1898, S. 163—165, 291—294.

Felix und Lenk, Beiträge zur Geologie von Mexiko, 1893.

Naumann, Reise nach Mexiko, Zeitschrift d. Deutschen Geolog. Gesellschaft, 1898, S. 100—110.

Reusch, Geogr. Zeitschrift IV, 1898, Heft 5.

Prinz v. Savoyen (St. Eliasberg), Deutsche Rundschau für Geographie und Statistik, XX, Heft 3.

Azoren, Globus Bd. 75, 1899, S. 251—256.

Bergeat, Die äolischen Vulkaninseln bei Sizilien, Globus Bd. 73, S. 169 ff.

Halbfass, Die vulkanischen Seen Italiens, Globus Bd. 73, S. 312—314.

Philippson, Bosporus und Hellespont, Geogr. Zeitschrift IV, 1898, S. 16—26.

Neue geologische Karte von Russland, P. M. 1895, S. 138, Tfl.

v. Seebach, Über den Vulkan von Santorin, 1867.

Eifelmaare, P. M. 1897, S. 149 ff.

Pompecki, Über Franz Josephs-Land, Globus Bd. 75, S. 136.

Fuchs, Vulkane und Erdbeben, 1875.

v. Hoff, Geschichte der durch Überlieferung nachgewiesenen natürlichen Veränderungen der Erdoberfläche, Teil IV 1840, Teil V 1841.

Credner, Elemente der Geologie, 1897.

Sievers' fünf Bände über die Erdteile.

Elisée Reclus, Geographie universelle.

Hann, Pokorny, Brückner, Allgemeine Erdkunde, II.

Unser Wissen von der Erde, 1, 2, 3.

Berghaus' physikalischer Atlas, Geologie und Hydrographie.

Vidal Lablache, Atlas générale 1894.

Die grösseren deutschen Atlanten.

Über den

Parallelismus der Küsten von Südamerika.

Von

Dr. Theodor Arldt.

Inhalts-Verzeichnis.

Einleitung.

Eine der eigentümlichsten Erscheinungen in der Gestaltung der Erdoberfläche, die schon zu den verschiedensten Hypothesen Anlass gegeben hat, ist die Form der grossen über das Meer emporragenden Landmassen, die wir Kontinente zu nennen pflegen. Schon sehr früh ist man auf gewisse Ähnlichkeiten oder Homologien zwischen ihnen aufmerksam geworden, besonders auf die merkwürdige Erscheinung, dass vornehmlich die Süderdteile nach Süden zu sich zuspitzen. Schon Bacon[1]) verglich Südamerika mit Afrika, und Forster[2]) zog noch Australien heran, dessen Kontinentalsockel im Süden eine Afrika ähnliche Form zeigt, indem er noch Tasmanien umfasst. Ebenso findet man diese Zuspitzung bei Nordamerika, Grönland, Vorderindien, und noch manches andere Beispiel liesse sich anführen, so dass man mit Recht sagen kann, diese Erscheinung müsse einem jeden zuerst in die Augen fallen, der die Erde aus der Ferne betrachtet.[3]) Es hat nun natürlich nicht an Hypothesen zur Erklärung dieser Erscheinung gefehlt. Dana[4]) nimmt zwei tektonische Hauptrichtungen an, eine nordwestliche und eine nordöstliche, durch deren Kreuzung die Zuspitzung entstehen soll; Lowthian Green[5]) sieht die Lithosphäre als tetraederähnliche Form an, Weinberg[6]) macht eine riesige Flutwelle, Reichenbach[6]) die Meeresströmungen verantwortlich für die eigentümliche Form der Kontinente. Alle diese Erklärungsversuche scheinen mir den Fehler zu begehen, dass sie alle Erscheinungen durch nur eine Ursache erklären wollen und nicht berücksichtigen, dass der geologische Bau der Festländer sehr wesentlich bei der Bildung ihrer Gestalt mitgewirkt haben muss. Auch berücksichtigen sie fast alle bis auf Green zu wenig die Erscheinungen der erdgeschichtlichen Vergangenheit. So ist es zum Beispiel nicht angängig,

---

[1]) Peschel, Neue Probleme, S. 70. — [2]) Forsters Bemerkungen auf Reise um die Welt, S. 3—4. — [3]) Suess, Antlitz der Erde I, S. 1. — [4]) Dana, Manual of Geology, 4th Ed., S. 35. — [5]) nach Lapparent, Traité de Géologie, S. 1245. — [6]) nach Günther, Geophysik II, S. 695.

Südamerika mit Afrika vergleichen zu wollen, wie noch Peschel[1]) in seinen Neuen Problemen es thut, wo er den Satz aufstellt, die horizontale Gestalt der Kontinente sei unabhängig von ihrem vertikalen Aufbau. In Afrika sehen wir, abgesehen von der Zone jugendlicher Faltungen im äussersten Norden, die morphologisch eigentlich noch zu Eurasien gehört,[2]) ein uraltes Tafelland vor uns, das ringsum von Brüchen umgrenzt ist, ohne dass diese der Leitlinie eines Gebirges folgen könnten. Südamerika dagegen wird von dem, der Längenerstreckung nach wenigstens, grossartigsten Faltungsgebirge der Erde durchzogen, und schon der erste Blick auf die Karte lässt uns vermuten, dass dieser mächtige Gebirgszug mit der ihm benachbarten Küste in Beziehung stehen möchte. Afrika muss man vielmehr mit dem Tafellande Dekhan vergleichen, das ja auch nach dem jetzigen Stande unseres geologischen Wissens gleiche erdgeschichtliche Vergangenheit hat, indem beide Gebiete Reste des alten Lemurien[3]) oder Gondwánalandes[4]) sind, das einst die Stelle des jetzigen Indischen Ozeanes einnahm. Wahrscheinlich gehören in diese Gruppe auch die beiden grössten selbständigen Landmassen des arktischen Gebietes, Grönland und Spitzbergen, die ebenfalls Tafelländer sind und Reste ausgedehnter Landgebiete darstellen, nämlich Spitzbergen von einem die Barentsee ausfüllenden Lande Arktis,[5]) Grönland von dem erst in der Tertiärzeit zerbrochenem nordatlantischem Festlande[6]) Atlantis. Südamerika dagegen ist mit Nordamerika zusammenzuhalten. In beiden Kontinenten zieht im Westen annähernd meridional ein junges Faltengebirge, vielfach in mehreren Ketten, zwischen denen Hochebenen sich ausbreiten oder Hochthäler eingebettet liegen. Westlich dieses Gebirges liegt nur ein schmaler Küstensaum flachen Landes. Im Osten finden wir bei beiden ein nordöstlich streichendes sehr altes Faltengebirge, das den Südostrand eines grossen archäischen Massivs bezeichnet, über dessen abgetragene Falten schon palaeozoische Schichten horizontal gelagert sind, sodass diese Gebiete seit uralter Zeit in Ruhe sich befinden. Es ist dies in Südamerika das brasilische Massiv,[7]) das vom La Plata bis zum Orinoko reicht, und dessen südöstlicher Teil schon in vordevonischer Zeit gefaltet wurde; in Nordamerika dagegen finden wir die bis zur Carbonzeit[8]) aufgestauten Appalachien mit dem kanadischen Schilde.[9]) Zwischen den Gebirgssystemen im Osten und Westen nun ziehen Tiefländer sich hin, Ablagerungen jüngerer Perioden, unter denen

---

[1]) Peschel, N. Pr., S. 70—72. — [2]) Suess, A. d. E. I, S. 771. — [3]) Neumayr, E. II, S. 332. — [4]) Suess, A. d. E. II. S. 318 und 370. — [5]) Suess, A. d. E. II, S. 83. — [6]) Suess, A. d. E. II, S. 370. — [7]) Suess, A. d. E. I, S. 655—60; II, S. 163. — [8]) Suess, A. d. E. I, S. 714; II, S. 48. [9]) Suess, A. d. E. II. S. 42 ff.

wir die alten Massen wiederfinden. So folgen ohne stark hervortretende Wasserscheide im Norden die Gebiete des Mackenzie, Saskatchewan-Nelson und Missouri-Mississippi, im Süden die des Orinoko, des Amazonenstromes und der dem La Plata zuströmenden Gewässer [1]) aufeinander, sodass gewissermassen jedes der beiden Amerika durch ein grosses meridionales Längsthal geteilt wird. So liegt es nahe, zu fragen, inwieweit diese Ähnlichkeiten in der Geschichte dieser beiden Kontinente begründet sind. Doch ehe diese Frage zu beantworten ist, müssen erst exakte Messungen vorhanden sein, und diese für die Küsten von Südamerika zu schaffen, ist der Hauptzweck der vorliegenden Arbeit. Sie soll feststellen, welche Richtungen die Gestalt von Südamerika, insbesondere auch von seinem Kontinentalsockel bestimmen, und in wieweit diese Hauptrichtungen im Verlaufe der Küstenlinie wiederkehren. Der Abstraktion der Küstenlinie müssen wir uns bedienen, weil nur bei dieser wirklich genaue Messungen möglich sind und weil wir ja bei dieser Arbeit mehr Gewicht auf die grossen Züge des Küstenverlaufes als auf die Formen der Küste im einzelnen legen müssen. Bei der Betrachtung der gefundenen und in Tabelle I—III zusammengestellten Zahlenwerte muss man natürlich immer im Auge behalten, dass ihre Genauigkeit durch die Mängel, die jeder Kartenmessung anhaften, beeinträchtigt wird. Besonders anführen möchte ich die unvermeidliche Verzerrung der Längen auf Mercatorkarten, den verschieden grossen Massstab, der bei den Seekarten der Küsten von Südamerika von 1 : 380000 bis zu 1 : 1'480000 schwankt, ganz abgesehen von dem südlichen Teile und der Westküste des Feuerlandgebietes, von denen mir nur eine Karte im Massstabe 1 : 2'500000 zu Gebote stand, und die Mängel des Kartenpapiers. Trotzdem glaube ich, dass die gefundenen Werte einigen Anspruch auf Genauigkeit machen können, da ich alle Rechnungen möglichst nur auf so viele Stellen ausführte, als ich in Anbetracht der erwähnten Mängel für hinreichend genau ansehen konnte.

---

[1]) Reclus, Nouvelle Géographie universelle XVIII, S. 5—6.

II.
Methode der Messungen.

Ehe ich mich nun dem Hauptteile dieser Arbeit, der näheren Betrachtung der durch Messungen gefundenen Resultate zuwende, halte ich es für nötig, erst einige Worte über die Methode vorauszuschicken, deren ich mich bei den Messungen bedient habe.

Haupt-
richtungen. Zunächst galt es, gewisse Hauptrichtungen festzustellen, die im grossen die Gestaltung des Kontinentes bedingen und mit denen der Verlauf der Küste im einzelnen zu vergleichen ist. Hierzu führen meines Erachtens zwei Wege. Der erste ist, aus einer Vielzahl von Einzelrichtungen eine mittlere Richtung zu gewinnen nach der Formel

$$A = \frac{l_1\,\alpha_1 + l_2\,\alpha_2 + \cdots}{l_1 + l_3 + \cdots} = \frac{\Sigma\,l\alpha}{\Sigma\,l},$$

wie sie Gukassian[1]) zur Ermittelung der mittleren Richtung einiger Gebirge angewendet hat. Für die Zwecke der vorliegenden Arbeit jedoch scheint mir diese Methode der mittleren Richtung nicht geeignet zu sein, denn die so gefundenen Richtungen weichen, abgesehen von Küsten mit grossem Parallelismus, zum Teil sehr beträchtlich vom wirklichen Küstenverlaufe ab und lassen sich auch mit den tektonischen Grundrichtungen des Kontinentes nur gezwungen in Einklang bringen. Der Hauptgrund hierfür mag darin liegen, dass die Einteilung in Einzelstrecken einer ziemlichen Willkür unterliegt, und dass man für jede Einteilung im allgemeinen auch einen anderen mittleren Winkel erhält. Aus diesem Grunde habe ich den anderen Weg eingeschlagen, der von diesen Mängeln frei ist, wenn sich freilich auch bei ihm eine gewisse Willkür nicht vermeiden lässt. Bei ihm handelt es sich darum, aus dem wirklichen Verlaufe der Küstenlinie die Hauptrichtung herauszulesen. Ich habe also die Punkte, in denen die Küste eine charakteristische Wendung macht, als Grenzpunkte der Hauptrichtungen angesehen und jeden solchen Punkt mit seinen beiden Nachbarpunkten ver-

---

[1]) Gukassian, Über den Parallelismus der Gebirgsrichtungen, S. 53.

bunden und zwar durch eine Loxodrome, weil diese mit allen Meridianen gleiche Winkel bildet, und nur bei ihr in Wahrheit von einem Richtungswinkel die Rede sein kann. So entsteht ein Polygon, das die rohen Umrisse des Kontinentes zeigen muss. Bei der Auswahl dieser Wendepunkte habe ich mich in der Hauptsache von folgenden Gesichtspunkten leiten lassen. Die Hauptrichtung soll sich dem Verlaufe der eigentlichen Küstenlinie anschliessen, ferner soll sie sich mit dem Verlaufe der tektonischen Hauptrichtungen, insbesondere auch mit dem der Grenzlinie des Kontinentalblockes in Verbindung bringen lassen. Als diese Grenzlinie habe ich nach dem gewöhnlichen Gebrauche die 100-Fadenlinie angenommen, obwohl in Wirklichkeit die Grenze der Kontinentalsockel bald in grösserer bald in geringerer Tiefe verläuft. Sollte die Grenzlinie wirklich genau festgelegt werden, so müssten die ganze zu untersuchende Küstenstrecke entlang in möglichst geringen Abständen Profile von der Küste bis zur Tiefsee dargestellt werden. Die Punkte, bei denen in diesen Profilen vom Lande aus ein steilerer Abfall des Meeresbodens beginnt oder endet, wären dann auf der Karte zu verbinden, und wir erhielten so eine obere und eine untere Grenzlinie der Festlandsockel. Doch abgesehen von den Schwierigkeiten, die die Feststellung der Enden des Steilabfalles immerhin noch bereiten würde, reichen unsere jetzigen Hülfsmittel für eine derartige Untersuchung, die sicher ein helleres Licht auf die Beziehungen der Kontinente untereinander, insbesondere auch auf ihre Entwicklungsgeschichte werfen würde, bei weitem nicht aus, denn einmal reichen die Küstenkarten sehr oft, wenn nicht zum grössten Teile nicht bis in die Regionen der Tiefsee und dann müssten besonders von den aussereuropäischen Meeren vielmehr Tiefenlotungen vorhanden sein, als es wirklich der Fall ist. Unter den jetzigen Verhältnissen kann man also nur eine Isobathe als gewissermassen normale Grenze ansehen. Die 100-Fadenlinie als konventionelle obere Kontinentalgrenze nun eignet sich besonders gut zum Vergleiche, da ihr Verlauf nach den Küstenkarten ziemlich genau festgestellt werden kann. Wie ich nun im einzelnen die Ideen betreffs der Hauptrichtungen ausgeführt habe, werde ich im nächsten Hauptteile dieser Arbeit behandeln.

Die Richtung der Hauptlinien berechnet sich am besten nach der aus der Gleichung der Loxodrome[1]) gefundenen Formel

$$tg\,\alpha = \frac{\lambda_1 - \lambda_2}{2{,}3\,[log\,tg\,(45^0 + \frac{\varphi_1}{2}) - log\,tg\,(45^0 + \frac{\varphi_2}{2})]},$$

Hauptrichtungswinkel $= \alpha$

----

[1]) Günther, mathematische Geographie, S. 568.

worin λ die geographische Länge, φ die geographische Breite eines Ortes bedeutet. λ muss dabei in Bogenmass ausgedrückt werden. Zur Vereinfachung der Rechnung habe ich als 0⁰-Meridian den Meridian 100⁰ W Greenwich gewählt, sodass λ stets positiv ist, φ aber erhält bei nördlicher Breite positives, bei südlicher negatives Vorzeichen. Dann bezeichnet α den Winkel, den die Hauptrichtung mit der Nordrichtung bildet, und zwar wächst α von N über O nach S von 0⁰—180⁰. Vermöge derselben Formel sind alle Richtungen von Gebirgen und Längsthälern sowie die Richtungen grosser Strecken der Küste und der 100-Fadenlinie aus den geographischen Koordinaten der Endpunkte bestimmt.

eilstrecken. Nachdem so die Hauptrichtungen festgestellt und in ihren wesentlichen Teilen berechnet sind, muss jede derselben in Teilstrecken zerlegt werden. Hierbei gelten ähnliche Erwägungen, wie bei der Haupteinteilung, nur müssen sich die Richtungslinien der Teilstrecken viel enger an die Küstenlinie anschmiegen. Nach Möglichkeit sind sie so zu ziehen, dass die Küstenlinie sich nicht mehr als 10 km davon entfernt, abgesehen von tiefen Buchten und insbesondere von Fjorden und Fjordstrassen. Auch hier ist noch möglichst auf die orographischen Verhältnisse der Küstenlandschaft Rücksicht zu nehmen. Bei jeder Teilstrecke sind nun zu messen:

α_ν: der Winkel der Richtungslinie mit dem Meridian, der von N über O, S, W von 0⁰—360⁰ gemessen wird;

l_ν: die geradlinige Länge der Richtungslinie;

k_ν: die Küstenlänge der Teilstrecke.

Der Hauptwert ist meines Erachtens auf die beiden ersten Messungen zu legen, da die Bestimmung von k zu vielen Willkürlichkeiten unterliegt. Denn abgesehen davon, dass für k ganz verschiedene Werte erhalten werden je nach dem Massstabe der Karte, sodass die für verschiedene Küsten gefundenen Werte sich gar nicht vergleichen lassen, ein Übelstand, der bei l nicht eintritt, leidet die Genauigkeit der Bestimmung besonders darunter, dass man meines Erachtens nicht einfach den Gesamtverlauf der Küste messen darf, wie er auf den Karten niedergelegt ist, sondern nur die äussere Küstenlinie, da wir sonst besonders bei Fjordküsten ganz falsche Resultate bekommen würden. Aber auch diese äussere Linie muss noch vielfach generalisiert werden, vornehmlich können die Küstenlängen tiefer und schmaler Fjorde keine volle Berücksichtigung finden. Trotzdem ist es nicht unangebracht k oder besser $\gamma = \dfrac{k}{l}$ d. h. die Gliederung der Küste in die Rechnung einzuführen, da auch sie für den Parallelismus der Küste nicht ohne Bedeutung ist, doch ist das Resultat mit grosser Vorsicht zu behandeln. Kaum zu erwähnen brauche ich wohl, dass hier γ etwas anderes als die gewöhnliche Küstengliederung bezeichnet, und dass seine Rolle hier nur eine relative ist, indem es nur für die Vergleichung der einzelnen Strecken Wert haben kann. Endlich bestimmen wir für jede Strecke die Abweichung von der Hauptrichtung

$$\delta_\nu = \alpha - \alpha_\nu$$

Die einzelnen Teilstrecken werden wir dann wieder in grössere Gruppen zusammenfassen und für jede derselben die Gruppenrichtung bestimmen, durch deren Gesamtheit der Umriss des über das Meer ragenden Festlandes bestimmt werden soll, wie die Hauptrichtungen den Sockel umgrenzen. *Gruppen*

Aus den durch Messung gefundenen Werten für l_ν und α_ν lässt sich nach der im Anfange dieses Teiles unserer Arbeit angegebenen Formel der mittlere Winkel A bestimmen, dessen Abweichung vom Winkel der Hauptrichtung oder Gruppe ich als Deviation dieser Strecke bezeichne: *Mittlerer Winkel = A u. Deviation = Δ*

$$\varDelta = \alpha - A.$$

Aus Tabelle II ergiebt sich, wie beträchtlich diese Grösse werden kann.

Nun gilt es, ein absolutes Mass für den Parallelismus aufzustellen und hierfür wähle ich den Ausdruck *Parallelismus = p. π, π*

$$p = \frac{\Sigma\, l_\nu \cos \delta_\nu}{\Sigma\, l_\nu},$$

wo die Summenzeichen sich auf die in Betracht kommende Hauptrichtung oder Gruppe beziehen; p nenne ich den **Richtungsparallelismus** der Küste. In Worten lautet die Formel: Der Richtungsparallelismus der Küste ist gleich dem Verhältnis der Summe der Projektionen der Teilstrecken auf die Hauptrichtung zur Summe der Einzelrichtungen, wobei alle Summanden positiv zu rechnen sind. p ist stets kleiner als 1, je näher es ihr kommt, um so grösser ist der Parallelismus. Diesen Wert möchte ich als das absolute Mass des Parallelismus bezeichnen, das die grösste Beachtung verdient, während in die folgenden Werte das nur ungenau bestimmbare k eingeht. Als zweites Mass führe ich nämlich den **Küstenparallelismus** ein

$$\pi = \frac{\Sigma\, \dfrac{l_\nu}{\gamma_\nu} \cos \delta_\nu}{\Sigma\, l_\nu},$$

da ja der Parallelismus umso geringer werden muss, je grösser die Küstenentwicklung wird. Aus dieser Formel ersieht man sofort, warum besonders bei Fjordküsten nicht die gesamte Küstenstrecke für die Bestimmung in Betracht kommen kann, denn hier müsste

· 38 ·

ja der Küstenparallelismus teilweise mit γ wachsen infolge des Fjordparellelismus, wie ihn zum Beispiel Remmers[1]) für die Fjordküste von Maine festgestellt hat. Natürlich ist π stets kleiner als p, da γ immer grösser als 1 sein muss. Endlich habe ich noch einen Ausdruck für die **Ausgeprägtheit des Parallelismus** berechnet:

$$\pi' = \frac{\pi}{p} = \frac{\Sigma \dfrac{l_\nu}{\gamma_\nu} \cos \delta_\nu}{\Sigma l_\nu \cos \delta_\nu},$$

der ebenfalls stets kleinere Werte als 1 ergiebt. Wie man aus der Formel ersieht, wird sich im allgemeinen das Produkt $\pi'.\gamma$ nicht sehr von dem Werte 1 entfernen.

üstentypen.　　Haben wir nun alle genannten Werte für Gruppen- und Hauptrichtungen bestimmt, so werden wir noch die verschiedenen Küstentypen Südamerikas ins Auge fassen, und für diese die entsprechenden Werte suchen. Im allgemeinen werden wir uns dabei der Methode der mittleren Werte bedienen. Eine Zusammenstellung aller in Betracht kommenden Formeln findet sich in den Erläuterungen zu den Tabellen.

Zuspitzung.　　Zum Schlusse habe ich noch einen Zahlenwert berechnet, der zwar für diese Arbeit nicht von direktem Werte ist, es aber vielleicht für eine spätere Vergleichung mit anderen Erdteilen und kleineren Landmassen werden könnte, nämlich einen Zahlenwert für die Zuspitzung im Süden. Diese ist zu berechnen aus den Hauptrichtungen, die von der breitesten Stelle des Erdteiles an nach Süden zu konvergiren nach den Formeln

$$\sigma = \cos \frac{\zeta}{2}$$

$$\zeta = \left(\frac{\Sigma\, l\alpha}{\Sigma l}\right)_{\rm o} - \left(\frac{\Sigma\, l\alpha}{\Sigma l}\right)_{\rm w},$$

worin $l = \Sigma l_\nu$ die Summe der Einzelstrecken einer Hauptrichtung und α den Richtungswinkel der letzteren bezeichnet. σ ist deshalb empfehlenswert, weil für den Zuspitzungswinkel

$$\zeta = 180^0 \qquad \sigma = 0$$
$$\zeta = 0^0 \qquad \sigma = 1 \text{ wird.}$$

---

[1]) Remmers, Fjordküste von Maine, vergl. auch Pietsch, Küste von Maine.

III.

Allgemeine Vorbemerkungen.

Nachdem wir uns nun über die Methode im klaren sind, die zur Erledigung unserer Aufgabe führen soll, müssen wir zunächst genau bestimmen, wie weit unsere Messungen sich zu erstrecken haben.

Es handelt sich also zunächst darum festzusetzen, was wir als Grenzen. Grenzen des geographischen Individuums Südamerika betrachten wollen. Dies ist im allgemeinen ziemlich leicht, denn dieser Kontinent zeigt sehr charakteristische Züge, er „trägt in höherem Grade als irgend ein anderer Weltteil die Kennzeichen eines einheitlichen Baues".[1] Südamerika ist fast ringsum von offenen Ozeanen beziehentlich von dem karibischen Ingressionsmeer umgeben, und durch deren tiefe Einsenkung von anderen Kontinenten getrennt, sodass hier über die Grenze kein Zweifel ist. Höchstens bei den Antillen könnte man fragen, ob sie nicht in die Betrachtung einzubeziehen wären, da sie nach ihrem Bau Südamerika[2] zuzurechnen sind. Doch sind diese durch den Einbruch des Mittelmeeres so isoliert, dass wir sie wohl als für die Charakteristik Südamerikas unwesentlich unbeachtet lassen können. Einige Schwierigkeiten bietet die Abgrenzung Südamerikas gegen Centralamerika. Der Isthmus gehört nach seinen orographischen Verhältnissen wie auch nach seiner erdgeschichtlichen Vergangenheit nicht mehr dem südamerikanischen Kontinente an, wenn er auch von der Tier- und Pflanzengeographie an diesen angeschlossen wird, und wir könnten also die Grenze da ziehen, wo die beiden orographischen Gebiete sich scheiden. Diese Grenzlinie geht vom Golf von Uraba durch die Längsthäler des Rio Atrato und des R. S. Juan zum Stillen Ozeane, da die Gebirge nordwestlich dieser beiden Flüsse sich direkt an die centralamerikanischen Ketten anschliessen, während sie mit den Anden in keiner Verbindung stehen.[3] Doch so berechtigt diese Umgrenzung auch an sich ist, für unseren Zweck

---

[1] Suess, A. d. E. I. S. 689. — [2] Suess, A. d. E. I. S. 773. — [3] Reclus, Nouv. Géographie universelle XVIII S. 247.

ist sie unpassend, denn wir müssten dann zwischen den Anfangs-
punkten der Ost- und der Westküste eine Küstenstrecke ausser
Betracht lassen, die durch vier Breitengrade sich hinzieht. Infolgedessen habe ich zwar das untere Atratothal als Grenze belassen,
führe sie aber dann am Truando[1]) aufwärts auf C. Marzo zu, da
hier die Streichungsrichtung der Kette wechselt. So betrachten wir
zwar ein Stück Küste, das eigentlich dem Isthmus zugehört, aber
bis hierher verläuft sie doch noch dem Westflügel der Anden
annähernd parallel und die Lücke in der Umrandung Südamerikas
wird auf einen Grad verringert. Während wir also im Westen die
Betrachtung der Küste bei C. Marzo beginnen, thun wir dies im
Osten bei der Mündung des R. Leon im südöstlichen Winkel des
Golfes von Uraba.

Inseln.

Im übrigen ist, wie schon gesagt, Südamerika anderen Kontinenten gegenüber gut begrenzt. Einige Schwierigkeiten bereitet
hingegen die Frage, inwieweit die Südamerika benachbarten Inseln
zu berücksichtigen seien. Von vornherein ausgeschlossen sind
natürlich alle Inseln, die nicht auf dem Kontinentalsockel stehen,
was auch mit ein Grund für die Vernachlässigung der Antillen war.
Von den Inseln aber, die vom Festlande nur durch Tiefen bis zu
100 Faden getrennt sind, habe ich in der Hauptsache nur in
Betracht gezogen zunächst solche Inseln, die durch ihren Gebirgsbau in enger Beziehung zum Festlande stehen und die den noch
über den Meeresspiegel emporragenden Teil einer überfluteten
Küstenlandschaft darstellen, wie die Inseln an der westpatagonischen
Küste, die Feuerlandsgruppe und die Insel Trinidad. Weiter habe
ich Schwemmlandsinseln insbesondere Deltainseln dem Festlande
zugerechnet, wenn sie nur durch schmale Meeresstrassen oder
Flussarme von diesem getrennt sind. Beispiele hierfür wird man
im nächsten Teile dieser Arbeit angeführt finden.

Haupt-
richtungen.

Nun noch einige Worte über die Hauptrichtungen, in die
ich die südamerikanische Küste eingeteilt habe. Ich beginne mit
der Westküste, die als Längsküste von pacifischem Typus besonders
einfache Verhältnisse für eine Einteilung bietet, indem bei ihr die
Richtungen des Gebirgsbaues, der Küste und der 100-Fadenlinie
ziemlich parallel verlaufen. Die erste Hauptstrecke hat von C. Marzo
bis Parina Pt. die Richtung NNO/SSW parallel den Anden von
Columbia und Ecuador. Wie nun etwa beim 5° südl. Br. die Anden
nach SO umbiegen, welche Richtung sie durch ganz Peru inne-
halten, so folgt auch die zweite Hauptstrecke bis zu Arica Road
der Richtung NWzN SOzS. In Chile sehen wir die dritte Hauptstrecke, die entsprechend der Richtung der Andenkette bis C. Tres

---

[1]) Sievers, Amerika S. 136.

Montes unter NzO/SzW verläuft, um hier ostwärts umzubiegen. Die nächste patagonische Strecke hält die Richtung NWzN/SOzS ein, nur um 8⁰ von der peruanischen Richtung abweichend. Endlich muss hierzu noch die Strecke bis zum C. St. John auf der Staten I. gerechnet werden, die zwar östlich der Südspitze von Südamerika liegt, aber doch morphologisch der Westküste zugehört. Diese Streke verläuft unter SWzW/NOzO. Während aber die columbische und die peruanische Richtung sehr scharf auch im Gebirgsbau ausgeprägt und durch ihn individualisiert sind, ist dies bei den drei südlichen Strecken nicht in dem Grade der Fall. Gebirge und Isobathe biegen vielmehr ganz allmählich um und nur der Verlauf der eigentlichen Küste giebt uns Anhaltspunkte zur Einteilung dieser Strecke, die wir doch nicht einer einzigen Hauptrichtung unterordnen können, wollen wir nicht zu ganz unnatürlichen Resultaten kommen. So ist denn die chilenische Richtung dort begrenzt worden, wo der Golf von Penas die Halbinsel Taytao durch seinen tiefen und breiten Einschnitt im Süden begrenzt und die Küste nach bislang fast geradlinigem Verlaufe die Ostbiegung beginnt; der zweite Grenzpunkt bietet sich in C. Hoorn als der Südspitze des Continentes ganz von selbst dar.

Schwieriger als im Westen war die Einteilung bei der Ostküste, die durchaus vom atlantischen Typus ist, wenn wir von der durch die Sierra Nevada de Sta. Marta[1]) beherrschten Küstenstrecke absehen, deren 102 km aber nur den 158. Teil der Ostküste bilden, also gar nicht in Betracht kommen können. Die erste Strecke reicht hier vom R. Leon bis zur Pta. Gallinas auf der Halbinsel Goajira in der Richtung SW,/NO, die auch die 100-Fadenlinie ungefähr innehält. Die zweite Hauptrichtung wird wesentlich durch das venezuelanische Küstengebirge bedingt und verläuft bis Pta. Galera auf Trinidad WzN/OzS. Dann folgt die Küstenstrecke bis C. Calcanhar, die eine Tieflands- beziehentlich Querküste ist und die Richtung NWzW,/SOzO innehält. Hier bot die Wahl des Endpunktes einige Schwierigkeiten, doch scheint mir C. Calcanhar der geeignetste Punkt zu sein, da hier die Küste die Hauptbiegung ausführt, und bei seiner Wahl die Hauptrichtung am besten mit der 100-Fadenlinie sich deckt. Nun bleibt noch die brasilische Längsküste und die argentinisch-patagonische Schwemmlandküste zwischen den südlichen Virgationen der Anden übrig, und diese ganze Strecke scheint mir trotz ihrer Länge, sie ist mehr als zweimal so gross als die nächstlängste Hauptstrecke, nur einer Hauptrichtung anzugehören. Denn einmal weicht die Verbindungslinie von C. Calcanhar und C. St. John nicht allzusehr von der Richtung

---

[1]) Suess, A. d. E. I. S. 687.

des brasilischen Massivs ab und ganz besonders gut deckt sie sich mit der 100-Fadenisobathe, wie sich auch aus der dieser Arbeit beigegebenen Karte ersehen lässt. Die Isobathe schliesst freilich auch halbinselartig die Falklandsinseln ein, doch dürften diese kaum genetisch mit dem Kontinente zusammenhängen, wenigstens nicht in seiner jetzigen Form, da ihr geologischer Bau[1]) sich mit keiner Erscheinung in Südamerika zusammenbringen lässt. Vielmehr stellen diese Inseln wahrscheinlich den Rest eines einst grösseren Landes dar, das allerdings in einer früheren Periode möglicherweise mit Südamerika in Verbindung gestanden haben kann.

Dies ist, was wir im allgemeinen vorauszuschicken hatten, und wir können uns nun dem Hauptteile dieser Arbeit zuwenden, der eine Einzelbesprechung der Küstenteile in sich schliesst und besonderes Gewicht auf die Vergleichung des Küstenverlaufes mit der Richtung tektonischer Linien legt.[2]) Zur näheren Erläuterung des im folgenden ausgeführten Stoffes verweise ich auf die beigegebene Karte sowie besonders auf die Tabellen.

[1]) Suess, A. d. E. I. S. 677.
[2]) Für den folgenden Teil wurden insbesondere benutzt:
a. für die orographischen Verhältnisse: α. Reclus, N. G. U. XVIII S. 75 ff, 110 ff, 225 ff, 410 ff, 493 ff, 636 ff, 706 ff, XIX S. 8 ff, 219 ff, 254 ff, 298 ff, 343 ff, 420 ff, 595 ff, β. Sievers, Amerika S. 59—75, 94—144
b. für die geologischen Verhältnisse: Suess, A. d. E. I S. 655 ff, 764 ff, II S. 42 ff, 326 ff, 376 ff, 630 ff.

IV.

Einzelbesprechung der Küste.

A. Westküste.

1. Columbische Hauptrichtung.

Die columbische Hauptrichtung bildet mit dem Meridiane Allgemeines (p = 0,78) einen Winkel von 17,5°, verläuft also in der Richtung NNO. Diese Richtung wird bedingt durch den Verlauf der Westketten der columbischen und ecuadorischen Cordilleren. Denn betrachten wir die Strecke zwischen dem Paramillo, von dem an nach Norden zu die fächerförmige Zerteilung der Westketten beginnt[1]) und dem Portete südwestlich von Cuenca, von dem an die Cordillere ostwärts umbiegt, um im Gebirgsknoten von Loja mit der Ostkette sich zu vereinen[2]), so erhalten wir dafür als Hauptrichtung ebenfalls 17,5°. Selbst wenn wir die columbische Centralkette und die Ostkette von Ecuador ins Auge fassen, verläuft dieser Gebirgszug annähernd parallel der Küste, denn vom Tolima bis zum Quinoaloma[3]), von dem aus ein Querjoch nach dem Gebirgsknoten von Aznay führt, weicht bei einem Richtungswinkel von 24° nur um 6,5° von der Küstenrichtung ab und gehört immer noch derselben Himmelsrichtung der 32teiligen Windrose an. Das östlich der Centralkette sich hinziehende Längsthal des R. Magdalena kommt der Hauptrichtung mit 22° noch näher, die es auf der Strecke vom 2° ndl. Breite bis zur Mündung des Sogomoso innehält, des zweitgrössten Nebenflusses der Hauptader Columbiens. Auch die 100-Fadenlinie hat die Hauptrichtung 17,5°, da sie sich überall annähernd gleich weit von der Küste fern hält. So zeigt diese Strecke einen ausgeprägten Parallelismus zu den tektonischen Richtungen. Im Einzelverlaufe der Küste freilich ist der Parallelismus zur Hauptrichtung verhältnismässig wenig ausgeprägt, ist doch ihr Richtungsparallelismus nur 0,78. Dies rührt in der Hauptsache daher, dass die die Hauptrichtung angebende Cordillerenkette

---

[1]) Reclus, N. G. U. XVIII, S. 246. — [2]) Reclus, desgl. S. 428. — [3]) Reclus, desgl. S. 422.

zumeist nicht direkt am Meere hinzieht, dass ihr vielmehr andere Höhenzüge streckenweise vorgelagert sind, sodass wir die Küste statt flach bogenförmig verlaufend mehrmals beträchtlich ins Meer vorspringend sehen. Infolge davon finden wir hier auch zahlreiche Meerbusen, deren beträchtlichster der Golf von Guayaquil ist. Diese müssen natürlich den Parallelismus sehr herabdrücken.

Cord
v. Baudó.
p = 0,79.
= 0,83)

Die erste Gruppe dieser Hauptrichtung umfasst die Strecken von C. Marzo bis zum Chirambira Pt. bei der Mündung des R. S. Juan, deren Verlauf durch die Cordillere von Baudó bestimmt wird, die, wie schon oben erwähnt wurde, noch dem isthmischen Systeme zuzurechnen ist. Diese Cordillere, wie die sie östlich begrenzenden Thäler des Atrato und R. S. Juan verlaufen rein meridional, und diese Richtung finden wir auch bei der Küste und der Isobathe wieder. Die Richtungswinkel der vier Linien schwanken nur zwischen $177,5^0$ und 180^0. Von der Hauptrichtung weichen sie beträchtlich ab, am meisten (20^0) die Küste selbst. Trotzdem ist der Richtungsparallelismus zur Hauptrichtung etwas grösser, nämlich 0,79, als bei der ganzen Hauptstrecke. Dies erklärt sich aus dem verhältnismässig einfachen Küstenverlaufe, der nur durch die B. Cupica und die B. Coqui in seiner glatten Erstreckung gestört wird. Die Gruppenrichtung wiegt natürlich noch viel mehr vor, ja 100 km zwischen dem R. Jeya und dem R. Orpua, also $^2/_7$ der Gesamtstrecke weichen nur um $3,5^0$ von dieser Richtungslinie ab.

Cord.
Columbia.
= 0,78.
g = 0,83)

Die Küste tritt nunmehr nach Osten zurück, und südlich Chucha Pt. beginnt die zweite Gruppe von Teilstrecken, deren Richtungswinkel $38,5^0$ ebenfalls um etwa 20^0 von der Hauptrichtung abweicht, aber in westlicher Richtung. Diese Gruppe reicht bis zum R. Majaqual und wird durch die columbische Westkette in ihrer Richtung bestimmt. Während die Isobathe mit 35^0 noch einigermassen mit der Küstenrichtung übereinstimmt, ist dies mit den Anden nur in geringem Grade der Fall, denn für die Westkette von den Bergen westlich von Cartago bis zum V. de Cumbal, für die Centralkette vom Tolima bis zum Bordoncillo und für das zwischen beiden liegende Thal des R. Cauca erhalten wir nur 25^0 als Richtungswinkel. Dass die Ostkette vom 7^0 ndl. Breite bis zum Picos de la Fragua, wo sie ihr südliches Ende findet[1]), mit 35^0 der Küstenrichtung näher kommt, dürfte wohl ohne Bedeutung sein. Diese Gruppe weist auch nur 0,78 als Parallelismus zur Hauptrichtung auf. Günstiger gestaltet sich das Verhältnis zur Gruppenrichtung, denn über die Hälfte der ganzen Strecke weichen noch nicht 10^0 von ihr ab. Die Anfangs- und Endteilstrecke der

[1]) Reclus, N. G. U. XVIII, S. 237.

Gruppe sind ihr fast vollkommen parallel, indem sie nur um $3,5^0$ bez. 3^0 von ihr abweichen. Dazwischen springt die Küste in zwei Trapezen gegen das Meer vor, deren äussere Seiten ebenfalls durch die Gruppenrichtung beeinflusst sind.

Sind schon im Verlaufe dieser Gruppe die Cordilleren infolge ihrer nördlicheren Richtung immer weiter von der Küste zurück- getreten, so ist dies jetzt in noch viel höherem Grade der Fall, indem die Küste bis Galera Pt. rund 100 km westwärts vorspringt. Hier wie auf der ganzen pacifischen Küste bezeichnet eine solche Lücke zwischen den Gruppen eine Discontinuität des Gebirges, zumeist einen Gebirgsknoten, hier den von Tuquerres und Pasto, in dem die columbischen Ketten, wie schon früher erwähnt, zusammen- laufen. Dann folgt bis St. Elena Pt. die eigentliche ecuadorische Gruppe, die eine Richtung von $16,5^0$ innehält, der auch die Isobathe bis auf $0,5^0$ Abweichung folgt, sodass also hier die Gruppenrichtung fast vollständig mit der Hauptrichtung sich deckt. Es ist deshalb natürlich, dass diese Gruppe der columbischen Richtung den grössten Wert für p, nämlich 0,86 liefert. In ihrem Einzelverlaufe weicht die Küstenlinie nicht allzusehr von ihrer Leitlinie ab, bis auf den halbkreisförmigen Landvorsprung, dessen Spitze C. San Lorenzo bildet. Nun gilt es noch, den Gebirgs- verlauf in Vergleich zu ziehen. Betrachten wir die Westkette vom Cotocachi bis zum Portete oder die Ostkette vom Cayambe bis zum Quinoaloma, so ergiebt sich in gleicher Weise ein Richtungs- winkel von 15^0, und gleiche Richtung hält natürlich auch die Einsenkung zwischen beiden Ketten inne, die wir kurz als das Hochthal von Quito bezeichnen wollen, wenn es auch weniger ein Längsthal als vielmehr eine Reihe linear angeordneter Becken ist, die durch Querriegel von einander getrennt sind.[1] Da nun die ecuadorischen Vulkane, wie überhaupt die andinen, grösstenteils den Gebirgsketten aufsitzen, so folgt auch ihr Zug dieser Richtung, allerdings nur annäherungsweise, denn entgegen den früheren An- sichten über die Vulkane ist es unmöglich, sie auf grosse Erstreckung hin auf einer geradlinigen Spalte aufsitzen zu lassen, gerade so wie die grosse Küstennähe der thätigen Vulkane sich als ein Märchen herausgestellt hat, zu dessen rechter Auffassung besonders die südamerikanischen Verhältnisse beigetragen haben. Die Gesamt- heit der vulkanischen Spalten folgt aber auf jedem Falle der Gruppenrichtung, und so sehen wir, dass hier alle tektonischen Linien in ausserordentlich hohem Grade parallel angeordnet sind, und dass die Küste auch hier trotz der grossen Entfernung der Hauptgebirgsketten doch dem Zuge der Anden folgt.

Cord.
v. Ecuador.
(p = 0,86 .
pg = 0.86)

---

[1] Reclus, N. G. U. XVIII, S. 412.

Golf von
Guayaquil. Die nun noch übrig bleibende südlichste Gruppe von Teilstrecken lässt sich nicht mehr auf tektonische Linien zurückführen,
da sie die Strecken umfasst, die den Golf von Guayaquil einschliessen, der ganz innerhalb der 100-Fadenlinie liegt. Die
tektonische Richtung macht sich nur bemerklich im Hintergrunde
des Golfes, wo die Strecke von Valao Chico bis zur Küstenbiegung bei $3^0 12'$ sdl. Br. sich bis auf $0,5^0$ mit der Hauptrichtung
deckt, was seine Erklärung darin findet, dass wir uns hier der
Westkette näher befinden als an irgend einer anderen Strecke der
ecuadorischen Küste. Von den Inseln, die sich im Golfe vorfinden, habe ich alle hinter Puna liegenden dem Festlande zuge-
zählt, während ich die Sta. Clara I. unberücksichtigt liess, da sie
wegen ihrer Kleinheit für den Verlauf der Küste ohne Belang ist.
Wenn nun auch im ganzen keine tektonischen Linien für diese
Gruppe in Betracht kommen, so ist dies doch für zwei Teile
derselben der Fall. Den ersten haben wir schon erwähnt, den
zweiten finden wir auf der Südseite des Golfes. Hier tritt nämlich das Massiv von Amotape richtunggebend auf. Es hat die
Richtung 42^0 und nur um $2,5^0$ weicht die 120 km lange Strecke
von Malpele Pt. bis C. Blanco davon ab, und selbst die Strecke
von Malpele Pt. bis zur oben erwähnten Küstenbiegung nähert
sich dieser Richtung bis auf 19^0. Endlich bezeichnet dieser
Höhenzug auch das Ende der columbischen Richtung, indem er
in dem Parina Pt. ins Meer vorspringt.

Überblick. Fassen wir das eben erwähnte kurz zusammen. Die nach
NNO gerichtete columbische Leitlinie ist, abgesehen von der
Guayaquilgruppe, in drei Richtungsgruppen zu zerlegen: die erste
streicht meridional, die zweite etwas ostwärts vom Endpunkt der
ersten beginnend NOzN, die dritte weiter westlich in der Hauptrichtung NNO. Die Küste verläuft also flach S-förmig, ebenso
wie die Westcordilleren und die 100-Fadenlinie, die sich überall
der Küste fast parallel anschliesst. Den Parallelismus mit den
Andenketten zeigt am besten die ecuadorische Gruppe, wo auch
die Vulkane der gleichen Richtung folgen, in der zweiten Gruppe
hingegen verlaufen die Anden steiler nach Norden. Im ganzen
genommen liegen bei der columbischen Richtung die Verhältnisse
für den Parallelismus der Küsten am ungünstigsten auf der ganzen
Westküste, da wir hier das am wenigsten einheitliche Gebiet vor
uns haben.

2. Peruanische Hauptrichtung.

Allgemeines
(p = 0,93). In der peruanischen Hauptrichtung haben wir diejenige vor
uns, die den Parallelismus am ausgeprägtesten zeigt. Denn während
der Richtungswinkel der Küste 142^0 beträgt, ist der der Isobathe

142,5°. Die dem Meere zunächst liegenden Andenketten aber weisen von dem nördlichsten Berge auf dem linken Ufer des R. de Piura westlich von Huarmaca bis zum Huallatiri[1]) 140° Richtung auf. Diese drei fast völlig gleichen Winkel gehören alle der NWzN-Richtung an. Doch nicht nur hierin zeigt sich der stark ausgebildete Parallelismus, auch im Einzelverlaufe schliesst sich die Küste sehr eng an die Hauptrichtung an, sodass wir den hohen Richtungsparallelismus 0,93 bei ihr finden. Auch der Küstenparallelismus ist infolge der geringen Gliederung sehr beträchtlich (0,77) und demnach auch die Ausgeprägtheit des Parallelismus im einzelnen (0,82). Ebenso weicht die mittlere Richtung nur 1,5° von der Hauptrichtung ab. Der Grund hierfür liegt darin, dass die peruanische Küste wie im einzelnen so auch im ganzen sehr wenig gegliedert ist und bis auf den nördlichsten Teil ganz dem flachen Bogen der Cordilleren sich anschliesst. Charakteristisch dafür sind die grossen Teilstrecken, in die man die Küste zerlegen kann, bis zu 323 km Länge, dergestalt, dass die durchschnittliche Länge fast noch einmal so gross ist als bei der vorigen Richtung und 2$^1/_2$ mal so gross als bei der chilenischen Richtung. Infolgedessen gestalten sich die Verhältnisse hier besonders einfach. Auch bei der peruanischen Küste lassen sich nun die Teilstrecken in einzelne Gruppen zusammenfassen.

Die erste Gruppe von Parina Pt. bis False Pt., also der grösste Teil der Küsten der Provinz Piura, nimmt eine ähnliche Stellung ein wie die Gruppe von Ecuador in der ersten Hauptrichtung, indem auch hier die richtunggebenden Cordilleren beträchtlich von der Küste entfernt sind. Doch während in Ecuador trotz der grossen Entfernung ausgeprägter Parallelismus herrschte, ist dies hier nicht der Fall, denn während die Küste die Richtung 172,5° hat, bildet der nördlichste einheitliche[2]) Zug der peruanischen Cordilleren einen Winkel von etwa 155° mit dem Meridian. Dieser Unterschied zwischen beiden Gebieten beruht darauf, dass in Ecuador Vorberge der Anden die Küsten bilden, hier dagegen sandige Hügel einen grossen Teil der Küste bezeichnen, aus denen die Vorgebirge ziemlich isoliert hervorragen. Mit der Isobathe dagegen verläuft die Küste gut parallel, indem diese einen Richtungswinkel von 174° hat. Da dieser Teil der Küste in der Hauptsache durch zwei tiefeinspringende Buchten gebildet wird, so zeigen die Teilstrecken wenig Parallelismus zur Gruppenrichtung, dagegen nähern sich die Nordküsten beider Buchten ausserordentlich der Hauptrichtung, indem sie südlich Parina Pt. nur um 2,5°, südlich Foca Pt. um 4,5° von dieser abweichen. Ebenso schliessen

Piura.
p
(= 0,79
pg = 0,91).

---

[1]) Reclus, N. G. U. XVIII, S. 707. — [2]) Reclus, desgl. S. 493.

diese etwa $^3/_5$ der Gruppe umfassenden Strecken sich ziemlich gut der Gebirgsrichtung dieser Gruppe an. Wir sehen hieraus, dass zwar der Parallelismus zur Gruppenrichtung nur wenig entwickelt ist, um so besser aber der Parallelismus zum Gebirgsbau.

Es folgt nunmehr die 154 km lange sandige Küste der Wüste von Sechura, die bei einer Gliederung von 1,04 fast geradlinig in der Richtung 122,5° verläuft, also fast 20° von der Hauptrichtung abweicht. Die Isobathe folgt dieser Richtung nicht, sondern geht unter 155° nach SSO, indem sie die Inseln Lobos de Tierra und, Lobos de Afuera einschliesst, die wir aber bei der Berechnung ausser Betracht gelassen haben. Diese Strecke stellt den Übergang zur zweiten Gruppe dar, die bei Lambayeque beginnt und die Küste bis zum R. Caucato umfasst. Diese Gruppe gehört der NWzN-Richtung an, indem ihr Winkel 151,5° beträgt. Die Isobathe hat nur 147°, was dadurch verursacht wird, dass dieselbe im Norden ziemlich weit sich von der Küste entfernt hat, indem sie die oben genannten Inseln gegenüber der Wüste einschliesst. Wenden wir nun unseren Blick auf das Gebirge, so sehen wir hier eine beträchtliche Anzahl Ketten vor uns. Die Westcordilleren bestehen fast auf der ganzen Erstreckung aus zwei Ketten,[1] die nördlich des R. Santa in Lambayeque und Libertad 145° als Richtung aufweisen, einen Winkel, den wir auch in der entsprechenden 255 km langen Küstenstrecke von Lambayeque bis zum R. Chao mit 147,5° fast genau wiederfinden. In der Provinz Ancachs finden wir bei der Cord. Negra, bei der Cord. Nevada und bei dem zwischen ihnen liegenden vom Huaraz durchflossenen Längsthal von Huaylas[2] einen Richtungswinkel von 150°, von dem allerdings die entsprechende Küstenstrecke von 323 km um 8° abweicht. Südlich dieses Thales vereinigen sich beide Ketten, und die Westcordilleren bilden nun den Westrand des Cerro de Pasco, eines neuen Gebirgsknotens. Dann aber streichen sie weiter durch die Provinz Lima unter einem Winkel von etwas weniger als 150°, den wir mit 152° auch in der entsprechenden 257 km langen Küstenstrecke wiederfinden. Gehen wir nun von den Westcordilleren landeinwärts, so treffen wir auf das Längsthal des Marañon, das von 6° bis 10° südl. Br. unter 155° verläuft. Die Centralkette hat nördlich des C°. de Pasco 157° als Richtungswinkel, dann fliesst der Huallaga bis zu 7° südl. Br. unter 163° nach Norden und endlich weist die Ostkette 164° als Richtung auf. Vergleichen wir die verschiedenen Züge miteinander, so ergiebt sich, dass die drei Hauptketten und die zwei grossen Längsthäler nach dem Gebirgsknoten zu konvergieren, indem die

Nordperu.
(p = 0,98.
= 0,99).

---

[1] Reclus, N. G. U. XVIII, S. 494. — [2] Reclus, desgl. S. 495.

beiden inneren Ketten sich zu den Anden im engeren Sinne vereinigen.[1]) Was nun die Küste selbst betrifft, so zeigt diese sehr
hohen Parallelismus. Es giebt keine Gruppe von auch nur annähernd so grosser Erstreckung (886 km), die einen gleichhohen
Richtungsparallelismus (0,98) besitzt. Charakteristisch für den einfachen Bau ist sodann der Umstand, dass die Deviation dieser
Gruppe gleich 0 ist und dass sie die grösste Durchschnittslänge
der Teilstrecken, nämlich 221 km aufweist. Noch günstiger ist
das Verhältnis zur Gruppenrichtung, denn zu dieser ergiebt sich
ein Richtungsparallelismus von reichlich 0,99, weicht doch die
Küste einmal auf 260 km nur 0,5° von der Gruppenrichtung ab.
Die Küste ist auch hier nur wenig gegliedert, wenn auch mehr
als die Küste der Wüste. Erst im Süden wird die Gliederung
etwas reicher, doch sind auch hier die Inseln für den Küstenverlauf unwesentlich.

Die Strecke zwischen R. Caucato und Huacas Pt., die uns Südperu.
zur dritten Gruppe hinüberführt, entspricht dem Cerro de Pasco. (p = 0,92.
Dieser liegt freilich 3° weiter nördlich, aber er bezeichnet doch pg = 0,94)
den Wechsel in der Richtung der Ostketten der Anden, die von
nun an der Richtung der südperuanischen Küste annähernd parallel
verlaufen. Diese Küste biegt in die NW-Richtung um mit dem
Winkel 129,5°. Fast parallel damit verläuft die Isobathe mit 128°.
Noch näher kommen die Westcordilleren der Küstenrichtung, denn
von dem Berge am linken Ufer des R. Chincha südl. von Arma
bis zum Huallatiri verlaufen sie unter 130°, während die Ostkette
vom Co de Pasco über den Gebirgsknoten von Cochabamba bis
zum Ende des östlichen Zweiges der dortigen Vergabelung[2]) am
R. Guapay, einem Quellflusse des Madeira, nur einen Richtungswinkel von 123° hat. Zwischen beiden finden wir das Längsthal
des Apurimac mit 135°. Dass dieser Winkel so beträchtlich von
der Richtung der Gebirgsketten, besonders von der dem Flussthal
zunächst liegenden Ostkette abweicht, erklärt sich daraus, dass das
Thal in ein Hochplateau eingesenkt ist und nicht zwischen zwei
nahe aneinander hinziehenden Bergketten liegt, wie es bei den
bisher betrachteten Längsthälern der Fall war. Besser stimmt mit
der Richtung der Anden das NO-Ufer des Titicacasees, das durch
die nahe Ostkette beeinflusst ist und 125° als Richtung aufweist.
Der Richtungsparallelismus ist hier immer noch gross (0,92), obwohl
die Gruppenrichtung mehr als 12° von der Hauptrichtung abweicht.
Noch höher ist natürlich der Parallelismus zur Gruppenrichtung.
Die Isobathe läuft in ziemlicher Nähe der Küste, und etwas weiter
rückt sie davon nur bei den Einbuchtungen ab, die in diesem

---

[1]) Reclus, N. G. U. XVIII, S. 496. — [2]) Reclus, desgl. S. 638.

Teile ziemlich häufig sind und ganz beträchtliche Dimensionen erreichen. Überhaupt hat die südperuanische Küste bei weitem nicht den glatten Verlauf wie die nordperuanische, trotzdem haben auch hier die Teilstrecken zum Teil beträchtliche Länge.

Überblick. Aus alledem sehen wir, dass die peruanische Richtung thatsächlich einen sehr ausgeprägten Parallelismus sowohl in ihrer Gesamtheit als auch in ihren einzelnen Teilen zeigt und sich dadurch ausserordentlich von der vorher betrachteten columbischen Richtung unterscheidet. Ein weiterer wesentlicher Unterschied besteht darin, dass die peruanische Küste keinen S-förmigen, sondern einen flach bogenförmigen Verlauf nimmt, indem sie aus der N z W-Richtung in die NW z N-Richtung übergeht und schliesslich der NW-Richtung folgt. In gleicher Weise geht der Gebirgsbogen aus NNW durch NW z N in NW über, wenigstens der dem Meere zunächstliegende, und der Verlauf der 100-Fadenlinie biegt von N z W durch NW z N in NW z W um. Hieraus ergiebt sich, dass der Andenbogen der flachste, der Isobathenbogen der gewölbteste ist, während der Küstenbogen wie seiner Lage so auch seiner Wölbung nach die Mittelstellung einnimmt.

3. Chilenische Hauptrichtung.

llgemeines.
(p = 0,89) Bei Arica Road biegt die amerikanische Küste wieder aus der nordwestlichen in die nordöstliche Richtung um, und zwar hat sie bis C. Tres Montes einen Richtungswinkel von 8,5°, also N z O. Auch diese Hauptrichtung zeigt in hohem Grade die Erscheinung des Parallelismus, wenn auch nicht so sehr als die peruanische Küste. Denn wenn auch die chilenische Küste mehr als die anderen Teile der südamerikanischen Westküste im grossen Ähnlichkeit mit einer Geraden hat, so wird diese Einheitlichkeit doch dadurch gestört, dass vor dem Hauptzuge der Cordilleren, der die Westkette von Peru fortsetzt, noch eine Küstencordillere streicht, und wir noch westlich derselben tertiäre Schollen[1] finden, die einstmals wohl zusammenhingen. Dadurch werden die Chile eigentümlichen rechtwinklig vorspringenden Zacken bedingt, die für das absolute Mass des Richtungsparallelismus natürlich nicht ohne Bedeutung sind. Derselbe ist nur 0,89 trotz der grossen Anzahl Teilstrecken, die sich der Hauptrichtung um mehr als 10° nähern. Vergleichen wir nun die Küstenrichtung mit den tektonischen Linien. Die Isobathe kommt der Küstenrichtung mit 9° ausserordentlich nahe, im einzelnen freilich folgt sie besonders im Süden nicht immer dem Küstenverlaufe. Die Hauptkette der chilenischen

---

[1] Suess, A. d. E. I, S. 674.

Anden vom Huallatiri bis zum S. Valentin[1]) an der Wurzel der Halbinsel Taytao hat die Hauptrichtung 7,5°, welche sich also ebenfalls annähernd mit der Küstenrichtung deckt. Die Ostkette können wir nicht mit der Hauptrichtung vergleichen, wiewohl sie ihr völlig gleichgerichtet ist, da sie bald verschwindet und nur der nördlichsten Gruppe angehört, bei der wir sie auch eingehender erwähnen werden. Von der Küstencordillere müssen wir hier ebenfalls absehen, da sie im Norden nur rudimentär auftritt. Der im ganzen geradlinige Verlauf der chilenischen Küste prägt sich nun hauptsächlich darin aus, dass die Unterrichtungen der einzelnen Gruppen von Teilstrecken, die wir bilden können, nur wenig von der Hauptrichtung abweichen. Der grösste Abweichungswinkel beträgt 17° und diese Gruppe umfasst ein verhältnismässig sehr kleines Stück der chilenischen Küste. Doch gehen wir nunmehr zur Betrachtung der einzelnen Gruppen über.

Die erste Gruppe umfasst die 32 Teilstrecken von Arica Road bis zu dem westlichsten Punkte nördlich des R. Limari, deren Richtung wie die Hauptrichtung NzO ist, aber nur mit einem Richtungswinkel von 6°. In dieser Gruppe finden wir einen ausgeprägten Parallelismus. Einmal nämlich weist die Isobathe denselben Richtungswinkel auf, und wenden wir uns dem Gebirge zu, so sehen wir, dass die andine Hauptkette vom Huallatiri bis zum C° de las Tortolas ebenfalls unter 6° verläuft. Einen gleichen Winkel erhalten wir für die Küstencordillere zwischen dem Rio Loa und dem Vegas del Carrizal südl. von Taltal. Auch die Ostkette der Anden entfernt sich nicht allzuweit von der Gruppenrichtung. Vom Knoten von Cochabamba bis zur Sierra Famatina verläuft sie unter 8,5°, allerdings nicht als einheitliche Kette, sondern sie wird vielfach von Flüssen durchbrochen und stellt vielmehr eine Summe zahlreicher Einzelketten dar, die übrigens auch nicht alle in einer Linie liegen, vielmehr einen breiten Raum einnehmen. Die gemessene Strecke stellt nur die Westgrenze dieser Höhenzöge dar,[2]) wie sie bezeichnet wird durch die Cordilleren de los Frailes,[3]) die Sierra de Chichas,[3]) die Ketten, die die Westgrenze von Salta bezeichnen,[2]) und die Sierra Famatina.[2]) Auch im Küstenverlaufe ist der Parallelismus gut ausgebildet, indem er 0,94 beträgt. Das Ergebnis würde noch besser sein, wenn nicht zweimal der gerade Verlauf der Küste ziemlich beträchtlich gestört würde. Die erste Störung veranlasst der Höhenzug zwischen dem Mt. Mejillones und dem Mt. Moreno, der durch eine Ebene mit dem Festlande verbunden als breite Halbinsel ins Meer hinaus-

Nordchile.
(p = 0,94
bez. = 0,96
pg = 0,94
bez. = 0,96)

---

[1]) Reclus, N. G. U. XVIII, S. 724. — [2]) Reclus, N. G. U. XIX, S. 595 ff.
[3]) Reclus, N. G. U. XVIII, S. 639.

ragt.[1]) Die Längsachse dieses Zuges hat ebenfalls den Richtungswinkel 6°, wie auch die Westküste der Halbinsel mit 5,5 fast parallel mit der Gruppenrichtung verläuft. Wir haben in der Halbinsel wohl den Rest eines einst grösseren Küstengebirgszuges zu sehen. Die zweite Störung hingegen verursacht die 120 km breite Einbuchtung bei Serena, die allein die Aufstellung von fünf Teilstrecken nötig macht, von denen ausserdem jede reich gegliedert ist. Natürlich sind die Teilstrecken nur klein, durchschnittlich nur 28 km lang, bei der Halbinsel von Mejillones gar nur 18 km. Abgesehen von diesen beiden Unterbrechungen verläuft die nordchilenische Küste ziemlich einfach und zwar bis zum 20° südl. Br. in der Richtung NzW, dann 1¹/₂ Breitengrad annähernd meridional. Von 21,5° bis 24,5° südl. Br., also volle 3 Grad, hält sie dann streng die Hauptrichtung inne, allerdings durch die oben erwähnte Halbinsel unterbrochen. Weiter südlich wechselt die Richtung öfters zwischen N und NzO, wir stossen auf zum Teil schon ziemlich grosse Einbuchtungen, die eigene Teilstrecken notwendig machen, ohne aber doch den im ganzen geradlinigen Verlauf der Küste sehr zu stören, und überhaupt auf eine viel reichere Strandentwicklung. Bei 29° südl. Br. treffen wir einige Inseln, die die Gliederung noch vergrössern und endlich auf die oben erwähnte sehr gegliederte Einbuchtung, von deren Südende an noch einmal die NzO-Richtung auf 50 km typisch erscheint, sodass wir diese Einbuchtung als einen Einbruch aufzufassen haben, der übrigens auch an der Isobathe zu erkennen ist, denn diese folgt der Einbiegung der Küste und nähert sich dem Lande am meisten an der innersten Stelle der Bucht, auch finden wir in dieser bis auf 10 km von der Küste Tiefen von über 300 Faden, in grösserer Entfernung selbst von 424 Faden. Der regelmässige Verlauf dieser gesamten Gruppe lässt sich auch daraus erkennen, dass sie auch mit Einrechnung der beiden Störungen keine Deviation aufweist. Der Richtungsparallelismus beträgt übrigens ohne die beiden öfter erwähnten Hindernisse 0,96 und ist dann der höchste der chilenischen Hauptrichtung, ebenso ergeben sich dann für π und π' die grössten Werte.

Coquimbo-
Aconcagua.
(p = 0,95.
pg - 0,99)

50 km südlich Lengua de Vaca biegt die Küste in die Richtung NzW ein mit einem Winkel von 171,5° und folgt dieser Richtung bis zum R. Ligua. Hier ist der Parallelismus nicht so entwickelt, denn die Isobathe weist 175° auf und die Anden folgen vom C°. de las Tortolas bis zum Aconcagua der Richtung 175,5°. Von letzteren kommt hier nur die Hauptkette in Betracht, da die Küstencordillere hier noch nicht als eigentlicher Gebirgszug auftritt,

---

[1]) Reclus, N. G. U. XVIII, S. 710.

während bei der Ostkette die Virgation der einzelnen Zweige beginnt, die sich nach Osten hinwenden und in der argentinischen Ebene verlieren. Der Richtungsparallelismus ist hingegen mit 0,95 dem der ersten Gruppe ungefähr gleich, und unsere Gruppe weist ebenfalls keine Deviation auf. Im einzelnen ist auf dieser Strecke wenig zu bemerken. Am Anfange hält die Küste in fast geradlinigem Verlaufe die Gruppenrichtung 136 km lang mit nur 0,5⁰ Abweichung ein, erst am Schlusse dieser Strecke wird die Gliederung etwas reicher und dies ist in noch höherem Masse bei den übrigen 62 km der Fall, die auch in der Richtung bis 22,5⁰ von der Leitlinie abweichen. Die Isobathe hält sich meist in geringem Abstande von der Küste.

Vom R. Ligua an biegt die Küste in die NNO-Richtung um mit einem Richtungswinkel von 17⁰. Diesem kommt der Winkel der Hauptkette der Anden sehr nahe, da er zwischen dem Aconcagua und dem V. de Antuco 15,5⁰ beträgt. Diese Kette tritt nun freilich nicht direkt ans Meer heran, vielmehr tritt schon hier die Küstencordillere sehr in den Vordergrund, die weiter südlich noch an Bedeutung gewinnt. Diese Cordillere besteht zwar aus krystallinen also anscheinend sehr alten Gesteinen, doch sind dies nach Darwin[1]) möglicherweise umgewandelte cretaceische Schichten, wie wir sie ja auch zwischen der jurassischen Hauptkette und den obercretaceischen und tertiären Vorkommnissen an der Küste erwarten müssen. Als Richtung dieser Küstencordillere ergiebt sich vom Colliguai,[2]) dem höchsten Berge des Höhenzuges von Chacabuco bis zum Nordende der Cordillere von Nahuelbuta[2]) ein Winkel von 17,5⁰, der sich fast mit dem Küstenwinkel deckt. Doch stellt diese Cordillere keinen zusammenhängenden Rücken dar, sie ist vielmehr von zahlreichen Querthälern durchschnitten,[2]) die aus dem grossen chilenischen Längsthale zum Meere führen. Dieser gegen 14 Breitengrade langen Einsenkung zwischen den Hauptcordilleren und der Küstenkette mangelt allerdings infolge der Durchbrechung der letzteren eine eigentliche Sohle und ihre Richtung lässt sich deshalb nur annähernd bestimmen. Für die Strecke Santiago-Los Angeles ergiebt diese einen Winckel von 20⁰. Endlich muss im Anschluss an den Gebirgsbau noch das Vorkommen tertiärer Ablagerungen an der Küste erwähnt werden, die wir bei Topocalma und Talcahuano finden.[3]) Ihre Verbindungslinie hat die Richtung 19⁰. Wir sehen aus alle dem, dass Küste und Gebirge auf der ganzen Erstreckung annähernd parallel verlaufen. Nicht so ist es bei der 100-Fadenlinie. Wenn wir diese allerdings

(Marginalia, right:) Valparaiso-Concepcion (p = 0,95. pg = 0,96)

---

¹) nach Suess, A. d. E. I, S. 677. — ²) Reclus, N. G. U. XVIII, S. 725. ³) Suess, A. d. E. I, S. 674.

statt bis zu 37⁰ nur bis zu 36⁰ südl. Br. in Betracht ziehen,
ergiebt sich ein Winkel von 19⁰, der sich also sehr gut in die
Gruppe einfügt. Doch schon hier läuft die Isobathe meist etwas
entfernt der Küste, ja an mehreren Stellen springt sie ziemlich
weit ins Meer vor. Südlich vom 36⁰ aber muss sie völlig aus
unserer Betrachtung ausscheiden, denn einmal biegt sie hier soweit
von der Küste ab und hat eine solche Richtung, dass sie offenbar
in keiner Beziehung zum andinen Systeme mehr steht, und dann
kann sie uns hier auch nicht die Grenze des Kontinentalsockels
bezeichnen, denn auch jenseits der 100-Fadenlinie findet noch
ein gleich allmählicher Abfall statt. Während sonst die ganze
Westküste Südamerikas entlang der Küstenabhang steil bis zu
Tiefen von über 1500 Faden, von Nordperu an sogar zu solchen
von über 2000 Faden abfällt, findet hier der Abfall bis zu diesen
grossen Tiefen sehr langsam statt, sodass die 1500-Fadenlinie
noch die Juan-Fernandez-In. umschliesst, von denen die westliche
9 Längengrade von der Küste entfernt liegt. Wir haben es hier
also mit einer grossen einseitig in die Tiefe gesunkenen Halbinsel
des südamerikanischen Sockels zu thun, die allerdings wohl kaum
in genetischem Verhältnis zu dem Kontinente steht. Vielmehr
müssen wir annehmen, dass sie von diesem durch Spalten getrennt
ist. Darauf weist uns vor allem der Umstand, dass wir gerade
gegenüber diesem Sockelvorsprunge zwischen 36⁰ und 39⁰ südl.
Br. mehrere Vulkane finden, die allerdings eigentlich der folgenden
Gruppe angehören: der Antuco, Trilope, Callaqui, Lonquimai und
Llaima,[1] von denen der erste und letzte als thätig zu bezeichnen
sind. Im eigentlichen Küstenverlauf finden wir bei dieser Gruppe
wie bei den beiden vorigen sehr hohen Parallelismus (0,95) zur
Hauptrichtung und natürlich noch höheren zur Gruppenrichtung.

Südchile.
$\frac{=}{g} \frac{0,79}{= 0,79}$.

Ziemlich kompliziert werden die Verhältnisse in der südlichsten
Gruppe, die wie die nördlichste 32 Teilstrecken umfasst. Denn
einmal treten hier die Reste eines tertiären Küstensaumes zahlreicher auf und verursachen so Küstenvorsprünge, besonders aber
löst sich schliesslich die Küstencordillere in eine Reihe von Inseln
und der Hauptzug der Anden in einzelne Berge auf.[2] Diese
Gründe verursachen besonders die grosse Deviation dieser Strecke
(6⁰). Die Gruppenrichtung dieser Strecken müssen wir von Lara-
quete nach C. Tres Montes rechnen, da die Halbinsel von Arauco
eine der angeführten tertiären Schollen auf cretaceischer Unterlage
ist,[3] und für diese Richtlinie ergiebt sich 9,5⁰ als Winkel. Es
ist also auch die zweite grosse Gruppe der chilenischen Küsten-

---

[1] Reclus, N. G. U. XVIII, S. 723. — [2] Reclus, desgl. S. 724. —
[3] Suess, A. d. E. I, S. 129.

streckung ihrer Richtung nach der Hauptrichtung fast gleich. Auch die Hauptkette der Anden, soweit hier noch von einer Kette die Rede sein kann, folgt dieser Richtung, denn vom Antuco bis zum S. Valentin hat sie den Richtungswinkel $8,5^0$. Gehen wir nun von dieser Kette nach Westen zu, so gelangen wir wie bei der vorigen Gruppe an das chilenische Längsthal. Dieses liegt aber hier mit seiner Sohle nicht überall über dem Meeresspiegel. Südlich vom See von Llanquihue vom Beloncavisund an sind sowohl das Längsthal als die nach dem Ozeane führenden Querthäler überflutet. Das Längsthal können wir durch die Golfe von Chacao und Corcovado, dann durch den Kanal Moraleda und den Elephantesgolf verfolgen bis zur Wurzel der Halbinsel Taytao, wo die Sohle noch einmal auftaucht, um am Golf von Peñas endgiltig zu verschwinden. Als Richtungswinkel erhalten wir zwischen Los Angeles und dem innersten Punkte des Elephantesgolfes 10^0. Bei der Küstencordillere bestimmt sich die Richtung zwischen dem Nordende der Cordillere von Nahuelbuta und dem Mt. Funk auf Taytao auf 8^0. Westlich dieses Zuges sehen wir nun noch die tertiären Schollen von Arauco bis zur Südspitze von Huamblin,[1]) für die ein Richtungswinkel von $8,5^0$ sich ergiebt. Es erübrigt nun noch der Winkel der Isobathe. Lässt man die bei der vorigen Gruppe erwähnte, durch die Isobathe gebildete Halbinsel als fremdartig ausser Betracht, und misst die Richtung von 73^0 W. Greenwich aus in dieser Weise, so erhält man den Winkel 11^0. Wir sehen hier wieder einen typischen Parallelismus zwischen der Küste und den tektonischen Richtungen, denn wir haben sechs Linienzüge: die Isobathe, die Küste, die tertiären Schollen, zwei Andenzüge und das Längsthal, die fast parallel verlaufen, indem der beträchtlichste Unterschied zwischen ihren Winkeln 3^0 nicht überschreitet. Im Küstenverlaufe selbst freilich ist der Parallelismus nicht besonders ausgebildet, was insbesondere durch die Küstenzacken und durch die Inseln bedingt wird. Gleich am Anfange treffen wir auf die Halbinsel von Arauco, wo das Land fast rechtwinklig mit einem Winkel von 94^0 vorspringt. Durch diesen wie durch die anderen Vorsprünge werden die zahlreichen kleinen Teilstrecken bedingt, die wir hier antreffen. Südlich von 38^0 südl. Br. treffen wir auch wieder einmal auf eine Strecke, die nur um 1^0 von der Hauptrichtung abweicht, und dies auf eine Länge von 104 km. Bei Chocoy Head verlässt die Küstenlinie das Festland und geht zunächst auf die grosse Insel Chiloë über, deren Westküste genau der Gruppenrichtung folgt. Dann kommt abermals ein Küstenvorsprung nach der aus tertiären Schichten aufgebauten

---

[1]) Suess, A. d. E. I, S. 675.

Insel Huafo hinüber, die dem Vorgebirge bei Arauco entspricht. Südlich vom Corcovadogolf werden in dem Gewirr von Fjordinseln die Verhältnisse noch schwieriger. Naturgemäss müssen wir hier die Küstenlinie an der Aussenseite verfolgen und dürfen auch bei der Messung der Küstenlänge die Fjorde und Meeresstrassen nur insoweit in Betracht ziehen, als sie breit offen stehen und so mehr dem Ozeane als der Fjordküste angehören. Freilich ist dabei der Willkür ein grosser Spielraum gelassen. Die Küste verläuft infolge der zahlreichen Inseln sehr unregelmässig und der Parallelismus tritt hier im einzelnen fast ganz zurück. Erwähnenswert ist noch ein zweiter halbinselartiger Vorsprung der Küste über Ypun nach Huamblin, die beide mit der Insel Lemu zusammen die süd-lichsten Spuren des tertiären Zuges bezeichnen. Erst bei der fjordreichen Halbinsel Taytao treffen wir wieder auf günstigere Verhältnisse. Der Küstenparallelismus ist natürlich noch bedeutend geringer als der Richtungsparallelismus, denn selbst mit der oben erwähnten Einschränkung der Küstenmessung ergeben sich für die Gliederung dieser Küste grosse Werte.

Überblick. Werfen wir nun noch einmal einen kurzen Blick auf die gesamte chilenische Küste, so sehen wir, dass sie in der That von einer Geraden nicht allzusehr abweicht. Den bei weitem grössten Teil, von 3700 km nicht weniger als 2900, also fast $4/5$, nehmen die erste und die letzte Gruppe ein, die beide die Rich-tung NzO haben und zusammen einen ganz flachen gegen das Meer unter 176,5° offenen Bogen, genauer stumpfen Winkel bilden. Zwischen beide schiebt sich nun ein zweiter ebenfalls nach dem Meere offener Bogen ein, der einen Scheitelwinkel von 154,5° hat. Bei der . 100-Fadenlinie sind der äussere Bogen mit 175° ge-wölbter, der innere mit 156° flacher als die entsprechenden Bogen der Küste, während die Hauptkette der Anden mit 177,5° und 160° bei beiden die flachsten Bogen bildet. Den Verlauf der Küstencordillere können wir hier nicht in Betracht ziehen, da sie zwar schon weiter nördlich auftritt, aber erst vom Scheitelpunkte des inneren Bogens an geschlossen erscheint, ebenso wie erst hier das chilenische Längsthal beginnt. Auch die tertiären Schollen können wegen ihrer zerstreuten Lage keine Berücksichtigung finden. Vergleichen wir nun die drei Hauptzüge miteinander, so ergiebt sich, dass der äussere Bogen sich nach dem Lande zu verflacht, während der innere seine stärkste Krümmung in der Mitte aufweist.

4. Patagonische Richtung.

Allgemeines.
p = 0,79) Die Schwierigkeiten, die uns bei der Betrachtung des süd-lichsten Teiles der chilenischen Küste aufstiessen, treffen wir in fast noch erhöhtem Masse bei der patagonischen Küste an. Hier haben wir denselben Inselreichtum, und dazu kommt noch, dass die Küste so stark gewölbt ist, dass man eigentlich von einer Hauptrichtung nicht sprechen kann. Wenn wir die Sehne des Bogens als solche genommen haben, so hat dies nur sehr bedingten Wert, und von allen südamerikanischen Hauptrichtungen ist diese die am wenigsten ausgeprägte. Der Parallelismus ist infolgedessen nur gering (0,79). Es wird sich zeigen, dass eigentlich nur in der Mitte der Hauptrichtung ähnliche Richtungen vorwiegen. Da diese Küste auch reiche Gliederung aufweist (2,00), so ist naturgemäss der Küstenparallelismus erst recht sehr niedrig (0,41): π und π' weisen von allen Hauptrichtungen die niedrigsten Werte auf. Die Isobathe weicht bei $154,5^0$ um 4^0 von der Küste ab. Dies wird durch den Umstand veranlasst, dass die Südspitze des Sockels beträchtlich südlicher liegt als C. Hoorn. Eine Gebirgshauptrichtung aber lässt sich weder für diese noch für die nächste Hauptrichtung aufstellen, soll nicht das ganze Bild ein sehr gezwungenes werden. Überhaupt können die Messungen der zweiten und der dritten Gruppe dieser Richtung, sowie alle für die nächste Richtung gefundenen Werte nicht auf denselben Grad der Genauigkeit Anspruch machen, wie die übrigen, da mir für diese Gegend keine Seekarten in genügend grossem Massstabe zur Verfügung standen, und ich die Messungen grösstenteils auf der Opitzschen Karte der Republik Chile im Massstabe $1 : 2\,500\,000$ ausführen musste.

Die gesamte patagonische Strecke lässt sich in drei Gruppen zerlegen, deren erste bis C. Sta. Lucia auf der Cambridge I. reicht. Während nun die Hauptrichtung $150,5^0$, also NWzN ist, haben wir hier bei 0^0 eine rein meridionale Gruppenrichtung vor uns, die uns mehr an die chilenische Hauptrichtung erinnert. Trotzdem müssen wir diese Gruppe zur patagonischen Richtung zählen, einmal wegen des tiefen Einschnittes, mit dem der Golf von Peñas diese Gruppe von der südchilenischen trennt und dann, weil hier die Auflösung der Andenketten in einzelne Berge beziehentlich in Inseln in solchem Grade zugenommen hat, dass bei ihnen von wirklich genauen Richtungsmessungen kaum mehr die Rede sein kann, doch lässt sich immerhin eine ungefähre Bestimmung treffen, freilich ist die Auswahl der Endpunkte etwas willkürlich. Für die Hauptkette der Anden erhalten wir zwischen dem S. Valentin und dem Mt. Payne[1]) 177^0 als Richtungswinkel, wobei wir allerdings berücksichtigen müssen, dass die Andenkette hier vielfach sich gabelt und besonders Zweige in die patagonische Ebene hinaus-

Madre de Dios In. ($p = 0,69$. $pg = 0.79$)

---

[1]) Reclus, N. G. U. XIX, S. 607.

schickt. Für die Inseln dagegen erhalten wir von der Halbinsel Taytao bis zur Insel Hannover 1⁰ als Richtungswinkel. Dieser nähert sich also noch mehr als die Küste chilenischen Verhältnissen. Den gleichen Winkel weist auch die Isobathe auf. Während nun die Gruppe nur 0,69 als Parallelismus zur Hauptrichtung aufweist, ist derselbe zur Gruppenrichtung 0,79. Das Resultat würde noch bedeutend günstiger sein, wenn wir die 295 km nicht einzurechnen hätten, die den Peñasgolf einschliessen. Dann würden grössere Abweichungen fast gar nicht mehr vorkommen.

delaide In.
) = 0,99.
= 1,00) Die zweite Gruppe der patagonischen Teilstrecken nähert sich, wie wir schon oben erwähnt haben, der Hauptrichtuug. Mit 156⁰ Gruppenrichtung hat die Küstenstrecke von C. Sta. Lucia bis C. Noir nur eine Abweichung von 5,5⁰, und auch die einzelnen Teilstrecken weichen um relativ kleine Winkel von diesen beiden Richtungen ab, ja die Teilstrecke von C. Sta. Lucia bis zur Westspitze der Landfall I, die etwa ³/₅ der ganzen Küstenstrecke einnimmt, nähert sich der Gruppenrichtung bis auf 1⁰, und vom Rest weicht mehr als die Hälfte nur um 4⁰ von dieser Richtung ab. Daher haben wir hier den ausserordentlich hohen Richtungsparallelismus von 0,99 zur Hauptrichtung und von fast 1,00 zur Gruppenrichtung, also den höchsten Parallelismus, den es geben kann. Vergleichen wir nun mit der Küstenrichtung den Verlauf der Inselgebirge, so weichen diese von der Hannover I. bis zum Sarmiento mit 144,5⁰ um 11,5⁰ von der Küstenrichtung ab, mit der dagegen die 158⁰ der Isobathe gut übereinstimmen.

West-
feuerland.
p = 0,79.
g = 0,96) Noch weniger als die vorige Gruppe lässt die letzte in ihrer Richtung auf Gebirgszüge sich zurückführen. Sie weicht mit 115,5⁰ annähernd ebensoviel von der Hauptrichtung ab, als die erste Gruppe, aber nach der anderen Seite. Der Richtungsparallelismus ist aber trotzdem viel höher, nämlich 0,79, zur Gruppenrichtung sogar 0,96. Die Isobathe entfernt sich infolge ihres Richtungswinkels von 126,5⁰ nach Süden beträchtlich vom Lande, während das Gebirge vom Sarmiento an fast rein west-östlich streicht.

Überblick Das ganze Gebiet, das von der patagonischen Richtung beherrscht wird, stellt also einen nach dem Meere konvexen Bogen dar, der sich dem Gebirgsbogen der südlichsten Ausläufer der Anden im grossen und ganzen anschliesst, wenn auch nicht in dem Masse, wie bei den nördlicheren Hauptrichtungen dieser Küste, was seinen Hauptgrund darin hat, dass hier die äussere Küstenlinie durchweg auf Inseln verläuft.

5. Feuerländische Richtung.

Die gleichen Nachteile wie bei der patagonischen finden wir (p = 0,91) auch bei der feuerländischen Richtung. Auch hier mangelt uns ein Gebirgszug, der dem Laufe der Küste streng folgt, auch hier sind es durchaus Inseln, auf denen die Küstenlinie verläuft. Trotzdem ist hier der Parallelismus sehr hoch (0,91). Doch ist dies nicht von grosser Bedeutnng, da wir es hier nur mit einer sehr kleinen Küstenstrecke zu thun haben (nur 300 km). Wie das Gebirge weicht auch die Isobathe von der Küste beträchtlich ab; während letztere unter 58^0 verläuft, folgt die 100-Fadenlinie der Richtung $47,5^0$. Der Grund hierfür liegt wie bei der dritten Gruppe der vorigen Hauptstrecke in der weiter südwärts reichenden Spitze des Sockels. In ähnlicher Weise ist ja auch der Südspitze Afrikas die Agulhasbank vorgelagert. Fassen wir unsere Richtung mit der westfeuerländischen Gruppe zusammen, so erhalten wir den Südbogen der Westküste. Das Gebirge bildet dann bei seinem 93^0 geradlinig verlaufenden Zuge vom Sarmiento bis C. St. John die Sehne der beiden Bögen, von denen der der Küste unter $122,5^0$, der der Isobathe unter 101^0, also bedeutend stärker gewölbt ist.

6. Rückblick auf die Westküste.

Werfen wir nun noch einen kurzen Blick auf die eben betrachtete Westküste Südamerikas zurück, so sehen wir, dass zwar zwischen Süden und Norden im Küstentypus ein beträchtlicher Unterschied besteht, indem hier eine glatte Längsküste, dort die Fjordordküste vor uns liegt, aber doch drückt ein grossartiger Zug dieser ganzen 9600 km umfassenden Strecke den Stempel der Einheitlichkeit auf, es ist das Gebirgssystem der Cordilleren. Überall sehen wir, wie dieses die Richtung der Küste angiebt nicht bloss im Verlaufe der Hauptrichtungen, sondern auch bei den kleineren Gruppen, und parallel den Faltenzügen dieses gewaltigen Gebirges, zwischen denen zahlreiche Längsthaler eingesenkt sind, streichen auch die Spalten, die zum Teil den Kontinentalblock Südamerikas umgrenzen, zum Teil in den Vulkanreihen des Kontinentes sich uns zu erkennen geben. Kurz, die südamerikanische Westküste stellt uns ein grossartiges, ja das grossartigste Beispiel dafür dar, wie die Küste durch tektonische Richtungen in ihrem Verlaufe bestimmt werden kann, sie weist den grossartigsten Parallelismus zwischen der Küste und den Leitlinien des Gebirgsbaues auf. Sie zeigt in ihrem Gesamtverlaufe, dass sie trotz der Verschiedenheiten im einzelnen doch nur einer Ursache und einer Zeit ihre jetzige Ausbildung verdankt.

B. Ostküste.

1. Goajira-Hauptrichtung.

Allgemeines.
(p = 0,84) Ganz anders als auf der Westküste liegen die Verhältnisse auf der Ost- und Nordseite Südamerikas. Hier giebt es keine zusammenhängenden Gebirgsmauern, die den Verlauf der Küste auf grosse Strecken hin ihrem bestimmenden Einfluss unterwerfen, hier wirken Gebirge höchstens auf Unterabteilungen der Hauptrichtungen ein, ja vielfach durchquert die Küste sogar die tektonischen Linien. So ist es im allgemeinen hauptsächlich die 100-Fadenlinie, die wir bei der Frage nach dem Parallelismus der Küste mit der Tektonik des Gebietes in Berücksichtigung ziehen müssen, doch auch bei dieser ergeben sich teilweise Schwierigkeiten. Allgemeine Vergleichungen der Hauptrichtungen mit grossen Zügen des Kontinentes sind zumeist unmöglich, da die Gebiete der einzelnen Hauptstrecken zu wenig einheitlich gebaut sind. Dies ist gleich bei der ersten, der Goajira-Richtung der Fall, die die atlantische Küste von Columbia umfasst. Diese bei 48° fasst rein nordöstliche Richtung lässt sich mangels genügender Lotungen nicht im ganzen mit dem Verlaufe der 100-Fadenlinie vergleichen, doch da der Boden zumeist sehr steil abfällt, so werden beide Richtungen nicht sehr auseinander gehen. Mit Gebirgszügen dagegen lässt sich kein Vergleich ausführen, da diese Küste quer vor der grossen nördlichen Verzweigung der Cordilleren liegt. Auch im einzelnen ist der Parallelismus nicht sehr entwickelt, beträgt er doch nur 0,84, und den komplizierten Bau erkennen wir aus der ausserordentlich hohen Diviation von 30,5°, die durch die erste der NzW-Richtung angehörige Teilstrecke verursacht wird, denn verliefe diese wenigstens rein meridional oder nach O zu abweichend, so würde sich nur eine Deviation von 1° ergeben, was ein treffendes Beispiel dafür liefert, von welchen Zufälligkeiten die Bestimmung des mittleren Winkels abhängt.

(p = 0,82) Die Richtung beginnt, wie schon früher erwähnt, am R. Leon und wir haben zunächst die Ostküste des Golfes von Uraba vor uns. Bei der Pta de Caribana biegt die Küste nach NOzO um und weicht bei 57° Neigung zum Meridian nur 9° von der Hauptrichtung ab, der grössere Teil dieser Strecke kommt der Hauptrichtung sogar bis auf 1° nahe. Diese Strecke schneidet den westlichen Cordillerenzug schräg ab bis auf die niedrigen Ausläufer, die östlich davon noch 1° weiter nördlich streben und die Küste in eine fast meridionale Richtung von 5,5° drängen. Der Zug dieser Höhen prägt sich auch in der Richtung des unteren

R. Magdalena aus, der von der Mündung des Cauca an unter 176⁰ nach Norden strömt, also mit der Küste einen Winkel von nicht ganz 10⁰ bildet. Die nächsten Strecken von der Pta. de Canoas an begrenzen die Westcordilleren völlig und schliessen das Delta des R. Magdalena ein.

Nun kommt auf die kurze Entfernung von 102 km die einzige Stelle der atlantischen Küste Südamerikas, die pacifischen Typus aufweist. Denn hier wird der Küstenverlauf bedingt durch die isoliert aufragende Sierra Nevada de Sta. Marta, die durch den R. Rancheria und den zum R. Magdalena abfliessenden R. César von dem andinen System getrennt wird.[1]) Dieses Inselgebirge nun zeigt die gleiche Anordnung der Schichten wie die Anden,[2]) auch bei ihm ist das Vorland eingebrochen, während das Rückland von den Ausläufern der Ostcordilleren eingenommen wird. Vollkommen ist allerdings dieser Parallelismus nicht, denn die Sierra hat 89⁰, die Küste 93⁰ als Winkel. Der Richtungsparallelismus zur Hauptrichtung ist nur gering, während der zur Gruppenrichtung natürlich 1,00 ist, da wir ja hier nur eine einzige Strecke vor uns haben.

Sta. Marta.
$(p = 0,71$.
$pg = 1,00)$

Wir gelangen nunmehr zur Halbinsel Goajira, deren Berge wohl ebenfalls ein isoliertes Massiv vorstellen.[3]) Für die Achse der Halbinsel erhalten wir zwischen dem trachytischen Teta Goajira und dem Guajarepa oder Co. Aceite die Richtung 50⁰. Diese Achse stellt aber nicht etwa eine Bergkette dar, vielmehr streichen hier drei parallele Züge[3]) unter einer Richtung von 140⁰, die wir bei der nächsten Hauptrichtung wiederfinden werden. Die Nordküste der Halbinsel nun hat 54⁰ und die schon der nächsten Hauptrichtung angehörige Südostküste 45⁰ als Winkel. Wir sehen, die beiden Grenzlinien laufen zwar annähernd parallel der Achse, doch verjüngt sich die Halbinsel etwas nach dem Meere zu d. h. nur den grossen Leitlinien nach, denn in Wirklichkeit wird durch die breite Einbuchtung südlich von C. la Vela sowie im Osten durch die Calabozobai die Verbindung mit dem Festlande halsartig eingeschnürt.

Goajira.
$(p = 0,94$.
$pg = 0,95)$

2. Venezuelanische Hauptrichtung.

Ebensowenig als die Goajira-Richtung ist die venezuelanische einheitlich, was wir an der hier ebenfalls ausserordentlichen Deviation erkennen können. Mit der Isobathe verläuft die Küste annähernd parallel, indem jene 96⁰, diese 98,5⁰ als Richtungs-

Allgemeines
$(p = 0,79$.
$bez. = 0,86$
$bez. = 0,90)$

---

[1]) Reclus, N. G. U. XVIII, S. 226. — [2]) Suess, A. d. E. I, S. 687. [3]) Reclus, N. G. U. XVIII, S. 231 ff, 311.

winkel hat. Im einzelnen freilich ist der Parallelismus gering, wenn man die Lagune von Maracaibo und den Golf von Paria einrechnet, auch haben wir dann die grösste Deviation, die wir an der ganzen südamerikanischen Küste finden, nämlich 49,5⁰. Lassen wir die beiden rings von Land umschlossenen Meeresteile weg, so steigt der Richtungsparallelismus bedeutend, und die Deviation nimmt um mehr als die Hälfte ab. Lassen wir nun gar die Halbinsel Paraguana aus dem Spiel, so nehmen beide Werte zu beziehentlich ab, und die Hauptstrecke weist einen Richtungs- parallelismus auf, der höher ist als bei der chilenischen Richtung. Bei der Einzelbetrachtung wollen wir uns nun zunächst auf die äussere Küstenlinie beschränken und die beiden erwähnten Meeres- becken auslassen.

Falcon.
(p = 0,79
ez = 0,94
pg = 0,83
z. = 0,99) Wenn wir von der Ostseite der Halbinsel Goajira absehen, die wir schon im vorigen Abschnitte erwähnt haben, bietet uns die erste Gruppe die Küste von Falcon dar. Diese hat vom Ausgang der Lagune von Maracaibo bis Pta Zamuro eine Richtung von 80⁰. Gestört wird diese Strecke, die sonst sehr hohen Parallelismus zeigen würde, besonders zur Gruppenrichtung, durch die Halbinsel Paraguana, die allerdings selbst zwei schöne Beispiele für den Parallelismus benachbarter Küsten unter sich zeigt. Einmal unterscheiden sich die Richtung der Westküste des Isthmus von Medanos und die der gesamten Ostküste von Halbinsel und Isthmus nur um 2⁰, und dann kommt die Südküste des Golfes von Coro der Südküste der Halbinsel bis auf 4,5⁰ nahe. Letztere nähert sich sogar der Gruppenrichtung bis auf 0,5⁰. Diese Gruppe stellt die Südküste des Golfes von Maracaibo dar und ist weder durch die 100-Fadenlinie noch durch den Verlauf eines Gebirgs- zuges beeinflusst, nur auf Paraguana streichen zwei niedere Höhen- züge, von denen der südliche vom Ripana über den Santa Ana zum Matibidiro 66⁰, der nördliche 74⁰ als Richtung hat, die also annähernd der Küste parallel sind.

Curaçao.
p = 0,80 .
g = 0,87) Nun treffen wir auf eine Gruppe, die beträchtlich von der Hauptrichtung abweicht. Bis zur Pta del Patanemo streicht nämlich die Küste unter 136⁰, und gleichen Winkel hat auch die Isobathe. Ähnliche Winkel finden sich noch mehrfach. Für die Ketten von Goajira hatten wir die Richtung 140⁰ gefunden. Auch die Achsen der hier vorgelagerten Inseln gehören hierher, wir erhalten für Aruba zwischen dem North Pt. und Pta. Cerrito Colorado 138⁰, für Curaçao zwischen dem St. Christoffel und dem Tafelberg westlich Cañon Pt. 130⁰, für die NW-Diagonale des gebirgigen Nordens von Buen Ayre ebenfalls 130⁰. Auch die Ostküste von Paraguana mit 151⁰ dürfte durch diese Richtung beeinflusst sein. Wir haben es hier in Wirklichkeit mit einem Parallelismus mit tektonischen

Richtungen zu thun, denn die Isobathe bezeichnet hier thatsächlich eine den Gebirgsverlauf durchquerende Spalte, den Steilabhang des Kontinentes nach dem karibischen Meere hin, denn zwischen dem Festland und den genannten Inseln finden sich Tiefen bis zu 1000 Faden. Die Form der Inseln dürfte übrigens nur durch Bruchlinien verursacht sein, wir haben in ihnen möglicherweise die letzten Reste eines dem venezuelanischen Gebirge annähernd parallelen Zuges vor uns.[1])

War bisher der Einfluss der Gebirge auf den Küstenverlauf sehr gering gewesen, so sehen wir ihn von nun an bestimmend eingreifen. Es zieht sich in ost-westlicher Richtung unter 86°—88° Neigung zum Meridian das venezuelanische Küstengebirge hin, das seine Rückseite dem karibischen Meere zukehrt, freilich wird es einmal unterbrochen. Diese Gegend erinnert uns, wie Suess[2]) erwähnt, einigermassen an das westliche europäische Mittelmeer. Wie bei diesem der Apennin im Osten, der Atlas im Süden dem Einbruchsbecken ihre Innenseite zukehren, so hier in ganz ähnlicher Weise die Antillen und unser Küstengebirge. Hier wie dort finden wir innerhalb des östlichen Bogens starke vulkanische Thätigkeit. Die dem Atlas folgende Küste ist sogar der venezuelanischen fast parallel, indem ihr Richtungswinkel von Ceuta bis C. Blanco etwa 85° beträgt. Doch während der Atlas ununterbrochen verläuft, ist, wie schon erwähnt, das karibische Meer durch die Küstenkette gebrochen, und so haben wir hier drei Gruppen zu unterscheiden. Die erste ist die von Miranda, die fast geradlinig (Gliederung nur 1,07) unter 84,5° nach Osten streicht, während das Gebirge vom Tetas de Hilaria bis zum Caculo unter 86° verläuft, um dann am C. Codera abzubrechen. Die Isobathe dagegen hat nur einen Winkel von 83°. Die ganze Küste erinnert etwas an die pacifischen Verhältnisse, obwohl sie sich ihrem Baue nach eher mit der brasilischen Längsküste vergleichen lässt.

Es folgt nunmehr der Golf von Barcelona, der die Küstenkette durchschneidet. Nichtsdestoweniger finden sich auch an seiner Küste noch Höhenzüge, denn das venezuelanische Gebirge erfüllt den ganzen Raum bis zum Orinoko, dessen Unterlauf von der Apuremündung an die Richtung 81° innehält. Diese Einbuchtung der Küste wird übrigens von der Isobathe nicht geteilt, vielmehr tritt diese nach dem Meere zu vor, sodass die Verwerfungen, die diesen Teil der Küstenkette in die Tiefe sinken liessen, keine allzugrosse Sprunghöhe aufweisen.

Bei Pta. Araya setzt sich die durchschnittene Kette wieder fort und veranlasst einen Küstenrichtungswinkel von 86,5°. Bei

Marginal notes:
Miranda.
(p = 0,97
pg = 1,00)

Golf
v. Barcelona
(p = 0,92)

Paria.
(p = 0,97.
pg = 0,99)

---

[1]) Reclus, N. G. U. XVIII, S. 97. — [2]) Suess, A. d. E. I, S. 688, 709.

der Betrachtung der Gebirgsrichtung unterscheiden wir am besten zwischen der Kette der Halbinsel Paria, die zwischen dem Guaranache und dem Berge südöstlich von Francisco Pt. unter 88° verläuft, und der von Trinidad, die vom Berge bei Entrada Pt. bis zum Cerro Oropouche die Richtung 86° hat. Diese Teilung lassen wir deshalb eintreten, weil die Bocas de Dragos wahrscheinlich eine Verwerfung[1]) darstellen und die Kette von Trinidad etwa 5 km südlicher beginnt, als die Kette von Paria endigt. Darauf lässt auch die über 100 Faden betragende Tiefe der Boca grande dieses „Drachenschlundes" schliessen. Unsere Richtung findet sich aber noch weiter vor. Zunächst hat einen Winkel von 89,5° die Südküste des Golfes von Cariaco, der ein überflutetes Längsthal darstellt,[2]) und die durch die Berge von Cumaná beeinflusst wird, die mit der Küstenkette annähernd parallel verlaufen, aber keinen regelmässigen Zug darstellen.[2]) Ferner hat einen Winkel von 87° die Achse der Insel Margarita vom Macanao zum Matasiete[3]), und einen solchen von 85° die der kleinen Insel Cubagua. Die Isobathe dagegen, die sich hier ziemlich weit von der Küste entfernt, weicht etwas mehr davon ab, indem sie im östlichen Teile unter 91,5° verläuft, während sie im Westen in grossem Bogen nach Norden biegt. Was nun die eigentliche Küste von Pta. Araya bis Galera Pt. anlangt, so ist diese in ihrem Einzelverlaufe ausserordentlich parallel zur Gruppenrichtung, beträgt doch die grösste Abweichung nur 5,5°. Interessant, wenn auch wahrscheinlich nicht ursächlich zusammenhängend, ist, dass auch die Südküste von Trinidad mit 84,5° dieser Richtung sehr nahe steht.

Überblck. Ehe wir nun auf die beiden einstweilen übergangenen Meeresteile zu sprechen kommen, können wir das bisher gefundene kurz zusammenfassen. Es ergiebt sich, dass die vorwiegende Richtung zwischen 80° und 90° liegt, also fast rein östlich ist. Zwischen den drei Strecken, die dieser Richtung folgen, finden wir aber drei, die sie steil durchschneiden oder wenigstens unterbrechen, indem anfangs noch die Goajirarichtung einwirkt, dann der Absturz nach Curaçao hin das Land abschneidet und endlich die Küstenkette durch die Bucht von Barcelona unterbrochen wird, statt im Bogen bis Trinidad zu verlaufen. Dieser Küstenbogen würde übrigens ebenso wie der Gebirgsbogen einen Scheitelwinkel von 178° haben, also ausserordentlich flach nach dem Meere zu gewölbt sein.

Lagune .Maracaibo. p = 0.57) Wenden wir uns nun der Lagune von Maracaibo zu, so sehen wir, dass diese ungefähr senkrecht zum Küstenverlaufe steht, infolge-

---

[1]) Suess, A. d. E. I, S. 688. — [2]) Reclus, N. G. U. XVIII, S. 113. — [3]) Reclus, desgl. S. 95.

dessen weichen ihre Küstenstrecken ausserordentlich, zum Teil fast rechtwinklig von der Hauptrichtung ab. Die Küsten selbst sind zu weit vom Gebirge entfernt, als dass dieses Einfluss auf ihren Verlauf haben könnte. Die Westküste der Lagune wird von Flachland gebildet, ebenso der grösste Teil der Südküste. Wir haben hier das Tiefland von Zulia vor uns, an der Ostküste aber treffen wir auf Höhenzüge. Da nun rings um die Ebene von Zulia die die Berge steil abstürzen,[1]) und man infolgedessen leicht zur Vermutung kommen kann, dass es sich hier um ein Einbruchsbecken handelt, das allmählich durch Sedimente ausgefüllt wird, so würden wir in der Ostküste eine Bruchlinie erkennen müssen. Da nun diese Strecke den Richtungswinkel 153^0 aufweist, der den Winkeln der benachbarten Querbruchzone von Curaçao sich nähert, so wird die Vermutung noch bestärkt, dass es sich hier thatsächlich um eine Verwerfungsspalte handelt. Dass gerade hier der alte Bruchrand am besten bewahrt ist, erklärt sich daraus, dass das Gebirgsland von Falcon und Lara durch den Tocuyo hauptsächlich nach Osten entwässert wird und sowohl deshalb als wegen seiner geringen Höhe nur wenig Ausschüttungsmaterial für den Einbruch liefern konnte, ganz im Gegensatz zu den hohen Gebirgen im Westen und Süden, der Sierra Nevada de Sta. Marta und den Cordilleren von Merida. Eine schmale Ausschüttungszone findet sich natürlich auch im Osten, in ihr ist die Cienega de Lagunillas wohl ein Rest der einst grösseren Wasserfläche, wie wir solche Reste im Südwesten ausserordentlich zahlreich finden. Die Lagune von Maracaibo ist übrigens in ihrem jetzigen Zustand ein amphibisches Gebilde, sie ist eigentlich mit ihren ganzen 21740 qkm[2]) Küste, denn sie gehört dem Meere nur insofern an, als Ebbe und Flut sich in ihr mit einer Differenz von einigen Centimetern bemerklich machen, während ihr grösstenteils süsses Wasser sie dem Lande zuweist.[2]) Wenn wir sie nun in unsere Betrachtung einbezogen haben, so geschieht dies hauptsächlich aus dem Grunde, weil wir sie als Rest eines Einbruchsbeckens betrachten, und weil wir hier die Curaçaorichtung wiederfinden.

Wie die Lagune von Maracaibo eine flache Pfanne vorstellt, die zwar in der Mitte 150 m tief ist, an ihrem Eingange aber 3 m nicht überschreitet,[2]) so auch der Golf von Paria, der gar nur Tiefen bis zu 37 m aufweist, wenn wir von seinem nördlichen Eingange absehen, der, wie wir sahen, wahrscheinlich eine Verwerfung darstellt. Die Längsachse dieses Golfes ist zwar

Golf
von Paria.
(p = 0,79)

---

[1]) Sievers, Amerika, S. 141. Vergl. Geologische und Orographische Karte des nördlichen Venezuela von Sievers. — [2]) Reclus, N. G. U. XVIII, S. 138.

5 *

der äusseren Küste parallel, doch weicht er trotzdem in seinen
Grenzlinien beträchtlich von der Hauptrichtung ab. Die Richtung
seiner Küsten wird nur im Norden durch Gebirge bedingt, wo
sie auch von der Pariarichtung nur um 12,5⁰ bez. 17,5⁰ abweicht. Im übrigen haben wir Schwemmlandküste vor uns, ganz
im Süden den westlichsten Teil des Orinokodeltas, wo von keiner
tektonischen Beeinflussung mehr die Rede sein kann, zumal es
sich hier ja nicht um Küsten eines offenen Ozeanes handelt. Bei
aller Ähnlichkeit zwischen den beiden jetzt betrachteten Meeresteilen
ergiebt sich aus alledem der wichtige genetische Unterschied, dass
die Lagune von Maracaibo ein allmählich sich ausfüllendes In-
gressionsbecken darstellt, während der Golf von Paria eine Trans-
gressionsmulde ist, deren Überflutung aber möglicherweise durch
die nördliche Verwerfung verursacht worden ist. Übrigens wird
auch dieses Becken wahrscheinlich durch die Sedimente des
Orinoko ausgefüllt werden, wenn nicht eine positive Strandbewegung
ihm zu Hilfe kommt.

3. Guayana-Hauptrichtung.

Allgemeines.
(p = 0,89)
Wir kommen nunmehr zu einer ausgeprägten Quer- bez.
Schwemmlandküste, dem Gebiete der Guayanarichtung. Diese
liegt quer vor der Streichungsrichtung der Berge von Guayana
und Brasilien, also der ganzen brasilischen Masse. Demgemäss
kann hier von keinem Parallelismus mit Gebirgszügen die Rede
sein, vielmehr bietet uns hier nur die 100-Fadenlinie einen Anhalt zur Vergleichung und da finden wir einen hohen Parallelismus,
denn sowohl für die Küste von Pt. Galera bis C. Calcanhar als
auch für die Isobathe von Tobago, wo sie aus der westlichen
Richtung in die nordwestliche umschwenkt, bis zu ihrer Biegung
bei Calcanhar erhalten wir als Richtung 122,5⁰ also NWzN. Auch
der Richtungsparallelismus dieser Hauptstrecke ist sehr hoch.
Endlich ist noch die durchschnittliche Grösse der Teilstrecken zu
erwähnen, die 146 km beträgt, sodass Guayana von allen grossen
Hauptstrecken den höchsten Wert für diese Grösse ergiebt. Wenn
wir die Küste oben als Querküste bezeichneten, so ist dies zwar
in dem tektonischen Aufbau des Landes begründet, im Einzelverlaufe der Küstenlinie tritt dies aber wenig hervor, besonders stossen
wir nie auf die Form der Riasküste. Vielmehr ist zu einem
grossen Teile die alte Masse von gewaltigen Sedimenten der
jüngsten Zeit bedeckt. So haben wir bei unserer Strecke nach
dem typischen Charakter vier Teile zu unterscheiden. Zunächst
kommt die Schwemmlandküste des Orinokogebietes, dann die Küste
entlang dem Gebirge von Guayana, vor dem allerdings ebenfalls

zum grossen Teile ein Schwemmlandstreifen liegt.[1]) Weiter folgt
das weite Tiefland des Amazonenstromes und des R. Pará und
endlich von der Mündung des Parnahyba ab die Querküste vor
dem eigentlichen brasilischen Gebirge. Wollen wir nun die einzelnen Teilstrecken nach ihrer Richtung in Gruppen zusammenfassen,
so müssen wir zwar auch vier Gruppen bilden, doch decken sich
diese nicht mit den Küstentypen, vielmehr umfasst die erste Gruppe
ausser dem ersten Typus auch einen Teil des zweiten, in dessen
Rest sich die zweite und dritte Gruppe teilen, während die beiden
letzten Typen die vierte Gruppe bilden. Ausser Betracht müssen
wir bei diesen Einteilungen die Küsten der Insel Trinidad lassen,
die eigentlich in ihrer Gesamtheit ebenso wie der Golf von Paria
ihrer Lage nach der venezuelanischen Richtung angehört, bei der
wir sie auch mit besprochen haben.

Die erste Gruppe umfasst die Küste vom Foleto Pt. bis zur
Mündung des Corentyne, wovon der venezuelanische Anteil dem
ersten Typus, der britische dem zweiten angehört. Der erstere
Teil wird fast ganz von dem gewaltigen Delta des Orinoko ein-
genommen. Der Verlauf der Isobathe stimmt bei dieser, wie bei
allen anderen hierher gehörigen Gruppen, nicht allzusehr mit der
Küstenrichtung überein, denn diese beträgt $129,5^0$, jener 136^0. Die
Küstenrichtungen weichen im allgemeinen nicht sehr von der
Gruppenrichtung ab, die grösste Abweichung beträgt noch nicht 30^0
und ausserdem fallen die grössten Abweichungen auf die kleinsten
Teilstrecken, während die grösste 163 km lange Strecke dieser
Gruppe bis auf $0,5^0$ der Gruppenrichtung nahe kommt. In ihrer
äusseren Erscheinung charakterisiert sich die ganze Küstenstrecke
dieser Gruppe dadurch, dass sie drei flach nach dem Meere ge-
wölbte Bogen bildet, deren erster dem Orinokodelta entspricht,
während die anderen das Land zwischen dem Orinoko und Esse-
quibo bez. zwischen diesem und dem Corentyne umspannen.
Diese Bogen flachen sich übrigens nach Süden zu ab, sodass der
erste der gewölbteste ist.

Orinoko.
(p = 0,95
pg = 0,96)

An zweiter Stelle betrachten wir die Küste von Niederländisch-
und Französisch-Guayana, die einen Richtungswinkel von $106,5^0$
hat, von dem die Richtung der Isobathe mit 111^0 nicht allzusehr
abweicht. Diesen Teil der Küste können wir kaum mehr als
Querküste bezeichnen, wenn sie auch hier ebenfalls nur einem
Bruchrande ihre Gestalt zu verdanken hat, der durch keinen Ge-
birgsbildungsprozess veranlasst wurde. Die Gebirge von Guayana,
wenigstens von dem Teile, der europäischen Mächten gehört,
streichen soweit dies bekannt ist von West nach Ost[2]) ebenso wie

Guayana.
(p = 0,93
pg = 0,96)

---

[1]) Suess, A. d. E. II, S. 161. — [2]) Sievers, Amerika S. 71.

ihre Schichten[1]) und entfernen sich also ihrer Richtung nach nicht sehr weit von der Küste. Ziemlich nahe kommt dieser das System der Tumuc-Humacberge, dass die Richtung WNW hat,[2]) indem die beiden ausgeprägten Ketten im Westen desselben, die Chaînon de la Dent und die Kette mit dem Temomaïrem und Timotakem[2]) beide den Richtungswinkel 111° haben, der auch im ganzen System vorherrscht. Nach Osten hin freilich divergieren die einzelnen Zweige.[2]) Die Küste selbst stellt eine flache Wölbung dar, die durch drei grosse Teilstrecken gebildet wird, sind sie doch im Durchschnitt fast genau so gross als in Nordperu. Die letzte und grösste dieser Strecken ist dabei vollkommen mit der Hauptrichtung parallel. So muss denn hier der Richtungsparallelismus zu Haupt- und Gruppenrichtung sehr gross sein.

Ostguayana.
(p = 0,71 .
pg = 0,91) Hatten die beiden ersten Gruppen sich in ihrer Richtung nicht sehr von der Hauptrichtung entfernt, so thut dies umsomehr die folgende, die 161° Richtung hat, während die entsprechende Isobathe mit 135° der Hauptrichtung viel näher kommt. Diese Gruppe umfasst die Küste von Brasilisch-Guayana und ist im Gegensatz zur vorigen eine ausgeprägte Querküste, wenn auch besonders hier dem Gebirge ein breiter Schwemmlandstreifen vorgelagert ist,[1]) denn auch in Brasilien streichen die Schichten nördlich des Amazonenstromes noch west-östlich.[1]) In ihrem südlichsten Teile treffen wir auf eine vollkommene Schwemmlandküste, denn unsere Gruppe reicht bis zur Insel Caviana im Ästuar des Amazonenstromes. Durch ihre grosse Abweichung von der Hauptrichtung erklärt sich ihr geringer Parallelismus zu derselben, während derselbe zur Gruppenrichtung gut entwickelt ist. Letzterer würde noch bedeutend höher sein, wenn nicht im Süden durch zahlreiche Schwemmlandsinseln das Küstenbild ein unregelmässigeres würde.

Nord-
brasilien.
(p = 0,94 .
pg = 0,96) Am Amazonenstrom beginnt nun endlich die letzte und grösste Gruppe, die mit 111° Neigung der Hauptrichtung wieder nahe kommt, was in noch höherem Grade die Isobathe mit 110° thut. Diese Gruppe zeigt wieder schönen Parallelismus zu den beiden wesentlichen Richtungen, indem die Zahlenwerte 0,94 bez. 0,96 betragen. Besonders die ersten Teilstrecken, die noch dem Schwemmlandgebiete angehören, bis zur S. Marcos Bai fallen fast mit der Gruppenrichtung zusammen. Die Inseln, die auf dieser Strecke dem Festlande vorgelagert sind, sind nur durch schmale Meeresarme von der Küste getrennt und demgemäss ist die zu messende Küstenlinie hier an ihrer Aussenseite hinzuführen. Jenseits der eben erwähnten Bucht sehen wir nochmals eine Strecke, die nur um 5° von der Gruppenrichtung abweicht, dann beginnt

---

[1]) Suess, A. d. E. II, S. 161. — [2]) Reclus, N. G. U. XIX, S. 13.

am Parnahyba die Querküste des brasilischen Hochlandes, die zwar die Gruppenrichtung nicht mehr so ausgeprägt zeigt, aber doch auch nie mehr als 23^0 von ihr abweicht. Die Isobathe, die bisher der Küste ziemlich fern verlief, nähert sich ihr hier bis auf 33 km. Auf dieser zweiten Hälfte der nordbrasilischen Gruppe ist der Küstenverlauf nicht so glatt wie im Tieflande, wo er bis auf die erwähnte Einbuchtung fast geradlinig verläuft, vielmehr stellen die vier hierhergehörigen Teilstrecken eine volle Welle dar, die im ersten Teile mit 152^0 gegen das Meer, im zweiten mit $143,5^0$ gegen das Land gewölbt ist. Gegen die Auffassung dieser Küstenstrecke als Querküste scheinen die Bergzüge in Ceara und Rio grande do Norte zu sprechen, die nordwestliche Richtung haben, doch verdanken diese Ketten nicht der Gebirgsfaltung ihre Existenz, sondern der Erosion.[1] Übrigens finden solche Höhen sich auch westlich des Parnahyba, sodass dieser nicht eine scharfe Grenze zwischen Bergland und Flachland bildet, sondern nur Zonen des Vorwiegens des einen oder des anderen von einander scheidet.

Im ganzen stellt die der Guayanarichtung angehörige Küsten- Überblick. strecke sich uns als ein flacher nach dem Meere offener Bogen dar mit einem Scheitelwinkel von $161,5^0$. Innerhalb dieses Bogens liegt ein kleinerer mit $125,5^0$ nach dem Meere gewölbter, der den grössten Teil der Küste von Guayana bildet und durch das Hochland von Guayana verursacht wird. Eine kleine Verwölbung der Küste finden wir auch am Ende der letzten Gruppe, sie entspricht dem inneren Teile des brasilischen Gebirges, während der dem Meere näher gelegene Teil ins C. Calcanhar ausläuft. Zwischen diesen beiden Vorsprüngen liegt der einspringende Teil der oben erwähnten Wellenlinie, der dem das Gebirge teilenden Längsthalsystem entspricht.

4. Brasilisch-Argentinische Richtung.

Wir haben nun noch die letzte und grösste der Haupt- Allgemeines richtungen des südamerikanischen Kontinentes ins Auge zu fassen, $(p = 0,73)$ die die SO-Grenze dieses Erdteiles bezeichnet. Über die Gründe, die uns diese lange Strecke als einer Hauptrichtung angehörig erscheinen lassen, ist schon früher gesprochen worden. Auch hier wie bei den anderen Teilen der Ostküste ist es kein einheitlicher Zug von Gebirgsketten, der uns bei der Bestimmung der Hauptrichtung hätte leiten können, sondern einzig und allein der Verlauf der Grenzlinie des Kontinentalsockels, während wir längs der eigentlichen Küste auf zwei wesentlich verschiedene Typen stossen.

---

[1] Reclus, N. G. U. XIX, S. 219.

Wir haben deshalb diese Hauptrichtung in zwei Unterrichtungen geteilt. Einmal haben wir die brasilische Längsküste, die aber atlantischen Typus zeigt, indem hier die Gebirgszüge am Meere liegen, die die ältesten Schichten führen, während es beim pacifischen Typus gerade umgekehrt ist. Im Süden aber schliesst sich hieran der argentinische Teil, in dem wir wieder eine Querküste vor den südlichen Verzweigungen der Anden zu sehen haben, zwischen denen Schwemmlandbildungen sich ausbreiten. Für die Küste ergiebt sich nun von C. Calcanhar bis C. St. John auf der Staten I. die Richtung 25⁰ d. h. NNO. Die Isobathe hat denselben Winkel und weicht in ihrem Gesamtverlaufe sogar weniger davon ab als die Küste. Diese hat nur geringen Richtungsparallelismus (0,78), was bei dem grossen Bogen, den die Küste beschreibt, nicht zu verwundern ist.

a. Brasilische Unterrichtung.

llgemeines.
p = 0,84 .
u ::= 0,85)

Wir wenden uns nun zunächst dem ersten Hauptteile dieser Küste zu, der brasilischen Längsküste. Der Hauptunterschied zwischen dieser und der Westküste des Kontinentes ist nun der, dass die Ketten, auf die wir hier stossen, zum grossen Teile der Erosion ihren Ursprung verdanken, und dass wir, um die Richtung des Gebirges zu erkennen, hauptsächlich auf die Längsthäler angewiesen sind, wie wir bei näherer Betrachtung sehen werden. Trotzdem weist unsere Richtung auf der ganzen Ostküste die grösste Einheitlichkeit auf. Die Küste hat von P. de Coqueiras, dem östlichsten Punkte des Festlandes bis C. Polonio die Richtung 33⁰, also 8⁰ Abweichung von der Hauptrichtung. Ziehen wir nun zunächst die Richtungslinie des grossen Längsthalsystemes,[1]) das das brasilische Hochthal teilt, die von Sta. Rosa am Uruguay über Marcos am S. Francisco nach der Mündung des R. Jaguaribe geht, so erhalten wir als deren Richtungswinkel 35⁰. Für die Achse des östlich davon gelegenen Berglandes ergiebt sich zwischen C. Calcanhar und Brava Pt. bei Montevideo 32,5⁰ als Richtung, während der westliche Teil zwischen dem Tapage Pt., dem äussersten Vorsprung des bei der nordbrasilischen Gruppe erwähnten Bogens, und dem Pao de Athio auf der Wasserscheide zwischen Tocantins, Parana und Paraguay die Richtung 44⁰ aufweist. Das Längsthal des Parnahyba endlich kommt mit 39⁰ der Küstenrichtung wieder näher. Es ergiebt sich hieraus, dass die beiden Hauptteile des Gebirges und das sie trennende Längsthal nach Norden konvergieren, und diesem Streben schliesst sich auch die 100-Fadenlinie an, denn für diese ergiebt sich von ihrer östlichsten

---

[1]) Nach Suess, A. d. E. II, S. 161.

Stelle bei P. de Coqueiras bis gegenüber C. Polonio ein Winkel
von 30,5°. Doch während hier die Küste ihr Wesen ändert, setzt
sich die brasilische Richtung in der Isobathe noch bis über den
44.° südl. Breite hinaus fort, denn berechnen wir die Richtung
bis zu diesem Punkte, so erhalten wir 31°, also fast genau dasselbe Resultat wie vorhin. Wenn wir nun die Strecke nördlich
von P. de Coqueiras unberücksichtigt lassen, können wir fünf
Gruppen unterscheiden, von denen die vier ersten durch Gebirgsbau
und Isobathenverlauf Analoga finden.

Die erste Gruppe reicht bis Cajuhiba unweit Bahia mit einem
Richtungswinkel von 35°, von welcher Richtung auch die Isobathe
mit 37° nur unwesentlich abweicht. Fassen wir nun das Gebirge
ins Auge, so weist das Thal des R. Jaguaribe von seinem westlichsten Punkte bis zur Mündung 40° auf, während die S. Francisco von Barra bis Marcos mit 34,5° der Küste vollkommen
parallel fliesst, während er von letztgenanntem Orte an sich ostwärts wendet, um das Gebirge zu durchbrechen. Ebenfalls genau
parallel mit der Küste verläuft die Serra dois Irmãos,[1]) während
ihre südliche Fortsetzung, die Serra do Piauhy,[1]) 44° als Richtung
hat. Beide Ketten sind die bedeutendsten nordwestlich des
S. Francisco. Parallel der Küste verlaufen auch die meisten Ketten
rechts vom Strome, doch haben wir hier nicht die einzelnen Ketten
einer genauen Messung unterzogen, da sie ja eben vielfach nur
von der Erosion herausgebildete Höhen sind und wir bei der
Vielheit solcher Züge nur die bedeutendsten herausgreifen können.
Auch im einzelnen weist unsere Küste zu allen drei wesentlichen
Richtungen hohen Parallelismus auf, wie auch die Deviation fast
0° ist. Im grossen und ganzen verläuft diese Küstenstrecke sehr
glatt, die einzelnen Teilstrecken sind sehr wenig gegliedert mit
Ausnahme der letzten, wo wir die reich gegliederte Bahia de Todos
os Santos treffen.

Die Küste schlägt nun bis C. S. Thomé mit 12,5° eine
NzO-Richtung ein, und auch hier sehen wir das Längsthal des
S. Francisco fast gleiche Richtung verfolgen, denn für die ganze
durch neun Breitengrade sich hinziehende Strecke vom Knie des
Stromes in der Mitte zwischen den Orten Bambuhy und Formigo,
kurz nachdem er von der Serra da Canastra[2]) heruntergeflossen
ist, bis nach Barra hält das Thal, abgesehen von zwei nach W
gewölbten Bogen, die Richtung 15° inne. Dieselbe Richtung weisen
die westlich von ihm sich hinziehenden Ketten der Sa. do Paranan,
da Tabatinga und do Duro auf, die allerdings Erosionsgebirge[3])

Marginal notes:
Unterer S. Francisco. (p = 0,96. pu = 0,97 pg = 0,98)

S. Francisco. (p = 0,94. pu = 0,95 pg = 0,96)

---

[1]) Reclus, N. G. U. XIX, S. 219. — [2]) Reclus, desgl. Seite 258. —
[3]) Reclus, desgl. S. 204. —

sind, aber doch ihre Richtung dem grossen Längsthale verdanken, während ihr Westabhang von dem meridional fliessenden Tocantins eingeschnitten ist. Nach der Küste zu treffen wir vom Knoten von Barbacena[1]) unter 14^0 nach NzO strebend die Serra de Espinhaço an, die ziemlich bedeutende Höhen aufweist[1]), ebenso wie die der Küste noch näher liegende Serra dos Caymores Aymores, die vom Massiv von Capazão[2]) unter 14^0 fast dieselbe Richtung innehält. Die Isobathe dagegen weicht mit 9^0 nach der anderen Seite hin von der Küstenlinie ab, indem sie nach Süden zu sich weiter von der Küste entfernt. Sie weist übrigens auf unserer Strecke einen ziemlich unregelmässigen Verlauf auf, indem sie zwischen 17^0 und 20^0 südl. Breite eine Halbinsel umschliesst, die von ziemlich seichtem Meere bedeckt ist und die Abrolhas-klippen umschliesst. Der Parallelismus der einzelnen Küstenstrecken ist auch hier ziemlich bedeutend. Eine besondere Eigentümlichkeit dieser Gruppe besteht in der Abwechslung zwischen einer meridionalen und einer nordöstlichen Richtung, denn zwischen drei Strecken, die nur bis zu 3^0 vom Meridiane abweichen, liegen zwei vor der Richtung NO bez. NOzN. Unter den meridionalen Strecken finden wir hier übrigens den Teil der südamerikanischen Küste, der am längsten seine Richtung beibehält: von Cajuhiba bis Baleine Pt. verläuft die Küste 506 km lang unter 2^0.

Paranahyba.
(p $= 0,75$.
pu $= 0,76$
pg $= 0,93$)

Hatte bei den beiden ersten Gruppen das Längsthal des S. Francisco sich als parallel zur Küste erwiesen, so spielt im weiteren dieselbe Rolle das Thal des Parana bez. seines ersten grösseren Nebenflusses oder besser rechten Quellflusses, des Paranahyba. Die erste der beiden südlichen Gruppen hat bis zur Guaratuba B. die Richtung 61^0, also NOzO. Das genannte Längsthal nun verfolgt von Porto Real an der zweiten grossen Biegung des S. Marcos, wo dieser aus der meridionalen in die nordöstliche Richtung umbiegt, bis zur Einmündung des Ivahy in den Parana die Richtung $56,5^0$. Zwar verläuft das Thal nicht geradlinig, sondern vielmehr in flachem Bogen, aber gerade dadurch schliesst es sich der Küste noch mehr an, denn auch diese geht aus einer mehr äquatorialen in eine mehr meridionale Richtung über. Von Gebirgszügen ist zunächst im Innern des Landes die Serra Cayapó[3]) zu nennen, die die Quellen des Araguaya birgt und 55^0 als Richtung hat. Nach der Küste zu treffen wir auf die von dem bei der vorigen Gruppe erwähnten Gebirgsknoten aus gehende Serra da Mantiqueira,[4]) die die höchste Erhebung des brasilischen Hochlandes darstellt und mit 61^0 der Küste voll-

---

[1]) Reclus, N. G. U. XIX, S. 254—255. — [2]) Reclus, desgl. S. 256. — [3]) Reclus, desgl. S. 206. — [4]) Reclus, desgl. 298.

kommen parallel verläuft. Der höchste Gipfel der Kette scheint übrigens jungvulkanisch[1]) zu sein. Fast parallel mit diesem Zuge streicht bei 57⁰ die ebenfalls ziemlich hohe Serra do Mar ebenfalls mit Hinweisen auf früheren Vulkanismus.[2]) Zwischen beiden Ketten liegt das Längsthal des Parahyba do Sul, der von seinem westlichsten Punkte bis zu seiner Biegung vor der Enge von S. Fidelis[3]) 65⁰ als Richtung hat. Auch die Isobathe kommt mit 59,5⁰ der Küstenrichtung sehr nahe, wenn sie auch in ziemlicher Entfernung vom Lande sich hinzieht. Im einzelnen bietet diese Gruppe ein ganz anderes Bild dar, als die beiden vorigen; wir haben hier nicht mehr eine aus fast geradlinigen wenig gegliederten Strecken zusammengesetzte Küste vor uns, vielmehr stellen hier die Teilstrecken zumeist Sehnen von Einbuchtungen vor, die zum Teil eine sehr reiche Gliederung aufweisen. Parallelismus zur Hauptrichtung und Unterrichtung ist, wie sich das infolge der grossen Abweichung der gesamten Gruppe von beiden erwarten liess, nur in geringem Masse vorhanden, umsomehr aber zur Gruppenrichtung, da gerade die grossen Strecken sich dieser sehr nähern.

Es verbleibt nun von der brasilischen Längsküste noch die letzte Gruppe zu betrachten, die bis C. Polonio reicht und den Richtungswinkel 28⁰ hat, also von allen Gruppen der Hauptrichtung am nächsten kommt, während dies die erste Gruppe in Bezug auf die Unterrichtung thut. Parallel mit der Küste läuft ziemlich entfernt von ihr die 100-Fadenlinie unter 28,5⁰. Nicht so günstig steht das Verhältnis zum Gebirge. Das Längsthal des Parana setzt sich jenseits der Sierra del Iman, die den Strom zur Umbiegung nach Westen zwingt, im Uruguay fort, und für beide Thäler erhalten wir vom Ivahy bis Sta. Rosa an der Grenze zwischen Brasilien, Uruguay und Argentinien 22⁰ als Richtung. Auch hier beschreiben Längsthal und Küste einen flachen Bogen, doch ist dieser nach dem Meere zu gewölbt. Der Parana entspricht dabei der Küstenstrecke bis C. Sta. Marta Grande, die fast rein meridional ist, während der Parana unter etwa 12⁰ südwärts fliesst, und der Uruguay stimmt mit 45⁰ gut mit dem anderen Teile unserer Gruppe überein, wie sich aus Tabelle I ersehen lässt, indem die Winkel der in Betracht kommenden Teilstrecken sich nicht sehr weit von 225⁰ entfernen, wenigstens die Winkel der grossen Strecken. Was nun die eigentliche Küste betrifft, so weist diese im nördlichen Teile eine ähnliche Gliederung auf als die vorige Gruppe, im Süden dagegen treffen wir wieder auf grosse bis 343 km lange fast geradlinige und sehr wenig gegliederte Strecken, es sind dies die glatten Aussenküsten der Nehrungen, die die parallel zur

Parana—
Uruguay.
(p = 0,94.
pu = 0,94
pg = 0,94)

---

[1]) Reclus, N. G. U. XIX, S. 298. — [2]) Reclus, desgl. S. 300.

Küste liegenden Lagunen von Patos und Mangueira abschliessen. Die Gruppe weist zu allen wesentlichen Richtungen hohen Parallelismus auf.

.Uruguay.
$= 0,43 \cdot$
$= 0,43$
$= 0,89)$

Endlich müssen wir hier noch am besten die kleine Gruppe von C. Polonio bis zur Mündung des Uruguay anfügen, die allerdings nicht mehr der brasilischen Längsküste angehört, vielmehr eine Querküste des Gebirges vorstellt, die der Strecke im Norden zwischen Parnahyba und C. Calcanhar entspricht. Die Richtung dieser Gruppe beträgt 99,5⁰. Natürlicherweise lässt sie sich weder mit Gebirgsrichtungen noch mit der Isobathe vergleichen, denn diese folgt dem Einschnitte der Küste durch den R. de la Plata nicht. Da die Richtung einen sehr grossen Winkel zur Hauptrichtung wie zur Unterrichtung bildet, so ist selbstverständlich der Parallelismus zu diesen gering (nur 0,43), beträgt doch die geringste Abweichung von der Hauptrichtung 35⁰. Zur Gruppenrichtung zeigt sich dagegen hoher Parallelismus, auch ist der Küstenumriss nicht sehr gegliedert.

Überblick.

Die Südostküste von Brasilien und die Küste von Uruguay stellen sich uns also in Gestalt von drei gegen das Meer gewölbten Bogen dar, die durch zwei flache Einbuchtungen geschieden werden. Beide Einbuchtungen finden wir auch bei der Isobathe und dem grossen Längsthal wieder. Von den so vorhandenen drei Linienzügen hat der nördliche Einbuchtungsbogen die stärkste Krümmung bei der Isobathe, der südliche beim Längsthale, die Krümmung der Küstenbogen nimmt beide Male entsprechend ihrer mittleren Lage die mittlere Stellung ein. Ebenso geschieht es bei der mittleren Wölbung, wo abermals die Isobathe die stärkste Krümmung aufweist.

b. Argentinische Unterrichtung.

llgemeines.
p $= 0,69 \cdot$
u $= 0,70)$

Südwärts des Rio de la Plata ist der Charakter der Küste ein ganz anderer. Wie schon früher erwähnt ist, haben wir hier Schwemmland vor uns, das zwischen den ostwärts umgebogenen südlichen Ausläufern der Cordilleren sich abgelagert hat. Indem wir bei der Feststellung der Unterrichtung wie bei der brasilischen Längsküste von der Einbuchtung des la Plata absehen, erhalten wir von C. Medano bis C. St. John 13⁰, während die Isobathe vom früher erwähnten südlichsten Endpunkte der brasilichen Richtung an unter 11⁰ nach Süden verläuft. Die ganze Strecke weist einen sehr geringen Parallelismus zur Haupt- wie zur Unterrichtung auf, was seine Erklärung in den zahlreichen und oft tief ins Land schneidenden Buchten Südargentiniens und Patagoniens findet, sowie in dem im ganzen bogenförmigen Verlaufe unserer Küstenstrecke.

Die ersten Teilstrecken bezeichnen die Südküste des La Plata, (p = 0.55) wobei Richtungen von etwa 150^0 vorherrschen, als mittlere Richtung ergiebt sich 154^0. Diese Küstenstrecke setzt gewissermassen die Richtung des unteren Parana etwa von der Mündung des R. Carcarañal an fort[1]) und ist möglicherweise beeinflusst von den östlichsten Verzweigungen der Anden,[2]) von den Sierren de Tandil, del Vulcan und de la Ventana,[1]) von denen die beiden ersten im C. Corrientes am Meere abbrechen. Alle diese Sierren haben einen Winkel von etwa 130^0—140^0, entfernen sich also nicht zu weit von der vorherrschenden Richtung unseres Gebietes.

Die erste Hauptgruppe umfasst die Küste von Medano Pt. Argentinien. bis zur Biegung südlich Pt. Sta. Cruz. Wie wir schon oben sahen, (p = 0,75 . setzt sich die brasilische Richtung mit 31^0 in der Isobathe bis pu = 0,75 über 44^0 südl. Br. fort. Genau dieselbe Richtung hat nun auch pg = 0,76) die ebenbezeichnete Küstenstrecke, die bis über den 50. ^{0} südl. Br. . reicht, ja der Endpunkt dieser Strecke liegt genau in der Ver- . längerung der brasilischen Richtungslinie zwischen Coqueiras und C. Polonio. Wir sehen also, die brasilische Richtung wird durch den la Plata-Trichter nicht abgeschnitten, sondern nur unterbrochen. Im einzelnen stellt sich hier natürlich infolge des anderen Küstentypus ein von dem der brasilischen Küste sehr abweichender Küstenverlauf ein. Hier befinden sich die schon erwähnten Buchten, die eine grosse Anzahl Teilstrecken verlangen, die von den wesentlichen Richtungen oft sehr stark abweichen. Daher kommt der geringe Richtungsparallelismus dieser Gruppe. Die grossen Buchten des patagonischen Tieflandes nun haben wir wohl als Einbrüche des Meeres zwischen die einzelnen Zweige der Anden anzusehen, wie wir auch die meisten Flussthäler als Längsthäler auffassen müssen. Gehen wir längs der Küste südwärts, so kommen wir an den oben genannten Sierren vorbei zur Bahia Blanca. Südlich davon weisen die Thäler des R. Colorado mit seinem linken Nebenflusse Curaço und des mit ihm fast parallel fliessenden R. Negro auf nordwestliche Züge, wie wir sie auch tiefer im Lande beim 65^0 W Greenwich in zahlreichen Sierren finden.[3]) Dann finden wir den Golf de S. Matias, in dessen Süden wir keine bestimmte Kette ausgeprägt finden. Dagegen liegt hier die hammerförmige Halbinsel Valdes, die ihre Gestalt den fast geschlossenen Baien de S. José und Nueva verdankt. Südlich des G de S. Jorge sehen wir die Flüsse wieder in fast geradlinigen Thälern von NW kommen, was übrigens auch weiter nördlich der Oberlauf des Chubut und der seines Nebenflusses

---

[1]) Reclus, N. G. U. XIX, S. 611. — [2]) Suess, A. d. E. I, S. 664. — [3]) Reclus, N. G. U. XIX, S. 612, 635.

Senguer thut, ja das C. Blanco am Südende des Golfes stellt wahrscheinlich das Ende eines Gebirgszuges dar, der gegenüber der Halbinsel Taytao von den Anden sich abzweigt.[1])

uerland.
= 0,55.
= 0,56
= 0,99) In der Bahia Grande biegt die Küste endlich mit 148,5° nach NWzN um und verläuft so bis zum C. St. John auf der Staten I, ohne dass diese Richtung im Verlaufe der Isobathe oder des Gebirges ein Analogon hätte. Sie setzt nur gewissermassen die Richtung der Längsthäler fort, die bisher die einzelnen Bergketten schieden, spielt sie doch auch eine ähnliche Rolle, indem sie die letzte Verzweigung der Anden nach Norden begrenzt. Die Küste stellt einen flachen Bogen dar und hat hohen Parallelismus zur Gruppenrichtung.

Überblick. Betrachten wir noch ganz kurz die gesamte argentinische Richtung, so zeigt sich, dass diese von allen grossen Richtungen die am wenigsten selbständige ist, indem in ihrem ersten und grösseren Teile wir die brasilische Richtung wiederfinden, während die letzte Gruppe eine Beeinflussung durch die Anden verrät, indem wir ihre Gruppenrichtung fast völlig mit der ihr gegenüberliegenden patagonischen Hauptrichtung übereinstimmen sehen.

5. Rückblick auf die Ostküste.

Werfen wir noch einen kurzen Blick auf die jetzt betrachtete Ostküste zurück, so sehen wir, dass wir es hier mit ganz heterogenen Elementen zu thun haben, und dass von einer einheitlichen Entstehung der die Ostgrenze Südamerikas bezeichnenden Spalten wie bei der Westküste nicht die Rede sein kann. Denn wir sehen hier die verschiedensten Küstentypen vor uns und finden, dass an den Wendepunkten der Küste auch stets eine Änderung im Typus eintrifft. Dies stimmt zuammen mit dem hohen geologischen Alter des die Ostküste begleitenden Landes, wenigstens vom Orinoko an nach Süden, indem das Land seit palaeozoischer Zeit von Faltungen nicht mehr betroffen worden ist, sodass also auch die Verwerfungen nicht den Falten parallel laufen können wie bei den Anden.

[1]) Reclus, N. G. U. XIX, S. 607.

C. Küstentypen.

„Südamerika trägt in höherem Grade als irgend ein anderer Weltteil die Kennzeichen eines einheitlichen Baues." So schreibt Suess in seinem „Antlitz der Erde",[1] und dass er damit Recht hat, kann man auch aus dieser Arbeit ersehen. Hauptsächlich prägt sich nun diese Einheitlichkeit in einer grossartigen Symmetrie im Baue und in der Küstenform des Nordens und des Südens aus. Symmetrieachse ist die Verbindungslinie der Schaarung von Arica mit der Mündung des Amazonenstromes, die von Arica über La Paz, Trinidad nach den Katarakten des Tapajoz geht und dann etwa dem Laufe dieses Stromes und dem des Amazonas folgt. Norden und Süden verhalten sich dann annähernd wie 2:3 sowohl der Küstenlänge nach (10 000 km zu 15 600 km) als auch nach dem Flächeninhalt (7 000 000 zu 10 700 000 qkm).[2] Gehen wir nun von der Schaarung von Arica nach Osten, so treffen wir im Norden wie im Süden auf eine Längsküste von pacifischem Typus, und zwar verläuft die Küste bei hohem Parallelismus zu den tektonischen Richtungen in flach nach dem Meere gewölbten Bogen, der uns zu der Querküste vor den Virgationen der Anden überführt, die unter sehr stumpfem Winkel an die letzte pacifische Strecke sich anschliesst: es sind dies die Richtungen von Goajira und Argentinien. Dann folgt ebenfalls unter sehr stumpfem Winkel sich anschliessend wieder eine Längsküste, aber jetzt vom atlantischen Typus, und endlich quer abschneidend die zweite Querküste vor den Gebirgen von Guayana und Brasilien. Wir haben also gleichmässig über Norden und Süden verteilt den pacifischen und drei atlantische Küstentypen. Betrachten wir die absoluten Werte für den Parallelismus dieser Typen, so zeigt sich, dass zwar der pacifische Typus einen höheren Richtungsparallelismus aufweist als der atlantische, doch geht bei letzterem die Querküste vor den alten Gebirgen noch über das Mass der andinen Küste hinaus, während die Querküste vor den Virgationen einen niedrigen Wert aufweist und die Längsküste annähernd den Parallelismus des gesamten atlantischen Typus zeigt. Der Wert für den Parallelismus der pacifischen Küste würde übrigens noch erheblich höher sein, wenn nicht im Süden durch die Ausbildung des Fjordcharakters ein sehr unregelmässiger Küstenverlauf bedingt würde. Fassen wir nun bei der Westküste nur die Strecke bis Chocoy Head in Betracht, wo die Aussenküste auf die Inseln übergeht,

---

[1] Suess, A. d. E. I, S. 689. — [2] Nach den Angaben von Reclus, N. G. U. XVIII und XIX.

so ergiebt sich für Chile der Parallelismus 0,93 statt 0,89 und
für die Westküste bis zu diesem Punkte 0,89 statt 0,86, also derselbe Wert, den wir für die Querküste von Guayana gefunden
haben. Für die 2628,4 km lange Fjordküste dagegen erhalten
wir nur 0,79 als Parallelismus. Der Grösse nach geordnet folgen
sich also die verschiedenen Typen in folgender Reihe:

 1. Querküste vor altem Gebirge . . . . . . reichlich 0,89
 2. Glatte Längsküste von pacifischem Typus . . knapp 0,89
 I. Pacifischer Typus 0,86
   Gesamtküsten 0,83
 3. Längsküste vor atlantischem Typus 0,82
 II. Atlantischer Typus 0,81
 4. Fjordküste von pacifischem Typus 0,79
 5. Querküste vor Virgationen 0,72

Dies sind die für uns interessantesten Werte. Einige andere
auf die Küstentypen bezügliche Grössen sind aus Tabelle III zu
ersehen, wo auch der Zahlenwert der Zuspitzung angegeben ist,
über die aber ebenfalls nichts weiter zu erwähnen ist.

V.

Anwendungen der gefundenen Resultate.

Nachdem wir nun im einzelnen das Resultat unserer Messungen betrachtet haben, erübrigt es noch, einen Blick auf die Gesamtheit Südamerikas zu werfen und zu sehen, ob die gefundenen Resultate vielleicht einiges Licht auf die Theorie der Kontinentalbildung, insbesondere auf die merkwürdige Erscheinung der südlichen Zuspitzung werfen, und inwiefern sie in der Geschichte Südamerikas begründet sind. Wir werden demnach zunächst die Übereinstimmung unserer Resultate mit einigen Theorien über die Kontinentalgrenzen untersuchen und dann einen kurzen Blick insbesondere auf die jüngere geologische Geschichte Südamerikas werfen und dabei auch nochmals der Ähnlichkeiten mit Nordamerika gedenken.

A. Theorien.

Es giebt unzählige Theorien, die sich mit der Gesetzmässigkeit des Verlaufes der Grenze zwischen festem Lande und dem Ozeane befassen und die teils den Vulkanismus, teils die Gewässer der ozeanischen Becken als das Agens ansehen. Die vorliegende Arbeit will nicht eine kritische Sichtung unter diesen Hypothesen vornehmen, sie will nur einige wenige herausgreifen, auf die sich die Resultate der vorliegenden Messungen und Betrachtungen besonders gut anwenden lassen.

1. Theorie von Pissis-Owen.

Es ist eine merkwürdige Vorliebe vieler Geographen, auf Allgemeines. unserer Erde vorkommende Linienzüge als Teile von grössten Kreisen anzusehen. Kein geringerer als Richthofen bietet uns in einer seiner neuesten Veröffentlichungen[1] dafür ein Beispiel, indem

---

[1] Richthofen, Gestalt und Gliederung einer Grundlinie in der Morphologie Ostasiens.

er die grosse Bruchlinie, die das gewaltige innerasiatische Massiv vom Süden Chinas bis in die Regionen des Beringsmeeres östlich begrenzt, als Teil eines grössten Kreises bezeichnet, der den 60.⁰ nördl. Breite berührt. Nun ist allerdings der grösste Kreis oder die orthodromische Linie die einfachste, die es auf einer Kugel giebt, da sie ja auch die kürzeste Verbindungslinie zweier Punkte derselben ist. Aber wenn man irgend einen Linienzug als mit einen anderen sich deckend ansieht, so ist doch die zweite Frage, deren eingehende Beantwortung erst die Berechtigung des Vergleiches beweist, in welchem ursächlichen Zusammenhange die beiden verglichenen Grössen stehen. Es dürfte nun den Freunden des grössten Kreises schwer werden, auch nur einen Grund dafür anzuführen, warum tektonische Richtungen einem solchen Kreise folgen sollten. Einen einzigen giebt es, der eine Sonderstellung einnehmen könnte, das ist der Äquator.

Ansicht
von Pissis. Bei dieser Vorliebe für die Orthodrome, die früher eher noch grösser war als jetzt, ist es denn nicht zu verwundern, dass einer der ersten Versuche, die Kontinentalformen zu erklären, sich dieser grössten Kreise bediente. 1848 wies Pissis[1]) darauf hin, dass die Küsten vielfach in der Richtung grösster Kreise verlaufen. Darin hat er nun ja ohne Zweifel recht, indessen will das wenig besagen, denn wenn eine Strecke annähernd geradlinig verläuft und nicht sehr gross ist, so kann ja der durch ihre Endpunkte gelegte grösste Kreis gar nicht weit von ihr abweichen. Betrachten wir nun die südamerikanischen Verhältnisse. Während auf einer Mercatorkarte die Loxodrome stets eine gerade Linie vorstellt, wird die Orthodrome auf ihr zu einer Kurve, die unter allen Umständen nach dem Äquator zu konkav ist. Von diesem Satze ausgehend erkennen wir, dass von den grossen südamerikanischen Richtungen bei der von Peru, Goajira, Brasilien im engeren Sinne, Chile und Guayana die Orthodrome den Küstenverlauf besser wiedergiebt als die Loxodrome, indem die ersten zwei Küsten über die Loxodrome hinaus nach dem Meere zu gewölbt sind, die Küste von Chile nach diesem konkav ist, während Guayana nördlich des Äquators konvexe, südlich konkave Biegung aufweist, wie es auch seine Orthodrome thut. Auch bei der patagonischen Richtung kommt die Orthodrome der Küste näher, doch nur so wenig, dass sie keine Verbesserung der dortigen ungünstigen Verhältnisse bringt. Gerade nach der entgegengesetzten Seite aber weicht die Orthodrome ab bei den Richtungen von Columbia, Feuerland, Venezuela, Argentinien und Brasiloargentinien. Alles dies ergiebt sich bei einfacher Betrachtung einer Karte in Mercatorprojektion, wie die

---

[1]) Penck, Morphologie I, S. 133.

beigefügte Karte von Südamerika eine ist. Zur genauen Fixierung des Verlaufes der Orthodrome bedarf es allerdings der Rechnung. Die Gleichung der Orthodrome, die durch zwei gegebene Punkte gehen soll, ist:

$$tg\ \varphi = \frac{tg\ \varphi_1\ sin\ (\lambda - \lambda_2) + tg\ \varphi_2\ sin\ (\lambda_1 - \lambda)}{sin\ (\lambda_1 - \lambda_2)}$$

Nehmen wir der Einfachheit halber den Mittelmeridian für λ, also $\lambda = \dfrac{\lambda_1 + \lambda_2}{2}$, so erhalten wir den Schnittpunkt der Orthodrome mit diesem Meridiane in der geographischen Breite

$$tg\ \varphi = \frac{tg_1\ \varphi + tg\ \varphi_2}{2\ cos\ \dfrac{\lambda_1 - \lambda_2}{2}}$$

Nach dieser einfachen Formel ergeben sich folgende Werte:[1])

			Loxodrome:	
*Columbia . :	$\lambda = 20^0 30'$.	$\varphi = + \quad 1^0 \quad 5'$		$\varphi = + 1^0$
Peru. . . :	$\lambda = 24^0 10'$.	$\varphi = - 11^0 45'$	„	$\varphi = - 11^0 40'$
Chile . . :	$\lambda = 27^0 10'$.	$\varphi = - 35^0 10'$	„	$\varphi = - 33^0 50'$
Patagonien :	$\lambda = 28^0 40'$.	$\varphi = - 52^0 \quad 5'$	„	$\varphi = - 51^0 55'$
*Feuerland :	$\lambda = 34^0 30'$.	$\varphi = - 55^0 20'$	„	$\varphi = - 55^0 15'$
Goajira. . :	$\lambda = 25^0 50'$.	$\varphi = + 10^0 15'$	„	$\varphi = + 10^0 10'$
*Venezuela :	$\lambda = 33^0 45'$.	$\varphi = + 11^0 45'$	„	$\varphi = + 11^0 45'$
Guayana . :	$\lambda = 51^0 50'$.	$\varphi = + \quad 3^0$	„	$\varphi = + \quad 2^0 50'$
*Brasilo-				
argentinien:	$\lambda = 50^0 25'$.	$\varphi = - 37^0 50'$	„	$\varphi = - 33^0 45'$
Brasilien . :	$\lambda = 55^0 45'$.	$\varphi = - 22^0 25'$	„	$\varphi = - 22^0$
*Argentinien:	$\lambda = 39^0 50'$.	$\varphi = - 47^0 20'$	„	$\varphi = - 46^0 40,$

Ich habe diese Tabelle hier eingefügt, da die Karte durch Einzeichnung auch der Orthodromen überfüllt worden wäre.

Während Pissis sich mit der einfachen Orthodrome begnügte, ging Owen[2]) im Key to the Geology of the Globe noch weiter und behauptete, dass diese Kreise die Polarkreise tangierten. Sehen wir zu, wie dies für Südamerika stimmt. Die Gleichung der Orthodrome lässt sich auch schreiben

Ansicht von Owen.

$$tg\ \varphi = \frac{sin\ \lambda\ \begin{vmatrix} cos\ \lambda_1\ tg\ \varphi_1 \\ cos\ \lambda_2\ tg\ \varphi_2 \end{vmatrix} + cos\ \lambda\ \begin{vmatrix} tg\ \varphi_1\ sin\ \lambda_1 \\ tg\ \varphi_2\ sin\ \lambda_2 \end{vmatrix}}{sin\ (\lambda_1 - \lambda_2)} = a\ sin\ \lambda + b\ cos\ \lambda.$$

---

[1]) λ vom 0^0 Meridian = 100^0 W Greenwich. Die Messungen für die Loxodrome sind der Karte entnommen. Die mit * bezeichneten Richtungen sind die, für die die Orthodrome nicht passt. — [2]) Nach Penck, Morphologie I, S. 133 und Lapparent, Traité de Géologie, S. 57.

Dies giebt nach λ aufgelöst

$$\sin \lambda = \frac{a\,tg\,\varphi \pm b\,\sqrt{a^2 + b^2 - tg^2\varphi}}{a^2 + b^2}$$

Wir haben also im allgemeinen zwei Wurzeln. Soll λ nur einen Wert haben, so muss die Wurzel verschwinden, also sein

$$tg^2\,\varphi = a^2 + b^2 = \frac{tg^2\,\varphi_1 + tg^2\,\varphi_2 - 2\,tg\,\varphi_1\,tg\varphi_2\,\cos(\lambda_1 - \lambda_2)}{\sin^2(\lambda_1 - \lambda_2)}$$

$$tg\,\varphi = \frac{1}{\sin(\lambda_1 - \lambda_2)}\,\sqrt{tg^2\,\varphi_1 + tg^2\,\varphi_2 - 2\,tg\,\varphi_1\,tg\,\varphi_2\,\cos(\lambda_1 - \lambda_2)}$$

Wir können hieraus für jeden Hauptkreis den Breitengrad berechnen, den er berührt, und erhalten natürlich zwei gleiche Werte mit entgegengesetztem Vorzeichen, je einen für jede Halbkugel. Wenden wir dies nun für unseren Fall an, so ergiebt sich folgendes Resultat (die Richtungen sind nach der Grösse der Abweichung vom Polarkreis geordnet):

*Brasiloargentinien berührt	$70{,}5^0$:	Abweichung	—	$4{,}0^0$
*Feuerland	„	$61{,}0^0$:	„	+	$5{,}5^0$
*Columbia	„	$72{,}5^0$:	„	—	$6{,}0^0$
Brasilien	„	$60{,}0^0$:	„	+	$6{,}5^0$
Patagonien	„	$73{,}5^0$:	„	—	$7{,}0^0$
*Argentinien	„	$79{,}5^0$:	„	—	$13{,}0^0$
Peru	„	$53{,}5^0$:	„	+	$13{,}0^0$
Chile	„	$83{,}0^0$:	„	—	$16{,}5^0$
Goajira	„	$44{,}0^0$:	„	+	$22{,}5^0$
Guayana	„	$32{,}5^0$:	„	+	$34{,}0^0$
*Venezuela	„	$13{,}5^0$:	„	+	$53{,}0^0$

Wir sehen, diese Resultate stimmen ausserordentlich schlecht zu Owens Ansicht, denn die Richtungen, die am besten zu ihr passen, decken sich überhaupt nicht mit den Hauptkreisen wie die erste bis dritte, die sechste und eigentlich auch die fünfte. So bleibt nur die brasilische Unterrichtung übrig, die einigermassen der Forderung Owens entspricht. Die anderen Richtungen weichen, wie man sieht, sehr bedeutend vom Berührungshauptkreis der Polarkreise ab. Die beiden letzten Richtungen liessen sich eher mit den Wendekreisen in Berührung bringen, von denen sie weniger als 10^0 abweichen, doch kommt auch bei ihnen eigentlich nur die Guayanarichtung in Betracht.

Fassen wir das Ergebnis nochmals zusammen, so passen von den 25 600 km der Küste Südamerikas 15 600 gut, 1 500 einigermassen, 8 500 bez. 16 800 gar nicht zu der Ansicht von Pissis, während der spezielleren Forderung Owens nur 4700 km folgen. Wie die Ansicht vom sachlichen Standpunkte aus unhaltbar ist, so hat sie sich auch vom rechnerischen gezeigt.

2. Theorie von Dana.

Wie der Vergleich tektonischer Linien mit grössten Kreisen bei äusserlicher Betrachtung nahe liegt, so thut dies nicht weniger der Vergleich mit loxodromischen Linien, da diese die geometrischen Oerter gleicher Richtungen auf einer Kugel darstellen. Dieser Methode haben wir uns ja auch im speziellen bei unserer Arbeit bedient. Es giebt nun auch eine Theorie, die für die ganze Erde Hauptrichtungen aufstellen will, das ist die Ansicht, die Dana zuerst 1862 aussprach.[1]) Auch diese gründet sich nur auf die Betrachtung von Karten, und es wird kein Grund angegeben, warum gerade diese und keine anderen Richtungen vorherrschen. Es dürfte hier ebenfalls schwer fallen, allgemein gültige Gründe anzuführen, wenn man auch dieser Theorie immer noch eine grössere Berechtigung zuerkennen kann, als der vorigen.

Dana stellt nun folgende Sätze auf:[1])

1. Zwei grosse Richtungssysteme wiegen auf der Erde vor, ein nordwestliches und ein nordöstliches, einander quer durchkreuzend.

2. Die Inseln der Ozeane, die Umrisse und die Erhebungen der Kontinente sowie die ozeanischen Becken liefern in gleicher Weise Beispiele für diese Systeme.

3. Die mittleren oder Hauptrichtungen dieser zwei Richtungssysteme sind WNW und NNO

4. Es giebt viele Abweichungen von diesen Richtungen, doch gemäss dem Prinzipe, und diese Abweichungen finden oft entlang von Kurven statt.

5. Wie auch die Abweichungen sein mögen, wenn die Richtungen der zwei Systeme sich treffen, so kreuzen sie sich fast unter rechtem Winkel oder quer zueinander.

Sehen wir zu, wie unsere Resultate zu diesen Sätzen stimmen.

Über die beiden ersten Sätze ist nicht viel zu sagen, beide Erster und stellen allgemeine Behauptungen auf, die man unbedingt zugeben zweiter Satz. muss, denn jede Richtung auf Erden kann man eine nordöstliche oder eine nordwestliche nennen, abgesehen von den beiden Grenzfällen der absoluten Meridional- oder Äquatorialrichtung, die aber nur ausserordentlich selten vertreten sein werden.

Als mittlere Richtung für die nordöstlich verlaufenden Küsten Dritter Satz. Südamerikas erhalten wir 22,0°. Da nun 22,5° der genaue Wert der Richtung NNO ist, so sehen wir die nordöstlichen Küsten stimmen sehr gut mit Danas Forderung überein.

---

[1]) Dana, Manual of Geology, S. 35.

Die Abweichung beträgt bei:

Brasilo-Argentinien (8300 km) : — 2,5⁰

Columbia . . . . (1900 km) : + 5,0⁰

[Argentinien . . . (3650 km) : + 9,5⁰]

[Brasilien . . . . (4650 km) : — 10,5⁰]

Chile . . . . . . (3700 km) : + 14,0⁰

Goajira . . . . (900 km) : — 25,5⁰

Feuerland . . . . (300 km) : — 35,5⁰

Ich bemerke hierzu noch, dass die Strecken bei Abweichungen von weniger als 5,5⁰ noch der Hauptrichtung der 32 teiligen, von weniger als 11,0⁰ der der 16 teiligen Windrose angehören. Berechnen wir den Parallelismus der hierhergehörigen Richtungen nach der Formel für p, so ergiebt sich dafür der hohe Wert 0,98, die NNO-Richtung ist also in Südamerika sehr ausgeprägt. Ungünstiger liegt die Sache bei der dazu senkrechten Richtung WNW. Hier erhalten wir den mittleren Wert 124,0⁰, statt 112,5⁰, also gehört die mittlere Richtung nicht einmal bei der 16 teiligen Windrose der Richtung WNW an. Dieser weit geringere Parallelismus zeigt sich auch bei der Betrachtung der einzelnen Hauptrichtungen, von denen nur eine annähernd den verlangten Winkel hat. Es weicht ab:

Guayana . . . . (4000 km) : — 10,0⁰

Venezuela . . . . (2900 km) : + 14,0⁰

Peru . . . . . . (2100 km) : — 29,5⁰

Patagonien . . . (1500 km) : — 38,0⁰

Demgemäss beträgt hier auch der Richtungsparallelismus nur 0,93. Wir sehen, abgesehen von Columbia erfüllen nur die Küsten des offenen atlantischen Ozeanes streng die Bedingungen Danas in betreff der mittleren Richtung, bei denen wir auch den fünften Satz bewahrheitet finden werden. Dana führt übrigens die Küste von Columbia, Peru, Chile, die Südostküste und Nordküste als Beispiele an,[1]) unter welch letzterer er wohl die ganze Strecke von Pta. de Gallinas bis C. Calcanhar versteht, indem er sie ihrer Richtung nach mit der Hawai-Gruppe vergleicht, für die er an anderer Stelle 116⁰ (in unserer Schreibweise) als Richtung angiebt.[2]) Als mittlere Richtung von Venezuela und Guayana erhalten wir nämlich 112,5⁰.

ierter Satz. Dem vierten Satze Danas können wir wiederum unbedingt zustimmen, indem der Übergang von einer Hauptrichtung zur anderen, wenn sie dem gleichen System angehört und noch mehr der Übergang der einzelnen Gruppen zu einander allmählich vor

---

[1]) Dana, M. v. G., S. 41. — [2]) Dana, dgl., S. 36.

sich geht, so dass wir vielfach flache Bogen oder S-förmigen Küstenverlauf finden, wie aus der Einzelbesprechung zu ersehen ist. Nun bleibt noch Satz 5 zu untersuchen. Wir haben bei Fünfter Satz. Südamerika 6 Schnittpunkte der beiden Systeme. Da ist zunächst die östliche Ecke des Kontinentes bei C. Calcanhar, die Dana selbst als Beispiel anführt.[1]) Hier treffen sich die Guayana-Richtung und die brasilische Hauptrichtung unter $97,5^0$, nehmen wir statt der Hauptrichtung die brasilische Unterrichtung, so ergiebt sich der noch günstigere Kreuzungswinkel $89,5^0$. Wir sehen, auch der 5. Satz gilt bei der atlantischen Küste Südamerikas absolut. Noch an einer zweiten Stelle, am C. Hoorn, erhalten wir ein günstiges Resultat, indem wir hier auf einen Winkel von $87,5^0$ stossen, doch ist dabei zu berücksichtigen, dass die patagonische Richtung nur einen sehr bedingten Wert hat. Ganz anders nun liegen die Verhältnisse bei den anderen Wendepunkten, dort herrschen Winkel von etwa 135^0 vor, denn der Kreuzungswinkel beträgt bei

Pt. de Gallinas $129,5^0$,   Arica Road — $133,5^0$,
Parina Pt. $124,5^0$,   C. Tres Montes $142,0^0$.

Es zeigt sich hierin eine gewisse Gesetzmässigkeit, denn abgesehen von dem ersten Winkel, der den Übergang von der West- zur Nordküste bezeichnet, wachsen die Kreuzungswinkel von N nach S, d. h. die Küste nimmt einen gestreckteren Verlauf an. Als eine interessante Zufälligkeit möchte ich hier noch anführen, dass die chilenische Richtung genau senkrecht auf der die Nordküste bezeichnenden venezuelanischen Richtung steht und zwar schneidet die chilenische Loxodrome fast genau die Mitte der venezuelanischen Richtung gegenüber Pta. Maspa.

Wir sehen aus alledem, dass Danas Ansichten weit berechtigter sind als die von Pissis und Owen. Insbesondere folgte die eigentliche atlantische Küste streng den beiden Hauptforderungen, während diese an der karibischen und an der pacifischen Küste wesentlich modifiziert werden mussten, indem besonders die rechtwinklige Durchkreuzung der Systeme sich auf das östliche Schollenland beschränkte und im andinen Gebiete dem stumpfen Winkel weichen musste. Freilich sind durch alles dies nur Thatsachen festgestellt, ohne dass für sie eine Erklärung geboten würde.

3. Theorie von Green.

Eine dritte Möglichkeit, die Hauptlinien der Erdoberfläche geometrisch zu begründen, bot sich darin, dass man unseren Planeten gewissermassen als einen grossen Krystall betrachtete.

---

[1]) Dana, M. v. G., S. 41.

Élie de Beaumont legte hierfür das Pentagondodekaëder zu Grunde und schuf so ein Schema, das „nur noch von historischem Interesse ist".[1]) Er machte den Hauptfehler, dass er als Ausdruck für die asymmetrische Erdoberfläche einen holoëdrischen Körper wählte. Vielmehr Wahrscheinlichkeit hat die Theorie, die Lowthian Green 1875 in den „Vestiges of the molten globe" aufstellte, indem sie den grossen Zügen des Erdreliefs ziemlich gut gerecht wird. Als solche werden bezeichnet:

1. Die Anhäufung des Landes in der nördlichen, des Meeres in der südlichen Halbkugel, dergestalt dass beide um den entsprechenden Pol einen beinahe oder ganz geschlossenen Ring bilden.[2])
2. Die Zuspitzung der geographischen Einheiten, die der Kontinente nach S, die der Ozeane nach N.[3])
3. Die antipodische Lage von Land und Meer.[2])
4. Das Vorhandensein einer äquatorialen Schwächezone bezeichnet durch die tiefen Einsenkungen der Mittelmeere mit ihrer starken vulkanischen Thätigkeit.[3])
5. Die Ablenkung der Süderdteile nach Osten hin.[4])
6. Die geringere Abplattung des Südpoles.[5])

Da nun eine erstarrende Kugel bei ihrer Zusammenziehung Tetraedergestalt anzunehmen sucht, weil diese ihr bei sich verkleinerndem Volumen am längsten die Erhaltung ihrer Oberfläche gewährleistet,[6]) so schrieb Green der Erdkruste eine tetraederähnliche Form zu, d. h. er betrachtete sie als ein Tetraeder, aber mit gewölbten Seitenflächen und Kanten, sodass es sich der Sphaeroidform unendlich nähern kann. Hierdurch lassen sich alle erwähnten Erscheinungen erklären. Die Kanten und besonders die Ecken werden Land bilden, während das Meer sich auf den dem Mittelpunkte näher liegenden Seitenflächen sammeln muss. Die eine Ecke ist das Südpolargebiet, der das nördliche Eismeer gegenüberliegt. Als meridionale Kanten wären aufzufassen die Längengrade 90° W, 30° O und 150° O Greenwich und bei einem regulären Tetraeder fielen die anderen Eckpunkte dann in die Gegend von Campêche, Donkola und östlich der Marianen, da sie auf dem 19,5.° ndl. Br. liegen müssten. Vom geologischen Standpunkte und auch vom geographischen müssen wir die Eckpunkte weiter nördlich verlegen, etwa bis zum 60° ndl. Breite, wo wir auf gewaltige archaeische Massen stossen, den canadischen und skandinavischen Schild und das mandschurische Gneissgebiet,[7]) die

[1]) The Geographical Journal, March 1899, S. 244. — [2]) G. J. S. 227—28. Lapparent, Géographie physique, S. 25. — [3]) Lapparent, G. ph., S. 24. Tr. de G., S. 1247. — [4]) Lapparent, G. ph., S. 26. Tr. de G. S. 1247. — [5]) G. J., S. 240—41. — [6]) Lapparent, Tr. d. G., S. 1246. — [7]) G. J., S. 244 ff. u. Karte.

Gebiete grosser Stabilität darstellen. Dann erst erklären sich der Land- bez. Wasserring um beide Pole. Da nun bei der Umformung des Sphaeroides in ein Tetraedroïd, wie wir die von Green aufgestellte Erdform am besten nennen können, die nördlichen Erdteile von der Rotationsachse sich entfernten, die südlichen ihr näherten, so hatten die ersteren für ihre neue Lage zu geringe, die letzteren zu grosse Geschwindigkeit, infolge dessen blieben die Norderdteile zurück, während die Südkontinente ostwärts vorwärts strebten.[1]) Durch diese Torsion der Erdkruste entstand zwischen den Kontinenten eine Schwächezone, die wir erkennen in der mediterranen Depression, sowie in den sie begleitenden jugendlichen Kettengebirgen und der grossen vulkanischen Thätigkeit.[2])

Weitere Schwächezonen müssen wir längs der Tetraederkanten erwarten. Dem nördlichen Landring geben die hier nahe aneinanderliegenden Ecken grössere Stabilität, und die Schwächezone ist südwärts gerückt, sie fällt mit der mediterranen Zone zusammen, die fast ganz nördlich des Äquator liegt. Längs der anderen Kanten aber finden wir die Schwächezonen in den Anden, dem ostafrikanischen Graben und der Ostküste Asiens und Australiens. Daher überwiegen im Norden äquatorial streichende Gebirge, im Süden meridionale. In früheren geologischen Zeiten mag die Land- und Wasserverteilung gerade umgekehrt gewesen sein. Dann muss zwischen beiden Gestaltungen die Erde rein sphaeroidisch gewesen sein, was grossartige allgemeine Transgressionen zur Folge haben musste, von denen die Geologie uns mehrfach erzählt.[3])

Das ist etwa das wesentlichste des tetraëdrischen Systemes. Wir können hier nicht in allgemeinen Fragen seine Berechtigung prüfen, wir können nur sehen, wie die südamerikanischen Verhältnisse sich in seinen Rahmen einfügen. Zunächst stimmt mit Greens Theorie überein, dass Südamerika die grösste Deviation nach Osten aufweist, was sich dauraus erklärt, dass es am weitesten nach Süden reicht, während bei Afrika gerade das Umgekehrte der Fall ist. Sehen wir nun uns nach den Schwächezonen um, die Green und nach ihm auch Lapparent verlangt. Die mediterrane Zone sehen wir vertreten in den Küstenstrecken des karibischen Meeres, wo wir fast alle Anzeichen einer Schwächezone finden: ein äquatorialstreichendes Gebirge, Steilabsturz der Gestade bis in bedeutende Tiefen, in der Curaçaotiefe bis zu über 5000 m, und häufige Erdbeben. Die meridionale Schwächezone soll hier durch die Anden dargestellt sein, wo wir ebenfalls ein Gebiet häufiger Erderschütterung, dazu thätige Vulkane und noch grösseren

---

[1]) Lapparent, Tr. d. G., S. 124?. — [2]) Lapparent, G. ph., S. 24. — [3]) G. J., S. 245 ff.

Steilabsturz haben, indem der Meeresgrund gegenüber Lima bis unter 6000 m, in der Chilenischen Tiefe sogar bis unter 7000 m sich senkt.[1]) Was nun den meridionalen Verlauf anlangt, so ergiebt sich für die Küste, der der Gebirgszug fast vollkommen parallel sich erwies, vom nördlichsten bis zum südlichsten Punkte, d. h. von Pta. de Gallinas bis C. Hoorn, die mittlere Richtung 178,5⁰, also fast rein N-S, mit einer ganz geringen Ablenkung nach NW, wie sie nach der südwärts wachsenden Deviation nach Osten zu erwarten war. Die Vulkane folgen der meridionalen Richtung ebenfalls, indem sie an der Virgation der Anden nicht teilnehmen,[2]) und zwischen dem Tolima, als dem nördlichsten thätigen Vulkane Südamerikas und dem Vulkane unter 48⁰ 55′ südl. Breite zwischen der Wellington J und dem Festlande[3]) ergiebt sich für sie ein Winkel von 179⁰, der ebenfalls mit der Forderung des Systemes übereinstimmt, Während so die West- und Nordküste Südamerikas mit Greens Ansichten gut übereinstimmen, ist dies auf der Ostküste nicht so der Fall. Der Teil südlich C. Calcanhar lässt sich dabei noch am ersten erklären. Denn einmal müssen ja nach Greens Theorie die Grenzlinien im Osten und Westen nach Süden zu konvergieren, und dann kann wohl auch eine bei der Zuschärfung der Kanten sich bildende Spalte der Richtung des alten brasilischen Gebirges sich angenähert haben. Für die Guayanarichtung kann man meines Erachtens aus der Theorie keine Erklärung ableiten, da man sie weder mit einer meridionalen noch mit der mediterranen Schwächezone in Verbindung bringen kann, da letztere sich über das Jungferntief und die östliche Azorenrinne[4]) nordöstlich nach dem europäischen Mittelmeere fortsetzt. Was nun endlich das Schwanken der Erdkruste betrifft, so treffen wir in Brasilien wie auf dem grössten Teile der Erde, soweit sie uns bekannt ist, grossartige Transgressionen der oberen Kreide, was auf eine in jener Zeit sphäroidale Gestalt der Erdkruste schliessen lässt. Der Zeit einer vorangehenden Landanhäufung im Süden könnten die Schichten von Guayana ihr Streichen verdanken, da dieses, wie früher erwähnt, west-östlich ist, doch ist der Gebirgsbau dieses Landes zu wenig erforscht, um ein sicheres Urteil darüber abgeben zu können. Das brasilische Gebirge endlich scheint in silurischer Zeit abermals eine Landanhäufung im Norden zu verlangen, da es der meridionalen Richtung zuzurechnen ist. Sein Äquivalent im Norden dürfte dann das ebenfalls vordevonische äquatorial streichende caledonische System[5]) sein.

---

[1]) Segelhandbuch für den Stillen Ozean, S. 12 und Atlas. — [2]) Suess, A. d. E. I, S. 691. — [3]) Neumayr, E. I, S. 256. — [4]) Segelhandbuch für den Atlantischen Ozean, S. 11 und Atlas. — [5]) Suess, A. d. E. II, S. 100.

4. Einbruchstheorie.

Hatten die bisher besprochenen Theorien die Ähnlichkeiten zwischen den Kontinenten universell einer geometrischen Schablone anpassen wollen und nahmen keine oder nur geringe Rücksicht auf den vertikalen Aufbau des Landes, so nimmt Suess eine grosse Zweiteilung vor, gemäss seiner beiden Küstentypen. Während die Zuspitzung der Tafel- und Schollenländer des atlantischen Typus nach ihm sich erklärt „aus dem Zusammentreffen von Senkungsfeldern, deren grössere Entwickelung gegen Süden liegt",[1] steht beim pacifischen Typus der Küstenverlauf in enger Beziehung zu jugendlichen Kettengebirgen, und gerade bei Südamerika hat an der hornartigen Zuspitzung „der umschwenkende Faltenzug der Cordillere wesentlichen Anteil".[1] Indessen dürfte die Westküste Südamerikas auch schon vor der Angliederung der Anden eine ähnliche Form besessen haben als heute, abgesehen von dem südlichen Teile von Chile und von Patagonien, wie man aus der beigegebenen Karte ersehen kann, auf der die äusserste Grenze der andinen Faltung in roten Zügen angedeutet ist. Natürlich kann man nicht behaupten, dass dies nun gerade die Küstenlinie gewesen ist. Jedenfalls haben wir nach der Ausscheidung der Anden ein Schollenland vor uns, und für dessen Gestaltung war der oben erwähnte Satz ebenso massgebend wie für Afrika, Grönland u. s. w. Betrachten wir zunächst die Küste südlich C. Calcanhar. Wir müssen hier ein südöstlich gelegenes Senkungsfeld erwarten. Dieses finden wir im Südatlantischen Ozean.[2] Freilich ist dies eigentlich nur ein Sammelname, denn einmal wird dieser durch den Challengerrücken in zwei Rinnen geteilt und dann zerfällt die westliche oder brasilische in zwei Becken, die etwa in der Gegend des 30.[0] südl. Breite durch seichteres Wasser geschieden werden. Beide Becken liegen aber in einer ungefähr der brasilischen Unterrichtung parallelen Linie, und dadurch erklärt sich deren ausgedehnter Verlauf. Rings um das tiefere nördliche Becken liegen die vulkanischen Inseln Tristan da Cunha, Ascension, St. Paul, Fernando Noronha und die Abrolhas, sowie in grosser Nähe der grössten Tiefen Trinidad. Es ergiebt sich hieraus, auch bei Südamerika ist der Einbruch neuer und tiefer Meeresbecken nicht unwirksam in Bezug auf die Gestaltung des Kontinentes geblieben. Ein ausgeprägtes Senkungsfeld finden wir auch im karibischen Meere, dessen grosse Tiefe wir schon erwähnt haben. Die Guayanaküste weist dagegen, abgesehen von der Querküste

---

[1] Suess, A. d. E. II, S. 680. — [2] Folg. nach Segelhandb. f. d. Atl. Ozean, S. 11—14.

des brasilischen Gebirges, einen weniger steilen Abfall auf, insbesondere fehlen in dem benachbarten Meere grosse Tiefen, erst am Äquator sinken sie unter 5000 m herab. Hier können wir also kaum von einem Einbruchsbecken reden, dieses findet sich vielmehr erst jenseits des Äquatorialrückens im Kap-Verdischen Becken.

B. Rücklick auf die geologische Geschichte Südamerikas.

1. Entwickelung des Kontinentes.

llgemeines. Obwohl der Streit über die Permanenz der Kontinente und Ozeane noch nicht völlig entschieden ist, scheint sich doch der Sieg den Gegnern der Permanenz zuzuwenden, besonders seit an verschiedenen Orten, so auf den Bermudas, echte Tiefseeablagerungen in gehobener Lage nachgewiesen worden sind.[1] Insbesondere schreiben Suess und Neumayr[2] dem südatlantischen Ozean ein ziemlich jugendliches Alter zu. Da nun die Geschichte eines Kontinentes mit der der benachbarten Meere sich deckt, so werden wir auch bei der Betrachtung der Entwicklung Südamerikas die den drei Meeren zugehörigen Küstenstrecken getrennt behandeln.

Pacifische Küste. An erster Stelle fassen wir die Westküste Südamerikas von C. Marzo bis C. St. John ins Auge. Wir haben gesehen, dass auf dieser ganzen Strecke zwischen Küstenverlauf und den Richtungen der Gebirgsketten wie auch der Isobathe ein so ausgeprägter Parallelismus herrscht, dass die jetzige Küste in inniger Beziehung zum Gebirgsbau stehen muss. Da nun die Faltung der Cordilleren erst in der Tertiärzeit vollendet worden ist, so muss auch diese Küstenlinie erst aus dieser Periode stammen. Wir sahen auch, dass die brasilische Masse in ihrer Westgrenze die Formen der Westküste annähernd wiederholt. Wir können also annehmen, dass das jetzt andine Gebiet einst Meeresboden war, was sich aus den dort verbreiteten Formationen mit mariner Fauna ergiebt, der nach und nach, zum Teil wohl schon in vortertiärer Zeit, dem alten Festlande angegliedert wurde. Ob nun diese mächtigen Falten nach Danas[3] Gebirgsbildungstheorie der pacifischen Geosynklinale ihren Ursprung verdanken oder ob ein von O nach W wirkender Druck der brasilischen Masse sie aufgestaut hat,[4]

[1] Geographisches Jahrbuch XX, S. 274. — [2] Penck, Morphologie I, S. 183. — [3] Dana, M. v. G., S. 385 ff., Suess, A. d. E. I, S. 692. — [4] Suess, A. d. E. II, S. 163.

lässt sich jetzt noch nicht sicher entscheiden. Für letztere Ansicht sprechen die Virgationen der Anden[1]) im N und im S. Auch die Thatsache, dass die Vulkane der Abschwenkung des Gebirges nicht folgen, stimmt sehr gut zu dieser Erklärung, da die weniger stark gewölbten innersten Falten eine geringere Pressung erfahren musste, wie ein einfacher Versuch es lehren kann.[2]) Endlich sind auch die inneren Hauptfalten am höchsten aufgetürmt und folglich am meisten denudiert, sodass hier die ältesten Schichten zu Tage treten.

Ehe wir die pacifische Küste verlassen, müssen wir noch mit wenigen Worten auf den Vorsprung des Kontinentalsockels bei Arauco zu sprechen kommen, auf den wir bei der Betrachtung der chilenischen Küste stiessen. Für die 100-Fadenlinie kam derselbe nur auf 3 Breitengrade in Betracht, für grössere Tiefenstufen aber erstreckt er sich noch etwa 10° weiter südlich bis zum 50.° südl. Breite. Nach dem offenen Ozean zu aber senkt sich der Meeresboden ganz allmählich bis zu Tiefen von etwa 4000 m.[3]) Im Verlaufe der Richtung dieser flachgeneigten Tafel stossen wir dann auf die einsamen Inseln Salaz y Gomez und Oster I., sowie noch weiter hin auf die Paumotugruppe. Vielleicht haben wir hier den Rest einer alten Brücke von Festland oder wenigstens von grösseren Inseln nach dem westlichen Ozeanien und Australien zu sehen, wie manche zoogeographische Verhältnisse Südamerikas sie zu verlangen scheinen.[4]) Endlich erscheint uns ja der südpacifische Ozean als grosses Senkungsfeld wegen der in grosse Tiefe reichenden Korallenbauten, sodass wir recht gut in früherer Zeit hier ausgedehnte Ländergebiete vermuten können, deren grossartiges, vorwiegend nordwestlich streichendes Faltungssystem wir an der Richtung der ozeanischen Inseln noch erkennen können. Alles das sind freilich nur Vermutungen. Genauen Aufschluss können uns erst zuverlässige Lotungen geben, die gerade hier vielfach fehlen.[5])

Gehen wir nunmehr zur Nordküste über, die manche Ähnlichkeit mit der Westküste aufweist. Wie der Stille Ocean in seinen Hauptzügen wahrscheinlich sehr alt ist, so ist es sicher auch die Mittelmeerische Zone, der ja das Karibische Meer angehört, ja diese besass in früheren Perioden eine noch grössere Bedeutung als jetzt, sodass Suess sie als den Ozean Tethys bezeichnen konnte.[6]) Die jetzige Gestalt des karibischen Meeres ist nun ebenfalls erst tertiären Datums. Erst im Pliocän ist das Becken

Sockelvorsprung bei Arauco.

Karibische Küste.

---

[1]) Suess, A. d. E. I, S. 692. — [2]) Vergl. die Versuche Halls, nach Zittel, Geschichte der Geologie, S. 104. — [3]) Atlas der deutschen Seewarte vom Stillen Ozean. — [4]) Wallace, Geographische Verbreitung der Tiere I, S. 461 ff. II, S. 97, 508, 531, 541, 549. — [5]) Segelhandbuch f. d. St. M. Ozean, S. 11. — [6]) Geographisches Jahrbuch XX, S. 274.

durch die Schliessung der Verbindungskanäle von Panama, Nicaragua und Tehuantepec vom Stillen Ozean abgeschlossen worden, wie die zoogeographischen Verhältnisse, besonders die Wanderungen der Säugetiere uns lehren.[1]) In eine etwas frühere Zeit dürfte schon die Erhebung des karibischen Gebirges fallen, das, wie wir sahen, einem grossen Teile der Nordküste seinen Stempel aufdrückt, was wir an dem hohen Gruppenparallelismus der in Betracht kommenden Strecken erkennen konnten.

Atlantische
Küste. So gelangen wir denn endlich zu der Ostküste unseres Kontinentes, die nach Neumayr[2]) die jugendlichste ist, und zwar insofern, als er an Stelle des südatlantischen Ozeans ein grosses Landgebiet annimmt, denn in ihrer jetzigen Gestalt sind ja auch die anderen Küsten noch nicht alt, doch grenzen sie an Gebiete alter Meeresbedeckung. Dass die östliche Küstenlinie einem Zusammenbruche und keinem Gebirgsbildungsprozesse ihre Richtung verdankt, sieht man bei der Guayanarichtung sofort, da hier eine Querküste vorliegt, und bei der eigentlich brasilischen Richtung finden wir zwar Parallelismus zwischen dem Gebirgsbau und der Kontinentalgrenze, aber lange nicht in dem hohen Masse als bei den Anden, zudem prägt er sich hier hauptsächlich in den Längsthälern und der durch sie bewirkten Erosion aus. Schon hieraus folgt, dass die die atlantische Seite von Südamerika bezeichnenden Spalten nicht mit dem uralten Faltungsprozesse des brasilischen Hochlandes gleichaltrig sind. Dazu kommt noch, dass wir längs der brasilischen Spalte jungvulkanische Inseln, die Abrolhasklippen und Fernando Norrnha finden, es müssen hier also in jüngst vergangener Zeit, wahrscheinlich im Tertiär, tektonische Störungen eingetreten sein. Ein Hauptargument für Neumayr bildet das vollständige Fehlen mariner jurassischer Sedimente an den Küsten des südatlantischen Ozeans, ebenso das Fehlen älterer fraglos mariner Schichten.[3]) In der mittleren Kreide trat dann auch hier eine grossartige Transgression ein, die besonders das Amazonasgebiet, sowie den atlantischen Ozean etwa bis zu 18⁰ südl. Breite überflutete, denn in Brasilien findet man längs der Küste sicher bis Bahia, wahrscheinlich bis zu den Abrolhas, in Afrika bis zum Kunene marine Kreideschichten. Gleichaltrige Schichten finden wir auch in Patagonien.[4]) Vielleicht wurde damals der an Guayana angrenzende Meeresteil dauernd Ozean. Im Tertiär erfolgte endlich der Zusammenbruch des alten Tafellandes, indem die früher erwähnten Senkungsfelder des südatlantischen Ozeans in die Tiefe

---

[1]) Wallace, G. V. d. T. I, S. 172—178; II, S. 95. — [2]) Neumayr, E. II, S. 414. — [3]) Suess, A. d. E. II, S. 368; Neumayr, E. II, S. 261, 544. — [4]) Suess, desgl. S. 366.

gingen, und gleichzeitig erhoben sich auf den entstandenen Spalten vulkanische Inseln. Hier haben wir vielleicht den Anstoss zur Bildung der Anden zu suchen: die einsinkenden Schollen mussten einen gewaltigen Seitendruck ausüben. Wenn wir uns nun auch die alten Massive nicht bis in grosse Tiefen als starr vorstellen dürfen, so besitzen sie doch jedenfalls grössere Stabilität als die noch nicht erhärteten und metamorphosierten Sedimentgesteine, und es ist daher sehr wohl denkbar, dass der Tangentialdruck sich erst am Rande der brasilischen Masse durch Faltenbildung auslöste. Nach diesem Zusammenbruche hat dann das Meer wieder grosse Strecken des Festlandes transgredierend überschritten, doch wurden diese Buchten durch Sedimente ausgefüllt, zu denen die eben erst erstandenen Cordilleren das Material lieferten. Dass bei dem Einbruch des Südatlantischen Beckens die Bruchlinien der Streichungsrichtung des alten Gebirges folgte, ist weiter nicht zu verwundern, müssen doch zum Beispiel ausgeprägte Längsthäler Gebiete geringerer Stabilität sein und eine Spalte, die unter nicht zu grossem Winkel zu ihnen aufreisst, einladen, im weiteren Verlaufe ihnen zu folgen. Dass dann die brasilische Richtung sich noch ein beträchtliches Stück quer vor den Virgationen der Cordilleren fortsetzte, ist ebenfalls sehr natürlich.

Auch im Osten haben wir einen Sockelvorsprung gefunden, der die Falklandsinseln trägt. Westlich der Inseln sinkt der Meeresgrund unter 100 Faden, doch immer noch sehr allmählich, besonders nach SO hin. Erst bei einer Tiefe von 2000 m beginnt der Steilabfall wenigstens nach dem atlantischen Becken hin. Es stehen so auch noch S. Georgien und die Sandwich In. auf unserem Vorsprunge. Doch stehen die Inseln, jede Gruppe für sich, geologisch so isoliert da, und die Tiefenverhältnisse des Ozeans sind hier so ungewiss,[1]) dass weitere Schlüsse sehr trügerisch sein dürften. *Sockelvorsprung der Falklandsinseln.*

So ist also der Block Südamerikas seit der Tertiärzeit ausgebildet, der eigentliche Küstenverlauf dagegen hat sich besonders in dem Tieflande von Patagonien mehrfach beträchtlich geändert.

2. Vergleich mit Nordamerika.

In der Einleitung zu dieser Arbeit haben wir auf die Ähnlichkeit zwischen den beiden Kontinenten der sogenannten neuen Welt hingewiesen, wie sie sich beim Betrachten einer oro- und hydrographischen Karte uns aufdrängt. Es erübrigt sich nun noch die Frage nach einer etwaigen Übereinstimmung der beiden Amerika

---

[1]) Segelhandb. f. d. Atl. Ozean, S. 14.

in ihrer erdgeschichtlichen Vergangenheit. Da ist es nun hauptsächlich der Teil östlich der Rocky Monntains, der eine wahre
Analogie Südamerikas darstellen dürfte. Einmal ist das Appala-
chische System in gleicher Weise wie das brasilische Gebirge, dem
es auch in der Lage zu dem grossen Massiv gleicht, indem beide
den´ SO-Rand desselben bezeichnen, von SO nach NW gefaltet.
Allerdings hat diese Faltung in viel späterer Zeit ihren Abschluss
gefunden als in Brasilien, ist sie doch im Carbon noch nicht abgeschlossen. Das gleiche Gebirge nun führt uns zu einer zweiten
genetischen Ähnlichkeit mit dem Südkontinente über, indem die
Appalachien im Norden ostwärts umbiegend in den Riasküsten
von Neufundland, Neu-Schottland und Neubraunschweig abbrechen,
um mit den gleichen Merkmalen von La Rochelle bis zum Shannon
in Europa als armorisches Gebirge wieder aufzutauchen.[1] Eine
Verbindung der beiden Abbruchstellen bietet sich uns in dem
Telegraphenplateau. Dies nebst manchem anderen weist auch
hier auf ein altes Festland an Stelle des Ozeanes hin, von dem
wir unter anderem auch in Grönland einen Rest sehen. Noch
zur Jurazeit muss dieser Kontinent wenigstens in seinem nördlichen Teile bestanden haben,[2] und wahrscheinlich hat auch das
nordatlantische Becken erst in der Tertiärzeit sich herausgebildet.[3]
Dieses Land war also zur Zeit seines Zusammenbruches ebenfalls
als Schollenland zu betrachten, wie der Südkontinent, sodass beide
Amerika in ihrer Hauptmasse den westlichen Teil alter Tafelländer
darstellen. Man könnte nun vermuten, dass auch hier die Bildung
des atlantischen Thales den Anstoss zur Auffaltung des westlichen
Randgebirges gegeben hätte. Dem scheint aber nicht so zu sein.
Während Suess früher auch in Nordamerika die Faltung von O
nach W gerichtet sein liess,[4] fasst er jetzt die Faltung des Felsen-
gebirges als nach O gerichtet auf nach dem Beispiel der hervorragendsten amerikanischen Geologen.[5] Dies würde also einen
wesentlichen Unterschied zwischen Süd- und Nordamerika ergeben,
wenn auch die nordamerikanische Westküste ebenfalls mit der
Gebirgsfaltung in ursächlichem Zusammenhange steht. Ausserdem
ist Nordamerika viel komplizierter gebaut als sein südlicher Nachbar,
besonders fehlt ihm die grossartige Symmetrie zwischen dem Norden
und dem Süden. Endlich ist noch ein sehr wesentlicher Unterschied die Lage zur mediterranen Zone, der Nordamerika seine
Spitze, Südamerika seine Basis zukehrt.

Trotz aller dieser Unterschiede findet, um es nochmals kurz
zusammenzufassen, die Ähnlichkeit beider Kontinente insoweit ihre

---

[1] Suess, Asymmetrie der nördlichen Halbkugel, S. 7, 9. — [2] Neumayr, E. II, S. 261—262. — [3] Neumayr, desgl. 415. — [4] Suess, A. d.
E. II, S. 163. — [5] Suess, A. d. n. H., S. 10—11.

erdgeschichtliche Begründung, als beide ihrer Hauptmasse nach Reste einer alten grösseren Kontinentaltafel mit nur palaeozoischen Faltungen darstellen. In der Tertiärzeit wurden beide durch den Einbruch des atlantischen Ozeans selbständig und gleichzeitig im Westen durch die sich angliedernden jungen Faltengebirge nicht unwesentlich vergrössert, und endlich wurden die in der meridionalen Achse gelegenen Senken nach zeitweiser Überflutung durch das Meer teils durch allgemeine Hebung des Landes, teils durch grossartige Sedimentation trockengelegt, und so beide Amerika in ihren jetzigen Umrissen geschaffen, nachdem noch eine Hebung eine feste Landbrücke zwischen den bisher isolierten Kontinenten hatte auftauchen lassen.

ANHANG.

Litteratur-Verzeichnis.

1. Dana, Manual of Geology. 4. Ed. 1895.
2. J. R. Forsters Bemerkungen, auf seiner Reise um die Welt gesammelt 1787.
3. The Geographical Journal, March 1899: Gregory, The Plan of the Earth and its Causes.
4. Geographisches Jahrbuch von Wagner. XX. Band. 1897.
5. Günther, Handbuch der Geophysik. II. Band. 1899.
6. — Handbuch der Mathematischen Geographie. 1890.
7. Gukassian, Über den Parallelismus der Gebirgsrichtungen. 1899.
8. Lapparent, Leçons de Géographie physique. 1896.
9. — Traité de Géologie. 1883.
10. Neumayr, Erdgeschichte. 2. Aufl. 1895.
11. Penck, Morphologie der Erdoberfläche. I. Band. 1894.
12. Peschel, Neue Probleme der vergleichenden Erdkunde. 1878.
13. Pietsch, Die Küste von Maine. 1895.
14. Reclus, Nouvelle Géographie Universelle. Band XVIII. 1893.
    — desgl. Band XIX. 1894.
15. Remmers, Untersuchung der Fjorde an der Küste von Maine. 1891
16. Richthofen, Gestalt und Gliederung einer Grundlinie in der Morphologie Ostasiens. 1900.
17. Segelhandbuch für den Atlantischen Ozean. Deutsche Seewarte. 1899.
18. Segelhandbuch für den Stillen Ozean. Deutsche Seewarte. 1897.
19. Sievers, Amerika. 1894.
20. Suess, Das Antlitz der Erde. 1885—88.
21. — Über die Asymmetrie der nördlichen Halbkugel. 1898.
22. Wallace, Die geographische Verbreitung der Tiere. 1876.
23. Zittel, Geschichte der Geologie und Palaeontologie. 1899.

Verzeichnis der benützten Karten.

I. Englische Admiralitätskarten.

	No.		Letzte Korrektion		Massstab	Bemerkungen
			grosse	kleine		
1	2202 B	South Atlantic Ocean. Western Portion	1871	1898	4'950000	(bei 55° südl. Breite).
2	396	C. la Vela to Chagres	1892	1899	1'010000	Columbia.
3	1966	Tortuga to C. la Vela	1899	1899	840000	Venezuela.
4	1480	Tobago to Tortuga	1894	1899	610000	„
5	1801	East Coast I. Trinidad to Surinam	1888	1897	1'460000	„ Guayana.
6	1802	E. C. II. Surinam to Cabo do Norte	1888	1899	1'480000	Guayana, Brasilien.
7	1803	E. C. III. Cabo do Norte to Maranham	1897	1900	1'480000	Brasilien.
8	528	E. C. IV. Maranham to Pernambuco	1896	1899	1'480000	„
9	529	E. C. V. Pernambuco to Victoria	1881	1900	1'430000	„
10	530	E. C. VI. Victoria to Sta. Catharina	1898	1900	1'330000	„
11	2522	E. C. VII. Sta. Catharina I. to Rio de la Plata	1897	1900	1'260000	Uruguay.
12	2544	Rio de la Plata	1895	1899	380000	Uruguay, Argentin.
13	1324	E. C. VIII. Rio de la Plata to the Rio Negro	1897	1897	1'110000	Argentinien.
14	1288	E. C. IX. Rio Negro to C. Three Points	1881	1899	1'125000	„
15	1284	E. C. X. C. Three Points to the Strait of Magellan	1869	1899	1'100000	„
16	561	West Coast II. Magellan Strait to Gulf of Peñas	1896	1900	720000	Chile.
17	1325	Gulf of Peñas to the Guaytecas Islands	1889	1890	420000	„
18	1289	W. C. IV. Guayteca Islands to C. S. Antonio	1898	1900	600000	„
19	1374	W. C. V. C. S. Antonio to Tucapel Point	1899	1900	600000	„
20	1286	W. C. VI. Tucapel Point to Point Lora	1899	1900	600000	„
21	1282	W. C. VII. Point Lora to Maitencillo	1878	1900	600000	„
22	1287	W. C. VIII. Maitencillo to Herradura	1873	1900	600000	„
23	1276	W. C. IX. Herradura to Grande Point	1875	1892	600000	„
24	1277	W. C. X. Grande Point to Point S. Francisco	1894	1897	600000	„
25	1278	W. C. XI. C. Paquica to C. Lobos	1896	1896	600000	„

No.		Letzte Korrektion		Massstab	Bemerkungen
		grosse	kleine		
26	1283	W. C. XII. C. Lobos to Pescadores Point . .	1898	1899	580000	Peru.
27	1279	W. C. XIII. Pescadores Point to Independencia B.	1863	1880	600000	„
28	1323	W. C. XIV. Independencia B. to Begueta B. .	1885	1897	600000	„
29	1285	W. C. XV. Begueta B. to River Chicama . .	1899	1899	600000	„
30	1335	W. C. XVI. River Chicama to Port Paita . .	1885	1896	600000	„
31	1813	W. C. XVII. Port Paita to Ayangui Point . .	1861	1895	600000	„ Ecuador.
32	1814	W. C. XVIII. Ayangui Point to Verde Point .	1876	1893	600000	Ecuador.
33	2257	W. C. XIX. Verde Point to Buenaventura . .	1861	1878	600000	Columbia.
34	2258	W. C. XX. Buenaventura to Cape Marzo . .	1875	1879	600000	„

II. Andere Karten.

35. Mapa de la República de Chile (von Opitz und Polakowsky) 1888 . . . . . . 1 : 2'500000 zu Messungen.
36.—41. Stielers Handatlas, Ausg. 1900. Südamerika in 6 Blättern . . . . 1 : 7,500000 z. M.
42. Stielers Handatlas, Ausg. 1899. No. 89, Südamerika . . . . 1 : 25'000000 für den Verlauf der Isobathen.
43. „ „ 1899. „ 82, Westindien, Bl. 4 . . 1 : 7'500000 f. I.
44. Andrees Handatlas 1899. No. 3/4. Westliche und östliche Halbkugel 1 : 75'000000 f. I.
45. „ „ 19/20. Atlantischer Ozean . . 1 : 35'000000 f. I.
46. „ „ 174/175. Südamerika . . . . . . 1 : 20'000000 f. I.
47-48. „ „ 176/179. Südamerika nördl. und südl. Hälfte . 1 : 10'000000 f. I.
49. Atlantischer Ozean, Atlas der deutschen Seewarte. Tafel I. 1882 . . f. I.
50. Stiller Ozean, Atlas der deutschen Seewarte. Tafel I. 1896. . . . f. I.
51. Petermanns Mittelungen 1896. Geologische Karte von Nordvenezuela S. 148 1 : 3'000000 f. S. 61—66.
52. „ 1896. Nordvenezuela, Höhenschichten u, s, w. . . . 1 : 3'000000 f. S. 61—66.

TABELLE I.

Teilstrecken.

Teilstrecke	l	k	γ	α	δ	Politisches Gebiet
Pta. Marzo.						
1. Vorgebirge sdl. der Chirichiri B. bei Tiefe 28 . .	55,5	106,5	1,92	136,0	+61,5	Cauca.
2. Solano Pt.	24,6	61,2	2,49	211,5	—14,0	"
3. Erste B. sdl. d. R. Tribuga. Breite: +5° 45' .	66,6	99,9	1,50	158,0	+39,5	"
4. Cape Corrientes	45,0	61,2	1,36	227,5	—30,0	"
5. R. Jeya (r. Ufer) . . .	14,4	19,5	1,37	104,0	—86,5	"
6. R. Orpua (l. Ufer) . . .	100,2	137,4	1,37	174,0	+23,5	"
7. Chirambira Pt.	46,8	51,9	1,11	208,5	—11,0	"
I. Gruppe	353,1	537,6	—	177,5	+20,0	(Cord. v. Bando).
8. Fluss sdl. Chucha Pt. Breite: +3° 41' . .	71,4	160,8	2,25	145,5	+52,0	Cauca.
9. C. östl. R. Guapi wL.: 77° 51'	133,8	213,6	1,60	215,0	—17,5	Cauca.
10. C. wstl. Guascama Pt. wL.: 78° 28' . . .	72,0	145,5	2,02	259,0	—61,5	"
11. C. ndl. S. Ignacio B. . .	53,1	60,0	1,13	209,0	—11,5	"
12. Innerster Punkt d. B. v. Tumaco	43,2	69,0	1,60	158,0	+39,5	"
13. Boca grande	33,3	52,8	1,60	271,0	—73,5	"
14. Mangles Pt.	32,1	35,7	1,11	225,0	—27,5	"
15. Panguapi B.	22,8	32,4	1,44	139,5	+58,0	"
16. R. Majaqual	54,0	89,4	1,66	221,5	—24,0	Esmeralda.
II. Gruppe	444,3	698,4	—	218,5	—21,0	(Cord.v.Columbia)
17. Galera Pt.	101,4	116,4	1,15	253,0	—55,5	Esmeralda.
18. Vorgeb. Breite: +0° 14'	66,6	90,3	1,36	177,0	+20,5	Esmeralda.
19. C. Pasado	84,6	99,9	1,18	216,0	—18,5	Manabi.
20. Fl. Breite: —0° 52' . .	56,7	83,4	1,47	184,0	+13,5	"
21. C. San Lorenzo	48,6	60,3	1,24	244,0	—46,5	"
22. Callo Pt.	41,1	47,7	1,16	155,5	+42,0	"
23. C. gegenüber Salango I. b. T. 4	25,8	32,4	1,26	204,0	— 6,5	"
24. Valdivia	42,0	45,0	1,07	157,5	+40,0	"
25. Continella Pt.	26,1	35,4	1,36	201,0	— 3,5	Guayas.
26. St. Elena Pt.	23,1	28,5	1,23	261,0	—63,5	"
III. Gruppe	414,6	522,9	—	196,5	+ 1,0	(Cord.v. Ecuador).

Teilstrecke	l	k	γ	α	δ	Politisches Gebiet
27. Morro Pt.	107,4	130,8	1,22	r26,0	+71,5	Guayas.
28. Salinas Pt.	35,4	41,7	1,18	183,0	+14,5	„ (Puna I).
29. Valao Chico	67,2	100,8	1,50	51,5	−34,0	„ „
30. Küstenbiegung Breite: −3° 12'	54,9	62,4	1,14	198,0	− 0,5	Azuay.
31. Malpelo Pt.	73,8	99,6	1,35	241,0	−43,5	Piura (Amotapegeb.)
32. C. Blanco	122,7	133,2	1,09	224,5	−27,0	„ „
33. Parina Pt.	44,7	53,4	1,19	190,5	+ 6,5	„
IV. Gruppe	506,1	621,9	—	—	—	(Guayaquil).
I. Hauptrichtung	1890,9	2658,0	—	197,5	—	(Columbia).
1. B. Br.: −5° 4' ndl. d. Wortes Cliffs	53,4	55,2	1,03	144,5	− 2,5	Piura
2. Paita Pt.	12,0	17,7	1,47	260,5	+61,5	„
3. Foca Pt.	17,7	20,4	1,15	192,0	−50,0	„
4. Br.: −5° 44' beim 3. Sandhügel v. N.	67,2	75,9	1,13	146,5	− 4,5	„
5. Pisura Pt.	24,3	28,8	1,19	252,0	+70,0	„
6. False Pt.	24,6	31,5	1,28	204,0	−62,0	„
I. Gruppe	199,2	229,5	—	172,5	−30,5	(Piura)
7. S. José de Lambayeque	154,8	160,2	1,04	122,5	+19,5	Piura
8. R. Chao	255,3	279,9	1,10	147,5	− 5,5	Lambayeque Libertad.
9. C. sdl. Salinas Pt. b. T. 16	323,1	458,4	1,42	158,0	−16,0	Ancachs.
10. Chancay Head	49,8	59,4	1,20	128,5	+13,5	Lima.
11. R. Caucato	257,4	316,5	1,23	152,0	−10,0	„
II. Gruppe	885,6	1114,2	—	151,5	− 9,5	(Nordperu).
12. Huacas Pt.	39,9	63,6	1,60	217,0	−75,0	Ica.
13. Carretas Head	34,5	45,3	1,31	155,0	−13,0	Ica.
14. S. Juan Pt.	176,4	260,1	1,47	138,0	+ 4,0	„
15. Atico Pt.	189,9	225,9	1,19	122,0	+20,0	„ Arequipa.
16. Pescadores Pt.	50,1	62,1	1,24	111,5	+30,5	Arequipa.
17. C. Pacay	206,8	244,2	1,18	119,0	+23,0	„
18. Coles Pt.	46,4	58,0	1,25	158,0	−16,0	Moquegua.
19. Innerster P. v. Arica Road (wo die Bahn an die Küste tritt)	137,5	157,5	1,15	127,0	+15,0	„ . Tacna.
II. Gruppe	841,6	1053,1	—	129,5	+12,5	(Südperu.)
II. Hauptrichtung	2121,1	2620,6	—	142,0	—	(Peru).
1. C. Lobos	36,6	43,5	1,19	190,0	− 1,5	Tacna.
2. B. Br.: −20°	140,4	167,7	1,19	170,0	+18,5	„ Tarapaca.
3. Patache Pt.	96,0	120,3	1,25	186,5	+ 2,0	„
4. R. Loa	72,0	88,8	1,23	165,0	+23,5	„
5. B. ndl. Chacaya Pt. Br.: −22° 56'	165,6	185,4	1,12	188,5	± 0	Antofagasta.
A.	510,6	605,7	—	·	—	

Teilstrecke	l	k	γ	α	δ	Politisches Gebiet
6. Battery S. Luciano bei Mejillones	26,4	29,7	1,17	223,0	−34,5	Antofagasta.
7. Angames Pt.	10,2	11,4	1,12	339,5	+29,0	"
8. Low Pt.	10,8	12,9	1,20	225,5	−37,0	"
9. Tetas Pt.	48,0	65,4	1,36	185,5	+ 3,0	"
10. Jorge Pt.	9,6	12,9	1,34	100,0	+88,5	"
11. B. b. Mt. Moreno w. L. 70° 31'	9,0	11,4	1,27	18,5	−10,0	"
12. C. gegenüber d. Guaman In.	12,9	15,6	1,21	139,0	+49,5	"
B.	126,9	159,3	—	—	—	(H.J.v.Mejillones.)
13. Jara Head	37,2	46,5	1,25	197,5	− 9,0	Antofagasta.
14. Huasco Parado Cove	170,4	219,6	1,29	179,0	+ 9,5	"
15. S. Pedro Pt.	21,6	31,8	1,48	234,5	−46,0	"
16. Ballena Pt.	36,0	49,8	1,38	198,0	− 9,5	"
17. C. Br.: −25° 57'	16,2	19,5	1,21	151,5	+37,0	"
18. B. sdl. Patch Pt. Br.: −26° 37'	74,4	106,5	1,43	183,0	+ 5,5	Atacama.
19. Cabeza de Vaca	27,6	37,8	1,37	204,5	−16,0	"
20. B. Br.: −27°	17,1	19,2	1,12	164,0	+24,5	"
21. Morro Pt.	20,1	46,2	2,30	232,0	−43,5	"
22. Barranquillas B. (r. U.)	44,7	61,8	1,38	172,5	+16,0	"
23. Herradura Pt.	72,6	111,6	1,54	204,0	−15,5	"
24. B. sdl. Lobo Pt. Br.: −28° 20'	27,0	32,4	1,20	177,0	+11,5	"
25. C. Bascuñan	63,0	92,4	1,47	208,5	−20,0	"
26. Apolillado Cove (ndl.).	36,6	57,6	1,58	180,0	+ 8,5	"
C.	664,5	932,7	—	—	—	
27. Mar Brava Pt.	27,0	33,3	1,23	141,0	+47,5	Coquimbo.
28. Nördlichster Punkt westl. Coquimbo	64,8	99,3	1,53	180,0	+ 8,5	"
29. C. sdl. Saliente Pt.	12,3	22,2	1,81	225,0	−36,5	"
30. Huanaquero Pt.	17,4	35,1	2,02	189,5	− 1,0	"
31. Lengua de Vaca	18,3	42,9	2,34	247,0	−58,5	"
D.	139,8	232,8	—	—	—	(B. v. La Serena).
32. Westlichster P. ndl. d. R. Limari-E.	50,4	68,7	1,36	191,5	− 3,0	Coquimbo.
I. Gruppe A.-E.	1492,2	1999,2	—	186,0	+ 2,5	(Nordchile).
" A. C. E.	1225,5	1607,1	—			
33. B. zwischen Penitente Pt. und Chungo Pt.	136,5	170,1	1,25	172,0	+16,5	Coquimbo.
34. Molles Pt.	39,0	58,5	1,50	183,5	+ 5,0	Aconcagua.
35. R. Ligua	22,8	31,2	1,38	149,0	+39,5	"
II. Gruppe	198,3	259,8	—	171,5	+17,0	(Coqu. — Aconc.).

Teilstrecke	l	k	γ	α	δ	Politisches Gebiet
36. Negra Pt.	45,0	75,9	1,69	195,5	− 7,0	Valparaiso.
37. Concon Pt.	14,4	23,4	1,63	180,0	+ 8,5	„
38. Curaumilla Pt. . . .	25,2	45,9	1,82	223,0	−34,5	„
39. R. Maipo	61,8	88,5	1,43	172,5	+16,0	„
40. Topocalma Pt. . . .	64,5	82,5	1,28	212,0	−23,5	Santiago. „
41. B. sdl. R. Mataquito						Colchagua.
b. T. 33	107,4	134,1	1,21	189,0	− 0,5	„ Curico.
42. C. Carranza	70,2	85,8	1,22	214,0	−25,5	Talca. Maule.
43. Penco	126,9	171,0	1,35	194,0	− 5,5	Maule.
44. Leuchtfeuer b. Break-						Concepcion.
pot Rk.	18,0	24,9	1,38	315,0	+53,5	„
45. C. ndl. Laraquete . . .	61,2	93,9	1,53	186,0	+ 2,5	„
III. Gruppe	594,6	825,9	—	197,0	− 8,5	(Valp.-Concepc.).
46. Laraple Pt.	36,0	48,0	1,33	92,0	−83,5	Arauco.
47. Carnero Head . . .	25,2	29,7	1,18	200,0	−11,5	„
48. Lacobe Pt.	16,8	18,3	1,09	145,5	+43,0	„
49. Tucapel Pt.	18,6	25,2	1,35	208,5	−20,0	„
50. Morguilla Pt.	18,6	21,3	1,15	180,0	+ 8,5	„
51. R. Lleulleu	43,8	47,7	1,09	143,5	+45,0	,
52. C. Tirna	33,6	39,9	1,19	201,0	−12,5	„
53. Inn. P. d. Queule B.						
R. Maitinco	111,6	121,8	1,09	166,5	+22,0	Cautin.
54. Gonzales Head . . .	60,0	111,0	1,85	204,0	−15,5	Valdivia.
55. Galera Pt.	30,0	41,1	1,37	228,5	−40,0	„
56. C. S. Antonio . . .	104,4	146,4	1,40	187,5	+ 1,0	Llanquihue.
57. C. Quedal	14,1	21,0	1,49	205,0	−16,5	„
58. Chocoy Head . . .	79,2	125,7	1,59	167,5	+21,0	„
59. C. westlich Huabun B.	23,4	79,2	3,39	250,5	−62,0	Chiloë.
60. Quintil Cove (sdl.) . .	80,4	110,1	1,37	187,0	+ 1,5	„
61. C. Quilan	85,8	136,5	1,59	191,5	− 3,0	„
62. Huapi Quilan In.Südspitze	24,6	45,6	1,86	150,0	+38,5	„
63. Weather Pt.	43,3	64,7	1,49	252,5	−64,0	Huafo I.
64. South Pt.	14,5	18,7	1,30	161,5	−27,0	„
65. Patgui Pt. (Guayteca I.)	47,5	57,1	1,20	104,0	+84,5	„
66. NW-Spitze d. Level I.	77,5	141,1	1,82	205,5	−17,0	Chonos In.
67. West Head (Huamblin)	65,7	180,8	2,75	230,0	−41,5	„
68. South Head „	11,8	14,7	1,25	164,5	+24,0	„
69. P. Concha (James I.) .	64,7	95,1	1,47	102,5	+86,0	„
70. Lobada I. westl. P .	33,6	81,3	2,42	226,0	−37,5	„
71. Garrido I. (b : I.) . . .	29,2	59,2	2,03	163,5	+25,0	„
72. westlst. I. westl.						
Menchuan I.	30,5	74,8	2,45	258,5	−70,0	„
73. C. Taytao	37,0	74,8	2,02	199,5	−11,0	Taytao.
74. W-Spitze der I. gegen-						
über M. Alexander . .	39,9	69,7	1,75	180,5	+ 8,0	„
75. Mitford Head	62,2	131,9	2,12	220,5	−32,0	„
76. C. Raper	20,8	35,9	1,72	182,0	+ 6,5	„
77. C. Tres Montes . . .	23,7	35,3	1,50	138,5	+50,0	„
IV. Gruppe	1408,0	2303,6	—	189,5	− 1,0	(Südchile).
III. Hauptrichtung . . .	3693,1	5388,5	—	188,5	—	(Chile).

Teilstrecke	l	k	γ	α	δ	Politisches Gebiet
1. Chagualat Pt.	46,0	84,8	1,84	55,0	−84,5	Taytao (Peñas G.)
2. Erster Vorsprung östl. d. R. S. Tadeo	65,9	202,0	3,06	104,0	+46,5	„ „
3. östl. Vorsprung östl. d. Tarn B.	94,3	165,6	1,76	204,5	−54,0	Magallanes „
4. C. westl. Good Hr. (Byron I.)	43,2	97,2	2,25	267,0	+63,5	„ „
5. C. Dyer (Campaña I.) .	44,6	82,1	1,84	198,5	−48,0	„
6. Wsp. d. I. gegenüber C. Montague	121,0	192,2	1,59	187,5	−37,0	„
7. NW-Spitze d. Morningston I.	44,6	91,8	2,06	161,0	−10,5	„
8. C. b. Mt. Corso Br.: −49° 47′	25,2	43,9	1,75	200,0	−49,5	„
9. Rugged Head (Madre de Dios I.)	33,1	66,6	2,01	150,0	+ 0,5	„
10. C. Santiago (Duke of York I.	78,5	109,4	1,39	184,0	−33,5	„
11. Hanover I. Br.: −50° 47′	33,5	45,4	1,35	106,0	+44,5	„
12. C. Sta Lucia (Cambridge I.).	88,6	118,1	1,33	196,0	+45,5	„
I. Gruppe	718,5	1299,1	—	180,0	−29,5	(Madre de Dios In.)
13. W-Sp. d. Landfall I. . .	221,3	454,2	2,05	157,0	− 6,5	Magallanes.
14. Breaker Coast (Sta. Ines I.)	68,8	210,0	3,05	134,0	+16,5	„
15. C. Noir	87,6	193,8	2,21	160,0	− 9,5	„
II. Gruppe.	377,7	858,0	—	156,0	− 5,5	(Adelaide In.).
16. S-Sp. der Insel Br.: −54° 30′ w. L.: 72° 20′	51,1	90,0	1,76	88,5	+62,0	Magallanes.
17. C. Alikhoulip	125,0	223,8	1,79	130,5	+20,0	„
18. Morton I.: S-Sp. . . .	122,5	265,0	2,16	116,0	+34,5	„
19. C. Hoorn	117,5	282,5	2,40	107,5	+43,0	„
III. Gruppe	416,1	861,3	—	115,5	+35,0	(Westfeuerland).
IV. Hauptrichtung . . .	1512,3	3018,4	—	150,5	—	(Patagonien).
1. B. Slogget w. L.: 66° 18′	125,0	310,0	2,48	27,0	+31,0	Magallanes.
2. C. St. John	175,0	231,6	1,32	78,0	−20,0	Staten I.
V. Hauptrichtung . . .	300,0	541,6	—	58,0	—	(Feuerland).
R. Leon. 1. Pta. de Caribana . . .	76,3	103,0	1,35	349,0	+59,0	Cauca.
2. Pta. Broqueles	103,0	121,2	1,18	49,0	− 1,0	„
3. Cienega de Pesquero (sdl.)	64,6	105,6	1,64	71,5	−23,5	Bolivar. .
4. Pta. de Canoas	126,3	245,9	1,94	5,5	+42,5	„
5. Boca de Ceniza	94,4	151,0	1,60	53,0	− 5,0	„
6. Boca de la Cienega . .	59,1	67,7	1,14	99,0	−51,0	Magdalena.
7. C. de la Aguja	35,9	47,5	1,32	17,0	+31,0	„
I. Gruppe	559,6	841,9	—	—	—	

Teilstrecke	l	k	γ	α	δ	Politisches Gebiet
8. R. Dibulle (II)	102,0	134,8	1,32	93,0	—45,0	Magdalena (Sta. Marta).
9. B. beim Cerrito de los Remedios zw. T.: $3^1/_2$ und $4^1/_2$	133,8	156,0	1,17	60,0	—12,0	Goajira.
10. C. la Vela	38,9	44,4	1,14	7,5	+40,5	„
11. Pta. de Gallinas . . .	66,4	132,7	2,00	65,5	—17,5	„
III. Gruppe	239,1	333,1	—	54,0	— 6,0	(Goajira).
VI. Hauptrichtung . .	900,7	1309,8	—	48,0	—	(Goajira).
1. Pta. de Espada	73,9	83,2	1,12	124,0	—25,5	Goajira.
2. Calobozo B. Br.: $+11^0 6'$	155,4	188,2	1,21	225,0	+53,5	„
3. Castle (S. Carlos I.) . .	50,0	63,8	1,28	110,0	—11,5	Zulia.
	279,3	335,2	—	—	—	
4. Pta. Palmas	61,7	125,6	2,04	183,0	—84,5	Zulia.
5. Lagoon Bernal	46,2	53,3	1,15	244,0	+34,5	„
6. SW-Ecke der Lag. von Maracaibo	128,1	243,2	1,94	171,5	—73,0	„
7. La Mochila	127,3	169,7	1,33	80,5	+18,0	„
8. Tower (Zapara I.). . .	212,5	380,9	1,79	333,0	—54,5	„
I. Gruppe	575,8	972,7	—	—	—	(Lagune von Maracaibo).
9. Sta. Ana de Coro = A.	223,0	236,0	1,06	76,0	+22,5	Falcon.
10. NO-Ecke d. G. v. Coro	31,1	31,5	1,01	329,0	—50,5	Falcon.
11. Pta. Cardon	45,8	57,5	1,25	260,5	+18,0	„
12. Pta. del Bergantin . .	52,9	72,7	1,37	0,5	—82,0	„
13. C. S. Roman	25,2	27,3	1,08	62,0	+36,5	„
14. Vela de la Coro . . .	95,3	99,1	1,04	151,0	—52,5	„
B.	250,3	288,1	—	—	—	(Paraguana).
15. Pta. Zamuro - C. . . .	82,3	91,6	1,11	91,0	+ 7,5	Falcon.
II. Gruppe A.-C.	555,6	615,7	—	80,0	+18,5	(Falcon).
„ A.-C.	305,3	327,6	—			
16. Pta. Tucacas	97,4	107,5	1,10	133,0	—34,5	Falcon.
17. Fl. sdl. Tucacas zw. T.: 4 und 3	17,6	19,7	1,12	221,0	+57,5	„
18. Pta. de Chaves	27,3	28,6	1,05	146,5	—48,0	Lava.
19. Pta. de Patanemo . . .	29,4	31,9	1,09	101,0	— 2,5	Miranda.
III. Gruppe	171,7	187,7	—	136,0	—37,5	(Curaçao).
20. Pta. Maspa = IV . . .	186,5	200,3	1,07	84,5	+14,0	Miranda.
21. B. w. L.: $65^0 48'$ . . .	67,6	92,4	1,37	130,0	—31,5	Miranda.
22. Piritu R.	76,3	80,2	1,05	104,5	— 6,0	„
23. B. w. L.: $64^0 47'$. . .	39,7	40,3	1,02	85,5	+13,0	Bermudez.
24. Carenero Pt.	75,9	141,7	1,87	58,5	+40,0	„
25. Inn. P. d. Golfs v. Cariaco	56,4	63,7	1,13	89,5	+ 9,0	„
26. Pta. Araya	70,2	100,0	1,42	285,0	— 6,5	„
V. Gruppe	386,1	518,3	—	—	—	(G. v. Barcelona).

Teilstrecke	l	k	γ	α	δ	Politisches Gebiet
27. Esmeralda B. b. T. 2 .	86,9	97,0	1,12	90,5	+ 8,0	Bermudez.
28. C. Tres Puntas	88,1	117,4	1,33	82,0	+16,5	„
29. Penas Pt.	95,2	106,8	1,12	92,0	+ 6,5	„
VI A.	270,2	321,2	—	—	—	
30. Antica Pt.	125,7	173,9	1,39	254,0	+24,5	Bermudez.
31. Vagre In. mittele I. . .	83,0	163,2	1,97	139,0	—40,5	„
32. S. Fernando	116,5	151,3	1,30	66,0	+32,5	Orinokodelta.
33. Port of Spain	40,3	46,4	1,15	357,0	—78,5	Trinidad.
34. Leuchtfeuer der Chaca-chacare I.	28,7	46,4	1,62	284,0	— 5,5	„
VII. Gruppe	394,2	581,2	—	—	—	(G. v. Paria).
35. Galera Pt. = VI B. . .	94,9	115,9	1,22	81,0	+17,5	Trinidad.
VI. Gruppe	365,1	437,1	—	86,5	+12,0	(Paria).
VII. Hauptrichtung.						
„ I—VII	2914,3	3848,2	—			
„ II—VI	1944,3	2298,3	—	98,5	—	(Venezuela).
„ II—VI ohne II B	1694,0	2006,2	—			
1. Galeota Pt.	78,8	94,9	1,21	186,5	—64,0	Trinidad.
2. Foleto Pt.	134,3	150,4	1,12	264,5	+38,0	„
	213,1	245,3	—	—	—	
3. Baja Pt..	143,1	154,8	1,08	112,5	+10,0	Orinokodelta.
4. Nuina I. Ost-Sp. (Orin.)	93,4	136,5	1,46	154,0	—31,5	„
5. Duck Pt.	102,2	174,5	1,71	112,0	+10,5	„
6. Cozier Pt.	153,3	186,2	1,21	130,0	— 7,5	Brit. Guayana.
7. Leman I. Ost-Sp. (Essequibo)	77,4	88,3	1,14	159,0	—36,5	„
8..C. zw. R. Berbice und Corentyne w. L.: 57° 20'	129,9	175,2	1,35	120,0	+ 2,5	„
9. Bluff Pt.	55,5	85,4	1,54	149,5	—27,0	„
I. Gruppe	754,8	1000,9	—	129,5	— 7,0	(Orinoko).
10. Zeezicht	256,2	316,1	1,23	89,0	+33,5	Niederl. Guayana.
11. C. östl. Mana Pt. w. L.: 53° 45'	108,0	133,2	1,23	104,5	+18,0	„
12. C. Orange	296,0	457,3	1,55	122,5	+ 0	Franz. Guayana.
II. Gruppe	660,2	906,6	—	106,5	+16,0	(Guayana).
13. C. Cachipour	72,5	83,6	1,15	141,0	—18,5	Brasil. Guayana.
14. Gr. Mapa R. (l. U.) .	189,4	264,9	1,40	167,0	—44,5	„ .
15. Old C. North . . .	37,0	101,4	2,74	78,5	+44,0	
16. Cabo do Norte . . .	75,5	122,8	1,63	148,0	—25,5	
17. Rebordello Pt. (Caviana)	151,0	285,6	1,89	182,5	—60,0	„
III. Gruppe	525,4	858,3	—	161,0	—38,5	(Ostguayana).

Teilstrecke	l	k	γ	α	δ	Politisches Gebiet
18. C. Magoari (Marajo) . .	188,0	268,6	1,43	111,5	+11,0	Grão Para.
19. C. Gurupi . . . . , .	251,6	417,4	1,66	106,0	+16,5	"
20. C. östl. Turyana B. . .	165,0	302,7	1,84	113,0	+ 9,5	Maranhão.
21. Maranham I. O-Sp. . .	140,6	402,6	2,86	139,0	—16,5	"
22. Sta. Anna I. N-Sp. . .	51,8	82,9	1,60	64,5	+58,0	"
23. Great I. N-Sp. (Parna-hyba)·	208,7	278,2	1,33	106,0	+16,5	"
24. Tapage Pt.	205,7	230,9	1,12	92,0	+30,5	Ceara.
25. Macoripe Pt.	198,3	216,1	1,09	120,0	+ 2,5	"
26. R. Apodi (r. U.) . . .	202,8	262,7	1,30	134,0	—11,5	"
27. C. Calcanhar	186,5	207,2	1,11	97,5	+25,0	R. Grande do Norte.
IV. Gruppe	1799,0	2669,3	—	111,0	+11,5	(Nordbrasilien).
VIII. Hauptrichtung. . .	3952,5	5680,4	—	122,5	—	(Guayana).
1. P. de Coqueiras . . .	266,0	304,9	1,15	162,0	+43,0	R. Grande do Norte. Parahyba
2. Maracahype Pt.	129,0	161,9	1,25	192,5	+12,5	Pernambuco.
3. R. S. Francisco do Norte (l. U.)	258,8	284,6	1,10	213,0	— 8,0	Alagoas.
4. R. Cotinguiba (r. U.) .	90,1	93,0	1,03	235,0	—30,0	Sergipe.
5. Itapuan Pt.	264,6	291,7	1,10	211,5	— 6,5	" Bahia.
6. Cajuhiba	71,5	247,4	3,46	244,0	—39,0	"
I. Gruppe	814,0	1078,6	—	215,0	—10,0	(Unt.S.Francisco.
7. Baleine Pt.	506,2	592,0	1,17	182,0	+23,0	Bahia.
8. Riacho d'Ostnas . . .	80,1	82,9	1,03	220,5	—15,5	"
9. C. sdl. Barra Secca Br.: —19° 19'	125,8	128,7	1,02	180,0	+25,0	Espiritu Santo.
10. Br.: —21° 12' bei Red Cliffs	248,5	291,7	1,17	212,5	— 7,5	"
11. C. St. Thomé	86,6	93,8	1,08	183,0	+22,0	Rio de Janeiro.
II. Gruppe.	1047,2	1189,1	—	192,5	+12,5	(S. Francisco).
12. C. östl. Ostras . . .	113,1	129,0	1,14	239,0	—34,0	Rio de Janeiro.
13. C. Frio	50,5	81,8	1,62	188,0	+17,0	"
14. Pt. Castelhanos . . .	210,8	359,1	1,70	265,5	—60,5	"
15. Vittoria I. Ost-Sp. .	126,4	399,7	3,16	235,0	—30,0	São Paulo.
16. Bertioga	101,1	161,6	1,60	268,0	—63,0	"
17. Trinxeira Pt.	223,4	260,7	1,17	234,5	—29,5	"
18. Guaratuba	114,4	127,7	1,12	216,0	—11,0	Parana.
III. Gruppe	939,7	1519,6	—	241,0	—36,0	(Paranahyba).

Teilstrecke	l	k	γ	α	δ	Politisches Gebiet
19. Cabrendo Pt.	125,7	153,0	1,22	180,0	+25,0	Sta. Catharina.
20. Inglez Pt.	51,0	131,0	2,56	156,0	+49,0	"
21. C. Sta. Marta Grande .	137,3	172,6	1,26	198,0	+ 7,0	"
22. Ararangua R.	56,7	58,6	1,03	240,0	−35,0	"
23. Br.: −31° 33′ T: 9	342,7	378,0	1,10	213,0	− 8,0	R. Grande do Sul.
24. Fl. aus kleinem See Br.: −32° 20′	135,5	144,3	1,07	229,5	−24,5	
25. Br.: −33° 12′	101,4	104,0	1,03	198,5	+ 6,5	
26. Biegung sdl. Chuy R. Br.: −33° 50′	102,1	109,0	1,07	223,5	−18,5	"
27. Pt. del Palmar	26,5	27,7	1,04	186,5	+18,5	"
28. C. Polonio	45,4	54,8	1,21	211,5	− 6,5	Uruguay.
IV. Gruppe	1124,3	1333,0	—	208,0	− 3,0	(Parana).
29. East Pt.	122,7	135,8	1,11	240,0	−35,0	Uruguay.
30. C. b. Piedras Negras .	69,9	99,6	1,43	287,5	−82,5	"
31. Brava Pt.	46,2	54,7	1,18	249,0	−44,0	"
32. w. L.: 57° 8′ zw. R. de Payon u. R. Cufre . .	103,0	144,6	1,40	300,5	+84,5	"
33. Colonia Leuchtfeuer . .	67,3	76,2	1,13	270,0	−65,0	"
34. Martin Chico Pt. . . .	46,0	56,0	1,22	316,0	+69,0	"
35. Uruguaymündung (r. U.) Br.: −34° 9′	16,3	22,6	1,39	274,0	−69,0	"
V. Gruppe.	471,4	589,5	—	274,5	−69,5	(Uruguay).
I. Unterrichtung	4662,6	6014,7	—	213,0	− 8,0	(Brasilien).
36. Parana de las Palmas (Mitte)	19,4	23,9	1,23	221,0	−16,0	Buenos Aires.
37. Channel sdl. Buenos Aires	41,4	48,6	1,18	156,0	+49,0	"
38. Embudo Pt.	84,4	89,1	1,06	119,5	+85,5	"
39. Piedras Pt.	60,4	62,1	1,03	141,5	+63,5	"
40. C. östl. Rodeo Br.: −35° 55′	57,4	61,4	1,07	203,0	+ 2,0	"
41. Br.: −36° 14′	38,0	40,8	1,07	155,0	+50,0	" .
42. Rasa Pt.	38,8	45,2	1,17	106,0	−81,0	"
43. Pt. Medano	68,0	68,7	1,01	174,0	+31,0	"
	407,8	439,8	—	—	—	
44. Pt. Mogotes	150,2	158,2	1,05	208,5	− 3,5	Buenos Aires.
45. w. L.: 59° 28′	185,9	192,0	1,04	244,0	−39,0	"
46. Inn. P. de Bahia Blanca Br.: 61° 59′ T. 3 . . .	215,6	223,1	1,03	265,5	−60,5	" (Bahia Blanca).
47. Pt. Rubia	183,7	313,6	1,71	184,5	+20,5	" "
48. Pt. Raza	33,6	38,9	1,16	204,0	+ 1,0	" "
49. Bermeja Head L.: 63° 4′	70,9	79,9	1,13	242,5	−37,5	" Rio Negro.
50. Belen Bluff	68,1	74,3	1,09	272,0	−67,0	" (G.d.S.Matias).
51. L.: 65° 5′ unter den Direction Hills	100,1	158,1	1,58	291,5	−86,5	" "
52. SW-Ecke des G. v. S. Matias Br.: −42° 5′ .	135,6	151,9	1,12	174,5	+30,5	" "

Teilstrecke	l	k	γ	α	δ	Politisches Gebiet
53. Norte Pt.	91,1	223,9	2,46	87,5	−62,5	Chubut (H. I. Valdes).
54. Delgada Pt.	80,4	89,4	1,11	167,5	+37,5	" "
55. Engano B. L.: 65° . .	127,7	334,1	2,62	244,5	−39,5	" "
56. SO-Sp. d. Leones I.. .	205,3	295,3	1,44	194,0	+11,0	" "
57. Bustamante B.	73,1	115,9	1,59	267,5	−62,5	" (S. George B.).
58. B. b. d. Zweiten T.: 12 sdl. Maqueta Pt. . . .	148,5	205,3	1,38	219,0	−14,0	" "
59. Mazarredo B.Br.: −47° 2'	130,5	148,0	1,13	147,5	+57,5	Sta. Cruz "
60. C. Three Points . . .	78,2	85,5	1,09	95,5	−70,5	" "
61. C. gegenüber d. Penguin I.	85,8	99,0	1,15	175,0	+30,0	"
62. C. ndl. C. Curioso Br.: −49° 6'.	184,8	239,8	1,30	226,5	−21,5	"
63. C. Francisco de Paula .	66,0	75,4	1,15	180,5	+24,5	"
64. B. Br.: −50° 27'. . .	132,0	158,4	1,20	230,5	−25,5	" (Bahia Grande).
VI. Gruppe	2547,1	3460,0	—	211,0	− 6,0	(Argentinien).
65. B. sdl. d. R. Gallegos Br.: −51° 46'	148,0	169,4	1,14	178,0	+27,0	Sta. Cruz (Bahia Grande).
66. C. Virgins	81,4	82,5	1,01	146,0	+59,0	"
67. Catherine Pt..	38,0	195,3	5,14	230,0	−25,0	Magalhães Str.
68. C. Sunday	133,8	166,3	1,24	157,0	+48,0	Feuerland.
69. B. sdl. C. S. Pablo Br.: −54° 35'	155,0	170,0	1,10	130,5	+75,5	"
70. C. St. John	150,0	191,5	1,28	94,0	−69,0	Staten I.
VII. Gruppe	706,2	975,0	—	148,5	+56,5	(Feuerland.)
II. Unterrichtung	3661,1	4874,8	—	193,0	+12,0	(Argentinien).
IX. Hauptrichtung . . .	8323,7	10889,5	—	205,0	—	(Bras.-Argent.).

TABELLE II.

Parallelismus der Gruppen- und Hauptrichtungen.

Richtung	l	d	k	p	π	π'	γ	A	Δ	α	αG	αL	αʃ	δ
I. Cord. v. Baudó	353,1	50,4	537,6	0,79	0,55	0,70	1,52	176,5	+1,0	177,5	C. v. Baudó 178,0	Atrato 180,0	178,0	+20,0
												S. Juan —		+52,0
II. Cord. v. Columbia	71,4	—	160,8	0,62	0,27	0,44	2,25	37,5	+1,0	145,5	C. Occidental 25,0	R. Chauco 25,0	35,0	—21,0
	444,3	55,5	698,4	0,78	0,52	0,67	1,58			38,5	C. Central 25,0			
											C. Oriental 35,0			
III. Cord. v. Ecuador	101,4	—	116,4	0,57	0,49	0,87	1,15	17,5	—1,0	73,0	C. Occidental 15,0	Th. v. Quito 15,0	16,0	—55,5
	414,6	46,1	522,9	0,86	0,61	0,71	1,26			16,5	C. Real 15,0			
IV. Guayaquil	506,1	72,3	621,9	0,76	0,63	0,83	1,23	174,5	—	—	Amotape Geb. 42,0	—	17,5	+ 1,0
Columbia	1890,9	57,3	2658,0	0,78	0,57	0,73	1,41	13,0	+4,5	17,5	C. Occidental 17,5	R. Magdalena 22,0	—	—
										24,0	C. Real 24,0			
I. Piura	199,2	33,2	229,5	0,79	0,71	0,90	1,15	177,0	—4,5	172,5	C. Occidental 155,0	—	174,0	—30,5
	154,8	—	160,2	0,94	0,90	0,96	1,04			122,5				
II. Nordperu	885,6	221,4	1114,2	0,98	0,79	0,81	1,26	151,5	±0	151,5	C. d. Küste: N. 145,0	Huaraz 150,0	147,0	+19,5
											C. Negra 150,0	Marañon 155,0		— 9,5
											C. Nevada 150,0	Huallaga 163,0		
											C. Real 157,0			
											C. Oriental 164,0			
III. Südperu	39,9	—	63,6	0,26	0,16	0,62	1,60	128,0	+1,5	37,0	C. Occidental 130,0	Apurimac 135,0	128,0	—75,0
	841,6	120,2	1053,1	0,92	0,76	0,83	1,25			129,5	C. d. J. Andes 123,0	Titicaca-S. 125,0		+12,5
												NO-Ufer		
Peru	2121,1	111,6	2620,6	0,93	0,77	0,82	1,24	143,5	—1,5	142,0	C. Occidental 140,0	—	142,5	—

Richtung	l	d	k	p	π	π'	γ	A	Δ	α	αG	αL	αϑ	ϑ
I. Nordchile a:	1492,2	46,6	1999,2	0,94	0,72	0,77	1,34	6,0	±0	6,0	6,0 Mejillones HI. 6,0 C. d. Küste 8,5 C. d. l. Andes	—	6,0	+2,5
b:	1225,5	61,3	1607,1	0,96	0,75	0,78	1,32							
II. Coquimbo-Aconcagua	198,3	66,1	259,8	0,95	0,72	0,76	1,31	171,5	±0	171,5	175,5 C. Real C. d. l. Andes	⁝	175,0	+17,0
III. Valparaiso-Concepcion	594,6	59,5	825,9	0,95	0,70	0,74	1,39	19,0	−2,0	17,0	19,0 Tertiäre Schicht. 17,5 C. d. Küste 15,5 C. d. l. Andes	20,0 Längsthal v. Chile	19,0	−8,5
IV. Südchile	1408,0	44,0	2303,6	0,79	0,52	0,66	1,64	3,5	+6,0	9,5	8,5 Tertiäre Schicht. 8,0 C. d. Küste 8,5 C. d. l. Andes	10,0 Längsthal v. Chile	11,0	−1,0
Chile	3693,1	48,0	5388,5	0,89	0,64	0,72	1,46	6,5	+2,0	8,5	7,5 C. d. l. Andes	—	9,0	—
I. Madre de Dios In	718,5	59,9	1299,1	0,69	0,41	0,59	1,81	173,0	+7,0	180,0	1,0 C. d. Küste 177,0 C. d. l. Andes	—	1,0	−29,5
II. Adelaide In	377,7	125,9	858,0	0,99	0,44	0,44	2,27	153,5	+3,0	156,0	144,5 C. d. Küste	—	158,0	− 5,5
III. Westfeuerland	416,1	104,0	861,3	0,79	0,39	0,49	2,07	116,0	−0,5	115,5	93,0 Geb. v. Feuerld.	—	126,5	+35,0
Patagonien	1512,3	150,0	3018,4	0,79	0,41	0,52	2,00	152,5	−2,0	150,5	—	—	154,5	—
Feuerland	300,0	150,0	541,6	0,91	0,56	0,62	1,81	57,0	+1,0	58,0	93,0 Geb. v. Feuerld.	—	47,5	—
I.	559,6	79,9	841,9	0,82	0,56	0,68	1,50	86,5	—	—	—	—	—	
II. Sta. Marta . .	102,0	102,0	134,8	0,71	0,54	0,76	1,32	—	—	93,0	89,0 Sa. Nevada de Sta. Marta	—	—	45,0
III. Goajira . . .	239,1	79,7	333,1	0,94	0,71	0,76	1,39	53,0	+1,0	54,0	50,0 Goajira 45,0 „ SO.-Küste	—	—	6,0
Goajira	900,7	81,9	1309,8	0,84	0,60	0,72	1,45	78,5	30,5	48,0	50,0 Goajira B.	—	—	—

Richtung	l	d	k	p	π	π'	γ	A	Δ	α	αG	αL	αf	δ
I. Maracaibo	279,3	93,1	335,2	0,75	0,62	0,83	1,20	178,0	—	—	153,0 Ostküste s. III	—	—	—
	575,8	115,2	972,7	0,57	0,37	0,65	1,67	—	—	—	—	—	—	—
II. Falcon . . . . a:	555,6	79,4	615,7	0,79	0,72	0,91	1,11	112,5	−32,5	80,0	74,0 Paraguana	—	—	—
b:	305,3	152,7	327,6	0,94	0,88	0,94	1,07	80,0	±0	—	66,0	—	—	+18,5
III. Curaçao	171,7	42,9	187,7	0,80	0,73	0,91	1,09	138,5	−2,5	136,0	140,0 Goajira; 138,0 Aruba; 130,0 Curaçao; 130,0 Buen Ayre; 151,0 Paraguana (Ostküste)	—	136,0	−37,5
IV. Miranda	186,5	186,5	200,3	0,97	0,91	0,94	1,07	—	—	84,5	86,0 Küstengeb.	81,0 Orinoko	83,0	+14,0
V. G. v. Barcelona .	386,1	64,4	518,3	0,92	0,73	0,79	1,34	128,5	—	—	—	„	—	—
VI. Paria	365,1	91,3	437,1	0,97	0,82	0,85	1,20	86,5	±0	86,5	88,0 Geb. v. Paria; 86,0 Geb. v. Trinidad; 89,5 G. v. Cariaco; 87,0 S.-Küste Margarita; 85,0 Cubagua	„	91,5	+12,0
VII. Golf v. Paria .	394,2	78,8	581,2	0,79	0,54	0,69	1,47	—	—	—	—	—	—	—
Venezuela . . . a:	2914,3	83,3	3848,2	0,79	0,65	0,81	1,32	148,0	−49,5	—	—	—	—	—
b:	1944,3	77,8	2294,3	0,86	0,75	0,87	1,18	120,0	−21,5	98,5	—	—	96,0	—
c:	1694,0	84,7	2006,2	0,90	0,78	0,86	1,18	115,0	16,5	—	—	—	—	—
I. Orinoko	213,1	106,6	245,3	0,66	0,58	0,88	1,15	55,6	−0,5	129,5	111,0 Chain. de la Dent.	—	136,0	− 7,0
	754,8	107,8	1000,9	0,95	0,73	0,77	1,32	130,0	±0	—	111,0 Südkette	—	—	—
II. Guayana	660,2	220,1	906,6	0,93	0,68	0,73	1,37	106,5	—	106,5	—	—	111,0	+16,0
III. Ostguayana . .	525,4	105,1	858,3	0,71	0,47	0,66	1,63	159,0	+2,0	161,0	—	—	135,0	−38,5
IV. Nordbrasilien .	1799,0	179,9	2669,3	0,94	0,68	0,72	1,48	109,5	+1,5	111,0	—	—	119,0	+11,5
Guayana	3952,5	146,4	5680,4	0,89	0,66	0,73	1,44	126,5	−4,0	122,5	—	—	122,5	—

Richtung	l	d	k	p	π	π'	γ	A	△	α	αG	αL	αγ	δ
I. Unt. S. Francisco	266,0	-:-	304,9	0,73	0,63	0,87	1,15	--	--	162,0	--	--	--	+43,0
	814,0	162,8	1078,6	0,96	0,82	0,85	1,33	34,5	+0,5	35,0	44,0 Sa. d. Piauhy; 35,0 Sa. d. Irmaos	40,0 Jaguaribe-; 34,5 S.Francisco	37,0	-10,0
II. S. Francisco	1047,2	209,4	1189,1	0,94	0,83	0,89	1,14	11,5	+1,0	12,5	15,0 Sa.d.Caymores; 14,0 Sa.d.Espinhaco; 15,0 Sa.d.Tabatinga	15,0 S. Francisco	9,0	+12,5
III. Paranahyba	939,7	134,2	1519,6	0,75	0,:4	0,71	1,62	57,5	+3,5	61,0	57,0 Sa. d. Mar; 61,0 Sa.d.Mantiqueira	65,0 Parahyba; 56,5 Paranahyba	59,5	-36,0
IV. Parana	1124,3	112,4	1333,0	0,94	0,75	0,79	1,19	27,0	+1,0	28,0	55,0 Sa. Cayapó	22,0 Parana-Uruguay	28,5	-3,0
V. Uruguay	471,4	67,3	589,5	0,43	0,37	0,87	1,25	94,0	+0,5	94,5	--	--	--	-69,5
Brasilien	4662,6	133,2	6014,7	0,84	0,71	0,85	1,29	35,0	-2,0	33,0	32,5 Ostketten; 44,0 Westketten	35,0 S.Fr.-Urug.; 39,0 Parnahyba	31,0; (30,5)	-8,0
	407,8	51,0	439,8	0,55	0,52	0,93	1,08	154,0	--	--	130,0 / 140,0 Sas. v.Buen.Ai.	--	--	--
VI. Argentinien	2547,1	121,3	3460,0	0,75	0,59	0,79	1,36	29,5	+1,5	31,0	--	--	31,0	-6,0
VII. Ostfeuerland	706,2	117,7	975,0	0,55	0,44	0,80	1,38	144,5	+4,0	148,5	--	--	11,0	+56,5
Argentinien	3661,1	104,6	4874,8	0,69	0,56	0,80	1,33	11,0	+2,0	13,0	--	--	11,0	+12,0
Brasilien-Argentinien	8323,7	118,9	10889,5	0,78	0,64	0,83	1,31	24,5	+0,5	25,0	--	--	25,0	--

Anmerkung. Um den Richtungsparallelismus zur Gruppenrichtung zu erhalten, hat man nur p durch cos $δ$ zu dividiren. $= pG$.
Doch gilt dies für sehr grosses $δ$ nicht unbedingt.